关注软实力

——董贻正文集（1999～2013）

（上册）

董贻正　著

北　京
冶　金　工　业　出　版　社
2015

内 容 提 要

本书收录了作者离休后，1999～2013年在钢铁和其他行业企业调研活动中撰写的各类文章共计240余篇。本书内容涉及企业管理、改革、创新、人力资源开发、企业文化等方面，具有强烈的时代气息和较强的指导性、针对性和实用性，为研究新时期我国冶金行业、企业发展和变化，以及今后走向提供了参考。

本书适合广大钢铁和其他工业企业管理及相关人员阅读。

图书在版编目(CIP)数据

关注软实力:董贻正文集:1999～2013:全2册/董贻正著．—北京:冶金工业出版社，2015.5

ISBN 978-7-5024-6880-4

Ⅰ.①关…　Ⅱ.①董…　Ⅲ.①冶金工业—工业发展—中国—文集
Ⅳ.①F426.3

中国版本图书馆CIP数据核字(2015)第073293号

出版人　谭学余
地　　址　北京市东城区嵩祝院北巷39号　邮编　100009　电话　(010)64027926
网　　址　www.cnmip.com.cn　电子信箱　yjcbs@cnmip.com.cn
责任编辑　姜晓辉　美术编辑　彭子赫　版式设计　孙跃红
责任校对　王永欣　责任印制　李玉山
ISBN 978-7-5024-6880-4
冶金工业出版社出版发行；各地新华书店经销；北京百善印刷厂印刷
2015年5月第1版，2015年5月第1次印刷
787mm×1092mm　1/16；70.75印张；1678千字；1105页
180.00元（上、下）

冶金工业出版社　投稿电话　(010)64027932　投稿信箱　tougao@cnmip.com.cn
冶金工业出版社营销中心　电话　(010)64044283　传真　(010)64027893
冶金书店　地址　北京市东四西大街46号(100010)　电话　(010)65289081(兼传真)
冶金工业出版社天猫旗舰店　yjgycbs.tmall.com

前　言

这是一本文稿汇编，收录的文稿绝大部分写于21世纪，也就是我古稀到耄耋这个阶段。在七老八十的年龄，还能汇集近170万字的文集，确实有些出乎自己的意料。这部文集，可以说是记录了我这一时期的人生轨迹。在此之前的1999年，我也曾出版过两部文集，一部是《管理——工业发展的永恒主题》，共上下两册，收集了我在冶金工业部政策研究室（政策法规司）工作期间，以我的本名或笔名公开发表的主要文章，约70万字；另一本是接受原国家冶金局局长王万宾的建议，把我在担任中国钢铁企业管理协会副理事长期间，参加企业扭亏工作时所写文稿的辑录编撰成书，书名为《国有企业扭亏的实践和思考》，约20万字。而现在摆在读者面前的这部文集，则是在此后十几年里，我在企业调查时所写的调查报告、讲话以及一些评论和专题论文的汇集，之所以取名为《关注软实力》，是因为本书的内容主要涉及企业管理、改革、创新、人力资源开发、企业文化等软实力的内容。

1999年，对我个人来说，是具有重大意义的一年。这一年，中国钢铁工业协会成立了。由于当时民政部没有批给冶金工业部社团指标，于是将中国冶金企业管理协会（以下简称冶金企协）更名为中国钢铁工业协会（以下简称中钢协），我们这些已经过了退休年龄的冶金企协领导人全部退出，我的组织关系就在国家经贸委冶金离退休干部局（国家经贸委撤销后，改属国务院国资委），同国家冶金局和中钢协都没有了关系。以后，我再也不可能像前几年那样，或接受冶金工业部党组的委派，甚至以省、部联合调查组的名义，或以冶金企协的名义，到企业进行调查咨询了。如果继续跑企业，那完全是我的个人行为了，在工作上，我将成为一个“没有组织的自由人”了。

是乘此机会就势下坡，“刀枪入库”，还是继续应邀到企业进行调查咨询？当时，还有一些企业邀请我去调研。我从多方面考虑：第一，我还走得动，健康状况良好，到企业不会给企业添麻烦；第二，走得开，家里没有负担，随时可以出行，夫人也很支持；第三，走得好，这些年去企业，感到还是受到企业朋友们欢迎的，可以继续发挥余热；而且，这些活动，对我身心健康都有很大好处。过去是“遵命文学”，现在可以按照自己对中央方针的理解来进行工作。于人于己，于公于私，都是有利无害。因此，我决定还是继续到企业做些调查咨询工作，为企业的发展尽自己微薄之力。

但是，对我的工作方向，也听到两种意见。一位中钢协领导对我说：“老董，你岁数大了，不要再老跑企业，研究些宏观问题吧。”但我觉得，我作为一个没有组织关系的自由人，既无法掌握必要的资料，即使是过去每月都给我寄送的统计月报，由于经费问题也不再提供；至于研究成果，如果同领导部门意见一致，那有没有你都无所谓；如果不一致，未必有人愿意听取。与其如此，从我这几年和企业打交道的经验看，不如实实在在地帮助企业做一些力所能及的工作。而这些工作正是在职干部顾不上，或者没有时间去做的，这也算是拾遗补缺吧。因此，我婉言谢绝了这番好意。

还有一些朋友，建议我索性成立一家咨询公司，把一些已经退下来的、又有兴趣继续发挥余热的原冶金工业部老同事组织进来。当然，我也知道，这样能更好地发挥集体力量。但是，我已是一个古稀老人，对行政事务既无兴趣，也无精力。我只想趁我健康状况尚可的情况下，做一些个人力所能及的工作。成立公司，就要张罗一些行政事务，就要为成员们谋求一定的利益，此非我所愿也。我一个人，能干多少就干多少，自由自在，不求有多少报酬，只要看到企业有所前进，此愿足矣。

就这样，我就继续我的企业之旅，每年的日程还是排得满满的，绝大多数年份外出都在4个月以上，最多时达到半年。每年都会去十几家企业。本书中所涉及的企业及其二级单位就有近百个，其中既有宝钢（以及所属的上海部分钢铁企业）和武钢等央企，也有首钢及其在京内外的一批企业，河（北）钢下属的一批企业，以及太钢、马钢、包钢、本钢、攀钢、莱钢、济钢、南（京）钢、湘钢等其他大中型国企，还有一批经过扭亏、后来居上的水钢、萍钢、新（余）钢、南（昌）钢、宣钢、西林，以及各类非公有制企业，包括兴澄特钢、陕西龙门、汉中等，主要是冶金系统的企业，也有北汽福田、京棉集团、中钢邢机、郑州拓普等非钢铁系统企业。直到2013年，因工作业务外出降到了只有一次。

回顾这十多年，正是我国钢铁工业大发展、大调整、大变革之年。进入千禧年时，我国的钢产量已连续5年在国际上独占鳌头，当年达到1.28亿吨，到2013年，跃增到7.79亿吨，13年增长了6.5亿吨，平均每年增加5000万吨，占世界钢产量的比重从六分之一到半壁江山；技术装备结构、产品结构都有了质的飞跃，以致国际钢铁界流传这样一句话：看先进设备去中国。现在，我国已从历史上的钢材进口国转变成为全球最大的钢材净出口国。

在这些变化的背后，我看到了一桩桩感人肺腑的故事，很多过去想都不敢想的事变成了现实；我看到了精神的力量，观念转变后所迸发出来的无限的潜能；我看到了队伍的成长、成熟，他们不愧是钢铁的脊梁。这些都给我鼓舞、给我教育、给我启迪，我觉得自己有责任把它记录下来，整理出来，推介出去。我心甘情愿地为他们做“吹鼓手”，满心喜悦地为他们讴歌；把他们的先进思想、先进事迹在行业里进行传播。当然，有时也看到一些不尽如人意之处，我也会毫不回避地写出自己的观点，送给企业领导参阅。这些年里，我先后写下了上百篇的调查报告，绝大部分都收集在本书的“企业掠影”部分里。

在企业调查结束时，一般我都会应企业领导之请，在一定范围的会议上（绝大部分是中层干部会议）同企业的干部们进行交流，谈谈自己调查感观，分析当前钢铁工业的形势，提出一些工作上的建议。我自知在企业管理上，理论根基不深，又缺少实践经验，我的优势就是能有机会接触那么多的企业，能够无拘无束地同各个层次的企业领导和员工进行交谈，听取他们争先创优、同困难做斗争的故事，吸取他们的营养。企业给予我多多，我理应给以回报。因此我给自己的定位是要做好“二传手”，以各个企业的成功事例和受挫的案例，结合我所到的企业的实际，来阐明一些观点，引导他们解放思想，转变观念。既肯定成绩，又不回避问题。

2000年11月，我到马钢调研后，在中层干部会议上作了一次讲话，在充分肯定马钢进步的同时，也不回避存在的问题。这篇讲话，在马钢主要领导指示下，《马钢日报》在头版头条作了报道，并配以醒目标题：“老司长调研报告字字句句凝真情，马钢领导干部入耳入心更思再奋发”，并以整整两版的篇幅全文刊登讲话，这对我是很大的鼓舞。一次，在同一位企业领导交谈时，他说：“现在一些领导来企业讲话，没有一句错话，但也没有一句有用的话”。这话对我很有触动，我认为，我难免不说错话，但一定要多讲一些有用的话。关键在多一份实事求是之心，多一份和企业同命运之情。在水钢，我曾在干部会上推荐魏征的两篇文章：《谏太宗十思疏》和《十渐不克终疏》，和他们共勉。这样的讲话共有200多次，由于一些内容有重复，因此收入本书“挚友 诤友”部分的只有40多篇。

本书中，有一个部分“公民责任”。主要是一些以我个人名义写给上级领导部门的人民来信。其中一封是1999年在三明钢铁厂调查后，给福建省委、省政府主要领导陈明义、习近平的信，由于在四年前我到过三明，这次感到简直是前后两重天，关键是调整了领导班子，我觉得三明的经验有普遍意义，但并没有引起省里有关部门的注意。因此，我附上调查报告，建议省里派出调查组认真总结，加以推广。不久，听说《福建日报》、福建电视台都作了连续报道。三明的经验，在福建，在冶金行业，都引起了普遍的重视。

但我的这些人民来信，更多的是反映企业自身难以解决的问题，特别是某些上级领导和部门的渎职、枉法违纪行为给企业带来的伤害。其中，尤以郑州拓普生产的冷轧机产品质量问题十分突出。这里记录了我对这一事件的调查报告以及一年零八个月内同国家质检总局领导和郑州拓普领导的多封信件，从中可以看出要为受害企业讨还公道的艰难。还有几篇，目前由于多种原因，不能公开，只能暂付阙如了。

通过企业调查，除了撰写调查报告外，对一些问题还有所感，往往一事一议，写了一些小言论，这就是“以小见大”部分的由来。有些问题，积累多了，就写成对某个专题的思考，写下了一系列的专题论文，主要涉及钢铁工业的发展，人力资源开发，企业文化建设，以及创新等方面。在本书中，就是“一得之见”部分。

本书书末还收录了两篇代后记，这是我在清华大学毕业50周年和入学60周年，也就是2002年、2008年在清华大学电机系1952届级刊上发表的文章，主要是向老同学们汇报这些年自己的经历，本书的大部分文章就是在这个时期写作的。这两篇汇报性的文稿基本上说明了我为什么在七老八十时还有这么大动力去跑企业，做调查；在企业我又是抱着什么样的心情，以及我这样做的感受。可以帮助读者们了解我这个时期的心态。

我很庆幸自己的选择，在晚年有幸同企业的朋友们一起见证并参与了这个伟大的变革，共同分享夺取胜利后的喜悦；也一起经历了前进过程中的挫折，看到了为此付出的巨大代价。在携手奋进的征途中，我结交了一批朋友，他们在困难面前不退却、不低头、不气馁，自立自强，团结奋战，从他们身上，我看到了中国钢铁的前景，看到了实现中国梦的希望所在。虽然我生理年龄年年见长，但心理年龄却觉得还相当年轻，是同企业朋友的相处使我重新焕发了青春。

顺便说一句，本书收入的文稿，除了“挚友　诤友”以及“公民责任”部分外，绝大部分都已公开发表过。只是一些文稿发表时有删节，本书收入的都是未经修改的原稿。还要说明的是，书中提到的一些人，有的为企业的发展殚精竭虑，做出了很大的贡献，在个人品德上，当时我也是十分钦佩的。但是，最近从报上获悉，有个别人员被有关部门“调查”，虽然尚无最终结论，看来问题不轻。我没有把这些人的事迹从书中删除，一是保持历史的真实，不因以后的错误而否定历史的功绩；二是也可借此警戒后人，“难的是一辈子做好事”，要立志永远做“一个脱离了低级趣味的人，一个有益于人民的人”。还有在我撰写的文稿中，有些观点实践证明并不完全正确。主要是关于我国钢材需求量方面，但我还是按照当初原样收入在本书中，一是不想把自己打扮成“一贯正确”的模样；再是也可以使读者们更全面地了解我国钢铁工业发展进程中的复杂性，更有利于吸取经验教训。

最后，借本书出版之际，我向为我国钢铁工业发展付出辛勤劳动、取得重大业绩的几代钢铁大军致以衷心的敬意！我期盼着我的中国梦——中国早日成为世界钢铁强国在不远的将来成为现实！

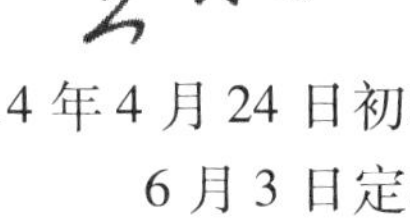

2014年4月24日初稿

6月3日定稿

目　录

企业掠影

挚友　诤友

企业掠影

干部要有好思路[1]

——石钢掠影

石家庄钢铁有限责任公司（简称石钢）是原56家地方骨干钢铁企业中离北京最近的几家之一。但遗憾的是，它也是我未曾到过的5家地方骨干企业之一。这次，趁去邯钢开会之际，总算还了这个愿。虽然时间很短，但通过公司领导的情况介绍、参观现场、阅读资料，以及和机关处室、二级厂同志的座谈，也留下了颇为深刻的印象。特别是对石钢的各级领导重视理念、精神等软件的作用，给人启发很深。这篇短文就想通过几个镜头，作一个掠影式的介绍。

一、公司总经理的“鱼虾理论”

石钢是1958年建设的，位于石家庄市区，占地面积不到1平方千米。今年上半年，产铁30.8万吨、钢41.7万吨、钢材25.7万吨，分别比上年增长61.1%、29.9%和15.9%。在区域市场中，所处位置并不有利，北有首钢、唐钢、天钢、承钢，南有邢钢、邯钢、安钢，东有济钢，西有太钢。这些企业，绝大多数规模比它大，条件比它好，发展的余地比它强，在这种情况下，特别是在当前钢材市场激烈竞争的情况下，石钢如何求生存？石钢的路又该怎么走？是时刻困扰着石钢领导的生死攸关的大问题。石钢的领导班子在董事长、总经理阎胜科的带领下，敢于正视现实，开拓创新，从石钢的具体情况出发，提出了“鱼虾理论”。他们认为：大海里有鱼，大江大河里有鱼，小溪里有鱼，池塘里也有鱼，各得其所，关键是要找准适合自己的生存环境。同样，任何国家，在任何一个阶段的市场经济中，也是大中小并存，互补互助，生生灭灭，动态发展，这和大自然的生态规律有相似之处，所以，他们又把它称之为“市场生态论”。当然，“鱼虾理论”只是说明了各类企业生存的可能性，而真要在激烈的市场竞争中能站稳脚跟，还要做大量艰苦的工作。因此，和“市场生态论”相配套，他们又提出了“市场定位论”、“产品定位论”、“机会竞争论”、“自身优势论”和“空间涵盖论”。这“六论”集中到一点，就是：在把握供方市场和需求市场的变化趋势中，审时度势地全面分析企业所处地位、发展阶段，坚持市场领先、固本强基、营造机遇、主动出击。“鱼虾理论”的提出，既鼓舞了石钢广大职工，使他们增强了求生存、图发展的信心，又鞭策大家要努力形成石钢自己的特色。这样，才能在市场中如鱼得水。目前，石钢转炉生产的45号钢就以其质优价廉在市场竞争中占有较大的优势。今年1～7月，在钢材价格不断下跌的情况下，石钢销售利润率在全行业处于领先地位。

---

[1] 原载于1998年9月3日《中国冶金报》。

二、党委书记的“六字经”

杨志华是石钢炼钢厂党委书记，以前是该厂厂长。他在谈学邯钢时，颇有新意。他从长期的基层实践中体会到，要使学邯钢真正学出成效来，必须要从提高队伍素质入手。他总结出六个字：诚实、自律、向上。他认为，对一个生产厂来说，不可能不发生问题，出问题不可怕，出了问题有不同看法也不怕，关键是要讲实话，这样才能找到真正的原因。所以，一定要在职工中提倡诚实的风气，否则各种问题就会不断发生，哪里谈得上学邯钢。自律，就是要自己管得住自己，不仅要严格遵章守纪，遵守劳动纪律、工艺纪律，而且要遵守职业道德，不能为了个人和小单位的利益而有意给他人或兄弟班组制造麻烦，以致影响整体利益。向上，就是不能满足于已有的成绩，要有不断进取的精神状态。比如，我们的现场管理，比过去确实大有进步，交接班时，都要把场地打扫得干干净净；但到济钢一看，人家炉炉清扫，为什么我们就做不到，这就提出了新要求。因此，要按这六个字办，就要像邯钢人那样，转变观念，转换机制，改进作风。邯钢的同志在分解指标时，一直要分解到最基层，分解到几分几厘钱。我们学邯钢，就要在日常工作中也发扬这种严、细、实的作风。比如，最近，我们在转炉的汽化室查到有 4 个工人在下棋，4 人都写了检查，我们看后，退了回去，要求每人都回答几个问题：象棋是谁的，是谁带上去的，谁先提出下棋的，什么时候就开始下了。这件事，看来是小事，但我们就是要通过这样一件一件具体的事情，养成职工诚实、自律、向上的风气。炼钢厂狠抓队伍建设，所以他们在开发新品种、降低成本、生产安全等各方面都取得了较好的成绩。

三、原料处长的“内因论”

原料处长柳志学，今年 55 岁，在石钢的中层干部中，他自称是“老干部”了。在没有见到他前，公司领导就向我谈起过他，表扬原料处在今年的增收节支活动中立了汗马功劳。柳处长是去年 6 月就任的。在此之前 1 ~ 5 月，原料处没有完成月降成本 300 万元的目标。他就任后，半年降了 2200 万元；今年 1 ~ 7 月，又降了 3500 万元，基本上消化了今年钢材的降价因素。公司领导说，如果没有原料处大力降低采购成本，今年公司要实现“保三（千万）争四（千万）”的利润目标是不可想象的。在座谈会上，我直截了当地问柳处长，你是怎样把采购成本降下来的。他干脆利落地回答说：关键在于立足自身，加强内部管理。他分析了几种情况：一是内部管理混乱。比如，进厂的铁精粉，过去是按每天进料的平均品位再计算全月的算术平均数。如今天到了 10 车，平均品位是 61%，明天进了 2 车，平均品位是 67%，那这两天的品位就全部按 64% 计算，每月一结算。这样，对方低品位矿就多进，高品位矿就少进，公司就吃了大亏。现在，每天按实际品位进行结算，对方就钻不了空子。二是管理粗放。如铁合金，过去是按自然块进货，而一般铁合金的边缘区品位要高于中心区，分析取样又都在边缘区，而且由钢厂破碎为合格块，既费工，又增加了粉末量；现在我们要求对方按合格块供货，品位就比较符合实际，还减少了人工，破碎产生的粉末则由对方处理，钢厂又可减少一笔支出。三是因循守旧，没能适应市场经济的新情况。过去在计划经济下，形成了一些不合理的规定，但在卖方市场下，买方也无可奈何。比如，铁精粉、焦炭、耐火砖以及汽车运生铁块，都要加 1.5% 的途耗。

为什么钢材短斤少两就要索赔，而这些钢铁原料却可以合法地吃“途耗”。现在我们原则上一概取消“途耗”，这就等于降低成本1.5%。至于价格，还是要本着双方互利的原则，这样才有利于建立长期稳定的合作关系。

通过同他们几位的谈话（当然，也还有些别的同志，这里就不一一展开写了），我深为石钢有这样一支观念新、作风实、业务精的干部队伍而庆幸。我深信，在他们带领下，石钢一定能克服前进路程中的种种困难险阻，从胜利走向胜利。

攀钢狠抓开发新产品　提高市场竞争力[1]

长期以来，攀钢一直把新产品开发作为企业发展的一项重要战略措施来抓。特别是近几年在钢材市场竞争十分激烈的情况下，攀钢进一步加强了新产品开发的力度，取得了较好的成绩。1997 年新产品的产量为 28.12 万吨，占全年钢材总量的 12.02%；1998 年新产品产量为 43.77 万吨，占全年钢材总量的 16.10%；1999 年上半年，生产新产品 16.62 万吨，占同期钢材产量的 13.43%。无论是总量还是比重，攀钢的新产品在行业里都是名列前茅的。

攀钢新产品开发之所以成功，首先在于领导的高度重视。特别是改革开放以来的公司几届主要领导，尽管各人过去的经历不同，专长不一，当时面临的外部形势也不尽一致，但都十分重视抓新产品的开发。黎明同志任经理时，基本上还处于计划经济时代，他就经常让科技部门去冶金工业部，请部里“点菜”，“别人不干的我们来干”；赵忠玉同志任经理时，亲自组织协调新产品开发工作，有力地推动了这项工作的进展；洪及鄙同志任经理后，针对更为严峻的市场竞争形势，明确地提出，要把新产品开发作为攀钢求生存、图发展的重要战略来抓，要通过新产品开发，使攀钢的 300 万吨钢能拿到一般企业 500 万吨钢的效益。正因为攀钢几届领导在新产品开发方面进行了有效的接力赛，把新产品开发这根接力棒一棒接一棒地往下传，使得企业经验越积越丰富，队伍越锻炼越强，成果也越来越多。

其次，牢固地树立一种市场观念。这有三层意思。一是新产品的开发必须基于市场的需求。过去，有的研究人员往往从文献资料上，或者是国外产品上得到启发，进行新产品研究，结果是有的产品虽然开发成功了，但在国内却没有市场，成了无效劳动。现在，攀钢开发新产品都必须先进行充分的市场调查，确实证明具有市场前景的，才能立项；不少课题，一开始就同用户结合，从而加快了研究进度，少走弯路。二是开发新产品的成果要求能够尽快转化成为具有经济效益的商品。因此，攀钢摒弃那种只求数量、忽视效益的做法，尽管这样做，从统计上看，每年成果不少，但却并不产生多大效益；还要克服在成果转化上的粗放经营作风。虽然不少新产品已经向成果转化，考核的成果转化率也不低，但由于不能进行跟踪调查，为用户及时解决新产品使用过程中的各种问题，结果就像熊瞎子掰苞米，掰一个，扔一个，同样没有多少经济效益。现在，对开发的新产品，都进行跟踪服务，发现问题，及时改进。像在开发家电用板时，根据用户的意见，不断改进，终于有了突破性的进展，取得了用户的信任，长虹、格力等企业都先后采用他们的产品，就是一个很好的事例。三是新产品开发还要和技术改造相结合，否则难以真正转化为成果。攀钢按照“大拇指理论”，把新产品成果视作大拇指，而为了真正形成拳头、成为有经济效益的商品，还要花更大的代价，搞好必要的技术改造。

---

[1] 原载于 1999 年第 7 期《冶金管理》。

第三，要树立一种精神——自力更生的精神。攀钢的同志认为，开发新产品，当然要学习、借鉴国外先进经验，但也不能事事都求助于国外，唯外国马首是瞻，必须同时发扬自力更生精神，特别是攀钢具有自己独特的资源条件。因此，在新产品开发上，更要善于发挥自己的优势和特色。在开发全长淬火钢轨时，日本某钢铁企业开价6.6亿日元转让技术，参观时也只让在15米之外观看；到某一欧洲钢铁企业参观余热淬火钢轨生产线时，对方竟然要求在进车间前签字画押，今后不管攀钢通过什么形式开发出这种产品，成果都要归他们。当时带队的洪及鄙同志理所当然地加以拒绝。后来攀钢科技人员在“用两弹的精神来开发余热淬火钢轨”的号召下，自行开发成功，其工艺比欧洲那家企业还先进（后来欧洲那家企业向美国转让的设备由于工艺上有问题而停产），日本那个企业来攀钢参观时，攀钢“礼尚往来”，同样请他们站在15米以外参观。这些事例，大长了攀钢人的志气，更鼓舞了攀钢人开发新产品的信心。攀钢强调自力更生，并不是闭关自守，他们经常同国内高等学校和科研单位进行合作，也不时请外国专家前来讲学和共同开发研究，都取得较好成果。

第四，采取了一种有效的组织形式。过去，开发新产品往往是研究部门搞配方，试验成功就移交生产，各方面衔接较差，以致成果转化率低。经过几年的摸索，现在攀钢在开发新产品上，主要采取攻关队的形式。攻关队的组成，既包括公司领导人员、科技管理人员、研究开发人员以及成果转化人员，也就是说，包括了生产技术、研究、销售各方面有关人员。洪及鄙同志用“兔子论”来说明各类人员的作用：有“找兔子”的，就是定题目，这是公司领导和公司科技管理部门的任务；有“打兔子”的，这主要是科技队伍；还有“捡兔子”的，就是负责生产成果转化的部门和人员。对主要的新产品开发项目，公司领导亲自担任攻关队队长，这主要是因为这些重大课题，涉及范围广，牵扯的方面多，如果不能及时进行协调解决，就会影响到攻关的进程和工作效率，而这正是公司领导可以发挥其权威作用之处。因此，攀钢领导担任攻关队长，绝不是挂名的“荣誉称号”，而是实实在在起作用的。这一点，攀钢的同志都很有体会。这种纵向上的“三结合”（公司领导、公司管理层、科研院所和生产厂矿）和横向上的“三结合”（产销研结合），从组织上保证了新产品开发工作的高效运作。

第五，建立一种有效的激励机制。搞新产品开发，带有一定的风险性，不像正常的生产，完成规定的各项指标，就有奖金可得；对参加新产品开发的科技人员，要允许失败，否则，就难以调动科技人员的积极性，就会影响到企业发展的后劲。攀钢在这方面制定了一系列的措施，一是按新产品开发所产生的经济效益，提取1% ~2%作为有关人员的奖金，其中三分之一给有关生产厂，其余由攻关队进行分配，主创人员不低于60%；二是对一些中长期的项目，允许其主要研究人员两年内在没出成果的情况下，按较高的奖金系数提奖，这类人员目前有30多位。最近，攀钢又建立了三种基金，即科技创新基金、科技成果基金和成果转化基金，这将进一步推动新产品开发工作。

攀钢的同志认为，他们在新产品开发上，虽然进行了大量的探索和实践，也取得了一定的成绩，但当前仍然面临着不少问题，需要进一步研究解决。首先是人才问题。攀钢这几年在生产和科研实践中成长了一批优秀的科技人才，在新产品开发上作出了重大贡献，但是由于攀钢自然地理环境以及工资收入等多方面的影响，较难留住人才。有些有突出贡献的技术骨干已经外流。目前，攀钢正在建立一些新的激励机制，情况稍有好转。其次，攀钢目前还缺乏既善于同客户打交道、了解客户对新产品各方面的要求，又能进行产品开发的复合型人才。

我们常说，企业要从橄榄型转向哑铃型，也就是要强化开发和营销两个部门。对新产品开发来说，就需要有集开发和营销两方面长处的带头人，像宝钢搞管线钢开发的陈钰珊那样。这方面人才的成长，一是靠倡导，二是靠实践，攀钢也正在这方面努力。再次，在兼顾近期和长远方面，也还存在一些矛盾。为了增强企业的后劲，攀钢抽了一批科技人员集中到技术研究中心，从事中长期的开发研究工作，并给以较为优裕的报酬，包括允许两年内不出成果仍按较高的奖金系数提奖。这样做，有利于稳定队伍，使他们能够专心致志地从事科研工作；但这些课题的中长期项目，又不能同近期项目脱节，如何处理好两者的关系，还有待于进一步摸索。最后，要体现“大拇指理论”，使开发的新产品能真正转化为质量稳定的、市场需要的商品，关键还在于进行必要的技术改造。而目前企业资金紧缺则是共性问题，攀钢也不例外。这一方面要求企业正确决策，力求以较少的资金投入、在较短期间取得较高的回报；另一方面还需要有关部门给以适当的政策支持。

以人为本　重钢运输公司走向良性循环[1]

1996年，重钢运输公司被剥离为重钢自负盈亏的子公司。在十分困难的情况下，公司领导不埋怨客观，不等不靠，发扬自立自强的精神，通过深化改革、强化管理，终于走出了困境。这个拥有近500名职工，192辆客、货车的单位，在重庆市工商企业系统的汽运公司中利润总额、产值利润率均名列第一。两年过去了，他们又取得了令人振奋的可喜成绩。

一是还清了对重钢公司的欠款。1996年，重钢核定运输公司的资产为3100万元，并确定33%、约900万元作为重钢对运输公司的贷款，现在运输公司已经全部还清，可以说是无债一身轻。目前，运输公司的资产负债率只有11.1%。

二是两年来，完全以运输公司自己的资金已经或即将更新客、货车56辆。其中，1998年更新30辆，花了420万元；今年10月还将使用约300万元再更新26辆。近两年，运输公司更新的车辆占现有车辆总数四分之一强。

三是建成了重庆市CNG（即车用压缩天然气）规划中第一个CNG天然气加气站。在全市同时新建的4个加气站中，重钢站投资最少，只花了近260万元（其他几家一般都用500万元）；工期最短，只用了4个月（不含平场整理，下同），其他站最短5个月，多的到12个月；而且还是目前唯一正常运行的一家，投产3个月，已经实现了微利；还自己改装了约70辆使用天然气的客、货车，目前每辆每月可节约燃料费3万元；并取得了对外改装天然气车的资质证书。

四是一批主要技术经济指标都有了明显的进步。今年上半年平均月营业收入223.5万元，比去年同期增长6.4%；在大幅度降低汽车折旧年限（从12年减为8年）的情况下，上半年实现利润44.34万元，百元产值变动成本为28.53元，都好于原定计划；到6月末，流动资金占用额为408万元，如扣除在集团公司存款311万元，实际占用资金只有97万元；流动比达到140，速动比为134，这些指标，在行业里是处于领先地位的。

五是职工实际收入有了增加。1998年职工人均月收入为730元，比1997年增长12.8%，1999年上半年又增长到810元；而且由于经营范围的扩大，业务量的增加，职工基本上没有下岗的。

1997年3月和今年8月，我曾两次接触这个公司，印象最深刻的是公司领导“以人为本”的思想观念贯穿在生产经营的方方面面，从而激发、调动了广大职工的积极性，自觉地同公司结“利益共同体”、“命运共同体”，创造性地进行劳动，这就是运输公司效益之源。

（1）他们不仅把职工当作劳动者，而且重视激励职工参与管理的能力。运输公司主要由两部分组成，即直接跑运输的几个车队和汽修厂。前者独立操作性较强，后者也有很大

---

[1] 原载于1999年第10期《冶金管理》。

的随意性。因此，公司领导十分注意调动广大职工的自觉性，不只是把他们当成一般的驾驶员或修理工，更把他们当作管理者来看待。为此，采取了多种措施。一是不断进行危机教育，使大家认清形势。文思中经理经常向职工们分析公司所处的严峻形势，并以国内外一些大企业进行的危机教育为例，告诫大家莫做温水里的青蛙，激发大家的危机感，使职工们不仅要立足本职，而且还要关心公司的全局；二是采取微机管理，对每辆车的车况、运行状况，诸如耗油量、吨千米成本、大中修时间等都进入计算机，司机们随时都可以查阅本车和兄弟车辆的情况，从而促使大家关心车辆的管理，主动学习先进驾驶员的经验；三是引导大家关心公司的经营状况，制定激励政策，鼓励职工积极为公司找货源，这就使职工们从关心单车管理进一步参与全公司的经营管理了。

（2）实行从奖勤罚懒到奖优罚劣的转变。过去，评价司机的重要标志是对车辆保养好，工作态度好，兢兢业业，任劳任怨。这些，在新的市场经济条件下，当然还要发扬。但光靠这些，不能使公司摆脱困境。而有些过去认为脑子活、路子“野”的职工，却能在社会上揽到不少活。基于这种情况，公司领导认为，必须在思想观念上进行一次转变，即不仅要奖勤罚懒，更要重视奖优罚劣。也就是说，要把职工承揽业务以及所创造的效益参与分配。应该说，这种观念的转变，无论对各级干部还是职工来说，都有一个痛苦的过程。过去勤勤恳恳工作的老工人，由于创收的效益差，有的收入反而降低了。但总体上讲，却调动了各方面创收的积极性，确实取得了较好的效果。有个运输中队，有 50 多辆 5 吨卡车，过去一年 400 万元的运输业务都来自重钢内部。从 1997 年下半年起，重钢运输任务锐减，到年底，他们还没有拿到 1998 年的整桩合同，但运输公司要求他们 1998 年上缴 48 万元利润。中队领导决定拿出 12 辆车，发动职工承包，除自找工资外，每辆车每月还要上缴中队 1 万元，但该车的养路费、保险费等仍由中队负责；其他车辆则承接重钢内部和社会任务。到年底，48 万元的利润如数上缴，外出的司机每人收入也有较大幅度的提高。他们在分配上不鞭打快牛，对下的承包指标 3 年不变，并按重钢公司规定，利税超计划 10%，工资总额增长 7% ~8%，上不封顶。

（3）尊重职工合法权利，让职工真正当家作主。作为一个企业，运输公司坚决遵照“从严治厂”的原则，严格管理。公司从 1995 年就开始建立职工代表对话会，每季度同公司领导面对面进行对话，一方面便于及时沟通信息，另一方面也有利于解决职工反映较大，而又应该解决的问题。比如有些公司领导没有把握的事，通过对话，促使领导早下决心。1998 年 10 月，对两个亏损基层单位的领导，公司想进行处理，但又怕接近年关，造成不稳定。在对话会上，职工代表尖锐地指出，这两个单位主要是班子问题。这就促使公司领导下定决心，一周内调整了这两个单位的领导班子，情况很快有了好转。其中一个公司去年亏损了 50 万元的运输中队，今年上半年盈利 20 万元；另一个也扭转了亏损局面。

1997 年，在对话会的基础上又建立了一个 7 人组成的劳动争议仲裁小组。这是因为，公司领导发现，有的职工在基层受到不公正的处理后，仍然是投诉无门，这必然会影响职工的工作情绪。仲裁小组的成员全是一般工人和班组长，由工会干事任秘书。职工们感到基层以及上级领导处理不公的事情，可以向仲裁小组提出申诉，仲裁小组有权约请包括公司领导在内的各方当事人来陈述情况，然后将小组合议意见通知公司领导。公司领导认为不能接受小组的处理决定时，必须主动向上级报告事情经过缘由。实际上，仲裁小组成立以来所受理和处理的 7 项申诉，全部为公司所接受，有的可左可右的，也都尊重仲裁小组的合议意见。这样做，既使仲裁小组的成员更加意识到自己肩负的责任，严肃认真地履行自己的职责；也促使各级干部在处理有关职工切身利益问题时，更加周密、细致，减少了差错；特别是使广大职工真正意识到自己的主人翁地位，密切了干群关系，大家想公司之所想，急公司之所急。在今年新建 CNG 时，由于仲裁小组及时处理了加气站职工的一项申诉，使得职工们更加积极地开动脑筋，争分夺秒，多快好省地建站改车，成为全市第一个兼有天然气车和站的单位。

应该说，经过这几年的努力，重钢运输公司走入了良性循环之路，但在和他们公司领导接触时，我感到他们毫无轻松感，仍然是充满着强烈的忧患意识，而且正在研究思考下一步的对策。原英特尔总裁格罗夫有一句名言："惧者生存"。我深信有这样强烈危机感的重钢运输公司，一定能在今后市场的激烈竞争中闯出一条新路来。

转变观念　转换机制　拓宽服务领域[1]

——重钢公司设计院发生巨变

一家钢铁企业下属的设计院，竟然取得了钢铁项目和建筑两个甲级资质证书，这不仅在重庆市300多家设计院中屈指可数，在全国也不多见，这家设计院就是重庆钢铁公司设计院（以下简称重钢公司设计院）。在此之前，他们同重庆钢铁设计院一起成为重庆市最早通过ISO9001质量管理体系认证的两家设计院；1998年全院总收入达到1000万元，是1996年的150%，1994年的200%；非钢铁项目的收入占总收入的比重从1994年的8%、1996年的20%，增长到1998年的35%，预计2000年可以达到60%左右；全院所有工程技术人员平均每人都配有1台电脑，这在重庆市所有设计院也是绝无仅有的。

1997年，我曾在“观念转变天地宽——重钢分流分离、多种经营取得重大进展”一文中，介绍过重钢公司设计院的变化。最近我去重钢时，又专门到设计院做了跟踪调查，看到他们这两年来的长足进步，某些方面还有了突破性的进展，确实令人鼓舞。

重钢公司设计院变化的幅度应该说是随着思想观念转变的深度而不断加大的。1993年前，他们还是重钢的一个以设计管理为主的职能处。当年，成立重钢公司设计院，改制为重钢的一个子公司，并要求逐步自负盈亏。显然，单靠重钢的一些技改项目是难以养活全院200多人的。为了求生存，他们意识到，必须尽快地向过去不熟悉的民用建筑领域进军，尽管这种观念的转变以及随之而来的一系列变化对绝大多数员工来说，是个痛苦的过程，但又毕竟是唯一的选择。现在，他们前几年设计的三星级宾馆、33层的连体大楼、丰都移民区的规划和设计正在逐步实施，在周边地区塑造起新的形象。

1998年，重钢公司设计院领导进一步分析了当前形势，作出了新的决策，明确提出，要从钢铁设计为主转向以市政建设和环保行业为主，力争到2000年这些项目的收入占总收入的60%。在观念转变、认识统一的基础上，从多方面进行了调整。

一是走产业化之路。他们依托重钢的优势，以设计院为主体，注册成立了重钢三峰环保公司。作为重钢的子公司，由重钢副董事长、党委书记李成甫任董事长、设计院院长董林任总经理。由于他们具有建筑行业的甲级资质证书，又通过了ISO9001质量管理体系认证，在市场竞争中有较强的竞争优势。现在他们已经拿到了两个环保的大项目，一个是从美国引进垃圾焚烧炉技术，国家计委已批准三峰公司为引进设备国产化项目业主，由重钢公司设计院设计，重钢机械制造公司承担制造任务；另一项是重庆市世行贷款项目的垃圾填埋场。仅这两项，光设计费就收入几百万元。

二是建立起适合本单位情况的、有利于优胜劣汰的竞争机制。从发展趋势来看，他们认为，随着装备水平的提高，设计院的人员必然还要精减，他们准备2000年设计院的总

---

[1] 原载于1999年11月18日《中国冶金报》。

人数从现在的220人减到150人。其中，相当一部分是转到三峰公司作环保工作、工程监理或其他需要的岗位。从设计院内部来讲，主要是建立竞争上岗、末位淘汰的竞争机制。每年先由各室将考核业绩最后一名报到院部，由院里领导集体进行研究，确定其中半数作为第一批下岗人员，另一半则再试用半年，到时再确定去向。这样，既增强了设计人员的竞争意识，自觉地提高自己的技术业务水平，又可保证新鲜血液的流入。去年下岗人员中有的还是高工，但由于设计院总体素质较高，即使下岗人员出去后也都能找到工作。

三是根据新的目标任务，下大工夫调整人员结构。过去，他们以钢铁技改项目为主，机械设计室的人员就有30人，现在减到13人，调整下来的技术人员有的充实到计划经营、质量技术、设计管理等部门，有的改行搞动力设计；而过去最薄弱的土建室，现在不仅分为土建、市政两个室，人员也增加到50多人，主要是每年从大学挑选应届毕业生。目前，他们在一线从事具体设计的人员平均年龄还不到30岁。由于他们长期以来是为钢铁技改服务的，其技术储备也都是钢铁方面的。而现在要在激烈的市场竞争条件下，开拓新的领域，就必须要大力提高职工的技术业务素质。他们采取边干边总结提高和有计划的系统讲座相结合，取得了较好的成效。

尽管他们的工作取得了很大成就，但董林院长对我说，毕竟他们在全国，甚至在重庆，从规模上看还是个小院，同专业大院进行竞争，他们没有优势。但就环保这样的新兴产业领域来说，他们和大院是处于平等地位的，谁早进入，谁就取得了一定的优势。因此，他们的态度是一不自卑，二更不能有一丝一毫的自满、松懈情绪，要不断分析新形势，提出新任务，克服新困难，迈向新高峰。

再访萍钢话感受[1]

1998年8月，我去萍钢做过3天调查。尽管事先已经知道萍钢这一年来在减亏扭亏的道路上迈出了很大的一步，但通过实地考察，对我思想还是有很大的触动，没想到两年前到萍钢时看到的几乎濒临停产倒闭的企业，竟然在短期内萌发出如此蓬勃的生机，于是写了一篇“关键在于有个好班子”。一年多后的今天，重访萍钢，看到萍钢在新班子的领导下，全厂职工深入转变观念，团结奋斗，又取得一个接一个的新胜利，我感触至深。一年多前，萍钢的高炉利用系数从上年的1.6左右提高到2.2左右，而今年1~10月，平均利用系数又提高到2.8左右，10月份还达到了3.2；高炉入炉焦比1998年平均519千克，今年1~10月平均为480千克；转炉钢铁料消耗1998年平均为1119千克，1999年1~10月平均为1087千克；转炉炉龄1997年只有373炉，1998年增长到1193炉，今年10月达到4169炉；去年8月我去萍钢时，棒材轧机还正在职工中募股，当年10月初开工，仅用6个月就建成投产，今年10月，已经达到了年产30万吨的设计能力。特别可喜的是，通过认认真真地学邯钢，成本大幅度下降。从今年9月起，不计政策因素，已开始实打实地扭亏为盈。

一、事在人为，志在超越

在萍钢，“事在人为，志在超越”这八个字可以说是家喻户晓，人人皆知，这就是萍钢的企业精神。这个企业精神，是萍钢人通过近两年来扭亏实践所得出的深刻总结，确实是源于实践，又高于实践，回过头来又指导实践。记得1996年6月我第一次到萍钢，在同中层干部座谈时，有位分厂厂长说，在他退休之前，看不到萍钢有扭亏的希望。现在，还是这位同志，却带领全分厂的职工深改革，抓管理，搞革新，不断创出新水平，不少指标在行业中处于领先地位。实践使他深深认识到，事在人为。而这一企业精神的提出，又进一步推动了萍钢的发展。1998年8月，我在萍钢机关大院，看到树立的一块“8·16工程”（1997年8月16日萍钢党政联席会上确定的3年规划）牌，列出了1998~2000年3年的奋斗目标。那时，已经可以看到，除个别指标外，大多数2000年的目标基本上都可以在1998年实现。这次，机关大院的牌子又更换为1999~2000年的两年发展计划，提出了更高的目标，现在2000年的目标又将提前实现。最近，他们正准备再换一块新牌子。当然，这又将是一次新的超越。这两年多来，萍钢曾在生产上组织过6次飞跃。前3次，实现每次飞跃的时间大体是半年时间；后3次，却只有一个季度。这也充分体现了萍钢人“志在超越”的精神状态。国家冶金局提出在全行业开展“对标挖潜”活动，而在萍钢一些基层单位，却改为“超标挖潜”。

---

[1] 原载于1999年19期《冶金工业通讯》。

二、把工夫下在自己身上

过去，萍钢干部中，“外因论”、“唯条件论”、“特殊论”严重。对外、对上如此，对内也一样。市场销售情况不好，销售就推产品质量差、售价高；产品有了问题，轧钢就推炼钢，炼钢就推炼铁，炼铁推烧结、焦化，烧结、焦化就推原料，原料就说，财务不给钱，买不回好原料；财务则说，销售拿不回现款，我从哪里给钱。因此，多年来，基本上就是循着这个“怪圈”，周而复始。出了问题，谁都没有责任，而问题也始终得不到解决。现在，厂领导带头转变观念，要求各个单位、各个部门都要把眼睛盯住自己，工夫下在自己身上。出了问题，即使9分责任是人家的，那你也要先把属于自己的1分解决好；人人都这样考虑问题，做好自己该做好的工作，什么问题不都解决了吗。现在，这种观念已深入人心，有问题，首先检查自己有什么不足，想方设法去改进，而不再是抓住人家的毛病不放。这样，既提高了自己的水平，锻炼了队伍；又大大减少了扯皮，增强了协作，走出了“怪圈”，各种指标反而都上去了。

三、宁做快牛挨鞭打

这次，在同萍钢各级干部和职工座谈时，很多人都谈到“鞭打快牛”这个词。但是，同其他企业不同的是，在萍钢，这个词不是贬义词。不少同志都说，鞭打你证明你还是一头快牛，是为了进一步发挥你的潜力，如果连打都不想打你了，反倒说明这头牛不起多大作用了。他们还说，鞭打快牛，这是萍钢求生存的需要，是萍钢早日扭亏的需要，是萍钢能够自立于市场之林的需要，绝不是厂领导硬压高指标，厂领导只不过是把市场的压力往下传递而已。同时，厂里在分配制度、人事、用工制度等方面也同步进行了改革，不使快牛吃亏，懒牛得利。比如，在分配上坚持效益优先的原则，向主体单位、重要岗位、“三大能人”倾斜，对一些关键岗位实行“末名淘汰”的动态管理办法等。因此，在萍钢，“宁做快牛挨鞭打，不做懒牛被淘汰”“今天有多大劲，决不等到明天使”，已经成为广大职工的口头禅。一些基层单位提出的指标，都超过了厂部下达的任务。他们说，即使领导不“打”我们，我们自己也要“鞭打”自己，这实质上也是一种自我加压嘛。

四、换位思考与升位管理

现在，萍钢的职工都树立起一种“我为人人，人人为我”的思想。他们认为，所以要设立我所在的岗位，就是要为其他岗位服务的。因此，必须设身处地的考虑到同本岗位有联系的兄弟岗位，特别是下道工序岗位的需要，并以此来改进自己的工作。这就是所谓的“换位思考”。像炼钢厂机修车间钳工班，就主动提出“3分钟承诺制”，只要生产岗位来电话，3分钟内必须赶到，以保证设备的尽快修复和正常运转。这种“换位思考”的结果，就是要求自己尽可能提高技术业务水平和素质，以满足对方的需求。同时，也就提高了整体效益。

“升位管理法”，这是销售公司首先提出来的。1999年是萍钢产品结构大调整的一年。过去，萍钢的钢材就是线材一种，1998年全年产量11.7万吨，平均每月不到1万吨；1999年3月底，棒材轧机投产后，钢材产量有了大幅度的增长，现在月产量超过4万吨。在市场竞争日趋激烈的情况下，营销部门面临很大的压力。正是在这种情况下，销售公司的领导要求大家都能站在更高的层次上来思考问题，对待自己的工作，这就使大家视野更开阔些，考虑更全面些，工作更扎实些。现在，不仅产销率100%，货款回笼率100%，而且货币回笼率也达到了85%以上，为萍钢盘活资金作出了很大贡献。

萍钢作为学邯钢、扭亏转盈的又一先进典型，虽然取得了很大成绩，但他们仍然保持着清醒的头脑，戒骄戒躁，振奋精神，继续发扬“事在人为，志在超越”的萍钢精神，眼睛向内，把工夫下在自己身上，为进一步提高萍钢的综合实力和市场竞争力，为在21世纪作出新的贡献而努力奋斗。我们深信，萍钢的明天一定会比今天更好。

特钢行业的一颗新星❶

——江阴兴澄钢铁有限公司

江阴兴澄钢铁有限公司（以下简称兴澄）原是江阴钢厂，20世纪70年代由小电炉、小轧钢起家，80年代引进二手的连铸连轧设备，90年代与香港中信泰富有限公司合资，成立兴澄，引进德国德马克的100吨超高功率直流电弧炉、100吨LF炉及VD炉各一座和连铸连轧生产线，形成能冶炼110万吨优特钢、轧制100万吨优特钢材的生产能力。1998年产钢58.1万吨，钢材46.8万吨。公司全部产品通过ISO9002国际质量管理标准体系认证，1997年获中国质量管理协会“产品质量十佳企业”和“服务质量十佳企业”称号，热轧带肋钢筋和弹簧扁钢还同时获得冶金工业部“实物质量金杯奖”。“兴澄”牌各类钢材被广泛应用于汽车制造、机械制造和国家重点建筑工程，如“一汽”、“二汽”、南极长城考察站、秦山核电站、江阴长江大桥和香港新机场等，并且远销东南亚地区。

1998年，兴澄的主要产品产量和技术经济指标取得了“八增一降”的好成绩。一是钢产量达58.1万吨，比1997年增长37.57%。其中，优钢36.05万吨，比1997年增长94.19%。二是钢材产量46.83万吨，比1997年增长27.58%。其中，优钢材25.74万吨，比1997年增长72.05%。三是优钢比62.06%，比1997年增长41.14%。四是合金比32.80%，比1997年增长30.42%。五是连铸比78.30%，比1997年增长10.36%。六是工业总产值11.33亿元，比1997年增长15.48%。七是资金回笼率102%，比1997年增长3.03个百分点。八是实现利润5048万元，比1997年增长0.75%。而各项消耗和生产成本则有较大幅度的下降，如吨钢冶炼电耗（含精炼炉）由1997年的499千瓦·时降到460千瓦·时，下降了8.4%；吨钢成本也有明显下降，在消化了钢材降价减利因素后，保持了实现利润在江苏省冶金行业和全国特钢行业的领先水平。

最近，我在兴澄做了三天调查。未去前也曾听到过有关兴澄的一些议论，普遍认为兴澄的技术装备先进，劳动生产率高，但对其经济效益好这一点，一般都认为由于其是合资企业，新建大电炉生产线全由港方投资，因此企业的资产负债率低，财务费用低；由于其经济实力强，而且在分配机制等方面都较国有企业灵活得多，能吸引四面八方，特别是国有特钢老企业的优秀人才。这些，当然都是客观事实。但是，通过这次调查，使我对兴澄这个特钢行业的后起之秀有了更深的了解。他们响亮地提出“品种立厂、制度治厂、科技兴厂、机制活厂”的工厂方针，并认真贯彻执行，特别是他们狠抓观念的更新，一切服从市场，服务于客户；科学、严格、认真的管理；依靠科技进步，重视技术改造；以及重视

---

❶ 原载于1999年第11期《冶金经济研究》。

人力资源开发等方面，给我以深刻的印象。

一、狠抓观念的更新，使一切服从于市场、服务于客户的观念牢牢扎根于全体员工的思想中，落实到行动中

在同兴澄总经理俞亚鹏的交谈中，他快人快语，直截了当地谈到他们同国有企业最大的不同是思想观念上的差距。他认为，目前不少国企依然摆脱不了计划经济时期形成的思想观念，而兴澄却是完全按照市场经济的规律在运作。在兴澄，“三个服从”的观念已经深入人心，这就是“全厂服从市场，生产服从经营，其他服从生产”，只要市场需要，就要千方百计地设法满足；在生产组织上，必须以销定产，根据订单来组织生产，而不是以产促销；在公司内部，所有部门都要为开发市场需要的新品种、提质降耗、降低成本等方面，配合生产，搞好服务。

应该说，这些话，今天已经不是什么新鲜话了。但是，在兴澄，这“三个服从”确实有其新意。他们认为，没有用户的需求，就没有企业存在的空间；用户任何一个新的需求，都会给企业带来一些“麻烦”。但是，没有“麻烦”也就没有我们的工作。企业要生存，要发展，就要不断地解决“麻烦”，就要自觉地去追求这种“麻烦”。

正因为兴澄的领导有这样高的思想境界，所以，他们不仅要求销售部门的员工深入用户，调查市场，反馈信息，而且采取各种措施，要求公司其他有关部门都要从各自的角度去接触用户，了解市场。比如，过去，一些生产厂的厂长总以为搞生产难度最大，公司领导就有意识地让他们去进行销售，使他们亲身体会到真正的难度还在开拓市场，从而把生产厂的各项活动推向市场一线；公司还明确规定，各生产厂的厂长要亲自到现场，参与质量异议的处理工作，以强化生产厂对产品质量的责任，真正体现重在纠正的精神；在新产品投放市场后，有关生产厂的技术人员还要到用户单位进行为期半年到一年的跟踪调查。公司科技处及各生产厂的技术人员每月约有一半时间深入用户单位，既为用户服务，又根据用户反馈信息，不断改进自身工作。为此，公司还专门拨出 7 辆汽车，供他们访问用户使用。

“三个服从”归根结底，就是要服务于客户。兴澄强调，要赢得客户，必须全方位地搞好优质服务。用户到厂，实行“一条龙”服务；对销售大户，落实专人跟踪服务；钢材发运，提供运输代办服务；用户急缺钢材，突击开发服务；用户特殊要求，千方百计保证服务。不仅让用户满意，更注重和用户结成利益共同体。他们不仅努力搞好当前的服务，而且还致力于为搞好明天的服务打下基础。在他们建立的客户档案中，既包括客户使用兴澄钢材情况的记录，客户使用钢材的工艺流程，以及使用客户产品的最终用户，还要包括客户正在开发新产品的情况。这样，才能早作准备，为用户进行超前服务。

二、在企业管理上，强调制度治厂，强调规范化，强调严肃、严格、认真、落实

兴澄的同志认为，当前对大多数企业来说，很多事情不是不会做，而是没有认真去做。因此，必须要建立这样的机制，使制度治厂能真正落到实处。

他们在制定规章制度时，是严肃认真的，而且随着情况的变化，及时进行修订，使这些规章制度真正切合实际，具有更强的针对性。比如，他们目前执行的质量保证手册、质

量体系程序文件，以及企业管理制度都已经是第三版了。拿管理制度来说，第一版是1992年制定的，当时企业内部管理较松，因此重点是通过建立8种制度（企业股份制、全员合同制、干部聘用制、劳动考工制、班组核算制、供销承包制、安全质量否决制、物资储备定额制）来提高全体员工的管理意识。第二版是1995年修订的。当时，冶金行业的效益开始滑坡，关键在于各级领导的观念没能跟上形势的变化。因此，修订这一版的指导思想是加强领导干部的责任，加重对领导干部的惩罚力度，不仅违规违纪的职工要受到应有的处理，而且还要对这些职工的直接领导进行处理。第三版是1998年修订的，新版本主要是结合当时公司机构、管理层和管理职责的重大变化，围绕“三个服从”的要求，使其制度化、规范化。

有了规章制度，不等于管理工作就自然而然地加强了。不少企业在管理上的一个弱点就是“有章不循”。为了使这些规章制度能真正落到实处，兴澄采取了三项措施。第一条是每月都要按经济责任制进行严格考核，不讲情面。如1998年由于质量问题对6个生产厂扣除工资总额36.4万元，其中三炼钢11月就扣了7.6万元；销售人员没有按时回收款项的，则从工资中扣除逾期利息。此外，对近百名中层以上领导干部（含总经理层）每年进行一次评议，由主要岗位的班组长和党支部、基层工会推选的一百多名代表按德、能、勤、绩四个方面作考评，并对其是否胜任本职工作作出评价，认为不胜任本职工作的、否定票最多的几名干部，一般都要进行调整。像1998年底对99名中层干部的评议中，尽管不称职的票数最多的只有8票（全票是130票），但对这些干部的工作岗位，有的已经进行调整。

第二条是切实加强检查工作。这种检查具有制度化的特点，公司企管部3名工作人员每季度都要对所有二级单位进行一次执行规章制度情况的检查（当然，检查的不仅仅是规章制度执行情况），事前企管部要作出检查方案，并根据检查结果作出合格、口头提醒、书面提醒、次要不合格、主要不合格的评价，记录在案。我曾查阅了今年3月份管理体系的检查要点，对各单位检查的条款，少则6条，多的有33条（如质量处）。像对公司办公室，就检查了13条。到一个单位检查时，不要单位领导人来汇报，开门见山，亮出要检查的条款，要求被检单位在10分钟内拿出有关资料和数据。这就促使各单位都要认真按规章制度办事，并把自己的各项工作都纳入贯标体系中去。企管部还要根据检查的情况，提出整改意见。

第三条是全公司一年一度的考试。除总经理部10名领导人员外，公司其他人员都要接受考试。考题内容就是各项规章制度，一般有20道选择题，几道问答题，闭卷考试，1小时交卷。中层干部不及格的免职；管理人员不及格的降职使用，补考不及格者下岗；员工不及格的取消年终奖，补考不及格者下岗。1997年就有8人受到这种处理，其中中层干部1名，管理人员3名，一般员工4名；1998年则处理了3名。

三、把依靠科技进步、重视技术改造作为兴厂、立厂之本，走低投入、高产出之路

在未去兴澄前，印象里兴澄之所以能在激烈竞争的特钢市场中占一席之地，主要是他们在滨江地区新建的从国外引进的全套生产线。但到现场一看，实际情况并不尽然。他们在市区最早建设的老厂，经过多次改造，已经今非昔比。老厂区在市内，环保要求很严，

但生产时看不到烟尘。10吨的电炉，过去变压器容量只有2800千伏·安，现在更换为5500千伏·安；原来上钢五厂大修淘汰下来的旧轧机，现在全部更新为高刚度轧机；原来烧煤的加热炉都改为烧油；两个冷床全是步进式的；由于老厂区没有连铸机，过去浇钢时钢锭支数很难控制，有时浇成短锭，有时钢水又从冒口溢出。后来，在天车上加了电子秤，及时对钢锭模进行调整，仅花了十几万元，而每年节约的成本就有100多万元。通过不断的改造和群众性的小改小革，现在老厂吨钢冶炼电耗降到了460千瓦·时，在行业内也是领先的。他们的重大技改项目，都是在充分论证的基础上，由总经理部提出方案，报董事会讨论批准，一般都能收到投资少、见效快、产出高的良好效果。

在1992年前，兴澄（当时还是江阴钢厂）全部生产螺纹钢，尽管那时建筑钢材市场热销，但他们居安思危，深知用电炉生产螺纹钢，成本再低，也难以和长流程的钢材竞争。因此，从1993年起，开始实施“普转特”这一战略性的转变，把开发品种作为立厂之本，大力提高优钢比重，目前已能冶炼近百个钢种，轧制近千个品种规格，生产钢种主要包括优质碳结、合结、轴承、弹簧、易切削钢、锅炉用钢等和Ⅱ、Ⅲ、Ⅳ级热轧带肋钢筋等系列产品，产品有棒材、管坯、扁钢、无缝钢管等。像弹簧钢，1995年才开始生产，1997年就获得了冶金工业部“实物质量金杯奖”，目前年产量也居全国第一。

为了创名牌，他们十分重视确保产品质量的各项建设。在硬件建设上，先后投入几百万美元，从英国、荷兰、美国等国家引进90年代先进的直读光谱仪、碳硫联测仪、氧氮联测仪、金相显微镜等理化检测设备，建立从原材料进厂到成品出厂的全过程质量测定、分析、监控，其理化检测手段在冶金行业中也是名列前茅的。在软件建设上，按照ISO9002标准建立完善质量保证体系。到1996年底，江阴钢厂所有热轧钢材都能按照国际标准组织生产，并通过国际标准质量论证，成为国内为数不多的全部产品通过ISO论证的企业之一。

四、不断优化人力资源结构，充分发挥人才潜能，努力提高人员素质

70年代前，当时的江阴钢厂是一个地方集体企业，职工队伍是“三多一少”：农民工多、临时工多、外地工多，有专业技术特长的少；到80年代进行了扩建，但职工队伍的基本状况并没有多大改变；90年代引进了世界一流的技术装备，如果继续维持原有的队伍结构，显然就极不适应新的形势了。因此，兴澄的领导下大决心调整员工队伍的结构，并取得了较大成效。1989年，当时产钢8.7万吨、钢材4.5万吨，有职工近3000人；1999年计划产钢80万吨、产钢材75万吨，人员编制仍然是3000人。但通过建立优胜劣汰的用工机制，队伍的构成有了很大的改变。1989年，具有大专以上学历的只有60多人，有中级技术职称的只有十几人；现在分别有600多人和100多人，而且还有了一批高级技术职称的技术人员和管理干部。

兴澄相当一批技术人员和管理干部都来自一些国有大企业，有的是退休或内退后请来的，有的则是年轻的现职干部。当然，在生活待遇上是比老厂要好，但他们感受最深的还是这里的工作环境。在兴澄，任用干部不是看年龄、工龄，而是看能力、水平。现在公司30多岁副处级以上年轻干部有35人，占这级干部总数30%以上。通过优胜劣汰，近几年也有20多名中层干部被降职、免职。我同一些从老厂来的干部交谈，都认为来后工作要比老厂紧张得多，但作用也比老厂发挥得好，有职有权，特别是一些年轻同志，更觉得在

兴澄能够较好地施展自己的抱负。现在，兴澄技术部门和销售部门的主要骨干基本上都是老厂过来的。

兴澄的机构精干。拥有 3 座 30 吨电炉、2 座 40 吨 LF 炉、1 座 40 吨 VD 炉和 2 台连铸机的第三炼钢厂，年产钢 30 万吨，定员为 514 人；而我们有些装备类似、产量还不如兴澄的老厂，人员却比兴澄高一倍还多。他们轧钢厂下面，不设车间、工段，由厂长直接管到班组。他们人员少的一个重要原因，就是对员工都要求一专多能。设备检修，由检修工人作指导，生产工人参加检修。这不仅人员可以精简，而且可以使生产工人更关心设备的完好，并大大有利于职工素质的提高。对科技人员，在老厂分工较细，虽然比较专，但不易形成总体概念；而在兴澄，每个项目，确定一个主要负责人，由他组织有关单位和生产厂，进行攻关。因此，能较快地锻炼出一支复合型人才。

对一个新兴的企业来讲，人才是关乎企业兴衰的重大问题。兴澄的领导认为，一个没有人才的企业是衰弱的企业。因此，他们确立了“像办学校一样办工厂”的企业战略，把培训工作的重点放在技工队伍上。1997 年 4 月，开办了江苏省冶金行业第一期炼钢高级工培训班，26 名学员经过一年半的学习，到 1998 年底，有 21 名学员获得了省内第一批炼钢高级技工等级证书。1998 年又办了轧钢、电气、机械等 5 个中级技工培训班，有 56 名获中级技工证书。对特殊工种，共开办了 13 期初级技工培训班，培训了初级技工 666 人。1998 年，兴澄累计举办各类培训班 94 期、培训人员 3385 人次，其中，对管理人员每年培训 100 学时；对一线工人，每年培训 80 学时。

虽然，这几年兴澄取得了令人瞩目的重大进步，但当前仍然面临不少新问题。目前，兴澄产品在市场上最大的优势是成本低，这固然有其自身的努力，但财务费用低确实也是不可忽视的重要因素。兴澄既要抓住时机，充分利用这一有利条件，但又不要过分依靠这个条件，以致放松自己的努力。还要看到，现在的 3 个生产厂区，除滨江地区是全新的引进设备外，老区和花山地区的设备虽经改造，但有些仍然不适应特钢生产的要求，即使引进设备，也不全部适应特钢的需要；在人员培训上，兴澄是花了很大的力气，但比起一些老厂来，技术人员无论在数量上，还是实践经验和理论修养上，都还有一定的差距，工人的素质更要稍逊一筹，这些，对进一步扩大高附加值、高难度的品种，提高产品在市场中的占有份额，都是迫切需要解决的大课题。好在兴澄的领导对此已有清醒的认识，并且已经作出了安排。我们相信，在不远的将来，兴澄一定会以更新的面貌出现在人们的面前。

兴澄的崛起，对我们一些老厂也提供了不少启示。就我接触到的一些老特钢企业对兴澄的评价，听到较多的是羡慕其引进的先进生产线和很低的资产负债率，以及比较灵活的用人机制和分配机制。应该承认，这些确实是兴澄的优势所在，特别是前者。但如果兴澄没有面向市场、服务客户的强烈意识，没有严格的管理和动真格的考核，不进行富有成效的技术改造，不在提高员工素质上下工夫，设备再好，也不一定能有今天这样的效果。至于说到内部机制，尽管老厂同兴澄在外部环境上有所不同，但我认为，相当程度上还是企业自身的问题。有位从老厂来的中层干部同我说，前几年老厂效益好时，他的收入并不比兴澄差，但却感不到有什么激励作用，而兴澄采用的分配机制，却有着明显的激励作用。因此，我觉得，新老企业应该互帮互学，取长补短，并肩前进，以加速行业整体水平的提高。

新（余）钢剥离后的子公司趟出一条新路子[1]

新钢按照主辅分离、分块搞活的改革思路，依据《公司法》及现代企业制度模式，从1996年3月到现在，先后对24家二级单位改组为22家具有独立法人资格的全资子公司（目前又有3家恢复为二级单位管理体制，现存子公司为19家），包括矿山、冶炼、轧钢、机电修、建材、建筑、汽运、碳素、渣业、生活后勤等多个行业。经过3年多的运作，取得了良好效果，摸索出了一些新的经验。

一、可喜的成效

（1）经济效益逐年上升。这些剥离出去的子公司，在分离前基本上都是亏损单位。像1996年第一批成立的16家子公司，在1995年只有水泥厂一家盈利，总亏损额为9443万元；1996年就减亏1865万元，减亏率为19.6%，亏损额降到7578万元；1997年亏损额下降到3929万元，比上年减亏3648万元，减亏率达48.1%；1998年19家子公司亏损额为1127万元，比上年同口径（因在此期间，又有几家亏损单位剥离成立子公司）减亏4091万元，减亏率为78.4%；预计今年可以实现盈亏持平。减亏的幅度一年大于一年。

（2）在提高子公司自身经济效益的同时，也为新钢公司减轻了负担。据统计，最初成立的16家子公司在1996、1997两年中，不仅自己承担职工的工资和各项开支，还上缴管理费、养老统筹金、福利费、资金占用费共10870万元；1998年共上缴6247万元。

（3）一些有产品的子公司依靠自身的力量，进行必要的技术改造。像冷带公司先后投入100多万元对重要设备进行了改造，以强对流罩式炉替代了砂封炉，对钢丝连续热处理炉也作了改造，使耗电量平均都节约40%以上；钢管公司的煤气发生炉和加热炉的改造，机械制造公司的带式运输机械，渣业公司的钢渣生产线等项目建成投产，都起到了很好的作用。

（4）职工收入有了增长。1998年底，这些全资子公司在册人数为13317人，占新钢总人数的30.8%，人均收入达到7298元，比子公司成立前这些单位的人均收入增加2930元，增长了62.1%。

除了这些物质上的变化外，更为可喜的是通过改制，促使了人们观念的转变和机制的转换。因为将有条件的二级单位改制为全资子公司，使他们以独立法人的身份，真正挑起“四自”的担子，直接承受市场的压力，承担资产保值增值的责任，这同原先作为二级厂或大公司的辅助部门就有实质上的差别。存在决定意识，地位的变化也促使这些子公司领导观念的转变。过去，作为二级单位的领导，和大公司总脱不开一种依赖关系。现在，作

[1] 原载于2000年第1期《冶金经济与管理》。

为独立法人，就得自己挑起这副担子。用一些子公司领导自己的话来说，过去新钢这份大家产只是大公司少数几个人在管，现在是上百个大小头头一起来操心。这样就把少数人身上的压力传递到一群人身上，变一个积极性为多个积极性。

建立母子公司的体制，也必然要求子公司内部机制相应地进行转换。现在，这些子公司普遍形成了上岗靠竞争、收入凭贡献的用人和分配机制，岗位空缺就张榜招聘，个人收入与劳动效率、工作质量、经营成果挂钩，拉开了分配差距；对有外销产品的子公司也都建立了和市场对接的营销机制，面向市场，转变经营作风，钢管公司的产品从受到用户“红牌”封杀到重新占领市场，得到用户青睐的变化，就是一个很生动的事例。

事实证明，新钢将这些二级单位剥离出来、建立以资产连接为纽带的母子公司新体制，这条路是走对了。他们的经验也证明了，国有大中型企业要摆脱困境，这是一条必由之路。

二、变化来自何处

当然，新钢子公司搞到现在这样，并不是轻而易举的，更不是一蹴而就的。就我个人观察，主要做了以下几件工作。

一是狠抓领导自身的观念转变。应该说，新钢领导对主辅分离这项工作并不是一开始思想就通的。1995 年我去新钢时，曾和公司领导谈起过这件事。当时他们认为，新余就这么大一块地方，新钢职工和家属总数超过 10 万人，占新余市城镇人口总数的 50% 以上，即使剥离出去，只不过从抱着变背着，还是一样沉。但随着形势的变化，公司领导的观念也在不断转变，1996 年开始对第一批二级单位进行剥离，成立子公司；1997 年我再去新钢时，正好新余市召开市属企业的改革会议，通知到会的都是一些小企业，但新钢作为当地最大的企业，主管这项工作的副董事长却主动前去参加，这还引起一些到会同志善意的嘲讽。他们硬是从头到尾参加完会议，并把会议印发的几十份材料认真作了研究，然后结合新钢的具体情况，加以运用。如果没有这种观念的转变，要想在短期内取得比较明显的成效是不可想象的。

二是以《公司法》为依据，规范运作，建立健全有关规章制度。作为自负盈亏的独立法人，必须使其责权利相一致，从而更好地发挥各子公司的积极性。新钢公司首先出台分块搞活的 10 个条例，对子公司在劳动人事、工资分配、原料采购、产品销售、市场计划等方面放权，母公司不直接干预子公司的生产经营活动。以后为了进一步规范母子公司的依法运作，又相继建立了一系列的规章制度，如制定了《全资子公司管理通则》，明确了母子公司的法律关系和经济关系；为了保证国有资产的保值增值，出台了《子公司重大经营事项报告制度》、《子公司固定资产投资审批制度》、《财务监控制度》、《产权代表考核制度》等一系列规章制度。同时，母公司还在子公司独立注册的基础上，为他们办理了税务登记，取消了内部账号；规范内部市场，将市场机制引入母子公司体制内。这些，又为子公司的健康发展创造了有利条件。

三是对子公司给以必要的扶植。这些子公司剥离前，除个别单位外，基本上都是亏损的。成立“四自”的子公司，并不等于母公司将他们推出不管，而且还要为他们今后更好地生存和发展创造条件。比如，到 1998 年底，这些全资子公司资产总额为 11.8 亿元，占新钢总资产的 23.3%；负债总额为 6.8 亿元，占新钢负债总额的 17.4%；所有者权益 5 亿元，占新钢所有者权益的43.1%。资产负债率为57.60%，比同期新钢资产负债率79.82%要低22.22个百分点。这主要是新钢在剥离这些子公司时，将相当一部分负债转为母公司注入的资本金，使这些子公司大大减轻了债务负担。

虽然，新钢子公司经过3年的运作，取得了可喜的成效，但当前面临的形势仍然十分严峻：总起来讲，各子公司在观念的转变、机制的转换方面，发展不平衡，直接影响各单位改革的深化和进一步的发展，有的经营者素质还跟不上改革形势发展的需要；多数单位虽然有了盈利，能够勉强求得生存，但由于先天不足，基础仍然相当脆弱，市场竞争力还不强；还有几家子公司虽然也大幅度减亏了，但今年还并不能扭转亏损局面。此外，一些内部和外部的关系还没能完全理顺，特别是在母子公司之间关联交易、资金往来等方面还存在不够规范之处，既在一定程度上加重了某些子公司的负担，也会使有的子公司受到不应有的保护；在奖惩考核上，对子公司采取和母公司二级单位同样的办法，在某些方面没能考虑到不同子公司的特点，也会影响到子公司的积极性。这些，都需要在实践中不断加以完善。

三、下一步的思路

对目前存在的这些问题，新钢领导头脑是清醒的。他们一方面正在总结、交流、宣传、推广一些成功的典型经验，以提高子公司的整体素质；同时，着重做好以下几项工作：

（1）规范行为。一是规范内部竞争行为。完善竞争有序的内部市场体系，特别在母子公司的关联交易、资金往来方面，要按照国家有关财务制度的规定和市场经济运行法则，结合实际加以规范，以维护母子公司的整体利益；二是规范投资行为。母公司要加强对子公司投资的审查，以避免重复建设；三是规范经营行为。主要是加强遵章守纪教育，加强审计监察，以提高经营者依法经营意识。

（2）优化结构。一是有意识地实施优势子公司兼并劣势子公司，使企业资产不断向“两高”（高效益领域、高素质经营者）集中。对少数经营效益很差的子公司，可考虑实施内部破产，以利于资产重组和产业结构调整。对一些同类型的子公司，可考虑采取合并重组，使各种生产要素得以进一步优化。二是在保证国有资产不流失的情况下，提倡和鼓励子公司与其他企业（包括非公有制企业）合资合作经营，发动职工参股（目前已有3家职工参股的子公司），以改善目前子公司投资主体单一化的状况。三是优化产品结构，引导各子公司根据市场需求，在抓好自己的拳头产品的同时，搞好产品的延伸开发，以增加企业效益。四是进一步完善法人治理结构。健全子公司的董事会、监事会和经理层，明确各自的管理职责范围，健全决策程序，以防止个人滥用权力的情况发生。

（3）完善考核。进一步完善资产经营责任制和风险抵押奖惩制，按照公平、公正、公开以及科学合理的原则，完善考核指标体系和考核办法，以强化对子公司经营者的激励和约束功能。鉴于目前各子公司资金占压严重，从而导致资金高度紧张，这已经成为制约子公司发展的主要瓶颈。而其原因，则主要是由于过去的历史造成的。因此，要制定消化历史包袱的优惠政策和奖励措施，将盘活存量、消化历史包袱纳入资产经营考核体系，以尽可能减轻经营包袱。

（4）争取条件。在重点抓好内部工作的同时，还要积极地争取尽可能地改善外部条件，特别是要争取有关银行的理解和支持，增加一部分贷款，以帮助一些产品有市场，又有效益，并有发展前景的子公司更快地成长壮大。

自立自强是真谛[1]

——关于南昌钢铁有限责任公司实现扭亏的调查和思考

1996年6月，我到南昌钢铁有限责任公司（简称南钢）考察，那次印象是：企业规模小，年产钢仅有36万吨；技术经济指标差，高炉利用系数只有1.6，入炉焦比620千克，处在同行业落后水平；冗员过多，用工达1.6万人；亏损大，累计亏损8645万元。时隔3年，今年10月再到南钢，有“士别三日，当刮目相看”之感。

一、喜人的变化

（1）各项指标大改善。高炉利用系数上升到2.93，入炉焦比459千克，进入行业先进水平；年产钢大幅度增长，达到60万吨，吨钢综合能耗、轧钢综合成材率等指标都得到普遍改善；累计盈利400万元。

（2）学邯钢力度大加强。成本大幅度下降，过去指标低，下面还要讨价还价，往往完不成；现在指标大大提高了，却都完成了。与1998年同比，累计降成本1.2亿元。

（3）企业内部改革大深化。从生产主体分离出去的19个单位、3260多人，自己养活自己，不亏了，利润从持平到盈利，水平不断提高。三项制度改革迈出很大步伐，近几年分步清退出农民工、临时工共5000人。

（4）职工观念大转变。摆脱了“等、靠、要”思想的束缚，树立了自立自强，争生存求发展的观念；改革开放，参与市场竞争的观念。一切工作以是否适应市场需要为标准，以效益的高低决定收入的多寡，对深化改革，从严管理的承受能力增强了。

（5）职工的精神大振奋。人气旺，人心齐；协作好，扯皮少；办法多，战斗力强，一支新的队伍正在成长壮大。涌现出一批好典型：焦化厂运用计算机技术管理企业见成效，年新增效益168.9万元，焦炉被评为全国特级炉。主体生产线尽管各项指标有了大幅度提高，但职工们却对进一步攀登新高峰满怀信心。

二、扭亏靠的是自立自强

经过3年多的努力，南钢实现了扭亏，企业面貌发生了新变化，闪光的东西不是一点，而是成线成片，探求其变化的缘由，对抓好企业扭亏工作不无启迪。

（1）扭亏的关键在领导班子，重点在“一把手”。

一是领导观念的转变——企业扭亏的前提。南钢的行政一把手，这几年并没有变动，群众都认为他多少年如一日，勤勤恳恳，敬业精神强，只要人在厂里，每天早上六点钟左右就骑自行车到现场巡视，但为什么过去却不能改变面貌，而这两年，还是这位陈雪山总

[1] 本文合作者为南钢办公室主任李卓夫。原载于2000年第1期《冶金管理》。

经理，南钢的面貌却有了这样大的变化？一方面固然是上级领导对班子作了适当调整，但更重要的还是自身思想观念的转变。前几年总还存在等市场好转、靠上边政策、要政府支持的念头。这几年兄弟企业扭亏的实践促使他们树立了不等不靠，丢掉幻想，靠自立自强实现扭亏为盈的决心。观念转变了，改革的力度、采取的措施也就不同，过去不敢想、不敢做的事，上下思想统一，群众发动起来后，一个一个都变为现实，从而更增强了全公司上上下下扭亏的信心和决心。

二是领导严于律己，自立扭亏军令状，交纳风险抵押金，正职 2 万元，副职 1.5 万元，完不成扭亏任务自动辞职，没收抵押金。群众从领导身上感受到了扭亏的勇气和胆略，评价说："手提乌纱帽干活，交风险金打工"，坚定了扭亏的信心和斗志。

三是领导敢于碰硬，坚持原则，动真格。实行亲属回避，总经理的妻子和副总经理的儿子调离出经营部门；分管生产和分管设备的副总经理有一个月没完成任务，在公司班组长以上干部大会上照样点名批评，照样受处罚拿 220 元最低工资，这在南钢是史无前例的，在群众中引起强烈反响。"领导敢下海，群众敢擒龙"，公司上下形成了扭亏的合力。

（2）扭亏要在改革上加强力度，敢闯新路。

南钢在三项制度改革，精干主体，放活辅体，减员增效等各项改革中力度大，创意新、效果好。给我印象深的是在 3 个方面敢于打破禁区，解决了一些企业没有解决的问题。

一是解决了城里人不能干民工活的问题。和许多钢铁企业一样，南钢曾长期使用大批农民工和临时工，干那些正式工不愿干的苦、脏、累、险活，最多时近 5000 人，接近用工总数的三分之一，人浮于事，出勤不出力现象普遍存在。对这个问题，这几年很多钢铁企业都在着手整顿，清退了部分临时工，但要工人干农民工的活，仍然是个"老大难"问题，有些工人宁可下岗，也不干农民工干的这些活。但南钢通过近几年的减员增效工作，分期分批将农民工和临时工清退完毕。目前，仅极少数岗位还保留七八十名临时工。南钢热带厂产品无出路，公司果断将其从主体中剥离出去，改组为自负盈亏的生产服务公司，由生产型转变为服务型企业，成建制地顶退农民工、临时工岗位，承担起搬运、回收、加工等业务，解决了职工的出路问题，每月还为公司节省外委费 25 万元。像南钢这样地处省会城市的企业，能做到这步确实不易，由此也说明了只要转变观念，建立起新的机制，城里人同样能干民工活。

二是解决了社会公益性单位不能自负盈亏的问题。职工医院是个典型事例。南钢把医院从主体剥离，实行自负盈亏同实施劳保医疗制度改革结合起来，革除医院吃企业大锅饭，职工吃劳保医疗大锅药的弊端，妥善处理好了企业、医院、职工三者利益关系。

1998 年 2 月 1 日，医院正式分立运行。当时面临两个难题：欠债 250 万元，药品和卫生材料缺乏，无启动资金；时值春节期间，看病就医人员锐减，当月营业收入仅 30 万元，无钱发工资。沉重的压力和严酷的现实使院领导和群众认识到：要冲出困境，争得生存，唯有靠自己救自己。没有启动资金，领导带头拿出家中的积蓄，群众纷纷响应，3 天内就筹资 15 万元；发不出工资，就召开职工大会，领导和群众共商对策，每人先发 120 元生活费，共渡难关。同时，推行劳动人事和分配制度改革，拓宽医疗服务范围，提高诊治质量，很快就扭转了困难局面。

经过一年的努力，医院面貌发生了深刻变化。改革前，公司一年支付给医院的总费用高达675万元；改革后，医院不但自己养活自己，到1999年10月，还创利8.9万元，医务人员收入比改革前增长44%。另一方面，按照“个人出一部分，企业出一部分”和“小病小保，大病大保，工伤全保”的原则，实施劳保医疗制度改革。通过建立职工个人医疗账户的办法，杜绝了“一人劳保医疗，亲朋好友都来享受”的漏洞。以上一增一减，公司1999年总共支付职工的医疗费用285万元。这种有利于企业和医院，又为职工所能接受的新的企业医疗体制和管理模式，值得借鉴。

三是解决了敢于让少数职工先富起来的问题。在钢铁行业，南钢的人均收入是较低的，1997年只有6565元。在员工普遍收入低的状况下，能不能和敢不敢让少数职工通过辛勤的劳动先富起来？南钢敢为人先，果断拉开分配档次，对高炉、转炉的炉前工等涉及企业生产经营的关键岗位，共计154人，实行“底薪工资制”，只要完成先进的生产经营指标任务，个人年收入可达3万~4万元。让少数职工先富起来，带动大家收入的提高。过去，这些岗位谁都不愿干，留不住人，勉强留下的，也缺乏积极性，技术经济指标长期无法改善。实行“底薪工资制”后，大家必须竞争上岗，对业绩处于末位者予以待岗，只拿个人原有的基本工资，这样一来谁也不甘落后，努力争创一流水平，推动了高炉和转炉技术经济指标的不断提高，有力地促进了公司生产经营的全面改善。企业效益好转，又使广大职工的收入也得到提高，主体单位的人年均收入可望达到9000多元，比上年增长12%。事实证明，南钢在分配制度改革上，抓住了主要矛盾和矛盾的主要方面，达到了调动职工积极性和促进企业发展的目的。

（3）扭亏要在学邯钢上下真工夫。

南钢从1992年开始推行“模拟市场核算，成本否决”，年年学，年年效果不明显。现在学邯钢，效果大不一样。原因有3条：

一是解决了领导认识不统一没法学的问题。1996年我到南钢考察时，有位公司领导讲：南钢与邯钢条件不一样，没法学。班子认识不统一，就不可能真正把邯钢经验学到手。1997年6月，新班子成立后，统一思想认识，坚定不移地把扭亏工作放在各项工作的首位，把学邯钢、降成本作为扭亏攻坚的重点，从公司党政一把手到领导班子全体成员；从机关处室到二级厂、车间、班组都落实了降成本、降费用的指标，使学邯钢、降成本工作，达到认识统一，班子齐心，上下一心。

二是解决了心中无数无从学的问题。过去定目标成本，指标低了没有用，完成指标后，仍然达不到扭亏目的；指标高了下面又不接受。现在，成本指标军令如山，不强调客观，不强求条件。转化的关键在于南钢结合厂情学邯钢，提出“学三钢”，把学邯钢降成本与学萍钢“事在人为，志在超越”的精神，学济钢“系统节能，挖潜增效”的经验结合起来，融会贯通，解决了认识问题和方法问题。特别是依靠科技进步降成本，炼铁、炼钢、轧钢系统都采用了一些行之有效的新工艺、新技术，取得了明显成效，把企业内部的潜力有效地挖掘出来。今年为适应市场的变化，南钢又先后四次确立新的目标成本，每次都分解落实，胜利完成。截至10月份，累计降成本1.2亿元，有效地消化了降价减利因素。

三是解决了敢不敢从严考核的问题。南钢学邯钢，敢于坚持“领导负责任，否决敢动真”的保证制度。公司领导至二级单位的党政一把手，负有成本、费用管理的第一位责任，公司每月进行考核。二级单位一个月未完成指标任务的予以黄牌警告，连续两个月或累计4个月没完成的就地免职。1998年以来，有4名中层领导因此被罢免。与此同时，有14名中层领导因大幅度降成本而获得公司“通令嘉奖”。同时，坚持成本指标与个人收入挂钩，实行一票否决。公司先后4次在较大范围内实行“否决”，职工领取220元最低工资，最大一次涉及9000人，只有3个完成成本指标的单位领取了全额工资和奖金。南钢的干部群众现已形成这样的共识：“成本指标军令如山，从严考核不讲情面”。

三、志在创新发展

南钢实现扭亏，迈出了争生存求发展的关键一步，但扭亏不等于脱困，要从根本上摆脱困境，必须继续付出艰辛的努力。最近，公司领导班子认真学习党的十五届四中全会精神，决定在不断实现管理创新的同时，抓住企业发展战略和技术创新战略两大环节，使企业摆脱困境，走向良性发展之路。

结合企业的实际，南钢发展战略是：建立适应市场经济要求的现代企业制度。实现企业主体股份化、辅体多元化、整体高效化发展格局，走科技进步，内涵挖潜，低成本扩张、集约经营的路子。在近期，实施资产优化重组，形成“汽车弹簧”、“钢铁”、“辅体和非经营性单位”三大板块结构，发挥各自优势，扬长避短，加快发展步伐。

（1）对南钢子公司“江西汽车板簧有限公司”，进行增资扩股，实施股份制改造。实行产业结构和产品结构的战略调整，创立“江西长力汽车弹簧股份有限公司”，已于10月30日挂牌。

（2）对“钢铁板块”，以改革为动力、以科技进步和科学管理为手段，提高资产运营质量，注重内涵挖潜增效。到2005年，精减到3000人，人均产钢300吨。

（3）对“辅体和非经营性单位”，实施分立分流，放开搞活，开辟新的经济增长点。到2005年，非钢铁经营收入将占企业收入的30%以上。

南钢的变化发人深省。这几年我接触的一些亏损大户的变化，除了上级领导和有关部门给予必要的政策等支持外，就企业内部而言，大体有三种类型：一种是以水钢为代表，外派一把手，带去了新观念、新思路、新作风，建立了新机制，改变了企业面貌；第二种是以萍钢为代表，还是企业原先的班子成员，但主要领导则由原副职接任，转变了观念，“事在人为，志在超越”，改变了企业落后被动的局面；而南钢则又是另一种类型，企业的一把手没有动，通过自身观念的转变，同样带来了十分明显的效果。应该说南钢的经验更具有普遍意义。因此，如何对脱困中的国企予以及时的指导、支持和帮助，使之尽快脱困，转入良性循环，这是广大企业的期盼，更是我们主管部门和地方政府都要共同做好的一篇大文章。

海清局长：

3 月 27 日 ~4 月 14 日期间，我应天津冶金工业总公司总经理张绪绶的邀请，去天津进行调查咨询。看到近两年来，天津冶金工业转变观念、立足自身，在“三改一加强”，以及分流分离等方面工作力度较大，出现了一批好企业，他们在降低成本，提高质量，开发新产品，开拓市场等方面有明显进步。然而，天津冶金工业至今仍是全国冶金系统亏损大户之一。这固然有天津自身工作中的问题，但同天津冶金工业工艺结构严重不合理，长期以来未能解决化铁炼钢分不开的。去年 12 月 4 日，盛华仁主任去天津视察时，同意在天钢建设一座超高功率大电炉，直接供应高线轧机坯料，从而为后面的各金属制品厂提供优质原料。这一方案，有利于天津形成金属制品的精品基地，应该说是在当前情况下，一个较好的方案，但目前由于拟议中的京津冀钢铁工业大联合而搁浅。天津总公司领导认为，京津冀大联合不应影响原定的大电炉项目，我认为这一意见是有道理的（理由见以下调查报告）。由于我约定今天去安阳，来不及当面汇报，现将调查报告送上，供参阅。

董贻正
2000 年 4 月 15 日

关于天津冶金工业的现状和调整结构的建议[1]

应天津冶金工业总公司张绪绶总经理的邀请，我于 3 月 27 日 ~4 月 14 日（中间有几天回北京）到天津冶金企业进行了调查咨询，听取了总公司领导对天津冶金工业现状的全面介绍，先后去了 10 个厂作了实地考察，还同 7 个企业的领导开了两次座谈会，翻阅了一些文件资料，查看了部分企业的财务报表，在两方面给我很深刻的印象。

一、天津冶金工业近两年有较大进步，涌现了一批先进企业

天津冶金工业总公司自 1996 年由盈转亏，连续几年账面亏损额都在 2 亿元以上。近两年，天津不少冶金企业在十分困难的情况下，转变观念，锐意改革，开拓进取，走出了一条新路子，取得了可喜的成绩。

轧三不愧是天津冶金战线的一面旗帜。去年钢材的产销量、销售收入都比上年增长 27% 以上，销售利润增长 15.7%，他们认真学邯钢，严格管理，下大力气降成本，去年两种主导产品螺纹钢和线材加工费每吨都降低了 140 元左右，在钢材售价继续下跌的情况下，保持了盈利。螺纹钢成材率、钢耗、油耗、电耗等指标位居行业的前列。在生产现场，看到型材生产节奏之快，在其他企业并不多见，基本实现了他们提出的“无间歇、零事故（故障在一小时以上的为事故）”的目标。他们还与高等学校合作，试轧成功了高技

[1] 写于 2000 年 4 月 15 日。此件只送国家冶金局领导参阅，未公开发表。

术含量和高附加值的不锈钢复合板，增强了后劲；在发展主业的同时，积极开发“三产”，目前“三产”就业人员数量已接近主体在岗人员数量。

轧一从1996年起连年亏损，并处于停产半停产状态。1998年8月新班子接任时，已经欠发职工3个月的工资。新班子就任后，不等不靠，立足自身，大刀阔斧地进行改革，配合深入细致的思想工作，一下子下岗放假1300人，但人心稳定。过去，投产18年从未达产的热带生产线一举超过了设计水平，今年一季度累计生产超过了12万吨，是设计能力的两倍；每吨热带的制造成本从过去460元以上降到228元，品种增加，质量提高；焊管分厂从300人减到100人，过去3个班每月只干3000多吨，现在一个班一月就生产4000多吨。今年已经实现了扭亏。

天钢在化铁炼钢的不利条件下，努力降低成本，并实施优化产品、强化营销的战略，钢材和钢坯在国内外市场上，仍有一定的竞争力。虽然，售价略高于兄弟企业，但却连续几年保持产销率和货款回笼率两个100%，而且还普遍预收款。他们还加大了改革的力度，1996年底全厂职工人数为15434人，现在主体厂只有5400人；在分配制度的改革上，实行向3部分人员的倾斜，即有贡献的技术人员，一线掌握指标的工人和重要的管理人员倾斜，取得了较好的效果。今年一季度和去年同比，实现了扭亏。

预二在连续两年亏损、资金一筹莫展的情况下，解放思想，转变观念，以观念创新带动机制创新、管理创新、技术创新、产品创新等各个方面。“你挣钱，我发展”，一年来先后筹措了2600多万元的社会闲散资金，盘活了存量资产和呆滞的陈账，还开发了新品种，安置了职工，一举多得。去年也实现了盈利。

轧六在连续几年停产的情况下，通过多种形式盘活资产，包括将现有设备迁至尼日利亚合作建厂，以及充分利用国家政策，使原先900多名职工基本上都得到了妥善安置。这是一个成功地进行调产的典型。

在开发新产品上，也有了较好的进展。像一绳开发成功OTIS电梯绳，获得OTIS公司的认可，并被确定为亚太地区目前唯一的指定供应商；无缝近3年开发的新产品占销售额的60%以上，大成的铝包钢丝和钢绞线、轧二的精轧螺纹、冷板厂轧辊的激光毛化，都取得了很好的效益。

此外，全行业在分流分离工作上，力度大，效果明显。目前，总公司所属企业共有职工57902人。其中，在岗职工为27431人，占职工总数的47.3%；其他近3万人通过不同形式下了岗，大部分都作了妥善安排，这个比例在全行业是比较高的。尽管还有8500人还在再就业中心，但一直都比较稳定。作为一个特大型的城市，做到这一点是很不容易的。

这些成绩的取得，是同天津冶金总公司的领导近几年来狠抓观念转变、切实改进作风分不开的。特别是在破除“等靠要”思想，树立自立自强、立足自身的观念上有了很大的进展；在这次和企业的同志接触中，看到已经涌现了一批头脑清醒、观念新颖、作风扎实、能开拓创新的领导干部；天津冶金的职工队伍也是一支能吃苦、能打硬仗，并能识大体的好队伍。这些都是天津冶金工业的希望所在。

尽管天津冶金企业作出了很大的努力，取得了重大的进步。但是，从总体上来说，天津冶金在全国还是处于后进地位。到1999年底，天津冶金总公司所属的28家国有企业中，账面上仍有25家亏损，总亏损额为2.6亿元，而且这是在很多企业未提折旧或大幅度少提折旧情况下的数字。此外，相当一批企业还欠税、欠缴银行利息，还有的是欠发职工工资。28 家企业中，账面上就有 16 家资不抵债，占这些企业总数的 57%。“八五”以来，天津冶金技改投资，虽然不算多，大约是 22 亿元，主要有 13 个项目，但至今仍有 3 个项目仍未正式启动，还有的项目没能发挥应有的作用。在领导观念上，还有一些企业仍然没能跳出计划经济时期的习惯思维模式，不能适应市场经济的新变化，在改革、管理和科技进步上缺乏新思路。这些问题，再加上天津冶金工业的先天不足，使天津冶金在国内外市场的激烈竞争中，处于相当不利的地位。

二、天津冶金结构不合理的格局一直没能得到有效的调整

1990 年 8 月，我曾随同戚元靖部长和李东冶老部长到天津，当时曾对天津冶金工业的历史和现状作过分析。在历史上，天津冶金行业是作出过重大贡献的，从 1949 ~ 1989 的 40 年间，在全国 29 个省市自治区中，天津的累计固定资产投资排行第 15 位，钢产量为 12 位，但累计实现利税为第 6 位，投入产出比是比较高的。但由于历史造成的原因，天津冶金工业的工艺结构和地区布局都很不合理，长期以来是化铁炼钢，不仅影响当前效益，而且还将影响今后发展的后劲。戚部长同当时的市领导交换了意见，提出了一些建议。现在 10 年过去了，这些年来，天津冶金战线的同志做了大量工作，不少方面有很大进展，淘汰了平炉。但是，基本格局没有什么变化。过去靠化铁炼钢的“上天堂（唐）”“上青天”，现在除“天”外，都已得到解决或者有了解决的前景，唯独天津，至今仍是依然故我。在向社会主义市场经济深入转化的进程中，天津冶金的这些弱点进一步暴露，严重影响到在国内外市场的竞争力。

对改变天津冶金工业这种不合理的结构，这几年有关方面作过多次研究，但由于意见不能统一，拖延了时光，丢失了时机。对天津冶金工业的改组，有过这样几个方案。一是天津市领导力主战略东移，在东郊建大高炉和新的炼钢基地。但耗资巨大，难以筹措，特别是在当前钢铁工业供大于求的情况下，此方案更少支持者。二是天津冶金行业的一些同志，建议在天钢就地建设现代化的 300 ~ 1000 立方米级的中小高炉。这样，投资少，建设期短，见效快，但在当前对城市环保要求越来越高的形势下，这一方案实现的可能性也越来越小。三是实施京津冀钢铁企业大联合的战略性重组。在这重组的全局中确定天津钢铁工业的定位。这应该说是上策，但具体实施还需要一个过程，协调各方面的利害关系，恐非短期所能奏效。四是去年 12 月 4 日，盛华仁主任视察天津时，同意天钢建设大电炉，为世界一流的高线轧机提供钢坯，其成材再供应金属制品企业。尽管电炉炼钢要比转炉成本高，但总比化铁炼钢要好，而且今后天津的制品要向技术含量和附加值高的产品发展，这就要求提供高质量、多品种的坯料。电炉建成后，可形成电炉—精炼—连铸—高线—制品这样一条现代化的生产线，这对天津作为金属制品的精品基地，是完全必要的。但最近，由于拟议中的京津冀钢铁行业大联合，此方案又搁浅了。

三、对天津冶金工业结构调整及当前工作的建议

鉴于天津冶金这种大的格局的调整，非天津冶金总公司所能决策，总公司只能就自身职权范围内搞好企业结构的调整。今年，总公司提出了“组建两个集团，搞好三个一批”的方案。这就是重组天钢集团（以现有的天钢集团有限公司为核心企业，吸收若干轧钢企

业为全资子公司组成），组建天津制品集团（以若干有一定优势的制品企业为核心层，另选若干家企业为子公司组成，使目前分散的金属制品企业形成整体优势）；对没有列入两大集团的企业，通过破产、兼并等形式，调整一批企业（主要指那些工艺落后、长期亏损、资不抵债、扭亏无望的企业）；分块搞活一批企业（对一些整体难以实现脱困，但又具有部分优质资产和优势产品的企业，采取将优质资产和优势产品封闭经营、分块搞活的方式，以分块脱困来推动企业整体脱困），放开搞活一批企业（将一些工艺、产品缺乏优势的企业和剥离优质资产后的母体企业，采取调产经营的方式放开搞活；对集体企业和一些小企业实行买断经营或零资转让，以及实行股份合作制的方式放开搞活）。目前，这一方案正在运作中。

我认为，在现阶段，作为天津冶金总公司提出这一思路是很好的，特别是组建金属制品集团，十分必要。但这一方案毕竟没能从根本上解决天津化铁炼钢这个老问题，而这一问题如再久拖不决，势必严重影响天津冶金工业下一步的发展。对此，希望上级领导能尽快决策。通过这次调查，我更强烈地意识到，作为老钢铁工业基地的天津，当前不仅不宜再在数量上进行扩张，还要在钢的产量上进行适当压缩，求强不求大，走出一条精品基地的路子。从天津的现实情况出发，在市区可形成两个精品基地，一个是无缝钢管的精品基地，一个是金属制品的精品基地。尽管这两部分产量不会太高，但在全国却很有特色。搞好了，会有较强的竞争力。至于现有的化铁炼钢，只要天津环保政策允许，钢坯价格在市场上尚有竞争力，可以听其自生自灭；还有一些轧钢厂所需的钢坯，解决之道无非有3个：一是天津自行解决。这包括天钢尚存在化铁炼钢的情况下由天钢供应一部分，以及由天铁再供应一些；二是从市场上自行采购一部分；三是在京津冀大联合后，停止天钢化铁炼钢，改由集团内部其他企业供应。但作为向金属制品提供原料的优质高线，如由津外其他企业供坯，恐在品种质量、批量大小、交货期限等方面难以得到保证，经济效益也将受到一定影响。因此，还是在天津建设现代化的超高功率的电炉来提供钢坯为好。这一项目，不应受京津冀大联合的影响，宜及早决策，争取时机，早日上马。

但是，当前天津冶金工业也不能坐等大的调整方案的通过，必须面对现实，先搞好自身力所能及的结构调整。同时，要进一步转变观念，立足内部，通过“三改一加强”，提高产品质量，开发市场需要的新品种，大力降低成本，努力提高企业效益。这次我在结束天津调查前，应冶金总公司的要求，向总公司所属各厂的厂长重点讲了这方面的问题。事实上，天津这些企业也正在这样做。今年一季度，天津钢铁工业的一些技术经济指标又有进步，在钢产量较去年同期下降19.34%、钢材产量通过购坯轧材，同比增长24.07%的情况下，累计销售收入同比增长40.52%；累计亏损额降到1925万元，同比减亏4816万元，下降71.44%。今年全行业力争控亏在1亿元以内，如果能按计划实现债转股，要确保今年实现扭亏。

光彩照人的八闽大地新明珠[❶]

——记福建三明钢铁厂

近一年来，位于闽西地区的三明钢铁厂（以下简称三钢）一下子热闹了起来，一批批钢铁企业的领导同志带队前来参观考察，这里有杭钢董事长童云芳、安钢总经理史济春、韶钢董事长曾德新、广钢总经理陈明德、邢钢党委书记秦永明、海（南）钢总经理马肇修，还有湖南华菱、安徽合钢、江西萍钢、浙江南（京）钢、辽宁北台的副总经理、总工程师等，至于各分厂领导以及专业技术人员来的就更多了。是什么吸引了这么多领导和专家来三钢？就是因为三钢做出了骄人的业绩。用安钢史济春的话来说，就是三钢进行了两场革命，一是300立方米级的小高炉利用系数突破了3.0，二是3座转炉的单炉炉龄都超过了1万炉。此外，成本大幅度下降。今年9月，吨材平均制造成本降到1403元，在市场售价吨材平均下降168元、综合折旧率达到8.5%、并新增工资节余5000万元的情况下，1～9月，已实现利润4785万元，和去年同比增长了276%；1998年职工人均收入达到15633元。

但是，三四年前，三钢可不是这个样子。1995年9月，我曾去三钢作过调查。在同中层干部座谈时，感到相当一部分人员士气低沉。发言中，总是强调三钢的资源环境差，交通运输条件也不好，原材料价格高，成本自然无法同邯钢这样一些先进单位相比。在这种思想影响下，所谓学邯钢，也就成了纸上谈兵。

那么，这几年，三钢为什么能发生这样巨大的变化？就我前后两次调查对比，印象深刻的有以下几个方面。

一、企业一把手可以兴邦，可以丧邦

三钢在20世纪80年代中期到90年代前期，在地方钢铁骨干企业中还是处于上等偏下的较好单位之一。1994年，由于一件经济案子，涉及到当时厂里的主要领导和若干中层干部，企业外部形象和职工情绪都受到较大影响，管理松弛，效益下降，以致到1996年上半年出现了亏损。1996年10月，福建省委、省政府调龙岩地区副专员（曾任龙岩钢铁厂厂长）欧阳元和来三钢担任厂长、党委书记。

欧阳厂长就任后，在调查研究的基础上，首先狠抓了各级班子思想观念的转变。

一是针对各级干部和职工中存在的“外因论”思想影响，分析了近几年三钢效益所以上不去的主要原因，是产量长期徘徊不前，整个“八五”的5年间，钢产量始终在50万吨上下波动。因此，要改变三钢的落后面貌，必须抓住企业的主要矛盾，坚定地依靠自身的力量，“跳出生死圈，远离盈亏线”，把生产搞上去。结果当年就突破了60万吨，1997

❶ 原载于2000年第3期《中国冶金》。

年、1998 年两年，每年又以 20 万吨的幅度增长，1998 年突破了百万大关，达到 107.4 万吨，今年在控制产量的情况下，钢产量预计可以达到 115 万吨。产量上去后，由于分摊到每吨钢的固定费用减少，成本有了较明显的降低，但同一些先进企业比，还有相当的差距。厂部又把主要精力放到降低成本上，取消了原有的超产奖，只保持了同成本、质量有关的奖惩指标，促使了成本的持续下降。

二是针对当时不重视销售工作的情况（1995 年 9 月那次，我在调查中了解到三钢当时的销售工作处于“三无”状况：整个销售部门没有一位大学生，没有一位工程技术人员，没有一台直线电话，基本上还是“坐商”），旗帜鲜明地要求在全厂树立起市场是企业的生存空间，用户是企业的衣食父母，营销是企业各项工作的第一线，生产必须盯住市场、围绕销售转的新观念。在增强市场观念的基础上，又及时地把市场的压力层层传递到各级干部以至全体职工，进一步增强了对市场风险的承受能力。

三是针对过去企业内部“大锅饭”、奖惩不明的情况，树立岗位就是资源，上岗靠竞争，收入按有效劳动进行分配的观念。这一点，我也深有感受。1995 年来时，看到有种怪现象，企业效益下降了，职工收入却提高了。有人说，三钢的经济责任制，经济是刚性的，责任是弹性的。就是说，职工的经济收入必须确保，而任务则是可完成可不完成。在这种情况下，又怎么谈得上学邯钢呢？又怎能期望企业效益的好转呢？新观念的树立，以及相应的机制的转换，使广大职工的积极性真正得以发挥出来，使企业的面貌日新月异。

这些观念的转变，是紧密地结合三钢的实际，而又实实在在地落实到各项主要工作上，使三钢的各级干部和广大职工的思想同市场结合得更紧了，自立自强的精神大大增强了，紧迫感、责任感加重了。精神变物质，指导思想不同了，因此取得了重大的成效。

除了带领广大干部和职工转变观念外，厂领导还严于律己，深入基层，敢抓敢管，真正起到表率作用。在同干部职工座谈时，有的同志深情地说，感谢省委、省政府给我们派来了好厂长，感谢龙岩老区人民给三钢送来了好干部。

二、以技术创新为切入点，全方位地倡导创新精神

在三钢，几乎每个工艺环节都有卓有成效的技术革新成果，而且普遍取得了较好甚至很好的效益。福建缺乏焦煤资源，但无烟煤比较丰富，前者每吨 400 多元，后者只有 180 元。经过试验，他们无烟煤的配比已经达到 3%，一年可节约资金 300 多万元，而总共投入的试验资金只有 200 多万元。目前，他们正在研究进一步调整配煤结构，使无烟煤比重达到 5%。在烧结工序，他们增建了小球烧结，不仅使燃料消耗从 70 多千克降到 50 多千克，而且使烧结矿品位从 56% 提高到 58% 以上，全部投资不到 2000 万元，而年创效益超过 3000 万元；炼铁高炉喷煤系统的改造，以及用一台 D1200 电动鼓风机更替容积最大的 335 立方米高炉原有的鼓风机，并将原先的鼓风机依次向容积较小的高炉转移，使 3 座高炉的风量都有明显增加，高炉利用系数 1998 年平均为 2.847，今年 1～9 月提高到 2.947，从 6 月份开始，每月都在 3.0 以上；炼钢实施了溅渣护炉，使 3 座 15 吨的转炉炉龄从原先的 1000 次左右提高到 1 万炉以上。而这一项目的投资只有 36 万元，年增效益可达 1300 万元；棒材轧机 1995 年底投产后，1996 年只生产了 6 万吨，职工们前后进行了 100 多项大大小小的改革，还实行了热送，入炉温度可达 800 摄氏度，1998 年生产了 45.7 万吨，今年预计将达到 54 万吨；高线生产线 1998 年 1 月热负荷试车，设计能力是 20 万吨，1998

年轧制了18万吨，经过400多项的革新改造，其中精轧机自动停机故障，前来调试的外国专家没能解决，他们却自行解决了，预计今年产量可以达到36万吨。

可以毫不夸张地说，三钢之所以有今天，同他们紧紧地依靠技术进步，实行技术创新是分不开的。今年，三钢又进一步提出5个创新：迎接市场挑战，着力销售工作创新；深挖内部潜力，着力技术进步创新；坚持苦练内功，着力企业管理创新；研究需求趋势，着力产品开发创新；积极凝聚人心，着力思想政治工作创新。这5个创新，进一步调动和激发了广大职工的积极性和首创精神。今年以来，从总厂到各分厂、各部门，累计举办了200多场不同形式的创新研讨会，共有7000余人次参加，使创新意识更加深入人心。

在创新活动中，三钢注意抓好正确处理5个关系：一是领导和群众的关系，二是创新和借鉴的关系，三是创新和继承的关系，四是量变和质变的关系，五是典型示范和建立机制的关系。首先是各级领导亲自参与，我看了三钢很多二级单位的主要领导所撰写的论文，既有实践的总结，又有前景的描述，不少都很有见地，这对推动广大职工的积极参与起到了很好的示范作用。但光停留在领导层面上还不够，必须把广大职工发动起来，他们的溅渣护炉之所以能取得如此好的成绩，同一线的炼钢工人的自觉参与密不可分。在实际工作中，他们十分重视学习借鉴国内外的先进经验。像溅渣护炉技术，他们是从部里一位领导来三钢视察时谈话中听到的，当时普遍认为要在30吨以上转炉才能搞，但他们敢于破除迷信，在请专家讲课的基础上自己动手进行试验，终于取得了成功。他们认为，像三钢这样的企业，要取得带有根本性的技术创新成就，是不大现实的，但“小改革的积累是实现超一流的前提”。因此，必须把工夫下在经常性的技术革新和合理化建议上。为了使各种创新活动能够持续地开展下去，他们一方面以各种典型人物为榜样，积极宣传推广他们的先进事迹。同时，还通过制定各种考核办法和奖励条例，建立起有效的激励机制。这些做法，都值得各兄弟企业借鉴参考。

三、在调查市场的基础上，确定适合厂情的营销策略

这次，在同三钢销售部门的同志座谈时，给我印象十分深刻，同几年前不可同日而语，真是“旧貌换新颜”了。他们对市场环境的分析和预测上，做得很认真、很细致。特别是对影响福建钢材市场的竞争对手，包括省内外大中型钢铁企业以及生产假冒伪劣钢材的省内中频小炼钢炉、小轧机的情况，都调查得很清楚，并有定量的分析。对本厂用户接货量情况，也在分析历史统计资料的基础上作出了有说服力的预测。在对市场、用户以及本厂产品品种、规格、产量综合分析的基础上，确定自己的市场细分，把主要销售区域确定在以三明市为中心、辐射半径为350千米的地区。他们认为，这种销售区域的布局最为经济。还进一步把这些地区划分为3类：一是必争区域。建立严密防御体系，力争在该地区的市场占有率达到90%以上。二是缓冲区域。当省外材大量冲击时，联合省内竞争对手，携手抵御；当省外材冲击小时，则采取协作的办法，共同分割市场，避免恶性降价竞争。三是屏障区域。主要是省内外交界处，以防止竞争对手的深入，必要时也可适当进攻。为此，他们提出了“东南并举保总量，巩固西北保价位，省外市场作调节，布点设网伸触角”的营销策略。在市场竞争趋于激烈的情况下，他们还实施了“沿海打阻击战，沿边打渗透战”的策略，都取得了较好的成效。

在销售公司内部，他们一抓队伍建设，发扬踏遍千山万水、走进千家万户、想尽千方

百计、说尽千言万语、吃尽千辛万苦的5个“千万”的销售精神；并牢固地树立六个观念，即市场观念；效益观念，从数量营销到质量营销；用户观念，服务至上，一切为了使用户满意；竞争观念，要警惕身后有一群狼；危机观念，警惕自己，打倒自己；创新观念，没有最好，只有更好。二抓机制建立，主要是深化、细化竞争上岗、末位淘汰制度；实行销售科室确保生活费、销售吨材与其他工资挂钩的大承包办法；经济责任制以资金回笼为主要考核依据。三抓促销措施。即对外抓形象促销，宣传促销，信誉促销，打假促销；对内抓团结促销，竞赛促销。

现在，三钢的营销队伍中搞技术的同志已经有60多人，在他们的艰苦努力下，全省9个地、市都设有经营部或联销点，产销率达到100%，货款回笼率100%。其中，货币回笼率达到95%左右。

四、学邯钢，从实从严抓管理，力求有新突破

这几年，三钢在学邯钢、抓管理上是下了大工夫的，重点是放在成本管理、资金管理、物资采购管理和质量管理上，取得了很明显的效果。从1996年到1998年，可比产品成本降低率分别比上年下降5.27%、7.57%、10.80%。今年1~9月，比去年同期又有所下降；流动资金周转天数在行业里名列第一；1998年流动比85.71%，速动比61.10%；1998年，还获得中国质协和冶金质协颁发的“产品质量”和“服务质量”“双十佳”企业荣誉称号；同年，通过了ISO9002质量体系认证。

三钢抓管理，不求搞什么新招，而是从本单位的实际出发，抓住当时影响正常生产秩序的“两纪”（劳动纪律和工艺纪律）为突破口，落实岗位责任制。欧阳厂长亲自抓，白班抓，夜班更抓；先礼后兵，凡是不听招呼、依然串岗、睡岗、脱岗的，按厂规严惩不贷，并实行上推连带责任制，从而带动了各级干部都来认认真真地抓“两纪”。这件事抓好了，为实实在在地学邯钢、落实各项经济责任制铺平了道路。现在工人中还传说一些欧阳厂长抓“两纪”的故事，可见这件事在职工中影响之深。

在三钢，还有一个观念比较深入人心，这就是能通过管理解决问题的，就不要花钱，还要通过加强管理来增加效益。这方面他们有深切的体会。过去，一说哪个指标上不去，就要钱来改造；原材料质量差，也都归之于钱没花够。如今，焦煤灰分从过去的17%~18%降到11%~12%，钱也并没有多花。过去，规划上百万吨规模时，就要新建4号高炉；现在，通过强化管理和技术革新，大大提高了高炉利用系数，3座高炉就可以解决问题，决定不再上4号高炉了。过去，一有问题，就互相推诿，效益就在扯皮中流失；现在，在观念转变的基础上，各自做好自己的工作，并加强了协调，协作出了大效益。

加强管理，最根本的是激发职工的自觉性，使职工充分认识到严格管理的必要性。在这方面，三钢每季度一次的厂情发布会起到了非常好的作用。每次厂情由欧阳厂长亲自撰写提纲，讲行业形势、讲市场形势、讲厂情，使大家都能站在全国的高度看三钢，既肯定了成绩，鼓舞了士气，又对比了先进，找出了差距，激励职工大步前进。厂情发布先在中层干部会上讲，然后通过三钢的闭路电视转播，成为三钢收视率最高的节目。在三钢的主体厂，都可以看到画有两条大曲线，一条是一年来钢材市场价格逐月的走势图，另一条是三钢钢材成本逐月的变化曲线，有的厂再加上一条本厂中间产品成本的变化曲线。如果市场价格下降的幅度大于成本下降的幅度，职工们就会自觉地接受厂部下达的再次调整的成

本指标，因为他们知道，不进一步降低成本，就意味着亏损的出现，而企业不消灭亏损，最终将被亏损消灭。

在强化管理的同时，三钢在深化企业内部改革上也做了大量工作，主辅分离，转岗分流，精干主体，以及改革分配制度等方面都有所进展。但应该说，在这方面，无论是同三钢自己其他几方面工作来比，还是同一些兄弟企业来比，都有一定的差距。三钢的领导已经充分意识到这一点，明年要在建立现代企业制度上有新的突破。三钢取得了重大成绩，固然可喜可贺，但更可贵的是三钢人那种永不满足的进取精神。每当他们有新的进步时，厂领导就会提出新的更高的奋斗目标，并以兄弟企业的经验教训为借鉴，联系本厂实际，在各级干部中进一步开展思想观念转变的大讨论，曾先后学习过“金牌的悲哀”“国有企业的一面旗帜”等文章，使大家不断鞭策自己。最近，欧阳厂长又一再在全厂干部会上强调“反骄破满”，告诫大家要居安思危，并提出3条标志：一是是不是找出了自己的短处和不足；二是是不是看到了兄弟单位的长处和优点；三是找没有找出自己前进的新的突破点。我们深信，在这样一个团结一致、坚强有力、不断奋进的领导班子正确领导下，三钢必将在新的世纪里创出更惊人的业绩！

他山之石　可以攻玉[1]

——北汽福田公司调查随感

北汽福田车辆股份有限公司（以下简称福田公司）的前身是山东诸城机动车辆厂，1994 年无偿划拨给北京汽车摩托车公司（以下简称北汽摩），当时的资产只有 576 万元，年销售收入 4929 万元；1996 年 8 月，由北汽摩等国内 100 家法人企业发起，在北京注册成立了跨地区、跨行业、跨所有制、多元化经营的福田公司；1998 年 6 月，“福田股份”在上海证交所上市。福田公司产业经营的领域是汽车、农业装备、建筑机械和建材，现辖有 10 个职能部、6 个全资事业部、2 个控股子公司，员工总数 10700 人，到 1999 年底，总资产达到 26.5 亿元，年销售收入达到 36 亿元。1997 年，福田公司被北京市授予“双十佳”企业的荣誉称号；1997～1999 年，连续 3 年被评为首都精神文明先进单位。总经理王金玉从 1996 年起，先后被授予中国机械工业科技专家、北京市“双十佳”厂长（经理），并荣获首都五一劳动奖章。1998 年底，我受北京市领导的委派，帮助北汽摩公司扭亏，同时也结识了福田公司的领导，曾多次去福田公司下属的企业进行考察，他们在很多方面给我以很深的教育和启示。现就印象最深的几件事，写成几篇随感式的散记。我想对冶金企业来说，也会有所启迪的。

一、福田公司的低成本扩张战略

福田公司原是山东诸城机动车辆厂，1994 年在当时市委书记陈光的支持下，将其无偿划拨给北京汽车摩托车公司，那时的净资产只有 576 万元，年销售收入为 4929 万元；但到 1999 年底，净资产达到 12.3 亿元，总资产达到 26.5 亿元，销售收入达到 36 亿元，实现利润为 1.61 亿元。

福田公司为什么能有这样高速度的发展，除了有山东、北京各级政府的支持外，从福田公司自身工作来看，主要是采取低成本扩张的战略。

（1）实行跨地区、跨行业、跨所有制的资产重组。山东诸城机动车辆厂划拨给北汽摩后，在北汽摩的大力支持下，充分利用北汽摩的技术优势，使原来生产的农用车提高了档次，取得很好的效果，扩大了农村市场的占有率，赢得了各方面的信任。在此基础上，1996 年 8 月，由北汽摩、江苏常柴等 100 家法人企业共同发起，组建了北汽福田车辆股份有限公司。在这 100 家股东中，55 家是为福田公司提供主机和配套件的企业，45 家是福田汽车的销售企业。这就使新生的福田公司如众星捧月一般，得到了上下游诸多协作单位的支持，获得了更好的发展条件。福田人也不负众望，在不到两年的时间里，以其骄人的业绩再次得到各方面的重视。1998 年 6 月，“福田股份”在上海证交所成功上市，从此建

[1] 原载于 2000 年第 3 期、第 4 期《冶金管理》。

立了一条长期稳定的融资渠道，使福田公司可以在产业经营和资本运作上两条腿走路，奠定了可持续发展的坚实基础。

（2）充分利用原有存量资产，实行低成本的快速发展。福田公司的快速发展，一方面是靠生产的高速增长，1994 年并入北汽摩时，年产车量不足 1000 辆；1996 年，也就是成立股份公司的那一年，产车量增长到 26000 多辆；等到股票上市的 1998 年，又猛增到 5 万多辆；1999 年，达到 11 万多辆，其中汽车为 63000 多辆。这样高速的发展，主要是通过资本运营（如发行股票，股权融资），盘活存量资产，实行低成本扩张。比如，北京拖拉机公司花了 6 亿多元，建成了一条现代化的生产线，但由于市场情况的变化，发挥不了作用。福田公司在充分调查研究的基础上，经过双方协商，1999 年 9 月福田公司组建北京福田汽车有限公司，对北拖进行重组，然后再进行改造。按照福田公司的原先规划，生产轻型客车，从而盘活了这 6 亿多元的优质存量资产；在组建北京福田的同时，还吸纳了 1.2 亿元的京外社会增量资金。

（3）制定切实可行的中、近期发展规划。任何一家企业，要想持续发展，必须要制定出一个能够指引自己奋力前进的战略目标。这个目标，既不是高不可攀的，更不是轻而易举可以实现的，而是要能统观全局，并紧密地结合自身的实际，提出具有前瞻性的、经过努力可以实现的高目标。不少企业在其兴旺的时候，就是缺乏这样一个目标，而是被外界的环境牵着走，结果是被动应付，甚至走向下坡。福田公司则从组建公司以后，就立即着手在充分调查市场的基础上，制定出 1998～2006 年的三步走的长远发展战略目标。现在，2000 年实现销售收入 60 亿元的第一步目标已经胜利在望；2002 年实现销售收入 120 亿元的第二步目标，也正在作出切实的安排；并为 2006 年实现第三步目标进行多方面的积极努力。尽管这一目标，有可能随着外界形势的变化要进行适当的调整，但有比无强。特别是同那些走一步看一步，甚至带有一定程度盲目性、兴之所至地随意操作的企业来说，更是不可同日而语了。

二、立足市场，服务市场，提高自己

一个企业能不能取得成功，关键是他的产品能否为市场所接受，而且能随市场形势的变化，不断推出价位恰当、质量上乘的新产品，并伴之以优质服务。所谓“成也市场，败也市场”，就是这个意思。福田公司之所以能够在短期内在农业装备和汽车行业中异军突起，同他们具有强烈的市场意识，成功的市场调查，牢牢把握市场动向，立足市场、服务市场密不可分；而其结果又反过来促使福田公司自身素质的提高和企业的发展，从而形成良性循环。

市场逼出了一条“低价位、高质量、多品种”之路。福田公司是搞农用车起家的。在汽车行业里，有人是不屑一顾的，甚至认为农用车是汽车行业里的一棵毒瘤，意思是农用车不讲质量，影响所及会波及到其他汽车质量的提高。但是，福田公司通过大量的市场调查，明确了产品定位和价格定位。一是认定中国的农用车在一个相当长的时间里，还会有广阔的市场，因为广大农民需要农用车。但农用车绝不是劣质车的同义词，尽管农用车的质量要求不能同轿车相比，但在其自身的范围内，同样需要高质量。因此，他们在并入北汽摩后，首先就将成熟的汽车技术嫁接到农用车上，从而提高了农用车的档次。二是在价格定位上，通过市场调查，得出了一个结论，就是当前农民可以接受的价格，根据农用车的不同类型，大体是6000～38000元。这就要求产品的开发，不是从设计人员的主观愿望出发，而是必须从市场各方面的制约条件出发，设计出为农民满意的产品。三是在品种上，必须满足用户不同用途的需要。这包括载重吨位、使用要求（如单排座、一排半座、双排座）、动力大小等。现在，他们已经开发出14个系列、近200个品种的车型。

市场促进了哑铃型企业的建设。为了满足市场不断提出的新要求，同时，也是为了促进产品的升级换代，以便更好地开拓潜在市场，福田公司十分重视企业的技术进步。早在1994年，就建立了农用车技术中心。1998年又在此基础上，充实、扩大为福田技术研究院，现有各类工程技术人员500多名，其中专家级带头人40余人，有相当一批是一汽、二汽、重汽等老厂、大厂的技术专家。产品开发也不只是局限在农用车上，1999年各类汽车的总产量已经超过农用车。目前，福田公司平均每3天就可开发出一种新产品，销售收入的80%都来自于新产品。在营销工作上，福田公司也是下了大力气的，从营销策略的制定、营销网络的建设，到营销队伍的充实等各个方面，都做了大量的工作。他们提出的“用户第一，经销商第二，福田第三”的营销准则，正在扎扎实实地得到贯彻；他们已建立了覆盖全国28个省市的近800个经销网点，以及相应的综合服务网络体系。这个服务体系是以福田公司为龙头，经销单位为主体，社会维修、配套网点为补充，并有配套厂家的有效配合。因此，极大地方便了用户，深受用户的欢迎。在营销队伍上，通过招聘，以及吸收大中专毕业生等多种渠道网罗人才。目前，福田营销公司总共有2400多人，占福田公司职工总人数的22.4%。其中，一线专业营销业务人员1800多人，具有大中专学历的占70%左右。由于抓住了产品开发和营销这两头，为福田公司的持续发展创造了良好的条件。

其实，在市场经济的条件下，所有企业，都同样承受市场的压力。福田公司是主动迎接市场的挑战，迎难而上，真正把市场的这种压力转化成动力，走出了一条新路子。而我们有些企业，在市场的激烈竞争下，抱怨多于奋起，畏难多于应战，总是抱怨自己的机制不行，人员素质不行，还有其他这个不行，那个不行，结果是时光流逝，江山依旧。建议这些同志冷静地想一想，如何把这些“不行”变成“行”。说到底，还是要靠发挥人的主观能动性。福田公司的一系列做法应该对我们有很大的启示。

三、在“虎狼成群”的重围中脱颖而出

1998年11月，我第一次到北汽福田在山东的几个工厂。在福田潍坊收割机械分公司，看到他们正在装配新的“谷神”牌联合收割机。我问分公司经理，联合收割机市场竞争的态势如何。厂长告诉我：有1只老虎、4匹狼、52只羊。老虎就是新疆联合收割机厂。当时，我对他们敢于在“虎狼成群”的领域里去拼杀，感到其雄心可嘉。但也心存疑虑，问了几个问题，他们一一作了回答，使我感到他们作出这一重大决策是有其科学根据的。但在市场竞争这样激烈的环境下，究竟前景如何，也不无担心。

时隔一年，1999年11月我再次到了潍坊，看到这个分公司又发生了很大的变化。新增加了两个宽敞的厂房，其中一个安装了现代化的喷涂设施。再一了解市场情况，确实使我大吃一惊。仅仅不过一年，其年产销量竟跃居全国第二，全年预计可达3000辆以上，而且在后几个月，其产量超过了行业里的老大。他们言谈中充满了自豪感，表示完全有信心在2000年实现夺魁的目标。

这个公司为什么有这样大的变化？通过前后两次的调查了解，我认为：

首先，在市场的激烈竞争中，能真正做到知己知彼，适应用户的需要，以自己的质量优势取胜。福田公司在1998年决定上联合收割机时，就充分了解农户对现有收割机的种种反映，分析研究了主要竞争对手的长处和弱点。由于收割机械使用的季节性强，每年集中在“龙口夺食”的短短两三个月，因此必须保证在此期间设备运作正常。于是，他们就把确保设备的可靠性作为主攻方向，对发动机、液压件和几根主要皮带等关键部位狠抓质量。尽管要增加一些成本，也要选用优质的配套件，然后再在其他方面采取一系列降低成本的措施。样车出来后，先在全国各地试用，取得各种数据后，召开新闻发布会，介绍了使用性能以及售价所以略高于兄弟企业的原因，结果很快就受到客户的青睐，当年就收到了4000多万元的预订金。

其次，为用户着想，搞好售后服务。由于收割机使用季节性强的特点，农民对质量上可靠性的要求十分严格，有的甚至接近于苛求。机器一出问题，要求维修人员尽快赶到现场。福田公司规定：一接到通知，省内4小时到位，省外12小时到位。为此，他们在收割季节，专门配备了10部热线电话、100部手机、100部汽车、400名员工，以56个销售地区为中心，进行辐射式的服务；并按小麦成熟时间，由南向北，进行滚动式的服务。同时，在总部潍坊地区，单设15辆车，进行快速反应式的机动服务。在5月下旬到7月下旬的两个月时间里，厂长就睡在办公室，现场指挥。从实践中，他们发现一半以上的农民投诉是他们不会调整使用机械。因此，他们加强了资料工作，改进了文字图表说明。同时，从去年9月起，办起了经销人员和购货农民的培训班，已有300多人参加。市场销售出现淡季不淡的好势头。

第三，他们在质量上精益求精，敢于自我加压。去年收割季节过后，他们立刻根据现场实际操作中发现的问题，进行了多项改革，包括液压件、清渣系统、驾驶员的舒适性、降低重心以增强安全性。为适应农村加油不方便的具体情况，扩大了油箱容量，使过去8~9小时就要加油到现在可使用3天不加油，再在出草口处增加了切碎器，可直接使秸秆还田。特别是这次还看到他们又新建了两个厂房，其中一个是喷涂车间，这在收割机行业里还是第一家。这个车间的上马，不仅使收割机的外观上了一个档次，而且必将带动整个工艺技术和操作水平的提高。因为，过去用人工喷漆时，出了一些小问题，还可以敲敲打打，然后再喷喷漆，也就可以了；现在改为自动化喷涂，就不允许那种手工作坊的习气继续存在了，促使各个工序都严格按照标准进行操作，使整体质量的提高有了新的保证。

这个厂的变化也从另一侧面，向我们提出了一个问题，为什么一个新厂，在不到两年的时间里，能够从零开始，打遍天下全无敌；而我们的一些很有基础的老厂，竟是节节败退？这里的经验教训不值得我们深思吗！

四、福田人才济济的奥秘

福田公司从山东诸城的一个只有1000人的地方小厂，五年后发展成为跨地区、跨行业、跨所有制的上万人的大厂。五年里，他们的净资产总值、销售收入、实现利润都增长了上百倍或几百倍；1996年，他们销售的农用车就居全国第一；在全国强手如林的同行业中，1999年，他们生产的轻型卡车的产量，又跃居全国第一。

福田公司能在这样短的时间里，创造出如此令人鼓舞的业绩，当然离不开他们拥有一支高素质的职工队伍。而这支队伍，主要来自全社会的公开招聘。从1994年起，他们先后举办了28期大型人才招聘会，在6万名应聘者中，选聘了1300名中高级专业技术人员和管理人员。现在，福田公司主管生产、销售、人事的副总经理和总工程师，都是近几年招聘来的，而五年来这些招聘人才的流失率却只有1.5%。

为什么福田公司能够吸引人才，还能够留住人才？

首先，是事业的吸引。1998年我第一次到福田公司时，曾经专门约请一部分招聘来的干部开了一个座谈会，这些同志差不多都是从一些全国有名的老厂、大厂来的，座谈的题目就是一个：你为什么要来福田？在福田，和过去在老厂有什么不同的感受。有的说，在老厂，好像一个人掉在棉花堆里，有劲使不出，想干什么却往往干不成；有的说，在老厂，掣肘多，关系复杂，一些急需干、也完全能够干起来的事，却往往因为不知道触了哪个网而干不起来；而在福田，只要符合企业的方向，想干什么差不多都能干成；有的说，在福田一年干的事，比自己过去在老厂十年干的还多。去年我第二次去福田公司，和财务部的经理进行了交谈。这位女经理告诉我，仅仅两天，就改变了她下半生的生活轨道。她是1983年华中理工学院自动控制专业毕业的，以后又专门去进修了财务。来福田公司前，是河南一家原中央直属的柴油机厂的厂级领导，而且她个人的“仕途”行情还看好，但她觉得在原单位即使职务还可能提升，但事业却难以有成。看到报上刊登的福田公司招聘广告后，就寄去了自己的简历，但也并不是真想跳槽，因此到了规定的招聘期，她并没有前去应聘。但福田公司却紧追不舍，一个电话接一个电话，请她务必去见个面。盛情难却，她就利用双休日假期，来到诸城。在诸城两天，在现场的所见所闻，特别是通过和福田公司领导同志的交谈、接触，深为他们班子思想观念的解放，对事业的执着追求，十足的干劲，以及对企业前景实事求是的描绘所打动，下决心来到福田公司。她说，过去在老厂，自我感觉很好。现在，感到如果不好好学习，自己就会掉队，逼得要自我加压。可见，没有一个事业上的强大引力，是既难吸引人才，更难留住人才的。

其次，机制的威力。福田公司一方面是不拘一格用人才，另一方面又不搞终身制，提倡在赛马中相马。他们建立了有利于调动各方面积极性的工资分配制度，以及严格的考核制度。在福田公司，按管理、技术、技工三个系列建立了岗级工资标准，共分11级44档，一般工作人员的最低工资和最高层人员的最高工资可以相差十倍以上，但每个系列的最低和最高工资都是一样的。也就是说，专业总师和高级技师都有可能拿到和总经理同样的每月6000元的最高工资。事实上，目前经理层拿6000元工资的只有1人，而专业总师一级6000元工资的则有40多人（至于技师一级，至今还没有一个能拿到最高工资的）；这就不会像有的企业那样，由于技术人员的工资标准普遍低于管理人员，以致技术干部不安心技术工作。但是，这个工资，并不是一成不变的。在工资中，有26%~35%是浮动的。对浮动部分每年都要通过考核而调整。比如，有一位总师，1998年他拿了最高工资6000元，1999年我去时，又问起他的工资，已经降到了5100元。这是因为，这一年里，他的工作业绩不理想，扣除了一半浮动工资。由于这种机制的建立，就促使人人都努力工作，力求以自己的最佳成绩获取较高的回报。

第三，生活关怀。前几年，招聘人员主要是留在诸城和潍坊的。这对一些从大城市来的职工，当然会带来不少的具体困难。福田公司和有关部门的领导，都能够设身处地为对方着想，尽最大可能作出恰当的安排，为招聘人才营造一个良好的生活环境，让他们“先安居，后乐业”，如优先挑选住房并享受20%的优惠；搬迁的家具用集装箱运抵厂内后，就立刻有人负责送到已经确定的住房里；对其家属的工作，在当地地方政府的支持下，都可以优先安排到合适的岗位；对于上学的孩子，公司负责联系当地最好的学校；对学龄前儿童，第一年可免费入托公司托儿所。所有这一切，基本上都不用本人操心，使他们免除了后顾之忧。福田公司的这些行动，不仅是为职工办了实事、好事；更重要的，这是一种具有很高回报率的感情投资。招聘人员透过福田公司对他们生活上这种无微不至的关怀，看到福田公司领导对事业的执着追求，从而促使他们要以实际行动为福田公司作出更大的贡献。

当然，福田公司的有些条件，不是所有国有企业目前所能具备的。但无论如何，他们的这种精神以及某些做法还是值得我们各个企业学习借鉴的。

五、福田——重视学习的典范

己卯年大年初二（1999年2月17日），在家里接到福田公司总经理王金玉的贺年电话，电话是从潍坊打来的。我问他在干什么。他说正在这里办中层干部学习班，学习电脑呢。事后，我了解到，在福田公司，几个大的节日，往往都安排了干部学习。

福田公司是一个年轻的企业，从1996年8月成立北汽福田车辆股份有限公司起，还不到四年，领导班子和职工队伍都比较年轻，王金玉同志和好几位副总都只三十六七岁，他们有的是大学本科毕业，有的是硕士研究生，但他们都十分重视学习。在福田公司各地的厂房内外，都可以看到“团结就是力量，知识就是财富”的企业信念。我在几位副总的办公室，都看到放着几本新出版的管理方面的书。一问，才知道是公司规定今年领导成员要读的；在王金玉同志座车的后厢，我也看到在一个公文包里放着几本有关宏观经济和企业管理方面的书。我问司机，这是谁看的书？回答是王总的。我又问，他什么时候看？司机说，有时在车上，有时外出，晚上拿到住地看。我翻了翻这些书，看得出来，好些是看过了的。后来，我又听说，为了弄清楚一些主要观点，王总还曾多次同几位作者进行探讨，有的现在已经被聘为福田公司的顾问。

福田公司的培训，越是高层次人员参加培训的时间安排得越多。高级管理人员每年不少于120小时，中层人员不少于80小时，一般职工不少于60小时。都由人力资源部作出具体安排。如高级管理人员主要是提高战略管理和决策水平，并从日常生产经营中遇到的重点、难点问题中，提炼出开设讲座的课题。每年24次办公会和年中、年终两次工作会议都要安排一次讲座，请大学教授和专家讲课。其余时间，一是自学，二是利用节假日办学习班。正因为领导带头，所以每年的培训计划都能较好地完成。其他各类人员的培训计划，大体分4个部分，包括观念更新的培训、工商管理的培训、专业知识的培训、技能的培训。

福田公司这几年各方面工作所以都有长足的进步，应该说，同他们重视学习培训密不可分。他们深知，在当前科学技术突飞猛进、市场竞争日益尖锐的情况下，不努力提高自己的决策水平、管理水平，自己就会跟不上时代的发展，企业也会被市场所淘汰。这一方面靠在实践中总结经验，同时也要进行比较系统的学习，不断“充电”。特别是企业一把手在学习上，能做到身体力行，给大家作出了好的榜样。反观有的企业，这几年进步不大，思想老是跟不上形势，同他们成天忙忙碌碌，不学习、不读书有关。我曾在一家亏损企业座谈时，有的处长向我诉苦，说是忙得 3 个月没看报，更谈不上专业杂志了。我对他说，可能你就是因为不学习，才落得忙而无功的下场。从福田公司的事例中，我们应该会有所启发的。

六、企业理念的巨大作用

福田公司成立时，只有 3500 名职工，到 1999 年底，已经增加到 10700 人（含控股公司），有的是成建制地从外厂并入，有的则是通过招聘，来自四面八方。不仅是一般职工，即使是福田公司的最高层，真正从山东诸城老厂来的，也只占一部分。至于中层干部，绝大部分都是招聘来的。像福田公司的技术研究院，几乎百分之百是招聘来的。要把这样一个领导集体和职工群体团结凝聚在一起，很重要的一条就是要形成具有自己特色的企业文化。

企业文化是企业全体员工共同认同的企业核心价值观念。这种价值观念一经形成，就会成为职工自觉的行为准则。福田公司在这方面可以说是下了大工夫的。

就从福田公司的名字谈起吧。初次结识福田公司时，我曾怀疑“福田”两字是否同日商有什么渊源。事实上，我也知道福田公司是由国有企业控股的。因此，我特地请教王金玉总经理关于“福田”两字的涵义，没想竟引出他一番大道理。他告诉我，福田是以农用车起家的，福田的宗旨就是要造福亿万人民，田则是农民立身之本；再从另一层意义来讲，“福”就是要效法当初福特生产物美价廉的大众化 T 型车的精神，“田”则是要以日本丰田汽车为样板，搞好企业管理。福田公司就是这样从本企业的任务使命出发，既继承了中国的传统文化精神，又吸收了国外先进的经营管理思想，从而建立了自己的企业理念。

这种企业理念绝不只是停留在口头上、文件中，而是实实在在地贯彻落实到基层、直至每个职工。我在 1998 年 11 月第一次到福田公司的诸城厂时，在现场参观过程中，看到生产流水线上有一个工序，竖了一块牌子，写着“为父母造精品车”，使我很受感动。这说明了，福田公司领导层提出的这种理念，确实已转化成广大职工的自觉行动。

福田公司的这种企业理念，既是全方位的，又是多层次的。所谓全方位，就是不仅提出了“造福亿万百姓”的经营宗旨，以及“团结就是力量，知识就是财富”的企业信念，而且还分别提出了公司精神、质量方针、公司口号、营销准则、经营发展思想和管理原则。所谓多层次，就是他们除了把“忘我工作，超常发展，服务社会，造福百姓”作为公司总的口号外，还针对不同层面的职工，提出不同的价值取向：一线员工就是要“埋头苦干，一丝不苟”；班组长及中层干部就是要“团结进取，身先士卒”，各厂的厂长和公司职能部门主管就是要“科学管理，追求卓越”；公司决策层就是要“超常发展，开拓创新”。这样，就将企业理念通过纵向和横向编织成一张覆盖全体员工和各项工作的指导网络。

最近，北京拖拉机厂又同福田公司联合，组建成北京福田有限责任公司。原北拖的领导通过到福田公司的实地考察，深感自己同福田公司在很多方面存在着差距，他们主动提出：“学习福田文化，做合格的福田人”，并以此为主线，对全体员工进行教育。由此可见，企业文化、企业理念这些东西，看起来好像是“虚”的，但却是形“虚”而实“实”，它会渗透在企业的方方面面，起着潜移默化的巨大影响。因此，在企业发展上，我们必须两手抓，两手都要硬，既要抓好物质文明建设，也要抓好精神文明建设。这样，企业就会如虎添翼，不断走向新的胜利。

被朱总理誉为不带引号的企业家——高益荣[1]

被朱镕基总理誉为“不带引号的企业家”，这不能不说是一种殊荣。这位企业家是何许人也？他就是现任凌源钢铁集团有限责任公司（以下简称凌钢）董事长、总经理和党委书记的高益荣。1997 年 7 月，朱总理在辽宁听取高益荣的汇报后，对凌钢生产经营状况十分满意，当场支持凌钢股票上市，称赞他是“不带引号的企业家”，并高兴地同高益荣合影留念。是什么使总理对凌钢、对高益荣作出如此高的评价？最近，我有机会再次到凌钢进行调查考察，在此之前，我曾在 1995 年 10 月去凌钢作过调查，对凌钢领导强烈的市场意识感受很深，回来后写了一篇调查报告：“市场不同情眼泪——凌钢所属三个单位实行停产整顿的调查”。这次，看到凌钢几年来发生的巨大变化，特别是为了更好地适应市场经济的新形势，在企业管理上，从观念的转变、机制的转换、制度的创新等方面，都取得了很好的成效，给人以深刻的印象。

凌钢是 1966 年开始建设的一家国有大型钢铁联合企业，位于辽西山区。现有总资产 29 亿元，资产负债率 50%。以生产中宽热带、焊管、螺纹钢为主，1999 年铁、钢、材产量分别为 67.7 万吨、70.1 万吨和 39.7 万吨，销售收入为 13.6 亿元，实现利税 1.61 亿元，其中利润 4580 万元。1996 年以来，连续 3 年成本降低 10%，每年消化增支减利额 8000 万到 1 亿元，产销率和回款率一直保持在 100%。1997 年至今，累计减员 4000 人，分流剥离 3800 人，目前主体厂职工有 8400 人。1994 年，通过重组分立的方式，由部分主体生产厂组建成定向募集股份公司，连续 5 年红利率都在 18% 以上；1997 年，兼并了近 3000 名职工、当时已资不抵债的葫芦岛钢管总厂，第二年即扭亏为盈；2000 年 4 月 7 日，在上交所发行 A 股 1 亿股，融资 5.4 亿元。

一、要使市场意识在全体员工中扎下根来，提倡自己的梦自己圆

凌钢同其他国有企业一样，由于长期以来计划经济的熏陶，一些干部和职工仍然受旧的思维模式的影响，不适应市场经济的新形势。比如，过去凌钢对下属亏损的厂矿，尽管也有一些经济上的惩罚措施，但基本上还是公司包了下来。1995 年，凌钢有 3 个下属厂矿出现亏损，其中有的是由于生产成本过高，有的是由于市场需求情况发生变化，产品销路锐减。公司领导下决心对他们进行停产整顿。在此期间，只发 70% 工资，不发奖金。停产不仅影响职工收入，更给这些单位的领导带来巨大压力。有的单位领导一而再地找公司领导，甚至痛哭流涕，要求公司领导高抬贵手，允许复产。高益荣同志硬是“铁石心肠”，告诉他们，在市场经济下，厂子的开与停不是公司说了算，而是由市场决定的。市场不相信眼泪，市场不同情弱者，它的法则是优胜劣汰，要生存，就得自己救自己，自己的梦自己圆。这一席话，彻底破灭了这些单位部分领导和职工的“等靠要”思想，于是一场转变

[1] 原载于 2000 年第 8 期《冶金管理》。

观念的大讨论开始了。焊管厂的职工在厂门口贴出了一副对联，上联是“擦干眼泪进市场”，下联是“挖空心思找潜力”，横联是“自己救自己”。他们组织力量，深入进行市场调查，并积极开展技术攻关，改装设备，成功地开发出市场销路较好的小规格焊管，使工厂扭亏为盈。其他两个厂矿也都结合自己的特点，分别采取合并机构，精简人员，加强管理，调整结构，开发新品，降低成本等措施，出现了转机，恢复了生产。

3个厂停产复产的变化，使凌钢的领导更深切地认识到，办企业就是要按经济规律办事。在市场经济下，要使企业能在激烈的竞争中站稳脚跟，不仅企业领导必须彻底打破长期以来在计划经济时期下形成的种种旧观念，树立起市场意识、竞争意识、效益意识等适应市场经济的新观念，还必须将这种观念在广大职工中扎下根来，并且建立起相应的机制，使大家都能真正做到以市场为导向，来指导企业内部的各项工作。同时，也使凌钢的各级领导和广大职工看到内部蕴藏的巨大潜力，而要将这种潜力能够更好地迸发出来，就要使企业的各级领导以及全体员工都能直接感受到市场的直接压力，从而将压力转化为动力。以后这种观念又进一步扩展到企业内部上下左右各方面的关系上。

二、通过市场链来解决企业内部的矛盾，按市场法则来理顺各方面的关系

经过几年市场经济的实践，凌钢的同志深切地感到，对企业来说，市场不仅在外部，也存在于企业内部。而要真正使广大职工牢固地树立起市场意识，必须营造好一个内部市场的氛围，采购供应部门和使用部门之间、上下工序之间都要按照市场规则来操作，使企业形成一个市场链，严格地按照价值规律办事。为此，凌钢总结了以往的经验教训，把加强管理同转换机制相结合，靠机制的作用和力量去实现严格科学的管理，使以行政手段为主的人为管理转变为以市场法则和价值规律为主的管理，由定性的管理走向定量的管理，由实物形态的管理走向价值形态的管理，促进了增长方式转变和经济效益的提高。

过去，单纯考核实物量指标时，往往出现指标改善了，但效益并没有上升的现象。比如，入炉焦比下降了，但由于筛下物多，毛焦比并没有下降；有时，焦比确实下降了，但主要是由于焦炭质量提高了，成本也增加了。现在考核成本、利润这些综合性的价值量，就可以使职工树立起总体观念。各部门、各工序之间，也都以质论价，并全面建立内部质量保证合同，出现问题按市场法则索赔处理。如备件达不到要求，接受方可以按规定的比例扣款或退货，损失金额则由供应部门从自己的利润中赔偿。当然，供应部门也可向供应商进行索赔。有争议时，则由内部合同管理办公室仲裁。

在技术改造上，过去是大家争着立项，因为反正是公司出钱，而且是谁搞工程谁就搞预算。因此，往往资金投入多，建设时间长，效益回收慢。这就出现“不改造等死”、“搞改造找死”的问题。现在，凌钢对每个技改项目，都要求“一保三限”，即保质量，限投资额，限期投产，限期达效。同时，成立了预算管理中心，设在计划处，把过去分散的预算力量集中起来，搞预算的不参与工程，既提高了预算质量，也防止了漏洞。像高炉喷煤，在立项之初，就限定投资额为4500万元，达产期3个月，并按可研报告中的效益测算给炼铁厂半年追加了320万元回报利润指标。结果，不仅投资没有超过限额，而且1998年5月投产后，7月就达到设计能力，年底吨铁喷煤量已达到120千克，创效益612万元，超过追加回报指标一倍。即使对主要是社会效益的环保项目也要讲回报，考核减少了多少排污费。因此，现在没有哪个单位敢轻易提出上项目，确保了上一个项目，就能得

到一份效益。

三、建立各种有效的制约机制，来化解市场经济的消极因素

市场经济促进了企业之间的竞争，使大家都来重视经济效益，有利于推动企业的发展；但市场经济也必然会带来一些负面影响，一些企业和单位为了小集团以及个人的私利，往往利用对方工作上的疏漏和个别员工品质上的弱点，做出一些弄虚作假，甚至违法乱纪的事情，损害了对方的利益。在凌钢同样遇到这类情况。对此，有人埋怨市场经济引发了个人私欲的膨胀，有人感叹"人心不古"，更多的人则是主张抓住典型，杀一儆百。但高益荣认为，出现这种情况，并不奇怪，既不要大惊小怪，更不要见怪不怪，查处、警戒都是必要的，但更重要的是通过建立必要的机制来解决。特别是当前在国有企业产权尚不十分明晰的情况下，建立起有效的约束机制比其他什么机制都重要。

在这方面，凌钢较有特色的是建立了一套有利于相互制约的非专职机构。1996 年底，他们按照强化市场经济机制，健全制约关系的原则，在精简合并 12 个处室的同时，增设了几个有利于制约的部门，公司成立了"一委三办"，即由高益荣任主任的经济活动监督管理委员会，下设质量、价格、经济往来渠道 3 个监督办公室。质量监督办公室设在监察处，价格监督办公室设在审计处，经济往来办公室设在司法处。通过"关口"前移，对经营管理各个环节的权力和活动进行全方位监控。按高益荣同志的说法，这叫对管理者实行再管理，对监督者实行再监督。这样做，有效地堵塞了漏洞，仅矿粉出入库品位差就从过去的 1.5% 降到现在的 0.28%，一年就节省 1000 多万元。价格办公室的设立也有效地防止了人为的随机管理可能导致的失误。更主要的是，这些制约机制的建立，较好地防止了一批干部和职工在经济上犯错误。

四、学邯钢学创结合，重在创新，推出"日清日结"新模式

高益荣同志十分重视学习邯钢经验。他就任总经理、开完干部大会后的第二天，就带领 20 几名骨干到邯钢学习，回来后身体力行，认真贯彻。但凌钢学邯钢，并不是依样画葫芦，照搬照套，而是提倡精神实质不走样，具体做法要创新，学创结合，重在创新。他们在认真搞好各项基础管理、健全计量检测设施的同时，把邯钢模拟市场核算、层层分解指标、实行严格考核等一系列做法落到实处。在不断总结实践经验的基础上，结合凌钢的具体情况，有所发展。

在内部核算上，实行按质论价。每道工序往下转移产品，都是几个标准几个价，体现了市场原则。像过去焦炭就是一个价，焦化厂就争要好焦煤，现在焦炭按照灰分、强度等几个指数，分成 5 个档次的价格，每级差价为 20 元；而炼铁厂生产的铁水到炼钢厂也按 5 个档次定价，这就促使各单位都要从系统的观点去考虑提高效益的问题，有利于企业整体效益的提高。

在内部利益分配上，实行"按利提奖"，并以"成本否决奖金，利润否决工资"。他们所以提出"按利提奖"作为"成本否决"的补充，是因为他们认为，创造利润比降低成本的范围更宽一些。比如，通过调整结构，不一定能降低成本，但是可以增加利润。因此，他们在下达降低成本指标的同时，还下达了利润指标。各单位都按照统一的比例从所创利润中提取奖金，这样，就能更好地体现以效益为中心的原则。

特别是他们在班组核算上，创立了“日清日结”的模式。每个班组当天的产量、消耗、成本、利润必须当天核算清楚，上墙公布，使每个职工都知道当天的生产、效益情况和个人奖金的得失，及时采取调整控制措施，强化成本的预先和过程控制。我曾到好几个分厂的车间和班组，看到墙上都贴有截至上一天的“日清日结”表。班组核算员告诉我，这种做法对改进班组工作，降低成本，提高效益，好处很大。至于做这种表的工作量，开始要费些时间，现在每天也就是半小时左右。“日清日结”也是对每个班组成员业绩的考核，每月的积分，由本人签字后存档，今后减员下岗也以此为准。由于这样做，完全符合“公平、公正、公开”的原则。因此，即使有人下岗，当事人也都服气。

五、正确使用手中的权力，把集中的权力分散化，隐蔽的权力公开化

在凌钢，高益荣同志可以说是处于权力的最高层。但他对权力有自己的理解。他认为，权力就是责任。他常对班子成员讲，组织上把凌钢交给我们，对外关系到能否搞好国有企业的社会主义国家的形象，对内关系到1万多名职工的命运，责任重于泰山，我们必须正确地使用权力。

为此，他首先要求领导班子严于律己，树立勤政廉洁的好形象。要求职工做到的，领导必须先做到；要求职工不做的，领导自己绝不去做。这几年，在历次减员过程中，由于减员比例较大，班子成员的子女、亲属也有下岗的，但班子成员人人都能做到不干预，并自觉地做好子女、亲属的工作，服从组织安排。这对凌钢下岗分流工作的顺利进行，起到了很好的表率作用。

高益荣同志还提出了把集中的权力分散化，隐蔽的权力公开化。把过去金字塔形的权力结构放平，变成环与环的连接。除了一些必须由最高领导层决策的重大问题外，尽可能把其他集中的权力下放，并且按照责权利相统一的原则，要求他们更好地承担起各自的责任。同时，还强调各个单位之间的协作和沟通，形成环与环的连接。这样，不仅能更充分地调动广大干部和职工的积极性，而且还能使各部门站在全局的角度，做好自己的工作，从而有利于整体效益的提高。他们还十分重视通过建立各种机制和相应的规章制度，尽最大可能避免人为的随意决策，甚至暗箱操作，真正做到依法行事、依法治厂。

对自己，高益荣也是采取淡化权力的做法。无论是承建工程项目、推销产品，还是订购紧俏钢材，对找上门来要求他给予照顾的，他一概不开口子，请对方通过正常渠道来解决。起初，有人认为他是不近人情，但时间长了，大家也都理解了。他常说，他主要的工作就是对管理者进行再管理，对监督者进行再监督，而不是批条子，开口子。在实际工作中，他不仅讲原则，也讲人情。1998 年，90% 的分厂都完成了利润指标，每人都长了一级工资；而炼钢厂却只完成利润目标的 85%，按规定只有 85% 的人可以长工资。炼钢厂上报 15% 不长工资的人员名单全是厂级领导和工段长，认为主要应由他们来承担责任。公司领导讨论时，都表示同意，但高益荣却认为不能笼统地把责任都由领导承担，各级都有各自的责任。否则，在前面冲锋陷阵的人老受惩罚，不利于调动各方面的积极性。他提出，各个层次的人员都按 85% 的名额长工资，得到大家的同意。事实证明，这样做，不仅使炼钢厂的职工心服口服，而且更好地调动了干部的积极性和责任心。

人均年产钢近千吨的短流程钢厂❶

——记淮钢集团利淮钢铁公司

1995 年前只有 3 座 5 吨小电炉、浇注 8 寸开口锭，通过几架横列式轧机轧制螺纹钢的淮阴冶金公司，现在已全部淘汰落后设备，新组建成淮钢集团利淮钢铁公司，并拥有“四位一体”设计能力为年产 60 万吨钢的 70 吨超高功率电炉、LF 精炼炉、五机五流连铸机及由 18 架机组的棒型材连轧机。经过不断改进，1999 年电炉钢产量已大大超过设计能力，达到 56 万吨；轧机今年 3 月达到年产 50 万吨的生产能力。目前，产品 40% 左右为普类螺纹钢；60% 为优质圆钢、扁钢，主要供应汽车及铁道部门用的碳结合结钢、冷镦钢、弹簧钢的各项技术经济指标在同行业中名列前茅。今年 5 月，炼钢冶炼同期为 56 分钟（原设计为 72 分钟），电炉吨合格钢坯电耗为 295 千瓦·时（原设计为吨废钢耗电 426 千瓦·时），吨合格钢坯电极消耗为 1.9 千克（原设计为吨废钢消耗电极 2.9 千克），在按规定提取折旧后，1999 年已有微利，预计今年利润将有大幅度增长。

机构精简、人员精干是淮钢利淮公司的一大特色。目前公司全部员工为 700 名，而月钢产量已达到 5.5 万吨，如果不是限产，今年全员实物劳动生产率接近人均千吨钢，这在同行业中是罕见的。像炼钢分厂包括电炉、精炼、连铸及机电维修车间为 204 人（行车工属供给分厂，不在内），轧钢分厂只有 132 人，包括行车、制氧、水处理、除尘各工序的供给分厂为 217 人，所有分厂厂部除 3 名厂长、一二名助理外，只有二三名工艺员、设备员。此外，不设任何机构，车间除几名主任外，更无其他专职管理人员。

利淮公司所有管理职能全部集中在公司。公司设四部一室共 150 人，其中相当一部分是直接从事生产辅助和生活服务的，像综合服务部共 50 人，其中物料仓库 12 人、油库 5 人、废钢检验 7 人、出入厂物料过磅 10 人、食堂（含招待所餐厅）11 人。生产安全部 31 人中包括变电所 19 人，技术质量部 35 人中含试样加工、物化检验 15 人、驻各分厂质检员 11 人，去掉这部分人员，真正从事各项管理的人员不过50 人。

利淮公司这样精简后，整体素质提高。全公司 700 人中，大专以上的占 400 余名，其中炉长、工段长都是大中专生，一些生产操作主要岗位也是中专以上文化程度的。更主要的是在一些过去闲散的行政部门，普遍实行一专多能、一人多岗，提高了工作效率。党务工作开展得也很活跃，全厂共 80 多位党员，还有 60 多名要求入党的积极分子。部门之间、机关与基层之间虽然也会有矛盾，但极少有扯皮现象。广大职

---

❶ 原载于 2000 年 7 月 19 日《中国冶金报》。

工自觉从严要求，自觉加强协作，而这种精神又来自淮钢领导的以身作则，正像在座谈会上很多职工异口同声说的那样：“公司领导的高度敬业精神是无声的命令，是对我们有力的鞭策。”

现在利淮公司正在考虑借鉴国外经验，通过技术改造及完善管理，使各项经济指标进一步提高，并力争成为我国弹簧钢生产的重要基地。

敢于挑战极限的安钢人[1]

在安钢期间，我强烈地感受到，安钢的干部、职工都有一股藐视困难、挑战极限、奋发昂扬的士气。一些按常规来看难以实现，甚至不敢想象的事情，在安钢却一个又一个“轻轻松松”地完成了；刚刚攀上一个新高峰，紧接着又提出了攀登下一个高峰的目标，而且又如期甚至提前实现了。像原设计能力为年产钢38万吨的3台15吨转炉（目前平均出钢量为24.25吨），1993年突破100吨钢时，一些业界人士就认为，这一记录已接近顶峰，再要超越就不容易了。然而，安钢人居然仍以每年10万吨的增长幅度向前迈进，这样，到1999年安钢连续8年每年增长10万吨钢，1999年钢产量达到167万吨。也就是说，转炉一个冶炼周期只有21.66分钟，每小时接近3炉钢，这不能不说是一个奇迹。也可以说，安钢的转炉是世界上转得最快的转炉。安钢的转炉厂厂长告诉我，如果今年不是限产的话，他们完全有把握突破170万吨钢。像转炉这种情况，在安钢可以说是比比皆是。1999年1月22日点火投产的380立方米的高炉，第8天利用系数就达到2.0，2月份平均利用系数为2.5，3月份以后，利用系数就一直保持在3.0以上。1999年新建的90平方米烧结机，也是投产一个月就达到了设计要求。

安钢人的挑战极限，绝不只是一个产量的概念，主要是围绕不断提高企业效益和社会效益，是要在确保质量的前提下追求数量的增长。现在，占安钢钢材总量70%的螺纹钢和中板，其实物质量都达到了国际先进水平，获得了国家产品质量的最高奖——金杯奖；一些重点技改项目，主要是为了改善产品质量和扩大品种，尽管这同时也会带来增加产量的效果；在生产组织上，明确提出，当产量和质量发生矛盾，产量必须为质量让路；为了确保产品质量满足用户的要求，有时宁可因延迟了发货时间而赔偿滞纳金，也不放松每一道检查的工序。

但是，更为可贵的是，通过一系列向极限挑战的活动以及所取得的重大成果，安钢锻炼出一支敢于藐视困难、敢打硬仗、善打硬仗的职工队伍，这就保证了今后在新的历史时期安钢能不断攀登新的高峰。

一、企业要发展，先内涵挖潜

安钢人之所以能不断向极限冲刺，是基于一个明确的指导思想，就是企业要发展，首先要立足于盘活存量，内涵挖潜。“发展是硬道理”，这一点，可以说所有企业都有了共识。但如何发展，认识就不那么一致了。有的企业把发展的重点主要放在大规模地投入增量，铺摊子，上新项目，这当然是企业发展的一条重要途径。问题在于，扩大增量时，如何对待现有的存量。有的企业，存量资产还没有发挥其应有的作用，却热衷于上增量，结果是当这些增量又变为存量时，依然是重蹈覆辙，其能力没有得到正常的发挥，这就导致效益下降，甚至走向“投入大，产出少”的恶性循环。安钢的同志则认为，企业扩大增量

[1] 原载于2000年7月《冶金管理》。

可以发展，搞活存量同样可以发展；外延扩张可以发展，内涵挖潜同样可以发展。而且企业现有的存量就是企业发展的基础，作为企业的领导，首先就要带领职工，把存量资产发挥到最大极限，以此来增加效益，积累资金，到适当时机再将现有设备更新换代，鸟枪换炮。因此，抓紧时机，内涵挖潜，盘活存量，既是解决企业当前困难处境的有效途径，也是为企业今后发展奠定基础的战略措施。在制定“七五”计划时，安钢曾考虑用10年时间，花10亿元，新建750立方米高炉，90平方米烧结机，形成100万吨钢的综合生产能力。后来，按上述思路，调整了计划，立足内涵挖潜，进行技术改造，并按照“木桶理论”，搞好填平补齐，结果，只用了3.7亿元，提前6年，于1989年成为第一个年产钢突破100万吨的地方骨干钢铁企业。更重要的是，通过这些可贵的实践，锤炼出了一支敢打硬仗、善打硬仗的职工队伍。

二、把管理、技改和群众性的技术革新活动结合起来，搞好系统挖潜

向极限挑战，有两方面的涵义：一是就企业整体而言，要使所有设备都能充分发挥其作用，这就必须按照“木桶理论”，把木桶最短的一根木板拼长。但是，最关键的，是要使各个单体设备都能在最大程度上发挥其潜能。否则，一个矮木桶，尽管它的板子都一样长短，但它的容量毕竟有限。安钢的突出贡献，就在于通过种种途径，用少量的投入，使现有的木桶大大增加了容积。具体说，就是在日常生产中，努力做到设备运转的正常化和高效化；在进行改造时，尽可能采用先进、经济、适用、可靠的技术，并根据具体情况，进行必要的扩容。所谓正常化，就是要确保设备的正常运行，尽最大可能减少设备故障；至于高效化，就是要使正常运转的设备做到高效运转。这就要求一方面尽最大可能节省非工艺需要的时间，另一方面从改进工艺着手，缩短各个工序时间。一句话，就是向时间要效益。

为了实现这一目的，安钢从系统工程的观点出发，把强化管理、搞好技术改造和开展群众性的技术革新活动三个方面结合起来，从而取得很好的效果。比如，要加快转炉炼钢的周期，无非一是缩短冶炼时间，二是减少各种非工艺时间。这两者都需要将技术革新和科学管理结合起来。在生产组织上，要使各个生产操作环节紧密衔接，避免出现出钢后铁水到不了位、出钢时钢包还没就位等问题；对已经达到的水平，要纳入规程，使其制度化、规范化，并严格贯彻执行；在设备管理上，一是结合大修，做到逢修必改，大修大改，小修小改。同样设备的大修，安钢要比兄弟企业花钱多，只要是尚有生命力的设备，对可换可不换的备件，原则上是换，目的就是要确保在两个大修期间的设备正常运转；他们从实践中深深体会到，这实际上是“吃小亏占大便宜”。二是在强化设备管理的同时，努力减少更换备件的时间，像换氧枪的时间从过去40分钟减少到现在不到10分钟，这样，每天就可多炼1炉半钢；氧枪钢丝绳调整位置从20分钟降到3秒钟，很多备件都是预先组装后放在现场，使更换时间大大缩短。这些成绩，并不是一蹴而就的，而是持之以恒，不断改进提高的。他们在检修实践中还创造了分割维修法和分段维修法，利用生产间隙及规定的检修时间，见缝插针，将该处理的问题分次解决、或分段解决，既不耽误生产时间，又达到了检修目的。这样做，不仅有利于提高生产效率，更有助于提高职工总体素质，为今后的发展打下了良好的人力资源基础。此外，对新投产的设备，他们不是坐等大中修时再进行改造，而是投产之日就是改造开始之时。因为，他们认为，新设备一般需要有个磨合期，磨合的过程也就是不断改造的过程，像380高炉投产一年来，就先后进行

132次改造，而且绝大多数都是炼铁厂自行动手解决的。没有这些改造，这座高炉绝不可能在短期内产量大大突破设计能力。

三、关键在于有个好班子带出了好队伍

安钢的这些做法，看起来并没有什么特殊之处，不少企业也都是在这样做的。但是，为什么安钢却能取得如此重大的成果？这同安钢拥有一支高度使命感、责任感的职工队伍分不开的，这支队伍具有强烈的爱岗敬业精神，他们和安钢是同命运、共呼吸，他们为安钢的成就而自豪，也十分珍惜自己的岗位，都想通过自己的劳动使安钢这座大厦建设得更宏伟、更壮丽。在安钢，通过群众性的大讨论、自下而上地归纳整理，并经职代会通过的《安钢职工做主人行为规范六十条》成为安钢广大职工的行为准则。因此，在安钢，政令畅通，一贯到底，公司有什么号召，都是抢着去完成，没有什么先讲报酬再干活的事。遇到暴风雨等突发性的意外事件，风声、雨声就是命令，生产骨干会自发地赶到现场，保护设备，保证生产正常运行。可以说，奋勇拼搏，争创一流，挑战极限，已成为安钢企业精神的重要组成部分，成为安钢职工的共同理念、共同的价值观。

安钢职工队伍的这种精神，很大程度上是靠安钢领导班子以自身率先垂范的人格魅力带出来的。远的不说，改革开放以来的4届厂（公司）领导班子，都是一个团结拼搏、勤政廉洁、艰苦奋斗、身先士卒的好班子。他们生活上低标准，工作上高要求。每年几亿元利润的大企业，至今公司领导上下班都是骑十几分钟到半小时的自行车，他们没有什么“经理楼”、“厂处长楼”，各级领导都是分散和职工住在一起；在现场高温岗位的操作室，都已安装了空调，但公司领导的办公室，还都是靠电扇降温；现任总经理史济春1985年从机关调到二炼钢厂当厂长助理，正点上班是7：30，他7点钟进厂，看到于华山厂长已经在现场，第二天他提前到6：40分，结果还是于厂长走在他前面，后来他改为6：30分进厂。他担任总经理后，只要在厂，仍然坚持每天早6：40到达总调度室或生产现场；出差到北京办事，不住大宾馆，就住在公司驻京办事处里。领导的这种行为，对各级干部和职工都是无声的命令，有力的鞭策和激励。不少生产厂，每当下班铃响，厂长们就下到车间，了解当天情况，及时处理问题，他们基本上是看不到电视台晚7点的新闻联播。职工们说安钢的干部是“早七晚八，双休日白搭”。1988年，当时的总厂给二炼钢厂配了一部桑塔纳轿车，但厂领导除了去市里开会外，很少乘坐，倒是工人有急事，可以乘用。现在11年过去了，车子也到报废期了，但累计只跑了17万千米，还像新车一样。这些看似和生产无关的“小事”，但在职工中却产生了巨大的影响，他们打心眼里钦佩、尊重这样的领导，认为跟着这样的领导，再苦再累，也心甘情愿，更何况领导带领他们走上了康庄大道。

安钢的挑战极限，虽然也促进了品种的改善、质量的提高、成本的下降，但最明显的还是体现在产量的增长上。面对当前钢铁工业供求关系的新情况，他们已经考虑要将挑战极限的重点从过去的以数量效益型为主转变为以品种质量效益型为主。同时，进一步加强企业内部改革的力度。面对21世纪的到来，他们已经制定了新的发展规划，在适当时机淘汰那些相对落后的设备，并在新的技术装备基础上，本着挑战极限的精神，不断打出新的水平。我们深信，安钢的广大职工一定会在继承优良传统的基础上，进一步开拓创新，安钢的明天一定会比今天更加辉煌！

水钢，在朱继民调离以后[1]

今年年初，为水钢扭亏脱困作出重大贡献的朱继民总经理，奉调离开了他三年来为之呕心沥血的“三块田”。尽管水钢的广大职工对此早有思想准备，但当这一天真正到来时，职工们的思想情绪却是十分复杂：他们一方面满怀感激的心情，依依不舍地同这位他们所尊敬的朱总告别；另一方面又多少心存疑虑，担心水钢会不会重新走回头路。关心水钢的一些朋友也为水钢今后的发展暗暗地捏一把汗，但愿水钢能一路平安。现在，8 个月过去了，以王黎明董事长、总经理为首的新班子，没有辜负各方面的信任和重托，带领广大职工，使水钢又迈上了新的台阶，交出了一份令人满意的答卷。

一、新班子，新作为，新业绩

新班子接任后，面临的形势是严峻的。从大的方面来讲，国家实行严格的总量控制政策，对水钢下达的钢产量指标只是原水钢确定计划的 69%。按此计划，水钢今年势必又要重新回到亏损企业的行列。同时，连续 3 年国家给予的减人增效政策从今年起取消，这将影响当年效益 9000 万元。在内部，确实也存在一些不稳定的因素，有人提出“水钢红旗能打多久”，买了安居工程住房的职工有的竟然要求退房，怕以后发不出工资时，手里还能有些钱应付一阵，前两年受了处分的干部有的向新领导提出，“现在朱总走了，你们该给我平反了”。在生产上，出现一些不正常的现象，不仅各类事故增多了，还发生了两起严重的弄虚作假案件。

针对这种情况，新班子一上任，就明确提出了“继承、巩固、发展、提高”的工作方针。新的工作方针就是要继承、巩固三年扭亏脱困的成果和主要经验，在此基础上要有所发展、有所提高，实现“一个确保、七个突破”，即在确保全面实现今年生产经营目标的基础上，企业的内部各项改革、节能降耗、新产品开发和研制、环境污染治理、内部备品备件自给率、分子公司扭亏脱困、机关职能管理水平和专业水平等 7 个方面要有新的突破。还成立了由班子成员亲自挂帅的 10 个攻关组，围绕生产经营薄弱环节开展攻关活动，都取得了较好的进展。

面对限产的重大压力，新班子决心把这一压力转化为进步的动力，要求各级干部把工作的重点转到品种、质量、成本、效益上来，并据此调整了考核指标，取消了过去多年来实施的超产奖。广大职工同心同德，克服种种困难，创造性地开展各项工作，取得了比预期还好的效果。1 ~7 月，生铁的累计平均成本低于 850 元，钢坯成本低于 1200 元，线材、螺纹钢的平均成本都低于 1400 元。在将折旧从去年的 4. 6% 提高到 7. 6% 的基础上，实现利润 4805 万元，同比增长 207. 82%。

特别值得提出的是，新班子能够见微知著，及时地在全公司范围内开展了“查反弹、

[1] 原载于 2000 年第 10 期《中国冶金报》。

找差距、挖根源、促管理”的活动，重点是以各级领导班子为主，要通过查清本单位的反弹情况，找出原因，挖掘根源，落实改进措施。通过这项活动，不仅打击了歪风邪气，刹住了一些不良倾向，保证了水钢各项工作的顺利推进，而且还提高了各项工作的管理水平。

二、一大串令人鼓舞的数字

尽管数字是很枯燥的，但确是最有说服力的。因此，下面让我们按照生产工艺流程来看一组数据，见表1。

表1

指标名称	1999年1~6月	2000年1~6月
冶金焦转鼓指数 M_{10}/%	7.46	7.35
冶金焦转鼓指数 M_{40}/%	81.41	80.85
冶金焦灰分/%	14.43	13.78
冶金焦硫分/%	0.61	0.57
烧结矿品位/%	51.76	54.54
烧结矿硫分/%	0.037	0.025
高炉入炉焦比/kg	453	420
高炉喷煤/kg·t^{-1}	100	102
高炉利用系数/t·(m^3·d)$^{-1}$	1.704	1.905
高炉熟料比/%	84.00	82.01
炼钢钢铁料消耗/kg·t^{-1}	1094	1077
转炉炉衬寿命/炉	3977	7945
普线一次成材率/%	94.14	96.80
螺纹钢一次成材率/%	95.82	97.57

从表1可见，除了冶金焦转鼓指数 M_{40} 和高炉熟料比稍有下降外，其他所有指标都有较明显的进步，有的还很突出，有的已进入同行业的领先水平。

对其中有的指标，开始我有些将信将疑，深入一了解，看到了在这些数字背后的艰辛劳动和广大职工的聪明才智。拿炼钢的钢铁料消耗来说，降到了每吨1076千克，有一个月还达到了1074千克。为了实现这一目标，他们从各方面采取措施。在操作上，杜绝高温出钢，不断降低出钢温度，1999年出钢温度一般都在1700℃以上，现在降到1660~1680℃，避免了过氧化，也减少了钢水的溢漏；对钢渣进行人选、磁选后再送到渣场，有时一个月就选出2400吨；吨钢吃八九千克矿石，也相当四五千克钢铁料；减少浇注时钢水的跑漏，过去连铸开浇第一包时，往往要摆动几次，才能就位，现在一次到位，每吨又可减少损失3千克；砌炉工人在修砌钢包时，精益求精，今年至今没有发生一起钢包事故。这里，既包含着大量严格管理、科学管理的成效，也蕴涵着广大职工小改小革的创造性劳动。这个厂的成本指标，也曾引起公司财务部门的怀疑，他们派人进行了调查，证明了上报的数据没有水分。

三、创新成了各级干部的追求

在扭亏实践中提炼出来水钢精神就是：自强、开放、创新、追求。如果说，前两年主要是前4个字起到较大的作用。那么，近两年，后4个字越来越发挥其重要的作用。去年，朱总还在时，已经出现了一批管理创新的好经验；今年，他们又都有新的发展。以创造“干部离线检验法”引起兄弟企业重视的二轧厂，又推出了“生产总值班制”，通常人称“见习厂长制”。第一批选定热轧、精整、准备、检修、电气的5个车间主任，到厂部轮流值班一周，值班期间，全面负责本周的日常生产指挥和组织工作，主持厂调度会、各类事故分析会，以及参加公司召开的生产例会，有权对生产中出现的问题按厂规考核和处罚。他们认为，在目前生产基本正常的情况下，这样做，好处很多。一是可以提高厂里这批中层干部的管理水平。第一轮下来后，这批“见习厂长”普遍认为得到很大的锻炼，提高了全局观念，增强了协作意识，特别是深感自己知识的不足，迫切要求提高。比如热轧车间主任48岁了，还报名参加了电大学习。他说，他儿子读大三，他读大一。二是厂里的管理意图和工作要求更容易得到贯彻，管理的刚性减弱，柔性增加。三是使厂领导从日常生产工作中解脱出来，考虑厂里长远发展和队伍建设的一些大事。现在，二轧厂在总结第一批“见习厂长”的经验后，准备下一批扩大到部分科室领导，时间延长到两周。

钢城公司是水钢所属的一个大集体企业，员工总数3565人。其中，全民职工838人，去年赢利200万元，今年预计可以超过240万元，职工收入近两年都有所增加。但是，他们并不满足于现状。今年，公司领导开了三次务虚会，一致认为公司要发展，必须跳出现有的圈子，走开拓创新之路。在对水钢内部和外部市场进行充分调查的基础上，拿出了下一个五年的规划方案，并立即付之行动。房屋开发公司以超常速度，只用半个月就拿到资质证书。目前，第一批126套住房已经预售一空，他们确保明年“十一”前按期、保质地交出让客户满意的新居。在此基础上，他们正准备在为水钢职工继续提供新居的同时，向六盘水市和贵阳市进军。为了更好地为水钢职工服务，使他们解除后顾之忧，钢城公司还拟订了社区服务的方案，开发学前班和小学生的接送、中小学生的午餐供应、老年人的医疗服务（代为挂号、取药等），以及其他家政服务。这种创新的思路受到了水钢职工的欢迎，也使钢城公司进一步拓宽了经营领域。

四、用两种机制的结合来调动广大职工的积极性

在水钢，无论走到那个厂，同职工交谈时，总感到他们精神振奋、士气高涨。在座谈时，最基层的班组长都说，现在他们不只是考虑如何完成任务，而是要琢磨怎样完成得更好，考虑怎样提高班组成员的素质。这种高度的主观能动性来自哪里？一方面是水钢强大的思想政治工作的威力，另一方面也是他们善于运用激励和约束两种机制来调动广大职工的积极性。

炼钢厂在邯钢同志的帮助下，使原先各项十分落后的指标提高了很大的档次。1999年初，邯钢专家撤离后，炼钢厂的广大职工没有辜负大家的期望，在继承邯钢同志留下来的好传统、好作风的基础上，有所创新，不仅在产量上又上了一个新台阶，而且在品种、质量、成本等各方面都有了进步。1999年上半年，炼钢厂发生了两起质量事故，公司调整了炼钢厂的领导班子。新班子上任后，对炼钢厂投产以来十多年的情况做了全面的分析，认

为，要搞好炼钢厂的关键在于能不能发挥12个炉长的作用，充分调动他们的积极性。过去，炉长都由车间主任直接管理，有时调动较频繁；厂领导决定，将炉长的管理权上收，由厂部直接管理，使之相对稳定，也提高了炉长的地位。与此同时，对炉长实行岗位津贴，从5元提高到200元，（后来又提高到400元）。在此基础上，实行炉长的末位淘汰制，下来的炉长去当摇炉工或炉前工，下岗者每月将减少收入近千元。这种大力度的激励机制和约束机制，使炉长们都力争把工作做得好上加好，而那些一助手、二助手也都兢兢业业，做好自身的工作，争取有机会替补炉长。这样一来，就把炉前搞活了，各项指标发生了显著的变化。以后又开展评选状元炉长的活动（开始时一月一次，现在一季一次），不仅炉长有奖，所在炉子的6名工人也都有相应的奖励。这种末位淘汰制，以后又在浇钢工、装包工、行车工、调度长等岗位全面推广，促使个个争当先进，人人都有危机感和责任感，使全厂的面貌也发生了重大的变化。

不仅如此，现在水钢几乎所有厂矿、车间都定期评选最佳员工和最差员工，并张榜公布。这种评选，都是按照平时业绩的量化指标排定的，不用人为投票。所以，大家都心服口服。对评出的最差员工，压力自然很大，但多数同志认为，还是利大于弊，至今还没有发生明显的负面影响。

五、厂务公开是密切干群关系的一服良药

水钢去年在几个单位试点推行厂务公开，今年开始全面铺开，虽然还不过半年多时间，但已经取得良好的效果，党群关系、干群关系都有了明显的改善。

厂务公开的内容很多，一般都是以本单位改革和发展的重点、职工群众关心的热点、廉政建设的关键点作为厂务公开的重点，至于具体内容则因厂而异，但直接涉及职工切身利益的以及干部廉政自律的问题必须公开。

过去，水钢厂务公开主要是通过各级职代会或者文件的形式进行，广大职工并不十分清楚，效果也不明显。现在看，最直接、最有效的还是厂、车间、班组三级的厂务公开栏。这次，我去了好多厂，从厂部到车间、班组，都可以看到厂务公开栏，其中奖金的分配情况一目了然，厂里按车间公布，车间按班组公布，班组则一直公布到人头；对节余奖金的使用情况，也都是一清二楚。过去，确实有些班组对奖金的分配和考核暗箱操作，带有相当程度的随意性和人情性，以致有的职工总怀疑车间主任、班组长“拿了我们的奖金喝酒去了”，心情很不舒畅；厂领导经常接到举报信、匿名信，也发生过个别班组集体上访的情况。自从厂务公开后，大大增强了各项工作的透明度，背后议论猜疑的事少了，班组内部、干群之间的关系密切了，各级干部自觉接受群众的监督，从而增强了凝聚力，职工的积极性和主动性大为高涨，促进了生产的发展。

尽管水钢今年又取得了重大的成绩，但水钢的新班子头脑是清醒的。他们一再强调，这些成绩的取得，是同朱总打下的好基础分不开的，朱总留下的新的思想观念、好的制度仍然在起作用，一些指标的改善，其重要原因之一是前两年新上的技改项目今年发挥了作用。他们深切地感到，现在无论是面临的任务、改革的要求，还是外部的环境，都同朱总刚来时不一样了，新班子既要更好地继承、巩固过去的好经验、好传统，更要结合新的形势，以创新的精神来开拓新的局面，使水钢不断发展、提高，攀登新的高峰。

敢于突破　勇于创新[1]

——宝钢集团十钢有限公司全方位实现结构调整见成效

上海宝钢集团十钢有限公司（原为上钢十厂，以下简称十钢）是1953年建厂的。在计划经济时，是个调坯轧材企业，主要生产热轧带钢、冷轧带钢、镀锡带钢和焊接钢管，有6个生产分厂，最高时曾年产钢材46万吨，年销售收入11亿元，5000多万元利润。20世纪80年代中后期，其热轧带钢生产线曾是全国同行业学习的样板，具有较强的品牌、技术、管理、人才的优势。但进入90年代后期，由于市场的激烈竞争，产量下降，售价下降，企业一度陷入困境，1997年、1998年连续两年每年亏损高达5000多万元。

面对逆境，上钢的领导以改革创新总揽全局，发扬超常规思维、超力度重组、超极限降本、超压力拼搏的四超精神，实施产业结构、组织结构、资金结构和人员结构的四大调整，推进优二进三战略。到1999年底，基本上遏止了连续3年多亏损的势头，今年上半年有了盈利，初步走出了困境。

一、跳出长宁区，不吃钢铁一碗饭，变退二进三为优二进三

十钢地处上海长宁区的淮海西路，是一块具有较高商业价值的地段，随着上海的进一步发展，这一土地资源将越来越宝贵。而在目前的市场条件下，如果继续在这里搞钢铁加工业，充其量也只能勉强维持生存；而且今后对环保的要求越来越高，搞钢铁，还要大量的投入。因此，十钢领导首先确立机会成本的观念，并以此来指导十钢产业结构的调整，充分利用地区优势，做到地尽其力，房尽其租。对全公司而言，他们提出，跳出长宁区，优二进三，不再单纯吃钢铁饭。

“进三”要资金，资金哪里来？十钢经历了从小到大，从少到多的过程。改革初期，他们称之为“围墙经济”、“马路经济”，就是利用围墙和沿街简屋，破墙开店自营和出租；以后，又发展为“大楼经济”，“厂房经济”，将办公用房、食堂、俱乐部等进行压缩、转移或撤销，腾出大楼。同时，还对6个生产分厂实行同类项合并，并结合市政动迁，腾出大批厂房、仓库，以此来吸引本市和外地资金，开发三产。目前，十钢盘活房产存量，已从过去的点状开发向片状开发转变，从最初的分散租赁向集中租赁转变，从过去的盲目不确定开发向市场细分、要素功能组合开发转变。十钢的三产已形成7个业态，即房产租赁业、快餐业、市场业、技术咨询业、劳务输出业、设备安装业、汽车运输业，已经建起了海鲜城、灯具布艺城、超市、集贸市场、花鸟市场、红木家具市场等。

对钢铁主业，他们吸取了一些兄弟企业的经验教训，不是简单地“退二进三”，或将土地置换的资金易地重建；而是采取“优二进三”的方针，根据市场需求和本企业的实际

---

[1] 原载于2000年第15期《冶金工业通讯业》。

情况，先进行调整重组，该关的关，该合的合，对既有一定市场、又有一定效益的生产线，暂时留在市区，但考虑到今后还将迁建，因此不作大的改造，只进行短平快的小改小革，以降低成本，提高质量。这样，既可以腾出一部分厂房，又可以稳住近1600个主业岗位，避免了由于一下子“退二”造成人员安置上的难度。同时，与美国AL公司合资在上海辛庄工业区组建了上海实达精密不锈钢有限公司，引进了世界先进技术装备和AL公司的高新技术，专门生产和销售不锈钢带材。目前，十钢的二产已由原先的4大类产品增加到5大类，销量稳步增长，1999年热带销量比1998年增长19.5%，同期冷带销量增长23.03%；今年上半年，这两种产品又分别增长6.65%和15.64%。

二、打靶要打十环，降成本就要重视降低结构性成本

十钢认为，国有企业成本高的一个重要原因，就是高在结构性成本上。降成本如同打靶，只降制造成本，只是打中了3环；只降制造成本和管理成本，可以说是打中5环；既降制造成本、管理成本，又降资金成本，那就打中了7环；只有既降制造、管理、资金成本，又降结构性成本，才是打中了10环。而要降低结构性成本，就必须对企业组织结构进行调整重组。

老国有企业的组织结构，明显地带有计划经济的痕迹，机构庞大，层次多，反应慢；人富于事，效率低，摩擦多。在向市场经济转变过程中，又组建了一批联营企业和独立子公司，造成法人繁杂、漏洞多的新问题。因此，要降低结构性成本，必须对企业进行重组，大力进行机构改革和职能的调整，其关键又在于适应市场经济的新形势，实现思想观念的转变和更新。

一是要打破“麻雀虽小，五脏俱全”以及“万事不求人”的旧思想，树立起讲求效率和效益的市场经济新观念。过去，机关分工很细，看似职责分明，实际仍有重叠交叉，而且分工越细，矛盾越多，职能相近的单位往往还分属不同的领导，协调慢，效率低，还增加了摩擦成本；不少单位为了自身方便，都有自己的内勤人员、劳动工资员、财务出纳员，工作量很少，占用的编制却不少。现在，打破了“大而全”、“小而全”的格局，有些机构实施了“几合一”，像装备后勤部由过去的设备、基建、设计、供应、计量、环保、卫生、后勤等8个部门组成，人员从原来的350人减为135人；公司办是过去的厂办、档案、房管、保卫、科室支部的“五合一”。

二是要打破不问外界变化，以不变应万变的旧思想，树立适应市场环境的变化、以变应变的新观念。过去，在卖方市场情况下，十钢有一支庞大的采购供应队伍，最多时有70人。随着向买方市场的转变，现在供应人员已经降到几个人。比如，过去自己办技校，教育科就有70人，不仅有一大批教学人员，还要设食堂等后勤人员。现在，停办了技校，职工培训充分利用社会教育力量，教学质量提高了，成本却大大节省了。关闭了6个长期亏损严重、没有市场竞争力的联营厂，另2个则进行了转让。

三是要打破计划经济时期形成的只讲福利、不讲成本的旧思想，树立以效益为中心的新观念。过去，十钢在方圆不到20万平方米的厂区内，就有4个食堂、4个浴室、6个锅炉房。这些福利设施，只讲对职工方便，根本不计较成本。比如对食堂，要求是热饭热汤热心肠，每顿必须多少个菜；澡堂是昼夜开放，一些职工和家属把全家衣服拿来洗；为了使全厂职工都能就近喝到开水，最长的开水供应管道竟有1.5千米，每年仅锅炉房的费用

就高达450万元。现在，随着职工人员的减少和效率的提高，食堂只留下1个，45名职工，他们除负责供应本厂近2000名职工的快餐食盒外，还外供2000多份；浴室也只剩下一个；锅炉房减到2个，供水管道全部切断，职工自行到锅炉房打水；过去厂区到处有厂门，但多一个门就多4个门卫，现在警卫人员从原先的100多人减到14人。

经过组织结构的调整，现在十钢基本上形成扁平型组织，复合型结构，快速反应型实体；在职能设定和岗位编制上采用条块糅合、部室合署、管理交叉、岗位复合的方法，努力构筑起上精下强、精干高效、快速适应市场的管理队伍。公司行政机构从1995年的23个精简到8个，党群机构也做了大幅度的精简，公司管理人员从1995年的757人精简至320人，减幅57%左右。同期，职工总数也从5287人减到1999年末的2897人，净减率45.3%。2000年底要基本实现三个一千：即主业一千人、三产一千人、劳务输出一千人的人员结构。通过人员结构调整，不仅降低了工资成本，还盘活了人力资源存量。1999年底，工资总额及附加降到4300万元，比1995年的8700万元下降43%。

三、确立现金为王的经营理念，不仅要避免红字死，更要防止黑字死

市场经济的实践，使十钢的同志强烈地意识到，企业最宝贵、最显示实力的是现金；而使企业最感困扰的也是资金的拮据。企业有两种死亡，一种是红字死，就是企业长期亏损、失血过多造成的；另一种是黑字死，企业虽然在账面上有盈利，但资金转不动，活钱变成了死物，使生产难以为继，这种黑字死比红字死来得更突然，更措手不及，就像人得了血栓一样。因此，他们在全公司确立了资金为工的经营理念，视现金净流量为企业命脉。既努力降低资金成本，还大力盘活资产存量。其主要措施是：

（1）提高资金回笼率。重点控制当前产品的现金回笼和追回应收账款，把资金回笼作为考核干部业绩的重要依据，确保现金为王的地位。1999年公司销售资金回笼率达到99.54%，比上年增长4.83个百分点。

（2）提高变现率。一定要将闲置不用的资产及时通过各种途径和方法来变现，以此来集中有限的宝贵资金用于产业开发中去，把钱用活、用好，以钱滚钱。1998年以来，十钢共实现闲置资产变现1261万元。这里，最主要的是解决认识和决心问题。企业当然要尽可能防止或减少资产的闲置量，但既然已经形成闲置资产，就必须正视这一现实。资产变现，往往会增加账面亏损。是保面子，还是重实效，这是企业领导必须严肃对待的问题。当然，政府有关部门也应该制定一些相应的政策来支持企业搞好变现。

（3）提高清欠率。为加大清欠力度，成立了60多名职工参加的法律清欠办公室、清欠办公室和特种清欠部队，三管齐下。特种清欠部队是由有特种气质和特长的下岗人员组成，专门对恶户、刁户、难户、大户进行特种催讨，收到了预期效果。1999年通过各种渠道共收回欠款1742万元，占总应收账款的12.2%。

（4）提高周转率。这主要是通过进一步下放产、供、销的权限，并将其列入考核范畴，调动各方面的积极性，使各种物资和产成品的库存尽最大可能降到合理的范围，以不断增加净现金流量。1999年共压缩库存1910万元，较上年下降22.95%。

（5）提高控制力。设立资金总监，重点监控和调度资金运行情况，进一步提高资金运筹能力。费用支出坚持公司领导对主管条线严格审批的原则；销售费用回笼坚持不见款不发货的原则；严格执行财务预算制度，实行资金的统一集中管理，控制收支，量入为出，

强化资金中心的地位；财务部成为结算中心，公司所属各部门的资金账统一由财务部集中管理，实行现金代理支付制和资金占用计息制；通过以旧换新、以低还高置换办法降低财务费用。

由于树立了现金为王的观念，企业经济运行质量有明显提高。尽管企业去年全年还略有亏损，但净现金流量不断增加，做到了“六不欠”：不欠利息、不欠税金、不欠煤电水气费、不欠“两金”、不欠职工医药费、不欠工资奖金，从而保证企业各项工作的正常进行。

四、走出钢铁闯天下，面向社会求生存，拓展再就业空间

十钢在减员分流上认识高、力度大、措施实、政策好、效果佳。他们充分认识到，劳动生产率低、工资成本高是企业的一大突出矛盾。经过认真地测算，认为主业人员必须进行大规模的调整重组，即从原来5000多人吃40多万吨钢调整到1000人吃30万吨钢，即人均300吨钢，才能在市场上有立足之地。因此，在人员结构调整上，一方面按政策分流切一刀，对到规定年龄的职工原则上要退，但对年龄偏高、替代率低的核心骨干不作一刀切，特事特办。同时，在经济上放一块，合理补偿，调节心态，使职工能比较满意的接受，平稳走人；更主要的是努力安置好被分流下来的员工，做到调整无情，操作有情，分流有序，使分流下来的员工基本上能根据自己的意愿找到合适的岗位，确保稳定。具体做法主要是“六个一批”。

（1）发展三产吸纳一批。由于十钢所处的地区优势，他们不是简单地围绕主业发展三产，而是面向社会和市场，比较重视土地、厂房、设备的存量资源与劳动力资源的同时开发，强调三产必须尽可能多地创造出就业岗位。如他们腾出办公楼，开办商务楼，年租金收入250万元，可解决500名下岗职工的工资费用，还吸纳了20多名下岗职工搞物业管理；他们自办了农贸、花鸟、灯饰布艺3个市场，1个商务楼和6个合作性质的三产，总共吸纳了200多名下岗职工，还带来了可观的经济效益。结合公司食堂剥离改制，成立快餐连锁公司，已在长宁地区建立两家连锁店。目前，日销售盒饭4000多客，提供了60多个就业岗位。

（2）成立劳务输出公司，面向周边地区输出一批。实践证明，由组织出面成立的劳务输出公司向外派发劳务，在社会上比较受欢迎，接受劳务人员的单位有信任感，下岗职工也有安全感。十钢组织6个输出分站，建立了124个劳务输出点，26个工种、岗位，主要从事保安、物业管理、报刊发送、快递、超市营业员、宾馆修理业、保洁绿化等职业。鉴于目前市场劳务工报酬偏低的实际状况，对这些职工实行离岗不离编的特殊政策，在一定期间给以适当补助。这类从业人员共有537人。

（3）鼓励能人带头，合伙经营带出一批。为了鼓励职工走出企业，发挥就业联动作用，十钢决定，凡公司职工开办3人以上的经济实体，起步阶段每人每月补贴250元，并安排一间街面房（15平方米），两年免租金，装1部电话，并帮助办理注册、税收等手续。已先后组建旅游公司、装潢公司、绿化公司、印刷厂、机电维修服务社、摄影社等，有70多人得到安置。

（4）成立技术咨询服务公司，梯度转移开发一批。十钢有丰富的技术管理经验，把下岗职工中的这方面人才组织起来，到外地去开发这类业务，是有发展前景的。十钢的技术

咨询队伍已进入湖北荆州、江苏淮阴、浙江温岭及福建等地区，使30多位工程技术人员和技术工人找到了新的就业岗位。

（5）以费养业盘活一批。多年来，十钢一直被多种债务所困扰，大量欠款难以回收。这次，从下岗人员中选择40多名职工组成特种清欠队，专门对付那些特别难弄的欠账户。1999年，仅这支清欠队伍就催回账款折合人民币875万元。

（6）发挥特长，自谋职业，分流一批。对一些有特长、有能力、有各种社会关系和办法的下岗职工，鼓励他们通过各种渠道，自谋职业，并在政策上对他们实行一定的倾斜，对其中一部分还保留劳动合同关系。至今已有130多名职工自谋职业。

在组织安置下岗职工就业过程中，十钢十分重视就业培训和储能型培训。到今年上半年，已有1000多名员工接受了这类培训，培训上岗率达到86%；他们还引导鼓励职工结合自身实际，自学某些专业。这也是十钢再就业工作有较大成效的一个重要原因。现在，有的职工通过自学，考取了会计师职称，并取得了全国CAD电脑设计证书，当上了一家大集团公司的总经理秘书，有的工人成了上海某律师事务所的执业律师。

三年多来，十钢扭亏的过程，实质上是思想观念大转变的过程，是不断进行机制创新、管理创新、技术创新的过程，是新的企业文化形成的过程。在实践中，十钢的职工们深深体会到，创新是企业最宝贵的财富增殖资源，是第一生产力。要创新就要求变，变就是机会，变才有希望，世界上唯有变是不变的真理，企业最大的敌人就是拒绝改变。昨天的能力不能适应明天的挑战，所以十钢也只有在变中求生存。要变就必须打破“存在的就是合理的”思维定式，对企业长期形成的结构性矛盾，要敢于通过重组整合来达到资源的优化配置；要敢于运用重组这贴猛药，解决企业的一些难点和重点问题；要敢于对不合理的事物推倒重来，用重组来加速调整产业结构和优二进三的步伐，用重组来解决组织结构的臃肿，用重组来解决人员结构的不合理，用重组来实施减员、分流、再就业；而通过重组对生产要素所产生的动力，不是生产函数，而是经济函数。

改革创新的实践以及所产生的重大变化，推动了十钢人思想观念进一步飞跃，现在十钢的士气更旺了，奋发进取的团队精神得到更好的发扬，“向不可能挑战”、“拒绝平庸，追求卓越”已经成为广大职工的共同理念。十钢正以稳健的步伐，不断迈向新的高峰。

机制转　企业兴[1]

——贵钢锻造厂改制前后的变化

1999年前贵钢锻造厂还是贵钢的下属一个分厂，全厂的主体设备就是4台空气锤，5吨、3吨各一台，2吨的两台，在册员工507人，设备是贵钢公司最陈旧的厂子之一。1999年元月改制成为一个自主经营、自负盈亏的独立法人后，企业面貌发生了十分可喜的变化。用1994年起就是这个厂的“一把手”李会伦的话来说，这6年，他经历了3个阶段，起初是计划经济，产供销完全听命于公司；1997年元月，贵钢公司给了他们销售权，自己可以直接同用户接触，销售产品了。但是，一切生产经营活动所需要的资金仍然由公司掌握，厂里的活力有限；1999年初，公司又将经营权下放了，从此，锻造厂就成为具有独立法人地位的企业，并更名为贵钢金龙锻造厂。

这个厂改制以后，出现了哪些变化呢？李厂长说，最大的变化就是“过去是要我干，我不干；现在是我要干，主动地干”。以往，公司下达任务，他们认为难度大的，就不想干，特别是新产品，往往是能推就推；现在不同了，大家都认识到，开发新产品，不仅有效益，而且新产品越多，证明你这个企业实力越强，生存的空间也就大大扩展了。因此，再难大家也都争着干。陪同我前去的公司技术处长王彬接着说，以前搞新产品，是我向他打躬作揖，求着他干，搞成了还给奖金，但他们还挑三挑四的，老嫌麻烦，不想干。现在，他们主管技术的副厂长三天两头就到我们处里，打听有没有新产品的任务。

“从等市场，到找市场、拓市场”，这又是一个大变化。其实，过去市场都不用等，反正供销都是公司的事，不合我意的还可以找借口不干。现在，没有客户，企业就无法生存，职工就拿不到工资，这种压力迫使企业领导和有关部门千方百计去提高产品质量，开发适应市场需要的新品种，以及优质的服务去开辟市场，巩固市场。过去批量5吨以下的合同，一般是不接的。现在，500千克的合同也接。他们看上的当然不是这500千克，而是通过这500千克的良好服务，可能带来500吨或800吨的新合同。事实正是这样，过去他们的月产量一般是1800吨左右，最高时也只有2000吨。现在，每月都在2500吨左右，还满足不了客户的需求。

再一个变化是“从单纯抓生产到注意全方位改善企业形象”。李厂长讲，有两件事，对他刺激很大。一次，有位客户看到厂区的厕所很脏，院子里的花坛周围，一下雨，都是泥泞，厂长办公室连个茶几都没有，客人用茶、抽烟时，茶杯、烟缸都得放在地上。这位客人说，你们比乡镇企业还乡镇。还有一次，有位客户来订货，看了厂区环境后，把本来说定一次付清的货款，改成分三张支票分期付款。李厂长猜度他是对厂子的实力有怀疑，就决定先不收款，请他3个月后来提货时一并付清。在此期间，他们整顿了厂区环境，花

[1] 原载于2000年11月14日《中国冶金报》。

钱不多，面貌大变。3 个月后，那位客户再来工厂时，惊讶不已。从此，成为他们的常客。

他们还抓住企业转制的有利时机，深化内部改革。如对有的辅助后勤单位，采取对外承包。像职工澡堂，就采取按合同规定的条件由个人承包，本厂职工仍然免费，承包人每月还向厂里缴纳 1200 元；厂里将原先管理澡堂的 4 个人调出另行安排，减少了这笔工资支出；承包人为了能长期拥有经营权，不断改善服务，增设了躺椅，还提供茶水，增加了修脚、搓背等服务项目，价格公道，深受职工和厂外顾客的欢迎，一举几得。对内部管理，则通过贯标工作，进行强化，都取得了很好的效果。他们还准备进一步将这个厂子改制成有职工参加持股的股份制企业，使之更符合现代企业制度的要求，更好地调动广大职工的积极性。

现在，贵钢公司正在总结锻造厂的经验，将公司的改革进一步推向深入。

西部国企和东部国企的最大差距在于思想观念的落后[1]

——与西宁特钢总经理陈显刚一席谈

西宁特殊钢集团公司（以下简称西钢）是我国独立特钢企业中少数几个去年盈利的单位之一。“九五”期间，钢产量稳定在40万吨以上，连铸比除兴澄外，在特钢行业中也是名列前茅的，近几年在降低能耗、降低成本、开发新产品等方面都取得了较好的成效，特别是引进了世界一流的具有废钢预热设施的70吨超高功率电炉，为企业增强了发展后劲。在主辅分离、转岗分流等方面也有较大的进展。今年以来，他们在转变观念的基础上，加大了改革的力度，又出现一些可喜的成果。9月下旬，我在西钢调查期间，经常听到一些中层干部谈到郑州会议。言谈之中，对这次会议充满了感情，有人甚至认为郑州会议是西钢发展史上的一个里程碑。所谓郑州会议，就是今年6月份西钢在郑州召开的一个营销工作会议。在这个会议上，公司的陈显刚总经理特地从他正在学习的上海赶回来，结合他在上海学习的体会，谈了他对西钢以改革统筹全局的一些新思路，引起了与会同志很大震动。这些观念，包括对过去在钢材抵款上实行高进高出改为低进低出；企业内部实行目标成本管理；对所属的自营销售公司不准赊销；在生产组织上实行“零在制”生产；对客户实行承诺制，不能按合同规定时间交货的，推迟一天，赔款6‰，谁造成损失，谁赔偿；把职工活工资的比重提高到50%；如此等等。这次会后，西钢的生产经营情况有了明显的变化。他们的介绍，引起了我的兴趣。于是我约陈总畅谈了3个多小时，着重谈了谈他在上海学习的感受。

一、得益来自3个方面

陈总首先说了说他去上海的情况。这次去上海，是青海省政府组织企业主要负责人到上海经济干部管理学院学习，为期5个月。这5个月，收获不小。得益主要有3个方面。

一是课堂上、书本上。过去没有这样一个好的条件，这次能够在宏观经济管理和微观的企业管理方面进行比较系统的学习，特别是听到北京和上海等地一些知名专家的专题讲座，有机会参加一些高层的经济论坛，大大开阔了眼界，拓宽了思路，确实是受益匪浅。

二是通过研讨班的组织，以及自己利用双休日，到上海周边地区江浙一带参观访问，亲身感受到这些改革开放的前沿阵地，人们思维观念的更新，以及由此带来的巨大变化，这些对自己的触动很大。

---

[1] 写于2000年10月5日。此件蒲海清局长认为所谈观点都很好，并批给《中国冶金报》，请他们以此为基础，再作详细调查，予以介绍，使更多人受益。此后未见下文。

三是有比较宽裕的时间，结合这次的所学、所见、所闻，认真回顾西钢和自己这几年的工作情况，进行比较深入的反思，一方面看到过去有些事情是做对了，但由于没有上升到理论，认识不够深刻，抓起来就不够自觉、有力；另一方面，有些工作，由于观念上的落后，根本还没有认识，更谈不到采取什么行动了；还有一种情况是，把过去成功的经验脱离时空条件固定化了，以致昨天的经验变成今天继续前进的障碍。这次，理顺了自己的思路，初步形成了对西钢下一步改革的设想，对自己来说，是思想观念上的一个飞跃。

由此他想到，国企领导平时都忙忙碌碌，虽然，通过一些会议和有关文件和报刊、书本的学习，对自己会有提高，但毕竟是支离破碎的，很有必要定期或不定期地给以比较系统的培训，进行强有力的“充电”。

二、东西部国企最大的差距在思想观念

在谈到这次学习最大体会时，陈总毫不迟疑地说，就是感到东西部国有企业最大的差距在于思想观念上的差异。西部的同志再不加快更新观念，就会进一步拉大两个地区之间的差距。这种观念上的差距，反映在诸多方面，主要有以下几个方面：

（1）在处理企业内外部的关系上。过去总有种自怨自艾的情绪，觉得西部企业外部条件差，不能和东部比。但这次看到东部有些地区和企业，他们创业时的外部环境也不见得有多好，但他们的领导人首先强调是立足内部，自力更生，把自身的工作搞好，在这个基础上再争取外部的支持。事实也证明了，如果企业内部工作上不去，再好的政策也不可能使企业实现持续发展。比如，过去我们总认为，企业的体制、机制，企业自身解决不了。实际上，企业内部的不少机制，像组织结构的调整，人事制度的改革，适应按劳动效益进行分配的激励机制和约束机制的建立等，企业是完全有能力自行解决的。

（2）在处理改革和稳定的关系上。诚然，没有一个稳定的社会环境，改革是难以取得成效的。但过去我们往往是过分强调西部地区经济落后，不自觉地将改革和稳定对立起来，以牺牲改革来保持稳定，结果是丢失了不少改革的好时机，拖延了改革的进程。而所谓的稳定，实质上形成了死水一潭。比如，过去我们较多地考虑边远地区生活艰苦，在职工收入上尽可能保持稳定。因此，将职工的活工资部分定在20%。就是说，只要不出重大事故，都可以拿到80%的保底工资。现在看，这实际上还是一种变相的“大锅饭”，并没有体现工效挂钩，不利于促进生产的发展。现在，我们第一步先将活工资部分提高到50%。然后，再总结经验，探索一条更有利于调动广大职工积极性的分配机制。

（3）在学习兄弟企业的经验上。往往过多地强调自己的特殊性。这几年，西钢通过学邯钢，确实在降低成本上有较大进展。但严格说来，由于我们的观念落后，并没有把邯钢的真经学到手。要害问题是邯钢真正改变了过去计划经济时期由成本定价格为由市场价格定成本，形成了在成本上的市场倒逼机制；而我们却片面强调特钢企业品种规格要比普钢企业多得多，迟迟没有推行模拟市场核算。实际上，冷静分析一下，特钢企业尽管品种多，但真正的核心品种也就是十几、二十种，抓住这些品种，就可以带动全局。因此，我们提出了从明年起，要建立目标成本管理制度，以进一步降低成本，并借此强化各项基础管理工作，提高企业整体管理水平。

（4）在创新问题上。一提创新，西部不少企业似乎有一种盲目的自卑感，似乎自己能维持生存就不错，谈不上搞什么创新。其实，创新是每个企业求生存、图发展的必由之

路，不是哪类企业的“专利”。创新的课题就来自实际，时代在发展，外部环境在变化，企业的工作绝不能以不变应万变。比如，我们提出“零在制”的概念，就是要使在一个生产周期内下的料全部变成成品，这不仅是为了减少资金占用，更重要的是，通过“零在制”，堵住了过去经常出现的成本不实、成材率不实的漏洞，还可以使质量问题得以充分的暴露。总之，通过“零在制”，要把生产厂的蓄水池淘干，使生产中的问题暴露无遗，从而促进企业生产经营管理水平的全面提高。这个问题解决好了，还可以确保合同承诺制的实现。当然，在具体执行中，会出现这样那样的问题，需要不断地加以调整。

三、关键在于提高人才的综合素质

陈总认为，东西部国企另一个重大差距就是人才综合素质上的差距。现在，中央提出开发西部，这对西部企业的发展是一个大好的机遇。但人才的进入也不是一蹴而就的，而“孔雀东南飞”的现象至今依然存在。

要解决西部企业的人才问题，陈总认为，要立足内部，要坚信处处都有人才，问题在于能否发现人才，能否用好人才、培养人才。尽管现在仍有少数拔尖人才外流，但总体来说，绝大多数的职工情绪还是稳定的，他们衷心地希望所在的企业能有所发展，经济效益得到提高，从而改善自己的生活条件。作为企业领导，当前很重要的一条是带领大家解放思想，转变观念，并且建立各种有效的激励机制和约束机制，进一步调动广大职工的积极性和首创精神，引导职工在实践中不断提高自身素质，并从中发现和选用人才。还要加大全员培训的力度，努力使企业真正成为学习型组织。

其次，要善于引进“外智”。目前，要吸引大量各方人才西进，并不现实。但正如青海省委书记所说的，对人才，“不为我有，但为我用”。可以通过多种形式，把外地的各类专家请进来，愿意扎根边疆的，热烈欢迎，并按市场规律办事，给以恰当的报酬；也可以短期留厂，参与一定的科研开发项目；或者前来进行技术、管理咨询，开设专题讲座。从一些企业引进人才的经验看，他们一般都会带来新的观念、新的思路、新的作风，有利于帮助建立新的机制，可以为当地企业带出一批人才。特别是当前外地有不少技术管理专家刚刚或即将退休，有的老厂人才众多，难以发挥他们的余热，他们中间健康状况好的、又有真才实学、经验丰富的，可以按企业的实际需要，有选择地聘请一些顾问。

第三，要切实搞好“产学研”的结合。搞好这个结合，就可以用人之长，补己之短。这方面的工作，过去也做了一些，但力度不够，也还存在一些思想障碍和实际问题，需要在实践中不断总结经验，逐步完善。当前，首先还是要从领导思想上提高认识，切实把这项工作抓起来。力争近期内在这方面有一个较大的突破。

长江后浪推前浪　雏凤清于老凤声❶

——兴澄钢铁公司一次座谈会的启示

在全国多数特钢企业尚未摆脱困境的情况下，江阴兴澄钢铁有限公司（简称兴澄）却以其骄人的业绩，步入了良性循环的轨道。兴澄的前身是只能打一些锄头、钉耙、镰刀、木桶的小手工业组，1958年组建为农具厂；1970年靠自制的1.5吨工频感应炉，炼出了第一炉钢，更名为江阴县钢厂；以后又不断发展，特别是1993年底，同香港中信泰富公司合资建立兴澄钢铁公司，引进了国际先进的“四位一体”短流程生产线。1997年11月18日，100吨超高功率直流电弧炉炼出第一炉钢水；1998年5月18日，轧出第一批圆钢。1999年，兴澄产钢82万多吨，钢材67.68万吨，销售钢材总量75.53万吨，资金回笼率100.5%，销售收入16.89亿元，实现利润6001万元，比上年增长20%。有8项指标位居全国特钢行业第一名，即：合金弹簧钢产量、合结钢产量、冶炼电耗、人均利税、人均创利、人均产钢、资金回笼率、全员总产值生产率；进入全国钢铁企业前五名的指标也有7项，即人均产钢、人均利润、人均利税、吨钢综合能耗、全员总产值生产率、吨钢工资、资产负债率。

1999年4月，我曾去兴澄作了3天调查研究，回来后写了一篇调查报告“特钢行业的一颗新星——江阴兴澄钢铁有限公司”（刊登于1999年第11期《冶金经济研究》）。但是，对兴澄的评价，在行业里仍是众说纷纭。相当一部分同志较多地强调兴澄有港方的后台，资金实力雄厚，技术装备先进，工资待遇高，对人才有吸引力。这些，都是不争的事实。但是，就我近几年接触较多的几家特钢企业，各方面也投入了不少资金，给了大量的政策支持，一度也颇有起色，但好景不长，至今未能走出困境。原因何在？除了外部条件和历史的原因外，我觉得，还需要从企业内部机制、思想观念、工作思路等多方面进行探讨。因此，今年6月，我有机会再次去兴澄时，在俞亚鹏总经理的支持下，约请了来自老厂的6位兴澄的干部进行了座谈。他们在老厂都担任过副总经理、总工程师、销售处长、分厂厂长、研究所的室主任和基层的工程技术人员职务。他们中，有的来兴澄前已经退居二线，但多数还是现职干部。这次座谈会，我只出了一个题目，就是请他们从亲身的感受出发，谈谈在兴澄和老厂的不同之点。大家发言很踊跃，畅所欲言，无拘无束，给我很大启示。我从4个方面作了归纳。

一、重大问题的决策

企业的决策正确与否，关系到企业的兴衰存亡。大家都谈到，近几年，特钢企业普遍重视了决策的科学化和民主化，有了很大的进步。但是，也不能否认，前些年不少老厂在

❶ 原载于2000年第9期《冶金管理》。

一些重大技改项目中，存在程度不等的失误，大量的投入没能得到相应的回报，有的企业甚至因此而一蹶不振。有的老厂，在新上项目时，总想力求全面，什么都能干，像轧管机要既能轧厚壁管，又能轧薄壁管，看起来似乎更能适应市场的变化，但却很少考虑投入产出的效益。同时，也反映了对产品在市场上的定位心中底数不大，以致有些花了大量资金来增加的性能在实际生产中很少发挥作用。有的项目，整个费用是1.2亿元，但上面却打入4000万元的出国等支出。对比兴澄，这些年，在重大技改上，没有什么失误，他们十分注意技术和经济的结合，既讲求技术的先进性，也重视经济的合理性。比如，他们生产轴承钢，但至今没有退火炉，有人认为兴澄不重视质量。但兴澄的同志认为，他们目前生产的主要是大中规格的轴承钢套管，不需要退火。而有的老厂，各种退火设备齐全，连续退火线就有两条，还有固溶炉等高档设备，但实际使用率却很低，成本就大大增加。

这些老厂来的同志感受最深的是，兴澄在重大项目决策上，十分重视现场技术人员的意见。过去，在有些老厂，这些问题基本上是领导说了算，出国考察的不承担实际责任，而由于决策失误造成的问题，则要并没有参与项目前期工作的基层工程技术人员去解决，这怎能调动广大职工的积极性呢？而在兴澄，技改项目的班子，都有基层技术人员参加，而且他们的意见得到充分的尊重。比如，30吨电炉的改造，对采用的电极规格，设计人员要求用ϕ450mm的，而现场技术人员的意见是用ϕ500mm的，最后还是按现场人员的意见办。他们认为，一般来说，现场的同志对实际情况的了解比较全面、深刻。而且，项目竣工后，设备也要由现场人员来进行操作。因此，现场人员的意见理应得到重视，这样，也就能更好地调动各方面的积极性。

二、人才的使用培养

很多人认为，兴澄所以有今天，是因为他们凭借其资金实力，从老厂挖来了人才。这话没错。问题是我们还要深入地分析一下，同样的人才，在老厂和兴澄所起的作用有什么不同。有人才不能很好地使用，等于没有人才。而有的老厂恰恰是在这方面远远赶不上兴澄。有位来自老厂炼钢厂的技术科长，在老厂他感到自己是人微言轻，什么事情都是领导说了算，自己的意见基本上没人重视。因此，养成了光执行、不思考的惰性。来兴澄后，起初还是在一个炼钢厂做具体的技术工作（现已提升为主任工程师），但却有职有权，自己的正确建议能够得到领导的重视和采纳，这就逼得自己要经常思考问题。过去，工作上出了问题，就找客观原因；现在，就是有客观情况，也要找出自身的问题。从被动干活到主动思考，从有问题推客观到找主观，这对一个人的主观能动性的发挥可以说是一个质的飞跃。这就是为什么在兴澄，一个人不仅在工作效率上可以顶老厂几个人，而且在工作质量上更是不可同日而语。

在兴澄，对人员的控制十分严格。1989年，当时的江阴钢厂（兴澄的前身）年产钢9.5万吨、钢材2.44万吨，就有职工近3000人；1999年钢增长到82万多吨，钢材增长到67万多吨，人员仍然是3000人，只是职工队伍的结构却大不相同了。现在，一专多能，一人多岗，是普遍现象。这里，不存在机构设置的上下对口问题。机构精简，人员精干。在老厂，管理人员和科技人员分工较细，虽然比较专，但往往出现各管一段的情况，不利于提高总体效率和整体效益；而在兴澄，对每个专题项目，一般是确定一个主要负责人，由他组织有关单位和人员，进行攻关。因此，能较快地锻炼出一支复合型人才队伍。公司装备部的一位主任工程师，在老厂担任多年二级厂的设备副厂长，他感到自己在兴澄的工作相当于老厂机动处、设备处4个人的工作量，工作自然要比老厂紧张，但由于职责明确，工作的范围更宽广了，既减少了扯皮，也提高了自己的工作能力。与会者还普遍谈到兴澄党群系统人员少、效率高，工作讲求实效的好处。比如：工会主席兼管生活后勤，团委书记兼当《兴澄钢铁报》编辑。这同一些老厂的反差极大。大家认为，很有必要进一步研究新时期加强思想政治工作的新途径，不能光在增加人员上打主意。

三、企业内部管理

同一些老厂相比，大家认为，兴澄的管理是严、细、实，而且不搞什么突击性的活动，实实在在地把各项管理贯穿到日常工作中。这从最近瑞典SKF公司对兴澄一次就通过质量体系现场评审也可以得到验证。这次评审，SKF公司是在一个月前通知兴澄的，尽管兴澄也作了大量准备，但根据国内其他一些企业从接到通知到进行评审的间隔时间都要比兴澄长，而且至今还没有一次通过的先例。因此，兴澄也作了再次迎接评审的准备。但出乎意料，经过SKF专家两天的严格评审，宣布了上述结论。这不仅出乎兴澄的意料，也出乎SKF专家的意料。今年，兴澄还加大了出口产品的力度。上半年，已出口24860吨，创汇778万美元；而去年全年创汇只有530万美元，至今没有一次质量异议和要求索赔的。在新品开发上，1999年共开发新钢种25个，新规格179个，新品产量达11万吨，新品产值率为28%，为公司创效1300万元。其中，9个填补省内空白，核电站用热轧带肋钢筋、轿车用非调质钢、油井管坯钢等3种替代进口，SAE5077磨球用钢、SAE5160弹簧扁钢等2个被认定为国家级新品。

为了使包括产品实物质量在内的各项工作都能同国际接轨，提高企业的整体水平和在国际市场上的竞争力，最近，兴澄请了6位奥钢联的专家来进行技术合作，目标是轴承钢的实物质量达到SKF的标准，汽车用钢达到美国通用和德国大众的标准。达到了上述要求，就按合同给以一定的报酬，否则就分文不给。这些专家来兴澄后有“三个没想到”：一是没想到兴澄的工艺装备这样先进，二是没想到队伍素质这样高，三是没想到各项管理和合作的准备这样好。按合同规定，专家们是每周40小时工作制。但他们主动提出，每天工作9小时，两周休息3天。这些，又从另一侧面反映了兴澄管理工作正在全方位向国际接轨。

对比兴澄的严格管理，有的老厂来的同志谈到他原先所在的企业，平时管理不严，出现亏损后，就在账面上做文章，如通过所谓“清仓查库”，任意提高库存物资价值；通过将制成品高价发往销售点，从而形成虚假利润。不少同志都谈到，目前国有企业所有者缺位的状况如果不能得到真正的改变，大量国有资产流失将是不可避免的。这说明国企改革必须进一步深化，要尽快按现代企业制度的要求，建立起适应市场经济的新体制。

四、营销工作

去兴澄前，听到一些议论，认为兴澄之所以市场形势好，主要是他们在打“价格牌”，搞低价销售。但是，在兴澄，却听到另一种情况。去年，一汽招标，15种钢材兴澄一个也没有中标。因为，他们是实事求是地作了报价。后来，中标的企业却无法按合同交货，一汽又回头来找兴澄，按新的价格重新签了合同。兴澄的同志说，他们不是不打价格牌，但绝不单纯地靠低价取胜，而是要打好综合服务牌，要以品种、质量、交货期、履约率、售后服务以及适宜的价格来取得顾客的信任。

在销售上，兴澄一贯强调带款提货，但过去也有部分抹账，应收款最高时曾达到2个月的销售收入。在实践中，他们认识到清欠的艰难，而且应收款多了，往往就会被客户牵着鼻子走，很被动。“与其把精力放在追回应收账款上，不如把精力放在新品开发上”，这就是他们的结论。因此，他们从源头抓起，对没有把握收回钱款的，宁可不销售；对一些客户，价格还可商量，现款提货（含承兑汇票）不容商量。从去年11月起，全部取消抹账，并加大了对销售人员回款的考核力度。今年，货币回笼率超过了100%，应收款降到了只有销售收入的20天左右。现在，很多客户已经不欠兴澄货款，有多少资金就可以买回多少钢材，不像到其他钢厂，由于尚有欠款，即使现款交易，也要先扣除一部分欠款。因此，同等的货款在兴澄就可以买到较多的钢材，从而更扩大了兴澄的市场份额。

这种情况，比起一些老厂来，自然要好得多。有些老厂，在资金上已陷入恶性循环的泥坑，为了勉强维持职工生活和最低限度的生产，不得不低价倾销。结果，由于无钱买回原料，订了合同却交不了货，既扰乱了市场，也丧失了信誉，丢失了客户。如何从这一恶性循环中解脱出来，既需要各有关方面的支持，也需要企业自身的努力。

兴澄总经理俞亚鹏说，对老厂来的同志，兴澄本着三条原则：一是为他们提供施展身手的宽广舞台，并尽可能为他们解决后顾之忧，至于戏怎么唱，就看各人自己了。二是按照“国民待遇”原则，外来同志和本厂原来的职工一视同仁，绝不允许有任何歧视。过去，兴澄开会，都讲江阴话。现在，全部改成普通话。出国考察，进修深造，只考虑工作需要，不问原来的“厂籍”。三是不管新老职工，都要严格执行公司的规章制度，适应兴澄的管理模式。比如，老厂的管理分工很细，兴澄却强调综合，一项任务确定负责人后，就由他一抓到底，进行纵向横向的协调，这样不仅有利于提高工作效率，而且更有利于提高干部素质。开始，有的老厂来的同志不大适应，但这一关非过不可。俞总的这一番话正好同上面一些同志的谈话相佐证。

面对当前的形势，俞总不但没有什么轻松的感觉。相反，他感到压力越来越大。这种压力不仅来自国内同行，更主要的是来自国外。因为，同国外一些先进企业相比，兴澄还存在不少明显的差距，特别是我国即将加入WTO，特钢行业将面临国际上严峻的挑战。兴澄必须要以更大的努力，把创新作为公司发展的不竭动力，积极推进科技进步，坚持“品种立厂，科技兴厂，制度治厂，机制活厂”的办厂方针，进一步提高各项技术经济指标，今年要求实现“1、2、3”的目标，即冶炼时间1小时以内（实际已降到58分钟），吨钢电极消耗2千克以内（实际已降到1.6千克），吨钢冶炼电耗达到380千瓦小时（实际已降到340千瓦小时）。同时，要力争在较短期间，把兴澄建设成在国际上有较强竞争力的轴承钢和汽车用特殊钢的重要生产基地。

最后，需要说明的三点是：一是由于参加座谈的同志，有的来兴澄已经两三年了，有些老厂的情况已有了改进，上面谈到的一些问题有的可能已是明日黄花。但是，作为经验教训提出来，还是有借鉴意义的。二是很多老厂也都具有各自的优势和长处，只不过这次座谈会上没有作为重点，涉及较少，并无有意扬此抑彼，任意褒贬。三是不少老厂确实有其历史形成的不利的自身条件和外部环境，诸如人员负担重，社会包袱重，资产负债重。这些，除了企业要作出更大的努力外，也需要政府和有关部门给以必要的支持。本文只是记录了一些当事人的亲身感受，希望能对老厂的改革、管理等各方面的工作提供一些参考和借鉴。同时，作为抛砖引玉，也希望引起关心特钢发展的各界人士共同来就此进行探讨。但是，无论如何，兴澄作为特钢行业的后起之秀，正在为我们提供新的观念，新的机制，新的运作模式，我们要从兴澄的快速发展中吸取新的营养，更好地推动自身的前进。

倡导质量文化　加大新产品开发力度　提高市场竞争力[1]

——宝钢钢管公司实施以质量取胜的发展战略

宝钢集团公司钢管分公司（以下简称钢管公司）原是宝钢一期工程时建设起来的无缝钢管厂，1985年9月投产后，长期以来，生产很不顺利。有一段时间，一提宝钢生产情况，往往要加上一句括号里的话“无缝除外”。经过几年的艰苦努力，1993年钢管厂实现了达产目标。1994年，钢管厂领导将管理重心由产量转移到质量上来，狠抓质量不放松，带动了各方面的工作。1997年底，我曾对钢管公司作过一次调查，并写成“关键在于转变观念”一文，刊登在《冶金经济与管理》杂志上。这次再访钢管公司，看到又有重大变化。尽管这几年钢管产量没有明显增加，预计2000年为59.3万吨；但品种结构得到优化，产品类型从1993年的3大类发展到目前的14大类，品种规格1994年为255种，1997年增长到403种，2000年又增长到923种；每年都有20%左右的产品出口到海外，主要是美国、加拿大、欧洲等发达国家和地区；全部产品的实物质量都达到国际同行业先进水平，获得“金杯奖”；2000年1～10月，已实现利润3.65亿元，超过了预定的全年目标。钢管公司还获得了上海市“质量标兵企业”和“建国50年红旗企业”的光荣称号，是上海唯一获此两殊荣的钢铁企业。

钢管公司这一巨大变化，是同他们倡导质量文化分不开的。在国内外市场的激烈竞争中，正反面的经验教训使他们深刻认识到，质量是企业的生命，质量就是市场，质量是使企业立于不败之地的保障；对待质量，还必须有动态观念，不能停留在现有产品质量的提高，更要着眼于开发适应市场需要的新产品，不断提高产品的功能和档次。

（1）牢固树立以用户需求为最高标准的观念。钢管公司树立这一观念经历了几个阶段。开始时，主要是采用国际先进标准，并以此作为产品的检验标准。以后，通过质量论证，进一步促进产品质量的提高，从1992年到现在，钢管公司已经取得国外12家有关机构的论证证书。他们不是为证书而证书，而是为了取得进入国际市场的通行证。比如，要将高压锅炉管和一般结构管打进欧洲市场，就必须要通过德国TüV论证；进入国际船用管市场，就要取得相关国家船级社的论证；至于各种油井管和管线管的销售，没有API颁发的会标使用许可证，不仅无法进入国际市场，连国内市场也是难以立足的。在获得论证的同时，也将先进的质量管理方法融入到企业文化中去。从1997年起，他们将质量提到企业文化的高度来对待，提出了一个完整的质量理念，树立质量是用户、质量是文化、质量是改进的新观念，开展了以用户满意为目标的CS工程，以用户要求为产品质量的最高标准。在具体工作上，一是推行“标准+α”，以满足用户的特殊需求，1999年，按“标准

[1] 原载于2001年第1期《宝钢经济与管理》。

+α”供货的比重为48.59%，今年1~10月提高到了55.16%；这一比重，在国际上也是处于领先地位的。今年起，他们又将α作为主动对客户的承诺，不管客户有没有提出，都要根据客户的使用特点，主动加上α。二是提倡超标准服务。比如，一般油井管按规定，可以不探伤；但钢管公司的油井管却是100%探伤。因此，就成为很多油田的首选产品，产生了品牌效应。三是不断自我加压，提高对产品质量的要求，像丝扣螺纹的精度，在API的规定范围内压缩1/3作为内控标准，下一步还将压缩到1/2。正因为他们在质量上处处着眼于用户，服务于用户，使产品质量能不断适应用户发展的需要，受到用户的青睐。比如，宝钢钢管公司累计生产的40多万吨锅炉管，没有发生过一次爆管事故。有的锅炉厂作出决议，买宝钢的锅炉管不用报批，而不买宝钢产品的却要公司经理会议特批，这充分反映了用户对钢管公司产品的信任度。

（2）紧贴市场，加快新产品开发的力度。面对市场竞争日趋激烈的态势，钢管公司的领导经常在思考，随着市场竞争的白热化，现有的支撑企业的主导产品在什么时候会退出历史舞台，现有的工艺技术会在何时落伍？而要使钢管公司永葆青春，使钢管公司在市场上永远有竞争力，唯一的途径就是要及时掌握市场变化，加大技术创新和新产品开发的力度。目前，钢管公司近3年内开发的新产品在钢管销售量中的比例已由1994年的0.92%增长到22.41%，这在同行业中是名列前茅的。建厂初期，从德国引进的产品主要是三大类，即油井管、锅炉管和一般管，即使这三大类产品，也不能完全满足市场对产品规格的要求。而现在，他们先后开发出了几十种新产品，使钢管品种增加到14大类，像ASME系列锅炉管的开发，就是鉴于我国发电行业出口发电设备是与外商合作分包的特点，外商要求采购的锅炉管必须符合美国ASME标准而开发的；又如针对新疆塔里木油田和美国休斯敦油田的工况，开发生产的高强度钻杆，其技术指标达到国际同类产品先进水平，大大高于API标准，受到用户的好评；还有像4" 无接箍套管，就是根据中原油田旧井修复的需要，从市场调查到批量生产，不到两个月，受到用户的热烈欢迎，并由此开发出了一块新的市场，鉴定时被专家评为国际先进水平；还有，像火车提速后所用的转向架，过去从美国进口，现在已自行开发成功，并通过500万次振动试验（要求300万次）。此外，还有ASME系列结构用管、流体输送管、石油裂化系列管、液压支柱管、船用管、汽车半轴用管、氧气瓶用管、特殊扣系列油套管、高抗挤系列套管、半特殊扣、非标准型API小套管、地质钻杆等。其中，很多是高技术含量、高附加值产品，为企业效益的稳步提升和市场份额的扩大提供了有效的手段。这家公司当初从德国引进的140机组，生产的钢管最大直径为139.7毫米，但现在却能生产159毫米、180毫米直径的钢管，这在国内同类机组是唯一的一家，从而扩大了市场份额。1998年钢管市场形势十分严峻时，而159钢管就销售了8.5万吨，占当年销售总量的15%。随着品种规格的开发，对钢管壁厚范围也有了进一步的扩大，将原来最大壁厚为25毫米扩大到32毫米。

（3）坚持两手抓，一手抓现有设备硬件的不断改造，一手抓科技、管理等软件的开发。他们认为，无论是为了提高产品质量，还是有效地开发新产品，都必须对现有的工艺和技术装备进行不断的改造。长期以来，钢管公司一直跟踪国内外同类型企业，特别是国内的天管、日本的NKK、川崎、住友、新日铁的先进技术、先进工艺，及时将世界范围的优秀成果引入到生产、科研中来。近几年，他们每年投入亿元左右用于技术改造，其中除少量关键设备尚需引进外，绝大部分都是自行开发或同有关科研院所和高等学校合作研制成功的，目的是为了掌握钢管制造的核心技术。如与北科大合作，对环形炉和再加热炉进行改造，用数学模型控制加热温度；与浙江大学合作开发了张减机自适应控制技术；还自行开发连轧机控制技术，改造芯棒润滑技术，多功能探伤技术等，为保持钢管技术的先进性奠定了基础。

但是，技术装备的改进只是提高产品质量和开发新产品的必要条件，而其充分条件就是要建立起两个机制，一是能够更好地发挥各类技术人员和管理人员积极性的机制，二是有利于新产品开发的机制。钢管公司十多年发展的历史经验教训，使他们深深地体会到，培育和造就一支高素质的职工队伍是关系到企业生存和发展的大事。他们现有员工 1963 名，其中博士生 6 名、硕士生 7 名、本科和大专生 231 名，并经常保持 1000 人左右参加各类培训。在管理和专业技术人员中，被评为技术业务专家的 2 人、工人专家 1 人；具有高级技术职称的 44 名，中级技术职称的 54 名，初级技术职称的 98 名，在操作维护人员中，具有高级技师资格的 3 人，技师资格的 22 人。对广大技术人员，公司除积极提供施展才华的舞台和顺利开展工作的制度保证外，还加大了对创新的激励机制，制定了《钢管分公司技术干部攻关、开发（创新）考核办法》，专门留出一块奖金，对技术人员为提高产品实物质量、改进操作指标、降低成本、提高管理水平、提高设备精度及水平而进行攻关、开发、创新等业绩加以量化考核嘉奖。他们还打破了论资排辈的传统用人观念，打破部门界限，根据钢管生产的特点，成立了轧管、管加工、金属材料和用户技术研究 4 个关键技术核心小组，系统地对公司的技术问题进行策划，协调全公司的技术力量组织攻关。对进入核心小组的人员，其工资系数分别上浮 0.3～0.1。公司领导还亲自参与重大课题的攻关并组织协调，但在取得成果后，公司领导一般都不署名、不拿奖，这就更激励技术人员的积极性。今年起，他们还在全体员工中开展了评选“行家、能手”活动，第一年评出了 8 位。他们还规定，专家的待遇可以高于厂领导。

一般来说，新产品的开发至少会在一定期间、一定程度上影响到企业的成本和各项技术经济指标的完成，有些企业所以在这方面止步不前，就是这个原因。但钢管公司却能较好地处理当前和长远的关系，只要新产品有市场前景，宁可近期效益暂时受到一些影响，也要坚持搞下去。他们把新产品开发计划列入正常生产计划，任何单位、任何个人都要对其科研试验给以保证。由于准备充分，一般新产品开发都能按计划完成，而现有生产也并没有受到多大影响。他们还把新产品开发作为质量管理的中心来抓，在新产品开发中，始终坚持源流管理、过程管理和后续管理。所谓源流管理就是在新产品的设计阶段就充分考虑质量措施、成本措施以及用户要求，以减少后部工序的工作量；所谓过程管理就是对新产品试制过程中不断暴露出来的设计质量、设计成本以及各生产工序间不相适应的问题，逐一收集起来，加以解决；所谓后续管理就是要诊断分析新产品有没有偏离目标质量、目标成本，用户的需要是否已经全部满足，如何进一步完善第二阶段的管理。对在新产品开发中产生的新技术，他们力求尽快用于现有成品中去，使其质量不断提高。如抗挤管开发成功后，他们就准备将此技术用于 API 的常规产品中，推出用宝钢 BG 牌号的专用油井管替代原 API 的部分产品，以提高产品的使用性能，并原则上不增加制造成本。

由于钢管公司一系列的重大变化，在国际上声誉鹊起。不仅出口产品的数量剧增，而且开始技术输出。建厂时，他们曾派出大量员工到德国的曼内斯曼钢管公司实习；最近，波兰从德马克公司引进一套 140 机组，他们却派出从工程总指挥到主管工程师等 8 人，到宝钢钢管公司来技术培训，对钢管公司各项管理和技术工作，赞誉有加。现在，钢管公司准备逐渐对近50个专利、70多项技术秘密和一批达到国际先进水平的工艺技术，如连轧机“竹节”控制技术、张减机自适应控制技术、芯棒制造技术等实施技术贸易，形成产品贸易和技术贸易双重盈利的格局。

面对所取得的重大成就，公司领导仍然保持平常心。一方面他们认真总结自己的经验，加以提炼深化，以此指导今后的实践；另一方面不断分析国内外市场需求和同行业的发展形势，寻找差距，自加压力。他们已经初步研究了“十五”的安排，坚持走精品之路，进一步营造良好的技术创新氛围，大力开发市场需求的高技术含量、高附加值的新产品，加大按用户要求“标准 + α”组织生产，提高产品和服务质量，并加强知识产权管理，积极开展技术贸易工作，促进技术开发工作的深化和市场化。

观念转变结硕果[1]

——记三钢集团欧阳元和董事长带领职工转变观念二三事

近几年，三明钢铁（集团）有限责任公司（简称三钢）以其优异的业绩，以及一大批名列行业前茅的主要技术经济指标，在业界引起较强烈的反响。三钢之所以在短期内发生这样的巨变，关键是由于观念的转变。在三钢，人们传诵着欧阳元和董事长、党委书记（原三明钢铁厂厂长）在引导职工转变观念上的一些生动事例。

（1）力争成为第二个吃螃蟹的人。一说吃螃蟹，大家会立刻想到“第一个吃螃蟹的人”的故事。但是，欧阳元和同志却要做“第二个吃螃蟹的人”。因为，他认为，做第一个吃螃蟹的人固然是勇士，但作为企业经营人员，必须掂量掂量自己的实力。一般来说，作为一个几十万吨或百把万吨的钢铁联合企业，无论在开发新产品或者采用新技术上，都很难去争这个第一。勉强去争，投入多而成效少，得不偿失。但第二个吃螃蟹，也并不轻松。他得鼻灵、眼明、手快。鼻灵，就是要能够及时捕捉到信息，知道谁在吃第一个螃蟹；眼明，就是要能清醒地察觉第一个吃螃蟹的意义，它的后果如何；手快，就是要在作出正确判断后，立即付诸行动，紧紧跟上。比如，一次，原冶金工业部一位领导来视察时，谈起某一大钢厂正在采用溅渣护炉新工艺，可以大幅度提高转炉炉龄，但目前都是用在大转炉上，像三明这种 15 吨的小转炉，还没有经验。他们就立刻派人去学习，并请专家来讲课，自己动手进行试验，只花了 30 万元，很快就试验成功。去年 3 座转炉的炉龄都超过了 14000 炉，最高的炉龄达到 17000 多炉，平均炉龄达到 15000 多炉，成为全国之首。这就使第二个吃螃蟹的在效果上达到了第一的水平。现在，每座转炉基本上每年只需换一次炉衬，既大大提高了钢产量，又降低了冶炼成本。类似这样的事还很多，像高炉喷煤、小球烧结、高效连铸，他们都不是第一个搞成的，但其效果，却都处在行业的领先地位。

（2）要做平原地区的好木匠。过去，三钢的有些干部总感到三明这个地区缺铁矿无焦煤，资源条件差，运输里程长，成本必然高，无法同一些兄弟企业相比。因此，在学邯钢上步履维艰，降成本进展甚慢。欧阳元和来厂后，针对这种思想，就给大家提了一个问题，为什么技术精湛的高级木匠，绝大多数不出在林木资源丰富的林区，而出自木材资源贫乏的平原？这个问题，给大家很大的触动。使大家认识到：资源丰富，表面看是好事，但却往往不懂得爱惜，干活大手大脚，干坏了无所谓，反正有的是木材；而平原的木匠，深感木材资源来之不易，是环境迫使他们必须精心加工、精益求精，在有限的资源上做出大文章。否则，就难以在市场上生存，这也造就了平原地区一批木匠身怀绝技。这个故事，在三钢是家喻户晓，使大家从过去的埋怨情绪中摆脱出来，立志做平原地区的好木

[1] 原载于 2001 年第 4 期《冶金政工研究》。

匠，从而推动了学邯钢活动的深入。现在，在成本管理上精打细算；在生产操作上斤斤计较；各种资源充分利用，技术革新层出不穷。炼焦要用瘦煤，外地采购每吨400多元，他们试验成功用当地的白煤替代，现在掺到3.5%，年降低成本400多万元。在资源综合利用上，他们将各种废气、废渣、废水尽可能利用起来，转炉的钢铁料消耗降到1075千克，高炉的入炉焦比降到409千克，轧钢的综合成材率高达99.19%（含负公差因素），在行业里都是名列前茅的。

（3）给机会不给照顾。三钢每年物资采购的资金大约有15亿元，技改工程也有2亿多元的投入。这笔资金如何利用好，同企业的效益关系极大。过去，有的自律不严的主管人员往往从中拿回扣，甚至同对方相互勾结，弄虚作假，坑害企业。欧阳厂长就任后，提出要进行阳光下的交易，无论是物资采购还是工程项目，都采取招标制。但由于种种原因，仍然有一些单位通过上级领导部门或关系单位介绍前来，要求给以照顾。对这些客商，他们的态度是，“给机会不给照顾”，和其他客商一视同仁。可以接受你来竞标，但绝不作任何许诺。这样做，一是净化了市场环境。过去供应部门和工程项目的指挥部都是人们关注的敏感部门，即使是正常运作，也有人怀疑里边有无“猫腻”。正派人感到受委屈，搞名堂的人仍然可以为所欲为。现在，一切都本着“公开、公正、公平”的原则进行，人人都可以监督，不正之风一扫而尽。二是降低了成本，提高了质量。1998~2000年的3年中，以公司制定的责任采购成本为基数，供应部门就节约了2亿多元采购费用。与此同时，原材料的质量普遍有了提高，如过去省内的精矿粉品位一般不到64%，现在平均达到65.7%，提高近2个百分点。三是提高了有关部门的业务管理水平。为了制定各项标底，这些部门都要认真做好市场调查，摸清市场行情，正确制定标底。因为标底定高了，自己就要吃亏；定得太低，可能出现所有竞标者的标数都高于标底，成为无效招标，给自己带来麻烦。提高工程招标，降低了工程造价，缩短了建设周期，提高了工程质量。

（4）营销就是第一线。一直到“八五”末期、“九五”初期，三钢仍然是只将生产部门看作第一线，至于销售部门，基本上还是“坐商”作风，一共只有七八个人，真正搞销售业务的就是三两个人，其他的人则是坐等客户订货、开票。那时的销售处没有一台直线电话，没有一个大学生，没有一个技术人员，有人称之为“三无部门”。在这里，根本感受不到市场经济的气氛。欧阳元和来后，响亮地提出“销售就是第一线”，摆正了销售的位置，并且加强了领导，充实了人员，调整了政策。目前，销售公司的业务部门的平均效益工资系数为3.0（该公司的其他人员平均为1.15），几乎是炼钢厂平均系数的2倍。销售部门也不负众望，他们在对市场、用户、竞争对手的情况作了认真、细致的调查分析，并根据本厂产品品种、规格、产量的情况，确定了自己的市场细分，把销售区域划分为必争区域、缓冲区域和屏障区域，提出了“东南并举保总量，巩固西北保价位，省外市场作调节，布点设网伸触角”以及“沿海打阻击战，沿边打渗透战”等营销策略，都取得了较好的成效。最近，他们又提出更新营销思路，将数量营销转变为质量营销、效益营销；以及树立“厂商双赢，共同沉浮”的原则，进一步改进营销工作。由于这些富有成效的工作，从1998年起，三钢的产销率、汇款回笼率、现款回笼率都是100%，为三钢的发展作出了很大的贡献。

法尔胜——不断向高科技领域进行结构调整的好典型[1]

改革开放以来，法尔胜集团公司（以下简称法尔胜）有了飞速的发展。2000 年销售收入 19.87 亿元，利税总额 2.21 亿元，利润总额为 1.10 亿元，如以 1978 年为基数，22 年这三者平均年递增分别为 32.65%、28.01%、26.96%。而且 22 年来，实现利润基本上是直线上升，从未出现亏损。这样持续的快速增长，在冶金行业里是绝无仅有的。更为可喜的是，他们经过三次创业，先后实现了产品结构由单一性、低档次向多元化、高层次的转变；目前能生产的钢丝绳已有 18 个系列 800 多个品种规格；产业结构由钢丝绳单一产业向一业为主、包括光通信、新材料、索具、缆索、汽车客运、商贸等多种领域转移，特别是开始涉足具有良好前景的光棒、光纤以及记忆合金等高科技领域，大大增强了企业发展的后劲；产品由国内市场大步向国外市场转移，已向 80 多个国家和地区出口，近几年每年出口金额约三四千万美元，“九五”的 5 年中，累计出口金额占同期销售收入的 20.04%；企业结构由单一的工厂性组织转变为包含 18 个控股公司、5 个全资公司的集团公司，还同比利时、澳大利亚、新加坡、意大利、中国台湾和香港等国家和地区合资建立了 12 个金属制品等公司，其中我方和外方控股的各 6 个。

法尔胜的前身是江阴钢绳厂，其母体是一家手摇麻绳小厂，1964 年建厂时只有几十个工人，全部家当也不过 1400 元。1966 年末，以自力更生、土法上马的精神，试制成第一根钢丝绳；1969 年，开始由生产麻绳转为生产钢丝绳，改名为江阴钢绳厂，但在以后的十年中，始终只能生产少数几种光面钢丝绳。改革开放的浪潮，给江阴钢绳厂带来了发展的新契机。厂领导抓住机遇，艰苦创业，努力拼搏，开拓创新，先后进行三次创业活动，攀登一个又一个的高峰，取得一个又一个的胜利。回顾法尔胜前进的历程，每次创业可以说都是调整和优化结构的过程，先是进行产品结构的调整，再是进行产业结构的调整，为了实现这两个调整，又进行了资金结构的调整。调整提高了水平，调整增长了效益，调整增强了后劲。在这方面，法尔胜的经验值得我们学习借鉴。

一、科技立厂，以质取胜，围绕市场需求和企业效益，不断开发新产品，调整产品结构

改革开放以来，法尔胜的发展史就是一部不断调整品种结构的历史。1978 年前，只能生产少数几种普通的光面钢丝，1978 年在当时设备简陋、环境很差的情况下，自力更生地开发了一些老厂、大厂所没能解决的胶带钢丝绳，改变了过去这类产品全部依靠进口的历史，也实现了产品“由黑变白”的突破。以后又开发出难度更大的轮胎用钢帘线和高压胶

[1] 原载于 2001 年第 4 期《冶金管理》。

管用钢丝、电报电话用镀铜钢丝等，实现“由白变黄”，并不断向“高、精、尖、小、特”产品进军。现在已能生产18种系列800多种品种规格的产品，其中胶带钢丝绳、光缆钢丝及绞线，操纵用钢丝绳、航空用钢丝绳、胶管钢丝及钢丝绳、钢帘线等6种产品，市场占有率都在50%到98%，年销售额约占全公司销售额的30%。最早开发的胶带钢丝绳现在已经到了第三代，基本上占领了全部国内市场。他们生产的光纤光缆钢丝绳，已先后用于北京地铁、西昌卫星发射中心、珠海—香港海底光缆，以及全国各主干线的邮电通信工程及国际工程，好评如潮。最近，他们又开发出轿车门窗用钢丝，已经用于奥迪、桑塔纳、夏利等品牌轿车上，替代了进口。

在开发新产品的过程中，他们十分注意总结经验，从实践提升到理论，促进了其他新产品的开发。在开发产品的同时，也形成了自己独创的新工艺和相应的有关装备，如近期开发的细规格钢丝绳生产专用系列装备的平均生产效率，是国内传统装备的4倍以上，单位能耗只有传统装备的70%左右。先后报送专利40多项，具有自主知识产权成果20多项。其中，记忆合金新材料10项、机电产品6项、钢丝绳等金属制品6项。

无论是老产品还是开发新产品，都强调“以质取胜”。现在，各种产品的质量合格率一般在98.5%以上，胶带钢丝绳更高达99.6%，深受用户的信赖。前些年，在装备情况不太先进的情况下，为了确保质量，他们一方面依靠技术创新，改造原有设备；另一方面是狠抓管理，以法治厂。“法尔胜”的取名，也有这层意思。“法尔胜”英文音译为FASTEN，意为紧固，表示钢丝的牢固性；而在中文，则有“以法治厂，百战百胜”之义。因此，他们十分强调规章制度的制定和执行，先后通过了ISO9002和ISO9001，现在正在作好申报QS900（美国四大汽车公司要求的质量体系，故障率要在百万分之三以下）的准备。

产品结构的调整和提升，既包括金属制品自身，也包含金属制品的延伸。目前，法尔胜开发的延伸产品有大桥缆索、吊索等，这就使法尔胜在当前金属制品竞争对手林立的情况下，能够以高档产品取胜，以质优产品取胜，以配套产品取胜，立于不败之地。

二、实行“三外齐上”的方针，在优化、提升传统产业的同时，调整产业结构，向市场前景看好的高新技术产业进军，增强企业后劲

在调整产品结构上，法尔胜实施的“三外（外贸、外资、外经）齐上”的方针，起到了很好的作用。早在1979年，他们就实现了外贸出口“零”的突破；1985年曾作为我国唯一的金属制品企业参加了在日本东京举办的世界金属制品博览会；1992年获得自行出口权，1996年批准成立进出口公司，出口量更有大幅度的增长。近几年，年创汇都在三四千万美元以上。“九五”期间，累计外贸供货总值占同期销售总收入的20.04%，出口量占全国金属制品出口总量的“半壁江山”。这些优异的业绩使其成为在国内外都享有较高的知名度。外贸出口不仅增加了企业的效益，更重要的是促进企业提高产品质量，优化产品结构。他们响亮地提出：“产品质量是企业的形象，出口产品是民族的形象”，并大力扩大高附加值、高技术含量产品的出口额。“九五”期间，这类精优产品的出口产品创汇金额大体上保持在50%左右，2000年高达62%。在出口国家中，主要是欧美发达国家，1998年出口欧洲、北美洲的创汇金额占出口总创汇的75.4%。此后，虽然先后受到欧盟和美国的反倾销阻碍，但出口这两地的创汇比重仍占49.8%。

对调整结构起到更重大作用的是引进外资，合资办企业。从1990年同新加坡合资创办江阴艺林索具有限公司以来，已先后同比利时、意大利、澳大利亚、日本、中国香港和中国台湾等国家和地区合资建立了14家企业。其中，引进外资500万美元以上的就有8家，最大的是比利时贝卡尔特公司投资5300多万美元、合资建立的中国贝卡尔特钢帘线有限公司。通过合资，不仅引进了资金，也引进了先进的技术、装备和管理经验。这些合资企业生产的产品，科技含量都比较高，有的是填补了国内的空白，有的是提高了国内产品的档次。像同中国台湾合资的华新钢缆有限公司，投产第一年就参与了激烈的虎门大桥国际招标的争夺大战，力挫美、英、日、意等12支劲旅，一举中标，从而结束了中国桥索用材完全由“舶来品”一统天下的历史。更重要的是，有些合资企业的建立，大大有助于产业结构的调整，使法尔胜的发展后劲有了明显的增强。像与澳大利亚合资、由我方控股的法尔胜光子有限公司，主要生产光棒和光导纤维等光通信材料，科技含量很高，具有良好的市场前景；和中国台湾合资、也由我方控股的法尔胜东泰新型材料公司，生产增强塑钢复合管，投入市场不久，就引起了重视。由于法尔胜生产经营的良好业绩，取得了合资方的高度信任，比利时贝卡尔特公司去年又同法尔胜组建了2个合资公司，其中一个生产光缆用磷化钢丝的光缆钢制品公司由法尔胜控股，打破了贝卡尔特不在国外同一城市建立两个公司、合资企业不由对方控股的两个先例。

在对外经济方面，也已开始起步，除了在新加坡、澳大利亚、巴黎等国家和城市建立了若干办事处，作为对外商务的基地和窗口，还在摩洛哥投资100万美元，与对方合资建立了钢丝厂，以此为基地，打入欧洲，这样，可以防止欧洲的反倾销。“十五”期间，还准备在欧洲、美洲、澳大利亚等地筹建金属制品厂，成为国内金属制品行业的一家大型跨国公司。

三、进行资本运作，通过股票上市直接融资渠道，以及并购、租赁等手段，调整资金结构，实现低成本扩张

合资办企业固然带来了一部分资金，但是国内配套仍然需要大量资金，单靠自身盈利的积累还是力有不及，靠银行贷款在资产负债率已高达64%的情况下，既难以贷到款项，也存在较大风险。经过两年多的反复论证，取得了各方面的大力支持，终于批准在1998年11月在深圳发行6000万社会公用股，筹集资金3.69亿元；接着在1999年1月法尔胜A股上市。这些资金，用于合资或独资建设光子公司、特种钢丝公司、智能设备公司、光缆钢制品公司、钢丝制品公司、缆索公司等6个企业，其中3个已经投产，并产生了效益，2个正在或即将试生产，只有1个由对方控股的还在建设中。此外，还用融资的资金，收购了在光通信行业中具有相当实力的四川汇源光通讯有限公司。在首批募集资金取得良好效果的基础上，2000年12月通过配股，又筹集资金3.13亿元，将继续投向光器件、ADSS光缆项目、公司CIMS项目、记忆合金材料、金属制品前道技术改造等后续项目。预计几年后，光通信产品将成为公司主导产品，届时法尔胜将成为国内第一家拥有自主技术产权、能够提供预制光棒、光纤、光缆钢丝、光缆以及光器件的全流程产品和专业生产“精、特、优”金属制品及新型材料的高科技企业。

法尔胜股份公司上市两年来，公司总股本增长了1.67倍，总资产组建2.91倍，净资产增长3.11倍。2000年中期主营收入和净利润分别是上市前1998年同期的1.69倍和

2.01 倍，每股净收入每年都在 0.35 元以上，取得了良好的经济效益和社会效益。上市两年来，大大促进了公司产业结构的调整。上市前，公司的利润 100% 来自金属制品。到 2000 年中期，已下降到 63%，光通信产品的利润则上升到 37%。预计到第二批项目投产后，无论是销售收入还是利润，光通信产品的比重都将超过金属制品。

与此同时，还兼并了江阴动力机厂和纺织器材厂，实行了低成本扩张，并投资进行了改造，开发新产品，使原先的主产品和金属制品的专用设备同步开发，目前已形成具有一定规模和较好的产品市场；对位于江阴繁华城区内的三星级金都大酒店的收购，改为法尔胜大酒店，既提高了公司的无形资产，还使该酒店由两年前收购时亏损 300 多万元变为盈利 300 万元，成为法尔胜的一个有一定效益的对外窗口。

四、以人为本，不断调整人员结构，全面提高职工队伍素质

法尔胜是从一个小作坊式的小厂起家，创办时说不上有什么技术和管理人才，1985 年才分配到第一位大学生。现在，包括总部和在江阴的全资子公司（不含法尔胜大酒店）、控股公司在内的员工有 2523 人，其中大学本科学历的 500 多人中，还拥有博士生 2 名、硕士 6 名，高级技术职称的 16 人、中级技术职称的 136 人。这些年来，人才基本上只有进入，流出的 6 人中，4 人是去考研的。

提高职工素质，他们主要是在实践中提高，鼓励职工在职学习，提倡“干什么，学什么”，“早压担子早成材”，涌现了一批自学成材的优秀职工。职工培训，他们是从基础抓起。比如对中层干部，除了要求都必须会“一机两语”，就是要学会操作计算机，至少经过外语初级班培训，会讲普通话，还要取得“六证”，即本人主系列职称证书，其他系列的初级职称书（如工程师还要有财会或政工等方面的职称，反之亦然），对金属制品行业来讲，要通过拉丝、捻绳、镀层、热处理 4 个主要工序的车间考试，取得合格证。为了不断增强人才优势，推动创新，还根据企业发展的不同阶段、不同层次、不同对象与有关院校开办具有国家学历的中专班、大专班、本科班、外语强化班。目前，有 30 名本公司厂龄 3 年以上的大学生在职攻读哈工大开办的材料工程硕士研究生，5 名厂龄 5 年以上的大学生攻读 MBA。为促进更多的人才迅速成长，公司制定了一套较为公正客观的激励机制；为吸引各类高级人才，他们另行制定一系列激励政策。

对各级干部和全体员工，他们不仅重视技术业务的培训，更重视思想品质的教育。“要做事，先要学会做人；要做好事，先要做好人”，这是他们的信条之一。他们大力倡导企业精神，铸造企业之魂。在不同时期，先后提出“自力更生，艰苦奋斗”、“人生的价值在于奉献，而不在于索取”、“欲塑名牌产品，必塑名牌人才”、“珍惜奋斗后的成功，更要致力于成功后的奋斗”等理念，来引导全体职工共同奋斗。他们还善于把成功的经验，甚至失败的教训提炼成富有哲理性的警句，通过各种形式，广为宣传。在厂区马路的两旁专设的精致的宣传牌上，就有上百条这样的词句，形成了浓厚的精神文明氛围，既给人以深刻的启示，又鼓舞人们奋发向上。

正是由于有这样一批人才，这样一支队伍，现在的法尔胜，经济持续发展，员工精诚团结，奋发向上，整个企业像一片巨大的磁场，凝聚着数以千计员工的心，推动着企业两个文明建设滚滚向前，取得了一系列的殊荣。

五、关键在于有一位好班长、一个好班子

法尔胜有今天这样的发展，得益于有周建松这样一位好班长，和一个以他为首的好班子。周建松不仅是创办钢丝厂的元老，更是一步步带领全体职工不断攀登新高峰的好带头人。1973 年就担任技术厂长，1979 年其先后担任厂长、总经理，现任法尔胜的董事长、党委书记。在法尔胜，谈起周建松，每个职工都满怀深情，并以有这样一位领导而感到自豪。

法尔胜的领导班子有一个共同特点，就是在“事业高于一切”的思想指导下，勤于学习。这个班子的成员大多数进厂时的学历并不高，但现在却都是各方面的专家和行家里手，成为自学成材的榜样。周建松原来是高中生，现在，已是制品行业里公认的技术权威，有众多的发明创造，是教授级高工，并被哈工大聘为兼职教授；主管财务的副总裁唐菊芬也是一名中学生，现在主管公司财务工作，是公司的好管家，为公司盘活资产和增收节支作出了很大贡献，在全市税法考试时，获得唯一的满分，以致有人以为她是税务干部；电工出身的梁乐天已成为集团公司总工程师兼光子公司总经理，其他一些领导成员也都各有特长。在努力提高自身素质的同时，他们还十分重视接班人的培养，现在担任股份公司总经理的刘利华博士，现年 35 岁，1987 年进厂时是硕士学历，是周建松亲自手把手地进行传帮带，并先后安排在各种不同的岗位进行培养锻炼，使其成长为大型企业的主要领导。

在决策上，能够做到超前决策快半步。这种超前决策，体现在方方面面，从产品开发上，引进先进装备和技术上，引进外资、合资办厂上，一直到产业结构的战略性调整上，都有充分的反映。超前决策，使他们能及时抓住机遇，赢得各种有效资源，占领市场的先机。这种超前决策的能力，来自对事业的无限忠诚，来自对市场信息的充分把握上，来自坚持不懈的学习提高，来自主要领导对市场形势和前景的高度洞察力和果断的决策能力。法尔胜的职工们说：“我们的周总虽然是高度近视（1800 度），看小东西近视，但看大事物却是高瞻远瞩、统筹全局”。

始终保持昂扬的创业精神，永不满足，是这个班子的又一特点。周建松经常告诫各级干部和职工，并以此自勉：“作为一个企业的当家人，不应是昨天的迷恋者，而应是今天的创造者，更应是明天的开拓者”、“要珍惜奋斗后的成功，更要致力于成功后的奋斗”。在他的办公室里，有他亲自书写的“为明天而工作”的题匾。在实际工作中，他更是率先示范，往往一项任务尚未完成，新的任务、新的目标又摆在全体员工的面前，使职工们时时保持着“不用扬鞭自奋蹄”的旺盛斗志。尤为可贵的是，在家业越来越大时，他们却始终保持创业初期的艰苦奋斗精神。法尔胜的领导班子，在业余时间，没有一个人“搓麻”、去舞厅的；为了股票上市，副总经理唐菊芬带领公司有关部门的负责人在北京招待所住了一些时间，她每天早上为大伙儿熬红豆粥，煮鸡蛋，既省下了钱，大家还吃得很满意，更密切了干群之间的关系。

在原则基础上的团结一致，在充分发扬民主基础上实行有效的集中。这个班子的几位主要领导，已经合作共事近 20 年，但始终保持真诚团结。职工们都称赞他们是“团结的模范”。这并不是没有不同意见，而是能够通过充分交换，求得思想认识的统一。20 世纪 90 年代初期，法尔胜准备由委托代理出口改为自营出口。当时，在领导班子和干部中意

见有很大分歧，周建松并没有个人说了算，而是先通过民意测验，再由正反双方代表开展辩论，各抒己见，最后才作出决策。在与贝卡尔特合资前，不仅在班子内进行反复讨论，分析利弊，还在全厂职工中进行无记名的问卷调查，最终定案。正因为充分发扬民主，这种团结才是真正的团结。

在世纪之交的前夕，他们又提出了新世纪的发展蓝图，“十五”期间，要本着“主业产品结构精优化，延伸产业结构互联化，跨行业结构高效化，资本运行结构立体化，人才资源结构智能化”的要求，加快科技创新、管理创新和体制创新、机制创新。股份公司除发展并优化主业金属制品外，还要加大延伸跨领域及跨行业的发展，实行三大产业并进，即电子信息产业现代通讯的电子元器件光纤产品，自动化产业的机电一体化高效专用设备，新材料产业的特种钢塑复合环保管器件及特种合金。在人才使用和培养上，正在申报建立博士后工作站。“十五”期内，投入资金将超过10亿元，资金来源的构成大体上是配股占35%、引资占45%、自筹占20%。在资金使用上，把技改、合资和跨出国门境外投资结合起来，进行多元化投入，大体的投向是主业占35%、高科技产业占50%、三产占15%。到2005年，集团公司总资产要超过30亿元，销售额超过60亿元。其中，高科技产品的销售比例达到60%以上，利税超10亿元，利润超3亿元，出口创汇超1.5亿美元，人均年利税达到60万元。届时，法尔胜将以更加灿烂夺目的崭新面貌出现在神州大地上。

从江西钢铁工业的变化看如何挖掘企业潜力[1]

“士别三日，当刮目相看”。用这句话来形容江西钢铁工业近几年的变化，再恰当不过了。

“九五”期间，我曾多次到江西的四大钢铁企业进行调查，心情从前期的沉重到后来的欣喜，特别是1998年以后，这些企业都有突飞猛进的变化，甚至使人难以置信。1997年，除了规模最小的洪都钢厂连续保持20年盈利外，其他3家仍然全部亏损。1998年，新余钢铁公司在国家政策的支持下开始盈利；南钢从上年亏损4214万元减亏到956万元，减亏率77.31%；1997年濒临破产边缘的萍钢，1998年9月起，当月实现扭亏，全年亏损从上年的9498万元下降到4669万元。2000年，这三家企业都分别还清了部分欠款，在提高折旧的基础上，利润都有大幅度的增长。萍钢、新钢利润都超亿元，南钢达到4176万元。这几年，还利用自有资金，进行技术改造：“九五”后三年，新钢投入4.9亿元，萍钢投入3.2亿元，南钢投入2.47亿元。

从1996年到2000年，江西的钢产量从172万吨增长到319万吨，4年增长了85.8%；同期实现利润从负3.13亿元到盈利2.65亿元；一些主要技术经济指标的改进程度，如高炉利用系数、入炉焦比、连铸比等，也都好于全国平均水平，有的已名列全国前茅。

为什么江西钢铁工业在短期内能有这样重大的变化？

一、千条万条，转变观念是第一条

江西钢铁工业的变化，可以说是从观念转变开始的。现在，无论到哪个厂，都可以告诉你一些观念转变促进企业发展的生动事例。萍钢的变化最具有代表性。1997年初，萍钢已濒临破产的边缘，当年3月，主管生产的副厂长涂建民被任命为厂长。他就任以后，不等不靠，提出“转变观念，眼睛向内，把工夫下在自己身上”，带领全厂职工，制定了三年扭亏的“8·16”工程。当年年底，萍钢在没有任何政策扶植下，实现了大幅度减亏，各项指标有了明显进步，生产经营取得了突破性的进展，在省内引起很大的震动。新钢的“铁水上山”，也充分说明了不同的思想观念带来的不同结果。新钢是在1991年由江西钢厂、新余钢铁厂及铁坑铁矿三家合并而成。江西钢厂在山上，新余在山下，相距20多千米，山上有转炉，没有高炉，主要靠化铁炼钢；山下铁水多，通过铁路专线送到山上。合并前，每年最多送5万吨铁水上山；合并后，也不过10万吨左右。1997年，我去新钢时，公司有的领导还认为，铁水上山不可能再提高。不久，运输部新主任上任后，在认真调查研究的基础上，果断地打破常规，使上山的铁水大大增加，全年达到28.2万吨；1999年

---

[1] 原载于2001年第6期《冶金管理》。

通过加固上山必经的袁河大桥等措施，达到67.9万吨，山上的转炉厂取消了化铁炼钢，拆除了已有28年历史的化铁炉；到2000年，上山铁水达到93万吨。仅此一项，就节省了焦炭、减少了铁损，每年还可以降低成本上亿元。

对一个企业来说，主要领导的思想观念直接影响到企业兴衰存亡。因此，观念转变，也必须从领导开始；而且，观念的转变并不是一劳永逸的事情，要随着形势的发展而不断更新。新钢总经理施嘉良谈起他自己的一次亲身感受，对大家颇有启发。应该说，1997年以来，新钢的各项工作都有较大的进步，但比起一些兄弟企业还是有不小的差距。1998年8月，施嘉良到邯钢参加国家冶金局召开的扭亏增盈座谈会，他利用晚上时间，找一些在邯钢工作的老同学，探讨邯钢的经验，悟出了一条，“不讲道理就是最大的道理”。过去，公司领导提出的一些指标，下面往往摆出一大堆理由，认为这些指标不合理，于是公司就调整指标。邯钢也曾碰到类似的问题，但刘汉章同志却毫不让步，二级单位的一些同志甚至认为公司领导“不讲道理”，但结果这些看似完成不了的指标却都实现了。这使施嘉良同志意识到自己过去看似很讲道理，但实际上是对企业的潜力心中底数不大。认识转变了，行动也就果断了，回去后很快调整了降低成本的有关指标，都如期实现了目标。

这些事例都说明，在我国的经济体制从计划经济向市场经济转变时，企业的各级领导和广大职工的思想观念必须相应地及时转变，转变得越早、越快，就越好。

二、要挖掘企业的潜力，先要挖掘职工的潜能

江西钢铁工业的变化，充分说明了企业里蕴藏着极大的潜力。同样的设备，在内部条件改变不大的情况下，其效率和产生的效益竟有如此重大的变化，关键在于广大职工的潜能得到较好的发挥。那么，怎样来挖掘人的潜能呢？

（1）靠管理来保证生产经营的正常秩序。企业经济效益的下降，往往是同放松管理分不开的。这些企业，在扭亏之初，无一不是从强化管理入手。事实上，敢不敢从严治厂，也是对各级干部管理能力和意志的考验。新钢烧结厂1997年上半年起，狠抓劳动纪律和工艺纪律，半年就处理了700多人次（全厂1100多人）。对违章违纪的，一律要求认真分析原因，汲取教训，提出对策，结果非但没有引起什么波动，反而促进了生产的增长。在没有任何技改投入的情况下，1998年烧结矿产量比上年增长29.56%；返矿率也有明显下降。至今，烧结厂一直是新钢的先进单位。该公司的钢管厂，一度因为质量问题被一家锅炉厂行文通报全国同行，抵制该厂产品，以致市场大量丢失，濒临停产。新厂长就任后，从强化质量管理入手，开展全厂性的质量问题大讨论，采取了一系列有力措施，并在厂门口竖起一块“警示牌”，将锅炉厂文件抄录牌上，教育职工不忘厂耻。现在该厂产品做到“三无”：无质量异议，无索赔，无退货。萍钢则在职工中大力宣传“热炉定律”，他们把规章制度视为滚烫的“热炉”，谁触犯，谁就会受到应有的惩罚。实践证明，从严治厂，得到了绝大多数职工的拥护，因为它形成了正常生产的环境，有利于广大职工积极性的发挥。

（2）靠改革来调动职工的积极性。这几年，江西钢铁企业各项技术经济指标的改善，很大程度上来自于改革，特别是直接涉及每个职工切身利益的分配制度和用工制度的改革，对激励广大员工潜能的发挥，作用极大。南钢这几年在高炉炉长、转炉炉长等一些关键岗位实施了“底薪制”和“末位淘汰制”相结合的激励和约束机制。只要在这些岗位

上，就能拿到较高的底薪；但在一定时期经过考核后，尽管没有任何违章违纪行为，而且也都完成了各项指标，只要是在同类岗位中，处于最后一名，就要被淘汰出局，收入就会下降一大块。这就促使人人都努力钻研业务，提高操作水平，降低生产成本。萍钢在扭亏初期，采取“花钱买指标”的做法，激励职工不断攀登新的台阶，使高炉利用系数短期内有了大幅度的提高，然后再将这一成果纳入操作规程，加以巩固。洪都结合机关精简，对全体科长以下的管理干部进行竞聘上岗，增强了大家的危机感，激发了潜能的发挥。

（3）靠企业文化建设来凝聚职工向心力，使职工自觉从严。这里所说的企业文化，主要是指精神层面上的，就是为全体职工所认同的企业核心价值观和理念。这几年，各企业在这方面都做了大量工作，取得了较好的成效，其中尤以萍钢最为突出。萍钢在扭亏、改革、发展的伟大实践中，坚持“两手抓”，以精神文明建设带动物质文明建设，以形成浓厚的企业文化氛围来推动萍钢的可持续发展。现在，萍钢的核心价值观在广大职工中已经深入人心，成为指导自己行动的准则。“事在人为，志在超越”的企业精神在萍钢到处开花结果；“转变观念，眼睛向内，工夫下在自己身上”的企业理念也已成为广大职工的共同认识。这种无形的力量团结凝聚了广大员工不断向着更高的目标奋进。这些企业理念、企业精神，都是来自实践，又高于实践，反过来又指导实践，成为萍钢今后持续发展的传家之宝。

三、既要重视技术改造和技术革新，更要按照科学规律办事

人的潜能的发挥需要一定的物质基础。过去，在一些企业里，既存在片面强调物质条件，掩盖自身工作上的问题，堕入“外因论”、“唯条件论”的泥坑；也存在只要求职工发挥主观能动性，而不重视必要的装备条件和原材料质量的改善，从而陷入“唯意志论”的陷阱。比如，从20世纪50年代我国建设现代化的高炉起，就一直强调“精料”方针。但从“大跃进”以后，在很长一段时间里，这一方针就没有得到认真的贯彻，往往是炼铁厂埋怨公司不重视提供高质量的原料，而公司有关部门却指责炼铁厂忽视自身的管理，结果是高炉的一些技术经济指标长期徘徊不前。这几年，江西几个钢铁企业正确处理了这个关系，在狠抓思想观念转变的同时，用了很大的精力解决高炉原料的质量问题，使入炉矿的品位从1996年的52.66%提高到2000年的58.09%，有害元素也得到较好的控制，再加上其他各方面的改进，使高炉利用系数不断上升。今年一季度，南钢、萍钢炼铁厂的利用系数分别达到3.16和3.10，处于全国领先位置。

在固定资产的投入上，实实在在地把重点转移到以品种质量、节能降耗、环境治理等技术改造上，而用于增加产量的投入只占“九五”总投资的14.9%。尽管“九五”技改投入13.8亿元，小于“八五”的19.2亿元，但由于重点把握得好，经济效益十分显著，特别是高炉的熟料比、转炉的连铸比、轧钢的一火成材率大幅度提高。熟料比从1996年的71.88%提高到2000年的91.10%，同期转炉连铸比从58.2%提高到100%，一火成材率从30.5%提高到91.3%，现在除新钢的薄板和部分特钢产品外，其他普钢品种已全部实现一火成材；吨钢综合能耗从1.456吨标煤降到0.969吨标煤。有一批装备，如南钢的棒材轧机、2号高炉，萍钢的高线轧机、3号高炉等，都已跻身于行业先进水平的行列。在技术改造中，不仅起点较高，投资较省，而且投产快、达产达效快。萍钢棒材轧机的建设只用了175天就建成投产，建成当年就达到设计水平，当年荣获标志实物质量达到国际

水平的“金杯奖”；南钢新建的棒材连轧机，投资1.3亿元，9个月竣工，投产不到一个月就达到年产30万吨的设计水平；去年年底，1号高炉大修，59天便完成了拆掉1座高炉、重建1座高炉的任务，使同行刮目相看。

在重视技术改造的同时，这几家企业，都把开展群众性的技术革新和技术攻关活动列入重要议程。这既是提高企业效益的必由之路，更是提高职工素质的有效措施。像洪都无缝钢管生产过程的计算机管理，就是一位自学成材的技术人员攻克的，既缩短了生产周期，又确保了合同的履约率，深受各方面的好评。新钢的2.3米中板轧机，其装备在行业里属于“第三世界”，但他们不断地进行技术革新和必要的改造，形成以生产10毫米以下规格为主的格局，占领了市场的这一空挡。现在，中板厂的利润在新钢总利润中占有较大的比重。新钢的“铁水上山”，一方面是观念转变的重大成果，也是一系列技术攻关的胜利，解决了罐盖保温、罐体保温等技术难题，使转炉能获得符合技术要求的铁水。

四、有一个为职工信赖的领导班子是企业兴衰的关键所在

这几个企业，都有一个为职工高度信赖的领导班子，基本上能做到令行禁止，一呼百应，因此，能团结、带领广大职工不断夺取新的胜利。这些领导班子，大体上有以下几个共同的特点：

（1）在重大问题的决策上没有失误，使有限的资金配置得当，保证企业的持续发展。这种正确的决策主要来自对形势发展具有深刻的洞察力，来自对市场竞争的态势有清醒的认识，来自对企业实际情况有深切的了解。比如，南钢在1号高炉易地大修时，有关部门的同志提出要120天，但陈雪山总经理坚持只能用60天，结果59天在保证工程质量、保证不突破预算的前提下，优质高效地完成了任务。正是由于一系列正确的决策，使广大干部和职工在接受领导提出的新任务时，不再讨价还价，而是致力于如何确保任务的完成。

（2）具有个人的人格魅力。他们普遍具有强烈的使命感，有奉献精神，廉洁自律，要求职工做到的，首先自己要做到。萍钢8位公司级领导干部，有6位夫人带头下岗，使全公司下岗分流工作顺利推进；一位公司领导的亲属参与了原材料的弄虚作假案子，公司党委秉公处理，赢得了人心。南钢的两位副总经理，对分管工作没能到位，不仅在当月只发基本生活费，而且还在大会上受到当众批评。因此，这些单位从严治厂的各项措施，都能顺利地得到推进。

（3）积极进取，永不满足。尽管这些企业都取得了重大的进步，但他们深知，无论是在装备上，还是人员的素质，在行业中并没有什么优势，在激烈的市场竞争中稍有失误，或者放慢节拍，就有被淘汰出局的危险。正是这种强烈的危机感促使他们永不停步。并且还将来自市场的压力层层向下传递，引导广大职工都能感受市场竞争的严酷性，自觉地转变观念，跟上形势的发展，从“要我干”到“我要干”，在改革发展的实践中，使各自的潜能得以更好地挖掘出来。

（4）善于学习，以人之长，补己之短。这些企业的主要领导，普遍都注意通过各种报刊、资料掌握有效的信息，为正确决策提供依据。此外，还结合各人自身的特点和兴趣，有的重视国内外管理的新动态，有的偏重于世界科技新潮流，以开阔眼界，拓宽思路。特别是都很重视兄弟企业的动向，见先进就学，不甘落后，还要求二级单位都确定自己的赶超对手，对标挖潜。这种相互学习，已蔚然成风，促进了共同提高。

五、省领导和行业主管部门的支持、鼓舞、鞭策、协调是江西钢铁工业全面跃升的又一决定性因素

江西钢铁工业突破性的变化，应该说是在1998年。在上一年的4月，萍钢调整了领导班子，此后的短短几个月，在没有任何政策支持的条件下，生产经营状况发生了十分可喜的变化。省冶金总公司进行了调查后，向省领导呈报了一份专题报告，引起了省领导的重视。1998年元旦，舒圣佑省长到萍钢向职工贺年时，听取了公司领导的汇报，看到萍钢的这些变化，十分高兴，给予高度评价，并且说，“我要拿萍钢这颗‘手榴弹’去炸新钢、南钢”。接着，他又来到新钢，扔了这颗“手榴弹”。过去，新钢也曾多次由领导带队去邯钢学习，但在相当一部分干部中，仍然存在“三个不可比”的思想：职工收入不可比，设备状况不可比，原料条件不可比。因此，学邯钢的力度不够大。现在，长期亏损、濒临破产、过去根本不在眼里的萍钢居然“蹿”了上来，而且自己还因此受到了省领导的批评，这不能不使他们受到极大的震撼。新钢董事长张春明把省领导的批评比喻成“雷霆”。“雷霆阳光都是爱”，深感自己如再不加快步伐，就会被甩在后面。接着，省政府又作出了在全省范围内开展“远学邯钢，近学萍钢”的决定，这对萍钢是个极大的鼓舞，对全省钢铁企业则是极大的鞭策和推动，兄弟企业对萍钢“服气不服输”；萍钢又迭出新招，出现了你追我赶、共同提高的大好局面。在两年多的时间里，萍钢建起了两套现代化的棒材和高线生产线，使铁钢材基本实现100万吨的配套能力，而且还先后淘汰6吨转炉、复二重线材轧机，全公司面貌一新。南钢、新钢不少技术经济指标也都登上新台阶。此后，在省冶金总公司的策划下，得到省政府的大力支持，萍钢实现了兼并，新钢、南钢实现了债转股，减轻了这些企业的财务负担。

目前，各企业的“十五”规划基本定局，正在积极组织实施，使企业的装备水平登上一个新台阶，在适当增加产量的同时，重点放在结构调整上，并进一步搞好节能降耗和环境治理；在发展钢铁主业的同时，普遍重视兼顾非钢产业，为产业结构的调整探索新路子，又使富余人员得到妥善安置；在改革上，围绕建立现代企业制度，规范企业治理结构；并继续深化三项制度的改革，深入挖掘职工的潜能；在管理工作上，一方面重视继承这些年行之有效的从严治厂的好传统，另一方面为适应改革的深化和装备的现代化，强调在管理创新上有所突破；在人力资源的开发上，为适应知识经济的新时代，都注意加强继续教育工程的力度，注意培养创新型、复合型人才，并努力营造和建立使优秀人才能脱颖而出的氛围和机制；在搞好物质文明建设的同时，还都注意加强精神文明建设，体现“以德治厂”的新风貌，塑造企业的新形象。我们深信，再经过若干年的努力，江西钢铁工业将会以一个崭新的面貌出现在神州大地上。让我们预祝这一天的早日到来。

济钢创建节能清洁型工厂走可持续发展之路[1]

目前，能源和环境已成为人类社会备受关注的两大问题。工业的发展像一把双刃剑，在提高人们生活质量的同时，也严重地恶化地球生态环境。据估计，环境的污染70%来自工业企业。工业发展一方面消耗了巨额的、不可再生的矿物资源和能源，另一方面又大量排放各种有害气体、粉尘、炉渣，这些工业“三废”严重破坏了人们赖以生存的土地资源、水资源，大气环境，使几千年来一直伴随人类的蓝天白云、青山绿水，竟然成为现代人、特别是世界各大城市居民无比向往的乐土。

面对环境污染日趋严重，各种矿物资源日趋短缺的情况，欧美等很多国家都把节能、清洁生产作为一项基本国策，联合国环境规划署也决定在世界范围内推行节能、清洁生产。我国政府早就把环境治理作为一项基本国策，积极推行各项污染的治理，取得了很大的进展。实践证明，清洁生产是工业污染防治的最佳模式，是转变经济增长方式的重要措施，可有效地实现工业可持续发展。

钢铁工业是国民经济的基础原材料工业，也是能源消耗、各种物资消耗和污染的大户。钢铁工业的能源消耗约占工业能耗的10%，在各工业行业中名列第三；外排废水约占全国的14%，排在第二位；外排废气约占全国的16%，位居第二；外排固体废弃物17%，排在第三位。实际上，排污量的大小往往是同能耗和物耗的多寡成线性函数的关系。因此，钢铁企业能不能把能耗、物耗降下来，能不能把环境保护搞上去，不仅直接关系到企业的经济效益，影响到企业的可持续发展，更直接关系到环境保护这一重大国策的贯彻落实。

这些年来，尽管钢铁企业对环境治理的认识在不断加深，措施在不断加强，成效也逐渐加大；但仍然有不少企业，自觉不自觉地把环境治理同生产发展对立起来，把环境治理的社会效益同企业自身的经济效益对立起来。因此，在环境治理上行动不力，进展不大。而济南钢铁集团公司（以下简称济钢）近几年来，借鉴国外先进经验，结合自身实际，探索防治污染的新路子，取得了可喜的成果。

济钢是我国13个特大型钢铁联合企业之一。在市场竞争激烈的新形势下，坚持内涵挖潜、走节能清洁型发展之路，实现了生产持续发展、效益大幅度提高。2000年生产钢303万吨，实现销售收入62.9亿元；在连续5年保持11.28%固定资产折旧率的基础上，实现利税7.85亿元，其中利润2亿元。

“九五”以来，济钢通过技术创新、管理创新，实现了集中反映冶金行业集约化程度的“四全一喷”（炼铁全精料、炼钢全精炼、全连铸、轧钢全一火成材和提高喷煤量）和

[1] 原载于2001年第7期《冶金管理》。本文合作者为国家经贸委杨永新。

“四闭路”（钢渣、含铁尘泥闭路利用，煤气闭路利用，工业用水闭路利用，余热蒸汽闭路利用），他们的经验在冶金行业中引起强烈反响。在此基础上，他们又进一步深化节能降耗，从“节能发展型”向“节能清洁型工厂”迈进，走可持续发展的道路，又引起了广泛的注意。全公司基本实现了废物资源化、轧钢加热炉和烧结机点火无油化、锅炉无煤化、取暖余热化的“四化”目标，生产工艺中所需资源能源的有效转化率进一步提高，环境污染程度大大减轻。2000 年与“八五”末期相比，钢产量增长 78%，而各类污染物排放总量不仅没有增加，还大幅度降低了，见表 1。

表 1　主要污染物年排放量对比　　（吨）

污染物名称	1995 年	2000 年	减少量	降低率/%
工业粉尘	36070	17802	18268	50. 67
烟　尘	260	167	93	35. 76
二氧化硫	5183	4646	537	10. 36
工业废水	25350000	18950000	6400000	25. 24
COD	1781	1218	563	31. 61
悬浮物	4491	2455	2036	45. 33
石油类	113	97	16	14. 15
硫化物	5. 2	4	1. 2	23. 07
酚	2. 4	1. 4	1	41. 15
氰化物	1. 1	0. 7	0. 4	33. 36

目前，全公司 39 个二级单位全部建成了省部级清洁文明工厂，厂区达到了国家二级空气质量标准。过去在用水高峰年度，全公司 18 口井同时开动提水，还不够用；现在已关闭了 12 口，剩余的 6 口水井每天只开动 4 口就可保障供应。

济钢走“节能清洁型工厂”的路子，有如下几个特点：

一是在污染治理的指导思想上，跳出了末端治理的老路子，提出了“源头削减，过程控制，综合利用，辅之以末端治理”的新思路。相当一个时期，我们不少企业在环境治理上走的是一条“先污染，再治理”的老路子。这样，随着生产的发展，排污量越来越大，治理费用越来越高，使企业难以承受；而且由于偏重末端治理，忽视全过程控制，把控制污染和生产过程割裂开来，因而使工业生产管理中的环境与生产成为两张皮。实践证明，这将是一条难以通行的绝路。按照济钢的新思路，将“精料、精炼、精品”原则贯穿于采购、生产、销售全过程，最大限度地将非金属物质和有毒、有害物质排除在冶炼工序之外，减少废弃物的生成，从而大大减少末端治理量。目前，通过源头削减、过程控制、扩大物料循环利用，降低污染物排放约占 87.5%，而通过末端治理仅占 12.5%，大大减少了治理污染的投入，更重要的是，各种资源得到高效化利用。如，钢渣和含铁尘泥在炼钢、炼铁是污染物，但回收起来用到烧结工序就变为资源。他们形象地说，“污染物是放错了位置的资源”。

二是实现了社会效益、企业效益和环境效益的同步提高。过去，企业着眼于末端治理。一方面，使许多本来是资源的废弃物在生产过程中白白流失，致使原材料消耗高，并增加了污染量；另一方面，废弃物在末端集中起来处理，需要巨额投资来兴建大型处理设施，势必较大幅度地增加成本，以致影响企业对环境治理的积极性、主动性。而按照济钢的思路来进行综合治理，不仅成本可以大大下降，而且变废为宝，实现了企业经济效益和环境社会效益双赢目标。“九五”期间，济钢新上了78个节能环保项目，共6.2亿元，每一项都收到了明显效益。五年仅累计节约标准煤386万吨，创造效益19亿元以上。同时，由于减少了污染物的排放量，也相应地减少了治理成本。仅以年减少二氧化硫1.5万吨、烟尘2万吨来计算，就分别减少治理成本3800多万元和1800多万元。还要提出的是，在创建“节能清洁型工厂”的同时，提升了全体员工的环保观念，增强了职工爱厂如家的凝聚力，现在厂区道路整洁，很少见到废弃物；炼钢平台等生产现场整齐清洁，各种工具摆放有序，广大员工以济钢的优美环境而自豪，并以实际行动为清洁工厂的建设而竭尽心力。

三是依靠技术进步和技术创新，不断提高清洁生产的水平。济钢的工艺装备，总体上在冶金行业里属于一般水平，如350立方米的高炉、25吨的转炉，但却取得了节能环保的显著成绩。这就打破了过去长期存在的一个认识上的误区，似乎要实施清洁生产，只有像宝钢这样现代化的大工厂才行。现在，济钢的经验雄辩地回答了：装备一般的企业，同样可以实现“清洁工厂”的目标。这对量大面广的同类型企业来说，是个极大的鼓舞。在污染治理中，他们除了强化基础管理和各项专业管理外，十分重视依靠科技进步，把环境治理同改进工艺紧密结合起来。近几年，他们在主体生产工序推行110项节能、降耗、减污的新工艺和新技术，实现“四全一喷”和“四闭路”，还加强了关键节能工艺技术的开发研究，实现了一批具有自主知识产权的工艺技术项目，如实施了国家重点推广的节能示范项目干法熄焦，并创出了3项自主知识产权；还有像运用国际上兴起的高温空气燃烧技术，自行设计制造了轧钢蓄热式加热炉等，推动了节能清洁生产不断向前发展；并初步实现工艺清洁和产品清洁，2000年出口69万吨钢铁产品，没有发生一起质量异议。

济钢虽然在清洁工厂的道路上迈出了十分可喜的一大步，但毕竟为时尚短，离真正实现“清洁工厂”的目标还有不小的差距。济钢的领导也十分清醒地看到了这一点，决心在“十五”期间将创建“节能清洁型工厂”推向一个崭新的阶段。他们的指导思想是：贯彻“源头削减，过程消化，末端消灭”的清洁生产方针；紧紧依靠技术创新、管理创新，突出节能技术、清洁工艺的自主开发，实现工艺清洁化、钢质纯净化、废物资源利用高效化，产业生态化，在生产全过程和服务各环节求得节能、降耗、减污、增效的有机统一；以尽可能少的投入把工业生产对环境和人类的风险降到最低限度，营造物流有序，环境优美，生产与环保相互促进的良好格局，实现社会效益、环境效益和经济效益的最大化。

“十五”期间，济钢围绕创建节能清洁型工厂，将实现4个目标。一是节能目标：吨钢可比能耗由2000年的730千克下降到650千克，达到目前国际钢铁工业的先进水平；二是环境目标：大幅度削减污染物的排放量，将生活污水净化处理后用于工业生产，实现工业用水“负排放”，各种废气和粉尘排放量在现有基础上再降低65%~92%，基本实现“钢厂无废物”，“钢厂不排污”（见表2、表3）；三是工艺、产品双清洁目标：通过工艺清洁化，实现钢质纯净化，形成以高强、耐磨、耐腐蚀为特征的海洋用钢、管线钢、耐腐蚀钢三大系列特色产品，产品结构由目前的普碳钢占80%以上，改善为低合金钢、专用钢占80%以上；四是资源综合利用目标：发挥炉渣、蒸汽、煤气和其他气体资源丰富的优势，实现能源资源重构再造、再分配，提高利用价值，把钢厂建成生态园。同时，广泛联接化工、炼油、轻工、建材、食品等行业，构建生态化产品链和产业链，带动链条企业节省资源，降低成本，提高社会效益。

表 2　2005 年实现节能清洁型工厂的总体目标

指标名称	大中型企业平均	平均先进	先　进	济钢 2000 年水平	目标值
吨钢综合能耗(标煤)/t	(联合企业)0.983	1.064	宝钢 0.731	0.813	0.75
吨钢可比能耗(标煤)/t	(联合企业)0.854	0.748	宝钢 0.687	0.730	0.65
高炉煤气放散率/%	10.88	6.96	凌钢 1.89	12.89	1.5
焦炉煤气放散率/%	3.3	1.65	宝钢 0.01	0.31	0.3
吨转炉钢回收转炉煤气(标煤)/kg	(联合企业) 7	14	宝钢 29	4.9	21
工业水复用率/%			宝钢 96.5	92.51	96
吨钢耗新水/m^3	35	15	宝钢 6.35	9.63	4.4
固体废弃物综合利用率/%				92	98
入炉焦比/$kg \cdot t^{-1}$				433	328
连铸比/%				100	100

表 3　2000 年与 2005 年吨钢主要污染物排放情况对比

污染物名称	2000 年	2005 年	削减量	削减率/%
工业废气/$m^3 \cdot t^{-1}$	0.74	0.22	0.52	70.27
二氧化硫/$kg \cdot t^{-1}$	1.53	0.53	1.00	65.23
粉尘烟尘/$kg \cdot t^{-1}$	5.93	0.93	5.00	84.30
一氧化碳/$m^3 \cdot t^{-1}$	60	5	55	91.67
排水悬浮物/$g \cdot t^{-1}$	810	150	660	81.48
排水 COD/$g \cdot t^{-1}$	402	69	333	82.23
石油类/$g \cdot t^{-1}$	32	15	17	53.13
高炉渣/$kg \cdot t^{-1}$	300	270	30	11.11
转炉渣/$kg \cdot t^{-1}$	180	160	20	10.00
污水/$m^3 \cdot t^{-1}$	6.26	0	6.26	100

为实现上述目标，济钢将加强与清华大学、北科大、钢研总院和有关客户等协作联合，巩固发展“产、学、研、商”一体化开发联盟，重点实施五大关键技术创新。一是开发第三代炉料结构，实现高炉入炉品位达到63%以上、球团矿入炉比例35%以上，高炉渣铁比降到270千克以下，入炉焦比降到328千克；二是开发应用高炉铁水炉前就地脱硅、脱硫、脱磷“三脱”技术，提高铁水纯净度；改善炼钢石灰质量，提高石灰活性度，降低石灰单耗，削减炼钢出渣量；进一步完善炼钢精炼工艺，推行无缺陷铸坯，实现热送热装；三是实施焦炉煤气脱硫、脱氨工艺技术，降低硫化氢和二氧化硫含量，实现焦化清洁生产和煤气清洁供应；四是开展应用高效联合循环发电技术，充分利用燃气资源，争取全部生产用电自给或大部自给；五是开发资源综合利用技术，通过实施“矿渣微粉技术”、

“微晶玻璃技术”等项目，实现废渣等工业废弃物的升值利用，推动建材向绿色化、高效化方向发展。以上技术开发共计30个项目，将投资14.48亿元，可年创效益6.59亿元，投资收益率为45.49%。

纵观国内外工业发展趋势，高效、节能、清洁，走持续发展之路是中国迈向现代化的必由之路，也是企业生存发展的必然选择；钢铁工业创建“节能清洁型工厂”已成为时代命题。济钢“九五”的实践和“十五”规划，为走“节能清洁型工厂”之路带了个好头，提供了较丰富的经验，对所有工业部门、尤其是钢铁工业，都有现实的参考价值和借鉴作用。为加快实施“节能清洁型工厂”的步伐，我们建议：把济钢列入全国工业企业创建“节能清洁型工厂”试点企业行列，并给予扶持政策，尽快培育一个好典型；在有关新闻媒体上宣传济钢的经验和做法，以引起全社会的关注；在适当时机，在济钢召开现场会议，在所有工业企业进行推广。

进入良性循环发展轨道的鄂钢❶

一个企业长期保持很低的资产负债率，而又能持续不断地进行技术改造，从而不仅使其生产规模有了较大增长，各项技术经济指标也得到明显改善，使企业的发展进入了良性循环。湖北的鄂城钢铁集团有限责任公司（以下简称鄂钢）就是这样的一家企业。

20 世纪 80 年代，鄂钢技改资金匮乏。但 90 年代以来，鄂钢狠抓资金管理，多方筹集资金，认真用好资金，使资金状况好转。1994 年以来，资产负债率一直在 33% 左右，企业财务费用只占当年销售收入 1% ~2%；同期，先后通过以自筹资金为主（主要是折旧和税后利润，以及充分利用“八五”后三年省政府实行投入产出总承包等政策所带来的效益），投入 25 亿元，兴建改造 20 多个项目。其中，包括年处理矿石能力 250 万吨的中和料场、2 台每小时 6000 立方米制氧机、75 平方米和 90 平方米烧结机、380 立方米高炉、3 台连铸机、3 号转炉、500 热带，以及具有国际先进水平的年产 30 万吨的连轧棒材生产线和无扭、控冷最高轧制速度为每秒 118 米、设计能力为 35 万吨的高线工程等。从而使鄂钢的铁、钢、材的生产能力分别达到 130 万吨、150 万吨和 150 万吨。钢产量则从 1990 年的 40.4 万吨增长到 2000 年的 128.7 万吨，预计今年将达到 150 万吨。同期，资产总额也从 6.15 亿元增长到 33.7 亿元；固定资产原值从 4.86 亿元增加到 30.88 亿元；净值由 3.57 亿元增加到 17.84 亿元。

一、跳出技术改造上的误区，低成本，高效益，快产出

对企业来说，有效的技术改造是提高企业竞争力、保证企业持续发展的根本措施。以往，在企业界流传一句话，“不改造等死，搞改造找死”，这反映了企业在技改上的两难处境。不改造等死，这都可以理解；而改造是找死，则是因为自己没有能力自筹资金，靠大量贷款上项目，形成的高财务费用，使企业难以承受，于是就出现了“项目投产之日，就是企业亏损之时”的这种尴尬局面。不跳出这一误区，企业就难以发展。而鄂钢所以能长期保持较低的资产负债率，并实现健康、持续、快速发展，一个十分重要的原因就是在技术改造上实现了低投入，高效益，快产出。

一是在指导思想上，遵循“实事求是”的原则，从国情、厂情的实际出发，坚持“量力而行，滚动发展”的方针。所谓“量力而行”，主要是量企业自身的财力，不背企业无力承受的包袱来搞建设。他们还提出“三不三比”，就是“不比大小比结构，不比投入比效果，不比名声比效益”。不盲目追求设备的大型化，而是要重视结构的合理性；不一味追求设备的引进率，而是在积极推广和应用新技术、新工艺，确保装备水平和生产工艺水平赶上和达到国内同类型企业先进水平的同时，凡是国内能自制的设备一律不再引进；像 20 世纪 90 年代下叶投产的两套连轧机，引进的精轧机和打捆机等部分约占设备总

❶ 原载于 2001 年第 6 期《冶金经济与管理》。

投资的20%。事实证明，这样做，既节省了投资，也保证了质量，1996年投产的30万吨能力的连轧棒材生产线，投产后一个季度就达到设计能力。

二是在决策上，坚持围绕提高经济效益进行科学决策。高度重视技改项目的成本收益分析。在有关部门根据生产经营发展需要、搞好市场调查、选准技改项目的基础上，广泛听取公司内部各方意见；然后再请设计研究部门做好可行性研究，并组织公司内外的专家进行反复论证，最后才由公司领导拍板。在实施过程中还要进行跟踪监控，及时进行修正。这一决策科学化、民主化的程序保证了这些年来鄂钢的技改项目没有发生一项重大失误。

三是在组织实施中，确保打好歼灭战，既不搞“全线出击”，更不搞“胡子工程”。对资金不落实的，坚决不开工；没有预算的也不能开工。从而保证每年集中有限的资金，建设一两个重点项目，基本上是一年有一个重点项目投入建设，有一个重点项目投产，有一个重点项目进行前期准备。做到了改造一项，成功一项，达产一项，增效一项。这也为下一步的技改提供了资金方面的有力保障，使企业的发展进入良性循环。

二、确立资金管理的中心地位，实行“五个集中”

鄂钢之所以各方面工作都能处于主动地位，和它的资金状况是分不开的。多年来，鄂钢坚持“企业管理以财务管理为中心，财务管理以资金管理为中心”的方针，切切实实地狠抓资金管理，取得良好的效果。董事长兼总经理陈明洁非常关注企业资金状况，他说：我兜里有几多钱，我说不清；但公司有多少钱，我一门清。从下面一组数字就可以清楚地看到鄂钢的资金情况。除了本文开头说到的低资产负债率外，流动比和速动比近十年来在行业里也保持先进水平，2000年分别为182.32%和121.45%。今年9月，又分别提高到196.83%和137.09%；流动资金周转率为1.9次。

在资金使用上，鄂钢严格执行国家关于不允许资金体外循环的规定。1993~1995年，钢材价格走俏，企业利润普遍大幅度增长时，不少企业一哄而上、盲目兼并，甚至大举投资房地产和证券业务时，鄂钢领导保持清醒的头脑，不跟风、不盲从，充分利用这一有利时机，上了一批技改项目。这3年，鄂钢技改共投入7亿多元，是前3年的近7倍，为以后的持续发展打下了良好的基础。

在资金管理上，鄂钢从1991年提出对资金要“量入为出，集中使用，优化调度，确保重点”，逐步理顺企业内部的财务体制、价格体系和各工序间的成本关系，发展到对资金“五个集中”的管理。一是集中银行账户，取消多头开户，做到了收入进“一个门”，支出走“一个口”，从而解决了多口支出，管理失控的问题，提高了资金使用效益。二是集中资金使用权，即使是公司确定的技改项目用款，也是由主管项目的副总提出用款计划，由主管财务的副总“一支笔”作出统一安排，统一调度，以确保资金的有效利用。三是集中经营权，对大宗原燃材料、设备、备件等，实施集中采购，以克服重复采购，多头储备的现象；对产品也实行集中销售，有利于及时调整经营策略，快速适应市场，加快资金的回笼和周转，应收账款一直保持在较低水平。目前，公司应收账款余额只有8000多万元，为全年销售收入的4%左右。四是集中外委工程预决算管理和外协项目审批权，控制工程投资，减少建设资金浪费。五是财务人员集中管理，对分离单位财务机构或财务人员实行委派制，对所有二级单位的财务负责人均由公司任免、考核和管理。

现在，鄂钢已是一个拥有34亿元总资产的大企业，但有人却说它“小家气”：鄂钢在号称全国“火炉”地区之一的武汉附近，夏季最高温度超过40℃，但集团公司整个办公楼（微机室除外），甚至包括公司总经理办公室都没有安装空调；吹氧管用短了，工人们焊接了再用；焦化厂扫炉盖的扫帚扫坏了，就把两把绑在一起使用。对“小家气”的说法，鄂钢人的态度是不该花的钱尽可能不让它发生，该花的钱也要一个铜板掰成两半花。但对企业应该承担的义务则毫不含糊，年年保持“五不欠”，即不欠税、不欠银行利息、不欠社会保险费、不欠提折旧、不欠职工工资奖金。

三、不断加大降成本的力度，向深度和广度拓展

1995年起，鄂钢每年降成本在亿元以上，1999年达到2.04亿元，2000年又过亿元。这是鄂钢长期以来，坚持结合实际学邯钢的结果。他们实施全方位、全过程、全员降成本，将涉及成本的各项指标层层分解，从总经理起，人人身上有指标，实行严格考核；而且随着市场形势的变化，对成本指标实行动态管理，将市场的压力不断转化为职工降成本的动力。

鄂钢十分重视以提高科技含量来推动各工序成本的下降。在强化管理的同时，还通过技术改造和各项技术革新，优化工艺结构，大力节能降耗，调整产品结构，不断改善各项技术经济指标。如钢材的一火成材比1998年为40%，1999年就提高到67%，今年达到83%。仅此一项，年节约成本预计4000万元。高炉是钢铁企业的能耗大户，近几年入炉焦比大幅度下降，1996年吨铁焦比为638千克标煤，今年1～9月，平均降到410千克标煤；现在，全公司吨钢综合能耗降到0.858千克标煤，比1996年1.236千克，下降了近三分之一；其他如转炉的钢铁料消耗、转炉炉龄等都进入了全国先进行列。

近几年，鄂钢加大了对采购成本控制的力度。目前，鄂钢年采购规模近20亿元。因此，降低采购成本就成为公司降成本总体战略目标的一个重要组成部分。通过对大宗原燃材料等统一集中采购，全部物资采用招标议标等竞争机制，既降低了采购价格，又保证了采购物资的质量。1999年，鄂钢第一年实施招标采购，当年的采购成本在上年基础上下降8200万元，占当年全公司降低成本总额的40%，降低率为5.6%。2000年，公司在燃料、运输费用和部分金属材料等价格上涨的情况下，全年采购成本仍比上年下降2678万元，降低率为1.8%。

搞好资源、能源的综合利用，实现“三废”资源化，既是治理污染，改善环境的一条重要原则，也是挖掘企业内部潜力，提高经济效益的重要途径之一。如高炉煤气的放散率，一度曾达到63%，现在得到较好的利用，放散率降到6%；1999年又开始回收转炉煤气，用于顶替轧钢厂加热炉的重油，一年就可节约成本近2000万元。1999年5月，对冶炼污泥采用新工艺，实现了综合利用，已累计创造经济效益2000余万元。其他如对冶炼废渣的处理，年可创造价值近千万元。现在，通过提高“三废”综合利用，一年可节约成本4000万元。

虽然，鄂钢已经进入良性循环的发展阶段，但他们并不满足于现状，富而思进，富而思源，居安思危，反思前进过程中的得失利弊，扬长避短，奋发前进。他们同一些先进企业对比，认为鄂钢产品成本还有一定的空间，需要尽快挖掘出来。用陈明洁总经理的话来说，鄂钢就是要：“以最低的成本，生产出最高质量的产品，获得最佳的效益”。我们预祝鄂钢在新世纪有新的突破，各项工作全面登上新的台阶！

第三个100%从何而来？[1]

——南（京）钢转变经销方式 实现货币回笼率100%

今年1~5月，南京钢铁集团公司（简称南钢公司）在去年实现两个100%（产销率100%、货款回笼率100%）的基础上，又实现了货币回笼率（现金加银行存兑汇票）100%，彻底扭转了近几年来相当一部分钢材销售靠抵材结算的操作方式。

去年4月，南钢公司要求今后所有销售必须实现带款提货，并出台了《关于对产品销售坏账损失和货款不能及时回笼实行责任赔偿的规定》。在此之前，南钢通过抵货销售的钢材占钢材销售总量的三分之一以上。尽管大家都承认这种经销方式对南钢会造成很大的损失，名义上是“高进高出”，实际上“高进”是实，“高出”的好处南钢并没有拿到，而且还造成钢材市场的混乱。但一旦真正采取带款提货，不少销售人员又担心将会丧失一部分客户，甚至造成库存积压。这样，不仅影响南钢的效益，而且也直接影响到销售人员的收入。因此，一时怀疑、反对之声甚众。

面对这种两难处境，南钢公司经销处领导从全局出发，坚决贯彻公司这一重大经营决策，做好处内人员的工作。同时，也冷静地分析可能出现的部分客户流失情况，采取了一系列有效措施。他们认为，要实现带款提货，最关键的是不能死守原有客户这块市场份额，必须要开拓新的市场，在尽最大可能巩固老客户的同时，下大工夫去开辟新用户。否则，这一决策就不可能得到实施。同时，他们还对所有的经销商重申以前作出的承诺，在打款签约期内，钢材价格遇涨不涨，遇降则降，保证不让用户吃亏。在实施带款提货、取消抵材结算前，他们还及早对客户发出安民告示，并从去年10月起，采取逐月递减抵材份额的策略，使客户有个适应过程。这一系列扎实有效的工作，终于使南钢公司经销工作顺利实现了这一重大转变。

为了要使通过销售渠道取得更好的效益，南钢公司经销处除了要求确保两个100%外，还提出要努力实现3个效益最大化。一是资源配置效益最大化。同一资源，地区配置不同，效益也不相同。像螺纹钢在南京有较稳定的客户，价位也较高。因此，主要以南京销售为主；带钢在浙江市场比较好销，过去南钢公司月产2.4万吨带钢中，就有1.6万吨销往浙江；但浙江的价位较低，而江苏市场虽没浙江市场红火，但每吨要少支出40元运费。于是，他们适当调整市场布局，尽量扩大江苏市场销售份额，仅带钢一个品种，每月就多盈利10多万元。二是价格效益最大化。南钢公司十分注意研究价格临界点，他们认为，定价高了，销不出去；定价低了，虽然销得快，但效益会受损失。南钢公司成立了以经销处为主、有关部门参加的定价领导小组，在周密调查市场的基础上，审慎决策。同时，还成立由财务处牵头、各轧材厂派人参加的价格管理办公室，专门进行市场价格调查，掌握

[1] 原载于2001年7月11日《中国冶金报》。

第一手资料，上报价格领导小组，及时调整产品售价，从而较好地解决了过去价格调整滞后流失效益和价格调整过早影响销售的问题。三是高附加值产品效益最大化。对高附加值产品，开发固然不易，但更难的是市场的开拓。为此，他们专门成立了新品销售公司，充实工程技术人员。1998 年南钢公司销售高附加值产品 22 万吨，1999 年增加到 40 万吨，新增效益近 4000 万元；原计划今年产销高附加值产品 70 万吨，由于前一段时间普材价格上扬幅度较大，按照资源配置效益最大化的原则，对高附加值产品的产量适当作了调整，但仍然保持一定的增幅。

向学习型组织迈进的莱钢炼钢厂❶

莱钢炼钢厂是个转炉炼钢厂，去年产钢176万吨。两年前，其主要技术经济指标在全国排名30位左右，现在有20多项进入全国前三位。3座转炉炉龄均超过万炉，1号炉炉龄达到27466炉，为全国第一；3号转炉炉龄18290炉，还创出了开新炉后1300炉以内耐火材料消耗为零的最好水平；2号转炉在炉龄达到7000炉的情况下，将吨钢耐火材料消耗控制在1.0千克以下。2001年一季度，氧枪枪龄平均达到153炉；连铸单中间包连拉炉数平均60炉，最高达147炉，为全国第一；吨钢钢铁料消耗为1060千克（不含厂内废钢和所加矿石中的金属量），为全国第二；连铸坯收得率99.57%，连铸坯合格率99.61%，均位居全国第二。

不仅生产状况发生了重大变化，工厂环境也焕然一新。道路宽阔整洁，两侧绿草如茵，鲜花盛开，中有假山石点缀其间，使人心旷神怡。在道路、草坪、花园、建筑的命名上，也别具新意，富有思想性、哲理性。如学习力大道、创新路、拓荒园、天启坪等；办公楼取名“正勤楼”，意味管理人员应正直、正派、公正；勤奋、勤恳、勤俭；职工浴池名为“振衣楼”，意为抖掉上班路上或工作中的灰尘，既有更衣之意，也有去掉心灵的尘污、净化心灵的意思。厂部大楼前广场上，国旗迎风招展，每天上下班时，24名国旗护卫队员（他们曾去天安门国旗护卫队学习过半个月，其中10名是女性）在此举行升降旗仪式，成为对职工进行爱国主义教育的场所，也成为莱钢一道亮丽的风景线。去年，炼钢厂职工自编、自演、演自己，创作了反映炼钢职工生活、工作和精神风貌的“炼钢颂”等10首组歌，中央电视台专门前来录制了半个小时的节目，多次播出。

一、创办新世纪大学，激发职工学习力

两年前的炼钢厂完全不是这种状况。这个厂的职工年轻、有干劲、不怕苦、不怕累，但劳动纪律和工艺纪律差、事故频繁，打架斗殴时有发生，多少年来从未评为文明单位，各项指标大体上处于行业的中游水平。1999年3月10日，因氧枪漏水，以及操作失当，引起转炉爆炸，致3人死亡。莱钢公司调整了炼钢厂的领导班子，将技术中心副主任、原炼钢厂副厂长张胜生调回炼钢厂任厂长。当时，炼钢厂不仅职工纪律松弛，一些干部也松松垮垮，口头上说，职工三班倒，班班有干部。但新厂长几次抽查，全厂夜班见不到一个干部。张胜生同新去不久的党委书记李淑华一起分析炼钢厂的现状，从抓纪律入手。在全厂范围内分4批组织军训，每批800多人，每期7天，请部队连长任教官。尽管开始时有一些人反对，但很快见到了效果。经过军训的职工，组织纪律性和团队意识有了明显加强，以致一些本来可以免除军训的年龄较大、体弱的职工也积极报名参加。参加军训的2000多人竟然写出近万篇心得体会。连解放军教官都感到惊讶：“没想到一周的军训竟有

❶ 原载于2001年8月1日《中国冶金报》。本文合作者为莱钢公司工会主席田克宁。

这样的成果。”

但是，炼钢厂领导也深知，要根本改变炼钢厂面貌，关键在于提高全体职工的素质，最大限度地挖掘职工潜能。他们在借鉴国外先进管理经验的基础上，提出创建“学习型工厂”的设想。1999 年 5 月，开始创办了“炼钢厂新世纪大学”，先后成立了干部班、全员参与的普通班、新毕业分配来厂的大中专学生构成的状元班，以及与武汉科技大学联办的硕士研究生班。不论是什么班，都不是把学习局限在一般意义上的获得知识和信息，而是重在激发职工的学习力，重在学习习惯、学习能力的培养上。无论在什么班上，他们都结合实际，教育职工树立一些新的理念，掌握一些新的思想方法和工作方法，并且建立一些新的机制，将“法治”和“德治”结合起来，将企业的发展同企业的文化建设结合起来。短短一年多时间，取得了令人意想不到的成效。

二、转变旧观念，培育新理念

实践证明，企业的兴衰盛亡，是同这个单位的领导以及职工的思想观念分不开的。因此，炼钢厂的新班子狠抓观念的转变，利用各种机会，采取多种手段，结合单位事例，在各级干部和广大职工中大力培育同市场经济相适应的新理念，取得了很好的效果。现在，职工们谈起这些理念，如数家珍，还能结合自己和车间的实例，加以阐述。

（1）谨防青蛙现象。有一则煮青蛙的故事。说的是如果把一只青蛙放进沸水中，它会立刻跳了出来，不会受到伤害。但是，如果把青蛙放进温水中，慢慢加温，它在一定时间里仍会自得其乐，悠者游者；当水温达到一定程度、青蛙感到情况不妙时，已经没有挣扎能力，终于导致死亡。通过这一故事，联系炼钢厂的实际，使职工深切地感受到：在我们周围，实际上已经潜伏着很多致命的危机。比如，长期以来，一些主要技术经济指标落后于不少先进企业，但我们却习以为常，这样下去，最终必将在激烈的市场竞争中被淘汰出局。这一理念一旦确立，就大大地激发职工危机意识。现在，有人在工作中出现松懈现象，同事们就会提醒他，“小心别成为温水里的青蛙”。

（2）慎待蝴蝶效应。过去，不少职工认为，炼钢厂工序繁多，自己出一点小问题不碍大事，致使违章违纪之事层出不穷。厂领导以小小蝴蝶扇动几下翅膀、引起远处的飓风为例，分析了“3·10”恶性事故也是源于一个小小的误操作；还和大家一起计算了 100 个 99% 相乘等于 36% 的结果，使职工们认识到，事物都是相联系的，小失误也能带来大事故。教育大家要慎重对待每一件小事，避免“蝴蝶效应”的负面影响，通过每个岗位的 100% 保证，实现全厂各项工作的全面完成。一次，2 号炉钢包车的横梁出现断裂现象，当班工人及时发现这个不起眼的小问题，向上作了报告，避免了一场恶性事故的发生。

（3）不能归罪于外。过去，一遇问题，往往都强调客观，或者推之于上道工序和兄弟单位，以外部原因来自觉不自觉地掩盖自身的问题。如作为炼钢厂三大隐患之一的行车主钩下滑问题。过去，机修人员和电修人员互相推诿，一直没有得到有效解决。而在双方都按“遇到问题，不能归罪于外”的要求，从自己内部找原因后问题就迎刃而解。3 号连铸车间还在职工中设立了“自省周记”，每个职工都对自己一周内的生产、工作、学习、思想进行反思、自省，同时也提出了自己对车间工作的意见，促进了各项工作不断登上新台阶。

（4）超越自我，挑战极限。过去，遇到困难时，不少职工还没有去干，就觉得自己不行，等待上级或专家来解决。新班子要求大家冲破原来的思维定势，敢于“超越自我，挑战极限”。为了引导职工克服自己给自己设置的心理障碍——自我极限，炼钢厂又在“新世纪大学”中开设了“心智体验”课，诸如过断桥、爬天梯等。通过这些活动，使员工们认识到：“无论做什么事情，都不要认为自己不行，而要以积极的心态去想去做”“进一步增强了藐视困难、必定成功的坚韧不拔的信念，勇于克服困难和向艰难挑战的信念”“我参加完心智体验的体会是自信、坚强，不轻言放弃”。过去认为不能干、不敢干的事，现在想尽办法去干好。如炉前静态控制技术，有所大学派人来搞过，没搞成；厂领导曾要求技术人员自己动手来解决，没人敢接任务；现在，技术人员从“不可能”的桎梏中解放出来，只用3个月时间就独立研制成功。

各级干部和广大职工思想观念的转变，这些理念的建立，为各项改革措施的推行和任务的完成打下了坚实的思想基础，也使职工自身的巨大潜能得到了释放。这也就使我们不难理解，为什么在短短一年多时间里，炼钢厂的各项指标会有这样惊人的变化。

三、学习掌握新的科学的思维方法和工作方法

在教育职工树立新理念的同时，炼钢厂的领导还引导干部和职工学习掌握新的思维方法和工作方法。先进的理念使大家认识到并挖掘出自己的潜能，科学的方法使大家变得更聪明、各项工作更有效率，收到了事半功倍之效。

（1）用系统思考的方法分析和解决问题。系统思考，这本应是现代化大工业生产的本质要求。但是，由于长期以来形而上学的习惯思维模式的影响，在处理一些问题时，往往是就事论事，结果是按下葫芦起了瓢，甚至一个问题的解决反而给解决下个问题设置了更大的障碍。“3·10”事故后，炼钢厂新班子总结了历史经验教训，认为对炼钢厂存在的问题，再不能就安全抓安全，就指标抓指标，必须从整体、从动态、从本质上进行系统的思考，提出系统的办法。在这种思想指导下，他们编制了全面振兴炼钢厂的大纲。为了提高产品质量，从成分控制、新品种开发、自动化控制、降低出钢温度等10多个环节全方位展开攻关活动，一个专题一个专题地分析研究，一个系统一个系统地安排布置工作，逐项检查落实，把系统思考和精细管理结合起来，使各项工作思路清晰，有条不紊，取得了显著的效果。

（2）用建立愿景体系的方法凝聚职工的心力。所谓“愿景”，通俗地讲，就是人们心里渴望实现的远景、目标。他们在创建“学习型工厂”的实践中，广泛开展了建立愿景活动。厂里建立了共同愿景，即“用一到两年的时间实现全国同类企业转炉钢综合水平第一的目标”。为了支撑共同愿景，各车间和科室也都根据自己的工作特点建立了团队愿景，班组有小团队愿景，职工有个人愿景，构筑成宝塔形的愿景体系，上下结合，使职工把自己日常工作同实现组织目标的共同信念联系起来，在工作中不断超越自我，实现自身价值和共同的价值；从而也增强了团队意识。围绕实现“愿景”，开展了“塑造学习型团队，培育自我超越精神，争做实现愿景之星”的主题系列活动，每月评出10个“学习型团队”、10个“自我超越班组”、10个“实现愿景之星”。从这些先进单位和个人的事迹中，可以清楚地看到这一活动对各方面工作的推动，以及促使个人素质提高的积极影响。

（3）用深度会谈的方法共享学习成果。为了促进职工更深入地学习，提高学习效果，炼钢厂以深度会谈的形式，引导职工就一个主题进行自由发言，让职工在思想碰撞中，互

相启发教育，促使大家向事物的深层面思考，达到集思广益，成果共享，提高思想素质和业务能力的目的。在推行竞争上岗、末位淘汰时，一些干部和职工思想不通，认为不改革就没有这档事。厂领导就在中层干部中开展了一次以改革为主题的深度会谈，既沟通了思想，又提高了认识，职工们对竞争上岗产生了极大的热情，仅参加竞争调度员岗位的就有70多人，近四倍于录取名额。这样的深度会谈，大体上两个月左右进行一次。转炉车间每周还召开一次各班生产骨干参加的“成果共享”会，谈一周来自己的经验教训，使大家都受益。

（4）按“工作学习化，学习工作化”的要求来学习、工作。炼钢厂领导认为，要提高职工的整体素质，必须重视职工学习习惯和学习能力的培养。而职工每天8小时是在工作，就要把工作的过程当作学习的过程，把工作当作学问来学习、研究。同时，要把学习当作正常的工作内容之一。上班要做四件事，即生产、工作、学习和研究，把工作和学习紧密地结合起来。他们还创办了炼钢厂“新世纪大学”，让全体职工在业余时间参加不同层次的学习。这些措施收到了较好的效果，职工学习、研究的积极性明显提高。炉前许多班组把冶炼过程中的各种参数及炉内反应情况都作出记录，分析存在的问题，在以后的生产中进行纠正，并总结出具有规律性的东西加以应用。现在，班中出了问题，班后都会自觉地进行研究和总结。勤于学习，善于学习，正日益成为炼钢厂职工不断刷新记录、超越自我、挑战极限的助推器。

四、结合实际，创建新的工作机制

观念的转变最终要落实到机制的转换上，才能起到持久的作用。而机制的转换又有利于深化观念的转变，两者相互促进，相得益彰。炼钢厂在转变观念、掌握方法的同时，进一步加大了改革的力度，着力营造有利于企业发展的各种机制。他们除了在“三项制度改革”上积极推行“奖优罚劣，拉开差距”科学合理的分配激励机制以及“竞争上岗，末位淘汰”的人力资源动态管理机制外，在建立机制上还有以下几个特点。

（1）“严细实”的工作落实机制。在炼钢厂，长期以来，工作是布置多，抓落实少。新班子就任后，针对以前的弊病，狠抓“严细实”管理，其核心一是强调各项工作都要抓落实；二是依法治厂，严格考核。他们推行“4小时复命制”，早上8点钟调度会上布置的任务，下午4点半的“严细实”会议上要复命；“严细实”会议上布置的任务，次日调度会上要复命。这培养了各级管理人员说了就办，定了就干的务实作风。炼钢厂的严，首先是从领导干部严起，新班子上任两年来，厂领导中已有10人次因所主管的工作出现问题而在考核中被处罚；中层干部中有30余人次在经济责任制考核中受到处罚。安环科长没有按期完成厂长下达的拿出安全典型案例的任务，被扣发100元的效益工资；因高拉碳运行不好，技术科长被扣除1000元效益工资。炼钢厂管理之细，也很具特色。大到各项专业管理、党建工作，小到职工言行举止，8小时之内、8小时之外都有严格的规定。如几点打扫卫生，每天打扫几遍；办公室的钟走时不准怎样考核等，都有明确规定。这些规定，通过培训班，组织职工认真进行学习，然后就动真格的。

（2）各项专业管理的全面创新机制。炼钢厂的领导深知，在激烈的市场竞争中，企业不创新就无法生存发展。为了鼓励员工创新，厂领导一方面为他们提供施展才能的舞台，给他们出题目，压担子；另一方面还通过实施有效的激励机制促使人才快速成长。像技术科原先的高工都已退休或内退，现在基本上是助工挑大梁，但出的成果要比以前还多。厂部每季度对创新项目进行评比奖励，按达到的不同等级分别奖励1000~10000元不等，个别突出的不在此例。2000年全厂共表彰技术、设备、管理等方面的创新成果102项；今年一季度又有48项。在莱钢去年获得的80项省级技术进步奖中，炼钢厂就有24项，占总数的30%。像应用自己开发的中间包快速更换定径水口的专利技术，使连铸单包连拉炉数从平均8炉提高到60炉，年经济效益达1800万元；针对氧枪漏水，开发了预警装置，形成自动提枪、断水系统，枪龄已由平均十几炉提升到目前的119炉。又如在安全管理上，实行了安全监察、安全督察、安全纠察三级管理模式，开展“安全论坛”和“安全省悟”活动，每月评选一次“安全省悟单位”、“安全省悟个人”和“安全愚钝单位”、“安全愚钝个人”，强化了全员抓安全的责任意识，建立了安全防范体系，使安全处于可控状态。炉前操作中的违规现象从每月的几千次降到偶尔发生，直至杜绝。其他如设备管理按照“点检定修，全员管理，故障为零，设备完好”，生产组织按照“洞察全局，动态平衡，精心组织，精确指挥”，成本管理按照“层层把关，精打细算，开源节流，永无止境”的思路，都建立了相应的机制。

（3）建立思想政治工作的运行机制。炼钢厂坚持把“两手抓，两手都要硬”的要求落到实处，制定了由政治核心工程、支柱工程、三心工程（进入中心、深入人心、奉献爱心）、形象工程、凝聚力工程组成的“五大工程”思想政治工作总体思路。一月一次检查考核，奖励前6名的支部成员，对最后1名给予经济处罚。形成了党委统一领导、党政工团齐抓共管、职能部门指导协调，以专兼职政工队伍为主力、党员责任区为依托、政治班长为骨干、交叉兼职为手段，通过一岗两责来推进的良好局面。厂党委还配合建设“学习型工厂”，开展了创建“学习型党支部”的活动，并在思想政治工作内容、形式、方法上不断创新，2000年共完成创新成果75项。通过党员技术比武、党员参加厂区环境整治义务劳动、举行升降国旗仪式、自编“炼钢颂”组歌、提炼炼钢文化等创造性的政治工作，凝聚了职工的心力，培养了旺盛的人气，形成了健康向上的企业环境，调动了职工的积极性和创造性，使全厂工作呈现蓬勃的生机和活力。

炼钢厂的经验在莱钢引起了强烈反响，公司领导因势利导，正在积极推广炼钢厂经验。炼钢厂在基本实现原先提出的目标后，又适时地提出了新的共同愿景：“以系统思考为基模，拧三股捻线（技术、政治、文化）为一绳，建学习型工厂；以领先全国为基点，超世界巅峰为目标，创不败之企业”。我们衷心祝愿炼钢厂在新世纪里取得新的更大的成就，炼钢厂的明天一定会比今天更好！

喜看水钢管理创新春色满园气象新[1]

自1997年参加水钢扭亏调查组后，每年都要去水钢，少则1次，多则3次，每次都用一周或更多时间。眼看水钢一天天地在变化、在进步。1999年初，邯钢来支援的马春林等5位同志回去了；接着，2000年初，朱继民总经理调往首钢。但水钢炼钢厂以至水钢总体上，不仅没有停滞，而是在他们打下的基础上继续前进，各种技术经济指标持续改善，1996年只生产37.8万吨钢的3座转炉2000年生产了147万吨，同期，高炉利用系数从0.98提高到了1.9，从德国引进的二手轧机1996年只轧制了19万吨材，2000年却生产了70万吨，其产品螺纹钢被授予质量免检产品证书；技术改造不仅步伐得到加快，成效也更明显，今年的1号高炉大修扩容、转炉的扩容改造、二轧加热炉的改造和生产线的优化等三大技改项目，投入4.3亿元，都取得了较好的效果。特别令人高兴的是，各级干部和广大职工的素质都有明显提高，思想观念、精神状态、工作作风都令人耳目一新。朱继民调离前后，水钢从内部成长两位一把手，贵州省委、省政府又从水钢调出3位公司级领导到省内其他大企业去任一把手。也就是说，调出一位一把手，又成长了五位一把手。今年，水钢还双喜临门，先后荣获全总颁发的“五一奖状”，并被中共中央组织部评为全国500家基层先进党组织之一。

最近，我又去了一趟水钢，所见所闻，颇多感触，特别是管理创新方面的一些生动事例，很受启发。水钢管理创新的特点是从本单位的实际出发，将管理与改革结合起来，并且融合到企业文化之中，而其着眼点则是调动并发挥各级干部和广大职工的积极性。下面介绍其中一些事例，与读者共享。

一、激励和约束并举，建立人才工程动态管理机制

长期以来，炼钢厂是水钢的薄弱环节之一。但近几年来，炼钢厂在同类型企业中却崭露头角，很多指标名列前茅。这同他们重视人力资源的开发是分不开的。正反面的经验教训使他们认识到，人才是企业保持可持续发展能力的根本性资源，人才激励模式的优劣，直接关系到企业整体长远的可持续发展能力。

近两三年来，炼钢厂不断完善重要岗位的激励机制，鼓励职工施展才华，体现自身价值，在厂内创造了一种永不满足，争创一流的氛围。经过严格的考评、选拔，以及竞争上岗，末位淘汰等措施，一大批有知识、业务精、懂管理的年轻干部被提升到领导岗位。三年前，炼钢厂10个车间主任中只有1名中专生。现在，10个车间主任中有5名大学生、3名大专生。鉴于炉长在炼钢生产中的特殊重要性，炼钢厂80%的指标主要掌握在炼钢车间，而炼钢车间80%的指标又主要在12个炉长身上。因此，他们加强了对炉长的激励机制，将炉长津贴从原来每人每月5元提升到200元，进而提高到现在的400元。但这份津

---

[1] 原载于2001年10月6日《中国冶金报》。

贴并不是好拿的，每季度对12个炉长要根据综合指标进行评选，状元炉长奖励5000元，但最末尾的炉长，不论你业绩如何，即使产量、质量、成本计划都完成了，但只要是排名第12位，就被淘汰出局，下一季度不再担任炉长，而由此减少的收入至少要上千元。这样，在强化激励机制的同时，也强化了约束机制，促使每个炉长不能仅停留在完成任务上，人人要努力有所创新，有所前进，不断提高自身和全组人员的素质；而有些摇炉工，也不满足于现在岗位，他们不仅搞好本职工作，而且还关心炉子的全面情况，以便在炉长淘汰时，可以竞争上岗。人人都在动脑子改变现状，这也可以说是炼钢厂近两年来各项指标大幅度上升的关键所在。现在，这一做法已在全厂推广，摇炉工、合金工每季度也都要评选一次，第一名摇炉工作为后备炉长，第一名合金工作为摇炉工的后备队伍，形成了梯队竞争的态势。不仅在岗位与岗位之间末位淘汰，还推广到设备之间。比如，1996年时，就有5台连铸机，尽管那时钢产量很低，连铸比只有60%多；现在还是那5台连铸机（有的已经过高效化改造），即使去年生产147万吨钢，全连铸能力还有富余。过去基本上是循环作业，每天依次停1台，现在则以每天各台铸机的单位钢水消耗这一硬指标为准，确定第二天停开的铸机。这就从根本上改变了分配导向，成功地引导职工自觉地降低消耗，提高质量，使每月的废品量由原来的1850吨降到现在的1000吨。

虽然，炼钢厂仍是水钢各单位的学习榜样，“远学邯钢，近学炼钢”在水钢仍然是深入人心。但炼钢厂的同志们不满足于现状，见先进就学。最近，他们听说莱钢炼钢厂短期内面貌有了很大改观，厂长带队前去学习。回来后又提出了追赶莱钢的新目标，并且结合实际，改进了组织机构，精简了人员，提高了效率。特别是在企业文化建设上，学习莱钢经验，又迈出了新的一步。可以预期，经过改造后的炼钢厂，又会以新的面貌引起人们的广泛注意。

二、三个不满意，三个为什么

提起二轧厂的管理，真是年年有创新，一年一个变化。1999年，他们推出了“干部离线检验法”，2000年又推出“见习厂长制”。这些，对提高各级干部管理水平，改进干部作风，增强干部的全局意识和协作精神，推动干部自觉地加强学习，都起到了很好的作用。今年，我再去二轧厂时，听说厂部让每个中层干部每周都要填写一张表，回答6个问题，归纳起来，就是“三个不满意，三个为什么”：职工不满意的事，自己不满意的事，领导不满意的事；为什么存在重复发生的问题，为什么领导安排了才行动，为什么结果与计划总有偏差。填写这张表的起因是：今年二轧厂进行较大规模的技术改造，在工程项目进行过程中，出现了一些问题。为了及时总结经验教训，改正缺点，确保这项投入1.2亿元的项目能顺利投产、迅速达产，厂领导就设计了这样一张表。开始，中层干部感到不习惯，但逐渐尝到了甜头。填表促使干部冷静地思考问题，有助于提高干部工作中的主动性、超前性、预见性，也使厂领导能更好地了解干部的思想状况和工作情况，及时发现具有共性的主要问题，迅速加以改进。

我曾查阅了一批中层干部每周填写的表，进行分析归纳，确实可以看出一些值得重视的问题。比如，在“职工不满意的事”这一栏，主要有：某些部门工作计划变动大，造成重复劳动、无效劳动；安排突击性工作较多，超前思维不够；总是事后处理，工作量增加，也影响士气；提出的问题长时间得不到反馈和解决；处理问题不够公正公平，收入分配中，没有很好体现多劳多得，分配上有一定疏漏；扣钱、批评等负激励多，表扬、评优等正激励少，等等。在回答“为什么存在重复发生的问题”时，很多中层干部认真地作了反思，认为自己没有从思想上重视重复发生的问题。长期以来，习惯于当救火队员，以为这样才是有成绩；对每次出现的问题反省太少，没有充分认识和了解问题发生的本质，没有认真总结，解决问题的措施华而不实；有的认为自己从根本上讲，还不具备完全解决某类问题的能力，只是就事论事，不能举一反三。

也正因为他们能及时发现问题，及时总结经验教训，也就为及时改正缺点和失误创造了条件，因此这项工程取得了优异的成绩。原先，作为这一项目的总承包——北京钢铁设计总院下属的一个公司对水钢要求的竣工期限感到没有把握，但结果是如期完成，他们对二轧厂的积极配合，以及职工的素质大为赞赏。竣工投产后仅一个月，一些主要指标就超过了预定目标，6 月份产量达到 7.5 万吨，实现了年轧材 90 万吨的高水平，产品质量也有进一步提高，成本持续下降。

三、两个“五天工作法”

“前天的教训吸取没有，昨天的问题解决没有，今天的任务完成没有，明天的措施落实没有，后天的规划想到没有”。这五句话是 1999 年 8 月我在水钢炼铁厂厂长办公室看到的，落款是琳松自勉，琳松就是当时的厂长王琳松同志。说实话，当我看到这几句话时，心头为之一震。我觉得，这是琳松经过认真思考，对炼铁厂近几年来经验教训进行深刻总结后，对自己提出的高要求。回想 1996 年，水钢炼铁厂的高炉利用系数平均只有 0.98t/(d·m^3)，容积为 1200 立方米的 2 号高炉风口一年坏了 367 个，炼铁厂成了全公司关注的重点之一。当时的厂长就是王琳松同志，肩上的压力可想而知。1997 年 3 月，邯钢的专家们来水钢炼钢厂帮助工作，担任厂长、党委书记等实职，很快改变了炼钢厂的落后面貌，成为全公司的先进单位。于是，王琳松向公司领导提出，请首钢的专家来炼铁厂任厂长，自己作为助手。一年以后，炼铁厂面貌也有了明显改变。首钢专家撤离后，王琳松重任厂长，于是就有了上面的五句话。以后，炼铁厂的工作不断有进步。后来因为工作需要，王琳松调到质检处任处长。

这次到水钢开座谈会时，由于王琳松去学习，来了一位副手。他带来了琳松最近总结的新的“五天工作法”：“前天的经验总结没有，昨天的先进学到没有，今天的素质具备没有，明天的发展策划没有，后天的创新感悟没有”。为了区别于以前的五句话，他把前者称为“扭亏篇”，后者命名为“发展篇”。显然，现在的五句话是在原有的基础上又上了一个新台阶，对自己提出了更高的要求，更适应当前发展形势的需要。这几句话不是停留在字面上，副手介绍了质检处对进厂原材料和出厂产成品质量检验工作的改进。过去对原材料的检验，基本上只是堵漏洞，就事论事；现在是和原料处配合，主动出击，走访煤矿，或者请煤矿来座谈，讲清水钢对煤炭质量的需求情况，了解煤矿供应的难处，帮助煤矿改进工作，深受煤矿欢迎，也更好地保证了进厂煤炭的质量。在提高队伍素质上，更是下了大工夫。坐车时，我和质检处的司机闲谈，司机告诉我，现在他们 4 名司机都参加了 ISO9000 质量管理体系认证新版的学习。他说，我们司机不仅是驾驶员，而且还是一名宣传员。客人坐我们的车，问起水钢质检工作情况，我们理应作些介绍，更不能一问三不知。他还告诉我，处里要求，今年内要扫除“电脑盲”。现在他们几名司机也都抓紧在双休日，到处里来学电脑。从司机的这番话，使我深感“今天的素质具备没有”确实不是一句空话，而是实实在在地在按此进行检查、进行落实。

四、24小时前知道管理的结果

水钢煤焦化公司的二炼焦车间是该公司的主要生产车间，负责对5米大容积焦炉的生产和管理维护，承担了水钢近3/4的焦炭生产和煤气供应的任务，2000年生产全焦48万吨。现有职工244人，80%以上是青工，而且多是退休轮换工子女、周边征地搬迁的老乡子女，70%以上为初中以下文化水平。但是，就是这样一个车间，2000年的焦炉炉体维护管理指标达到中国炼焦行业协会特级红旗炉管理标准，设备影响生产的时间全年月平均低于60分钟，还有2个月实现了零耽误，它还是第一家获水钢特级现场管理车间荣誉称号的车间。

2001年，他们在总结上年工作的基础上，围绕建设一支“四有”的职工队伍，实现生产任务与设备管理、质量效益与安全生产、基础管理与目标工作、精神文明建设与物质文明建设等“双赢”成果，经支委会、职代会、班组长会议讨论，制定了企业精神和管理理念，以及工作目标和落实措施。其中，特别引人注目的是提出了“24小时前知道管理结果”的管理理念和要求。他们认为，在目前生产快节奏的要求下，任何工作中细小的失误都会导致重大的损失。因此，一方面要加强工作的前瞻性、计划性，使管理者能预见到各项管理措施将会产生的后果；另一方面，要在执行中进一步采取有效措施，使事物按照预期目标的方向进行，确保既定计划的实现。

为此，他们建立了“2、3、5”的管理机制。就是对车间领导和技术人员，要求他们的工作侧重点和精力分配，20%放在季计划管理和组织上，30%对月计划进行管理和组织，50%对周计划进行管理和组织；对班组长来说，“2、3、5”的分配是要求20%的精力放在月计划安排上，30%进行周计划安排，50%进行日计划安排。这样，越到基层，各项工作要求安排得越细致、越周全、越落实。同时，还制定了一系列的检查、协调制度，如每天早上10分钟的车间生产调度协调会，下午20分钟的生产工作完成情况碰头会，都要对布置的工作进行检查，使24小时前的预测结果能真正得到实现。

2001年上半年，二炼焦车间的一些技术经济指标，如M40、M10均有明显改善，有的已接近甚至超过行业先进水平，如灰分从13.52%逐月下降到12.81%，接近攀钢12.77%的先进水平；硫分从0.52%降到0.42%，低于攀钢0.49%的水平；炼焦耗热量从每千克2135千焦下降到2092千焦，向攀钢的2040千焦靠拢。在加强组织生产和维护的同时，12项建设红旗焦炉的科技项目，7项厂控技改项目也都顺利地按计划完成。

当然，水钢的管理创新不仅局限于这几个主体厂，一轧、三轧以及一些辅助厂和子公司也都在原有基础上有所前进。一些先进主体厂的经验不断为其他单位所吸取，这在水城地区以外的子公司最为明显。

尽管目前水钢管理创新还不系统，在全公司范围内还没有形成推动管理创新的有效机制，这需要在今后实践中进一步总结、提高、健全、升华。但我相信，只要水钢坚持走创新之路，水钢的明天一定会比今天更美好！

一业为主　五业并举[1]

——武汉钢铁设计研究总院转变观念、勇闯新路纪实

最近，建设部公布2000年全国勘察设计企业营业收入前200家单位，武汉钢铁设计研究总院（简称武汉院）以营业收入2.19亿元名列第十五位，在全国10753家勘察设计企业中脱颖而出。

长期以来在钢铁设计领域里称雄国内的武汉院，正以崭新的面貌展现在世人面前。20世纪90年代、特别是"九五"以来，他们顺应时代的潮流，转变观念，改革创新，由过去单一的钢铁设计到"一业为主、五业并举"；与此同时，还组建了环保、民用、机电设备等多个具有独立法人资格的、多种所有制结构形式的公司，将他们推向市场。在市场风浪的搏击中，锤炼出了一支观念新、作风实，既懂设计，又会经营；既能开发新产品、新工艺、新技术装备，又善于将这些创新成果转化为经济效益的员工队伍，从而使该院各项工作都取得了重大进展，有了良好的成效。全院总收入持续稳定增长，2000年，实现了新签合同、设计收入、工程总承包"三超亿"，2001年营销收入可望突破5亿元，其中非钢收入大幅增长，职工收入也稳步增长。

钢铁设计仍然是该院的主业，但无论是技术水平、年工作量、设计效率、经济收益都今非昔比。改革前的1984年，全院1700多人，基本上都是围绕钢铁设计转；现在，从事钢铁设计的只有近600人，但承担的工作量和营业收入都要比那时多几倍。他们根据市场需求情况，还将一些专业设计室改组成具有法人资格的子公司，让他们直接进入市场。这些公司，人员不多，不带离退休干部，以便让他们轻装前进。像威仕连铸公司，组建3年来，市场占有率迅速提高，大力开拓以技术为龙头的工程总承包项目，已建成投产连铸机145流，以28%的市场占有率位居国内第一。

环保产业是他们新开拓的一个主要行业，既服务于钢铁行业，搞好钢铁企业的环保治理，又重点向城市污水处理、垃圾处理的方向发展。新建立的武汉都市环保工程技术股份有限公司，已与德国巴高克公司联合承揽了广州市垃圾焚烧发电厂的总承包交钥匙建设工程，总投资为6.3亿元人民币。目前，项目前期工作已基本完成，与外方合作设计进展顺利，武汉院将承担其中3.5亿元的工作量。都市环保公司与武汉市环卫科研设计院合作进行了武汉市垃圾综合处理多个项目的前期工作，编制了湖北省垃圾焚烧发电规划，完成了北京市门头沟、江苏锡山、徐州和广东惠州等城市垃圾焚烧发电工程的方案设计，其影响正在日益扩大。

为城市建设服务的建筑设计业近几年迅速发展壮大，武汉院已在华东、中南、西南等省市承接了50余项大中型民用建筑工程、市政工程设计项目。其中，多项工程在建设部、

[1] 原载于2001年11月30日《中国冶金报》。

冶金工业部和有关省市获奖，深圳布吉立交桥、武汉青奥公寓、武汉市青山青少年宫等获部二、三等奖。近两年，武汉院还成功地兼并了湖北省冶金建筑设计院和湖北纺织建筑设计院，既为今后建立部分非钢产业的基地提供了有利的条件，也壮大了民用设计的力量。通过资本营运，优化资源配置，将三院民用建筑设计有机整合，力争成为湖北地区三强建筑设计院之一，今年该院民用建筑的设计合同将超过2000万元。新组建的监理公司也以其服务的质量而赢得客户的好评，营业额在不断增长。今年营业额预计可达到1000万元，这意味着他们正为10亿元左右的建设工程进行监理。最近，在酒钢8家监理公司评比中，获得第一名。

为工程总承包提供高技术含量、高附加值的机电设备制造加工业正在崛起。早在1997年，在武汉市体改委的支持下，由该院职工投资成立了院职工持股会，由院及职工持股会共同投资创办了武汉一新机电有限公司，公司主要从事工业电气自动化控制系统设备制造、调试及备品备件，冶金设备及备品、备件，环保产品及设备研发与制造，成立三年迈了三大步，由成立当年完成产值500万元至2000年完成产值2600万元。同时，加速科技成果转化，开发出高效结晶器铜管、转炉挡渣棒，已为宝钢、包钢、马钢等钢厂提供产品服务。他们以专利技术为依托，成立专业化公司，将专利转化为生产力，成立了冷弯型钢加工厂，积极为用户提供汽车门窗等特色服务，一年内开发8个新品种。以高炉自焙炭块技术为要素，与河北彭城耐火材料厂合资建立武彭炉衬新材料有限公司，该院出技术、管理，河北彭城耐火材料厂出设备、厂房，以生产要素的优化组合使该厂又焕发出生机，今年一季度就拿到了全年的订单，产品进入鞍钢、昆钢等市场，并已出口印度、津巴布韦。

后勤系统主辅剥离，成立实业公司，形成既为院提供后勤保障服务，又为家属区提供生活服务的服务体系，并逐步发展成面向社会的综合服务业，逐步形成以物业管理、餐饮娱乐、交通运输、汽车修理、装饰装潢、宾馆住宿、物资经营、医疗保障等多元化的服务性公司。

“十五”期间，他们将按照现代企业制度的要求，把武汉院整体创建为符合国际惯例的工程公司。到2005年，全院总收入和职工人均收入都要在2000年基础上翻一番，非主导产业占总收入的比重将增长到35%以上。还将在充分酝酿、认真做好前期工作的基础上，按照优势互补，合理分工的原则，与马鞍山院、长沙院实行三院联合，使各种资源得到优化配置，进一步提高全院的核心竞争力，在国内外市场的激烈竞争中能同强手争高低。

管理首先要从领导自身做起[❶]

——新兴铸管股份有限公司的启示

新兴铸管股份有限公司（以下简称新兴铸管）原是一个军队企业，1971年建成，设计能力是产钢10万吨，2000年钢产量达到81万吨，球墨铸管及配套管件25万吨。此外，还有散热器、钢格板、复合管、压力容器等产品，实现销售收入20.7亿元，实现利润总额4.16亿元，产品出口到欧美、中东、非洲等45个国家和地区，创汇4260万美元；利润连续5年居全国冶金行业前5名，综合经济评价指标连续4年居全国冶金行业第二位，160～388立方米的几座高炉，风温都在1150℃左右，在行业里仅低于宝钢，在同类型高炉中处于绝对领先地位；高炉入炉焦比380千克左右，也居行业领先地位。

新兴铸管为什么有这样令人惊异的业绩，公司领导认为一个重要原因是把管理视作企业发展的永恒主题，坚持不懈地抓，认真扎实地抓。他们认为，一个被淘汰的企业有这样那样的教训，但有一个共性的问题，就是管理落后。管理不仅是对职工的要求，更是对领导层自身的要求。

首先，是在重大问题的决策上，力求做到正确、超前。20世纪80年代末期，钢铁产品仍处于卖方市场，但当时新兴钢铁厂的主要领导就提出了调整产品结构的问题。在经过认真的市场调查后，果断地决策在继续发展钢铁生产的同时，把离心球墨铸管作为主攻方向。1993年第一条生产线建成，目前铸管产量是“国内第一，亚洲第二，世界第三”，有的品种规格还是世界独一，其销售收入已接近10亿，占公司总销售收入的50%。1993年上半年，国内钢材市场火爆，许多客户上门等着提货，但新兴铸管的领导却居安思危，预见到好景不会长留，潮涨必有潮落，要在潮落之前把经销队伍推向市场。决定在全国建立销售网络，组建了10家贸易公司和1家运输公司，还设立了5个办事处。以后在市场情况出现变化时，新兴铸管的产品没有因为大气候的影响而下降，球墨铸管这一新产品也得以及时销售到全国各地，无不得益于此。

他们之所以能做到正确决策，超前决策，要说原因，可以举出很多，但有一条值得我们重视，这就是新兴铸管董事长（原总经理）范英俊一篇文章标题所说的“我更愿意研究失败”。新兴铸管在决策上也曾有过失误，在范总上述文章中，就坦陈了1984～1988年期间发生的两起失误事例，虽然都能及时刹车，进行调整和补救，避免陷入更深的泥坑，但也造成了几千万元的损失。范总认为，没有对失败的反省，就不会有以后决策的成功和超前。他说，“身在企业，不可一日不省，省事，省人、省己”。“一个成熟的、理性的企业家，应有自省的意识与勇气，具备判断失误和纠正失误的魄力与能力。”诚哉斯言！

其次，要处理好决策层和经营层之间的关系。具体说，也就是董事长和总经理的关

❶ 原载于2001年第11期《冶金管理》。

系。范英俊当过总经理，现在担任董事长，角色的转换必然带来使命、任务的不同。如果不能妥善处理好两者的关系，就会使企业发展中发生一些不必要的波折。这种情况，在我们一些企业里已经发生。现在，不少企业的董事长是从总经理的位置上转过去的，往往受到惯性思维的影响，身转脑不转，经常自觉不自觉地插手生产经营具体事务；而新任总经理一般都是从副职岗位提升上来的，对本是自己职权范围内的工作往往也频繁地“请示”老总经理，下面有事也就采取“双请示”的方式，结果是“越位”和“缺位”、“不到位”并存，影响企业的正常运作。当然，还有一些企业总经理拿大，董事长成为“二线人物”，也同样不利于企业的发展。

范英俊从自己亲身的实践中感受到，董事长和总经理这两者既有角色的差别，又有共同的目标和利益。他提出，两者之间要建立5种纽带关系。一是法律的纽带，就是都要按《公司法》为依据；二是文化思想上的纽带，思想要多交换，多沟通，形成共识；三是权力上的纽带，这是体制和共同利益的纽带；四是组织上的纽带，作为党员干部，都要受组织上的约束；五是感情上的纽带，长期合作共事，必然会产生感情。有了这5个纽带，两者的关系就紧密了。但在具体工作上，作为董事长，他绝不过问公司日常生产经营事务，也不接受公司职能部门向他请示的具体问题，而是让他们直接向总经理汇报，由总经理来决策。至于对总经理，他认为要自觉用好两方面的制衡机制，一是政治上靠党委；二是经济上靠董事会，这样，企业就能正常发展。

第三，要处理好“情”与“法”的关系。企业的兴衰存亡，维系于企业高层领导的素质。因此，选好、用好人才，是企业发展重中之重。在这方面，新兴铸管有过教训，他们也曾发生过人事危机，出现过权力之争。总结历史经验教训，他们认识到，祸起萧墙，往往发生在靠人情建立起来的人事关系中。用人情来维系和管理企业，企业处于一团和气或知恩图报的状态是十分危险的。过分地依靠情感会极大地破坏企业的法制建设。现代企业的建设首先是法规制度的建设，从严治厂要先讲法，辅之以情，以情晓法。在法与情的冲突中，不可去法求情。

在实际工作中，他们首先对领导层严要求，要求职工做到的，领导自身必须做到。末位淘汰不仅是对基层干部，领导层也一视同仁。这几年，由于业绩不佳而降职、免职的，不仅有中层干部，还有公司级的领导。干部能上能下，这在新兴铸管已成为常事。这也促使各级领导和广大职工时时处于竞争状态，促使他们不断提高自己的素质，有利于进一步调动他们潜能的发挥。广大职工反映：“干部敢搬铁交椅，我们就敢砸铁饭碗”。对公司决策了的事，不管什么人，都不能轻易改变。过去，他们大量使用武安地区小矿山的铁矿石。最近，由于国家要求各地小矿山停产整顿，矿石来源就紧张了，有人提出是否可降低一些品位要求。公司领导认为，目前确定的矿石品位，是多少年来实践经验的总结，谁也无权任意改变。因此，宁可增加一些采购成本，也不允许降低品位，从而确保生产的正常进行，也促使了各方面下工夫进一步降低成本，以消化原材料的提价因素。

第四，要处理好改革与管理的关系。改革与管理始终是企业发展的两大重要课题。在这两者的关系上，新兴铸管的领导认为是相辅相成、互相促进、缺一不可的。改革是企业发展的动力，管理是企业发展的永恒主题；改革推进管理，管理支持改革；而且改革代替不了管理，管理也不能替代改革。但管理绝不是一成不变的，特别是随着市场经济的不断完善和发展，随着科学技术的不断进步，对企业管理工作也提出了更高、更新的要求，企业管理也必须有所创新，才能适应潮流，立于不败之地。在这方面，借鉴发达国家的经验是必要的，但实践也使他们认识到，不研究企业制度产生的背景、市场发育的条件、职工的教育水准和素质，一味地模仿某一种管理方式，甚至企图找到一种一劳永逸的模式，都是徒劳的。

这几年，他们在了解国际管理现状和发展趋势的同时，立足于国情和企业实际，把管理同改革结合起来，把创新和求实结合起来，把管理思想的转变同管理体制、管理方法、管理手段的改进结合起来，一步一步推进管理。一方面进一步强化生产过程中的各项基础和专业管理，并赋以市场经济的新内涵。比如全面推行预算管理，使企业生产经营中的每一个环节，都处于受控状态，把企业里方方面面的工作，都纳入到实现利润最大化的统一网络中来，从而推动了各项基础管理和专业管理工作的加强，保证了整体经济效益的稳定，促进了综合经营水平的提高。另一方面把管理推向市场开拓、营销管理和资本运行管理这些在市场经济条件下更深层次的领域。最近，他们在三项制度改革取得成效的基础上，又推出了管理重心下移，减少管理层次的新举措，在公司一级实行总经理领导下的事业部制，在事业部实行部长领导下的工程师负责制。各生产厂改为事业部，各事业部一般不设副职，也不设科长等行政职务，只设生产、工艺、技术、设备等不到10名的专职工程师。这一管理体制上的改革，又将促使企业基层管理工作发生深刻的变化。

新兴铸管虽然取得了辉煌的业绩，但他们清醒地认识到，“历史不容我们沉湎于美丽的回忆之中”。他们信奉有现代企业管理大师之称的彼得·圣吉在《第五项修炼》中说的一句名言：“企业唯一持久的竞争优势在于比自己的对手学得更快更好。”为此，他们正努力使新兴铸管成为一个有效的学习型企业。企业的管理者不仅要下大工夫不断提高自己的管理素质和水平，而且还要成为学习的领导者、组织者和教师，把学习贯穿到企业生产经营的一切活动中去，推广到企业的全体员工中去，实现“工作学习化，学习工作化”，把企业的各项工作推向新的高峰，在新世纪实现新的辉煌！

一个主动退出主业的盈利钢铁企业❶

——成都冶金实验厂转产纪实

建厂40多年、近10年来持续盈利的钢铁企业——成都冶金实验厂，从1999年起，正在逐步“淡出”钢铁行业，并根据市场需求，多方位进行转产。目前，已建成“三钢”、“两市”、“一中心”。“三钢”即彩涂钢板、塑钢和轻钢结构；“两市”即建材市场和钢材仓储加工配送市场；“一中心”就是和四川省质检局联合成立精确质量检验鉴定评价中心。目前，除彩涂板生产线尚在建设中，预计明年2月可以建成投产外，其他都已正式运行。这些单位，已初步安置人员400名左右。

这个厂始建于1958年，隶属于四川省冶金厅，1965年由冶金工业部钢铁研究院接管，更名为成都冶金实验厂，代号512厂，为冶金工业部部属企业，1972年转给成都市管理。自1992年以来，一直是盈利企业，2000年产钢23.3万吨、钢材22.5万吨，盈利587万元。产品90%以上是螺纹钢，其实物质量达到国际水平，获冶金行业的“金杯奖”，并被授予“四川省免检产品”，成绵高速公路、绵广高速公路所用螺纹钢全部由该厂供应。该厂在四川省地方冶金企业中率先取得ISO9002质量体系论证，是四川省最早实现全连铸的企业。近几年来，先后荣获冶金行业“双十佳企业”（产品质量和服务）、“四川省优秀企业”的称号。

该厂位于成都市二环路边上，按市里规划，这一地区将作为物流商贸中心，所有工业企业都将外迁。面对这一形势，512厂的领导认识早、行动快，不等不靠，加大改革、改组的力度，取得了良好成效。

首先是正视现实，抓住机遇，立足于早。成都三环路于2001年建成后，512厂将从过去的市郊转为城区，工厂的迁移已是大势所趋。尽管，当时市里还没有提出迁厂的具体要求，但512厂的领导却未雨绸缪，于1998年提出两条线的发展战略，把领导班子分成两摊，一摊是抓当前主体的生产经营，另一摊是抓开发。经过充分的市场调查和反复论证，最后确定在厂前区建设建材市场，并按照客户的要求，搞好市场的规划设计。在全体职工的共同努力下，“512建辅建材直销市场”于1999年9月28日正式开业。由于地段适中，为客户提供的条件良好，再加上运作得力，开业后300多个店面全部租出。以后又利用租金及预付款等款项，将整个市场面积扩大到7万平方米，并进一步搞好饭店、茶楼等各种配套服务设施和规范化管理，方便业主和顾客。这个市场，虽然就全市而言，开业较晚，但营业额却处于领先地位，已成为成华区的一家优势企业。目前，512厂从这个项目每年就可收益1000万元。与此同时，该厂又在新都县购地78亩，筹建轻型钢结构厂和彩板厂，目前已成为成都最大的钢结构公司。至于彩钢板，在沿海发展较快，而西南地区使用

❶ 原载于2002年1月22日《中国冶金报》。

较少，512厂抢先一步，对占领和扩大市场十分有利，工厂还未投产，已有一些用户前来洽谈订货。

其次，因厂制宜，调动各方面积极性，多种经济成分并存。开发新产业，最现实的是资金问题。作为今后要关停的企业，银行是只收不贷的。512厂只能自行设法，多渠道进行融资，形成多种经济成分并存的态势。一种是纯粹民营，像诚实股份有限公司，是由512厂2000多名职工集资入股2600万元，从国家手里买下厂前区这片土地，开发建材市场。由于绝大部分职工都是股东，建设市场时积极性十分高涨，自己设计，自己施工，自己装修铺面，仅3个月，就建成了立即能入场使用的3万平方米的铺面。既节约了投资，也锻炼了队伍。第二种是512厂控股的合营企业，像成实福田塑胶化学建材有限公司，福田公司以技术入股，512厂占90%股份，成立后，利用原开坯厂房，建成塑钢生产线。现在，其产品已为29层高楼的成都电子大厦以及置信房产、全兴房产等单位采用了。再是由对方控股的合营企业，如四川省新诚实建筑工程承包有限公司，就是由诚实股份有限公司控股51%、512厂参股49%组建的，已经取得了二级建筑资质证书、乙级设计资质证书和甲级监理资质证书；还有像诚实大港彩色钢板有限公司，总投资1980万元，由宁波大港控股51%，512厂投入49%组建而成的。

第三，搞好现有主体的生产经营，做到退而有序。512厂钢铁主体生产线的关停已是板上钉钉，但成都市城市规划的实施要有一个过程；512厂的“退二进三”及“优二进三”，也必然是逐步推进的。因此，在积极开拓新产业的同时，他们对现有主体生产经营工作，仍然抓得很紧，要求严格执行各项规章制度，确保产品质量，并进一步降低成本。在钢产量较去年有较大幅度下降的情况下，使钢铁主业能继续保持一定的利润。同时，还进一步做好减员增效工作，接近退休年龄的内退一批，自谋职业一批，进一步开发新产业安置一批。为了既保证当前钢铁生产有序运行，又要为今后新产业的开发培训骨干，他们一方面抽调了200多名职工，举办多种转产培训班；另一方面，尽量减少主业生产线员工，将四班三运转改为三班倒，以后再逐步减少，并将减下来的员工充实到新产业中去，实现平滑过渡。到2002年底，将全部关停主体生产。

在和该厂领导交谈时，他们谈到，尽管512厂在转产过程中，有了较好的进展，但仍然面临诸多困难，需要全体员工同心同德，增强对改革的承受能力，奋发图强，克难制胜。同时，也希望各方面给以更多的理解和必要的支持，使他们得以顺利地实现新旧产业的交替，并尽快地发展壮大。

短评：

有进有退，退而有序

在短缺经济时期，发展就意味着数量的增长和规模的扩大。但是，在当前钢铁产品处于结构性供大于求的情况下，发展就不能只是过去这样一条老的模式了，必须根据市场需求，进行多方面的结构调整，实施“有进有退”的战略方针，这不仅体现在产品结构的调整，也要体现在产业结构、地区结构的调整上。特别是那些地处城区的钢铁企业，更应从大局出发，及早转移阵地，调整结构，开发新产业，开辟新领域。

过去，上钢十厂（现上海宝钢集团十钢公司）在这方面曾为我们提供了很好的经验；

现在成都512厂又给我们提供了新的榜样。但是，至今还有一些与512厂处境类似的企业，在结构调整上仍然处于观望状态，“不到最后关头，决不轻言放弃”。结果，真面临“最后关头”时，恐怕就会处于被动状况。这些企业，应该从512厂主动淡出钢铁行业的事例中得到启示。这就是：认清形势，正视现实，抓住时机，及早调整。退正是为了进，从一个领域中退出，意味着进入新的领域的开始。早退早主动，早退就会有更多的机遇进入新的领域，就会更好地做到退而有序。这对职工、对企业、对国家都是有好处的。

从质量效益型到科技创新型[1]

——武钢发展进程中一个新的里程碑

1992 年，国务院办公厅批转了武钢走质量效益型道路的报告，号召全国工交企业学习武钢，在冶金行业甚至全国引起了强烈的反响。此后，武钢不断拓宽和深化质量效益型的路子，特别是高度重视科技这个第一生产力的作用，高举科技创新的旗帜，企业的综合竞争力有了较大提高，1996 年，武钢被评为全国综合技术开发能力百强企业第二名，在冶金系统名列第一。1997 年被国家经贸委授予“国家技术创新奖”。1998 年，武钢被国家经贸委等 8 大部门授予“全国企业管理杰出贡献奖”、“全国质量效益型特别奖”；同时，被全国用户委员会授予“全国用户满意先进单位”。2001 年年初，还被授予“全国第七届企业现代化管理创新成果一等奖”。2000 年，武钢的钢铁料消耗、转炉炉龄、连铸比、钢坯合格率、热轧成材率等多项主要技术经济指标位居全国前三名。同期，双高产品占钢材总产量的 41%，其中新品产量占总产量的 20.5%，达到 106.88 万吨，较 1996 年 7.6 万吨增长 13 倍；而其实现利润却占总利润的 31.9%，新品的绝对量和比重在冶金行业中都名列前茅。科技贡献率连续 5 年在 60% ~70% 之间，为国内企业平均水平的 1 倍，与国外先进企业持平。近三年来，武钢的研发投入分别占年销售收入的 2.47%、3.15% 和 4.08%；自主开发的科技成果转化率和专利实施率都达到 70%，这些，都在国内处于领先地位。2000 年，武钢产钢 665 万吨，较 1992 年增加 199 万吨，增长 42%，企业社会贡献总额却增长了 140%。在此期间，武钢的经济实力也有明显增长。1993 ~2000 年，上缴利税总额为 160.9 亿元，相当于建厂 42 年来上缴利税总额的 50%。8 年来，扣除资产重组增值，资产保值增值率为 249%，等于一个武钢变成了两个半武钢。折旧金额也从 1992 年的 6.3 亿元增加到 2000 年的 22.28 亿元。同期，职工人均收入从 4883 元增长到 16600 元。这表明武钢在质量效益型企业的道路上进一步向科技创新型企业转化，并且已经取得较好的成效。武钢的这些成就越来越引起行业内外的重视。

一、高起点搞好技术改造，为提高综合竞争力打造物质基础

近十年来，随着形势的变化，武钢对质量效益型道路也不断赋以新的内涵。先是在 1995 年，开展了“成本效益纵深行”活动，将质量管理由实物形态扩展到价值形态，要求质量、成本一起抓，实物形态质量管理和价值形态质量管理同步加强，在满足顾客对质量要求的前提下来降低成本。在此期间，钢材市场的竞争愈益激烈，随着科技的进步，以及用户要求的提高，即使 20 世纪 70 年代后期投产的“一米七”工程，如不进行改造，也难以适应国内市场对新产品开发及提高质量的迫切要求，更谈不上在国际市场激烈竞争中

[1] 原载于 2002 年第 1 期《冶金管理》。本文合作者为马金山。

挤占一席之地了。

面对这一形势，武钢领导清醒地认识到，必须痛下决心，跳出企业改造“等死”、“找死”的误区，瞄准国际先进水平，对现有装备进行更新换代、甚至脱胎换骨式的改造。过去，国家将“一米七”工程放在武钢，是对武钢人的高度信任，也使武钢有了较大的发展，今天武钢理应把自己定位为钢铁行业中的国家主力队，在实现钢铁强国这一伟大而艰巨的任务中，肩负起不可推卸的重任，作出自己的回报。特别是1994年，当中央提出要提高经济增长的质量和效益时，武钢重新审视了已经国家批准的1000万吨钢的发展规划，决定不再盲目追求数量的增长，而是着重技术档次的提升，把武钢做强、做精、做优。果断地砍掉了原定的6号高炉、450平方米烧结机和两座焦炉的建设，经过反复论证，进一步调整原有项目，决定对一炼钢实施“平改转”，并兴建2250热轧机。尽管对这些项目当时颇有争议，但事实证明，这一决策是有战略眼光的，是有前瞻性的，是有超前意识的。据1993年到2000年的统计，在8年中，武钢投入技术改造的资金累计共247亿元，其中184亿元是自有资金，占总投入的74%。

武钢的技术改造，大体分三种类型：

一种是在新上项目时，直接引进国外先进技术装备。20世纪90年代初期，武钢建设起3200立方米的5号高炉，集中了当时8个国家的十余项先进技术，以及武钢自行开发的新型冷却壁、碳砖新型薄炉底等技术。投产10年来，5号高炉不仅没有中修，也没有进行过喷补。从目前的炉况来看，炉子寿命可达15年以上。武钢人将5号高炉的新技术在消化、吸收的基础上开发创新，随后在4号、2号和1号高炉推广，使炼铁系统的整体工艺技术装备水平提高到90年代世界先进水平。现在，武钢的高炉长寿技术已经输出到意大利、荷兰等国家。还有像三炼钢的建设，是利用西班牙政府贷款，其总体装备也是属于当代世界先进水平的，目前不少名列全国第一的指标，就是在这里创造出来的。设计年产能力70万吨的高速线材轧机，是从德国引进的90年代先进装备，轧制生产实行全过程计算机管理，国内独家生产的钢帘线就是这套轧机生产的。

正在建设的2250热轧机，是我国目前最宽的热轧机，轧制厚度可达25.4毫米、宽度可达2100毫米、钢板强度可达88兆帕，均是国内唯一的；根据今后开发新品的需要，采用了当今国际上很多新工艺、新技术，像钢板性能的在线预报、钢板热状态下的表面检测装置，在国内还是首次采用，对确保钢材的优质性能，将起到十分有益的作用。这一轧机的投产，可以提供长期依赖进口的、包括生产小汽车顶盖板在内的优质原料，以及更高档次的X100管线钢、高强度结构钢、压力容器钢等。由于采取了货比三家，以及国外总包、国内分包、尽可能国内制造设备等措施，投资比国内有的企业新建的较小规格的热轧机还节省很多。

虽然，武钢这几年从国外引进了不少技术和装备，但武钢领导始终认为，引进不是目的，它确实是缩短我国和工业发达国家差距的一条捷径。但是，如果不在引进的基础上进行消化、吸收、创新、改造，那就永远逃脱不了落后被动的局面。因此，武钢对引进的设备，从“一米七”的“三厂一车间”开始，一直到90年代引进的5号高炉、三炼钢，无不根据生产实践中暴露的问题，对其硬件或软件，都进行了不同程度的改造，有些还成了武钢的专利技术，输出到国外，其中包括原引进国家。现在，一些原引进国家的专家来武钢考察，都为武钢的这些进步而赞叹不已。

第二种是汰旧改新。突出的是一炼钢的“平改转”，这是脱胎换骨式的改造。其目的不只是为了弥补平炉淘汰后产量的损失，以及节能降耗的需要；而是立足于能生产市场急需的高附加值、高科技含量的钢种，其装备水平是一流的。除了两座100吨顶底复吹转炉和两台五机五流高效方坯连铸机外，还配有两座铁水脱硫站、一套1300吨混铁炉、两座在线吹氩调温站、一套LF钢包精炼炉、一套100吨双工位VD真空脱气炉，全部工艺都配备二级自动化。目前，我国唯一的钢帘线用钢就是这个厂生产的。这个项目，全部投资6.7亿元，比原计划扩建三炼钢要节省20多亿元，投产不到2年，就已收回全部投资。

第三种则是量最大面最宽的，即对现有生产线不停顿地进行改造。其出发点也是以满足不断提高档次的市场需求为导向，使老设备的性能与时俱进，永葆青春。早在20世纪80年代末期，武钢就开始对“一米七”系统进行了较大范围的改造，取得了重大成就，并因此获得国家科技进步特等奖。像对热轧机计算机控制系统的改造，就是依靠武钢自身和国内有关单位的共同努力，在美国GE公司提供硬件的基础上，自力更生地开发了相关的软件，并且在不停产的情况下，于1993年11月成功地实现了新旧系统的切换。这项技术以后又向太钢、梅山、承德、珠钢等一批兄弟企业进行技术输出。此后，热轧厂连年改造不断，保证了集装箱板、无胎轮网钢、输油管线钢等高附加值优质产品的生产。炼钢系统几年前还只有38万吨钢的年脱硫能力，现在全部脱硫能力已超过500万吨，从而保证了高附加值钢种冶炼数量的不断增长。此外，像硅钢厂的改扩建工程，使硅钢的年生产能力从7万吨提高到40万吨，而且提高了产品档次，大幅度增加了高牌号取向硅钢的产量；轧板厂2800轧机和常化炉的改造，使其由20世纪50年代的水平跃升到90年代水平，增强了武钢中厚板的市场竞争力。在提高技术装备水平的同时，武钢还十分重视环境的治理，几年来，投入环保项目的资金约十三四亿元。仅今年一年，厂区就增加绿化面积23万平方米。现在，各生产厂区绿草如茵，环境优美。

目前，武钢的主体设备90%以上都属于国内和国际90年代先进水平。可以毫不夸张地说，没有这些改造，就没有武钢的今天。决策正确的技术改造，为武钢提高综合竞争力、进入世界一流企业，打造精品名牌基地奠定了雄厚的物质基础。

二、突出技术创新，大力开发新产品、新工艺、新技术

江泽民同志多次强调指出：“创新是一个民族进步的灵魂，是国家兴旺发达的不竭动力”。创新，同样是企业进步的不竭源泉。武钢领导深知，现代化的先进技术装备只是为企业的发展提供了必要的物质条件，而要真正进入世界一流企业的行列，必须要拥有自主知识产权的独创技术，开发为市场所需要的优质且价格适当的新产品。我们不能、也不允许再走引进—落后—再引进的路子，必须要在对引进技术设备进行消化吸收的基础上，有所创新，才能不受制于人，才能增强自己的竞争实力。前些年，武钢对“一米七”进行的技术开发，既培育了一批高素质的创新人才，也积累了宝贵的经验。特别是进入市场经济后，由于武钢所处的自然地理位置，大量进口的铁矿石，折合每吨生铁的运价就比沿海企业高130余元，再加上人员多，历史上遗留下来的社会负担重，如果只生产一些大路货品种，就无法同兄弟企业进行竞争。因此，武钢必须充分利用既有的人才优势和设备优势，大力开发新工艺、新技术，以及高附加值、高技术含量的新产品，不断优化产品结构，提高产品质量，大幅度降低成本，才能保持并增强自己的实力地位。现在，就像当年推出

“走质量效益型道路”那样，武钢的各级领导和全体员工，都能认识到技术创新、特别是开发新品对个人、企业和国家的极端重要性和紧迫性，“科技创新型”是“质量效益型”在新形势下的必然延伸。如果不能持续不断地推出市场急需的新产品，“质量效益型”也就成为一句空口号。因此，“要让新品开发在所有岗位上通行无阻”，“不让新品开发在我这个岗位上耽搁”，已经成为武钢上上下下自觉的行动，人人都要在各自的岗位上为新品开发作出自己的贡献。“九五”期间，新品研制开发取得突破性进展，共研制开发出72个系列、172个新品种，形成了桥、管、箱、容、军、电、车、线为重点的精品名牌产品，大多数填补了国内空白。

（1）在加快新品开发上，建立起了一系列有效的运行体制。这主要是技术工作的“双线制”，对内的“产销研”一体化，和对外的“产学研”一体化。

过去，武钢的新品开发是分别由技术部和钢研所负责的。前者主要是立项、鉴定等组织工作；后者则负责具体的研究和开发任务。项目一经鉴定，研究人员就不再过问。由于种种原因，这两个部门时有矛盾发生，影响科研开发的进度和效率，影响到科研成果向大生产的转移，甚至还影响到科研人员的积极性。1996年成立国家级的技术研究中心后，武钢将科技工作分为在线和离线两条线。在线的日常生产管理中的技术工作由技术部负责；离线的科技开发工作则由技术中心负责。并按照“从市场到市场”的原则，由技术中心承担新产品开发和科研管理的双重职能，从开发新品的市场调查、立项、研究开发、试制、试生产，到售后服务，均由技术中心负责，从而理顺了体制。公司每年都专项列出新品试制费用，中心有权据实列支。1998年以来的三年中，武钢每年的新产品试制费用分别为3.08亿元、3.56亿元和5.77亿元。现在，只要新品试验成功，中心就可以同销售公司一起签订合同，公司即纳入生产计划，并要求优先给以保证，严格考核。至于新品销售，由于技术中心通过市场调查，在立项前已经初步掌握潜在的用户，因此就可以较快地和客户签订合同，转给销售公司，不必承担具体销售业务，但要充分发挥其独特的优势，搞好售后服务。这样，就减少了中间环节，加快了新品开发的速度，提高了效率。这种产销研结合的体制，保证了新品开发一路绿灯，畅通无阻。产学研的结合，可以起到优势互补的作用，武钢近几年开发的高科技含量、高性能的许多钢种，几乎都是产学研结合的成果。

现在，武钢开发的新产品中，有相当一部分是武钢独有的。如钢帘线钢、无取向高牌号硅钢和取向硅钢、彩电用的防爆钢、内磁屏蔽钢、高压容器钢等系列用钢，至今是我国唯一能生产的厂家；在低温下具有高冲击韧性的桥梁钢，囊括了近期建设的长江、黄河等处的十几座大型和特大型铁路、公路大桥的供货权；最近通过国家级鉴定的耐火耐候钢，参加鉴定的4位院士给予高度评价，认为是“技术首创，其技术性能达到了国际领先水平”，可以有效地延长火灾时高层建筑倒塌的时间，有利于人员的安全撤离，这种钢材已经用于上海中国残疾人体育艺术培训基地，并拟在北京申奥高层建筑上应用；武钢联合各有关院所和设计、制造等单位，共同开发成功的十余种高性能压力容器钢和压力钢管用钢，集高强度、高韧性和优良焊接性于一体，有的可耐低温－70℃，中国工程院副院长师昌绪给予高度评价，认为这些高性能钢种的性能“已迈入国际先进水平的行列，填补了国内空白，为国家重大技术装备国产化作出了突出贡献”。

（2）在开发新品的同时，新工艺、新技术的开发也层出不穷。这些新工艺、新技术，有的是同新品开发紧密相连的，有的则用于提高产品质量，延长设备寿命，节能降耗、降低成本的。目前，武钢已经拥有十几项有自主知识产权的核心技术，包括高牌号硅钢、一批高档次的磁涡钢、军工钢、耐火耐候钢、低裂纹敏感性系列钢等的冶炼轧制技术等。三炼钢自行研制成功的洁净钢生产技术，包括深脱碳技术（最低［C］达 11×10^{-6}）、氮控技术（IF 钢最低［N］达 11×10^{-6}）、深脱硫技术（最低［S］达 3.4×10^{-6}）、深脱磷技术（最低［P］达 12×10^{-6}），负能炼钢技术（炼钢工序能耗（标煤）每吨大于 6.0 千克），以及计算机全程控制技术（炼钢双命中率大于 90%）等，都居国内第一，达到国际先进水平。二炼钢自 1992 年以来，复吹转炉炉龄 8 次创全国记录，1998 年 5 月，开始实施溅渣护炉技术，并攻克了复吹与炉龄不能兼得的世界性难题。3 年来，每年都上一个新台阶，相继创造了 15208 炉、19238 炉和 22766 炉的全国新记录，具有国际领先水平；热轧厂自行开发的一些钢种轧制的数学模型，大大提高了钢板的精度，控制了偏差，使标志热轧带钢实物质量的 4 项命中率从多年来徘徊在 85% 左右一举跃升到 95% 以上。到 2000 年底，武钢已有 133 个项目被授予专利权，其中有 70% 得到实施，已为武钢直接创经济效益 5 亿元以上。

新产品的开发成功和新技术的掌握，增强了武钢的实力地位。“九五”以来，武钢的技术输出大为增加，像高炉长寿技术先后向意大利、荷兰转让；一批轧制技术向乌克兰、哈萨克斯坦输出，至于向国内企业进行技术服务和技术咨询的就更多了，仅二炼钢、热轧厂就有 30 几家，都得到了很好的效果。

三、以管理的强化和创新来巩固技术创新的成果

管理，始终是企业发展的永恒主题。离开了管理，企业的一切成果，包括科技创新的成果都难以得到巩固。武钢现有一批主要技术经济指标不仅在行业里处于领先地位，而且为武钢带来巨大的经济效益。从 1995 年到 2000 年，共有 287 项（次）指标创历史最好水平。今年，武钢在 65 项指标中又有 60 项突破了历史最好水平。像吨钢综合能耗从“八五”末期的 1154 千克标煤降到“九五”末期的 891 千克，今年 1～10 月平均为 863 千克；全公司综合成材率在新品大量增加的情况下，同期提高了 6.84 个百分点，相当于在消耗同等原料条件下，多生产钢材 40 万吨。仅这两项，与 1992 年比，2001 年武钢就可获得经济效益 25 亿元。这既有技术进步的因素，也是同这些年来管理的加强分不开的。武钢在强化管理上，主要有以下特点：

（1）按照科学的规章制度进行严格管理。所谓“严格”，绝不是什么人为的“从严从重”，而是人人都要按制定的规章制度办事，严就要严在规章制度的执行上。因此，严格管理也就是科学管理。早在 1994 年，武钢作为中国第一家特大型钢铁联合企业，通过了法国 BVQI ISO9000 的国际认证。此后，这些“贯标”的文件就成为武钢管理工作的最高依据。特别是在新产品大量增加、冶炼难度增大、用户对产品的质量要求越来越严格的情况下，更要求严格按照规程进行操作，以操作的稳定性来确保产品质量的稳定性。三炼钢曾发生这样一件事，有一炉钢的出钢温度比允许的最低值低了 1℃。车间主任为了避免损失，决定进行抢浇。尽管这炉钢完全符合要求，但他却因破坏了制度而受到了处分。厂长说，今天低 1℃可以出钢，明天就会出现低 2℃、3℃甚至更多度出钢。容忍了哪怕一次对制度的破坏，就必然会回复到过去的自由炼钢状况。关键不在于出了问题去挽救，而是要研究为何出现这些问题，从而采取根治措施。现在，“操作标准化，管理规范化”已成为

大家的共识和自觉的行动。过去，一些难炼的钢种，领导不在不能炼，即使领导在场，一般第一炉还经常出格；现在，即使7天长假，工人也照炼不误，而且炉炉合格。热轧厂过去技术攻关的成果不能巩固，经常是攻关组写报告、个人写论文、攻关组解散后，指标也随之下降。现在，要求将攻关成果转化为技术操作规程，经鉴定后，纳入标准，严格按此规范操作，使科研成果转化成生产力落到了实处。

（2）不断改进管理手段，提高管理自身的科技含量。装备现代化，必然要求管理与之适应，相辅相成，相得益彰。在三炼钢厂，厂长室和各职能部门，都可以看到现场各个班组的产量、质量、各种原材料的消耗、成本等即时的数据，这就为及时发现问题，提出改进措施提供了科学的依据。热轧厂过去对产量、质量等数据的检测、分析等只细化到班组；现在，操作工人一上岗，就将自己代码输入计算机，计算机自动跟踪8小时的全过程操作，并正确无误地打印出来，使数据管理细化到每个岗位、每个人。这个厂自行开发、国内首创的“异常卷计算机自动判定系统”，对异常卷的判断率达100%，有效地改进了质量管理。还值得提出的是不少单位自觉地运用软科学的成果，将管理科学同其他各方面工作相结合。今年，武钢在行业获奖的管理创新成果中，有好几项在这方面做得较为成功。像合同预算处以系统工程原理，研究工程造价管理接口部位的诸多“盲区”，找出了接口部位容易产生的38类问题，进行了深入剖析，形成119项对策措施，建立了相应的方法和制度，取得显著的成效。2000年，就为公司省减工程费用2.65亿元。还有，像“钢铁料消耗指标创一流”、“系统工程原理在提高典型拉速达标率中的应用”等课题，都是用系统工程的方法来提高企业效益的好成果。桥梁钢的开发则是运用决策支持系统，使之在较短时间内取得重大成果的好典型。6年来，现代化创新管理方法在武钢已得到广泛应用，现已注册2161项，18种现代管理方法已全面开花结果，共创经济效益15亿元。

（3）大力倡导管理创新。在武钢，管理创新活动正在蓬勃开展，横向遍布生产、设备、供销、科技等各部门，纵向从公司机关到车间、班组各基层。这一活动，对产品质量的提高、新品开发的成功、设备性能的稳定和寿命的延长、各种物资消耗的降低等，都起到了十分积极的作用。尤其是在促进职工素质的提高方面，发挥了越来越大的作用。像二炼钢厂炼钢车间推行的岗位点球滚动练兵法，借用体育竞技和试题接龙游戏规则，就生产中的一些重点和难点问题，由上一班的职工出题，当射门员；下一班的职工当守门员作答，并定期评选最佳（最差）射门员（或守门员）。自2000年5月推出这一活动后，较好地解决了过去长期存在的工学矛盾、理论知识和实际操作脱节的矛盾，以及岗位需求与个人兴趣不一致的矛盾，大大激发了职工的学习兴趣，提高了职工的操作水平。二炼钢被公司命名的8种先进操作法，有6种是在这一活动开展后创造出来的，并且在1年内两破全国复吹炉龄最高纪录，最近一次达到22766炉；连铸溢漏率年平均降到0.35‰，并实现了全厂4台连铸机9个月无漏钢的全国新纪录。车间还精选了其中部分问答内容，编成《点球（滚动）练兵——诀窍篇》和《经典射门篇》，供职工学习参考。这一类活动，在二炼钢的其他车间，也都普遍开展。像连铸车间的“注意力管理”，检修车间的“打造智能型群体”等，都各有特色。还有像机电部于1997年推出的，总结了武钢自身设备管理上的经验教训，广泛听取了各方面意见，九上九下，数易其稿，制定出来的。从而形成了以点检管理、检修管理和备件管理三大支柱为基础所构成的星级设备管理体系，至今已在15个单位推行，其中包括12个主体厂。这项管理分一星至五星5个等级，共有57条评定标准。一星级标准为20条，每增加一颗星，就要增加若干条更高的标准条款；直至5星级要全部57条达标。这些条款都是硬性的，必须每个条款都达到要求，才能晋级，一年一评。目前，只有7个单位最高进入三星级。武钢创造性地提出星级设备管理的理论和体系框架，使武钢的整体设备管理水平又上了一个新高度。到去年底止，武钢已连续18年实现重大、特大设备事故为零的目标。5年来，武钢还连续4届获得全国设备管理优秀单位称号。这一活动，有效地促进了各单位以较少的投入确保设备处于良好的受控状态，更好地发挥设备为生产服务的作用。

（4）再是“成本效益纵深行”的深化。1994年底，武钢有关部门经过预测，发现来年武钢上游产品价格涨价因素将高达5.4亿元，并预计钢材价格将持续下跌。为了消化这些不利因素，武钢提出要“全员抓成本管理，全力抓成本优化，全过程抓成本控制，全方位抓成本效益”，于是一场群众性的“成本效益纵深行”活动，在全公司范围内既轰轰烈烈、又扎扎实实地开展起来了。7年来，已累计降成本50亿元；更重要的是，这一活动持续深入地开展，极大地增强了全体职工的成本意识，促使技术创新活动的深入开展和各项管理工作加强。可以说，这一活动，在武钢的发展史上有其不可磨灭的贡献。目前，“纵深行”活动正在不断向广度和深度发展，与对标挖潜活动相结合，与各类创新活动相结合，互相促进。如他们提出的“从后向前推，由里往外挤”，就是在生产制造环节，以市场可接受的价格为底线，逐个工序从后向前推，从而确定每个工序降成本的指标；以后再从生产环节往前推，对物资采购部门提出要求。至于“由里向外挤”，就是从主体厂向剥离单位推进；在各个单位内部，也存在“前后”、“里外”之分，照此类推。从而真正形成“全员降成本”的局面。

四、大力开发人力资源，提高职工队伍素质

武钢于1992年，就率先在国有大中型企业中进行了以“精干主体，分离辅助”为主要内容的体制改革和组织结构调整，取得了很好的效果。当时，冶金工业部在武钢召开现场会在全行业进行推广。以后，这项工作又受到国务院领导的赞扬。时至今日，武钢已先后进行6次大规模的减员分流，累计剥离分流74277人。到2000年底，武钢的在岗员工降到了8.38万人，比1992年底的12.16万人净减了近4万人，其中钢铁主体人员已减到2.6万人，今年10月，主体人员又减到1.5万人。公司机关人员一再精减，现在包括有限责任公司在内的机关人员已从上年的930人减到693人。剥离单位整体上已扭亏为盈，2000年盈利1亿元以上，今年预计将实现利润2亿元。特别值得欣慰的是，这样持续时间长、涉及人员广、规模大的减员分流，却没有发生一起影响社会治安的事件，维护了社会稳定，无怪乎《人民日报》在头版头条以“一场静悄悄的革命”为题，报道了这一情况。

武钢的减员分流，直接的后果自然是减轻了公司的负担，减少了工资成本，提高了劳动生产率，今年武钢钢铁主体生产的年人均实物钢产量将达到470吨；更有深远意义的是，它促使了“三项制度”的改革和新的用工制度、分配制度等机制的建立，促使职工不断适应市场经济岗位竞争的新形势，努力提高自身素质，进一步发挥自己的潜能。而企业最根本的竞争力就在于人力资源的素质。

但是，这一次又一次的“瘦身运动”，只是为提高员工的素质增强了外部的压力，在开发人力资源上，武钢还采取了一系列积极措施，有效地促进了人才的成长。

（1）创造条件，在工程建设、生产经营、科技开发的伟大实践中培养人才。一批高水平技改项目的建成、高水平科技课题的完成和先进指标的实现，都必然伴随一批高水平人才的成长。应该说，武钢人是得天独厚的。20 世纪 70 年代，一米七工程的建设使武钢抢占先机，涌现了一批各类专业的杰出人才，成为武钢培育和发展科技创新能力的中坚力量；90 年代在改革开放的新形势下，一批年轻的工程技术人员继承和发扬前辈科技创新的精神，在重大技改项目和科技攻关中勇挑重担，脱颖而出，成为武钢新一代的专家。武钢享受国家特殊津贴的专家中，绝大部分是参加了上述这些重大项目的。今天，武钢人才辈出。他们中有开发出一批填补我国空白的高档次钢种的优秀科技工作者陈晓、郭爱民等；有带领职工抢占世界某项技术制高点的厂长余志祥、李凤喜等；有对引进的“转炉烟气检测防堵技术”消化、吸收、创新的基础上，成功地实施反转让的工人技师刘渝兴、刷新转炉复吹炉龄世界记录的工人技师曾庆松、率先实现“万炉不漏钢”的连铸机长吴克林……

（2）建立多种有效的激励机制，加大激励力度。1999 年，公司拨出 2000 万元设立了“特殊贡献基金”，对在技术创新和解决企业生产经营关键问题作出重大贡献者，给予 5000 ~ 50000 元的奖励，两年来就有 43 人次获奖。对授予技术专家、专业技术带头人和优秀科技人员称号的“三种人”实行津贴，今年就有 480 人分别享受每月 1000 元、600 元、300 元的待遇。对近 4000 名本科毕业生、硕士生、博士生的技能工资分别提高 3、7、10 级。对 141 名教授级高工，安排了冬季供暖的高标准住房；对 48 名博士生、680 名高级工程师和 4123 名工程师也都分别安排了三室一厅、二室一厅的住房；对进入博士后流动站的博士后，更是创造了一流的工作和生活条件；还将一个招待所改造成“科技公寓”，夏有冷气、冬有暖气，供新来厂的单身大学生、研究生居住，一人或两人一室。另外，还加大了科技成果参与收益分配的力度，在 3 ~ 5 年内按所创效益的 1% ~ 10% 提成。

（3）多渠道、多层次建立培训机制。武钢坚持对技术人员进行继续工程教育，每年平均有 3000 多人次参加；已经定向培养研究生 329 人。20 世纪 90 年代以来，武钢先后派出 672 名年轻的中层管理干部和优秀科技人员，赴美、德、日等国进行专业技术、企业管理、市场营销等方面的学习和培训。学成归国后，其中 3 人担任了公司副总经理，许多人成为厂级经营管理者。1998 年开始，还结合机构改革，减员分流，建立一年制的“轮岗培训制度”，每年 300 人左右，对他们进行“充电”，学习结束后，回来参加竞争上岗，增强了竞争实力。各厂也都结合实际，加强职工培训，像三炼钢经常举办中层以上干部“新观念、新理念”、“综合领导素质”等为主题的研讨班，为工程技术人员多次开办外语、计算机、前沿技术等学习班，并利用各种机会，让他们出国考察、学习及参加国际学术交流；对操作维修人员，应用灵活多样的形式进行培训，提高他们实际动手能力，和一专多能的技能。二炼钢厂的炼钢车间提出“三型一化”的管理模式，大力培养知识型人才、智能型岗位、学习型班组，造就一支训练有素的炼钢职业化团队，并拟定了 26 条量化标准，促使车间职工自觉提高自身素质，取得明显效果。最近，这个车间的丁 1 号炉还开展“精一岗、熟一岗、会一岗”的学习竞赛活动，提出了各岗位精、熟、会的具体标准，将“学习型班组”的要求进一步落实。在公司职能部门，也出现了一些强化培训、带好队伍的好典型。像现任武钢集团公司审计部部长的谭丽丽，在担任能源总厂财务处处长时，她带出了一个重塑自我形象的新群体，全处平均年龄 42 岁的“嫂子们”，人人会打字，会操作计算机，会撰写专业论文，会创造性地解决实际问题。3 年中，有近 50 篇论文在国内外刊物上发表，53 人次在各种竞赛活动中立功受奖，平均每人 2.3 次。谭丽丽调任合同预算处处长后，她又按照“大专业、多面手”的要求，带领部下不断学习。一年内，全处 66 名员工分别取得了国家、部省市、公司三级跨越专业范围的合同管理、计算机操作、预算、会计职业证书 4 证，全处近百人次立功受奖。

到去年年底，武钢 8.38 万名职工中，共有各类专业人员 2.2 万人。“九五”和“八五”相比，博士和硕士研究生增加 141 人，增幅达 52.6%；拥有正高级技术职称的人员增加 43 人，增幅达 130%。正是以他们为中坚力量的一大批科技人员及工人的智力和积极性、创造性得到有效激发，才使武钢拥有了长盛不衰的科技创新能力。

武钢的进步令人瞩目，在国内外的影响日渐增长。但武钢的领导并不满足于现状，“富而思进，富而思源”。面对进入 WTO 的挑战，今年年初，他们又同宝钢结成战略伙伴的关系；在他们新制定的“十五”规划中，进一步体现了科技创新的精神，在技术改造、新品开发、非钢产业发展等方面都提出了更高、更新的目标。现在，武钢各级领导成员正以“三个代表”的精神来严格要求自己，加强作风建设，不断寻找差距，扬长避短，为把武钢建成国际一流的钢铁企业、精品名牌的生产基地而努力奋斗！

“岗位点球滚动练兵法”为岗位培训闯出一条新路子[1]

“岗位点球滚动练兵法”是武钢二炼钢厂炼钢车间为提高岗位工人技术业务素质和操作水平而创造的一项极有成效的培训方法。

二炼钢是武钢三个炼钢厂中转炉炼钢历史最久的一个厂，1977 年建成投产，是武钢的精品名牌钢生产基地。其炼钢车间承担着 17 个系列 400 多个品种钢的冶炼任务，地位举足轻重。20 世纪 90 年代后期，一炼钢平改转、比利时政府贷款的引进项目三炼钢投产前后，二炼钢厂的炼钢车间先后向它们输送了 200 多名优秀的技术、管理和操作人员，陆续补充的青工占到车间职工总人数的 70% 以上。虽然对这批青工，都进行了岗位培训，基本上能适应生产的要求，但由于部分职工个人技术操作水平不过硬，也出现了一些问题。2000 年上半年，在 53 次改钢、回炉、计划中断等异常情况中，上述原因就有 29 起，占总量的 54. 72%；在 51 项未达标分类中，有 36 项是因为操作不达标，占 70. 59%。为了实现厂党委提出的“把二炼钢建设成为具有国际竞争力的现代化钢厂”的奋斗目标，炼钢车间的领导认为，要以“知识型人才、智能型岗位、学习型班组”为方向，加快提高广大职工操作技能水平和综合素质，这就必须突破传统的岗位培训方式。“岗位点球滚动练兵法”就是在这种情况下，于 2000 年 5 月创建的。

这一练兵法实施一年多来，已经取得显著效果。从最初的转炉、真空班组试点扩展到全车间 40 多个班组，极大地提高了职工的学习热情和参与意识，解决了一批生产难题，推动了车间管理和技术进步。全厂历年来共总结推广了 8 个先进工作法，其中 6 个是在推行“练兵法”后评出的；3 座转炉先后突破世界复吹炉龄最高记录，最高的达到 22766 炉；成功地冶炼了燕山石化压力容器和核潜艇、新 HiB 等顶级钢；重点品种炼成率达 99. 80%、硅钢合格率 99. 95%，均创历史最好水平。

“岗位点球滚动练兵法”是借鉴足球运动的做法并结合冶金生产的特点加以创新的。其基本内容是：由专业工长或总炉长担任点长，按照命题、答题、评题基本程序，让每个职工轮流当射门员（出题）与守门员（答题），瞄准生产中的难点、重点，研究用不同脚法，从不同方位、不同角度射门（或守门）。每班逢第一个白班、中班、夜班给下班出题，同时指定答题人和下期命题人，答题人要在 2 天内完成答题，上班答完题后，由下班同工种班组长当班完成批改。命题内容包括技术类、设备类、安全生产类；形式可以是简答题、计算题、作图题。每半月评选一次“最佳（最差）命题”、“最佳（最差）答题”，并由专业技术管理人员进行点评。获“最佳”及“最差”称号者分别给以一定的奖惩。连续 3 次在活动中夺魁的佼佼者，可以定期享受车间给予的工人专家津贴，而屡屡排尾者

[1] 原载于 2002 年第 4 期《冶金管理》。

将受降岗处分。

这一活动的实施和推广，较好地解决了过去长期存在的工学矛盾、理论知识和实际操作脱节的矛盾，以及岗位需求与个人兴趣不一致的矛盾。由于命题紧贴生产实际，不靠死记硬背，不是被动式的学习，而是看得见、摸得着、用得上，既提高了理论知识，也提高了实际操作水平，体现了“学习工作化，工作学习化”的精神，因而深受职工欢迎。同时，由于每个职工既是守门员，也是射门员，不仅要会答题，还要会出题。因此，大大激发了职工的学习兴趣，形成了学习的浓厚气氛；通过这一活动，还增强了集体荣誉感，打破了技术保守思想。不少职工为了答好题，请教老师傅、技术人员，还到处找资料，翻资料。有时为了一个答案，班组人员争得面红耳赤，谁都不愿意把点球罚到自己的大门内。

“岗位点球滚动练兵法”为每个职工展示其自身价值提供了一个有形舞台和一个检验其能级大小的量化标准。这实际上也是一场激烈的竞技活动，是一场实力的较量。谁也不愿意因为点球射偏或大门洞穿而遭到淘汰。他们响亮地提出：拒绝兵马俑，消灭仪仗队。意思是不能像兵马俑似的木头呆脑，要积极开动自己的脑子，创造性地工作；也不能只是培养出少数几个标兵，在场面上充当仪仗队的角色。现在，谁也不甘心落后，人人奋力争先，车间整体素质有了很大提高。他们还精选了其中部分问答内容，编成《点球（滚动）练兵——技术诀窍篇》和《经典射门篇》，供职工学习参考。这一类活动，在二炼钢的其他车间，也都逐步开展，同样取得了较好成效。现在，立足岗位，“强素质，创一流”的活动，在该厂已蔚然成风。

廉洁自律　开拓创新[1]

——记柳钢经销公司经理伍伏中

近几年来，柳钢的营销工作发生了根本性的变化。1997 年钢材的产销率不足 90%；当年年底，外销钢材的应收货款高达 2.18 亿元，还有 25 万吨货已发出、货款未曾回收的“二库”钢材。但从 1998 年起，却连续 4 年实现两个超 100%，即产销率超过 100%，货款回笼率超过 100%。到 2001 年底，应收货款降到 8000 万元，“二库”钢材压到 8 万余吨。不仅如此，去年钢材销售的预收款常年保持在 8000 万元上下，今年一季度还超过了 1.2 亿元。在钢材销售量翻番的情况下，销售费用却反而有所下降，平均吨材销售费用从 1997 年的 5 元降到 1.73 元，柳钢经销费用在全国同行业中最低。谈起这些变化，柳钢从上到下，都会提到一个人的名字：伍伏中。

伍伏中，何许人也？此人是柳钢经销公司经理。1970 年中南矿冶学院毕业，1976 年来厂，曾在职工大学教授材料力学等课程；1998 年 3 月由柳钢技校校长调任此职时，已经 52 岁了。在当时柳钢营销工作十分混乱的情况下，对公司领导调这样一位从未接触过营销业务的人来担此重任，很多人心存疑虑。伍伏中在公司领导找他谈话、告知拟调他任新职时，也出乎意料，坚决表示不能从命。公司领导看中的是他作风正派，有开拓性，钻研精神强，一定能扭转柳钢经销工作混乱的局面；他则认为这一工作担子太重，做不好自己名声事小，误了柳钢的事大。公司领导让他好好考虑，他就一次次地找领导“谈心”、“交心”，甚至有时深夜还去找领导。最后，党委书记决定放弃这一任命并告知他本人以后，总经理要求再同他作一次谈心，终于，伍伏中走上了这一新岗位。

一、是顾面子，还是要饱肚子

谁都知道，搞销售，就是要扩大自己产品的市场，把货卖出去，把钱收回来。1998 年 3 月，伍伏中刚接手时，当月回笼货款为 1.5 亿元，但其中只有 50 万元是先款后货的，也就是说当时款到发货的也只有 3%。因此，公司资金拮据，财务状况相当严峻。在柳钢，这种情况是已非一日之寒。虽然大家都觉得这样不好，但为了搞好和客户的关系，觉得逼得太紧，面子上过不去。有时，因各种原因上面领导批条子来，要求先货后款，或者给予其他优惠条件，经销公司更是有碍面子，不得不办。结果是有的货款一拖几年收不回钱，甚至成了死账。针对这种情况，伍伏中尖锐地提出，是要顾面子，还是要饱肚子。如果谁都拿柳钢的钱来顾全少数人的面子，柳钢的职工就会饿肚子。他不仅严格约束销售公司的干部职工按规定办事，钱不到就坚决不发货；对于一些客户打着领导旗号要求照顾的，他先是据理劝说，实在不行的，则必须请领导亲笔签字，光打电话口头通知的一概不作数。

---

[1] 原载于 2002 年第 4 期《冶金政工研究》。

他说，领导可以撤我的职，但只要我在这岗位上一天，我就得维护柳钢的利益，坚决按规章制度办。

人们常说，搞营销的，就得会“公关”，得会“交朋友”。在生意场上，还流传着“喝几杯酒，做多少钱的买卖”一类的真实故事。但伍伏中却是不喝酒、不抽烟、不跳舞、不打牌、少应酬的营销经理。但是，他的客户、特别是稳定的大客户却越来越多。这凭的是对客户的真诚服务，真情相待，相互关系是建立在诚信的关系上。他常说，顾客老远来柳钢，不是来喝酒的。我们的责任是要在购销业务上使客户满意而归，而不能在让客户酒足饭饱上去动什么脑筋。他从不同客户建立个人之间的亲密关系，也不允许职工建立这种关系。他认为，一旦有了这种关系，对客户就会有亲有疏，就不可能做到“公正、公平、公开”。他甚至说：“交朋友不做生意，做生意不交朋友，不能将朋友关系、朋友感情用到做生意上”。对客户，他是“认钱不认人”。这不是像有些人那样，有钱好办事，有奶便是娘；而是只要客户按合同规定，把该缴的钱缴足，不管谁来办事都一样。一位同柳钢一年做了6600万元买卖的老板，只来过柳钢一次。伍伏中问他，是不是有什么事我们没有办好，劳动您大驾来跑一趟。这位老板说，做了这么多生意，还没有来过，只是想来看看。伍伏中对他说，“没有什么事您就不用老远跑来，该我们办的事我们一定会办好，您尽可放心。”就这样，他不仅为柳钢争得了市场，创造了效益，也赢得了用户的信赖。

二、365天天天为客户服务

伍伏中任经理后，首先考虑的是如何更好地为客户服务。当时，经销公司实行的是每周5天工作制，客户来办事，遇到周末，就要多耽搁两天；有时双休日来，无人接待，给客户带来诸多不便。他想，一年365天，有三分之一时间做不了买卖，这无论对客户，还是对自己，都不合适。于是，他提出要破除这一陈规，要求365天天天为客户服务。开始是号召周六自愿上班，他身先士卒，形成了风气；以后连星期天也都照常工作，接待客户。在实践中，大家都尝到了甜头，客户多了，买卖做大了。平时，只要客户没离开，即使下班了，工作人员也不能走。这些，大家都已成了习惯。

在日常工作中，他确定一条原则，就是宁肯自己增加负担，也不给客户添麻烦。过去，销售业务部门是按品种设科的。这样，要订购几种钢材的客户就要分别到几个部门去办理手续。现在，他们改为按地区设科，客户一次就可以订购他需要的所有钢材。他还规定对不熟悉情况的新客户，更要热情接待，由营业员帮助他们办理一切手续，不能让他们自己到处跑。有一次，他在自己的二楼办公室看见一位老农模样的客户，东张西望地来回走过三次。他就迎出去，问这位客户有什么事。了解到他是从鹿寨来订购钢材的农民，接待他的业务员看他土里土气、购买的数量又少，就让他自己去办其他手续。客户不熟悉情况，于是就出现了上述来回三次跑上跑下的情况。他当即严肃地批评了这位业务员：“以后你再让客户来回跑三次，我就让你来回跑上200次。”从此以后，再也没有发生类似情况了。

1997年，伍伏中任技校校长时曾去美国考察，在麦当劳总部看到所有的办公室都没有门，体现了在商业活动中的公开、透明原则。他就任经理后，给自己立了一条规矩：上班时办公室的门不关闭，客户和工作人员随时可以进来谈业务。即使在和某一客户谈事时，也不回避其他客户。如果他们感兴趣，可以旁听。因为，他同任何客户交谈业务时，都是一视同仁，本着同一原则的。这样做，赢得了客户的高度信任，还可以避免不少无聊的闲言碎语。

他不仅在具体业务上处处为客户着想，而且还在重大经营活动中主动帮助客户排忧解难。他倡议银企商三方合作，将一些信誉好的大经销商推荐给银行，经销商付30%的现款给银行，银行开出100%的承兑汇票，只能用作采购柳钢钢材。如果经销商到时不能还款，柳钢就将经销商作为向银行抵押的仓库里的货物，以不低于合同价格的70%回购，负责偿还经销商对银行的欠款。这样做，可以起到一石三鸟的作用，即既帮助守信誉的经销商解决资金周转上的困难，盘活了银行的资金，也扩大了自己的客户。1997年，年购销量在1亿元以上的客户只有1家，而现在年销售量在1亿元以上的就有11家，其中年销售量在2亿元以上的有4家。所谓“不交朋友”的伍伏中，实际上赢得了一批在业务上互相信任、真心相待的“铁杆”朋友。

三、你要用下面1元钱，他就敢向你报销100元

伍伏中对下属严格要求是有名的。他的严，不是吹胡子瞪眼，而是严格按规章制度办事。他认为，从严治企，关键是要严得一视同仁，不能按亲疏、业绩、资历而有所不同，这样是会得到绝大多数职工拥护的。不严，虽然也会取得到一些人的好感，但最终必将得罪大多数职工。一次，有位销售站的站长结婚时借用了客户的汽车。他查实后，尽管这位站长平素的业绩不错，还是将他降级为一般业务员。有人向他说情，他说：“今天他动用客户的车而不受处理，明天他就敢动用客户的钱”，维持原来的决定。这件事，不仅对员工们震动很大，而且在客户中为柳钢的营销工作树立了很好的形象。他对职工在工作中要求严，但在日常生活中却很有人情味。职工配偶、父母有病住院，他一定要亲自去探望。

他不仅对下严，自律更严。有的客户要求给些特殊照顾，找他谈了三次，他就是不松口。客户以为他要价高，于是直截了当地问他：“你到底要多少。”他不动声色地回答：“我一年做20多亿元的买卖，你看我到底值多少。”这位客户终于无言可对，默不作声地离去了。

过去，经销公司及柳钢一些其他部门不便报销的账单，就找下面的直销公司报销。伍伏中就任后，坚决刹住了这一不正之风。他外出到地区公司检查工作，除了在南宁分公司吃了一顿稀饭、馒头外，从不花下面分公司的钱。他说：“你要用他1元钱，他就敢向你报销100元”。在他率先垂范的影响下，经销公司领导班子都能以身作则，在职工中树立了很高的威望。

伍伏中这样做，断了少数以权谋私者的财路，当然会引起这些人的极大不满。他们无中生有、捕风捉影地罗织罪名，到处告状，要扳倒伍伏中。有一次，有人写了伍伏中的十大罪状告到公司，诸如：伍伏中的这套做法得罪了老客户，现在经销公司门可罗雀啦；他在一些湖南客户中安插自己亲属（伍是湖南人），进行权钱交易，为今后自己退休后作安排啦，如此等等，不一而足。总经理看后，十分气愤，批了“一派胡言”几个字。以后的调查，也充分证明了这是一封彻头彻尾的诬告信。

应该说，如果没有公司主要领导对他的坚决支持和高度信赖，恐怕他既顾不了面子，也饱不了肚子，还会丢了自己的位子。从这个意义上说，伍伏中是幸运的，他遇上了好领导。

勇于创新　走特色之路[1]

——石钢发展道路的探索

石家庄钢铁有限责任公司（简称石钢）在全国重点大中型企业中，其规模属中等偏下，在国家重点统计的73家钢铁企业中，2001年排名第42位；在河北省进入国家重点统计的7家钢铁企业中，排名第6（钢产量仅高于新兴铸管，但新兴铸管的铸管能力在全国位居第一）。其所处地理位置也十分不利，在方圆三四百千米范围内，实力雄厚的大钢林立，北有首钢、唐钢、天钢，南有邯钢、安阳，东有济钢、莱钢，西有太钢，相比之下，石钢只是一个小弟弟。它位于石家庄市区，占地面积1平方千米，周围也无发展余地。但相对来说，近几年石钢的日子过得还算滋润，2001年同1996年相比，钢产量增加93%，而销售收入增加109%，实现利税增长4.45倍，实现利润增加了13倍还多，2001年达到1.71亿元；人均利税在73家钢铁企业中位居第九，人均利润位居第十二；同期职工人均收入为1.88万元，在行业中处于领先地位。“九五”以来，技改投入累计达17.26亿元，新产品产值率达到20.88%，位居全国第十。这些业绩，引起了同行业的重视和惊叹，前来参观学习的络绎不绝。

一、与时俱进的发展战略

1994年11月，石钢的30吨转炉投产。在此之前，石钢只有6吨的地坑式小转炉。虽然生产能力比以前扩大了许多，但拼规模，石钢显然不是周围企业的对手。而且，当时钢材市场价格正在逐步下滑。这个主要靠银行贷款建设的新项目一投产就陷入了“三高两低”的困境：高负债、高利息、高成本，低效益、低积累。1995年5月，阎胜科接任厂长职位，石钢如何求生存？石钢的路又该怎么走？这一问题尖锐地摆在他的面前。在群众情绪浮动、惶惑不安的情况下，阎胜科推出了他的“鱼虾理论”：大海里有鱼，大江大河里有鱼，小溪里有鱼，池塘里也有鱼，各得其所，关键是要找准适合自己的生存环境。所谓“鱼有鱼路，虾有虾道，适者生存”。石钢要生存，要发展，必须避开大型企业的锋芒，从自身实际出发，加快产品结构的调整，生产自己的特色产品。于是，新的边缘经营发展战略出台了。

这一边缘经营发展战略的要害，就是要确定这样一种边缘产品，它具有优势生命力，其市场需求量有一定的规模，但却是大企业无暇顾及、小企业又无力生产的。经过广泛的市场调查，他们确定以45号钢作为开发的重点。当时，45号钢棒材在全国年消费量约为150万吨，不是市场的主体，处于市场边缘；电炉、转炉都能生产，但电炉成本高，转炉生产难度较大，处于工艺边缘；在城市和农村都有市场，手工工具和机械加工企业都要

---

[1] 写于2002年5月20日。

用，而大型企业一般嫌产量少，不生产，小厂又难以保证质量，处于产品边缘。石钢转炉刚投产，如果能开发转炉生产45号钢的工艺，吨钢成本至少要比电炉生产低400元。在经过充分技术论证后，石钢领导果断决策，以生产45号钢为突破口，实现产品由螺纹钢等普通钢向优质结构钢转变的战略转移。

边缘战略的实施取得了极大的成功。首先是产品结构的调整取得明显成效。1995年初，石钢生产的主要是螺纹钢这类建筑用钢，占总产量的77.36%，而优质结构钢只占22.64%；到2000年末，在钢产量较1995年增长1倍多的情况下，螺纹钢等普通钢降到了22%，优质碳素结构钢和合金结构钢增长到78%，2001年进一步上升到86%，产量达到105万吨。产品质量和档次也在不断提升，1995年开始炼45号钢时，命中率仅为40%，现在命中率已达99%以上，连铸坯拉成率也达到98%以上；过去，炼钢工对钢中成分和有害元素只讲百分比，根本就不知道什么叫“ppm”（$1ppm = 1 \times 10^{-6}$），现在钢中氧含量降到了30ppm以下。1999年石钢的45号钢获国家冶金产品实物质量金杯奖，是钢铁行业（包括电炉生产厂）中该产品唯一获得金杯奖的企业。“要45钢，找石钢”成为客户中的一句口头禅。由于质量的提高，市场状况也逐渐发生了变化，从农村进入了城市，先是用来做扳手、榔头，被称为乡镇企业的专用钢；后来用于农用车配件，以后又进入摩托车、卡车领地；并且开始打入国际市场，出口到东南亚。随着市场的拓展，企业的经济效益也不断增长。1997年以后，每年利润比上年增长都在50%以上。资金状况有了较大的改善，1995年，公司搞基本建设，只有10%的资金是自我积累，90%要靠银行贷款；到2000年，100%靠自我积累实现再投入了。从结构调整出发，石钢已经实现了从泥泞走到黄土地，由黄土地到柏油路，并正在向高速公路行驶。

在新世纪到来之际，石钢又提出了新的发展战略，即“边缘—精进战略”。就是：**立足企业实际，培育核心技术，创造特色产品，抢占核心市场，超越边缘界限，推动机制创新，保持竞争姿态，临变应变适变，实现固本强基，协调可持续发展。**这一战略是边缘战略纵深发展的延续，是把边缘战略向更宽的范围扩展，向更深的层次推进，向更高的目标攀登。其核心内容就是要从过去依靠工艺技术，创造边缘产品，抢占边缘市场的发展思想，转变到依靠核心技术，创造特色产品，抢占核心市场的轨道上来。关键就是以质量提升和科技进步为主线，通过精细管理，培育核心技术，创造出具有自己知识产权的名牌产品。

现在，时间才过去一年多，却喜讯频传。一汽、二汽都已将石钢的45号钢用于载重车的半轴、转向节上，以生产汽车备件为主的、日本独资经营的大连第一锻造厂从过去全部使用日本钢材到改用石钢钢材。在他们的推荐下，丰田汽车公司已向石钢订购一批钢材试用。石钢的45号钢开始进入核心市场。其他合结钢的产量也有较大幅度的增长，其中40Cr合结钢棒材去年在全国市场总份额中占到近15%。目前，石钢已经拥有6项与45号钢相关的生产工艺技术专利。

二、建立以危机意识、目标意识、创新意识为核心的“福寿双全文化”

石钢的领导清醒地认识到，任何企业要长盛不衰，除了要有一个正确的发展战略外，还必须建立起具有自己特色的企业文化，特别是当前国内外市场的激烈竞争，越来越明显地表现在“文化力”的较量上。石钢董事长兼总经理阎胜科经常在职工中强调：“竞争就是企业的物质力量和精神力量，通过产品在市场上的较量”。而这种精神力量就要体现在企业文化上。石钢的领导从企业的具体情况出发，经过反复的思考和充分的酝酿，提出了**建立“福寿文化”。“福”，就是财富日益丰厚**（包括企业财富，为社会提供的财富，为客户增加财富，以及员工财富的共同丰厚）；**“寿”，就是寿命持续长久，建成百年老厂**；并进一步提出“五个凝聚”的理念，即：把职工的思想凝聚在实现企业的发展战略上，凝聚在共同的价值观和经营理念上，凝聚在追求理想、高效运行、重视创新的团队精神上，凝聚在不断提高品牌效应、培育企业忠诚用户上，凝聚在塑造石钢独特的、耳目一新的新形象、培育绿色石钢上。这“五个凝聚”，实质上是要解决3个问题：对外一是要实现企业与客户的双赢关系；二是要使企业与周边的生态环境协调发展；对内则是要充分调动职工的积极性，建立起企业与职工的命运共同体；同心同德，把工夫下在品种质量、服务客户、降本增效、环境治理上。

建立“福寿文化”，既是一种新的思想观念的形成，也是对旧的习惯思维模式的冲击。阎胜科常说：“思想观念决定石钢的未来，工作质量决定石钢的今天。”因此，建设企业文化的过程，实质上也是思想观念更新的过程。在实践中，他们体会到，要建设石钢公司的“福寿文化”，还必须做到以下几点：

（1）树立强烈的危机意识。石钢领导深知，长寿企业不是在温室中培养出来的，而是在克服种种艰难险阻中成长的。可以说，一部企业的成长发展史，就是不断和危机作斗争的历史。英特尔前总裁葛罗夫说过：“不好的公司被危机解决，好的公司渡过危机，伟大的公司通过危机提高自己。”当前，石钢虽然在转炉生产45号钢的领域中，处于行业领跑者的地位，但一时的领先不等于永远的成功。现在，北有通化、唐钢，南有邯钢、三明、合肥、湘潭、杭钢，都在冶炼45号钢。其中，不少企业的实力要比石钢强，而且占有后发优势。形势逼人，危机丛生。在实践中，阎胜科深深体会到：“危机就是转机与恶化的分水岭”。正视危机，认识危机，这是化解危机，制胜危机的前提。因此，他在工作中经常对各级干部和广大员工进行危机教育。去年，在提出“边缘—精进战略”时，阎总就严肃地指出企业当前存在的“八大危机”，即：产品危机、环保危机、机制危机、队伍素质危机、管理危机、思路危机、观念危机、班子建设危机。后来又进一步分析了“四个不适应”，其中首先是观念上的不适应，还有管理和组织体系上的不适应，工艺装备上的不适应，工艺技术上的不适应。这种危机教育已经深入人心。我在同炼铁厂的一位炉长谈话时，问他炼铁厂当前主要问题是什么。他脱口而出：一是成本危机，二是环保危机；而且都有了对策措施。

（2）树立远大的目标意识。在石钢，一些中层干部同我讲：“阎总的目标永远没有完成的时候”，意思是他会不断推出新的更高的目标。阎总自己则说：没有目标的管理就是无效管理。他还经常告诫干部要注意防止“大企业病”，其中一条就是属于“精神·中枢神经系统疾病”中的“梦想”和“理想”的衰弱与丧失。他认为，无论是一个人，还是一个企业，都要有理想，有目标，这样就有了动力，有了动力就有了奋进的精神。企业的业绩是干出来的，但怎么干是想出来的。定下高目标，可能有时完不成，但目标定低了，士气鼓不起来，最后可能连低目标都实现不了。当初转炉投产不久，就要干45号钢时，有人说，还不会走路就要跑，没戏；但石钢干成了。45号钢要提高档次，也有人说，工人连什么是“ppm”都没听说过，怎么能炼得出来？但现在钢中氧含量已低于30ppm。最近他们又提出要走专业化、高效率、以转炉软型洁净钢技术为支撑的新型特钢发展道路，在目前没有真空精炼炉的装备条件下（有LF炉），要使钢中氧含量降到20ppm，预计近期内有望实现。实践证明了正是有了这些看似难以实现的目标，鼓舞着石钢的员工斩关夺隘，取得一个又一个的胜利。更重要的是，大大增强了广大员工对自己力量的信心，而“自信是干成事业的基础”。

（3）树立持久的创新意识。石钢的领导深谙“老”与“新”的辩证法。百年老厂所以能巍然屹立，老而弥坚，要害在于其不断吸取新的养料，不断创新。可以说，没有创新，就不会有百年老厂。对石钢来说也一样，如果没有发展战略上的创新，没有各种机制的创新，没有科技创新，也就没有石钢的今天。但是，石钢的同志更清醒地认识到，今天的成功经验如果将其凝固化，就会成为明天前进的障碍。因此，石钢把“临变应变适变”作为发展战略中的一个重要内容提出，也就是要求广大员工要适应企业内外形势的变化，不断树立创新观念，形成创新体系，建立创新机制。比如，最近他们基于石钢生产的优质碳素钢和合结钢的产量已在国内特钢企业位居第三的现实，因势利导地提出：把普钢生产的高效化、专业化、低成本和特钢控制质量的关键技术结合起来，走以转炉软洁钢为支撑的新型特钢的发展道路。为了适应产品结构的调整状况，他们又要求实现营销工作的创新。销售工作不能再仅仅满足于两个100%（产销率100%，货款回收率100%），更重要的是要保重点品种钢和高附加值产品的销售，要保细分市场上的重点用户。也就是说，要求营销模式、营销观念、营销战略和营销方法全面进行创新。在科技工作中，对具有创新意义的项目给以重奖，以激励科技人员勇于创新。

（4）树立牢固的环保意识。石钢位于省会石家庄市，离市区中心只有7千米。无论是省市领导，还是市民，对石钢环保要求都十分严格。环保搞不好，石钢就无法在石家庄市立足。因此，石钢从上到下，都把环保危机视作生死危机。从1995年起，加大了环境治理的力度，20世纪90年代以来，石钢用于环保的费用达2.37亿元，占整个技改投入的11%。其中，2001年环保项目共投入6200万元，占当年技改投入的28.4%。现在，石钢吨钢的烟尘排放量和二氧化硫排放量是河北几家主要钢铁企业中最低的；厂区绿化美化，环境优美，大连那家日资企业所以同石钢合作，首先是看中了石钢的厂区环境。2001年，河北省建设厅授予石钢“园林式工厂”的荣誉称号。石钢还正式提出建设“绿色石钢”的方针，近期的重点是由控制有组织排放转向控制无组织排放，由污染物的单项达标转向次生污染物综合治理，由企业内部环保治理转向为改善社会环境作贡献。

三、建立人力资源开发的新机制，为各类员工提供施展其才能的良好舞台

要实施“边缘—精进战略”，石钢领导深知人才是根本。但长期以来，石钢也同不少国有企业一样，在人才问题上，存在一些相互矛盾的现象：一方面是“人才短缺”，但同时却有相当一部分专业技术人员没能发挥其应有的作用；另一方面讲“尊重知识”，但在分配上却没能较好地体现知识的价值。一方面讲要按市场经济规律办事；另一方面在分配制度上却带有严重的“官本位”封建色彩。因此，如何充分挖掘人才的潜能，实现人力资源的合理配置和科学使用，成为石钢前进征途中必须认真解决的一个重大课题。

经过认真的调查研究和总结以往正反面的经验教训，石钢形成了人力资源开发的新理念：人才是先进生产力的第一要素。人才的最大价值在于运用其知识、智慧、创新能力来

为企业创造新价值；而人才价值的最大开发，关键又在于建立能够敏锐地发现人才、有效地使用人才、持续地培育人才、促使人才脱颖而出的机制。为此，石钢在开发人力资源上建立起了四类机制，即：分类别配置机制，动态性管理机制，全方位激励机制，持续性培育机制。

特别是分类别配置机制的建立，彻底打破了长期存在的“官本位”意识，改变了千军万马挤当官这一座“独木桥”的状况，打通了多渠道成材的“通天大道”。这一机制的特点，就是把整体人力资源分为领导系列、管理系列、专业技术系列、营销系列和操作系列五大系列。每个系列由高至低纵向设置15个岗级，横向设置10个工资序列。如管理系列分为一至四级管理专家、高级主任科员、主任科员、副主任科员、一至四级科员、一至三级助理科员、办事员15个级别；专业技术系列分为一至四级技术专家、高级主任工程师、主任工程师、副主任工程师、一至四级工程师、一至三级助理工程师、技术员等15个级别；营销系列也仿此设立。在工资待遇上，一至四级专家分别相当于领导系列的公司级正职到公司助理，高级主任科员（主任工程师、主任营销师）相当于正处级，以下则依次类推。操作系列也分设一至四级技能专家、重要岗位、普通岗位等15个职级，其中一级技能专家工资相当于公司助理。有的干部任领导职务时，由于组织协调能力不强，工作十分吃力，效果并不好，转到管理系列或技术系列岗位后，却如鱼得水，更好地发挥了他们的特长。目前，石钢已评聘公司级专家10人，高级及主任、副主任工程师（科员、营销师）64人。像原钢研所所长荣佑亭应聘为四级技术专家（相当于公司经理助理），由于摆脱了行政业务，专心致力于新工艺技术和产品的开发，加快了这项工作的进展。

在建立全方位激励机制方面，他们采取了多种措施，如每年都要对全体员工进行严格、认真的考核，对其中的优秀人才给以奖励；定期开展“技术能手”和“技术状元”竞赛；在关键岗位设立特殊岗位津贴等。特别值得提出的是他们高度重视创新激励。从1996年起，设立总经理特别奖，每年拿出400万元，实施了科技进步项目风险抵押承包攻关奖、技术课题和技术经济指标风险抵押承包攻关奖、工程项目风险抵押承包奖等，对在重大技术课题、质量、成本攻关等方面作出贡献的人才都给予奖励，最高者一次拿到10万元。他们还规定，工程师以上的专业技术人员都得有课题，没有课题的不得聘任，促使他们出成果。同时，规定领导干部不得挤占普通科技人员的攻关奖；对中层干部另设组织奖。

在实施动态性管理上，主要是使各类人员都处于优胜劣汰的竞争环境中，有压力才有动力，促使员工自觉地努力提高自身素质，发挥潜能。几年来，他们坚持“末位淘汰法”，对各类人员，分别定出每年淘汰的比例，工人3%～5%，干部3%～8%，不管你是否完成了考核指标，只要排名在最后的百分比人数内，就要分别受到降聘、解聘转岗、待岗，直至下岗的处理。1998年以来，中层干部从原先178人降到现在的87人，其中有17人是退休、内退的，51人转到非领导系列，3人降聘使用，36人转为一般干部，还有16人是从一般干部提升的。

在建立持续性培育机制方面，他们坚持把提高职工整体素质和重点培育高精尖人才相结合，把提高员工的岗位技能和培育“一专多能”的复合型人才结合起来，把在岗培训为主和送外培训结合起来。近几年，先后培养出10余名硕士研究生，公司级优秀技术人员70人，高级工人技师10名，工人技师155名，技术状元23人，技术能手260人。其中，有的还获得省级技术状元、技术标兵、技术能手等称号。今年，石钢还同北科大合作，举办了有70多人参加的钢铁冶金材料和机电一体化的工程硕士班。高素质人才的涌现，推动了石钢的技术创新、管理创新各项活动，增强了企业的竞争力。

在短短的几年内，石钢走出了一条产品结构调整优化之路；走出了一条物质文明建设和精神文明建设两手抓，双丰收之路；走出了一条以人员素质的全面提高来推动企业腾飞之路。“山不在高，有仙则名”，厂不在大，有效（效益、效果、效率）则灵。石钢的经验值得我们重视和借鉴。当然，石钢也还存在一些短处和不足，在前进途中还会遇到各种困难和问题，我们衷心祝愿石钢的明天更美好！

韶钢信息化建设 投资少　进展快　效果明[1]

在韶钢，早调会的会议室里只见机关职能部门的领导，各生产厂的领导再也不用从四面八方赶来，他们可以坐在自己的办公室里同公司领导和有关部门在屏幕上进行对话；客户购买钢材的货款没打入韶钢账户，销售业务员就不能从电脑中开出提货单，仓库发货员也无法随意发货，从而从根本上消除了过去“人情发货”等弊病，保证了款到发货这一营销原则的真正落到实处；在经销公司的客户休息室里，客户可以在专用的电脑里，输入给定的密码，迅速了解自己所订购的钢材全部有关资料，以及自己在韶钢的存款余额等信息；各单位需要什么备件，只要轻轻一点鼠标，屏幕上就会显示出供应仓库里有没有这种备件，有多少，在哪一个库里；如果要去采购，电脑还会显示这种备件过去采购时的最高价和最低价；家属区的宽带网，已经覆盖了近万户职工宿舍，几乎韶钢的所有职工，都可以在家里通过宽带轻松上网。

这些变化，主要来自信息化系统的建立。1998 年起，韶钢遵循“总体规划，分步实施，自下而上进行功能开发，最后集成”的方针，以自主开发软件为主，先后建立起：办公自动化系统、网络视频会议系统、营销网络管理信息系统、备件管理信息系统、工程设备管理系统、网络财务系统、质量检测网络系统、ISO 质量体系管理系统、设备运行管理系统、物资供应系统、钢坯网络管理系统、铁路运输调度网络系统 12 个子系统，取得了明显的效果。

（1）降低了成本，增加了效益。销售部门自使用“营销网络管理信息系统”后，2 年来货币回笼率一直保持在 100%，没有再增加一笔应收账款。备件系统库存有 13 万种不同品种规格的备件，过去经常发生重复采购、库存积压增长的情况；2000 年以来，在一批新工程相继建成投产，仅这部分的备件就新增 2000 万元，以及钢产量连年大幅度增加的情况下，备件库存总量却从 2000 年初的 1.52 亿元降到现在的 1.2 亿元，下降了 21%；采购成本连续两年都下降了 5% 左右。工程设备采购成本也比工程概算降低 3600 万元。运输部过去一年的运输调度报表用纸就有 700 千克，现在开始告别手工记录作业的历史了。

（2）为组织机构的改革提供了技术支撑，大大提高了工作效率。没有这些信息化系统的建立，财务、物资供应、质检等集中统一管理就难以实现。现在，财务系统从过去最多时四级管理减为两级，人员大大减少，生产部门的财务人员从 50 多人减少到 10 人，费用中心从 26 人减少到 5 人，固定资产管理从过去分散管理时的 20 人减少到 6 人；而工作效率则大大提高，过去月初汇总报表，至少得一周，现在 3 天就可出表。备件管理过去是层层设库，备件成本不真实，现在实施了计算机管理，就使集中统一管理成为可能，撤销了

[1] 原载于 2002 年第 10 期《钢铁信息》。

二级库，使备件成本得到真实的反映。

（3）对供、销两个环节，实现了财务部门的适时监控，做到了物流、资金流、信息流三者同步，具备了ERP的雏形，为全面建立ERP打下了一个很好的基础。现在，钢材、备件（其他物资的联网尚未开通）出入库，都立即会在财务上反映出来；客户订购钢材，只要货款进了财务账，计算机就会按照合同打出提货单；并立即传递到销售仓库，依单发货；由于实施计算机管理，还保证了质保书随货同行。这些，既方便了客户，还杜绝了款未到而货先发，货、款不符等问题。

（4）减少了人工操作有意或无意造成的差错。过去，手写化验单，一些指令靠电话调度，难免出现差错；也给某些人弄虚作假提供了可乘之机。现在，无论是铁前原料，还是钢水、坯材的化验成分，都由计算机自动判定，减少了人为的失误。备件管理过去是各把一摊，很多资料都在主管人员的脑袋里，往往是“人走信息丢”，造成人员调动的困难，也容易滋生一些不正之风。现在所有资料都输入电脑，增强了透明度，解决了过去“信息随人走”的问题，使经营部门“轮岗制”成为可能。

韶钢信息化建设所以能取得较好的成效，重要的一条是领导重视，各部门密切配合。信息化建设不仅仅是一个采用先进技术问题，它的实施必将引起新旧两种管理思想的冲撞，利益的冲突，也会受到不合时宜的习惯势力的阻挠和抵制。因此，必须要有企业最高层领导的坚强支持，才能排除阻力，取得成功。韶钢公司主要领导深明此理，董事长兼党委书记曾德新和总经理周力不仅在各种会议上反复强调建立ERP管理模式的必要性，促使各级干部转变观念，提高认识；他们还同其他公司领导一起协调解决在建设信息化系统过程中发生的问题，从而使这项工作得以比较顺利地实施。一些有关业务部门的主要领导也主动同信息部门沟通，提出要求，创造条件。有人说，ERP的建立是“一把手”工程，这既包括公司一把手，也包括二级单位的一把手，没有他们的大力支持，是难以顺利推行的。韶钢的经验也充分证明了这一点。

其次，有一支朝气蓬勃，勇于开拓创新，实干精神强的信息化队伍。迄今为止，除了“网络财务系统”是经过招标采用“金碟”软件外，其他系统全是他们自行开发的，不仅较好地结合韶钢的实际，还大大节约了成本，像开发备件管理系统时，外委要120万元、用1年时间，而他们自主开发仅用了4个月，只花了不到2万元的差旅费、学习费。原信息中心代主任、现集团公司技术研究中心副主任黄健美，1988年东工毕业后来韶钢，他对事业执着追求，为韶钢的信息化建设作出了重大贡献，荣获“韶关市优秀共产党员”的称号，深圳、珠海多家公司设高位、出高薪、配好车、给别墅，请他前往，他都婉言谢绝，矢志于韶钢的发展事业。软件开发科科长余国武，今年33岁，是9位“韶钢技术专家”中最年轻的一位。

第三，要重视做好各项基础工作，特别是确保各项基础数据的正确性。韶钢的“备件管理信息系统”是韶钢所有信息系统中效果最好的项目之一，一个重要原因就是他们的基础工作做得扎实。他们花了几年时间，对十几万种的备件逐个进行编码，收集了近几年各种备件的价格变动情况，以及其他各项必要的基础数据。这样，才能在信息部门的共同努力下，开发出简捷、方便、实用、高效的软件。而有的单位，主要领导不过问，更说不上在基础工作上下工夫了，只是派一般业务人员出面，对软件开发人员提要求。开发出软件后，下面认可了，主管领导不满意；主管领导点头了，一把手又通不过。结果是耗费人力、物力，拖延了时间。这是一个教训。

下一步他们正在朝着建立企业 ERP 系统而努力，工作重点：一是对已经开发运行的系统，根据发现的问题，进一步修改完善；二是建立整个生产流程的管理系统；三是为开展电子商务作准备，如网上销售钢材、采购备件，以及工程招标等。

韶钢的信息管理系统近两年发展较快，在实施中也暴露了一些新问题：一是随着信息技术的快速发展，现有的软件开发力量不足，又缺乏新生力量的补充。因此，要研究在自力更生的基础上，更好地借用外脑，使两者结合起来，加快 ERP 的建立；二是要妥善解决整个网络系统维修问题。过去，在计算机数量不多的情况下，现有力量还勉强可以应付。现在，韶钢已有 100 多台（套）的网络设备，各部门的计算机已超过了 1000 台，还有几百台打印机，维护和维修工作量越来越大，仅靠现有的几个人已难以胜任。建议增强维修力量，或者建立社会化的协作关系。三是要把网络安全提到公司领导的议程上来。信息系统越发达，网络安全越重要。因为，一旦发生重大事故，系统将处于瘫痪，严重影响生产经营的正常运作。因此，如何确保系统的稳定性和可靠性，必须未雨绸缪。四是信息管理系统的建立，必将加速信息资源的共享，打破部门之间的壁垒，企业业务流程再造也势在必行。要努力使 ERP 的建立和业务流程再造两者相互促进，相得益彰。

改革创新　营造新的企业文化[1]

——记韶钢中板厂

在韶钢，中板厂（二轧厂）是一面勇于改革创新的旗帜。这个厂始建于1971年，1995年轧材18万吨，1996年进行了全面改造，将三辊劳特式轧机改为单机架2500四辊可逆式轧机，设计能力为25万吨，当年达产，以后逐年稳步增长，1998年突破了30万吨；2000年达到46万吨，2001年跃增到57万吨。一些主要技术经济指标过去在全国26家同类型企业中，韶钢基本上处于中下游；现在有了较大改善，成材率进入前5名，工序能耗也在前5名左右。近两年，吨材的工序成本有较大幅度下降，2000年为340元，2001年降到280元，今年他们力争降到250元。劳动生产率也有明显提高，原定编制是720人，2000年底减到625人，今年4月，又减到420人，两年减少了近200人，幅度不可谓不大。但人心稳定，没有一个职工为此而去找厂领导的；而且正是在两次大减员分流的当月，创下了历史最高月产量的新记录。在效益增长的同时，职工收入也有较大提高。2000年春节时，全厂职工家庭人均月收入在350元以下的还有50多户，到今年春节只剩2户了。

一、以改革促管理，以管理的强化来巩固改革的成果

韶钢中板厂（简称中板厂）的领导班子有一个好传统，他们勇于改革，严于管理，敢于创新。用职工的话来说：每一届领导总是接过上一届的接力棒，在原来的基础上注入新的内容，使中板厂总是保持蓬勃生机，不断向前攀登。

近几年来，他们采取的一系列重大改革措施。

（1）改工段建制为作业长制。1998年开始的这项改革，成效颇为明显。现在全厂共设5个作业班，其中4个是生产作业班，一个是准备作业班，作业长全是1993~1996年大学本科毕业生。为了改变过去产销分离，导致效率低、服务差的状况，并使生产厂更好地贴近市场，他们主动提出，将原属公司营销部门管理、但设在中板厂内的成品仓库和发货管理划归中板厂，由各生产作业班直接领导，一旦出现问题，作业长可立即组织力量，及时解决。改进了用户服务，受到了客户的好评。

（2）实行干部“轮岗制”。二轧厂除了有5个作业班外，还设4个职能科室，包括厂领导在内，编制一共20人。科长下设专业主办，如技术科有工艺、热工、质量主办，在科长领导下，各司其职，各负其责。所谓“轮岗”，一种是职能科室干部同作业长之间的交流，为他们创造全面发展的条件。另一种是专业主办之间的轮岗，因为有时主办不在，一旦出现问题，旁人难以处理，就会影响生产。如主控系统与AGC系统分别由两名电气

[1] 原载于2002年第10期《冶金管理》。

主办负责，互不熟悉情况，实行轮岗制后，都掌握了对方的关键技术，既提高了各自的技术业务水平，又防止了事故。过去，往往三四个月就会出现一次电气事故，实行轮岗制后，一年多了，还没有发生一次事故。

（3）推进“岗位改革”推行“大工种”、“区域工”、“操检合一”等措施。打破了原有的工种概念，要求一人多证，现在操作工除了原先岗位的上岗证外，大部分都有了钳工、电工等技术工种的证书，这就为实施区域工“操作、点检、维护、检修、现场容貌”五合一创造了条件。操作工不仅要承担生产操作的任务，而且还是设备维护的主体。这一改革，不仅使人员精简了，而且促进了员工素质的提高。

（4）推行维修体制改革。这一改革，公司也以中板厂为试点。维修力量由公司统一管理，一次分流55人，中板厂只留下10名钳工、电工、焊工，以配合生产作业班解决一些较为重大的检修任务，以及全厂一些临时发生的机动性任务。这一改革，对生产作业班提出了更高的要求。

（5）在人员大精简的同时，他们仍然坚持末位淘汰制。每月都按制度严格考核，末位者待岗，全年累计三次待岗者，即作为下岗分流对象。

在深化改革的同时，他们在强化管理上也采取了一系列的措施，而最本质的就是推行制度管理。厂领导认为“管理有规不循是失职，被动的管理是失败的管理”。近两年来，他们一方面集中力量按照现代企业制度的要求对原有制度体系作了全面的修订，重点抓作业指导书的制定和经济责任制的完善，为实现规范、有序、高效的管理打下了坚实的基础。另一方面，是狠抓制度的执行。任何事情，只要制度规定了的，就按制度办，根本不需要请示领导；领导自身应该率先垂范，做按规定办事的模范。至于制度没有规定的，也不能随心所欲，而是要求职能科室加以完善；对造成损失的，不只是要考核当事人，还要考核职能科室。

他们提出的管理原则是：“主动，从严，精细到位，高标准，快节奏，零缺陷”。这些，也都有具体内涵。比如在推行零缺陷交接班时，一次，接班的职工发现在犄角旮旯有一支烟头；还有一次，发现有台设备的螺丝没拧紧，但交班的却坚持不是他们班造成的，引起了争执。尽管很可能不是在上一班发生的事，但上一班接班时，却没有发现，负有失察的责任。事后，他们马上对原规定作了补充。

二、创办学习型组织，塑造高素质团队

科技的进步，改革的深化，管理的强化，特别是市场竞争的白热化，对职工队伍的素质提出了更高的要求。2001年，他们把厂内已形成的活跃的个体学习变为组织的学习，建立起压力和激励共存的机制。在这一年中，他们利用业余时间，开办了多层次、多种内容、不同形式的各类培训班。既有为生产线、管理线专业技术人员开办的“计算机知识培训班”，又有为副作业长以上管理干部开办的“智能领导艺术培训班”，还有为具有一定英语基础的员工举办的“实用英语考级培训班”。这些培训班都有严格的考勤制度和学习要求，已有36位职工能用英语进行日常生活的会话。他们还制定了鼓励员工参加成人高等教育、自学考试等的奖励措施。目前，共有40多名职工参加各类大中专和本科学历班的业余学习，有4名专业骨干参加了北科大举办的材料工程专业的硕士研究生半脱产学习；4位厂领导都报考了研究生或本科学历教育。在这一年中，该厂还有227人报名参加

了电工、钳工、焊工的等级考试。

他们认为，创办学习型组织，不仅仅是为了更新知识，掌握技能，更重要的是要使员工养成学习的兴趣，具有较强学习力，能够适应形势的发展，不断提高自己，超越自我。为此，他们不仅请厂外专家前来讲课，还组织干部“兵教兵”。如“智能领导艺术培训班”，学员都是副作业长及专业主办以上的管理干部，由厂领导精选教材，指定作业长及科长为授课员，各自分讲其中一个专题。这些授课员都能认真备课，并联系企业实际和自己心得，进行讲解，学员普遍反映很好，对授课员自己也是个提高。开始时，有的干部碍于学习纪律，不得不来；听课后，觉得非常实用，在工作中都能用得上，激发了学习兴趣。不少干部主动要求买书，准备课后再进行自学。最近，厂党委书记又亲自到广州，选购了一批切合基层管理干部学习的书籍，诸如《学习型组织：未来成功企业的模式》、《管理中的情、理、法》、《主管的陷阱——常见的管理错误与解决之道》、《管理从做人开始》、《竞争之道与合作之道》、《毒害心灵的101种观念》等。每人自行选读一本，并将自己学习心得在相应的培训班上进行交流，以扩大视野，转变观念，提高管理水平。他们还准备把一个会议室改造成“书吧”，进一步营造学习的氛围。

这种运用交流的方式促进知识的共享，培育企业的知识流，将成为今年中板厂创办学习型组织活动的重点，在共享中促进团队的学习和团队精神。他们还提出要逐步改变学习与工作分离的传统观念，努力使学习工作实现一体化。他们已将每天的生产早调会改为“信息交流早会”，突出信息的特点，拓宽信息的空间，从更高的层次把握生产经营的布局。每季度召开一次作业长AA制沟通餐会，每半年召开一次作业班书记的AA制工作交流餐会，主要议题是检讨协作状况，探讨有效的合作性竞争，交流现场管理工作的经验等。对职能部门的主管，每半年组织一次“职能管理论坛”，交流在落实管理原则和管理理念过程中的体会和管理经验，协调部门关系。学习工作一体化，既需要形成浓郁的环境氛围和教育的深入，也需要从管理上加以促进。他们将通过制定《员工学习手册》，内容包括愿景设计、学习纪录、先进操作法实践、自我评价、团队考评等，以此作为考评员工和竞争上岗的主要依据。

三、构筑企业文化新平台，提高企业整体竞争力

在改革和发展的伟大实践中，中板厂的领导越来越体会到企业文化建设对企业的成败兴衰有着极端重要的作用。文化竞争力，将是企业核心竞争力之一；而充分体现优秀文化的企业管理是最高境界的管理，也是最具竞争力的管理。因此，他们把企业文化建设放在重要位置，不断提高企业生产经营活动的文化性，不断提升企业的文化品位，不断拓展企业文化的效益。

韶钢中板的企业文化，集中反映在3个方面：一是以“人本文化”来善待职工，二是以“方圆文化”来改进管理，三是以“创新文化”来迎接挑战。

“人本文化”的基点就是工厂必须紧紧依靠广大职工，通过尊重人、爱护人、教育人、凝聚人、激励人、造福人来塑造一支高素质、高效率的团队，依靠优秀团队来打造企业。具体归纳为“八个化”。

(1) 人际关系家庭化。开展“爱心工程”，演绎一种传统的亲缘文化，营造一种家和

万事兴的氛围。

（2）业余生活健康化。既要为员工提供丰富多彩的文体活动，还要禁止一切不健康的生活方式，几年来，二轧没有发现黄毒现象，员工也没有赌博的风气，更没有人参与“法轮功”活动。这两条指的是营造一种温馨、健康的生活环境。

（3）工作环境美洁化，劳动条件安全化。这条指的是要为员工的工作场所创造一个良好环境。

（4）发展机会平等化。就是创造公平竞争的机制和氛围，使优秀人才能够脱颖而出。

（5）管理关系民主化。管理不能是领导的随意化，而是制度化了的民治。

（6）工作关系团队化。就是强调各岗位之间的协调支援和上下级之间的同心协力，发挥团队的整体作用。

（7）人才培养素质化。就是要把二轧厂建成人才的孵化器，为员工成长发展提供良好的创业环境和学习环境，使员工不断提高自己的素质和竞争实力。

（8）利益关系双赢化。就是随着企业的发展，要使员工也得到实惠。这两条是“人本文化”的最终体现。

“方圆文化”体现的是一种管理文化。内方外圆，内刚外柔。规矩为方，制衡为刚。中板厂的内部管理就是一种高度规范化、制度化的模式。有了制度的，按制度办事；没有制度的，就建立制度。甚至8小时以外的活动，只要影响到中板厂的形象，也要进行考核。总之，“一切按制度办”，就是中板厂内部管理的最高原则。灵性为圆，活性为柔。中板厂把自己定位为一个服务组织，而不是单纯的生产制造组织。因此，他们着力于建立一个面向市场的经营机制。作业长制的实施，以及在作业班里配备一个仓管发货组，使作业班直接和市场打上交道，围绕用户的需要，优化配置内部的各种生产要素；成立了由集团公司生产计划、总调、营销部门和中板厂共同组成的中板产销协调小组（设在二轧厂），各方都以市场为中心密切配合，消除了过去那种相互脱节，效率低下、服务不周的状况，大大提高了市场反应能力和适应能力；只要客户需要，哪怕是一块板的订货，也要轧制。这种柔性的经营机制，赢得了客户的赞誉，扩展了市场。

“创新文化”是二轧企业文化之魂。面对国内外市场激烈竞争的严峻挑战，二轧人的回答就是“创新”。他们以观念创新为根本，以目标创新为龙头，以方法创新为保证，推动二轧厂不断迈登新台阶。他们提出了“以人为本，市场为源，名牌为道，创新为魂”的经营理念，以及“产销两旺效益好”的观念，促成了产销一体化的改革；“有市场才有饭碗”、“没有疲软的市场，只有疲软的服务”，“顾客是衣食父母，服务创造价值”等观念转变了传统国企只埋头拉车不抬头找路的经营思想；“不做山寨主，要作航海王”的观念促进了企业参与全球市场竞争的定位；“超越数字的自我评价”观念使工厂更关注于人员素质、智能、知识和文化环境的影响，以及机制改革的作用等深层次管理因素和综合实力的提高，如此等等。观念确立后，还要敢于目标创新。既有每个阶段的具体生产经营目标，还确定了自己的核心竞争目标，建立韶钢中板的内在质量竞争力，外在质量竞争力，价格竞争力，市场需求响应力、服务感染力、企业形象力。这些创新的目标，还要通过一系列创新的方法来实现。

在这种企业文化的熏陶下，二轧厂的面貌日新月异，生产上的各项指标不断更新，职工精神状态意气风发，企业的凝聚力大为增强，很多过去认为“不可思议”的事现在已成为“理所当然”，人人以自己是“二轧人”而自豪，“二轧人就是不一样”，已成为激励全体员工追求更好、更高目标的箴言。即使分流出去、甚至待岗的职工，既非常留恋二轧，但又没有一人向领导提出任何不合理的要求，这也足见二轧文化的影响力、感召力。

去年是二轧建厂30周年的大庆，他们开展了“三十而立，鹏程再展”的活动。我们衷心祝愿二轧厂在新世纪里，群鹏展翅，翱翔天际，不断创造出令人惊叹的新业绩！

莱钢在全面提升中实现新的跨越[1]

几年前到过莱钢，感到各项工作都还不错，但没有太多明显的特色，主要技术经济指标总体上处于行业内中等或中等偏上水平。去年到莱钢，感觉就有些不同了。特别是炼钢厂创建学习型工厂，仅仅一年多的时间，就从一个在行业内中等水平的单位一跃而居领先地位，转炉炉龄、中间包连拉炉数均居全国第一；枪龄等则居全国第二；职工思想观念、精神面貌，都有了显著的变化，给人以十分深刻的印象。为此，我专门写了一篇题为“向学习型组织迈进的莱钢炼钢厂”的调查报告，向全行业推荐。一年多后，我再次去莱钢，又给我带来了新的惊喜。

钢铁主业各生产厂的工作有了全面的提升。炼钢厂继续走在前列，学习型工厂的创建活动深入开展，以1998年为基数，到2001年止，3年定基比较，共降低成本6.2亿元；2号炉的炉龄近3万炉；出钢温度降到1630℃。如以1999年为基数，到2002年上半年，2座750立方米的高炉利用系数，从2.252t/(d·m^3)提高到2.578t/(d·m^3)；入炉焦比每吨从490千克降到340千克，煤比每吨从53千克提高到168千克；与浙大合作开发成功750立方米高炉智能控制专家系统，已于2002年6月5日通过专家鉴定。该项目投入产出比高，效果好，在行业中居于领先地位；特殊钢厂的电炉冶炼吨钢电耗从1999年的579.5千瓦·时降到今年上半年的377千瓦·时，一直到去年电炉钢还全是模铸，今年6月份，连铸比就达到了30%；连年亏损、1999年10月并入莱钢的烟台钢管厂，1999年全年钢管产量只有23831吨，今年上半年超过了5万吨，超历史最好水平，同期经营利润从亏损3210万元到盈利270万元，实现扭亏为盈。特别令人振奋的是，去年我到莱钢时，感到似乎是炼钢厂一枝独秀，而这次却是见到满园春色，百花争艳；各厂之间呈现出百舸争游、你追我赶的大好势头。炼钢厂的学习型组织在深入推进；在推行《炼铁系统赶超全国一流水平优化大纲》后，铁前系统出现了前所未有的新气象；借鉴炼铁系统经验，公司领导又推出了特钢厂的《核心竞争力方案》，仅仅半年时间，也取得了可喜的成绩；焦化厂的“六为零”（决策零失误，管理零缺陷，安全零事故，设备零故障，废水零排放，产品零库存）目标管理，正在稳步推进，“废水零排放”已于近期实现；型钢厂、轧钢厂、锻压厂等轧钢系统各厂在新品开发、质量提高、技术改造、市场开拓等方面也都取得可喜的成绩。在钢铁主业取得突飞猛进的进步同时，非钢产业迅速发展，一批起点高、具有良好前景的项目在合作单位的共同努力下，相继上马，成为莱钢发展新的经济增长点；原有的一批剥离子公司经过整合，去年已实现利润1985万元。还值得提出的是，在炼钢厂的带动下，各个厂区环境都有明显的变化，令人赏心悦目。现在，除十大钢外，在钢铁行业中，莱钢已居第二方阵的前列。

莱钢的这些业绩，引起了国内外各方面的重视。美国《财富》杂志在最近专门采访了

[1] 原载于2002年第10期《冶金管理》。

董事长姜开文，并在7月号发表了专访，介绍了莱钢持续发展的经验；中国金属学会理事长、国家冶金工业的首席科学家翁宇庆到莱钢视察后，确定把莱钢作为北方唯一高强度螺纹钢生产基地。

莱钢之所以能在较短的时间内取得如此重大的成就，有很多与其他企业相同的原因，尤其是坚持不懈地进行技术改造，“八五”到“九五”期间，就投入了52亿多元，实施了大规模的技术改造，主要轧机达到了国际20世纪90年代水平或当今国际先进水平，为莱钢的发展打下了良好的物质基础。但是，给我感受最深的还是莱钢发展战略的制定、系统思考的推行、学习型组织的创建等一系列具有自己特色的、属于“软件”方面的建设及其产生的巨大威力。

一、制定了符合莱钢实际情况的发展战略

“八五”、“九五”期间，莱钢抓住时机，成为我国钢铁界中唯一利用亚行贷款的企业，不仅建设起了H型钢等一批新项目，还培养出一支外向型的人才；接着组建股份公司，股票上市，又筹集了大量资金。从而使莱钢的生产规模有了较大的发展，钢产量1990年为54.23万吨，1999年突破了200万吨，达到200.96万吨。但大量的资金投入，使莱钢的资产负债率大幅度上升，再加上在此期间，按照上级领导部门的指示，无条件接受了职工总数达万余人的一批亏损企业，又大大增加了莱钢的负担。面临来自企业内外的诸多困难，下一步的路子该怎么走？这是摆在莱钢领导班子面前的一个十分尖锐的现实问题。针对这一形势，莱钢领导班子全面客观地进行了分析，实事求是地剖析了莱钢存在的主要矛盾和自身优势，认为解决莱钢面临的困难，只有靠发展。大发展，小困难；小发展，大困难；不发展，就没出路。但发展不等于简单的数量增长。为此，他们提出了今后的发展战略，这就是：优化和适度发展钢铁主业，大力发展非钢产业，积极稳妥地推进资本运营，尽快把莱钢做强做大；并在此基础上编制了“十五”计划和2010年的发展规划。发展战略的提出，在莱钢历史上还是第一次。由于其针对性强，切合莱钢实际，因此很快统一了各级干部和员工的思想，使大家明确了前进的方向，从而进一步凝聚了人心。

发展战略的三句话代表了3个方面，但又不是并列的。一是要搞好主业。这是莱钢发展的基础，是目前莱钢发展资金积累的主要来源。所谓“适度发展”，主要是使已经形成的生产能力得到充分的发挥，并进一步挖掘其潜力，降低成本，增强竞争实力；更主要的是把功夫下在“优化”上，明确产品定位，重点培植有比较优势的产品系列，把主业做精、做细、做优、做强。一是螺纹钢系列，从ϕ10～40mm，并将其强度提高到三级以上；二是带钢，从窄带转为以中宽带为主，变薄变宽；三是H型钢系列，这要成为今后的主导产品，规格从原先的150～385mm扩展到50～910mm，形成系列化、标准化、精品化，并开发具有耐火、耐腐蚀、不生锈等各种特殊性能的H型钢；对特钢产品要大力进行结构调整，摒弃过去“样样通，样样松”，生产的品种虽多达七八十种，但不少是亏损产品的局面，坚决停产亏损产品，开发以轴承钢、齿轮钢为主的高附加值、利润较高的产品。发展战略思路的明确，加快了调整、发展的力度。目前，从50～150mm小规格的H型钢厂已经建成，400mm以上的大规格H型钢厂可研报告也已完成。这一项目建成后，莱钢可形成150万吨的H型钢产能，将成为国内数一数二的H型钢专业厂，具有较强的竞争优势。

在发展非钢产业上，莱钢坚持“两条腿走路”的方针。为了尽可能安置大量富余的人

员，以及适当解决新增劳动力的就业问题，要通过“三改一加强”，继续搞活并发展劳动密集型产业。同时，要通过市场调查，确定有发展前景的高新技术项目，作为新的经济增长点。在这方面，莱钢也有了好的开端。今年2月，莱钢4万吨轿车用高性能水雾化钢铁粉末生产线开工，这是以莱钢承担并完成的国家“863”高科技项目为依托建设的。2003年一期工程建成后，无论是规模还是科技水准，都将是全国第一。预计可实现年销售收入2亿元以上，并有较为可观的利润回报。二期8万吨工程以及钢铁粉末制品深加工项目完成后，更将居于世界领先地位，成为莱钢非钢产业的支柱项目之一。莱钢的H型钢钢结构节能住宅项目不仅通过了建设部验收，其建设标准也将成为国内该项目的行业标准；一些地区立体车库样板工程的建成，以及与钢结构建筑相配套的超高分子量聚乙烯工程塑料、轻型防水墙板等一批新的非钢产业项目等，也都取得了新的进展。硫酸铜等产品已出口美国、朝鲜及中东地区。

积极稳妥地推进资本运营，这也是莱钢发展进程中提出的必然要求。应该说，莱钢的资本运营早就在做：利用亚行贷款，组建上市公司，就是成功的两例。近两年，莱钢又进一步通过招商引资等方式，多渠道吸收外部投资；并通过建立良好的银企合作关系，调整贷款结构。去年，对子公司实行资产经营责任制，实行资产有偿占用制度，以国有资产保值增值为目标，主要考核两个指标：净资产保值增值率和净资产收益率，对成本指标作为辅助指标来考核，从而避免了一些子公司的短期行为，促使子公司领导重视盘活存量资产，重视自身积累。在建设和技改项目上，严格控制投资规模，努力优化投资结构。在生产经营上，坚持两个100%政策，即100%现款（含承兑汇票）采购，100%现款（亦含承兑汇票）销售，促进资金良性循环，提高资金使用效率。进一步强化物流管理，努力缩短产成品在线周期，加速资金周资金，提高存货的变现能力。

二、运用系统思考，实施全面推进

发展的思路明确了，但怎样才能在实施中取得良好的效果呢？当时，炼铁厂是莱钢主体生产的瓶颈。1999年，公司就提出当年要实现年产173万吨铁的目标，但连续两年没有完成。尽管高炉的部分指标还不错，但生产波动较大，2000年750高炉全年休风率为7.65%，是全国倒数第一；冷却壁每年要损坏二三百块……，这些既影响到高炉的正常生产，又大大影响到炼铁系统的效率和效益。过去，从公司到炼铁厂，为改善高炉指标，没有少花精力，但基本上是属于“头痛医头，脚痛医脚”，结果是事倍功半。往往一个问题解决了，又产生另一个新问题；甲部门的某一个问题刚解决，乙部门的问题紧接着又影响到甲部门；甚至是“今日的问题正来自于昨日的解”，有些问题之发生恰恰是由于刚采取的对策所导致的。于是，“按下葫芦又起瓢”，各级管理人员都被动地去当“救火队员”，成天忙忙碌碌，但工作面貌却改进不大。这些沉重的代价给了他们以深刻的教训，使他们从观念上来了一个彻底的转变，从“就事论事”到“系统思考”。

对炼铁而言，“系统思考”就是将铁前所有单位，包括原料、焦化、烧结、动力以及炼铁自身，都要围绕高炉的均衡稳定生产，保证高炉长寿、优质、低耗、高效的目标，来思考问题，打破部门、单位之间的壁垒，以形成真正的合力。在认识统一的基础上，还要形成法规性的文件，使各方面工作都有所遵循。在莱钢公司领导亲自主持下，经过公司内外专家的共同努力，莱钢制定了《炼铁系统赶超全国一流水平优化大纲》，并于2001年5

月颁布试行，7月正式实行。《大纲》分八章，对炼铁原料、高炉操作、生产技术管理、设备管理、技术进步措施都认真分析了现状，提出了目标要求，制定了具体落实措施，并确定了差错等级划分，以及相应的考核奖惩办法；针对过去莱钢高炉冷却壁损坏严重的问题，把“高炉冷却”单独列出一章。实施半年多，就取得明显成效。当年产量突破176万吨，“三打173”的目标终于实现，预计今年可以超过200万吨，缓解了莱钢钢铁生产的瓶颈；一批主要技术经济指标进入国内先进行列。过去连续5年年末抢产量、拼设备，来年一二月份花二三千万元抢修设备的现象不再重现；2001年高炉休风率全年降到1.752%；冷却壁温度由原来的200～400℃降到100℃以下；由于煤比的提高和焦比的降低，仅此一项，全年创效益1000多万元。

公司领导抓住炼铁这一经验，迅速将其推广到电炉系统。2001年年底，莱钢公司制定了《电炉钢系统提高核心竞争力方案》。这一《方案》，同样以系统思考为指针，对电炉钢的各个环节都提出了目标、措施、要求，计划用一至两年时间使电炉钢系统实现“四全”，即全精炼、全连铸、全一火成材、全品种盈利；轴承钢、齿轮钢的产销量进入全国领先行列。现在，时间才过去半年，特钢厂的面貌也发生了较大变化。2001年电炉钢产量为41.34万吨；今年上半年达到了24.7万吨，全年产量有望突破50万吨；连铸比也有大幅度的攀升，到今年12月，当月连铸比可以达到60%左右；冶炼电耗有望破三进二，降到每吨300千瓦·时以下；50吨电炉在4月份炉衬寿命突破800炉，创全国同类炉的记录；一炼的3座20吨电炉也分别达到402～520炉。

目前，系统思考正成为莱钢人习惯思维模式之一，在各基层单位、各专业部门都得到自觉的运用。比如，在降低成本上，过去财务部门往往简单地按照前一年的实际成本，再砍一刀，下达各单位降成本的指标。结果采购部门就降低矿石的品位要求，放宽对焦煤的灰分，给炼铁生产带来了后遗症，总体效果反而不好。现在，按照系统优化的思路，认真贯彻炼铁的《优化大纲》，原料采购的成本虽然有所提高，但由于原料质量的改善，使高炉增产，消耗下降，由此增加的效益远超过采购成本的增加。目前，财务部门树立了“大成本”的系统观念，既考虑局部成本的降低，更要处理好工序成本、成本结构与总成本的关系；既要从小处着手，及时堵塞效益流失漏洞，还要从大处着眼，搞好各项资源的平衡与利用；并注意在降低产品制造成本的同时，将集团管理费用与财务费用降下来。

还值得提出的是，莱钢把经济增长同生态环境的建设密切结合起来，正在创建生态型工业园，实现可持续发展。这是更高层次上的系统思考。目前，莱钢是国内钢铁业中唯一“三证齐全”的企业，先后取得了ISO9001质量管理体系、ISO14001环境管理体系和OHSAS18001职业安全卫生管理体系的证书。

三、重视人力资源的开发，全方位、多渠道地挖掘员工的潜能

市场竞争的严酷事实，使企业领导越来越深刻地认识到，决胜之道在于拥有一支素质高、凝聚力强的员工队伍。近几年，莱钢的党政领导下大工夫开发人力资源，挖掘员工潜能，不少方面有所创新。

（1）狠抓“严细实管理”。针对莱钢过去相当普遍存在的管理粗放，工作布置多，落实差；要求高，考核松；有章不循、违章不究等现象。李名岷总经理在各级干部中反复强调三句话：该达到的水平一定要达到，说了的事一定要做到，该管的事一定要管严。并要

求全公司上下，都要实行“严细实管理”。职工们反映，李总自己就是执行“严细实管理”的表率。“严”是前提，松松垮垮是带不出一支好队伍的；“严”要细分到每个环节，大大咧咧是不可能真正实现严要求的；但严细实的关键还在于“实”。“实”，在指导思想上首先要体现实事求是的精神，“无实事求是之心，有哗众取宠之意”，既带不好队伍，也难以高标准地完成任务；在工作作风上，必须要把“落实”放在首位。再好的制度，再正确的措施，再严格的要求，如果不能落到实处，还是一空百空。为了使各项工作和制度真正落到实处，现在莱钢各单位普遍实行“复命制”，早调会上布置的任务下班前的“严细实”会议上要汇报执行情况；口头布置的口头复命，书面布置的书面复命；一些单位还实施了“督察制”，对关键环节进行专项督察。最近，股份公司又提出“嫉慢如仇”，要求加快各项工作的节奏。今年，他们又推行“三条线”的考核模式，即：基础线、计划水平线和先进水平线，开始把目标瞄向世界同行中的强者，一些指标力争达到国际先进水平。

（2）倡导学习型组织。炼钢厂创建“学习型工厂”取得的惊人成效，在莱钢内部引起极大震动。如果说，“严细实管理”是靠规章制度等外部力量来激发职工的潜能。那么，“学习型组织”的创建则是通过各种教育方式，提高职工素质，从内部挖掘职工的潜能。这两者是相辅相成，相得益彰的。集团公司领导高度重视炼钢厂的这种首创精神，作出了《关于全面学习推广炼钢经验的决定》。现在，莱钢很多单位都注重在职工中培育新理念：“谨防青蛙现象”、“慎待蝴蝶效应”、“不能归罪于外”、“追求卓越，超越自我”等理念深入人心，炼铁《优化大纲》、电炉钢《核心竞争力工程》等的顺利实现，都同这些理念的树立是分不开的；不少单位构筑了宝塔形的愿景体系，上下结合，使职工把自己日常工作同实现组织目标的共同信念联系起来，在工作中不断超越自我，在实现组织的愿景中提升自身的价值；“工作学习化、学习工作化”的观念也在一些单位转化为实际的行动。炼钢厂则在原有的基础上进一步深化，去年他们举办了以“改善心智模式”为主的学习班，今年又按不同层次举办了以“品格训练”为主的脱产学习班，使职工素质得到全面提高。

（3）推进科技创新。其最终目标就是要增强莱钢的核心竞争力。从莱钢的实际情况出发，他们认为，一方面要努力发挥员工的潜能，敢于向科技顶峰冲刺，打造莱钢自己的知识产权。另一方面要对自己的实力有清醒的估计，不可能事事都出自于己，要善于借力、借智，将自主开发和协同开发、引进技术相结合。去年年底制定了《莱钢提高核心竞争力实施纲要》，建立完善技术创新体系，并明确提出了一批预期可获得自主知识产权的项目，有些已经初见成效。炼钢厂 2002 年制订了 28 个创新项目，其中 13 个项目预计可以降成本 1.3 亿元，现正顺利实施中，有的已取得明显成效。全公司还广泛深入地开展群众性小改小革和合理化建议活动，坚信“小改小革的积累是实现创一流的前提”；并将劳动竞赛和群众性技术创新活动结合起来，做到竞赛中有创新，创新中有竞赛，提高劳动竞赛的科技含金量。为鼓励各种技术创新活动，去年莱钢评出技术专家 11 人、专业技术带头人 53 人、科技工作者 227 人，分别享受每月 2000 元、1000 元、500 元的特殊津贴；对一些转化为生产力的重大技术成果，还按其实施效益进行分成，以奖励有关人员。

（4）深化内部改革。为建立现代企业制度，规范母子公司管理体制，莱钢提出了“围绕一个目标，实现两个转变，形成三个中心”的总体改革思路。一个目标，就是确保资产保值增值，实现母子公司价值最大化。两个转变，就是由总厂对分厂的管理模式向母公司对子公司的管理模式转变，母子公司之间由以利润、成本管理为中心的经营管理方式向以资产保值增值为中心的转变。三个中心，就是集团公司为投资、决策中心，各子公司为利润中心，各子公司下属生产单位为成本控制中心。今后，集团公司主要考核子公司的净资产收益率和资本保值增值率。三项制度改革也有了实质性的进展，上半年，集团公司和股份公司机关，通过机构剥离和人员精简，从过去的近3000人减少到600多人，科级以下干部全部实施竞争上岗，仅公司办公室就下来了10名科级干部，以后还将逐步推行到处级干部。分配制度的进一步改革也正在酝酿中，下半年即将推出。

四、关键在于有一个好班子

在莱钢，同干部和职工交谈时，都自然流露出对公司领导班子、特别是两位主要领导的高度信赖和满意之情。他们认为，这一届公司领导班子是一个勤于学习、善于思考、具有超前思维的班子；是一个身体力行、严于自律、以自身的人格魅力感染广大员工，带领大家围绕共同目标而奋斗的班子；是一个善于从基层中汲取智慧、不断总结经验、推动全局的班子；是一个关心职工切身利益，为不断提高职工生活水平而殚精竭虑的班子。因此，可以说，这个班子，是认真学习、自觉实践“三个代表”的好班子。

当然，职工们举出的事例很多，我也不必为他们评功摆好。有些事，按理说，对国企领导来说，应该做到，但实际情况却远非如此。因此，在莱钢听到、看到一些“小事”，却对我触动较大。不止一位厂处级干部同我谈起集团公司董事长、党委书记姜开文的好学精神，说他一年要读50本书。在外出差，除了逛书店外，哪儿都不去；自己买书，从不让公家付钱。我同开文同志交谈时，曾经问起他读书的事情。他说，50本可能不到，但每个月总得看两三本书。这恐怕就是大家盛赞他思路开阔、能够超前思维的主要原因之一吧！对这个班子能够严格约束自己的亲属，没有一个亲属介入莱钢的经营活动、做莱钢的生意的事情，职工们也都倍加称颂；对个别二级单位领导的亲属有同莱钢做买卖的，公司主要领导都及时提醒有关人员，防止出现以权谋私的情况。公司两位主要领导相互配合，讲大局、讲协作，体现了优势互补，董事长在职责范围内尽职尽责，着重考虑发展战略、资本经营等全局性的大事；总经理则尽心尽力贯彻董事会的决策，认真细致，全力以赴。

一个好的领导班子，必然会带出一支好的员工队伍。现在，莱钢人心齐，人气旺，都在为早日实现莱钢发展战略中提出的目标任务而努力奋斗。他们深知，尽管莱钢取得了重大进步，但是当前的形势仍然十分严峻，容不得有半点松劲，更不能有丝毫自满，要对照国内外先进企业和先进指标，进一步找差距，特别是要继续深化企业改革，在机制创新上下工夫；坚持“严细实管理”，并加快信息化建设的步伐，提高管理水平和工作效率，促进机构改革的深化；要更高地举起“创新”的旗帜，把提高核心竞争力同提高全员素质结合起来；还要加强企业文化建设，特别是要把创建“学习型组织”的活动向广度和深度拓展，把莱钢真正办成“学习型企业”。我深信，经过莱钢全体员工的共同努力，莱钢的明天一定会比今天更好。衷心祝愿莱钢在前进的征途中高歌猛进！

人少好办事 事也办得好[1]

三年前，我曾写过一篇报道，题为“人均年产钢近千吨的短流程钢厂——淮钢利淮钢铁总厂”。现在，利淮的钢产量较3年前增加了31%，达到了67万吨；并按淮钢集团的要求，统一经营管理淮钢在北厂区新建的一条18机架的、年产40万吨钢的棒型材连轧机生产线，但人员还是那样精简。厂党总支书记还是兼任厂务办公室主任和厂工会主席，办公室14名职工中，没有一个专职的党务干部和工会干事，只有一位团总支书记还兼着厂报的编辑。但繁重的行政工作并没有妨碍党务工作的开展，1995年利淮刚成立时，全厂只有20多名党员，现在已发展到110名。工厂还年年被公司党委评为先进基层党组织。这个厂的轧钢分厂，管理着分设在南北两个厂区的两条轧机生产线，去年共生产钢材91万吨，总人数为300人。厂部和车间的管理人员一共只有18人：分厂厂长4人，其中正厂长1人，3名副厂长中2人分管南、北两个厂区生产，1人分管设备；厂部还设工艺员、设备员各1人，工会分会主席1人；4个车间有11名正副主任，由于车间进行了整合，车间主任比3年前只有一条生产线时还减少了1人。整个分厂再也没有一名专职办事员，所有行政事务全由厂长、车间主任和分会主席承担。分厂支部书记是厂长兼任，支部委员也全是兼职的，更没有1名专职干事。总厂全厂没有1名临时工，连厂区树木、草坪的清理，办公楼厕所的清洁卫生、都是由机关部门轮流值日。

人员虽少，但生产秩序井然。除了控制室里的操作工人外，轧机生产线上看不到一个人。很多技术经济指标在行业里名列前茅。70吨的电炉在优钢比接近50%的情况下，去年全年吨钢平均电耗（含精炼炉电耗）为316.5千瓦·时，今年3月份“破三进二”，降到了295千瓦·时；吨钢电极消耗为1.85千克，今年3月份降到1.5千克；冶炼周期为51分钟，名列同类型设备的榜首。虽然轧钢厂的优钢比达到48.28%，但其综合成材率也达到了99.08%（其中螺纹钢的综合成材率，由于负公差的原因，达到了102.5%）；其他如机时产量、工序能耗、日历作业率等都在行业里的第一梯队中，至少也在平均水平之上。

人员少，但工作不仅不见忙乱。相反，生产和各项工作理顺了，做到了忙而有序，效率高了，事故少了，连续4年没有重伤事故；挤时间学习的多了，目前全公司有12名各级管理人员和技术人员在职读硕士生和博士生；员工中一专多能的多了。为什么人少反倒能办好事。利淮厂的领导和管理人员认为：机构精简，层次少，使上下沟通障碍少；人少内耗也少，这为提高工作效率创造了一个很好的体制环境。但从主观上，必须要适应这种客观环境，改变工作思路和管理方式。一是要真正实现“依法治厂”，各项工作不仅都制定了相关的标准、并且严格要求按标准、规范办事，违者必究，使之养成自觉的行为习惯。在轧钢厂，看到螺纹钢码放得齐齐整整，左看右看都成一条线。厂领导告诉我说，这

---

[1] 原载于2003年4月9日《中国冶金报》。

是操作规程中要求的，就必须做到。二是不搞形式主义的东西，不搞无效劳动。办事、开会，不穿靴戴帽，开门见山，直截了当；而且文件少，少开会，开短会。三是改进机关作风，机关要为基层服务。目前，部分信息通过计算机联网上报，分厂只负责提供原始数据；由机关职能部门来进行综合，反馈给分厂；公司要材料，也都由职能部门下到现场了解收集，减少基层的工作负担。四是最根本的，就是各级领导要真正树立“以人为本”的企业文化理念，尊重人，关心人，使他们真正感受到企业大家庭的温暖，从而激励他们的敬业精神、主动精神，首创精神，团队精神，把自己的岗位看作建功立业的基地，不用扬鞭自奋蹄。

凤凰涅槃，在烈火中永生[1]

——记汉钢破产后的起死回生

在诸葛武侯安葬的定军山下，有一家重新组建的陕西汉中钢铁有限公司（简称汉钢）。汉钢原名汉江钢铁厂，2000 年初因严重资不抵债，无法继续生产而被迫全面停产，4000 多名职工全部下岗，上至处级干部，下到一般工人，都纷纷外出打工糊口。但在短短 3 年时间里，不仅矿山和两座高炉全部恢复生产，而且建成了年产 60 万吨能力的炼钢连铸工程，结束了汉钢建厂 30 多年来“有铁无钢”的历史。现在正在建设 60 万吨炼焦、45 公称吨的 2 号转炉、380 立方米的 3 号高炉、60 平方米的 4 号烧结机、1.5 万立方米制氧机和矿山扩建等项目。预计到 2004 年底，汉钢将形成年产 120 万吨铁矿石、40 万吨精矿粉、130 万吨生铁、150 万吨钢的生产规模。与此同时，还将配套建成轧钢工程。一个新汉钢将在陕南地区崛起。它已经并将进一步带动地方经济的发展，成为汉中及周边地区的龙头企业，汉中市招商引资的典范，国企改制的样板，工业强市的亮点，安置下岗职工的先进单位；它的改制经验，被省领导誉之为“汉钢模式”，要求在全省范围内推广。

一、建厂 30 年，负债率 249%，破产势在必行

汉江钢铁厂是国家“四五”期间确定建设的一家中型钢铁联合企业，始建于 1969 年。在前 30 年间，经历了艰难曲折。从 1969 年开始筹建，在矿山尚未全部建成时，就于 1979 年停缓建；直到 1985 年开始恢复矿山建设；1990 年第一座 300 立方米的高炉投产，接着于 1994 年第二座 380 立方米的高炉点火。但由于是贷款建设，负债经营，再加上政府部门过多地干预企业生产经营，从恢复建设以来的 15 年中，主要领导经过 8 次更迭；生产经营始终处于不稳定状态；企业内部改革严重滞后，管理粗放。建厂 30 余年，仍然是有铁无钢，企业严重亏损，总负债达到 16.79 亿元，资产负债率高达 249%，电力部门停止供电，企业贷款无门，债台高筑，被迫于 1999 年初停了一座高炉，2000 年初全面停产，职工全部下岗。当时，汉钢内外债务矛盾突出，省市区等几级法院分别查封了所有库房和物资，农民讨债封堵大门，家属区因欠电费停电停水，职工生活极度困难，甚至连续几个月连最低生活费都不能保证，不稳定因素剧增，企业陷入严重困境之中。

二、破产企业的厂长“官越做越小，‘人’越来越大”

1999 年 7 月，上级领导任命当时的副厂长李进同志为厂长。新班子组建后，面对当前的严峻形势，把“破产脱困、资产重组、死而后生”作为彻底解决汉钢主要问题的基本目标。他们先后与一些大型钢铁企业商谈兼并事宜，但汉钢的高负债率使他们知难而退；也

---

[1] 原载于 2004 年第 2 期《钢铁信息》。

曾想挤入“债转股”的通道，但未能如愿。新班子经过反复研究，最后确定了“租赁、破产、收购、发展”的脱困思路。这一思路，前提是租赁，核心是破产，关键是收购，目的是发展。具体来说，就是要求租赁单位在企业实现破产后，经评估后进行收购，并承诺今后不仅要尽快恢复高炉生产，还要把炼钢项目搞上去。同时，还要安置3000名员工，其收入不低于停产前的水平。为此，他们第一步就是慎重选择合作伙伴，用了半年时间先后同国内9家企业接触洽谈，最终选定了唐山宝业集团（其前身为原河北半壁店钢铁公司）租赁汉钢，在国家批准汉钢破产后，又按双方的协议进行拍卖收购。

在此过程中，厂领导认识一致，行动一致，都是以汉钢的发展为重，以几千名员工的利益和前途为重，坚持原则，拒绝个别不符合租赁条件的企业给予的六位数到七位数的“红包”，赢得了员工的高度信任。职工们说得好，他们是“官越做越小，人越做越大”、“企业虽然破产了，但我们的领导在职工心目中的形象却更高大了。”在与合作方的谈判中，对方也被他们处处为职工利益着想、不计较个人得失的精神所感动。最近亡故的原半壁店村党委书记、全国人大代表韩振国同志曾说，我们同汉钢合作，看重的就是人。

三、租赁两年，结束了汉钢有铁无钢的历史

2000年10月起，宝业集团对汉钢实施租赁。职工们由初期的怀疑、甚至少数人反对，转而呈观望状态，逐渐转变为理解、认可、支持。这一方面是省冶金行业办和汉钢领导进行大量耐心、细致、有效的思想工作，通过各种渠道和形式，通报情况，宣传国家政策，教育、引导职工转变观念，扫除对租赁、破产的思想障碍；另一方面也是收购方宝业集团的出色工作，以及他们对汉钢领导的高度信任，对广大职工的真诚关爱。2001年10月，宝业集团注入了1100万元资金，启动了杨家坝铁矿生产；接着又注入7000万元，开始2号高炉的设备检修，于2001年11月点火生产；2002年7月，1号高炉又竣工投产。至此，汉钢已全部恢复生产。宝业集团还在破产法律程序尚未启动的情况下，先期投入近2亿元，开始了60万吨炼钢工程的建设，并于2003年顺利投产，从而结束了汉钢有铁无钢的历史。预计今年可以产钢25万吨。尤为可喜的是，对比1995年当时要上的转炉，投资省，装备水平高；1995年，设计为50万吨能力的炼钢厂，投资预算为5亿多元，而这次结算还不到1.8亿元；而且自动化的配置不低，电控设备都是西门子的，环保除尘搞得非常好，吹氧时不见烟尘。转炉第一个炉役就达到3000多炉，现在这个炉役1200多炉后才开始补炉。高炉生产也呈现了前所未有的好形势，过去历史最高记录是年产铁39万吨，今年预计可以达到65万吨；高炉利用系数平均达到2.5以上，最高达到2.8，焦比下降，有的月份破五进四。

四、职工全部得到安置，收入翻一番，出现了“三多”

产量上去了，但人员却大大减少了。过去只有铁时，就有4000多人，现在有了钢、上了制氧，人员还不到3000人；除了已办理退休和内退的员工以外，还有一部分尚未上岗的职工，在明年新项目建成后，全部可以得到安置。过去欠职工的工资、医药费和集资款已经全部偿还。为了解决女职工上岗难的问题，他们还专门组建了女子绕线班、女子焊工班、女子环卫班、女子警卫班等，最大限度开拓女职工就业岗位。新汉钢还及时为就业职工缴纳“三金”，同10年以上工龄的职工签订无固定期限合同，并确定了职工收入下限

及年增长率；大力完善环保设施，改造职工澡堂，为职工安排体检，参加大病医保等，不断改善职工劳动条件和提高福利待遇。过去员工月收入平均只有500多元，现在基本上翻了一番，有的还涨了两三倍。现在汉钢有三多：摩托车多了，手机多了，装修房子的多了；销售商也看中汉钢职工鼓起来的钱包，规定仅凭汉钢身份证，首付200元就可以先把摩托车骑回家。

职工们谈起租赁、收购后的变化，最大的感受是分配制度和用人制度变了，真正体现了多劳多得，效益优先的原则。其实，这些制度老汉钢都有，但就是落实不了。现在并没有制定什么新的规章，却能够严格执行了。过去迟到早退现象普遍，出工不出力是常事，现在是8点上班、7点40分前大多数员工都已就位。过去干部多，副科级以上干部就超过300人，但效率低，人多不办事；现在新增加了炼钢厂和制氧厂，副科级干部却减到150多人，人少好办事，事也办得好。干部们觉得现在管理省心了，职工身份的置换使人们彻底抛弃了过去那种“生是国企人，死是国企鬼”的观念，大家都珍惜这来之不易的岗位，收入的增加、生产环境的改善以及自身价值的提高，更促使员工们工作的自觉性、积极性大为提高。

好样的！萍钢人[1]

1996年以来，我曾五下萍钢。第一次去时，萍钢已资不抵债，处于风雨飘摇之际。1998年8月，第二次去萍钢，看到在以涂建民同志为首的新班子领导下，一年巨变，受到极大的震撼。以后每次去，都看到萍钢不断发生新的变化，使我受到深刻的教育。

一、萍钢速度

现在，不仅在江西，而且在全国冶金界，一提起“萍钢速度”，无不啧啧称叹。这不仅反映在产量的高速增长上，也体现在主要技术经济指标的大幅度改善上；不仅反映在生产上，更体现在技改项目的建设期和达产达效上。1996年萍钢的铁、钢产量分别为39.8万吨和35.2万吨，至于钢材，更是少得可怜，全厂只有一套设计能力为10万吨的复二重线材轧机，当年产量仅6.4万吨；2002年，预计铁、钢产量将分别达到151万吨和176万吨，6年增长2.8倍和4倍；特别是钢材，跃增到144万吨，6年增长20多倍。这样的增长速度，在国有钢铁企业里是罕见的。在主要技术经济指标上，1996年前，基本上都是排在倒数几位，1998年达到全国平均水平，1999年进入全国前1/4方阵，2001年进入全国前列，今年10月，高炉利用系数达到3.5t/(m^3·d)，入炉焦比降到每吨400千克，转炉钢铁料消耗为每吨1072千克，高线的综合成材率达到97.63%，而钢筋的综合成材率由于负公差的原因，竟高达100.94%。

在建设速度上，同样令人吃惊。350立方米的高炉大修只用了65天完成；投产后第三天利用系数达到2.80，第6天达到3.26；新建的380立方米高炉从动工到出铁只有9个月；10000立方米制氧机10个月建成投产；设计能力30万吨的棒材生产线于1999年3月建成投产，当年达到设计水平，当年获得金杯奖；设计能力50万吨的高线工程目前达到70万吨的生产能力，投产第二年也获得金杯奖。设计能力为50万吨的高架棒材工程，320天建成，第二个月产量就达到5.6万吨，超过设计能力，并且顺利地实现了二切分、三切分轧制。高线和高架棒材的部分关键设备都是从意大利的Pomini公司引进的，该公司的高层领导对此给以很高的评价，对萍钢的建设速度之快感到出乎意料，认为这是他们出口装备中建设期最短、达产最快的轧机生产线。2002年萍钢又荣获全国质量管理先进企业的称号，至今冶金系统一共只有9家。

5年间，萍钢曾制定过4个发展计划，但计划赶不上变化快。尽管当时相当一部分人认为这些计划是“天方夜谭”，但结果却都是提前实现。1997年8月16日通过的原定三年完成的“8·16工程”，提前一年多实现了；紧接着制定的1999～2000年发展计划、2000～2002年发展计划也都提前实现；目前，正在执行的2002～2004年发展计划确定的目标也迅速突破。

---

[1] 原载于2003年第3期《冶金管理》。

二、萍钢效益

6年内，萍钢由江西省的一个亏损大户到全省冶金系统的最大盈利户。1996年萍钢亏损1.0332亿元，到2000年，当年利润已超过1亿元，预计今年（2002年）可达1.7亿元。到今年10月，萍钢已经消化了历史上累计的全部亏损，成为真正的盈利企业。而且这一利润总额是在不断提高折旧率（1996年综合折旧率为5.43%，2002年已提高到8%）的基础上取得的，如果按1996年时的综合折旧率计算，实际利润还要增加4900多万元。萍钢1999年被江西信托投资公司兼并，每年享受免息3100多万元左右的政策优惠。与此同时，平均每年上缴税金以5000万元的幅度增长；而且从2001年、也就是兼并后第三年起，就严格按国家的政策规定，开始分期还本，这在全国兼并企业中也是很少见的。对在职工中募股建设的棒材轧机，从投产第二年（2000年）起，每年以12%~15%的分红率回报职工。2001年，萍钢的社会贡献率也一跃而居第三位。

效益来自多方面。首先是各项技术经济指标大大改善，导致制造成本的大幅度下降。比如，由于高炉利用系数的提高，现在1座高炉的产量比1996年时2座还多。因此，从1997年到2002年上半年，吨铁、吨钢、吨材的制造成本分别降低91.10元、288.35元和674.04元；而产品期间费用（管理费用和财务费用）则降低263.17元，下降到138.35元，降低了65.6%。无论是钢筋还是高线，吨材的完全成本都要比全国同类产品平均成本低130元到170元。

由于规模的不断扩大，而员工总数通过减员分流逐步减少，职工收入在逐年提高，人均收入从1996年的6029元增长到2001年的13001元（其中在岗职工为16342元），5年增长1倍多。但人工成本则稳步下降，吨钢人工成本由300元左右降低到110元左右，降低63%，比全国平均数低180元。

其次是在技术改造上，正确决策，精打细算。1998年前，萍钢只生产钢材6.4万吨。但还是这套复二重轧机，在2000年达到23.7万吨、为萍钢的发展立下汗马功劳后，退出了历史舞台。现在萍钢建起了3套轧机生产线，一条比一条先进。第一条设计能力为年产钢筋30万吨的棒材轧机，他们只用了5000万元，不到6个月建成投产，现在已经达到60万吨水平。第二条高线轧机投资1.6亿元，第三条高架棒材轧机（除生产螺纹钢外，还可轧制工字钢、槽钢、T型钢、角钢等型钢）只花了2.4亿元，和同等规模的类似轧机相比，投资都是较低的。

正是由于投资省，产出高，因此萍钢的一些主要财务指标有了大幅度提升。从1997~2001年，资产增长8.7亿元，销售收入却增长了12.7亿元，资本产出率由52.67%增长到90.09%，位居全国冶金行业中第二位；预计2002年萍钢公司总资产将达25亿元。销售收入可接近30亿元，资本产出率120%。资本收益率、资本利税率也都名列全国第二。

三、萍钢发展模式

萍钢这几年所以能持续地快速发展，同他们在正确的指导思想指引下，逐步建立具有自己特色的发展模式是分不开的。涂建民总经理认为，市场经济是竞争经济，要生存，必须凭实力，在市场经济的汪洋大海中，小舢板是难以同大舰艇相抗衡的。而要把企业做大做强，就要抢时机，争速度。看准了的，就要坚决上，要快上，不能犹豫，不能拖延不决。这样尽管会有一些风险，但他们认为："没有风险的决策任何人都可以做出，企业领导的作用就是在企业发展机遇来临时，敢于作出风险决策。"1999 年下半年，萍钢刚扭亏不久，为了缩小钢和材的差距，决定新建一条高线生产线。当时，企业自身基本上没有可用于建设的资金。但他们充分预测到企业未来发展的良好态势，未来的现金流入，敢于用未来的钱，大胆决策，抓紧时机上马，结果用了 10 个月就建成投产，半年后达到设计水平，抓住了市场机遇，加快了企业发展。

在企业发展中，他们决定在现有设备没有充分发挥作用前，决不进行技术改造。他们认为，用技术改造代替管理，这是国有企业技改的误区，能用管理解决的问题绝不用投入的办法来解决。要通过管理确保技术措施到位，充分发挥现有装备能力。有这样一件事，使广大职工深受教育。2001 年 3 月，高线生产线投产不久，由于精轧稀油站含水量屡屡超标而影响生产，一些职工自发倡议，募集资金增加一个备用油箱。没想到这一"爱厂倡议"却受到涂建民的严厉批评，他认为技改浪费是终身浪费，设备满负荷运转是发挥设备最大效益的前提，在没有搞清问题的原因时，增加"备用"设备就是闲置、浪费。后来，终于查清问题在于员工疏于检查，密封圈破损导致冷却水渗入，根子还是在管理。通过加强管理，油箱没有增加，高线却实现了半年达产的目标，创造了全国新纪录。最近，在研究新区建设时，他们又根据实践经验，提出不建混铁炉，靠强化管理来提高高炉操作水平，保证铁水的均匀性，取得了各方面的共识。

一旦进行技术改造，就要按照"木桶理论"，填平"短板子"，杜绝"长板子"，力争"用最少的投入激活最大的存量资产"。哪里是"短板子"？有时往往被表面现象所迷惑。一度，萍钢钢产量高于铁产量，有人认为要保持铁钢平衡，就要新建一座高炉。但经过认真分析，高炉产量所以上不去，关键在于风机能力不够，这才是真正的"短板子"。结果只花了 570 万元，改造了 2 座高炉风机，使高炉利用系数很快跃上了新台阶。

对技改项目，特别是新建项目，要求"起点高、投资省、见效快"。这 9 个字表面看是有矛盾的。一般起点高，投资就会多。但起点高，不是什么都高，企业要追求的是通过高起点来增加产出效益。因此，绝不是越先进越好，什么都要引进。他们确定，主体设备凡影响到产量、质量、环保、安全的就要高，其他则能省就省，简单实用，以够用为原则。特别是要坚决杜绝"搭车"现象，趁上新项目的机会，来增加其他一些可上可不上的内容，以致不断扩大投资金额。

四、好样的，萍钢人

萍钢在短期内发生的巨变在行业内外已经引起广泛注意，前来取经求教的络绎不绝。他们普遍感到萍钢员工的精神状态好，士气旺，凝聚力强。"事在人为，志在超越"的萍钢精神，"转变观念，眼睛向内，把工夫下在自己身上"的萍钢理念等核心价值观已经深入人心。现在，在萍钢，你随便找一位工人，几乎都可以同你说出一番自己如何贯彻萍钢精神和理念的事例来。很多人会同你讲：如果影响工作的理由有十条，有一条是自己的，就先解决好自己的问题。他们还会联系自己过去的情况，来讲述自己的变化过程。萍钢几年来的巨变，很多过去认为"不可能"的事在短期内都成为现实，这就使他们坚信：路是人走出来的，事是人干出来的；别人能做到的，我们不仅也要做到，而且还要做得更好；别人做不到的，我们也要努力做到。只要我们在观念上能够超越自我，就一定能够实现超越竞争对手，勇立潮头。看到这样一支职工队伍，敬佩之心油然而起。

在改变萍钢面貌的战斗中，一大批优秀干部正在茁壮成长。他们有强烈的使命感，对公司领导的决策不是评头品足，而是全力以赴，坚决贯彻；在任务面前不讲条件，不讨价还价；在困难面前不畏缩，更不退却，而是千方百计设法完成。今年6月，高架棒材轧机建成投产，公司要求2个月内达产达标。尽管在投产初期，设备都处于磨合期，暴露出诸多矛盾，6月份作业率只有10%。但三轧厂领导带领全体员工，强化管理，制定《工艺管理规定》等规章制度，发动职工针对薄弱环节进行小改小革，已实施的有百余项，成功率达100%；还制定了有效的激励和约束机制，充分调动广大员工的积极性。到8月份，作业率达到70.16%，当月产材55927吨，综合理论成材率100.60%，合格率达到99.37%，最高日产3037吨，远远超出年产50万吨的设计能力，奏响了胜利的凯歌。还有像一轧厂，设计能力为30万吨，1999年投产后，历史最高水平为月产4.3万吨。今年10月，公司下达的产量指标却是4.5万吨。面对这一艰巨任务，他们不是考虑单位和个人的得失，怕完不成任务而受到考核，而是义无反顾，勇往直前，结果创造了月产4.8万吨的新纪录。而且通过这一硬仗，更使他们看到了存在的问题，他们充满信心地表示，一轧厂还存在不少潜力，决心尽快把它们挖掘出来。“上下同欲者胜”，有了这样一支不畏艰险、藐视困难、敢于战斗、有勇有谋、能够坚决贯彻领导决策的干部队伍，萍钢就必然能从胜利走向胜利。

特别是生产辅助和生活后勤的21家改制单位，全部实行独立核算，自负盈亏。这些单位的领导，深知自己身负的重任，他们要为萍钢负责，为当地政府和社会负责，为这支近3000人的队伍负责，要通过自己的努力来确保职工的收入，切实地担负起稳定一方的使命。他们也深知萍钢公司所处的困难处境，主动为公司领导分忧解难，过去是“背靠大树好乘凉”，现在要按经济规律办事，萍钢不再是他们避风的港湾，他们不能再以萍钢子公司的牌子而要求萍钢给以优惠，必须提高自身在质量、价格、服务等方面的竞争力。因此，他们带领职工转变观念，苦练内功，大大提高了管理水平和队伍素质，开拓了萍钢内外市场，取得了较好的效益，也锻炼成长了一批能够在市场经济的海洋中搏击风浪的经理人员。目前，这些单位除幼儿园还有少量补贴外，已全部盈利，职工人均月收入大部分都在1400元左右。恒驰汽车运输公司、冶金建设公司、家兴房地产开发公司、联达实业公司等都分别被评为省、市的先进单位。联达实业公司是大集体企业，1996年时只有80多名全民制职工、100多名集体工，年产值400多万元，上缴税金13万元。现在包括6个子公司在内的职工有2000多人，去年产值4500万元，税金超过300万元，今年产值有望达到8000万元，人均月工资也有900元左右。今年他们还引进了8名大专生，都很安心于现职岗位。恒驰公司1998年成立时，90%是将要报废的车辆，现在依靠自身的力量，更新了70%的车辆，还增添了新的特殊用工程车，进一步增强了竞争实力。冶建公司在萍钢技改项目招标中，在价格上已能同民营企业相抗衡，在厂房施工质量上也可同全国性的大冶建公司比美。医院在2000年改制后，3年内实现了4个翻一番：业务收入从改制前不到1000万元到2000年增长到2000万元以上，其中对外现金收入从300多万元增加到600万元，固定资产净值从600万元增加到1200万元，职工年人均收入从6500元增加到13000元。他们还在广东兴宁市黄陂镇和地方合作办院，使该院年收入从上年的40万元跃增到200万元，受到当地居民和政府的称颂，《兴宁日报》还在头版头条作了报道。这些单位都已制定了下一步发展的规划，通过多种融资渠道，开发一些有市场、有效益的项目，有的正在组织实施。这些单位的发展，不仅较好地安置了人员，有利于萍钢和当地社会的稳定；而且还对萍钢和当地的发展起到了积极的推动作用。现在，随着萍钢主体和这些改制单位的发展，萍钢不仅不存在下岗问题，而是担心招不到需要的人员了。

萍钢的巨变，更是同萍钢领导班子中有一个好班长分不开的。在萍钢，上自党委书记，下至最基层的工人，甚至员工家属，谈起萍钢的变化，都会满怀深情地谈到他们的涂总："没有涂总就没有萍钢的今天。"2001 年 6 月，江西省委书记孟建柱来萍钢视察时，充分肯定了萍钢领导这几年所取得的成绩，他说："一个人救活了一个厂，一个班子救活了一个企业，我被萍钢人的精神所折服。"在同萍钢党委书记黄乃忠交谈时，他对涂建民同志在班子里的领头作用给以高度评价，认为建民同志具有强烈的使命感、责任感，思维超前，深入实际，作风扎实，自律甚严，他的权威不是建立在职务基础上的，是确确实实建立在他的人品上，他的诚信上，他的领导能力上，他的事业心上，以及他担任一把手后对萍钢重大问题的决策正确性，他言出必行，实现了对职工、对客户、对国家作出的全部承诺。大家都以有涂总这样一位好带头人而自豪。

萍钢进步巨大，成效显著，但在前进的路程中仍然存在不少困难：他们的资产负债率至今还高达 72%，流动比、速动比都还比较低，某些方面与一些兄弟企业相比，仍有一定的差距；随着现代化改造进程的加快，职工素质的提高更是当务之急，管理创新也有待进一步加强。我深信，在萍钢公司领导班子的正确领导下，萍钢一定会在"三个代表"的指引下，进一步发扬萍钢精神，通过改制、再造，实现新的腾飞！

向巴登学习什么?[1]

——南钢学巴登钢厂的启示

近两年，一些钢铁企业都开展了学习巴登钢厂（简称巴登）的活动，公司主要领导亲自率队前去巴登学习，请巴登的专家前来咨询，并制定了学习巴登的计划。为什么德国的一个小厂竟然有这样大的吸引力，使得众多国内企业的领导干部、管理人员和工程技术人员不远万里前往取经呢？巴登究竟是个什么样的企业？

一、巴登是一个什么样的企业

说来也许令人不解。巴登并不是一个规模庞大、雄踞全球的跨国集团公司。2002年它的钢产量为185万吨，在当前强调规模经济的潮流下，巴登在国际钢铁界里只不过是一个小弟弟，按说是太不起眼了；它的装备水平也并不算先进，主体设备都是20世纪60年代后期的。当然，经过不断的技术改造，真正保留60年代水平的部件已所剩无几了，目前主要设备有：2台90吨超高功率电弧炉、2台90吨LF精炼炉、2台5流130×130方坯连铸机、1条轧制速度为每秒95米的高速线材生产线（双线）和1条棒材生产线，有些甚至还比不上中国某些钢铁企业；其产品品种更是比较单一，全都是普碳钢的线材和螺纹钢等建筑钢材，但全部都深加工为焊网、支架等，其产品占欧洲建筑钢材市场50%的份额。

但正是这样一个规模不大、装备不新、产品档次也不算高的企业，却吸引了一批批的中国企业家和经营管理人员前去学习。这里有技术上的原因，特别是巴登善于用先进适用的工艺技术不间断地对其传统设备进行改造，实现先进技术工艺和传统设备的嫁接，像四切分轧制、低温和温控轧制、穿水和高精度轧制、电炉多功能碳氧枪技术、加热炉自动控制等，给巴登带来了非常可观的经济效益；它的钢材全部经过深加工，大大提高了产品的附加值；巴登的轧钢线在每月生产20多个品种的情况下，生产作业率达到93%，这些都对中国钢铁企业有所启发和具有借鉴意义的。但是，对国内钢铁企业触动更大的还是巴登钢厂的管理思想、管理理念、管理模式。它不仅促进了技术改造的顺利实施，更重要的是，它调动了广大员工的积极性、主动性，使他们能够自觉地、严格地按照规范化、标准化的程序来工作，创造性地提出种种合理化建议，使巴登钢厂成为世界闻名的“高效率钢厂”。而这正是吸引一批批中国企业家和经营管理人员前去学习的一个重要原因。

巴登钢厂是1968年建厂的，当时设计能力为30万吨。到1983年，产量只有45万吨。由于欧洲乃至世界钢铁市场竞争日趋激烈，以生产普碳建筑钢材为主的巴登钢厂无论在规模上还是产品结构上都已失去了竞争的优势，效益不断下滑，公司濒临破产。1985年巴登钢厂易主，现在的老板威茨曼贷款收购了企业的股权，进行重组。重组后的巴登公司在经

---

[1] 原载于2003年第6期《冶金管理》。

营理念和管理哲学等方面实现了带有根本性的转变。一方面，在资金十分紧张的情况下，派出管理人员和操作人员分批到日本培训，学习先进的管理经验，逐步形成巴登独特的管理模式。另一方面，开始了大规模的、持续不断的设备改造和技术创新。目前，巴登全厂员工为760人，其中管理人员138人、工人622人。公司高层领导只有总裁1人，另有秘书2人。其他各部门定员为：炼钢厂（从废钢原料到炼钢连铸）300人，轧钢厂（棒材、线材）203人，安全工程部只有安全工程师1人，质量保证部（质量控制、化验）13.5人，人事部（工资、行政、人力资源研究、工伤照顾和门卫）31人，财务部（财务、金融投资、采购等）26.5人，工程环保部13.5人，产品发运部41.5人，维修中心（机械维修、设计）64人，电气设备维护63人（注：0.5人是指有人兼两个部门的工作）。2座电炉保持着日炼钢52炉的世界纪录，全员劳动生产率超过了每人每年2400吨，其吨钢成本远远低于德国同类型企业。迄今为止世界上已有140多家钢铁企业到巴登钢厂进行培训或由其提供咨询，其中中国就有近10家，南（京）钢就是学习成效较好的企业之一。

二、向巴登学习什么?

两年多来，南钢学巴登的活动以高线厂为主，从点到面，全面推进，取得了明显成效。在学巴登的实践中，他们深感巴登的管理模式、管理理念、管理思路，内涵丰富，具有很现实的指导意义，也有很强的可操作性。他们认为其中比较主要的有这样几点：

(1) 要真正把“以人为本”这一理念贯彻在企业全部工作中。这是南钢去巴登学习人员感受最深的一点。近几年，国内一些企业也都倡导“以人为本”的理念，南钢也不例外。但在去巴登前，他们确实没有想到在资本主义社会中，企业管理人员和员工的关系会那么融洽，员工的积极性会那么高涨，对员工的培训要求会那么高，抓得那么紧，而员工的素质又是那么好，团队精神会那么强。每个人不仅能自觉地做好本职工作，而且积极地为别人工作创造好条件。管理人员和维护人员总是说：“我的工资收入是一线员工生产出来的，我必须尽力为一线服务，保证生产。”而生产操作人员则经常说：“我们能够顺利地生产是设备和技术保证的，所以要尽力认真操作，爱护设备。”巴登的5位专家第一次到南钢高线厂来调查咨询时，所问的第一个问题几乎都是“你同其他专业（工序、班组）有无矛盾，怎样解决”，可见对相互协作关系的重视。在巴登，一专多能，一人多岗是十分正常的事情。加热炉区只有一个看火工，他同时操作两座加热炉；一个轧钢工同时也是主操工和行车工；一个钳工要会全线所有机械设备的维护和维修。所有这些，都是同巴登高层领导的理念分不开的：“企业的成功80%取决于人，20%取决于设备”；“让员工充满激情地度过每一天”。他们还认为，既然企业是由人员和机器设备组成的，就必须把对设备的投入和人员的投资放在同等位置上，改造就是对机器设备的投资，而培训就是对人员的投资。培训是开发人力资源的核心，是培养团队精神的课堂，是提高企业竞争力的持续源泉，培训更是一种激励，是留住人才的一个重要手段。

参观巴登回来后，南钢的同志们普遍重视了人力资源的开发工作，特别是对培训的认识有了一个根本性的转变。过去，一些干部感到手下能干事的人太少，看到巴登一个人最多的会18个岗位的操作技能，认识到不是“蜀中无大将”，而是自己为员工创造成长的舞台不够大，是自己对员工的成长不够关心。一个人会18种技能是个别现象，但为什么不能让每个员工会2~3个岗位的操作呢？观念转变后，抓培训工作也就从被动转为主动。

他们制订了员工培训计划，开展了轮岗培训交流，再配合激励考核导向，员工参与培训的积极性空前高涨。目前，高线厂的轮岗面已达80%以上。也就是说，大多数员工都已具备2种以上的操作技能；其他各厂也普遍开展了“大工种”的培训。这一举措，收到了意想不到的效果。过去检修时，钳工人手特别紧，现在有了轮岗工，就解决了这一矛盾。平时，钳工工作量不够饱满，现在可以从事其他工作。他们还制订了后备作业长的培训制度，既解决了后备干部不足的问题，还能让一部分优秀班组长获得施展才能的新舞台，并为在岗作业长创造了离岗再学习的机会，促进他们为迎接新的挑战，努力提高自身素质。各厂还普遍重视发挥技术人员的作用，实施专业工程师、项目工程师、主管工程师制度，这不仅体现在工资待遇上，更重要的是在其主管范围内有责有权，更好地调动了他们的积极性、主动性；还对技术人员实行竞争上岗和按照贡献大小给予人才津贴；并加强了专业技术人员和管理人员的继续教育；一些厂在生产任务重、压力大的情况下，坚持每年组织若干团组外出考察，并要求将考察成果转化到实际工作中去。高线厂还大力改善员工的工作环境，改造了操作室、维修间，为所有班组配置了空调，在生产现场的卫生间放置了手纸和洗手液，使员工能在宽敞、明亮、整洁的环境中心情舒畅地工作；这也体现了一种文化、一种文明。

（2）产品是靠设备生产出来的。要使生产高效率，必须通过持续不断的管理改进和技术改造，使设备少故障、零故障。企业的高效益来自生产的高效率，而影响生产高效率的往往是设备的停停打打。因此，如何确保设备的正常运行，最大限度地减少故障延误时间，就应该成为企业管理的一个重要课题。这几年，南钢在这方面进行了很多探索，如推行操检合一，强调“生产操作者是设备维护的第一责任人”，有的还提出了要实现设备的“零故障”，这些都取得了一定的成效。但是，有的虽然提出了理念，但缺乏相应的机制，没能真正贯彻下去；还有一些，仍然停留在原地踏步，进展不大。对照巴登，差距就十分明显。巴登的可贵之处是能把这种先进的理念转化为一种机制，并创造性地开发一些科学的方法和手段，使之具有很强的可操作性，并持之以恒地推行下去。在这方面，南钢学习借鉴的主要有：

一是建立故障延误管理体系。长期以来，巴登就十分重视对故障延误时间的分析，定期统计分析前十位的故障，巴登公司的总裁和项目工程师的主要职责之一就是根据生产统计分析，发现妨碍生产正常运作的“瓶颈”，采取有效措施来解决这些难题。南钢高线厂借鉴巴登模式，组织技术人员历时两个月，编制完成设备及停机延误编码管理制度，对曾经发生过或可能发生的近400种故障都进行了分类编码，然后利用计算机对故障延误进行自动统计分析。这种故障编码，是把文字表述故障状态转化为以数字来表述，实际上是一种量化管理、数字化管理。这样，就可以使管理人员通过数据准确地了解一段时间内的主要问题，作为下一步改进管理，或技术改造、技术攻关的重点；这就避免了凭印象、甚至“拍脑袋”来决定项目的做法。比如，过去水冷线曾经是生产线上中废最集中的区域，但每次处理故障的时间都不长，一般5分钟左右就可以解决；还有像集卷筒也经常出现故障，影响产品质量，但每次耽误作业时间也就是三五分钟，一直没有受到应有的重视。通过对故障延误时间排位，发现这两者都位列第一、第二。这就引起了高度重视，把这两个问题列为改造的重点，结果花钱不多，解决了问题，加快了生产节奏，使机时产量有了明显的提高。现在高线厂每周分析前5位的延误时间，每月分析前10位；一般前一年的前十位故障都会在下一年基本上得到解决；使设备故障停机时间从1999年的306小时降低到2002年的161小时；同期，设备检修时间从373小时降低到276小时，设备可开动率也从92.49%提高到94.86%。

二是由在线检修改为离线定修，逐步提高定修项目在检修中所占比例。南钢高线厂原来虽然也有定修制度，但基本上还是以等设备坏了、或出了事故再抢修为主的模式。抢修重在一个“抢”字，往往就会影响质量。现在，一方面修订定修制度，提高定修项目的比例；另一方面，更重要的是，规范离线检修。按计划到期就将该换的部件卸下来进行检查修理，把经过严格检查的、准备好的部件装上去。这样做，既缩短了检修时间，还提高了检修质量，保证了生产的正常运行。过去轧机每个月都要烧二三次轴承，现在半年多了，还没有烧坏一次。当然，这要增加某些备品备件的库存，但正像电炉厂厂长所说的：虽然这两年他们新增了800万元的库存备件，但却大大减少了故障停炉时间，由此取得的效益远远大于这笔资金的投入。

三是改进检测手段，充实并改善检修工具。这是花钱不多、效果明显的一着棋。但过去往往认为是小事一桩、或者因为要节约资金、降低成本而未能重视。随着装备的现代化和设备结构的日益繁杂，用传统的点检方法和手段已经不能适应，必须采用一些先进的点检仪器和设备，将诸如设备的温度、振动情况等数据记录下来，才能有效地掌握设备的状况。高线厂现在已经将测振仪、测温仪等配置到班组，及时发现多处重大隐患，避免了重大设备事故的发生。轧钢片好几个厂都对各作业区、各班组的工具状况进行了全面普查，制订计划，列出清单，分步配备。这些工具已经在生产、特别是大中修时，发挥了明显的作用，大大提高了工作效率，赢得了时间。他们还改变了过去设备图纸只存放在资料室和专业人员手中的做法，将图纸配置到岗位，便于现场检修人员的查阅，提高了工作质量和工作效率。

（3）转化巴登技术诀窍，在转变观念的同时，建立技术创新机制。在巴登，南钢的同志们看到他们不断地应用成熟的新技术，进行工艺技术优化。轧钢厂的加热炉加热能力不够，就通过改进加热炉控制系统、优化操作，同时进行坯料热装热送，使加热能力由每小时90吨，提高到每小时180吨；轧槽轧制吨位低，通过改变轧辊材质，改进水冷喷嘴形式，使单槽轧制量由1万吨提高到4万吨；频繁换规格导致停机时间长，就重新设计孔型，实现各系列过渡更换；水冷线堆钢多，就改进轧废箱、水冷段设计，减少堆钢；吐丝机前弯管不耐用，就探索出碳化钨衬套，使用吨位成倍增长……。炼钢厂技术的优化和创新更多，1981~1999年，重点技改项目就有50多项，涉及硬件设备的改造、工艺布置的完善、新技术的推广、计算机的应用等方面。有些技术是巴登自行开发、探索出的诀窍；有些则是直接采用了当时最可靠的先进技术。这些技术改造和创新，使巴登钢厂以极少的投入，利用20世纪60年代末的设备和厂房，达到了90年代世界同类企业的先进水平。

通过学习，南钢的同志们感到其中不少技术诀窍和技术创新的成果可以直接拿过来就用。但更重要的是，在同巴登各级领导和员工接触过程中，他们发现，巴登的员工在对待技术创新上抱着这样一种理念：任何问题都是可以解决的，任何一种故障都是可以排除的。而我们则往往遇到问题就推给客观。两种心态，必然导致两种结果。比如，高线厂轧机生产线活套区域现场电气检测元件的零星故障比较频繁，就埋怨国产元件质量不过关，或是认为现场雾气大、“故障难免”。但看到巴登在基本类似的条件下，却避免了故障的发生。回来后，他们学习巴登的经验，自己动手，进行了改造，还是那些国产的元件，但月故障时间从改造前的1小时20分钟，降到了9分钟。中板厂过去磨辊、换辊时间长，经过改革，工效提高一倍还多。

巴登的这些改进，很大部分是靠现场的岗位工人来实现的。一般都是他们首先提出建议或方案，有的就自己动手来改进；难度较大的，则是和机械、电气工程师一起来解决。德国的工人进厂前，都要经过2～3年的职业培训，其中包括基础理论和专业工种技能的培训，动手能力很强。这一点当然是我们所无法比拟的。但通过学巴登，加强员工培训，开展一专多能，建立各种激励机制，南钢员工的积极性、主动性、首创精神都有很大提高，合理化建议的数量有了明显增长，质量也有显著提高。

（4）工作的规范化和作风的严谨性是高效率的重要保证。在巴登，事事处处无不体现着工作的规范化，从劳保穿戴到工艺执行及设备维修等各项工作，从废钢等原材料采购到加料、冶炼、浇注、轧制、打包运输出厂等各道工序，都有一整套科学合理的规范作业标准。这种规范化不是体现在条文多少，而是在于切合实际，在于真正去贯彻实施。他们认为，规范化和其他管理工作一样，要自上而下推动，各级管理人员必须身先士卒，严格要求自己。他们要求："每个经理就是一个遵守准则的典范"，"一个经理对部下的要求绝不应该超过对自己的要求"。规范化也不是一朝一夕能形成的，而要从点点滴滴开始做起，养成严谨的作风来保证规范化的实现，以规范化的要求来促进严谨作风的形成。

高线厂的员工刚到巴登时，看到他们的员工在维修更换下来的部件时，工作慢条斯理，不紧不慢的。有人甚至认为巴登的工人干活效率低；"他们4小时干的活我1个小时可以拿下来"。有些工作，表面上看，巴登工人所做的，南钢的工人也基本上都做了，但仔细一对比，就显出差距来了。差距说大也不大，差就差在那"一点点"，每个环节都放松了那么一点点，最终的结果就差远了。所谓"差以毫厘，谬以千里"。比如，巴登换导卫，清洗、加油，都有规范化的要求，操作也非常严谨，对每个换下来的部件、零件都要经过认真的清洗然后才能用上去；而我们有时只是用抹布擦一下，表面看，好像也还干净，实际上，一些细小的尘埃还附在上面，设备一运转，问题就出来了。

通过学巴登，各厂普遍重视规范化的运作。高线厂重点在5个方面推进规范化：故障分析管理规范化、生产操作标准化、设备检修和管理规范化、备件管理规范化、管理考核规范化；中板厂在检修工作上规定了"六个落实"，即计划项目、时间、人员、工具、备件、安全样样都必须全部落实。他们不仅修订了规章制度，更重要的是，要"有规必依"，"有章必循"。比如，规定所有更换下来的部件不经过清洗不得装配使用。开始，大家还不习惯，但经过一段时间的强制推行后，员工们都尝到了甜头。高线厂的员工们还参照巴登的设备，自己设计制造了一台清洗机，进一步提高了检修工作的效率和检修质量。现在，大家感到规范化的好处：部件损坏的少了，生产正常了，设备顺行了，检修工人的工作量也减少了，检修质量得到了保证，成本也下降了。在南钢，规范化开始深入人心，大家认识到，只有规范，各项工作才能均衡、协调、有序、高效地开展起来。他们体会到，规范化的过程实际上是一个从服从、认同到内化的过程。

由于巴登在各个环节都实施了规范化，从废钢原料的进厂就开始进行质量控制，对废钢的化学成分和废料配比都有明确要求，各工序在生产过程中严格按照规程生产，成分稳定。因此，巴登在生产线上不设成品检验工，成品质量由轧钢工自行负责，轧钢工是产品质量的唯一责任人。从而体现了巴登的质量管理思想：产品质量是生产出来的，不是靠检验出来的，每个生产工人必须对产品质量负责。目前，高线厂也已采取这个办法，生产工人的责任心大为加强，质量异议大大减少，原先每月都有五六次质量异议甚至还多些，2002年每月下降到一两次。2003年以来，一直保持在“零异议”状态。

在实施规范化的过程中，南钢还向巴登学习，加强信息化建设。信息化既是实施规范化的一个重要基础，又为提高规范化档次提供了有利条件。同时，它可以剔除企业管理中的人为因素，推进企业从人治走向法治，提高企业运作效率。现在，南钢高线厂信息化管理的框架已基本形成。一个包括计算机局域网、电视监控系统、无纸化办公、仓库计算机管理、无线对讲系统、现场电子屏幕等组成的管理信息系统在生产中得到了广泛应用，发挥了重要作用。在提高工作效率的同时，也使得基础管理步入数据化、规范化轨道。

南钢通过开展学巴登的活动，已经取得明显成效。仅按转化巴登技术诀窍这一项来计算，2001年就增加效益1855万元；2002年为1418万元。高线厂在与巴登签订的咨询合同中，提出的产量目标是2002年达到50万吨，改造后（2003年）达到55万吨，实际上2001年就拿下了50万吨；年日历作业率，合同签订前的1999年只有74.8%，2001年达到了82%以上，现在已经稳定在85%以上，在行业中处于领先地位；2001年其成本比上年下降1030万元。中型厂圆钢的热顶端合格率从一年前的80%左右跃升到95%以上，进入了行业先进水平；表面质量也有明显改善，深受用户好评。电炉厂70吨电炉和精炼炉的吨钢电耗降到334千瓦·时，电极消耗降到1.5千克，冶炼周期降到1小时以内，都进入了行业先进行列。

三、南钢学巴登的启示

南钢学巴登之所以能取得较好的成效，回顾其经过的历程，总结其实践经验，对我们也是有很大启示的。

第一，学巴登必须作为一项一把手工程，由企业一把手亲自来抓。在南钢同巴登签订协议时，巴登就提出第一批去巴登的培训团，必须由集团公司总经理带队。2000年9月，集团公司总经理杨思明带领了13个主要生产厂、主管处室，以及高线厂领导组成的管理培训团到巴登进行了为期两周的管理人员培训。两周的学习，使杨总也深受教育。在巴登期间，他带领大家白天参加巴登安排的学习活动，晚上整理资料、讨论研究，一般都到深夜12点以后。回来后，他亲自担任学巴登领导小组组长，领导制订了《南京钢铁集团有限公司学巴登总体方案》，提出了28字的指导方针，即总体规划、分类实施、因地制宜、积极稳妥、重点突破、逐步推进、不断深入；并帮助高线厂制订了《引进巴登管理三年规划》。事实证明，这一步对南钢成功地推行巴登管理模式具有至关重要的意义。因为，试点过程中必将遇到思想观念、经营理念以致具体运作过程中的种种矛盾，涉及公司的方方面面，如果没有公司最高层领导的大力支持和公司职能部门的积极协调，光靠试点单位自身是难以解决的，其结果很可能是半途而废，不了了之；或者是事倍功半，进展迟缓。

第二，学巴登必须紧密联系实际，狠抓思想观念的转变。通过学巴登，他们深深体会到许多具体工作上的差距实质上是思想观念差距的外化。因此，学巴登不能停留在就事论事地学；学巴登的过程，必须成为转变观念的过程。但思想观念的转变，绝不是停留在空洞的口号上，而是要同各项实际工作和具体业务紧密相连的。思想观念的转变必须落实到各项具体业务上，要以观念的转变来推动各项工作的改进。这样，才能使企业管理从相对来说比较粗放型向集约型转变；使员工素质能够得到较快的提高；使观念的转变，不仅对当前的各项工作起到直接的指导作用，更重要的是，对南钢今后的发展起到长远的、深远的影响。比如，在检修工具的添置问题上，就是因为较好地解决了对生产成本的“狭义观”、“短视观”，树立了系统思考的观念，既注重当前，更着眼于长远，收到了“花小钱，办大事”的效果。

第三，对巴登的经验既不能过分强调客观条件的不同而妨碍认真学习，也要实事求是地正视国情、厂情的差异，进行创造性地学习。应该承认，由于中、德两国国情不同，体制不同，学巴登不能生搬硬套。但是，南钢的同志们在学巴登的过程中，越来越深切地体会到，作为企业生产经营管理，在很大程度上有其共同的规律，有不少东西是可以采取“拿来主义”的态度直接借鉴；即使某些所谓客观条件的差别，深入一分析，也往往是由于我们思想观念滞后以及行动不力所致，更需要我们加快观念的转变，改进工作作风，来努力创造条件。当然，其他企业的先进经验，都会有其形成的背景条件，不加分析地照搬照套也是会误事的。这种情况，南钢也曾发生过。在巴登，有人看到巴登对员工只激励，不考核，但员工的工作热情很高，也想仿效。尽管不少同志认为这一办法不适合国情、厂情，但有的作业区还是想试一试。工人迟到了，也不考核，作业长只是很关心地问问情况。一个多月后，这个作业区的管理状况全面滑坡。这里，不仅有员工的个人素质问题，更关键的是，巴登平时重激励，但在关键时刻则毫不容情。上一任炼钢厂厂长就是因为连续两年指标没有进步，被迫提前3年结束了聘期而离开巴登；巴登工程咨询公司总裁50多岁了，是巴登的创业者之一，也因为工作业绩不好而被解职。但中国却没有这种强有力的约束机制。

第四，采取了一条“由点到面，分层推进”的有效方针。南钢学巴登，是以高线厂为试点单位。这是因为首先建议学习巴登管理经验的是高线厂，他们对巴登经验感受较深。1998年11月，南钢高线厂厂长蒋莜春去巴登考察产品深加工的经验，没料到真正打动他的却是巴登高效率的管理运作方式。回国后，他就积极向公司领导建议引进巴登钢厂的管理模式，得到了公司领导的大力支持。用蒋厂长的说法，这是“无心插柳”。经过双方协商，由公司董事长、党委书记肖同友带队去巴登，于2000年3月正式签订了以南钢高线厂为试点，学习和引进巴登管理模式的管理咨询项目。同年5月，巴登派出5位专家到高线厂进行调查，提出了诊断报告。从2000年9月到2001年7月，南钢先后派出三批、44人，到巴登进行培训，其中高线厂的领导和员工共28名，其他人员中包括公司主要职能部门和各轧钢厂及炼钢厂的主要领导。在学习推广巴登经验时，公司确定了分3个层次：第一个层次就是抓好高线厂的试点工作，全面推行巴登经验；第二层次是轧钢片以及电炉厂等到过巴登学习的单位，从建立高效、精干的组织机构入手，取消车间、科室，新建部、作业区的垂直型管理模式，各轧钢厂共精简33个科级建制和36个科级职数，精简比例分别为61.11%和25.53%，减少了管理层次，在此基础上再逐步推行巴登其他经验；第三层次是没有到巴登学习的单位，借鉴其他单位学巴登的成功经验，逐步开展，把公司学巴登活动工作全面引向深入。这样，有计划、有步骤、分层次地推进，效果就比较显著。

现在，“无心插柳柳成荫”，南钢学巴登的活动已经取得了很好的成效。应该说，当时高线厂领导的建议和南钢公司领导的决策是很有战略头脑的。目前，南钢在总结经验的基础上，正在把学巴登的活动进一步向深度和广度拓展。在广度上，要从点到面，结合各单位实际，把高线厂等学巴登的经验推而广之；在深度上，要在消化吸收巴登经验的基础上，强调有所创新，走出南钢特色的路子来，为提高南钢的核心竞争力，为南钢持续健康地发展，不断注入新的活力。

南钢学巴登的经验，对钢铁行业来讲，是会有很大启发的。南钢学巴登的成效再一次证明了党中央指出的："推广先进企业的管理经验，引进国外智力，借鉴国外企业现代管理方法"的正确性和必要性。事实证明，学习国外先进管理经验，同引进国外先进技术一样，对我国钢铁工业的发展、提高都会起到积极的推动作用。但是，学习也要防止"一阵风"，没有必要大家都花几百万人民币，远涉重洋，请进来，派出去。过去，我们引进国外先进技术，就曾发生过一而再、再而三地重复购买国外成套设备的情况，结果花钱不少，但总是跟在人家后面；而我们的东邻日本，却是走的一条"引进—消化吸收—创新—再输出"的路子，花钱少，收效大。更重要的是，在"国产化"的过程中，锻炼出了一支高素质的技术队伍。在学习国外先进管理经验时，我们要吸取这一教训，不要再走重复引进的老路。要善于在兄弟企业已经付出代价的基础上，进行学习借鉴，在此基础上，进一步深化、创新，走出一条新路来。

从洼地攀上高峰❶

——水钢二轧厂抓好软件建设大打翻身仗

走进水钢二轧厂，就会看到厂房内外，十余块大版面的文化橱窗，那里记载了二轧厂的昨天和今天，也预示了二轧厂充满希望的明天。很难想象，七八年前在行业里还是处于最后方阵之中的水钢二轧厂，如今却进入了全国一流棒材厂的行列。这条原设计为年产40万吨棒材、从前联邦德国引进的二手设备，1996年轧材只有18.8万吨，2000年达到了78.9万吨，经过2001年的技术改造后，2002年竟突破了百万吨大关，当年综合成材率达到97.7%（不含负公差盈材率）工序能耗（标煤）为每吨59千克，日历作业率为85.34%。近几年来，不断获得省、部以上的荣誉称号，其中国家级的就有多起：1999年5月，精整车间甲班荣获"全国职业道德百佳班组"；2001年3月，二轧厂生产的螺纹钢荣获国家首批"产品质量免检证书"，2002年1月，又荣获国家"冶金产品实物质量金杯奖"；2002年，荣获全国"五四红旗团委创建单位"。同年，检修车间综合班荣获全国"五一劳动奖状"；检修车间"智慧"QC小组荣获2003年度全国优秀质量管理小组；还自行开发了具有自主知识产权的"四切分"轧制新工艺，并已运用于ϕ12mm热轧带肋钢筋取得了初步成功。

二轧厂的变化来自何处？这一方面固然有水钢大环境的影响；另一方面，同二轧厂几届领导班子在狠抓技术进步的同时，始终一贯地重视管理创新、企业文化建设和人力资源开发等软件建设密不可分。

一、几届厂领导接过管理创新的接力棒，把管理水平不断提高到新层次

自1997年以来，二轧厂已三易主要行政领导，但每届领导班子都能根据当时情况，在管理上有所创新，推动管理工作不断上水平。1999年，当时二轧厂的生产已经走上正轨，为了推动各项管理工作的落实，厂长仇雅鸣（现为水钢公司副总经理）推出了"干部离线检验法"，就是在组织重大生产活动时，将有关干部调离现场，让现场工人按照已定的计划去实施，以检验这些干部的工作是否真正到位，落实到最基层。第一次实施这一办法是在全厂进行设备检修的当天早上，仇厂长突然宣布：他立即带领全部车间主任和厂部的职能科长外出。按说，设备检修是工厂的一件大事，过去都是领导上一线，亲自指挥协调；但这次二轧厂却反其道而行之，直到下午3点才让这些中层干部回厂。虽然，这次没有发生什么大问题，但多少也暴露了管理上的一些漏洞。以后，这样的"突然袭击"又搞了一次，这就使下面的干部抓工作更扎实、更周全了，生怕万一某项工作考虑不周，安排不到位，耽误了整个设备检修进程；而工人也明白了，如果事先不做好充分准备，临时

❶ 原载于2003年12月18日《中国冶金报》。

找领导只能说明自己思考问题不精细，准备工作不充分，协调能力欠火候，应变措施不得力。这样一来，就促使整个管理水平提高了一个档次。

2000年，郅鹤生厂长（后调任水钢集团煤焦化公司经理）又推出了“生产总值班制”，群众则称之为“见习厂长制”。就是将热轧、精整、准备、检修、电气5个车间的主任，轮流值班当一周“生产厂长”。在此期间，除了没有财权、不能批钱外，见习厂长全面负责本周日常生产指挥和组织工作，主持厂调度会、各类事故分析会，以及参加公司召开的生产例会，还有权对生产中出现的问题按厂规考核和惩处。这种做法，实际上也是将“干部离线检验法”延伸到厂级领导，检验厂级领导不在时，生产能否正常运作。第一轮下来后，总体情况不错，不仅生产正常运行，更重要的是，这些“见习厂长”普遍认为得到了很大的锻炼，一是提高了全局观念，增强了协作精神。像热轧车间主任过去总认为自己是全厂的龙头，其他车间都要为自己服务，自从担任见习厂长后，才深切地了解到各车间的情况、困难和他们所作出的努力。从此，对兄弟车间不再以“老大”自居，这就使得厂部的管理意图和工作要求更易得到贯彻；二是普遍都感到自己知识的不足，迫切要求提高；有位车间主任已经48岁了，在当“厂长”后，报名参加电大学习企业管理，他说，他儿子上大三，他上大一。目前他已从大专班毕业；三是使厂领导从日常生产事务中解脱出来，去认真思考厂里长远发展和队伍建设的大事，自己也有更多的时间去学习提高，从而又进一步带动全体职工素质的提高。

2001年初，正值二轧厂进行轧线优化布置的技术改造，夏朝开厂长设计了一张表，让每个中层干部每周都填写一次，回答6个问题，就是“三个不满意，三个为什么”：职工不满意的事，自己不满意的事，领导不满意的事；为什么存在重复发生的问题，为什么领导安排了才动，为什么结果与计划总有偏差。填写这张表的起因是，为了及时发现这项投入上亿元的技改项目过程中的问题，改正缺点，确保项目能顺利投产、迅速达产。开始，中层干部感到不习惯，但逐渐尝到了甜头。填表促使干部冷静地思考问题，有助于提高干部工作中的主动性、超前性、预见性，也使厂领导能更好地了解干部的思想状况和工作情况，及时发现具有共性的主要问题，迅速加以改进。

也正因为他们能及时发现问题，及时总结经验教训，也就为及时改正缺点和失误创造了条件，因此这项工程取得了优异的成绩。原先，作为这一项目的总承包——北京钢铁设计总院下属的一个公司对水钢要求的竣工期限感到没有把握，但结果在85天内如期完成。他们对二轧厂员工的素质以及在工程中的积极配合，大为赞赏。竣工投产后仅一个月，一些主要指标就超过了预定目标，第2个月产量达到7.5万吨，实现了年轧材90万吨的高水平，产品质量也有进一步提高，成本持续下降，这就为下一年突破100万吨打下了很好的基础。

通过管理创新实践，二轧厂总结了干部“三部曲管理法”：即离线检验法、换位思考法、升位体验法；并且将清理“三个不满意”，反思“三个为什么”贯穿到一切主要工作中去，成为各级干部的一种行为准则。

这种管理创新，在各级都有。像荣获“全国五一劳动奖状”的检修车间综合班班长陈吉祥就首先在全公司内推行“亲情呼唤安全”，在班组活动室将全班成员的合家欢照片贴在墙上，并写上亲人的嘱咐，每天上班和下班挂取安全帽时，都可以重温这些真情的嘱咐，促使自己更加重视安全。他们还推行了“情绪挂牌”，每个成员根据自己当天的心情，分别摘取红色、绿色、蓝色等代表不同心情的不同颜色的牌子，挂在自己的名牌旁。一旦发现有代表不良心情的牌子时，班组长就会找其谈话，合理安排当天工作，并及时做好思想疏导工作，还要在工作时指定专人进行关照，防微杜渐，以防止事故的发生。这一做法，已在全公司进行推广。

二、将企业文化贯穿到日常生产、生活中去，防止发生“理念在天上飞，行动在地上爬”的现象

2000年，二轧厂在学习、领会、实践“自强、开放、创新、追求”的“水钢精神”基础上，结合自身情况，提出了“超越自我，挑战极限”的二轧精神，这是二轧厂建厂十多年企业实践活动的科学总结，是二轧厂职工队伍工作作风、精神追求和共同价值观的概括。在此基础上，二轧厂还推出了包括主导理念、人力资源管理理念、科技发展理念、质量管理理念、生产管理理念、设备管理理念、成本管理理念、安全管理理念、思想政治工作理念和环境建设理念等10个方面的企业管理理念，以及职工道德规范和职工行为规范，形成了一整套的具有二轧自身特色的企业文化。

企业精神和诸多管理理念的提出，既是源于实践，但又高于实践，更关键的是要进一步指导实践，使企业的各项活动都能自觉地提高到一个新的台阶，新的水平。二轧厂的领导认为，要使企业文化真正起作用，必须将企业精神和各种理念渗透到日常生产活动、员工个人生活中去，防止发生“理念在空中飞，行动在地上爬”的现象。为此，二轧厂运用多种途径、多种载体、多种方式来进行企业文化建设。

一是将制度建设与精神文明建设结合起来。“超越自我，挑战极限”这个二轧精神，绝不是通过一般号召就能实现的，而是要通过各方面的共同努力来促其实现。其中，很重要的一条就是制度上的保证。在制定挑战极限的高目标后，厂领导建立了每月一次的瓶颈问题研讨会，对上一个月的瓶颈问题整改情况进行检查总结，提出下一个月的主要瓶颈以及对策措施并落实责任单位。这就较好地保证了目标的实现。二轧厂的文化建设要求重视发挥团队精神。他们认为，木桶的有效容积不仅取决于最短一块木板的长度，还受到各木板之间胶合的紧密度的影响。过去，对员工的考核以及班组之间的竞赛比较侧重于技术经济指标。从今年起，他们修改了竞赛细则，比如精整车间将技术经济指标定为30分，专业管理定为30分，而团队学习则定为40分，以此来推动员工团队精神的发扬和整体素质的提高。最近，他们在“二八率”的启发下，提出：完成生产任务只是管理工作的20%，今后管理工作的重点要扩大到其他80%的领域，诸如团队精神、学习情况、知识共享、上下工序的协作配合，环境建设等方面，并且通过制度的建立来予以落实。

二是企业文化建设要融合在党、团、工会建设之中，相互结合。共产党员应该是先进文化思想的体现者，是推行企业文化建设的先行者，他们就是企业文化最有影响的载体。二轧厂党委在企业文化建设过程中，按照水钢公司党委提出的共产党员要做到“四出来”——把身份亮出来，技能显出来，作用看出来，形象树起来的要求，开展了示范党（团）支部、示范党（团）员活动，参加者要提出自己的示范标准，每季度评选一次。对优秀党（团）员，不仅在文化橱窗上登照片，介绍事迹，在上班期间，还要在岗位上挂出刻有“示范党（团）员”的胸章（其他党员则佩戴“共产党员”的胸章），既是鼓励，也便于群众监督。

三是通过体现企业价值观和理念的先进人物和先进事迹进行潜移默化的教育。企业精神和各种理念的形成不是一朝一夕的事，需要通过各级领导的以身作则，以及制定相应的规章制度来具体体现。但是，他们也深知，任何规章制度不可能包罗万象，企图用规章制度来包办一切，还会导致烦琐哲学的滋长。关键是要引发员工自觉地在日常行动中来体现这些精神和理念。一次，某外地客户来厂办业务，看见一位水泵操作工正在一丝不苟地擦拭水泵管道，就问他："管道不擦得那样干净又不会影响其正常运行，何必这样认真"。这位操作工回答说："这台设备是我负责维护保养的，设备的稳定顺行和整洁代表着我的形象，维护好它是我的职责。"而这正是"我的设备，我的形象"的理念在员工中的积极反响，这也是他们所倡导的管理上的刚性和文化上的柔性相结合所产生的效果。厂部总结了这些事例，编成了企业文化案例，广为宣传，激起连锁反应。他们还经过多次讨论修改，编写了"职工养成教育三字经"，人手一份，一共123句，言简意赅，朗朗上口，很受职工欢迎。

四是要采取必要的形式，形成一定的声势。二轧厂的文化橱窗，很有特色。厂部主办，统一设计，有关车间和部门分别负责各个版面。设有各种专业管理板块，党团活动板块，厂务公开板块等十多个板块。如质量动态管理板块，就有上周质量信息综述，用户质量信息反馈，存在问题和解决措施等，生动地体现了质量管理理念的贯彻情况。这些板块都按要求定期进行更新，传递最新动态。他们除了不定期公布"职工建议与意见答复"外，还设置了"心桥"栏目，及时将员工的呼声和有关部门的回答同时公布，接受群众的监督。这也体现了厂领导重视与员工的沟通。这些板块，图文并茂，内容丰富多彩，对推动二轧厂企业文化建设的落实，起到了积极的作用。在很多班组，也都建有文化园地，有的公布了班组理念，如："积极心态造就快乐人生，我们不能改变天气，但我们可以改变心情"；有的提出了班组愿景和个人愿景；还有班组成本分解及执行情况，厂务公开，比武台，曝光台，以及员工的学习计划，学习心得等。前面提到的"亲情呼唤安全"、"情绪牌"等在各个班组都已普及。这些，都使人感受到一种浓郁的文化氛围。

三、要使员工流得动，人才留得住，作用发挥好，水平提得高

二轧厂虽然已经进入国内同行业的先进行列，但厂领导并没有因此而高枕无忧。他们居安思危，深感在当前激烈竞争的态势下，人才将是决定胜负的关键因素。因此，近几年来，他们把人力资源开发作为一件头等大事来抓。着重在人力资源的重新组合，人才的"流"和"留"上下工夫，在员工综合素质提高上下工夫，构筑适当的平台让员工在施展才能上下工夫。

由于历史原因，二轧厂员工人数较多。1996年时为1000多名，近几年不断减员分流，目前已降到700人。但在同行业里，劳动生产率仍然较低，而且人员结构不合理，年龄偏高，文化程度偏低。因此，人员结构调整就成为二轧厂面临的一个重大课题。这就要使人员流得动，既要吸引所需要的人才到二轧厂来，还要将不适应二轧厂需要的人员流得出去。2001年，他们开展了绩效评估工作，制定了绩效考评办法，每月进行考评。对评出的优秀员工（A类员工），当月工资上浮20%；对被评为C类员工的，也就是"需改进员工"的，当月工资下浮10%~15%，有关领导要找他谈话，指出问题所在，提出改进的要求。绩效考评本来主要是为了促使员工不断提高岗位技能、操作水平和综合素质，但实

际上也起到了调整人员结构的作用。有些员工由于业绩突出，被公司有关部门、分厂招聘或组织调动，调离二轧厂（共计10余人）；有些员工，就是通过绩效考评，自感不能适应二轧厂生产发展的需要，主动调离或自愿解除合同。从2002年到现在，二轧厂已有60余名员工在这种情况下“流动”出去的。这就为进一步调整人员结构创造了条件。3年来，先后进入30多位大、中专生，除3人外流，90%以上都相对稳定。在厂内，通过绩效考评等措施，发现员工的特长，促进人才流动，将人员调整到最能发挥其特长的岗位上。

怎样来留住人才？一般来讲，靠事业留人，靠感情留人，靠适当的待遇留人。由于水钢所处的地理环境，以及水钢当前的实力条件，二轧厂员工的收入比起同样业绩的兄弟企业来，是要低一些，而且短期内也不可能有大幅度的提高。厂领导一方面将行业的形势、企业的实际向员工们进行坦诚的沟通，取得理解和共识；更主要的是，建立一种机制，构筑一个平台，营造一种氛围，使优秀人才得以快速成长，得以脱颖而出。

近几年，他们在培训人才上坚持“请进来”、“派出去”的原则，每年都根据需要请大学教授和有关专家前来讲课。同时，选派人员到大学进修。但更主要的是结合岗位实践，成长提高，对科级干部和技术业务骨干他们举办“管理论坛”，每周一次，每次或是指定专题，各人结合实际，做好准备，深入探讨；或是交流读书心得（厂部要求管理干部和技术人员每年至少读一本书，年初上报计划），实现知识共享；或是听取有关录像讲座，下次进行讨论。从2001年起，“论坛”已经坚持了3年，普遍感到拓宽了视野，增长了知识，提高了学习能力，加强了人际沟通。厂部还要求科级管理人员每周填写“周清周结工作评价表”，按“重要、紧急”，“重要、不紧急”，“不重要、紧急”，“不重要，不紧急”四类分别填写周工作计划，并定性定量说明上周工作完成情况，还要对一周的工作进行清理、自检，分别写出自己满意的工作和不满意的工作及整改措施；按A、B、C三类做出自我评价；再由主管领导做出评价，然后经厂领导讨论后，对A类、C类人员张榜公布。这些做法，对促进干部改进工作、提高领导能力大有裨益。现在，大多数中层干部都能在业余时间自觉地进行学习，以适应形势发展的需要。像企管劳动人事科科长结合自己的工作，正在单科学习法律、经济管理、会计等课程。员工素质的提高，也为后备干部的选拔创造了良好的条件。

在车间，结合创建学习型班组，重视团队学习，强调知识共享。要求每人都要在年初按统一表格制定有关学习计划，包括读书计划，提高技能计划，一专多能计划、合理化建议计划等，定期检查，交流。同时大力推行一专多能的兼岗活动。现在全厂约有70%以上的员工在开展兼岗作业，热轧车间今年100%的员工实行双岗作业，其中40%实现了三岗作业；精整车间将原先的11个工种合并成操作工、精整工、行车工等3个工种，现在约有10%的员工能在整条精整线上进行操作，并拿到气电焊和行车这两个特殊工种的证书，成为“一线通”员工。兼岗作业活动如一石三鸟：一是普遍提高了员工的操作技能和整体素质；二是为今后的并岗、撤岗创造了条件；三是解决了各工种忙闲不均的矛盾。过去的行车工上车后很难下得来，连吃饭、上厕所都很紧张，现在即使因故请假也不愁没人顶替。这样既保证了生产的正常进行，也为安全生产创造了条件。

成绩只说明过去。最近，二轧厂党政领导班子又在进行深入的反思，集中寻找影响二轧厂发展的突出矛盾和问题，从思想观念、经营管理、干部作风党的建设等各方面找差距，查原因，定措施。我们相信，二轧厂的明天一定会比今天更好。

坚持不懈 总结提高[1]

——首钢深入持久地开展“学习创新发展”活动的经验

2001年，我应首钢公司领导之邀，参加了当年首钢领导干部“学习创新发展”学习班的活动，以后又多次到首钢进行调查。特别是今年，用了一个多月的时间，对首钢32个基层单位和职能部门进行了较为深入的调研，并应邀在随后举行的首钢党委扩大会议上作了调查情况的汇报发言。3年来，我亲身感受到首钢在各级干部中坚持不懈地开展“学习创新发展”的活动，每年举办一两次“学习创新发展”的研讨会或经验交流会，围绕主题，总结、交流、推广典型经验，深入探讨影响当前发展的重大问题，一年比一年深入，一年比一年有成效，使“学创发”活动不断向纵深发展，促进了各级领导班子和员工思想的解放，改革的深化，各项管理工作的改进，良好企业文化氛围的形成，以及广大员工队伍的成长。在国家要求首钢的钢铁主业减产的情况下，企业经济效益依旧得到持续提高。

在20世纪80年代和90年代前期，首钢在改革、发展方面取得了引人注目的成绩：以承包制为核心的经济责任制，在冶金行业里全面推广，并作为全国学习的经验，产生过重大影响；在发展速度上，首钢钢产量从1978年的179万吨增长到1994年824万吨，从全国第八位跃居当年全国第一位；一批主要技术经济指标位居行业前列，连续十余年利润以20%的年递增率增长。这些，在全国都是罕见的。

但是，从20世纪90年代后期起，特别是在进入21世纪前后，其他兄弟企业发展步伐大大加快。相比之下，首钢的前进步伐显得迟缓了。但是，首钢人不甘落后，他们敢于正视现实，在“三个代表”重要思想指引下，按照北京市委和市政府的要求，以开展“学创发”活动为契机，经历了痛苦的反思，逐步摆脱了那些束缚自己前进的种种思想障碍，迈开了新的步子。特别是近年来，各级干部和员工在发展问题上的思想统一了，不怨天尤人了；思路宽了，跳出首钢看首钢，跳出首都谋发展，从等待到主动出击，迂回前进；士气旺了，凝聚力增强了。

首钢的“学创发”活动，所以能取得重大成效，是因为他们把学习同回顾首钢发展历程、总结反思和分析当前形势结合起来，将整个活动过程作为转变观念、逐步统一思想的过程；把这一活动过程作为发现、培育典型，并不断推广、提高，向纵深发展的过程；把这一过程当作转变各级领导作风，真抓实干，开拓创新的过程。每年都有一个主题，不断向前推进。特别是今年，首钢党委先后举办了两次有中层干部参加的大型活动，把“学创发”活动推向一个新的高潮，达到一个新的高度，加快了首钢前进的步伐。

---

[1] 原载于2004年第1期《冶金管理》。

一、以学习为基础，重点放在观念的转变上

在开展“学创发”的活动中，首钢人越来越感到在当前市场经济不断发展、全国企业改革日新月异的新形势下，首钢现在采取的许多改革发展的措施和做法，对首钢来讲是新的，但对全国许多企业和地方来讲，是几年前甚至十几年前已经实行的东西。思想观念的落后是各项工作落后的关键所在。落后的观念必然产生落后的思维和落后的制度。在当今市场竞争日益激烈、不进则退的严峻形势下，落后的思维和制度足可以陷企业于绝境。要改变这种情况，唯一的途径就是学习，使自己的思想能跟上形势的发展，符合社会主义市场经济的客观规律，要自觉地解放思想，不唯上，不唯书，要唯实，眼睛向内，自立自强，从自身的实际和市场需要出发，走出新的路子来。

要使学习真正起到作用，首钢人最大的体会首先就是要联系实际学。首钢是一贯重视学习的，但在相当一个时期内，学习成了走过场，或者是空对空；或者是光联系客观实际，却不联系主观思想；或者是泛泛讲差距，不触及深层次的问题。现在，要求把学习和总结工作中的经验教训结合起来，把学习和反思结合起来，要敢于正视自身的问题，不破不立，在解放思想中进一步统一思想。公司党委在贯彻十六大精神时，就强调学习必须结合首钢和本单位实际，做到“五个学出”，就是学出境界，学出思路，学出胸怀，学出目标，学出动力。最近，首钢各个单位根据公司党委扩大会议上提出的“八破八立八做到”，结合自身实际，真刀真枪地找出自己该“破”什么，该“立”什么，制订了整改措施，使单位面貌较快地得到明显改进。

其次是要向实践学习。榜样的力量是无穷的，特别是同在一个蓝天下的本单位的先进典型，不仅具有很现实的指导意义，而且往往还有极强的震撼力，会促人深思，发人猛醒。近几年来，首钢牢牢抓住基层的一些闪光点，培育总结，三年树立三批典型，既有新典型，也有老典型的深化，推动“学创发”活动的深入。像东星公司过去是吉林山沟里长期亏损的一个军工企业，1994 年整体搬迁到烟台开发区后，在资金严重匮乏，潜亏挂账、欠发工资、欠缴银行利息等困难情况下，摒弃“等、靠、要”的旧观念，树立一切靠自己“干、创、造”的新思想，连年实现快速发展，其主导产品——汽车空调机占领国内市场份额的 30% 以上，2002 年该公司实现利润达到 6884 万元，成为烟台开发区的明星企业之一。首冶公司连续多年亏损，几千人长年没有活干，职工七八个月发不出工资，但在调整了领导班子后，不到两年时间，使这个严重亏损的企业起死回生，把过去曾被视为“一群乌合之众”的企业建成对内具有很强凝聚力、对外具有很好美誉度的先进企业；还有二耐厂、修理厂等这些过去也是困难重重的单位，都在新班子带领下，转变观念，奋起直追，在短短一两年、甚至几个月时间里，都发生了意想不到的变化。这些经验的推广，使大家更深切地感到观念转变的重要性和紧迫性，掀起了一个学先进、转观念的新高潮。

第三是要善于借用外力。前几年，首钢的干部很少外出学习，甚至公司级的很多领导干部都没有去过宝钢。说到底，是“首老大”思想作怪。“学创发”活动促使他们“打开大门办企业，跳出首钢看首钢。”实践使他们感到，冲破狭隘的视野，才能看到精彩的世界。走出去，就可以发现自己的不足，重新估价自我，促进发展。他们体会到：没有登过高山，就不会领略高山的广阔；没有去过大海，也不会知道大海的胸怀。如果只满足于在首钢这块地盘打转转，就永远达不到国内的顶尖水平；如果只拘泥于中国的先进水平，没

有世界层面的眼光，就永远适应不了经济全球化条件下的市场竞争。现在，首钢不仅学行业内的先进经验，还不耻下问，到兄弟行业、到地方政府学习先进经验。学山东，学潍坊、学福田。在最近召开的首钢公司党委扩大会议上请潍坊市的领导同志和北汽福田的总经理来介绍经验，启发思路，进一步促进思想大解放。首钢学东星，东星进一步学先进，提出了3～5年再造一个东星的宏伟目标。中首三次外出学习有了三次大进步。炼钢厂学鞍钢，认清了差距，提出了新的更高的目标。

二、领导带头，全员创新，把创新的过程作为自我挑战的过程

通过“学创发”活动，首钢人越来越清醒地认识到，前些年首钢前进的步伐所以落后于兄弟企业，重要原因之一就是满足现状，墨守成规，求稳怕乱。按照十六大报告中强调指出的“四新”：发展要有新思路，改革要有新突破，开放要有新局面，各项工作要有新举措的要求，结合首钢在行业内所处的地位，他们认识到首钢必须跨越式的发展。这就要求首钢人不能再按常规走路，要把创新这面旗帜举得更高，创新的主旋律奏得更响，向创新要速度，向创新要时间，向创新要效益。

创新从什么地方开始？从正视现实，找出问题开始；从敢于迎接挑战开始。什么地方有不满足，什么地方就会有创新。不摒弃旧的，就谈不上创新。要敢于突破旧的思维模式，不仅是对客观世界的挑战，更是对自我的挑战。创新的过程实质上也是一种自我否定、自我超越的过程。挑战自我需要勇气，战胜自我才有力量。在这方面，首钢设计院就是一个很好的范例。随着首钢以及冶金行业技术改造的新高潮，全院今年的工作量是去年的1.8倍，如按常规办事，人力资源缺口严重。出路何在？他们通过认真分析，决定通过机制创新，深挖潜力，提高设计效率。改变了过去那种工程组织管理实行院、室两级行政领导负全责的行政管理模式，推出了设计项目经理负责制这一新举措，并相继出台了与之配套的劳动、技术、管理各类要素参与分配的新机制。不仅大大激发了职工的工作积极性，使工作效率比计划提高了1.5倍以上；而且为专业技术人员开辟了新的“成才跑道”，锻炼和培养了一批优秀项目管理人才。

领导带头，在创新上做出榜样。首钢要求各级领导不仅是创新的推动者、支持者，更要是创新的实践者。近两年来，首钢总公司领导在体制和机制创新上推出一批改革举措，特别是提出了推进子公司市场化再造的新思路：变亲情关系为符合现代企业制度的法律关系；变体外输血为体内造血；变依赖母体为面向社会市场。在这一思路指导下，改革投资管理体制，实现子公司投资主体多元化和产权多元化；并以市场为取向，深层次地组合企业组织结构和产业结构；加大资产优化、资源重组力度，采取了在集团内部实行托管、将优势资产向优势企业和优秀管理者集中的资产重组办法；按照有进有退的原则，对扭亏无望的企业建立退出机制，实现有序退出。这些都取得了明显效果。2000年，首钢子公司盈亏并账后，亏损3.45亿元；2002年，同口径并账后减亏2.06亿元，实际亏损降到1.39亿元。在北京地区的几家主要非钢子公司，1995年外部市场销售收入平均不到这些公司当年销售收入的10%；2002年普遍上升到50%以上，高的超过80%。今年以来，首钢在干部制度改革上又采取了果断措施，包括总公司职能部门的一批处级干部都进行了公开招聘，反响十分强烈。

营造氛围，形成人人想改革，个个思创新，百舸争流的局面。每年一次学习创新发展

研讨会，就是一次促进会，一次新的动员会。现在，首钢改革创新的先进典型不断涌现。像技术研究院实行全员层层竞聘上岗、科研课题招标、科研人员单独分配的机制，稳定了队伍，吸引了人才，使科研成果以及成果转化率有了大幅度的增长，在国家认定的280多个企业技术中心的评价中，首钢从2001年排行184位跃升到2002年的第20位；在冶金系统则从第10位跃升到第2位。二耐在自己扭亏后，又接受了托管一耐的艰巨任务，短短4个月，使长期亏损的一耐实现了当月扭亏，年底有望实现盈亏持平。首建以二公司“三板斧”、“四重拳”的改革起步，把改革不断引向深入，又在民营化改制上取得新的突破；并且以改革促发展，4年工作量翻了一番。矿业公司从公司领导到烧结厂、采矿场、选矿厂、球团厂，以及一些三产行业，都洋溢着学习创新、开拓前进的活力。矿山创新成果既多又好，选矿厂工艺流程的创新，管理流程的创新；采场4千米长的皮带排岩，卫星定位矿车自动调度系统等技术创新项目，都取得了很好的成效。

三、以发展为目标，正确定位，重基础，重速度，重实干

在首钢发展的曲折历程中，他们深深体会到，作正确的事要比正确地做事更重要。对一个企业来说，制订正确的战略目标对企业的持续发展至关重要。首钢一度曾把大力发展高新技术产业、房地产业和服务业作为三大发展战略目标之首，从1995年到2001年，累计投资规模114.22亿元，其中用于发展高新技术产业投资30.06亿元，用于其他非钢产业结构调整20.12亿元，用于环境治理12.37亿元，用于建房和福措项目22.71亿元，真正用于钢铁业技术改造的只有28.96亿元，基本上是维持简单再生产，在兄弟企业钢铁业大力扩张的同时，首钢钢铁业却出现了萎缩局面。2002年，明确了要以用高新技术改造钢铁业、机械业、建筑业作为发展战略的首要任务，调整了战略布局，制订了钢铁主业一业三地的新的发展格局，现在迁安的新基地预计2004年可以形成200万吨钢以上的规模；彩涂板已经投产，单机架冷轧板等项目都在积极实施中；原有钢铁主线的高起点技术改造也在加速进行中，使首钢人看到了钢铁业振兴的希望。对子公司同样有个定位问题。特钢公司在市区生产基地关停的情况下，经过多次的艰苦探索，深入广泛的市场调查，终于实现了产业结构的大调整，走出了现代制造业、现代服务业和节能环保产业三足并立的新局面，这一正确定位迎来了特钢“柳暗花明又一村”的新境界。

（1）要加快发展，就要打好各项基础。首钢2003年提出：“苦干三年，扎扎实实打好4个基础”，这就是：打好思想文化基础，打好制度创新基础，打好经济、技术基础，打好人才建设基础。他们认为，基础不牢，就像是在沙滩上建高楼，即使想发展，也会是欲速不达。现在首钢的各个部门、各个单位都在按照这一思路强化各项基础工作。首钢公司主要领导还强调指出：所谓“苦干三年”，不是“苦”在体力和精力上，“苦”在加强劳动强度上；而是“苦”在要革除我们原来习以为常的观念、做法上，“苦”在要打破束缚我们自身的思想枷锁上，“苦”在要谋划发展思路、推进发展战略、落实发展措施上，真正把各项基础打牢固。首钢的这一举措，既是反骄防躁的体现，也是加快发展的保证。

（2）要加快发展，重在执行。首钢在认真总结这些年一些单位所以发展不够理想的经验教训后，深深感到有些单位尽管有了好的思路和发展规划，但在执行上却不得力，缺乏较真儿、动真格的作风。在最近召开的党委扩大会议上，公司党委主要领导引用了美国一位知名企业家的话；“一个领导者的成功，5%在战略，95%在执行。”执行，就是要抓住

实施战略目标的每一个具体环节，一丝不苟地进行落实；就是要把最高决策层的意志贯彻到底，把它变为全体员工的意志和行动。说到底，执行就是要真抓实干。首钢近年来涌现的一批先进单位，也充分证明了这一点。首冶公司实行的“五五四三一”的改革，实际上就是真算、真聘、真包、真管、真兑现。迁钢工程一年半的时间要完成35亿元投资、200万吨的一期工程，目前进展顺利，这主要是因为他们下大力气抓好“工期、质量、投资”三大控制的执行过程，研究制订了十项专业管理办法，建立了及时研究解决问题的一系列制度。铸造厂离心球墨铸铁管项目，仅用3个多月的时间建成投产，也是真抓实干的典型。

虽然，首钢近几年有了很大进步，但首钢面临的形势仍然十分严峻，任务仍然十分艰巨。除了老的国有企业所存在的一些共性问题外，首钢由于其所处时空环境的特殊性，地处首都长安街的西端，离天安门只有17千米；再加上2008年奥运会时间上的这个坎。因此，尽管这几年首钢在环境治理上下了大工夫，1995～2001年用于环境治理的投资达到12.37亿元，相当于同期钢铁主业技术改造投资28.96亿元的40%以上；各项主要环保指标都已实现达标排放，但有关部门还是要求首钢进一步限产，以及搬迁部分工序。另一方面，对首钢为了调整结构采取的一些重大措施项目上报多年，却迟迟没有表态；在其他企业都在规模上求扩张，特别是一些民营企业五六百万吨级的钢厂都在加快建设，首钢却难以有所作为。因此，上级有关部门也要尽力为首钢的发展创造外部的必要条件，这实属当务之急。

针对这种状况，首钢人知道，怨天尤人无补于事，垂头丧气必然导致企业的衰败。他们在争取有关部门的理解和支持下，进一步立足自身，优化首钢的发展环境。认真贯彻落实总公司党委《关于优化首钢发展环境的指导意见》，全党动员、全员参与、全方位推进，优化思想文化环境、体制机制环境、人才发展环境、管理服务环境、开放合作环境、生态生产环境等，激活和吸引首钢内外资源，推进首钢发展战略的实施。在深化改革和强化管理上，主要是：加快推进主辅分离、辅业改制分流工作；继续通过托管、兼并、联合等方式，实现优质资产向优势企业转移；加快子公司投资主体多元化，实行新项目、新体制、新机制；按照有进有退的原则，推进首钢在一些领域的有序退出，优化资产配置；继续推进钢铁主流程内部的主辅分离工作；全面引入市场竞争机制，建立新型母子公司管理体制；深化工程招投标体制、财务体制、科技体制、人才开发机制、营销体制、分配制度、企业组织结构等方面的改革。并建立科学有效的考核评价指标体系，将劳动生产率、投资回报率、社会贡献总额等指标，作为主要考核评价指标，切实加大奖罚力度；加大对领导干部的激励和约束机制，总公司制订了《关于对有突出贡献的领导干部实行重奖的暂行规定》；同时，通过干部交流制度、末位淘汰制度、引咎辞职制度，形成干事者上，平庸者下的氛围。

我们相信，首钢人一定会在“三个代表”重要思想指引下，团结奋斗，开拓创新，克服前进路程中的种种艰难险阻，沿着“学习创新发展”的大道乘胜前进，不断夺取新的胜利！

领导学习带动全员学习 马钢职工教育不断创新[1]

在马钢公司，一个学习型的领导班子正在形成。早在几年前，公司总经理顾建国就提出："把教育作为马钢发展的大计，把职工培训作为生产经营的第一道工序，把人才作为第一资源"，并且从1999年起，每年的教育培训计划都要提请职代会讨论通过。他们不仅高度重视员工的学习提高，更主要的是，公司领导班子身体力行，带头参加学习。这一届公司领导班子绝大部分都是工程技术人员出身，面临计划经济向市场经济的转型时期，面对入世后国际强手的严峻挑战，以及肩负特大型企业经营管理的重任，他们深感自己学识的不足，需要进行系统的补课。1999年起，马钢就委托上海财经大学、安徽工业大学工商管理学院等高等院校举办工商管理硕士研究生课程班，已先后办了5期；公司20名领导成员中，除年龄超过55岁的以外，其他12名都带头参加了第一期学习班，并于2001年4月结束了为期2年的学习。此后，顾建国和股份公司总经理朱昌逑等其他三位公司领导还先后单独赴英国等有关大学进行为期3个月左右的深造；目前，顾建国又在复旦大学参加不脱产的EMBA的学习。他们不仅学管理，还学外语，公司领导层中已有5位能够直接用外语对外交流。

在公司领导班子率先示范的榜样带领下，1999年以来，马钢的二级厂矿和机关主要职能部门的处级干部，大部分都参加了两年制不脱产企业管理研究生班的学习；除公司教培部每年按计划培训各级干部和各类人员外，一些二级单位还自己筹资选送车间主任等管理人员参加高等院校的不脱产研究生班。至于各单位自行举办各种培训班，更是数不胜数。在马钢，人们急切地企盼学习，并不是为了"镀金"；或是为了在自己的行政职务外，在名片上再加上一个什么带有光圈的头衔；绝大多数感到学习是时代的召唤，是企业发展对自己提出的神圣使命。他们深知学习是艰苦的劳动，但他们宁可"为伊消得人憔悴"，也坚持学习。马钢的企管部长曾经向我讲了这样一个真实的故事。2002年，他因公去英国，见到正在英国学习的顾建国总经理，比几个月前在国内消瘦多了，以致本来很合身的西装外衣显得过分宽大了；而一些中层干部则说："现在没有时间去应酬"。现在，马钢公司上上下下洋溢着浓厚的学习气氛。

学习当然会对当前工作起着直接的指导作用，但它具有更深远的意义。正如"润物细无声"，它潜移默化地改变了人们的思维习惯，开阔了人们的视野，提高了观察事物的深度，思想更解放了，创新精神更强了，更具有反思精神了；也使同一个团队的人们有了更多的共同语言，更易于沟通了。

学习使决策更正确、更迅速了。过去对一些重大问题，由于各人经历的局限，认识往

[1] 原载于2004年4月23日《中国冶金报》。

往不易一致，一般要经过较长时间的酝酿，以致决策迟缓，甚至因而丧失了时机。现在，通过学习，增加了共同语言，更便于进行沟通，这就不仅使决策更符合实际，还大大加快了决策的速度，争得了时间。像“十五”技改规划，需要投入130多亿元，这是马钢历史上规模最大、层次最高的技术改造。这些项目建成后，马钢现有的“线、轮、板、型”四大品种的产品结构和档次，都将得到全面提升，马钢的面貌将有极大的改观。这样大的举措，要在过去，往往是众口难调；但这次，无论是项目的确定，还是资金筹措的来源，都能很快地达成共识。现在一批项目正在顺利实施中。H型钢对美国反倾销的胜诉，既意味着马钢应对入世挑战，进入国际市场竞争的积极姿态，也是马钢从公司领导层到各有关部门和型钢厂在思想认识上的高度一致，在行动上密切配合、协同作战的胜利。

学习促进了经营理念的不断提升。在这方面，马钢两个“精料方针”的变化颇有启示。1999年底，马钢提出了“精料入炉，精细管理，精心操作”的“三精方针”，这对提高马钢的生产管理水平起到了积极的作用，产生了良好的效果。通过学习，特别是ISO9000质量管理体系（2000年版）的贯标学习，引起公司领导的反思，他们感到这一方针主要是强调了企业内部的生产过程控制，而对企业来说，最终目的就是要使产品赢得顾客的满意度，提高产品的市场竞争力。因此，企业的各项工作都必须围绕“提高顾客满意度”和“提高市场竞争力”来展开。要通过对各项工作的精心设计把用户的需求变成企业的经营目标和工作标准，按照系统优化的总体思路强化企业的全过程管理，再依靠精细管理和精确操作来实现这个经营目标。于是，在2002年，“精心设计，精细管理，精确操作”的新“三精方针”出台了。这虽然只有4个字的差别，但却反映了管理理念的一次重大跃升。

学习推动了创新。现在，马钢各级领导都努力向书本学习，向实践学习，向兄弟单位的先进经验学习，结合自身实际，实现管理创新，成果层出不穷。公司花了600万元从宝钢引进作业长制，这在过去是难以想象的。公司决定先在“一钢两板”的新项目中推行，但车轮轮箍、高线等老厂也迫切要求试行。营销公司把“用户是上帝”转化为“顾客是朋友”的理念，致力于营造一个“公平、公正、公开”的经营环境，在市场价格波动时，采取“遇涨适当调整，遇跌则跌”的“追溯”、“退差”政策，确保经销商的一定利益；对一些有特殊情况的经销商，实行“银、企、商”合作，开展货权质押业务，规避了各方风险，实现了三方互利；从而建立了一支能与马钢风险共担，利益共享、相互信任、长期稳定的优质客户群体，使马钢的营销业绩取得了历史性的突破。此外，像H型钢厂的“规范一切，一切规范”，车轮轮箍厂的“阳光考核，闭路发放”，三炼钢的“理论运行时间”、“理论运行成本”等，都各具特色，如同百花园中的一朵朵奇葩，绚丽多姿。

近两年，马钢虽然在前进的道路不断迈出了新的步伐，但马钢领导也清醒地认识到，马钢当前仍然存在诸多矛盾，有待进一步解决，持续加以改进。他们在实践中深感“企业唯一持久的竞争优势在于比自己的对手学得更快更好”。他们决心以建设学习型的公司领导班子着手，把马钢办成学习型企业，进一步提高全体员工的素质，特别是建设好高层经营管理人员、各个专业的学科带头人和高级技工、技师“三支队伍”，使马钢不仅拥有世界一流的技术装备，还要生产一流的产品，培养出一流的人才，以崭新的姿态屹立在长江之滨。

龙钢以改制促发展　跃过龙门而成龙[1]

在陕西韩城市有个龙门镇。龙门，又称禹门，相传是大禹治水的地方。这里，是九曲黄河的咽喉，两山对峙，蔚为壮观。当地有个传说，黄河里的鲤鱼如能跃过龙门就会变成龙。龙门钢铁集团（以下简称龙钢）就位于龙门镇上。多少年来，龙钢的员工们就一直在拼搏，热切地希望早日跃过龙门，驾云腾飞。现在，时机终于到了，他们凭借改革开放的东风，使几年前在冶金行业里还是一家名不见经传的小老弟，如今不仅在陕西成了一匹黑马，而且在行业里也崭露头角。2001 年龙钢的钢产量还只有 29 万吨，2002 年达到了 46 万吨，今年一举突破了 100 万吨，明年计划钢产量将达到 220 万吨。三年来，他们以每年翻一番的高速度实现了跨越式的发展，引起了业内的瞩目。近三年，在折旧率从 4.3% 逐步上升到 7.9% 的情况下，企业利润也在成倍增长，从 2001 年的 1523 万元增长到 2002 年的 3042 万元，今年预计可以实现利润 1.2 亿元。

龙钢为什么能有这样快的发展速度？一言以蔽之，就是两个字："改制"。发展需要资金，资金从哪里来？龙钢的同志们认真总结了以往的经验教训，认为再走过去国有企业发展的老路不是找死，就是等死。靠自己积累，凭龙钢现有的实力，只能慢慢来，看着人家快速发展，实际就是在等死；要发展，就得大量举债，且不说银行给不给贷款（实际上按龙钢当时的情况，银行根本不会贷款），即使给了贷款，巨额的利息支出也将使企业压得喘不过气来，搞不好就是在找死。出路何在？他们在中央提出的关于发展"混合所有制经济"精神的指引下，提出了"资本股份化、融资社会化、产业规模化、效益最大化"的发展思路。2002 年，在省经贸委的直接领导下，通过吸收社会法人股和组织职工持股会，实施了对陕西龙门钢铁总厂资产的重组整合，于 3 月 28 日注册成立了陕西龙门钢铁有限责任公司，完成了由"工厂制"到"公司制"的转变。非公有制经济成分的进入，使企业的产权结构发生了明显的变化，为企业多方吸引社会资金，快速发展，奠定了基础。2002 年以来，先后向社会融资近 4 亿元，并通过多种途径，充分利用当地资源，与当地民营企业合资、合作，以及建立战略联盟等形式，形成以钢为中心的产业链，组建成龙门钢铁集团。龙钢除了以渭北的韩城为基地形成近 300 万吨钢的综合能力外；还在陕南的宝鸡形成 50 万吨的铁、钢、材相配套的综合生产能力；在西安形成 60 万～70 万吨的轧材能力。这样，到 2004 年，龙钢可以形成 350 万吨钢的综合能力，其中铁前系统主要是由民营企业承担。从 2001 年的 30 万吨产能 3 年后发展到 350 万吨产能，由龙钢负担的吨钢投资（从铁到材）大体只有 500 多元，其中包括即将兴建的高线和中宽带两套轧机。这样低的吨钢投资和这样快的发展速度在冶金行业里是罕见的。

龙钢在改制中，主要采取了以下一些做法：

（1）以项目为载体，与营销伙伴和有产业关联的民营企业联手，合资建设新的生产

[1] 原载于 2004 年第 4 期《冶金管理》。

线。如当地有一家年产50万吨焦炭的民营企业，与龙钢共同出资1.2亿元，兴建了450立方米的高炉，组建“韩城燕龙炼铁有限责任公司”，2002年4月洽谈，5月敲定，6月动工，12月建成投产；还有像韩城兴龙钢铁公司就是由龙钢与韩城同兴冶金有限责任公司合资组建，以补偿贸易的方式吸引资金5000万元，启动了炼钢二期工程，5个多月就建成了20吨转炉和相应的连铸生产线。最近，又在宝鸡与社会自然人、社会法人联合，组建了“龙钢集团宝鸡轧钢有限公司”，投资近1亿元，建成年产40万吨的带钢生产线。此外，龙钢还与韩城市丰义焦化公司、海南俊宝公司联合建设三条年产共80万吨的棒材生产线。

（2）职工募股，组成持股会。有两种形式。一是直接参股龙钢有限责任公司；二是自行组建新公司，像韩城同兴冶金公司就是全部由龙钢职工在1997年共同投资1660万元组成的，每人入股1000～40000元不等，建成了年产焦炭20万吨的焦化厂，5年来的分红已相当于全部本金；他们依靠自身积累，于2002年以2600万元建起了一条年产30万吨棒材的半连轧生产线，为龙钢公司加工钢材。在自身实力壮大后，还收购了龙门钢铁（集团）有限责任公司中的部分社会法人股。

（3）以提供公司内部市场，换取股金和所需的生产资料。像组建“陕西昌龙运输有限责任公司”就是一个很好的典型。过去，龙钢运输队拥有80几辆运输车辆，满足不了自身原燃料及钢坯等的运输需要，相当一部分靠外委，管理上的漏洞较多，费用较大，连年亏损。现在，他们吸收社会车辆，每车缴纳5万元作为投资，第一批有62辆车辆入盟（目前已发展到98辆），由3个自然人法人代表共出资310万元，组建昌龙公司。这些车辆的运营费用和车辆维修费用仍由车主自行解决，公司只按市场价格交付吨位运输费用，年终再按盈利状况进行分红。310万元的股权带动了3000多万元的资产。这种做法，使分散的个体运输资产得到了完整的组合，既保证了个体运输户有了稳定、可靠的市场，又使集团公司的运输能力得到了加强，增强了公司的活力，改制后的公司由亏变盈，充满了生机。还有正在建设中的22000立方米制氧机，就是与中英合资湖南盈德气体有限公司合作，由盈德公司投资1.2亿元建设的，产品供应龙钢。球团厂则是与4家社会法人共同投资建设，由龙钢收购其全部产品。

（4）建立战略联盟。如龙泉轧钢公司，是由韩城市大前焦化有限公司投资建设轧机，该公司长期供应龙钢焦炭。轧机建成后，由龙钢供应钢坯，加工成钢材，这样可以利用它原本放散的焦炉煤气，成本明显降低。海燕钢铁公司则是由海燕焦化公司投资建设2座205立方米高炉，年产生铁40万吨，全部按市场价格供应龙钢。

（5）实施低成本扩张战略，与有关企业进行资产重组。宝鸡红光钢铁公司有20万吨的钢铁生产能力，龙钢采用股权收购的方式，控股组建了“龙钢集团宝鸡红光钢铁有限公司”，在此基础上建设新的高炉和转炉。最近，在宝鸡市政府的支持下，与伟宝粤钢管公司达成意向收购协议，从而延长了企业的产品链，形成年产30万～40万吨高频焊管的生产能力。这样，在宝鸡地区就形成了50万吨从炼铁、炼钢、带钢、焊管能力配套的完整的生产线。对华山冶金车辆厂的重组工作也正在积极进行中，它将把龙钢的备件供应和加工纳入专业化生产经营的轨道。

龙钢的这些做法，充分体现了“利益共享，风险共担，共同发展，实现双赢”的原则，对合作方具有很大的吸引力。因此，目前有更多的企业愿意投资参股龙钢新的发展项目中来。

民营企业的机制也推动了老厂的改革。龙钢西安轧钢厂设计能力为年产棒材30万吨，1998年投产后，最高年产量只有18万吨；而且机构庞大，人员众多。厂级领导就有6人，下设五六个科室，整个工厂有430人，龙钢多次要求他们进行减员分流，但总是强调困难，行动不力。现在同兴同样规模的轧机生产线，全部工作人员只有170人，机关从厂长到办事员、工程师、材料员一共只有7人。在同兴的带动下，西安厂的人员也减少到了200多人，机关全部工作人员减少为11人。人员精简了，工作力度反而加强了，效益也就好了，最高月产量达到4.1万吨。现在龙钢规模扩大后，员工人数却没有增加。通过开展“减肥瘦身”活动，给新上项目补充人员。2001年，员工总数是5300人，现在在岗员工为5133人。发展到300万吨规模时，人员仍将稳定在现有人数上。

下一步，龙钢在发展上，主要是抓住两头：一头是进一步加强原料基地建设，正在筹建开发大西沟铁矿（储量为3.02亿吨，品位28%）；另一头是抓紧轧制生产线的建设，高线工程等正在加紧筹建中；同时正在建设5万立方米煤气柜工程、高炉喷煤工程；在完善韩城地区300万吨钢和宝鸡50万吨钢的基础上，再寻求新的发展。改革上，正在向建立现代产权制度的方向努力，并在深化改革的实践中进一步解决“一厂多制”、多种体制之间的碰撞问题；在加快培养各类人才的力度同时，建立吸引人才的机制；管理上，建立高效的管理体系和先进的企业文化，实现精细管理，降低管理费用，以物流信息化和财务信息化为突破口，推进ERP建设；加大“三废”治理的广度和深度，走新型工业化之路，为把龙钢建设为环境美、效益好的新型工业企业而奋斗。

现代化装备呼唤现代化管理[1]

——马钢引进宝钢作业长制见成效

在国内，有偿地系统引进兄弟企业基层管理模式并不多见。特别是作为一家在管理上已经初步形成自己特色、在行业中也颇具影响的特大型企业——马钢，居然能够屈尊就教，花了相当的代价，将宝钢以作业长制为中心的基层管理模式移植过来，这就必然会在行业中引起震动。褒之者认为这充分体现了马钢决策层的远见卓识，体现了他们的胆识和魄力，反映了他们企盼管理现代化的高度渴求；当然也有人（包括企业内外）怀疑花这么多钱去引进管理软件是否值得。但是随着这一项目的进展，后一种议论已经越来越少了。

马钢决定引进宝钢基层管理模式，是从2001年起就开始酝酿的。“十五”期间，马钢重点建设“两板”系统：年产300万吨的CSP机组和150万吨的冷连轧板机组，同时对一炼钢厂进行相应的改造。对这一投资62亿元、对马钢的结构调整将起到深远影响、因此在马钢发展进程中具有里程碑意义的建设项目，公司领导给予了全面关注，作出了“新系统、新体制、新机制”的决策。在工程建设开始的同时，就责成有关部门就此进行专项调研、考察，提出方案。最后，决定新系统的三厂（热轧厂、冷轧厂、一炼钢厂）全面引进宝钢以作业长制为中心的基层管理模式，并于2002年9月25日与宝钢正式签订《管理咨询服务合同》。与此同时，马钢还成立了以公司主要领导为组长的项目领导小组，双方还组成了作业长制推进项目部，负责具体工作。

一、实施

在引进开始阶段，宝钢项目部派出35人对马钢进行了为期11天的系统调研，提交了基层管理诊断报告。在此基础上，充分听取了马钢同志的意见，编写了《马钢股份新建三厂基层管理咨询方案》，并据此建立了三厂的组织构架，编写了一套适应作业长制的管理制度。现在，这3个厂下设分厂（其管辖范围要比原来的车间大）和车间（如炼钢厂下设炼钢、精炼、连铸3个分厂和修砌、运转和检修3个车间，分厂机构较前大为精简；分厂直接领导作业区。三厂共有作业区72个、作业长165名。在此期间，突出地抓了培训工作。宝钢先后为马钢举办了三期作业长、班组长、分厂以上相关人员的培训班，共有700多人参加，培训合格率为82.83%；马钢赴宝钢现场实习、考察的作业长及分厂相关人员200多人，其中62名作业长在宝钢现场实习期间以“对口跟班一对一”的方式进行，有25名达到优秀水平、7名为良好。以后，马钢教培部又组织师资力量开展了一系列培训工作，完成了三厂全体员工的“作业长制基本知识”普及教育；组织了两期点检员资格培训，参加培训的有386人，考试合格的309人，合格率80%。2003年6月1日，三厂作业

[1] 原载于2004年第10期《冶金管理》。

长制开始试运行（冷轧厂因尚在设备安装阶段，推迟到10月份）。在此期间，宝钢项目部组织两次对三厂的现场指导，针对试运行期间存在的问题提出了改进意见，各厂都要求在规定期限内认真进行整改。当年年底，宝钢又派出专家同马钢一起，对三厂基层管理改革试运行情况进行了系统评估，评估总计得分为709.7分（满分1000分）。通过对基层管理改革前与试运行后的对比分析，进一步提出了相应的对策措施。目前，这3个厂的新体制、新机制已基本建成，基层管理正逐步向规范化、系统化、流程型转变，基本达到了“工序服从、重心下移、权限委让、横向协作、自我了结”的要求。

二、成效

这3个厂，都不是平地起家的。一炼钢厂是在原有基础上扩建改造的；热轧厂是以原有的中板厂为基础，在保留中板生产线的同时，增建一条CSP生产线；冷轧厂是以原初轧厂的队伍为基础（初轧机已拆除）进行调整的。因此，作业长主要由两部分人员组成，大部分是以原先的工段长经过培训，竞争上岗的；也有一部分是厂部精简机构后，由原科室的工程技术人员和管理人员担任的。经过一年的实践，作业长制的优越性已经得到较好的体现。普遍出现了在人员精简的情况下，产量增长，各项指标都有提高，设备故障率明显下降的好势头。像热轧厂和一炼钢厂，都是边生产，边建设。一方面要从原来的老生产线中，抽调精兵强将，支援新生产线的建设；另一方面又承担增效增产的艰巨任务。这些单位的厂长既要对原有生产线的生产全面负责，又是新建项目的项目部经理，两副担子一肩挑，但都完成得很好。像一炼钢厂2002年的吨钢废品为30千克，2003年降到20千克，今年上半年又降到14千克；板坯连铸达到100万吨不漏钢；在改革前的一年中，设备故障率平均为2.3%；改革后一年来，降到了1.3%。热轧厂的中板生产线产量也从2002年的75万吨增长到2003年的83万吨，设备月故障时间从30小时降到了5小时。如果没有这一基层管理模式的改革，是很难想象会在短期内取得如此显著效果的。

通过座谈，使我感到更为振奋的是通过作业长制的推行，员工们、特别是作业长自身思想观念及精神状态发生了显著的变化，这将对企业的发展带来深远的影响。

（1）这些作业长的责任心和主动性明显增强。过去，工段长只是从事单项的生产管理，在车间主任领导下，负责完成车间的布置任务，基本上只是一个执行者。这种体制决定了工段长责任的局限性，遇到问题往往是向上请示汇报，再按车间主任指示办事，是个被动型的角色。而在新的基层管理模式中，管理重心下移，实行权限委让，作业长是基层的综合管理者，是“厂长在一线的代理人”，全面负责所辖作业区的生产、技术、安全、人事等项工作。这就高度调动了作业长责任感和主动性，大部分作业长都感到担子比以前重了，事情比以前多了，工作比以前辛苦了，但觉得心情比以前舒畅了，作业长的岗位为他们提供了施展自己才华的舞台，自己的能力也比过去明显提高了，工作效果自然也比过去好多了。现在大多数作业长都尝到了甜头，衷心热爱这一改革。

（2）工序服从的观念已经深入人心。过去，相邻工段之间不相协调的情况比较普遍。在刚开始实行作业长制时，由于习惯思维模式的影响，在贯彻“工序服从”这一原则时，阻力还比较大。但是，随着作业长制的深入开展，在实践中，感受到了这一现代化管理原则的科学性、有效性，各工序之间减少了扯皮，提高了工作效率，加强了对各类事故处理的反应速度，从而使各项工作的成效明显提高，经济效益也有了较大增长。这就使人们对

“工序服从”的自觉性大为增强，这在夜班生产中，体现最为明显。有的厂长切身感受到“现在我们晚上电话大大减少了，很多事都由作业长顶起来了”。

（3）横向沟通的自觉性大为加强。其实，生产现场很多矛盾的产生和效率的低下，横向之间缺乏沟通是一个重要的因素。推行作业长制，强调工序服从，横向联系，自我了结，这既是对习惯思维模式的一个冲击，也要求工作作风来一个大转变。过去，设备出现故障，班组将情况逐级上报，再由调度下达指令，由维修部门前来检修。现在，生产和点检作业区的关系有了很大变化，双方经常互通信息，生产作业人员努力熟悉设备情况，一旦出现故障，生产作业长首先主动尽快判断故障区范围，为点检作业人员提供一手资料，为及时排除故障创造了有利条件。至于跨分厂、跨厂之间作业区的直接沟通，在过去更是难以想象的。有些作业区，相互之间还制定了一些协议书、指导书，使横向协作具有了标准和规范。

可以说，三厂在推进作业长制过程中，实行了体制上、机制上的三大转变，即：以车间为单位的“管理块”向按生产工艺流程或业务流程设置作业区组织形式的“管理链”转变；由厂、车间的管理重心向基层管理者——作业长（区）下移的转变；生产与生产区域、生产与生产点检检修不同业务（专业）由上级指挥、协调向由作业长（区）直接工序服从，横向协调转变。其直接后果不仅是体现在生产技术指标的提升，更重要的是员工全局意识的增强、基层管理工作效率的提高，现场协调反应速度的加快，特别是作业长素质的全面提高，对企业的长远发展将起到积极的推动作用。

现在，这3个厂都相继成立了作业长研修会。在此基础上，成立了公司作业长研修会。这些研修会在探讨问题、交流经验、组织检查、联络感情、促进协作等方面已经显示出它的不可替代的作用，成为行政领导的参谋、桥梁、纽带和得力助手。

三、启示

尽管马钢推行作业长制的时间还不长，但已经在公司内部引起了强烈反响。一些二级单位纷纷要求加入到试点行列。马钢基层管理模式的改革，也为我们提供了一些有益的启示。

首先，企业的发展，特别是企业现代化改造、技术装备的现代化和企业规模的扩大，呼唤企业加快实施现代化管理。生产力的发展要求生产关系相适应，世界一流的装备要拿出世界一流的产品、获得一流的效益，需要进行一流的管理。这不仅体现在公司层面上，也要体现在基层管理上，并且使两者相互促进。现在，不少企业重视了公司层面管理工作的改进，引进了很多新观念、新手段、新措施，诸如BPR、ERP、CRM等，这些当然都是必要的（而且也必然会涉及到基层管理的改革），需要结合企业实际，认真推行。但对基层管理的改进，有些企业重视不足。而如果没有一个能够有效运作的基层，公司层面的改革也就不可能落到实处。因此，马钢基层管理模式的改革为企业提供了一个可资借鉴的样板，值得我们重视。

其次，要重视国内钢铁企业自身的经验。近几年，不少企业都十分关注国内外企业先进管理的经验，特别是随着改革开放的深入，同国外企业的交流也更为频繁，在重视技术层面交流的同时，对管理层面的接触也在加深。比如，至少有十几家钢铁企业都同德国巴登钢铁公司签订了《技术管理咨询服务合同》，仅江苏省就有4家，每家的费用都不低于马钢给宝钢的报酬。应该说，这些企业学巴登，都取得了较好的效果。但我觉得，对我国自身的经验更应该重视。特别是像宝钢这样的企业，它从建厂开始，就引进日本新日铁的管理软件，在实践中又不断结合实际，加以改进，已经取得了引人注目的良好效果。现在宝钢厂级单位，机构精简，人员精干，分厂领导基本上不设副职，下面也没有科室，只有主管、主办，这样一个千万吨级的企业，所以能够运用自如，同它的以作业长制为中心的“五制配套”的基层管理模式的顺利实施是分不开的。应该说，宝钢经验对我国钢铁企业来说，具有更现实的借鉴意义。一些企业也在自发地学习宝钢的经验，但总体来说，还有不少企业对学习宝钢管理经验，比较强调其特殊性，行动不快，力度不大，成效不显。马钢的实践也为我们学宝钢提供了有益的经验，可供其他企业借鉴。

第三，马钢推行作业长制，已经有了一个良好的开端。但毕竟时间还短，各方面工作都有待于加强。一些作业长的文化知识结构不能适应需要，有的实践经验欠缺，有的作业长旧的思维定式影响较深，不能切实运用作业长的职权；有的分厂领导在权限委让上又顾虑较多。因此，在相当程度上，不能发挥作业长应有的作用。还有人认为作业长制就是作业长的事，没有认识到这是一种科学的管理体系。这些都要在实践中不断提高认识，加以改进。在外部环境上，更需要进一步创造条件，为作业长行使其职权营造良好氛围。目前，在三厂这个“特区”范围内，像“工序服从”这样一些观念和做法，已是顺理成章的事。但是，跳出三厂，就很难行得通了。而且，作业长制毕竟只是基层管理模式中一个重要环节，宝钢作业长制要求“五制配套”，这就不是三厂自己所能解决的。比如，实行计划值，就需要公司职能部门在专业管理上相应地进行改革，否则作业长在某些方面的管理上，仍然只能是极为粗放的。此外，还要求企业信息化建设相应跟上，并不断加以完善。马钢准备在近期深入总结前一阶段推行作业长制的经验，并按照 PDCA 循环持续改进；还准备以三厂作业长制改革为切入点，一方面是横向拓宽，扩大这一改革的试点单位；另一方面是纵向拓深，推动马钢现代化管理工作的深入改革。为了适应今后在面上推广作业长制的需要，马钢早已选派了 24 名管理人员和管理干部学院的教师，赴宝钢接受为期一个月的作业长制的师资培训。

冷水江钢铁总厂自力更生谋发展 已基本形成200万吨的钢铁生产规模[1]

冷水江钢铁总厂位于湖南冷水江市，1958年开始兴建，原来是一个单一的炼铁企业。长期以来只生产生铁和焦炭，1992年才开始建设转炉，但直到1998年实际产钢2.4万吨，生铁年最高产量为26万多吨。1999年资产负债率达到了103.5%，负债高达7.3亿元，其中欠职工工资和集资款就有好几亿元。当时的省冶金厅请已经离开该厂的原副厂长陈代富回去主持工作，要求在半年内妥善处理好企业破产工作，然后对他另行安排工作。

时隔几年，冷水江钢铁总厂已是面貌一新。2003年产铁110多万吨、钢坯80万吨、钢材43万吨，销售收入达到21亿元，上缴税金1.8亿元，在冲抵潜亏后，账面利润5000多万元（实际利润4亿多元，2002年利润1亿元，2001年也有七八千万元）。到今年年底，基本上可形成200万吨铁、200万吨钢、160万吨材的规模，已有和在建的主要设备是2台110平方米和1台44平方米的烧结机、4座450立方米的高炉、三座18吨和2座75吨的转炉、2条生产能力分别为50万吨和30万吨的棒材连轧生产线，还拟建设1条80万吨生产能力的H型钢生产线。并在贵州与六盘水矿务局合资兴建了年产焦炭80万吨的焦化厂，18吨小转炉在大转炉建成后将根据当时情况逐步淘汰。

冷水江的转机是从陈代富回厂后开始的。尽管当时上级领导交给他的任务是妥善地搞好破产工作。但当他看到厂里生产凋敝、工人好几个月拿不到工资、很多职工家庭生活困难的情况，他认为首先还是要恢复生产，他凭借过去在厂里负责供销的关系，赊进了一批原燃料，整顿生产秩序，改革了分配关系，体现了多效多得，使生产稳步上升。从2001年起，企业开始有了利润，并逐年以较大的幅度增长。在此基础上，他进一步谋划发展之道。当时，省冶金厅已将焦炉划出，他就在扩大钢铁生产上做文章。2001年起，一场大规模的技术改造在冷水江兴起。

资金从哪里来？政府不给，银行不贷，一方面靠自己的积累，另一方面广开财源，吸引外资。他们同上海、杭州、深圳、厦门几家从事实业和进出口贸易的公司合资，没用国家一分钱，没向银行借贷一分钱，形成了200万吨钢的生产能力。1台110平方米烧结机1亿元，两台1.5亿元；每座高炉约1亿元，转炉系统4亿元，两套轧机约1.2亿元。在此期间，还还清了大量债务，现在主要债务是银行的2亿多元贷款。

这些项目，总体上来说，投资较省。一是因为都在厂区范围内建设，没有征地费用；二是健全规章制度，堵塞漏洞；三是自力更生，除了转炉是委托马院设计的，高炉、轧钢都是自己设计的，但技术装备水平不低，棒材连轧机的电控设备全是西门子的。

这个厂机构精简，人员精干。全厂在岗职工3800多人，内退700多人。现有高工50

---

[1] 原载于2004年第12期《钢铁信息》。

余人，前几年因工厂不景气外流的人员大部分都已回来。厂部机关设办公室、生产部、人事部、安全环保部、财务部、计划部、技术处，总共43人，如计划部包括部长在内，一共3个人，其职责范围是：制定生产运行计划，技改项目的立项，经济责任制的考核、生产统计、劳务工的调配等。生产单位是四班三运转，但管理人员节假日很少有休息。去年人均收入为1.5万元左右，工资成本占总成本的比例不到2%，包括社保等三项费用在内也不过3%左右。

冷水江钢铁总厂从厂长起，保持艰苦奋斗的好作风。陈代富自1999年到厂后，只要在厂里，每天都是早6时30分进厂，先到车间和工地巡视一遍，再上办公室；晚上一般都是10时30分离厂。他到市里办事，一般都是步行（行程约15分钟）。去长沙公出，尽量不在外过夜，以节约费用。他认为，作为企业领导，不吃苦在前，是干不好事的。在企业没有官做，只有事做。决策前讲民主，决策后就只有执行。决策者必须自己带头执行，执行者要参与决策。在企业，不能讲套话、空话，更不能讲假话；企业只能讲实话、真话。对干部要求严，按产量、成本、质量、效益四项来考核，3个月一考核，一项完不成就下去。80多名中层干部中已有4人因此被免职。对干部，不讲年龄、文凭、职称、性别，按贡献拿工资，有60多岁的高工，年薪七八万元。机关干部年薪2万多元。他自己的底薪2万多元，省冶金行业办规定，完成利润指标后，奖励领导班子80万元，陈代富去年总收入只有10多万元。由于大宗原材料的采购价格低，劳动成本低，因此在当前钢材价格大幅度降低的情况下，在同类产品中仍然有较强的竞争力。

关于首钢天水岷山机械厂当前生产经营状况的调查报告[1]

首钢岷山机械厂（简称岷山厂）自1985年军转民以来，生产经营长期处于亏损状态。划归首钢以后，总公司以冲销欠款和核销不良资产的方式对该厂历年亏损给予了部分处理。但由于先天不足，历史包袱沉重，以及在军转民后基本上没有进行适应性的改造，目前处境仍然异常困难。

虽然历届领导班子也都作了很大的努力，特别是近几年来，在首钢总公司军工集团的领导和支持下，该厂结合市场需求和自身条件，在产品结构上，逐渐形成具有一定特色的三个大类：一类是以氧枪喷头、剪刃、堆焊辊、导卫系列精铸件为代表的冶金、石油行业所用工具、备件类产品；二类是以普通车床走刀箱、进给箱、刀架等为代表的机床功能部件类产品；三类是以整枪、枪械零件、枪械工艺装备为主的特种机械制造产品。此外，还有三四百人（约占全厂在岗职工总人数的20%）承接了首钢部分主体厂的备件加工和设备检修任务。但总体来讲，远远没有摆脱困境。

今年5月，军工集团对该厂主要领导进行调整后，新厂长张新子能团结班子成员，面对困境，积极应对，带领全厂职工迎难而上，在打市场、降成本、筹资金等方面，做了大量工作，初步取得了一些成效。但是距离扭亏脱困尚有很大距离。厂领导和中层干部的精神状态还是比较好的，在生产现场，职工情绪也还是不错的。

尽管目前大部分车间生产任务基本饱满，但除个别产品（如氧枪喷头）外，尚未形成技术含量较高、市场需求数量较大、且相对稳定的支柱产品，总体上还是处于“（品种）散、（规模）小、（产品档次）低、（市场竞争力）弱”的局面。因此，相当一部分产品处于微利甚至亏损状况，勉强做到制造成本上实现持平。近几年，之所以有的年份账面上还有盈利，主要是靠盘活土地资源（约240亩）、累计获得7000多万元的土地补偿金，弥补了生产经营的亏损，这也在一定程度上掩盖了岷山厂生产经营上的严重困境。

但从今年以来，天水市政府已将土地处置权收回，企业无法再通过盘活土地资源来获取资金。因此，各方面的矛盾就凸现了出来。今年1~8月，实际亏损已达960余万元，平均大约每月亏损120万元，最突出的是资金链断裂的情况随时都会发生，企业账面上经常只有不足10万元的资金，连维持简单再生产都难以为继。机床产品，市场有需求，客户有订单，生产有能力，但由于缺乏采购原材料的资金，至今还不能扩大市场份额。至于由于原材料供应不足而影响及时交货，丢失了市场的情况更是经常发生，这就进一步加剧了困境。由于欠缴电费（除陈欠200万元外，今年至今又新欠200万元），电力部门多次通知要拉闸停电，虽经厂领导一再反映情况、做工作，目前还是对生产用电区进行部分停

[1] 写于2005年8月。此件只报送了首钢总公司及首钢军工集团领导，未公开发表。岷山厂后已移交地方。

电，并时刻都存在全面停电的威胁。此外，工厂历年所欠冬季采暖煤款约有260万元，今年冬季将临，所需300万元的购煤款尚无着落。

更为严重的是，由于资金短缺，厂里对职工的各项欠款、债务数额巨大，已经严重影响职工情绪和生产的正常进行。多年来一直欠发员工工资，仅今年各车间普遍欠发了3个月，全厂累计拖欠职工工资已超过1075万元。职工集资建房的六期工程，336套的房款职工早已足额付清多年了，楼房也早已建成，但由于企业已将当期职工交付的住房款用于垫补前五期住房对开发商的欠款，因此六期工程至今未能同开发商结清账款，开发商拒绝交付楼房，职工只能“望楼兴叹”。目前，1～6期工程款共欠2884万元。七期工程住房款，153户职工也已全额缴清725万元，但这笔款项都已用于解决生产急需，并未向开发商支付。因此，至今尚未开工。这一问题，涉及职工的面最广（接近500户），已经发生向厂部集体上访的事情。如果问题得不到解决，矛盾肯定会越来越激化，随时都有爆发群体事件的可能。再是社保欠账达到1700多万元，致使228名解除劳动合同的职工养老、失业保险难以持续，失业救济金无法领取，有些职工要求重新回厂上班，情绪很不稳定。由于社保欠账，今年一二季度65名退休人员未能转入社保，天水市社保局不再审批岷山厂三季度退休人员。这些问题，虽然厂领导一再做工作，但由于职工感到看不到前景，因此意见很大，情绪激烈。这是当前岷山厂最主要的不稳定因素，急需尽快妥善解决。

在资金筹措方面，厂领导做了大量工作，甚至作出了重大牺牲。比如，今年年初，为了解决临时性原材料的供应，在全厂中层以上干部中进行了集资，原则上厂领导每人1万元、中层干部5000元，一共集资近50万元；而去年厂领导全年实际收入只有6000多元（基本工资部分，考核结果至今未下发，即使可以补发，工厂也无实力，只能继续欠发），这项集资，不少厂领导是向亲属借贷的；有的中层干部，在亲友处借贷无门，只得以较高的利息从金融单位借个人贷款来支付。至今，该厂欠厂级干部的款项，最多的几位已经达到6万元左右。

当前，大家最关心的是工厂今后长远发展的前景。在我所接触的两级干部中，普遍认为解脱岷山厂困境的较为根本性的措施是改制走破产之路。我到岷山的第二天，主管工业的任伯年副市长就同我谈到岷山厂破产的问题，市里态度比较坚决。但由于国资委早就有了债转股的决策，因此需要及早在高层次上加强沟通，尽快取得统一认识，以便加快改制步伐。现将任副市长的谈话纪要附后，供参阅。

但无论怎样改制，当前扭亏脱困的工作不能放松。在调查中，我对岷山厂如何改进自身工作也提出了要求，要求他们必须进一步转变观念，立足自身，自立自强；着眼于调动各方面的积极性，善于发现各种积极因素，发现各种闪光点，总结推广，以鼓舞士气，要做到心中有数据，手中有典型。并在加强管理、开拓市场、降低成本、提高质量、改进服务等方面提出了一些具体建议。

但也必须看到，岷山厂的一些根本问题，确实是自身难以解决的，需要首钢总公司给以一定的支持。作为西北地区的困难户，为了保持社会稳定，贯彻“以人为本”的原则，总公司有必要支付一定的社会成本。除了上述加快改制步伐以外，还建议：

（1）对该厂冶金类产品在市场开发上给以必要的扶植。在符合首钢质量、服务标准的前提下，在产品价格基本接近的情况下，对岷山厂的产品进行适当的倾斜；对该厂在首钢的传统检修项目和备件加工制作，在同等条件下优先予以支持。在2～3年内，每年能确保给以一定量的备件加工和维修总量。

（2）为减缓该厂现阶段资金极度匮乏的压力，建议总公司对该厂在首钢产生的费用，不受限额支付规定的限制，在一定期间实施月结月付月清的办法。如果岷山厂能自行争取到银行贷款，在必要情况下，总公司能否给以一定数额的流动资金贷款担保。

（3）对涉及当前工厂以至社会稳定的重大问题，诸如上述的职工住房、退休、冬季取暖等，建议总公司有关部门认真研究，限期提出对策措施。

做精、做专、做强[1]

——对石钢、邢钢、新兴铸管的调查

钢产量位居各省市区第一的河北省，2004 年产钢 5641 万吨，其中既有年产钢六七百万吨的特大型企业唐钢、邯钢，也有一批近几年来崛起的、钢产量超过 200 万吨的民营企业；还有若干规模一二百万吨、但以做精、做专、做强为目标，并形成各具特色、在钢铁行业颇有影响的国有企业（有的近年来已改制），石钢、邢钢、新兴铸管就是其中的佼佼者。近 10 年来，这几家企业发展较快，经济效益也都有显著增长，各主要工序的技术经济指标都处于领先地位，特别是在产品结构调整和优化上取得明显成效，产品档次不断提升，环境治理也取得较大进展。他们的变化给我们提供了很多值得借鉴的启示。

一、大企业要做强，小企业同样可以做强

目前，在钢铁界中，有一种观点：钢铁企业要做强，首先必须做大。于是一二百万吨的企业要发展到三四百万吨，甚至更多；四五百万吨的企业朝着 1000 万吨规模前进。我们不否认钢铁企业必须要有一定的规模。一般来说，规模大，有利于降低成本，有利于研发工作，有利于抗风险能力的提高，在某种意义上说，大也为强提供了较好的基础。但这绝不意味着规模越大越好，规模大才能做强；更不等于说，小就难以做强。相反，强了可以通过多种形式，做得更大。河北的这 3 家企业就为我们提供了较好的范例（见表 1）。这 3 家企业，过去都是生产普碳钢的企业。现在，谁也不能否认他们都是本领域中的强势企业。石钢已由普钢企业转变为以转炉生产为主的特钢企业，2004 年的优钢比例达到 95.4%、合金钢比例达到 29%，今年二三月份，又上升到 40%；其优钢棒材产量名列全国第一；45 号钢棒材占到了全国市场份额 30%；40Cr 合金结构钢棒材占到全国 20% 以上的市场份额；其汽车用钢已进入一汽、二汽、济南重汽、上汽、日本丰田汽车等核心市场；棒材厂成为奥钢联波米尼公司的亚洲示范工厂。邢钢则成为高速线材的专业厂，主体生产线各项技术经济指标都很先进，350 立方米的高炉利用系数目前达到 4.0，入炉焦比降到 360 千克，炼钢厂从转炉到连铸都是在本世纪从奥钢联引进的，集中了当代世界的先进技术，轧钢厂已建成 4 条具有世界水平的高速线材生产线，目前品种材已占到 40% 左右，规格为 6～42mm，成为我国第一家高速线材专业厂。由于邢钢作出的重大业绩，奥钢联已将邢钢作为其在亚洲的合作伙伴，今后由邢钢以奥钢联的名义派出专家，到采用奥钢联轧机的企业负责调试，并享受奥钢联专家的待遇。新兴铸管高炉炼铁的主要指标长期以来都是名列全国前三名，其中高炉利用系数已经达到 4.29，雄踞行业第一，入炉焦比降到 349 千克，喷煤比达到 172 千克；在行业中都位居第三；转炉和轧机的日历作业率则都名

[1] 原载于 2005 年第 5 期《冶金管理》。

列行业之首；其球墨铸铁管的产量已雄踞世界第一，技术实力也达到世界领先水平。这几家企业在节能降耗、环境治理方面也十分重视，石钢吨钢耗新水降到3.8吨，邢钢为3.79吨，新兴铸管为3.05吨，都居于全国前列。石钢的粉尘排放量2000年为1.07万吨，而当年的钢产量为102万吨；2004年，钢产量达到208万吨，比2000年翻了一番多，而粉尘排放量却减到2730吨，下降了74.5%。

表1　2004年石钢、邢钢、新兴铸管产量、财务及主要经济技术指标

指标名称	石　钢	邢　钢	新兴铸管
铁产量/万吨	170.89	216.12	280.46
钢产量/万吨	207.98	214.07	120.84
钢材产量/万吨	178.51	206.53	114.22
球铸管产量/万吨			83.51
销售收入/亿元	65.65	64.68	89.25
利润/亿元	4.49	5.95	9.71
高炉利用系数/$t\cdot(d\cdot m^3)^{-1}$	3.55	3.50	3.93*
高炉入炉焦比/$kg\cdot t^{-1}$	373	373	377*
转炉钢铁料消耗/$kg\cdot t^{-1}$	1077	1082	1080
吨钢消耗新水/t	3.80	3.79	3.05
吨钢综合能耗/kg	701	805	756

注：表中*所示的这2个数据都是包括新兼并的芜湖钢铁厂的高炉指标，如果只考虑新兴铸管本部的高炉，这2个指标分别为4.3和349。

二、关键在于有一个与时俱进的正确的战略定位

这3家企业之所以能发生巨大的变化，关键是企业领导能够高瞻远瞩，在客观地分析市场形势以及自身实力的基础上，科学决策，对企业发展的方向作出正确定位。最先实现这一转变的是新兴铸管。20世纪90年代初，尽管当时钢材市场形势很好，但以范英俊为总经理的企业领导班子居安思危，预见到好景不会长久，潮涨必有潮落，而且地处周边一些大厂，如邯钢、唐钢、安阳的包围之中，产品结构基本雷同，单纯地扩大规模，很难同这些大厂竞争。因此，他们果断决策：在继续发展钢铁生产的同时，把离心球墨铸管作为主攻方向。1993年第一条生产线建成，2000年铸管产量达到25万吨，已是“国内第一，亚洲第二，世界第三”；2003年兼并了芜湖钢铁厂，新建了40万吨规模的铸管厂，2004年铸管产量达到83.51万吨，销售收入达到31.92亿元，相当于钢铁产品的三分之二，形成了110万吨的年生产规模，位居世界第一，有的品种规格还是世界独一的。

石钢的转折点则是在1995年。当年5月，阎胜科接任厂长一职。当时，钢铁市场形势出现变化，石钢如何求生存，石钢的路又该怎么走，这一问题尖锐地摆在他的面前。在分析了企业面临的内外部生态环境之后，阎胜科提出了“鱼虾理论”：大海里有鱼，大江大河里有鱼，小溪里有鱼，池塘里也有鱼，各得其所，关键是要找准适合自己的生存环境。石钢要生存，要发展，必须避开大企业的锋芒，从自身实际出发，加快产品结构的调整，生产自己的特色产品。于是，新的边缘经营发展战略出台了。经过广泛的市场调查，

他们确定以45号钢作为突破口，实现产品由螺纹钢等普通钢向优质结构钢转变的战略转移。边缘战略的实施取得了极大的成功。2000年，在钢产量较1995年增长1.3倍的情况下，优质钢比则从1995年的30.6%增长到77.7%，而同期普碳钢及低合金钢比例则从69.4%下降到22.3%。在此基础上，石钢又提出了“边缘—精进”战略。到2004年底，石钢的优质钢比达到95.4%，合金钢比达到29%（今年二三月份达到40%），而普碳钢及低合金钢比例则降到4.59%。石钢已经由一个普钢企业转变成为优钢棒材产量名列全国第一的特钢企业。

邢钢的变化更显现公司领导的决策水平。邢钢在1995年前是有铁无钢，1995年才建起了2座25吨的转炉。当时与之配套的30万吨的棒材轧机项目已经国家经贸委批准，但在对市场需求和周边企业新上项目进行深入调查后，新任总经理袁世臻在承担很大风险、承受很大压力的情况下，作出了以线材轧机取代棒材轧机的决策，迈出了邢钢向线材专业厂前进的第一步。以后，经过立足于高起点的技术改造，邢钢的炼钢、轧钢都已进入世界一流水平。邢钢成为线材行业细分市场中的龙头老大。

三、企业的成功，5%在战略，95%在执行

正确决策是企业健康发展的必要前提，但要把决策贯彻下去，成为广大员工自觉的行为，还有大量工作要做。从这三家企业情况来看，有以下几点值得借鉴的做法：

（1）领导带头，重视执行力的提高。决策解决做正确的事，但做正确的事不等于就能把事情做正确。要把事情做正确，做得更好，做得更有效率，就有一个执行力的问题。有这样一句大家都很熟知、并经常在引用的话：“一位经理人的成功，5%在战略，95%在执行。”这不是说战略不重要，而是说明执行力太重要了。执行是促成战略获得成功的真正关键因素。再好的战略，如果不能得到有效的实施，不能动员企业的全体员工来认真执行，那也可能成为一纸空文。执行力的提高，一是领导要率先示范。要消除一种误区：领导管决策，下面管执行。这次，在同3个单位基层领导座谈时，我都同他们探讨一个问题：为什么这几年企业会发生如此重大的变化？回答有一条基本上是相同的：企业发展战略定位的正确，同时主要领导亲自抓决策的贯彻执行，亲自协调、解决执行过程中的关键性问题。这就带动、培育了员工执行力的提高。二是制度的严格执行。执行力就是要在实践中培育起来的，不能有丝毫的马虎。新兴铸管就是在严字上下工夫，才能在相对来说不那么先进的装备条件下，取得一流的指标。至今，他们厂区内还挂有写着恩格斯名言的横幅：“进入厂区请放弃一切自治”。三是企业文化的熏陶。邢钢过去为了解决迟到早退问题，有关部门蹲在厂门口，用摄像机照，进行曝光，但并没有从根本上解决问题；现在把企业文化的灌输和规章制度的执行结合起来，使企业精神真正“内化于心，固化于制，外化于行”，员工的敬业精神、遵章守纪的自觉性大为提高。

（2）围绕战略调整推进企业改革，为人才成长创造良好条件。这几年，这三家企业装备水平有了极大提高，有些达到了世界顶级水平。一流装备需要一流人才来驾驭，才能生产一流的产品，获得一流的效益。提高人才素质，一方面要靠多种形式的培训，这几家企业在这方面都做了大量的工作，取得了很好的成效。另一方面要不断深化和完善三项制度改革，像石钢几年前就实行了“领导系列与非领导系列的分类管理”，非领导系列设有专业技术系列、管理系列、营销系列、操作技能系列，每个系列都设置15个等级，每一职

级享受同领导系列对等的待遇，其中一级专家可享受与公司总经理同等的待遇。这就改变了过去千军万马都走当官这一座独木桥的弊端，为各类人才铺设了一个得以施展才能的舞台。同时，也为组织机构扁平化创造了条件。现在石钢领导系列人员已由1995年的180人精简到48人。同期，邢钢则由200多人降到63人；新兴铸管各主要生产厂管理人员都在10人以内。特别是分配制度的改革，更是直接关系到每个员工切身利益的大事。邢钢董事长、总经理袁世臻认为：要以分配制度的改革作为所有改革的切入点，而且要随着情况的变化不断进行调整，力求使能干的人、对企业贡献大的人得到更多的物质报酬。由于待遇的合理，以及企业前景的看好，近几年邢钢只有一个技术干部跳槽。新兴铸管更注重考核指标的导向作用，主要生产单位实现了日成本、日利润、日工资，促使下属单位自觉、主动地提出更高的奋斗目标。

（3）进一步转变观念，用新的理念来解决前进中的问题。从数量发展型到品种质量效益型、从规模扩张型到做精做专做强的战略转型必然会遇到不少新问题，会带来原有利益格局的变化，对外部条件也会提出新的要求。因此，更要跳出原有的思维模式，深入转变观念，使全体员工在共同的愿景、共同的理念指引下，正确处理各种关系，实现新的跨越。特别是要处理好局部和全局的关系，近期利益与长远利益的关系，内部与外部的关系。石钢在开始炼45号钢时，命中率仅为40%，在一个短时期内，无论是企业的效益，还是员工个人的收益，都受到一定影响。但是，正因为他们能够立足长远，服从全局，承受暂时的牺牲，终于开创出新的局面，现在命中率早已超过99%。而且，已经拥有6项与45号钢相关的生产工艺技术专利。在钢材市场形势大好，原有品种也能卖出好价钱时，邢钢领导能经得起市场的诱惑，抓紧新品开发不放松，使市场形势发生变化时，得以占领先机。在外部原料条件变化时，石钢炼铁厂立足自身，在不放松抓“始端”、力求保持原料条件稳定的同时，把重点转到抓“终端”、从调整渣相结构着手，改变了过去炼铁界的经典名言：“七分原料，三分操作”，确立了新的思维模式：“四分原料、三分操作、三分管理”，使高炉在原料条件不如过去的情况下，高炉顺行情况好于过去，主要技术经济指标又有提高。新兴铸管钢铁生产在技术装备条件不如一些兄弟企业的情况下，很多技术经济指标却远远领先，这同他们树立新的理念是分不开的。广大员工在遇到问题时，遵循“不准归罪于外”的理念；在处理上下游工序关系时，“服务下游，就是服务自己，服务全局”，形成整体合力，取得整体优势，从而提高整体效益。

虽然，这三家企业都已取得了可喜的成绩，但他们都表示，在市场经济的急流险滩中，前进航程中仍然是险阻重重，丝毫不能懈怠。现在石钢正在研究下一步如何实施从“边缘精进战略”到“精进发展战略”的转变，以实现把石钢建成高效率的、专业化的、生产洁净化的汽车专用高级棒材强企。邢钢则在进一步提升线材档次和扩大品种规格，以及线材产品深加工、扩大产业链上做大文章。新兴铸管正在加快结构调整步伐，围绕铸管、钢塑复合管、钢格板等四个国际前茅，打造企业核心竞争力。

我深信，他们的宏大目标一定能达到；也预祝他们的目标早日能实现。

杭钢非钢产业取得骄人业绩[1]

素有“江南明珠”之称的杭州钢铁集团公司（简称杭钢）近年来更加璀璨夺目。在做精做强钢铁主业的同时，其非钢产业得到飞跃发展。从2001年起，杭钢非钢产业整体上已经赢利；2003年销售收入超过钢铁主业；2004年在钢产量278万吨的情况下，全年销售收入达到了214亿元，其中非钢产业的收入突破100亿元，达到120.26亿元，超过了主业的收入，占集团公司总收入的56%，同上年相比，增长44.80%；实现利润达到3.79亿元，较2003年增长77.49%，占杭钢总利润25.82%。四分天下有其一，这在钢铁行业内是罕见的，发展前景更是喜人。

一、杭钢非钢产业的骄人业绩

目前，杭钢的非钢产业涵盖了贸易流通、房地产、宾馆酒店、环境保护等诸多行业，有的已经形成一定的规模，在市场上具有相当的影响力。去年底，杭钢对现有的非钢产业进行整合，第一批先组建了商贸集团、置业集团、旅业集团三大集团。

商贸集团主要经营内外贸易，是杭钢目前最大的非钢产业，也是三大集团中唯一基于杭钢原有基础上发展起来的。近几年来，发展势头迅猛。2004年实现贸易总额171.58亿元，剔除内部交易额69.98亿元后，实现销售收入101.60亿元，初步形成了内贸为主、外贸为辅、内外贸互补的经营格局。2004年，这一集团下属公司中已有5家企业年营业额超过20亿元，其中冶金物资公司销售收入达49.20亿元；而这家公司2000年的销售收入还只有10亿元多一点，4年增长了近5倍。这一集团下属的富春公司，原是浙江省政府在中国香港特区的一个窗口公司，由于种种原因，出现了严重亏损。1999年，省政府决定将该公司移交给杭钢经营。杭钢以此作为通向国际市场的窗口，促进了杭钢内外贸的长足发展，为杭钢带来了丰厚的回报。2004年，实现销售收入24.67亿元，利润达到3331万元。无怪乎浙江省的领导发出这样的赞叹：杭钢真是了不起，什么样的企业给杭钢经营，都能创造出奇迹！

置业集团主要是从事房地产开发的。在杭钢非钢产业中最具旺盛生命力、发展势头最强劲、发展前景最看好的一个全新的产业。目前，已经组成浙江国际嘉业房地产公司、深圳富春东方公司、浙江东菱股份有限公司等4个房地产核心企业，总资产已超过100亿元。2004年，房地产已储备土地万余亩，已开工建筑面积300多万平方米，开发土地面积200多万平方米。开发足迹遍布上海、深圳、海口、广州、厦门、南京、苏州、常州、昆山、马鞍山、武汉、杭州、湖州、嘉兴等15个大中城市。目前，浙江嘉业房地产公司在长三角地区已经构建起杭嘉湖、苏锡常和沪宁三大房地产板块，2004年全年实现销售收入11.17亿元。他们以新颖的理念、优异的质量、真诚的服务赢得了顾客的赞誉，像湖州嘉

[1] 原载于2005年第10期《冶金管理》。

业阳光城被湖州市民评为最受欢迎的楼盘；嘉兴嘉业阳光城荣获当地多项房地产开发单项奖和十大品牌楼盘称号；苏州嘉业阳光城被评为苏州十大明星楼盘。深圳富春东方实业有限公司则是置业集团中资产规模最大、资金实力最强、区域辐射最广、投资回报率最高的龙头企业，其在深圳国际旅游度假区开发的大型超豪华全海景双湾半岛别墅——天琴海被评为“中国别墅社区特别奖”、“中国山海别墅金奖”等多项奖项，该公司也进入“中国城市运营商50强”和“深圳行业十强企业”。这些公司的品牌优势和规模优势都在不断提高。

旅业集团主要从事宾馆酒店产业，在杭州、湖州、嘉兴、深圳、厦门拥有从2星级到5星级的多家档次不同的宾馆，客房总数超过1000间（套），餐位数超过3000个（均未计深圳酒楼）。浙江新世纪大酒店2000年4月开业以来，年平均入住率都在85%以上，2001年9月被评为三星级旅游涉外酒店，接着又被授予“2002年度省级优秀星级饭店”称号、“浙江省绿色饭店”称号。厦门五星级喜来登大酒店原是厦门远华国际大厦，杭钢竞拍成功后，由富春东方集团入主经营，已与美国喜来登集团签订协议，委托他们经营管理，并加入全球预订系统。

2000年，杭钢股份还与清华紫光合资成立了浙江紫光环保有限公司（2003年11月改制为中外合资股份有限公司——浙江富春紫光环保股份有限公司），从事中小城市污水处理和发展区域性供水市场，目前已以BOT方式，在江浙一带的中小城市：海宁、临海、象山、衢州以及太仓、泰州、盱眙等地建成了城市污水处理厂，并已投入运行，获得了当地政府和市民的好评，有着良好的发展前景。

其他还有职业教育产业，非钢产业的科研设计、黄金、建筑安装等产业，也具有一定的规模和优势。两所职业技术学院办学规模不断扩大，在培养应用型人才方面取得优异成果。

杭钢非钢产业能够有今天这样长足的发展，也并非是一帆风顺的。它的经历，给我们提供了很多可资借鉴的经验和有益的启示。

二、跳出“辅业”的旧观念，把发展非钢产业纳入杭钢发展战略、提到战略高度来对待

作为一个大型钢铁企业，要确保高炉、转炉、轧钢机等生产主线的正常运转，必须有动力、设备维修、运输等部门的密切配合。在计划经济情况下，一个钢铁企业就是一个小社会，生活后勤、医疗、住房、学校等都需要自行解决。因此，长期以来，就形成了主体和辅助的关系。在向市场经济转变的过程中，各企业普遍进行了主辅分离、剥离辅助等工作，使这些辅助部门在市场化原则下，继续服务主体的同时，逐步推向市场。

杭钢的情况大体上也是如此，但是杭钢还有其特殊性。1995年，省政府决定，浙江省冶金总公司与杭钢合并，将浙江总公司下属的14家独立核算的子公司一起转给杭钢。因此，杭钢除了原有的一些辅助单位外，还有一批与杭钢主体生产没有多大关系的子公司，其中除个别单位略有赢利外，绝大多数都是亏损企业。可以说，当时这些亏损企业是压在杭钢身上的一个不轻的包袱。经过几年的整顿，强化管理，并逐步加大改革力度，终于使这些子公司陆续走上了正常发展的轨道。

随着全国钢铁行业形势的变化，不少兄弟企业增长发展的势头相当猛烈。但杭钢则受

制于区域条件，外延发展受到限制，当地的钢铁主业在数量上不可能有更大的增长。但杭钢又必须发展，这就逼着杭钢要更新发展思路。杭钢领导在总结以往经验的基础上，提出了走“钢铁主导，适度多元”之路。一方面要在主业上走出新路子，把主业做精做强，并寻找机会，“跳出杭州，发展杭钢”；另一方面，必须在非钢产业上打主意，跳出仅仅局限于“辅业”的观念，把发展非钢产业提到战略高度来对待，寻找机遇，创造条件，把握方向，选准目标，把它们作为独立的产业来发展，着力培育2～3个举足轻重的优势产业。

观念一转天地宽。过去觉得是包袱的，现在发现其可能是新的经济增长点；过去作为辅业来对待的，一切以是否服务于主业为标准，现在认识到作为一个产业来抓，前景远大。像浙江冶金物资公司是省冶金总公司合并过来时14家子公司中唯一的稍有盈利的企业，但由于其与主体关系不大，并未受到应有的重视，甚至有人对其经营兄弟企业钢材销售还颇有微词。但通过客观地分析浙江省市场特点以及企业自身的条件后，进一步统一了认识。大家认为，浙江虽是消费大省，但却是资源小省，需要从省外大量调剂资源；物资公司长期从事钢铁和有色金属等金属材料经营，积累了相当的经验，熟悉市场情况，对产需双方都有密切联系，具有独特的优势，可以面向社会，在搞好服务中求得自身的发展。事实证明，这条路是走对了。2004年该公司仅经营杭钢以外的钢材就达50万吨，全部销售收入达到49.2亿元，占杭钢非钢产业总销售额的30%左右，成为杭钢非钢产业中举足轻重的一家企业。

三、正视现实，抓住机遇，着力培育有发展前景的非钢产业

杭钢的非钢产业构成，大体有三种情况：一种是在原有子公司基础上发展壮大的；一种是与杭钢主业有一定关联度的，像环保产业；还有一种基本上是与主业没有多大联系的，像房地产和宾馆酒店业。这三种都有成功的事例，也有平平常常甚至不成功的教训。像当初看好的电子信息配套项目和生物工程项目，由于效果不佳，根据“有进有退”的原则，已果断退出。

在杭钢，谈到非钢产业，很多人都说：“无心插柳柳成荫”。因为目前形成杭钢支柱产业的三大集团，除了商贸集团是在原有基础上发展起来的，其他两个集团过去都没有什么基础。像房地产业，既无开发经营房地产的经验，更无地产资源。只是在同浙江国大集团联手竞拍中标，取得一幢烂尾楼的开发经营权，从而获取丰厚回报开始起步的。至于酒店宾馆产业，杭钢原来只有两家招待所，一家在半山地区杭钢办公区内；另一家是原先浙江冶金总公司的招待所，在双方合并时带过来的。只是在偶然情况下，浙江省有关部门要求以新建的一座在市区的培训中心交换杭钢新建的办公楼，这就是杭钢三星级旅游涉外宾馆——新世纪大酒店的前身。

“无心插柳”，起初可能是无意为之，但能使“柳成荫”，则绝非偶然性所能解释。杭钢领导的高明，就是能够透过这些偶然事件，来探索其有无必然的规律。他们正是通过开发烂尾楼的成功，进一步研究市场形势，发现房地产业在杭州周边及长三角地区需求旺盛，但房地产又是资金密集型的行业，需要大量资金启动。当时，好些项目就是因为开发商资金难以为继而中断，而充足的资金正是杭钢的优势所在。于是，他们决心进入房地产业，在与有关单位合作下，越搞越大，越搞越好。从此一发不可收拾，由于质量上乘，经营得法，声誉也越来越高。几乎所有的开发项目都获得了很高的评价。酒店宾馆业的发

展，则体现了杭钢领导敢于正视现实，善于抓住机遇，变不利为有利的胆识和魄力。新世纪大酒店的交换原非杭钢本意，杭州的星级宾馆众多，竞争十分激烈，杭钢也无这方面的实践经验。但既然无可推脱，就要迎难而上，要做就做成一流，而他们也确实做成了。这就进一步激发他们把这作为产业开发的决心。

四、要按照市场化运作的原则，以及非钢产业自身的特点，加快发展非钢产业

杭钢在发展非钢产业上，开始时也不是一帆风顺的。杭钢过去也有房地产公司，也想打入社会市场，但几年蹉跎，徘徊不前。他们认真总结了经验教训，认为关键是必须按照这些产业的特点和规律，进行市场化运作；再不能以管理主业的一套模式套用到非钢产业上，而是要扬长避短，扬长补短。“长”就是杭钢的优势：资金优势；信誉优势；区位优势，在长三角地区，杭钢的知名度是相当高的；人才优势；企业管理的优势，等等。“短”，就是杭钢作为国有企业，作为生产经营型企业，对非钢产业的运作机制不熟悉，甚至不适应，往往习惯以管理二级厂的方式来管理非钢企业，束缚了非钢产业的发展。

要补短，就必须学人之长、借人之长。杭钢在这方面迈出的第一步就是同所在行业中的先进企业合作。浙江嘉业房地产开发有限公司就是杭钢同浙江国大集团各出资50%、合资经营的结晶。国大集团在房地产开发经营以及宾馆酒店业都有丰富的经验和良好的业绩。合资公司由杭钢出任董事长，国大集团派出总经理，就是这家合资公司中标了一座烂尾楼，打响了杭钢房地产开发的第一炮。新世纪大酒店成立的前两年，也是委托国大集团进行管理，由国大派出总经理，杭钢出任副总经理。以后，在深圳、湖州、嘉兴等地，都是同当地有关企业（相当一部分是民营企业）合作合资，强强联合、优势互补，实现双赢的。

无论是杭钢控股还是参股的非钢产业的子公司，杭钢都是按照《公司法》的规定，通过该公司的董事会进行决策，杭钢集团只是由资产经营部负责对经营业绩的考核，并据此确定子公司主要领导人的实发薪酬。杭钢集团的其他职能部门都无权干预这些子公司的日常运作。

特别是对这些子公司经理人的薪酬，也完全采取市场化的运作模式，同市场接轨，突破了过去子公司领导人的薪酬要低于钢铁主业二级厂领导人的习惯模式。现在，一些非钢产业子公司主要领导的薪酬不仅高于钢铁主业的主体厂厂长，甚至有的还高于杭钢集团公司的董事长、总经理。当然，为了平衡杭钢内部钢铁主业和非钢产业之间的关系，也还采取了一些区别对待的政策：外聘的经理人原则上同市场接轨，杭钢派出的同级经理人则按一定的系数发放。这些做法，目前不仅为公司内部各方面所接受，而且还反过来促进主业改革的深化。

对这些新兴产业的从业人员，除少数经营层和部分管理骨干由杭钢及合作方委派外，绝大部分都采取从社会和杭钢内部招聘的方式。杭钢的干部一经入选，即与杭钢脱离关系。去年，杭钢委托上海同济大学代培房地产业人员25名；委托南京金陵管理学院代培宾馆酒店业人员23名。这些人员已成为置业集团和旅业集团的骨干。

五、天时地利人和，人和更是决定性的因素

杭钢非钢产业的快速发展，原因是多方面的。总起来说，得益于天时地利人和。天时，就是整个国家的大环境；地利就是杭钢所处的区位优势。但是，天时地利再好，没有人和还是难以做成大事的。人和主要当然是杭钢内部的团结、上下齐心，以及长期形成的企业文化；最终体现在这支具有很强学习力、执行力、创造力的干部和员工队伍。对非钢产业来讲，由于相当一部分企业是多种所有制的。因此，人和还要体现在各种人际关系上。

冶金物资公司总经理章寿仁就是杭钢非钢产业领军人物之一。他 1991 年出任此职时，公司的年销售收入只有 3000 万元，现在却达到了近 50 亿元。他善于学习，勤于思考，勇于创新，见微知著，审时度势，多次带领大家搏击风浪，安渡难关。1994 年下半年，他就带领大家闯过了价格持续下跌的险关。去年 3 月，当市场“小雨淅淅沥沥下个不停”，初露后市将跌端倪时，他从吴敬琏对市场存在过热的判断中得到启发，及时采取了压库促销的措施，待到四五月份，钢材价格暴跌、市场一片惊呼声时，他手中的库存物资已所存无几、“轻舟已过万重山”了。在经营业务中，他身体力行真诚地为客户服务，在公司内部树立“让客户先赢，让合作伙伴先赢”的理念，而企业则要从中赢得人心，赢得企业形象，赢得市场和中长期发展，真正与客户形成一种精诚合作、风险共担、利益共享的双赢局面。在公司领导班子建设上，他提出领导与下属共事中要做到“五不”：统揽不包揽，敢断不武断，关心不买心，传帮不拉帮，大度不失度，并率先垂范，以身作则。因此，他任职 13 年来，不仅使公司得到飞速发展，而且还带出了一支好队伍。13 年来，公司没有一个员工发生过经济案件，没有一起上访事件，没有一个人要求调出。

2003 年，浙江嘉业公司总经理陈浩被评为杭钢集团的劳动模范。评选的过程，也充分反映了杭钢干部的大局意识和杭钢文化的包容性。陈浩是由国大集团派到浙江嘉业来的，在他领导下，短短几年内，公司总资产发展到目前的 30 亿元以上，开发经营的楼盘普遍获得好评，经济效益大幅度提高。公司副总经理周祖铭是代表杭钢集团入主浙江嘉业的，在工作中他与陈浩互相配合，密切合作，当然也免不了有矛盾冲撞。但在去年杭钢集团评选劳模时，周祖铭却提名陈浩为公司劳模候选人。集团公司工会认为，陈浩不是杭钢编制，不宜入选。周祖铭力陈理由，评选劳模主要看贡献，不应问其出身（原属单位）。这一意见得到杭钢集团童云芳董事长和袁明观总经理的积极支持，最终陈浩当选为杭钢劳模。这种包容性的杭钢文化对调动所有成员的积极性起到很大的作用。2004 年置业集团的深圳富春东方公司的原民营企业的合伙人陈惠康又被评为杭钢劳动模范。

此外，新世纪大酒店在杭州旅业界后来居上，富春紫光环保公司在浙江首创以 BOT 形式参与市政建设项目，实现了社会效益与企业经济效益双赢的良好局面，都足以说明这些单位的领导和员工们的优良素质。很难设想，如果没有这样一支队伍，杭钢的非钢产业能在短期内开拓出如此耀眼的崭新局面。

目前，杭钢非钢产业三大集团的组建，预示着非钢产业将在进一步整合的基础上，加快发展步伐；其他一些非钢产业部门也正在总结经验的基础上，面向市场，适应形势，改善服务，争取更大的发展。我们深信，杭钢的非钢产业一定能在新形势下，同钢铁主业比翼双飞，为建设新的杭钢作出其无可替代的贡献！

改制后的萍钢怎么样了?[1]

2003 年 7 月 23 日，有关各方举行了“萍钢国有产权整体转让”签约仪式，萍钢正式改制为民营企业。改制过程中，“再造一个萍钢”的战略部署也开始实施。现在两年过去了。萍钢的改制再造究竟怎样了？业内外很多人士都很关注。最近笔者再次造访萍钢，看到的是一组组令人赏心悦目的数字，听到的是一件件鼓舞人心的故事。表 1 中数字可以说是萍钢改制两年所交出的一份答卷，人们可以从中作出自己的判断。

表 1　萍钢 2003 ~ 2005 年产量、收入、利税统计

指标名称	2003 年		2004 年		2005 年 1 ~ 9 月	
	绝对值	同比增长/%	绝对值	同比增长/%	绝对值	同比增长/%
钢/万吨	185.3	6.56	240.93	30.03	242.56	52.42
铁/万吨	146.2	-1.39	201.09	37.53	201.44	51.99
钢材/万吨	196.3	35.2	235.94	22.05	246.68	57.15
销售收入/亿元	46.1857	44.32	70.3578	52.3	71.8870	52.74
工业增加值/亿元	12.81	56.60	13.80	7.73	12.50	13.61
实现利税/亿元	7.9462	90.83	6.5097	-17.38	7.0460	54.69
实现利润/亿元	4.7598	143.31	2.4305	-48.94	2.8537	61.50

一、改制再造——萍钢发展新的里程碑

萍钢改制，得到了江西省委主要领导的大力支持，并在省政府的直接领导下进行的。改制方案八易其稿，最终形成的方案可以归纳为“113311”。就是：保持一个稳定；省属国有资本一次性地从萍钢退出，国有资产实行整体转让；“三个全部承接”：即人员全部承接、债务全部承接、社会职能先全部承接后逐步剥离；“三个不得”：国有资产不得流失、不得全民持股、个人购买时不得财政垫款或以现有国有资产和财政担保贷款；还要实现“一个目标”，即建立规范的现代企业制度，确保改制后企业的长期稳定、持续发展；最后是“一股保障”，改制后的企业设立“国有金股”，即“1 元金股”，监督改制以后企业的资本所有者，必须按照现在省政府批准的方案运行操作，如果出现国有资产流失和损害员工利益的现象，这一个黄金股有一票否决权，彻底保证国有资产不流失。现在，萍钢已经成为国有资产全部退出的民营企业。

(1) 尽办“傻事”的萍钢改制。这一方案传出去后，北京有位经济学家说萍钢总经理涂建民真傻。别人都是通过改制把人员包袱卸下来，萍钢却来一个“全部承接”。很多企业改制时，经营层的认股资金都是以股权向银行抵押借贷，萍钢却又来一个“不得”。

[1] 原载于 2005 年第 12 期《冶金管理》。

一些前来考察学习的兄弟企业也说，萍钢改制好，就是学不到。这类“傻”事还远远不止这些。萍钢资产进行评估是通过省政府指定的中介机构进行的，原先省政府要求萍钢在2002年底前完成改制，因此评估期截止到2002年12月31日，评估的净资产是4.83亿元，比账面上的净资产增值了9000万元；后来改制推后，于是把2003年上半年的利润7300万元加了进去；最后，有关部门提出还要加上萍钢从1997年以来创造的无形资产9400万元，总数是6.5亿元。这样在改制过程中就已使国有资产得到增值，同时也给今后新萍钢的经营者带来更大的压力。但涂建民等萍钢领导班子对此从不讨价还价，全部接受。接下来的两件事更使人们感到他们是“傻事”办尽。1999年底，江信公司兼并萍钢，按规定萍钢可以有7年的免息期，直到2005年。但涂建民认为，萍钢改制为民营企业后，不应再享受当时给国有企业的政策，主动要求从2003年起停止执行每年2000多万元的免息政策；至于还本，则分毫不差。改制后，省政府根据省属国有企业改革的文件，决定从萍钢改制前3年的利润中，提取1000多万元奖励经营管理层作为认股资金，萍钢领导在感谢省领导关怀的同时，婉言谢绝了。

萍钢改制从2001年底向省政府领导正式提出改制要求起，到正式签约，先后经历570天。改制过程并不是一帆风顺的。2002年1月31日，涂建民在公司班组长以上员工会议上第一次提出萍钢整体改制的问题，但反响不大。3月中旬，公司进行了民意测验，参加人数将近2000人，结果是赞成的大约25%，反对的55%，剩下的弃权或者不表态。在这种情况下，萍钢公司的领导不是回避矛盾，更不是掩盖事实真相，而是提高透明度，通过各种渠道同员工进行沟通、对话，让员工把心中的疑虑都讲出来，涂建民等党、政、工的主要领导亲自解难释疑，很快使员工消除了疑虑，从不理解到支持，到“谈改制，想改制，盼改制”。3月底，根据公司职代会的决议，就是否同意萍钢整体改制问题进行全员表决时，获得了89.39%的赞同率。在2003年1月26日的公司职代会上，就省政府批准的萍钢改制方案进行模拟表决，又以95.69%的赞同率获得通过。在新公司成立后，与会代表更以97.63%的高票赞成通过了《萍乡钢铁有限责任公司产权制度改革职工安置实施方案》和《萍乡钢铁有限责任公司产权设置方案》。这样高的赞成率是对萍钢领导的最大信任，也是对萍钢改制的最大支持。

（2）萍钢遇到了一位开明的好老板。萍钢现在的“大老板”是深圳的飞尚实业发展有限公司（以下简称飞尚），在6.5亿元的股金中，飞尚占52%，萍钢管理层和全体员工组成的一方共持有48%的股份。按说，飞尚是绝对控股，理应出任董事长。但飞尚却把这52%的股权分作两份，分别由飞尚公司和其子公司安徽芜湖恒鑫铜业集团持股，这样名义上萍钢就成为控股单位了，由涂建民出任董事长。原先说定飞尚要派出常务副总经理、财务总监、监事会主席，结果是一个也没有派。这一方面说明飞尚公司领导层的博大胸怀和远见卓识的胆略，同时也是对涂建民等萍钢领导班子的高度信任，这里既包括对涂建民领导能力、经营管理水平的充分认同，也是对他的这种追求诚信的“傻”劲的完全肯定。至于在萍钢占有的48%股权中，员工、中层干部、萍钢领导层各占1/3。对员工认股，规定最低认购量为5000元，最高不限，结果3天内就有8000多人认购，认购人数超过萍钢员工总数的90%，其中认购金额最多的达到80万元。由于申请募股金额超过设置的总股金，最后都按申请金额的73%作为实际认购量。他们还遵照《中华人民共和国信托法》和《中华人民共和国公司法》等有关法律规定，将所有萍钢员工的股份全部委托涂建民代持。

这样既实现了公司内部职工持股的愿望，又不违反“不得人人持股”的原则，并使公司法人治理结构得到优化。

（3）通过改制，再造一个萍钢。萍钢改制的目标，就是确保企业的长期稳定、持续发展；而检验改制成功与否的标准也就是企业是不是比以前发展得更快、更好。因此，萍钢是把“改制再造”作为一个整体同时提出来的。就是说，要通过改制，再造一个萍钢。实际上，在改制过程中，再造一个萍钢的行动也同时起步。2003 年元月，在离萍钢老厂区 20 千米的安源区白源镇，一个具有 200 万吨铁钢材综合生产能力的新厂区破土动工。经过一年半多一点的时间，到 2004 年 8 月，装备先进的 3 座 450 立方米的高炉、2 座 50 吨的转炉、两条现代化的棒材和高线轧钢生产线全面投产。今年新厂的铁钢材产量将分别达到 108 万吨、129 万吨、126 万吨，各项主要技术经济指标步入全国前四分之一方阵，所有新项目已经是满负荷生产，而且创造了萍钢 60% 左右的利润。

现在，萍钢改制的转让金已按原定计划足额交付，萍钢的国有资产得到了有效的保值增值。与此同时，股民们也获得了高额回报，2004 年、2005 年，实现了较高的分红比率。江西省委书记孟建柱在今年 7 月份召开的全省领导干部会议上对萍钢改制作出了高度评价：“萍钢改制是一个很成功的典型。”

二、在有关萍钢发展的重大问题上认识的深化

萍钢改制取得了很大的成功，改制为萍钢今后的发展奠定了良好的体制基础。但我们也不能把改制看成是解决一切问题的“灵丹妙药”，陷入了所谓“一改就灵”的误区，放松了自身的工作。就在萍钢股民第一次拿到所分的红利时，一场价格风暴突然降临。从 2004 年 4 月开始，在短短的几周内，棒、线材价格每吨陡降 1000 ~ 1500 元。当时，新区刚刚局部投产，大部分设备处于试运行状态，成本自然要比正常生产高。于是萍钢再次出现了 1999 年扭亏以来从未发生过的亏损，在一个半月的时间里，把当年一季度的利润全部“吃”光了。面对这种突发情况，萍钢领导冷静应对，一方面强化了预算机制，根据市场变化的情况，及时调整各项预算指标。同时，果断地决定暂停新区生产，高炉实行焖炉；老区主体设备轮流同步检修，力求把亏损减到最低限度；在日常生产经营上，大力缩减费用，将可控费用压缩 50%，并在全公司范围内实行减薪，最低的发生活费 600 元，公司领导和中层干部还停发车补。一度外界传说沸沸扬扬，甚至认为萍钢这回改制再造走向了绝境，萍钢从此将一蹶不振。实际上在当年 6 月，不少企业还没能跳出亏损的圈子时，萍钢已经扭转了亏损局面，开始有了盈利；到了 7 月份，基本恢复了正常。

萍钢人就是这样把“企业内外的每一次变化都看作是企业的一次发展机遇”，他们不怨天，不尤地，善于从挫折中总结经验教训，在逆境中奋起。尽管市场价格不是一个企业所能左右的，但从这场价格风暴中，他们看到了企业自身的问题，特别是在此期间，在一些过去曾经一再强调的、表面上也都取得了共识的、有关萍钢发展的重大问题上，也出现了反复，影响到企业的执行力。于是他们认真地进行了“管理反思”，并针对上述情况，涂建民和班子成员一起，狠抓了干部、员工队伍思想观念的转变，对一些重大问题进一步统一了认识，坚定了信心，明确了方向，提出了措施，使萍钢的各项工作又迈上了一个新台阶。

（1）针对萍钢周边地区纷纷上板材轧机的情况，有人认为萍钢新区上棒线材轧机是决

策上的失误。对这一观点，涂建民作了深刻的剖析。他认为，企业上什么品种轧机，既要根据市场需求，还要从企业的具体情况出发。企业不在乎生产什么品种，关键看生产的品种同别人比有什么优势；一个企业有没有盈利能力，更多的在于你的产品和别的企业相比有多大的成本优势，我们的任务就是如何培植成本优势。长材不是注定要赔钱，扁平材也不是一定会获得丰厚回报。就中国目前的情况看，长材已具备了退出机制，而扁平材目前基本上还是国企的天下。而国企现有的机制，很难适应市场的急剧变化。因此，一旦需求情况发生了重大变化时，板材企业的日子甚至会比长材企业更难过。这一点，现在已经为实践所证明。

（2）对萍钢这样既无资源优势、又无市场优势，“两头在外”的企业，有没有发展前景？有种观点认为，今后竞争愈益激烈，这类企业肯定没有办法生存。但萍钢的同志认为，日本和芬兰等一些北欧国家，都是最没有自然资源的，是典型的“两头在外”。现在，北欧5国综合经济实力在世界上名列前10位，特别是芬兰在近5年内4次名列第一；日本在钢铁业方面，更是具有最强竞争力的国家之一。日本可以做到，难道我们就做不到吗？更何况我国由于历史原因，有一批钢铁企业都是“两头在外”，总不能都彻底淘汰，到沿海去重建吧。因此，“两头在外”的企业，不用自卑，而是要更好地激发斗志，在强化高效管理，建立精干的组织架构，采用先进、经济、适用的技术，在提高队伍素质、增强自主创新能力上下大工夫，以求自立于“强企”之林。

（3）怎样认识市场上供求关系的变化。过去，产品供不应求，处于卖方市场的情况下，生产企业往往是沾沾自喜，洋洋自得；一旦进入供大于求、产品处于买方市场时，企业盈利大幅度下降时，往往又垂头丧气，情绪低落。经过这几年钢材市场的反反复复，萍钢同志认识到：供不应求所对应的是计划经济体制；在市场经济下，供不应求是暂时的、间断性的；市场经济体制必然会引发充分竞争，所有产品最终都必然是供大于求的；这是规律性的东西。对于企业来说，就是要顺应这种市场变化的情况，建立对市场变化快速反应的机制，提高自身的竞争力。

（4）对什么叫竞争力，萍钢人从自己的切身感受，用很朴素的语言说出了一个简单的真理：就是别人做不到的，你做到了，这就是竞争力。他们甚至以此来划分一、二、三流企业：别人做不到的事我们做到了，这是一流企业；别人做到的事我们也做到，这是二流企业；别人做到了我们做不到，甚至原来做到了现在做不到，这是三流企业。像萍钢这样的企业，如果沦入到三流企业行列，可以说是必死无疑。萍钢要生存，要发展，必须要使自己跻身于一流企业，能做到别人做不到的事。萍钢之所以要积极进行改制，就是想通过改制后的体制优势，来提高自身的竞争力。我们不能说萍钢想到的别人没有想到，但重要的是，萍钢能充分利用体制优势，使萍钢想到的马上能做到，别人做到的萍钢能做得更好。这也为去年价格风暴和今年的价格持续下跌期间的事实所证明。

这些观念的进一步转变，认识的进一步深化，使萍钢人的视野更宽阔，思维更敏锐，目标更深远，信心更坚定，举措更扎实，各项工作立足于更高的起点。

三、二次改革和三大工程

在“管理反思”中，萍钢公司领导还意识到，从2002年起，公司领导把主要精力放在企业体制改革上，放在再造一个萍钢上，企业内部的三项制度改革没有做到与时俱进，内部管理也有所放松，相应地对结合生产经营实践贯彻企业文化上也不像前几年抓得那样有力了，导致了在生产经营上出现徘徊不前的情况。

在统一认识、找出了问题的根源的基础上，萍钢公司作出了“深化二次改革”、“打好三大工程”的决策，制订了“二次创业”的两年计划。由于把脉准确，目标明确，因此进展迅速，效果良好，大大振奋了萍钢人的士气，鼓舞了萍钢人的斗志，在改革力度加大的情况下，没有发生一起不安定的事件。

“二次改革”的重点是：减少管理层次，精简管理机构和人员，实行人财物的高度集中；其根本目的就是激活人力资源。现在，公司领导从 9 人减到 7 人，实行退 3 进 1；管理部门和二级单位分别从 23 个精简为 14 个、39 个减少到 22 个，精简率分别为 39%、44%；中层干部 1997 年为 241 人，二次改革后包括高层领导已经降到 99 人；同时，内部撤销新区安源钢铁公司建制，实行了管理的扁平化；对二级单位，撤销科室建制，精干科职和管理人员编制，整合车间建制，这轮改革精简科职管理人员 38.67%，一般管理人员 19.88%，管理人员比重由 11.9% 下降为 7.8%。目前，正在实施生产岗位的定员定编改革，按照积极稳妥，公开、公正、公平的原则来进行。

这次组织机构改革和人员精简，是和“人财物集中管理”同时进行的。人财物的集中管理本质上是一种管理流程的调整，而这种整合带来的是管理更加规范、高效；有利于堵塞管理漏洞，节约费用，降低成本，还能更好地保障员工利益。财务集中是最早进行的，2003 年 4 月公司就将财务由二级核算改为一级核算，人员则从 105 人减为 70 人。这次改革中，又减少了 9 人；60 多人负责全公司新老两区所有生产厂的财务管理、成本管理以及资金管理。不仅促进了财务管理的高效化，还大大提高了财务人员的素质。财务工作的统一集中为其他部门的集中管理提供了一个好的范例。现在全公司员工的工资发放也按照集中管理的原则，由公司人力资源部根据各二级单位提供的考核情况统一造表，通过银行工资卡进行发放，从根本上避免了过去有些单位以种种名义克扣员工工资的问题。对小车、办公用品、对外招待集中管理后，二级单位只要通过网上办公系统提出申请，就能很快得到落实。实行 3 个月以来，公司的招待费用和办公费用均节约了 60% 以上。小车集中前，有的单位还打报告申请购买小车，全部集中 27 辆小车后，公司还公开拍卖了 10 辆。与此同时，公司提倡中层干部买私家车，每月车补 1000 元。这就形成了过去在分散状态下“小车不够用”到现在“小车用不足”。物资集中管理后，进一步压缩了物资库存，减少了资金占用；而且令人吃惊的是居然清理出以领代耗的 8000 多万元物资。保管人员则减少了近一半，精简下来的部分保管员进了配送班，物资供应由“领料制”变为“24 小时送料制”。

“三大工程”指的是“原材料采购、以炼铁为重点的过程降成本和新产品开发”。这是萍钢降本增效的重点所在。今年上半年，通过采购靠前、培养忠诚大客户、均衡供给三大措施，使原材料采购成本降低了 6475 万元。生产过程降成本也取得了明显成效，在去年价格风暴前的一季度，萍钢生铁成本与对标企业平均水平相比，吨铁成本要高出 627 元，但全年平均却只高 436 元；到今年 1 ~ 7 月，差距进一步降到 263 元。可喜的是生铁的高成本随后又被炼钢和轧钢工序的低成本所消化，到最终成品螺纹钢和高线时，成本差距又进一步缩小。到今年 1 ~ 7 月，萍钢的主导产品Ⅱ级钢筋、Ⅲ级钢筋和高线，每吨成本分别比对标企业平均水平低了 136 元、113 元和 35 元。在五十几家对标企业中，生铁成本目前排名在43位，炼钢成本排名26位，但Ⅱ级钢筋、Ⅲ级钢筋的排名分别在第7位和第3位，高线排名第14位，都进入前四分之一的第一方阵。

“二次改革”和“三大工程”的深入，使萍钢的效益得到明显增长。在2004年的价格风暴中，萍钢一度出现严重亏损；但在今年3月开始的钢材价格持续低迷、100多天建筑钢材掉价800多元的情况下，3~5月份，萍钢分别盈利5873万元、3014万元、2303万元。6月份，全行业线螺企业85%亏损，但萍钢却盈利1075万元。

四、企业文化是萍钢的核心竞争力

萍钢8年多来的巨变，从扭亏到大发展，从改制到再造，都可以看到企业文化所闪耀的光芒。“事在人为，志在超越”的萍钢精神，“转变观念，眼睛向内，工夫下在自己身上”的萍钢理念，“永远的危机，不懈的追求”的萍钢座右铭，这些萍钢的核心价值观在萍钢是家喻户晓；而体现这些核心价值观的生动事例也广为人们所知晓。可以说，萍钢这些年来的发展史也就是萍钢文化逐步扎根于广大员工思想中、贯穿于日常生产经营活动中的进展史。

但是，萍钢既有按照企业文化办事取得成功的很多好典型，也有一些不按企业文化行事而导致失败的事例。特别是前两年，一些技术经济指标处于徘徊状态、甚至从过去的先进指标后退的现象。通过对一批案例的剖析，涂建民得出了一个结论：“什么时候、什么地方贯彻了企业文化，什么时候、什么地方工作就上台阶；什么时候、什么地方丢失了企业文化，什么时候、什么地方就搞不好工作。”今年7月，在对中层干部进行问卷调查的基础上，他进一步明确提出“企业文化是萍钢核心竞争力”的观点。他逐一分析了各种要素，认为对萍钢来说，产品、成本、技术、体制和机制，都不是萍钢的核心竞争力；萍钢的核心竞争力就是以萍钢核心价值观为核心内容的企业文化。他还认为，萍钢的发展速度取决于我们认同企业文化的速度和深度，我们就是要使萍钢公司的企业文化能成为每位员工尤其是中层以上领导干部的自觉行为，这才真正成为萍钢的核心竞争力。

怎样打造萍钢这一核心竞争力？

首先，主要领导自己不仅要成为企业文化的倡导者和企业文化建设的组织者，更要成为企业文化的实践者。涂建民本身就是萍钢精神和理念的积极贯彻者，无论是在对重点项目的决策，还是在日常生产经营中，他都牢牢把握“事在人为”和“把工夫下在自己身上”的核心价值观。比如，他一再强调，能用管理解决的问题绝不用投入的办法来解决，要通过管理确保技术措施到位，充分发挥现有装备能力。现有设备没有充分发挥作用前，决不进行技术改造。最近，他又针对萍钢炼铁生产不正常的情况，提出：炼铁的问题，第一是观念问题，第二是管理问题，第三是原燃料外部条件对生产的支撑问题。这里所说的观念，就是强调人的主观能动性，树立在自己身上下工夫的理念。这一说法，似乎有些“离经叛道”。“七分原料，三分操作”这是炼铁界的经典名言，也是所有炼铁专业的学生在学校里接受的最基本的观点之一。现在居然摆在第三位，行吗？但是萍钢的实践又给涂建民的论点以充分的支持。1997年，在原料质量没有明显变化的情况下，高炉利用系数却从1.6提高到2.4，关键是发挥了管理的作用，调动了员工的积极性。近年来，一铁厂的生产不稳，他把不是学炼铁的一钢厂厂长邹勇萍调任一铁厂厂长，在较短时间内使一铁厂的面貌有了很大改观，靠的就是企业文化，使员工坚信“事在人为”，依靠自己的努力来改善原料质量的不稳定状况，自己动手做好焦炭的混匀工作，改善了焦炭质量的稳定性，取得了较好的效果。涂建民认为，原料对炼铁的重要作用是毋庸置疑的，但高炉不顺行，炼铁厂往往首先就是强调原料，其实质就是把“七分原料”看成是别人的事，是要别人去努力的，和自己没有关系。本来可以经过自己努力的事，却不去做，根子就在这里。这个观念转不过来，炼铁生产就搞不上去，即使搞上去了又总是反复和波动。现在，在萍钢，大家普遍接受涂建民总结的三句话：这实际上就是发挥企业文化对生产经营的统领作用。

其次，在干部任用上，就是要重用那些忠诚地贯彻企业文化、并且取得重大成效的人员。像邹勇萍，在一炼钢厂干得不错，以后又以企业文化来改变一炼铁厂的面貌。最近，已经提升为公司副总经理；而原先的一炼钢厂厂长朱德强调到二炼钢厂任厂长后，又充分体现了企业文化的威力。朱厂长就任不久，一次，协助单位挖掘机在清理 1 号转炉炉口时，不慎将炉口水箱打破，导致停炉 3 个多小时。朱厂长并不是把责任推给挖掘机司机，而是本着“工夫下在自己身上”的理念，以及“问题的原因有十条，只要有一条是自己的，就首先查找自己的原因”这一原则，首先查找自己的问题：认为关键在于二钢厂在现场无人指挥；而所以要请司机清理炉口，又是因为喷溅太多，因此抑制并杜绝金属喷溅是根本。并据此提出了整改措施。

一天，朱德强从报表中发现转炉与连铸的钢耗指标极不正常，而计量不准，就无法核算成本。有关人员说是：由于设计原因，8 号行车电子秤从投产起就不准，而目前仅有 7 号、8 号行车是从转炉吊钢水到连铸，单凭 7 号车无法完成任务，所以没办法检修。但朱德强认为：“事是人干出来的，路是人走出来的，办法是人想出来的。世界上只有想不到的事，没有做不到的事。”他在多次到现场调查后作出决定：立即对 8 号车检修。在检修期间，由 7 号车承担 90% 以上的钢水吊运任务，把 7 号车列为特护，保证 90% 以上的作业率。半个多月后，8 号车电子秤修复投入使用时，朱德强再一次用事实给大家上了“事在人为”企业文化生动的一课。

又有一次，钢铁料消耗突然上升。原来当天铁水成分发生变化，硅、硫严重超标。显然，这不是二钢厂造成的！“铁水成分不能成为消耗上升的理由！没有混铁炉更不能成为我们的借口！只能说我们的应对措施不到位、消耗还未达到受控状态。”朱德强还是在找自己的问题，并组织相关人员采取应对措施。果不其然，通过兑罐适当改善铁水成分、调整废钢结构、优化操作等一系列措施的到位，不到两天，在铁水成分无明显改善、依旧严重超标的情况下，钢铁料消耗却下降了 20 多千克。“眼睛向内”的理念再一次在实践中得到了验证。

第三，要抓住典型案例，深入剖析，广为宣传。宣传企业文化，既要有理性的诠释，不断的灌输；更要重视感性的熏染，使员工自觉地仿效。前几年，萍钢就编了一本《萍钢公司核心价值观案例选编》，几百字、千把字的小文章，可说明了一些大道理。最近，又组织总经理办公室在深入实际、认真调查研究的基础上，编写了一批企业文化的案例剖析，比起前一次来更有深度，更有说服力。这是一组很好的、生动的教材，对推动企业文化的实施，将起到积极的作用。

萍钢在前进，在萍钢前进的征程中，还会遇到新的困难，但我深信萍钢的各级干部和广大员工，只要能坚守萍钢的核心价值观，发扬萍钢精神，一定能够克服种种艰难险阻，从胜利走向新的胜利！

坚持创新　兴澄走出了特钢发展的一条新路[1]

1993年成立的兴澄钢铁公司（简称兴澄），大约用了10年时间，实现了“普转优”和“优转特”两步战略目标，目前正在实施第三步“特转精”的战略目标。10多年的时间，兴澄从一家名不见经传的地方小钢厂，进入全国特钢行业的第一方阵，成为中国主要的轴承钢、汽车用钢、火车提速用弹簧圆钢、油井管坯钢生产基地，特殊钢钢材出口基地和特殊钢替代进口生产基地，在很多方面已经成为特钢行业的排头兵，其进步之神速，令人惊叹！

一、“十五”巨变　产品结构调整大见成效

兴澄的变化，远的不说了。就拿“十五”来说，5年中兴澄的钢产量接近翻一番，但总产值（不变价）增长近两倍，年销售收入增长近4倍，实现利润增长近4倍半。这些价值指标都远远超过产量增长的幅度，充分说明了兴澄“十五”期间效益的大幅度增长主要得益于产品结构的调整。见表1。

表1　“十五”期间产量指标和经济指标变化

指标名称	2000年	2005年	2005年比2000年增长/%
钢产量/万吨	101.6	193.7	190.6
钢材产量/万吨	98.7	187.5	189.96
不变价总产值/亿元	14.87	43.37	291.66
销售收入/亿元	24.37	116.51	490.05
实现利润/亿元	1.30	6.97	536.14
吨材利润/元	131.71	371.73	282.23
税金/亿元	1.00	3.44	344

调整产品结构，就是要大力增加市场既有需要、技术含量高、附加值高的新品，逐步淘汰技术含量低、附加值低的产品。这几年，兴澄开发新品的步伐越来越快，档次越来越高，效益也越来越好。2005年开发新品104个，总量11万吨，占总销售量的5.9%。其中，批量大于1000吨的新品33个，总量8.9万吨，占新品量的81%；每吨售价大于5500元的新品5.9万吨；吨材效益500元以上的新品82个，总量6.7万吨。2006年1～2月份开发新品50540吨，占全部销量的15.1%。其中，售价大于5500元的新品量有27912吨，占同期兴澄钢产量中吨售价大于5500元产品总量的56.8%。按中钢协统计的口径，兴澄2005年新品产量为32.5万吨，产量率为17.34%；新品产值为20.44亿元，产值率为48.31%，在特钢企业中是首屈一指的。

[1] 原载于2006年第4期《冶金管理》。

兴澄开发的新品不仅在国内受到用户的青睐，而且也获得了国际有关著名供应商的认可，世界上六大轴承厂商和多家世界500强中的制造公司与兴澄特钢建立了业务、科研往来。世界上权威的轴承制造公司瑞典SKF、德国FAG公司分别授予兴澄特钢全球合格供应商资格证书，法国SNR公司颁发了汽车用轴承钢认可证书。世界500强之一的工程机械制造商——美国卡特比勒公司已连续3年授予兴澄全球供应商资格，每月平均采购兴澄钢材1000吨。2005年，兴澄出口钢材25万吨，占兴澄当年钢材产量的13%，平均吨材售价近600美元。

兴澄的所有特钢产品都是采用连铸工艺生产的。尽管，国际上特钢生产的连铸比在20世纪90年代就已经达到较高比例，但在我国特钢界中，相当长的一个时期里，占主导观点的还是认为高端特钢产品不能用连铸生产，用户也都适应了用模铸开坯的工艺，国家甚至没有连铸生产的某些产品标准。而模铸生产成材率低、成本高，生产工人劳动强度大。从发展趋势看，特钢走连铸之路，也是势在必行。兴澄结合本企业产品结构，在特钢连铸方面作了大量探索和实践，走出了一条创新之路。无怪乎全国政协副主席、中国工程院院长、著名冶金专家徐匡迪在视察兴澄特钢后，高兴地称赞：特钢产品全部采用连铸工艺生产是兴澄的创新，兴澄特钢走出了中国式特钢发展的一条新路。

二、坚持创新，走出一条中国特钢发展之路

兴澄的前身是一家农具厂。1970年靠自制的1.5吨感应炉，炼出了第一炉钢，更名为江阴钢厂。以后不断发展，到20世纪80年代末期，已经有了30吨电炉，年产钢近10万吨，但在钢铁界里仍然是一个鲜为人知、无足轻重的小老弟。1995年，香港中信泰富公司投资20亿元建设“四位一体”现代化短流程生产线，包括一座100吨直流超高功率电炉，100吨LF和VD精炼炉各一座，R12连铸机一台，以及一套17机架的连轧机，1997年底炼出第一炉钢水，1998年5月轧出第一批圆钢。2000年，它的优钢比达到84.05%，合金比也超过了50%，达到50.53%；到2005年，优钢比上升到95.73%，合金比达到72.44%；而且有些连铸产品，在我国特钢企业中，是只此一家，像用于60万千瓦和90万千瓦超临界电站锅炉管坯钢T91，吨钢售价高达2万元以上，国内只有极少数特钢企业能够用模铸生产，唯独兴澄是用连铸生产的，目前已经用于国内几家主要电站锅炉生产厂；在美国卡特丽娜飓风肆虐期间，只有用兴澄锚链钢制作的锚链，经受了考验，现在海内外的订单直线上升，供不应求。火车提速用弹簧圆钢，疲劳寿命要求大于300万次，替代进口产品，兴澄在国内首家开发成功，目前疲劳寿命已超过1000万次，占国内市场份额的70%。

为什么兴澄能异军突起，在短短的时间里，走出了一条创新之路？我们当然应该看到，中信泰富所起到的关键作用，它为兴澄的发展创造了良好的体制环境以及提供了巨额资金建设起了这样一条世界一流的现代化生产线。更重要的是，中信领导慧眼识英才，聘任了俞亚鹏为总经理。他怀有强烈使命感和责任感，对事业执着，诚信敬业，极具创新意识和开拓精神，敢于不断挑战自我，不断提出新目标，带领全体员工既扎扎实实、一步一个脚印，又满怀激情地跳跃式前进，终于走上了特钢发展的新路。

一是解放思想，敢于闯禁区，走前人没有走过的路。兴澄人在实践中体会到，创新，首先是思想观念的创新。观念上没有新突破，行动上就不可能迈出新步子。兴澄建起了现

代化的生产线，起初确实是只能生产一些大路货，很多钢种，不仅国内企业没有连铸生产的实践，国家也没有连铸生产的标准，用户自然也难以接受。在连铸生产面前，兴澄人要么是奋力突破，走出一片新天地；要么是因循守旧，屈服于传统，使现代化高档设备只能生产一般产品，在市场的激烈竞争中败下阵来。严峻的形势激励兴澄人，出路只有一条，就是主动迎接挑战，变巨大的压力为鞭策前进的动力，在前人没有走过的地方开辟出路来。兴澄人成功了。像轴承钢，国际上大约有7个档次，最高的档次就是SKF的标准，现在，兴澄不仅成为生产轴承钢的大户，而且其中相当一部分是属于国际上最高两级的标准，成为国际上权威的轴承制品公司SKF的全球供应商。轴承钢全氧含量平均在7ppm（$1ppm = 1 \times 10^{-6}$）以下，最高档次的在4ppm以下。

二是明确新品开发的几条原则。第一条是市场原则。新品开发必须面向市场。要切实做好市场调研，没有潜在市场需求的不开发。他们认为，新品开发不在于立即得到大批量的订单，因为客户采用新品必然会有一个过程；但所开发的新品必须要有一定量的潜在市场。同时，新品投入市场后，必须对用户以及最终用户进行跟踪调查，了解使用情况和可能发生的问题，与用户一起研究改进对策，使新品的性能不断提高，满足用户的需求。第二条是高技术原则。开发的新品要有高附加值，这个高附加值是建立在高技术含量基础上的。技术含量低，刚一开发，就会被竞争对手赶上。因此，没有高技术含量的不开发，这样才能使自己的新品在一定期间保持优势，具有相对的稳定性。第三条是团队原则。新品开发要抢时间、争速度，实现快速反应。这一方面靠在调研基础上的果断决策，另一方面要实施团队原则，将技术、生产和营销等几大部门的科技开发力量捆在一起，通过管理形成一个成功的链接关系，及时有效地协调解决市场营销部门和研发部门之间的矛盾，才能提高效率，加快成功的步伐。

三是营造有利于创新的氛围。一方面是建立起推动创新的激励机制，使得从事创新、并有一定成就的员工能够得到较高的报酬；使得生产厂能够主动为新品开发开绿灯，使得部门的近期利益能够服从企业的长远的根本利益；另一方面还必须营造有利于创新的氛围，这主要是一种宽容的氛围，学习的氛围，信息共享的氛围。俞亚鹏总经理明确表态：新品开发成功了，功劳是有关人员的；开发如果失败，不让科技人员承担责任，而是由他总经理来承担。因此，在兴澄，形成了“鼓励创新、宽容失败；鼓励思考，宽容失言；鼓励实践，宽容失误”的浓厚氛围。越是宽容，开发人员越是感到肩上责任的重大，越是想方设法，把各种因素考虑得周全更周全，细致再细致，把失败的风险减到最小范围。因此，这几年兴澄的新品开发基本上没有出大的纰漏。结合新品开发和其他攻关项目，兴澄已经拥有技术秘密168项，授权专利22项，还有十多项专利在申报中。

四是围绕品种开发和质量提升，不断进行技术改造。新品的技术条件要求高，现有的技术装备必然会有不适应之处，像原有的连铸机只允许生产铁素体、珠光体、奥氏体等组织的钢种，对马氏体、莱氏体等组织的钢种一般采用模铸工艺，而像T91这样的钢种，采用连铸工艺会存在许多技术难题；而现有的轧机只允许轧制合金含量在5%以下的钢材，而像T91这样的高合金钢材，合金含量超过10%。因此，必须对相关设备进行必要的改造升级，以及配置必要的检测、检验设施，这是产品开发必须具备的硬件条件。在这方面，兴澄是舍得花钱的。先后投入近200万美元，从英国、荷兰、美国等国家引进20世纪90年代先进的直读光谱仪、碳硫联测议、氧氮联测仪、金相显微镜等理化检测设备，建立从原材料进厂到成品出厂的全过程质量测定、分析、监控，其理化检测手段在冶金行业中也是名列前茅的。有时，为了保证产品质量的稳定性，宁可以较高的价格进口关键的零部件，也不降低要求，随意使用廉价的配件。

三、人才是创新之本　充分调动各类员工的积极性和创造性

兴澄现有员工3449人，同2000年相比，人员只增加了515人，增长19.25%。在此期间，不仅钢和钢材的产量增长了90%左右，而且还新建了炼铁厂，增加了3座高炉和2台烧结机。扣除炼铁厂及新建能源综合利用热电厂、银亮材分厂的人员，实际上是减员增产增效。近几年，兴澄全员劳动生产率增幅很大，从2000年的50.82万元增加到2005年的337.8万元，增长464.96%。这样的增幅是同这几年兴澄员工队伍结构的进一步调整和素质的提升关系极大。

长期以来，兴澄一直把“科技兴厂，人才为本”作为企业的长期发展战略，他们认定，高品质的产品需要高素质的员工去制造，高科技的工艺技术需要高层次的人才去开发，高水平的企业管理需要高智商的专业人才去掌握。人才是公司发展的源水活头，是公司壮大的助推器，更是公司核心竞争力之所在。因此，他们坚持致力于培养一支充满活力、结构合理、团结高效的人才队伍。以实践锻炼员工，以实绩评价员工，帮助员工不断提升自我，鼓励人人都能成才、个个都作贡献，为创新思维、创新理念和创新成果的涌现营造了良好的氛围。

“物质资源是有限的，人的潜力是无限的”，这是俞亚鹏总经理经常挂在嘴边的一句话。因此，怎样挖掘人的潜力，就成为公司各级领导时刻要考虑的大问题。兴澄的做法：一是搭设舞台。发挥潜能，必须要有工作压力，既要有明确的职责，又要在规定的职责范围内给以相应的权力，承担相应的责任。权力下移，就是提供了施展才能的舞台。从外厂来到兴澄的员工，这一点感受最强烈。有人说，在外厂的“虫”到了兴澄成了“龙”，关键就是有了这样的舞台。二是畅通渠道。除了通过各类会议和各二级部门和单位，每天将当天的主要情况报送总部这些常规渠道外，俞亚鹏等公司领导还经常在双休日到基层直接同干部和员工面对面接触，在没有拘束的环境下沟通交流，使公司领导从中获得不少有价值的创意，也使基层领导更好地领会公司的战略意图，正确地贯彻实施。三是赏罚得当。通过建立有效的激励机制和严格的考核制度，使“想干事的人有舞台，干成事的人有地位”，促使员工人人向上。

“像办学校一样办企业”，这是兴澄建厂以来就确立了的发展战略，把培训人才放在突出的位置。兴澄成立以来的十多年，公司每年的一号文件既不是经营生产计划，也不是技术改造计划，而是年度培训教育计划。在公司的大力倡导下，学习的氛围越来越浓，“十五”期间，已有17名员工取得金属材料工程硕士学位，19名学员完成计算机软件研究生课程，39名营销员获得金属材料营销大专证书；培养各类各级技工578人。目前，在读研究生有60多名，其中在读博士生4名，105人在读高炉、烧结工长大专班。2006年，公司一级办班就有15期，参加员工1000人左右，全部是利用业余时间。此外，各分厂处室办班还有100多期，基本上实现了全员培训。特别是在培养各类高层次人才上，兴澄是舍得下大功夫的。除了参加上述各种培训班外，更重视结合新品开发和工程建设以及技术攻关的实际任务，带着问题学，包括出国考察、培训。在兴澄，出国考察不是一种待遇，更

不是一种照顾，只要工作需要，基层员工同样可以出国考察培训。像被命名为“陆林操作法”三炼钢分厂的炉长陆林，先是选拔他参加炼钢高级技工班，以后又选送他到德国巴登钢厂培训。现在，他已成为该厂技术上的顶梁柱。最近，他们请卡特比勒公司的专家来培训6δ 工程的“黑带”；包括配备必要的工具，每个学员所需费用近10 万元。

“笃守诚信，尊崇创新，倚重团队”，兴澄就是以这样的核心价值观来教育员工、引导员工。人才的成长，不仅要提高员工的业务素质，还必须注重员工的健康心态和品格养成。有一件事很能说明问题。日本一家著名钢铁公司一位副社长，在兴澄现场参观时，看到他们的生产环境、生产线的情况、产品的质量，以及墙上的一条格言：“人品决定产品”，他认为这的确体现了兴澄的特色，要求将这张条幅送给他，带到日本展示给工人看。我在同兴澄的基层干部交谈时，他们说道，有些新品的开发的成败，往往不是工艺技术上的问题，而是在实施中不重视细节的完美，在执行力上打了折扣；而要得到完美的结果，必须在过程中讲究诚信。

兴澄不仅在新品开发上有了重大进展，在生产经营、企业管理和改革、环境治理等各方面都取得了引人注目的成就。炼铁厂的2 台烧结机和3 座高炉，自2002 年陆续投产后，去年产铁已经达到135 万吨，一些指标进入了全国先进行列；他们提出的三个“一”的理念：“从一做起，一次做成，做到第一”深入人心。兴澄是全国特钢行业中唯一拥有万吨级码头的企业，自建的长江码头两个泊位，可以停泊5 万吨以上的货轮，附近还有新（沂）长（兴）铁路和3 条高速公路通过，交通便捷，是国内运输成本最低的特钢企业。而码头管理则外委港务局实施专业化管理，既减少了人员，降低了成本，还提高了效率。在供应链建设上，按照两个80% 的目标，积极拓展国际国内市场，即把80% 的产品供应给兴澄的忠诚客户，与资源供应量占80% 的供应商建立战略合作伙伴关系。在环境治理上，以建设绿色兴澄为目标，是全国第一家通过ISO14001 环境管理认证的特钢企业，厂区绿化面积11.38 万平方米，绿化覆盖率46.7%；在滨江厂区，紧挨现代化的厂房，“兴澄苑”中湖水荡漾，绿草如茵，麋鹿漫步林中，各色天鹅在湖中悠闲嬉戏，好一派园林风光。

现在，滨江二期工程正在紧张建设中，今年6 月，国内最大的370mm×490mm 的矩形连铸机就将投产，为开发新品提供了更加有利的装备条件。兴澄人积极实施创新发展战略，提高自主创新能力，产品向特（种）、精（品）、高（品质）方向发展，工艺向深加工、精加工、高附加值方向发展，企业向低成本、专业化、高效率、生态型循环经济发展，在国内外两大市场上开展营销和配置生产资源要素，努力建设一个装备现代化、生产规模化、管理科学化、经营国际化、环境园林化的高新技术特钢生产基地，建成全球最具竞争力的特钢企业。

走出迷茫阴影　勇攀世界一流[1]

——首钢苦干三年大见成效

首钢正面临一个十分关键的转折点。一方面举世瞩目的搬迁调整工程、曹妃甸的京唐钢铁大厂即将奠基，国家领导和广大群众都寄予了极大的希望，温总理今年五一视察首钢时，明确提出："新世纪、新首钢，就是要通过搬迁调整，建设一个自主创新的首钢，一个技术先进的首钢，一个产品一流的首钢，一个有竞争力的首钢。"这"四个一"，对全体首钢人来说，提出了一个高目标，要求首钢必须按照科学发展观的精神，实现跨越式的发展；另一方面，北京首钢大院限产、减产的步伐也在不断加快，继5号高炉、2号焦炉彻底退出历史舞台后，2007年底前北京地区的钢铁产能将减到400万吨，仅为目前的一半左右，产量骤减将导致效益的下降、人员的调整也会引起思想的动荡。

面对这种形势，关注首钢的业内外人士，既为首钢获得这样新的发展机遇而庆贺，也为首钢面临前所未有的重大压力而担忧，毕竟首钢长期以来只是一个长材占绝大比重的企业，能否担当起生产世界一流的优质板材的重任？调整搬迁带来的各种问题、特别是人员思想上的波动会否影响到调整搬迁的进程和实际效果？

近几年，笔者平均每年都有两三周的时间在首钢进行调研咨询，也曾为首钢的前景感到困惑。但随着时间的推移，看到首钢一个个重大决策的实现，首钢从精神到物质的巨大变化，心情也越来越舒畅：自豪驱走了忧虑，启迪多于疑惑。因此，我愿意将自己的感受写出来同大家分享。

一、迷茫中的新生

时光返回到21世纪初，随着申奥的成功，北京地区的环保压力越来越大，随之而来的首钢大院限产停产的呼声越来越高，十几万员工、近千万吨生产能力的设备向何处去？钢铁产品的市场竞争愈益激烈，各大钢铁公司都在掀起新一轮改造的热潮，而对已经亮出"关停"黄牌的首钢，在改造问题上也面临两难处境：改造，巨额的投入很难在关停以前取得回报；不改造，竞争力必然要下降；而且，有限的资金还要拿出相当大的一部分投入到影响首都蓝天工程的环保项目中去；至于首钢上下都寄予极大希望的"异地改造"项目、曹妃甸大厂以及冷连轧、热连轧项目虽已上报，但能否批准、何时批准，还杳无音信。

在这种情况下，首钢人对首钢的前景感到迷茫，首钢能不能以崭新的面貌来庆贺自己的百年华诞，还是迈不过这个坎，而在建厂百年前，这个曾经是国内最大、为我国钢铁工业以及国民经济的发展作出过巨大贡献的钢铁巨人将轰然倒塌？情况就是这样严峻地摆在

[1] 原载于2006年第10期《冶金管理》。

首钢人的面前！

首钢的出路何在？首钢的十几万职工向何处去？首钢领导班子重担在肩，学习、调查、思考、沟通，经历了无数次思想的冲撞、痛苦的反思，不断的探索，强烈地意识到：首钢必须要有新发展，没有发展就没有首钢的一切。但首钢要发展，确实是面临前所未有的压力和挑战，至少有两个问题是绕不开的。一是北京石景山地区的钢铁主业必将逐渐减量以致最终消亡。如何抓紧时机，在这个曾经有过多次精彩演出，获得过无数次喝彩、掌声和鲜花的舞台上演好这场压轴大戏，为首钢自身的持续发展、为北京发展的全局作出更大的贡献；二是尽管各界人士都认为北京地区钢铁主业的萎缩绝不意味着首钢钢铁主业的消亡，但现实情况却是限产的压力很具体，接续的能力却很渺茫。如何突破各种障碍，实现良性衔接，这是摆在首钢领导面前的一个大难题。

面对如此严峻的形势，首钢领导强烈地意识到，首钢要发展，必须适应新的形势，摆脱那些束缚自己前进的种种思想障碍，破除因循守旧、形而上学的陈腐思想；破除等靠观望的传统观念，被动地等待机遇的到来，必须审时度势，主动进取，才能把前所未有的压力和挑战，转化为前所未有的动力和机遇；要破除封闭狭隘的僵化思想，树立大开放、大合作、大发展的新观念，做到博采众长，兼收并蓄，善用各种资源加快发展。于是一场“八破八立八做到”的思想解放活动在首钢如火如荼、深入持久地展开了。

思想解放，必须落到实处，要落到首钢的持续发展上，落到提升首钢的竞争力上，落到首钢的队伍建设上。2003 年，首钢总公司明确提出：“苦干三年，扎扎实实打好四个基础”。即：打好思想文化基础、制度创新基础、经济技术基础和人才建设基础。“苦干三年”，不是“苦”在体力和精力上，“苦”在加强劳动强度上；而是“苦”在革除原来习以为常的观念、做法上，“苦”在打破束缚自身的思想枷锁上，“苦”在要谋划发展思路、推进发展战略、落实发展措施上。而“四个基础”，是一个系统工程，是相互联系的。领头的则是思想文化基础。实践证明，这一决策给首钢带来了新的发展机遇。

与此同时，他们在发展空间上也实施战略突围，果断地作出了实施钢铁主业发展新格局的决策，利用迁安和秦皇岛原有的基地，在迁安依托矿山基地向下延伸；在秦皇岛则是在中板厂的基础上向上拓展，创造条件，为钢铁业的限产，以至搬迁调整作出超前准备。随着时间的推移，这一战略突围的成效越来越明显。

二、在思想文化建设引领下，苦干三年大见成效

现在，你到首钢随便问哪位员工，这几年首钢最大的变化是什么？恐怕答复都是：观念的变化。随着观念的不断更新，企业的生产经营状况也大有进展，人们的精神面貌越来越振作，企业的凝聚力越来越强。而其源头就在于“八破八立八做到”，在于“苦干三年，打好四个基础”。“八破八立”是首钢的一次思想突围，它使首钢人突破了种种禁锢思想的桎梏，登上了一个新的高度，树立了一种新的境界，增强了新的动力。“八破八立八做到”引领着“四个基础”的夯实和创新。而“苦干三年”，是一个持续的思想解放过程，是一个持续的境界提升过程，是一个企业价值观和理念不断深入人心、并见之于行动的过程，是员工不断成长、潜能不断发挥的过程，是各种基础不断夯实的过程，也是一个物质和精神成果双丰收的过程。

打好“四个基础”，首先是思想文化基础。首钢人说得好：有多高的境界，就会思考

多大的问题；多大的胸怀，就会干多大的事业；多高的追求，就实现多大的目标；多大的动力就产生多大的速度。这就需要在思想文化建设上打好扎扎实实的基础，把企业的价值观和各种理念扎根到广大员工中去，转化为实实在在的行动，促进制度的创新、技术基础的改进、各项指标的改善，在产供销研的各项伟大实践中，提升队伍素质。这些，反过来又强化了思想文化建设。因此，这四者不是孤立的，而是相互联系、相互影响、相互促进的。这几年，首钢就是在这几方面合力的推动下，大踏步地向前迈进。

数据往往是最能说明问题的。让我们先来看一些硬指标的变化，以 2002 年为基数来作些对比。2002 年首钢的钢材产量是 790.7278 万吨，其中板带比是 15.45%，“双高”产品占整个钢材产量的 26.5%；到 2005 年底，首钢钢产量达到 1154.12 万吨，板带比和“双高”产品的比重分别达到 19.72% 和63%。“双高”产品三年累计增收 26.9 亿元，为经济效益增长提供了有力的支撑。这些数据，充分说明了结构调整的显著成效。

2004 年，首钢总公司提出了“3、5、8”工程，要求各个主流程厂的主要技术经济指标努力进入行业的前 3、5、8 名。一年多的时间里，“3、5、8”工程取得了突飞猛进的进展。各主流程厂的主要技术经济指标都有了显著提升。首钢北京地区的高炉入炉焦比由 2004 年的第 8 位跃升至 2005 年的第 5 位，转炉钢铁料消耗由第 9 位跃升至第 3 位，首秦的高炉入炉焦比由第 14 位跃升至第 1 位；中板厂的轧机成材率由第 10 位跃升至第 7 位；首钢运输部的机车台日运量由第 2 名跃升至第 1 名；电力厂发电煤耗由第 6 名跃升至第 5 名。再拿反映设备管理基本情况的故障时间来说，2003 年北京地区 7 个主流程厂月均停机工时 170.68 小时，2004 年为 149.65 小时，下降 12.3%；2005 年 100.75 小时，又下降 32.67%；今年 1～6 月月均停机比去年同期降低 37.9%。这些变化固然也得益于硬件条件的改善，特别是 ERP 工程的建设，但从这几年首钢在北京大院的投入来分析，主要还是有赖于软件的改善。像炼铁厂是一个有 87 年历史的老厂，去年 6 月 30 日 5 号高炉停产，但现在其余 4 座高炉的产量却超过了当时 5 座高炉的产量，创造了 5－1＞5 奇迹，而且全厂连续 30 个月稳定顺行，有十几年炉龄的 4 座高炉焕发青春，风温达到 1100℃以上，2 号炉焦比破三进二，全厂入炉焦比也降到 339.5 千克。这在炼铁厂的历史上都是前所未有的。

这些变化固然喜人，但最根本的变化还在于企业文化深入人心，这表现在：

（1）学习力的提升。这几年，首钢结合“打好四个基础”，在全公司范围内开展了创建学习型企业和“大提素（提高素质）”的活动。像上面提到的炼铁厂，就是首钢内部首先提出“大学习、大提素”的基层厂之一。他们的“提素”活动，不仅着眼于技术业务的提高上，而且把改善心智模式，强化系统思考作为“提素”的重点，促使职工们从眼睛向外到“不归罪于外”，使大家认识到找借口，推掉了责任，但也丢失了提高自己的机会。过去，“七分原料，三分操作”往往成为炼铁厂推卸自身责任的经常性的借口，高炉运行不顺，立即归之于原料供应部门。现在，他们把抓精料的工作重点转向“打外围”，抓好料场、倒运、储存、供料、筛分各个环节，关口前移、触角延伸，精心平衡，严格把关，反应迅敏，真正实现了从源头抓精料管理，从而为高炉稳定顺行创造了良好的条件。

（2）执行力的提高。再好的战略，如果不能得到有效的实施，不能动员企业的全体员工来认真执行，那也可能成为一纸空文。首钢在打基础的实践中，不断锤炼各级干部的执行力。在今年开展的“五算清、五精细”的活动中，得到了很好的展现。各单位在贯彻总公司的决策时，不仅应对快、执行快，而且都能结合自身实际，提出目标明确、可操作性强的方案与措施，立即贯彻实施。三炼钢厂是个按原计划2007年底就将全面停产的工厂，包括厂长在内的大批骨干支援了首秦、迁钢和曹妃甸，但在厂内看不到社会上有些厂矿在停产前的动荡、停滞、消极的情绪。广大职工用自己的行动积极打造精品文化，用精细的理念引导创新，用精细的行为打造精品，用精细的管理创造效益。全厂生产井然有序，各项指标不断刷新，产品档次不断提升，创新活动层出不穷，创建学习型企业、全员大提素形成浓厚氛围。

（3）创新力的迸发。思想解放必须体现在创新之中，前所未有的压力和挑战只有用创新的思维和实践来化解。无论是首秦这一示范工厂的建设，还是6万名员工的妥善安置（2002年，首钢北京地区共有员工13.7万名，到今年6月底，已减到7.7万人）；无论是供应链的建设还是首钢内部单位的整合；无论是在体现用高新技术改造传统产业的ERP建设上，还是群众性的革新活动中，无不闪耀着创新的火花。像拥有1.7万名员工的矿业公司，以创造性的“十小”活动，促进了矿山的“十变”。在“十小促十变”的实践中，大大提高了队伍的素质，提升了员工的创造力。他们还是我国第一家自主开发实施ERP项目的矿山，有4600多人取得了计算机等级证书，绝大多数班组都已进入企业网，信息化建设推进了新一轮的思想解放，使生产过程自动化水平显著提高，管理方式发生了根本的变革，也使群众性的“十小”活动在新的更高的平台上蓬勃开展。现在，矿业公司的589条皮带全部实现无人看管，这在冶金矿山也是首创，不仅节省了700名劳动力，而且大大减少了故停时间。2005年全公司故停时间为588小时，今年1～8月仅为146.22小时。

（4）竞争力的增强。从“3、5、8”到“1、3、5”的变化，就充分反映了首钢竞争力的提升。这几年，首钢自主创新的成果越来越多。首钢环保产业技术创新所取得的利用焦化工艺处理城市废塑料、利用蒸馏法处理轧钢油泥、焦化有机固废无害化处理与资源化利用三项技术，均形成了自主知识产权，并应用于工业实践。其中，有的达到国际先进水平，有的填补了国内空白。首钢设计院自主集成的高炉干法除尘技术不仅在首钢内部得到应用，而且已经推广到兄弟企业，创造了良好的经济效益和社会效益。其自行研究设计的超长、超宽、超大荷载、结构形式异常复杂的大体积地下混凝土结构的大型热轧地下箱型设备基础，攻克了诸多技术难关，开创了国内设计院自行设计大型轧机地下箱体的先河，节省了大量的工程投资。不仅在主流程、研究院和设计院，而且在一些分、子公司里，其竞争力也有了明显的增强，有的已成为该行业的领头羊。像烟台东星公司生产的车用空调，其全系统的技术多年来保持世界第一的水平，产品占领国内市场的30%～40%，而且为欧洲的一些客户长期使用，2005年以来生产的可变排量压缩机占到国内市场10%的份额；高性能的钕铁硼产品的技术水平、产品质量、研发能力均达到世界先进水平，产品已行销到美、英、德、日、韩等16个国家。5年前，首钢冶金建设公司的年结算收入只有1.7亿元，而且基本上是靠首钢内部的技改项目；现在人员从当时的7000多人减到2005年底的3000多人，结算收入却增加到15.2亿元；其中40%左右是社会项目，而且已经进入了过去被视为禁区的北京王府井地区，其现场管理获得了客户和当地政府的好评。机电公司市场开发和技术创新，实现了由冶金机修工厂向大型冶金成套设备制造业的跨越，形成了以炼钢、板坯连铸设备为代表的产品体系，成套设备占产品比重由30%上升到70%，市场由公司内部为主发展到首钢、国内、国际市场并重。

在推动首钢三年巨变的过程中，还要提到首钢的一个“品牌”会议，这就是近几年来每年年中召开的、围绕“学习创新发展”的经验交流会。会前，上下结合，深入调研，一年一个主题，一年一批典型。会上，基层典型谈体会，公司内外专家进行点评，首钢主要领导作总结、提要求，形成了学习先进、赶超先进的浓厚氛围。这个会议，是显示成果的检阅台，是激励士气的鼓劲会，是继续前进的加油站。不仅会议内容丰富，形式也是年年有创新，成为首钢各级干部高度关注的一次有效的“充电”活动。一些与会的中层干部觉得参加这样的会议是一次享受，这个会议也成了首钢的“品牌”会议。

三、战略突围，实施钢铁主业新的战略布局

新的战略布局，是首钢从迷茫中走出困境的一个大手笔，也是首钢领导自身贯彻“八破八立八做到”的一个极好示范。但这步棋是逼出来的，对首钢领导来说，承担着极大的风险。随着两厂的投产和达产，越来越清楚地看到，一业三地决策的正确。一业三地，不是简单的生产能力的转移，而是一次重大的战略转移，更是一次具有历史意义的战略提升，对首钢钢铁主业的持续发展具有极其重要的深远意义。

以首秦公司为例。从建设开始，就明确要按照紧凑型、高效型、循环型、节能型、清洁型、环保型、数字型的要求，把首秦建设成“生态环保型、能源循环型、经济高效型”的冶金示范工厂。总公司领导亲自带领有关设计、生产准备人员从总体布局到每个工序，逐项讨论、研究，他们认为，多一根皮带，多一个漏斗，就多一份能耗，多一份损失，多一个环保问题。因此，对能减省的工序、管道、通廊就尽量减省，能合并的就尽量合并。而且大胆采用新技术，像高炉干法除尘，是首钢设计院自主集成的先进技术，我国在1000立方米级的高炉上还从未使用过，但他们先后在1350立方米和1780立方米的两座高炉上成功地应用，取得了良好的效果，此技术已先后推广应用到了济钢、迁钢、重钢、宣钢等多座国内大型高炉上；他们利用秦皇岛港口码头的有利条件，果断地取消了传统钢铁企业都有的料场，首创集中原燃料倒运、储存、配送为一体的整体式全封闭炼铁联合料仓，能够确保铁精粉和焦炭分别保有10天到半个月的用量。由于烧结联合料仓与配料一体化，一、二次混合机系统合一布置，用地省、流程紧凑，使烧结区与同规模烧结厂相比，占地面积节省约二分之一，投资减少数千万元。更重要的是，大大改善了环境状况。首秦相当一部分的新技术还拥有自主知识产权。无怪乎美国纽柯公司的老总参观首秦后，盛赞首秦是一个“艺术品”。他回国后还专门发来电子邮件，称道“这是我从事钢铁业38年来所见过的最漂亮的钢厂”；也无怪乎有的业内人士参观后，表示要将这个厂区移植过去。在对环保要求极其严格、环保指标十分敏感的秦皇岛，首秦已经成为体现秦皇岛市优美环境的一道亮丽的风景线。

不仅厂区布置及现场环境“小而精、小而美、小而洁”，投产后的业绩也极其鼓舞人心。一批主要指标都居全国之首。高炉入炉焦比，2006年1～6月平均达到每吨293.4千克，破三进二，居全国同级高炉之首；炼钢钢铁料消耗：2006年1～6月达到每吨

1073.42千克，居全国同规模钢铁企业之首；吨钢新水消耗和吨钢综合能耗，由于首秦没有炼焦，中厚板轧机还未投产，在行业内不具可比性，但两者在2006年上半年的指标分别达到2.55立方米和584.68千克，也处于行业领先地位。特别是今年投产不久的二高炉，投产第三天利用系数就达到2.23，开创国内外高炉达产新纪录。一高炉投产2年多以来，至今没有更换一个风口，也创造了一个世界奇迹。

迁钢是首钢战略性结构调整的关键所在。它充分利用迁安矿山烧结和球团矿的能力，建设炼铁、炼钢以及2160毫米热轧机（焦化厂是同开滦合资建设的），是首钢迄今为止投资最大的一个项目。2003年3月25日在“非典”肆虐时开工，历经570个昼夜顺利投产，拥有2座2650立方米的高炉，3座210吨的转炉，LF、RH、CAS等3座精炼炉，以及2台双流板坯连铸机、2台8流弧形方坯连铸机。铁、钢的产能都将达到450万吨，热轧板的年产能将达到400万吨，一部分供应顺义的冷轧厂，一部分作为商品材出售。它主要生产优质碳素结构钢、高强度低合金钢、深冲钢、汽车用钢、锅炉和压力容器用钢、船板钢、管线钢、双相钢、多相钢和IF钢等高附加值的钢种，承担着首钢结构调整的重任。首钢董事长在给迁钢公司的一份报告的批示中指出，迁钢的“使命伟大，任务艰巨，超乎寻常”。工程投产一年多来，各项技术经济指标不断进步，现在高炉的入炉焦比和转炉的钢铁料消耗都位居行业前茅。

迁钢和首秦的成功建设和优秀的生产业绩，也体现了首钢精神的巨大作用。现在，“做精每件事，创新每一天”成为首秦人不懈追求的精神动力，实现自我超越的行为准则，打指标、创一流的重要保证；“辛苦着，并快乐着”，这是首秦人的共同感受。在迁钢，正在为“打好四个基础”进行创造性的工作，他们：抓好一步一个脚印的思想文化建设，在统一思想中解放思想，为形成人和气顺、激情创业局面打好思想文化基础；抓好一分一毫的管理和技术创新，在求实求是中稳步提高指标，为提高企业竞争力打好经济技术基础；抓好一板一眼的制度体系制定，在规范严谨中培养执行力，为顺畅高效打好制度基础；抓好一点一滴的学习积累，加快人才培养和队伍建设，为企业长远发展打好人力资源基础。

首秦和迁钢的成功建设和优秀的生产业绩，其意义也远远超出了这两家企业的范围。首先，它极大地鼓舞了全体首钢人的士气。实践证明，只有敢于动大手笔、做大动作，才能赢得更大的发展；只有摆脱传统思想的束缚，才能燃起创业的激情和斗志；只有坚持创新发展思路和发展方式，企业才有出路。其次，这两个厂的成功建设极大地振奋了首钢人优质高效地建设曹妃甸大厂的信心，像首钢设计院通过对首秦和迁钢的具有创造性的成功设计，已经积累了丰富经验，现在他们正满怀信心地联合兄弟单位为成功设计5500立方米我国第一座最大高炉以及其他项目而努力。第三，锤炼了一支具有现代化思维、掌握现代化技术，又能打大仗、打硬仗的员工队伍，为曹妃甸大厂储备了骨干队伍。正像他们中有人说的：有了这两碗“酒”垫底，再大的高山、再深的大海他们也敢闯了。

四、有什么不如有人，人力资源的开发与“提素”

首钢的巨变，起源于人，落脚也在人。“四个基础”第一个就是思想文化基础，打好这个基础，必须把工夫下在队伍建设上。这个基础打得怎样，也要体现在员工队伍的思想观念、精神风貌以及工作作风的变化上。没有一支好的队伍，就不可能创造今天这样的业绩。

在人的问题上，首先仍然是思想观念的问题。在这方面，他们是有过经验教训的。1991～2000年的10年中，首钢引进大专以上高校毕业生6195名，而此期间因各种原因离开首钢的有3078名，流失率为49.7%。其中，后5年是－1.78。就是说，进入一名大学生的同时，就流失了1.78名。2000年时，首钢技术研究院的6个博士生全走了。为什么？就是对人不重视。那时，292个国家级技术研究中心评比，首钢排名219位，在冶金行业中位列14。但现在，首钢技术研究院有了40多位博士生，还有100多位硕士生（全公司现有博士生60多名、硕士生600多名）。其中，不少是在国外著名的冶金研究院所和高等学校任职多年的"海归派"。首钢的技术研究中心在全国332家中排名第三，在冶金行业里排名第二。变化怎么来的？他们有几句话：第一句是"有什么不如有人"。第二句是"一切围绕人才转"，就是观念围绕人才转，制度围绕人才转，岗位围绕人才转，服务围绕人才转、荣誉围绕人才转。第三句是"平台比待遇更重要"。他们深知，没有舞台不见人才，不干事业难出人才；大力为科技人员搭设多种平台，包括人才培养国际化平台，一线锻炼的平台，创造实践的平台，转换交流的平台，更新知识的平台。现在，首钢上上下下形成了"尊重知识、尊重科学、尊重人才"浓厚氛围，近期前来首钢的一些高端人才都感到在首钢工作心情舒畅，能够尽其所长，充分体现自己的价值。这也引起了连锁反应，吸引了更多的专家学者前来加盟，加速了首钢科技进步的步伐。近几年首钢科技成果迭出，不仅为现有基地的产品升级以及资源综合利用等作出了很大贡献，而且正在为大厂建设要开发的品种进行技术储备。

其次是机制造就人。先进的理念要通过制度来落实。这几年，首钢在人力资源方面，新建立了30多个制度，除包括干部的公开竞聘、末位淘汰、引咎辞职，以及建立管理、技术、技能三条晋升通道，和各类专家、有贡献人员的津贴制度外，首钢还有一些具有特色的机制。一是将优良资产向优势企业、优秀管理者集中，更好地发挥优秀管理者的作用。比如，由首冶公司托管连年亏损的修理厂，由原先是一耐一个车间的二耐托管一耐，都在短期内取得明显成效，并且至今保持良好的发展势头。二是实施组织结构扁平化，减少层次，各级管理人员责权利结合，充分发挥人们的潜能。这在迁安、首秦体现得最为明显。首秦炼铁部总共220人，其中机关管理人员仅20人，部长丁汝才原先担任过首钢炼铁厂的副炉长和主持全面工作的副科长。按说，对管理全厂，经验并不丰富，但首秦高炉所创造的业绩确实令人震惊和钦佩。丁汝才个人的体会是机制造就了人，工作中的问题既无法上推，也不能下卸，逼着自己去摸索、去创造。事实证明，一个好的机制可以使过去被视为二流的人才创造出一流、甚至超一流的业绩。三是要敢于不拘一格用人才。迁钢的总经理靳伟，今年34岁，他30岁担任首钢二炼钢厂厂长，具有开拓性、创造性，深入实际，严格要求，关心员工的成长，在较短时间里使二炼钢面貌发生巨变，成为首钢的先进典型。尽管他自称，到迁钢任职是拔苗助长，但迁钢的广大员工却对他称誉有加，认为总公司用人得当。这种情况，在基层单位也屡有发生。首冶有一个有名的"小鱼吃大鱼"的故事。首冶下属的金属结构公司连年亏损，几经更换领导班子，起色不大；而一家土建公司下的金属结构队，却生气勃勃，任务饱满，年年盈利。于是首冶将这两家合并，由队长担任新组建的金属结构公司经理，很快扭转了局面。

第三，营造学习氛围，增加培训投入。曹妃甸大厂的建设，将使首钢在工艺技术装备上跃登世界一流的行列。但首钢人深知，一流的装备不等于一流的企业，一流的企业必须要有一流的人才来掌握、来管理、来提升。从首钢的现实来讲，不可能全部立足现有人才，必须面向全球，重点引进。但大量的还是要靠现有人才的提高。现在，“大提素”已经成为首钢广大员工自觉的行为。根据首钢发展的总体规划，总公司及各二级单位每年都采取多种形式，安排各类人员学习培训。其中，去国外著名的大学和研究院所进修的每年都有10余人，在国内有关高等学校不脱产学习两年以上的约有160余名，短期进修的更多些。至于首钢内部通过培训中心以及各单位自行培训的数量则多达19.5万人次。更为量大面宽的是结合自身岗位，带着问题学，在发现问题、研究问题、解决问题的过程中实现自身的提高，很多技术人员结合实际，总结经验，编写案例；还有一些老工人把自己几十年的心得编写成书，无保留地进行传授。很多二级单位的网站上，都经常发表员工的学习心得和技术论文，实现知识共享。实践证明，岗位是最好的课堂，工作是最好的培训，实践是最好的学习。

为了高素质人才的引进和培养，首钢除了在按照规定提足教育经费的基础上，从2003年起，每年另外拔出资金1000万元作为人才资源开发培训基金，用于人才引进，人才培养、使用和发展，以及对优秀人才的资助与奖励。2005年，根据搬迁调整新需要，增加到2000万元。此外，为适应首钢搬迁必然带来的部分员工将离开现有岗位的情况，首钢还为今后将分流的员工创造条件，开展多种职业培训。

首钢的努力得到了回报，受到了各方面的重视和赞誉。2005年底，首钢被评为第二届北京影响力十大企业，董事长朱继民同时荣获北京影响力十大人物奖。对首钢的颁奖词是：“这里流出了新中国的第一炉钢水，这里诞生了新中国最大的钢铁基地，这里养育了12万的钢铁子民，这里又把蓝天奉献给北京。”对朱继民的颁奖词是：“一个国家的决断，一个城市的剧痛，一个群体的未来，一个企业的转型，他义无反顾地扛起了重任，为了一个梦想——北京2008。”

荣誉面前保清醒，赞誉声中不停步。在最近首钢召开的以“创新、创业、创优”为主题的经验交流会上，朱继民针对首钢搬迁调整的新阶段，提出了9个需要深入研究解决的课题，这必将推动首钢人进行新的探索，不断创新，超越自我，攀登新的高峰！

批示：请给（同）董老商量。这几篇文稿真实、感人。为首钢发展，董老严谨细致，深入调研，为我们作出了榜样。可以将几篇文章发给内部，供各单位学习。也可送刘淇同志参阅。待曹妃甸可研批复后再公开发表。

朱继民

9.8

编者按：2006年7月21~22日，首钢总公司召开创新创优创业经验交流会。首钢创建学习型企业专家组顾问、原冶金工业部政策法规司司长董贻正同志应邀到会，并对各单位的交流发言进行了现场点评。会后，董贻正同志就首钢近年改革创新发展情况进行了一个多月的深入调研，并完成调研报告一篇、随感五篇。朱继民同志在调研报告上批示："这几篇文稿真实、感人。为首钢发展，董老严谨、细致、深入调研，为我们作出了榜样。可以将几篇文章发给内部，供各单位学习。"现将董贻正同志的调研报告、随感印发各单位，供学习参考。学习情况在9月29日前反馈首钢党委宣传部理论处（电子邮箱：sgxcb@263.net）。

首钢宣传部

2006年9月

十年巨变看舞钢[1]

1997年5月，我受时任冶金工业部部长刘淇的委托，带领扭亏调查组到舞阳钢铁公司（以下简称舞阳）。这是我在继出任水钢省部联合扭亏调查组组长后的再一次参加企业的扭亏工作。当时，舞阳已经连续4年严重亏损。虽然1995年6月，冶金工业部调整了舞阳的领导班子，生产经营形势有了一定好转，但并没能扭转亏损局面。1996年，全国工业企业超亿元的亏损大户共14个，冶金系统占了6个，舞阳就是其中之一。在调查工作的后期，刘淇部长也来到舞阳，听取了调查组的汇报，对舞阳下一步的工作提出了明确要求；并且宣布了部党组的决定，调邯钢总经理助理顾强圻为舞阳的副总经理，协助林承模总经理负责全面工作。同年9月，舞阳实行改制，并入邯钢集团，顾强圻出任舞阳的总经理。目前，顾强圻担任舞阳代理董事长、党委书记。

今年10月，我又来到舞阳，所见所闻，感触颇深，真可谓“十年巨变”。从1996年到2005年，舞阳钢产量从30万吨增加到150万吨，是原先的5倍；钢板产量从25万吨增加到121万吨，接近原先的5倍；销售收入从7.8亿元增加到70亿元，是原先的9倍；利润从负数到盈利5亿元；实现税金由1600万元增加到近5亿元，超过30倍；职工的年收入由人均6357元增加到28692元，今年可以突破3万元。这些增长率都超过了全行业的同类指标。因此，自然引起行业内外的高度关注和众多好评。

一、以品种质量为主线，走内涵扩大再生产之路

舞阳的可贵之处不仅体现在上述6组数据上，更值得钦佩和借鉴的是他们所走的路子完全符合几年后中央提出的科学发展观。舞阳的领导班子很清楚自己肩负的历史使命，舞阳是“因特而建，因特而生”的，舞阳必须适应国民经济和国防建设发展的需要，担负起各种特殊的宽厚板生产任务。在这种指导思想下，他们适时地提出了“创中国名牌，出世界精品”的企业目标，“誉满中华、名扬世界”的企业精神，以及“人无我有、人有我优、人优我特、人特我精”的品种质量经营理念，并且切切实实地贯彻到公司的各项工作中，融化在广大员工的实际行动中。

这些年，舞阳产量的增长不是通过外延扩大再生产，而是依靠内涵扩大再生产。舞阳的装备在冶金系统同类企业中大体上是处于中等水平，炼钢厂的2个电炉，原设计能力共50万吨，其中1号炉是国产的，装备比较落后，设计能力只有13万吨；轧钢厂的4.2米轧机是20世纪70年代的国产设备。但是，还是这两炉一机，现在却是面貌一新。2004年，炼钢厂由2号电炉单炉生产，产量达到128万吨；4.2米轧机在2005年9月被中国钢铁工业协会授予“功勋轧机”荣誉称号。各项技术经济指标都有明显改善。在品种优化的前提下，2号炉的吨钢电耗却从1996年的576千瓦·时降到2005年的279千瓦·时。同

[1] 原载于2007年第1期《冶金经济与管理》。

期，冶炼时间从2.5小时降到44分钟。特别是在新品开发上，更是取得令人瞩目的成绩。近几年，舞阳累计开发近208个新品种，形成了12大系列、近400个品种、400多个厚度规格的钢板体系。在这些品种中，有近百个替代进口，在国家重点工程建设中起到了无可替代的作用，获得了极好的声誉。

拿最近的例子来讲，北京奥运会的主体育馆——鸟巢用于承受全部建筑重量负荷的24根钢柱用钢就是由舞阳提供的。当时，有关方面都认为这类钢板必须进口。为此，北京奥运会组委会主任刘淇专门召开了会议，参加会议的舞阳总经理顾强圻自告奋勇地立下军令状，表示：奥运场馆所用建筑结构钢板舞阳公司全部能够生产，无需进口。现在，舞阳生产的110毫米厚的Q460E-Z35钢板立柱已经稳稳地支撑着鸟巢这一雄伟建筑，而这一钢种厚度超过100毫米的在世界上还从来没有生产过，舞阳是第一家。此外，舞阳的钢板还用于国家大剧院、中央电视台新台等标志性建筑的关键部位。一系列骄人的业绩也使舞阳成为多种高层建筑用钢和建筑结构用钢板的行业和国家标准的起草单位。

这种显赫的业绩还表现在众多方面：用于西气东输和西电东送的钢板打破了国际垄断，创造了国内第一。西气东输用的X70大口径直缝焊管过去一直被日、韩垄断着，西电东送用压力管道用钢也一直被日本的CF62淬火加回火钢板所垄断。是舞阳首先开发出这些产品。其中，顶替CF62的WDB620钢板还具有自主知识产权。

在军工产品上，舞阳的装甲板独占鳌头，在载人航天工程上也建立了功勋。现在用于我国主战坦克的4个钢种，舞阳一度占全国供货量的80%。其中，有3种目前鞍钢、武钢和舞阳都能生产，但有一种至今仍只有舞阳独家生产。舞阳生产的钢板还用于神五的卫星发射架以及地面实验舱中。为此，中国载人航天工程办公室专门给舞阳颁发了奖状。

舞阳的钢板在三峡工程上树立了丰碑，在桥梁钢板上也尽显风采。三峡工程累计使用舞阳的钢板12万吨，占该工程所用同类产品总量的80%以上，其中单扇面积超过一个篮球场的24扇永久性闸门，太重制造的我国室内最大的1200吨吊车用钢，其制造用板全部由舞阳供货。长江上20座钢结构大桥，有9座采用了舞阳的钢板；有“世纪彩虹”美称的上海卢浦大桥，是世界上跨度最大的全钢结构拱桥，其中最为关键的拱形结构用钢板全部由舞阳供货；主跨达1088米、号称世界第一斜拉桥的苏通大桥，有2个标段的用钢无人问津，最后还是由舞阳接手。

在机械用钢上舞阳优势突出，特别是港口机械名扬四海，占国际市场份额60%的上海振华港机所生产的港口机械，他们所用的宽厚板以前曾是全部、现在也仍然是大部分由舞阳供应。钢铁企业大电炉、大转炉、大高炉所用的宽厚板，在相当长的时期内，一直全部由舞阳提供。最近沈重与德国合作生产盾构机，每台造价1亿元，德方指定关键部位的钢板必须使用舞阳产品。

舞阳的出口钢板还载誉海外。近几年，每年有10万吨左右、30多个品种出口到美国、德国、日本等20多个发达国家和地区，出口钢板80%以上厚度在100毫米以上，厚度最大、用作模具生产的钢板达到650毫米。

这些成绩的取得，应该说是公司战略决策的胜利，是公司科技兴厂方针的胜利，也是公司多年来学邯钢、强化管理的胜利。在2005年3月国家批准新线轧钢项目建设以前，这些年舞阳的技改投资大约为10亿元，基本上都投放在品种质量、节能降耗、环境治理上。针对舞阳的实际，他们围绕品种质量，不断地完善生产工艺，强化各种精炼设施，现在已有3套LF炉，以及VD和VOD两套真空精炼炉；在炼钢工艺上，通过实施电炉热装铁水、强化富氧冶炼、废钢预热自动上料等数十项技术改造；在轧钢工序上，突出的是新建和完善钢板热处理设施，使舞阳有了包括车底炉、常化炉、淬火炉、罩式退火炉、缓冷坑等20多座热处理炉钢板的年处理量从不足10万吨提高到60万吨，成为国内中厚板企业中热处理手段最为齐全的一家。

二、出色地履行企业的基本功能——营销与创新

过世不久的世界著名国际管理大师德鲁克曾经用一句话来诠释企业的目的，那就是“创造顾客”。由此出发，他认为企业有两种（而且只有两种）基本功能：营销与创新。舞阳的实践很好地体现了这位管理大师的精辟论断。

回顾1997年，那时舞阳基本上没有摆脱计划经济的框框，企业是以生产为中心，市场意识淡薄、营销观念落后，市场开拓不力，整个销售部门就只十几个人。当时，刘淇部长在舞阳的干部会议上提出了5点要求，其中一条就是“加强市场营销，真正树立市场是企业生存空间的观念”。现在，舞阳总结“十年巨变”的经验，认为“原因是多方面的，但是打头的、率先的是销售的搞活。”而最根本的是观念的转变，彻底地从过去以生产为龙头改变为以经营销售为龙头，积极开拓市场，引导生产，实现以销定产。鉴于舞阳是一个电炉生产宽厚板的专业厂，要发挥专业化的优势，就必须在细分市场中发挥自身的特长，适应市场的变化，实行多品种、多规格、小批量，把产品做专做精做强做特，更好地满足客户对钢材性能不断升级的需求，有重点地扩大市场份额，实现效益最大化。这就更离不开加强对市场的调研、预测和开拓，离不开营销工作的加强。

观念的转变要落实到机制的改革和采取的措施上。舞阳首先是强化了销售机构，充实了销售队伍。从过去只有一个销售科扩展到按地区和重点产品结合的6个销售科，以后又升格为6个处；在全公司150名副处级以上的干部中选拔德才兼备者到销售处任职，并从科技部、主体厂抽调骨干充实销售队伍。现在从事销售工作的人员近百名，80%以上具有大专以上学历。每个销售处都要负责信息的采集、产品的销售、合同的签订、货款的回收、售后的服务；主动去了解市场、宣传舞阳，推销产品，搞好服务。在销售渠道上，积极拓展直供渠道，目前70%以上的产品都是直供的，具有稳定的客户群，这为舞阳开发新品和搞好服务提供了很好的条件。还组建了进出口公司，努力把产品推向国际市场。与此同时，改革分配机制，销售部门的员工收入同销售量、回款率、销售单价等指标挂钩。现在销售部门在完成各项指标的前提下，人均奖金达到3000元左右，要比炼钢、轧钢等生产一线高2倍左右。

营销为龙头，就是要带动全公司各方面的工作，各项工作要服从服务于销售。服从销售就是适应市场，服从客户。公司明确提出“六个市场取胜策略”，就是“以品种独特取胜，以质量优良取胜，以价格适中取胜，以交货及时取胜，以策略灵活取胜，以服务优质取胜”。这一观念的转变直接促进企业的创新，促进新品的开发、质量的改善、成本的降低、服务的改进。当然，要彻底实现这“六个取胜”并非易事，有时确实会面临两难选择。由于舞阳具有产品、技术优势，因此经常会遇到一些事关大局的紧急任务，打乱原来的生产安排，以致不能完全按照合同期交货。在这种情况下，舞阳会尽最大可能不影响客户正常运作的前提下，加以调整。比如，世界第一斜拉桥——江苏的苏通大桥，其中2个

标段难度特大，舞阳由于合同已经饱满，无力安排，未参加投标，结果无人中标。于是，江苏省交通厅受国家交通部和江苏省领导委托，由厅长带队，通过河南省领导，专程来到企业请求支援。最后，由舞阳承担起来，按时完成了任务。还如，2005 年 6 月，西气东输的源头——塔里木油田中央处理厂设备爆炸，抢修用的某种特厚板进口来不及，国内买不到。尽管，当时舞阳的合同非常满，这一产品的交货期又非常紧，但舞阳还是从大局出发，无条件地接下了任务，并提前交货。类似这样的事例还很多。这也使得舞阳“誉满中华”的企业精神广为流传。

要真正做到以品种质量取胜，必须加强科技开发的力度。舞阳在新品开发上，实现两个“一体化”，就是“产销研”一体化和“产学研”一体化。新品开发的信息来源，主要来自销售部门掌握的客户需求，以及由公司内外专家组成的专家委员会，像西气东输用钢就是由他们提出的。在公司领导拍板开发某种新产品后，由科技部牵头，统一组织新品研发（包括与外部的研究院所和高等学校的合作）、生产安排和实施销售。同时，加大在科研开发上的投入，这几年，舞阳每年用于科技开发的投入约占当年销售收入的 5%，每年开发的新产品都在十几到三十项之间，具有较强的产品和技术储备。在刘淇同志召集的奥运场所用钢座谈会上，顾强圻董事长所以敢于接其他企业不敢接的鸟巢用钢任务，就是因为舞阳在这方面有充分的技术储备。这些新产品，普遍具有较高的科技含量和附加值。今年上半年，舞阳 4 万多吨新产品的平均销售单价是 9144 元。

三、以人为本，以身作则，依靠广大员工办好企业

舞阳原是冶金工业部的直属企业。在部属企业下放时，第一选择是与中南地区有板材生产线的特大型钢铁企业合并，以后还考虑与河南省的大型钢铁企业合并，但都因当时舞阳处于严重亏损的境地而未被接受。经过多方面的酝酿，最终河北省的邯钢从大局出发，同意兼并舞阳，并于 1997 年 9 月由当时的冶金工业部副部长徐大铨来舞阳正式宣布这一决定。

一个部直属的全国重点企业，被一个地方骨干企业兼并，这在当时还是罕见的，在舞阳员工心理上引起的震荡也可想而知。不少员工、特别是中层以上的干部萌生了失落感，甚至屈辱感，有的干部等待大换班。但是出乎很多人意料的是，顾强圻在宣布兼并的干部大会上提出了“五个正确对待”：正确对待舞阳历届老领导和刚刚离任的公司领导，要充分肯定他们创业的艰辛；正确对待留任的领导，坚持党的民主集中制，同心同德，合作共事；正确对待 100 多名中层干部，坚持任人唯贤，不搞任人唯亲，不搞“一朝天子一朝臣”，不因改制而调整一个干部；正确对待兼并，强调邯钢兼并舞阳是“大大联合，强强合作”；正确对待广大职工，强调兼并后全心全意依靠职工办企业的方针没有变，职工的主人翁地位没有变。这“五个正确对待”稳定了人心，而且在以后的实际工作中很好地得到体现。邯钢进入舞阳后，最多时只有 6 名中层以上的干部是邯钢调入的（现在只剩 4 名），包括大家认为一定会调离的公司办公室主任、财务处长、销售处长以及宣传部长等，全部留任。至今，这些干部除了提升的以外，都还在原岗位上尽心尽力地努力工作。

冶金工业部考虑由邯钢来兼并舞阳，一个重要原因是想借助邯钢经验，帮助舞阳加快扭亏的进程。事实证明，这一决策是完全正确的。由于邯钢的介入以及作为邯钢经验创始人之一的顾强圻，对邯钢经验的深刻理解，使邯钢经验得到强势推行，取得了显著的成

效。在推广邯钢经验时，顾强圻在很多场合对邯钢经验进行了诠释，强调邯钢经验的价值就是要使职工能够做到“两当四有”：“两当”就是当家作主、当家理财；“四有”就是有家可当、有财可理、有责可负，有利可得，就是要依靠广大职工来解决舞阳面临的各种问题。这种理念进一步激发了广大员工主人翁的使命感和责任感。兼并后的第一年，邯钢集团主要领导就要求舞阳当年扭亏为盈。根据这一目标，舞阳经过认真测算，当年必须实现2.8亿元的挖潜任务，并将这一指标层层分解到各个基层单位，落实到万名员工头上。正是依靠广大员工的共同努力，当年实现了扭亏为盈。《人民日报》在头版头条作了报道，称之为“中原大地上的一声春雷”。

依靠广大员工办企业，就必须要让职工有知情权，让职工了解企业的形势、问题和任务，从而激发职工的士气和干劲。多年来，舞阳在“以人为本、思想领先”原则的指导下，形成了以“一岗双责”为特色的思想政治工作新机制，建立了党政工团齐抓共管的大政工格局，实现了“虚工实做”。公司还通过一报（《舞钢报》）、一台（有线电视台）、一团（歌舞团）和广大员工相沟通，实现厂情公开，宣传企业文化，进行思想工作，深为广大职工所喜爱。公司重大情况、包括主要领导在重大场合的讲话，都在电视台进行转播；29个人的歌舞团，很多节目是自编、自导，反映了舞阳的发展历程和职工的精神风貌，具有较高的艺术水平，并富有浓郁的生活气息。他们经常到基层及客户单位进行演出，深受各方面的欢迎。每当基层单位取得重大成绩时，公司领导都要带领歌舞团进行慰问演出，对鼓舞士气起到很大的作用。

依靠广大员工，很重要的一条就是要调动各类专业人员的积极性、创造性，为他们打造事业发展的平台，改善他们的生活待遇，努力实现事业留人，感情留人、待遇留人。在分配机制上，打破过去只有走行政职务晋级的单一渠道，制定了从舞钢专家到责任工程师6个层次的技术职务聘任制，分别享受公司副总工程师到副科级的待遇。现在公司内部收入待遇最高的部门就是开发新产品的科技部门。对一些像营销等敏感岗位的人员选聘，按照公开、公平、公正的原则，实行公开招聘，每次公司主要领导都亲自参加，没有一个人是通过走后门、找关系进来的。

在舞阳调查期间，无论是同公司领导层接触，还是同基层干部交谈时，都能听到对他们领头人顾强圻的赞誉之声。对他为舞阳的发展殚精竭虑，奉献了他的后半生，固然是一片称颂；但更感动人的是他的人格魅力。顾强圻经常用以勉励自己的四句话是：“牢记宗旨，立党为公，一身正气，两袖清风”，大家认为顾强圻是当之无愧的。他作风民主，无论是他担任总经理还是董事长，党政两个一把手都能勤沟通，配合密切，重大问题从不一人决定。班子成员认为，他既是一个好班长，还是大家的好同事、好朋友。他来舞阳9年多，与夫人始终是两地分居，9个春节没有一个是回邯钢老家过的。除夕和大年初一，他和班子成员都是下炉台、到机组，给坚持生产的工人拜年，接着是利用长假同班子成员研究工作，进行学习。不知情的以为是他家庭关系不和睦，实际上他们夫妻是恩爱有加，感情融洽。当然，邯钢组织上也尽量创造条件，让他们阖家多一些团聚机会。他自律严，要求亲属也严，作为一把手的近10年来，从来没有一个亲属与舞阳钢铁公司发生过任何业务往来。

十年征程，舞阳取得了重大进步。为了适应形势发展的需要，更大程度地满足客户的需求，保持舞钢产品在优、精、特的国内领先地位，经国家批准，总投资40亿元的舞阳新百万吨宽厚板工程于 2005 年 8 月动工，到 2007 年 2 月竣工投产后，舞阳将形成年产 300 万吨优质电炉钢、260 万吨优质宽厚板、销售收入超百亿元的特钢专用板生产企业。但舞阳在阔步前进的同时，也充分意识到今后随着兄弟企业一批宽厚板轧机的投产，不仅产品在市场上的竞争会越来越激烈，而且在技术上的竞争和对人才的争夺战也越来越白热化。舞阳绝不能满足于已有的成绩，任何松懈的情绪都将导致自己的落后。要保持舞阳在特定市场的领先地位，必须进一步把广大员工的积极性引导到创新上来，坚持创新，持续创新；瞄准同类型国际先进企业，找差距，争先进，赶超世界一流，走出一条新的康庄大道来！

（注：此文应顾强圻之请，送呈刘淇同志。刘淇同志批示：材料写得很好。要感谢舞钢同志为北京奥运所作出的贡献。“鸟巢”全部钢材都是国产的，这是冶金战线的成绩。谢谢。）

软硬并重　加快建设全球最具竞争力的不锈钢企业[1]

好多年没去太钢了。这次看到的太钢，不仅是今非昔比，而且其变化之大，可以说是天翻地覆。目前，太钢不仅已成为我国不锈钢的龙头老大，而且还是全球产能最大（300万吨不锈钢）、工艺技术装备最先进的不锈钢企业。主体设备有7.63米焦炉、450平方米烧结机、4350立方米高炉、180吨AOD、180吨转炉、2250毫米热连轧机，以及全球产能最大的年产115万吨的不锈钢热轧带钢退火酸洗机组、70万吨不锈钢冷轧退火酸洗线等。这样大的投资项目，不到两年就顺利投产，并按计划顺利达产，这在国内外都是不多见的。我国第一条铁精矿矿浆运输管道一系列建成投产后，去年又自力更生地以优质、快速、低成本建成二系列，使运输能力增加近1倍。各项主要经济技术指标见表1。

表1　2006年同2000年的若干主要技术经济指标

指 标 名 称	2000年	2006年	2006年比2000年增长/%	年均递增(减)率/%
钢产量/万吨	316.8	626.3	1.98	12.03
其中：不锈钢/万吨	24.3	110.9	4.56	28.79
主营业务收入/亿元	113.92	517.99	4.55	28.71
其中：不锈钢收入/亿元	30.74	174.68	5.68	33.58
利润总额/亿元	3.05	45.21	14.82	56.73
实现税金/亿元	8.39	21.85	2.60	17.30
出口钢材/万吨	11.9	30.05	2.53	16.69
吨钢综合能耗(标煤)/千克	1194	833	0.70	-5.82
万元产值能耗(标煤)(不变价)/吨	3.25	1.04	0.32	-17.30
吨钢耗新水/吨	21.1	6.5	0.31	-17.82
水的循环利用率/%	90.2	95.44	1.06	0.95
废水排放量/万立方米	3463	635	0.18	-24.63
烟粉尘排放量/吨	27561	4872	0.18	-25.09
二氧化硫排放量/吨	21033	15860	0.75	-4.60
COD排放量/吨	6003	492	0.08	-34.09
在册人数(本部)/个	66696	57846	0.87	-2.34
在岗人数(本部)/个	57440	36660	0.64	-7.21
在岗人员劳动生产率(按产值)/元·年$^{-1}$	160791	1098190	6.83	37.74
在岗人员年均收入/元	14081	36374	2.58	17.14

[1] 原载于2007年第8期《冶金管理》。

由表 1 可知，太钢的产品结构有了大变化。6 年来，钢产量增长近 1 倍，而不锈钢产量增长了 3.5 倍还多；出口不锈钢材量更是飞速增长。但 2006 年的在岗人数还不到 2000 年的三分之二。

企业效益有了显著变化。在钢产量增长 1 倍的情况下，销售收入增长 3.55 倍，实现利润增长 13.82 倍。多年来，太钢不锈钢制造成本世界领先，烧结矿、炼钢生铁、连铸板坯、中板、热轧卷板 5 项产品制造成本竞争力连续多年居行业第一。

节能降耗取得重大进展。2006 年的吨钢综合能耗只有 2000 年的 70%，吨钢耗新水只有 2000 年的 31%；如果以万元产值能耗计算，2006 年只有 2000 年的 32%。

污染物排放大幅下降。其中二氧化硫排放量下降了 25%，废水、粉尘排放量都只有原来的 18%，而 COD 排放量只有原来的 8%。

在企业效益、劳动生产率大幅度提升的同时，职工收入也相应得到增长，6 年增长 1.58 倍。

特别是 2006 年 9 月份新不锈钢项目的全面投产，使太钢实现了新的跨越。从今年 1 ~ 5 月份的情况看，2007 年的营业收入将达到 1000 亿元，比上年翻一番，效益也将同步增长。

辉煌的业绩，引起了中央领导的高度关注。近几年来，胡锦涛、温家宝等中央政治局常委先后来到太钢视察，对太钢的成就给予高度评价；国内外业界以及客户也纷至沓来，或洽谈业务，或交流经验。

太钢之所以有这样快速的发展，一方面是由于太钢领导始终一贯地重视技术改造，以最新技术装备来武装自己；另一方面，又始终一贯地重视软件建设，以硬带软，以软促硬，全面提升经济实力和市场竞争力。

首先，有一个放眼全球、科学理性的企业发展战略。太钢是我国最早、最大的不锈钢企业。2000 年前，已具备年产 30 万吨不锈钢的能力，但技术装备相对落后，产能没有充分发挥。近几年，我国不锈钢需求急剧扩长，已成为全球最大的不锈钢消费市场，进口不锈钢也持续增长。在这种情况下，太钢领导审时度势，果断决策，收缩产品战线，瞄准一流水平，集中发展不锈钢。并充分利用后发优势，力求突破世界各不锈钢企业渐进式发展的模式，一步把不锈钢规模扩大到 300 万吨，实现跨越发展，引领世界不锈钢发展的潮流。

太钢敢于提出这样一个宏伟目标，反映了太钢领导班子的魄力和高瞻远瞩。如果当时没有这样一个决策，不是一步迈入 300 万吨，而是一步一步慢慢走，那太钢今天甚至今后一个时期的地位就会受到很大的威胁；如果没有这样一个超大规模的不锈钢基地，中国也就不可能在世界不锈钢市场上产生应有的影响。特别是太钢提出了“建设全球最具竞争力的不锈钢企业”这一企业战略目标，这是太钢战略思想的一个重大变化，是太钢发展史上的一个转折点，具有里程碑的意义。

“最具竞争力”，内涵深远、广泛。太钢将其细化为“规模大、品种特、质量优、成本低、服务好、环保良、效率高和研发强”的 8 个方面，就是要在世界范围内，全方位地进行追赶、超越。这既体现了太钢人的宏图大略，也是一个理性的选择。因为，目前太钢的硬件已经是世界一流，甚至是世界顶尖的装备，为太钢生产一流的产品，取得一流的效益，办成一流的企业提供了极好的物质条件。相对来说，太钢缺的是软实力。尽管太钢的员工队伍近几年来在生产建设和科学实验的伟大实践中正在茁壮成长，但是离世界一流还有相当差距。提出这一目标，正是为了能够促进软实力尽快得到提升。太钢还提出了“六个既要，六个更要”的经营理念：即既要注重规模，更要注重品种和质量；既要注重硬件，更要注重软件；既要注重物的因素，更要注重人的因素；既要注重学习，更要注重创新；既要注重获取资源，更要注重节约资源；既要注重经济效益，更要注重环境保护。这就把太钢的整个工作思路提到更高的层次上来，更好地体现科学发展观。

因此，“最具竞争力”这5个字，就像一盏指路明灯，照亮了太钢前进的方向。同时，也为太钢的发展立下一根标杆，以此来衡量前进步伐的快慢；它还是一块试金石，用以检验企业的一切工作，一切行为，是否为建造“最具竞争力”的钢铁大厦添砖加瓦；它也是推动企业全面持续奋进的强大动力，因为今天的“最”并不意味着明天还是“最”，更不能一次定终身。太钢人确立了“建设全球最具竞争力的不锈钢企业”这一战略目标，就是走上了一条充满挑战、充满艰辛、但又十分豪迈、十分光荣的路程，走上了一条风光无限、但却没有终点的路程，这将要求太钢人发扬连续作战的精神，发扬接力棒精神，代代相传，从一个胜利走向另一个胜利！

其次，认真落实以人为本的理念，把人才成长作为企业的头等大事。发展战略的实施，关键在于“人”。要建设“最具竞争力”的企业，必须要有“最具竞争力”的人才。要培育出一支“最具竞争力”的员工队伍，就要充分挖掘员工中蕴藏着的极大潜能，使他们迸发出来，让他们提升起来。这就要求企业领导在各项工作中真正体现“以人为本”。

太钢把“以人为本”作为核心价值观的第一条，坚持理解人、尊重人、爱护人、培养人、凝聚人，构建和谐企业，实现人与企业的共同发展。这首先体现在对员工劳动和劳动成果的尊重上。有这样一件事，在太钢科技人员中影响很大。过去，太钢的科技进步奖，主创人员一般都将主管的行政领导列名其上，而且都是排在前面。2004年，公司董事长收到了公司在2004年科技大会上转授他的1999年至2000年国家科技进步奖，除三个奖项的获奖证书外，还有8000元的奖金。他不仅退回了证书和奖金，还在信中建议：“今后，公司中高层人员一般不要参加科技进步奖评选，对管理人员可以搞管理创新奖。”广大科技人员看到自己的劳动成果受到领导的尊重，更激发了科技创新的积极性，促进了科技成果的加速涌现。

不仅对科技人员高度尊重，对所有员工同样给予应有的尊重和关爱。2004年11月，太钢董事长曾专门发出嘉奖令，对负责清扫办公主楼的6名保洁员进行嘉奖，每人奖励1000元。两年来，这6名保洁员每天凌晨5点准时开始清扫，7时30分后，每隔一小时清理和擦洗主楼卫生间、走廊一次，受到人们的好评。公司领导说：“岗位没有高低贵贱之分，只有用心与否之分。只要用心管、用心干，任何事情都能办好。”太钢还从2006年开始，实施带薪年休假和包括离退休和内退人员在内的全员健康体检。

在太钢职代会中，有一个特别的代表团，那就是由离退休和内退员工代表组成的特邀代表团，正副团长是前任的公司党委书记和总经理。对特邀代表团的意见，太钢领导给予了特别的重视和关注。正如太钢党委书记吴晓程说的：“尊重离退休职工就是尊重太钢的历史；更何况目前太钢的离退休（含内退）职工高达4万多人，超过了在岗职工的人数（3.6万），他们的意见和要求理应得到尊重。”

对困难职工，积极开展帮扶救助活动，使“三个绝不”的原则（绝不能有一个困难职工的日子过不下去，绝不能有一个患大病职工由于经济原因得不到治疗，绝不能有一名考上大学的职工子女因家庭生活困难上不了大学）落到实处。公司每年都筹集1000多万元资金，用于困难职工救助，今年计划筹集2000万元。太钢还自觉承担社会责任，从2003年至今，太钢累计向社会捐款2.97亿元，用于兴办希望小学、资助高等院校、捐助贫困山区、扶持残疾人事业等，受到社会各界广泛赞誉，公司也荣获全国20家“最具社会责任感企业”荣誉称号。

正因为领导尊重员工、关爱员工，员工也就高度信赖领导，从而增强了企业凝聚力，促进了企业的发展，促进了和谐企业的形成。2002年，太钢实施内退政策，当年的内退员工有1.4万名。在职代会讨论时，得到80%以上的高票通过，事后没有一件上访的。而太钢领导，则高度评价内退员工对太钢发展作出的贡献和牺牲，随着太钢经济效益的提高，都在可能范围内对他们予以适当的补贴。

第三，建立起一套能够充分调动各类员工积极性、创造性，不断提升员工素质的有效机制。培育最具竞争力的企业，离不开科学的管理。“以人为本”的理念，还需要建立起相应的机制来落实。领导者的责任就是要通过科学管理来挖掘广大员工的潜能，培养一支有历史使命感、有高度责任感，有主动性、创造性、高素质的职工队伍，使人力资源成为企业发展的第一资源。

近几年来，太钢加大了科技和培训的投入，大大改善了两个中心（技术中心和教培中心）的条件。“十五”期间，太钢的科技投入率保持在4.57%～5.10%，累计支出技术开发费73.5亿元。运用这些资金，建成具有国际水平的喷煤实验室、腐蚀实验室、电磁性能实验室、热模拟实验室、成型实验室等16个，以及冶炼、热处理、轧制、焊接等4个中间试验场，引进32台（套）具有国际先进水平的科研仪器，成立了博士后工作站、山西省不锈钢工程技术研究中心等，使太钢的科研能力大大增强。

改进分配制度，从多方面加大对有贡献的人员的奖励，使对企业有贡献的员工能取得相应的回报。建立起以科研课题承包为主要形式的科技创新机制，每年的科技奖励专项预算为3000万元；每年评选10名优秀科技人员，每人给予10万～20万元的奖励；每年对SBU（即产销研一体化的重点品种开发战略经营单位，去年有25个）工作成果进行评比奖励，去年奖金达1500万元；公司技术比武中的优胜者，最高可得到1万元的奖励。同时，还大幅提高科技人员的待遇，优秀人才的薪酬可达到本单位人均收入的2～3倍，最高可达5倍。在这种机制的激励下，太钢科技工作有了突飞猛进的变化。从2003年至今，太钢累计自主研发新产品达到432个，新产品的销售收入占到太钢总销售收入的一半左右。目前，太钢已拥有700多项以不锈钢为主的核心技术，其中近100项具有国际领先水平。2003～2004年，太钢每年都有一个项目荣获国家科技进步二等奖，成为冶金系统唯一连续两年获此荣誉的企业，2006年再次获得国家科技进步二等奖；而太钢的技术中心在全国的排名也大步向前跃升，从2000年的154位提升到2005年的11位。

从源头抓起，改革用人制度。太钢在全公司范围内，实施全员公开竞聘制度。凡是管理干部出缺，一律在全公司范围内公开竞聘。从2002年起到现在，公司中层干部通过竞聘上岗的就有13名，有的还在公司外部进行公开竞聘。像公司法律事务部部长就是通过全国竞聘，最终选定河南省某地检察院的一位科级干部担任。这就为各类人才提供一个公平公正的竞争舞台，为一些真正有才能的人脱颖而出提供了良好的平台。他们还实施262

动态区分考核，年终结算，对位于领先的20%和最后的20%的员工，分别给予奖励和处罚。

在干部体制改革上，太钢还有一个突破，就是二级单位主要领导党政一肩挑的机制，厂矿长兼任党委书记，同时赋予他副职提名权。自2002年实施以来，普遍反映良好。一是破除了过去在不少单位“人”和“物”两张皮的现象，能够更好地落实“六个既要、六个更要”的经营理念；二是解决了经常存在的出了问题相互推诿、无人负责的现象，一把手对单位的一切工作负全责；三是副职向正职负责，便于政令畅通，协调一致。与此同时，加强了对一把手的监督。规定一把手必须定期向单位职代会述职，接受群众评议；建立领导班子、重点是一把手的绩效考核评价体系，对领导干部的业绩进行连续“描点”，并与职务调整相结合，实现“描点上，干部上，描点下，干部下”；还将过去的离任审计改为例行审计，根据不同情况每年或隔年进行内审，实现了内审的全面覆盖。

在培养人方面，为了使“515人才工程（重点培养50名高级管理人员、100名高级技术专家、500名优秀操作手）”和“用3年时间，实施全员素质提升工程”落到实处，他们舍得在培训上加大投入力度。近两年，配合新不锈钢工程项目建设，把培训费提高到职工工资总额的3.75%，对新项目全体上岗人员进行了系统的内培和外培，确保了项目的顺利投产、达产。在创建学习型企业中，一方面加强校企合作和公司教培中心进行有计划、有组织的培训，系统提高各类人员的业务水平；另一方面推行岗位练兵，加强案例教育，引导员工结合岗位实践，自觉地去发现问题，解决问题，总结经验，把隐性的经验转化成显性的知识，把少数人的经验变成集体的财富，实现共同提高。

第四，创办一流企业必须要创建一流文化，让企业文化成为广大员工心中之魂。去年9月，曾庆红同志视察太钢后，提出：山西不仅要发扬太行精神，还要提倡太钢精神。为此，太原市委、市政府作出了关于《发扬太钢精神推动创新型城市建设的决定》。这是对太钢各项工作的全面肯定，更是对太钢企业文化建设的高度褒誉。

太钢已经建立了具有自身特色的理念识别系统，包括企业使命、企业愿景、核心价值观、企业精神，以及经营理念。他们认为，要把这些核心价值观等落到实处，首先要为广大员工所认知，再从认知到认同，最终转化为实践。如果脑海里连这些理念都没有，又怎样在各项工作和日常生活中去实施呢。因此，他们第一步就是要求对太钢企业文化理念的认知度达到100%，要求在理解的基础上背熟、记牢。实际上，认知的过程也就是认同的过程。目前，经过多次抽查、考核，太钢3.6万名在岗员工的认知度已经达到这一目标。

认知是第一步，关键在于实践。太钢企业文化建设的一个亮点就是狠抓“文化落地”，使企业文化建设同大目标挂钩，从小事做起。因为企业文化就是要为企业的发展战略服务，只有同“最具竞争力”这一大目标挂钩，才有强大的动力。但大目标又必须落实到每项具体行动中去。太钢这几年发生了天翻地覆的变化，就是通过一件件具体事物组成的。太钢从各单位梳理上报的750多条不良行为习惯中，归纳出当前干部职工存在的13类不良习惯，一项一项去抓，抓出了清洁无味的厕所，抓出了接听电话的礼仪风貌，抓出了“灯要亮、地要平、衣要整、物要洁、表要准、数要实”的18字方针；更抓出了企业形象，抓出了人们的精神面貌，抓出了高度的执行力。2004年8月，太钢70周年厂庆在太原市滨河体育中心举行，5000人的大会散会后，保洁工发现场地不见杂物，这在太原市引起很大震动。

在座谈中，很多发言者都提到太钢的企业文化是领导以身作则带出来的。2002 年，太钢大范围实施内退，领导成员家属除年龄或工龄不到的以外，都带头内退。董事长对刚够内退年龄的夫人说：“你退的贡献比不退大”；党委书记也有 4 位亲属内退。太钢一次内退 1.4 万人而能波浪不起，是同领导带头分不开的。太钢核心价值观中还有一条是“质量兴企”。2002 年 8 月，太钢发生了 276 吨不锈钢冷轧薄板和冷轧硅钢板没有达到出厂标准的事故。尽管，当时很多经销商和直接用户都希望得到这批产品，但公司领导坚决主张不合格产品就是不能出厂。8 月 24 日，公司几位主要领导亲自出席了一个隆重的销毁仪式。一声令下，12 支氧枪同时点火，276 吨不合格钢材瞬时被蓝焰包围。在现场干部职工心疼的泪光里，太钢“质量兴企”的形象开始崛起，“质量兴企”的理念更是扎根于员工心中。

企业文化是通过建立和执行制度管出来的。太钢从实践中深刻认识到，理念再好，没有制度作保证，往往也会停留在口头上。要使理念让员工认知、认同，再转化为实践，就需要推进制度化。要以理念来指导制度的制定，用制度来推进理念的实现。但是，也不能以为有了制度，就万事大吉。制度化的核心在于如何严格执行制度，形成一种“执行文化”。制度的执行也不是一蹴而就、一劳永逸的。因此，对一些重点问题，太钢坚持反复抓，抓反复；不断进行抽查；公司组织太钢电视台、《太钢日报》和有关职能部门开展“钢城纵深行”活动，对各类问题坚持曝光，并要求被曝光的单位必须在规定时间内作出反馈。我在太钢调查期间，就看到太钢电视台对厂区内的各类违章车辆（包括机动车、自行车）逐一公布了车号、卡号。

企业文化是先进典型引领出来的。太钢的全国劳模、治渣英雄李双良是太钢的一面旗帜。20 多年来，李双良的先进事迹和他所体现的精神，鼓舞和激励太钢整整一代人，其作用是无法估量的。在面临“建设全球最具竞争力的不锈钢企业”的新形势下，太钢继承和发扬李双良精神，把李双良精神作为太钢的企业精神，引导员工进一步学习李双良，弘扬主人翁精神，把太钢的事当作自己的事来办，加速建设“最具竞争力”企业的进程。在大力弘扬李双良精神的同时，太钢还不断培育新典型，总结推广他们的先进事迹和先进思想，并且关注日常生产和生活中那些看似平凡、但却很好地体现太钢精神的“小事”，编成案例，进行宣传；有的单位每周定一天在早操前 3 分钟讲一个本单位体现企业文化的事例，使大家能够时刻感染到浓厚的文化氛围，“润物细无声”，潜移默化地影响自己的行为准则。

太钢在前进，太钢在崛起。太钢已经有了很高的知名度和美誉度，但是面对“最具竞争力”这一宏伟目标，他们深知，容不得半点松懈和自满。既然他们已经作出了选择，就必须义无反顾地在这个充满挑战的道路上勇往直前。对此，在太钢的“十一五”规划中也已有了充分的体现。我们深信，在不远的将来，太钢必将以更富实力、更富创造力的强企形象，矗立在神州大地。这样的钢铁强企多了，钢铁强国的桂冠也就自然而然地落到了中国头上。

一家民营钢铁企业的成长❶

——记津西钢铁股份公司

津西钢铁股份公司（简称津西）的前身是唐山市津西铁厂，是迁西县和天津市于1986年合资兴办的国有企业，当时只有2座100立方米高炉，年产生铁14万吨，投产后一直在亏损边缘中挣扎。1992年现任津西集团董事长的韩敬远到任后，加强内部管理，企业扭亏为盈，并抓住钢铁行业形势的好转期，逐渐扩大规模，建设炼钢转炉，使津西开始步入快速增长期。1999年12月，组建了津西钢铁股份有限公司，当年，铁、钢产量都超过了50万吨。2002年12月，与香港嘉鑫有限公司合作，注册成立中外合资企业，当年名列全国企业500强，2004年3月，在香港上市，是河北省第一家在境外上市的民营钢铁企业，首次募集资金19.25亿港币，为津西的结构调整打下了坚实的基础。目前，津西的总资产70亿元，员工8000人。2006年，铁、钢、材的产量分别达到370万吨、390万吨、260万吨。钢产量位居中国制造业500强第168位，全球第69位。今年预计钢铁产量均将超过400万吨、钢材产量将超过300万吨。

经过多年持之以恒的技术改造，津西的主要生产工序装备都已面貌一新，拥有一大批现代化的先进装备，其中有265平方米、200平方米烧结机和60平方米带式烧结机各1座，10平方米球团竖炉3座，6座高炉容积都在450立方米以上，100吨的炼钢转炉以及配套的方坯和板坯连铸于2004年投产。此外，还有50吨和40吨的转炉各2座，轧机有4条生产线，其中2条窄带轧机、1条中宽带轧机；2006年10月投产的H型钢生产线，能生产目前国内规格最大的H型钢，其产品最大腹板高度912毫米，翼缘宽度408毫米，年产能力为100万吨，投资26亿元。其主要工艺和设备分别从德国西马克、西门子和奥地利奥钢联等公司引进，是目前国内外生产技术最先进的H型钢生产线。

津西相当一批技术经济指标处于国内领先地位，高炉利用系数一直位列前5名。今年有的高炉利用系数一度达到4.5t/(m^3·d)，转炉第一个炉役的炉龄就超过2万炉，去年10月投产的H型钢轧机，设计能力为100万吨，今年4月产量达到11万吨，已超过年产130万吨的水平，产品深受市场青睐，实现了产销两旺，并出口到韩国、日本、东南亚和中东地区。吨钢综合能耗为564千克，即使考虑到今后钢、轧产量的均衡匹配，也远低于行业规定的“十一五”指标。他们还充分利用二次能源，现有25000千瓦煤气发电机组1台（套），3000千瓦节能环保煤气发电机组两台（套），4500千瓦TRT发电机组两台（套）。吨钢新水是2.99吨，这是最近经河北省发改委委托专业机构用了一个月的时间进行实地测试的结果。

特别是经济效益指标，更是处于行业领先地位。去年钢产量排在第27位，但利润却

❶ 原载于2007年第8期《钢铁信息》。

名列第11位，近14亿元。这主要是他们产品的单位成本低，粗钢成本、窄带及宽带成本都位于行业前3名，其他各项管理费用也低。因此，成本费用利润率超过16%。在资产运营效率上，也都位于行业的前列，流动资产周转率等一些主要指标都位于前8名之内，总资产贡献率则名列第三。

成本低，固然同他们发挥民营企业的体制优势有关，即人员精简，历史包袱少，社会负担轻；也同充分利用当地丰富的矿山资源是分不开的。现在津西80%以上的铁矿石都是从迁西就地取材，进口矿仅占百分之十几，而且诸多小矿山就是他们的原料场，可以减少公司的原料储存量。但是，更主要的是津西公司领导在重大问题上决策得当，在实际工作中不断强化并改进企业管理，重视员工队伍建设，调动员工的积极性。津西的职工队伍，就其文化结构而言，与国企相比，要逊色得多。但是，他们善于在实践中学习，作风踏实、严谨，公司还善于借力发势，假借外力，助己成长，因此，队伍成长较快。

在“十一五”期间，津西将进一步除旧布新，按照市场需求，调整产品结构，特别是要实施H型钢系列工程，建成国内最大的H型钢系列产品生产基地之一。同时，继续发展循环经济，完善环保设施，加大“三废”治理力度，完善现代企业制度，强化企业管理，推进企业文化建设，为实现企业愿景：凝聚钢铁意志，打造百年津西而努力！

龙钢奏响循环经济交响乐[1]

2001年还只生产29万吨钢的陕西龙门钢铁厂（今龙门钢铁公司，简称龙钢），去年的钢产量已达到250多万吨。在生产发展的同时，环境也得到较好的治理，资源综合利用取得长足的进步。从2002年起，龙钢的领导层就秉承“每一年，每一天，我们都要进步”的企业精神，确立了“发展不以牺牲员工利益为代价、发展不以破坏环境为代价”、“发展循环经济，打造百年龙钢”、“人与自然和谐”等企业环境文化理念，下大工夫抓好循环经济和资源综合利用。2002年以来，龙钢累计投资5.8亿元，实施了煤气综合利用工程、废水回收治理工程、综合利用热电工程、余热余气利用、钢渣综合利用、污泥处理、耐火材料回收利用、新型建材生产线、水渣超细粉生产线等一系列综合利用项目，都取得了良好的效果和丰硕的回报。为此，龙钢被陕西省环保局授予“发展循环经济，清洁生产，综合利用示范企业”称号。2006年8月，陕西省副省长洪峰为龙钢“循环经济产业园”揭牌，这标志着龙钢发展循环经济进入了新的发展阶段。

一、区域大循环，有效降低新水用量

龙钢位于黄河之滨，过去各类污水都排入黄河。2002年起，他们作出了“不向母亲河排放一滴污水”的庄严承诺，下大力气进行废水回收和治理。现在他们不仅已经实现了这一目标，而且做到了污水“零排放”。他们不仅着眼于本厂的污水治理，而且跳出龙钢实施大区域治理。拿污水处理来说，他们投资3300多万元建设的处理能力为每小时2000立方米污水处理一期工程已于2005年底正式投运。该工程除全部回收龙钢污水外，还回收处理了龙门镇及周围企业的部分生活污水和工业废水，实现了企业内部循环和区域大循环。这些外来的污水目前要占龙钢回收水量的40%，从而大大减少了龙钢的新水用量，在为社会作出贡献的同时，也为龙钢自身带来了效益。通过不断优化污水处理工艺，改进供水方式，实施节水技改等措施，2006年实现吨钢耗新水量1.09立方米，比2005年降低了77%。过去，龙钢正常生产需启动10台地下水泵，现在一般开动2台就能满足生产要求。今年上半年累计，龙钢总取水量为339.12万吨，其中回收水量270.77万吨，新水量68.35万吨。现在龙钢取用的地下新水主要是供炼钢余热锅炉及部分生活用水。上半年龙钢在韩城地区产钢108万吨，吨钢耗新水量为0.63吨。虽然这一新水耗量不包含焦化工序（因焦化工序属于陕西韩城同兴冶金有限责任公司，是龙钢集团协作单位之一。按照国家统计局要求，独立法人单位应填报独立的报表。龙钢公司和同兴公司是两个独立的法人单位，分别向统计局填报各自的报表），但即使计入焦化工序（同时包括各独立子公司），龙钢集团韩城地区总取水量，2007年上半年为392万吨，比现在龙钢公司统计的339.12万吨增加了近53万吨，新水量相应增加到121万吨，平均吨钢耗新水为1.12吨。

---

[1] 原载于2007年8月14日《中国冶金报》。

二、煤气“零排放”，综合利用余热余能

在煤气回收方面，龙钢建成了1万立方米的焦炉煤气柜和5万立方米的高炉煤气柜各1座，除了回收集团自身的煤气外，还对周边企业——龙门生态工业园振龙煤气厂富余煤气进行了回收，实现了企业间资源和能源的“链环”利用。与此同时，建成了5座燃气活性石灰窑，充分利用高炉煤气；并开通民用煤气1300多户，为其他生活设施提供煤气，使焦炉煤气实现“零排放”。龙钢还与韩城同兴冶金有限公司合作组建陕西兴龙热电公司，对富余高炉煤气和转炉煤气进行发电利用。2006年4月和2007年1月，分别投资8000多万和1.1亿元的以高炉煤气为燃料的2座25兆瓦煤气综合利用热电机组先后投产，合计日均发电量90万千瓦·时。今年8月份，8万立方米转炉煤气柜投运后，发电量可达到每天120万千瓦·时。到时，高炉煤气和转炉煤气可以全部得到回收，实现全部煤气的“零排放”。

龙钢还开展了余热余气回收利用项目。为回收利用炼钢汽化冷却高温烟气产生的富余蒸汽和综合利用热电厂的蒸汽，他们对炼钢汽包、蓄热器及供热管网进行系统改造，将其并入生产、生活供热管网，满足企业发展的供热要求；还采用热风烧结技术，回用烧结低温余热。通过这些项目的建设，替代了原来2台20吨燃煤锅炉，年节约标煤2万多吨，年节资创效800多万元。

对制氧分离出来的高压氮气，则用于钢筋打包、调节换向阀、高炉布袋除尘器清扫等；将所有压缩空气气源全部改为氮气气源，把用蒸汽吹扫的高炉煤气管道改用氮气吹扫，焦炉煤气管道采用蒸汽和氮气混合吹扫。停开了多台空气压缩机，减少了能源消耗。年节电820万千瓦·时，年节资创效369万元。

三、利用各方力量共同治理钢铁固废

在固体废弃物的开发利用方面，龙钢与陕西方信实业公司合作组建了由龙钢控股的环保产业开发有限公司，全面回收转炉污泥、炼钢钢渣，以及高炉水渣，并进行系统处理；与西安建筑科技大学合作组建德龙粉体公司，开发水渣超细粉生产线；与河南康华耐火材料公司合作组建华龙耐材公司，对废弃耐火材料进行回收、加工和重复利用。目前环保公司已初步建立起物资循环、能源循环以及废弃物再利用的生产体系；钢渣处理、污泥处理、新型建材、活性石灰和水处理制剂5个车间已全部投入生产。他们本着“我不能改变地球，但我能改变地球的这一角落”的理念，以饱满的热情和昂扬的斗志投入到这一全新的事业中。厂区绿化率达到60%。在新型建材车间的大门旁，有一副员工自己创作的对联，上联是：渣粒铮骨灰浆柔肠蒸窑沐浴废变宝；下联是：松柏舞风杨柳飘絮堆场滋润鱼化龙。横批是：凝香毓秀。这既形象地介绍了生产工艺，也描述了车间的良好环境，更体现了员工们的乐观精神。现在他们已开发出新型建材系列产品，不但能生产高质量的混凝土标准砌块，还能生产铺地砖、路沿石、装饰砖、挡土墙、水工工程产品，以及景观园林材料，每年可消化40万吨冶金废料，钢铁渣综合利用率达到了85%。仅此一项，年可创造效益2000余万元。

“十一五”期间，龙钢将继续坚持企业发展与环境保护并重，环境效益和社会效益“双赢”的工作目标，加快循环经济产业园的建设步伐，加大淘汰落后设备的力度，实现

装备升级，并采用各项有利于节能降耗、治理环境、发展循环经济的新工艺技术，不断改善企业环境面貌。他们还在当地政府的协调下，承担起地区的环境治理责任，准备投入2000万元，把当地矿务局长期堆存在龙钢厂区周围的煤矸石进行处理，还当地一片绿地。目前，龙钢全公司上上下下，都在为促进经济、环境的可持续协调发展，创建一个资源节约型、环境友好型的钢铁企业，打造百年龙钢而努力奋斗。

十年对标路　旧貌换新颜[1]

"开展对标挖潜是增强企业竞争力的有效途径，没有坚持不懈地对标挖潜，就没有唐钢今天的成绩。"这是唐钢集团董事长、原唐钢总经理王天义对唐钢开展对标挖潜工作的评价。

一、对标挖潜，成效显著

唐钢开展对标挖潜工作到今年已是第 12 个年头了。1995 年底，王天义奉调自邯钢来唐钢任总经理。当时，钢铁行业正处于不景气的状况，全行业利润急剧下降，相当一批企业由盈转亏，唐钢也是增产减效，形势十分严峻。对比当时的邯钢，由于采取了"模拟市场核算，实行成本否决"，降本增效取得明显成效。当时，两家的钢产量都是 200 万吨稍多一些，年销售收入都是 45 亿元略多一些，但唐钢的年利润只有 2.16 亿元，而邯钢却超过了 7 亿元，是唐钢的 3 倍多。鲜明的对比，强烈的反差，引起王天义的深入思考，如何找出自己的差距，有针对性地学习兄弟企业的长处，努力降本增效，提高唐钢的市场竞争力，是摆在唐钢全体员工面前的一项紧迫而严峻的任务。于是，从 1996 年起，一场"对标挖潜"活动就在唐钢轰轰烈烈又扎扎实实地开展起来了。

10 年对标路，取得了显著的成效。"九五"以来，通过对标累计取得直接经济效益 19.0688 亿元，主要技术经济指标和财务指标逐年攀升，企业抗风险能力明显增强。2005 年确定的 83 项重点指标中，14 项进入行业前 3 名，55 项达到平均水平之上。从表 1 中几个主要指标也可以看出唐钢自开展对标挖潜以来的巨大变化。虽然，这些进步不能全归之于对标挖潜，但对标挖潜的功不可没。

表 1　1996 年、2006 年唐钢几个主要技术经济指标

指 标 名 称	1996 年	2006 年	2006 年比 1996 年增长/%	年均递增/%
粗钢产量/百万吨	208.5	1200.5	576	17.25
利润/亿元	2.17	24.83	1144	24.81
吨钢综合能耗/$kg \cdot t^{-1}$	1196	611.71	-585.71（绝对值）	
炼铁综合焦比/$kg \cdot t^{-1}$	548	503.32	-44.68（绝对值）	
$500m^3$ 以下高炉利用系数/$t \cdot (m^3 \cdot d)^{-1}$	2.88	4.00	1.12（绝对值）	
$1200m^3$ 以上高炉利用系数/$t \cdot (m^3 \cdot d)^{-1}$	1.85	2.34	0.49（绝对值）	
炼钢钢铁料消耗/$kg \cdot t^{-1}$	1101.77	1090.23	-11.54（绝对值）	
轧钢综合成材率/%	91.04	97.79	6.75（绝对值）	

[1] 写于 2007 年 4 月 7 日。

二、对标挖潜，重在“四性”

唐钢的“对标挖潜”始终抓住“成本”这一企业生产经营的牛鼻子，围绕降低成本开展纵向与横向相结合的对标活动，并逐步建立和完善一整套对标挖潜的工作体系。一是形成了指标体系，明确对标的范围、指标、对象、内容。纵向要与自己的历史最好水平比，横向既要与先进兄弟企业比，还要在本单位内部开展班组之间的对标。二是建立了一系列的对标工作制度，每月公司编发《对标简报》，分析当月对标情况；定期进行“挖潜增效纵深行”，深入基层调查研究，总结典型经验，提高对标工作水平；每半年召开一次大型对标研讨会，公司主要领导都出席参加，听取情况，探讨问题，提出要求，不断推动对标工作的深入。三是建立了相应的保证体系，定期进行评比、考核、奖惩，促进互相学习，形成激励先进，鞭策落后的氛围。

随着对标挖潜活动的深入，“四性”的特点也体现得更为充分。

（1）全员性。首先是全员发动，而发动的最有效方式就是让大家了解全局的形势，认清自己在行业这个大坐标系中所处的位置，从而激发大家奋发图强、改变现状、力争上游的意志。而开展对标活动，正是为大家提供了一个了解全局形势，促进相互学习的平台。过去，基层员工不了解本专业和自己所在单位在行业中的地位，自我比，年年有进步，视野比较窄，容易产生自满情绪。通过对标，使大家了解国内外钢铁行业的发展态势，了解本系统、甚至自己所在的炉子、机台在国内外指标、成本等方面的位次，从全局看自己，既发现了差距，也看到了方向，增强了学习先进，做好工作的责任感。同时，建立层级对标体系，把公司掌控的指标逐级分解，直到基层员工，使人人头上有指标、有责任、有考核；并形成金字塔式的指标体系，以下一级的指标来保证上一级指标的实现。在瞄准先进企业的同时，也积极开展公司内部，车间之间、班组之间的对标，激发职工的积极性创造性。

（2）动态性。对标过程是一个促使持续进步的过程，对标无止境。一个矛盾解决了，新的矛盾又会产生；赶上了一个目标，还有新的学赶目标在前面。对标的过程要成为不断发现矛盾、解决矛盾，不断超越兄弟企业、超越自我的过程。停滞必然要落后，就是前进慢了也要落后。这种对标的动态性还反映在对标的领域上。起初，对标主要是在直接影响成本的各主要工序技术指标以及大宗原材料的采购成本上，以后，发现这些指标好转了，但效益仍然比不上某些对标的兄弟企业，于是问题就深入到工艺技术、原料结构等方面；再是成本虽然降低了，但盈利能力依然不强，其重要原因就是产品结构的低档化。这样随着对标活动的深入，深层次的矛盾一步步地被揭露出来，促进了各方面工作的改进，对标指标也调整得更为科学，更为合理。目前，公司掌控的53项的对标指标涵盖了各主体生产工序的关键指标，制作成本、采购成本、能源消耗以及财务经营的主要指标。

（3）普适性。这体现在两个方面：一是对标适用于企业生产经营活动的方方面面，从生产工序的技术经济指标到采购成本，从各项费用到产品的销售价格，企业的所有活动，几乎无一不在对标范围之内。二是学赶对象，不分国企、民企，不论规模大小，而是向一切先进水平学习。去年8月，王天义董事长在全公司的对标挖潜大会上作了题为“从对标数据分析看我们的潜力和工作重点”的专题报告，重点解剖了唐钢和其近邻的民企——国丰同类产品的主要成本指标，结果发现几乎从炼铁到普碳方坯、低合金方坯、二级螺纹钢和窄带钢的成本都比国丰高，而吨钢利润国丰几乎是唐钢的一倍。尽管这样对比，确实有一些不可比的因素，但可以在更深层次地引导我们思考问题，发现企业的潜力所在，从而在更深的层次上去研究增强盈利能力、提高竞争力的途径。

（4）实践性。对标有助于发现问题，找出差距；但对标的最终目的则是解决问题，增强企业效益，提升企业实力。因此，对标挖潜活动重在实践，重在改进。实际上，这几年，唐钢就是以对标为抓手，促进企业管理水平、技术革新和技术攻关以及队伍素质的全面提高。通过对标，无论是在计量、标准化、信息化、班组建设等基础管理还是在各项专业管理上，都进一步完善各项规章制度，改善了物质条件，提高了执行能力，推动了管理工作的科学化。同时，还加强了对攻关工作的组织领导，成立了铁前、一钢一薄板、二钢一棒线材、品种开发、精料、节能、经营管理 7 个系统攻关组，由公司主管领导担任组长，总工、职能部门领导任副组长，统一协调，促进了技术水平的全面提升。

三、体会和建议

回顾十年对标路，唐钢人感触良多。他们深深体会到：

（1）对标是一把手工程。由于对标活动涉及方方面面，特别是整改过程更是需要各方面的协作配合，没有坚强的领导就会使对标工作陷于走过场。唐钢的对标挖潜所以能坚持十几年，关键就在于当时的总经理王天义的大力倡导和具体领导，不断发现新问题，总结新经验，提出新思路。王义芳接任唐钢集团总经理后，又亲自担任集团公司对标领导小组组长，并且根据新情况，设立了价格对标组、成本费用对标组、技术经济指标对标组和能源对标组，推动集团公司 3 个直属子公司对标挖潜的深入开展。

（2）对标要见效，思想要先行，在实践中提炼对标文化。唐钢人深深体会到对标挖潜中存在的最大问题是思想问题。一是“外因论”的影响，一些同志在分析产生差距的原因时，往往强调外部原因，这就妨碍了从自身工作上着手去改进，而坐等大好时机的丢失。二是自满情绪，小进即满、小变即安，自满导致保守、自大，看不到兄弟企业的长处，反以己之长、度人之短，丧失了前进的动力。三是畏难情绪，对标越深入，越会涉及深层次的问题，前进的难度会增大。面对新的困难，部分职工产生了止步不前、知难而退的思想，使自己在激烈的市场竞争面前处于被动局面。对标就是在克服这些消极思想、不断转变观念的过程中前进的。在对标的实践中，唐钢人不断提炼对标理念，深化对标工作的文化内涵，现在“进步慢了就是落后”、“应对挑战，战胜自我”以及“不管所有制、不管规模大小，谁先进就向谁学习”等观念逐渐深入人心。实践证明，只要认识上去了，办法总比困难多。

（3）对标指标既要细化，更要重视系统优化。唐钢对标，提出了“深、细、优”原则。深，就是指标分解到不能再分的最小单位，达到人人有指标；细，就是把所有能分解的成本项目全部分下去，化为可以控制的指标形态；优，就是按照本单位历史最好水平和国内同行业先进水平的指标为目标，加强攻关，力争思想新的突破。随着对标工作的深入，发现单项指标的先进不等于总体效益的优化，若干个单项冠军不等于团体冠军。指标的细化必须要同系统优化相结合。特别是目前，企业之间的竞争已经不局限于单个企业同单个企业之间了，而是扩大到供应链和产业链之间的竞争。因此，企业内部更需要从整体利益出发，强调系统优化，防止并克服部门之间、单位之间、工序之间各自为战、追求小集体的利益而忽视协调合作和信息沟通，导致整体利益受损。要重视横向协作，更多地关注团队精神的发扬，在发挥群体优势和系统优势上下工夫。

（4）对标工作要适应新形势，不断创新，与时俱进。唐钢对标，十年磨一剑，硕果累累。这说明了，任何工作，只要方向对头，坚持就是胜利。但是，也要看到，当初提出对标挖潜时的历史背景、客观条件同当前有了很大不同。目前，企业正处于转型的关键时期，要全面贯彻落实科学发展观，实现从外延式转到内涵式的发展轨道上来；从规模扩张粗放型转到集约型的轨道上来，从数量效益型转到品种质量效益型的轨道上来，同时要把降低消耗、改善环境、实施循环经济作为企业义不容辞的社会责任来承担。但是，也要看到，在目前市场形势对数量扩张仍然有一定的诱惑力的情况下，企业转型会有相当的阻力。在这种形势下，企业更要妥善处理近期效益和长远利益的关系，企业自身利益和社会效益的关系。因此，对标挖潜也要提升到一个新阶段，要在原有的基础上实现新的突破，促进企业向更高的层次攀登。

今后对标工作要立足于更高的起点，开展“学宝钢”活动。在唐钢调查结束时，我同王天义同志作了交谈。他说：过去，冶金工业部曾提出“学宝钢”的问题，但是绝大多数企业不敢提，关键是当时钢铁企业的装备水平同宝钢相比，根本不是一个等级线上的，物质条件相差太大，难以真正把宝钢经验学到手。现在，通过“九五”以来、特别是“十五”期间的大规模的技术改造，相当一批大型钢铁企业在主体装备上已经可以同国际上一些先进企业相媲美，但在管理水平、技术水平、实际效益以及队伍素质上都还有较大差距，而宝钢长期以来在这些方面在国内都是处于领先地位，为我们作出了榜样。因此，在深入开展对标挖潜时，我们学赶的对象也应该立足于高起点，把对标挖潜提高到“学宝钢”的高度来对待，推动我国加快向钢铁强国转变。这个意见值得重视。

一个搬迁调整发展的好典型
——洪都钢厂❶

我国大陆地区，除西藏自治区外的30个省市自治区，绝大多数的直辖市和省会市都建有钢铁企业。这些企业在历史上对当地经济的发展曾经、并且至今还作出了重大贡献。但是，随着各地城市的发展，这些企业无论是自身发展还是与周边环境的协调方面都出现了新的矛盾。一方面企业发展受到地理环境的制约，另一方面又影响当地市政建设的总体规划的调整；特别是在环保治理上，尽管多数企业近几年来在这方面作出了极大努力，但和周边环境的要求还是不相适应。因此，近年来，首钢、上海宝钢的浦钢、重钢等历史悠久的钢铁企业都实施了搬迁调整。在此之前，成都无缝钢管厂、成都512厂也已进行了搬迁重建或者是退二进三，取得了明显的“多赢”成效。目前，还有一些省会城市的钢铁企业也正酝酿着易地重建。江西洪都钢厂（简称洪钢）就是在搬迁调整中取得快速发展、进一步做大做强的一个好典型。

一、国有企业退城进郊的典范

洪钢是一家生产无缝钢管和焊管的专业厂，还是国内最大的冷拔无缝钢管生产基地，能够生产包括100万千瓦超超临界电站锅炉用管、核电站用管在内的各种难度大的无缝钢管等高精尖产品，主要经济技术指标在国内同行业中处于先进水平，部分指标超过或达到国际先进水平。在20世纪90年代后期，江西的其他几家钢铁企业都严重亏损，但洪钢却是一枝独秀。从1978年以来，年年盈利。不仅有足够的合同保证满负荷生产，而且产品销售后都拿回了现款。但由于它地处南昌市区，难以发展，每年钢管产量也就是四五万吨。

2003年5月，厂领导决定从市区突围，到工业园选定了新厂址，开始了“二次创业”。新厂分三期建设，从2003年7月8日签订购地协议，9月28日动工，基本上是一年一期。现在投资9亿多的整个工程全部建成，市内的老区厂房也已全部清空，大部分已开发利用。新厂区位于南昌工业园区，场地开阔。原先老厂面积只有280亩，现在已经建成的新区占地面积就有500多亩，还有1000多亩可容今后扩展之用。在搬迁调整中，80%的设备得到更新，目前的装备可以说在同行中是最好的，工艺则是厂里独特的；产品90%以上得到了更新换代。在建设厂房的同时，盖起了总共9万多平方米的住宅小区，28栋家属楼、672套住房都已入住，大大改善了员工居住条件。在新区建设中，洪钢创造了为省委常委、南昌市委书记余欣荣称赞的“南昌速度”；被省委副书记、省长吴新雄称之为“国有企业退城进郊、易地发展建设的成功典范”。

---

❶ 写于2007年8月24日。

二、自立自强打出了新区建设的高速度、高质量

在新区建设中，洪钢人高度发扬了自立自强、不等不靠的精神。建设需要大量资金。尽管省市有政策，支持企业“退城进郊”，但他们从决策到购地、动工，就只有短短4个月。如果等政府政策到位，需要一个过程，必然会影响建设的进程。于是他们就先投入企业历年积累的自有资金，并以自己良好信誉这一无形资产取得银行的信赖，给予适当的贷款，使工程能顺利进行。在施工进程中，他们更是发扬“万众一心，相搏必胜，责任奉献，幸福和谐”的企业精神，高速度、高质量地夺取一个又一个的胜利。

洪钢是第一个进驻南昌工业园区的。当时，那里是一片荒地，没有路，没有树，只有一个个小山包，就在这里他们开始了“二次创业”。他们一面坚持老区生产，一面分出一支队伍进行新区建设。他们在施工现场搭设帐篷，同外请的建设队伍并肩作战，创造出一个个新纪录。建设初期，施工机械短缺，为了不耽误时间，他们不等不靠，有些物件竟然是靠人拉肩扛就位的。他们推行立体作业，厂房上面在按梁，下面在确保安全的情况下，就进行设备安装。尽管环境艰苦，但员工们却士气高昂，因为他们不仅看到了洪钢美好的前景，而且感受到了大家庭的温暖。厂长钟虹是位女同志，但她同员工一起吃住在现场，在艰苦的环境下，身先士卒，给员工以极大的鼓舞；天冷时，每天下工前1小时，每个床位的电热毯都由后勤部门专人接上电源，使员工们进入帐篷，就感到一股暖意；要洗的衣服，由专人编好号，定期打包送到后方洗干净后再送回。这种人文关怀，更激励员工的士气。

三、在艰苦的二次创业中洪钢的企业精神得到高度发扬

洪钢是一个凝聚力很强的企业，领导以身作则，重视与职工的沟通。企业的重大决策都要使广大员工了解其所以然，因此能够得到大家的认同、理解，职工队伍也就能围绕这一目标而共同努力，拼搏奉献，队伍也就有很强的战斗力、执行力，能承受常人难以承受的重担，作出常人难以作出的业绩。在整个建设期间，从领导到员工，除春节休假1天外，再没有休过一个节假日。一些家属不理解：“你们怎么比省长还忙?”厂领导把家属请到现场，通报了工程的情况，对职工家属们作出的牺牲表示了由衷的感谢和歉意，并保证今后在情况改变后，尽快恢复正常作息，从而更好地取得了家属们的支持。新厂厂区面积较老厂扩大了许多，为了越高工作效率，厂部专门订购了自行车，按不同车间上不同颜色，编号发给每位在岗人员。

洪钢的员工们常说，在我们的字典里，没有客观原因，企业的好坏就要靠主观努力。他们不仅兢兢业业地做好本职工作，而且在他们的眼里，没有什么分内分外，只要对全局有利，就会主动去做。一次，晚上11点，施工单位的搅拌器坏了，工人就去休息了。洪钢的员工发现了，主动帮他们修好，再去帐篷里把他们叫醒。到凌晨4点，搅拌器又坏了，他们再一次帮助修好。因为，他们认识到，即使是施工单位的事，但影响的是洪钢工程的进度。我们不能等事后算账，而是要解决问题于当前。否则，即使官司打赢了，得到了赔偿，但时间挽不回来。看到洪钢职工的这种敬业爱岗精神，这种全局意识，有的合作单位动心了，就以高薪来挖人，但洪钢职工却不为所动。整个搬迁期间，没有1名员工流失。现在南昌市有的单位招聘员工，特别放出话来：“只要是洪钢的，不要试用期”。

四、洪钢的二次创业得到省市领导和各方面的高度支持

虽然，洪钢在二次创业的初期，并没有急着向政府要政策，但是南昌市政府却一直在关注洪钢。特别是看到洪钢高度发扬的自力更生精神，以及高速度、高质量建成一期工程的实例，从精神上和物质上，都给了洪钢极大的支持和鼓励。二期工程开始时，省里就全部落实了“退城进郊政策”，把洪钢老区置换的资金全部退还给企业。因此，这样大的搬迁工程，洪钢没有受到任何资金方面的困扰。到全部工程结束，洪钢的资产负债率只有29%。在建设过程中，省市领导多次前往洪钢，听取汇报，给以支持。仅今年以来，主管工业的副省长就去了4次，这对洪钢是极大鼓舞。市政府还要求各有关部门配合洪钢的建设，加快市政建设，及时通路、通电、通水、通网络、通污水处理，通公交车站。

洪钢是一个钢管专业厂，钢坯靠外购。为了保证钢管的质量和性能，他们对管坯的要求十分严格，宁可价格高一些，也要选择优质原料。在同兄弟厂合作时，他们坚持双赢原则，因此双方关系处得很融洽。供应方不仅以本厂的最低价供应优质坯料，还在资金结算的期限上给以优惠。

为了使企业做大做强，他们正在上级领导的支持下，准备进行改制，实行投资主体多元化。对待企业重组，他们认为，作为企业的领导，不能只考虑个人得失。没有大企业的进入，没有稳定的坯料来源，洪钢就难以加快发展。必须要进一步转变观念，打破所谓“·山不容二虎”等不利于发展的旧观念，树立“虎虎相伴，才能强强联合”的新观念。我们深信，洪钢的明天会比今天更好！

山外有山　改制使石钢攀登新高峰[1]

“山外有山，共同的追求”，这是石家庄钢铁公司（以下简称石钢）的企业最高理念。10多年来，他们从自身实际出发，加快产品结构的调整，由最初提出的“边缘经营发展战略”，到实施“边缘—精进发展战略”，取得了良好的成效。目前，石钢已经由一个普钢企业转变成在行业里颇具影响的特钢企业，生产经营保持了稳定发展态势；经济运行质量有了较大改善，竞争实力显著增强，经济效益持续增长，连续十多年来始终保持盈利，2007年实现利润4.58亿元；节能降耗、环境治理取得明显进步，先后获得联合国环境规划署与国家环保总局以及河北省、石家庄市的好评。但是，他们清醒地认识到，虽然石钢已经登上一个新的高峰，但山外有山，那山更比这山高，作为一个刚进入特钢之门的企业，无论在思想观念上、工艺技术装备上、管理方式上，以及队伍素质上，都存在相当的差距。怎样攀登新的高峰，怎样更多地获得他山之石，助己发展？石钢下一步怎样走？石钢领导经过认真的考虑，认为只有“改制”，才是唯一正确的出路！因为，单纯依靠自身的力量，是难以在较短时间内解决一系列影响发展的诸多制约因素的；而引进战略投资者，将会大大加快石钢发展的进程。

从2005年起，他们就酝酿进行企业改制，在省市领导和有关部门正确领导和大力支持下，经过反复的思考，多方的寻求，充分的论证，以及内部各种观点的冲撞，石钢终于作出了决策——加盟中信泰富集团。这固然是由于中信泰富具有雄厚的经济实力，可以为石钢今后发展提供强有力的经济支撑。更重要的是，中信泰富具有并购国内特钢企业的成功经验，联合重组效果显著。旗下的两个特钢企业，兴澄特钢在中信泰富收购后的15年里，已经从一个名不见经传的乡镇企业一跃而成为我国特钢行业的龙头老大；而作为百年老厂的大冶特钢，在中信泰富重组后短短3年里又重新焕发了青春，人气更顺了，人心更齐了，产品结构调整的步伐迈得更大了，新品开发的力度超过了历史上任何一个时期。这些生动的事例，使他们坚信，由中信泰富入主石钢，必将十分有利于石钢又好又快地发展。

实践证明这一决策的正确性。从事后的发展情况来检验，可以说，2006年6月18日，石钢进入中信泰富集团这一天，对石钢来说，是一个具有里程碑意义的日子，石钢在原有基础上，又翻开了新的一页，开始谱写新的篇章。

十几年来，随着石钢经历“普转优”、“优转特”的过程，思想观念、经营模式、管理方式、企业文化等，也都发生了深刻的变化。但是，中信泰富的入主，现代化企业法人治理结构真正建立，以及随之而来的与兴澄、大冶之间人员的交流，带来了很多经过这两个企业实践检验、卓有成效的、更加符合市场经济规律的新理念，以及适应特钢企业特点的新的运作模式和管理经验，推动石钢各级干部和广大员工观念的不断转变，改革的不断

[1] 原载于2008年第3期《冶金经济与管理》。

深化，管理的进一步强化，特别是一切围绕用户转的市场观念的进一步强化，利润最大化的效益观念的增强。在此基础上，建立各种有效的机制，修订完善各项制度，对调整产品结构、增强经济效益，提高队伍素质，都起到了极为良好的作用。

（1）产品结构发生了明显变化，新品开发进展加快。近两年，石钢的产品结构进一步向中高端提升，低附加值的优碳钢、低合金钢占总产量的比重从2005年的63.43%下降到2007年的42.58%；合金钢的比重则从36.57%上升到57.42%。2007年，轴承钢、齿轮钢分别占总量的12.99%和9.66%，易切削非调质钢的产量也有大幅度的增长，这标志着石钢新一代主导产品群已经初步确立起来了。这一方面是由于改制后，有了比较充裕的资金来进行技术改造，增添了特钢生产所必需的技术装备；近两年来，石钢在技术改造上的投入有7个多亿，为品种开发和提高质量提供了有力的支撑。另一方面也得益于兴澄、大冶在技术上的交流和帮助，实现了技术资源与技术平台的共享。虽然，石钢在转炉冶炼特钢方面，有较丰富的经验，但总体来说，在特钢生产的工艺技术上，还相对薄弱。过去，明知兴澄、大冶这些“山”中有宝，无奈不得其门而入。现在，同是一家人，打破了技术上的封锁，扬长补短，弥补了由普转特过程中在技术、工艺、品种开发上的不足，自然加速了产品开发的进度。再是市场观念、效益观念的增强。过去，石钢虽然也重视新品开发，但比较侧重于数量，现在则是数量与毛利率并重，强调产销研的紧密结合，合力开拓市场。2007年，吨钢毛利水平比改制前的2005年增长了8倍。在开发新品的同时，不断淘汰微利或亏损产品。2005年亏损产品占到当年总产量的38%，2006年下降到5.52%，2007年进一步下降到2.31%。

（2）销售方式有了本质的转变，优化了销售地区布局。虽然，石钢在生产上实现了从普转优、优转特。但在经营上，却仍然受到普钢生产时的习惯思维模式的影响，产品销售主要依靠代理商和经销商。因此，对市场和客户的需求了解不深，既影响了新品开发，也难以对客户提供优质服务。对这个问题，他们也早有察觉，但由于惰性的作祟，行动迟缓。联合重组后，中信泰富的经营理念、兴澄等兄弟厂的实践样板，促使石钢加快改革的力度，他们调整充实了销售队伍，加强了对销售人员的培训，改进了考核制度，把毛利率、直供比、新品销售量等列入重要指标，促进了直供比的提高，从2005年的23.88%提升到2007年的49.26%。在地区布局上，三企业相距各约1000千米，形成了三足鼎立的有利格局，在中信特钢集团的统一协调下，合理划分销售区域，互补互让，并建立了市场和用户信息共享的机制，使石钢扩大了黄河以北地区的销售份额。现在，这一地区的销售量占石钢总销售量的52.62%。对邻近的华东市场，过去兴澄的份额较大，现在兴澄主动腾出空间，帮助石钢开拓市场。这些都对稳定销售渠道、减少销售费用、降低物流成本、提升销售价格，起到了积极的作用。特别是在产品出口方面，中信特钢集团在三家企业原有出口部门的基础上，合并组建集团的国贸公司，并在国外设立12个代表处，统一经营出口业务，使三家企业的出口量都有大幅度的增长。以石钢为例，2007年出口量比2006年增长了40.61%，比2005年增长了156%，出口区域从过去的东南亚、韩国等扩展到欧美等发达国家和世界各地。

（3）物资采购上，通过初步改革，已经取得了良好成效。一是三家公司之间实现信息共享，扩展了资源供应渠道；二是通过协调资源的供应，解决了个别企业对某种资源临时性的短缺困境，石钢就曾身受其利；三是全面实施招投标机制，并实现了规范化。石钢仅

2007年对16个技改项目通过招标，降低资金6000多万元，降低率达到24.37%；四是逐步对矿粉、生铁、废钢、铁合金等大宗原燃料实施统一采购，目前已在铁合金实行统一的招标采购，由于三家企业整合后的大宗物资数量较单个企业大为增加，在采购质量、价格上的话语权将明显增强，对市场可控因素的控制和把握能力也将大大加强。特别是中信泰富为了促进特钢集团的发展，已于2006年巨额投资收购了西澳两座磁铁矿的开采权，预计将分别于2009年和2010年投产，年产量将达到2760万吨。中信泰富还拟购买12艘10万吨级以上的远洋船只，以及参与国内煤矿和焦化厂的建设。这对特钢集团三家企业确保原燃料的供应、减少物流费用，降低产品成本带来了极大的好处。

（4）在管理方式上，随着新体制的确立以及一些新理念的引入，正在发生深刻的变化。现在出资人真正就位，现代化企业法人治理结构真正建立。董事会通过了6个规章制度：财务管理制度、对外投资企业管理制度、固定资产投资项目管理办法、招标管理办法、关联交易管理办法、调控金使用管理办法等，这对规范企业经营管理起到了很好的作用。比如，过去，对上项目的积极性普遍较高，但往往缺乏科学的论证，不重视投入产出比的提高；现在，立项前必须通过三家企业共同组成的专家组进行科学论证，提高了项目决策的准确度。项目决定后，董事会一定会确保资金如期足额投入，但同时要求项目投产后，企业必须作出相应的回报。这就促使各级干部把上项目的冲动和兴奋点转移到是否有投入产出效益和投入后的产出效果上。在财务管理上，进一步完善财务制度，解除了对外的各种担保，消除了财务的潜在风险；并在董事会下设立审计部门，进行定期或专项的内部审计，加强了对财务的监督，使内部财务管理也进一步处于受控状态，提高财务管理水平。他们还进一步修订完善各类制度，建立了作为石钢标准化指南的“电网文件”，任何人“触电”，必然会受到相应的惩处。而管理部门的首要职责就是让“电网”通上电，同时将“有电危险”成为有关人员的常识。对触电人员，一视同仁，决不迁就；论过处罚，决不手软。从而有效地提高了各级干部和广大员工的执行力。

（5）自觉吸收中信泰富文化，实现石钢“福寿双全”文化创新。企业联合重组后能否取得预期的效果，文化的融合是关键所在。由于中信特钢集团所属3家企业在文化上各具特色，中信泰富在组建特钢集团时，并不急于提出一个统一的企业理念，而是十分重视所属三家企业同中信泰富以及各个企业之间的文化融合。特钢集团针对各企业的具体情况，开展干部交流；搭设多个平台，使各企业部门、单位之间，进行相互沟通；并组织公司际文体活动的交流比赛；还每年组织多次各企业的中层以上干部和先进工作者到香港总部参观访问，使各家文化互相渗透。这些，在文化融合中，都起到很好的作用。

对石钢来说，多年来，在发展进程中，提炼成“福寿文化”，对内起到了很强的凝聚力，对外也有较大的影响力。在加盟中信泰富集团后，他们有意识地吸收中信泰富文化，对石钢文化进行创新。他们把“发上等愿，结中等缘、享下等福；择高处立，就平处坐，向宽处行”的荣氏家训，作为建设和谐石钢的指导思想。在中信泰富人性化管理的思想影响下，进一步改善了职工的生活条件：改造职工浴室，装修单身宿舍，实行全员健康体检；改进职工休息室的条件，改善自行车存放场地，实行免费工作餐等，深受职工欢迎。

改制为石钢提供了一个攀登新高峰的极好机遇。石钢人也深知，加入中信泰富集团并不能背靠大树、高枕无忧，石钢必须立足自身，奋发图强。对已经取得的成就石钢人有理由感到自豪，但他们更清醒地认识到，无论在思想观念、经营管理模式、产品结构调整、队伍素质以及企业文化建设等方面，都还不适应新体制以及今后加速发展的要求，未来的道路更艰巨。他们决心在中信泰富和中信特钢的领导下，学习兄弟企业的好经验，按照集团制定的统一规划，为把石钢建成中信特钢北方的精品基地而坚持不懈地努力奋斗！

南钢效益系统工程向深度和广度拓展❶

2007年，南京钢铁联合有限公司（以下简称南钢）在全国钢铁行业中的排名有几个值得重视的数据：钢产量（594.97万吨）在全国钢铁行业中排名第20位，实现利润（38.17亿元，其中主业利润28.8亿元，资本运作收益9.37亿元,）名列全国第8位，人均利润（34万元）第4位，吨钢利润（641元/吨）第5位，净资产利润率第1位。这些数字充分说明了南钢的经济效益远远超过同行业的平均水平，名列行业前列。

南钢自1999年提出“全面实施效益系统工程”，至今已有10个年头。10年中，无论是外界形势，还是南钢自身情况，都发生了巨大变化。但南钢的效益系统工程则坚持始终，不断深化；十年磨一剑，结出了丰硕的成果。现在实施效益系统工程的覆盖面更宽了，要求更高了，视野更开阔了；既包括主业、也涵盖了辅业；既包括生产经营，还拓展到资本运作；既强调开源，还重视节流；既立足于企业自身，又着眼于用足用好政策来降本增益，既立足于国内，还关注国外；效益的来源更趋于多元化，效益增长的势头也朝着持续化的方向发展。

一、南钢经济效益的增长首先在于实施了以“精品战略”为主的战略决策

南钢把“精品战略”作为四大战略的第一位（其他三项是大营销战略、低成本战略、国际化战略），把“做精”作为发展的基点，不盲目追求规模扩张，不片面追求产量速度，在“做精”的基础上“做强”，在“做强”的基础上再“做大”。近几年，他们围绕优化产品结构，进行了大规模、高水平的技术改造，引进了世界一流的炉卷轧机以及与之配套的炼钢、连铸、精炼设备，并围绕提高精品板材的生产能力对中板厂进行了高档次的改造。目前，南钢已形成了管线钢、船板钢、高强板、耐磨钢等系列产品；高品质棒线带也形成了合金管坯钢系列、合金焊丝系列、耐候钢系列等畅销品。现在南钢的钢铁综合能力达到650万吨，同兄弟企业相比，数量增长不算快，但品种钢则以较快的步伐前进，档次也在不断提升。像管线钢的生产，南钢起步虽晚，但起点高、见效快。2005年一上手，就轧制X65，当年产量只有2.8万吨，但第二年就猛增到17.4万吨，2007年又翻了一番还多，达到30.68万吨，其管线钢板材产量在国内排第5位，并成功地轧制了X80，还成为国内首个通过厚度为18.4毫米X80管线钢卷科技成果鉴定的企业，X100也正在试制中。目前，南钢的管线钢在行业中具有较强的竞争力。其他高档次的品种也都有大幅度的增长。2007年，南钢的品种钢材销售量达到422.67万吨，品种比达到了78%；其中产量较上年增长70%以上的有管线钢、Q460以上高强钢、船板钢、风塔板、耐磨钢、耐候带钢等，这些品种的产量达到154万吨。大部分品种钢的效益均高于一般钢材，2007年，南钢钢材单位毛利在1000元以上的品种有158.26万吨，占品种钢的38.46%，而实现毛利

❶ 原载于2008年第4期《冶金管理》。

21.42亿元，占品种钢总毛利的65.10%。去年，还成功试制了Q690E，这是南钢首个吨材销售收入超过万元以上、并取代进口的产品。

由于品种钢开发取得的良好效益，因此南钢的重大技改项目也取得很好的投资回报率。中厚板卷厂（含炼钢、连铸和轧机）迄今为止，累计投资约45亿元，但自2004年6月一期工程投产到2007年止，已创毛利20.8亿元，提取折旧12亿元，再加上在此期间承担的期间费用，已经接近40亿元，成为南钢的最大效益增长点。经过改造，高线厂盘圆规格从原来最大直径为16毫米扩大到40毫米，更好地适应市场的需求，拓展了服务对象。

目前，南钢正在按照特钢生产的要求改造大电炉以及相应的长材系统轧机，整个改造工程将于今年6月底竣工投产，到时这条近100万吨的生产线将为汽车行业及高端机械加工业提供高档特钢棒线材，成为南钢第二个经济效益的支撑点。他们还正在积极筹建宽厚板轧钢生产线。建成后，连同原有的2条板材生产线，产品将实现从顶级板材到中高档板材、从宽薄规格中板到专业厚板的全覆盖，形成门类齐全、品种规格齐备的精品板材系列，从而进一步提高南钢的整体竞争力。

二、围绕“四大战略”，建立相应机制

为了落实“四大战略”，近几年，南钢在引导各级干部和广大员工转变观念的同时，着力于探索建立相应的机制，并在实践中不断改进、完善。

（1）在新品开发上，建立起产销研一体化的新产品研发推广中心。中心负责所有新产品的开发和销售，南钢主要根据完成的品种毛利对中心进行考核。中心既要根据公司的战略决策以及市场需求，联合科研院所和高等院校，建立新品研发平台，加快新品开发速度；还要组织协调生产厂，使新品能较快地转入正常生产。中心的市场推进部，其骨干都是熟悉产品性能的技术人员，他们通过技术渠道，打开销售渠道；并积极开展现场服务，帮助用户用好这些新产品。他们在开拓战略用户方面，取得了很好的成效。现在，南钢管线钢已成为中石化、中石油、中海油的主要供应商，在多个国家重点工程中被采用。2007年，中心全年共开发新品32个，新品产量达到131.5万吨，比2006年增长35万吨以上，毛利达10.2亿元。为南钢经济效益的增长起到了很好的作用。

（2）在产品销售上，建立起管控分离、四位一体、相互促进、相互制约的机制。所谓“四位一体”，就是在整个销售过程中，由挂靠在财务部门的价格专家小组根据综合各方面信息进行定价，营销部门负责销售，生产部门进行市场监督（因为公司考核生产厂的毛利，这促使各生产厂关注销售价格，各厂都有专人了解本厂产品的市场价格信息，反馈给公司规划部门和财务部门），规划部门负责考核。这就使得产品价格尽量体现其市场价值，取得经济效益最大化。

目前，南钢钢材专用材以直销为主，建筑钢等普通材则主要通过经销商，还有约10%是通过销售子公司销售的。这些设在各地的子公司都是独立法人，他们到南钢销售公司来采购钢材，同市场客户一样提款取货，同等价格。他们都是自负盈亏，其利润则来自于销售差价，这就促使他们关注并积极研究市场动态，采取有效措施，使产品卖得好价位。这些子公司的利润在扣除33%的所得税后，再同南钢按一定比例分成，工作人员工资全部由他们自行负担。2007年，这些子公司共销售钢材62万吨，为公司增益3650万元。

（3）在原料及备件采购上，建立起科学化、规范化的机制。南钢按照目前的规模，每年四大类大宗原材料采购每年达到180亿元，其他辅料、备件等采购量年约50亿元。如何在这两方面求得最大效益，成为公司领导和有关部门关注的重点。南钢对不同产品，分别采取招议标、根据网上信息和历史资料进行核价，以及一些小品种物资随行就市等方式，努力降低采购成本。并建立专家组，综合分析各种信息，确定标底和价格。他们自行开发了招标管理系统软件，根据国家有关招标的法律法规，综合考虑质量、价格、服务、信誉等18项因素，使这项工作建立在科学的基础上，各项程序更加规范化，避免了暗箱操作，实现了信息共享，以及人员调动，带走客户的现象，这一创新成果申报专利已被接受。对这类业务活动，无论是公司还是有关部门的领导，都无权也不进行干预。一次，在对某一物资进行采购招标时，有关方面介绍一家企业来投标，这家企业的售价最低，但却没有中标。这家企业认为南钢招标有问题，向南钢提出申诉。南钢公司领导听到反映后，一方面指示将招标情况、综合评价体系如实向有关方面反馈。同时，将该厂产品送有关部门进行检验，结果这家企业的产品在所有投标企业中性能指标是最差的。这说明了招标过程是公正的，结果也是正确的。但南钢并没有满足于这一结果，他们又进一步研究有无改进之处，最后确定了对这类产品今后采取性能承包的新方案，从而取得更佳的效益。他们还成立了用料结构优化专家组，根据采购部门提供的各种铁料信息，对矿价、成分及各类有害元素、运费、物流方式等进行性价比测算，提出性价比排序表反馈到采购部门指导采购，并结合库存、到港信息等情况科学地调整用料结构，获得了采购降本和结构优化的双重效益。

（4）进一步完善子公司效益评价机制和考核办法，有效提升了子公司对本部的效益贡献水平。在对南钢集团原有的部分子分公司进行剥离后，近几年，又根据南钢的发展需要，新成立了9家子公司和驻印度尼西亚办事处，对原有的销售子公司也进行了整合。南钢总结了过去对子公司管理上存在的问题，重新制定了对其效益的评价体系，加强了审计监督，严格实施考核办法，使子公司效益得到大幅度的提升。2007年，子公司共实现效益3.66亿元，同比增长234%；2008年子公司的利润还将有大幅度的增长。

（5）对标挖潜提升新水平。多年来，南钢坚持对标挖潜，积极开展技经指标“超三赶一”活动，要求没有进入行业前三名的指标，以第三名为目标，剔除一些不可比因素，确立自己的年度目标；对进入行业前列的指标，则要求以上年最佳4个月的平均数作为下一年度的奋斗目标。高目标推动各单位奋力拼搏，夺取最佳成果。但他们也发现，各个指标的最佳化，不一定是整体效益最大化，要使整体效益最大化，还必须把指标对标扩展到工作对标，进行管理对标，把对标挖潜提高到一个新的台阶上来。他们把2008年定为“管理年”，通过管理对标，认真学习兄弟企业的管理经验，提升自己的管理水平。

（6）通过用足用好政策实现新效益。2006年，南钢成立了财税政策研究应用工作组，及时跟踪、搜集、研究国家、省、市各级政府财政税收优惠政策，对公司可利用的优惠政策，牵头组织落实利用工作，做到财政税收优惠政策应享尽享。2007年，就为企业取得了可观的税收减免，其中包括资源综合利用项目，国产设备抵免企业所得税，利用技术开发费政策加计抵扣所得税，免征进口设备关税，以及外商投资企业采购国产设备投资抵免增值税等。还积极争取政府优惠政策和资金补助，组织开展节能、环保和科技成果转化等10个专项资金补助项目的申报工作，获得各种补贴数千万元。尽管如此，当年南钢上缴税金仍达到28.46亿元，是南钢历史上最高的一年，较上年增加16.62亿元，增长140.37%。

三、重视人力资源开发，不断提升员工素质

长期以来，南钢是以生产建筑用钢的长材为主，现在转变为以中高档板材以及机械加工用的优特钢材为主，难度不小。虽然主体设备已经达到国际先进水平，但要使这些一流装备实现一流效益，人力资源就成为发展进程中的软肋。近几年，南钢领导在这方面是下了工夫的。

（1）在对外开放中提升人才素质。2001年，杨思明总经理就亲自带领以高线厂为主的团队到德国巴登钢厂进行培训学习，从观念到实践，从管理到技术，都有了很大的提升。他们结合本厂实际，在学习巴登先进经验的基础上，有所创新，使高线厂迈上了一个新的更高的台阶。鉴于高线厂的学习成效，巴登还拟将其作为外国企业学巴登的培训基地。南钢领导还重视引进外智，在长材转板材、普优钢转特钢的进程中，先后聘请了美国专家和德国专家，进行技术和管理咨询，有的还被任命为总经理特别助理。这些专家的到来，对加速管线钢的开发，以及提高棒线材的竞争力，起到不可低估的作用。像南钢生产的钢纤维钢，根据贝卡尔特评价体系的反馈，南钢评分稳定在800分以上，是国内同行中得分最高的。在引进国外专家的同时，南钢重视厂内专家的配套，以充分发挥外国专家的作用。同时，还积极引进国内专家，大力开展同国内科研院所和高等院校的合作，借助外智，助己腾飞。

（2）在企业内部，则采取多种形式，加强全员培训。一方面由培训中心有组织、有计划地进行各项专题培训；另一方面则结合岗位实践，开展各类学习、创新活动，使广大员工自觉提高技术水平、技能水平以及创新能力。像高线厂200多名一线工人中有一半都取得了高级工的资质证书；中厚板卷厂的连铸机连续25个月没有发生拉漏，总值班机长艾俊帅就是一位勤于学习、善于总结的优秀人才。为了做到不漏钢，他把过去的、别的单位的漏钢事故，进行分析，总结成20多个“事故经典”，提高4个班次的整体操作水平。

（3）通过分配政策，激励员工为提高企业经济效益作贡献。南钢绩效考核，相当多的一部分是同这个单位和个人所取得的经济效益挂钩。这几年，新品开发为南钢效益增长作出了大贡献，相关人员的收入也高于一般员工。从2007年起，南钢还对有些为南钢发展作出重大贡献的100人发给特殊津贴（领取年薪的中高级管理人员不在内），分为每月3000元、5000元两级，有的基层厂还自行配套，再选出一批员工，给予厂级的特殊津贴。在向有贡献人员倾斜的同时，其他员工的收入也在逐年增加。在2003年企业改制的当年，南钢人均收入（不含领取年薪的高层管理人员）比上年增长5381元，以后逐年分别增长5868元、3958元、3235元和6069元。现在南钢员工的年均收入在行业中名列前茅。他们还建立了员工大病救助基金、住院互助基金和职工特困帮扶基金，实行门诊慢性病补助、特困员工补助、意外伤害补助等，为员工构筑多重经济保障。

（4）重视企业文化建设，形成共同的价值观。随着企业的发展，南钢逐步建立起一套具有时代特征和南钢特色的企业文化理念系统，主要有：“创建国际先进、国内一流的现代化精品板材基地”的企业愿景，“艰苦创业，开拓创新”的企业精神，“诚实守信，合作共赢”的企业理念，“以人为本，同心共进”的企业价值观；“做精做强，和谐发展”的企业目标，“共同成长，贡献社会”的企业使命，这些正逐步成为各级干部和广大员工

的共同目标。有些基层单位，也根据南钢总的理念，结合自身实际，提出了具有本单位特色的理念，如高线厂的“三个坚持”：“贵在坚持，难在坚持，成在坚持”，以及“沟通无极限”；中型厂的“三要四不要”：“要不归罪于外；要坚信有解决问题的方法；要全面、系统地思考问题；不要认为不可能就不去做；不要没有实践就说不；不要有不良习惯；不要思维僵化”以及中厚板卷厂的“四新”、“四求”：“演绎新思维、拓展新视野、创造新需求、争取新突破”和“以专求强、以快求强、以优求强、以大求强”，都对队伍建设起到了积极作用。

南钢已经取得了重大进展。但是，他们深知在前进的征途上，还会面临诸多艰难险阻，前景不容盲目乐观。但是，他们认为不必自馁悲观，胜败在己，取决于自身的努力。他们将进一步发挥自身优势，努力弥补自身的不足，提高发展质量，增加经济实力，向着建设国际知名、国内一流的现代化钢铁企业的目标而奋力攀登。

改制使百年老厂焕发青春[1]

大冶钢厂是我国最早的钢铁企业，如果从张之洞建设汉冶萍公司算起，已超过百年。从1914年建设大冶钢厂开始，也接近百年了，在我国钢铁工业史上，曾经谱写过辉煌的一页，为我国经济建设和国防建设作出过重大贡献。2004年11月，香港中信泰富集团收购大冶钢铁集团有限公司钢铁主业资产，组建湖北新冶钢有限公司（以下简称新冶钢）。改制3年多来，新冶钢观念变，人气旺，活力增，效益好。枯燥的数字往往最能表达事情的真相，见表1。

表1　新冶钢改制前后主要技术经济指标变化情况

指标名称	2004年	2005年	2006年	2007年	2007年比2004年增长/%
生铁产量/万吨	111.65	122.04	126.37	147.67	132.26
粗钢产量/万吨	171.94	185.35	188.11	196.89	114.51
钢材产量/万吨	153.67	171.94	172.73	182.35	118.66
其中：新品入库量/万吨	3.97	20.33	38.55	63.62	1602.51
出口量/万吨	5.38	10.97	18.10	27.70	514.87
焦炭产量/万吨	30.29	42.14	40.59	109.42	361.17
销售收入/亿元	72.85	85.67	84.79	105.81	145.24
其中：新品收入/亿元	1.92	10.87	16.84	31.79	1655.73
出口创汇/万美元	2667	6648	11758	19901	746.19
实现利税/亿元	6.00	8.80	11.52	15.19	253.17
实现利润/亿元	2.46	4.66	8.25	10.47	425.61
员工总数/人	6884	6690	6637	6494	-5.67

表1的数据说明，3年来，新冶钢的销售收入增加幅度（145.24%）大大高于钢和钢材产品的增加（分别为114.51%和118.66%）；实现利税和利润的增长幅度又大大高于销售收入的增加；新品开发的力度和产品出口的力度也大大高于产品的增长。这个情况充分说明了新冶钢的发展模式、运作模式正在进一步从粗放型向集约型转变，产品结构正在由中低档向中高档提升。

中信泰富收购冶钢后，派出了原兴澄特钢副总经理邵鹏星担任新冶钢总经理。邵鹏星到冶钢后，充分了解这一百年老厂长期积淀起来的文化底蕴、技术基础、管理经验以及人力资源，注意发挥冶钢原有的各种存量资源的优势和潜能；同时，引进中信泰富的新理念、兴澄特钢的好经验，既注意从冶钢的实际情况出发，又借他山之石，使得两者更好地融合，使冶钢如虎添翼，焕发青春。

[1] 原载于2008年第6期《中国钢铁业》。

新冶钢的变化，为一些老企业的发展提供了新的经验。

一、以内涵发展为主，高起点地实施技术改造，着力做精做强

改制前的冶钢，在历届领导和广大员工的共同努力下，在扩展规模，调整结构等方面，做了大量工作，为今后的发展打下了有利的基础。但由于内外部的种种原因，包括一些先进设备在内的主体设备的能力还没有得到充分发挥，产品大量属于中低端的，企业效益时好时坏。2004 年新冶钢成立之初，库存大量滞销低端产品，公司财务处于入不敷出状况；当年黄石市科技进步奖评选中，冶钢这个百年老厂竟只获得了一个三等奖；国外著名特钢企业专家来厂，对冶钢“人、机、料、法、环”五项打分，居然没有一项合格。冶钢又处于新的困境中。

改制重组，对冶钢的发展带来了重要的契机。中信泰富入主冶钢后，新领导班子经过深入的调查研究，从冶钢的实际出发，明确了发展思路。作为一个百年老厂，一方面各方面都有相当雄厚的基础；但另一方面，无论在生产流程、工艺技术、物质装备等方面，又都会受到发展过程中由于历史的局限而存在的一些不合理的状况，更不能适应当前形势发展的需要。出路何在？从“物”的方面、从技术装备来讲，不是立即建新除旧，而是要立足于现有基础，以内涵发展为主，通过高起点的技术改造，激活并提升现有存量的潜力和档次，把企业做精做强。

他们从清理在建、停建项目入手，通过深入进行市场调研，对项目逐个进行反复论证，果断停建了一批在建项目，成功规避了投资决策失误所带来的进一步损失。同时，又重新启动了一批有效益的停建项目；还围绕“填平补齐、配套完善”、产品结构调整、提高产品质量效益和节能降耗、环境治理，确定了一批新的技改项目。3 年多来，新冶钢先后投入 12 亿元，共组织实施新建、续建技改项目 114 项，使主体技术装备的整体水平大幅提升；并进一步优化了冶炼、精炼、连铸、连轧的先进工艺路线，还瞄准世界先进水平，建成了大规格棒材、银亮材、高合金材等专业生产线。四炼钢实施一系列优化产品结构改造工程后，提高了真空处理能力和炉后合金化的效果，提升了产品档次，品种不断优化，2006 年真空比为 41.34%，2007 年提高到 68%。连轧厂新增了缓冷坑、加热炉，安装了 850 吨冷剪、新建了钢坯、钢材精整线等，对连轧扩大产能、改善产品的品种结构和质量、理顺生产流程，起到了很好的作用，为连轧厂由原来生产普通碳合钢转变成为精特品生产基地提供了有利的基础，现在的连轧已经成为名副其实的高级齿轮钢、轴承钢、锚链钢、易切削钢的生产基地。170 无缝钢管厂月产量已经达到 2 万多吨，年产量达到 25 万吨，大大超出了设计年产量 10 万吨的水平，每月出口量都在 8000 吨以上，中厚壁无缝钢管已成为国内第一品牌。现在公司的产品结构实现“三大转移”：冶钢厂区产品由“常规”向“高端”转移，研制开发了汽车关键部件用钢、海洋系泊链用钢、航空航天用合金材料等，重新回到了国内特钢领先水平行列；东钢厂区的产品从“优钢”向“特钢”转移，重点发展了工艺成熟、有市场的轴承钢、齿轮钢等品种，成为公司新的效益增长点；无缝钢管由“通用”向“专用”转移，研制开发了汽车半轴套管、地质管、加重石油钻杆、压力容器等专用管。

事实证明，有针对性地进行成效卓著的技术改造，为企业的发展提供了有力的技术支撑；并为今后在特钢集团统一规划下，发挥新冶钢的优势，实现持续发展奠定了良好的基

础。当然，技术改造，并不排除在条件具备的情况下，建设新的生产线。目前，新冶钢正在建设一条460无缝钢管生产线，与现在的170无缝钢管配套，今后将成为中信特钢集团的无缝钢管精品生产基地。

二、新品开发、产品升级是企业创新的重要标志

钢铁企业的产品一般来说，不是最终产品，而是为其下游企业服务的。在科技进步日新月异的时代里，下游行业产品加快了更新换代的步伐，钢铁企业必须适应这一新形势，加快产品的升级换代。产品升级是市场的客观需求，谁不努力跟上，谁就会被市场淘汰。新冶钢组建后，新领导班子在新品开发上是下了大工夫的。这从表2中可以看得很清楚。

表2　新冶钢新品开发情况

指 标 名 称	2004年	2005年	2006年	2007年
新产品入库量/万吨	3.97	20.33	38.55	63.62
占总量比重/%	2.58	11.82	22.32	34.89
当年新开发品种个数/个	55	60	106	125
吨钢利润/元·吨$^{-1}$		520	810	740

由表2可见，新冶钢在新品开发上力度是大的，效果是好的。新品开发的数量是逐年提高，新品入库量2007年是2004年的16倍，同期占总量的比重也从近1/20增长到超过1/3。尽管新品开发初期由于种种原因，单位利润一般不可能有大幅度增长，但目前平均利润都超过原有产品。

这几年，新冶钢主要品种钢无论在绝对数还是占钢产量的比重上都以较快的速度增长，2004~2007年历年的品种钢产量分别为82.5万吨、117.9万吨、147.4万吨、162.8万吨；占当年钢产量的比重分别为48%、65.14%、83.9%和88.96%，而且增长幅度也远远超过钢产量的增幅。

目前，他们已有14种产品填补了国内空白，达到国内领先水平。像高速铁路用的滚动轴承用钢，至今只有新冶钢是唯一一家客货车合格供货商单位，占据国内市场的50%；还有如超低P低S超级模具钢实物质量达到国际先进水平，该类产品实现替代进口。一批产品已为国际知名的生产企业及供应商所接受，包括美国的卡特比勒公司、格兰特公司、法国神龙公司及日本丰田、本田等汽车制造公司，开辟了国际新领域；模铸高等级轴承钢通过了SKF认证。实现了“用两到三年时间，叩开全球最权威用户的大门”的愿望。他们继2006年为“神六”提供特殊材料后，又于2007年提前3个月为“神七”提供了急需的产品，受到了用户的高度赞赏。此外，为国防军工行业也成功地开发了一批新材料。

搞好新品开发，固然有赖于成功的技术改造提供的良好的物质条件。同时，也有赖于重视改善科研工作的手段。近几年，新冶钢先后投入3000多万元改扩建了综合试验大楼，购置了国际先进水平的直读光谱仪、红外碳硫分析仪等尖端仪器10多台（套），建设以国家级企业技术中心为主体的研发基地，构建了相当完整的特殊钢新材料研发平台。更重要的是培育了强烈的创新意识，建立了产销研一体化以及相应的激励机制。过去，冶钢的产品大部分是通过经销商经销，产需很少直接见面，这对开发新品很不利。新冶钢成立后，坚决实行产销研一体化，按品种建立若干一体化小组，实行3个“三结合”，一是内部的

产销研结合，二是外部的产学研“三结合”以及产品开发与直供厂家、直供厂家的下家“三结合”的开发模式，不仅了解直接的客户，还和客户一起开发新的下线客户，这样就能更好地了解最终用户的特殊需求，使“差异化、特色化”的要求能真正落到实处，更好地为客户服务。对客户提出的新品要求，技术部门在没有经过充分论证前，任何人都无权说“不”。现在，新冶钢区的直供比从 2004 年的 37% 提高到 62%，棒材直供比稳定在 70% 以上。

三、加强管理是企业发展的永恒主题

冶钢在管理上是有优良传统的。20 世纪 50 年代，冶金工业部就曾在全行业推广冶钢的“小指标竞赛”。以后随着形势的变化以及领导班子的更迭，一些传统在继承的基础上得到更好的发扬并有所创新，但也有一些却被忽视甚至有所倒退。新班子成立后，把强化管理提到重要议事日程，采取多种措施，归纳起来，有如下几个特点：

（1）针对性。管理既有共同的规律，但也必须因厂制宜，因地制宜，因时制宜，针对性越强，收效就会越大。新冶钢成立后，根据当时的形势要求，以及职工的思想状况，及时开展了“整顿工作作风、整治工作环境和整理工作秩序”的“三整”活动；修订、完善各种规章制度，删除了部分不符合现状或无法执行的条款，增加了一些以前忽略的管理内容，调整了部分考核标准和对象。在此基础上，严格进行规范化管理，学制度、讲制度、执行制度，不折不扣地贯彻下去。从而使各级干部和广大员工的执行力有了明显提高，工作质量和管理水平也有了显著提升。

（2）普适性。企业管理无论是采取何种方法、手段，基本上都是围绕质量、成本、服务以及环境等方面。对特钢企业来讲，质量问题更有其特殊重要的紧迫意义。新冶钢把稳定和提高产品质量作为发展的基石，认真贯彻落实“坚持质量第一、创建客户价值”的质量方针，进行全员质量意识教育，强化“零缺陷”的质量理念，加大质量认证和实施精品名牌战略的步伐，落实质量保证体系，逐步建立受国际用户认可的企业产品标准，把好原材料进口关，过程控制关，开展主导产品的十大攻关，稳定、提升产品质量，实现了产品一次检验合格率大于 96.63% 的目标。他们加强对标挖潜等劳动竞赛，使各项指标不断得到改善。3 年来，有 63 项技术经济指标 658 次刷新历史纪录；22 项指标进入同行业第一名，63 项指标进入同行业前五名。他们的高炉利用系数已从 2004 年的 2.580t/(m^3·d) 提高至 2007 年的 3.567t/(m^3·d)，同期的入炉焦比已从每吨 580 千克降至每吨 402 千克，高炉工序能耗从每吨 561 千克降至每吨 428 千克；电炉钢铁料消耗从每吨 1158 千克降至每吨 1139 千克，冶炼时间从每炉 98 分钟降至每炉 79 分钟，合金钢比已从 55.68% 提高至 65.19%；钢管合金比已从 16.79% 提高至 46.06%；一炼钢的连浇比已从每轮 33 炉提高至每轮 112 炉。这些都对降低成本起到了积极的作用。

（3）前瞻性。凡事预则立，不预则废。为了增强对市场变化的快速反应能力，降低经营成本，新班子创新“产、供、销”一体化运作管理模式，建立了“三预”运行机制，总经理部每旬召开一次“三预”会议，对市场进行预测，对效益进行预算，对过程进行预控。使经营决策更具有较强的前瞻性和科学性，对市场的驾驭能力不断增强，同时成功地规避了国内贸易和国际贸易的经营风险，不断提高了产品经济效益。

（4）创新性。管理没有一成不变的模式，需要随着时代的发展，形势的变化而与时俱进。新冶钢很重视管理创新，不断进行鼓励和推动。比如，当前环境治理的问题越来越突出，但由于除尘是辅助设施，主体生产厂在运行、检修上积极性不高，以致实际上存在环保为生产让路的状况。2006 年 10 月新冶钢环保部门改变管理模式，试行了专业化管理，委托专业公司对除尘设施进行运营维护，将环保设施的运营、检修提高到同主体生产设施同样高的地位。由于运营队伍的专业性，大大提高了环境效益和设备寿命。公司能源环保部作为管理部门，制定了专业化运营合同的考核条款；设备所在单位则发挥运行管理的主体责任，做到时时有监督、层层有检查。实施一年来，运行稳定，检修到位，环境效益大为改观。

四、调动员工积极性、提高人员素质是提高企业竞争力的关键所在

进入 21 世纪以来，我曾 3 次到冶钢作调查，后两次分别在 2006 年和今年 3 月，最大的感受是新冶钢成立后，员工的人心齐了，人气旺了，公司领导同基层干部和群众的关系融洽了，干部和群众的积极性、主动性高涨了。在《新冶钢》报上看到“我和新冶钢三年”的专栏文章，有不少是二级单位的一把手写的，字里行间，都洋溢着对新冶钢 3 年来的变化欣喜之情，以及身为新冶钢人的那种自豪感。后来了解到，这些文章，是在公司召开各二级单位一把手会议时，临时宣布对出席人员的“命题作文”，要求在 1.5 小时内现场完成。可以想见，如果没有对新冶钢 3 年巨变的深切感受，没有平时对这些变化背后深层次原因的认真思考，要在这样短的时间里完成这篇命题作文是难以想象的。这也充分说明了干部们的精神状态。

新冶钢成立后，公司领导高度重视企业文化建设，重视先进理念的引领作用，并身体力行，调动了员工的积极性，增强了企业的凝聚力。他们围绕企业发展的战略目标，围绕“以人为本”，围绕建设“和谐冶钢”，继承和发扬冶钢百年文化的优良传统，融合先进文化和管理方式，提出了“德才、唯实、融合、博新”的企业精神、“真诚、竞合、双赢、超越”的经营理念和“严正、高效、奉献、创造”的干部准则，并且制定相应的规定，把这些精神贯穿于经营生产工作之中，体现于员工的行为之中，还开展了企业核心价值观的大讨论，增强了广大员工对新冶钢的认同感和归属感。总经理不仅通过各种方式，加强与中层干部的沟通，而且多次参加基层班组活动，就员工关心的问题进行探讨；还定期召开职工代表与总经理座谈会，就生产经营管理、员工切身利益等问题进行交流，促进了思想上的融合，观念上的统一，认识上的一致。

在人力资源开发上，认真落实“以人为本”，发展为了员工、发展依靠员工，发展成果与员工共享。建立了 3 条人才成长的通道，帮助员工制定“职业生涯规划”，加强对各类员工的培训，每年培训员工的费用达 300 余万元，并制定有效的激励措施，使员工的素质有了明显提高，自我价值得到更好体现；还在冶钢历史上首次全面实现“四班三运转”，为员工的身心健康，以及事业和家庭的和谐发展创造了良好条件，这些都使广大员工的积极性和潜能得到较为充分的发挥，增强了员工的主观能动性。虽然，目前新冶钢员工平均收入在行业中还处于中等偏下，但增长幅度还是不小的。2007 年，员工平均收入较 2004 年增长了 41.25% 以上，并给员工交纳各种保险、公积金同比增长了 30.12%。形成了员工与企业共发展、共享企业成果的良好氛围。改制初期，一些员工认为改制后，工作将难以稳定，一度有些惶惶不安。总经理公开承诺：不会让一个新冶钢人下岗，除非他不学

习，不能适应新冶钢的发展需要而主动离开。3 年多来，这一诺言得到了兑现，更增强了员工的向心力。

新冶钢这个百年老厂，在经历了一段坎坷和波折后，再次获得了新生，焕发了青春。这在我国冶金史上也是一件值得浓墨重彩地写上一笔的。目前，新冶钢正处于“百年难遇，一生难求”的历史发展新阶段，广大员工都十分珍惜这一机遇，为新冶钢的发展贡献自己的心血和智慧。他们深信，随着新冶钢的发展必将使自己的人生价值得到更好的展现。

改制重组带来了新的活力❶

——关于中信泰富特钢集团的调研分析

我国目前规模最大的特钢企业——中信泰富特钢集团（简称中信泰富）即将挂牌成立。在有关省市政府推动和支持下，从1993年中信泰富集团收购原江阴钢厂成立兴澄公司起，到2006年旗下已经有了3个特钢企业，总产能达到700万吨。它不仅以其规模之大引人注目，更令人惊叹的是中信泰富入主这几家企业后的惊人业绩，可以说是，做一个，成一个；做一个，强一个。目前，中信泰富已将特钢产业作为集团的核心产业，2006年特钢产业效益份额已经占到中信泰富利润总额的37%。

在这个特钢集团的大家庭中，年轻的老大哥是兴澄特钢公司（简称兴澄）。兴澄的前身是一家农具厂；它在20世纪70年代时，才由一家农具厂转变为钢铁厂，1970年靠自制的1.5吨感应炉，炼出了第一炉钢，更名为江阴钢厂；80年代30吨电炉投产，年产钢近10万吨；1993年，与香港中信泰富有限公司合资，成立兴澄钢铁公司，引进德国德马克的100吨超高功率直流电弧炉、100吨LF炉及VD炉各一座，以及一条连铸连轧生产线，形成能冶炼110万吨优特钢、轧制100万吨优特钢材的生产能力，以后又不断进行改造，2007年钢产量达到276万吨。15年来，兴澄连迈了三大步，实现了普转优、优转特，正在由特转精、为建设特钢精品基地，向世界最具竞争力的特钢企业迈进。目前，兴澄总经理俞亚鹏是中国特钢企业协会执行会长，兴澄在我国特钢界已处于第一方阵的地位，很多方面成为特钢行业的排头兵，充分发挥了高起点、快发展、高效率、低成本的优势。特别是它强烈的创新意识，在业内受到高度赞誉，中国工程院院长、著名冶金专家徐匡迪在视察兴澄特钢后，高兴地称赞："特钢产品全部采用连铸工艺生产是兴澄的创新，兴澄特钢走出了中国式特钢发展的一条新路。"

第二个进入中信泰富的是大冶钢铁公司。它是我国历史最悠久的钢铁企业，是晚清时期"洋务运动"的产物，如果从张之洞建设汉冶萍公司算起，已超过百年；从1913年建设大冶钢厂开始，也接近百年了。新中国成立后，曾为我国经济建设和国防建设作出过重大贡献，在我国钢铁工业史上，谱写过辉煌的历史。但是，它在前进的征途中也曾经历了不少曲折和坎坷。2004年11月进入中信泰富时，正是它的低谷期。但3年多来，新冶钢观念变，人气旺，活力增，效益好，百年老厂重新焕发出青春。2007年同2004年相比，钢产量从171.93万吨增加到196.88万吨，是当年的114.51%；销售收入是当年的157.8%；实现利税和利润分别是当年的253%和425%。特别是新品开发突飞猛进，3年来，累计开发新品291个，新品入库量2007年达到63.62万吨，是2004年的16倍，同期新品占总量的比重也从2.58%增长到34.89%，产品结构正在向以中高端为主的方向

❶ 原载于2008年第8期《冶金管理》。

迈进。

石家庄钢铁公司（简称石钢）是在2006年6月才加盟中信泰富的。在此之前，石钢以实施独特的“边缘发展战略”起家，以后又进展到“边缘—精细战略”；由一个转炉生产的普钢企业转变为在行业里颇具影响的特钢企业，从转型初期以生产制作扳手、锤子等低档产品用的优钢到进入汽车用钢的特钢产品，并且开始打入国际市场；生产经营保持了稳定发展态势，经济效益持续增长，连续十多年来始终保持盈利。在中信泰富入主不到两年的时间里，产品结构得到进一步提升，低附加值的优碳钢、低合金钢占总产量的比重从2005年的63.43%下降到2007年的42.58%；合金钢的比重则从36.57%上升到57.42%.；出口材坯从2005年的13.23万吨增长到2007年的33.76万吨，增长了1倍半还多。2007年实现利润4.58亿元，比2006年增长80.85%，资产负债率从2005年的70.56%下降到2007年的59.22%。

这三家“出身”不一、经历不同、地区各异的企业，为什么在改制后，都有如此明显的成效？最近，我在这三家企业作了一番调查，感受颇深。

一、体制的转换促进了观念的转变和新机制的建立

冶钢和石钢过去都是国有企业，虽然名义上也建立了董事会，但实际上出资人并没有真正就位，现代化企业法人治理结构也并没有真正建立。中信泰富是中国香港地区一家颇享盛誉的、在香港联交所上市的综合性投资控股公司，其核心业务涉及了矿山、特钢制造、发电、航空、基础设施及信息业等多个领域，不仅有雄厚的经济实力，还有丰富的资本运作和对企业规范化管理的经验。中信泰富控股冶钢和石钢后，这两家企业中层以上干部普遍感觉是市场观念强了，效益观念强了。比如，过去，对上项目的积极性较高，但往往缺乏科学的论证，不重视投入产出比的提高；现在立项前必须通过三家企业共同组成的专家组进行科学论证，提高了项目决策的准确度；项目决定后，董事会一定会确保资金如期足额投入，但同时要求项目投产后，企业必须作出相应的回报，列入企业领导的考核指标。这就促使各级干部把上项目的冲动和兴奋点转移到是否有投入产出效益效果上。石钢的董事会经过调查研究，制订修订了多个规章制度：如财务管理制度、对外投资企业管理制度、固定资产投资项目管理办法、招标管理办法、关联交易管理办法、调控金使用管理办法等，这对规范企业经营管理起到了很好的作用。在财务管理上，进一步完善财务制度，解除了对外的各种担保，消除了财务的潜在风险；并在董事会下设立审计部门，进行定期或专项的内部审计，加强了对财务的监督，使内部财务管理也进一步处于受控状态，提高财务管理水平。

二、统一发展规划，明确了各自的发展方向

虽然这几家企业都各有特点，但在产品上同构化的现象比较严重。2006年，棒材产品占三家总量的80%以上，其中石钢100%为棒材；管材仅占三家总量的6.92%，扁钢占5.70%，线材占5.20%，银亮材和锻材仅占1%。拿钢种来说，三家都有轴承钢、齿轮钢，两者合计各占该厂产量的18%~24%，但产品档次存在差异；三家都有优碳钢和合结钢，但占各厂总产量的比重则有较大差别，石钢占到总量75.7%，冶钢占30.1%，兴澄只占16.8%。

鉴于这种情况，中信泰富集团组织三家企业的领导和有关专家，制定了集团总体发展战略，提出了专业化分工的三条原则，一是坚持以市场为导向的原则。在产能布局上，充分考虑市场区域的特点，减少物流成本和仓储成本，缩小营销半径，更好地贴近市场，服务用户。二是扬长避短，坚持有所为有所不为的原则，各企业尽量发挥各自优势和特长，避免集团内部搞“大而全”或“小而全”，避免搞重复建设，避免在劣势领域和产品上盲目参与竞争。三是坚持低成本和差异化的原则，对于中高档产品，在保证基本质量的前提下，主要以“低成本”竞争取胜；对于高档主导产品，则在分工时充分考虑品牌、质保、研发等综合因素，以差异化取得竞争优势。

在上述原则的指导下，明确了下属各企业的侧重发展方向。兴澄将重点发展有关行业所用的特殊钢棒线材的高端产品，并进军特钢板材领域，继续成为国内特钢领域的领头羊；新冶钢将重点发展各类高档无缝钢管，成为特钢钢管精品基地，同时进一步发展集团内唯一具备锻造和模铸能力的锻材和必须模铸的特殊钢材，以及部分中高端合金钢棒材；石钢将重点发展中高端汽车零部件用特殊钢棒材以及中高级管坯钢等。这样的产品布局，既有利于发挥各家企业的优势特长，不断提升产品档次和提高产品质量，又避免了内部的竞争，增强了集团整体的市场竞争力。

与此同时，集团还将组建特殊钢研发中心，统一产品研发、工艺技术开发；并搭建技术交流平台，开展三家企业之间的技术交流和互动，推动各家技术水平的提高。

三、统一市场营销和大宗原燃料采购

组建特钢集团，目前明显见效的还是在供销领域。首先是促进了营销观念的转变。兴澄从成立时起，就是遨游在市场经济的海洋中，明确提出“全厂服从市场，生产服从经营，其他服从生产”的经营理念，只要市场需要，就要千方百计地设法满足；在生产组织上，必须以销定产，根据订单来组织生产，不断根据市场信息，开发新产品，扩大市场份额。2007 年，直供比达到 77%。但是，另外两厂却由于种种原因，以前产品销售主要依靠代理商和经销商，对市场和客户的需求了解不深，既影响了新品开发，也难以对客户提供优质服务，还增加了销售成本。3 家联合后，在兴澄的影响下，加快了改革的力度，调整充实了销售队伍，加强了对销售人员的培训，改进了考核制度，把毛利率、直供比、新品销售量等列入重要指标，促进了直供比的提高，现在新冶钢的直供比从 2004 年的 37% 提高到 2007 年的 62%，棒材直供比稳定在 70% 以上。石钢的直供比从 2005 年的 23.88% 提升到 2007 年的 49.26%。新品开发的力度也大为增强，新冶钢新品入库量 2007 年是 2004 年的 15 倍，达到 63.62 万吨，同期新品占总量的比重也从 2.58% 增长到 34.89%，重点品种钢无论在绝对数还是占钢产量的比重上都以较快的速度增长，2004 ~2007 年历年的重点品种钢产量分别为 82.5 万吨、117.9 万吨、147.4 万吨，162.8 万吨；占当年钢产量的比重分别为 48%、65.14%、83.9% 和 90.89%，其增长幅度也远远超过钢产量的增幅。石钢的产品结构进一步向中高端提升，低附加值的优碳钢、低合金钢占总产量的比重从 2005 年的 63.43% 下降到 2007 年的 42.58%；合金钢的比重则从 36.57% 上升到 57.42%；2007 年，轴承钢、齿轮钢分别占总量的 12.99% 和 9.66%，易切削钢的产量也有大幅度的增长，这标志着石钢新一代主导产品群已经初步确立起来了。

集团还进一步整合 3 家特钢企业的市场资源。过去由于相当一部分产品重叠，相互间或是封锁信息，或是低价竞争；现在不仅在技术上搭建了交流平台，互帮互学；而且按照市场规律统一协调产品价格，并建立了市场和用户信息共享以及资源分配协调机制，相互沟通客户信息，根据各家特长向客户推荐最合适的产品，特别是合理划分销售区域，互补互让。这三家企业分别位于华东、中南和华北，三企业相距各约1000千米，形成了三足鼎立的有利格局，凡是另两家能生产的产品，兴澄尽量退出当地市场，而华东市场需要而兴澄又难以全部满足的产品，则帮助另两家开发华东市场。目前，石钢在华北地区的销售量占石钢总销售量的52.62%，比2006年提高了8个百分点。这些都对稳定销售渠道、减少销售费用、降低物流成本、提升销售价格，起到了积极的作用。

在产品出口方面，中信特钢集团在三家企业原有出口部门的基础上，在2006年合并组建集团的国贸公司，统一经营出口业务，原先只有兴澄在国外设立9个代表处，现在扩大到12个，使三家企业的出口量都有大幅度的增长。2005年三家总共出口钢材49万吨，2006年提高到73万吨，2007年又增长到110万吨。出口区域从过去的东南亚、韩国等扩展到欧美等发达国家和世界各地。

在物资采购上，通过初步改革，已经取得了良好成效。一是三家公司之间实现信息共享，扩展了资源供应渠道；二是通过协调资源的供应，解决了个别企业对某种资源临时性的短缺困境；三是逐步对矿粉、生铁、废钢、铁合金等大宗原燃料实施统一采购，由于三家企业整合后的大宗物资数量较单个企业大为增加，在采购质量、价格上的话语权明显增强。集团还正着手考虑筹建煤炭基地、焦炭基地、铁合金基地和废钢供应基地。

从长远发展考虑，中信特钢集团的母公司——中信泰富已在全球范围内优化资源配置，2006年巨额投资了澳大利亚两座磁铁矿的开采权，预计将分别于2009年和2010年投产，年产近2800万吨精矿粉和球团。与此同时，正在着手建立远洋专用船队，这对特钢集团的三家企业确保原燃料的供应、减少物流费用，降低产品成本带来了极大的好处。

四、通过多种途径，加强文化融合

中信泰富充分意识到企业文化在企业发展进程中的重要作用。因此，十分重视企业文化建设。但旗下的3个企业在其成长过程中，都已初步形成各具特色的企业文化。比如，兴澄倡导坚持诚信的诚信文化，尊崇创新的创新文化，倚重团队的团队文化，把这三条作为核心价值观。新冶钢继承和发扬冶钢百年文化的优良传统，融合先进文化和管理方式，提出了“德才、唯实、融合、博新”的企业精神、“真诚、竞合、双赢、超越”的经营理念和“严正、高效、奉献、创造”的干部准则。石钢则建立“福寿双全文化”。“福”，就是财富日益丰厚（包括企业财富，为社会提供的财富，为客户增加财富，以及员工财富的共同丰厚）；“寿”，就是寿命持续长久，建成百年老厂。这些，都已在实践中取得良好的效果。企业文化是企业发展过程中长期积淀下来的，不是一朝一夕能够形成的，也不是一朝一夕立刻就能改变的。因此，中信泰富并不急于提出中信特钢的企业文化，而是通过文化融合，逐步形成既有共同理念，又要尊重各自的历史，重视各家个性的集团文化。

文化融合，通过多条途径。一是通过干部交流。现在三家高层和中层干部都有交流，这不仅有利于各项业务经验的传播，更是理念融合的过程。像集团派遣原兴澄副总经理到新冶钢担任总经理，就直接把兴澄的经营理念带到了新冶钢；集团公司还分别调派兴澄和新冶钢的领导到石钢，对石钢营销理念的转变和相关的制度建设起到了积极的推动作用。

二是通过三家企业之间各种形式的交流，其中既有轮流在三家召开的高层工作会议，又有各部门和基层单位的对口交流，相互沟通，取长补短。一次在新冶钢召开的集团工作会议上，石钢文艺队自编自演、充满生活气息的文艺节目深受大家好评，推动了各厂文化活动的开展。石钢在充实销售队伍后，带领新员工到兴澄和冶钢进行培训，没想到这两家兄弟企业的一把手都亲自讲课，又使石钢感到自己在文化理念上的差距。三是通过集团每年在香港总部举行的年会，直接感受中信泰富文化。石钢在加盟中信泰富后，提出“吸收中信泰富文化，实现石钢‘福寿双全文化’创新”。他们把“发上等愿，结中等缘、享下等福；择高处立，就平处坐，向宽处行”的荣氏家训，作为建设和谐石钢的重要指导思想之一。

中信泰富特钢集团组建以来，虽然为时不久，但其优秀的业绩已经在行业内受到普遍的关注和高度重视。我们深信，有了这个良好的开端，秉承既定的理念，精诚团结，调动各级干部和广大员工的积极性，必能克服前进道路上的种种，化解诸多矛盾，达到胜利的彼岸，为我国特钢事业的发展、为我国早日成为世界钢铁强国作出新贡献！

首钢炼铁厂的老兵新传[1]

2008年，对我国钢铁企业来说，是一个严峻挑战的年份。年初，南方的冰雪灾害，导致了矿石和焦煤供应情况的恶化，以后又是原燃料价格飞涨，也直接影响了钢铁企业原燃料的供应；稍后，又是受国际金融危机的影响，被迫减产。而在钢铁企业内部，首当其冲的就是炼铁厂，首钢也不例外。但是首钢炼铁厂（以下简称炼铁厂）却在如此恶劣的环境下，生产一直维持稳产顺行，打出了比以往还好的先进指标。特别是炼铁厂还遇到其他兄弟企业所没有的特殊情况：一是在人员上，“一厂托五地”，骨干分散。从2004年起，炼铁厂先后支援迁钢、首秦、曹妃甸京唐钢铁联合企业，以及宝业钢铁公司近千名员工，其中班组长以上的骨干就有300余名。骨干外调，新人增加，给生产管理增加不少困难；二是面临两年后停产的局面。按照北京市规划，首钢在京的炼铁、炼钢部分，将在2010年彻底停产，这必然会在一定程度上影响到员工的情绪，如何进行引导、稳定队伍、激励人气是炼铁厂必须解决的一大难题；三是为了确保奥运期间北京的大气环境，从2008年初的3座高炉到2008年北京奥运会前只保留1座高炉生产。在停产的两座高炉已经或即将生产的时候，又受世界金融危机的影响，被迫再次停汁或缓汁，在线生产高炉一年内出现3-2-1-2-1-2的频繁变化，两度高炉单炉生产长达99天，烧结系统开停机也与检修穿插交替。目前，虽然维持两座高炉生产，但炉龄都是十四五年的超期服役的炉子。但老炉作出了新贡献。主要指标打出了好于往年的高水平，单炉生产期间休风率为零，焦比都在每吨350千克以下。

是什么使首钢炼铁厂这样一个近百年的老厂（首钢始建于1919年）、两座超期服役的高炉，能够焕发青春？是什么使一个骨干大量外送、新人大批涌入的厂子，能保持稳定生产？是什么使一个存活时间屈指可数的炼铁厂员工，能有如此旺盛的士气，高昂的斗志？是什么使最忌时停时开、连续性生产的高炉，一年内出现国内、甚至世界上绝无仅有的四停三开、其中3个多月单炉生产，却没有发生任何生产事故，稳产高产？带着这些问题，春节前，笔者在炼铁厂用了5天时间走访了从厂领导、到科室领导和炉长以及最基层的班组长，深深感受到炼铁厂人心齐，人气旺，观念新，人心思上，具有一个宽松、舒畅、和谐、快乐的工作环境。而其关键是有个好班子、好班长，他们善于继承长期积淀、具有深厚底蕴的光荣传统，又在新时期开拓创新，真心实意地坚持以人为本，带领出一支具有高度学习力、执行力、创新力的好队伍。在同各级领导交谈时，无不谈到作为领导的首要职责，就是如何同职工群众心连心，了解职工在想什么，他们需要什么，如何满足职工的愿望、甚至他们自己尚未意识到的潜在的愿望，体现他们的人生价值；而在同职工交谈时，则无不感到在这样一个环境里工作，是自己的一种缘分，一种福分，要尽自己所能，为炼铁厂的发展添砖加瓦，增添光彩。他们的言行使我受到深刻的教育，对炼铁厂的各级领导

[1] 原载于2009年第4期《冶金管理》。

和广大员工萌生了深深的敬意。不禁使我喊出：敬礼！首钢炼铁厂！

一、引导职工转变观念，在改善心智模式上下工夫

炼铁厂领导深知，作为有90年厂龄的老厂，既有经过历任领导长期积淀、需要进一步发扬的光荣传统，又有长期形成的阻碍继续前进的习惯思维模式的影响。炼铁厂要有新的突破，必须从进一步转变观念着手。因此，他们把引导职工进一步转变观念、树立先进理念、改善心智模式作为队伍建设的首要任务。一方面总结历史经验，归纳了炼铁厂长期以来形成的“回马坡前不怕鬼，强敌面前不服输”的迎难而上精神，“眼睛向内志气大，眼睛向外怨气大”的自力更生精神等8种精神；另一方面结合形势的发展以及炼铁厂当前的实际，提出了要从4个方面来改善心智模式：一是从眼睛向外到“不归罪于外”，在反思中蓄势、进取、提高；二是从适应性思维到超前性思维，增强主动发现、解决问题的超前意识；三是从自我封闭到思维开放，学习先进，与时俱进，创新求变；四是从单项思考到系统思考，充分整合现有各种资源的潜力。

改善心智模式，炼铁厂领导一方面自上而下地不断进行灌输，使广大员工深刻理解其重要意义；另一方面是自下而上地发现、挖掘群众中客观存在的各种闪光点，总结先进单位和先进人物的先进思想、先进事迹，并以各种方式在员工中广为宣传，使企业精神随着这些生动感人的故事而深入人心，成为人们自觉仿效、学习的榜样。这种将理性的诠释和感性的熏染相结合的方式，就像滚雪球那样，从小到大，从少到多，将精神力量转化为物质力量，而可以看得见、摸得着的物质方面的变化，又进一步提升精神力量，如此循环往复，螺旋式前进，极大地改变了炼铁厂的面貌。

在钢铁企业里，炼铁厂既处于整个生产流程的龙头地位，其占成本60%以上的事实，又使炼铁厂的各项指标都会成为影响企业经济效益的关键；它又是同各个部门联系最多的单位，既需要各部门的支持，也受到各方面的制约，各方面条件的变化都会直接影响到高炉的稳产和顺行。因此，职工既有当排头兵的自豪感，又会感受到巨大的压力。一旦出现不正常情况，习惯思维模式往往就会起作用，归之于外界条件的变化，而这必然就会妨碍人们主观能动性的发挥，往往因此丧失时机，给企业的整体效益带来严重影响。

而心智模式的改善，就像一颗强有力的精神原子弹，迸发出无限的活力，创造出一系列过去不敢想象的奇迹：在5高炉停炉后，出现了5－1＞5的现象，4座高炉的产量超过了原先5座高炉；出现了持续36个月的稳产顺行，接连创造了130多项（次）新纪录；出现了去年频繁开炉停炉，不仅国内没有，世界上也从未有过的一年之中四停三开，却没有发生一起事故的场面；出现了单炉生产，没有休风，比过去正常生产还好的先进指标，以致各种预案都用不上。在同员工交谈时，他们无不自豪地谈到观念转变对他们个人以及炼铁厂的深远影响。

二、为职工提供发展平台，促进人才快速成长

现在的首钢炼铁厂是从原先炼铁厂、烧结厂和皮带厂三厂合并而成。这3个厂原先共有厂领导27人，几经调整分流，目前只有4位正副厂长，员工人数也从最多时的4000余人精简到现在的1800余人。从2004年起，炼铁厂先后向迁钢、首秦、曹妃甸以及宝业等钢铁企业输送近千名骨干。为解决人力资源紧张的矛盾，该厂大胆改革劳动用工制度，新

增了一批协力工，形成了以正式工为骨干、辅以一定数量的协力工（比例逐年增加），支撑日常生产的格局。

在人员大量精简、流动如此频繁，各类骨干成批向外输送、新手不断补充的情况下，炼铁厂却能保持生产稳定，指标提升，去年12月，2座2536立方米高炉的利用系数达到2.56，入炉焦比每吨329千克，燃料比为每吨483.7千克，一级品率达到93.52%，休风率为1.126。这里的关键就在于“人”，人是决定的因素。

炼铁厂的企业精神是“炼优质铁，做优质人”，要炼优质铁，先做优质人；在炼优质铁的过程中不断锤炼优质人。对优质人，他们提出了明确的素质要求，就是：思维开放，视野开阔，具有干事业、建功业的雄心壮志；与时俱进，争创一流，具有不甘平庸、追求卓越的创新精神；顽强拼搏，苦干实干，具有敢打敢拼的过硬作风；刻苦钻研，提高素质，具有独当一面的精湛技能。他们制定的人才理念是“没有舞台不见人才，不干事业难出人才”，而作为单位领导，其主要职责就是要为员工搭建干事业的舞台。作为领导，还要在人才工作上努力做到“三破三立”，这就是：破除论资排辈的旧观念，树立优胜劣汰的新理念，不唯学历重能力，不看资历重作为；破除求全责备的人才选拔标准，树立用人不疑的新理念；破除认为人才高不可攀的神秘感，树立人人可以成长成才的新理念。

正是在这种理念的指导下，炼铁厂在选人用人上是把“合适的人放到合适的岗位上”，他们把员工分为3种类型：一种是骏马型，有干劲、闯劲，能冲锋陷阵，斩关夺隘；一种是老黄牛型，兢兢业业，埋头苦干。这两类都放在一线，相互配合，优势互补。还有一种是智囊型的，善于思考，总结提炼，放到科室。但这种安排也不是绝对的，适当时候需要互换，以补其所短。比如将炉长调到技术科，把技术科长又放回生产一线，为他们提供全面发展的平台。

他们把人员交流作为一种制度，为培养复合型人才创造条件。不仅有上面所说的机关科室和一线领导的交流，还有行政干部与政工干部之间的交流，支部书记调任炉长，炉长担任支部书记；各炉炉长之间的交流，同一高炉内部不同岗位之间的交流。凡此种种，其目的都是为了提升人员的素质，培养复合型的人才。生产厂长助理在炼铁厂历史上一直是非学冶炼专业的人莫属，炼铁厂党委从加快人才培养考虑，打破这一禁忌，将一名曾担任过支部书记、安全科长、生产科长等多个岗位工作、有丰富实践经验和较强组织能力的同志调任生产厂长助理，这名同志敢抓敢管，善于学习，很快进入角色，出色地挑起了全厂生产组织协调的重任。目前，炼铁厂的中层干部中80%以上全都轮换交流过岗位，成为既懂生产、技术、管理、又会做人的工作的复合型人才。通过这种复合型人才的培养，不仅为提高劳动生产率、处理各种疑难问题创造了条件，而且为企业以及个人的长远发展增强了竞争力。

对中层干部，他们一律实施竞聘上岗。2004年以来，已经组织了5次公开竞聘，先后有74人次参加了面试答辩，有10人通过竞聘走上了科级领导岗位。这种竞聘既是“赛马会”，也是“相马会”，不仅选拔了合适的缺岗干部，而且发现了人才，还激发了更多的员工展示自我、奋发向上的热情。竞聘不同于任命，是一种毛遂自荐式的，是我要干，我想干；而任命有时则是要我干，在主动性上显然是有差别的。

在对外输送人才骨干上，2004年以来，仅厂处级干部就达30余名，多数是到新单位提拔起来的。对外输送干部，只要是赋以重任的，即使在厂内是主要骨干，也会毫不犹豫地输送。他们坚信人才是在实践中成长的，坚信“流水不腐，户枢不蠹”的深刻哲理，老的骨干固然是宝贵财富，但他们到新岗位可以发挥更大的作用，炼铁厂没有理由把他们作为“厂有财产”，把住不放；而且，老骨干的离去，也为新人成长提供了舞台。一次，公司团委点名要将厂团委书记借调到团中央，有关领导因工作忙不肯放。党委书记做工作说，这次借调，对厂团委书记个人来说，可能是他增加人生阅历、扩大视野难得的机遇，我们要从他的发展前景来考虑。至于当前工作问题，可以用其他方法解决，终于将其放行。

他们还积极探索职工培训的新途径。既善于借力，与首钢培训中心及首钢工学院，以及高级技工学校等教学机构联合办学，利用厂外资源组织不同层次的培训；又充分发挥自身力量，确定“开炉打指标，全程抓‘提素’”的思路，贯彻“培训不离岗，教室在现场”的方针，鼓励自学成才。二高炉在今年停炉期间，以自身力量为主，进行了全员培训，由高级技术和技能专家进行讲课，并以工长、班长为主，自编了3本书：一本是12.5万字的《炼铁培训教程》，一本是有1200多幅幻灯片组成的《培训讲义》，其中有些图片是员工在停炉期间钻到炉内拍摄的；再一本是由该炉员工自行撰写的论文集。由一个炉子的员工自行系统地编写教材，这在首钢还是首创，在全国也十分罕见。炉前工武胜利是1989年毕业的学法律的大专生，由于当年的特殊情况，对口的部门都不吸收，到首钢后一直待在炉前，当上了大班长，抽空就到冶金标准情报院去查阅资料，复印带回；最近还花了1000多元买了10来本专业书，这次二炉编写的论文集中就有他3篇，都是他总结实践经验、潜心钻研技术的结晶。对通过自学提高学历层次的，或者考取各级技术、技能职称的，都会获得不同程度的奖励，对在各类刊物上发表论文的，也视刊物的级别给以不同金额的奖励，从而进一步激励员工学习的积极性。对新进厂的协力工，他们以老带新，用较短时间教会基本操作技能，保证了高炉在频繁变动情况下的生产正常。

三、大力营造人才成长的氛围，构建和谐、协作、宽松的工作环境

人才的成长，固然主要依靠自身的努力；但无可否认的，外部环境对其也起着重要的作用。美国一些常青藤学校所以能人才辈出，诺贝尔奖得主屡出其门下，既有其学术实力，也同其浓厚的学术氛围分不开。

一是要和谐。中国文化的传统是“和为贵”，“家和万事兴”，“和气生财”，但和谐的基础是思想的一致，“上下同欲者胜”。炼铁厂领导十分重视思想沟通，倾听员工的呼声和意见，凡事尽可能做到群策群力、凝聚智慧。在企业文化建设中，他们只是提出企业精神和11种理念的框架，请全厂职工各自填写自己的意见，发出的征求意见稿回收率达到100%，在广泛征集员工意见后，再经过有关部门梳理整合提炼，这样三上三下，形成的企业精神和理念自然得到广大员工的认同，增加了执行的自觉性。他们制定的76个岗位职业道德行为规范也都是上下结合而形成的，都得到有效贯彻。厂领导还从和谐的“谐”字中受到启发。“谐”由“皆”、“言”构成，就是要形成大家都来说话、都敢说话的民主环境，让群众的各种意见能够得到充分的表达，在集思广益的基础上作出的决策自然会得到员工的真心拥护，积极贯彻。这些年炼铁厂之所以能够长时间保持稳产顺行，同发扬技术民主关系密切。在装料制度、送风制度上所作出的重大改革，不再是个别领导说了算，而是总结先进经验，畅所欲言，取得共识，进行推广。

要和谐，还要妥善处理好分配关系。既要根据业绩贡献，不吃大锅饭；又不能使差距过大，引发新的矛盾。这种观念，在员工中也深入人心。这次二高炉停炉期间，员工收入大为减少，但班组长以上的职工，自动不加分，而把分加给基层一线工人。钱虽不多，却使得员工间的关系更加密切，劲头更足。

二是发扬团队精神。炼铁厂的团队理念是“像钢丝绳一样拧成一股劲”。这是他们从实践中的切身感受。发扬团队精神，不仅是力量的简单增长，而且是通过诸多因素的整合，发挥更多的优势，促进智慧的凝聚。过去高炉出问题，往往推之于原料，“七分原料”嘛，现在炼铁厂主动将关口前移，触角延伸，与供应部门密切配合，采取入场原燃料供应链管理模式，对外购焦炭、自产焦炭、煤粉、烧结矿、球团等分别制定并推行了一整套质量管理标准，抓好料场、倒运、储存、供料、筛分各个环节，及时掌握原燃料变化情况，以利于快速应对。过去生产科只管生产，设备出事故，那是设备部门的事，现在认识到炼铁厂的哪个角落都同生产有关，主动同设备部门配合，发挥集体智慧，使有界面的分工变成无界面的协作。在创建学习型企业过程中，各个车间、班组都强调知识共享，信息共享，把个人的经验变成集体的财富，把隐性知识转化为显性知识，很多创新成果是整合的结果。团队出人才，协作出效益，促进了集体素质的提升。

三是打好基础。基础不牢地动山摇。炼铁厂坚持每年确定一个着力点，围绕一个主题抓管理，从开展“四查一定一抓”到建立安全预警机制，从建立健全内部局域网、推进管理信息化，到以“四精四清”为标准、实行全员设备管理新模式，一步一个脚印、坚持不懈夯实管理基础。坚持严格和宽容相结合，在执行规章制度上，在各项基础工作的建设中，包括生产操作、劳动纪律、安全生产等要求绝对严格，严在执行上，严在细节上，严在检查上。去年频繁的停炉开炉，特别是单炉生产期间，做到“双零”：安全事故为零，休风率为零，就是因为基础工作做到位，做的细。多次演练，及时发现问题，连每个闸门有没有锈迹，都要认真检查，以免开关闸门时出现问题，影响全局。对工作中出现的问题，炼铁厂分析不同情况区分对待，属责任心不强出现的失误严格考核决不手软，但对创新过程中出现的暂时挫折甚至失败则宽容，鼓励成功，不惩罚探索者，不过必须把问题弄清楚，总结经验，以利再战。鼓励职工敢于尝试，敢于突破。因为，不试，100%没机会；而尝试，至少有50%成功的机会。例如，在对高炉采取富氧措施时，有人怕设备老化，承受不了。他们不是知难而退，而是采取进攻姿态，在前进中发现问题加以改造解决。原先是出了问题，再去分析问题，解决问题，现在是主动发现问题，把问题消灭在萌芽状态。对员工的个性同样包容、宽容。有位年轻的大学生，有思路，有闯劲，作风正，工作肯干，他自认为是当“一把手”的料，厂领导不是简单地指责他“狂妄”，而是鼓励他要提升自己的水平，并为他创造条件，从最基层的一把手干起，现在这位年轻人已经逐步成熟，挑起了重担。年逾50的老职工，过去曾想早日退休，现在还想继续享受工作的快乐；年过不惑的炉前工，谈话时说，在这里当炉前工，其乐无穷。

归根结蒂，炼铁厂所以能创出如此辉煌的业绩，带出这样一支好队伍，关键还在于有一个好的领导班子，一个好班长。厂党委书记卢正春是一个勤于学习、善于思考，勇于实践的有心人。他正规教育是中专学历，但一直坚持业余学习，从大专、大本，前几年已经先后读完中央党校研究生班和清华大学的MBA，并取得高级经济师和高级政工师的职称。他在当工人时，就琢磨为什么一些班组长的话工人就不愿意听。于是他担任班组长后，就十分讲究方式方法，进行换位思考，与工人打成一片；以后每上一个台阶，他都这样观察、思考，因此他能体会、感受员工的疾苦，能与员工心连心。在工作中他主要是通过深入实际了解情况，而不是听取汇报来做决定，因此，在员工中有很好的口碑，很高的威望。

再过700天，随着首钢搬迁调整任务的完成，炼铁厂也将完成其历史使命。现在炼铁厂的领导班子正在深入思考，怎样确保全厂生产和超龄服役的高炉善始善终，继续保持其青春的朝气，创造新的辉煌；怎样进一步为新基地的高炉生产提供新经验、新思路、新启示；怎样继续在队伍建设上向有关方面输送更加优秀的人才。我们坚信，700天后，首钢炼铁厂将会以一个给世人以莫大惊喜的姿态举行告别仪式，将会以最优美的姿态亮相，以动人心弦的定格永远铭刻在人们的心中！

实施精益服务　打造一流企业[1]

——对中钢集团邢台机械轧辊有限公司经营管理的调查

2009 年初，我应邀访问了中国中钢股份有限公司（以下简称“中钢”）。中钢通过战略转型，不断培育和增强对钢厂的综合配套、系统集成服务功能，使“没有一家钢厂，也不生产一吨钢”的中钢，成为国内钢铁产业链中不可或缺的一环。近年来，从“现代生产性服务企业”的市场定位出发，中钢在铁矿、炉料供应、钢材贸易等原有业务的基础上，兼并重组了一批实体经济。目前，中钢的矿业开发、炭素制品、耐火材料、铁合金、装备制造等五个板块均具有了一定实力。

如何使每个生产经营单元按照集成服务的要求，更好地为钢铁企业提供精益服务，成为中钢及所属企业共同关注的新课题。中钢领导认为，中钢集团邢台机械轧辊有限公司（以下简称邢机），自 2006 年加入中钢以来，三年迈出三大步，实现了由量变到质变的跨越式发展。总资产增长了 1.73 倍，净资产增长了 7.19 倍，轧辊产量增长了 1.34 倍，各类连铸机、焦炉护炉装置、干熄焦等冶金成套设备产量也有大幅度增长；销售收入增长了 1.84 倍，利润增长了 17.94 倍，达到 4 亿多元。在去年下半年以来全球金融危机严重冲击的情况下依然保持月月盈利，正在向轧辊行业世界第一强企的宏伟目标大步迈进，并在精益化服务方面进行了成功的探索。

邢机的“精益服务”，就是将精益生产的思想精髓和操作方式延展到服务环节，在优选客户的基础上，在用户最需要的时间，最需要的地方，提供最有效、最佳的服务，并以此带动企业产品开发、技术创新、质量提升、操作改进、形象改善等企业现场工作，有效促进了企业核心竞争力的形成。具体做法很有借鉴和推广意义。

一、打造世界轧辊行业第一强企，确定精益服务方向

始建于 1958 年的邢机，是原国家冶金工业部直属的冶金机械修造厂，经过几十年的建设与发展，逐步成为轧辊专业制造企业。2006 年，邢机整体加入中钢，在发展历史上翻开了具有里程碑意义的新一页。

邢机加盟中钢后，最突出的就是很快融入到中钢的战略体系中。2006 年 3 月，中钢对邢机的发展提出总体思路和目标，即：将中钢邢机建设成为国际上最先进的轧辊研发基地，建设成为一个立足中国市场、服务于世界钢铁工业的具有国际化视野和全球竞争观念的现代化、国际化企业。

为全面贯彻中钢提出的发展要求，邢机按照中钢集团的整体发展战略，对我国钢铁工业及全球钢铁业趋势进行了认真分析和研究判断，并对世界知名轧辊企业进行了深入调研

---

[1] 原载于 2009 年第 6 期《冶金管理》。

和走访，包括日本日立、日立金属、久保田、德国GP公司、瑞典ESW公司、美国联合电钢公司和巴西维拉尔斯公司等，既找到了与世界先进企业的差距，也认识到自身的比较优势，进而增强了跻身世界强企的信心和决心，进一步明确了“将中钢邢机建设成为具有国际化视野和全球竞争观念的世界轧辊行业第一强企”宏伟目标，确立了“为全世界现代化轧机提供最新最优产品和满意服务”的精益服务方向，确定了企业“十一五”战略发展规划：通过实施大客户战略，市场份额达到世界第一，其中国内市场占有率50%，出口产品达到总产量的1/3；高起点实施大规模技术改造，技术装备水平达到世界一流水平；加快自主知识产权培育力度，产品研发能力和速度达到世界第一；持续改进和提高产品实物质量，将“邢机轧辊”建设成为世界第一品牌；巩固和提升现代化管理水平，企业管理绩效进入世界领先；加快与中钢文化的融合与统一，企业文化软实力建设成为全行业典范。

为整合内部资源，集中内部统一管理，邢机还对改制分离出去的异型辊公司、线棒辊公司、小冷辊公司及设备公司资产等进行回购，使专业化生产能力及整体竞争实力显著增强。2008年，邢机轧辊产能达到18万吨，超过位居世界第二的瑞典阿克斯集团100%，精益服务能力得到系统集成。

二、实施大客户战略，明确精益服务对象

过去，邢机无论客户大小、实力如何、信誉怎样，谁来订货都“一样对待”，结果造成了巨额货款难以回收，形成呆死账。邢机在最困难时期服务对象曾达500多家钢铁客户，年销售收入只有3亿多元，应收账款却有4亿元。加入中钢后，薛灵虎总经理通过分析对比，发现企业利润的80%来自20%的规模大、轧辊订货量大、大型轧机为主、资信程度高的大客户，而其他80%的客户则是导致应收账款巨额增加的主要来源。于是，决定改变四面出击的、离散无序的市状况场，在市场营销中引进了CRM，即客户关系管理理念和理论，制定了把有限的资源供给最关键少数的集中优化市场的营销策略，即“大客户战略”。集中服务好年钢产量500万吨以上、年订货量5000万元以上的国内外知名钢铁企业。经过三年来的调整与运行，邢机已与国内排名前30位、世界排名前10位的大钢铁企业建立了长期合作的战略伙伴关系。实践证明，这些大客户不仅为邢机带来了80%以上的合同量，还创造了95%以上的利润。

大客户战略的实施，优化了客户资源，提高了市场集中度，促进了产品结构的调整。由于邢机的重点大客户都是世界知名和国家扶持的优势钢铁企业，轧机装备基本处于世界先进水平，产品为高端用户服务，对轧辊的品质、性能和服务要求很高，这促进了邢机产品结构的优化调整。3年来，邢机瞄准这些世界先进的现代化轧机，加大了轧辊新产品研发速度。现在邢机轧辊的国内市场综合占有率已达38%以上。其中，热轧板带轧辊国内市场占有率达65%以上；冷轧带钢轧辊国内市场占有率达70%以上；大型型钢轧机轧辊国内市场占有率达80%以上；轨梁轧机轧辊国内市场占有率达85%以上。2008年出口轧辊达3.5亿元人民币。

“大客户战略”的实施，规避了经营风险，提高了抗风险能力，增强了盈利能力。3年来，邢机没有发生一笔坏账，应收账款账龄1年以内的占98.5%，其中80%左右是3个月以内的。

“大客户战略”的实施，突出了重点，明确了方向，为精益服务找到了主要服务对象，

转变了经济增长方式，为“精益服务”创造了有效实施的市场基础条件。

“大客户战略”不等于放弃其他客户。邢机拿出20%以内产品接受一般客户的订货，并根据对方资信度等具体情况在预付款比例、交货期等方面实行差别政策。

三、加大现场服务力度，提高精益服务水平

为全面实施大客户战略，邢机围绕“差异化产品、特色化服务”营销策略，大力加强市场网络终端建设，加大现场服务力度，提高服务质量，走出一条“科技主导型、技术营销型、增值服务型”的营销道路，使精益服务落到实处。

邢机在国内的战略大客户中相继建立了7个营销处、12个办事处，常驻客户。人员配置突出技术营销的特点，派出懂技术、会营销的经验丰富人员，根据不同情况，分别配有汽车、电脑以及探伤仪、硬度计、现场金相仪等有关检测仪器，成为“精益服务”的前线窗口。他们的职责是：

（1）做好售前、售中、售后全过程服务。在深入掌握客户单位的轧辊使用条件、使用环境、轧辊管理水平和轧机操作人员素质等情况的基础上，帮助客户选择、设计最适宜的轧辊材质，解决客户使用过程中发生的问题，为公司新产品研发、工艺技术的改进和产品结构调整等提供有价值的信息。

（2）实施轧辊使用全过程跟踪管理。从轧辊上机到报废做好全过程跟踪，包括轧制量、轧制品种、规格、磨削情况等，搜集技术参数，整理运行数据，加强过程检测，分析存在问题，帮助客户完善轧辊管理制度和使用技术，总结维护经验，提高轧辊使用效果。

（3）从客户角度出发提供超值服务。掌握用户现场使用、消耗、库存、生产计划等信息，引导客户控制建立合理库存，在既不影响客户生产，帮助客户节约资金的同时，使邢机的生产能力形成有效的产出；掌握客户技术进步、结构调整、产品升级情况，以及由此引发的对轧辊品种、质量等方面需求的变化，及时发现用户现实和潜在需求，指导内部生产，持续提高产品技术性能和适应性。

完善的营销网络终端建设，使邢机实现了从“服务客户”向“引导客户”转变、从“满足客户”到“感动客户”转变，进一步赢得了广大客户的信任度和依赖度，从而巩固和扩大了市场份额，大客户的市场订货量实现持续增长。

四、技术改造升级，奠定精益服务基础

实施“精益服务”，技术装备和产品优势是强力支撑。加入中钢后，邢机根据新的战略定位，以“世界轧辊行业第一强企”为目标，全面启动了“三大技改”工程建设，即热轧板带离心铸造轧辊生产线、冷热带锻钢轧辊生产线的产能扩张和国家级技术中心、国家轧辊材料重点工程试验室建设。这次大规模的技术改造，突出的重点是满足国内新引进的具有国际先进水平的大型热、冷连轧机在品种规格上的需要，持续培育全面领先市场的“独特产品”，扭转长期以来一些高端轧辊依靠进口的局面。

在技术改造中，邢机以高起点、高速度、高质量，快速形成综合配套生产能力的“三高一快”为指导思想，三年完成近200个技改项目，新增工业厂房14.29万平方米，没有新购一分土地，没有向中钢要一分钱，技改投入全部靠自筹资金。已形成完备的铸钢、铸铁、锻钢三大系列9条轧辊产品生产线，成为世界上唯一覆盖黑色和有色金属轧制全部领

域的轧辊研发与生产厂家。

邢机在组织管理上打破了过去成立专门指挥部的做法，而是以生产分厂为主组建项目经理部，避免建设和生产脱节、工程建设单位与使用单位的协调衔接不紧密的问题。在技术改造过程中，邢机还派驻人员到设备制造厂家，使生产人员及早介入、较快地熟悉设备状况，为投产后的设备运行达产打下了良好基础。

大量采用国产化的装备，是邢机技术改造的一大特色。改造中，除了为解决产量增加的急需，进口了几台数控机床及检测仪器外，都是通过国内企企合作、企校（院所）合作，联合开发、研制成功的。许多设备创造了国内第一、国内唯一，使邢机成为使用和推广国产化设备的基地。如：我国目前同类型设备规格最大的特大型卧式离心浇注机、承重100吨的大型轧辊磨床、双柱三梁8000吨油压快锻机、大型轧辊荒磨机等都是同兄弟厂校合作研发的；邢机还自主研发成功国产首台一接二、温度闭环控制的冷轧辊双频淬火机床。实践检验，这些设备的性能不亚于进口设备，投资却节省了50%以上，而且极大的缩短了制造交货时间。像卧式离心浇注机引进需要1400万元人民币，而邢机只用了500万元，时间较国外进口缩短了近半年。此外，邢机还自力更生对原有机床进行数控化改造，每台只花四五十万元，节约了大量的技改资金，提高生产过程机械化、自动化、智能化、数字化的质量控制能力，更锤炼了一支队伍。

由于技术改造实现了短平快，投资省，见效快，投入很快得到回报。2006年至2008年，企业利润从1.11亿元跃升到4.02亿元。虽然累计投资16亿元，但资产负债率却由91%降到70%。目前，邢机实施的冶金设备生产线技术升级改造、小型冷轧辊生产改扩建、中型线带材轧辊和异型辊产品结构调整改扩建工程也已相继竣工投产，国家级轧辊研发中心主体大楼已建成。

五、狠抓产品质量，丰富精益服务内涵

要实现精益服务，提升用户的满意度和美誉度，产品质量是重中之重。邢机的产品质量在国内是一流的，但与国际先进水平相比，轧辊质量稳定性、一致性尚有差距。为此，邢机开展了“两个工程”的劳动竞赛，就是在毛坯厂开展“方圆工程”竞赛，在加工厂开展“镜面工程”竞赛，不断强化质量意识，改进操作工艺，实施标准化作业，持续提升产品实物质量水平，加快了质量品牌建设。

这“两个工程”劳动竞赛，并不是简单地提出若干指标作为竞赛的目标，也不是短期的群众性活动，而是通过对各关键工序控制点的梳理、标准化、再梳理、再标准化，逐步做到所有工序都处于受控状态，从根本上促进产品实物质量的提高。因此，它着眼于夯实管理基础，重结果更重过程：第一步是要求各参赛单位对各个工序环节从人、机、料、法、环、测（检测仪表）等方面分别进行可控性梳理，找出必须设立的控制点。第二步是对梳理出来的控制点，分析哪些是受控的，哪些是尚未受控的；再进一步分析这些尚未受控的点哪些可以通过改进硬件来解决，也就是通过“机械化、自动化、智能化、数字化”的“四化”控制来解决，并将此作为装备创新的一个重点；对那些暂时还不能通过“四化”来实现可控的，则通过实施标准化作业来解决。第三步是组织实现“四化”和修订标准化、规范化的操作规程。从而推进产品质量的全过程受控。

竞赛每轮3个月。目前，“方圆工程”已进入第八轮，“镜面工程”也进入了第六轮。

每月由质量管理部牵头，进行检查、考核、评比，并在公司主要领导主持的会议上进行点评，明确下一步前进的方向。每一轮的考核评价标准都有所提高，既有连续性，又都有所侧重，对竞赛起着导向作用。以方圆工程为例，第一轮基础管理和工序控制的评分占到100分中的60分，工序改进占30分，而实物质量的效果只占10分，重点放在管理基础上。这一评价标准延续到第七轮竞赛，产品实物质量分值才提高到40%的比重。通过多次PDCA循环，共梳理出1600多个控制点；通过“四化”，完成了不可控点的转化近700个；90%以上的工序质量控制点实现了标准化作业。3年来，万元产值废品损失率平均每年递减30.35%，工序质量实现了本质化受控。不仅使轧辊质量达到国际先进水平，也导致了成本的降低。

通过竞赛，将学习型组织、全员创新和企业文化建设融为一体，促进了基础管理、基层班组建设的加强，提高了员工操作技能水平，进一步明确了员工的个人责任，促进了“三工动态转换”机制的落实。不少班组每月按一定比例评出优秀员工、合格员工和待培员工，对后者不是采取简单的末位淘汰，而是坚持“允许昨天不会，不能今天不学”的理念，促进员工“干什么，学什么，缺什么，补什么”的积极性，并通过相互帮助，加快后进到先进的转化，促进了岗位操作技能的提高，也促进了班组建设的加强。这两项工程由于不断注入科学管理的内涵，因而常赛常新，历久弥新，焕发出了蓬勃的活力。

六、推行全员创新，增强精益服务持续能力

实现世界轧辊行业第一强企的目标，必须具有持续创新的能力和实力；而要提升现代钢铁生产服务型企业的水平，提高服务化程度，丰富服务化内涵，使微笑曲线向两头延伸，也必须加大创新的力度。邢机努力构建以企业为主体、以市场为导向、对外产学研和内部产销研相结合的科技创新体系，形成重大科研创新课题立项、关键技术点题攻关和全员、全面、全过程持续创新，协调发展的格局，推进了企业的系统创新和集成创新。

一是围绕企业发展战略及中长期规划，加大研发资金的投入，加快企业国家级技术中心和国家重点工程实验室的建设步伐，完善研发装备及手段，努力将邢机技术中心建设成为世界一流的产品研发中心。2006～2008年，邢机研究开发投入分别占当年销售收入的3.8%～5.3%，2008年达到1.27亿元。

二是进一步健全产学研相结合的科研体系和创新平台建设，采取多种合作方式加强产学研合作和技术交流，依托高等院校和科研院所的专业技术人才与先进的试验检测设备的资源优势，加强合作，提高企业研发能力、现代科技成果的应用能力。

三是以市场为导向，健全产销研相结合的科技创新体系。把解决用户现场使用问题作为科研课题，将轧辊使用研究和制造研究结合起来，为不同的轧机设计和制造最大限度满足用户要求的产品，更好地提供差异化、个性化的服务。

四是加强对核心员工的激励机制。建立管理、技术、技能三条人才成长机制，对首席工程师（技师）、主任工程师（技师）、责任工程师（技师）实施动态考核，发挥他们在科研攻关、工艺技术改进、质量稳定控制等方面的带头和示范作用。

近几年，邢机共荣获各级科技进步奖66项，其中省部级以上科技成果27项。自主研发了代表当今轧辊制造最高水平的高速钢轧辊以及高铬钢、工具钢等高档次的大型轧辊，研制了5米以上大型宽厚板轧机工作辊、新型冷轧硅钢工作辊等填补国内空白的新产品，

取得了良好的市场业绩。还在消化吸收引进设备的基础上，自行研发了双频淬火机床，差温热处理炉以及喷雾淬火热处理工艺设备等核心技术装备，提升了精益服务的能力和水平。

邢机在全公司范围内深入持久地开展“全员创新”工作，是专群结合、推动邢机向创新型企业，提高企业核心竞争力的有效手段，更是实施“精益服务”的强有力的支持。2008 年职工共提出创新提案 39000 余项，平均每人 6 项多，职工参与率在 95% 以上，结题成果 26044 项，产生重要创新成果 881 项，直接创造经济效益 1.1 亿元。

全员创新，首先是在观念上破除迷信，让创新走下神坛，使广大员工认识到：创新就在日常工作中，现场的问题就是创新的课题，从而营造了“人人渴望创新，人人敢于创新，人人能够创新”的浓厚氛围。在组织领导上，成立了公司、分厂（部室）、车间（科室）三级领导小组，公司由党委工作部主抓具体业务，建立健全逐级管理、逐级考评、即时奖励的三级全员创新工作考评体系；还自行开发了管理软件，实现了公司级的创新提案网络化、自动化管理，评审和实施成果情况得到全程掌控。在机制建立上，一是简化了提案立项手续，职工创新提案可以随时提出、随时立项、随时结项、即时奖励（奖金一月一兑现）。二是改革了激励机制，公司从工资总额中提取 3% 作为创新工资。制定了提案与实施分离，实施与奖励分开的制度，提案被采纳后，先发给不同数额的奖金；在组织实施后再根据情况颁发奖金。三是评审公正、透明。分厂级的提案奖励金额每月张榜公布，公司级的由各专业组评委进行网络隐名评审，评审结果公开。四是成果共享。公司各部门都可以按照职权在公司局域网上查阅创新成果资料，相互借鉴。公司每年还组织评比，按创新成果授予一星到五星级创新明星员工称号，召开大会进行表彰。这些都增强了创新动力，激发了创新活力。

专业创新与全员创新的相互促进，相互作用，使创新提案质量越来越高，提案实施也越来越快、越来越多，促进了从个人创新到团队创新、系统创新的转变与延伸，围绕产品研发、质量改进、成本控制、安全生产、节能减排、班组管理等，不断向纵深发展的全员创新，不但解决了大量制约企业发展的瓶颈问题，也为实现精益服务提供了有力支撑。

七、改善厂容厂貌，树立精益服务形象

邢机加盟中钢以来，不断加大环境保护和综合治理力度，使厂容厂貌发生了根本性变化。

一是锁黑龙，蓝天工程结硕果。3 年来，为彻底改善企业环境，邢机在实施技改项目时，始终坚持“三同时”原则，对不符合环保要求的技改项目，坚决不立项、不开工、不生产。陆续淘汰了 40 余台 1 吨以下燃煤小锅炉，拆除了对环境污染较大的各种炉窑，从根本上改善了职工的生产与工作环境。引进了一大批低投入、低能耗、低污染、高效益的“三低一高”装备，积极选用一大批高效、节能新型加工制造技术，并大量引入城市煤气，将加热炉、热处理炉等燃煤炉窑逐步改造为燃气炉窑，有效减少了一次能源消耗量，实现了清洁生产。

二是治黄尘，净化工程有成效。2006 年以来，邢机先后对砂碾子除尘系统、10 吨、30 吨电弧炉等各类炉窑除尘系统进行大修改造，有效治理了生产过程粉尘污染问题，岗位的粉尘浓度达到国家标准的要求。2008 年与 2005 年相比，企业产量和销售增加了近一

倍，万元产值综合能耗标准煤降低36%，二氧化硫排放量下降28%。2007年企业通过了河北省环保系统清洁生产审核验收，2008年提前两年超额完成与邢台市政府签订的“十一五”节能减排目标。下一步邢机将大力强化煤气加热炉的余热回收利用，进一步减少污染物的排放，对厂区排放的污水进行净化处理，争取做到污水零排放，厂区照明全部改造为节能灯绿色照明。

三是建绿地，形象工程展新颜。3年来，邢机以建设花园式企业为目标，按照工业旅游的标准，大规模综合治理厂容厂貌及生产分厂作业现场，实施立体绿化、硬化、美化工程，努力打造绿色企业的新形象、新面貌。在厂区环境治理上，完善企业标识，实施了大规模的厂区道路改造，大面积新增树木和绿地，绿化面积大幅度增长。生态环境的持续优化，充分展示出现代化企业时代风貌和品牌形象。

四是严管理，现场面貌大变样。邢机通过分析查找生产现场环境存在的问题，提出定置管理要向深层次延伸，实现生产现场整体面貌根本性改观的管理要求，在全公司开展“5S”管理达标竞赛活动，加大生产现场环境治理。竞赛活动每6个月为一循环，每次循环完成后进行一次全面综合考评和验收，使每一名职工都参与到现场自主管理中来，逐步养成了文明生产的良好习惯，也为职工创造了一个良好的工作现场环境。

企业生态环境的优化，品牌形象的提升，文化软实力的增强，职工精神面貌的焕然一新，既向客户和社会展示了精益化服务有能力和水平，又以企业“软硬资源”的优化配置形成了邢机科学发展、和谐发展的局面。

人才开发　强企之本[1]

——宝钢人才开发院调查

世界一流的企业必须有世界一流的人力资源作为支撑，世界一流的人才要靠世界一流的教育培训来保证。正是本着这一理念，宝钢大力加强人才培训工作，而宝钢人才开发院从建立开始，就把目标定位在世界一流的教育培训机构。

一、领导重视，明确定位

宝钢从建厂开始，就高度重视员工教育培训工作。早在1977年12月，也就是宝钢建设第一根桩还没打下时，宝钢工程指挥部就成立了教育培训处；第一任负责人许言曾是本钢的总经理，以后陈锦华、张浩波都曾担任过宝钢工程指挥部党校校长。1979年，教育培训处划归宝钢总厂，成立教育培训中心。宝钢投产后，经冶金工业部批准，成立宝钢总厂教育委员会。此后，几届宝钢党委书记都兼任教育委员会主任。现任宝钢集团公司党委书记、副董事长刘国胜至今仍兼任宝钢党校校长。因此，教育培训工作总能得到公司主要领导强有力的支持，从而形成各级领导人人关心教育培训工作的局面。

2007年8月，宝钢教育培训中心更名为宝钢人才开发院，这对宝钢人才培训工作具有里程碑的意义。对此，宝钢领导强调指出：这不仅是名称上的变更，更重要的是职能上的改变，是为实现宝钢新一轮发展战略的重要措施。宝钢领导认为：新一轮钢铁业的竞争是软实力的竞争，是人员素质的竞争，从培训工作在提高人员素质的重要性的角度来讲，也可以说是培训工作的竞争。为此，人才开发院的功能定位是宝钢的“三大基地”，即员工教育培训的基地、公司管理研究的基地和员工创新活动的基地。并且要求，人才开发院在管理方面，要成为集团公司领导和职能部门传播管理理念、阐述发展战略、推行改革举措的第一讲坛；在技术技能方面，要成为集团公司员工进行技术交流，实现知识共享、开展创新活动的广阔舞台；在文化方面，要成为集团公司推行宝钢文化、凝聚员工力量、塑造企业形象的坚强阵地。总之，人才开发院要成为宝钢知识汇集、升华、传播的地方，成为宝钢软实力的重要组成部分，成为宝钢发展动力的提供者，成为宝钢所有员工在成长途中的加油站，最终成为国内著名、国际知名的教育培训机构。这些，既对人才开发院今后的发展指出了明确的方向，也提出了很高的要求。

人才开发院现有党校、管理研修中心（管理研究所）、工程技术培训中心、技师培训中心、网络培训中心、职业技能鉴定中心等6个培训实体，以及培训管理部、培训服务部（办公室）2个管理和服务部门。这样有利于各类资源的统一配置，各类信息的共享，教学水平的提高。人才开发院现有员工175人，其中6个实体人员共145名，占人才开发院

[1] 原载于2009年第10期《冶金管理》。

总人数的82.8%；人员最多的是技师培训中心，有44人。工作人员中研究生以上学历的37人，占21.1%；大学本科生104名，占59.4%；大专生24名，占13.7%；大专生以下的10名，占5.7%。在175名工作人员中，党员102人，占58.3%。

宝钢在教育培训工作上是舍得花钱的。1991年，宝钢用了200多万美元和2000多万人民币，建设了一个建筑面积7000多平方米、有600个实训工位的具有当代先进水平的技能培训实训基地。其中，包括与国外合办的电气仪表和液压气动等3个联合培训中心。以后，教育培训中心新建了主楼、研修楼、文体楼、公寓楼等培训设施，已经形成一座有各种先进教育设施的现代化教育培训基地。目前，还正在进一步改造扩建中，并将在常熟建设宝钢领导力发展中心，作为高层次管理人员的培训基地。每年的培训费用约占职工工资总额的2.25%，2008年，宝钢的职工教育费支出1.3亿元。

但宝钢的培训工作并不是包办一切，而是重视发挥自己的优势，办出自己的特色。在办学方向上，提出了“强化、弱化、转化”的“三化”方针。即强化社会资源无法替代的培训；弱化由社会来承担比宝钢自己做更有效、更经济的那部分培训；稳步退出职前学历教育，积极创造条件促进从事弱化方向工作的人员向强化方向转化。这就使得宝钢能集中人力、财力、物力，以较为经济的代价，换取较好的培训效果。

正因为宝钢坚持不懈地开展了各个层次、多种形式的培训活动，从而保证了各期工程的顺利投产和正常运行，促使各类人员素质的不断提升，为增强宝钢的竞争力、加快迈入世界先进行列作出了重大的贡献。宝钢曾委托复旦大学管理学院进行“宝山钢铁股份有限公司人力资源开发（培训）投入产出分析”，研究结果显示，宝钢在培训上每投入1元，在3年内产生的回报达到15元。这还是前几年的情况，现在肯定要比这一效果更好。

在实践中，宝钢各级领导越来越深切地认识到培训的重大意义。过去宝钢生产经营活动的基本业务环节，一致的看法为：工程建设—生产制造—营销；现在则把培训也视为生产经营活动的基本业务环节，具体表述为：工程建设—生产制造—营销—研发培训。人才培训已经成为宝钢发展战略的重要组成部分。

二、全面覆盖，突出重点

宝钢的教育培训，涵盖面广。从人员来讲，包含了全体员工，从新进厂的员工，到公司领导；横向包括各类技能人员、技术业务人员、管理人员；纵向覆盖盖了各个层次，像管理人员从B级到F级，也就是从作业管理层（BS-B）、专业管理层（BS-C）、经营管理层（BS-D）、高级经营管理层（BS-E）直到高级决策层（BS-F）；技术业务人员则从普通的“师”到主任师、首席师；技能人员从初、中级工到高级工、技师、高级技师，“一个都不能少”，都要在不同时期，接受不同的培训。2008年，宝钢共实施培训项目837个，培训154900人次（见表1）。

从单位来讲，不仅包括老宝钢系统，而且覆盖了近几年兼并重组的企业；包括原上钢系统（含梅山），以及新疆、宁波、广东、烟台、黄石、南通等地的企业。为此，宝钢强化了网络培训，对部分非现场指导型培训项目采用远程实时直播和网上点播课件方式进行。已形成门类齐全的网络培训课程体系，包括宝钢文化、宝钢生产与管理、管理知识与技能、员工能力发展、外语应用、计算机应用等6个模块，共163门课程、2930学时的网络课件。2008年，22%的培训项目全部或部分通过网络进行，占培训日的20%。

表1　2008年1~12月宝钢培训实施情况

项目类别名称	计划实施情况				
	项目数	开班数	培训人次	学时数	培训日
领导力	13	80	3437	7132	32128
党建与企业文化类	34	160	35832	3510	64240
管理类	126	392	22254	11645	72120
工程技术类	176	284	8974	5922	23669
综合管理体系类	32	95	3678	1588	6728
操作维护技能等级培训	265	384	12068	64340	215070
操作维护岗位培训	15	48	2311	13349	79908
计算机与外语应用能力类	45	141	4642	5319	22781
特种作业安全类	23	540	27026	13757	82394
网上培训	108	335	34678	6189	85988
合　计	837	2459	154900	132751	685026

从产业来讲，为适应宝钢的“一业特强，适度相关多元化”发展的战略布局，一方面将培训项目向供应链的两端延伸，有计划地开展对宝钢用户、供应商和合作伙伴的培训。2008年，人才开发院同资材备件采购部联合举办了2期供应链交流，每期都有宝钢战略供应商主管领导数十人参加；另一方面将培训项目逐步扩展到多元化产业，包括金融投资、资源贸易、工程项目、钢材延伸加工等培训，重点开展国际化商务人员和项目管理培训。

从内容来讲，宝钢人才开发院现有13大类课程，大体上分为3类：一类是企业文化方面的，包括：思想道德，企业党建和企业文化；第二类是企业管理方面的，包括：领导力，企业运营管理，国际化和法律法规；第三类是技术方面的，包括：冶金工艺和技术，产品和检验技术，安全、环保、新能源与资源可利用技术，设备与自动化技术，计算机与信息技术，还有通用理论、方法和工具。虽然在培训课程和培训时间上，占大头的是技术业务方面的，但宝钢十分重视对员工的政治培训。从1989年起，每两年一轮，对全体员工进行系统培训，至今已举办9轮，培训人员达到22万余人次；从今年起，宝钢公司党委又决定改为一年一次。不少员工正是通过这种轮训，增强了自己的使命感、责任感、光荣感，从而激发了他们创新的愿望，取得了良好的成绩。现在宝钢员工的政治轮训更名为宝钢员工创新与发展培训，宝钢党校也增称“宝钢员工创新与发展培训中心”。本着自主性、开放性，服务性的原则，为员工创建平台，营造气氛，协作共享，激发潜能。并与有关部门合作，定期举办“技师讲座”、“创新活动沙龙”、“创新成果发布会”和“专业管理研究班”等15类创新活动交流；2008年共举办各类创新活动41次。

在全面覆盖的基础上，各个时期有其不同的重点。在宝钢建厂初期，主要任务是确保各项引进的先进设备顺利投产，重点自然就放在岗位培训上；随着一期工程的投产，以及从新日铁引进的现代化管理模式的推行，要求极大地提高劳动生产率，大工种的培训一度提到重要日程上来；以后，围绕宝钢进入世界一流强企的目标，岗位能力提升的培训日显重要；当前，各方面领军人物能力提升更将成为重中之重，2007年，公司学习借鉴美国GE公司克劳顿培训中心的经验，决定在常熟建立领导力发展中心，以高层级管理人员为重点，加强培训力度和深度。

三、围绕需要，不断创新

2007 年宝钢公司下发的 322 号文件《关于加强培训工作的指导意见》中，提出了培训工作的四条基本原则。第一条是“以人为本，需求导向”（另外三条是：统一体系，分层实施；目标管理，流程驱动；资源共享，聚焦特色）。这个需求导向一方面是宝钢发展的需求导向，另一方面是员工发展的需求导向。只有两者很好的结合，才能使培训针对性强，有效性高。

培训绝不能满足于参加人员的多少，培训课时的多少。关键在于，通过培训员工的素质得到提高，潜能得到发挥，工作有了改进。往往员工们对提升自己素质有着强烈的愿望，但怎样来实现这一愿望，却只是有模糊的憧憬。怎样把这些模糊的愿望变成实际的培训项目，特别是如何更好地适应宝钢战略发展的需要，大力加强员工在职研修、探索创新各类人员在职研修的内容和形式，成为宝钢教育培训机构的紧迫任务。

拿作业长的来说。作业长又有“小厂长”之称，他们对宝钢生产经营，起到十分重要的作用。如何不断提高作业长的水平，不仅是作业长自身的迫切愿望，也是宝钢各级领导关心的大事。宝钢教培中心的培训师们经过 4 个月的调研，最终推出了“4 + 1”的培训模式。这一培训模式，充分体现了培训师们创造性的劳动。所谓“4 + 1”，即：管理新概念、技术创新思维、技能拓宽、前沿技术应用等 4 个单元的研修和 1 篇技术论文。应该说，这是作业长培训的一个突破。他们举办了为期 4 个月的炼铁作业长综合研修班，49 位炼铁作业长利用双休日的时间参加培训，每个单元大体上是一个月。内容涉及系统工程学、现代信息检索、管理系统思考与创新、6σ 质量概念、专利法、知识产权以及技术创新等 12 个方面的内容；教学方法上采取理论讲座与案例分析、专家答疑相结合；考试则采取课堂和岗位考核相结合。全部课程结束后，利用学习的理论知识结合本人的工作实践，完成一项生产现场应用成果，并撰写论文，进行答辩。这样的培训，使学员更新了知识，开拓了视野，而且学以致用，既收立竿见影之效，又为今后结合岗位实践，进行自我提高打下了良好的基础，因此深受学员和各单位领导的欢迎。以后又陆续举办其他专业作业长的培训，对全体作业长进行轮训。一些学员正是通过这一培训，知道了什么是专利，怎样来申报专利，领悟到其实自己平时工作实践中的一些革新成果，也具有申报专利的价值，从而推动了宝钢一线员工总结自身实践、申报专利的持久性的热潮。2008 年宝钢股份公司一线员工申报的专利约为总数的 50%，达到 400 多项（全年集团公司申请专利 1232 项）。

这种模块式的培训方式，现在已被普遍采用。像梅钢就针对身居一线的专业技术人员，举办了“素质班”，开发出“3 + 1”培训模块。“3”是知识拓展培训（124 学时），包括管理知识与创新思维、专业工具应用和专业技术拓展 3 个课程模块；“1”是指现场课题研修，历时 8 个月，以“掌握课题研修方法、提高解决问题能力”为目的，参照工程硕士的课题研究模式，指导学员通过解决一个实际问题的实践过程，掌握课题研修的基本方法和解决现场技术问题的流程。

对技师和高级技师，由于国家和冶金行业的职业标准尚未建立和完善，人才开发院把代表国家、行业和地方标准的“1”和代表宝钢需求的“X”有机地融合在一起，创建了具有宝钢特色的“1 + X”培养标准。

提升岗位技能培训，除了上述以“技术引导”的方式，跟踪新技术、培养新技能，开展提升员工综合素质与实践能力的拓展培训外，还有一种以“问题驱动”的方式策划培训项目，这特别适合于高级技术人员培训，一般是围绕产品质量、工艺操作，采取案例化、研修型的模式，实施产学结合的岗位技能深化培训；比较典型的就是“3Q”研修模式，它是以现场工程技术问题（question）为切入点，以提高产品质量（quality）为目标，以对现场生产实施快速（quick）培训响应为宗旨，改变了以往以专业为主线的课程设计模式，由课程培训转为问题培训。按照培训的专题，将有关的生产、销售、科研以及主要客户组织在一起，学员在开放式的环境中学习，发挥集体的智慧，共同来研究、解决问题。在3Q研修中，培训师的地位不再是单纯的“知识传授者”，而是培训全过程的设计者和组织者，他们根据研修课题做好教学方案的设计，明确研修目标，突出引导性问题，并组织学员对整个生产过程要素提出合理的技术建议。

四、教研结合，强化管理

管理培训原来是宝钢培训工作的相对弱项，人才开发院的成立，除了进一步加强对管理人员培训工作外，另一个重要功能就是成为宝钢管理研究基地。人才开发院于2008年11月成立了管理研究所，与管理研修中心实行“两块牌子、一支队伍”运作。它既是人才开发院的6个培训实体之一，同时也承担了管理研究的重任，使管理研究、管理诊断、管理培训“三位一体”。管理研修中心共27人，除2名领导外，管理研修中心17人，主要是承担培训任务，也参加相应的研究项目；管理研究所8人，学历都在硕士之上，90%的精力搞研究。

人才开发院成立后，大力加强了管理人员的培训，建立并实施“五层三进”管理人员培训体系。这是宝钢管理人员培训的一个重大突破。“五层”是指按照宝钢岗位层级图，形成的从作业管理层BS-B到高级决策层BS-F的五个层级；而“三进”则是指每一个层级中都含有任职基础培训、任职资格培训和在职研修三个递进的阶段，每一“进”都有与之配套的为数不等的子模块。这样就使每个管理人员在其职业生涯的不同阶段，都能有机会得到不同档次的培训机会，使管理人员的职业生涯发展与终身教育联系在一起，培训内容不仅考虑了各个层级的职业发展，还涵盖了管理人员在各个层级上的专业知识和技能研修；并结合现场管理实践，组织学员去现场进行管理实践诊断和总结活动。“五层三进”培训体系的建立，促进了管理人员培训在横向上得到深化、纵向上得到提升。“管理人员‘五层三进’培训体系的创建”荣获中国钢铁工业协会2008年冶金企业管理现代化创新成果一等奖。

“五层三进”培训体系的建立，还需要相应的配套机制，才能落到实处。从2008年1月1日起，宝钢规定拟提拔的各级管理人员，取得任职资格培训证书后方可上岗。对工作迫切需要、未经培训的人员，只能先代职，通过培训后才能正式任命。就是：先培训，再上岗；未培训，代上岗。因此，使管理人员任职资格培训得到了很好的实施，真正实现优秀管理人员优先得到培训的目的。2008年全年举办任职资格培训班33期，1391人。总起来说，2008年全年已经开展BS-B级培训19期，共计968人；开展BS-C级培训8期，共计287人；开展BS-D级培训4期，共计99人；BS-E级培训2期，共计37人。按照2008年底人数统计，D级（公司总部副部长以上）参加培训的人员占该层级人员总数的16%

左右；E 级（公司总部正部长以上）参加培训的人员占该层级人员的 23% 左右，F 级（集团总部助理以上）的 13 人，占该层级总数的 1/3 左右。

“三位一体”体系的建立，使教学培训和研究紧密结合，相辅相成，相互促进。人才开发院管理研究的重点是：总结、提炼宝钢优秀管理实践，并转化为具有宝钢知识产权的管理课程；结合公司领导关注的重大焦点问题开展管理诊断研究，形成相关对策或方案性报告；结合公司管理变革开展管理研究，形成并完善管理变革推进方案。这些研究成果通过课程化、产品化、方案化、模式化，充实、丰富并提升了管理培训的内容，支撑了一些重大课程的开发；有的通过培训进一步传播推广，在实际管理工作中起到很好的作用。管理诊断的课题一般都是由公司领导提出，在实施中把培训和研究结合起来，由老师和学员共同来做。一般是由教师教给学员诊断方法，由学员进行诊断。

两年来，鉴于形势发展的需要，宝钢大力加强高层领导人员的能力素质培训，将其放在更加重要的战略地位。在常熟，仿照 GE 公司的克劳顿村，专门建立宝钢（常熟）领导力发展中心，加强对宝钢领导力课程开发。梳理出一批宝钢领导力案例，并在徐乐江董事长和刘国胜副董事长兼党委书记的亲自领导和组织下，用一年多时间，完成了宝钢领导力研究报告初稿，提出了宝钢领导力的 7 个核心要素。他们争取用三年左右时间建立具有宝钢特色的领导力课程体系，以强化领导力培训的系统性、针对性和有效性。

五、以我为主，借用外力

“大学者，非有大楼之谓也，有大师之谓也”，以世界一流企业大学为目标的宝钢人才开发院也是把工作重点放在选用师资、提高师资队伍素质上。他们从宝钢的实际出发，在师资队伍建设上，采取专兼并重的方针，既聘用内部专职教师，更重视聘用公司内外的兼职教师，尤其是具有丰富管理经验的高层领导和各部门负责人来授课，这实际上是一种人才互动的开发，既能与学员分享工作经验和体会，对自己也是一个再学习、再总结、再提高的过程。截至 2009 年 7 月，人才开发院正式颁发聘书的兼职教授厂内 66 人，厂外 3 所大学（东北大学、上海交通大学、安徽工大）22 人，兼职教授 100% 参与培训。在全部授课量中，宝钢专职教师、宝钢内兼职教师、社会兼职教师的授课课时时数比例基本维持在 3∶4∶3 左右。厂内兼职教师授课是义务，是责任，中高级管理人员没报酬，基层管理人员和技术技能人员略有薄酬。目前，宝钢管理人员都以到人才开发院授课为荣。此外，他们聘请了来自多个不同国家的专家、教授到宝钢讲学或工作，引进国际先进教学装备并与国外企业建立了多个联合培训中心。还与国内外著名企业和大学建立了人员互派培养的合作关系，并先后派出骨干教师上百人次赴国外进修。

教师的一个主要责任是进行课程开发。课程开发还是围绕“两个需要”，以自主开发为主，适度利用社会相关资源；课程建设强调集成创新，把各个已有的理论和实践有机地结合起来，融会贯通，形成新的课程；形成一批与宝钢战略规划实施相匹配、社会不可替代的培训课程。2008 年共组织开发课程 80 门，占目前所有课程总数的 6%。2009 年人才开发院对现有课程进行了梳理，形成了 450 多门使用频率高、重要性强的基础课程。他们还按照“强化、弱化、转化”的原则，加强、加快一些培训师的业务转化，像六西格玛培训起初是委托外培的，以后，宝钢领导要求强势推进六西格玛管理，并自主实施六西格玛培训，以保证培训效果。4 位培训师和宝钢分公司选拔出来的 7 位黑带，组成六西格玛培训团队，立刻进行转化，参加了黑带大师强化培训，在此基础上，自主编写了有关教材，从学员评价和现场反馈来看，普遍认为比外委培训更具宝钢特色、更符合分公司实际、更受学员和现场的欢迎。现在，宝钢已成为全国钢铁业、制造业推广六西格玛管理工作的标兵。

对公司级重大课程开发，公司领导亲自组织，徐乐江董事长亲任宝钢领导力开发编审委员会主任，刘国胜书记任该课程开发领导小组组长并具体组织课程开发工作。2008 年，有 15 位公司领导人和 45 位公司职能部门和子公司负责人来人才开发院授课和参加课程开发。人才开发院领导更是亲力亲为，参加课程开发工作。“3Q” 研修模式开始定名为“无边界研究性研究模式”，叫起来很不顺口，又不易理解；后来人才开发院党委书记莫臻建议根据该研究模式注重速度、质量、问题的特点，将研修模式取名为“3Q”，得到一致好评。

对教师的绩效考核，是多方位的。不仅只是授课时数、学员评价，还有课程开发参与度，培训的策划、组织，办班的组织，培训后的跟踪管理等，把 KPI 的指标层层分解。这方面的工作还在进一步摸索中。

宝钢人才培训工作，虽然在业内居于前列，但他们仍在不断寻找差距。他们对照全球 127 个具有代表性的组织，发现宝钢的培训支出占工资比重排名第 61 位；和大型组织、标杆组织相比，宝钢的比重是其一半。在培训的针对性和有效性方面，也需要进一步加强。对此，宝钢人才开发院已经确定其远大目标，就是在人才开发院成立 10 周年（2017 年）之际，建设成为与宝钢发展战略目标相匹配、具有宝钢特色、世界一流的企业大学。我们预祝他们的宏伟理想能得以实现，为我国钢铁界的人才培训工作提供更丰富、更宝贵的经验！

首钢兼并通钢前与首钢有关人员赴通钢的调查报告[1]

按照总公司领导的安排，我和宣传部彭建军、改制办闫杰、销售公司杨益毅、供应公司方华南一行5人，于5月21日到27日到通钢进行调研。在此期间，先后到了通化的通化钢铁、白山的通钢板石矿业公司、四平的制品公司以及长春的通钢集团总部。在通化，巩爱平董事长亲自主持会议，向调查组介绍情况，集团公司及通化钢铁在家领导以及有关部门的负责人都出席了会议。在白山和四平，两家子公司也都由该公司董事长主持会议，介绍情况，公司领导班子以及各有关部门的主要领导也都出席了会议。在通化和长春，我们还分别召开8个小型座谈会，并同集团公司和通化钢铁的部分领导成员和有关部门领导，作了个别交谈，共接触了72人；还参观了通化、板石和四平三地的现场，阅读了通钢提供的有关材料，包括集团公司主要领导近年来在职代会、工作会议以及对标挖潜会等重要会议上的讲话，各部门提供的有关资料，以及去年以来的《通钢报》；还阅读了竺延风副省长在去年年末在通钢的两次讲话。

此前，首钢已先后到通钢进行了两次较大规模的调查。一次是去年12月，由徐凝副总率领的首钢控股公司调查组，第二次是今年1月派出的36人尽职调查组。行前我们阅读了两次调查的总报告以及尽职调查组的5份分组报告，感到所提供的资料比较详尽，我们此行只能是在前两次调查的基础上，就部分专题作些稍为深入的调查，并在某些方面适当进行拾遗补缺。特别是要通过与通钢干部职工的直接交谈，了解对兼并重组的真实思想；了解可能存在的不利于兼并后进行重组的障碍，以及当前管理现状。其目的是使首钢兼并通钢后，能缩短磨合期，加快融合的进程，尽快顺利地实现企业重组，促进通钢健康发展，圆满实现双赢。

调查过程中，通钢领导配合密切，集团董事长亲自介绍情况，党委书记崔杰全程陪同，并作出细致安排，使我们的调查工作得以顺利、高效进行。

通过现场考察、座谈交流、阅读资料，我们初步形成了如下几个观点：

（1）随着大环境的改善，以及通钢领导的艰巨努力，通钢无论在生产经营上还是员工精神面貌上都有明显改善。“7·24事件”以来，总体上情绪稳定，人心向上，可以说已经走出了“7·24”阴影。经济效益逐步改善，今年以来，技术经济指标有较大提升。

（2）通钢上上下下，对首钢兼并重组，怀有强烈的愿望，要求加快兼并重组进程的心情相当迫切，基本上不存在影响兼并重组的障碍性问题。推迟兼并进程，不利于凝聚人心，不利于今后重组。

（3）通钢各项管理比较规范，管理基础较好，有一批先进的基层单位（像我们看到

[1] 写于2010年6月2日。此件只送首钢总公司领导，未曾公开发表。

的板石矿业公司)，有良好的文化积淀。

当然，也存在一些需要进一步探讨以及值得注意的一些的问题。在思想观念上，目前在部分干部中，强调客观，缺乏主观能动性；相互间协作不够，影响整体效益的发挥；在具体管理工作上，也有待改进和加强。这在下面再谈。

一、今年通钢生产经营情况

2009 年，通钢由于内外部的种种原因，经济效益明显下降，吨钢利润、吨钢成本，以及主要技术经济指标在行业中排名处于后进方阵中。350 立方米和 810 立方米的高炉综合焦比在全国 54 家企业中排名倒数第 8 位，2680 立方米的大高炉在全国 24 家企业中排名倒数第 3 位；钢铁料消耗：70 吨电炉在全国 22 家企业中排名倒数第 4 位，25 吨转炉在全国 51 家企业中排名倒数第 10 位，炼轧厂在全国 42 家企业排名中居倒数第 8 位。

今年以来，随着钢铁工业大环境的改善，通钢自身各方面工作的进一步加强，特别是按照竺延风副省长的指示精神，在全公司范围内开展了“自我重组”的三自教育，强调自我反思，自我学习，自我重塑，并进行了“自强自信”的大讨论，动员广大员工找差距、摆问题、定措施、抓整改，寻找出血点，制定止血措施，人心思上，人心思进，企业凝聚力大为增强，生产经营情况有了明显好转。实现利润有大幅度增长，1 ~4 月已实现利润 1.68 亿元，5 月份预计利润可达到 1 亿元左右。这样，1 ~5 月实现利润就可超过原计划全年利润的 2 亿元。高炉综合焦比、转炉钢铁料消耗、各个工序能耗、轧钢的成材率等主要技术经济指标，无论是同去年四季度比，还是同今年预算比，都有不同程度的改善，缩短了与同行业的差距。炼轧厂从今年 2 月份起，实现了负能炼钢。

生产安全情况有较大好转，2009 年全年工亡事故 6 起，外协单位死亡事故 2 起，重伤事故 3 起，轻伤事故 18 起。今年截至目前，只发生 1 起重伤事故。这一方面是由于加强了管理，更主要的是反映了员工精神面貌的改变。

二、关于兼并重组问题

在通钢期间，强烈地感受到通钢上上下下，都对进入首钢集团抱有强烈而迫切的愿望。去年 12 月 22 日，竺延风副省长来通钢，曾在没有通钢领导参加的情况下，召开了 3 个座谈会，听取了通化钢铁领导班子、离退休干部和和退休职工代表，以及基层干部和职工代表参加的各方面意见。事后在 266 名职工代表中，就鞍钢、首钢、华菱 3 家有兼并意愿的企业进行无记名投票，结果只有 3 票表示“谁都可以”，其余全部投向首钢。这充分反映了通钢员工的人心所向。今年 1 月，36 人庞大队伍的尽职调查来到通钢，更激发了通钢人的强烈反响，认为通钢进入首钢是板上钉钉了。5 月份，首钢朱总、王总率队前往，虽然通钢进行低调处理，报刊上没有进行报道，但立即在广大员工和家属中广泛传播，引起极大反响，认为进入首钢是指日可待，促使员工们以更好的业绩来迎接首钢的到来。

从我们的亲身感受中，处处可以感到通钢无论是各级领导还是广大员工，对首钢抱有真挚的感情，特别是通过建龙兼并的 3 年中，对建龙的一些管理理念、粗暴的管理方式，简单的用人方法，脱离实际的分配原则，以及将原属通钢的公益性设施（如体育馆、游泳馆、办公楼前大广场)，强行划出等做法极为不满。现在回归到国企队伍，大大增强了职工主人翁责任感、归属感。从领导层来说，鉴于首钢兼并重组在即（原定今年 3 月就要签订重组合同，4月履行各项相关法律程序），他们当前的工作主要是保持生产经营稳定，队伍稳定，以创造条件，迎接首钢进入。

当然，在少数职工中也存在一些对兼并重组不健康的心态。主要表现：大树底下好乘凉，今后通钢不愁发展无资金；可以大幅度提高工资，达到同行业水平；一些离退休和内退职工，以及大集体等职工更是希望首钢兼并后彻底解决某些待遇问题（具体情况见下节）。针对这些思想，通钢做了大量工作，不致成为兼并重组的障碍。

在我们到通钢的前一天，工信部的陈司长和骆铁军副司长到了通钢，表达了两个观点：一是对不符合产业政策的高炉、转炉设备，可以实行先立后破，抓紧建设大高炉、大转炉，把350立方米的小高炉和25公称吨的小转炉推迟到2012年淘汰；二是对通钢的中长期发展规划，要从吉林省全局来考虑，如要扩大通钢规模，就要相应淘汰省里其他钢铁企业的产能。这第一条，为通钢的调整赢得了时间；但第二条，我个人认为，不是短期内可以解决的，可以列入今后吉林省的中长期规划来考虑，但不宜同这次首钢兼并重组通钢挂钩，否则必将推迟兼并重组的进程，既不利于通钢的长远发展，更不利于通钢的近期工作。当前，宜迅速按照原定日程，签订协议，落实新区征地，立即建设第二座大高炉和大转炉，然后淘汰老区小高炉和小转炉，保持现有规模，把工作重点放在强化管理、苦练内功、深挖潜力上来，进一步开发品种、拓展市场、节能降耗、降低成本，提高经济效益，然后根据当时形势再决定下一步规划目标。

三、关于改制等情况

通钢改制情况及目前存在的问题，1月份尽职调查组的劳动工资分报告已有较详尽的阐述。这次我们只是就兼并重组后如何处理提出一些建议供参考。

（1）辅业改制情况。2005年后，通钢参与改制的辅业单位有32家、5714人，还涉及内退及退休人员4295人。目前，32家企业中，有10几家经营状况较好，如设计院、监理公司等；15家左右运行一般，基本能维持生存；其他几家经营状况不好，亏损严重，有的已难以维持生存。这些改制企业剥离比较规范，其人事、党团组织关系已全部实现了属地化管理。从法律层面讲，通钢只以出资额为限，承担相应的责任。但在调研中了解到，一些经营较差的改制企业领导和职工，认为首钢重组后，通钢又成为国有企业，应该回到通钢。对此，我们认为：首钢重组后，应继续坚持目前通钢对改制企业的管理模式，以免引起连锁反应。

（2）职工股份分红问题。通钢改制后，职工持有一定的股份，各企业均按照《公司法》和有关规定进行了分红。其中，通化钢铁2006年和2007年进行了两次分红。但近两年，由于受市场和建龙重组事件的影响，通化钢铁连续两年亏损，到2008年末，每股净资产为0.87元，2009年数据尚未报告，预计为0.7元左右。大栗子山矿的净资产与成立时比，减值70%以上；四平金属制品公司的净资产已接近于零。现在有相当部分职工愿意将自己的出资变现，但如果按法规以目前账面值变现，职工难以接受。建议首钢重组后，暂时不对职工股回购，待今后择机予以处理。

（3）集体所有制企业情况。通钢集团下属9家企业有集体所有制企业。按照吉林省有关规定，通钢对其处于试点城市的3家企业进行了改制，目前已基本完成，涉及1004人，其经济补偿金的缺口为720.93万元。按照试点文件精神，这一缺口按30%、30%、40%

的比例分别由中央财政、省财政和主办国有企业承担。由于2005年通钢改制后引入了民营企业建龙集团，因此，主办国有企业承担的40%，由省国资委和省国资委在通钢集团股份的收益各占一半的方式支付。目前，还有6家集体所有制企业未实施改制，共涉及在册职工5757人、退休职工2934人。如这些企业改制，经测算其改制总成本为2.4亿元。其中，经济补偿金为1.1亿元，各项费用拖欠为1.3亿元。首钢重组后，是延续上述3家的做法，还是首钢也承担一部分？需要事先有一个说法。

（4）关于八类人员预提费用缺口问题。八类人员共计19495人，主要是退休人员（12892人）和内退人员（4030人）。2005年改制时，共预提费用121118万元，截至2009年末，已累计支付87310.4万元，多发生24169.8万元，账面余额为33807.6万元。根据目前支付情况测算，2010年及以后年度需支付费用还将有3.1亿元。因此总体上，上述八类人员的费用将比预提费用超支5.5亿元。对于此部分费用，建议在重组协议中明确由省国资委承担（其渠道可用省国资委在通钢的投资收益支付）。

（5）企业办社会问题。2005年通钢改制时，已将学校、幼儿园、公安等企业办社会的职能，全部移交地方管理。之后，随着采暖暗补改明补的实施，家属区物业也全部进行了剥离。对办公大楼前的广场及体育馆，原本不在剥离之列，但当时建龙强行要求剥离，为此通钢向区里支付了数千万元作为维护费用，还影响了职工的体育锻炼活动的开展。建议在首钢兼并后，将其归还给通钢，并退回部分资金。

（6）薪酬制度改革问题。通钢2009年职工人均收入为29000元，如去掉年薪制人员，基层职工收入人均还要低些。今年起，通钢进行薪酬制度改革，除年薪制人员外，人均月增加基本工资300元，另有300元效益工资，增幅较大。这就要求发动群众，努力增加企业效益，力争劳动生产率的增长高于职工收入的增长，使企业进入良性循环的轨道。

四、通钢管理现状和问题

通钢历史上有较好的管理基础。在20世纪80年代末90年代初，在地方骨干钢铁企业中，曾流传一句话：中原三雄（邯钢、安阳、济钢），东北一虎。东北一虎就是通钢。1989年我随戚元靖部长到通钢，两天的调研给我们留下了很好的印象，特别是在抓矿山资源上，思想明确，措施得力，“通钢通钢，有矿则通”，按照当时通钢的规模，铁矿石基本可以自给。这次到通钢，总体感觉也不错。管理工作有相当基础，管理队伍素质相对较高。即使发生“7·24”事件这样大规模的骚乱，但现有设备没有受到一点损坏，11个小时后，就成功实现了复产、达产、顺产，这充分说明了通钢这支队伍是好的，管理是有基础的。特别是板石沟铁矿，被命名为国家矿山公园，环境好，管理强，队伍精，董事长尤春林扎根矿山40年，兢兢业业，在冶金系统里也是不多见的。

在调查中，感到有些问题还需要进一步探讨。

（1）通钢集团的组织架构问题。2006年起，通钢集团将总部迁到长春市。当时也分析了利弊：一是与省领导近，能及时获取重大信息；二是融资机会增加；三是有利于吸引人才；四是便于兼顾通化地区以外的企业，特别是当时还有位于长春的吉林钢铁公司；不利处是与主要生产现场脱节。现在看，第一条优势很明显，其他几条未见成效，新建的吉林钢铁公司已划归建龙，长春地区只有设计院、国贸公司和矿业公司，而脱离主体厂的弊端却日益凸显。总部约有百余人，行政上设立9部，每个部也就是十来人，像经济运行部只有9人，购销部也只有9人，很难担当起有关方面的管理重任。总部管理部门与下属控股公司信息不畅，管理内耗，经济运行部长自称该部形同虚设，一点问题都解决不了，强烈呼吁回到通化。在同有关领导交谈时，也都认同目前出现的这些弊端，但认为当前应以稳定为主，不宜急于调整。总部100余人都已在长春购房，一些年轻人家属户口孩子上学等问题才解决，如回迁，又会引起新的动荡。我个人考虑，总部可以依然留在长春，但下设部门是否可以区别对待，将某些同生产关系密切的部门放在通化，同通化钢铁合署办公。此外，部门之间横向沟通不及时，如电炉停产、质量异议情况经济运行部都不知晓，还需进一步加强协调。

（2）生产组织管理问题。这几年，通钢经济效益不好，利润主要来自矿山。即使今年利润有大幅度增长，但钢铁主体利润微薄，1~4月财务报表吨钢利润仍为-2元，但将通化钢铁在通钢矿业投资的利润计入，则通化钢铁的利润为7000万元。在同通钢有关领导探讨效益差的原因时，普遍认为是原材料品质差（高炉入炉品位为57%左右，焦炭灰分大于13%），料场小（矿石料场可储存100万吨铁矿石），无法进行混料，以致高炉焦比高。今年1~4月2680立方米的7高炉吨钢入炉焦比高达426千克（喷煤110千克左右）。但据集团公司购销部提供的数据，1~4月，平均矿石品位高于65%，焦煤灰分约为9.4%。如果这一数字属实，入炉品位不至于只有57%，焦炭灰分也不至于超过13%。而且，焦炭灰分不是根据实际分析数据，而是根据经验，以焦煤灰分乘以1.4的系数。因此，对这些数据的真实性，也有人持有异议，认为是有关人员借此来自觉不自觉掩盖自身工作问题；还有一种看法是这些数据暴露了在取样分析，以及化检验环节上存在严重漏洞；最近已有多人因内外勾结，弄虚作假，篡改数据被逮捕判刑。但究竟涉及多少人，涉及款项多少，却都是语焉不详，连审计监察部部长都不知情。在信息化管理上，还显薄弱。

（3）市场销售情况。东北地区钢材消费量远低于钢产量。2009年东北三省的钢材产量为6291万吨，而钢材消费量只有2742万吨，资源净流出量占产量的56.5%，如果考虑其他地区进入的因素，东北地区钢材的实际流出率还要大些。从品种来讲，除冷轧窄带外，所有品种都是消费小于产量，建材消费量为1094万吨，只有产量1556万吨的70%，热轧板消费量为557万吨，是产量1721万吨的29%；优特钢消费量（243万吨）是产量（490万吨）的49%。通钢虽在建材上有一定的品牌优势，但近期竞争力已有所削弱，板材绝大多数都是低端产品，省领导要求能够为一汽提供板材，还有相当距离。因此，急需加强产品开发力度，并尽快发挥新投产的冷轧机及高速线材轧机的作用。此外产品成本偏高，公司领导要求提高销售的本省化比重，以减少运输费用。今年1~4月，本省化率达到82%，比预算提高6个百分点，但直供比只有40%，比预算低5个百分点。

（4）品种质量方面。新品开发尚未形成产销研一体化的有效机制，激励机制也不够健全。据技术中心提供资料，2009年，通钢与钢研院、东北大学、北科大等院校合作，开发了50CrVA弹簧钢连铸坯、X42-X70管线钢、20MnK矿用钢、HRB500带肋钢筋等10个新品种，新品产值达到59亿元，新品产值率为34.69%。这个比重不算低。但从销售公司提供的资料看，今年1~4月品种钢的销售量是15.0973万吨，产值率只有9.7%，两者相差悬殊。

在质量管理体系建设和规章制度制定上，都作了大量工作。产品实物质量，总的来讲，还比较稳定，但一些常见病屡发不止。2009 年全年用户异议 910 起，其中质量异议 520 起，数量异议 390 起。今年 1 ~4 月，质量异议 162 起，其中 122 起是优碳、合结圆钢因切削后发现细小裂纹和锻打后加工出现裂纹，板带的波浪、瓢曲、边裂、起皮、错层等 32 起，其余为角钢、槽钢裂纹、麻面、弯曲、厚度超差等。

（5）物资供应情况。通化周边主焦煤资源较为丰富，能满足通钢需求，但肥煤、瘦煤资源相对紧张，需从山西、开滦地区采购；铁精粉主要来自辽宁省，周边铁精粉资源规模较小，原料质量不稳定，波动大；废钢基本来自东北三省，质量较差，工业废钢极少。原料进厂质检环节问题较多。

近几年通钢执行本地化采购策略，缩小采购半径，增加周边资源的采购比例，通过降低运费来达到降低采购成本的目的。但即使这样，同品质物资的采购价格均高于首钢。且目前周边资源大部分已进入通钢，随着通钢未来的发展，这一模式将没有太大的降本空间，今后要在加强资源保障体系上下工夫。但由于相当一部分供应商对过去建龙的政策心有余悸，而且至今通钢采购资金还相当紧张，截至今年 4 月底，通钢采购应付款还有 26 亿元左右，使得一部分供应商仍对通钢信心不足，已经建立的一些战略合作关系名存实亡。在内部管理上，整个采购供应工作的管理流程长，供应定价层层报批，决策慢，不利于对市场变化作出快速反应。在物质条件上，存储接卸能力不足，遇到冬天冻结期间，接卸能力不足显得更为突出。

（6）党群系统情况。通钢过去党群系统比较健全，建龙进入后大大精简党群机构，党工团合而为一，党群工作队伍大为削弱。目前，工会和团委已经分立，党委系统仍是一个党委工作部，各生产厂党委书记全由副厂长兼任，基层没有专职的党务工作者，力量稍显薄弱。但通钢的思想政治工作和企业文化工作抓得较紧，职工思想动态能及时掌握，并能开展有针对性的工作，颇有成效。

以上报告，请指示。

（注：“7·24 事件”是指 2009 年 7 月 24 日，通钢职工因反对建龙集团重新进入通钢并实行控股，引起骚乱，建龙集团派驻通钢的总经理陈国君被殴致死。）

奇人奇事创奇迹[1]

——访谈上海振华重工原总裁管彤贤有感

这是一个奇人奇事创奇迹的真实故事。故事的主人翁是原振华重工（集团）股份有限公司（简称振华重工）总裁管彤贤。前不久他被上海市委、市政府授予两年评一次的“科技功臣”的光荣称号，得此殊荣的只有两位，另一位是复旦大学附属医院的老大夫陈灏珠，上海市20年来第一次将这个称号授予企业家。市委书记俞正声亲自为他们两人颁发奖状。

说他奇，奇就奇在距今半个世纪前被错划为“右派”、经过20年下放农村和工厂劳动，在他59岁即将退休之际，以一个中央部级机关的处级公务员，带领十几位志同道合的弟兄们，以及100万美元的注册资本（其中，振华港机的母公司中国交通建设集团出资50万美元，上海港机厂以地皮作价50万美元，共同投资），毅然下海，创办起一个企业。到他2009年底77岁退休时，这家企业员工达到4.5万人，是国有控股AB股上市公司，主产品为集装箱机械进入世界76个国家和地区（包括我国台湾和香港地区）占世界市场份额78%，是业内公认的行业领头羊，总资产市值达到500亿元，年产值近300亿元，2008年净利润达到25.5亿元。即使在遭受世界金融危机严重影响的2009年，净利润也有10亿元，成为港机行业中享誉中外的一家特大型企业。

说他奇，奇就奇在很多大家视为不可能的事，在他执著的努力下都成为现实。上海振华重工未成立前，我国的大型集装箱港口机械主要是使用进口产品，到现在振华重工的产品不仅满足国内需要，而且出口到世界各港口，已经占国际市场78%的份额，ZPMC（振华重工）已经成为业内世界知名品牌，这个牌子的机械在世界各大集装箱码头随处可见。有“欧洲门户”之称的荷兰鹿特丹，以及美国、加拿大的主要港口，几乎全都是采用振华重工的产品，中国台湾连续12年来没有再买日本、韩国和欧美的产品，都是采购振华重工的。

说他奇，奇还奇在他的一些做法，似乎不符合常规出牌的规则。比如，振华重工干部不以年龄和学历划线，年龄大、学历不高，只要有本领、兢兢业业地干，照样委以要职。振华重工领导班子中的副手由总裁提名，经董事会批准，而不是通常的由上级委派。又如，振华按公司法设有工会，但不设职代会；即使设立职代会，也只是民意机构，而不是权力机构。他认为，过去“老三会”这种所谓“民主决策机制”或是走过场，或是“议而不决，决而难行”，实际形成“无人负责制”；有些国企，严重亏损，但其决策都经过“老三会”，最后谁也不负责任。他的这些观点曾在市领导主持的学习会上发表过，有人认为他的某些举措有“离经叛道”之嫌。但是随着他事业取得的成功，也就很少有人指责

[1] 原载于2000年第11期《企业改革与管理》。

了。尽管他的有些做法难以复制，但他的思路、观念以及所作所为不能不引起人们的深思。原来办好企业的路径完全可以不拘一格。

我是在一个偶然的机会，在网上看到有关他的事迹的报道，使我顿生钦佩之情。从他的名字联想，可能同我清华大学电机系1952级同班同学管彤古有血缘关系。于是打电话求证，果然是他的亲弟弟。借最近去上海参加中学同学聚会之际，请他哥哥征询他意见，是否可以同他进行一次交谈。承蒙他首肯，在上海期间，我们利用共进早餐的时间，先后交谈了两次，近5个小时。这短短5个小时，不可能涵盖他一生，特别是进入花甲之年后那光辉夺目的18年，但却使我受到不少的启示，引发了我很多的联想。

一、怎样才算抓住机遇？

“抓住机遇”，这是我们经常挂在嘴边的一句话。但怎样才算抓住时机。管彤贤创建振华重工，就是一个很好的案例。

管彤贤，1955年毕业于北京理工大学机械系，毕业后分配到交通部海运局，两年后在那里错划为“右派”，于是10年农村（北大荒），干过大田，也侍弄过果园；10年工厂（武汉港口机械厂），当工人、技术员。人生最美好的20年，就是这样度过的。直到粉碎“四人帮”后，又重回交通部机关。重新回到工作岗位后，他经常到下属工厂、港口去调研，目睹当时国企在“市场经济”这个当时的新事物冲击下，因管理体制的僵化，极不适应，影响企业及其员工积极性的发挥。特别是看到港口采购我们可以生产的进口装卸设备，作为机械工程师的他，自尊心受到莫大损害，朝思暮想找机会自己干。

机遇之一是：1992年，小平同志南巡讲话，像一颗威力巨大的原子弹，打破了“计划经济”长期束缚人们思想的桎梏，激发了众多人们创业雄心。但紧接着就是一场，“资”、“社”之争，小平同志提出“不争论，把生产搞上去”，事后又说“不争论是我的一大发明”，实际上是批判了那些“尚空谈，不务实”的人。

机遇之二是：20世纪80～90年代，国际大环境发生了深刻变化。1989年柏林墙倒塌后，世界出现了统一且平行的大市场，全球经济的趋势不可逆转，我国“复关”加入“WTO”，国际贸易空前发展。一些发达国家GDP的40%以上是靠外贸，而外贸必须越洋，又带动了航运大发展。特别是20世纪90年代初，船舶大型化出现了超巴拿马型船，要求提高集装箱装卸效率、缩短船舶在港停留时间，因而必须更新码头装卸设备，港口对集装箱机械有大量需求。

机遇之三是：西方发达国家劳动力日益昂贵，而大型集装箱机械是劳动密集加高技术的产物，日美欧国家因劳动力价格高昂而导致产品价格高昂，在市场竞争方面，他们逐渐失去优势。

众所周知，任何企业的成功皆是天时地利人和的综合成果。以振华重工为例，天时就是上述的机遇。

地利，是上海振华成立之时（1992年3月）正值浦东新区建立和蓄势待发、准备大发展时期，一系列优惠政策，扶植了每个诞生在浦东新区的企业，振华重工就是伴随着上海浦东新区一起成长的。它之所以落户浦东，就是看上了新区这一改革的产物，可以特事特办，摆脱过去僵化的国企体制的束缚，也省却了许多手续上的麻烦，为企业的发展提供了极为有利的平台。事实证明，如果不是凭借浦东新区的特殊政策，振华重工就不可能发展得如此迅速。

人和，就是有一批志同道合的伙伴。他们长期在交通部门工作，有的曾经亲耳听到过毛泽东主席1962年对交通部的指示："交通部要办成半个机械部"。但是，多少年来，我们的港口机械却都是国外进口的。眼看着我们加以努力完全可以自制的集装箱机械却大量进口，不情愿、不甘心、不服气，就摩拳擦掌希望找机会自己干，与外国人一决雌雄。创办时，10多个人借了一间办公室，由于面积太小，放了柜子就放不下桌子，只能把柜子悬空吊在墙上；没有汽车，所有人上下班都骑自行车。但是他们心中都有一个"梦"，就是："世界上凡有集装箱作业的码头，都要有上海振华的集装箱机械作业"，为中国的机械制造业争口气。就是这个"梦"，激励大家克服困难，自强不息，团结一致，克难攻坚，终于实现了原定目标。

其实，1992年小平同志南巡讲话后，曾有多少人豪情满怀，认为目前中国占尽天时地利人和，要干什么，就能成什么。当时，我正在江浙一带出差，看到、听到从省市到乡镇，几乎都在搞特区，建立开发区。似乎只要建立了开发区，招商引资项目就会滚滚而来，各地经济就会有一个质的飞跃。这种情景，就像1958年大跃进、大炼钢铁，虽然表现形式不一，但实质是一样的：忽视科学和客观规律，好似人定就能胜天。在无锡，我遇见当时国务院发展中心副总干事张磐同志，我向他谈了我的担心。他也表示这是一种痼疾，总得过一段时间，才能吸取教训，慢慢冷下来。以后的事实证明，这些所谓的特区，其兴也匆匆，其败也匆匆。成功的几率又有多少？而同样是讲天时地利人和，振华重工的崛起很朴实，既有仰望星空的高瞻远瞩精神和气概，又体现了脚踏实地的作风。他们立足现实，放眼世界，在国际的坐标轴上把握好自己的定位，这就为振华重工的发展奠定了良好的基础。

二、企业办起来了，怎样又能发展壮大？

管彤贤总结了企业兴衰的三要素：兴旺的市场、高昂的士气、持续的自主创新。

先说市场。企业的存在就是因为客户有需求。没有客户，没有市场，企业就无法生存。市场怎样开拓？定位要准。当时的市场形势是国内港机都是进口。市场对这样一个新生儿，根本信不过。振华重工也没有什么技术和品牌积淀，最早的设计只能是以模仿国外产品来打开局面，但在制造质量上要过硬，同时凭借低劳动力成本优势，让利于客户，在价格上有较强的竞争力。在营销策略上，管彤贤采取了"出口转内销"，先打开国际市场，造成轰动效应，再杀回国内。这当然是一招险棋，但他们以质量和价格的双重优势为依托，具有充分的自信心。在具体对象的选择上，他们瞄准了加拿大作为首攻对象。一是因为加拿大属于第一世界，打开局面后，影响大；二是加拿大经济状况不如美国和欧洲其他一些发达国家，价格因素能起到较大的作用；三是加拿大的市场环境好，只要真正做到价廉物美，很少人为因素的干扰。果然，这一炮打响了。1993年，温哥华的码头上刻有ZPMC（振华重工）标记的集装箱装卸起重机高高竖起，为振华港机做了鲜活的广告。不久美国迈阿密港也采用了振华重工的港口机械，这样，由小到大、由点到面产品逐渐走向世界。如著名的荷兰鹿特丹港，总价超过2亿欧元的全部76台自动化设备，16台集装箱岸桥、58台轨道吊和2台铁路吊车，全都是振华重工的产品。韩国是以市场保守著称的国家，在韩国街头行驶的汽车全是韩国产品，至今少见日本生产的汽车，但振华重工产品却在韩国釜山、仁川、光阳、平泽、蔚山等港口成功登陆。2008 年，振华重工还开始承造美国旧金山能抗 8 级地震的新海湾大桥的全部钢结构，建成后将同纽约港的自由女神一样，分别作为美国东、西海岸的标志性建筑物。

要牢固地占领市场，不断开拓市场，当然首先要凭产品的实力，要提供高质量的、价位适当的产品，同时还必须搞好售后服务，这同样是打品牌的需要。目前，振华重工拥有 100 多名掌握外语、并具有专业技术和动手能力的专职售后服务人员，在美国、迪拜、新加坡、欧洲、土耳其、韩国、中国台湾建立了备件库。2005 年，振华重工率先提出了过去同行业从来不提也不敢提的承诺：振华产品“终生保用”，大大增强国内外用户对采用振华产品的信心。在开拓市场过程中，兑现合同准时交货是一个十分重要的指标。但在创业初期，他们的产品要靠外国商船来运输，不仅价格高，而且运期保证性差，严重受制于人。从 1993 年起，他们从改造第一条旧船开始，已经成为组建了世界上唯一具有自备整机运输船的起重机制造商。今天，振华重工已拥有 26 艘 6 万 ~9 万吨级的运输船，确保了产品的准时交付，赢得了客户更多的青睐。

目前，振华重工已开辟了 6 个市场，即：集装箱机械市场，散货装卸机械市场，大型钢构、钢桥市场，海工市场，起重机用和海工用机电配套件市场，各种专用装备市场，如门座起重机、挖泥船、浮吊、锚绞机等。其中，海工市场将是今后发展的重点所在。

二是创新。振华重工初创时，产品是以仿制为主。这也是后发者的普遍规律。振华重工深知，如果停留在这一步，那就等于是自断生路。尽管创新之路并不平坦，他们义无反顾，用了 8 年时间，终于走出了一条从仿制到创新的艰难之路。目前，振华港机拥有 29 项世界领先的技术，诸如世界首创的双 40 英尺集装箱起重机（一次可吊起两个 40 英尺集装箱的岸边起重机）；世界首创的全自动化双小车岸桥，高低两只小车分别解决了卸船要高、装车要矮的矛盾，大大提高了生产效率；世界首创的采用 GPS 技术的集装箱起重机，精度可以达到 15 毫米；还有为巴西淡水河谷生产的世界最大的 1 万吨/小时矿石装船机和 1 万吨/小时斗轮取料机都是自主研发、全球首创。有了这些众多世界首创的先进技术为后盾，要想使客户不青睐你也难。现在振华重工的底气十足，客户来参观，可以任意拍照，甚至可以无偿地提供技术资料。因为，如果你没有市场，这些图纸资料就等同一堆废纸，而市场则牢牢在上海振华手中。他们不怕竞争，因为竞争也是一种动力，迫使你加速研发新产品。如鹿特丹港竞标时，奥地利一家集装箱起重机厂的报价比振华港机低 5% ~10%，但鹿特丹港方还是选择了振华港机。2008 年，振华重工建立了一院（海工研究院）八所，每年要拿出年产值的 2% 来作为科技开发基金，并与德国西门子、瑞典 ABB 等世界一流的强手进行技术合作；还与同济大学、上海海事大学、华中理工学院等国内高校和科研院所结成战略联盟。不少机电配套件，就扶持国内专业厂去生产，但一定要高质量，高可靠性。这一点绝对不能马虎。自 1998 年迄今为止，振华重工先后获得国家级高科技奖 30 项。其中，2006 年获得了国家科技最高荣誉，科技进步一等奖，由胡锦涛主席亲自颁奖。

振华重视创新，建立了对创新的激励机制。对科技人员的创新成果进行重奖，奖金额度从 2004 年的 376 万元到 2009 年的 1827 万元，2009 年每个特等奖项目的研发人员获得 100 万元奖励，12 个特等奖共计 1200 万元。还设立振华功臣基金，每 3 年评选一次振华功臣，人数为白领的 10%。评上振华功臣的，除了一次性现金奖励几万元外，还颁发 1 个

100克的纯金质奖章，退休时按原工资给补差。对创新中不可避免的某些失败，管彤贤认为，作为领导，在为员工创新创造条件的同时，必须要宽容失败。曾有几百万元的项目，失败了，不由研究人员承担责任，这样就使研究人员无后顾之忧。

三是士气。无论是开拓市场，还是立意创新，归根结底还是要靠一支素质高、技术过硬、诚信度高、士气高昂的员工队伍。怎样带领出这样一支队伍呢？振华重工有其独到之处。我们常说，要调动广大员工的积极性。但管彤贤认为，积极工作是人的宝贵品质，没有积极性的就不要到振华重工来。这就是说，你进入振华重工，就应该具备积极工作这个宝贵品质，自觉适应振华重工的企业需要。当然，这并不是说，振华重工对员工的成长不闻不问，振华重工不设脱产的党务工作者和政工人员，但要求所有的部门单位领导都应抓政治思想，作员工的贴心人，本着“以人为本”的理念，以自己模范行动示范，关心每位员工的健康成长。

振华重工员工士气高昂的一个重要原因，按管彤贤的说法，就是：分配公道，差别不大，要使多数人享受到改革开放和企业蓬勃发展的成果，以满足职工日益增长的物质文化需要。管彤贤的全部年薪30多万元，公司领导不拿创新奖，也不搞股权激励。振华重工白领员工的月工资平均为11000元，大学生毕业3年内的工资标准是5、8、1，即第一年5000元，第二年8000元，第三年10000元。当然，能不能全额拿到，就看各人自己的努力了；蓝领员工平均月工资为3500元。因此，公司高管工资只是白领员工平均工资的3倍，蓝领员工平均工资的8倍。某些科技创新领头人的收入甚至已经超过公司的高管，公司有的副总裁的收入，由于多一份外语津贴（振华重工每年举行2次外语考试，通过的每月分别有900~2000元的津贴。管彤贤外语不过关，也享受不到这份津贴），也超过了管彤贤。目前，振华重工人均年产值60万元，工资总额过去占总产值的9%，现在占到了14%。这种层级之间的“小”差距，却大大增强了员工的凝聚力。现在一些企业高管总强调同国际接轨，觉得自己的年薪同国际同行相比，还有不小的差距。但他们怎么不想一想员工的工资要不要同国际接轨？高管与员工收入之比要不要同国际接轨？振华重工不设专职秘书，没有专职司机。管彤贤的办公室，只有10平方米左右，实际上只是一间穿过其他员工办公桌的、连门都没有的小间隔屋子。当然，在有条件时，企业不是不可以适当改善办公室条件，但当前要防止的恰恰是一些企业在办公室建设上过分的奢华倾向。

再是提升员工的福利待遇，关注困难员工。振华重工为每位员工的未来还要支付大体相当于员工工资的60%的费用（五金、辅助养老保险和税费等），过去蓝领低些，新规定白领、蓝领一视同仁。福利，最主要的是体现在医疗保险上。他们设立了互助会，公司作后盾，解决三大难题：大病就医（癌症、白血病）、子女深造就学（包括出国留学）和婚房，使职工无后顾之忧。他们统计过，大病医疗费，需要企业承担的1年也不到十个人。如果得了不能继续工作的疾病，就只好按政策规定，给钱回家，根据情况，最高给几十万元。他们认为，一些农村来的员工，得病回去，企业有责任为他们提供必要的资助，帮助他们缓解困难。白领职工买房，公司提供无息贷款（25万~30万元）。振华重工的蓝领大部分是农民工，公司提供集体宿舍，6人一间房，有空调、彩电，能洗澡。去年汶川大地震，公司发起捐款（只限白领4000人），捐款1万元以上的就有300多人，一些一线的民工也纷纷自动捐款，捐款上千元的也不少。据统计，振华重工个人共捐1760万元，再加上公司捐款，总额达到3000万元。管彤贤认为：提倡这种捐款，不只是企业的社会责任，也有益提高职工情操。

他们不仅重视满足员工不断增长的物质需求，还重视员工文化素养的提升。提倡旅游参观，买书、藏书、读书。对白领，每年两次春秋游，每人每次补贴1500元。还规定到国外出差，允许旅游1天，可请导游，一切费用报销。但如有违反规定的行为，则要重罚。对蓝领，公司资助每年一次带薪一日游。对骨干成员，还组织境外游。已先后组织过6次台湾游。他们认为，读书不仅可增加知识，更重要的是改变人的气质。因此，大力倡导读书活动。每年可报销定额的买书费。到台湾旅游，一定要在晚11点以后去诚品书店，看看满店全是买书和看书的人，感受台湾人民浓厚的读书氛围。国外知名乐团来沪演出，公司总包下大量座位，补贴票价的一半，请员工观赏。观看马友友演出前，还专门请人到公司来上课：如何欣赏大提琴演奏，管彤贤和员工在一起，认真地记笔记。

振华重工用人不以“年龄”和“学历”划线，重视的是实际能力，不计较年龄偏高、学历偏低。他们留下不少老同志，认为，经验都凝聚在人身上。人走了，经验就走了。不问年龄，就可以充分发挥一些有真才实学、且富有实践经验的老专家的作用，而且还可以消除50多岁的专家的顾虑。不然，这些还未到退休年龄的员工就会跳槽到其他不受年龄限制的企业去，白白流失这批人才。既然我们可以从国外企业聘请退休老专家来华工作，为什么不能使自己的老专家同样也有用武之地呢？一些企业想用而不敢用，就是怕“摆不平”，于是只能一刀切。振华重工却能实事求是地解决好这一问题。现在，振华重工超过退休年龄仍在工作的老同志有数十人。如有位总工程师的年龄比管彤贤还大，目前仍在工作。当然，老专家的聘用不能影响到年轻人的成长。这方面，振华重工也制定了相关办法。

为引进人才，不仅建立了博士后工作站，重视发挥高学历人才的作用；也聘用了一批“行伍出身”、学历不高的“绿林好汉”担任基地领导，他们为振华重工的发展也作出了重大的贡献。他们还先后招聘了200多名中专生，作为工程师助手。这些人在实践中边干边学，绝大部分都成为大专生或本科生，成为各方面的骨干。

市场、创新、士气，这三者是相互联系的。市场呼唤创新，创新有助于拓展市场；而无论是市场，还是创新，都有赖于士气高昂的人才。管彤贤认为，正像曾国藩所说的那样，“成大事天意人力各占一半”。如果说，市场机遇不全在企业手中，天人各占一半。那么，士气、创新这两个要素完全在企业手中，与外界甚少关联，事在人为。搞不好，就是企业领导的失责。

三、关键在于有一个好的带头人

1998年10月，我回顾了两年来在帮助冶金企业扭亏过程中的感受，给时任国务院总理的朱镕基同志写了一份报告：“关于选派企业一把手的情况和建议”。朱总理批复道：“企业一把手可以兴邦，可以丧邦。可不慎乎！”充分说明了企业一把手在企业发展中的重要作用。管彤贤的经历也是一个很好的案例。

在大学里，管彤贤学的是机械。虽然工作不到两年，就中了“阳谋”，到北大荒。但即使在农场，他也是动脑筋、肯钻研。到他离开时，已经是一名农业技术员了。创办振华重工，他自称，他不是管理型的领导，而是一个技术型的领导。他身为总裁，但对技术问题，绝对是“明白人”，不仅重大项目的决策，他都亲自参与；所有新产品的研发项目，也无一不通过他拍板。但他所扮演的角色，不是直接参加研究，而是为研发、技术创新创造条件，承担责任。在技术上，即使对一些细节问题，他也毫不放松。因为，他从实践中深深感到，细节决定成败，有时一个螺丝扣的松动，就会贻误大事。用他的话来说，客户感到，连总裁都能明白这事，自己还能信不过。

对管理，他也不是外行。但他有自己的见解。他看到，美国的一些知名企业，在管理上不拘一格。振华重工推行的“七事一贯制”（就是将制造产品的七个环节：签约、设计、制造、总装、调试、整机运输、售后服务，由一个司令部来指挥，可收多快好省之效）。他认为，把管理提到理论上来讲，管理的本质就是建立秩序，首先就是建立高效的机构同时制定各种规章制度，从而建立运行秩序。规章制度起两个作用。一是建立秩序；二是出问题时，有据可究。管理更不是一成不变的，过去人直接操纵机器，现在人通过电脑指挥机器运行。实现自动化半自动化，是了不起的飞跃，因而人们的管理思想也要跟上时代进步的步伐。

他还是一位企业改革家。由于他长期在中央国家机关工作，对现有的国企体制和内部机制的弊端有较多的了解。因此，从振华重工创业时起，就立意要摆脱老国企的框框，从实际出发，在企业内部进行了大刀阔斧的改革。前几年，北京一些部委的司局长来参观，问起振华重工快速发展的经验。他开玩笑地说：“发展快就是离你们远。”没想到他们还真写到总结里去了。其实，这也是管彤贤的心里话。他认为，振华重工最大的优势是离婆婆远。虽属央企，但离北京远，上海很客气，基本不管。如果在北京，婆婆多，今天一个指示，明天一个指示，还会来条子安排亲友，光人事安排就不好办。他觉得很欣慰，上海市委、市政府的领导对他所进行一系列改革举措的支持，使得他能大胆放手地搞改革，特别是管理改革。

谈起振华重工凝聚力强的原因，管彤贤认为：反腐倡廉是头等大事，是士气人心所在的关键。领导自己一定要干净，不能挂羊头卖狗肉。他常讲过去朱镕基经常引用的一句话：“民不畏我严，而畏我廉”。

管彤贤取得了成功，上海市政府和社会也给予他崇高的荣誉（两年一评的“上海市科技功臣”两位获得者之一）。尽管他的某些做法很难在其他企业复制，但其成功的经验确实值得我们认真思考。在振华重工的后管彤贤时代，我衷心祝愿他开创的事业能得到更好的继承和发展，他的观念和改革的措施能得到继任者的认同，并在此基础上扬长避短，他的一些非常规出牌的做法能得到理解和完善。改革总会进一步深入，我们既不能简单地萧规曹随，但也愿不再发生人走政亡的悲剧，但愿振华重工能不断有所创新，继续前进！

实施精细化管理的创新[1]

——记首钢高线厂用电管理的推行

一个已进入停产倒计时的生产厂，仍然在那里孜孜不倦地探索精细化管理的新途径，仍然在那里坚持不懈地开展创新工程，仍然在那里狠抓提高队伍素质，在平凡的工作中取得了令人瞩目的业绩。这个厂就是首钢高线厂。其实，在首钢，这样的厂还不少，高线厂只是其中之一。

首钢高线厂的主体设备是1986年从比利时拆卸引进的二手设备，两个生产区分别于1987年和1993年投产，2004年又建设了引进的精棒生产线，总共产能是300万吨，2007年生产296万吨。长期以来，高线厂对首钢的发展作出过重大贡献。首钢29个金杯奖产品高线厂就占12个，首钢唯一的“中国名牌”产品就是该厂的碳素盘条。由于首钢大院将于2010年底停产，因此很多员工都陆续外调，全厂处级领导目前只剩党委书记和厂长两人，在岗职工为900多人，另有协力工400多人。2010年计划产量也下调到285万吨。

停产在即，员工思想情绪难免产生波动；设备相对落后，又不宜再花大量投入进行改造；在这种情况下，高线厂该怎样走好剩余不多的路程？高线厂的领导认为，决不能被动地等待停产，只求完成任务，平安着陆；必须要发扬首钢的“三创”精神，抓紧停产前的宝贵时间，主动出击，“潜下心来抓紧学习，静下心来强化管理，沉下心来练好内功，放下心来凝聚队伍”，坚持不懈地开展各项创新活动，2009年确定的139个创新课题，全部实现了攻关目标；今年经过筛选，又列出109个创新课题，正在顺利地实施。这对提升产品质量，降低轧制成本，提高经济效益，都起到了积极的推进作用。

一、开展精细化管理，必须选准突破口

在此期间，他们在首钢兄弟厂开展“精细化管理”的启示下，研究如何在装备并不先进，信息化程度不高的高线厂中推行。在回顾高线厂强化管理的历史经验教训，他们认为，推行精细化管理，不能泛泛而论，什么都抓，必须要抓住一个载体，选准突破口。经过反复权衡，最后确定了“以强化用电管理为突破口”的工作思路。

所以选定“以强化用电管理为突破口”，一是因为对高线厂来说，电耗指标在诸多生产指标中综合性最强，它与产量、成材率、出钢温度、停机工时、设备有效利用率、工艺状况、生产组织水平，以及操作技术水平等都有紧密联系，几乎生产过程的每一个环节和因素都会对电耗产生影响。可以说，电耗是生产运行质量的综合代表，是衡量企业管理的一把尺子。通过用电管理，能带动各项管理工作的全面提高。

二是电耗指标是涉及员工面最广的一项指标，无论是生产组织管理人员，工艺技术人

---

[1] 原载于2010年第11期《冶金管理》。

员，还是操作技能人员，甚至是清洁保安人员，都同用电脱不了干系，因此也是最能动员全员参加的一个活动。

三是电耗在轧钢生产成本中占有较大比重。耗电成本在高线厂轧制成本费用中居于首位，2009年高线厂全年耗电量为2.42亿千瓦·时，吨材耗电成本达到56元，约占轧制费的27%。

四是能够量化、数字化，全厂有109个抄表点，基本上能反映各个工序、各个作业区的生产用电情况。便于建立“标准化、数字化、精细化”的管理体系。

通过调查研究，查阅历史数据，深入现场调查，他们发现，一方面，目前高线厂的电耗水平是处在历史最高点，电耗变化很小，节电空间不是很大；但另一方面，用电管理也还存在粗放现象。比如，过去检修、换辊停机，停了轧机，但水泵、风机还照开不误；过去，也注意了充分利用峰谷差，但在生产组织上还没细化到按耗电量的不同来安排不同品种规格的轧制时段。因此，不能就节电抓节电，而是要通过加强用电管理，在节电的同时，带动整体管理水平的提高，队伍素质的增强。于是，他们组织力量，编制了《高速线材厂用电管理规范》（以下简称《规范》），这就成为高线厂用电管理的最重要的指导性文件。

《规范》明确规定了各单位的用电管理职责、生产节电措施及用电规定、电耗计算、标准化生产指标及控制要点、设备空转状态下的电耗计算等十个方面，连同近年与北京工业大学合作开发的“生产管理信息平台”，对建立“标准化、数字化、精细化”的管理体系，起到了重大作用。《规范》体现了全、细、实这样几个特点。

全。涵盖了高线厂所有科室和作业区在组织实施用电管理中的职责。比如，生产科就要在组织生产中安排好不同产品生产的合理用电时段，早修、周修都要安排在用电高峰时段。技术科对成材率、轧检废、成品负公差、加热炉出炉温度等过去也一直在抓，但现在同节电相联系，又赋予了新的内涵。他们经过仔细测算，成材率提高1%，吨材电耗可下降1千瓦·时；加热炉过去虽然规定按时记录出钢温度，但同样品种的表面温度由于烧钢技术水平的差异，耗电量也有差异，最多时可影响吨材电耗5千瓦·时以上。

细。能够量化的指标尽量量化。根据规范，积极实施电耗日报，周分析、班分析制度，将管理细化到每一根钢材。明确了各作业区产品的标准化生产指标，其中包括单位产品的电耗。对106类产品，都计算出标准的小时产量、标准电单耗、标准成材率、标准停机工时。如生产直径5.5产品时，标准产量为每小时88支，标准电耗为每吨136.4千瓦·时，标准成材率97.3%，标准停机工时为每千吨1.5分钟，精轧机参考电流850安培。如果精轧机电流过大，就可能是加热温度有问题，可以及时反馈信息，进行调整。还如，对各个作业区各类设备空转时的耗电量，也都逐一列出。

实。落实到每个单位，每个岗位。坚持“电耗日报”制度，要求各部门和各作业区做好分管范围内用电情况的“日分析”（每天8点前完成上一天的电耗分析），“周（月）总结”，并由设备科负责定期检查节电措施的落实，每月不少于2次。

二、实施精细化管理必然要求更新观念

用电管理的深化，实质上也是管理制度的一项重大改革。应该说，我们绝大多数的员工这些年从企业改革中尝到了甜头，是支持改革的。但改革毕竟会冲击旧的习惯思维，带

来新的挑战，甚至在一个时期内会影响到部分员工的利益，以致引起自觉不自觉的抵制。高线厂领导对此也有充分思想准备，他们一方面本着“看准了就干，干就一定干好”的理念，坚定不移地抓下去；另一方面用事实说话，借助先进典型，及时统一思想，很快打开了局面，取得良好效果。

他们首先碰到的现实问题是，对即将停产的生产厂，有没有必要再搞这些“新名堂”？有人认为，现在就是安安稳稳搞生产，把任务完成好，把人员安置好，把设备维护好，平平安安维持到停产，何必再来一番折腾，多一事不如少一事。但高线厂领导认为，只要企业存在一天，就一天不能脱离市场竞争的影响。逆水行舟，不进则退。求稳未必能稳，守成未必能成。积极进取，才是求生之道。更何况越是面临停产，员工思想更为活跃，更需要有一个能够引领员工、鼓舞士气的目标。事实证明，这一举措，起到了对员工凝神聚气的作用，使广大员工围绕这一目标，奋发向前，始终保持旺盛的士气，在克难制胜的实践中，提升员工的素质，为员工停产后转移到新岗位创造更好的自身条件。

也有人认为，精细化管理是对新建的现代化生产厂而言，高线厂装备落后，信息化的基础差，抄表还都靠手工，也没可能再花大钱进行改造，没有搞精细化管理的物质基础。但更多的干部认为，我们既要看到装备赶不上先进厂的不利一面，还要看到高线厂具有先进性的一面。高线厂有10年以上的电耗管理的基础，积累了大量的数据和经验，近两年又同北京工业大学合作开发了生产管理信息平台，为当前的用电管理提供了有力的技术支撑。只要充分发挥现有设施的作用，克服“重硬件轻软件，重客观轻主观，重经验轻学习，重局部轻系统”等几重几轻的习惯思维，完全可以在精细化管理的道路上再迈出一大步。事实也同样证明了：“没有大投入同样可以高产出。”

长期以来，在高线厂中，“降耗必须高产，高产必定低耗”的观念在员工思想中相当普遍。认为要想在产量降低的基础上，通过什么精细化管理来降低电耗，是不现实的。一般来说，高产可以减少单位产量摊派的辅助设备用电量，从而减少吨材耗电。但把一切都寄托在提高产量的基础上，实质上是机械唯物论的反映，忽视了人的主观能动性。高线厂通过对历史上电耗进行分析比较时发现：同样是高产，并且在产量相同的情况下，吨材耗电却相差3千瓦·时；相反，同样是低产，只要科学组织生产，合理投用设备，一样可以在电耗指标上打出好水平。事实证明：降耗更多来自管理的强化，来自精细化管理的实施。高线厂领导认为，这一观念上的突破，意义深远，这对他们今后从事管理工作，提供了强大的思想武器。

高线厂的单位电耗指标是定位在本厂平均先进水平基础上的。刚开始实行时，能完成各项指标的只是少数作业区和班次，他们一方面总结这些先进单位的经验，让他们现身说法；另一方面建立了正激励的机制，对达到预定指标的前2名进行奖励，达不到指标的通过讲评进行分析，指出问题所在，但不进行考核。他们认为，动辄扣分、扣钱，不是管理的目的，在当今重视文化管理的年代，管理主要任务就是要激励人们内在的积极性，促进他们自觉地向高目标攀登。现在大部分班次都能实现《规范》提出的目标要求。

三、精细化管理实现了物质、精神双丰收

高线厂的用电管理实施一年多来，取得了良好的效果。不仅大大减少了电耗，带动了各项管理工作的改进，优化了有关指标，而且是锤炼了职工队伍，提高了队伍素质，鼓舞

了士气，稳定了队伍。无论在物质层面还是精神层面上，都取得了令人鼓舞的成效。

最直接的效果是降低了电耗，降低了耗电成本。吨材用电单耗从2008年的108.78千瓦·时降到2009年的104.15千瓦·时，下降了4.63千瓦·时，年直接效益达到600万元，并相应地减少二氧化碳排放量1.11万吨，以及其他污染物的排放。

更重要的是，带动了各方面的工作，提高了管理水平和操作水平，促使成材率等相关指标的提升。比如，由于严格掌握检修、待产时各种辅助设施开动时间，各个生产区待产用电大幅度下降：一区由每天1.5万千瓦·时降到4000千瓦·时，二区检修用电由每小时3000千瓦·时降到1400千瓦·时，三区由每小时1500千瓦·时降到1100千瓦·时。厂有关部门把组织检修停电的方法，设备开动的台数、变压器控制的电流值，按控制岗位、操作台做成卡片，将其固化为制度。有的班次，产量完成了，成材率也高，废品没有了，但耗电指标却没完成，就认为是电表有问题，最后发现是精轧机耗电多了，是轧制温度控制不好，以致钢坯温度均匀性差，电耗也就高了。这就促使烧钢操作水平的提高，不仅节约了电，产品质量也稳定了。一位干了20年的轧钢工，此前却不知道轧机电机的功率，现在知道了可以通过电机轧制时电流的大小来判断钢坯出炉的温度和烧钢情况。

精细化用电管理的推行，也调动了广大员工参与的积极性，把“三创”和日常生产结合起来，很多员工结合本岗位实际，纷纷提出合理化建议。行车司机总结出行车的最经济操作法，细到主副卷的使用、行车距离的控制、提起重物的高度等都做出了明确的规定；甚至钢坯的码堆，也都考虑选择合适的地点和高度，以减少行车行驶距离和升降高度。传送线材盘卷的钩运机，过去只要轧机开动，就全套运行，现在则根据轧制钢材数量、规格的不同，安排运行钩运机的数量，既节约了电耗，也减少了钩运机的磨损，延长了钩运机寿命。作业长还根据产量以及品种规格的不同安排打捆机投入的台数。这些都形成了制度。

用电管理的深入推行，必然突破岗位的局限，推动各岗位、部门之间的协同作战，协作精神大为发扬。也使广大员工看到自己过去操作上的一些坏习惯，自觉改掉这些“臭毛病”，他们表示，这是终生受用的一种财富。

虽然，首钢高线厂只存在了20多年，但却以自己的光辉业绩，特别是其光彩夺目的告别演出，会让人们永志不忘！高线厂近两年来的以用电管理为突破口的精细管理，体现的是首钢精神：这就是自强不息的精神，艰苦奋斗的精神，好学不倦的精神，精益求精的精神，持续创新的精神！

再有90多天，首钢高线厂就将告别首钢，告别社会。高线厂绝大多数的干部和员工都将奔赴新的岗位。我深信他们一定会在不同的岗位上，继续以自己的光和热，奉献社会，谱写新的篇章！我期待着看到、听到他们新的捷报！

一件具有里程碑意义的新事物[1]

——首钢机械厂卫建平工作室的启示

在今年首钢的“三创会”上，机电公司机械厂卫建平工作室主任卫建平的发言以及他展示的视频，引起了与会人员极大的兴趣和震撼。会后，首钢内部有关厂矿以及兄弟企业纷纷前往学习、取经，新华社、《北京日报》、北京电视台、《中国冶金报》等8家媒体也来进行集体采访。我也多次去卫建平工作室及生产现场，同卫建平和工作室成员，以及生产一线的工人师傅进行交谈，还同机电公司和机械厂的领导共同探讨卫建平及其工作室成长的经历和启示，深有感触。卫建平工作室成立后短短几年时间，就使机械厂发生了翻天覆地的巨大变化，同样的数控机床，工效成几倍、十几倍、甚至几十倍地增长；生产力的发展突破了原有生产关系的束缚，传统的管理模式和工艺流程都出现了革命性的变革；过去厂领导成天忙于完成生产任务，现在由于生产力大幅度地提高，使他们能够从忙碌的具体事物中解脱出来，考虑影响本厂持续发展的战略问题；人们的思想观念也发生了可喜的变化，尊重科学，尊重人才、重视学习的风气日益浓厚。现在机械厂的产量、产值和经济效益都得到大幅度的提升，年销售收入从2006年的3亿元提高到2009年的7.5亿元，同期产品废品率由17%下降到3%；年人均劳产率由23万元上升到75万元；年利润由243万元提升到3000万元，职工收入也有了相应的提高。对此，机电公司党委书记李国华作出了极高的评价：“卫建平和他所带领的工作室，为企业创造的财富不是金钱数字所能代表的，它冲击了传统的观念，带来了创新的思路，对企业管理组织架构和制度建设进行了颠覆性的变革，促使工艺技术流程的重组和再造，使操作数控机床这种高端的复杂劳动简单化，繁累的操作变为创造性快乐的劳动，劳动效率成几倍、几十倍的提高。可以这样说，卫建平及其工作室的成立，对广大员工来说，起到了示范、引领和激活的作用。”

一、任何人才的成长关键在于自身孜孜不倦的学习

卫建平何许人也？他是1988年进厂的首钢技校毕业生，1989年才第一次接触数控机床。现在他已是全国数控机床领域享有很高知名度的高级工程师，今年已申报通过了教授级高级工程师职称评审。在2005年全国第一届数控机床操作职业技术大赛时，他被聘为专家组评委；2006年、2008年第二、三届全国数控大赛时，还兼任北京技术总教练，使北京队两次夺得全国比赛的团体冠军；还先后培训出7个全国单项冠军，6个全国级技术能手。他还担任中国数控设备用户协会理事，中国刀具协会理事，中国数控专业委员会委员，国家数控高级考评员；他还是国家职业技术培训中心鉴定教材的编审，主编和参编了11本数控类的中级工、高级工及技师和高级技师培训教材。曾获得过北京市技术创新标

[1] 写于2010年9月2日。

兵称号。

为什么这样一个起点不高的一线员工，居然会获得如此重大的成就？探索卫建平成长的经历，确实会使我们获得众多启迪。应该说，卫建平是一位学习型员工，是“工作学习化、学习工作化”的典范。参加工作以来，他一直坚持业余学习，不是为了取得学历，而是从工作需要出发，学以致用，十几年内读完了3个专科和一个大本，其中包括北京科技大学机械设计与制造的专科和大本；以及计算机应用和经济管理的大专班；并且还经常参加一些新技术理论，如宏程序的专题讲座，不断充电，这些都使他打下了较为坚实的理论基础。执着的精神，顽强的毅力，实事求是的态度，使他能够克服前进道路上的种种障碍，登上胜利的彼岸。1993年，在当时厂里还没有计算机可供他使用时，他花尽了自己仅有的1万多元积蓄，还借了2000元，自费购置了当时最先进的“386”电脑，为他开发编程提供了物质条件。

卫建平的学习，绝不仅仅停留在书本知识上，他以岗位为课堂，重视在实践中学习。实践中提出的问题，就是他最好的研究课题。他不避艰险，敢于碰硬，他不迷信，不自卑，他坚信任何“有”都是从“没有”中产生的，把困难看成前进的动力，在克难制胜中成长壮大。几年前，厂里安排在四米数控立车上加工一种盲头螺纹，不仅理论上没有可借鉴的资料，操作上也没有现成的方法。卫建平从“没有”处发现“有”，制定了试验计划，一个个试，一次次总结，终于在四十多次试验后找到了最好的加工方法。他总结了这次实践经验，写出的“在数控立车上加工无进刀槽的双线变螺距螺纹”论文，获得了2008年全国数控机床应用工艺方案征文大赛一等奖。

卫建平还重视在开放中学习。他经常和外界进行技术交流，认为这是摆脱局限、开阔视野，学习先进的好机会。在向同行学习的同时，也毫无保留地提供自己的建议，他曾多次帮助兄弟单位解决疑难问题，获得了好评。因此，在业内也具有较高声望。在担任全国数控机床操作职业技术大赛评委及北京队技术总教练时，更使他增长了见识，丰富了人脉，现在由北京市总工会和北京市科委共同授牌命名“卫建平工作室”，汇集了各行业以及高等院校的有关专家、学者，更有利于同行业顶尖人才的相互交流，共同提高。

二、人才的成长需要搭建各种平台来支撑

1989年，首钢新进数控机床不久，卫建平就以在数控机床上解决“老八级”车工没有解决的问题而扬名。在以后的对外协作过程中，也以解决了一些难题而在业界声名鹊起，但在首钢机械厂内部，却并没有发挥多大作用。以致在2003年前后，他一度想离开机械厂。是什么使他又留了下来？固然，党委书记的真诚挽留是其直接原因，但最根本的：

首先是机械厂大环境的变化，为发挥数控机床的作用搭设了一个大平台。长期以来，机械厂只是为首钢设备检修服务、生产非标零部件的加工厂，那时的数控机床主要是加工一些难度大的零部件，没有批量生产的拳头产品，不能充分发挥其作用。2006年起，机械厂开始向以生产中高端装备为主的制造厂转变。当时，工厂承接了连铸机这一大批量、高难度的产品，正是凭借这个大平台，就凸显了数控机床的优势，使过去传统的做法显得很不适应。2008年，订单接踵而来，当时的瓶颈是扇形段的框架加工，每月最多只能完成十

几个，根本不能满足用户的需求。是卫建平工作室创造性地改变了原有的工艺编制和加工方法，并且在使用新刀具方面取得了突破，利用二分厂现有的4台数控设备，2009年下半年就生产了220套，工效一下子提高了好几倍，不仅保证了合同工期，省下近千万元的购置设备费用，还提高了产品质量和确保精度的统一性。正如恩格斯所说的："社会一旦有技术上的需要，则这种需要，就会比十所大学更能把科学推向前进。"没有机械厂的发展和转型，就不会有卫建平工作室的出现，卫建平也就英雄无用武之地，人才的流失也就成为不可避免。

其次是机械厂领导为卫建平搭建的量体裁衣的小平台，就是成立了卫建平工作室。其前身是数控与刀具创新工作室，2008年命名为卫建平工作室。工作室的创立，开启了机械厂组织架构改革的序幕，也突破了过去传统的、针对具体课题，组织临时性攻关组的模式，建立了长效机制，这是一项具有里程碑意义的新事物。它实行了两项重大改革，颠覆了传统的生产模式和管理方式以及工艺流程，引发的是工厂根本性变革。一是将编程工作集中，以往，简单的程序都是由经过培训的操作工人自己编写，复杂的则由工艺处的编程员编写，水平不一，效果自然不同。现在改由专业的技术人员集中编程，就可以充分发挥技术人员的长处，使机械厂数控机床加工的操作使用由经验型向科学型转变，也就能更好地发挥设备的性能。二是把数控技术与刀具革命结合起来，使"高效切削"落到实处。过去，刀具或是操作工人自选，或是由刀具科选定。编程员在工艺处，同独立的刀具科很少联系。现在，在工作室内，工艺和刀具选定紧密结合，刀具配套完全实现了工艺选定、社会配套的市场化供应模式，工人自选、自制刀具已成为历史。这就使数控机床如虎添翼，使其优势能得到充分发挥。而原来的刀具车间，改为专门研发生产辊系辊组的实体，2009年产值达到5000万元。

这两项改革就使数控机床的操作像使用数码相机那样，工人只要按照下发的工艺卡进行操作，变得轻松简单，而且大大提高了工效。现在，即使刚毕业的技校学生也能在3个月内达到过去需要积累十几年才能独立操作的水平。当然，这不等于说，今后操作工人的水平可以降低，而是要在新的起点上，提出新的更高的要求了。

在这两个平台的基础上，卫建平工作室进一步向两个方面开拓。一是按产品成立机构，成立了高炉炉顶设备技术创新工作室，在京唐钢5500立方米高炉炉顶制造中完成了3项具有国际先进水平的制造技术；二是以海水淡化项目设计制造为契机，成立的非钢产业工作室，在特殊金属加工工艺技术创新和节能环保新产业开发方面开始了新的探索。三是在现有基础上将部分工序进行剥离，独立发展，派生出一个仿真技术推广创新工作室，专门推广应用现代仿真应用技术。通过把仿真设计植入到产品开发中，产品开发的速度大大提高，迅速提升了产品创新转化能力，对带动产品转型升级并向高端产品迈进提供了强有力支撑；目前正在进行远程监控技术的开发。这些，将使整个生产组织架构发生革命性的变革。

在这个小平台后面，还有一个隐形的平台。这就是包括书记、正副厂长、正副总工的领导团队。他们是卫建平工作室开展各项具有开创性工作的强有力的支持者，他们造舆论，建机制，除障碍，担责任。他们不仅为这一新事物鸣锣开道，还为其顺利推行排除各种思想障碍。针对有些工人因循守旧，怕高转速吃刀会打坏刀具，损害机床，因而擅自改变工艺规定的切削参数的情况（有时甚至从规定的每分钟2000转降低到200转，结果不仅完不成任务，反倒损坏了刀具)，厂领导提出，如果不执行工艺规定，操作人员将受到惩处；而如果按技术人员给的参数干，因此毁坏了床子和刀具，由工厂负责。就这样，新的加工方式迅速从一台机床普及到全厂70多台数控机床，生产记录翻番地刷新。

三、要把生产建设的一线作为培养复合型人才的重要基地

随着科学技术的不断进步，市场竞争的愈益激烈，企业对各类复合型人才的需求越来越迫切。复合型人才从哪里来？一个重要途径就是来自生产建设第一线。像卫建平这样优秀的技能人才，长期工作在生产建设的第一线，既积累了丰富的经验，具有精湛的技艺，又结合实践，不断提升自己的知识水平，成为理论和实践结合的良好典范，对企业的发展、人才的培养起到了很大的推动作用和引领作用。

中国历史上有一种轻视实践、轻视普通劳动者的传统，所谓“劳心者治人，劳力者治于人”，把一线的操作人员看成是单纯的工艺执行者。事实上，作为一线工人，他们长期以来直接使用这些设备，他们的强项是熟悉装备，熟悉工艺。特别是从一线岗位成长起来的高级技能人员，他们会以不同于技术人员的视角，来观察问题，发现问题，解决问题，体现优势互补。国外有句话：“专家——25平方英尺”，就是在你所占有的25平方英尺范围内（也就是一台机床的占地），你就是专家。只要“有心”，就能发现问题；只要“专心”，边干边学，持之以恒，就能解决问题，尽管现场提出的问题可能不怎么起眼，但小改小革的积累是创一流的前提。关键在于各级领导的倡导和引导。美国GE公司的老工人对公司领导说：“25年来，你们为我的双手支付工资，而实际上，你们本来还可以拥有我的大脑——而且不用支付任何工资。”我们要吸取这个教训，重视并善于发挥一线工人的积极性和创造性。宝钢等一些先进企业在这方面作出了榜样。这些年来，宝钢每年申报几百件以致千余件专利，一半左右都是一线员工的，像运输部孔利明、热轧厂王军都拥有100项以上的专利，超过10项以上专利的一线员工至少有五六十位。由一线员工领衔的科研项目，连续3年都获得了国家科技进步二等奖。这些充分证明了广大的一线员工，蕴藏着巨大的潜能，生产建设一线是培养复合型人才的丰沃的土壤，如果我们把这块处女地开发出来，将会是一笔多么巨大的财富。

要加快复合型人才的成长，需要建立相应的机制。现在，首钢建立了三条平行而互相贯通的人才发展通道，只要符合条件，技能人才、技术人才之间可以无障碍地进行贯通，这为复合型人才队伍的扩展提供了良好条件。宝钢研究院着力打造“科技灰领”，将实验人员岗位设置为实验员、实验师、高级实验师、首席实验师等4个等级；对首席实验师，要求他们不仅能够理解研发人员的思路，更要做到善于创新，通过实验手段将研发思路转化为成果。其对应的工资标准，最高者可与首席研究员相同，这就更好地激励人才的成长。

当然，培养复合型人才，也要求技术人员深入基层，熟悉基层，紧密结合实际，开展技术工作。卫建平工作室，除卫建平外，还有6位工作人员，都是年轻的本科生或大专生，平均年龄不到25岁。工作室规定每年要有一定时间到基层实际操作，平时也要经常下基层和工人师傅交流、沟通，因此深受一线工人的欢迎，也促使他们较快地成长。

卫建平工作室在短时间内，已经取得了令人惊叹的成就。最近，北京市总工会和北京市科委共同授牌命名“卫建平工作室”，成为首批10个工作室中唯一的机械制造行业的创新型工作室，汇集了数控机床方面的权威、专家。其主要任务是：承担起研究消化和引进数控机床的前沿技术；推广传播有关的新技术、新工艺、新方法，参与有关重大项目的技术攻关；培训各类技能人才等。我们预祝这一新生事物茁壮成长，更愿意看到由此引发的连锁反应带动行业的新变革！

首钢房地产公司重庆美利山项目感观[1]

2010年12月20日，在首钢房地产公司办公室于兴梅主任陪同下，我到重庆考察首钢地产承建的美利山项目。其实，美利山项目首钢在重庆已经经营多年，但真正引起重庆各界人士瞩目的还是2009年后。虽然，这一项目在重庆销售额并不大，2009年才8亿元左右，比起当地的房地产大鳄龙湖等可说是小巫见大巫，但它却体现了“在最好地段，做最好的项目”。因此，仅仅一年多时间，美利山像一匹黑马，在重庆业内外引起了轰动。

我对房地产毫无经验，平生也没有看过几个楼盘，因此对这一项目难以作出确切的评价。但当侯锦山总经理陪同我参观这座别墅区时，看到这一项目充分利用当地的地形地势，高居于群楼之上，俯瞰保利地产的高尔夫球场，漫步于依着山势开凿出来石阶上，两旁是各色花草树木，还有原居民的古井点缀其间，现代化的建筑和乡村气息相得益彰，真有些乐而忘返了。进入唯一开放的一间精装修房，其内装修色彩的协调，室内布置的人性化，处处着眼于住户的舒适方便，也使人眼前一亮。

但更打动我的，或者更引起我兴趣的还是在接下来的座谈会上首金公司各位领导的发言。使我强烈地感受到这个公司的领导班子是一个十分优秀的好班子。这个班子除了首钢派来两位领导干部，合作方派来1位领导干部外，其余3位都是2009年后从重庆当地招聘的（此外，还有3名总经理助理也是在2009年后当地招聘的），是一个建立只有不到两年的新团队，但却已显示出其强大的生命力。在座谈会的发言中，可以看出这是一个有着共同理念、共同价值观、都愿为这一共同事业贡献自己力量和智慧的坚强集体，是一个执着、敬业、奉献的团队，是一个团结和谐、配合协作的团队，是一个具有开创性，不断开拓前进的团队。

陈力副总经理是代表另一家大股东金奥联的，是老重庆了，当地的人脉关系多，现在负责项目开发，按他自己的说法是“逢山开路，遇河搭桥”，协调当地关系，为项目开发做出很大贡献。他同首钢合作已有十多年的历史了，先后同三届领导搭伙，对美利山的前后变化感受最深。他感到首先这届班子同以往最大的不同，就是抓人才建设。一方面是引进高端人才，打造房地产的品牌；另一方面则不遗余力抓大学生的培养，有目标，有定位，使年轻人很快成长。其次是抓基础管理，建立各种行之有效的规章制度，并严格按规章制度办事。三是在工程项目上围绕客户需求，视“客户感受高于一切”，认真抓好细节。他的发言很有代表性。

付益是侯锦山“七顾茅庐”请出山的，现在是主管设计工作的副总经理。他今年35岁，原先是在联想集团搞设计的。在会上我问他：“你为什么要七请才出山?”他说：“原先美利山项目在重庆形象并不算好，因此不想介入。但是侯总以他对美利山的今后构想，明晰的思路，强烈的追求，宽阔的胸怀，锲而不舍的精神，打动了我。感到知音难求，是

[1] 写于2010年12月27日。此件只送首钢总公司和首钢房地产公司领导参考。

他的人格魅力吸引了我。来这里后，工作强度远比原单位大得多，但精神愉快，累并快活着。”

“累并快活着”，这也是与会所有人的共同心声。现年52岁、班子中年龄最大的主管工程的副总经理黄治康在建筑业干了20多年，来前是保田地产（重庆当地的一家民企）的总工程师。他赞誉侯锦山是拼命三郎，其实他自己就是拼命三郎。大家说他：最肯奉献，加班最多，每天走得最晚，不到11点不会离开办公室。他也说，吸引他来美利山的是侯总个人的领导品格，是公司追求卓越的价值观把他们凝聚在一起，他也以能参与创造奇迹而自豪（美利山是重庆第一家当年设计、当年施工、当年竣工、当年销售的楼盘）。当然，还有就是首钢集团的坚强后盾。

2006年来美利山的刘晓波副总经理，对比这些年来的经历，感到自己同这一集体的关系，走了三部曲：从利益共同体到事业共同体，再到命运共同体，自己已经同这个团队紧紧联系在一起了。

在首金公司各位领导发言中，都对会他们的总经理有着高度的赞誉。虽然我同侯锦山接触时间只有短短几小时，但从现场参观、公司团队成员座谈，以及翻阅他们提供的十几本文字资料后，我深深感到侯锦山确实是一位具有较高素质的领导人才，重庆公司是一个具有极大发展潜力的企业。

首先，他高度重视人才建设。亲力亲为引进高端人才，打造了这样一个好团队。他以自己对事业的忠诚、执着，吸引并带领了这个团队为实现高目标而共同奋斗。

其次，是在制度建设上抓紧、抓实、抓细。给我印象最深的是他们3本《产品质量缺陷管理手册》。第一版是2009年11月编写的，到2010年6月出了第三版，目前正在编印第四版。仅一年多时间又出了四版，每版都在前面的基础上修改充实。第一版79页，到第三版109页。补充量最大的就是所发现的已建工程存在的产品缺陷问题，包括产品设计问题，施工中出现的问题，营销过程中出现的问题。比如，产品设计中的单体问题，第一版只有11条，第二版扩展为16条，第三版到30条。对每处缺陷，有照片，有文字说明，还有原因分析和改进意见，可见他们在细节上下足工夫。对此，黄治康总工程师深有感触，比如，审查图纸，他过去所在的单位也做得很细，但比起这里来，还是有不小差距。

又如，他们注意吸取兄弟企业之长，经常有目的地前去学习，回来后把一些先进单位的经验加以消化吸收，用ppt的形式，简明扼要地加以介绍，借用它山之石，在各级干部和全体员工形成共识。在此基础上，提出重庆公司的战略定位、战略目标等，在实际工作中贯彻落实。

第三，高度重视企业文化建设。应该说，侯锦山是首钢文化的践行者，又是首钢文化的推行者。他结合房地产业的特点，以及重庆公司的具体情况，以自己的实际行动来阐述、证实了朱继民同志提出的见解：“一个人有多高的境界，就思考多大的问题；有多大的胸怀，就会干出多大的事业；有多高的追求，就能实现多大的目标；有多大的动力，就能产生多大的速度。”公司会议室的横幅题词：“海纳百川”，就体现了他的胸怀；他们倡导并践行的工作作风：“认准的事快定，定下的事快干，干就干出一流水平”也是直接脱胎于首钢。今年3月才加盟重庆公司的公司助理谢小静对此深有感触：侯总能把公司的意愿一直贯彻到最基层的劳务工，最终才能通过产品来体现。

首金公司要做大做强，任重道远，他们已制定了“十二五”发展规划。要实现这个规划，主要靠他们自己努力，但领导部门的支持和信任也是绝对不可缺少的。没有首钢领导和首钢房地产公司的高度信任、有力支持和适度的放权，首金公司也不可能有今天。我建议：

（1）房地产公司要在全公司范围内认真总结推广首金经验。尽管具体情况不尽相同，但在人力资源开发，强化基础管理，把客户利益、客户感受摆在首位等还是具有普遍意义的。各单位要在消化吸收首金经验基础上进一步修订自己的规划，并努力付诸实施。

（2）在力所能及的情况下，给首金公司以物质上的支持。按照首钢总公司“把优良资产集中到优秀人才上去”的理念，在条件具备的情况下，扩展他们的实力，帮助他们做大做强。

（3）对侯锦山以及这一团队给以适当的奖励，让侯锦山挑起更重的担子。这当然要根据首钢总的情况进行平衡。

（4）首金公司要进一步对照先进找差距，扎扎实实地加以改进，使各项工作更上一层楼。比如，上面提到的《产品质量缺陷管理手册》，大体上包括两部分：一是已建工程存在的产品缺陷问题，二是管理办法，主要是产品质量缺陷管理办法和工程质量管理办法。修改充实的主要是第一部分，至于管理办法，从第二版到第三版，没有只字更动。是否需要随着缺陷的发现，需要在管理办法上进行提炼，固化。

我深信，在首钢总公司的大力支持下，在首钢房地产公司的直接领导下，重庆公司一定能做大做强，实现新的腾飞。

通钢加盟首钢一年进步大、变化快[1]

我同车宏卿同志于8月3日晚飞抵长春后，从4日至10日到通钢集团及其所属3家企业进行调研。在同集团公司崔杰、王涛进行交谈后，先后到了矿业公司、板石沟铁矿、通化钢铁和吉林焊管公司，召开了9个座谈会。在通化钢铁调研结束后，9日，我在通化钢铁中层干部会议上作了题为“扬长补短，固本求新，再接再厉，重振雄风”的讲话。

这次调研的重点是了解通钢重组后1年来的变化，以及扭转3年巨亏的做法和经验，侧重点放在挖掘其积极因素上。

2010年5月，我曾在通钢进行为期一周的调查。时隔一年，旧地重来，所见所闻，感触良多，特别是深感通化钢铁变化之大、进步之快，比我预想的要好得多。

通钢各项工作全面推进，经济效益有了明显增长。到今年7月底，集团盈利3.68亿元，通化钢铁虽然还亏损9000余万元，但近几个月，每月盈利三四千元，9月份可望扭亏为盈。生产经营状况的变化固然可喜，但我们感触更深的还是通钢各级干部和广大员工思想观念、精神状态、工作作风的变化。在基层调研时，几乎每次都可以听到“气顺心齐”4个字。一年前，我也曾同通钢一些领导交谈过，感到大家都在为通钢的现状担忧、焦虑，但又显得有点无能为力，对通钢存在的问题较多地归之于外界的不利因素，对彻底走出困境感到底气不足。但是这一次，我们接触的干部，展示业绩的多了，谈员工中涌现的新事物多了，谈自己的感受多了，敢于担当的多了，无所作为的少了；积极建议的多了，事不关己高高挂起的少了；勤俭节约的风气浓了，止血堵漏的力度加强了。在各级干部中，多了的是自信，少了的是埋怨；多了的是协作配合，少了的是推诿扯皮；总之，队伍中正气上升，士气高了，人心齐了，干劲足了，执行力强了，工作作风也扎实了。

所以出现这样显著的变化，根本原因就是通钢各级干部和广大员工有着改变通钢面貌，重振东北虎雄风的强烈愿望，通钢领导因势利导，以加盟首钢为契机，加强了两级班子建设，引导员工转观念，改作风，学习首钢，融入首钢。重组后，首钢采取的一系列措施深得人心，调整充实了通钢领导班子，落实了重大技改项目，派出了技术服务团，进行了文化沟通和融合。王涛同志到通钢后，亲力亲为，带来了首钢的理念，移植了首钢行之有效的管理措施，完善了三级体系（指标体系，考核体系，包保体系），还在分配机制和激励机制上进行了必要的调整，并狠抓落实。在通钢各级干部和广大员工的共同努力下，生产经营面貌逐步好转，职工收入也有明显增长，更进一步鼓舞了员工们的积极性，初步形成健康发展的良性循环。

这些变化主要体现在以下几个方面：

一是群众当家作主的氛围越来越浓，责任心越来越强。公司领导认为，责任的回归是

---

[1] 写于2011年8月12日。本文只报送首钢总公司领导参阅。另请车宏卿同志写了一篇调查报告，刊登在《首钢日报》上。

最大的回归。现在一线员工提出合理化建议的越来越多。各项指标得到持续改善。炼轧厂转炉1~7月份煤气回收达到每吨117.88立方米，与去年同期相比，回收量上升44.28立方米，实现了负能炼钢。今年前两季度，共收集合理化建议255条，创效近千万元。二炼钢（25吨转炉）单个中间包连浇炉数从31炉提高到98炉，连铸机连浇次数达到350炉，时间长达110小时；全公司设备平均故障时间从去年的3.2‰降到2‰以下。很多员工提出积极建议，止血堵漏，主动举报损害企业利益的行为。像有的干部拿公家油票为自己的私家车加油；卡车进厂时大油箱灌满水，装货后再泄水以取得非法收入等，都是工人举报的。有的工人参加攻关活动后，自己花钱上网查资料。

二是干部敢于担当的风气越来越强。马清洁从集团公司经济运行部副部长调到通化钢铁机动处任副处长（主持全面工作）后，建立一系列制度，清理无良中间商，不为政府官员说情所动，采取3+X招标模式，解决串标、陪标现象；在内部制定科学合理的规章制度，使备件发放从管吃管添，不吃也添，到以旧换新，备件消耗大大降低，采购金额从年初预算的5.3亿元降到3.8亿元，备件储存定额从2010年3月的6.5亿元降到今年6月底的5.1亿元。自动化控制处对大宗原材料进厂实行远程捡斤，实现了人物分离，副处长盛玉宝受到有关人员的恐吓，但坚持“守土有责”。通钢宾馆更换领导后，建立健全并严格执行规章制度，从过去免交折旧240万元，还亏损40万元，到交足折旧后，还盈利。

三是协作精神发扬光大。过去一些涉及多部门的工作，往往扯皮多，以致要求建立一个综合部门来专司协调的呼声很高；现在哪项工作，以谁为主，就由谁牵头，各方主动配合，大大提高了工作效率。大宗原材料采购计划原由供应公司负责制定，有啥给啥；现在转由生产处制定，调整供应公司领导后，新班子同生产处密切配合，不仅使原料结构得到较好改善，性价比有所提高，而且使铁精粉库存从14万吨增加到47.5万吨，足够1.5个月高炉生产的需要，为高炉合理配料提供了良好的基础。备件采购从供应公司转移到机动处，也取得了很好的效果。加上各项制度的贯彻落实，使购销差大幅度减少，为今年通钢扭亏增盈立下了大功。

四是基础工作得到了加强。过去一些单位管理混乱，有的是无章可循，有的是有章不循。建立3个体系后，严格执行，严格考核，奖惩分明，大大激励了士气。过去，备件采购和计划一个人管，现在计划、采购、验收三权分立，相互制约。在原始数据不足的情况下，财务处建立了420种标准成本模型，并在实践中不断进行修正。过去经济活动分析效果不理想，现在从月分析到旬分析，工作越做越细。计量检测等基础工作，也大大得到加强，为精细化管理打下了良好的基础。只问结果，不讲过程的思维模式和习惯行为初步得到了克服，重视过程、重视细节，受到了重视，为精细化管理的深入开展奠定了思想基础。

五是加强思想政治工作和严格管理相结合。一方面制定了管理者与基层员工定期对话制度，在基层设立信息员，使员工意见能及时得到反馈；通过爱心捐助、发放救济物品、救济金、互助金和走访慰问等方式，为困难职工办实事、解难事，切实帮助困难员工解决生活中的实际困难，使员工深切感受到了企业的关怀和温暖。利用各种场合，激发士气。收回明珠广场后，由各基层单位轮流主持，定期举办文艺演出，深受广大员工喜爱，每逢举办活动之日，人山人海，却又秩序井然，对提升员工的士气是很大的推动力。新年撞钟活动，祝愿新年新气象，至今人们还津津乐道。另一方面，严格执行规章制度，使之公平、公正、公开。今年年初，炼铁厂发生事故，影响生产，铁老大连续3个月奖金名列最后3名，炼铁厂领导要求额外开恩，公司领导坚持原则，不破例，不迁就。但在春节期间，对困难户以补助形式给以补贴。4月份炼铁厂生产恢复正常，连创佳绩，当月奖金人均达到4000元，使员工们认识到，只有依靠自己努力，搞好生产，才是自救之道。炼轧厂厂长张德慧深有感触地说："你把员工当成家人，员工才会把工厂当成自己的家。"在执行制度中，领导和员工一视同仁，职工犯过失，领导同受罚。炼轧厂一次事故，员工扣发当月奖金，厂长张德慧自罚7000元。

通化钢铁的变化固然令人兴奋，我们这次去过的其他两个单位的情况也是令人振奋。板石沟矿是通钢的老典型，但老兵新传，老当益壮。今年年初集团公司下达的利润指标是4.28亿元，现在他们提出要保七争八；2008年他们引进了50多位大学生，至今无一流失，有的已经提升为中层干部，挑起了生产的大梁。吉林焊管公司是个只有100多人的小厂，但1~7月利润已达147万元，今年有望实现利润200万元。全厂只有6名技术人员，机修车间只有7名工人，但他们在管延有工程师等技术人员的共同努力下，自主设计、制造了2台焊管生产线；冬天工人们在没有暖气的高大厂房里坚持生产（仅在生产线旁安放了3个大火炉），艰苦奋斗精神令人感动。

关于通钢的变化，我已请宏卿同志专门写一份调研报告，拟公开发表，这既是对通钢员工的一种鼓励，也借此推动兄弟企业相互学习，取长补短。

当然，通钢的这些成就还只能说是一年初见成效。毕竟，经过多年的折腾，通钢的元气受到损伤，基础还相当脆弱，领导班子和广大员工的观念还需进一步转变，现在的组织架构还不尽合理，历史遗留问题尚待妥善处理，群众的潜能有待进一步挖掘。这些，在建国同志率领的调查组报告上都说的很具体，很明确，通钢也正在进行整改。这次我们也没有重点了解，这里就不多说了。

《中国冶金报》在刊登本文时，加了编者按语如下：

编者按：随着我国城市发展进程的加快，如何解决城市内钢厂与城市本身的发展矛盾也成为困扰相关钢企的主要问题之一。为解决这一矛盾，河北钢铁集团唐钢在2008年开始实施了一系列的措施，从原来的城市“生态污点”成为了如今的“花园式钢厂”。唐钢的绿色转变在全国钢铁行业引发了一场冲击波，吸引了多家大型钢铁企业先后到唐钢考察交流。作为钢铁行业的资深专家，原冶金工业部政策法规司司长董贻正今年来3次到访唐钢，探寻唐钢厂容厂貌变化背后的深层次原因。

唐钢绿色巨变的启示[1]

河北钢铁集团唐钢公司（以下简称唐钢），这个具有68年历史的老钢铁企业，近两年突然成为业界和众多媒体关注的重点。仅在2010年，宝钢重量级人物就先后5次单独或率队到唐钢考察交流，其中包括董事长徐乐江，副董事长、党委书记刘国胜，宝钢工会主席汪金德；马钢董事长顾建国也曾率队前去考察。今年我第一次去唐钢时，沿着参观路线一路走来，给我的视觉以极大冲击，彻底颠覆了我过去对唐钢的印象。看到的是统一粉刷、外表整洁的厂房，再也见不到到处都有、杂乱无章的破旧小建筑；看到的是通畅、洁净的道路，路面见不到任何杂物；代替杂草丛生的是成片的繁花似锦的花园。“这是唐钢吗？”我不禁自问。因为2007年我曾在唐钢调查考察，待了一周多，我很难想象短短几年，唐钢的厂容厂貌竟然会有这样大的变化。我深信，在这外貌变化的背后必然会有更深层次的原因。此后，我又两次找机会前去参观学习。越深入，给我的震撼越大。

一、从被城市边缘化的企业变成城市离不开的企业

直到20世纪90年代，我国钢铁企业除少数靠近资源所在地外，多数都建立在大中城市。虽然，当初都在城市边缘或郊区，但是随着国民经济的发展，城市中心区范围的扩大，这些企业基本上都在城区范围内了。于是同市民争夺水、电等各种资源的矛盾加剧了，污染环境的问题愈益严重了。首钢就是在“要首都还是要首钢”的责难下实行了从山到海的大搬迁，重钢也从市区整体搬迁到长寿县。这从长远讲，虽然有利于企业的发展；但是，这种大搬迁，付出的代价也不小，特别是跨地区搬迁，带来不少新的一时难以克服的矛盾。那么，除了搬迁以外，是不是还有别的路子？唐钢的实践给我们提供了新的经验，新的启示。

唐钢是1943年建厂的，至今已有68年历史了。20世纪80～90年代，唐钢曾名列国内十大钢，他们在冶金系统首创对标挖潜，取得了很好的成绩。进入21世纪来，重组了承德和宣化两家钢铁公司，组建唐钢集团。但由于地处唐山市内，成为当地严重的污染源之一，经常在“要唐山还是要唐钢”的舆论声中，面临搬迁的压力。首钢的搬迁更触动了

[1] 原载于2011年12月29日《中国冶金报》。

这根纤细的神经。是不是城市钢厂只有搬迁一条路？能不能走出另一条路，成为2008年后，唐钢新班子的一个最迫切、最受关注的问题。唐钢的新生，也正是从这一口子进行突破的。

要留在城市，必须解决污染问题和厂区环境问题。2008年下半年，正当世界金融危机来临之时，唐钢打响了治理环境的硬仗。用了8个月的时间，使唐钢面貌发生巨变。第一步是淘汰落后装备，他们提前拆除了目前政策尚允许生产的4座450立方米小高炉和3台60平方米烧结机；3条普通线材生产线；同时清除了157家驻厂小施工队，拆除了分布厂区内的18栋办公楼，70余个小食堂、小浴室，拆除的总建筑面积达到33万平方米，共腾出空地50万平方米。对腾出来的土地重新规划布局，不再上新的生产项目，而是搞民生、搞绿化。在东南西北4个门分别建设了4个生活服务区，包括食堂、澡堂、更衣室。每个生活区可容纳2000人以上，最大的可到5000人。在其他空地上建设三块大面积绿化区域，包括165亩绿地的“钢铁花园”、占地202亩的水系生态园和400亩的“唐钢文化广场”，厂区内部绿化覆盖率由2008年前的21%提高到现在的50%左右（含文化广场）。使员工们进入厂内，就有赏心悦目、生机盎然之感。这一举措彻底改变了唐钢的外观面貌，使唐钢“旧貌换新颜”。

接着是改造厂区道路和规范厂区交通。厂区交通也是一个引发污染以及影响厂区生产秩序的挠头问题。现在唐钢把成品库设在厂外，大大减少了载重车进厂的数量；对必须进入厂区的载重车，实现“四限”：限时间、限车型、限路段、限车速，不得随意行驶。综合治理前，汽车运输量每天有2800辆左右；治理之后，每天进厂区的载重车减到三四百辆。并在4个生活区外，建起了6个停车场，职工上下班的私家车以及自行车，一律停在厂外，刷卡进厂，员工离工作地点一般不超过15分钟的步行路程，也可乘坐设在服务区的厂内摆渡车直到车间。同时，拓宽改造厂区主干道，把混凝土道路改建为沥青路面。对厂房外观进行统一改造及治理，实现装饰风格统一、颜色统一、标识统一。对厂区各类介质管网进行了统一改造和埋地处理，对架空管网作美化装饰。

淘汰落后设备，是减少污染源的一大举措。但这还不够。2008年起，唐钢加大了对环保的投入，一是建立了华北地区最大的工业废水与城市中水处理工程，把城市中水引进来处理后用之于生产；厂区则实现了工业废水零排放，水资源重复利用率达到98%，停开了地下深井水，使吨钢新水耗量降为零。现在除了员工用的生活水外，生产用水做到了不与居民争水。二是积极治理废气污染，在关键工序设置二次除尘装置，大大减少了污染物的排放；还改变原料储运方式，将原来露天堆放铁精粉改为地下封闭式仓储；石灰进厂运输采用封闭式罐车，并用管道将石灰直接注入到封闭料仓中，从源头上根治了原料扬尘。炼钢生产过程中产生的含铁污泥也由封闭式管道输送配加到烧结机；所有皮带通廊都加装了除尘设施。三是充分利用二次能源，三路并进。第一提高回收量。目前转炉回收煤气量，已经达到吨钢126立方米；吨钢余热蒸汽回收量达到90千克以上，这些在行业里也居领先地位；利用烧结机的余热，把5台烧结机全部配上发电设施；第二减少自身消耗量。炼钢吨钢煤气消耗从35立方米减到13～14立方米；高炉热风炉煤气消耗和锅炉煤气消耗减少了10%；轧钢加热炉煤气消耗减少三分之一；第三合理调配煤气使用，按照生产工艺需求，配置相应的混合煤气，实现煤气资源的高效利用。现在用煤气、蒸汽、余压、余热的发电量已占唐钢总用电量的70%左右，正在努力向全部自给进军，不再与市民争电。能源管控中心建立后，有效地实现了各个工序、各类产品吨钢能源成本的考核，促进了各单位进一步节能降耗。一系列的措施使唐钢厂区大气指数平均达到国家二级空气质量标准，以至于有人戏言：“以前是市民担心唐钢污染唐山市，如今是职工担心唐山市污染唐钢”。

唐钢人以他们的胆魄、智慧和汗水，使唐钢发生了翻天覆地的巨变，完全颠覆了过去人们对钢铁厂的形象。人改变了环境，环境反过来也影响人。在这样的工作环境下，谁也不敢、也不忍再乱扔垃圾了。现在，清洁工人数减少了，劳动强度也减小了，但厂区环境更整洁、更干净了。放眼望去，5 平方千米的厂区内看不到 1 个塑料袋、1 个烟头。不少职工进厂后，即使有摆渡车，也往往选择步行到工作单位，既健身、又养眼。文化广场对市民免费开放，一些年轻人选择这里作为新婚喜庆的场所。

过去，有外地贵宾来访，省市领导总避开唐钢，现在是唐山市内必看的两个景点之一（另一个是南湖生态公园）。2010 年，来唐钢参观的达 1300 多批，1.4～1.5 万人；今年前 8 个月为 955 批次，11195 人。唐钢已成为唐山市对外的一个窗口，城市离不开的一道亮丽的风景线。

二、提升软实力，打造精品唐钢

唐钢的变化最直接的是体现在厂区环境上，但其背后则反映了企业理念的变化和管理的加强。唐钢的主体装备虽然大部分属于世界一流，但在行业里并不是最先进的，但很多指标居于行业前列，产品档次也在不断提高，甚至有一些突破性的进展。很重要的一点是他们十分重视软实力的提升。唐钢董事长、总经理于勇通过考察国内外企业，深感我国很多钢铁企业、包括唐钢在内的很多主体装备优于国外著名企业，但在市场竞争中却仍然处于下风。这使他更坚定地意识到：装备固然重要，但装备也是一把双刃剑，一旦不能发挥装备的优势，巨大的投资和设备折旧费用就是包袱。因此，于勇认为：一个企业最大的竞争力不在装备，而是驾驭装备的人；企业真正的实力应该更多体现在软实力上，而科学、先进理念的树立则是推动软实力提升的“魂”。

（1）敢于做别人没有做过的事，才有可能赶超先进。和唐钢有接触的人，都会知道唐钢有一个国际上的“铁哥们”朋友，那就是世界顶级钢材贸易商瑞士德高公司。德高不仅为唐钢带来了产品订单，帮助唐钢产品打开国际市场，而且还对唐钢进行技术支持，派出专家指导唐钢开发新产品。现在唐钢冷轧产品在国内售价还低于一些兄弟企业，但在欧洲市场每吨售价却比国内同行同类产品高出 10 美元。

为什么会有这样的结果。事情要从德高的一批订货说起。2009 年 10 月底，德高公司突然找到唐钢，前来咨询能否生产家电用的一种镀锌板。这种板材，由于其基板薄、涂层厚，要求有超强的耐腐蚀性，生产难度很大，而且数量不多、利润低。因此，这张 5000 吨的订单在国内多家企业转了半年，却没有企业肯于接单。当时，唐钢冷轧厂的订货不足，出口更是处于停滞状态，他们深知接下这份订单存在的风险，但他们更知道，不经风雨哪来彩虹。“做别人不敢做的事，做别人做不成的事”。正是在这一理念激励下，他们冒着风险接了下来。他们集中了公司内部这方面最优秀的技术和技能专家，群策群力，在屡遭失败后，终于找到了合适的工艺，如期交货。经检测，产品各项技术指标完全符合甚至优于相关标准，受到德高公司的好评。接着，德高公司又送来几批高端冷轧板的订货合同。2010 年，唐钢出口冷轧产品达 60 万吨，占全国该类产品出口总量的 1/10，产品远销到欧美等40多个国家。今年预计出口冷轧产品将超过100万吨，品种也有大幅度的增长。近两年，德高总裁和董事长先后来唐钢访问，表示："在全球130个合作伙伴中，唐钢是最特殊、最重要的朋友。"

这一经历使唐钢领导更深切地感悟到：面对同样的设备，同样的市场，不同的理念、方法、管理和作风，可以生产出完全不同的产品。现在，冷轧厂5条主线的成材率全部达到行业先进，一些产品填补了国内空白，出口产品实现了零异议。

（2）只有冲破原有的思想束缚，才可能闯出一条新路。唐钢的二钢轧连铸车间，有5台小方坯连铸机，共26流。2010年以来，曾几次创出月漏钢率为零的纪录。但是还是这些设备，还是这支队伍，还是同一个车间主任，2008年底时，漏钢率却高达240多次。是什么促进了这一巨大变化？是理念的改变！车间主任李波同我讲，过去，认为小方坯连铸不漏钢是不可能的，只是次数多少而已，即使出了问题，相关人员也都会找出"理由"来为自己辩解。在这种心态下，要想彻底解决漏钢问题也同样是不可能的。

2008年以来，唐钢领导推出了一系列新理念，首先在整治厂容厂貌上取得重大突破。这一巨变也促使了连铸车间反思自己过去的观念上的偏差。他们决心要把过去认为"不可能"的事变为现实的可能。他们分析了影响漏钢的有12个因素，发动员工采取措施，或通过小改小革加以解决；或通过改善管理，防患于未然。2009年3月漏钢降到120次，6月又减半，降到60次。在总结经验基础上，制定了作业指导书，把先进的操作法纳入到标准化作业。到2010年，全年平均月漏钢率降到3次，有两个月实现了零的突破。实践使他们更深切地体会到：企业与企业之间的差别，关键在于理念、定位和标准的不同。理念的变化必然会导致标准的提升，带动实际工作的改进。

现在，小方坯连铸车间所在地二钢轧，很多主要指标都在行业中处于领先地位，实物质量有了明显提高，赢得了客户的青睐。

（3）精细化管理就是要从细处入手，从小事情做出大文章。对标挖潜，在冶金系统甚至全国工业系统，唐钢是始作俑者，取得很大成绩。但2007年，我去调查时，感到这些年没有突破性的进展。2008年后，唐钢加强了精细化管理的力度，取得了长足进步。通过精细化管理，进一步夯实基础，创造更多的效益。炼钢厂吨钢白灰耗量大幅度降低，就是一个很好的范例。仅2009年一年，吨钢白灰消耗从70多千克降到40多千克，收到的效益就高达6000多万元。而引发这一消耗指标改善的起因却不是在炼钢厂，而是在水处理环节。是污水处理厂发现所加处理药剂量过高，分析其原因是废水中钙质增加。于是顺藤摸瓜，原来是炼钢厂所用的白灰粉面多，入炉后粉面被抽风机吸入，进入蓄水池，提高了水中钙质含量，于是就加大投药量。那么，为什么白灰粉面多呢？这就涉及采购白灰的质量了。过去进厂的石灰，一般含20%左右的灰面儿。入炉前，先得把这20%的灰面筛掉。380元一吨买进来，还没用上，就损失300元（灰面卖出去，每吨只有80元）。白灰筛不净，于是就进入蓄水池，又增加了废水处理的成本。根源找到了，措施也就有了。现在，唐钢要求供应商提供的石灰，粉面要控制在2%以下，超过部分，不计供应量，由供应商收回，否则就解除合同关系。这样一来，石灰纯度提高了，吨钢石灰消耗量降到42千克，后续工序的加药量也减少了，这种事例，在唐钢不是个案。这就带动了整体管理水平的提高，以及效益的增长。

（4）盘活资源，用其所长，发挥各类人员的积极作用。于勇常说：创新管理模式，核心工作就是要彻底盘活公司现有资源，整合资源，优化配置，提高效率。对设备是如此，对作为第一资源的人力资源更是如此。且不说对专门人才的使用，就是从不起眼的门卫人员的使用，体现了唐钢在“盘活资源”上所下的工夫。走进唐钢，就可以看到各个进厂入口处都有警卫值守，这些全是当年进入唐钢的复员军人。同所有大型国企一样，唐钢每年都要接收100多名复员军人。但怎样安置好这批复员军人，并发挥他们的特长，往往就成为企业劳动人事部门的一个难点。过去唐钢曾多次整顿门卫，但收效不大。甚至有人说：上半夜是警卫看门，下半夜是贼在看门。现在唐钢把复员兵全部安排到警卫部门，他们在部队受到良好的纪律教育，同唐钢职工没有什么牵连，作风严谨，执法严格，按章办事，一丝不苟，而且一年一换，切断了同个别违法人员相勾结的土壤，真正成为唐钢的“守门神”。再配合唐钢员工进厂刷卡，以及车辆准入等制度，基本上根绝了物资的流失。据估算，仅此一项，一年就挽回损失2亿~3亿元。

三、职工的幸福感是怎样来的

唐钢的巨变，没有广大员工全身心的配合，是难以实现的。为什么职工们乐于为唐钢的发展心甘情愿地竭尽自己的全力呢？《宝钢日报》记者作了很好的回答。2010年底，《宝钢日报》记者到唐钢采访，随机提问几位唐钢员工，请他们用一个词来形容在唐钢工作的感受，没想到几位员工的回答却是那样的一致：“幸福”。他们珍惜这种来之不易的幸福，他们要保卫并且发展这种幸福，他们更容不得他人来削弱甚至毁灭这种幸福，他们自然要尽自己最大的力量来向使他们幸福的“家”——唐钢作出回报。

那么，这种幸福感又来自何处？来自员工们对自身主人翁地位的光荣感，来自对能够体现自身价值的成就感，来自对唐钢巨变扬眉吐气的自豪感，来自对唐钢今后发展的信任感以及对唐钢领导的认同感。而这“五感”的形成，则是同唐钢以董事长、总经理于勇为首的领导班子分不开的。

于勇认为，企业最大的竞争力在于职工的凝聚力，而凝聚力来自职工的认同感。唐钢的职工是不可复制的竞争力，作为领导人，必须尊重职工，依靠职工，一定要让职工成为企业发展的最大受益者。企业发展的同时，一定要给职工不断地创造幸福，提升幸福指数；让唐钢成为一个幸福企业，让唐钢每一个职工都拥有幸福感，让企业成为职工的家。企业把职工当主人，职工就会把企业当作自己的家。

正是在这种理念指引下，唐钢的领导班子事无巨细，处处、事事关爱员工，赢得了职工的认同感。有两个事例非常说明问题。

一件事是职工食堂。于勇把办好食堂看得很重。职工吃不好，会影响工作情绪；食品不安全，会影响职工健康。他不赞成把食堂外包，更不把食堂等生活后勤系统当作创收单位，而把它定位在费用单位。食堂的人工费、燃料费、低值易耗品费都由公司承担，食堂不准赚职工一分钱，职工花的就是菜和原料的成本费。职工每顿饭最多也就是五六元钱，一般也就是三四元钱。蔬菜等副食品都是来自大超市，图的是农药超标残留检验由超市负责，米、面、油以及一些调料都是名牌货，以确保食品安全，不给职工身体留下潜在的危害。我们参观时，看到食堂炊具、餐具的洁净度，使人惊叹！公司每月把130元打到每个员工的食堂卡上，但不限制只能在食堂消费，职工吃不了的，可以到联网的各大商店里去消费。这既可促进食堂办得更好，又保障了职工的权益。这种人性化的措施深受职工欢迎。唐钢还全力提高职工生活福利水平，投入1.2亿元为职工更新医疗设备、改善就医环境。医疗补助幅度比较大。职工在按照国家政策享受医疗保险的同时，个人支付的还可以在企业再报80%。

再一件为唐钢职工津津乐道的是“给职工让路”。一次，于勇6点多上班时，看到职工推着车站在冷风里等着过运送铁水的火车。当时，他就在车里就给调度打电话，要求生产用车为职工让路，职工上下班时，不准火车通行。宁可停产，也要解决。当然，结果是生产没受影响，职工上下班可以通行无阻了。现在早6~8点，下午4~6点，厂区内除了通勤用的巴士外，再也看不到任何车辆通行了。就是这些看似细微的小事，但却深深打动了职工的心，换来的是职工对企业的感恩和热爱，对老总的信任和爱戴。这种感情，就必然转化为关心企业的凝聚力，搞好本职工作的执行力，团结拼搏的协同力，成为攻坚克难的强大动力。

随着企业的发展，职工的收入也随之而提升。在2008年世界金融危机时，唐钢不停产、不减员，管理层以上的干部减薪25%，一般员工不仅不降薪，反而涨薪25%。花3亿元为职工增加工资，换来的是2009年唐钢实现挖潜增效30.25亿元，超额12亿完成了当年挖潜增效任务。2010年又完成挖潜增效36亿元，同年职工年均收入为6.1万元；今年预计可达到6.8万元，而挖潜增效的计划还是36亿元。三年挖潜增效100多个亿。这种把员工利益至上的理念还体现在其他方面。在生活服务区，一线员工洗澡后更换下来的工作服有专人洗净后，甚至要把脱落的纽扣缝上，按工作服的编号叠放在衣柜上，但两级机关的干部们却享受不到这一待遇。

作为企业领导，唐钢并不满足于为员工办实事、办好事。他们建立了上下相沟通的长效机制，及时听取员工意见。除充分发挥职代会的作用外，还建立了总经理电子邮箱，经理联络员制度等，以及领导干部下基层的制度；规定每月的第一个星期一，公司160多名中层以上干部都分头下到基层，参加班组活动，一是将公司近期的重要决策和工作安排直接向基层员工进行宣贯，二是直接听取基层员工意见，了解基层真实情况和要求，作为改进工作的重要依据。

上下同欲者胜。和谐促进幸福，和谐与幸福共存。过去，公司确定的指标，逐级讨价还价；现在，这种现象基本上看不到了，确定的指标自觉背回去，而且一般都是超额完成了。早调会前几年成了扯皮会，出了问题，互相推诿责任，现在一般的早调会，三五分钟就结束了。因为各自的问题各自解决，没有多少问题需要在早调会上解决的。

唐钢的变化是巨大的，经验是可贵的，启示是多方面的。但我认为，最主要的是，真正体现了以人为本，真心实意地把员工当作企业的主人。唐钢巨变的源泉来自员工，动力也来自员工，最终的受益者也必须还是员工。只有我们尊重员工，依靠员工，提升员工，才能凝聚员工，使员工和企业共命运，才能使“建设最具竞争力的钢铁企业”这一宏伟目标变成现实。

理顺体制　扶植正气
首钢京唐公司面貌大变[1]

2012年2月下旬迁安会议后，我先后去了首秦和京唐。同2011年5月相比，京唐给我感觉有了质的变化。去年，高炉还看不到前景，对如何解决高炉问题，有关人员意见大相径庭；对转炉全三脱，没听到一个肯定的语句。薛万青的打油诗，从初到京唐意气风发到后来的无奈、无助，使人真为京唐前景担忧。

这次虽然只待了3天，在炼铁、炼钢、热轧、冷轧、能源、运输等5个作业部分别开了座谈会，还同薛万青作了个别交谈；临行前，应吴福来和王明江之请，同京唐办公室、宣传部以及部分作业部的年轻人开了一个座谈会，讲了讲个人工作以来的一些感悟以及对京唐年轻人的期盼。

不到一年的时间，京唐变化惊人、喜人。炼铁车间去年6月份，卢正春来时，全月产量只有49万吨多；到8月份，已经迈上60万吨台阶，以后逐月稳步上升，到年底，达到75万吨以上。今年1月，更是创下了月产77万吨的新纪录，2月份少2天，仍然保持71.3万吨的水平；其他指标也有明显改善。去年来时，对炼钢全三脱，听到的基本上都是问题，肯定的话几乎听不到。这次去，几乎是180°大转变，看到的是全三脱的正常运行，取得了很好的效果，再也听不到对它的否定之词；炼钢成本也有大幅度的下降。运输部的治理整顿，短期内改变了过去管理混乱、纪律松弛的局面，赢得了京唐广大员工的赞誉。总之，无论在技术经济指标，还是在员工士气方面，都展现了崭新的面貌，在所接触到的人员，普遍对前景充满信心，士气高涨。

尽管现在京唐仍然面临严峻的形势，巨额亏损使京唐领导和广大员工感到巨大的压力。这确实同国内外的大形势有关，但最主要的是，内因已经在起变化，领导体制已经基本理顺，群众的凝聚力大大增强。我相信，只要能认真吸取这几年的经验教训，保持并不断提升广大员工的精神状态，京唐面貌一定会有较快的改变。现在就是要抓紧时机，加速这一变化，进一步内鼓士气，外塑形象，夺取新的胜利！

京唐本是一块热土，是一块沃土，它是中央领导高度关注并寄予厚望的宝地，是一块令多少业界人士及莘莘学子向往的创业之地，更是首钢今后发展的希望所在。第一座高炉投产初期，也曾有过令人满意的业绩。但曾几何时，问题接连不断。去年5月，我去京唐，所见所闻，使我怀疑：这是有90多年光荣传统的首钢的企业？曾经为首秦建设作出重大贡献的王毅老总，在京唐却看不到他当初那种意气风发的豪情。相反，那种谨小慎微的无奈却使我感到不是滋味；我曾经受到教育和鼓舞，并向之敬礼的首钢炼铁人又到哪里去了？在迁钢我同一群“80后”座谈时感染给我的激情，在京唐这个更年轻的企业却感

[1] 写于2012年3月16日。只发给首钢总公司领导参阅。

受不到。我觉得，虽然京唐有世界一流的硬件，但驾驭这些世界最先进设备的队伍似乎缺了魂。体制的极端不顺是其主要原因，但也同首钢自身工作有关。返京后我给首钢领导写了份“京唐公司管理现状和建议”的报告。

上次去时，我曾同薛万青作了一次交谈，还看到了他写的一些诗，写作日期从2007年到2010年。刚到京唐时，意气风发，“三十年勤奋求进取，五十岁激情再天涯。此去唐海创新业，宁愿两鬓尽霜华”，到后来的“奉旨建设曹妃甸，多少激情，多少期盼，背井离乡壮心奉献。经营亏损管理乱，多少遗憾，多少辛酸，任劳任怨奈以何堪”。还有一首题为“京唐老板文化”的打油诗：“低价中标，够用就行；东抓西抓，抓来就行；你顶我顶，顶住就行；今忍明忍，忍住就行。”万青同志诗作中流露的真情真切地反映了京唐各阶段的状况。这次我又找他谈了一次，他没有拿出新的诗作，却同我谈了一席话。他说：“京唐的这些变化，应该归功于京唐党委的建立，这是毫无疑义的。但在党委成立前，还有两个人，在京唐引起了震动；一个是刘英杰，一个是卢正春。刘英杰到运输部，先是整顿码头，改变了码头面貌；再是举办了一场联欢晚会，引起了轰动。这两手，一手硬。一手软，都很出色，给京唐带来了一股清新之风。卢正春敢于担当，实施三步走，很快使高炉有了起色。”我说，这番话使我有些不解，刘、卢固然都很优秀，但比他们早来京唐的大批干部，我觉得都不亚于他们两位，为什么他们两人能起这大作用？他的回答又给我很大的触动。“早来的干部早已把锐气磨没了。他们两人在京唐是初生牛犊，保持了这股锐气。”薛万青的话值得我们领导深思。

对薛万青的评价，并不是所有京唐干部都认同的。卢正春去京唐后，在炼铁部提出开展“树八气”、“立五风”活动，同时在广泛听取技术人员和一线操作人员的意见基础上，顶住了已被客观事实证明了不符合实际的技术决策，在20天内连续给高炉加风18次，使高炉负荷从3以下上升到5以上，高炉生产逐步走向稳定。据炼铁部的其他同志介绍，这样做，虽然要承担相当风险，但卢正春在炼铁部大多数专业人员的支持下，坚定不移，顶住压力，终于取得了成功。《首钢日报》曾刊登了记者写的报道，介绍了炼铁部“树八气”的做法，我认为这是卢正春学习总公司2003年提出的“八破八立”，在凝聚士气，是好事；没想到却引起了京唐内部一部分人的反感，认为小卢在“忽悠”，是揽功，是无组织无纪律，不经领导批准，擅自发布消息。我在去年10月邓瑶一文发表后给朱总的信中，曾经谈到我对这一问题的观点。这次高炉正常化后，仍然听说有人并不是实事求是地肯定成绩，总结经验教训，反而认为这是两种学术观点之争，各打五十大板。这种做法，不仅对像卢正春这样敢于担当的干部不够公正，而且也伤了广大炼铁部员工的心，在和炼铁部员工座谈时，员工们表达的情绪就很强烈。

我之所以借这件事说了这许多，是因为我感到如果没有统一的价值观，没有在一些基本理念上，从总公司到二级单位的主要领导干部，取得共识，对是非、优劣没有一致的评价标准，那就可能影响正气的发扬，影响到干部和广大员工积极性的发挥。京唐公司党委成立后，其后又相继成立二级公司党委，情况有了很大变化。热轧部毛庆来认为：“成立党委，有根有魂。京唐不缺人才，缺魂”。为此，他们提出：“一盘棋，一股劲，一条心。一条主线，两个确保，三个理念，四个作风，五种精神”，使员工精神为之一振。听说最近朱总在京唐提出了“铸魂工程”，我举双手拥护。铸什么魂，怎样铸造，我想以后有机会再同京唐的朋友们共同探讨，这里就不多说了。

对京唐而言，除了“铸魂工程”外，还有两个工程，也需要花大力气来抓的。一个是“夯基工程”，一个是“提素工程”。

夯基工程，就是夯实管理基础。这次，运输部的介绍，使我颇为震惊。去年，我也同当时的运输部负责人交谈过，只是介绍了运输部的一些基本情况，没有谈到任何问题。但这次刘英杰的谈话，却暴露了运输部前两年存在的严重管理混乱问题，大量装备损坏趴窝，管理上没有章法。这种情况，去年来时，却没有听到任何反映，也许公司领导也不以为意。这就更说明了问题的严重性。一个现代化的企业，对基础工作竟然如此忽视，长此以往，将会造成灭顶之灾。在热轧部，看到他们最近发动员工，结合自身实际，自己编写的《操作岗位标准作业程序》，就是一项很好的基础工作。他们还对操作事故进行汇编，分析，使操作事故直线下降，2009 年 107 起，2010 年 64 起，2011 年下降到了 34 起。由于时间短，我没有对管理基础工作深入调研，但仅从上面两例，深感京唐基础工作亟须加强。对像京唐这样现代化的企业，夯基工程还必须适应新情况，同信息化相结合。迁安会议上京唐的发言，说明了这方面京唐已有了一个很好的开端，建议京唐能制定一个 3 ~ 5 年的总体规划，分步组织实施。

提素工程，鉴于京唐的使命不同于其他企业，人才问题显得更为紧迫，更为重要。京唐的提素工程，既包括人才素质结构的提升，更包含各类人员素质的全面提高。京唐现有四大博士，这是首钢其他企业所没有的。如果作为独立企业，这一数字远远不够。因此，怎样更好地发挥首钢技术研究院的技术力量，同京唐紧密结合；为引进的高端人才，搭设各种必要的平台，这方面，宗平同志可以说是具有丰富经验的。在提高人才素质上，京唐也做了大量工作，涌现了一些好经验。京唐年轻人多，普遍希望能为京唐建设奉献更大的力量，但又感到京唐对年轻人的培养还不够有力。

转观念　变思路　柳暗花明闯新路[1]

——对首钢燕郊公司强化管理与管理创新的述评二则

首钢燕郊机械有限责任公司（简称燕郊公司）是一个人员不足千人的企业，一度曾濒临破产，但2007年改制后，一路向上，2010年销售收入达到1.53亿元，实现生产经营性利润2056万元；2011年销售收入又有较大幅度增长，达到近1.9亿元，但实现利润却下降到1000万元。进入2012年，形势更为严峻，不仅订单有所减少，最要命的是同样一份订单，收入却大大减少，一季度不仅销售收入下降，利润下降幅度更大。按老办法运作，今年必亏无疑。

一、从改进管理着手，过好紧日子

面对生存危机，燕郊公司的领导班子进行了认真反思。他们发现，在前几年企业经济效益好时，管理却出现松动现象，一些不必要的支出增加了。他们一笔笔算细账，真是“不算不知道，一算吓一跳”。就在习以为常的“习惯动作”中，大量资金就从指缝中悄悄溜走了。比如，近几年新建了唐海、迁安、顺义几个基地，与燕郊总部人员往来主要是靠小轿车。2011年，仅小车费用就高达400万元。过去效益好，不以为意；现在要过“好日子”，必须过好“紧日子”。于是，他们建立了新制度，除特殊情况需经二级单位领导批准外，一般用车只能在单位所在地方圆50千米范围内使用，超过这一界限，就乘坐火车和长途公交车。仅此一项，每月费用就减到15万元，全年节约费用200万元。过去运货都由公司运输队承担，由于没有竞争机制，费用高、效率低。现在采取市场化运作，和社会车辆一起参加投标，促使运输部门改进管理，每月节约运费30万元。仅此两项，年可节省费用500万元左右。还有新建的唐海基地，办公楼除自用外，富余的准备出租。总之，能省则省，使勤俭办企业的方针真正得到落实，“过紧日子”的思想真正在各级干部和广大员工中扎根。

特别是在裁减冗员上，他们发现潜力很大。一是部分岗位人浮于事。由于过去公司对二级单位以利润考核为主，因此一些单位就自行扩大编制，有的关系户以及沾亲带故的就乘虚而入。像天车工，原本1个人就可以了，现在配了3人。这次重新核实定员，超编人员合同到期的一律解除合同，但对40（女）、50（男）人员，进行人性化处理，不予解聘，另行安置合适岗位。二是通过合并机构，减少重复岗位人员。16个经济实体归并为5个，像燕郊本部原有6个实体经济单位，现在合并为1个，仅领导岗位就多余了5个正职、4个副职，有的降职使用，有的回到原技术岗位或技能岗位。年初全公司员工总数为800人，5月份减到560人，每月少支出工资60万元左右。人员减少了，但活并没有少

---

[1] 原载于2012年9月13日《首钢日报》。

干，工效反而提高了。

点评：

1. 首钢从2006年提出“五算清”、“五精细”活动，取得很大成效。但这次燕郊公司仅仅动用了“常规武器”，算了几笔“粗账”，每月就节约费用100万元，相当于全年节省开支1200万元左右，比该公司去年全年利润还多。可见“五算清”不是权宜之计，而是要事事算、人人算、处处算，长算不懈，关键是领导心中要有一本账。

2. 燕郊公司董事长、总经理孙长生通过反思，说了一句话：我们的教训就是效益好了，放松了管理。这也是相当一部分企业的共同教训。对管理的重要性，谁也不会有异议。但实际行动上，往往是重技术，特别是重装备，轻管理。结果是效益好时放松了管理，一俊遮百丑，掩盖了管理上存在的众多问题；效益差时又顾不得管理，急于忙着处理一些火烧屁股的事。燕郊公司领导能够及时认识到这一点，并果断地采取措施，强化管理，取得明显效果。他们的经验具有普遍意义。

二、传统火车与动车组

燕郊公司规模不算大，2008年总人数为800人，但却有16个经济实体，这些单位基本上是一个负责生产的执行部门，供销两头全集权于公司。公司领导也不负重托，带领大家攻关夺隘，使燕郊公司不断登上新台阶。因此，员工们都高度评价公司领导，信赖公司领导，“火车跑得快，全靠车头带”。

面对当前严峻形势，这句话也引起了孙长生的深思。作为公司领导，应该为企业的发展和员工的利益尽心尽力，不负众托，但一个车头的能量毕竟有限，再加大马力也跑不过动车组，于是一个“动车组”的体制架构逐渐形成。经过反复讨论，16个经济实体合并为5个，外地3个：唐海、迁安、顺义，公司本部原先6个分厂合而为一，新成立了一个检修中心。不仅人员减少，关键在于职能变化。除采购供应和新品研发仍由公司统一集中外，5个基层单位作为生产经营的独立实体，有权承接订单，自己组织生产，承担员工工资。每月收入，先缴足同公司商定的利润，剩下来的钱发工资，挣多多发，挣少少发，真正称得上是“挣工资”而不是“发工资”。公司确定的利润指标，留有余地，一般低于往年实际利润，使基层单位有利可图。公司负责开拓新品市场，以及基层力所不及的大额订单；公司采购物资价格、渠道透明化，基层使用单位有权提出质疑。

这一改革，大大增强了基层干部的危机感，紧迫感，同时也极大地调动了各级干部和广大员工的责任感。他们的聪明才智被激发出来了，管理严格了，应对危机的能力提高了，自觉过起了紧日子。因为，“你这订单收益里就没有这笔坐小车的钱，没有这笔吃大餐的钱”，个别干部想要挥霍一下，员工们也不答应，因为你是直接在吃他们的工资。员工们也自觉提高功效，同样一个清洗段，过去曾花了6个月，现在60天干完，质量全部合格。一季度，16个实体中有7个亏损，5月份实施改革以后，就没有一个亏损了，职工收入普遍较改革前有所增加。

点评：

1. 孙长生的“动车组”概念提得好。动车组为什么能跑得快，因为它除了车头有动力源外，还有各个分组的动力源。企业何尝不是如此？这比起一些企业推行的SBU又有所超越，有所突破，燕郊公司的做法为我们提供了新经验，其要害是重心下移，责权利统一。但这并不等于可以减轻公司领导及职能部门的责任。按孙长生的说法，公司主要是搞好为基层的服务，制定政策，承担基层力所不及的研发及大宗订单的市场开发。各司其职，各方面的积极性都让其得到充分发挥，同心同德，群策群力，办法总比困难多。

2. 但燕郊公司的做法又是一步险棋，并非所有单位都能仿效的。如果没有长期形成的公司领导在员工中的威望，没有广大员工对公司领导的高度信任，这步棋是走不下去的。这需要一把手的高度智慧，更需要高度担当精神。曾有公司领导问孙长生，“你这样做有没有考虑你自己的利益?”孙长生手书两个字：“忘我”。忘我，无私，这样才能真正做到“权为民所用，情为民所系，利为民所谋”，即使有些举措失当，也会及时得到纠错改正，真正使“失败为成功之母”。

3. 这一重大改革突破了原有思维模式，观念的转变是一个痛苦的过程，绝不是靠强制性的行政命令，就可以得到实施、畅通无阻的。不转变不行，急于求成也不行。他们经过了几个月的自上而下、自下而上的酝酿、沟通、碰撞，最终取得了共识。公司一位副总说，对她自己来说，也是一次洗脑的过程。从最初的抵触、想不通，到最后的自觉接受，积极思维，共同完善方案，一起坚决执行，取得了良好的效果。

新疆钢铁工业见闻❶

从8月17日~8月30日，应首钢伊钢领导之邀我去了一趟新疆。他们3年前就约我去看看，一直拖到今年。既然这么远道去了，只到伊犁一地，似乎有些可惜。因此，又同宝钢董事长徐乐江联系，再加上宝钢八一钢铁公司。没想到到了新疆，却像滚雪球似的，一再扩大。结果去了8个厂矿，其中首钢系3个，就是位于伊犁州新源县的首钢伊钢，巴州和静县的凯宏智博铁矿，阿克苏地区库车的天缘煤焦化公司；宝钢系5个，分别是位于乌鲁木齐的八钢，同在伊犁州新源县的伊犁钢铁有限责任公司（简称“小伊钢”），同在巴州和静县的敦德矿业公司，阿克苏地区拜城县的拜城钢铁公司，以及位于哈密的雅满苏矿。

参观了新疆8个钢铁企业，感触颇深。

一是没想到地处西陲的新疆，钢铁工业发展如此迅速。八钢最早是王震将军发扬南泥湾精神，建立起来的一个小钢厂，现在居然发展成为千万吨级的特大型钢铁企业，其装备的先进程度不亚于内地同类型企业。特别是进入宝钢后，各方面都得到全面提升，环境整洁，绿化率高，资源综合利用好。去年，八钢申报的专利450多件，超过了八钢建厂50多年总和的几十倍，充分体现了八钢员工创造精神的迸发；正在建设的Corex，是从宝钢上海罗泾厂（原浦钢）拆迁的，罗泾投产后经过多次改进，虽有进步，但仍不理想。后经论证，认为新疆的资源条件比较适合用Corex冶炼。现在正在加快建设进程，八钢从总经理到建设者们，都很有信心让Corex在八钢发挥其效益。

新疆有两个伊钢。一个是首钢伊钢，一个是八钢系统伊钢（又称“小伊钢”）。两家伊钢是门对门。给我印象深刻的是小伊钢。1998年改制时，年产只有2万吨铁，2008年新上2座530立方米的高炉，2座80吨的转炉。2009年宝钢参股20%，现在已建成200万吨的规模，布局紧凑，流程合理，工艺装备先进，我在现场看到的当天一些主流程的技术经济指标在同类型企业中处于领先地位。他们的发展思路明确而坚定：求强求精不求大，保持200万吨规模不再扩大，在做强主体的同时，在完善上下游的产业链上下工夫，使企业更好地适应市场、服务市场、满足市场；伊钢还是当地的利税大户，去年税后利润达到4.5亿元，税金超过5亿元。

首钢伊钢原先规模比小伊钢大。首钢重组后，自治区给以很优厚的政策，划出一大片煤、铁等资源供其开发，但近几年由于首钢资金紧张，没有新的投入，以致引起当地各级政府的不满。今后其发展趋势难以预测。

位于巴州和静县的八钢拜钢，这是我到过的国内最西面的钢铁企业，厂区占地10平方千米，其建设布局之宏伟，装备之先进，也令我感叹。2座1800立方米的高炉、2座60孔的5.5米捣固焦、2座120吨的转炉、2台8机8流的方坯连铸机、轧钢系统是2棒1

❶ 写于2013年9月10日，此件只送首钢和宝钢总公司领导参阅。

线，总规模300万吨。2010年11月开工建设，今年4月热负荷试车。因市场关系，目前只投产了1座高炉。现有职工1900人，全部投产后为2300人。

现在，仅宝钢系统在疆的钢铁企业已建成的产能就有1500万吨，加上首钢、山东钢铁集团、新兴铸管、新余、河北一家民企以及新疆建设兵团建成的钢铁企业，总规模恐已超过2500万吨了，全疆人均拥有的钢铁产超能超过1吨。

二是普遍重视“以人为本”，注意发挥员工的积极性。最突出的是小伊钢，他们提出的“三个不致贫”（就是不因住房、生病、孩子入学而导致重返贫困线）的理念，已经得到很好的实现。他们集资建房，职工一结婚，就能拿到110平方米三居室的套房，根据情况不同，交款3万~6.5万元，民族职工减半；10年以上工龄的职工，大病住院100%报销；年收入在6万元以下的家庭，孩子上大学费用由企业承担，这就搬掉了压在不少员工身上的“三座大山”，使广大员工真正把企业当成自己的家，增强了凝聚力，充满了幸福感。

位于阿克苏地区库车县的首钢系统天缘煤焦化公司，目前已建成一座4.5米72孔的捣固式焦炉，另一座正在建设中。他们地处荒郊野林，离最近的居民点约10千米，也只是一个几十户的村子。相当一批职工是从山西平陆招聘来的。要留住人员，必须先搞好生活，所谓安居才能乐业。他们的家属住房分一室一厅和两室一厅两种，成家的都有，职工每月只交125元管理费。单身职工每间都有单独的洗手间，配有电视。除室外广场有健身设施，早起见到近十名职工在锻炼；室内也有文娱体育设施，还有阅览室等。食堂门口张贴有进餐补助表，多吃多补，按照消费量补助30%，食堂可买半份菜，荤菜半份6元。早起在健身广场与一中年员工聊天。他是从平陆招聘来的，在备料车间，50岁，觉得这里对职工生活、特别是中老年工人挺关照的，他爱人已退休，也一起来了。

首钢在巴州的凯宏智博铁矿，目前露天开采。附近也没有什么居民点，矿山的作业场所在海拔3660米，条件比较艰苦。他们同天缘煤焦化公司一样，很重视职工生活。公司花了2200万元，建了一个生态园，为职工提供一个很好的文体活动和阅览休息之处。有乒乓球、台球，健身房，阅览室等。吸引了职工8小时以外的时间。八钢的敦德铁矿，海拔更高，最高的采矿工作面在3912米。目前尚在边勘探、边建设阶段。我在这两个矿山分别待了两三个小时，就感到身体有些不适应。

八钢雅满苏铁矿在新疆哈密以南170千米的戈壁滩上。1990年我曾去过，这次是故地重游。有三句话形容那里的自然环境：“天上无飞鸟，地上不长草，风刮石头跑”。那时，从哈密到矿山，越野车就是在戈壁滩上驶行。现在已修建了柏油路，但不少路段由于工程质量问题及超载行驶等原因，坑坑洼洼，170多千米走了两个多小时，但比第一次去时要快一倍。那次到雅矿，看到职工们艰苦奋斗的精神状态，屡创佳绩的成就，令我鼓舞，深受教育。我在回京的火车上写了一篇“戈壁明珠放光彩”，在《冶金报》刊出；同时给部领导写了报告，提出政策上给以支持的建议，得到部领导同意，有关司局都很积极办理。这次来，看到露天矿已经闭坑，转入井下开采。前些年他们在哈密建起了球团厂，2条回转窑年产140万吨球团矿；并在离雅矿110千米处，找到了接替矿山——磁海铁矿。去年磁海生产了150万吨铁矿石，运到雅矿，利用原有的选矿厂。原先的土坯房基本上都已拆除，职工都搬入3层楼的单身公寓，新建的公寓房，一人一套带卫生间的单居室；在磁海，我到了露天采矿现场和职工生活区。在这几个地方，我都看到了八钢艰苦奋斗的精神在发扬光大，也看到了雅矿领导在八钢总公司的支持下，所采取的一系列有利于调动员工积极性的人性化措施。使我看到了雅矿的昨天、今天和明天。因此，这次又写了一篇“重访雅满苏”，以表示我对常年战斗在戈壁深处的雅矿人的敬意。

三是对今后新疆钢铁工业发展的一些思考。新疆钢铁发展之快，出乎意料。但也存在一些隐患。现在新疆钢铁产能已有2500万吨，人均超过1吨，高于全国平均水平。新疆市场有这么大吗？产品发回内地，能有竞争力吗？何况内地钢铁工业同样处于产能过剩状态。像拜城这样装备先进的企业，300万吨规模，投资80多亿元，每年的财务费用和折旧费就要远远高于其他企业，一流的装备本可生产高附加值的产品，但由于市场关系，恐怕在相当一个时期内主要是生产附加值低的产品，既不能充分发挥先进装备的作用，也不能取得更好的经济回报。因此，如何结合当地具体情况，走出一条新路来，是内地在疆建设的钢铁企业面临的现实问题。至于像首钢伊钢这种重组企业，当初地方政府与企业签有协议，地方政府给以资源上的支持，企业则以扩大重组企业的规模作为回报。但目前全国钢铁产能供大于求，企业又面临资金紧缺的现实处境，急于扩规模并不现实。但如不再扩大规模，就违背了当初协议，引起地方政府的不满，甚至提出要收回资源，另行招商引资；如果按照协议继续投资扩大规模，那又加剧了供需矛盾。首钢将处于两难抉择。

鉴于这种情况，建议今后相当一个时期内，新疆不再新建钢铁企业。原先有关企业同地方政府协议一致的发展规模，也应实事求是地根据现实情况，重行商定，以免进一步加剧市场供需矛盾，导致双输局面。

新疆已发现的铁矿资源并不丰富，至今各厂都在为资源不足而发愁。一些已建有钢厂的地方政府更是采取保护政策，甚至不让当地铁精粉外流。因此，加强资源勘探，扩大资源开采量，也是当务之急。目前，这些铁矿要么是在山区，有的工作面海拔接近4000米；要么地处戈壁滩，附近渺无人烟。看来，今后我国相当一部分新开发的矿山，其工作和生活条件都会很艰苦。虽然，目前我到过的这几家企业都采取了一些有利于调动员工积极性的措施，但我认为，还应从国家层面上，制定相应的法律法规，鼓励人们投身于矿山事业。

再是人才问题。不少企业地处偏僻，难以吸引人才。有几家钢厂，主体工序的技术人员寥寥无几，即使新来几位大学生，也很难留住。雅满苏矿的员工平均年龄已是45岁了，后继乏人。近三年来，新毕业的大学生数以每年50%的速度递减，今年只有5人，而且人员流动性普遍较大。但这些企业，都有内地的母公司，人才济济。从实际情况出发，对技术、管理干部，可以借鉴国家援疆政策，由母公司派出干部，3年一轮换，再大力培养本地干部，帮助他们快速成长。

重访雅满苏[1]

雅满苏，在新疆哈密以南170千米的戈壁滩上。有三句话形容那里的自然环境：“天上无飞鸟，地上不长草，风刮石头跑”，雅满苏维语意为“苦水”，实际上连苦水都没有，在上面三句话外，还有一句话：“百里无水源”。但上天却眷顾这一不毛之地，那里蕴藏着发展钢铁工业不可缺少的铁矿资源，在20世纪50年代，建设起了雅满苏铁矿。

一、初识

1990年，我趁着到乌鲁木齐开会之际，返程中专门前去参观调查。矿长孙克香一路陪同。那里自然环境的恶劣确实令人震惊，车从哈密出发，一路在戈壁滩上颠簸了4个多小时，沿途确实是既不见飞鸟，更不见人影。偶尔看到有简陋的干打垒式的小屋，那是雅矿看守泵房的工人，在那荒漠的土地上恪尽职守，保证了雅矿生命之源的畅通无阻。

在雅矿，除了参观生产现场外，办公室主任李琦还带领我参观了生活设施。李琦是一位富有朝气的年轻干部，乐观、精干、能干，他介绍说，就在前两年，这里的用水还得用油罐车从几十里外的山口往回拉，直到1988年建成了6级泵站，接通了自来水。因此，这里的员工们极其珍惜来之不易的水，一盆水，早洗脸，晚洗脚，最后用来浇灌树木花草。那时还没有冷藏库，所有菜蔬鱼肉，都要从哈密运来，这次运来鱼，家家户户就都吃鱼；下次运来羊肉，生活区就都飘着羊肉香。即使条件如此恶劣，但员工们的精神状态很好，勤奋好学，狠抓基础，不怕苦，不服输，一些技术经济指标在同类型中型矿山中位居前列，1988年被评为自治区一级企业。

回来时，我难以掩饰自己的兴奋心情，在火车上就写成了“戈壁滩上的明珠”，在《冶金报》上刊登了。同时，我又起草了一份报告，建议对雅矿给以政策上的支持，很快部领导作出了批示，有关司局迅速予以落实。

二、重访

时隔23年，2013年，我有机会重访雅满苏。这次从哈密到矿区就不再走那种“搓板路”了，平直宽敞的公路直通矿区，尽管由于工程质量和超载运输的车辆等原因，不少路面坑坑洼洼，影响车速，但也只用了两个多小时就抵达矿区，比上次快了一倍。

还是那个院子，但已经面貌全非了。满院的绿树，有的已经高出三层楼，过去矮小的土坯房基本上都已拆除；两条水管直通厂区，用消防车运水的日子已经一去不复返了；新建的三层楼的单身公寓，每套房都有独立的卫生间，但楼道上仍然随处可见“请节约用水”的标语和有关节水的招贴画，在提醒着人们要不忘过去，保持勤俭节约的好传统。宿舍里，电视机都配有机顶盒，职工也可轻易地上网与亲友们交流，浏览自己所感兴趣的信

[1] 原载于2013年9月28日《中国冶金报》。

息和进行各种游戏。

雅矿的公园虽小，但有一个以巴金小说《憩园》为名的、颇有情趣的名字。园里的“像塔”别具一格，约有5米高的长方形的石塔，其中一面粘贴着毛主席的巨幅画像，这已成为员工们喜爱的休闲场所。不远处的墙上，还有一块石碑，刻着：“人在千寻外，水上万里源，同怀报国志，相伴在憩园”，抒发着铁矿工人的情怀。但很遗憾的是，上次陪同我参观的李琦同志已因患了不治之症而不幸作古，他的夫人孙明霞也已退休在乌鲁木齐市，未能相见。

为了进一步提高职工们的生活质量，现在除了夫妇俩都在矿山工作的，其他职工家属都安置在哈密市，随之而来的是职工上下班时间也做出了合理的调整，倒班职工，实行四班三运转，上班9天，休息4天，这样更便于职工们回哈密有比较充裕的时间进行家庭团聚。

但雅矿毕竟是老了，资源接近枯竭了。50多年来，它为八钢提供了约1600多万吨的铁矿石原料，为八钢的发展作出了不可磨灭的贡献。现在原先的露天矿已经转入地下，每年还能提供30万吨原矿，因为已经有了接替矿山继续提供铁矿石，原选矿厂还依旧在正常运作，2009年又新建了一条年处理矿石180万吨的新选厂，去年两个选矿厂就为八钢提供了110多万吨精矿。

三、新颜

这个接替矿山就是磁海铁矿，在雅矿南面110千米处，2004年投产。虽然，该矿的品位不如雅矿，但储量远比雅矿大，已经掌控的资源超过一亿吨，正在继续勘探的远景储量更为可观，预计还可以在一个时期内进行露天开采。由于当地水资源较雅矿更为紧张，因此开采的铁矿石都送到雅矿进行选矿，去年磁海生产了150万吨铁矿石。

从雅矿到磁海铁矿，一路也是柏油路，走了一个多小时。沿途除了运矿车外，就只有我们一辆车。矿上的露天采场，已下挖了4个台阶，采剥量较大，目前为6∶1，现在正在工作的平台是1056米。除破碎工序外，采矿工作全部外包给中铁矿业公司，运输也是外包的，雅矿只派出管理人员和生活后勤服务人员。

在这里工作的基本上都是单身职工，多数是一人一间宿舍；有的仍然住在雅矿，每天有班车往返。所有员工在哈密市都有住处，实行两班倒，一天三餐，全部免费供应。10天工作，10天休息。休息时都回哈密市。厂区还建立了各种文体设施，有乒乓球室、台球室、健身房等。

在开发接续矿山的同时，雅矿还在哈密建设了球团厂，先后建设了2条回转窑，年产140万吨球团，矿石主要是收购附近小矿的。还上了2座铁合金炉，利用当地丰富的廉价电力资源，生产硅铁合金（厂址是原来水泥厂和哈密钢厂的，破产后为雅矿收购）。进入厂内，大片大片的树木，生机盎然，其中一部分是原来两个老厂留下的，但大部分都是全厂员工业余时间栽植的，在这里我再一次感受到了当年雅矿职工在戈壁滩上植树的光荣传统和绿化家园的美好理想。虽然当初建设时，是荒芜之地，但现在不到200米之遥，几座二十多层的居民楼拔地而起，这里就成为大气污染之源了，厂房旁边的棉田，都成了黑棉花了。现在铁合金炉已于近日停产，球团生产线也将迁入到30千米外的工业园区。这里的第二条回转窑是2009年建设的，不到5年，居然就要迁建了，也可看到哈密市政建设发展之快。

四、希冀

当初，雅矿初年产值几千万元，2012 年达到了 28 亿元，实现利税 3 亿多元，成为哈密市的第一大户。

虽然雅矿已经建有接续矿山，但产量远远不能满足八钢现实和发展的需要，在巴州的敦德铁矿采矿工作面接近 4000 米，自然环境更为艰苦。在改善矿山生产和生活条件上，八钢及雅矿领导也作了大量工作，但还需进一步给以更大的支持。

目前，雅矿职工平均年龄已达 45 岁，后继乏人。近三年来，来雅矿的新毕业大学生以每年 50% 的速度递减，今年只有 5 人，而且人员流动性较大；对职工的培训也需切实加强，以不断提高队伍素质，适应新形势，解决新问题，建立新功勋。

挚友　诤友

全国学邯钢　邯钢怎么办

——在邯钢干部学习班上的讲话提纲

1999年3月25日

华甫同志要我来讲一讲当前冶金工业的形势，我觉得有点力不从心。这几年，我主要是在一些冶金企业、特别是亏损企业推广邯钢经验，稍有成绩。但是，要到邯钢经验的发源地来讲冶金形势，感到有点班门弄斧。只是盛情难却，同时也想趁此机会来看看一些老朋友、一些在企业扭亏战斗中结下深厚友谊的战友们，马春林、黄喜进、郭景铎、鹿智勇、石忠民、李宝玉、陈凌霞……。再有就是进一步学习邯钢经验的新发展。至于讲话，主要是介绍一些亏损大户减亏扭亏的情况，可能在某些地方也会对大家有所启示。

一、当前钢铁工业的形势

（一）国内外市场竞争的形势越来越激烈，限产工作进展尚不理想

东南亚金融风暴使钢材出口受阻，进口冲击加重。尽管制定了对策，但实际效果尚不明显。今年1月份钢材进口104万吨，较去年同期增加29万吨，增长38%，2月份据说同1月份差不多。绝大多数钢材品种国内生产供大于求，假冒伪劣钢材充斥市场，以其低价和不正当的经营手段起到“劣币排斥良币”的作用。因此，导致钢材市场价格一降再降。近3年来，吨材价格每年都以100多元的幅度下降，钢材降价已成为钢铁企业效益下降的主要因素。1999年，国务院领导要求钢铁企业限产，既是调整结构的需要，也是稳价保价的需要。但从1、2月份生产情况看，产量仍在增长。1、2月份累计钢产量达到1885万吨，同比增长9.3%；铁产量为1899万吨，同比增长8.5%；钢材产量为1722万吨，同比增长16.6%。其中，2月份增长势头有所下降，钢、铁、材分别增长8.0%、7.8%和6.6%。

这说明，限产工作有了进展，但尚不理想。各企业不能因此而放松限产的努力。

（二）对大多数钢铁企业来讲，国家政策扶持的力度越来越小

目前，继续享受国家和地方政府优惠政策的企业主要有三类：一类是兼并企业，如舞钢、长特。豁免7年银行利息；二是享受减人增效政策的，豁免部分银行利息，期限较短，像水钢、重特、新钢等，但国家决定，今后一般不再实行此政策；三是在地方政府支持下，个别企业仍然享受退税政策。像昆钢，省政府已决定将承包政策延长到2010年，邯钢也享受了返回部分增值税的政策。

但对大多数钢铁企业来讲，“六五”、“七五”期间通过实施承包政策得到的财力上的支持基本上已经不存在了。由于前些年大量贷款导致资产负债率过高以及当前多数企业处于微利甚至亏损状况，企业资信度降低，难以从金融机构取得贷款，资金十分紧张。

此外，国家调整政策，调整了工农业产品的比价，调整了工业内部原材料和加工产品

的比价，使钢铁工业的部分效益向其他部门转移。应该看到，这些政策上的调整是正常的，从全局来讲是必要的。前两年我曾说过“五个一去不复返”，就是要正视现实，研究对策，而不能怨天尤人，坐失良机。

（三）钢铁企业抗风险的能力在不断增强

以上两条，对钢铁工业来说，看来都是不利条件。但“艰难困苦，玉成于汝”。严峻的市场形势锤炼了钢铁企业的各级领导和广大职工，大家正视现实，转变观念，以自身的努力变不利因素为有利因素，涌现了一批先进企业，邯钢就是其中的佼佼者。通过学邯钢，又一批企业在扭亏增盈的进程中迈出了大步，水钢、舞钢、重特、长特、新钢、萍钢等。水钢1996年严重亏损。1997年“2·22”大会以后的巨大变化。1998年在政策支持下实现了盈利。舞钢的情况大家会更清楚。1997年9月邯钢兼并后，1998年1月就开始扭亏。重特、长特的情况。还有新钢、萍钢的例子。这些企业的扭亏经验，受到了国务院领导的充分肯定和高度评价，对全行业甚至全国的扭亏增效工作也起到了积极的推动作用。

二、亏损企业大幅度减亏扭亏对我们的启示

去年，国务院对国有大中型企业提出了3年扭亏的要求。今年，在全国人大会议上再次重申了这一要求。这既是影响我国国民经济发展的一项严重任务，也是一项重大的政治任务，必须坚决完成。对3年扭亏，大多数同志是有紧迫感的，他们身体力行，已经或正在作出成绩。但是也要看到，目前还存在一些不健康、不正确的倾向。有些同志至今仍然怀疑“3年扭亏”的可能性，他们不是满怀使命感，投身到这一伟大实践中去，并且在扭亏的实践中不断总结经验，加快这一工作的步伐。而是书生气十足，把“3年扭亏”这一紧迫任务当作学术问题进行探讨；有的同志则是在一旁指手画脚、评头品足，如果扭亏不成，则更证明了自己的“预见性”；还有的实际负责这项工作的同志，不深入基层，只是照抄照搬中央的指示，光有一般号召、缺乏具体指导，有家企业的领导同志曾对我说：现在上级有的领导到企业来，没有一句错话，但也没有一句有用的话。就是这类同志的生动写照。因此，改变这些干部的精神状态，可以说，是当前国有大中型企业减亏扭亏的一项紧迫任务。

从一些亏损大户的扭亏经验来看，首先要在认识上解决以下几个问题。

（一）形成巨额亏损的内因和外因的关系

要肯定外部因素对企业亏损造成的影响。诸如由历史原因造成的企业办社会的负担、人员负担、债务负担等。但片面强调外部原因是绝对错误的。水钢“四个一块”、长特的“四吃”。这些事例说明了，如果不认真解决企业自身的问题，再改善外部条件，仍然会像沙滩注水一样，不起作用。因此，亏损企业首先要摒弃“外因论”，破除“等靠要”的观念，眼睛向内，立足自身，树立自立自强的观念，把各种失血的口子堵住。

这一观念的转变对亏损企业来讲，是扭亏的前提。过去在“外因论”的束缚下，这也办不到，那也做不成，现在，观念一转天地宽。原先认为根本办不到的事很快办成了；水钢炼钢厂的变化，“三打五十万”上不去到“迈上一百万”，二轧厂的变化；新钢的“铁水上山”。

转变观念，一是要领导带头；二是要联系实际转观念，不能光停留在纸面上、会议

上；三是转变观念一定要落实到机制的转换上，因为，旧观念有其相应的旧机制在起着支撑作用，不破除旧机制，新观念也难以树立，更难以巩固。比如，要破除“大锅饭”的思想，就必须在分配机制上进行改革。因此，在进行转变观念的同时，必须因势利导地、及时地把工作重点转到机制的转换上；四是转变观念要以效益是否提高了作为检验的标准；五是要根据情况的发展不断提出转变观念的新课题。比如，小变即安。

转变观念，不仅亏损企业要抓，盈利企业同样有这个问题。比如，“四个一块”的问题，在某些盈利企业同样存在，只是程度不同而已；有的企业利润大幅度下降，就埋怨外部条件，而对自身的问题则一带而过，而济钢则在同样的条件下，利润持续增长；一些企业对兄弟企业取得的成绩，同样是只看到其外部条件有利的一面，而忽视这些企业自身艰苦努力的一面；对新的目标、任务，往往也以过去的经验来否定。

（二）人的作用和机制的关系

在搞活搞好企业的问题上，有两种不同的认识。一种认为关键是要转机制；一种认为首先要选好人、用好人，特别是“一把手”。这两种看法有点像“鸡生蛋、蛋生鸡”的关系。

机制必须转变，否则就会阻碍生产的发展，这是改革20年来的一条重要经验。但机制的转换要靠人，没有邓小平就没有中国大的体制的转变；对企业内部来说，没有企业领导班子、特别是一把手的决心和魄力，也就难以实现企业内部机制的转换。但企业一把手的选用，又牵涉到上一层机制的转换。从这些亏损企业的扭亏经验来看，我认为，首先还是要解决好一把手的问题，对这一问题朱镕基总理有批示。水钢、重特、舞钢都是换了一把手后，企业面貌有了大变化。萍钢更具有典型性。作为企业一把手，一是要有为国为民的高度使命感，朱继民、苏兆贵、涂建民等都是；二是尊重职工的首创精神，善于调动广大职工的积极性；三是严于律己，率先垂范。当然，还要有前提，就是要有其他业务上的高素质。没有这样的领导，要想转换机制也是一种空想。我们强调一把手的作用，并不是否认机制的重要。相反，正是要通过这样的一把手，来建立起企业内部必要的各种机制，两者是没有矛盾的。

（三）怎样学习邯钢经验的问题

这几年，冶金系统学邯钢取得了很大成效。但并不平衡。一些企业虽然也说学邯钢，却进展不大。据我观察，有这几种情况：一是别别扭扭学邯钢；二是轻轻松松学邯钢；三是大大咧咧学邯钢；四是软软绵绵学邯钢。可见，学邯钢，不仅要树立市场观念和由此派生的竞争观念、效益观念等适应市场经济的种种观念，还必须同时解决精神状态、工作作风等方面的问题。也就是有个真抓真学的问题。重特工人说：早这样学邯钢，也不至于到今天。我曾写过一篇小言论“水和油，谁贵?”就是说的重特学邯钢前后的变化。

当然，在邯钢的各级领导干部面前来谈邯钢经验问题，确实是像孔夫子面前卖斯文。但对邯钢的同志来说，同样有个在内部以及在外部如何学习先进经验的问题，既不要妄自尊大，把自己封闭起来；又要善于结合自身实际，创造性地学。马春林去水钢后，水钢炼钢厂发生的巨变也很值得邯钢的同志们借鉴。

（四）“一加强”和“三改”的关系问题

对亏损大户来说，减亏扭亏首先要止血。也就是说，首先要整顿企业管理，强化企业管理。与此同时，要搞好“三改”，尤其是要深化企业内部改革和在力所能及的条件下，进行必要的技术改造。在技术改造问题上，一定要跳出“技术装备越先进，效益必然越好”的误区。有些企业，恰恰是由于技术改造上决策失误导致严重亏损的。邯钢的效益持续增长，也是同在技改决策上没有失误有关。

至于管理同改革更是密不可分的。改革推动管理的加强，管理巩固改革的成果。萍钢高炉利用系数的提高就是一例。成钢供应体制改革例。

（五）领导和群众的关系

企业的发展离不了人。“企”字上头就是个“人”，离开了“人”，企业就“止”了。所以，办企业，必须以人为本。这里的“人”，当然包括企业的领导和职工。企业办得好坏，关键在领导，特别是一把手，但主体是职工。“企业一把手可以兴邦，可以丧邦，可不慎乎。”还要看到，由于我们长期处于计划经济下，企业的管理主要是生产管理。因此，一讲管理，往往就成了对职工的管理。但在市场经济下，企业成为“四自”的主体，企业的效益首先取决于决策的正确与否。一旦决策失误，靠其他管理的加强是难以弥补的。所以，领导者首先要加强自我管理，建立科学化、民主化的决策机制，尽量避免决策上的重大失误，这是领导者不可推卸的职责。当然，在生产经营活动中，领导者也有其不可替代的作用。而最关键的是要充分认识到企业的主体是广大职工，作为企业领导，必须要坚定不移地贯彻全心全意依靠工人阶级这一根本方针，要使广大工人真正享有知情权、批评权和监督权；要下工夫来调动广大职工的积极性，这里的关键又在于领导自身的精神状态，气亏首先是领导气亏，各级领导必须以身作则，有的亏损企业职工发不出工资，领导却花天酒地，还要切实关心群众生活，水钢炼钢厂变化的前后对比就很能说明这个道理。当然，作为领导者，还必须真正做到依法治厂，敢抓敢管。严格来讲，不敢从严管理的领导，就不是一个称职的领导。有的同志光埋怨职工不听管，不服管，而不去认真检查一下自己是否按照厂纪厂规真抓真管了。事实上，只要领导者自己能够以身作则，秉公办事，敢抓敢管，对职工的管理就好办多了。本钢热轧厂就是一个很好的例子。还有一条，就是要把提高职工素质作为增强企业市场竞争力的关键切实抓好。只要领导能够做到这些，群众中的潜力就会迸发出来。

三、全国学邯钢，邯钢要以什么姿态来回报全国

这几年，邯钢经验在发展。一是“模拟市场核算，实现成本否决”的经验在向深度和广度发展；二是邯钢的精神在全国特别是冶金企业起到越来越大的影响，特别是智力济困在全行业产生了巨大影响，邯钢人以国家全局为重的精神在全国到处传颂，刘汉章同志不愧为社会主义企业家；苏兆贵、秦海、马春林、顾强圻等同志在十分艰苦的环境下，依靠当地职工，走出了一条扭亏增盈的新路子，使邯钢经验在不同的环境下，都展现了夺目的光彩；三是邯钢持续多年保持高额利润，以自身的实际行动为兄弟企业作出了榜样。更重要的是，邯钢人是以自己的实际行动为党中央、国务院分忧解难。目前国家经贸委正在邯钢举办亏损企业领导干部学习班，邯钢还要继续为此作出贡献。

现在，全国学邯钢的活动正在深入开展，邯钢也提出了“全国学邯钢，邯钢怎么办”，进一步博采众长，奔向新的高峰。

第一，邯钢人要认清当前形势，增强紧迫感、使命感和危机感。邯钢作出了重大贡献，但正像中国乒乓球队一样，大家都盯着你。学你之长，补己之短，有的成本已经可以

同邯钢比美。因此，邯钢要继续作出新的贡献，就一刻也不能懈怠。波音公司领导的危机感、温水里的青蛙的理论诚可借鉴。惧者生存。既要进一步扬己之长，又必须认真找出自己之短。比如，比起成本来，质量方面的评价，就有差距。抓质量，也难也不难，关键是要认真。如八七厂的例子。新钢无缝钢管厂的例子。

第二，要全方位地挖掘各方面的潜力。一般来说，我们对有形的资产比较重视，对生产过程比较重视，而对其他方面的潜力注意不够。这里有三组数字。一是菲利浦公司花了129亿美元买下了另一家公司，其中有形资产部分只有13亿，而大多数管理人员依然将精力用于管理13/129的部分；二是ABB公司分析了由规划到销售的整个过程，发现生产时间只占整个周期的3%，"而我们总拼命在这3%的部分发掘潜力，对其余部分置若罔闻"；三是一位分析家推算，IBM公司里只有6%的人在工厂里工作，而94%的人主要是从事智力性活动，他们的策略是要更好地发挥94%的员工的作用。

第三，各方面的工作都要力求有新的突破。邯钢要继续大踏步前进，靠守成不行，必须要创新，要突破。"模拟市场核算"邯钢搞了8年，在全国还要进一步推广，但邯钢不能停留在这一步。最近看了几本书，都是美国著名的企业管理专家写的。《管理的革命》，副标题是"管理只有两条路——变革或灭亡"；还有一本是《变革的力量——领导与管理的差异》。为什么强调变革，我们要在哪些方面突破？或者说，在哪些方面创新？

一是要在技术进步上创新；二是要在机制改革上创新；三是要在管理上创新。比如成钢的供应体制改革。美国一家公司"用120天的变革，彻底改变这个有120年历史的组织"。

管理与领导的区别：领导能带来有用的变革，管理则是为了维持秩序，使事情高效运转，管理与有效的领导行为相结合，能创造出更为有效的变革过程；有效的领导与高效的管理相结合，有助于产生必要的变革，同时使混乱局面得到控制；管理的作用是制定一个管理过程，以帮助在很多重要方面达到预期的效果，而领导的作用则是制定一个领导过程，以帮助引起变革，以适应变化的市场环境。

第四，要进一步提高各项工作中的科技含量，或者知识含量。

第五，要大力提倡创新精神。

第六，要进一步完善、充实邯钢企业文化，培育邯钢精神。

所谓企业文化，是指企业广大员工共同认可的某些价值观念，并信奉体现那些价值观念的类似的经营之道。什么样的企业文化，就影响到在企业高层管理群体中受到珍惜的是哪种人；是哪种行为受到重视，采取哪种措施鼓励这种行为。

一是要继续发扬社会主义的协作精神，帮助兄弟企业扭亏解困，为实现党中央、国务院提出的3年扭亏任务继续作出积极的贡献。

二是以精神文明建设的新成就推动物质文明建设，在取得物质成果的同时，建设起一支战无不胜的钢铁队伍。成都对销售点的反映要引起重视。

谢谢大家。

适应变革形势　加大改革力度

——在宝冶两级中心组学习会上发言提纲

1999 年 4 月 15 日

应文军总经理之邀，到宝冶做些调研。文军让我帮助出出主意，我说这项任务，我不是合适的人选。基建局有这么多的现职和刚退下来的老司长，你为什么不去请他们？他说，有些老领导固然有丰富的经验，但也许是因为太熟悉了，因此反而可能不容易发现问题。我就是邀请你用“第三只眼睛看宝冶”，可能更客观，更超脱些。既然这样讲，我也只能勉为其难了。

我离开现职岗位已有七八年了，这些年主要是在钢铁生产企业作些调查咨询，到建设系统还是离休后的第一次。在职时，基建局的同志曾批评我是“钢铁生产的政策研究室主任”，对基建系统、科研系统等单位去得少，我接受了这一批评。确实，中国钢铁工业能够有今天这样的规模，离不了冶金建设。一部新中国的钢铁工业发展史，可以说也是一部冶金建设史。以后几大冶金建设公司、几大设计院我都走到了，宝冶我在 1997 年 11 月也曾来过。但应该说，同生产企业来比，在基建系统的调研，无论是深度，还是频次，都还是少得多。这次对我来说，也是一个向大家学习的极好机会。

宝冶是一个在冶金系统很有影响的企业，它和它的前身多年来转战东西南北，从武钢到攀枝花，又回武汉，再到上海，为我国钢铁工业的现代化建设作出了重大贡献。作为一个老冶金工作者，我在这里向你们表示衷心的感谢！

一、宝冶正面临前所未有的大变革的局面

来了 8 天，开座谈会，个别交谈，阅读资料，参观现场，感受很深。宝冶不仅有辉煌的历史，光荣的传统；在目前转轨过程中，也取得了很大的进展。十年大发展，总资产从 2.3 亿元增长到 27.3 亿元；从单一施工企业转变成四元产业结构；锤炼出一支能打硬仗的好队伍。在形势发生变化的时期，宝冶的职工们也都在努力转变观念，转换机制，力求尽快跟上形势。

但是，我实话实说，通过同多方面的接触，我还是感到宝冶目前的这种变化，同形势的发展要求，同一些兄弟企业前进的步伐相比，还有相当差距。这主要反映在从计划经济向市场经济转变过程中，思想观念不适应和体制机制改革上的迟缓。

我认为，宝冶正面临一个大转变，就是从过去一切依靠宝钢到今后要面向社会这个大市场。过去，承担宝钢的建设任务，项目不愁、资金不愁，而且多是预付款，甚至还可以多要一些；利润不愁，只要后墙不倒，按期完成任务，甚至可以不计成本；职工收入提高不愁。宝冶在宝钢建设中确实是立了大功的，保质保量地完成了任务，不少项目都被评为优秀。但在宝钢这个大靠山的庇护下，也养成了一些不好的习惯，只要保住后墙不倒，一

切都能 OK，以致经营管理粗放。这些毛病在进入社会大市场后，暴露得更为明显，出现了不少不适应之处。

第一，经营能力不适应。客观上目前建设市场还不景气，尽管政府采取了扩大内需，增加基础设施的投资，但全国 3400 万基建队伍，都在争夺这一市场。在强手如林的情况下，宝冶的市场在哪里？如何把自己的蛋糕做大？今年你们的计划指标还只落实53%，下一步怎么办？

第二，工程项目不适应。从工厂建设到民用设施、基础设施，思想准备、技术准备、组织准备等，都会有一个适应过程。你们在这方面有进步，但不够快。特别要看到，我们竞争对手，像上海建工、住总在这方面都比我们经验丰富，一批乡镇企业也在崛起，他们也有他们的优势。

第三，管理工作不适应。在宝钢，只要确保最终的工期，后墙不倒，就是伟大成绩。这既锻炼了你们打硬仗的作风，也激励了你们在技术创新上下工夫，但不可讳言的是，也带来了管理粗放的毛病。这次你们建设汽车城就暴露出来了。你们保证一定按期竣工，但甲方要求你们拿出进程表，强调要均衡作业。如何既保进度，又保质量，还要降成本，增效益，对宝冶是个新课题。过去大兵团作战，多兵种协同；现在，不少小项目，分散作业，怎样搞好项目经营管理，也是个新问题。

第四，分配机制不适应。在计划经济下，平均主义，大锅饭，还可过得去；进入市场经济，靠自己开拓创新，任务又重的单位，同那些靠内部调节、任务较轻的单位相比，在分配上还是一个样，心态会很不平衡。不打破旧的分配机制，难以充分调动各方面的积极性。

第五，资金运作不适应。过去，宝钢只要有项目，就有资金；现在有项目不一定有资金。既不能因此而不接任务，又不能因此被困死。像重特新区，是世行贷款项目，趋之若鹜，2 个多亿下去了，现在要停，这就难办了。宝冶 1998 年初货币资金 9.8 亿元，1999 年 1 月降到 8.6 亿元，2 月又下降到 7.8 亿元。这种趋势，可能是宝冶前所未有的。

面对这种情况，宝冶的干部是头脑清醒的，充分认识到宝冶摆脱旧的思维模式，摆脱旧的习惯势力，摆脱旧的经营路子，必须要转观念，转机制，面向市场闯新路，这在总经理两年的工作报告中都有充分体现。1997 年讲了 5 条差距与不足，800 多字；1998 年年度总结中讲了整整 4 页，2000 多字。电装公司付国安提出：“不要老以为自己有这优势那优势。面对激烈竞争的建筑市场，电装原先引为自豪的技术优势或许会黯然失色，跨出地域，跨出行业，原有的优势或许不再成为优势。”因此，我们必须打破传统思维定势，对自己的优势重新加以审视。还有特种公司、三公司、企业服务公司都有类似的意见。应该说，这是宝冶人的主流。

但是也要看到，有些同志虽然也感受到市场的急剧变化，也萌发了危机感，但囿于习惯势力，还不能从旧的思维模式中跳出来。面对困难，自觉不自觉地怀念过去的光辉，仍然摆脱不了“等靠要”的思维习惯，等上级给政策，靠总公司给支持，因此影响他们带领群众风风火火闯市场的劲头。

还有一部分人虽然也看到了改革势在必行，但出于自己及本单位的局部利益，总想保住这份既得利益，就自觉不自觉地对一些改革措施进行抵制，拖住了改革的步伐。

还有的同志，埋怨外部环境的恶化，埋怨上级领导不支持，看不到自己的责任。

二、要转变观念，统一认识

最根本的当然是牢固树立市场观念、竞争观念。要从“等靠要”、“外因论”等思想束缚下解放出来，一定要树立自立自强、眼睛向内，依靠自己救自己，发展自己，壮大自己的信念。

为此，首先要丢掉幻想，正视现实。不要光想着回到过去的日子。有人想回宝钢，我不反对，但这不是我们主观愿望可以决定的，也不能只是这一条路。即使回去，宝钢也不是过去的宝钢了，宝钢也在变，宝钢也要降成本，不能像过去那样大包大揽。

其次，审视历史，从零起步。不要留恋于过去的光荣史，没有永不消失的光环。日不落帝国而今安在？波音公司以“离破产只有18个月”来鞭策自己，世界500强也在不断更新。只有不断创新，才能生存发展。

第三，不要以客观条件来掩盖自身工作中的问题。有的哀叹“市场萧条，其奈我何?”有的感叹装备落后，要我怎么办？有的埋怨队伍素质差，有的强调别的部门不配合。这些也都是实实在在的问题，但我们必须发挥主观能动性，水钢、萍钢等一些企业变化的经验，值得我们学习借鉴。

事实证明，观念转变天地宽。我在“扭亏十谈”的一组文章中举了不少例子。

三、以积极慎重的态度，加强企业改革的力度，加快企业改革的进度

中央把企业改革作为经济体制改革的重要环节，可见其重要性。在同各位接触过程中，普遍反映宝冶的改革要比上海一些建设单位，以及周围一些冶建单位力度弱、进度慢。为什么会出现这种情况呢？一句话，就是即使不改革，目前的日子还过得不错，工资年年涨，奖金还照发，医药费照报，没感到改革的迫切性，好像温水里的青蛙。

为此，首先还要扫除几种思想认识上的障碍：

一是“稳定论”。怕改革诱发不稳定，比如下岗分流，确实有一定风险。但不改革，到时企业破产，将导致更大的不稳定。我们要追求的是积极的稳定，而不是消极的一时的稳定。

二是改革“前景未卜论”。认为不改是有问题，但改革是否一定就好？一动不如一静，多一事不如少一事。这些人是想改革，又怕改革。当然，我们应该尽量减少改革的风险，谨慎从事，但不能不改革。任何事不怕慢，只怕站；更何况还有一些兄弟企业先进的经验可资借鉴。

三是“权利转移论”。改革本身就是一种利益结构的调整，这不是个人意志所能决定的。我们要从这种合理的调整中求得整体的更大发展。改革也是一种革命，总会有少数人要做出一些牺牲。比如机构改革，有的分公司可能会调整，下岗的人员可能多一些，但以最小的代价获取最大的效益，大河有水小河也能满。

但不要以为不改革就可以过得去。一般项目、档次低的项目，宝冶竞争不过个体户包工队。通过改革，就是要进一步发挥宝冶的优势和特长，占领更高的制高点。

其次，改革必须坚持权责利相结合的原则。一些单位和职工之所以积极性不高，一个重要原因是责权利结合不紧。计划经济下，一个模式，差别不大。在市场经济下，各单位承接任务不同，效益不同，分配自然要有差异。因此，必须要在分配机制上下工夫。否

则，眼看“外面的世界很精彩，这里的环境却无奈”，积极性必然受到压抑。同时，还必须兼顾宝冶整体效益和单位利益，使之同时得到提升。

第三，为适应市场激烈竞争，下大工夫改进企业内部管理。应该肯定，宝冶所以能打硬仗恶仗，是同管理工作分不开的。在管理上，既看到了宝冶有好的传统，也看到在新形势下有不适应之处。过去是背靠宝钢，效益来得容易，掩盖了管理上的不足。如同前几年钢铁企业一样，赚钱容易，放松了管理。这两年，我到了一些过去被评为国家一级企业、二级企业的单位，看到管理的现状令人吃惊，发生了一些不该发生的事情。比如有的一级企业开展“五整顿”，其中整顿劳动纪律的重点居然是睡岗、逃岗，质量合格率，自检和抽检相差之大，使人愕然。一些企业失血的渠道多多，哪来的效益？因此，管理工作任何时候都放松不得，管理始终是永恒的主题。

我在水钢调查时，说过导致严重亏损的原因有“四个一块”，在宝冶也看到这些问题的存在，只是程度有所不同。大量决策失误，导致资金流失严重；管理上的混乱，劳动定额还是1984年制定的，用料无定额，工人不上班照拿工资，一些单位没人说得清成本情况；挥霍浪费方面，宝冶各单位合在一起，有几十个卡拉OK厅，一些二级单位都建有自己的宾馆；大小蛀虫虽然还没有抓住，但绝不等于没有。

但在加强管理上，目前认识还并不一致。有的认为，只要任务一来，管理自然就跟上了。但就我经验，这可不一定。一些企业形势好时，一俊遮百丑，不抓管理；形势差时，又顾不得抓管理。还有的认为，过去也这么过来了。要看到，以往是背靠宝钢，现在是面向市场；过去可以头戴三尺帽，砍掉一半，还有富余，现在你超过预算，即使只有5%，也要施工队伍自己负责；过去成本可以靠最后算出来，什么都往成本上摊，反正有宝钢支付，现在业主可不吃这一套了。因此，再不加强管理，恐怕是死路一条。

除了成本管理外，还有质量管理。一项工程就是一座纪念碑。这方面宝冶的声誉是好的，你们为了确保质量，炸了一座四层建筑，要总结这方面的经验教训。还有营销管理，这是进入市场必须具备的基本功。怎样抓到订单？一要加强市场调查，包括对客户、竞争对手情况的调查，和对自身的优势、劣势的分析；二要端正态度，放下身段，用户是王，还要有坚韧不拔的精神。你们常说要发扬几个千万的精神，但我也听到有的单位，去客户那里，碰了两次壁，就回来了。要分析为什么中标率不高的原因。不能老讲客观，一说就是地方保护。我们不否认这种情况的存在，但如果我们真有高招、绝招，恐怕对方就会来争你、夺你，你就会立于不败之地。

此外，大力加强各级领导班子建设和队伍建设，重视企业文化建设。

领导班子的重要性正如朱镕基总理的批示：“企业一把手可以兴邦，可以丧邦，可不慎乎”。水钢、萍钢等企业事例正是如此。

一是要以身作则。一级做给一级看，一级带着一级干。权力不是万能的，要以个人魅力来影响人，打动人。介绍兄弟企业事例。

二是要敢于管理，善于管理。要从严治厂，敢于为了原则而得罪人。在一个人身上失去原则，就会丢失一大片民心。

三是要有创新精神。在这急剧变化的时代，不仅要会管理，更要加强领导。管理是维持秩序使事情高效运转，达到预期效果；领导是要引进变革因素，适应变化的市场环境。两者结合能创造出更为有效的变革进程。

四是要带头学习，使班子成为学习型班子。特别是善于从直接自身经验教训中学习提高。

五是要高度重视队伍建设，发挥企业文化的作用，相信和依靠广大员工，大力提高队伍素质。

最后，有三点建议：

（1）开展转变观念的大讨论。做到家喻户晓，人人皆知。这种大讨论，不是一劳永逸，要根据不同时期的情况，抓住重点，以虚带实，最后要落实到行动中。

（2）在大讨论的基础上，制定并修改相应的规章制度，把思想观念转变的成果落实到机制的改革上，用制度建设来保证改革的成果。

（3）加强综合研究部门。打仗需要有参谋部，它是发展战略的研究，把基层分散的经验集中起来，推广出去。

树立危机感　力争五个新突破

——在上钢五厂中层干部会议上的讲话

1999 年 4 月 16 日

这次来五钢，是应景彭老总之约，让我为他作些咨询参谋。我同五钢是老朋友了，从朱宗葆到侯树庭、再到景彭，一直都有联系。

从 4 月 2 日到 7 日，开了 5 个座谈会，看了你们去年和今年前两个月的报表、职代会的报告以及今年以来的《五钢报》，当然也少不了去现场。看到五钢在困难的情况下，在“三改一加强”方面做了大量的工作，深化改革，减人增效，一些子公司改制，特别是拉丝厂、锻压厂的改制有了实质性的进展。坚持干部讲评，队伍建设也有了可喜成果。当然，在新形势下，过去一些被掩盖的矛盾暴露了，也产生了一些新问题，亟须通过进一步改革，强化管理，依靠科技进步加以解决。7 日下午，同你们公司领导班子交谈了一个下午，当晚按原定计划去了宝冶，约好今天同大家见面。

我想重点谈谈树立危机感、紧迫感的问题。

景彭和书记的讲话都谈到，这是当前五钢要走出困境的前提条件。书记讲了八个字：“处境险恶，吉凶难卜”，这不是危言耸听。

通过调查，我看到：

一是过去的结余将贴尽，去年还有 1.7 亿元，今年一季度只剩 8000 万元了。搞不好，在一些亏损大户已经扭亏的情况下，五钢将要进入亏损企业的行列。

二是兄弟企业正在急起直追，五钢的某些优势逐步减弱。五钢的优势是装备、品种质量、技术队伍。

在装备上，一些新厂、小厂，有后来居上之势，像兴澄、沙钢；在品种质量上，五钢总体上还是有其优势，但局部也在减弱；在队伍上，老的有所流失，有的作用发挥不大，一些新特钢厂就是瞄着五钢挖人才，而五钢的新人还没能接上。

五钢的劣势是成本高，转炉炼优质钢进展迟缓，一些小厂能干的品种有的还干不出来。

还要看到，过去一些处于相当困难的企业，像重特、长特正在迎头赶上。

三是五钢相当一部分同志还自我感觉良好，对改革的承受能力差。感觉生产正常进行，工资照发，奖金还有，医药费照报。比起重特、长特报销不了医药费，威远人均月报销 12 元（大病统筹除外），五钢的日子还是好过多了。进入宝钢后，又增加了一份依赖性，有的甚至幻想反正有宝钢这棵大树撑着呢。宝冶也有这个问题，日子越是好过，观念转变越慢，改革顾虑重重，结果丢失了时机。

因此，必须树立危机感，紧迫感。否则，精神上就会懈怠，工作上就会松弛，生活上就会有不切实际的高要求。不要做温水里的青蛙，要像波音公司那样，时时提醒员工离破产只有18个月，像英特尔公司那样，“惧者生存”。要知道，“我们的敌人就是我们自己”。

在严峻的形势下，五钢必须有新突破。

第一，要在开拓市场上有新突破。“处境险恶，吉凶未卜”，关键在市场。扩大了市场，就有了生存空间。但扩大市场份额，特钢的形势比普钢更严峻，供大于求的局面比普钢早，而且延续时间长，一些传统的下游行业至今尚不景气；一些新领域，如上海别克汽车，至今未能进入。我国即将进入WTO，压力将会更大。

要把市场做大，一是要从现有的蛋糕中争取多切一块；二是把自己的蛋糕做大，这都要提高自己的竞争力，做到人无我有，人有我优，人优我廉。同时还要改变无序竞争，五钢内部不要自乱阵脚。北汽摩就发生过这类事，结果是劣币淘汰良币，自败声誉，自毁长城。

为此，对营销工作要提出新要求。当前，营销人员压力大，要勇挑重担，发扬“五个千万”精神。济南洗衣机厂反映，冶金企业只有攀钢去过他们那里听取意见，而日本钢厂则锲而不舍地盯住不放；宝钢为了打进长虹，营销人员多次碰壁，最后以其韧性终于被长虹接纳。我们要放下“钢老大”的架子，真正把顾客看成是衣食父母，甘当孙子，赢得用户的好感和信赖。当然，前提还是要拿得出为市场所要的产品的质量保证。

更要做好售后服务，这方面我们的差距更大。对用户的意见不够重视，不能正确对待。只讲客户要求高、要求刁，不反思自己存在的问题。有时恰恰是用户的“刁难”，帮助我们开发新品种，提高质量稳定性。海尔的“土豆洗衣机”不就是在看似不合理的要求下，开发出来的。“用户永远是对的”，这句话是西方国家多少年来在市场经济运作下得出的结论。因为只有用户的需求才是推动企业发展的强劲动力。

售后服务很重要的一环是处理好质量异议。这方面，我们无论是认识上的差距或实际工作上的差距更大些。一些用户反映：钢厂永远是有理的。我惹不起还躲不起？很多用过进口钢材的一些客户，确实是享受到用户为王的待遇，对比之下，就更感到国内钢厂在这方面的差距。一汽曾对比过宝钢和新日铁的售后服务，即使宝钢在国内还是首屈一指，但比起新日铁来，还是有差距。

搞好营销，销售部门当然是首当其冲，但必须形成全员营销的观念和行动。对生产部门而言，你们的质量、交货期有其优势，有的特钢败在你们手下，就是因为交货期比你们长，而且不能准时。因此，你们要努力保持这一传统优势。但在包装等方面，你们还有不足处。由于包装以及运输问题，本来的优质品，到了用户手中，就要降等了。各个部门都要为服务用户尽力而为。我看到有的钢厂招待所，对来提货的客户和司机态度很恶劣，有的电话接线员对客户的问话很不耐烦，这些都会影响到客户的向心力。

真正要搞好销售，销售人员还是很辛苦的。要制定对销售人员的科学的激励机制；同时要加强对他们的培训，及时总结优秀销售人员的好经验。贵绳等企业的经验可供借鉴。

第二，要在学邯钢，加强企业管理上有新突破。五钢是20世纪80年代后期首批被评为国家一级企业的少数冶金企业之一，这几年在学邯钢、降成本上力度也不小，但仍存在一些薄弱环节。《五钢报》上你们书记的讲话就说道：管理上还有盲区，有的是管理制度不全，有的是执行制度的随意性，缺少监督制约，在分配管理上私设小金库的现象依然严重。二炼钢沈国锦厂长对学邯钢也讲了三方面的问题：一是指挥本身缺乏科学、缺乏实事求是；二是指标没有分解到岗位，有的是以分厂指标代替小组指标；三是没有形成成本的考核机制（当然，这不是指二炼钢目前的情况），这些问题带有普遍性。

近几年，冶金系统学邯钢确有明显进步。从中小企业学到大型企业也学，从后进企业学到先进企业也学，从普钢企业学到全行业都来学。实践证明，学邯钢，真学真见效。

学邯钢，最直接的是体现在成本管理上，这方面存在一些不平衡现象。我曾归纳了一些企业学邯钢中的诸多不正常情况："别别扭扭学邯钢，轻轻松松学邯钢，大大咧咧学邯钢，软软绵绵学邯钢"。在座谈中，发现在你们一些单位中也存在类似现象，上面说到的指标没分解，没形成考核体系等就是例子，一旦这种情况有了改变，就会呈现另一种状况。尽管重特早就提出学邯钢，但去年重庆市政府任命邯钢几位干部出任重特主要领导，深入开展学邯钢活动后，有的职工说：早这样学邯钢，也不至于到今天。

还有一种情况，就是在考核时剔除一些"客观"因素。应该承认，有的剔除应该说有其合理性，需要今后注意改进，但动辄剔除，实际上等于否定考核。邯钢曾对下属一个单位连续8个月进行成本否决，终于使这个单位的成本得到大幅度下降，职工又补回了扣罚的部分奖金。新余的老总施嘉良到邯钢学习，他在向邯钢工作的老同学去取真经，回来后说：过去我们总是讲剔除，结果下面理由千千万，无从考核，这下我明白了，不讲道理就是最大的道理。还有武钢刘本仁对财务部上报的来年降成本计划数×2，财务处长从认为总经理不讲道理到最后超额完成。当然，学邯钢也不是机械模仿，宝钢推行的预算管理也体现了这种精神。

降成本，要贯穿于生产经营的各个环节，要围绕企业的整体效益。钢铁企业成本的大头是原燃料，因此降成本要从原燃料等物资采购开始。石钢、成钢在这方面都取得了很好的成效。现在有的企业资金不足，甚至对供应商欠款，因此在采购成本上缺少话语权，这确实是个实际问题。水钢当初也遇到这个问题，朱继民去后，亲自抓采购，同对方沟通，缓解了矛盾，获得了较为理想的结果。也有的企业供应部门为了追求低成本，降低采购标准，结果原燃料成本下降了，但生产指标恶化，总成本反而上升了。因此，降成本必须要从综合效益出发。

降成本，还要依靠科技进步，由此得来的效益是不可逆转的。水钢扭亏一个重要原因是得益于此，实现了全连铸，增加了高炉喷煤量等。

加强企业管理的另一个重要方面就是质量管理。五钢是搞军工产品出身的，在这方面，有其优良传统，但现在进入市场经济，同过去计划经济年代下的质量管理还是有不同之处，最主要的是衡量产品质量的标准不同了。计划经济时期，质量管理是以标准为中心，只要符合标准，哪怕客户再有意见，我自岿然不动；而市场经济则是以客户为中心，你标准再好，客户不认可，就没有市场。我在职时，曾同部领导走访一汽，一汽领导指着钢板卷说：现在你们是标准越来越高，但实物质量却不尽如人意。二是评判主角不同，过去是以上级单位为主，现在则以客户评价为主。新钢的钢管厂，曾发生这样一件事：这个厂原先曾是行业的先进单位，后来放松了质量管理，结果产品遭到锅炉行业的抵制。在调整领导班子后，新领导把锅炉行业通报各锅炉厂停购该厂钢管的文件抄录在厂部门口的展示板上，作为警戒牌，并制定相应措施，质量上去了，稳定了，获得了锅炉厂制造行业的好评，恢复了声誉。

第三，要在改革上有新突破。五钢在改革上也做了大量工作，两个子公司改制成功，绝大多数的剥离单位都已盈利或持平。当然，还有少数单位仍然依靠公司，寻求庇护。

改革最终的目的是求得更大的发展。改革是革除那些不利于生产力发展的各种生产关系、上层建筑，从而最大限度地调动各方面、特别是广大员工的积极性。因此改革必然会遇到两种思想的冲撞，涉及利益和权利的调整，改革必须思想先行。

从企业情况看，越是日子好过的企业，改革的难度越大。对这一点，我在宝冶感受很深，五钢也有类似情况。但不改，也许今天日子还过得去，明天就过不了了。

当前，企业改革涉及几个主要问题是：

（1）下岗分流。这是改革的难点，但明知山有虎，偏向虎山行，再难也得动。因为现在的钢铁工业养活不了三四百万员工。我们的人工成本在总成本中的比重已经大大超过韩国、俄罗斯，更不要说是西方发达国家了。

这一改革有风险，最大的风险是影响稳定，因此必须积极稳妥地进行。重钢提出了“搭设新舞台，开发新产业，创造新财富，体现新价值”，采取了多种措施，把分流的职工集中纳入到一些子公司中，另辟新路；也出现了一些干部主动下岗，带领职工创业的动人事迹。有的职工在了解全局情况后说：“重钢就像一艘超载的旧船，航行在惊涛骇浪中，随时会有灭顶之灾。与其全船覆没，不如我们承受一些牺牲，分批撤离，让大船轻装前进，待后再来接应我们”。这方面的事例还很多，像新余、东方（原下陆）、长特二分厂等。

（2）剥离辅助。一些单位，辅助后勤部门的人员要比主体生产部门多。因此，在精干主体的同时，必须将其剥离出去。使之成为既为企业服务，又面向社会，力争在一定时间内做到自负盈亏。有人说，这是“猪八戒啃猪蹄，自吃自”，也有人说“反正背着抱着一个样，何必多此一举”。其实，剥离这些单位，给以一定的政策支持，是使他们逐步成为自负盈亏的独立经营单位，是把过去集中在公司的担子分散到十几家子公司，让千斤重担众人挑，同时也激发了基层领导的事业心和创造力。在冶金系统，已经涌现出不少好的典型。

（3）改革分配制度。过去是“不患寡而患不均”，吃大锅饭成为理所当然，结果是扼杀了员工的积极性。我们既要公平，还要效益，职工薪酬必须要同效益挂钩。在社会上有原子弹不如茶叶蛋的说法，在你们那里，我也听到炉前工不如看门工的说法。奖金应该向一线倾斜，向有贡献的各类人员倾斜。考核一定要到人，水钢过去出废钢大家均摊，无辜者受牵连，真正的责任人受罚不大，未能减少废钢量，后来分段考核，责任接近到人，情况就有了变化。从领导角度分析，不敢在分配上拉开差距，在思想上是求稳保守，工作上是图简单省事，结果是阻碍了生产力的发展。

第四，要在科技进步上有新突破。科学技术是第一生产力，这不是在口头上喊的空口号，要实实在在地起作用。

当前，一是要围绕降本增效，来发挥科学技术的引领作用。

二是要在调整结构，开发新产品上，做到人无我有，人有我优，向市场需要的高附加值产品进军。抚钢提出要在开发奇、难、高、特、缺的产品上下工夫。开发新产品，是要紧密结合市场需要，不是为开发而开发。要是能形成一定经济价值的产品，而不能只是放在展览室的样品。在北汽摩，我看到产品目录上一大串，但实际生产的就是极少数几种，所谓新产品是有名无实。

三是要针对薄弱环节，搞好科技攻关。重大科技攻关，主要靠科技人员，但又不能仅仅限于科技人员，其成果往往在于各方面的通力协作，需要公司领导进行统筹协调。攀钢每年列出若干重大攻关项目，组长都是公司领导。我问赵忠玉，为什么不让科技人员挂帅？他说，作为组长，主要是组织协调，为科技人员创造条件，这是科技人员自己无法解决的，公司领导必须把这个责任担起来。如果搞出成果，担任组长的公司领导是不参与领奖的。抚钢为了使新产品试制能顺利进行，在运行机制上就把科技和生产紧密结合起来，生产处对科学试验项目开绿灯，试验成果也由双方分享。上海几家大电炉效果都不佳，需要着力加以解决。

四是对科技进步的载体，要有相应的激励机制。五钢人才济济，关键在于进一步调动他们的积极性和创造性。五钢要树立自己的陈钰珊（宝钢优秀老科技人员），还要防止“官本位”的思想，重“长”不重“师”。要重奖有突出贡献的科技人员，不要怕“红眼病”。要形成有影响力的科技群体，以及重视科技的氛围，科技人员要关心经济效果。我遇到有的企业，工程技术人员只顾技术，不讲成本；有的追求在实验室里拿出成果，写出论文，却不注意在生产实践上是否可行。要鼓励科技人员创新，同时要宽容在科技创新上的失败，使失败真正成为成功之母。

第五，要在队伍建设上有新突破。五钢在全心全意依靠职工办企业上有其优良的传统，还制定了六大机制，要扎扎实实地抓下去，不断总结新经验，充实完善。古代造字的人还是很有远见的，“企业”虽然是后来才有的词组，但“企”字确有其很深的含义，它是由“人”和“止”字组成，没了“人”，企业也就停止了。所以，办企业必须要凝聚人心，用好人才。

在队伍建设中，一定要发挥企业文化的作用。要有共同认可的企业理念、价值观，作为指导全体员工行为的准则。像海尔、福田、水钢等。

但企业文化必须在实际工作中得到贯彻执行。我们常说，企业文化是企业之魂，魂不附体，那就是一个空躯壳。美国 GE 公司 CEO 韦尔奇曾在其自传中讲到用人的理念，大意是有四种人：“德才兼备，有德缺才，有才缺德，无才无德”。公司的理念是以德为先，但实际使用上，往往是重才轻德，因为“才”可以带给公司近期效益。但韦尔奇果断地否决了这种做法，因为如果听任这种违背公司价值观的做法畅通无阻，必将给公司带来长远的不良后果，GE 公司的百年大业就会受到极大的伤害。

队伍建设关键在干部。各级领导都要做出表率。榜样的力量是无穷的，正面的榜样当然会产生巨大的力量；负面的样板至少会使广大员工对上级单位丧失信心，使该单位缺乏凝聚力。因此，我们讲队伍建设，首先还是要搞好班子自身建设。要求职工做到的，班子成员要首先做到。要以班子素质的提高来带动整个队伍素质的提高。

今天讲的都是公司内部的问题，这不是说不要关注外部环境。前几年，很多企业亏损时，我曾在冶金工业部党组扩大会议上发言：少数学生考不好，这应该说主要是学生本人的问题；但全班多数学生考不好，那就不能光说是学生的问题了。因此，对外部条件的改善，我们该反映的还得反映，该呼吁的还要呼吁。作为上级机关，更有责任为企业的生存发展创造必要的条件。但企业自身，决不能有“等靠要”思想，一定要立足自立自强，人一之，己十之，越是困难，越要加倍努力。一些发生巨亏的“劣等生”能在短期内一跃而为优等生，这同他们自身的努力绝对分不开。

我相信，有着光辉历史和优良传统的五钢，一定能在新形势下，在市场激烈竞争下，走出新路子，创造出新的业绩，谱写出新的辉煌！

给新钢钢管公司的一封信

路维华董事长并转新钢钢管全体职工：

3 月 18 日来信收悉，谢谢你们对我的信任。你们在信中说："领导的鼓励和鞭策是我们前进的动力"；而我则认为，是你们的业绩给我以深刻的教育。没有你们这种自强不息、苦练内功、质量兴厂、服务用户的精神和在此前后明显的反差，我也写不出那篇《知耻近乎勇》的短文。因此，要说感谢的话，首先应该说我感谢你们。这几个月，我在其他企业调查咨询时，也经常提到你们的事例，兄弟企业反映，对他们也有很大的启示。

你们在信中，谈到去年钢管公司在物质文明建设和精神文明建设中取得的十大成绩，看了十分高兴，在此向你们表示衷心的祝贺；并预祝你们在新钢公司领导下，结合自身实际，深入开展"远学邯钢，近学萍钢"的活动，全面实现今年的七项奋斗目标，特别是在按照市场需求、开发新品种；确保产品质量，创建"质量信得过"企业；以及提高效益，彻底扭转亏损等方面登上新的台阶。希望到时能听到你们的好消息。

请代向全体职工问好！

董贻正

1999 年 5 月 9 日

精诚团结　共度时艰　再创辉煌

——在京棉领导班子会议上的讲话提纲

1999 年 5 月 23 日

这次来京棉，是受市领导的委托，要我帮助京棉在扭亏解困上做些工作。在此之前，今年 2 月底曾同大家见过面，当时根据你们提供的资料，也谈了一些看法，供你们参考。以后，应外地一些钢铁企业的邀请，多次外出作些调查咨询工作。在北京期间，除了在家写些材料外，还有北汽摩的工作，因此一直没能过来，只是通过电话了解一些情况。从 5 月 10 日开始，这十多天基本上是待在京棉，主要是同领导班子进行交谈，并通过看现场，参加会议，阅读资料，查看报表，以及同部分部门和分厂领导交换意见，对京棉当前的情况和问题初步形成了一个粗浅的概念。但像我这样一个过去从未接触过纺织行业、对京棉更无一点了解的外行来讲，在短短的几天里恐怕很难提出什么中肯的意见。不过，俗话说，旁观者清，而且像我这样同京棉毫无瓜葛的外来人，至少能保持其公正性、客观性，也许有些看法对大家在考虑今后工作时能有所帮助。下面想谈四点意见，供大家参考。

一、认清形势，正视现实

京棉 3 个厂都有 40 多年的历史了。近 50 年前，我还在清华大学读书时，曾经听过彭真同志的报告，谈到北京要变消费城市为生产城市，后来《人民日报》还以此为标题，发表过一篇社论。在彭真讲话中，就谈到今后要在西郊建钢铁城，东郊建纺织城，给我留下很深的印象。可以说我对京棉心仪已久了。尽管从 1952 年毕业后，一直在冶金系统工作，没有机会接触纺织行业，但京棉几个厂的名字还是经常听到的，当时叫国棉几厂。这次来，更进一步了解到京棉几个厂都是国家一级或二级企业，有过辉煌的历史，在全行业起到了带头作用，在资金积累、出口创汇、保障供应、安置就业、特别是对北京市的经济发展都作出了不可磨灭的贡献。

但是，在从计划经济向市场经济转变过程中，京棉也同其他企业一样，都面临新的情况、新的问题、新的挑战。就我体会，有这样几点，概括起来，有五个“一去不复返”。

一是棉纺产品从卖方市场转为买方市场，“皇帝女儿不愁嫁”的日子一去不复返了。特别是由于重复建设形成供求严重失调的状况，使纺织品市场处于无序竞争的状态，影响产品的市场价格；

二是靠农业原料低价进、成品高价出，以获取较高额利润的日子也一去不复返了；

三是国内改革开放，多种经济所有制的格局逐步形成，一批新兴乡镇企业、集体企业以及私人企业兴起，以其社会负担轻、产品成本低的优势，对国企形成很大的挑战，国企一家独霸天下的局面一去不复返了；

四是在技术改造的资金渠道上，由“拨改贷”，过去无偿使用资金的情况一去不复返了，巨额贷款形成的高财务费用，转化为高成本，削弱了竞争实力；

五是近两年来，由于东南亚金融危机的影响，在产品出口上也受到很大的影响，不仅增加了出口创汇的难度，也影响到企业的效益。

由于上述这些因素，纺织行业作为高利润行业的日子也一去不复返了。搞得好，能获取一定的利润；搞不好，就会成为亏损企业。不仅纺织行业如此，很多传统行业都有类似情况。因此，我们必须以如履薄冰、如临深渊的精神，抓好工作中的每一个环节，不能有丝毫的懈怠。

面对这样的形势，我们别无选择，只有面对现实，转变观念，使自己的思想适应变化了的形势，而不能怨这怨那，“以不变应万变”。应该说，京棉的同志对此都有比较充分的认识，3 个厂的联合就是出于这种考虑。

但是，也要看到，我们的思想观念还有很多不适应之处，三厂联合过程中进展迟缓，出现一系列不该出现的问题。特别是今年 1 ~4 月，亏损急剧增加，达到6000 万元，比去年同期增长 1 倍还多。如果把财务费用计算在内，将要接近 8000 万元，京棉不仅是北京市的亏损大户，也是全国名列前茅的亏损大户。按此推算，全年将要亏损 2 个多亿。去年你们主业亏损大约一亿五六千万元，靠政策补助和过去的工资节余贴了进去，账面上成了盈利。今年政策支持没有了，企业节余也所剩无几了，实打实地成了亏损大户。今年棉花原料价格下浮，外地一些棉纺企业抓住这一有利时机，在减亏增盈上取得了新的进展，而我们北京棉纺工业的龙头大厂却出现逆向行为，你们怎样向全体职工交代，向北京市的人民和领导交代，向国务院和党中央交代。对这个问题，我不知你们是怎么想的。从这一段时间我和大家的接触情况来看，很少有人主动谈到这个问题，谈得较多的是联合中的一些矛盾和发生的一些问题。当然，这些问题应该解决，这有利于京棉的减亏扭亏，但我们绝不能一方面在谈扭亏，另一方面却又听任一些增亏的做法继续保持下去，甚至为了小单位某些方面的暂时利益，使得亏损不断增长。这种状况，至少说明在我们有的同志心目中，孰大孰小，孰轻孰重，位置摆得是不怎么合适的。

二、转变观念，改进作风，端正态度，加快京棉集团调整、改革、减亏扭亏的步伐

京棉集团宣布成立以来，近两年了。这两年做了一些工作，取得一些成绩，但总体来讲，各方面是不够满意的，你们自己也是不满意的。从我和大家交谈中，感到在重大原则问题上，并不存在多大分歧，都认识到，联合是大势所趋，三棉的归并也已成定局，应该赶快搞好调整重组。那么，为什么调整重组在京棉就这样艰难呢？步伐就这样迟缓呢？原定的进程一次又一次被推迟呢？从客观上来讲，这 3 个厂，是强强联合。过去，各有各的光荣历史，都是国家一级企业或是国家二级企业，又各自具有一定特色的企业文化，在管理上也都各有所长。因此，在联合过程中，在一些具体问题的认识上肯定会有不一致处，工作作风和领导方法上也会有所差异，这种情况应该说是很正常的，通过一个时期的磨合和互相适应，会逐渐好转的。遗憾的是，这个时期拖得太长了，本来可以通过有关方面协商、不难解决的事情却成了领导工作的重点和难点，以致影响京棉各项工作的正常进行。此外，这次联合，又是在一个特定条件下进行的，这就是通过联合，三棉的建制将撤销，三棉的人员和设备，相当一部分将并入一棉和二棉，这在三棉的职工中，可能会有一种失

落感，对这种感情认识不足、处理不好，就会增加事情的复杂性。这需要集团公司和一棉、二棉的领导以及全体职工充分体谅三棉的处境，做好妥善的安排；三棉的同志也要以大局为重，正确处理好全局和局部的关系。的确，我们不少同志是这样想、也这样做的。我看到三棉的周雨生同志改填的一首歌词："几度风雨几度春秋，重组春风在招手，厂房盖高楼，难免心中苦和忧；四十几年历艰难，纺织几代流血汗，为了母亲的微笑，为了纺织的丰收，自将苦忧心中留。"下面还有几句："东方不亮西方亮，别将苦愁放心头"，"自我牺牲何言愁"。这种思想境界和精神状态，恐怕在职工中也不是少数。但是，确实也有少数干部，抓住个别问题，煽动群众情绪，甚至以职工代言人自居，有意扩大事态，似乎唯恐天下不乱，我不知道这些同志是怎么想的。对这种人，我们的领导同志和广大职工都要提高警惕。但更重要的，我觉得，我们公司一级的领导同志头脑要清醒。就我和大家接触过程中感到，当前有这样几种倾向值得注意。

（1）在涉及两厂的关系时，指责对方多，自我剖析少。如三棉停布机转人的问题。对有些问题，只讲与己有利的一面，而对兄弟单位在有关问题上的努力，往往缺乏正确的估量。或者对自认为受到不公正对待的一些事情上，大讲特讲，而对自己获得较多权益的问题上，则一字不提，如中层干部的安排；

（2）对上级，出题多，解题少，等集团领导拿主意；对下级，要求多，沟通少，如进出口公司的人员配备。此外，对一些问题的处理上，一方要求"一揽子"解决，否则，宁可等着不动；另一方在该拿出方案时，却又迟迟拿不出来，总想能走一步就先走一步；

（3）对本单位的问题，强调客观原因多，检查主观上的工作少，自觉不自觉地以客观条件掩盖自身工作中的问题。这个问题不仅反映在各厂对集团公司的关系上，也反映在京棉对同行业兄弟企业的看法上。应该承认，有的兄弟企业确有京棉难以企及的外部条件，但问题是我们的努力是否够了。

正是在这种思想支配下，很多本来不难解决的问题就一拖再拖，结果时机在拖延中流逝，人心在拖延中涣散，亏损在拖延中增长，对这种情况，大家应该比我感受得更深。

对这些问题，我不想当裁判员，更不想充当和事老。解铃还须系铃人。相信大家在统一认识的基础上，一定能够自己来解决问题。

鉴于这种情况，我觉得需要在领导班子内进一步开展转变观念、转变作风的活动。

一是开展紧迫感、危机感的教育。当前，扭亏是亏损企业的头等大事。国务院三令五申地要求，3 年扭亏。纺织行业的压锭、调整重组、分流减员，都是为了这一目标。作为亏损企业的领导班子成员要时时刻刻、事事处处都想到这个问题。目前，市场竞争这样剧烈，企业再亏损下去，将会借贷无门，工资难开，职工生活将更困难。不要以为我是大厂、老厂，国家一定会保。没有这个说法。世界上也没有长生不老的企业。时不我待，今年减亏是大目标，一切工作都要服从这一点。中央说"壮士断臂"，是充分看到了纺织行业调整重组中的难度，告诫我们不要因小失大，但我们有的同志却为了一个小指头的事争论不休。可能有人以为，我这样做，是对本单位职工负责。但从实际后果看，白白丢失了宝贵的时机。我想，如果今年上半年我们工作做得好，不至于亏损这么大的。在这一点上，我们是愧对京棉 1.3 万名职工的。我们必须清醒地看到，京棉已经到了生死存亡的紧急关头，市里领导已经多次批评，留给我们的时机不多了。目前，京棉的所有者权益只有 2 亿多元了。如果今年真亏损 2 亿多元，京棉事实上将资不抵债，进入破产边缘了。对这种前景，我想起来都害怕，不知道你们是怎样想的。市经委徐和谊副主任已经代表市里宣布要根据扭亏情况对京棉领导采取黄牌、红牌警告的决定，这不仅是对一把手，也是对你们的班子。而且我认为，如果我们班子成员长期在重大问题上不配合，以致妨碍工作的推进，总公司也要挥泪斩马谡，不能因小失大。对下面的干部，同样要立“军令状”，红牌、黄牌警告。我们全体干部、首先是领导干部必须振奋起来。“我们遇到了敌人，敌人就是我们自己”。我们必须战胜自己，超越自己，从实际行动上、而不是口头上，树立高度的紧迫感和危机感，振奋精神，团结一致，去战胜一切困难险阻。

二是要开展全局观念、整体观念的教育。要从集团公司的长远利益和整体利益出发来考虑本单位的各项工作。在同原单位利益有矛盾时，要主动做好本单位干部的思想工作，而切忌以原单位的代言人面貌出现，向集团去争好处（当然，合理的要求应该反映），影响整体利益，反过来又损害了自身利益。有些同志一张口，就是下面干部和职工思想不通，这一部分是实情，但严格来说，是我们领导回避了自己的责任。比如，过去总要等“有个说法”，才让搬布机，但到现在也还没有拿出一个整体减人的方案，布机就搬了过去。我不是说，可以不搞总体方案，这应该早就拿出来；而是借此说明，只要我们工作做上去，问题是可以得到解决的。其实，绝大部分职工是能识大体、顾大局的。刚才提到的周雨生同志，就是一个很好的例子。我们就是要抓住这一主流，来鼓舞自己，教育职工。

三是要转变消极求稳思想，树立在积极进取中求稳定、求生存、求发展的观念。稳定自然是个大局，没有稳定的环境，就谈不上发展。但不能以稳定为借口，放松我们自身的积极努力；更不能一涉及改革，就拿稳定来做挡箭牌。比如，下岗减员，中央下了这大决心，难道中央不知道这里存在风险。但中国的国企，不减人，就在国际市场竞争中无立足之地，就会无法生存下去，这是事关中国国企生死存亡的大问题，这条路再难也得走。去年，京棉在这方面是作了很多工作的，也取得了很大的成绩。但今年的步伐却放慢了。因为，今年减人的难度比去年更大了，更要动真格了，有的同志就产生了消极求稳的思想，实际上，消极求稳是稳不住的。比如，现在你们在干部安置上的归大类，表面看，干部们都各就各位了，但一个车间多到 7 个主任，这些干部能有稳定感吗？他们能够发挥积极性、真正做到各司其职吗？这不仅会在这一层干部中造成新的不稳定，而且还给下一步的改革设置了新的障碍。你们有的同志为了几个干部或职工的岗位争得不亦乐乎，好像这几个人的问题解决了，我这个单位就稳定了。但是，却没有看到，如果我们都在一个一个具体问题上争论不休，丧失了大好时光，以致亏损增加，最终不仅还要加大下岗幅度，而且还可能破产。到那时，就更不稳定了。因此，我们不能消极求稳，必须以积极进取的姿态，以改革企业生存、求稳定。在这个问题上，冶金企业里也有正反两方面的事例，如水钢、新钢、重钢的改革。

最后，也可以说是至关重要的一点，企业扭亏必须摈弃“等靠要”的思想，树立自立自强、眼睛向内的观念。企业亏损，一般会有外部原因，但如果不找出企业内部造成亏损的原因来，外部条件再改善，仍然还会出现新的问题。如对 1997 年以前的长特、水钢亏损原因的两种看法，以及水钢这两年扭亏的实践经验。当然，我们不是不要争取外部的支持，但是立足点一定要放在自力更生的基础上。比如萍钢，没有他们那种自力更生、奋发图强的精神和实绩，也就不会有从国家到地方政府的支持。我接触的京棉一些干部，从总体上讲，是有自立自强精神的，但可能由于这几年确实困难不少。因此，有些同志这种精神有所削弱，“外因论”的思想有所滋长，过分强调外界因素，甚至对巨额亏损有些熟视无睹，对要求减亏的指标不是发动群众，千方百计去力争实现，而是斤斤计较去讨价还价；对兄弟企业减亏增效的经验，缺乏认真学习、对照差距、迎头赶上的精神，而是自觉不自觉地强调自身的特殊性，有的还背上了“老先进”、“首都老国棉”的包袱，不能虚心向兄弟厂学习，其结果必然是阻碍了自己前进的步伐；还有的同志寄希望于房地产的开发经营，我曾听到一种舆论，“卖了三棉场地，足够养10年全体职工”。当然，我们提倡资产重组，提倡搞好资本运营，但不能因此而放松对主业扭亏工作的努力；更不能光靠吃祖宗饭来过活。这种话，说严重些，是一种没有志气的表现。我相信，只要我们各级领导的思想路线端正了，精神状态振作了，加速做好今年原定各项工作，实现较大幅度减亏的目标是一定可以完成的。

三、抓紧时机，争分夺秒，为完成今年各项任务而努力奋斗

今年，5个月快过去了，我们已经丢失了不少时间，京棉经不起再折腾了。我们必须抓紧剩下的7个多月，以只争朝夕的姿态，做好当前的各项工作。关于当前的工作，我觉得你们大的思路是对头的，以调整重组为中心，按照你们总的部署去做就是了。但必须明确，调整重组最终还是要实现减亏扭亏，这一点，千万不能有丝毫放松。下面，我只是提几点参考性意见。

第一，开展转变观念的大讨论。首先从集团领导班子开始，解决上述几个观念问题，推动集团各项工作的加速进行，并通过大讨论，逐步形成京棉全体员工共同的新的企业精神。这一点，上面我已经谈得很多，这里就不重复了。

第二，调整重组工作，只能提前，再也不能后推了。这是当前影响京棉全局的一项主要工作，既涉及人心的稳定，又影响到效益的增减，这一点，谁都看得很清楚。现在要尽快作出统筹安排，搞出各项进程的网络图，明确各项工作的责任人，并切实进行检查、考核。对影响总体进程的，必须作出认真的交代，并根据具体情况进行处理。在这方面，过去你们太宽容了，缺乏工作纪律上的严肃性。对人员安置，更要作出妥善安排，对下岗人员，要由原先各单位的领导做好工作，做到矛盾不上缴，该进入再就业中心的就进入。对其他各项主要工作，特别是减亏扭亏、下岗减员，也都要有总体方案，有责任人、有时间进度、有检查、考核制度。总之，各项工作都要认真抓落实，能不能把各项工作真正落实下来，也是检验我们领导班子是否真正团结、真正有战斗力的标志。

还要特别提出的是，在这次调整重组中，三棉的同志是付出了重大代价的。他们除了一部分人要分流分离外，相当一部分人要分别进入一棉和二棉，对他们来说，这是一个新的环境，无论在思想上、还是工作上，都会产生一些不适应，或者是陌生感，我们要设身处地为他们想一想。一棉和二棉的职工要怀着兄弟姐妹般的感情欢迎三棉职工的到来，绝不能对他们冷淡、甚至歧视。最近听说一棉的个别干部在这个问题上说了一些不该说的话，造成了很不好的影响。个别三棉的干部不是从正面去做工作，也说了一些不负责任的话，以致加深了矛盾。对这种言论和行为，要进行严肃的批评。今后，3个厂的领导都要教育好本单位的职工，如再发生此类事情，要从严处理。因为调整重组不单纯是设备的调整，关键是人员的合理妥善的安排，只有所有职工的思想舒畅了，才能使这项工作顺利进行。在这问题上，大家都要从全局利益出发，做好本单位的工作。

第三，要进一步深化改革，重点要抓好干部任用、劳动用工制度和分配制度的改革。这是涉及职工切身利益的大问题，也是最能影响职工积极性的大问题，一定要认真对待。现在，你们中层干部的安排，明显地将影响下一步改革的深化，要在统一认识的基础上，采取果断措施，妥善加以解决。不要光强调这项工作的难度，改革本身已经进入攻坚战的阶段，我们必须迎难而上。实际上，真正认真去做了，也不像想象中那么难，如水钢在干部任免前后情况的变化就是如此。京棉在奖金分配上，我认为需要改进，亏损企业拿这么多奖金，有的厂亏损增加，职工收入也在同步增加，这种情况都不正常。收入分配一定要按照贡献大小拉开差距。在分离辅助上也要走出新的步子，3 个实业公司，有的可以开展竞争，优胜劣汰；有的也可以联合，实行优势互补；有的还可以实行多种所有制。

第四，扎实实地开展学邯钢的活动，全方位加强企业管理。邯钢是降成本的典型。冶金行业的经验是学邯钢，真学真见效，真抓真见效。邯钢的“模拟市场核算，实行成本否决”的经验，可以用 8 个字来概括：市场、倒逼、全员、考核。在这方面，京棉还有相当差距。这里，主要还是认识上的问题。不少冶金企业在学邯钢时也曾经历了从不自觉到自觉的过程，出现过别别扭扭学邯钢，轻轻松松学邯钢，大大咧咧学邯钢，软软绵绵学邯钢等问题。有的强调行业的特殊性（如特钢），有的强调外部条件的不同（如三明钢厂），有的自我感觉良好，认为没必要学，这种思想，在京棉同样存在。不打破这种陈旧观念的束缚，无论是学邯钢还是学习其他先进经验，都很难学进去。去年，市政府研究室给了我一份《北京市工业企业成本基本情况》的材料，其中纺织行业是以北京、上海、天津 3 个市 1997 年的指标来对比的，一共对比了三项指标，北京都在末位。产品销售成本占销售收入的比重，全国平均为 87.3%，天津为 91.1%，上海为 88.5%，北京为 91.4%；管理费用占产品销售收入的比重，全国平均为 8.7%，天津为 13.3%，上海为 8.4%，北京为 16.8%；直接人工和制造费用占生产成本的比重，全国平均为 20.5%，天津为 23.0%，上海为 21.7%，北京为 24.2%。不知道 1998 年的情况有什么变化。这说明，北京的纺织行业在成本管理方面是相对落后的。当然，你们也采取了一些措施，我从二棉各车间每月上报的小结记录本中看到了这方面的情况。但应该说，总体来讲，力度是很不够的。其实，你们自己也有不少好的经验，如在纺织行业，指标能否分解到人，考核到人，是有争议的，而你们有的车间已经做到了。建议你们有关部门很快拿出学邯钢（当然包括学习行业里其他先进企业）的方案来。要以学邯钢为契机，全方位加强企业管理，重点是成本管理、资金管理、质量管理和营销管理。

第五，要把技术创新放在重要位置上来抓。这次由于时间关系，这方面接触较少。但就我在冶金系统的体会，以及看了一些《中国纺织报》及《中国纺织》等刊物，深感这个问题在纺织行业里同样十分重要，有些兄弟企业在这方面已经领先一步，我们又晚了一拍。特别是在适应市场需求的新品种开发上，更要加强力度。要坚定不移地依靠科技进步，但依靠科技一定要同强化管理相结合，同提高职工队伍素质相结合。否则，装备再好，一流设备还是拿不出一流的产品。依靠科技进步，一定要重视科学技术的载体，特别是重视有真才实学的科技人员和有特殊技能的工人，你们把 10% 的住房向这些人倾斜，是有远见卓识的。因为，留住了人才，就是留住了财富的源泉。

最后，在领导制度上，改变现在的“一揽子”会议的做法。要各司其职，有分有合。还要研究按现代企业制度健全领导体制。当前，要加快集团公司职能部室的组建，尽快进入角色，在权力集中的同时，必须服务到位。同时，要明确过渡期各分厂的职责。总体上，应该是淡化分厂，3 个分厂厂长的兼职，是否可以考虑加快过渡。在过渡期间，我们部、厂一级的干部，有的暂时还要兼顾两方面的工作，工作肯定要辛苦些，但为了京棉和广大职工的生存，只能请大家作些牺牲了。

四、提高自觉性，加强领导班子的自身建设

对京棉来说，这个问题更有其紧迫性。因为，一是组成京棉的3 个厂，过去在企业文化和领导作风上各具特色，要尽快融合；二是集团挂牌以后的近两年来，又发生了一系列的冲撞，增加了彼此间的隔阂；三是集团的两位主要领导都来自二棉，也易产生一些不平衡感。但是，当前京棉面临的形势，不允许在领导班子里继续存在这种思想不统一、行动不协调的状况。班子的所有成员，都要提高这方面的自觉性，搞好自身建设。

在班子建设上，有些是共性问题。就我这几年在冶金企业调查的感受，亏损企业要扭亏，第一，领导成员就要有奉献精神。有的企业巨额亏损，但公司领导出则高级轿车，住则豪华宾馆，食则山珍海味，这样的企业是扭不了亏的。京棉在这方面我觉得做的是不错的，你们的两位一把手主动让房，简军至今住的是一居室，大钧上下班都是骑自行车。当然，我不是要求企业领导都是苦行僧似的人物，而且在为企业扭亏增盈上作出贡献后，上级领导部门还应该给以奖励。但在企业巨额亏损时，企业领导在生活上严于律己十分重要。第二，要讲团结。这在当前由3 个厂合并起来的京棉集团来讲，更为重要。这种团结，是建立在原则基础上的，是要把京棉整体利益摆在集团领导成员首要考虑的位置上来。第三，企业领导既要正确地使用全厂职工给予的权力，更要以个人的魅力来影响职工。第四，领导干部在工作中要有人情味，但必须突破“人情网”，在原则问题上，要敢于得罪人。比如，在考核问题上，不能只想自己作“老好人”。因为，在一个人身上失去原则，就会在一群人身上丧失民心。第五，要加强学习。包括书本上的、实践中的以及兄弟单位的经验，特别是要善于从总结自身经验教训中学习。第五，特别要讲一讲“一把手”和班子其他成员的关系问题。企业兴衰，关键在班子，而班子中，关键又在“一把手”。因此，应该说主导方面在“一把手”。朱镕基总理在一份报告上批示：“企业一把手可以兴邦，可以丧邦，可不慎乎。”“一把手”不仅要成为努力工作的表率，廉洁自律的表率，而且应该成为班子里众望所归的核心人物，这样才能真正带领广大职工大步前进。简军同志有很多优点，事业心强，勤于学习，有奉献精神，但她从工厂行政“一把手”到集团公司的行政“一把手”，面临各种新情况，面广了，关系复杂了，过去习惯的，现在需要改变了。就我感到，简军同志多少有些“抓事不抓人”、“见物不见人”的倾向。作为一把手，必须既要抓物，更要抓人。一定要见物又见人，特别是要多同班子成员进行思想沟通。在工作方法上，要“多谋善断”，“先谋后断”。在遇到意见分歧时，要学会“求同存异”、“求大同存小异”，退一步正是为了进两步，但这绝不是回避矛盾，而是要更好地去解决矛盾；作为“一把手”，既要处处以身作则，言教不如身教，也不能事事包揽，一定要重视发挥班子成员的积极性。在工作上，要敢于负责，勇于担担子，不揽功，不诿过。但这并不等于对干部不严格要求，更不能赏罚不明。在处理3 个厂的具体问题时，一定要一碗水端平。现在，总经理和董事长都是来自二棉。因此，你们两位在处理问题时，更要站在集团公司的立场，一定要跳出二棉的圈子，这样才能真正带领广大职工大步前

进。我讲这些，是从更高的层次来要求简军同志，并不是说她在这些方面都有问题。希望简军同志在改正自己缺点的同时，还要发扬自己的优点，不要因此而缩手缩脚，特别是现在各项工作亟待推进，有些问题该拍板时就要拍板。至于大钧同志，作为董事长和党委书记，更要在班子建设上多下工夫，在协调各方面关系上多做些工作，以及在把握京棉全局性问题上多花些力气。还要健全董事会的领导体制，属于重大项目的决策，要按程序经董事会讨论，属于日常工作方面的事情，不干预总经理的职权。当然，一些重大问题，双方还是要相互主动通气。党委系统的工作，也要抓紧开展起来。

对各位副手来说，大家要体谅一把手的处境。一把手所面临各方面的压力，确实要比副手大得多，肩上的担子要比副手重得多，大家要支持一把手的工作，有时一把手工作中也难免出现一些考虑不周之处，大家要谅解、帮助。由于三厂合一，在一些事物的认识上，必然会有不一致之处，会上讨论时，要充分发扬民主，但也不能为一些小事而旷日持久，拖延不决。形成决议后，要坚决执行，更不能把会上的一些不同意见在下面随意散布，引起职工们的思想混乱。要自觉维护班子的团结。至于对自己分担的工作，不能仅仅满足于完成交办任务，要主动地、创造性地配合一把手的工作。更不能袖手旁观，“天塌下来有高个子顶着”。至于有个别人（我不是指公司领导成员）在企业面临困境时，他却坐在一旁看笑话，出难题，那就更不像话了。总之，我们要发挥群体优势，打好团体冠军。我接触到的企业领导班子情况，大体有四种类型：一种是一把手很强，确实是众望所归，大家团结在一把手周围，齐心协力，京棉现在还够不上；第二种是一把手虽然不算很强，但班子成员齐心，各人优势互补，发挥群体力量，同样把企业搞得不错，目前京棉也还有差距；第三种是一把手虽然很强、甚至还不算很强，但班子内部内耗却很大，这种企业很难搞好，京棉还没有到这程度；第四种是一把手既不强，又不能团结人，班子内部四分五裂，这种企业注定要垮台，京棉更不是这种类型。我觉得，京棉目前就是要朝第二类努力，然后向第　类前进。不然，京棉就没有希望。这也是当前你们所要共同努力的。

这次来京棉，毕竟时间还短，接触面也不广，了解情况也不可能很深。因此，我的发言肯定有不当之处，还请大家批评指正。我也很感谢市领导给我这次学习的机会，并感谢大家对我的信任，没有大家的配合，我是讲不出这番话来的。今天，纺织总公司的领导和市里帮促组的同志也来了，我也感谢大家对我工作的帮助。我衷心希望等我出差回来时，能看到京棉有了新的起色。在此基础上，下半年能实现大幅度的减亏。只要我们班子齐心，再加上总公司和帮促组的帮助，我相信这个目标是能够实现的。水钢、重特、萍钢等企业的变化，不也是几个月就看出了眉目吗？水钢两年时间，就从亏损2亿多元到现在不计政策因素，实现了扭亏。山沟沟里的、条件比我们更为恶劣、亏损比我们更为严重的企业可以做到的，我们有什么理由做不到呢？我等待着你们的好消息。

整合重组　打造精品基地

——在天津冶金总公司厂处长会议上的讲话

2000 年 4 月 14 日

这次是应张绪绶总经理的邀请，到天津冶金系统作调查咨询。从 3 月 27 日起，先后听了总公司的情况介绍，到了 10 个厂，请了 7 家企业的代表开了两次座谈会，看了一些资料和统计报表，还同线材制品协会秘书长沈世续同志作了交谈，使我对天津冶金行业的情况有了进一步的了解，特别是看到不少企业在十分困难的情况下，锐意改革，开拓进取，走出了一些新路子，取得了可喜的成绩，使我受到了很大的教育。

说实话，这次来前，确实是有些发懵。因为近 10 年来，先后到天津来过 8 次（有几次是到大无缝），特别是 1990 年 8 月随同戚元靖部长和李东冶老部长来时，曾对天津冶金工业的历史和现状作过分析，看到天津冶金行业在历史上作出过很大的贡献，有较高的投入产出比（从 1949 ~ 1989 年的 40 年间，在全国 29 个省市区中，天津的累计固定资产投资排行第 15 位，钢产量为 12 位，累计实现利税为第 6 位），但由于历史造成的原因，天津冶金工业的工艺结构和地区布局都很不合理，不仅影响当前的效益，而且还将影响今后发展的后劲。戚部长同当时的市长聂璧初、副市长张立昌同志和李慧芬同志交换了意见，提出了一些建议。现在 10 年过去了，这些年来，天津冶金战线的同志做了大量的工作，在不少方面有很大的进展，但是，基本格局没有什么变化。过去的“上天堂（唐）”、“上青天”，现在除“天”外，都已得到解决或者有了解决的前景，唯独天津，至今仍是依然故我。在向社会主义市场经济深入转化的进程中，天津冶金的这些弱点进一步暴露，影响到在国内外市场的竞争力，以致近几年来全行业连续亏损，成为全国冶金系统里的一家亏损大户。尽管从 1997 年以来，我先后到水钢、重特、长特、舞钢、新余、萍钢等一些亏损企业进行调查咨询，看到这些企业在短期内都有较大的变化，有的已经扭亏，有的大幅度减亏。但对天津这样的情况，究竟如何实现扭亏，确实心中没底。这也是刚才我说的“发懵”的原因。

但是，这次来后的第二天，张总向我介绍情况时，我发现自己的“发懵”是没有太大根据的。在外部环境很不利的情况下，天津冶金战线的各级领导和广大职工努力适应市场的变化和需求，转变观念，奋发图强，涌现出一批先进典型。当时，我同张总说，你这里有不少闪光点。后来，到各厂实地了解，同各厂的同志进行交谈，给我的感触更深。这岂止是“点”，已经连成线、织成片了。

轧一就很有代表性。他们过去连年亏损，但却总想等市场好转，靠政府给政策，要市里的说法，结果是市场在等待中丢失，精神在等待中消沉，效益在等待中流失。1998 年 8 月新班子接任时，已经欠发了 3 个月的工资，企业也全面停产。新班子就任后，不等不靠，立足自身，大刀阔斧地进行改革，配合深入细致的思想工作，一下子下岗放假 1300

人，但人心稳定，过去投产18年从未达产的热带生产线一举超过了设计水平，今年一季度累计生产超过了12万吨，超过设计能力的一倍；每吨热带的制造成本从过去460元以上降到228元，品种增加，质量提高；焊管分厂从300人减到100人，过去3个班每月只干3000多吨，现在一个班一月就生产4000多吨。

轧三应该说是天津冶金工业里的佼佼者，他们不愧是天津冶金战线的一面旗帜。1999年钢材的产销量、销售收入都比上年增长27%以上，销售利润增长15.73%，在钢材售价继续下跌的情况下，保持了盈利。他们审时度势，果断地关闭了5个干得越多、赔得越多的分厂，开发有效益的新品种，特别是与高等学校合作，试轧成功了高技术含量和高附加值的不锈钢复合板，增强了后劲；在发展主业的同时，积极开发三产。主业的一些技术经济指标，有不少位居行业的前列。在生产现场，看到型材生产节奏之快，在其他企业并不多见。

天钢在化铁炼钢的不利条件下，钢材和钢坯在国内外市场上，仍有一定的竞争力，售价略高于兄弟企业，产销率100%，货款回笼率100%，而且还普遍预收款。可以想象，如果没有全公司的广大职工，在各自的岗位上真抓实干，是无法取得这样成绩的。他们在改革上，也加大了力度，1996年底还有15434人，现在主体厂只有5400人；在分配制度的改革上，实行向三部分人员的倾斜，即有贡献的技术人员，一线掌握指标的工人和重要的管理人员倾斜，取得了较好的效果。

预二在连续两年亏损、资金一筹莫展的情况下，解放思想，转变观念，以观念创新带动机制创新、管理创新、技术创新、产品创新等各个方面。“你挣钱，我发展”，一年来先后筹措了2600多万元的社会闲散资金，盘活了存量资产和呆滞的陈账，还开发了新品种，安置了职工，一举多得。

轧六在连续几年停产的情况下，通过多种形式盘活资产，包括与尼日利亚合作建厂，以及充分利用国家政策，使原先900多名职工基本上都得到了安置。这是一个成功进行转产的典型。

此外，像无缝近3年开发的新产品占销售额的60%以上；一绳的OTIS电梯绳、大成的铝包钢绳和钢绞线、轧二的精轧螺纹、冷板厂轧辊的激光毛化，都取得了很好的效益。

还有，全行业在分流分离工作上，力度大，效果明显。现在职工总数57902人，在岗的只有27431人，占职工总数的47.3%，其他近3万人都通过不同形式下了岗，大部分都作了妥善安排，这个比例在全行业也是比较高的。尽管还有8500人还在再就业中心，但一直都比较稳定。作为一个特大型的城市，这一点确实很不容易。

这些大量的事例，说明了什么呢？或者说，从这些企业的变化中，我们可以学到一些什么呢？给我印象深刻的有这样几条。

第一，千条万条，转变观念是第一条。这几年，我在一些企业帮助扭亏，深深感到，企业的亏损，表现在物质形态上，根子还在思想观念上，这就是气血两亏。因此企业扭亏，要从转变观念开始。因为，不改变落后的、不合时宜的思想观念，要想在行动上有新的突破，工作上有新的起色，是难以想象的。这次在天津，特别是刚才提到的几个企业，在这方面印象十分深刻。轧一从实践中，深深体会到，“观念早转变，企业早脱困”，“观念转变不彻底，企业总是在谷底，只有观念先创新，企业才能有生机”。轧三在谈到他们的体会时说，“只要思想不滑坡，办法总比困难多”。预二在全市工业系统介绍经验时的题目就是“观念一变天地宽”。可以说，没有这种观念转变，就不会有这些重大变化。

转变观念，从哪儿开始？对亏损企业来讲，要转变的观念很多，最根本的，当然是要摒弃计划经济时期形成的种种不适应市场经济的旧的思维模式，树立市场经济观念以及由此派生的竞争观念，效益为中心的观念，用户至上的观念等。但是，作为突破口，还是要从“外因论”、“唯条件论”等思想束缚下解脱出来，彻底破除等外部条件好转，靠国家支持，单纯要政策扶持的“等靠要”思想，树立自立自强、眼睛向内、依靠自己救自己的新观念。天津扭亏减亏的实践，再一次证明了这一真理。

“外因论”的表现是多方面的：一是自觉不自觉地以客观条件掩盖自身工作中的问题；二是在学习人家先进经验时，强调自己的特殊性，或者抓住人家的一些枝节问题，否定其先进经验而不去认真学习；三是以别的部门的某些缺点来掩盖自己工作中的问题；四是以过去的经验来否定当前改革和其他各项新任务和新指标实现的可能性。

为了加深大家对这一问题重要性的认识，我再举其他冶金企业的一些事例，如水钢、长特、萍钢、三明。

转变观念，一要领导带头；二要联系实际；三要落实到机制；四不是一劳永逸（第五项修炼，第五代管理。我们碰到敌人了，敌人就是我们自己）。

当然，我们批判“外因论”，不是不讲外部条件，而是不能“唯条件论”，要讲客观，哪个企业都可以摆出一大堆，但我们的任务是不仅要认识世界，还要改造世界。海尔有一句话：“遇到问题专门找方法将是一个成功者，遇到问题专门找借口注定是一个失败者”。事实上政府也在采取各种措施，如核呆、兼并、债转股等。

第二，关键在于企业一把手。企业好不好，关键在班子，特别又在一把手。天津这些企业的事例也充分证明了这一点。有的同志提出这样一个问题，企业发展，是机制重要，还是人重要？应该说，两者都重要。好的机制可以造就人才，但人也可以改变机制，特别是企业内部的机制，企业自身完全可以进行改革。关于一把手的极端重要性的问题，我自己的认识也有一个深化的过程。在 1998 年 8 月写萍钢调查报告时，我用的标题是“关键是有一个好班子”；同年 10 月，我给朱镕基同志写了一份“关于选派企业一把手的情况和建议”的报告，突出了企业一把手的作用。朱镕基同志批示“企业一把手可以兴邦，可以丧邦，可不慎乎”，吴邦国同志也做了大段的批示。这充分说明了企业领导班子和一把手的重要性。当然，我们强调一把手的重要性，并不是孤零零地突出个人，一把手的作用就是要能团结一班人，去调动广大职工的积极性。

领导班子特别是一把手要具备什么样的素质呢？从天津和其他一些企业的情况看，最基本的是要有为国为民的高度使命感；严于律己，率先垂范；尊重职工的首创精神。这些我看天津很多企业领导都具备的，但为什么有的企业仍然没能走出困境，这里确实有不同的外部环境，但很重要的是要带头转变观念。天津市委提出“乘势而上，开拓创新，全面上水平”。开拓创新，首先是思想上要创新，特别是当前面临知识经济时代的到来，创新就显得更为重要了。这就需要各级领导带头学习，学好邓小平理论，学习党的方针政策，还要学习经济和有关业务技术知识，介绍一些企业领导学习的事例。

第三，要以开放的心态来促进企业各项工作的改进。开放不仅是指对外开放，更大量的是国内的开放。在当前经济全球化的时代，如果我们还是在内外交往中闭关自守，甚至孤芳自赏，只能是停顿不前。轧三、预二、一绳在这方面做得较好，推动了他们事业的发展。

开放，就要善于学习人家的先进经验，善于引进“外智”和“外资”。在这个问题上，一是要解决好不服气的思想，前面已经说过；再一个是要解决“吃亏论”的思想。有的企业在对外交往中总怕吃亏，看起来账算得很精，实际上只能说是小算盘打得精，却不会算大账，结果是堵住了自己的出路和生路。预二在筹措资金时“你挣钱，我发展”，实际上一开始还谈不上发展，而是“你挣钱，我生存”，先生存，再发展；而有的企业可能觉得这是“不平等条约”，结果可能是一再丧失时机。台湾有位企业家说过：“我有利，客无利，则客不存；我利大，客利小，则客不久。客我利相当，则客可久存，我可久利。”还说：“分利则兴，兼利则亡”。我们常讲的“双赢”，也是这个意思，特别是对那些看似无形的“智力”方面的合作，更要注意这个问题。水钢4个主体生产厂，一度有3个都是请兄弟企业的专家当厂长，也有人说是成了人家的“殖民地”了，但恰恰是通过引进“外智”，使水钢尝到了甜头，从此，水钢把“开放”作为仅次于“自强”的企业精神之一。

当然，天津冶金的好经验，绝不止这些，以上只是就我个人接触到的、体会较深的三点。但就这几点，也可以看出天津冶金工业各级领导干部是在努力贯彻党中央、国务院的一系列重大方针政策的，精神状态是好的，职工队伍是有战斗力的。我作为一名老的冶金工作者，向大家表示衷心的感谢和崇高的敬意！

尽管天津冶金企业做出了很大的努力，取得了重大的进步。但是，恕我直言，从总体上来说，天津冶金在全国的排位还是处于后进地位。到1999年底，天津冶金总公司所属的28家企业中，账面上仍有25家亏损，亏损面在全国各省市中很可能是名列第一，总亏损额为2.6亿元，而且这是在很多企业未提折旧或大幅度少提折旧情况下的数字。此外，相当一批企业还欠税、欠缴银行利息，还有的是欠发职工工资。28家企业中，账面上就有16家资不抵债，占这些企业总数的57%。“八五”以来，天津冶金技改投资虽然不算多，但还有相当一部分至今仍未发挥应有的作用，有的甚至还没有正式启动，投入产出比很低。在领导观念上，我们还有一些企业领导仍然没能跳出计划经济时期的习惯思维模式，不能适应市场经济的新变化，在改革、管理和科技进步上缺乏新思路。这些问题，再加上天津冶金工业的先天不足，使天津冶金在国内外市场的激烈竞争中，处于相当不利的地位。对此，我们既不要怨天尤人，更不要垂头丧气，而是要正视现实，立足自身，以进一步转变观念来带动各项工作的改进，以自己的努力来取得上级和各方面的支持。

下面，我想就这些天调查了解的情况，提出几点意见，供各位参考。

第一，要正确分析国情、市情、企情，从实际情况出发，制定发展战略。应该说，天津冶金工业目前处于比较被动的局面，有其历史形成的原因；同时，也要承认，这几年，我们也错过了一些时机，丢失了一些机遇。这种情况，在一些老工业基地带有一定的普遍性。像鞍钢，长期以来是共和国的长子，为我国钢铁工业的发展作出了重大贡献，全国冶金企业几乎处处都有鞍钢人的奉献；首钢对国家的贡献也是人所共知的，但是，现在也面临重大的压力；上海钢铁企业在宝钢建成前，是全国有很大影响的品种基地，但宝钢投产后，在一些方面就相形见绌了。在特钢行业里，后起之秀的江苏兴澄在很多方面也远远领先于不少老的特钢企业。长江后浪推前浪，这是自然规律，也是历史发展的规律，拿个人来说也一样。现在，我们不少子女收入要高于其父辈。对此，我们不必抱怨，更不要因此而泄气，也不要坐等某个机遇的来到。

目前，天津冶金的最大问题是工艺结构不合理，解决之道有四：一是实现京津冀钢铁行业的大联合，进行战略性改组，在此基础上确定天津钢铁工业的定位，这从全局来看，是个上策，但非短期所能实现。二是战略东移。这从天津这一局部来看，虽然比较理想，但从全局来看，并非上策，而且也不现实。三是在天钢就地建设现代化的小高炉，但从这些年的情况看，要统一各方面的认识也非易事，而且天津作为特大城市，环保的要求越来越严，这一方案实现的可能性也越来越小。四是在抓紧上大电炉的同时，立足现有基础，在开发新产品，搞好产品延伸，大力节能降耗，降低成本，走出一条精品基地的路子，求强不求大。我是赞成这一方案的。这样，天津市区的钢铁工业形成两大精品基地，一个是无缝钢管的精品基地，一个是金属制品的精品基地，尽管产量不高，但在全国就很有特色。同时，我们还要充分看到，天津作为一个老的工业基地，以及全国有数的科技教育中心，有着诸多优势，我们要善于利用这些有利条件，加强协作，助己腾飞。

当然，这个问题，不是我们这些人能够确定的，但如果我们大家都同意这个意见，我们就要尽最大力量向上级领导和有关方面充分反映意见，促其实现。这个意见，我同有些同志交换过，他们从理性上是认同的，但是，总感到搞了一辈子钢铁，最终要在自己手里结束企业的命运，感情上觉得不好接受，这也涉及一个观念的问题。

第二，在改组的基础上搞好技术改造。天津钢铁工业还有一个大问题就是企业组织结构不合理，小而散，大家都想发展自己，都想进行较大规模的技术改造，结果是资金分散，形不成拳头。张总在今年的总公司党委工作会议的报告中，提出组建两大集团，搞好三个一批。这确实是个很好的思路，要尽快落实。说白了，就是有的要扶持，有的要合并，有的要淘汰。下一步要搞精品基地，必须进一步搞好技术改造。这就再也不能各自为政，各搞各的，必须立足于全局，这就需要在体制上得到保证，先改组再改造。

要认真汲取过去的经验教训。要认识到，在当前国内外市场激烈竞争中，小舢板是无法和大舰队抗衡的。前些年，德国的曼内斯曼和蒂森都是既生产钢板，又生产钢管。后来，两家协议，曼内斯曼把钢板生产转移到蒂森；同时，蒂森把钢管生产转到曼内斯曼，在此基础上再在内部进行调整、改造，取得了互利、双赢的效果。上海宝钢和上钢的联合，1990 年底初新余和江钢的联合，尽管起初有不少反对意见，但不久都收到了很好的效果。在经济全球化的今天，钢铁企业不仅在国内联合的规模进一步扩大，跨国联合也比比皆是。最近，克虏伯又同蒂森合并；法国的于诺齐尔钢铁公司兼并了比利时最大的考克利尔钢铁公司；英钢同荷兰的霍高文钢铁公司合并。这种并购活动，不单纯是为了取得规模效益，主要还是有利于结构的调整，有利于实施专业化的策略，不断提高产品档次，避免过度竞争，降低成本，提高在国际市场的竞争力。

国外有的专家预测，今后 10 年中，全世界 10 个最大的跨国钢铁集团将从 1999 年的 1.95 亿吨钢扩大到 4 亿吨钢，占世界钢产量的一半左右。面对国际上这种一浪高过一浪的并购潮流，我们更应该转变观念，跟上形势，加强改组的力度。在改组过程中，有的企业可能要破产、淘汰，这是重组过程中不可避免的，是改革进程中必然要付出的代价。我们要努力使各方面的损失最小，但有关企业一定要以全局、大局为重，绝不要以私心或不恰当地强调本单位的利益而影响整体利益，再一次丢失了时机。

第三，立足现有基础，通过深化改革和强化管理，不断提高企业经济效益。如果按照上述改组的思路，有的企业就不是考虑如何进一步扩大规模问题，而是尽最大努力，在不增加多大投入的前提下，不断提高企业经济效益。一方面要在现有基础上进一步压缩人员，并积极开发新产业，逐步转移人员，使现有钢铁生产人员减到最低限度，像轧六就是一个很好的典型；另一方面则要尽最大努力来提高经济效益，尽可能延长企业寿命，来迎接新的机遇。

去年以来，特别是今年一季度，天津钢铁企业各项技术经济指标都有较大的进步，说明这些企业都是在向这方面努力的。前2个月累计工业总产值同比增长31.26%，累计亏损额减到1186万元，同比减亏74.03%，2月份已有8家企业实现了扭亏。顺便说一下全国钢铁工业的情况，今年前2个月，全国钢铁工业实现利税38.3亿元，较上年同比增长49.5%，实现利润6.2亿元，而去年同期是亏损2.3亿元，而且今年还比去年同期多提折旧6.1亿元。这些事例，雄辩地说明了企业的潜力大得很。同时，还要看到，这几年，天津有的企业进步了，有的却退步了（1990年来时和现在的对比），原因何在？这不一定是在座各位的问题，但我们必须从中吸取经验教训，民营企业和国有企业的差别之一就在于此。

要提高企业经济效益，就必须进一步加强企业管理，管理是企业发展的永恒主题。这次在天津，轧三的管理给我印象最深。天津提出“远学邯钢，近学轧三”，抓的很准。但从这些年冶金企业学邯钢的情况看，成效很不相同。我曾研究分析过这些企业的情况，发现这些学习效果差的企业，都不同程度地存在四种情况：“别别扭扭学邯钢，舒舒服服学邯钢，大大咧咧学邯钢，软软绵绵学邯钢”。因此，学轧三，也要注意这个问题。

管理的方面很多，就我这次感觉到的，特别是要重视决策管理、营销管理和资金管理。决策管理，西蒙的名言“管理就是决策”。决策失误不是其他方面管理的加强所能弥补的，一失足成千古恨，必须慎之又慎。企业决策，首先要立足于市场，要在充分进行市场调查基础上，审慎决策；其次，要真正做到以效益为中心，特别是在技术改造上，一定要经济和技术相结合；再是要建立民主化、科学化的决策机制。

营销管理，这是从计划经济向市场经济转变中必须特别加以重视的一项管理工作。这方面，天津有了加强，但相对来说，可能还是一个薄弱环节。铝包钢绞线上得比别家早，但市场开发却不如人家。一些企业还是生产主导型，而不是以市场为导向，真正做到以市场的需求来带动企业各方面工作的改进；在销售队伍的建设上，销售渠道的建立，服务观念的确立上，都有值得改进之处，一个电话、一次谈话、一声招呼，都会丢失客户。

资金管理。1992年，刘淇同志出任冶金工业部长后，就提出了“企业管理以财务管理为中心，财务管理以资金管理为中心”，不仅在冶金系统为大家所广泛接受，而且还得到国务院领导同志的肯定。但天津钢铁工业由于其特殊的体制，在这方面转变较慢，资金严重短缺，成为各企业的共性问题。贫血还可以生存，但血栓却难以活命。

其他如成本管理、质量管理等，都很重要，不一一说了。

至于改革，当然要围绕建立现代企业制度来进行，在法人治理结构，母子公司体系的规范化等方面，都有大量的工作要做。但当前更重要的、涉及广大职工切身利益的是搞好分配制度的改革。就我这次粗浅的接触，感到在一些企业里，仍然没有摆脱“大锅饭”的阴影，必须要跳出“不患寡而患不均”的误区。有的连年亏损的企业，职工收入本来就不多，因此，有的领导担心如果按有效劳动进行分配，职工收入的差距将会拉得更大，会增加不稳定的因素。其实，从一些大幅度减亏或已经扭亏的企业经验看，正是由于果断地进行了分配制度的改革，真正体现了多创效益多收入，才更好地调动了广大职工的积极性，从而进一步增长了企业的效益。像江西的萍钢、南钢，在短短时间里，高炉、转炉的技术经济指标有了突飞猛进的提高，同他们对这些关键岗位的职工采取强有力的激励措施分不开的。即使同一岗位，由于所产生的效益不同，当月收入可以相差好几倍，这就可以激励先进，鞭策落后。特别是要对那些有突出贡献的技术和管理专家，进一步在可能范围内，给以适当的重奖，否则难以留住人才。你们有的企业已经出现了这种情况，但轧三告诉我，他们没有人才流失，而且今后也不会出现这种状况。当然，话不能说得这样绝对，但至少说明他们在这方面是采取了有效对策的。

我们讲，管理是企业永恒的主题，但永恒的主题绝不是一成不变，永恒不等于凝固。没有进步，就没有永恒。时代在变，形势在变，管理必须适应这些变化，以变应变，不断发展，不断出现。天津市委提出“乘势而上，开拓创新，全面上水平”，这里所说的创新，当然面要更广些，我们必须认真贯彻。创新需要转变观念，而且是深层次的转变观念。不仅在企业处于困境时需要创新，即使将来企业走出困境后，同样需要、甚至更需要创新（水钢从“看得惯”到“看不惯”，“干部离线检验法”，从“干”、“吼”到“看”、“转”，洪健的12项建议）。创新必须领导带头，三明的5个创新：迎接市场挑战，着力销售工作创新；深挖内部潜力，着力技术进步创新；坚持苦练内功，着力企业管理创新；研究需求趋势，着力产品开发创新；积极凝聚人心，着力思想政治工作创新。在这一活动中，领导带头写论文，去年一年，从总厂到各分厂、各部门，累计举办200多场不同形式的创新研讨会，共有7000余人次参加。

最后，谈一谈加强领导班子自身建设的问题。这次在天津，接触了不少经理、厂长。我感到，绝大多数的领导班子是团结的，是兢兢业业的，特别是一些处于困境的企业领导，能够和职工同甘苦，这对稳定形势，凝聚职工，作用极大；还有一些企业领导开拓创新精神强，能带领职工走出困境。班子建设，内涵很丰富，我认为当前有四条最重要。一是要带头转变观念。很难设想，自己满脑子是不适应市场经济的陈旧观念，而能带领职工走出新路子来的。这就要求企业领导带头学习，要学好邓小平理论，学习好党的方针政策，这些，当然是必要的，但还必须学习有关经营管理的业务知识，更要注意从自身的失败中学习。一个不重视学习的人，肯定是一个不称职的领导。二是要落实班子自身的责任制。不仅要有分工，还要有明确的责任，认真的考核。光分工，没有考核，责任就落实不了。还要严于律己，率先垂范，以自己的人格魅力来影响职工。像萍钢新厂长就任后，首先向职工约法三章，主动要求职工监督。在减员下岗时，他和其他5位厂领导（全厂共有8位厂领导）的夫人都下了岗。南（昌）钢领导班子调整后，将公司领导的家属，包括一把手的夫人全部调离人财物管理部门。这些举动，在职工中引起强烈反响，推进了这些企业下岗分流等各项工作的顺利进行。三是要敢抓敢管。对相当一部分企业来讲，不是会不会管理的问题，而是敢不敢管理的问题。有的是怕得罪人、丢选票不愿管，有的是接近退休不想管（所谓“59现象”），有的是自己有辫子、怕人抓不好管。因此，要搞好管理，必须首先从这种精神状态中解放出来，这是企业领导班子建设的一个重要方面。四是充实一批年轻的优秀干部进入领导班子。

这次来天津，虽然比以往任何一次的时间都长，但是毕竟天津的企业多，情况也比较复杂，尽管我是尽己之能，希望对各位有所帮助，但我也深知，以我的水平和能力，实在很难在这样短的时间里作出恰如其分的评价和提出切中要害的建议，不当之处在所难免，衷心希望大家批评指正。最后，祝天津冶金工业在天津市委、市政府的领导下，团结一致，开拓创新，在新的世纪创造出新的业绩!

传好接力棒　开创新局面

——在水钢干部会议上的讲话

2000 年 8 月 23 日

8 月 15 日晚抵达水钢，16 日开始工作，至今 8 天了。

朱总走后，早就想来水钢，由于当时一些外界的原因，因此，与黎明商量后推迟了来期。在北京，很多关心水钢的朋友都向我问起水钢的情况，有的还有些担心，我也就我了解的水钢情况向他们做了解释，请他们放心。因为朱总在水钢工作时，不仅对水钢的发展打下了好的基础，更主要的是带出了一个好班子，一支好队伍，留下了宝贵的精神财富。

一、谈谈几点感受

这次来，就是想直接感受一下这段时间来水钢的进步和变化，并和大家共同探讨水钢下一步发展需要解决的问题。

通过这些天的调查了解，我觉得水钢新班子是称职的，是能够带领广大职工攀登新台阶、新高峰的。这次新老班子交替，是在大幅度调整领导成员的情况下进行的，在继民调离前后，1999 年撇成、昭楠同志先调走了；今年，唐勇也调走了，震泽年龄到点退出现职，新进班子的有生光、雅鸣、卫平。应该说，新班子上任后所面临的形势是相当严峻的，国家要求水钢大幅度的限产，在部分职工中对新班子能否保持朱总在位时的良好发展势头也有一定的疑虑。在这种情况下，压力之大可想而知；面对新的压力和挑战，提出了“继承、巩固、发展、创新”的工作方针。要继承、巩固三年扭亏脱困成果的成功经验，在此基础上有所发展有所创新，实现“一个确保、七个突破”；年初成立了十个攻关组，领导成员分工负责，都取得了较好的进展。特别是在察觉一些不良现象有所抬头时，及时开展了“查反弹、找差距、挖根源、促管理”活动。打击了歪风邪气，刹住了一些不良倾向，巩固、发展了改革的成果，进一步改进了管理。事实证明，新班子接下了接力棒，开创了新局面，经受住了严峻的考验，使各方面的工作又向前迈了一大步。

一是各项技术经济指标都有了不同程度的提高，入炉焦比、转炉炉龄、钢铁料消耗、出钢温度、高炉风温、硅硫含量、轧钢成材率、产品制造成本等。

二是企业文化向更高的层次迈进。企业精神八个字，原来体现在“自强、开放”上，现在在“创新、追求”上也有了大的进步。这次感到突出的是：二轧厂从去年的干部离线检验法到今年的干部总值班制（见习厂长）；厂务公开，在炼铁、炼钢、轧钢等单位都看到了厂务公开栏，大大密切了干群关系；二轧评选机制的改进，运用市场手段来实现期望值，利用管理手段来巩固已经达到的目标值；炼钢重视群众性的技术创新，花了几十万，实现了 7000 多万元的效益，三轧半年 4000 万元，炼铁工人自己动手搞革新。

三是各级班子和职工的精神面貌振作，水钢的企业精神有了新的发扬。这次，我与公司领导都进行了交谈，感受到这个班子是团结、勤奋、实干、廉洁、有战斗力的，这是水钢今年工作不断前进的最根本的保证。我在基层座谈时，包括过去对新班子有过疑虑的职工，现在都认为新班子是值得信赖的，新班子不仅继承了过去朱总在时的好传统，而且把当时刚开头的一些改革和其他一些工作继续深化，在某些方面还有创新。

由于时间关系，这次只到几个主体厂和钢城公司，但感受到这些单位的领导和职工人气都很旺，不是满足于一般的完成下达的指标，而是都在开动脑筋想法怎么完成得更好，很多单位还自加压力，自我超越。

下面我想重点解剖3个典型。

（1）炼钢厂重点抓好炉长的激励和约束机制。对炼钢厂成立以来十几年的情况进行了分析，炼钢的指标是否上得去，关键在于12个炉长。

——炉长厂控，使之相对稳定，也提高了炉长的地位；

——对炉长实行岗位津贴，从5元提高到200元，现在又提高到400元；

——在此基础上，实行末位淘汰，下岗者每月将减少收入近1000元；

——以后又开展评选状元炉长的活动（开始时一月一次，现在一季一次），所在炉子也有相应的奖励。

这一系列的措施，把炉前搞活了，各项指标明显好转。

（2）二轧厂从去年的“干部离线检验法”到今年的“见习厂长制”，一是促进了干部工作抓得实了，也促进了职工的主观能动性；二是增强了干部的整体观念和全局意识；三是学然而知不足，激发了干部强烈的学习意识，48岁的车间主任念大学，儿子大三，他大一。

花钱买指标。利用市场手段来达到期望值，利用管理手段来巩固。25圆班产记录900吨，日产记录2700～2800吨，突破不了。定下目标，班破1000吨，全班每人奖50元；日破3000吨，每人奖100元；上去了就不准下来，实行3个月，稳定了，取消奖金。现在，班产不到1000吨，就是有问题，干部就要作出检查。这是花钱让大家看到潜力，挖掘潜力。

（3）钢城公司是水钢第一个制订下一个5年规划的单位。既有雄心壮志，又是实事求是。

他们的房开公司半个月办下资质证书，10万元把公司房开启动起来了。首批126套商品房已经全部销售一空，带动了相关行业。他们还提出，要对劳模买房实施优惠。

拟议中的社区服务，包括学前班和小学生的接送、午餐，假期小孩的寄托，老年人的就医挂号、取药以及护理，家庭、宾馆保洁等，这是为广大员工解除后顾之忧的大好事。

他们的开拓精神、实干精神、创新意识、服务意识值得学习。

其他如炼铁、一轧、三轧，都有很多生动的事例。

这些单位所以搞得好，原因很多，我只想从领导班子的角度做一些分析。这些班子的共同特点，一是团结协作。“一把手”注意发挥副手的作用，不独断专行，副手都能恪尽职守，相互协作、沟通，尽量摆脱“一把手”的具体事务，钢城公司在这方面做得很突出。二是开拓创新。不满足现状，不断进取，超越自我。一轧提出把“看得惯”变为“看不惯”；炼钢把思想观念的转变不断引向深入，破除“抓质量必然影响产量”的陈旧观念，破除长期以来出高温钢的陋习，使产量、质量、成本全面上水平。1999年初邯钢人走后，钢产量月产稳定在9万吨左右，1999年上半年出现几次严重的质量事故。5月份，新班子上任后，提出“质量效益型”，狠抓质量，下半年钢产量月产却达到11万吨，今年在没有一次质量异议的情况下，进一步降低成本，钢产量上升到12万吨以上，这个月有望达到13万吨。三是敢管善管。敢管就是从严管理，真正做到在规章制度面前六亲不认。这在像水钢这样近亲繁殖的单位尤为重要。炼钢张新建按规章制度处理“铁哥儿”，顿时在全厂引起强烈反响。善管就是要科学管理，其中很重要的是建立起必要的机制，评最优、最差职工，都是按既定之规，进行量化评比，无人提出异议。四是有强烈的事业心和奉献精神。凡事能出于公心，这样才能对广大职工有凝聚力。“民不畏我严，而畏我廉；民不服我能，而服我公”。

水钢在前进，但要看到全国的钢铁企业也都在前进。1999年11月，我到福建、江西几个厂作一些调研，沿途听到的一句频率相当高的话，就是过去想都没有想到的事，现在怎样怎样。听了很有感触。这句话前两年在水钢也经常听到，现在成了几乎钢铁企业的普遍情况了。下面我想给大家介绍一下我所亲自接触到的一些企业的情况，也许对大家能有些启发。这些事例，我大体做了一些归纳，不一定准确。

（1）创新方面。尽管大家都在说，也都在做，但给我印象最深的还是三明。他们提出5个方面的创新要求，提法也许与各厂差不多少，关键是他们领导带头，实实在在地开展起来。领导带头结合实际，写创新文章，出了专集。溅渣护炉，在15吨转炉上他们是第一家搞起来的，炉龄超过了15000炉，群众积极参与，高炉利用系数去年6月以后平均超过3。凌源学邯钢，日清日结，工人知道明天怎么办。

（2）生产上迎接新挑战。安钢向极限挑战，3座15吨转炉167万吨钢；300立方米高炉1999年1月1日投产，29日达到设计水平，利用系数达到2，2月份达到2.5，3月份达到3。萍钢30万吨棒材连轧机半年建成，当年产品获得“金杯奖”。福田联合收割机打入虎狼成群的市场。

（3）全面调整结构。比如上钢十厂。产品结构、产业结构、资金结构、组织结构，重点介绍产业结构的调整。组织结构调整，几合一，减少摩擦成本。

（4）提高劳动生产率。淮钢，连轧生产线136人，机关精简，一人多岗，一专多能。南昌成建制转岗效果很好。

（5）调动员工积极性。留住人才，比如福田和兴澄的做法值得推广。

介绍这些情况，无非是说明，兄弟企业都在前进，而且各有长处。我们要以开放的心态，取各家之长，助己腾飞。

还要看到，当前水钢面临的形势，同朱总来时已很不相同。

——面临的任务不一样。朱总来时，主要任务是扭亏。他提前实现了这一艰巨的任务，同时，又为今后的发展创造了良好的条件；今天，新班子面临的任务是要在扭亏的基础上求发展。这就要求在发展的重大决策上不能有丝毫失误，要求更加重视发挥科技第一生产力的作用。

——面临的外部环境不一样。朱总在时，只要钢材有市场，生产越多越好；新班子一上台，就遇到强制性的限产。这就要求我们必须进一步转变观念，并采取切实的行动，使企业生产经营实实在在地从数量规模效益型转到品种质量成本效益型的路子上来。

——面临的改革要求也不一样。这特别是反映在减员分流上，前两年，主要是靠提前退休、内退以及一小部分违纪职工的处理上；现在是要打真正的攻坚战，甚至要触动一些过去的骨干，这无论从感情上还是具体措施上，难度会更大。这也要求我们加快发展非钢产业，以及进一步深化改革。

下面，我想根据这几天调查了解的情况，提出一些建议，供参考。

要把钢铁主体做精做强，进一步提高经济效益。与此同时，加快非钢产业开发的步伐。

前几天召开的水钢发展研讨会上，重点讨论了这个问题。大家的意见基本一致，还是顺着朱总提出的“精品化”的思路，要在“精”字、“强”字上下工夫。

“强”和“大”不是对立的。目前，钢铁工业出现结构性供大于求的状况，水钢的产品恰好是在这种结构性矛盾的范围内。因此，只在“大”字上做文章，不一定能在激烈的市场竞争中多占份额，必须要能为人之所不能为，扩大市场需要的品种，提高产品质量，降低成本。在做强做精的同时，还要充分挖掘现有设备潜力，把单位设备的产能发挥到最大限度。安阳3座15吨转炉出钢量23吨，1999年产钢167万吨；水钢15吨转炉出钢量25吨。当然，这里有一些配套的条件不尽相同，但如果都达到安阳的水平，产量自然就高许多，这样的“大”才有效益。实际上，水钢目前安排的技改项目也正是围绕做精、做强。水钢的薄弱环节是铁前系统，要做精，首先原料要精，精料方针要从源头抓起。这几年，水钢在调整原料结构上取得很大成效，但还不理想。入炉品位还比较低，又缺乏中和料场，石灰石等辅料质量也不理想，烧结又是当前瓶颈，这些都在技改中安排了，十分必要。过去杭钢主体多年不动，以辅促主，有些企业光在主体设备上打圈圈，仍然是粗放经营的思路。

但这次会议也有不足之处，对目前水钢产品的现状剖析不够，在是否搞200万吨的规模上由于中心发言不够准确，多花了一些时间。因此说，在如何做精做强上还不够深入。

这里，还要说一下限产问题。我是认为钢铁总量需要控制，但我不主张采取“一刀切”的办法，水钢的限产指标我也认为并不恰当。但目前水钢这样大量的增产，我也觉得需要审慎对待，会引起各方面的议论甚至指责。

既然，从全国来看，钢铁不宜在产量上再大发展；从国际上看，很少有只搞钢铁的大企业；从水钢来看，还有一个人员安置问题。这些，都要求加快非钢产业的发展。

非钢产业，水钢目前主要是通过子分公司，这是比较现实的做法，但还不够。建议加强对非钢产业的领导，组成领导小组，统筹规划，像钢城公司那样，搞出一个规划方案。原则上要多种所有制相结合，大中小相结合，增加非钢产业比重和安置人员相结合。可以考虑从以下几方面着手：

（1）立足现有子分公司，依托水钢，逐步打入社会。方光旋提出的把子分公司进行同类项合并，采取多种所有制形式，实行资产重组，当然有一定难度，但还是应该认真做番研究。

（2）面向六盘水市，同六盘水市的经济发展相结合，这也是水钢对六盘水市应该作出的回报。

（3）统筹研究贵阳地区各企业的发展方向。重视机会成本的研究，并区别不同对象，确定不同的帮扶方式，不要都是一种脱困模式。

（4）在充分研究水钢产业前景、市场风险以及水钢现实条件的基础上，选准产业，集中投入，形成新的产业。

二、要重视创新意识和创新机制的建立

从扭亏到发展，任务不同，路子自然也不会一样。现在水钢已经登上一定的高峰，再前进一步，都会比过去更艰苦。某种意义上，没有前人的经验可资借鉴，这就更显得创新的重要和必要。

另一方面，我国加入WTO后，国际、国内市场的竞争将更为激烈，没有特色的企业将难以有立足之地，竞争也呼唤加强创新的力度，加快创新的步伐。

不要把创新看得神秘化。创新也有一个从低到高、从小到大、从慢到快的过程。“小改小革的积累就是创一流的前提”。按熊彼得的理论，创新一定是要同经济活动相联系，提出5个方面。这些不是高不可攀，炼钢厂、二轧厂等都已提供了经验。

创新的形势，要求我们更加重视科学技术，重视拥有并能运用这些知识的人才。一是要更好地发挥现有知识分子的作用；二是善于利用“外智”，钢城公司做得较好，天津钢绳厂例。这就要求我们更好地运用各种有效的激励机制。

创新需要加强学习。要把企业办成学习型组织。现在基层职工的积极性很高，要加强引导。要把学习看成是一种生产发展必须的投资，尽量为职工的学习提高创造条件。还要处理好重点与一般的关系。

三、要警惕和预防各种不利于生产发展的思想和行动

有以下几种情况：一是自满。小变即满，提防“3C”的发生。二是旧事物的回潮。过去讲的“四个一块”，挥霍浪费吃了一块已经有了苗头。有的单位换车往高档次上发展，有的买高价办公桌。三是外界的干扰。水钢有了些钱，就有人来动脑筋，但苍蝇不叮无缝的蛋，要警惕“大小蛀虫吞一块”。最近水钢逮捕了11人，就充分说明了这一点。

建议读魏征的两篇文章：《谏太宗十思疏》和《十渐不克终疏》。

每次来水钢，都有新的感受，这次也不例外。在炼钢厂座谈时，他们的办公室副主任说，希望我下次来时，再给我一个新的惊喜。我也衷心地希望、并且坚信能再次领受这种惊喜。我的讲话完了，谢谢大家。

扩大扭亏成果　勇攀新高峰

——在宣钢中层干部会议上的讲话提纲

2000 年 10 月 30 日

早想来宣钢，乔总多次邀请。这次按蒲海清局长指示，来总结扭亏经验，特别是连年大幅度减亏的经验。10 月 24 日傍晚到，到今天已是第 7 天了。看《宣钢报》、看资料、报表，到现场，听公司领导介绍情况，开了 4 个座谈会，印象很深，感触很深。上次是 1989 年 7 月，同王汝林部长一起来的，大高炉将要投产，也是处于困境，很同情，回去写了报告，呼吁政策，但无济于事。1996 年，宣钢成为冶金系统 6 个亿元亏损大户之一，1997 年部里抓扭亏，我主要去水钢和南方一些企业，这里是张训毅司长来的。以后听说宣钢大幅度扭亏，局领导多次表扬，一直想来学习。这次因为张训毅不在北京，给了我一个机会。乔总要我同大家讲一讲，借此机会，谈谈来后观感，并介绍一下兄弟企业的情况，做一个“二传手”，希望能对大家有所帮助。下面讲 3 个问题。

一、宣钢扭亏来之不易，为冶金行业提供了新的经验

前几年，宣钢连年亏损，最高的一年亏损 3.8 亿元。但从去年 5 月开始，当月止亏。去年，在政策支持下实现扭亏为盈，今年可以实打实地盈利。而且还逐步还清职工集资欠款，开始补发所欠工资，没借一分钱贷款，靠自身积累，投入 2 亿多搞改造，这些成绩来之不易。宣钢扭亏难度大于水钢，一是工序结构不配套。在计划经济下，上了一个大高炉，而当时炼钢只有 2 个 6 吨小转炉；二是人员负担大，特别是矿山人多，离退休职工多，有 5735 人。应该说，宣钢能在短短两年实现扭亏，是个了不起的成绩。这固然有国家和各方面的支持，但主要还是宣钢广大职工在公司领导班子坚强有力的领导下，自立自强，艰苦奋斗，开拓创新取得的。给我印象最深的有 3 点：

（1）转变观念，自立自强。宣钢的困难确实很大，困难的形成，有历史的原因，也有当时上级领导的原因。当然，也有宣钢自身的问题。解决困难主要靠谁。最简单的办法就是摆出一条条理由，请国家拿出一笔钱来，还贷款，搞配套，搞改造。但这不仅不现实，而且，反会拖延时日，丧失时机。所以，刘淇部长在水钢“2·22”大会上说过一句话：“机遇在等待中丢失，效益在等待中流失，士气在等待中消失”。在这个事关宣钢生存的关键时刻，宣钢的领导头脑是清醒的，不等不靠，以顽强的毅力带领广大职工闯关夺隘，终于取得一个又一个的胜利，有了今天这样一个局面。今天，宣钢的形势好转了，但自立自强的精神万万不能丢，这要作为我们的传家宝。今后，还会碰到不少困难，都要正视现实，要研究客观，分析客观，但不能推之客观。海尔“遇到问题找办法将是一个成功者，遇到问题找借口注定是失败者。”就是一个很好的例子。

当然，转变观念不仅是要破除“外因论”、“唯条件论”，变“等靠要”为自立自强、

眼睛向内，立足自身，依靠自己救自己，但这是一个突破口。最根本的，还是要摒弃计划经济时期形成的、种种不适应市场经济的旧的经济模式，树立市场经济观念以及由此派生的竞争观念、效益为中心的观念、用户至上观念等。宣钢在这方面也做了大量工作，这里不多说了。

(2) 多管齐下，系统挖潜。扭亏不简单地是个财务问题，也不仅仅是生产系统的问题，涉及企业方方面面，需要全方位、全员性地来抓。宣钢正是这样做的。

结构不合理，倒宝塔。1995 年宣钢铁钢材的比例是 1：0.37：0.29，1997 年是 1：0.54：0.38，今年将调整到 1：0.75：0.60；一轧热带 1997 年只有 2 个系列 13 种规格，现在有 5 个系列、47 种品种规格。

在技改上，实事求是，量力而行。不是追求规模的扩大，而是抓住一些能见效快的短平快项目，一是改造落后工艺，连铸、一火成材、喷煤、两座竖炉球团的建设，一铁土烧结的改造、一轧二轧的改造等；二是以辅促主，上 6000 立方米制氧机、压差发电等。

在企业内部改革上，注意建立比较合理的激励机制和约束机制，在改革分配制度以及人事劳动用工制度上下了工夫，推行了“末位制考核”。今年还成功地对贾家营钢管厂热轧带钢车间实行租赁经营，取得了很好的经济效益和社会效益。

在管理上，认认真真学邯钢。在生产领域中，实行成本倒逼机制，通过技术经济指标的改善，1999 年比 1998 年降低成本 8489 万元，2000 年 1 ~9 月又比上年同期降低 4000 万元。特别是在原材料采购等经营领域里学习邢钢经验，实行了招标采购、比价采购，大大降低了采购成本。以原料处主管的各项大宗原材料为例，2000 年采购成本就比 1997 年下降了 18563 万元。不仅在生产各工序环节重视堵漏洞，挖潜力，而且采取了有效措施，在采供销各个环节堵大漏洞，挖大潜力，如对进厂的大宗原材料的数量、质量、品位进行严格检查，使矿石品位的进出差异率从最高时的 2.5% ~3% 降到现在的 0.3% ~0.5%。仅这一项，一年就可以减少损失 1000 万元以上；越冬储存铁精粉制度的改进，使每年减少损失高达 2000 万 ~3000 万元。

(3) 领导带头，士气旺盛。座谈中，职工普遍提到宣钢有一个好的带头人。我有深切同感，“企业一把手可以兴邦，可以丧邦，可不慎乎”。乔总上任时，原料场上没原料，职工工资发不出。但以乔总为首的宣钢领导班子以惊人的胆魄，承受了重重压力，与广大职工同呼吸、共命运、渡难关，采取超常措施，把一个濒临破产的企业从死亡线上救了过来，实现了国企三年脱困目标。这是非常不容易的，在宣钢的历史上要给他们记上一笔。

我还看到宣钢有一支很好的干部队伍。在困难情况下，能与职工同甘苦，很多同志发扬“先天下之忧而忧；后天下之乐而乐”的精神以及艰苦奋斗的传统，使前几年在职工累计 13 个月没有发出工资的情况下，保持了稳定的形势，做到了队伍不散，生产不乱，为以后的扭亏和发展打下了很好的基础。很多干部不计个人利益，勇挑重担，带领群众克难制胜。主体厂的各个领导班子，各有特色，焦化厂的领导这次我没有接触，但焦化厂的厂容厂貌、现场管理给我留下了深刻的印象；烧结厂坚持改造挖潜，不断进步，有些指标已处于行业领先地位；一炼在面临停产的危急时刻，团结奋斗，千方百计降低成本，起死回生；二炼严格管理，依靠技术进步，狠抓指标改善；炼钢厂 3 年三部曲，不断挖掘成本潜力、产量连年上水平；一轧钢、二轧钢瞄准先进企业，对标找差距，产品品种和质量适应市场，他们都为宣钢扭亏脱困做出了贡献。其他，如动力厂、运输部等，也都作出了自己应有的贡献。

一些子公司的领导，也为宣钢的扭亏作出了贡献。郑国安在1997年完成70万吨钢之后，15年后又转回“老家”机械厂，开发品种，内包外揽；建安公司刘铭才分析了宣化建筑市场的形势，冒着很大风险，5次领导班子会议，4次职代会，大刀阔斧地进行了改革，取得了很好的成效；医院的领导面对医疗改革的新情况，开拓创新，真抓实干，趟出了一条新路子，走了4县2区360个村镇开拓农村市场；机运公司认真调查了市情、厂情，采取了切合实际的改革措施，加快了车辆的更新速度，使机运公司获得了新的生机；龙烟铁矿过去为国家做出过贡献，现在也是宣钢的亏损大户，杨文国为首的新班子上任后大胆管理，在破解矿山独立生存难题上做了大量艰苦工作。

我讲这些，不是对宣钢干部作什么全面评价，而是谈谈自己来后短短几天的感受。由于接触的面较窄，肯定还有很多更优秀的人才没有接触，没有提到的单位不一定比这些单位差，挂一漏万，请大家谅解。

至于宣钢的职工队伍，种种事迹，令人感动。是一支能吃大苦、耐大劳、特别能战斗的队伍。1998年前，在连续4年没有发足工资、累计欠发十二三个月工资的情况下，能顾全大局，坚持生产，有的连续几个月没有吃过菜，有的一天只吃一顿早饭。当然，这种情况没有存在多久，在单位领导了解到这一情况后，很快采取了紧急措施予以解决。刘淇来时，你们还谦让补助金。在此，允许我以一个近50年来一直战斗在冶金系统的老同志身份，向你们并通过你们向全体宣钢职工致以衷心的感谢和诚挚的敬意。

二、世纪之交，宣钢的发展面临关键时刻

当前，国际经济大环境应该说对钢铁工业是有利的。在经历了亚洲金融危机之后，世界经济从1999年恢复性增长，2000年继续呈现稳步增长的势头，预计这种增长势头有可能持续数年。经济的增长带动了对钢材的需求，预计明年钢材消费水平不会低于今年。

从国内经济形势来看，进入2000年以来，我国宏观经济出现趋好的重要变化，初步摆脱了前几年持续减速运行的局面，呈现逐步回升的新趋势，预计今年GDP增长率可达到8.0%。据国家计委研究分析，预计明年国民经济将继续保持高速增长，GDP增长率将超过8%。据此，明年我国钢材消费量约13500万~14000万吨，比今年略有提高。

至于钢材价格走势，初步分析，明年将是稳中有降趋势。板材价格下降，主要来自国际竞争，世界板材生产能力过剩，特别是一些高附加值产品生产能力远远大于全球需要，如不锈钢、镀锡板、镀锌板设备开工率只有40%~70%，使得国际上高附加值产品的竞争白热化。同时，国内几条新建和改造的板材机组，也将陆续投产和达产，预计明年国产板材将增产400万吨左右。而长材价格的下降趋势，则主要来自国内竞争。生产能力过剩，总量控制能否控制得住，还是一个问题。大厂限产，部分地区小企业不仅没有关停，反而还在扩大规模，假冒伪劣和地条钢仍然十分严重，还有一些重点企业新建的生产线和尚未达到设计能力的机组都想尽快达产，如果这种情况得不到控制，明年价格能否维持今年的势头，就成了问题。我来后，不少同志问我，加入WTO后对我们这类钢铁企业有什么影响。我觉得，加入WTO并不可怕，倒是国内市场的竞争将会更趋激烈，对我们的威胁更大。此外，入世后，兄弟行业也会对我们提出更高的要求，如汽车行业。总起来讲，就是要在品种、质量、价格、服务等各方面展开更激烈的竞争。

同时，还要看到，当前宣钢面临的形势同两年前也不一样。一是面临的任务不一样。前两年主要是扭亏，现在是要在扭亏的基础上求发展。这就要求在发展的重大决策上不能有丝毫失误，要求更加重视发挥科技第一生产力的作用；二是面临的外部环境不一样。当前控制总量的要求不会放松，这就要求我们进一步转变观念，并采取切实的行动使企业生产经营实实在在地从数量规模效益型转到品种质量成本效益型的路子上来；三是面临的改革要求也不一样。特别是在减员分流上，前几年，主要是靠提前退休、内退以及一小部分违纪职工的处理上；现在是要打真正的攻坚战，甚至要触动过去的一些骨干，这无论从感情上还是具体措施上，难度会更大，这也要求我们加快发展非钢产业，以及进一步深化改革。

当然，也要看到有利条件。河北唐钢集团的组建，实现了强强联合。有利于宣钢下一步结构调整，但也要看到对限产的影响。

宣钢扭亏的重大成就，提高了宣钢的知名度，这是很难能可贵的一笔无形资产。我们要善于利用。

特别是我们这支队伍，经过这几年的锤炼，变得更有战斗力，更有才干、更有经验了，更能适应市场激烈竞争。

三、坚定信心，在新世纪创造新的业绩

宣钢历史上为我国钢铁工业的发展作出过重大贡献，出矿出铁出人才，马万水工程队至今名扬大江南北。这几年扭亏的实践又使队伍锻炼得更坚强、更英勇善战。面对新的形势，我深信宣钢的各级领导干部和广大职工一定能够克服前进途中的种种困难，取得新的胜利。下面我想从个人的认识对宣钢当前的工作提出几点想法，并结合这些问题，把我所了解到的兄弟企业一些好的做法给大家作些介绍，也许能对大家有所启发和帮助。

（一）在新的形势下，还要进一步转变观念，树立危机感、紧迫感

转变观念不是一劳永逸的事，要根据新形势，不断地转。市场经济的一系列观念要进一步深化。这里就不多讲了。当前，特别要引起我们注意的是，要警惕成功后带来的惰性。

我们取得了如此重大的成绩，我们有理由为此感到自豪。但自豪不等于自满。从你们《宣钢报》上看到，目前在部分干部和职工中，出现了“松口气，歇歇脚”、“指标到顶，潜力挖尽”的思想，认为这两年“干得不错，进步不慢，功劳不小”，今后可以“轻轻松松创水平，舒舒服服拿奖金”了。这种“小进即满”的思想是十分有害的。在今年7月31日职代会的报告中，乔总提出3个坚持，第一个就是坚持“反骄破满”，十分重要。其实这也没有什么奇怪的，水钢也碰到过这种问题。要警惕“3C”（自满、保守、自大三个词的英文字都是C打头）。一是我们**虽然有了很大进步，但横向比，差距仍然不小**。具体指标你们比我清楚，我就不说了。二是宣钢**现有基础仍然相当薄弱**。铁前尚可，但由于种种原因，水平还不高；铁后问题更多。三是**历史的沉重负担还要靠自己来消化**。四是**扭亏以后政策支持力度的减少，几年以后债转股要回购**。而且尽管我们有了很大进步，兄弟企业前进的步伐也不小。一年一个样。“过去想都没敢想的事现在办到了”。比如，300立方米级的高炉系数一半都超过2.5，一大批已经接近或超过3（萍钢、南钢、成钢等）；转炉炉龄三明、莱钢15000～20000炉；在劳动生产率上，兴澄产量增加十几倍，人员保持

3000 人，淮钢人均千吨钢。

乔总提出的第二个坚持就是要克服畏难情绪，坚持挖潜不止。这也是切中时弊的。现在宣钢同两年前的起点大不相同了。过去是从洼地上爬出来，现在是已经登到半山腰，再前进一步都要付出比过去更大的代价。因此部分职工中产生一些畏难情绪是可以理解的。但必须坚持往上爬，否则就会功亏一篑，在激烈的市场竞争中，依然逃脱不了被淘汰出局的命运。

因此，我们仍然必须树立紧迫感、危机感，加强忧患意识，要不断有新的突破，丝毫容不得半点松懈，更不能沾沾自喜。1970 年的世界 500 强，到 1983 年 1/3 已淘汰出局；英特尔总裁格罗夫“惧者生存”，盖茨“微软王国到关门的时间只有 18 个月”、“敌人就是我们自己”都是最好的警示。

如何检验是不是“3C”？三明欧阳同志提出了 3 条标准：一是能不能找出自己的问题，发现问题就是解决问题的一半。水钢一轧“变看得惯为看不惯”；二是能不能看到人家的长处；三是找到找不到自己继续前进的突破口。总之，我们必须战胜自我，超越自我。

（二）树立新的发展观

十五届五中全会明确提出，“十五”期间，必须把发展作为主题。并强调指出，发展是硬道理，是解决中国所有问题的关键。那么，钢铁工业又将以什么样的姿态唱好这首主题曲，奏好这一主旋律呢？我认为，关键就是要适应新的形势，树立新的发展观。

首先，**要转变把发展和数量增长等同起来的旧观念，树立“以结构调整为主线”新的发展观。**由于长期处在短缺经济的情况下，相当一部分同志习惯地把发展和数量上的增长等同起来，这种观念，在今天新的历史时期显然不适应了。在当前钢铁工业出现结构性供大于求的情况下，钢铁工业的发展，必须按照十五届五中全会公报中所指出的，“把结构调整作为主线”。要清醒地认识到，当前，不调整就不能前进，不调整就不能健康发展。当然，对宣钢来说，没有一定的数量，就不会有效益。我们首先要把单位设备的产能发挥到最大限度。但今后的发展必须遵循这一方针。目前，宣钢的产品恰好是在结构性矛盾范围之内。因此，只在“大”字上作文章，不一定能在激烈的生存竞争中多占份额，必须要为人之所不能为，扩大市场急需的品种，提高产品质量、降低成本。在做强做精的同时，根据市场的情况，适当做大。

其次，**要把企业组织结构调整列入重要议事日程上来，在改组基础上搞好企业的技术改造，以求得更高层次和更健康、快速地发展。**像宣钢这样的企业，单靠自己做大，没有太多的前景。要通过组建大舰队，才能在市场中争得更好的优势地位。当前，唐钢集团的组建是一个大好的机遇。要充分利用这一机遇，正确处理好各种矛盾，在改组的基础上明确自己的定位。上海宝钢集团的组建时，双方都对这一联合不无疑虑，但两年来的实践却使大家心悦诚服地感到，这条路是走对了。因此，我们必须顺应潮流，加快企业组织结构调整的步伐，使之在“十五”期间有新的突破。

第三，**既要立足钢铁，又要跳出钢铁谈发展。**对钢铁企业来讲，钢铁这一主业千万不能丢，这是我们生存之本，发展之基，也是我们为国家进一步作出贡献的根据地。但是，我们也必须清醒地认识到，今后我国钢铁工业的发展，在数量上是有一定限度的，300 多万名钢铁职工围绕着一亿多吨钢铁转，是无法同国际上一些先进企业抗衡的。而且，随着钢铁企业现代化改造的进展，钢铁主体人员不断减少是不可逆转的大趋势。因此，“十五”期间，必须使钢铁工业的劳动生产率有一个明显的提高。无论是为了提高钢铁企业的整体效益，还是安置好现有职工，稳定社会秩序，都必须要把发展非钢产业放在重要议程上来。宣钢在这方面已经有了考虑，准备在三四年内把非钢产业的比重从现在的8%提高到35%。当前，要加强领导，搞好初步规划，努力促其实现。

（三）强化创新意识，努力建立有利于创新的种种机制

创新的重要性。如熊彼得：“企业家的本质是创新”；土光敏夫：“变化是企业的本质，我们需要的，正是那种先于变化并创造变化的企业”；美国3M公司“无论是现在还是将来，竞争优势的秘密是创新”；浦项“资源有限，创意无限”。在知识经济时代，创新就更为重要。不仅是大吃小，而且是快吃慢。

创新要体现在方方面面。重点讲几点。

一是体制创新。十五届五中全会指出，“必须把体制创新摆在突出地位”。大的方面企业自身无能为力，但在企业内部，还是可以有所作为的。总的方向是要从单一的国有制推向以公有制为主的多种所有制并存。宣钢租赁贾管，一些子公司的改革等有了成效，还要加强力度。重钢股份合作制的经验，新余小厂的改制，遵义食堂的承包，贵钢澡堂的承包，下陆车队的变卖等。

二是三项制度的创新。特别是分配制度的改革，对调动广大职工积极性、促进生产力的发展作用极大。萍钢高炉系数的突破靠改革，水钢二轧花钱买指标。结合“末位淘汰制”，将激励机制和约束机制更好地结合起来。谈对下岗分流的认识，不要光强调特殊性，关键是要进行探索。

三是管理创新。一方面管理的基本原则，从严治厂不能变；另一方面，在具体的做法上要适应新形势。管理是永恒的主题，但永恒的主题绝不是一成不变。永恒不等于凝固。没有进步，就没有永恒。时代在变，形势在变，管理必须要适应这些变化，以变应变，不断发展，不断创新。像集团公司的组建，电脑的应用都已经对企业的管理提出了新的要求，今后互联网的发展对企业各方面的管理都将发生更大的影响。但对管理创新，也不要把它看得神秘化。水钢二轧“干部离线检验法”，“生产总值班制（即代理厂长制）”等都是很好的经验。

四是科技创新。十五届五中全会很强调这一点。主要也是指科技体制的创新。特别是面临知识经济时代的到来，知识的作用越来越重要，要建立起有利于科技进步的机制，形成有利于科技进步的氛围，要结合企业的实际，研究向科技这个第一生产力倾斜的奖励政策和激励机制，要打破论资排辈的思维定势，使年轻的科技人员能脱颖而出。至于在技术进步上，一方面要搞好重大技术改造项目的决策；另一方面要充分发动并引导群众性的技术革新活动，“小改小革的积累是创一流的前提”，要加强这方面的领导力度。在经济欠发达地区，还会碰到人才外流问题。一要用好现有人才，二要善于借“外智”；三是产学研结合。

要搞好创新，首先在于领导。其次带头，号召，引导；第三以身作则。

（四）加强企业文化建设，自觉塑造宣钢人的新形象

在扭亏增盈的伟大实践中，宣钢的企业文化建设也在发展。我觉得还要更好地提炼，使之真正成为新的历史时期推动宣钢前进的强有力的精神力量。企业文化是企业全体职工

共同认同的企业核心价值观念，是一种共同的理念。这种观念一旦形成，就会成为职工自觉的行为准则，形成强大的凝聚力。所以企业文化是形虚而实实。像宣钢艰苦奋斗的精神，就是在几十年的生产建设实践中形成的，但在新时期，还要充实新的内容，赋予新的内涵。

企业精神不是哪个“秀才”编出来的，什么时髦，响亮，用什么；而是要源于实践，高于实践，最后又反过来指导实践。法尔胜的企业文化，是他们善于把成功的经验、甚至挫折的教训提炼成富有哲理意义的警句，并且通过各种形式，在全公司范围内广为宣传，激励全体员工共同奋斗。

（五）谈一谈班子建设问题，要以班子建设带动队伍建设

只讲这几年自己接触企业较深的几点印象。

一是带头转变观念。很难设想，自己满脑子计划经济思想，能带领好群众走市场经济之路的；自己老是眼睛向上，能带领职工走自力更生之路的。

二是领导个人的魅力。萍钢变化的起点是新班子的约法三章；比如三明的欧阳同志，职工说“感谢省委给我们派来好厂长，老区人民给我们送来好干部”；水钢职工建议，每人每月要捐10元，奖朱继民；凌源高益荣同志的“集中权力分散化，隐蔽权力公开化”。这些同志的共同特点是有奉献精神，严于律己，团结同志，敢抓敢管，善于学习，思路开阔。

三是班子内部要善于沟通，理解。现在，一般来说，班子闹不团结的是少数，但真能做到既能开展不同意见的争论，又都能以大局为重，相互理解，密切配合的也不是大多数。有家企业这两年变化很大，我问公司的老总，前几年是你，这几年还是你，为什么却有这样大的变化。他的回答：就是班子的配合问题。

四是要勤于学习。企业领导水平来自何处。首先是实践—总结—提高；其次是学习—借鉴—提高。特别是目前形势变化很快，不学习，就不能适应。

这次来宣钢，时间不算太短，但实际工作时间也只有5天，了解不可能深透，不当之处在所难免，请大家谅解。

目前，宣钢正处于攀登新的高峰的关键时刻，前面的路程会有不少艰辛，但前景将是光明的。我深信，宣钢的广大干部和职工，一定能以自己的聪明才智和艰苦的努力，在新的挑战面前，团结一致，奋勇拼搏，坚持改革，坚持创新，实现新的突破，以新的面貌进入新世纪。宣钢的明天一定会比今天更美好！

发扬光荣传统　夺取新的胜利

——在马钢干部会议上的讲话提纲

2000 年 11 月 20 日

这次来马钢，是应顾总的邀请做些调查咨询。顾总已经约我多次，始终没能成行，主要是前几年，我较多精力是放在亏损企业，近 5 年来，每年有 5 个月的时间在这些企业。这些企业，除了几个特钢企业外，都是过去的地方骨干企业，而马钢既不亏损（1998 年由于提取坏账准备金，出现了账面亏损），又是特大型企业，这几年我在亏损企业帮助工作取得的一些经验能否对马钢有借鉴，自己也没有把握，所以就一再推迟。但顾总一而再、再而三地邀请，盛情难却。而且，过去地方骨干企业里的一些亏损大户，目前除了还有 2 个仍旧亏损外，其他都已实打实地扭亏。因此从 1999 年下半年起，我也到一些先进企业做些调查，希望学习他们的一些好经验，帮助这些已经扭亏的企业更上一层楼。正是出于这种考虑，我来到了马钢，一是学习马钢的一些好经验，二是也将这几年兄弟企业的一些经验向马钢的同志做些介绍，也许会对大家有所启发和帮助。

我是 11 日下午从合钢到这里的。连头带尾到今天已是第 10 天了。在顾总、昌逑、让民、鉴钢、大鹏等公司领导的精心安排下，给我创造了很好的工作条件。12 日开始工作，把今年全年的《马钢日报》翻了一遍，看了顾董事长和顾书记在这两年党代会和职代会的报告，以及调研室提供的一批资料；要了近几年各项主要技术经济指标的变化表，股份公司的年报；先后到二厂区、三厂区的 11 个主要生产厂以及盆山度假村看了看；还召开了 8 个座谈会。通过这些活动，加深了对马钢的了解，对马钢这几年的变化和取得的成绩有了更深切的认识。但毕竟我个人的水平有限，要在这样短的时间里对马钢的历史和当前的全局情况能够正确地把握，实在是力不胜任。但我确实是尽自己之所能，在学习马钢好经验的同时，希望能对马钢当前的工作能有所帮助。下面我想谈 3 个问题，供大家参考。不当之处，请各位批评、指正。

一、谈谈来马钢这几天的感受

马钢，我来过多次，也有几次做过一些调查，对马钢多少有些了解，这次来，印象更深刻。特别是前几年，在钢铁工业的宏观环境不利的情况下，马钢在公司党政班子的正确领导下，广大职工克服种种困难，取得了重大的成绩。这些，在你们职代会和党代会的报告中，都作了全面的、实事求是的介绍和分析，我在这里就不重复了。我只想就我这次感受最深的，讲几点看法。

（1）马钢是一个有光荣历史的企业，她的光荣传统正在发扬光大。马钢从新中国成立初期，在饱受日伪破坏的一家小铁厂的废墟上，到今天形成 400 万吨铁钢材综合能力的特大型钢铁企业，在 50 年的光辉历程中，马钢人以其辛勤的劳动和聪明才智谱写了中国钢铁史上的若干个第一。20世纪60年代，是马钢建成了中国第一个车轮轮箍厂，结束了我国依靠“洋车轮、洋轮箍”的历史，使我国的火车穿上了中国自己生产的“鞋子”；是马钢创造的“三清、四无、五不漏、规格化、一条线”的文明生产经验，被誉为“江南一枝花”，传遍大江南北；改革开放初期，是马钢领导以“1234”坚韧不拔的精神，建成了我国第一套高速线材轧机；90年代，又建起了我国第一套大H型钢生产线；在此期间，又成功地进行了股份制改组，是我国钢铁行业里第一家发行H股的国际上市公司。应该看到，这几个第一，并不是轻而易举地就可以得来的。其中，有困难、有挫折，但最终都取得了成功。这里饱含着马钢几代人的心血，是马钢几代人奋勇拼搏的成果。可以说，这几个第一，充分反映了马钢人敢为人先的思想境界，勇于创新的精神状态，执着追求的精神风貌。这次到现场，感到“江南一枝花”的风貌正在得到发扬光大，厂容厂貌整洁有序，特别是二厂区的二铁厂等几个老厂，印象更为突出。尽管也有一些不尽如人意的地方，但我相信，马钢人一定会十分珍惜这份光荣，并在实践中，发扬这些光荣传统，在新的历史时期，以自己的行动和新的业绩继续谱写马钢的光荣历史。

（2）马钢在新的历史时期，以思想为先导，大力抓好解放思想、转变观念的工作。这几年，马钢公司领导狠抓各级干部和广大职工思想观念的转变，取得了较好的成效。特别是1997年8月，公司党委以特约评论员的名义，在《马钢日报》上连续发表了5篇“我们的生存空间还有多大”的系列文章，尖锐地指出当前影响马钢生存、发展的几个重大问题，剖析了马钢职工存在的几个认识上的误区，拉开了第三次思想大解放的帷幕。以后，公司领导的几次报告中，又反复强调观念转变的问题，而且明确指出“解放思想的重点是马钢两级班子”，不断引导这一工作向纵深发展。对转变观念的重要性，这几年我在企业调查咨询、帮助工作中，有十分深刻的体会。像水钢、三明等一些企业在短时间里有了明显的变化，就充分说明了这一点。在我写的“扭亏十谈”中，关键是两篇，一篇是“千条万条，转变观念是第一条”，另一篇是“关键在于一把手”，这两篇也有联系，可以说，首先在于一把手的观念转变。马钢的经历同样证明了这一点。比如说，我从你们的报上看到，过去生产销售情况不好时，就互相推诿。销售部门怪产品质量不好，轧钢厂就说是炼钢的问题，炼钢就推给炼铁，炼铁就往烧结、焦化身上推，烧结焦化就怪罪于原料质量差，原料部门则说，财务不给钱，我怎么去采购好原料；财务部门说，你销售拿不回钱来，我又拿什么给物资供应部门。于是，这样周而复始，形成了怪圈。现在，从眼睛向外，到立足自身，就突破了这一怪圈，货币回笼率有了明显提高，达到了92.3%，高于行业平均水平近10个百分点。在和基层以及机关部室座谈时，看到不少这方面的好典型，像二轧从3年前一个亏损严重、几乎要停产的厂子，到现在他们生产的3个系列产品全部都获得了“金杯奖”，跻身于同行业的第一集团；设备部以新的观念指导行动，使设备故障时间比1997年减少一半，各单位无故障月的时间则稳步上升；盆山度假村的建立同样是思想观念转变的产物。他们充分利用农场的房屋设施，以2万元起家办起了跑马场，40天把养牛蛙的场地改建成卡丁车场，7天将养鸡房改造成一栋客房，以少量的资金、在较短的时间里开发出各种吸引游客的旅游项目，成为一个旅游景点。这种事例还有不少，我不一一列举了。当然，观念转变不是一劳永逸的，随着形势的变化，观念转变的工作要不断地深入开展下去。

（3）全方位、全员性的节能降耗、降低成本工作，取得重大成效。这次来马钢，有两个数字引起我的重视。一是吨钢综合能耗从“九五”期初的1.445吨标煤降到现在的0.990吨，下降率达到31.49%，累计价值为6.5亿元，同期能源费用占制造成本比例由33.13%降到20.88%；一是连续3年产品成本以较大幅度下降，可比产品成本降低率均好于行业平均水平，1998年比1997年降低9.72%，1999年又比1998年下降7.13%，今年1~10月同比又下降8.21%。这一成绩的取得，来之不易，是公司全体上上下下共同努力的结果。从采购、生产到销售，从生产、科技到管理，从主体到辅助子公司，从决策层、管理层到操作层，都在各自的岗位上为降本增效而作出自己应有的贡献。公司领导果断地淘汰了一批能耗高、生产成本高的落后设备；加强了投资管理，整顿了联营单位，堵塞了漏洞，减少了亏损，还纠正了不正之风；坚决贯彻不给钱不发货的方针，既盘活了资金，还降低了采购费用；在采购供应方面，实行了比价采购、招标采购等多种规范化的方法，降低了采购成本；在生产环节上，各种主要技术经济指标都有明显进步，诸如入炉焦比、转炉钢铁料消耗、连铸比、综合成材率，转炉炉龄接近一万炉，二铁厂10月份4座高炉利用系数都超过或接近2.6。这些，我就不一一说了。

（4）结构调整取得可喜的进展。这几年，马钢在调整结构上是下了大工夫的，果断地淘汰了一大批落后的生产能力，包括5座小高炉、5台小烧结机、1座平炉、3台小电炉、2台小轧钢生产线、9座铁合金小电炉，基本上淘汰了模铸工艺，连铸比达到94%以上，精炼比接近了60%，完全取消了两火成材。在新产品开发上也有较大进展，可以说，是一个多快好省的典型。

当然，马钢这些年的成绩远不止这些，我只是就我来后几天感受最深的谈谈以上几点看法。

二、简要地分析一下当前马钢面临的形势

当前，国际经济大环境应该说对钢铁工业是有利的。在经历了亚洲金融危机之后，世界经济从1999年恢复增长，2000年继续呈现稳步增长的势头，预计这种增长势头有可能持续一段时间。经济的增长带动了对钢材的需求，预计明年钢材消费水平不会低于今年。

从国内经济形势来看，进入2000年以来，我国宏观经济出现趋好的重要变化，初步摆脱了前几年持续减速运行的局面，呈现逐步回升的新趋势，预计今年GDP增长率可达到8.0%。据国家计委研究分析，明年国民经济将继续保持高速增长，GDP增长率还将超过今年。据此，预测明年我国钢材消费量约为13500万~14000万吨，比今年略有提高。但是，我们也要清醒地看到，当前形势还有十分严峻的一面。

第一，明年钢材价格走势，初步分析，将是稳中有降。板材价格下降，主要来自国际竞争，世界板材生产能力过剩，特别是一些高附加值产品生产能力远远大于全球需要，如不锈钢、镀锡板、镀锌板的设备开工率只有40%~70%，使得国际上高附加值产品的竞争白热化。同时，国内几条新建和改造的板材机组，也将陆续投产和达产，预计明年国产板材将增产400万吨左右。因此，板材的价格不可乐观。至于长材价格的下降趋势，则主要来自国内竞争。生产能力过剩，总量能否控制得住，还是一个问题。大厂限产，部分地区小企业不仅没有关停，反而还在扩大规模，假冒伪劣和地条钢仍然十分严重，还有一些重点企业新建的生产线和尚未达到设计能力的机组都想尽快达产。在11月初局里召开的“钢铁生产经营形势分析座谈会”上，出席的40多家企业自报的明年生产计划，钢产量要

比今年增长1560万吨，如果把72家重点统计的钢铁企业都考虑进去，估计要增长1800万吨，再将一些小厂计算在内，至少要增长2000万吨。如果这种情况得不到控制，明年价格肯定还会下降，钢铁企业的形势将会更加严峻。因此，我认为，马钢也要作两手准备，一方面是尽可能发挥现有设备的能力，扩大产量，并积极开拓国际市场；另一方面，要准备在限产的条件下，把力气花在调整产品结构上，通过增加和开发市场需要的高附加值产品，来达到增效的目的。有人问我，加入WTO后，对我国的钢铁工业到底有多大影响。我觉得，加入WTO并不可怕，倒是国内市场的竞争将会更趋激烈，对我们的威胁更大。此外，入世后，兄弟行业也会对我们提出更高的要求，如汽车行业。总体来讲，就是要在品种、质量、价格、服务等各方面展开更激烈的竞争。

第二，从大环境上，明年还会有新的不利因素。随着石油价格的居高不下，其他能源、运输价格以及原材料价格也会上扬，医疗、保险制度的改革，也会使企业增加支出，明年国家公务员还要涨工资，将带动企业增加工资的支出。一方面，钢材售价会有所下降，另一方面上游产品等价格又会上扬，因此，明年降低成本的压力会更大，我们必须适应这一新形势，进一步加大降低成本的力度。否则，再次陷入困境的局面也不是不可能的。

第三，要看到不少兄弟企业近两年都有长足的进步。特别是过去条件比我们差、亏损十分严重的企业，现在都有了明显的进步。对各企业的一些技术经济指标，前几天你们请来的专家咨询组已经作了比较详尽的介绍，我不细说了。我只就亲自接触到的一些亏损企业的变化情况，向大家作一介绍。像江西南钢，顾总亲自带队去考察过，其指标进步之快，扭亏力度之大，考核之严，你们可能已在公司调研室主办的《调查研究》刊物上看到了。他们的高炉利用系数已经超过3。说到高炉，过去300立方米的高炉，全国都向马钢学习，邯钢就曾三学马钢，但现在，全国已有一大批这一类型的高炉，利用系数超过3，像萍钢、南钢、三明、安阳等。当然，系数指标不能代表一切，但过去，萍钢、南钢这类企业系数只有1.5、1.6，现在，却有这样好的业绩，确实惊人。这类事例，还有很多。“过去想都不敢想的事，现在却做到了”。我再介绍一下水钢、宣钢这两个特困户的情况。水钢1996年时的情况，高炉利用系数0.98，风口全年损坏367个，炼钢钢铁料消耗1317千克，账面亏损2.09亿元；现在，高炉利用系数接近2，入炉焦比降到420千克，喷煤102千克，钢铁料消耗1077千克，转炉炉衬寿命在没有溅渣护炉的情况下，达到了近万炉，1~9月生铁的累计成本低于850元，钢坯成本低于1200元，线材、螺纹钢的平均成本都低于1400元，在将折旧从去年的4.6%提高到7.6%的基础上，实现利润7660万元。还有，像宣钢，他们的困难比水钢还大，条件也更差，结构很不合理，矿山的特殊负担，累计亏损超过10亿元，1.8亿元的集资，13个月欠发工资，但现在他们已经实打实地扭亏，连年成本降低率接近或超过10%，还还清了1.8亿元集资的本金，逐步偿还了欠发工资。近两年，靠自己积累的资金，投入2亿多元搞技改，其进步之快，令人钦佩。

第四，还要看到我们自身的弱点。虽然马钢的进步不小，但我们的基础并不牢固，经不起大的风吹浪打。特别是这几年我们的改革步伐比较缓慢，减员分流的力度还不够大，工资成本占到总成本的18%以上，这在行业中是很少见的。剥离后的子公司有些还缺乏自立自强的意识，加重了母公司的负担。在考核上，既有不够科学合理之处，也有不认真严格之处。一些管理工作还不尽如人意，科技进步的力度还较小，这些都导致成本高，各项技术经济指标尚不够理想，在激烈的市场竞争中缺乏优势。

当然，还要看到有利条件，最主要的是在生产经营的实践中，锤炼了队伍，丰富了经验，增强了信心。

三、对马钢当前工作提几点想法，希望马钢以新的观念、新的业绩迎接新的世纪

下面我想谈谈对马钢当前的工作的几点想法，并结合这些问题，把我所了解到的兄弟企业一些好的做法给大家作一些介绍，也许对大家会有所启发和帮助。

（1）在新的形势下，还要进一步转变观念，树立危机感、紧迫感。转变观念不是一劳永逸的事，要根据新形势，不断地转。市场经济的一系列观念要进一步深化，这不是光停留在口头上，而是要落实到机制的转换上，工作的改进上。我只想举一个例子，水钢螺纹钢的包装。因此，转变观念必须要联系实际，绝不能空对空。至于一些具体的观念，我想结合下面谈到的几个问题再说。当前特别要引起我们注意的是，要警惕三种情绪。

一是自满情绪。我们取得了很大的成绩，我们有理由为此感到自豪，但自豪不等于自满。公司领导多次在各种会议上，提出了反骄破满的问题，这非常及时，非常必要。骄傲自满情况的出现并不奇怪，甚至可以说有其必然性。水钢也碰到过这种问题，美国兰德公司曾对一批有成就的大企业做过调查，发现都曾出现过“3C”（自满、保守、自大3个词的英文都是C打头）的现象。马钢是全国特大型钢铁企业，是十大钢之一。近几年，工作确实有起色，有些指标在行业里还名列前茅，在一些企业欠发工资或不能按期发放工资的情况下，马钢却不欠不拖，各种报刊上可以经常看到马钢的经验报道，上级表扬，电台有声，电视有影，报刊有文，于是有些干部和职工感到差不多了，小变即安，小进即满。看不到在激烈的市场竞争中，不仅是不进则退，进得慢也会被淘汰。现在的时代不仅是大吃小，而且是快吃慢。因此，要警惕“3C”。**二是畏难情绪。**马钢各项指标搞到这个程度，是花了不少心血的。再前进，难度会更大。现在同两年前的起点大不相同了，过去起点低，往上爬相对来说，还容易些，现在已经超过半山腰，再前进一步都要付出比过去更大的代价。因此，部分职工中认为潜力挖尽，产生一些畏难情绪，是可以理解的。但必须坚持往上爬，否则就会功亏一篑，在激烈的市场竞争中，依然逃脱不了被淘汰出局的命运。宣钢的“月月拧”，萍钢的“鞭打快牛”，安阳的“挑战极限”，都说明了潜力确实是存在的。因此，必须破除“潜力挖尽、指标到顶”的思想观念，并且改进挖潜的方法，要更多地加大科技的含量。**三是埋怨情绪。**特别是当挖潜的难度增加时，这种情绪容易滋生。埋怨自己的环境不如人家好，政策不如人家优惠，而对别人的成绩和先进经验，总认为是人家客观环境好，外部条件好，上级给的政策好，看不到兄弟单位超常的努力，也不能认真地找出自己的差距和不足，结果是自觉不自觉地把兄弟企业的好经验拒之于门外，放松自己的努力。这些，都是在新形势下，“等靠要”、“外因论”、“唯条件论”等旧思想以新的形式出现。应该承认，不同企业由于所处的地理环境和行政区域的不同，在自然资源和外部政策等方面确实不尽一致，但有些问题不是我们主观努力、至少不是很快能改变的，我们的着力点只能是放在自身的基点上，更不能以此为借口，而放松自己的努力。无论是上述哪种情绪，只能松懈斗志，我们必须时刻加以警惕。1995年三明例；海尔“遇到问题找方法将是一个成功者，遇到问题找借口注定是个失败者”；萍钢的“宁做快牛挨鞭打，

不做慢牛被淘汰”；宣钢“不找领导找先进”都值得我们借鉴与学习。

特别是在当前市场竞争日趋激烈的情况下，我们必须不断有新的突破，丝毫容不得半点松懈，更不能沾沾自喜。因此，我们仍然要树立紧迫感、危机感，加强忧患意识。1970年世界500强，到1983年1/3被淘汰出局；比如英特尔总裁格罗夫“惧者生存”，盖茨“微软王国到关门的时间只有18个月”。“敌人就是我们自己”，更不要做“温水里的青蛙”。

如何检验不是“3C”？三明欧阳提出3条：能不能找出自己的问题，发现问题就是解决问题的一半。水钢一轧“变看得惯为看不惯”；能不能看到人家的长处；找到找不到自己继续前进的突破口。总之，我们必须战胜自我，超越自我。

（2）树立新的发展观。十五届五中全会明确提出，“十五”期间，必须把发展作为主题，并强调指出，发展是硬道理，是解决中国所有问题的关键。那么，钢铁工业又将以什么样的姿态唱好这首主题曲，奏好这一主旋律呢？我认为，关键就是要适应新的形势，树立新的发展观。

首先，要转变把发展和数量增长等同起来的旧观念，树立“以结构调整为主线”新的发展观。由于长期处在短缺经济的情况下，相当一部分同志习惯地把发展和数量上的增长等同起来，这种观念，在今天新的历史时期显然不适应了。在当前钢铁工业出现结构性供大于求的情况下，钢铁工业的发展，必须按照十五届五中全会公报中所指出的，“把结构调整作为主线”。在这方面，马钢做了大量工作，并且准备在“十五”期间进一步调整产品结构，这一方案，得到了各方面的支持。当前，是要做好各项前期工作，并在今后的实践中，力争以最少的资金取得最大的效益。除此之外，对现有设备，也要按照“短平快”的原则，进行必要的改造，使之能开发出适应市场需要的新产品。当然，产品结构的调整，不完全是技术装备的问题，这些年，不少钢铁企业引进了一大批国际一流的设备，但相当一部分并没有拿出世界一流的产品。其中的经验教训，值得我们认真总结，加以改进。你们二轧也从另一侧面说明了问题，他们的装备赶不上几个新厂，但他们却以其高人一筹的质量赢得了市场的青睐，“要槽钢，找马钢”，价格也比兄弟厂高一些。因此，对马钢来说，必须要使自己的几种拳头产品，特别是三厂区的产品成为市场认可的精品，把马钢建设成精品基地，这样才能立于不败之地。还要强调的是，调整结构对当前马钢的现实意义。去年，国家冶金局提出12字方针：“控制总量，调整结构，增加效益”；今年，考虑改为“调整结构，压缩长线，增加效益”。这就是说，只对长线产品进行控制，对一些市场紧缺的产品，像镀锡板、镀锌板、冷轧硅钢片、不锈钢等放开生产，你们的H型钢是否可以争取列入放开生产的范围，当然，这要在开拓市场上下大工夫。如果这一条实现了，再加上新增的出口钢材仍然不在控制总量范围内，明年，马钢就可以实现你们的增产计划。

其次，既要立足钢铁，又要跳出钢铁谈发展。对钢铁企业来讲，钢铁这一主业千万不能丢，这是我们生存之本，发展之基，也是我们为国家进一步作出贡献的根据地。但是，我们也必须清醒地认识到，今后我国钢铁工业的发展，在数量上是有一定限度的，200多万名钢铁职工围绕着一亿多吨钢铁转，是无法同国际上一些先进企业抗衡的；而且随着钢铁企业现代化改造的进展，钢铁主体人员不断减少是不可逆转的大趋势。因此，“十五”期间，必须使钢铁工业的劳动生产率有一个明显的提高。无论是为了提高钢铁企业的整体效益，还是安置好现有职工，稳定社会秩序，都必须要把发展非钢产业放在重要议程上来。马钢对此已经作出了安排，成立了以顾章根书记为组长的非钢产业发展领导小组，并力争在5年内使非钢收入占集团总销售收入的30%以上。非钢产业的发展，也要从国情、厂情出发，既要用一定的投入，建立有良好前景的新的经济增长点，也要搞好一批劳动密集型的产业。当前，要对现有的和准备剥离出来的子、分公司加强领导，并给予必要的政策扶持，使他们能尽快自负盈亏。这些单位，也不要坐等公司帮助，自己也要采取积极态度，在为马钢服务的同时，更多地向外拓展市场，你们有的建设公司近两年在这方面已经有了一个好的开端，坚持下去，总会走出一条路来的。新余、水钢例，水钢的钢城公司例。

第三，要把企业组织结构调整列入议事日程，在改组基础上搞好企业的技术改造，以求得更高层次和更健康、快速地发展。要通过组建大舰队，才能在市场中争得更好的优势地位。要在改组的基础上搞好改造。今后几年内，国际上将形成10个大钢铁集团，产量占世界总产量的一半以上，中国也必须走这一条路。上海宝钢集团组建时，双方都对这一联合不无疑虑，但两年来的实践却使大家心悦诚服地感到，这条路是走对了。因此，我们必须顺应潮流，加快企业组织结构调整的步伐，使之在“十五”期间有新的突破。

（3）深化企业内部改革，特别是要搞好分配制度、劳动人事制度的改革，推进减员分流。公司提出，在改革方面，重点要开展四项工作：一是有计划、有步骤地推进减员分流；二是进一步活化激励机制；三是实施资产重组；四是按扁平化原则，调整公司组织机构。这几点，我认为是抓到了要害，我只想做一些补充。

对分配制度的改革，我在《马钢日报》上看到，公司正在准备作进一步的改革，特别是在调查座谈中，看到不少生产厂矿都在探索改革分配制度，加大了活工资（含奖金）的比重，拉开了档次，既鼓励了先进，也鞭策了落后，促进了生产的发展和效益的提高。但是，在座谈中，反映最强烈的还是这方面的问题。归纳起来，一是现行的40%封顶的做法不利于调动积极性，助长了单位和个人“留一手”，妨碍了更多潜力及早挖掘出来；二是一些考核指标不利于产品结构的调整，不利于整体效益的提高；三是对二级厂矿的考核指标过于繁琐，不利于二级厂矿领导发挥其主观能动性和创造性。解决这些问题，我觉得，一是是否可以请机关部室和二级单位的同志共同就若干原则问题进行商讨，确定几条大家认可的原则；二是在考核指标上，有些需要进一步细化，比如对不同品种规格的产品制定不同的系数；三是在观念上要进一步清除平均主义、大锅饭的影响，要允许一部分人先富起来，并以此来奖励先进，带动落后。现在这样的政策，出不来销售状元。比如萍钢30%与70%的关系，高炉指标的大幅度改进的事例，水钢花钱买指标的事例。

在实施激励机制的同时，必须有约束机制相配套。现在很多企业都推行“末位淘汰制”，取得了很好的成效，水钢炼钢厂例。马钢在这方面步伐较慢，特别是对处级干部，几乎是铁饭碗。组织人事部给我提供的1999年和2000年处级干部的变动情况表中，只有平调和退居二线的，后者都是50~60岁年龄阶段的，没有一个因为工作不胜任而免职的。科级干部，1999年到有130人因职数限制或考核不称职而免职的。现在这种做法，使人感到，只要升到处级，就可以“终身制”了。我觉得，对干部，越是级别高的，越要从严，否则不仅无以服众，也会使这些干部所分管的工作受到影响，还会挫伤一些干部的积极性。

在减员分流方面，马钢也做了不少工作，有了一定的进展。但相对来说，力度不大。在座谈中，一个比较普遍的论调是，“马鞍山就是靠马钢建市的，马钢减员人往哪里去？”应该承认，马钢的区域位置，对马钢减员是有较大难度。但类似马钢的情况，还有很多钢铁企业，如新余职工及家属占新余城镇人口的一半，水钢就更不用说了。过去他们也是强调减员没法安置人员，迟迟按兵不动，“背着抱着一样沉”，“猪八戒啃猪蹄，自啃自”，水钢因此而受到朱镕基总理的严肃批评，但现在不也做出了成绩吗。在大城市的企业，则强调“大城市三产发达，减员后无处可去”，事实上，观念不同，效果不一。重钢和重特，过去的南昌和洪就都是鲜明的对比。关键是要去实践，在实践中摸索经验，闯出路子。还要破除一种观念，认为减员就会引起社会不稳定。我们当然要努力保持社会稳定，但要追求的是积极的稳定，而不是消极的稳定。过多的人员，也会造成生产的不稳定，而且企业也难以承受如此多的冗员，马钢的工资成本已经高达18%以上，再不下大力气减员，稍有风吹草动，又将陷入亏损境地。这个问题，公司已经引起重视，希望各级干部都能积极配合，明年在这方面有较大的进展。

（4）强化创新意识，努力建立有利于创新的种种机制。十五届五中全会提出，要实现“十五”计划，必须把改革开放和科技进步作为动力，还特别强调了“推动经济发展和结构调整必须依靠体制创新和科技创新”。刚才讲的改革问题，实际上也是一种创新，所以单独列出来讲，是因为这个问题对当前马钢有特殊重要的意义。为什么这样强调创新，因为当今世界，是一个激烈变革的时代，是一个科学技术日新月异的时代，无论是作为个人，还是一个企业、一个国家，谁不重视创新，谁就会落后，甚至被淘汰出局，开除球籍。江泽民同志说过，“创新是一个民族进步的灵魂”；熊彼得：“企业家的本质是创新”；土光敏夫：“变化是企业的本质，我们需要的，正是那种先于变化并创造变化的企业”；美国3M公司“无论是现在还是将来，竞争优势的秘密是创新”；浦项“资源有限，创意无限”。在知识经济时代，创新就更为重要。

创新要体现在方方面面，重点讲几点。

一是体制创新。十五届五中全会指出，“必须把体制创新摆在突出地位”。大的方面企业自身无能为力，但在企业内部，还是可以有所作为的。总的方向是要从单一的国有制推向以公有制为主的多种所有制并存。听说，你们已经有了一些考虑，要在实践中继续进行探索。这里我想介绍一些兄弟企业的事例，供大家参考。宣钢建安公司例，重钢股份合作制的经验，新余小厂的改制，遵义食堂的承包，贵钢澡堂的承包，下陆车队的变卖等。

二是管理创新。一方面管理的基本原则，从严治厂不能变。学邯钢有的企业效果好，有的就不好，原因是多方面的，其中一个就是严不起来。我曾归纳过学邯钢的4种不良现象，“别别扭扭学邯钢，舒舒服服学邯钢，大大咧咧学邯钢，软软绵绵学邯钢”，这些，实际上都是不严的表现。特别是在考核上，既要坚持科学性，更要强调一把手的决心和班子的齐心，不要曲解“制度无情，操作有情”；另一方面，在具体的做法上要适应新形势。管理是永恒的主题，但永恒的主题绝不是一成不变，永恒不等于凝固。没有进步，就没有永恒。时代在变，形势在变，管理必须要适应这些变化，以变应变，不断发展，不断创新。像集团公司的组建，电脑的应用都已经对企业的管理提出了新的要求，今后互联网的发展对企业各方面的管理都将发生更大的影响。你们的MIS系统在冶金行业里可能是除了宝钢之外，最早建立的，明天就要通过国家鉴定，它的建立已经对马钢一些部门管理工作的改革起到了很好的推动作用，对今后按扁平化原则进行组织结构的调整提供了保证手段。希望你们能够抓紧完善，在全行业中起到带头示范作用。但是，也要看到，MIS 系统的建立同旧的管理思想、管理方法，以及原有各部门的权力机制都将发生冲撞，如果要维持原有的不变，那么，这个花了四五千万元建起来的、体现现代科学技术的新事物就不可能发挥其应有的作用。因此，对 MIS 系统的情况和问题，建议公司主要领导能亲自过问，促进这一新事物能顺利成长。对管理创新，也不要把它看得神秘化。水钢二轧“干部离线检验法”，“生产总值班制（即代理厂长制）”。

三是科技创新。十五届五中全会很强调这一点，主要是指科技体制的创新。特别是面临知识经济时代的到来，知识的作用越来越重要，要建立起有利于科技进步的机制，形成有利于科技进步的氛围，要结合企业的实际，研究向科技这个第一生产力倾斜的奖励政策和激励机制，有的企业把原先 h 型的工资制度改变为 H 型，效果很好，还要打破论资排辈的思维定势，使年轻的科技人员能脱颖而出。这一方面，你们也已有了一些考虑。至于在技术进步上，一方面要搞好重大技术改造项目的决策，另一方面要充分发动并引导群众性的技术革新活动，“小改小革的积累是创一流的前提”，要加强这方面的领导力度以及政策支持。现在，马钢也碰到人才外流问题。这在市场经济的情况下，是难以避免的。关键一是要用好现有人才。人才流失，除了有物质待遇的吸引力外，对多数人来说，是在原岗位能不能发挥他的作用的问题，如果我们的 MIS 系统能更早地建立起来，并发挥其积极作用，自动化部的人员可能不致流失过多；听说我们有的很有特长、很有才能的同志，但是由于一些个性方面的问题，未能放到更合适的岗位上去。各级领导都要把发现人才、妥善地使用人才、培养人才作为自己不可推卸的责任，切实抓好，还要善于借“外智”，水钢例，搞好产学研结合。

要搞好创新，首先在于领导。一是带头，号召，引导；二是以身作则。

（5）加强企业文化建设，自觉塑造马钢人的新形象。无论是国内还是国外，凡是一个有成就的企业，都建立起了具有自己特色的企业文化。马钢在这方面有其光荣的传统，但恕我直言，这几次来，对马钢企业精神的氛围感觉并不强烈。在同一位厂党委书记谈话时，他说，马钢没有企业文化。这话，当然是失之偏颇，但值得我们警觉，至少是反映了对马钢企业文化建设现状的不满意。当然，现在马钢公司领导也意识到企业文化建设的重要性，成立了这方面的课题小组，并准备通过 2～3 年，初步形成具有马钢特色的企业文化。

企业文化内涵很广，但我认为最主要的是要形成企业全体职工共同认同的企业核心价值观念，一种共同的理念。这种理念一旦形成，就会成为职工自觉的行为准则，形成强大的凝聚力，成为推动企业前进的强有力的精神力量。所谓“上下同欲者胜”，就是这个意思。所以企业文化是形虚而实的。

对企业文化的重要性，我自己也是这两年认识逐渐加深的，对我触动很大的是两个企业。一家是水钢，另一家是北汽福田。这两家又都有其不同的特点。水钢的巨变同公司领导重视企业文化是分不开的，他们不断总结企业里的新事物，打一仗，总结一种精神，“炼钢精神”、“大河精神”、“高炉精神”，最后提炼归纳为“自强、开放、创新、追求”的水钢精神。因此，企业精神不是哪个“秀才”编出来的，什么时髦、响亮，用什么，而是要源于实践，高于实践，最后又反过来指导实践。福田则是另一种情况，他们是新企业，是从上到下贯彻落实的。

对马钢来说，过去有较好的传统，也总结过“江南一枝花”的精神，但有些可能欠缺一些时代精神，有的则流于一般化。是否可以在认真总结这几年正反面经验的基础上，特别是通过深入挖掘一些先进单位和先进人物的先进思想和事迹，加以提炼升华，逐步完善起来。

最后，谈一谈班子建设问题，要以班子建设带动队伍建设。

讲一讲这几年自己接触企业较深的几点感触。

一是要带头转变观念，特别是各单位的一把手。朱镕基同志曾在我的一份报告上批示“企业一把手可以兴邦，可以丧邦，可不慎乎”。很难设想，自己满脑子计划经济思想，能带领好群众走市场经济之路的；自己老是眼睛向上，能带领职工走自力更生之路的。

二是领导个人的人格魅力。萍钢变化的起点是新班子的约法三章；三明职工“感谢省委给我们派来好厂长，老区人民给我们送来好干部”；水钢职工建议，每人每月要捐10元，奖朱继民；凌源高益荣“集中权力分散化，隐蔽权力公开化”。“民不畏我严，而畏我廉；民不求我能，而求我公。廉生威，公生明。”这些同志的共同特点是有奉献精神，严于律己，团结同志，敢抓敢管，善于学习，思路开阔。

三是班子内部要善于沟通，理解。

四是要勤于学习。企业领导水平来自何处，一是实践—总结—提高；二是学习—借鉴—提高。特别是目前形势变化很快，不学习，就不能适应。比如西宁陈显钢，福田王金玉。

顺便说一下机关和基层的关系问题。这个问题，几乎所有企业都存在，只是有轻有重，马钢就总体而言，在这方面还是比较协调的，当然也存在不少矛盾，需要进一步加以解决。机关是公司领导的参谋，很多同志都是从下面选拔上来的精英。因此，在解决这一矛盾中，处于主导地位，要更好地听取基层的意见，妥善地处理好各种问题。最近，看到黎明同志在纪念宝钢投产15周年时的一篇文章，里面谈到机关和基层厂矿的关系问题，他说：各工厂就是机关的用户，就是机关的衣食父母，而不是发号施令和管理的对象。话说得很尖锐，他恐怕也不是在无的放矢。当然，基层单位也要自觉地从全局出发，进行“换位思考”，要积极地提出建议，不要任意指责。

这次来马钢，虽然时间不算太短，但对这样一个几万人的特大型企业来讲，时间还是短了些，了解情况不可能很深，再加上自己的水平有限，片面性和不当之处在所难免，请大家谅解、指正。

马钢目前正处于攀登新高峰的关键时刻，前面的路程还会有不少艰辛，但前景将是光明的。我深信，马钢的广大干部和职工，一定能以自己的聪明才智和艰苦的努力，在新的挑战面前，团结一致，奋勇拼搏，坚持改革，坚持创新，实现新的突破，以新的面貌进入新世纪，来共同创造马钢更加灿烂光辉的明天！

（注：按照马钢主要领导的指示，《马钢日报》在11月22日，从第一版起，以两个多版的篇幅，全文刊登了这一讲话。标题是“老司长调研报告字字句句凝真情　马钢领导干部入耳入心更思再奋发”。）

适应新形势　走出新路子

——在上海十钢中层干部会议上的讲话提纲

2000 年 11 月 24 日

自我介绍。谈谈我近几年的经历。

在《中国冶金报》上看到十钢的经验，就想找机会来学习。今年 6 月，参加局里的华东调查组，事后到十钢来学习，颇受教育，回去后写了一篇调查报告，刊登在局机关刊物《冶金工业通讯》上。但那次只谈没看，这次来上海，专程再来学习，想通过实地考察，进一步加深感受。前天中午从梅山过来，下午去实达，晚上把浦总 1997 年以来历次职代会上的报告看了看；昨天上午，先同浦总交换了一些想法，接着到热带厂以及厂里的一些市场转了转，还同周斌和钮建钢同志谈了谈，中午在快餐店用餐，下午又同你们“八合一”的装备后勤部部长吴少强同志做了交谈。虽然时间很短，但给我印象深刻，使我再一次受到了教育。我感受颇深的有这样几点。

一、十钢是一个解放思想，转变观念的好典型

20 世纪 80 年代中后期，我曾来过十厂，那时十厂在冶金行业里是颇有名气的，其热轧带钢生产线还是全国同行业学习的样板，冶金行业很多热带厂，都是以十厂为师；同时，十厂还是上海钢铁行业甚至是上海全市中小企业改革的一面旗帜。但是，进入市场经济后，情况发生了变化，1997 年、1998 年每年亏损高达四五千万元。这几年，以浦总为首的十钢领导班子能够适应市场经济的新形势，带领职工不断转变观念，比如，根据十钢所处的地理位置，如果按照过去的常规办事，不仅发展受到各种制约，而且连生存都难以为继。因此，十钢走什么路，十钢向哪里去，就成为摆在十钢全体职工特别是十钢领导面前极其尖锐、又不可回避的大问题。在这种情况下，十钢领导进行了深刻的反思，带头转变观念。如提出了“级差地租”、“机会成本”的观念，确定“优二进三”的方针，调整产业结构，在调整重组主业的同时，积极开发非钢产业；在实践中，又从“围墙经济”、“马路经济”发展到“大楼经济”、“厂房经济”；在降低成本方面，又提出了“打靶理论”，只降制造成本，只是打中了 3 环，还要降低管理成本、资金成本、特别是结构性成本，才能打中 10 环，引导全厂全方位降低成本；在经营思想上，确立“现金为王”的观念，不仅要避免红字死，更要防止黑字死，如此等等。我自己在这几年参与一些企业扭亏的实践中，对此也有较深的体会。“扭亏十谈”的关键两篇，就是“千条万条，转变观念是第一条”，“关键在于企业一把手”，十钢的事例也证明了这一点。

二、十钢是一个改革创新、不断超越的好典型

看了你们浦总 1997 年 7 月 8 日就任总经理后在职代会所作的第一个报告，到今年 7 月

28日的一共7个报告，可以看出十钢的改革是在不断深入，思路是在不断拓展。这三年来，十钢在经历了“向死亡挑战”的严重考验后，终于实现了扭亏为盈，初步走出了困境，十钢的事业经过调整重组，有了一个质的飞跃，实达公司的组建，大院内一批市场的开发，就是一个重要的标志。这几年，公司机构和管理人员的大幅度精简，公司机关的调整重组，近半数职工的下岗分流，不仅没有带来什么不稳定的情况，而且大大提高了工作效率，提高了职工素质。在公司的接待室里，还看到了十钢今后发展的远景规划图，确实是鼓舞人心。还有，在今年浦总的报告中，看到了机制创新、文化创新的一些新思路、新做法，像要形成**“鼓励创新、宽容失败，鼓励思考，宽容失言，鼓励实践，宽容失误”的创新氛围，**要建立能使扎根型、草耕型人才年脱颖而出的机制，以及提出“全要素生产力”的观念，把企业文化都看作是生产力的范畴，进一步推动解放和发展生产力的大变革等。这些，都反映了十钢人改革创新、不断超越、永不停步的精神状态。

三、十钢是一个团结奋进、艰苦创业的好典型

这三年，十钢从巨额亏损到扭亏为盈，使今天十钢能从生存性调整转向发展性调整，是同十钢公司领导班子的正确领导、在工作中身先士卒分不开的；同时，也是广大职工团结奋斗的结果。浦总在年初职代会报告中，开头就说：“这是十钢人同命运抗争、向死亡挑战的浴血奋战中取得的”。他还代表公司，“向实现止亏而团结奋进、努力工作的全体员工表示衷心的感谢，向为实现止亏而忘我工作、勇往直前的先进集体和先进工人表示诚挚的慰问，向为实现止亏而主动接受、服从调整，不计得失，克服困难的部门和员工，以及为顾全企业利益关停并转而承受压力、作出牺牲的下岗分流人员、待退休人员表示崇高的敬意！”这也同样代表了我的心情。在我同十钢人短时间的接触中，感到十钢人确实是好样的。昨天，在农副产品市场上，随便在一个摊位上问了问，这位摊主原先是设备部的工人，下岗后搞起农副产品加工，前些时候因为市政改造迁店赔了钱，但他不仅没有怪罪下岗，倒是一再感谢厂里的关照。在舟宾快餐店，同周斌他们交谈时，更为他们这种以厂为家，以公司的利益为重，艰苦创业的精神所感动。从过去200多人负责全公司职工就餐，到现在38名职工、60名临时工担当了5000份快餐的任务，从周斌开始，每个人都一天工作11小时，早上4点钟进厂，到下午3点；为了降低成本，凌晨2点，就到批发市场去进货，不分干部还是工人，苦脏累活大家一起上手，无怨无艾，快餐店的这种工作精神也可以说是十钢人的缩影。有这样一支好队伍，还愁有什么事干不成的。在此，我以一个在冶金战线奋斗了48年的老同志，向你们并通过你们向全体职工表示衷心的感谢和诚挚的敬意。

十钢取得了巨大的成绩，但成绩只能代表过去，今后的路程还很艰巨。浦总在这次职代会报告中，向大家提出了一个新课题，就是“扭亏以后怎么办?”这个问题提得十分重要，十分及时。我想，这些天大家一定都在思考这个问题，我也想就此说些个人的意见，供大家参考。

四、在新的形势下，还要进一步转变观念，树立危机感、紧迫感

转变观念不是一劳永逸的事，要根据新形势，不断地转。当前，有两种情况值得注意。

一是外部情况的变化。明年钢材价格将是稳中有降的趋势，而上游原材料价格和运输价格则肯定要提价，这对钢铁企业将是一个新的挑战。如果我们不能正确地认识这一形势，稍微放松了自己的努力，就有可能重新陷入困境。这是为什么要树立紧迫感、危机感的原因之一。解决之道，还是要从调整结构、降本增效上动脑筋。调整结构当然不是一朝一夕的事，但在思想观念上必须明确，要树立一种新的发展观。十五届五中全会提出，“十五”期间，必须把发展作为主题，并强调指出，发展是硬道理，是解决中国所有问题的关键。但是，如何发展，也有一个观念转变问题。

首先，要转变把发展和数量增长等同起来的旧观念，树立“以结构调整为主线”的新的发展观。由于长期处在短缺经济的情况下，相当一部分同志习惯地把发展和数量上的增长等同起来，这种观念，在今天新的历史时期显然不适应了。在当前钢铁工业出现结构性供大于求的情况下，钢铁工业的发展，必须按照十五届五中全会公报中所指出的，“把结构调整作为主线”。在这方面，十钢已经做了大量工作，有了很好的进展，特别是实达公司的投产，为十钢建立精品基地创造了良好的条件。今年下半年，产量有了大幅度增加，明年更要在开拓市场、开发市场需要的产品上下工夫，这是调整结构的重点所在。对其他二产厂，你们已经准备在近期陆续向各种成本低的地区迁移，这同样是一种调整。上海过去有几家很好的企业，外迁并没有给他们带来生机，其中一个重要原因是并没有在外迁时，相应地搞好结构的调整，这个教训要认真吸取。

其次，既要立足钢铁，又要跳出钢铁谈发展。对钢铁企业来讲，钢铁这一主业千万不能丢，这是我们生存之本，发展之基，也是我们为国家进一步作出贡献的根据地。但是，我们也必须清醒地认识到，今后我国钢铁工业的发展，在数量上是有一定限度的，200多万名钢铁职工围绕着一亿多吨钢铁转，是无法同国际上一些先进企业抗衡的，而且随着钢铁企业现代化改造的进展，钢铁主体人员不断减少是不可逆转的大趋势。无论是为了提高企业的整体效益，还是安置好现有职工，稳定社会秩序，都必须要把发展非钢产业放在重要议程上来。在这方面，十钢已经走在了前头，做出了很大成绩，但要及时总结经验，随着形势的发展，加以调整。我就不多说了。

二是来自内部的变化，特别要引起我们注意的是，要警惕两种情绪。**一是自满情绪**。我们取得了很大的成绩，我们有理由为此感到自豪，但自豪不等于自满。骄傲自满情况的出现并不奇怪，甚至可以说有其必然性。水钢也碰到过这种问题，美国兰德公司曾对一批有成就的大企业做过调查，发现都曾出现过“3C”（自满、保守、自大3个词的英文都是“C”字打头）的现象。现在，各种报刊上可以经常看到十钢的经验报道，上级表扬，电台有声，电视有影，报刊有文，可能会在有些干部和职工中产生负面影响，感到差不多了，小变即安，小进即满，看不到在激烈的市场竞争中，不仅是不进则退，进得慢也会被淘汰。现在的时代不仅是大吃小，而且是快吃慢。因此，要警惕“3C”。**二是畏难情绪**。十钢各项工作搞到这个程度，是花了不少心血的。再前进，难度会更大。现在同两年前的起点大不相同了，过去起点低，往上爬相对来说，还容易些，现在已经超过半山腰，再前进一步都要付出比过去更大的代价。因此，也可能在部分职工中产生潜力挖尽的思想，以致产生一些畏难情绪，这是可以理解的，但理解不等于认同。必须发扬自立自强的精神，克服困难，坚持往上爬，否则就会功亏一篑，在激烈的市场竞争中，依然逃脱不了被淘汰出局的命运。宣钢的“月月拧”，萍钢的“鞭打快牛”，安阳的“挑战极限”，都说明了潜力确实是存在的，因此，必须破除“潜力挖尽、指标到顶”的思想观念，并且改进挖潜的方法，要更多地加大科技的含量。无论是上述哪种情绪，只能松懈斗志，我们必须时刻加以警惕。比如：海尔“遇到问题找方法将是一个成功者，遇到问题找借口注定是个失败者”；萍钢的“宁做快牛挨鞭打，不做慢牛被淘汰”；宣钢“不找领导找先进”。

特别是在当前市场竞争日趋激烈的情况下，我们必须不断有新的突破，丝毫容不得半点松懈，更不能沾沾自喜。因此，我特别同意浦总报告中提出的“必须强化末日危机意识”，树立紧迫感、危机感，加强忧患意识。1970 年世界 500 强，到 1983 年有 1/3 被淘汰出局；盖茨的“微软王国到关门的时间只有 18 个月”。

如何检验不是“3C”？三明的欧阳老总提出 3 条：（1）能不能找出自己的问题，发现问题就是解决问题的一半，水钢一轧“变看得惯为看不惯”；（2）能不能看到人家的长处；（3）找到找不到自己继续前进的突破口。总之，我们必须战胜自我，超越自我。

五、强化创新意识，努力建立有利于创新的种种机制

十五届五中全会提出，要实现“十五”计划，必须把改革开放和科技进步作为动力。十钢这几年的进步，应该说，大大得益于创新。在新的形势下，我们更要高举创新的旗帜，浦总报告中，特别强调了技术创新、管理创新、机制创新和文化创新，十分重要。为什么这样强调创新，因为当今世界，是一个激烈变革的时代，是一个科学技术日新月异的时代，无论是作为个人，还是一个企业、一个国家，谁不重视创新，谁就会落后，甚至被淘汰出局，开除球籍。江泽民同志说过，“创新是一个民族进步的灵魂”；熊彼得的：“企业家的本质是创新”；浦项的“资源有限，创意无限。”说的都是这个道理。在知识经济时代，创新就更为重要。

创新要体现在方方面面，我想在两个方面做些补充。

一是关于三项制度改革方面的创新，特别是分配制度的改革，对调动广大职工积极性、促进生产力的发展作用极大。这方面，你们也都在这样做。但是，要使各种奖金能够发挥更大的作用，在奖金分配上，要防止平均主义的倾向；还要将激励机制和约束机制更好地结合起来。昨天在热带厂，看到黑板上公布了劳动竞赛的奖金分配，按名次，甲、乙、丙、丁四个班，每个班分别得奖 6000 元、4000 元、3000 元、2000 元。我当时问厂长，为什么最末一名也能得奖？我向他们介绍了水钢炼钢厂的做法，你们也搞了“末位淘汰制”，但力度似乎不那么大。水钢的做法可供你们参考。

二是关于管理创新。一方面管理的基本原则，从严治厂不能变。学邯钢有的企业效果好，有的就不好，原因是多方面的，其中一个就是严不起来。我曾归纳过学邯钢的 4 种不良现象，“别别扭扭学邯钢，舒舒服服学邯钢，大大咧咧学邯钢，软软绵绵学邯钢”，这些，实际上都是管理不严的表现。特别是在考核上，既要坚持科学性，更要强调一把手的决心和班子的齐心，不要曲解“制度无情，操作有情”。另一方面，在具体的做法上要适应新形势。管理是永恒的主题，但永恒的主题绝不是一成不变，永恒不等于凝固。没有进步，就没有永恒。对管理创新，也不要把它看得神秘化。介绍水钢二轧的“干部离线检验法”和“生产总值班制（即代理厂长制）”。我还要谈一下营销管理创新的问题。实达下半年生产有了大幅度的增长，这同改进营销工作分不开的。我认为，实达要加快发展，关键在开拓市场，有了合同，就可以反过来促使生产的改进，质量的提高，带动成本的下

降。十钢公司已经加强了实达的营销力量，下一步还要在营销工作上不断创新，力求有新的突破。

要搞好创新，首先在于领导。一是带头，号召，引导；二是以身作则。

六、加强企业文化建设，自觉塑造十钢人的新形象

无论是国内还是国外，凡是一个有成就的企业，都建立起了具有自己特色的企业文化。企业文化内涵很广，但我认为最主要的是要形成企业全体职工共同认同的企业核心价值观念，一种共同的理念。这种理念一旦形成，就会成为职工自觉的行为准则，形成强大的凝聚力，成为推动企业前进的强有力的精神力量。所谓“上下同欲者胜”，就是这个意思，所以企业文化是形虚而实的。

对企业文化的重要性，我自己也是这两年认识逐渐加深的。对我触动大的是两个企业，一家是水钢，另一家是北汽福田，这两家又都有其不同的特点。水钢的巨变同公司领导重视企业文化分不开的，他们不断总结企业里的新事物，打一仗，总结一种精神，“炼钢精神”、“大河精神”、“高炉精神”，最后提炼归纳为“自强、开放、创新、追求”的水钢精神。因此，企业精神不是哪个“秀才”编出来的，什么时髦、响亮用什么；而是要源于实践，高于实践，最后又反过来指导实践。萍钢的“事在人为、志在超越”，也是实践经验的提炼升华。福田则是另一种情况，他们是新企业，是从上到下贯彻落实的。还有法尔胜的企业文化，他们善于把成功的经验、甚至挫折的教训提炼成富有哲理意义的警句，并且通过各种形式，在全公司范围内广为宣传，激励全体员工共同奋斗。在厂区马路两侧专设的精致的宣传牌上，可以看到这样的词句：“要做事，先要学会做人；要做好事，先要做好人”；“要珍惜奋斗后的成功，更致力于成功后的奋斗”；“一分科学耕耘，百分殷实收获”；“要与自己的潜能挑战”；“观念是有价值的”等。这些，既给人以深刻的启示，又鼓舞人们奋发向上。

十钢对企业文化建设是很重视的。浦总在今年7月份的报告中，用了不小的篇幅讲了这个问题。这次来十钢，也亲身感受到了十钢的企业精神，比如你们超常规思维，超力度重组，超极限降本，超压力拼搏，超倍速开发的“五超”精神，我认为，归根结底，就是“超越自我”的精神，就是要把个人的潜能发挥到极致；还有你们的创新精神，你们的艰苦创业精神，你们的藐视困难、敢于向“不可能”挑战的大无畏精神，这些都是你们的传家宝，要随着时代的发展，不断赋予新的内容。但是，十钢现在的企业精神“忠诚企业，品质至上”似乎还不能充分概括现状，应该提炼一个大家一致认同的，既能反映十钢特色、又具有时代特征的企业精神。建议你们在进一步总结这几年调整发展经验的基础上，特别是通过深入挖掘一些先进单位和先进人物的先进思想和事迹，加以提炼升华，逐步完善起来。

七、谈一谈班子建设问题，要以班子建设带动队伍建设

我主要讲一讲这几年自己接触企业较深的几点感触。

一是要带头转变观念，特别是各单位的一把手。朱镕基同志曾在我的一份报告上批示“企业一把手可以兴邦，可以丧邦，可不慎乎”。很难设想，自己满脑子计划经济思想，能带领好群众走市场经济之路的；自己老是眼睛向上，能带领职工走自力更生之路的。

二是领导个人的人格魅力。萍钢变化的起点是新班子的约法三章；三明职工“感谢省委给我们派来好厂长，老区人民给我们送来好干部”；水钢职工建议，每人每月要捐10元，奖朱继民；凌源高益荣“集中权力分散化，隐蔽权力公开化”。“民不畏我严，而畏我廉；民不求我能，而求我公。廉生威，公生明。”这些同志的共同特点是有奉献精神，严于律己，团结同志，敢抓敢管，善于学习，思路开阔。

三是班子内部要善于沟通，理解。现在，一般来说，班子闹不团结的是少数，但真能做到既能开展不同意见的争论，又都能以大局为重，相互理解，密切配合的也不是大多数。有家企业这两年变化很大，我问公司的老总，前几年是你，这几年还是你，为什么却有这样大的变化，原因就是班子的配合问题。宣钢二轧厂党委书记的3个“不能”：不能显，不能懒，不能软。

四是要勤于学习。企业领导水平来自何处，一是实践—总结—提高，二是学习—借鉴—提高。特别是目前形势变化很快，不学习，就不能适应。这一点你们抓得很紧，40+4，小MBA等。一是要坚持，二是要学以致用。西宁的陈显钢例，福田的王金玉例子。

顺便说一件事，昨天在同浦总交谈时，他说，前天他又有了一个新的思想，就是充分利用电价的峰谷差价来降低成本。我同他说，这个想法很不错，但为什么是你浦总提出来，而不是主管的其他同志向你提出。我不是批评其他同志，而是感到在十钢干部中，是否存在一种过分依赖浦总的倾向。这既是好事，说明十钢有一个好的带头人，但要防止影响自己的积极思维。我们大家都要学会“换位思考”，甚至“升位思考”，这样既可以在实践中不断提高自己的素质，又可以使浦总能腾出较多的时间和精力去考虑更重大的问题。这个意见不一定妥当，供各位参考。

目前，十钢正处于攀登新高峰的关键时刻，前面的路程还会有不少艰辛，但前景将是光明的。我深信，十钢的广大干部和职工，一定能在公司领导班子的正确领导下，以自己的聪明才智和艰苦的努力，在新的挑战面前，团结一致，奋勇拼搏，坚持改革，坚持创新，不断超越，实现新的突破，以新的面貌进入新世纪，来共同创造更加灿烂光辉的新十钢！

转变观念　振奋精神　实现新突破

——在贵州钢绳公司中层干部会议上的讲话

2001 年 8 月 7 日

1997 年以后，来过公司 5 次。印象最深的是 1997 年那次。那年 3 月，我从水钢出来，到遵义后，先到八五厂（简称八五）。这两个企业当时的情况大家都知道。企业亏损，观念陈旧，“等靠要”、“外因论”思想严重。一到八七厂（简称八七），上午听了公司领导情况介绍，看了现场，下午开了一个座谈会，所见所闻，颇有耳目一新之感，一些事情，使我深受教育。厂领导要我同大家讲一讲，晚饭后，在中层干部会议上讲了 2 个小时，当夜坐火车去重庆。以后，1999 年来过 2 次，一次是陪单亦和局长来的；2000 年来过一次。那两次，逗留的时间都很短，有的一天，有的只有半天，只是同公司领导班子做了交谈。后来，公司领导对我提出意见，说你在水钢一待至少一周，来遵义两个厂一共就是两三天，希望以后多待几天，我也答应了。今年 6 月，我又到贵州，这次是从贵阳一下飞机，直接到了遵义，先到八五，待了两天多。原想在八七也待上两三天，但由于当时公司大多数领导不在家，黄总又有接待大客户的任务，因此只是同黄总简单谈了谈，要了一些材料，包括今年以来的贵州钢绳报，看了一下午和一晚上，对八七的情况大体上有个粗浅的了解。约好这次到水钢开会后再来八七。

从 1997 年到现在的 4 年多，总起来讲，八七是不断在前进。特别是去年开始的三大技改工程，这是八七建厂以来投资最多的技改项目，目前基本上按计划进行，这对八七调整产品结构、增强后劲将起很好的作用。其他各方面工作也都有进步。但恕我直言，这几次来，就没有 1997 年那样深的感触了。我也曾反问自己，这是什么原因。我想，一方面是这几次都是来去匆匆，走马看花，只是简单地听取公司领导有关情况的介绍。但再一想，好像又不是那回事。因为 1997 年，我也只在八七待了一天。由于感受很深，回去后，很快就写了一篇文章介绍八七的一些好经验。因此，我想，那次看到的八七情况，是八七多年来心血的结晶。而以后每隔一两年来一次，进步自然就没有那么大。此外，这也同这几次来时的背景有关。1997 年，参照系是两个当时的落后企业，来到八七，有一个强烈的反差；1999 年以后，这两个企业、特别是水钢变化大，进步大，每年去，都会有新的感受。而八七，虽然也在进步，但前进的步子我感到不如那两个厂。应该说，你们公司领导对此是头脑清醒的。6 月份来时，从你们厂报上了解到，今年 3 月，八七在全公司范围内开展了“解放思想，转变观念，深化改革，促进发展”的大讨论，我认真地看了有关这方面的材料和文章，很多都是领导同志写的，一些问题谈得很深刻，下面我还要引用。我深感这场讨论十分必要。尽管后来由于“三讲”，中断了一个时期，但“三讲”实际上也是这场大讨论的继续和深化。通过“三讲”，找出了影响企业发展的 6 个方面问题：班子思想观念滞后；班子思想政治作风建设抓得不紧；深化改革的力度不大；基础管理工作没有到位；现行分配制度不适应新的形势；人才培养和后备干部队伍建设不适应企业改革发展需要。并且针对以上问题，提出六大整改内容。这些问题，我认为抓得很准，下面我要讲的问题，也离不开这些方面。

下面我想结合你们的情况，讲几个问题。虽然这次前后两趟，加在一起共3天半，相对来说，是最长的一次，但主要是从报纸上和一些资料上了解到的，除了公司领导介绍一些情况外，只开了一个中层干部的座谈会，了解情况自然不很深。但作为一个在冶金战线工作近50年的老同志，衷心希望所有的冶金企业都能够兴旺发达，都能够很好地总结自己的经验教训，能紧紧跟上形势，在新的历史时期攀登新的高峰。因此，我是本着“知无不言，言无不尽”的态度，直率地讲述一些意见，难免有些片面性，讲得不对的地方，请大家原谅。其中有些是对我印象深刻的兄弟企业的经验，供你们参考。

一、认清形势，转变观念，在新时期实现新的突破

这几年，每年我有5个月的时间在企业做调查。1997年前心情比较沉重，1998年后逐渐轻松。因为，看到这些亏损企业都在大步前进。水钢、江西萍钢、新余、南钢这几个企业，以及宣钢等的变化是巨大的。制品行业，去年我到恒力、江西新华，今年到法尔胜，都给我很深的印象。法尔胜两年没去，没想到有这样大的变化。

这说明全行业都在变，而且不少企业是大变、快变；我们八七也在变，但相对来说，就显得不那么大。这就是我们当前要认清的形势。所以，我认为你们开展的这场大讨论十分必要，十分有意义。这很可能是八七一个新的转折点。

在讨论中，公司领导和二级单位的领导以及一些职工都发表了很好的意见。下面我想引用几位同志的发言。首先是公司董事长、党委书记何胜云在公司大讨论动员大会上的讲话。他说，公司改革发展之所以力度不大、步伐缓慢，一个根本的原因，就是陈旧思想观念的制约和束缚，而且形成一种思想障碍，成为深化改革、促进发展的阻力。公司副总经理田卓泽的发言还从八七近20年的历史变迁对这种现象作了分析，他说，公司在20世纪80年代初期，正处于一个建设时期，产品小规模生产。1982年，企业开始整顿，当时进行了一次大讨论，是成功的，随着整顿，落实了经济责任制，职工的积极性得到充分调动，企业效益好转。“八五”期间，大投资，大改造、取得了长足进步，从而有了“九五”建设期。但在“九五”期间，人家在全方位跑步前进，我们是小步行进。别人赢得了机会，我们丢失了时机。正因为这样，才需要转变观念。一厂党委书记李培云说：只有转变观念才能解放思想。这些年，我们背的包袱较多，其一是年年小有盈利，把思想僵化了、凝固了，没有危机感了、事实上，说是盈利，实际是微利，水平极低，数量很小；其二，总认为我们是金属制品龙头老大，很了不起，这也僵化了自己的思想。事实上，规模是老大，效益并非是老大，我们却在“老大”的认识上徘徊不前，工资按时发，奖金月月有，虽然也说“狼来了”，但“狼”始终没有来，意识就麻痹了。说到底，我们背的还是一个大锅饭的包袱，“过得去”、混的思想明显。还有的同志说，“多年的平稳发展，如今反而成为一个包袱和思想负担。”顺当的日子过久了，客观上在人们的思想中养成了维持现状、不求上进、思想保守、求稳怕乱的精神障碍。

这些发言，我认为是切中要害的。在激烈的市场竞争中，尽管你有进步，而且可能进步比前几年大，但你进人家也在进。停滞固然是落后，步子慢了，同样是落后。现在常听

到一句话，就是在市场竞争中，不仅是大鱼吃小鱼，而且是快鱼吃慢鱼。我们必须警惕。因此，对八七来讲，当前仍然要进一步转变观念。

转变观念，总的来讲，就是要使我们的思想观念适应市场经济的新形势。对八七而言，我认为当前要在4个方面转变观念。第一，也可以说最主要的，是要克服盲目自满，以及“小变即安”的思想观念以及其他种种松劲情绪，破除“过得去”的思想，变“过得去”为“过不去”，树立危机感、紧迫感，不断超越自我，挑战极限。这次座谈时，有同志说，亏损单位面临生死存亡的关口，有危机感，八七日子好过，连续20年盈利，在其他企业不景气的时候，八七走在了前列，就缺乏危机感。这是一种现象。关键是缺乏自我加压的动力。没有对自己提出一个高目标。这两天中央台连续播出海尔的经验，第一条就是和高手对弈，找出世界上最先进的企业作为赶超对象，这就容不得你松懈。这一点，值得我们认真学习。上次讲过的波音例子，也很说明问题。水钢在1999年的变“看得惯”为“看不惯”，2000年的“查反弹”。一厂厂长黄达强说得好，解放思想、转变观念首先要进行自我否定。只有不断否定，才能做到超越。我们连续盈利，企业在平和安稳的环境中过来，产品还有点优势，这就导致我们观念保守、陈旧，跟不上时代发展的步伐。第二，破除“按部就班”的思想观念，树立开拓创新的观念。实际上，八七的发展史也可以说就是一部创新史。没有产品的创新，就没有八七的今天；没有技术改造上的创新，也没有八七的今天。要在市场的激烈竞争中站住脚跟，必须要不断创新。新余的“铁水上山”就是一个很好的例子。第三，还要克服新形势下的“外因论”和“唯条件论”，树立“变消极因素为积极因素”的思想。比如，现在有的同志说，八七地理环境不好。的确，比起天津、武汉、江阴，是差一些。但过去我们不是把产品打到天津，把天津压得喘不过气来吗。天津地理环境好，为什么却竞争不过八七呢。那时，为什么没有听到这种说法呢。出现这种论调的本身，就反映了我们思想观念的倒退和精神状态的变化。海尔的找方法还是找借口，这是成功者和失败者的分界线。第四，还要克服埋怨群众的思想情绪，树立从领导自身转变观念开始的思想。转变观念，关键在领导，而职工的转变关键在引导。钢帘线分厂以他们自己的实际行动来说明转变观念的必要性。党总支书记李光耀说：我们分厂亏损，观念上的问题是一个重要原因。比如，求稳，由于求稳，没有严格考核，没有认真管理，时间一长，问题就多了。去年11月，我们针对存在的问题开展了“居安思危，艰苦奋斗，从严治企，加强管理”的大讨论，对职工有很大触动。

因此，我衷心希望八七要很好地巩固这次大讨论的成果，而且要根据新的情况，深入持久地把解放思想、转变观念的活动开展下去，使我们的思想能不断适应变化了的新形势，以指导我们的行动，从胜利走向胜利。

二、以结构调整为主线，使八七得到更快的发展

十五届五中全会再次强调发展是硬道理，提出“发展是主体”，同时指出，要“以结构调整为主线”，这就是说，要树立新的发展观。过去，由于长期处在短缺经济的情况，相当一部分同志习惯地把发展和数量上的增长等同起来。这种观念，在今天新的历史时期显然不适应了。固然，今后我国的钢铁工业还需要适量的发展，但在当前钢铁工业出现结构性供大于求的情况下，钢铁工业的发展，必须把重点放在结构调整上。朱镕基同志在政府工作报告中强调，当前，不调整就不能前进，不调整就不能健康发展。这虽是对全国而

言，但对各行各业都有指导意义。制品行业的情况可能同钢铁行业不尽相同，我国的金属制品在钢铁工业中所占比重，要比发达国家小得多，制品行业肯定要发展，但低档次的产品，我们在成本上无法同一些乡镇企业、集体企业、甚至个体户竞争。这些产品，我们就要退出，要向高档次、高附加值的产品上奔。这几年，八七在调整产品结构上做了大量工作，取得重大进展，最近搞的三大工程就是一个标志。当前，还要继续下大工夫，特别是要积极开发市场潜力大、附加值高的新产品，以及搞好产品延伸加工。现在大家都在议论我们的大路货产品多，高附加值的产品比重小。按何总的看法，光面钢丝每吨低于4000元、光面钢丝绳每吨低于6000元的产品就应该是大路货或低值产品。因此，他认为，八七的12万吨产品确实是以普通产品为主体，这同我们这样一个钢丝绳龙头企业的地位是不适应的。因而，新产品开发十分紧迫。

今年春节一过，我就去了江阴，待了近半个月，主要在兴澄和法尔胜。两年前，我到过法尔胜。两年后，再去法尔胜，确实令人惊讶。这两年，法尔胜在调整结构上取得了十分明显的成效。经过三次创业，他们先后实现了三个转变。一是产品结构由单一性、低档次向多元化、高层次转变。不断向“高、精、尖、小、特”产品进军。现在已能生产18种系列800多个品种规格的产品。其中，胶带钢丝绳、光缆钢丝及绞线，航空用钢丝绳、胶管钢丝及钢丝绳、轮胎用钢帘线等6种产品，市场占有率都在50%左右到98%，年销售额约占全公司销售额的30%。最早开发的胶带钢丝绳现在已经到了第三代，基本上占领了国内市场。二是产业结构由钢丝绳单一产业向 业为主、包括光通信、新材料、索具、缆索、商贸等多种领域转移，特别是已经进入具有良好前景的光棒、光纤以及记忆合金等高科技领域，大大提高了企业发展所依附的高科技平台，增强了企业发展的后劲；三是产品由国内市场大步向国外市场转移，已向80多个国家和地区出口，近几年每年出口金额约三四千万美元。在“九五”的5年中，累计出口金额占同期销售收入的20.04%。2000年销售收入19.87亿元，利税总额2.21亿元，利润总额为1.10亿元。如以1978年为基数，22年来，这三者平均年递增率分别为32.65%、28.01%、26.96%；22年来，实现利润基本上是直线上升，从未出现过亏损。这样持续的快速增长，在冶金行业里是绝无仅有的。在产品开发的同时，也形成了自己独创的新工艺和相应的有关装备，如近期开发的细规格钢丝绳生产专用系列装备的平均生产效率，是国内传统装备的4倍以上，单位能耗只有传统装备的70%左右。公司先后报送专利40多项，有自主知识产权成果20多项。其中，记忆合金新材料10项，机电产品6项，钢丝绳等金属制品6项。他们的经验可供参考。

结构调整，有的不需要多少资金，主要是在现有装备条件下，开发新产品。但相当一部分是需要投入的。钱从哪来？法尔胜的经验，一是社会融资，股票上市。法尔胜在1998年11月于深圳发行6000万社会公众股，筹集资金3.69亿元，用于合资或独资建设光子公司、特种钢丝公司、智能设备公司、光缆钢制品公司、钢丝制品公司、缆索公司等6个企业，其中3个已经投产，并产生了效益；2个正在或即将试生产，只有1个由对方控股的还在建设中。此外，还用融资的资金，收购了在光通信行业中具有相当实力的四川汇源光通讯有限公司。在首批募集资金取得良好效果的基础上，2000年12月通过配股，又筹集资金3.13亿元，将继续投向光器件、ADSS光缆项目、公司CIMS项目、记忆合金材料、金属制品技术改造等项目。法尔胜上市两年来，大大促进了公司产业结构的调整。上市前，公司的利润100%来自金属制品，到2000年中期，已下降到63%，光通信产品的利润则上升到37%。预计到第二批项目投产后，无论是销售收入还是利润，光通信产品的比重都将超过金属制品。几年后，光通信产品将成为公司主导产品。届时，法尔胜将成为国内第一家拥有自主技术产权、能够提供预制光棒、光纤、光缆以及光器件的全流程产品和专业生产“精、特、优”金属制品及新型材料的高科技企业。

再是引进外资。从1990年以来，先后同新加坡、比利时、意大利、澳大利亚、日本、等国家和台湾地区合资建立了14家企业。其中，引进外资500万美元以上的就有8家，世界最大的钢帘线集团、比利时贝卡尔特公司投资5300多万美元、合资建立了中国贝卡尔特钢帘线有限公司。通过合资，不仅引进了资金，也引进了先进的技术、装备和管理经验。这些合资企业生产的产品，科技含量都比较高，有的是填补了国内的空白，有的是提高了国内产品的档次。像同中国台湾地区合资的华新钢缆有限公司，投产第一年就参与了虎门大桥国际招标的争夺大战，力挫美、英、日、意等12支劲旅，一举中标，从而结束了中国桥索用材完全由“舶来品”一统天下的历史。更重要的是，有些合资企业的建立，大大有助于产业结构的调整，使法尔胜的发展后劲有了明显的增强。像与澳大利亚合资、由我方控股的法尔胜光子有限公司，主要生产光棒和光导纤维等光通信材料，科技含量很高，具有良好的市场前景。由于法尔胜生产经营的良好业绩，取得了合资方的高度信任，比利时贝卡尔特公司去年又同法尔胜组建了2个合资公司。其中，一个生产光缆用磷化钢丝的光缆钢制品公司由法尔胜控股，打破了贝卡尔特不在国外同一城市建立两个公司、合资企业不由对方控股的两个先例。

在对外经济方面，也已开始起步，除了在新加坡、澳大利亚、法国、美国等地建立了若干办事处，作为对外商务的基地和窗口外，还在摩洛哥投资100万美元，与对方合资建立了钢丝厂。以此为基地，打入欧洲，防御欧洲的反倾销。“十五”期间，还准备在欧洲、美洲、澳大利亚等地筹建金属制品厂，成为国内金属制品行业的一家大型跨国公司。

最近，八七也在这方面做了大量工作，股票上市基本上已成定局，对外合作也在积极进行中，希望能在近期取得良好成果。

此外，还有恒力的结构调整，2672的结构调整等。

上面谈的是主业发展问题，还有发展非钢产业的问题。这也可以说是建设具有中国特色社会主义的题中应有之义。计划经济时期带来的国企人员众多的问题，相当一部分要通过发展非钢产业来解决。发展非钢产业，也要两条腿走路，其中之一是高新技术，看准了，要积极地上。但一般来说，这种产业，投资多，用人少，而且对职工的素质要求高。因此，还要有另一手，就是发展劳动密集型的产业。

三、进一步深化企业内部改革，强化企业管理

这次大讨论中，有的同志认为，竞争机制并未真正引入进来，基本上还是大锅饭、铁饭碗、铁交椅，相当程度上制约了积极性和创新性的发挥。在机构改革上，下转上不转，工作就不好做。公司机关的管理机构、管理人员现在看来有增加的趋势，这违背改制的初衷。他们认为，三项制度改革，难在人际关系上，要下定决心度过人情关。

对这个问题，我认为公司领导已有高度认识。在“三讲”中，你们找出的影响企业发展的6个方面问题中，有3个是属于这方面的问题，这就是深化改革的力度不大，基础管

理工作没有到位，现行分配制度不适应新的形势。并且提出了加快推进企业改革的步伐，推进企业内部组织结构的变化和运作机制的完善，加大分离辅助的力度，进行“三项制度”的全面改革；以及加强企业基础管理的8条措施。这说明你们对这方面的问题已经给予了高度重视。我只想补充一些意见，并介绍一些兄弟企业的做法。

在改革上，我着重谈一下三项制度的改革。因为这是同广大职工切身利益最直接相关的事，也最能影响职工积极性的。不少企业的扭亏工作就是从这里进行突破的。但是，在我接触到的一些企业，似乎有这样一种现象，就是经济效益好、日子过得比较自在的企业，这方面的改革力度就差一些，因而前进的步伐也小一些。而且在思想认识上还存在一些误区。这就是在分配制度的改革上，“不患寡而患不均”；在分流分离上，认为“背着抱着一样沉”；在下岗减员上，认为要引发社会的不稳定。

事实如何？分配制度改革，萍钢（70%与30%的关系、花钱买指标）南钢150个关键岗位的底薪制例子，水钢转炉炉长例子，新余超额利润1、3、6分配机制等就是很好的例子。

主辅分离。无论是在城市、还是山沟里的企业，都有这方面的好典型。水钢分离前，1996年辅助部门亏损6400多万元，去年减亏到725万元；新余从亏损9000多万元减到100多万元。对剥离后的子公司，要根据不同情况，采取多种形式，实现所有制结构的多元化，并逐步推向市场。

下岗减员，直接涉及一部分职工的切身利益，要谨慎对待。但如果一个企业长期效益不好，能稳定吗？我们要的是积极的稳定，而不是暂时的消极的稳定。人多，是历史造成的。这个责任不应由我们这一代来负，但解决这个问题是我们这一代义不容辞的责任。设想一下，如果这一届政府还不着手解决这一问题，继续拖下去，再过10年，中国会是一个什么局面。过去，常说人多力量大；但还有另一面，人多就是灾，不仅管理搞不好，而且是影响经济效益很重要的因素，现在特钢普遍亏损，但兴澄有盈利，莱钢特钢厂也有盈利，当然有他们自身工作的原因，但人少也是直接原因。如果人员再多1000人，马上就进入亏损行列。当然，下岗减员，也要考虑到职工的生活，不能简单从事。

总之，要建立起竞争上岗，末位淘汰，拉开差距等机制。

再谈谈管理问题。八七的管理，应该说是有好传统的。1997年来时，你们严格的质量管理、强有力的营销管理，都给我以深刻的印象。当时，我写的介绍八七的文章题目，就是“眼睛盯住市场，工夫下在现场”。这次你们在大讨论中，在这些方面也提出了不少问题。有的是由于形势的发展，我们跟得慢了些，有的也可能确有后退。这次你们在整改方案中，提出要对现有的各项规章制度，进行全面、系统的清理、分析修改和完善；基础管理要细、深、实、准、严。包括管理思想和管理观念，以资金管理为中心的财务管理、预算管理、质量管理、营销管理及资金安全、目标成本管理、采购管理、关键敏感岗位人员轮换等方面。还制定了《营销管理手册》。这些都很好。

管理是企业发展的永恒主题。1998年我出了两本书，一本就是以此作为书名。这里，我不想分别讲各项专业管理，只是就我所接触到的企业管理上的一些问题，讲4点意见。

一是要抓好基础工作。你们提出，基础管理要深、实、准、严，很重要。我曾讲过，学邯钢有4种倾向：扭扭捏捏学邯钢，舒舒服服学邯钢，大大咧咧学邯钢，松松垮垮学邯钢。所谓大大咧咧学邯钢，就是基础工作跟不上，计量不全、不准，原始记录也是不全、不准，该有的规章制度不是残缺不全，就是相互矛盾，各子系统之间的制度缺乏内在联系，有的可操作性差。此外，普遍存在一些规章制度陈旧、过时，不能反映社会主义市场经济条件下的新情况。最近，济钢、邢钢等企业针对这些问题，花大工夫全面修订规章制度。邢钢用了8个月，废止不适宜的规章制度71份，新订150个，形成18个管理制度分册，全部管理制度218个。济钢则以装备部为试点，对1985年以来制定的规章制度进行全面修订完善，将设备寿命周期的各个阶段，按照计划、采购、仓储、使用、维护、检修、改造、报废、调剂等管理要素，构建完整的制度体系框架，把设备活动的全过程都置于规章制度的规范之中，特别是补充了适应市场经济和现代化管理办法的内容，如制定了《设备、备件采购供应计划管理办法》、《设备、备件招标管理办法》、《定价比质采购管理办法》、《零库存管理办法》等11个设备、备件采购阶段的管理制度，占全部制度32个的1/3。

二是要从严治厂。严就严在执行规章制度上。朱镕基给冶金工作会议的信中，说“从严治厂才是要义”。所谓“松松垮垮学邯钢”，就是在执行规章制度上没有严肃性，没有严格考核，这样，再好的制度也只能束之高阁。现在，既有无法可依的问题，但更多的是有法不依。

三是落实。先讲一个故事。莱钢炼钢厂过去职工不怕任务多，布置的任务再多，也从来不叫苦，不讨价还价。是他们的思想境界高，还是他们的办法多。全不是。原因就在布置的任务从来不检查，干不干都是一个样。现在，他们实行了“4小时复命制”，情况大变。当然，这不单是这一种制度问题，是他们创建学习型工厂的一个组成部分。关于学习型工厂，下面还要讲。这次到你们现场参观，厂容厂貌都不错，但有一件事给我印象不佳。在某厂厂务公开栏，看到生产组7月份考核的工资为7100多元，何总问他们，生产组多少人，说是14人，一算，人均收入只有500元多一点，显然不对。他们一看，盖的印章还是前任厂长的。原来是去年7月的。再看劳动竞赛栏，还是2000年10月的。也许这个厂的厂务公开搞得不错，劳动竞赛也搞得很好，但既然建了这些栏，却长期没人过问，起码也是工作上的不落实，使外面的人看后，觉得是在搞形式主义。这一点，请有关单位认真查一下，进行改进。在水钢，也碰到过这样的事，提出后，立即改正了。

四是创新。企业要在日益加速变化的竞争环境中生存发展，必须要走创新之路。你们的厂部大院草坪上，4个大字“创新强厂”，说明这一点你们体会也很深。因此，要高举创新的旗帜，推动全员创新活动。这个问题我想多讲一些，而且会超出管理的范畴，也会涉及技术创新、制度创新的一些问题。

要创新，首先要破除对创新的神秘感。创新并不是学者、专家的专利。对企业来说，大量的创新意识还是来自“两场”——现场和市场。国外有一种观点：“专家——25平方英尺”，意思是在员工每天工作8小时的25平方英尺范围内，他们就是专家。八七技改的很多事例也证明了这一点。因此，我们人人都要树立创新意识，进行创新活动。人人都来从事各种创新活动，企业就会加快进入一流的行列。至于市场的呼声，更是企业创新的源泉。对企业来说，绝不能脱离市场搞开发，而是要使这两方面有机的结合，创新就在于研究加市场。我们要善于从用户的意见甚至一些牢骚中发现线索，抓住机遇，进行创新。被人们传为佳话的海尔的能洗土豆的洗衣机，不就是从看似很不合理的用户意见中得到启发而开发出来的吗。现在，宝钢等一些企业在开发新产品时，提倡产销研一体化，甚至以销售部门作为牵头单位，取得很好的效果，也充分说明了这一点。

近两年，一些过去相对落后的企业在创新上的成就，也为我们提供了破除神秘感的实例。水钢的周边环境，人员素质，不如很多企业。因此，这个厂的事例，更可以鼓舞我们去进行创新。

还有像凌钢的“日清日结管理法”、萍钢的建立了“成本日核算动态管理系统”、济钢焦化厂的“安全积分制”、萍钢的“科技攻关项目承包制”等，都是管理创新的好成果。由于时间关系，不一一展开介绍了。

总之，我们要营造有利于创新的氛围，不要停留于生产正常。八七要突破，就要寄希望于创新。

四、加快人力资源开发，大力挖掘人的潜能

要挖掘企业的潜力，首先要挖掘人的潜能。应该说，人的潜能还远远没有开发出来。各级领导的一个重要任务就是发现、培育人才，要像美国通用电气公司（GE）的掌门人、世界头号CEO杰克·韦尔奇那样，把关心和培养人才放在自己工作的首位。他50%以上的时间花在人事上，他说，“我的全部工作就是选择适当的人”。现在从GE“毕业”的美国500强CEO已增至162位，如果包括较小一些的公司，有GE背景的CEO更是不计其数。

（1）要把人力资源开发同企业文化建设结合起来。要发挥企业文化在培育人才、凝聚人心中的重要作用。这主要是指精神层面上的，就是为全体员工所共同认同的企业核心价值观和理念。这种理念一旦形成，就会形成强大的凝聚力，成为职工自觉的行为准则，成为推动企业前进的强有力的精神力量。这个问题，本想单独作为一个问题来讲，由于时间关系，就在这里将讲一下。我觉得，企业文化建设是目前八七的一个薄弱环节，要加强领导，认真研究。这里我想介绍一些兄弟企业这方面的情况。像水钢的巨变就是同公司领导重视企业文化分不开的，他们不断总结企业里的新事物，打一仗，总结一种精神，诸如“炼钢精神”、“大河精神”、“高炉精神”等，最后提炼归纳为“自强、开放、创新、追求”的水钢精神，正因为这是源于实践，高于实践，最后又反过来指导实践的，因此广大职工感到很亲切，觉得这几年水钢就是按照这八个字，一步步走过来的，今后要更加自觉地发扬这一水钢精神，使水钢从胜利走向胜利。萍钢的“事在人为，志在超越”的企业精神，“转变观念，眼睛向内，工夫下自己身上”的企业理念等，也是实践经验的提炼升华。今年5月到山东，看到济钢、莱钢对企业文化建设也很重视，特别是莱钢炼钢厂，开展创建学习型工厂的活动，取得十分突出的效果。你们要向一流企业迈进，任务很艰巨，更要重视以企业精神来统一大家的思想，要不断总结反映企业精神的好典型，并赋予新的内涵和时代特色，来培育一大批新的人才，塑造企业新的形象，推动企业不断前进。你们钢帘线分厂的李光耀说：一个人在台上表演，总是会受到这样那样的批评指责，而如果不上台，谁也不会说他。再有，不上台表演，谁也不知道他的才能怎样。是否可以创造那么一种环境，让人们都有机会表演、展示。这实际上也是一种企业文化。八七是否可以从开发人力资源上入手，来培育一种符合“三个代表”要求的企业文化。

（2）充分发挥现有人才的作用。现在有一种观点，认为中国人才的浪费甚于人才的流失和短缺。与缺乏人才相比，我国更缺乏的是让人才脱颖而出的环境和机制。这一观点，

值得重视。在兴澄和北汽福田也可以得到印证。有的企业提出，要创造一个“五子登科”的人才环境，就是要使广大科技人员有一个心情舒畅、能尽情发挥作用的场子（环境），能施展才华的台子（机遇），发挥专业特长的位子（岗位），能攀登高峰的梯子（培养），公正评价的尺子（考核）。这几点可供大家参考。不一定要当什么“长”，才算发挥作用。宝钢高炉有博士炉长，他说离开了现场，我就没有了研究课题；福田有三四十名工程技术人员，拿总经理的工资系数。石钢实施人力资源科学管理，建立适应市场经济需要的人才开发机制，分类别配置机制，动态性管理机制，全方位激励机制持续性培育机制。将全体人员分为领导系列、非领导系列、操作系列、非领导系列的最高级人才可以享受公司正职待遇。这样，这些专业人员何必非去追求什么“长”呢。总之，我们要力求做到以事业聚集人，以创新吸引人，以爱心团结人，以机制稳定人，以发展激励人。这样，我们的事业一定能兴旺发达。

（3）要在职工培训上下工夫。企业要重视人才的继续培养，人才不再提高就不再优秀，人才不再有作为就不再是人才。人力资源是一种特殊的资源，它也要通过投资来增值，具体说，是通过教育、培训形成的，离开教育培训，人力不会自动生成资源。目前，美国有1200多家跨国公司开办了管理学院。美国通用电气公司总裁韦尔奇亲自制定研修计划和授课，培养有预见性的经营战略人才。IBM的创始人沃森一世认为：高级管理部门应该把40%～50%的时间用在教育和鼓励职工方面。

我想介绍一下法尔胜在这方面的一些做法。法尔胜是从一个小作坊式的小厂起家，创办时说不上有什么技术和管理人才，1985年才分配到第一位大学生。现在，全公司共有员工3343人，其中大学本科学历的500多人，还拥有博士2名（其中1名是在读博士生），硕士12名，具有高级职称的16人、中级职称的136人。

他们注重在实践中提高职工素质，鼓励职工在职学习，提倡“干什么，学什么”，“早压担子早成材”，涌现了一批自学成材的优秀职工。职工培训，是从基础抓起。比如对中层干部，除了要求都必须会“一机两语”，就是要学会操作计算机；对外语，至少经过初级班培训；会讲普通话；还要取得“六证”，即本人主系列职称证书、其他系列的初级职称书（如工程师还要有财会或政工等方面的职称，反之亦然）、对金属制品行业来讲，要通过拉丝、捻绳、镀层、热处理4个主要工序的车间考试，取得合格证。为了不断增强人才优势，推动创新，还根据企业发展的不同阶段、不同层次、不同对象与有关院校开办具有国家学历的中专班、大专班、本科班、外语强化班。现在有30名本公司厂龄3年以上的大学生在职攻读哈工大开办的材料工程硕士研究生，5名厂龄5年以上的大学生攻读MBA。为促进更多的人才迅速成长，并吸引各类高级人才，公司制定了一套较为公正客观的激励机制和一系列激励政策。

对各级干部和全体员工，他们不仅重视技术业务的培训，更重视思想品质的教育。“要做事，先要学会做人，要做好事，先要做好人”，这是他们的信条之一。他们大力倡导企业精神，铸造企业之魂。在不同时期，先后提出“自力更生，艰苦奋斗”，“人生的价值在于奉献，而不在于索取”，“欲创名牌产品，必塑名牌员工”，“要珍惜奋斗后的成功，更要致力于成功后的奋斗”等理念，来引导全体职工共同奋斗。他们还善于把成功的经验、失败的教训提炼成富有哲理性的警句，通过各种形式，广为宣传。在厂区马路两旁专设的宣传牌上，就有上百条这样的词句，形成了浓厚的精神文明氛围，既给人以深刻的启示，又鼓舞人们奋发向上。

正是有了这样一批人才，这样一支队伍，现在的法尔胜，经济持续发展，员工精诚团结，奋发向上，整个企业像一个巨大的磁场，凝聚着数以千计员工的心，推动着企业两个文明建设滚滚向前。

（4）在自己大力培养各种人才的同时，还要注意引进“外智”，助我腾飞。水钢这方面做得很好，4 个主体厂一度有 3 个是请兄弟企业的专家来当厂长，对水钢的发展起到很好的作用。4 月份在南昌，在炼铁厂见到了他们从鞍钢引进的博士，他感到在南钢可以有所作为。尽管南钢现在有些指标走在行业的前列。但是，要朝一流企业的目标迈进，还是有不少差距，需要适当借助外力。引进外智，可以有多种形式：有的可以安家落户，有的可以是“候鸟型”的，确定一些合作项目，来去自由；还有的可以是与院校合作。总之，方式可以灵活多样，不求所有，但求所用。此外，还要有计划地派出去，除了到大学学习外，还可以到兄弟企业参观学习。出去的同志要带有任务，不能光看到自己的指标比人家好，就认为没有什么可借鉴的。三明提出检验是否自满的三条标准，也可以用在这里。一是看不看得到自己还有什么问题；二是看不看得到兄弟单位有什么长处；三是找不找得到自己继续前进的切入点。

五、以领导班子建设带动职工队伍的建设

任何企业，只要有一支好的职工队伍，就能克服前进道路上的种种困难，无往而不胜。美国钢铁大王卡内基说过，你把我的钢厂什么东西都拿走，只要保留我这支队伍，几年后我仍能东山再起。但队伍是靠领导带出来的。企业的兴衰存亡，领导班子的好坏起决定性的作用。这已为无数事例所证实。

以上讲的这些看法，很多是传递一些兄弟企业的经验和做法，供你们参考。这些看法不一定合适，只是直话直说，希望大家择其善者而从之，其不善者则弃之。衷心祝愿八七在新世纪的开局“十五”期间，能够取得全方位的进步，实现新的突破。面对国内外的“强敌”，迎接挑战，不断攀登新的高峰，为我国制品行业的发展壮大作出新的贡献。

在首钢党校中层干部学习班上讲的8个问题

2002年9月16日

首钢党委举办这次学习班，要我来讲一讲。党校玉东书记向我介绍了参加这期学习班人员的情况，主要是剥离出来的子公司和独立厂的领导。对这些部门我接触少些，因此专门抽了两天时间，走了6个单位，粗浅地了解一些情况。玉东书记还向我提供了烟台会议的7份发言稿和其他一些资料，《首钢日报》也有一些有关情况的介绍，我都看了。今年6月，我还到烟台东星待了2天，很受启发，这些也算是这次讲话的准备。因为，我想尽可能结合你们这些单位的实际情况，使我的发言尽可能针对性强一些。

近六七年来，我每年都有五六个月的时间在企业（主要是钢铁企业）作调查咨询。头几年，主要是同亏损企业打交道，亲眼看到这些企业在十分困难的情况下，在不长的时间里实现了扭亏为盈，这使我深受教育。2001年5月，应首钢领导之邀，在你们的“学习、创新、发展”的学习班上介绍过一些企业的经验。这次，我想根据我所了解的你们的情况，并结合兄弟企业的经验，讲一些自己的看法，供你们参考。主要讲8个问题。

一、当前钢铁行业和首钢面临的形势

我想分三层来讲。

第一层，行业形势。应该说，当前钢铁工业的形势具有两重性。一方面钢产量持续大幅度增长，从1996年钢产量突破1亿吨以来，连续6年位居世界第一。今年钢产量将达到1.75亿吨甚至更多，创世界各国的历史最高纪录（1988年前苏联产钢1.63亿吨），而且这两年每年都轻轻松松地增长2500万吨。产品结构调整也取得较大成效，今年上半年，连铸比达到了92.5%，超过世界平均水平；板管产量也有大幅度增长，1995年板管产量只有3448万吨，2001年增长到6294万吨，增长82.5%；“九五”期间建设了5套当今世界先进水平的热连轧机，“十五”还将建设10套。但是，我们也要看到，在这快速增长后面，也隐藏着危机。现在几乎绝大多数钢铁企业都在考虑进一步扩大规模，钢产量的增长势头非但没有得到遏制，而且还在发展。特大型企业要发展，大中型企业也在发展，而且增长的幅度更大；国有企业在增长，民营企业增长更快。有人认为中国是发展中国家，钢材需求空间还不小，我个人认为目前的好景不会长久，新一轮的价格大战又将开始，增产不增效的情景又将重现。这很值得我们警惕。

第二层，是首钢形势。面对这种情况，首钢更是处于不利地位。这除了钢铁行业面临的共性问题外，首钢最大的问题是发展前景还不很明朗。首钢地处首都，2008年又将迎来奥运会，这既对首钢提供了发展的机遇，当前更直接的是对首钢环保及水资源等方面日益加剧的压力。一方面要求首钢大院减产200万吨，另一方面对首钢在钢铁工业上结构调整的重大项目至今没有下文，而且有关部门和专家见仁见智，意见不尽一致。这恐怕也在一定程度上影响中央的决策，希望这次院士们到首钢的调查能够为中央决策提出一个切合实际的建议来。

第三层，是首钢剥离单位的形势。对在座的各个单位来讲，面临的形势还更严峻些。一是相当一些单位对首钢的依赖性太强，过去你们是长期服务首钢，同时也依赖首钢的，目前基本上还没有摆脱这种局面，有的是为首钢主体厂提供产品服务的，有的是提供修建服务的，有的是提供生活后勤服务的；二是随着科学技术的进步，管理的加强，对部分产品和服务的需求量在减少，而质量的要求则明显在提高，和我们的现状不相适应；三是有些资源型的企业由于资源的变化和环保的要求，也处于衰退状态。这种状况是完全正常的。如果我们这些企业，不加改进，而能成为百年老厂，永葆青春，那倒是怪事，社会还能前进吗？当然，还有一些单位是随着形势的发展而新建立起来的，这些企业也有其前进过程中的问题。

二、千条万条，转变观念是第一条

面对这一形势，该怎么办？

首先还是转变观念。有人会说，又是老一套，讲官话。我不这样看。应该承认，有些企业处于困境，确实有其客观原因，这些年国家也在采取多种措施，为企业创造较好的外部环境，诸如债转股、贴息贷款等。但也要看到，有些外部条件，确实非我们主观努力可以解决的。如果我们把眼睛更多地盯在上级领导部门，就必然会放松我们自己的努力。因此，今天我的讲话基本上不涉及宏观问题，而是把着眼点放在我们自己力量的基点上。而且，就我这几年的实践经验，看到很多企业，都在不长的时间里发生了显著的变化；当然也有少数企业长时期内还是江山依旧，这固然有其客观环境的原因，但最主要的还是这些单位主要领导同志思想观念上的差异。

转变什么观念？当然最根本的还是要把计划经济下形成的、已经不适应新形势的陈旧观念转变为适应市场经济新形势的新观念，这里有市场观念、质量观念、效益观念、用户至上观念，等等。这些我不想展开讲。我想着重讲一下妨碍这些观念树立的几种思想情绪。其中，最主要的是那种强调客观，以外部条件来自觉不自觉地掩盖自身工作中问题的“外因论”情绪。

——这是一种思维方式上的顽症，在不同时期会以不同形式出现。能不能解决好这一问题，是影响企业生死存亡的大问题。有的是长期计划经济形成的习惯思维模式在作怪，有的则是反映一种精神状态。

——几个事例。水钢的“四个一块”到“炼钢厂的巨变”，三明从“无法学邯钢”到“做平原的好木匠”，某企业从“三个不如”（资源条件、装备、职工收入不如人家）到“真学邯钢”。

——你们自己的变化也充分证实了这一点。鲁家山矿、耐材厂的亏损，要摆理由可以摆出十条、八条。但说穿了，这些理由只是自觉不自觉地为自己工作中的问题找借口，而一旦观念转变了，办法也就来了。我在同有些部门接触时，谈到二耐的扭亏，只讲套筒窑的作用。这一点我不否认，但是，如果没有他们在改革、管理、新品开发、营销工作的改进，即使上了套筒窑，恐怕也不会有今天的局面。他们单台压砖机的班产量从160多块提升到400块的事例，就很能说明问题。

海尔公司有两句话，“遇到问题找借口注定是个失败者，遇到问题找方法将是一个成功者”。韶钢中板厂也有两句话：“要为成功找方法，不为失败找理由”。莱钢炼钢厂的“不能归罪于外”。这些都值得我们认真思考。现在我们面临众多困难，但是希望大家记住一句话：“我们遇到敌人了，敌人就是我们自己”。

其次，要防止部分干部和职工中产生的“小变即满”、“小富即安”的思想。我们工作有进步，应该鼓励，也需要培植自豪感，但要警惕“3C”（complacency 自满、conservation 保守、conceit 自大）情绪。特别是不要被过去的光荣史挡住自己的眼睛，妨碍自己前进的脚步。北汽摩今日衰败的一个重要原因就是背上了过去成绩的大包袱，首钢也要警惕。过去长期以“首钢为首”，出了一批好典型，至今仍然有很多好的经验，为冶金行业作出了很大贡献。但是也要看到，一方面是大有大的难处，老有老的弱势；另一方面后生可畏，在新的历史时期，青出于蓝胜于蓝的情况更是比比皆是。有些指标我不同宝钢比，就是同一些过去所谓地方骨干企业也有不小的差距。如钢中氧含量你们虽然有很大进步，但仍然比石钢要高一倍。因此，必须要不断找差距，宝钢设备部提出的“找差文化”，很有意义。要有波音总裁那样的危机感，不做温水里的青蛙。要做到“纵向比，强信心，横向比，增动力”，“上一次成功的经验，在下一次创业中就可能失败。不能陶醉于以往的成功，不能拘泥于以往的经验”。要把危机意识层层传递到全体员工，使全体职工都能动员起来去战胜危机。英特尔前总裁葛罗夫说过：“不好的公司被危机解决，好的公司渡过危机，伟大的公司通过危机提高自己”。用你们的话来说，“要消除危机的威胁，首先要消除潜伏在企业内部的危机”。通过战胜危机，才能提高自己。

第三，要防止并克服缺乏信心的畏难情绪。目前，这种情绪往往是伴随工作中的进步而产生的。首钢的很多工作，在行业中处于前列，是花了不少心血的。但随着发展的要求，改革的深化，各方面对首钢的要求会越来越高。因此，在有些同志思想上产生一些畏难情绪，是可以理解的，但又是不能听任其滋长的。其实，回顾首钢你们各个单位的变化，哪个是轻轻松松容易得到的？我可以介绍一些兄弟企业战胜困难的事例，也许更可以增强我们克敌制胜的信心。宝钢在我国特大型钢铁企业中，已经是机构最精简的了。现在他们在各生产厂矿实行单职制，每个厂只设一名厂长，有人说，这不是“既要马儿跑，又要马儿不吃草吗?”实际上，这样一来，促使了职工素质的提高，极大地推动了各单位之间的横向协作，提高了效率和效益。萍钢从 1996 年的资不抵债到 1998 年江西省号召“远学邯钢、近学萍钢”；锡钢从 1997 年市里要让它破产到去年成为全市的先进企业；下陆 1996 年基本停产，到 1997 年湖北省在他们那儿开现场会，现在成为湖北省的先进企业；宣钢 1998 年上半年累计欠发 13 个月工资，到现在还清集资款，生产大发展，这些事例使我受到极为深刻的教育。宣钢的“月月拧”，萍钢的“鞭打快牛”，安阳的“挑战极限”，还有你们二耐的机台班产量的成倍增长，都说明了潜力是确实存在的。要坚信“魔高一尺，道高一丈”。坚定信心，破除“潜力挖尽、指标到顶”的思想观念，并且改进挖潜的方法，要更多地加大科技的含量。

三、要进一步深化改革，实现新的突破

改革的重要性已经是不言而喻的了，“改革是中国发展生产力的必由之路”（邓小平）。这 20 多年，大至国家，小至企业、甚至个人面貌的变化，可以说无不得益于改革。

但是，从计划经济到市场经济是一场带有脱胎换骨性的转变，这一转变，必将和长期以来形成的旧的思想观念、思维方法、体制机制、工作作风等发生一系列的冲撞。原有的问题解决了，新的问题又产生了。因此，改革不是一个阶段的事，更不是权宜之计，而是一个长期、持续的过程。首钢这几年在改革上也做了大量工作，取得了较好的进展。在烟台会议上介绍经验的7家企业，绝大部分都在改革上动了真格的，还有2001年你们总结的首钢一建设二公司扭亏为盈的经验，很关键的一条也是在分配制度的改革上，在分配制度抡了“四板斧”，在用工制度上，采取三记重拳。但就我的感觉，比起一些过去处境比较困难的企业来，我们的改革相对来说，还比较滞后。

首先，还是要高度重视三项制度的改革。这是直接涉及广大员工切身利益的大事，是能否调动职工们积极性的关键。这几年变化大、进步快的企业都同这个分不开的。一个是分配制度的改革，一定要同业绩、效益挂钩，要打破“不患寡而患不均”的陈旧观念，倾斜的力度要因时而异；另一个是人事制度的改革，要尽可能推广竞争上岗、末位淘汰的机制，一些企业炉长实行这一制度后，指标大有改进。川威每年年末公开招聘中层干部；还有的企业，处级以上干部是“几年一贯制”，甚至成了终身制，企业必然死气沉沉。你们中首的变化，我认为三项制度的改革起了十分重要的作用，特别是对南方公司领导班子实行招投标的方式，真正体现了公开、公平、公正的原则；在处理船员下岗的问题上，不开“人情口子”，不搞无原则的“例外”，这些对调动广大员工的积极性，起到了很关键的作用。

对老企业来讲，冗员过多，人浮于事，是个通病。这几年，有些企业下了大工夫，取得了很好的成绩。“人多就是灾”，大家都明白这个道理，但一动真格，问题就来了。最关键的是怎样处理好改革、稳定和发展的关系。稳定第一，没错。问题是我们需要什么样的稳定？是一时的稳定、只求在我任期内不要出事的暂时性的稳定，还是长远的、持续的稳定。下岗分流当然会带来一些不稳定的因素，中央提出下岗分流，不能不估计到将会带来的不稳定因素。但是，如果每届政府都不想在自己的任期内捅这个马蜂窝，一届一届往后拖，那总有一天，中国的国企会维持不下去，中国会变成一个大火药桶，那时还谈什么稳定。而且减员分流不是注定要出现不稳定的情况的，武钢在不到10年时间里，6次大减员，就没有发生一次影响治安的事件；重钢的“大船理论”；下陆1/3人员下岗，总经理两次挨打，现在情况大变样；张店1/3下岗，但没有一个人没有工作。你们自己的经验也说明了这一点，首冶的同志说得好：“与其大家捆在一块长期受罪，不如短痛动大手术”，他们7000多人减了3000多人，长白、建材化工厂的人数也减少了近一半，他们都本着“无情减员，有情操作”的精神，正确处理好改革、发展、稳定的关系，工作反而更好做了。

当然，这样做，不能说没有一点风险，但我们不要自己把自己捆住，出了一些小问题，就立刻批评下面，“稳定第一”。但下岗不是目的，我们还要努力做好再就业工程。不过，也不可能都是“先挖渠，后放水”，那等于又是国家什么都包下来。最近，中央召开的全国再就业工作会议，就提出要继续贯彻执行“劳动者自主就业、市场调节就业、政府促进就业”的方针。在发展社会主义市场经济条件下，必须充分发挥市场机制在就业和再就业中的基础性作用，坚持主要通过市场调节劳动力供求，引导劳动者自主就业。因此，我们要在广大职工中开展转变择业观念的大讨论，肃清计划经济时期形成的“生是首钢人，死是首钢鬼”的不符合历史潮流和时代精神的陈腐观念。要认识到，国企的下岗分流是历史的必然，不走出这一步，国企就会一败涂地。现在，似乎有种歪风，似乎什么事，只要一闹，就可以办成。实际上，以退让求稳定，只能是暂时的，表面的。我们要的是积极的稳定，长期的稳定，而不是消极的稳定，暂时的稳定。把稳定和减员分流两者对立起来，实际上只能说明我们工作的不到位。

我还可以介绍一下宝钢这方面的情况。宝钢与上钢联合后，上钢面临减员的压力很大。这几年，上钢已经减员分流了 4 万多人，但总体情况很稳定，像一钢推进再就业工作，取得很好的效果。他们一是“老庙”换“和尚”（清退劳务工）；二是建“庙”招“和尚”（帮助下岗人员创建新岗位）；三是卖“庙”带“和尚”（民营化）；四是找“庙”送“和尚”（拓展社会岗位）。2000 年，已先后落实了 1000 个岗位。一钢 70 多名平炉转岗工人组建了一钢机电筑炉分公司。别人不愿揽的事，他们接；民工都叫苦的活，他们干。1999 年 9 月成立以来，出色完成了型钢、钢板、轧钢、钢管 4 个生产厂加热炉维修业务。转炉炉龄原先只有 2000 炉，他们新砌的转炉，达到 5000 炉。2001 年已实现自负盈亏。

对你们这些剥离单位来说，还有一个产权制度的改革问题。十五大早就提出，要“调整和完善所有制结构”，并指出：“需要在公有制为主体的条件下发展多种所有制经济”；江泽民同志还指出：在体制创新方面“绝不能有畏难情绪”，我们要敢于探索。中央党校出版的《江泽民“5・31”重要讲话学习读本》中有一段话，提出了发展非公有制经济的六个“放”，会对我们有启示的。这就是：认识上要“放胆”，政策上要“放宽”，比例和范围上要“放开”，规模上要“放手”，机制上要“放活”，对经营者政治上要“放心”。现在一些民营企业发展很快，在某些行业甚至已经独步天下。我们要与狼共舞，何不自己也变成狼？冶金企业里剥离单位改制的已有一些，成都 512 厂趁退出钢铁主业之际，新厂新办法，新组建的公司实行了改制；全部改制的也有试点，像川威，萍钢也在酝酿中。我觉得首钢可以在一些无碍大局的剥离单位先试点，取得经验后再推开。

四、在管理上，既要重视基础管理、严格管理，更要高举创新的旗帜，推动全员创新活动

管理是企业发展的永恒主题。1999 年我出了两本书，一本就是以此作为书名。冶金行业近几年效益有提高，一个重要原因就是加强了管理，首钢在这方面也不乏好的典型。我们要把这些经验很好地总结推广，坚持下去，并不断创新，使之变成巨大的财富。这里，我不想分别讲各项专业管理，我只就所接触到的企业管理上的一些共性问题，讲 3 点意见。

一是要抓好基础工作。我曾在“扭亏十谈”里讲过，学邯钢有 4 种倾向：“扭扭捏捏学邯钢，舒舒服服学邯钢，大大咧咧学邯钢，松松垮垮学邯钢”。所谓大大咧咧学邯钢，就是基础工作跟不上，计量手段缺乏，不全、不准，原始记录也是不全、不准，该有的规章制度不是残缺不全，就是相互矛盾，各子系统之间的制度缺乏内在联系，有的可操作性差。此外，普遍存在一些规章制度陈旧、过时，不能反映社会主义市场经济条件下的新情况。最近，不少企业针对这些问题，花大工夫全面修订规章制度。一般来说，剥离单位同主体相比，这方面还有一些差距，更要重视这方面的工作。

二是要从严治厂。严就严在执行规章制度上。朱镕基同志给冶金工作会议的信中，说“从严治厂才是要义”。所谓“松松垮垮学邯钢”，就是在执行规章制度上没有严肃性，没有严格考核，这样，再好的制度也只能束之高阁。现在，既有无法可依的问题，但更多的是有法不依，违章不究。其实，现在各企业的规章制度大体差不多，关键在于认真落实，严格考核，不要停留在口头上、字面上。像萍钢的“热炉定律”，规章制度就是“热炉”，谁触犯了热炉，必然会受到惩罚。锡钢学习回来，同我讲了两句话：“到了水钢不敢说难，到了萍钢不敢说严”。不仅要使犯规的单位和职工受到相应惩处，而且要使承受额外负担的单位和职工得到应有的报酬，这样才能更好地调动职工的积极性。

法治，首先要从领导做起，不能“严下不严上”。所以，从严治厂，实质上是各项工作能不能落实的问题。我到有的企业，从上面谈，工作思路不错，各项工作的安排都很好，但到下面一看，却蛮不是那回事。莱钢炼钢厂过去布置的任务再多，下面从来不叫苦，也不讨价还价。因为布置的任务很少检查，干不干都是一个样。后来，他们实行了“4 小时复命制”，就是布置任务后 4 小时要检查执行情况，结果面貌大变。现在，在干部和职工中养成了“定了就干，干就干好”的好作风。当然，不单是这一种制度问题，这是他们创建学习型工厂的一个组成部分。

三是创新。在日常的生产经营活动中，我们必须要严格按现行规章制度办事，但为了企业的发展，又必须提倡管理创新。首钢提出“学习、创新、发展”，很重要。实践证明，企业要在日益加速变化的竞争环境中生存发展，必须要走创新之路，要把创新作为推动企业发展的主旋律，向创新要时间、要速度、要效益。因此，要在全公司范围内高举创新的旗帜，大力倡导创新精神，建立有利于创新的激励机制，营造有利于创新的氛围，使首钢的发展再登上一个新台阶。应该说，当前，谁在创新上有所突破，谁就会在市场上取得更大的主动权。

创新，包括的方面很多，重点讲一下管理创新。目前国内外都有很多新东西，比如说，BPR（业务流程再造）、ERP（企业资源计划）、CRM（客户关系管理）以及供应链管理等，国内宝钢、海尔等也有不少创新的管理理念和实践，可以学习借鉴。我只想介绍一些钢铁企业从自身的实际出发，采取的一些管理创新措施，也许更会对大家有所启示。像水钢二轧厂三年三创新：三年内先后推出“干部离线检验法”，“生产总值班制”（即代理厂长制）和“三个不满意，三个为什么”（职工不满意的事，自己不满意的事，领导不满意的事；为什么存在重复发生的问题，为什么领导安排了才动，为什么结果与计划总有偏差）。一轧的“变看得惯为看不惯”，焦化厂的“24 小时前知道管理结果”。应该说，水钢的周边环境，人员素质，不见得比我们强，因此，他们的事例，更可以鼓舞我们去进行创新。

我还想介绍一下宝钢剥离单位的管理创新活动。宝钢新事业工业检修分公司是个完全以服务为主业的单位，主要承担宝钢股份生产辅助检修和作业外协任务。他们认为用户的满意度，就是检验公司工作的尺码。几年前，他们就提出了“用户满意”的承诺。分公司成立了“质量服务推进小组”，从抓职工的思想观念入手；每年 4 月，定为“质量服务月”，掀起一个服务的高潮，职工的服务意识大大提高。现在，他们已由原来的单项服务延伸为多项服务，一般服务提升到承诺制服务，定时服务转变为 24 小时跟踪保驾服务，他们还加强对用户需求的前期跟踪。分公司要求下属各作业区有关人员参加宝钢股份相关部门的生产协调会，及时掌握用户的需求动向和服务事项，做到早安排、早落实，把服务做在用户开口之前。他们还在职工中提出一个全新的理念，即“服务，要为用户创造价值”。检修三部在各作业区、班组里制订了“用户满意度99%”的质量服务承诺，并制订“为用户创造价值”的具体措施。检修一部提出“1150”服务承诺，即“1个电话，15分钟到现场，返修率为0”。近几年来，该部的服务连续3次获得宝钢股份的作业外协优胜项目。检修二部把曾经发生的用户投诉事件编成《用户投诉案例》，组织全体职工进行反思、分析、讨论，从中吸取教训，制定出了一套“量体裁衣”式的跟踪配套服务，提出“用户到哪里，我们的服务就到哪里”，“不仅使用户满意，更要使用户感动”的特色服务。

要创新，就要：

——破除对创新的神秘感。创新并不是学者、专家的专利。国外就有“专家——25平方英尺”的说法。日本企业有一句名言，“小改小革的积累是创一流的前提”。

——还要着眼于建立有利于创新的激励机制，营造有利于创新的氛围。要像宝钢集团的十钢公司提出“鼓励创新，宽容失败；鼓励思考，宽容失言；鼓励实践，宽容失误”。还要形成刻苦学习的气氛，企业要使自己成为学习型的组织，这样才能使创新活动不断向深度和广度拓展。

——要排除各种不利于、甚至阻碍创新的习惯势力。如ERP的建立将使生产经营的各个环节大大增强了透明性、规范性，这就必然会遭到那些习惯于“领导出数字”和暗箱操作的管理人员的抵制。因此，要使ERP能加快建立，并在生产经营中顺利推行，软件开发人员固然要全力以赴，但各专业管理部门、特别是一把手必须主动配合，排除一切人为的干扰。

五、要十分重视新品的开发

今天我不准备专门谈科技进步的问题，只想着重说一下新品开发的问题，其中也包括结构调整问题。

在座的有一部分是生产厂，有的也是几十年老厂了。但在过去相当一个时期内，产品更新换代的速度很慢。现在主客户单位技术进步的步伐在加快，我们如果再想以不变应万变，只能是自找灭亡。国内外一些百年老厂所以能永葆青春，就是因为他们能不断推陈出新。东星、长白、二耐、鲁家山能扭亏为盈，一个重要原因也是在开发新品上下了大工夫。河北几个厂，石钢、邢台、2672走出了路子，重钢公司设计院也是靠进入环保、民建等新领域而起死还生的，一些剥离单位也一样，像包钢的电子公司、机制公司等。

开发新品，首先是观念上要转。当然，也要解决具体问题。一个是人才，一个是资金。人才一靠自己，二要善于利用外智，和院校合作；资金也要多方面筹措。这就不多讲了。

顺便说一点意见。在我和一些同志接触中，在谈到“三个代表”时，对第一个“代表”往往只说是“代表先进生产力”，把后面的“发展要求”4个字给省略了。这不管是有意无意，至少说明了大家对“先进生产力”还是念念不忘的，也反映了对科学技术的重视，这绝对没有错。问题出在被忽略的后面4个字。真正要使先进生产力起作用，必然要求改革、管理工作跟上去，要求队伍素质的提高。宝钢的装备不能说不先进吧？某些方面甚至比欧美一些钢铁企业还好些，但为什么过去一个相当时期里，宝钢的产品赶不上人家，关键还是我们的管理不如人家，我们的队伍技术水平不如人家（当然，队伍素质本身也是生产力），以及由于激励机制等方面的原因，我们职工的积极性没能充分调动起来。因此，我们在重视技术创新、技术改造的同时，千万不要忘记“发展要求”这四个字。

六、各级领导要十分重视人力资源的开发，大力发掘人的潜能

在面临知识经济的新时期，在科学技术突飞猛进的新时期，在全球经济一体化的新时期，人才的作用更显突出。朱镕基总理在新华商大会上说：“我们今后改革开放的重点不是吸引资金，而是吸引人才和技术”，“目前我们最缺乏的不是资金，而是人才”。对企业也一样，因为，企业之间的竞争，归根结底是人才之间的竞争。特别是我国已经入世，这意味着我国将进一步融入到全球经济中，在经济全球化的进程中，同时也伴随着人才的市场化，人才的竞争将更为激烈，发达国家早就凭借其经济优势，在全球范围内争夺人才，占领人才市场。现在世界500强中已有400家在中国落户。他们在人力资源上实施的是本土化策略，基本上是就地取材。因此，国内企业，特别是国有企业的人才流动是大势所趋。现在，一些民营钢铁企业发展很快，他们也在千方百计挖掘人才。正因为这样，对国企来说，如何选好、培养、用好各种人才、留住人才、吸引人才，要成为各级领导班子、特别是一把手的重要职责，要切实抓好。

当前，在人才问题上，存在三种值得注意的现象。一是人才短缺，二是人才流失，三是人才浪费。前两个问题，比较明显，容易发现；后一个问题，往往不易受到重视。但据我在一些企业里观察，人才的短缺和流失，往往同人才的浪费有关。从某种意义上说，人才浪费的后果要比人才的流失和短缺更严重。日本索尼公司的董事长曾和人力资源经理亲自与公司中层以上的管理人员逐一谈话，谈话后他感到企业里1/3的人放错了位置，没能充分发挥出每个人的潜力，没有人尽其用。我国这方面的问题就更为严重些。与缺乏人才相比，我国更缺乏的是让人才脱颖而出的环境和机制。对很多企业来讲，当前的问题不是没有人才，而是没有发现人才。正像罗丹所说的：“世界上不是缺乏美，而是缺乏发现”。水钢三年带出5个公司级的一把手，过去难以想象。还有北汽福田和兴澄善用人才的事例。因此，我们必须认真地研究如何充分发挥现有人才的作用，如何使员工的潜能迸发出来。

要发挥人的潜能，最主要的是各级领导都要把“以人为本”真正落实到各项工作中去，不仅要经常思考如何让员工努力工作，更要考虑和研究企业应对员工承担什么义务和责任，真正把人才这个第一资源最大限度地开发、管理好，使员工的个人发展与企业发展高度关联，把企业进步与个人价值的提升高度融合起来。

就我接触到的一些企业情况，感到要挖掘人的潜能，在具体工作上，有这样几点需要引起重视。

一是不论什么岗位，都要有责有权，责权利要结合，要使他们感到在这个岗位上能体现自身的价值。因为，被动的、甚至带有一定压抑的心情去工作，和积极、主动、发自内心的工作，其效果是不可同日而语的。对专业人员，不要只是让他们搞些日常事务性的工作，要给他们压担子，为他们提供施展才华的舞台。尽可能吸引更多的人参加各种技术攻关的活动，人人身上有课题。兴澄专业工程师的责权明确；宝钢高炉有博士炉长，他说离开了现场，就没有研究课题；鞍钢的博士去了南钢，就是因为工作环境好等。这也是所谓

要“以事业留人”。

二是实行竞争上岗、末位淘汰的激励和约束机制。通过外部的压力，来激发他们自身的潜力，像水钢炼钢厂对转炉炉长实施的这种机制，川威每年年底的中层干部竞聘制；同时改革分配制度，福田有三四十名工程技术人员，拿总经理的工资；石钢实施人力资源科学管理，建立分类别配置机制，将全体人员分为领导系列、非领导系列、操作系列，改变了过去千军万马去挤“当官”这一座独木桥，造成大量人才闲置，人才潜能得不到充分释放的弊端。这也是“以待遇留人”。

三是要关爱他们，关心他们的疾苦，帮助他们解决各种实际困难。这也是“以感情留人”。特别要提出的是，要努力创造条件，要切实加强职工的培训，不断提高他们的素质，这是对职工最大的关心。这方面，我想多讲几句，特别是介绍宝钢和武钢在这方面的一些做法，供你们参考。宝钢十分重视提高职工的技能，把职工培养成“多面手”，培养成现代智能型工人。宝钢股份热轧部二精整分厂明确全能工要有 5 张操作证书，即能胜任分厂 5 条生产线、16 个岗位中的任何岗位。2001 年，已有 6 名职工通过分厂 5 条生产线、16 个岗位的应知、应会考试，成为热轧部首批全能工。从 1998 年起，热轧部就以二精整分厂为试点，开始启动全能工培训计划，1998 年，最多拥有 3 证的人数仅为 5%，1999 年，拥有 3 证的人数达到 30%，并有 9% 的人拿到 4 证；2000 年，60% 以上的操作工拥有 2 ~ 3 证，20% 的人有 4 证。目前，热轧部已开始酝酿全能轧钢工等的培训计划，计划在 5 年内，使全能工比例达到 20%。宝钢股份冷轧部轧钢二分厂则提出培养“一段通”人才，就是让职工通过多岗位培训、考试，在本岗位相关的上下工序岗位上达到能独立操作的能力，取得操作证。1420 酸轧机组职工通过 3 年的多岗位深化培训，共取得上岗操作证 206 个，人均能操作 3. 21 个岗位，基本实现了“一段通”人才的培养目标。现在轧钢二分厂职工岗位培训在“一段通”的基础上，又朝着“一线通”（即整个生产线）的目标迈进。培养“全能工”、“一段通”人才，不仅对本人来说，在岗位竞争中有明显优势，更重要的是全能工因熟悉上下工序情况，在操作过程中的思路和视野开阔，能较全局地考虑舞台，更好地协调上下工序间的矛盾，有利于生产顺利进行。

最近，宝钢又对作业长举办高级研修班，实施 4 + 1 培训模式。第一批 49 位作业长，为期 4 个月，都是利用业余时间和节假日，这在宝钢作业长培训史上尚属首次。所谓“4 + 1”，即：管理新概念、技术创新思维、技能拓宽、前沿技术等 4 个单元的研修和 1 篇技术论文。它不同于以往作业长培训中的学历培训、等级工培训、作业长资格培训，而是一种拓宽知识面、深化岗位研修的全新的培训，使作业长不断更新知识，开拓视野。4 + 1 研修班课程设置包括系统工程学、现代信息检索、管理系统思考与创新、6σ 质量概念、专利法、知识产权以及技术创新等 12 个方面的内容。在教学方法上，采取理论讲座与案例分析、专家答疑相结合，体现了教与学的互动性；培训时间跨度比较大，能够让受训者系统地学习知识和思考一些问题。

武钢二炼钢炼钢车间的“岗位点球滚动练兵法”，效果也非常明显。他们自 2000 年 5 月推出这一活动后，较好地解决了过去长期存在的工学矛盾、理论知识和实际操作脱节的矛盾，以及岗位需求与个人兴趣不一致的矛盾，大大激发了职工的学习兴趣，提高了职工的操作水平。二炼钢被公司命名的 8 种先进操作法，有 6 种是在这一活动开展后创造出来的，并且在 1 年内两破全国复吹炉龄最高纪录，最近一次达到 22766 炉，连铸溢漏率年平均降到0.35‰，并实现了全厂4台连铸机9个月无漏钢的全国新纪录。在机关职能部门，像现任审计部长谭丽丽，先后调动了几次工作，都带出了一大批干部。在担任能源总厂财务处处长时，她使平均年龄42岁的“嫂子们”，人人会打字，会操作计算机，会撰写专业论文，会创造性地解决实际问题。三年中，有近50篇论文在国内外刊物上发表，53人次在各种竞赛活动中立功受奖，平均每人2.3次。调任公司合同预算处处长后，她又按照“大专业、多面手”的要求，带领部下不断学习。一年内，全处66名员工分别取得了国家、部省市、公司三级跨越专业范围的合同管理、计算机操作、预算、会计职业证书4证，全处近百人次立功受奖。

还有一个问题，就是对退下来的有真才实学的老专家的使用问题。用好了，是一大笔十分宝贵的财富。长特退休的工程师“毛大姐”，被各单位当作宝贝争相求教，安阳的总工程师马智明退休后，多家企业进项引进。

不仅要用好自己的人才，还要善于引进“外智”。不要强调自己的特殊性，强调人家不了解情况。水钢“开放”对水钢的促进就是很好的例子。

当然，人力资源的开发，也不仅仅是组织上的事，职工个人也要适应竞争日益激烈、科技日新月异的新形势，不断提高自己的技术业务水平，拓宽自己的视野和业务领域，努力成为复合型的人才和某一方面的能手和专家。宝钢、武钢等企业提出“知识型人才、智能型岗位、学习型班组”的要求，促使职工自觉加强学习，努力成才。

七、加强企业文化建设，自觉塑造企业的新形象

这几年，我接触的企业比较多，一个很明显的感觉，凡是重视企业文化建设的单位，职工的人气旺，精神状态振作，企业凝聚力强，发展也快。

企业文化建设的内涵很广，既包括物质层面上的东西，更要着重于精神层面上的东西。我认为最主要的是要形成企业全体职工共同认同的企业核心价值观念，形成一种共同的经营理念、目标信念、道德准则、行为规范等。这种理念和企业精神一旦形成，就会形成强大的凝聚力，成为职工自觉的行为准则，成为推动企业前进的强有力的精神力量。因此，企业文化可以说是企业之魂，一个没有文化积淀、文化底蕴，不重视企业文化建设的企业是没有生命力的企业。

企业文化建设的内涵很广，大体上可以分为三个层次，最表层的是物质文化；中间层是制度行为文化，各个企业都有，关键是在于落实；最核心的是价值观，即精神文化，就是企业全体职工共同认同的企业核心价值观念，一种共同的经营理念、目标信念、道德准则、行为规范等。因此，企业文化建设实质上是以什么样的指导思想来带领队伍的问题。企业文化可以说是企业之魂。国内外一些先进企业无不建立了自己的企业文化。

你们罗总在谈到企业文化时说：“先进的设备可以用钱买回来，先进的企业文化多少钱都买不回来”，很有道理。他还说，我们要把企业文化建设作为重大的系统工程来抓，有计划、有步骤、分层次地积极推进，抓好培育企业精神、塑造企业形象、提升经营理念、规范职业道德等4项工作，为实现首钢改革发展战略目标服务，为建设首钢高素质职工队伍服务。

宝钢也十分重视企业文化建设的，宝钢集团公司总经理谢企华强调，企业文化竞争将逐步成为未来市场竞争的一个重要特征，要把企业文化作为提升企业核心竞争力的一个重

要方面来抓。宝钢股份公司总经理艾宝俊提出宝钢股份今后的企业文化建设围绕三个方面来展开：要培育一种快速反应的速度文化；要培育一种持续学习的创新文化；要培育一种适应挑战的竞争文化。我认为十分符合宝钢的实际。宝钢有的部门还结合自身实际，倡导有自己特色的企业文化，像设备部倡导“找差文化”。通过“找差”活动的开展，对潜在危机进行思考，这些问题想清楚了，就可能化解潜在的危机，也就提升了抗衡危机的基础能力。

水钢的巨变也是同公司领导重视企业文化分不开的，他们不断总结企业里的新事物，打一仗，总结一种精神，诸如“大河精神”、“炼钢精神”、“高炉精神”等，最后提炼归纳为“自强、开放、创新、追求”的水钢精神，广大职工感到很亲切，觉得这几年水钢就是按照这八个字，一步步走过来的，今后要更加自觉地发扬这一水钢精神，使水钢从胜利走向胜利。

萍钢的“事在人为，志在超越”的企业精神，“转变观念，眼睛向内，功夫下在自己身上”的企业理念等，也是实践经验的提炼升华。还有像江阴法尔胜钢绳公司、济钢、莱钢等企业，他们善于把成功的经验、甚至挫折的教训提炼成富有哲理意义的警句，写在厂区马路两侧专设的精致的宣传牌或厂房里面，既给人以深刻的启示，又鼓舞人们奋发向上。特别是莱钢炼钢厂，开展创建学习型工厂的活动，取得十分突出的效果，涌现出大批人才。

由于时间关系，我不准备展开讲了，只补充四点。

一是各级领导要自觉地成为企业文化的体现者。有人说，企业文化就是企业领导人的文化。如果作为领导人，不能体现自己所倡导的企业精神和经营理念，那所谓企业文化也就是一纸空文，仅仅是一些漂亮的辞藻而已。特别是对不按照企业的共同理念和价值观办事的人如何处理，是考验企业领导自身对企业文化的真正重视程度。韦尔奇对德才兼备、有德少才、德才全无，以及有才缺德等 4 种人的处理很值得我们借鉴。特别是对第四种人，他认为最为棘手，因为这些经理完成指标情况不错，但他们与我们没有共同的价值观，他们总是踩在别人的肩膀上完成指标的，而且还常常欺下媚上。这种人是最难舍弃的，由于这种人手里掌握着权力，他们会破坏我们赢得今天和明天所建立起来的企业文化。韦尔奇说，我们一旦动手清除了第四种类型的经理，我们的事业就产生了飞跃。在中国的企业里，也存在韦尔奇所说的第四种人，如何对他们进行正确的处理，要引起各级领导的高度重视。

二是企业文化建设，要将精神层面和制度层面两者结合起来，也就是“以德治企”和“依法治企”结合起来。企业文化的建立绝不能停留在提出一些理念上，关键是要落实，要使企业精神和各种理念体现在日常生产经营中，体现在各项管理工作中，体现在制度建设上，体现在改革的方向上。企业文化的贯彻落实要德治与法治相结合，引导与强制相结合，要与机制的转换相结合。企业的规章制度实际上就体现了企业文化。如果说，企业文化更多的是强调倡导，是以德治厂；那么，企业规章制度的执行就是依法治厂，就带有强制性。

三是企业文化建设也要与时俱进。企业文化的形成是个潜移默化的过程，是个渐进的过程，既要继承那些在企业发展进程中起到积极作用的优良传统，更要随着形势的发展而不断赋予新的内容，使企业精神常谈常新，具有时代精神。

四是推行企业文化，要有一定的载体。要善于运用各种载体来推进企业文化的建设，其中一个重要方面就是要及时发现体现企业文化的各种闪光点，总结、宣传先进单位和先进人物的先进思想、先进事迹。这种先进典型的涌现，既可以体现企业精神的巨大力量，又可以使企业精神不断得到充实、提升。这就要靠企业各级领导的精心培育，使企业文化之花能常开不败。这项工作，在学术界来说，就是案例，通俗地说，就是把理念故事化。譬如，海尔的每一个品牌都蕴含着一个和几个故事。有人说，海尔人从张瑞敏开始，大部分人都是写故事、讲故事的高手。张瑞敏更是中国企业界的“故事大王”，他已把故事讲到美国、英国去了，这些给人们的影响更深刻。

当然，对物质层面上的企业文化，我们也要加以重视。这一方面，首钢也是很重视的，建设了篮球中心，支持中央民族乐团，举办了艺术节，丰富了职工业余生活，有利于身心健康。这就不多讲了。

希望你们在当前改革、发展的伟大实践中，更要进一步发扬光荣传统，使企业文化在进一步增强职工的凝聚力和战斗力、激励全体员工共同奋斗、塑造本单位新形象上，发挥更大的作用。

八、讲一讲各级领导班子自身建设的问题

作为一个企业的领导者，就应该是“三个代表”的倡导者和实践者，“八个坚持，八个反对”的模范。特别是各个单位的一把手，更应如此。朱镕基总理在我的一份报告中批示：“企业一把手可以兴邦，可以丧邦，可不慎乎！”充分说明了一把手在企业里举足轻重的地位。你们烟台会议的7个经验，除一线材外，都是在调整领导班子后不久就改变面貌的。

班子建设，要注意什么问题，我不想从理论上说什么。从我这几年和各企业接触的感受，感到这些企业所以能搞好，这些企业的领导班子、特别是一把手，他们所以在职工中有崇高的威望，有这样几个共同的特点：

（1）决策正确，在事关企业发展的重大问题上没有什么失误。决策失误带来的危害不是其他方面的改进可以弥补的。一个领导者在企业重大经营决策上的失误是不可能取得职工信赖的。当然，要正确决策，还须建立民主化、科学化的决策机制。刘永好创造了一个“批判性论证”的决策方法，其特点是论证中不说优点和可行性，只谈问题，“挑刺”。用刘永好的话说就是“只有经过几个回合的论证仍然批驳不倒的项目才决定投资上马”。

（2）个人人格的魅力。这主要体现在有强烈的使命感，有奉献精神，廉洁自律，身先士卒，严于律己。要求职工做到的，自己先要做到。“民不畏我严，而畏我廉；民不服我能，而服我公”。朱继民去水钢的思想境界；涂建民从领导班子约法三章做起，8个班子成员的5位夫人下了岗。你们东星、长白的领导班子也都有这个特点。长白搬迁这样顺利，同领导干部以身作则绝对分不开的。

（3）领导班子之间的团结和沟通。无论什么单位，如果领导班子不团结，那就什么事情都难以办成。当前还需要引起我们注意的是班子成员，特别是主要领导成员之间的沟通问题。这些单位班子应该说是团结的，但由于缺乏必要的沟通，同样也影响企业的发展。这些年我接触到企业面貌发生重大变化的，有3种类型，其中一种是班子内部的真诚沟通，还有宣钢轧钢厂党委书记的“三不能”：不能显，不能懒，不能软。

（4）要敢抓敢管，还要“敢于得罪人”。这里说的“得罪人”，不是指为了个人恩怨，而是为了企业的事业。如果为了个人的得失，不敢得罪那些损害企业和国家利益、并为广大群众所深恶痛绝的害群之马，那就必然会得罪广大员工，给这个单位留下无穷的后患。朱镕基总理就任后，在第一次国务会议上，和内阁成员约法三章，有一条就是“敢于得罪人”。东钢朱宪国为了推行改革挨了两次打，终于取得了广大职工的信任。

（5）勤于学习，善于总结，使自己的思想观念不仅能跟上形势的发展，并且具有前瞻性。要把企业建成学习型组织，首先要把班子自身建成学习型班子。学习是多方面的，既要向书本学习，也要向实践学习。这种学习，是紧密联系实际的，是和总结工作相结合的，是学以致用的。厉以宁说，知识也有个保鲜期。莱钢董事长、济钢股份公司总经理要求自己一年看50本书，即使不能全看，大体浏览一下也是好处很多的。北汽福田领导的学习精神。江阴企业家不下舞厅、赌场。通过学习，增强对新事物敏感，对实际情况的了解，对信息的掌握。还要注意一种倾向，一方面说信息少，闭塞；另一方面说节约资金，就砍报纸杂志的订阅，当然，也有报刊订了一大堆，就是不看不翻，有的科技处长3个月不看报，不看专业杂志。有人评说，张瑞敏与同时代的企业家不同的是，他不只是靠经验，更是靠不断更新的理论来指导企业。

（6）要使广大职工得到实惠，随着企业的不断发展，效益的不断提高，职工收入也有相应增长。

当然，还有一个建立对一把手的激励和制约机制问题。这需要各方面共同努力。特别是制约机制，否则也有可能使事物向不好的方向转化。冶金系统有过教训。

我衷心的希望，在座的各位，都要重视班子的自身建设，使各级班子都能按照“三个代表”的要求，成为带领全体员工建设新首钢的领导核心。

革旧鼎新　慎终如始

——在新钢领导班子会议上的讲话

2002年11月10日

先后到新钢恐怕不下10次了（包括新余和江钢分设时），亲眼目睹了新钢辉煌、滑坡、扭亏到振兴的过程，特别是1999年以后，一年胜过一年。从“治厂方针”的确定，一批先进典型的成长：先是烧结厂的从严治厂，职工士气高涨，自己筹资为办公室进行装修；以后是铁水上山；钢管厂的“警示牌”；中板厂的改革；子公司整体扭亏，实现了“决不把亏损带入21世纪”的誓言，等等。这次来，看了熊总13篇讲话，翻了翻近半年的《新钢每日新闻》，况总、朱总陪我山上山下都走了走，昨天又开了一个座谈会，对新钢的现状有了一个粗浅的了解。给我感受较深的是：

（1）在老领导的支持和鼓励下，新的行政领导班子在探索创新之路上取得可喜的进展。对新班子，李书记提出了“五个新”：新的思想、新的思路、新的作为、新的形象、新的贡献。施董事长反复强调：“你们要大胆地干，跳出原来的管理模式去干。”熊总在引导大家进一步转变观念，从深层次考虑问题，创造性地进行工作，营造一个“公开、坦诚、支持、信任”的工作氛围，包括举办管理论坛等方面都已取得了成效；新班子坚定不移地贯彻16字的“治厂方针”，也有了明显的效果；在对一些部门考核指标的确定上，抓住了工作中的主要矛盾，不搞一般化，颇具创意。

（2）在企业文化建设上，有新的突破。从16字的“治厂方针”到16字的新钢精神和新钢经营理念的确立，在管理思路上又上了一个新的台阶。李书记在前几年提出“文化塑厂”的基础上，又提出“革旧鼎新，慎终如始”作为新钢精神，把“文化塑厂”进一步具体化了。我认为抓住了要害。前4个字指明了方向，要破除各种陈旧的思想观念、思维模式，以及不适应社会主义市场经济的种种陈规陋习，要建立符合社会主义市场经济的新思想、新观念、新体制、新机制；总之，要改革，要创新，要与时俱进。后4个字讲的是一种工作态度、工作作风，对看准了的事要一抓到底，善始善终，不能虎头蛇尾。魏征有篇名文《十渐不克终疏》，就是讲的这个问题。“诚信为本，互利为宗”，这是一个企业能够立足于社会的最基本条件，但真正体现在生产经营的方方面面，也不是一件易事。

（3）在技术改造上，取得了很好的进展。这两年，新钢在技术改造的投入上，是历史最高的（17亿元）。特别是“金三角”地区，新转炉厂、高线厂的建设布局，和原有的中板厂等形成一个有机的整体，今后炼钢厂对三条轧钢生产线都能实现热装热送，温度可以达到800摄氏度，这在老厂改造中可以说是还没有先例。为今后新钢进一步发展打下了良好的基础。山上组建特钢公司，也有利于山上各个单位的统筹规划，优势互补，有利于特钢的发展。这样山上山下，就理得比较顺了。

（4）生产经营上，各项技术经济指标普遍有了提高，降低成本的力度和幅度大。除了

1999 年因铁水上山大幅度降低成本外，今年是新钢历史上又一次降本幅度最大的一年。产销衔接好，销售工作在思路上、营销策略上颇有创意。合作、双赢，保证对方合理利润；在处理市场和价格的关系上，通过资源的合理分配，既保价格，又不丢市场。

但是，以高标准来要求，新钢的前进步伐还应该更快一些，各方面工作还应该做得更好一些，各项技术经济指标和经济效益还应该更高一些。因为：

1）从外部来讲，国家对新钢的支持力度之大，在同类型企业中是不多的，几乎享受了各种优惠政策。连续 3 年的减员增效政策使新钢得益 3 亿多元，在全国也只有新钢和水钢两家；债转股（11.6 亿元）；转炉项目用的是国债贷款（3.5 亿元）。

2）从内部来讲，新钢的基础较好。在江西冶金系统里，一直位居“大哥大”的地位。总资产（73.7 亿元）是南昌（29.7 亿元）的 2.5 倍，萍钢（24.7 亿元）的 3 倍（当然，这里可能有些统计口径不尽一致）。但无论从产量、销售收入和经济效益都与此不相称。吨钢能耗、高炉、转炉主要技术经济指标在全省的三家钢铁联合企业中几乎没有处于领先地位的。我还把新钢同通化、涟源、韶钢、昆钢、酒钢等几家产量接近的钢铁企业相比，高炉的利用系数和入炉焦比在 6 家中都处于第 5 位，喷煤比则是最后一位，转炉冶炼时间也处于第 5 位，炉衬寿命则是第 6 位。当然，这也有一些客观原因。

（5）新钢有一支相对来说，比较强的专业技术队伍。其中，中高级技术人员有 994 人，占技术人员总数的近 40%，在江西冶金行业里也是首屈一指的。

当然，新钢也有其不利条件，两厂合并，人员较多，社会负担较重，比一般钢铁企业包袱更重一些。虽然，这几年技改投入不小，但还有一批装备比较落后。

面对当前这种严峻形势，新钢领导班子的头脑是清醒的，采取的措施也是得力的。靠我短短两天的调查，仅仅是走马看花，不一定能提出什么切中要害的建议。但由于这几年我每年还到企业调研五六个月，我想趁此机会，当个二传手，尽可能结合新钢的情况，介绍一些兄弟企业的做法，也许会对你们起到一些借鉴的作用。

一、在新形势下，要防止三种情绪的滋长

这两年，去到一些企业，感到普遍都存在这个问题。

一是“小变即安”的自满情绪。我在同你们一些中层干部接触时，也有所感觉。主要反映在对自己的进步估计过高，对兄弟企业的成绩较多地归之于外部条件好。要防止“3C”（complacency（自满）、conservation（保守）、conceit（自大））情绪。三明的欧阳同志提出的三条检验是否自满的标准。省委、省府领导提出“学习萍钢”后，新钢曾经多次派人前去学习，《新钢每日新闻》上还连载了 10 篇介绍萍钢的经验。但据说，这几年，新钢的主要领导没有去过萍钢，是不是还有“新老大”思想的影响。我认为，在江西，新钢必须打破“新老大”思想。只有破老大思想，才能争到老大地位。

二是要十分警惕那种强调客观、以外部条件来自觉不自觉地掩盖自身工作中问题的“外因论”情绪。这是一种思维方式上的顽症，在不同时期、不同情况下，会以不同形式出现。能不能解决好这一问题，是影响企业生死存亡的大问题。有的是长期计划经济形成的习惯思维模式在作怪，有的则是反映一种精神状态。当前，较多地反映在对标挖潜、看待兄弟企业的先进指标，以及对本单位提出的一些新目标、新任务等方面，还有在和兄弟单位的关系、上下级关系上，总是看到对方的问题，而原谅自己的毛病。其实，新钢铁水

上山、钢管厂的东山再起等自身的实践也说明了这种“外因论”是完全没有根据的。

三是要防止并克服缺乏信心的畏难情绪。目前，这种情绪往往是伴随工作中的进步而产生的。新钢的各项指标搞到这个程度，是花了不少心血的。再前进，难度会更大。因为，现在同几年前的起点不同了。过去起点低，往上爬相对来说，还容易些，现在已经到了半山腰，再前进一步都要付出比过去更大的代价。因此，部分职工中认为潜力挖尽，产生一些畏难情绪，是可以理解的。但企业要生存，要发展，不克服这种消极情绪，就会起很大的销蚀作用。比如新钢铁水上山，使新钢山上炼钢这一块，效益有了很大提高。但上山铁水的温降大，又会带来一些不利影响，对山上炼钢有影响。要解决这个问题，当然难度不小，但我们应该从一钢降低铁钢比的事例中受到启示，“过去想都不敢想的事现在都干成了”，“人类的一切进步都是从梦想开始的”。只要我们下定决心，相信总会实现的。中板厂会议室的大幅标语：“要为成功找方法，不为失败找理由。”就很令人振奋。

二、要重视研究适合企业特点的发展模式

一个企业没有发展，就不能凝聚人。

发展的多种形式。规模的扩张是一种，品种结构的调整、档次的提高也是一种。最终是要企业效益的增长。

在目前情况下，规模的扩张好似双面剑。要有两手准备，应对措施。在规模扩张的同时，一定要在提高产品的高附加值、高技术含量、高质量上下大工夫。

企业发展，一要决策正确，二要讲求时效。看准了，就要快上。萍钢所以能快速发展，原因就在此。头两套轧机的建设，都有一定的风险。但涂建民同志讲得好：“没有风险的决策任何人都可以做出，企业领导的作用就是在企业发展机遇来临时，敢于作出风险决策。”这就抢得了时机。一定要重视投入产出比，能用管理解决的问题绝不用投入来解决。遵守“木桶理论”，找出真正的“短板子”。

相对而言，特钢的发展更要跳出按常规办事的框框。特钢的形势更为严峻，竞争更为激烈。至今全国重点统计企业中，亏损的主要是特钢。而且新兴特钢企业，如兴澄、淮钢的发展势不可挡，一些普特结合的企业，如莱钢特钢也有新发展；特钢部分品种上的优势也为转炉取代。就新钢而言，20 世纪 80 年代特钢有优势，但后来优势逐渐丧失，山上座谈时，他们谈到，甚至过去能炼的品种现在也不行了。我认为，新钢的特钢首先定位要准，要高。比如，是不是搞轴承钢。从新钢自身来讲，轴承钢是进了一步，但在市场上有没有竞争优势，要考虑。所以，特钢的发展必须要超常思维，要有一个跳跃式的发展。绝不能四平八稳地前进。否则，就难以生存。石钢转炉钢含氧量只有 30×10^{-6}，我们电炉还做不到，靠什么去和人家竞争。所以，对特钢的考核也要有重点。

不仅主体有发展问题，子公司的发展同样不可忽视。某种意义上更为重要。新钢人员子公司三分天下有其一，资产占四分之一。特别是对稳定一方至关重要。

子公司的问题，我看材料，今年已经开了两次总经理办公会议，在规范内部市场上有了进展，公司已发了 11 个有关文件。昨天严光明讲了 3 个问题：一是整合；二是改制，可以先试点；三是规划。这几点都很重要。但从子公司内部来讲，恐怕在观念转变、内部管理等方面还要下工夫。在座谈会上，主体厂意见还不小，认为保护落后的倾向依然存在。萍钢在这方面要好得多，逼出了一条路子。

三、要把创新作为企业发展的主旋律

要赶上先进，必须走创新之路。只是仿效，跟在人家后面，就难以提高竞争力。要克服因循守旧、跳不出习惯思维模式的框框，勇于创新。

一些企业的实践，还证明了：创新是使人才得到锻炼成长的一条必经之路。哪里的创新氛围浓，哪里的人才成长快。

主要是技术创新、管理创新、机制创新。

技术创新。技术人员必须人人有课题，没有课题的就没有评聘资格；攻关人员要指定和自荐相结合；打破界限，集中力量攻重点课题。

管理创新。要提到重要议程。比如：水钢二轧从厂部到班组，层层都重视创新；煤焦化公司从过去内部都很少沟通往来到外出挂职，一轧提出“从看得惯到看不惯”；川威管理干部人人都有创新课题；莱钢炼铁系统优化大纲的制定；班组的“情绪牌”。

机制创新。三项制度改革没有终结。你们的考核制度的改革也是一个好例子。比如石钢人事分配制度的改革。

趁此机会，我还想介绍一些企业结合实际工作培训人才方面行之有效的、具有一定创新意义的做法。武钢二炼钢的“岗位点球滚动练兵法”；武钢机关谭丽丽的队伍培训；莱钢的学习型组织；水钢的管理论坛及工作纪实；韶钢中板厂的“官教官，兵教兵”，设立“书吧”。

要为创新营造一个良好的氛围。“鼓励创新，宽容失败；鼓励思考，宽容失言；鼓励实践，宽容失误”。还要从机制上来保证。

四、要充分发挥企业文化的巨大作用

这几年，到一些企业，看到有些人气很旺，企业也有一股蓬勃向上的气氛，单位之间、员工之间你追我赶；有些则是成绩不大年年有，四平八稳。这里的差异除了前者的发展前景看好外；职工感到自己有施展才能的舞台，有一种挑战自我，永不言败，敢于突破，勇于创新的氛围。这就是企业文化的威力所在。新钢的企业精神虽然提出不久，但已经可以看到它所发生的影响。

“文化是一种综合国力”——江泽民

三流企业靠生产，二流企业靠营销，一流企业靠文化——于光远

健康向上的企业文化是一个企业战无不胜的动力之源——杰克·韦尔奇

企业文化首先是企业领导人的文化。企业领导，特别是企业一把手，不仅应该是企业文化的倡导者、组织者，同时，还必须是实践者。这不仅体现在重大问题决策的正确与否，也同样体现在企业文化的建设上。比如水钢、萍钢、莱钢炼钢厂的做法，就很值得我们学习。

其次是要抓好落脚点。落实到企业领导和全体员工的行动上，企业文化是体现了企业领导的意志，但最终必须落实到企业全体员工的行动上，才能使企业文化真正发挥作用。萍钢在这方面比较突出。萍钢的人气旺，士气高，最突出的就是对公司领导的决策，不讲价钱，不评头品足，而是全力以赴，坚决完成，从而创造了很多意想不到的业绩。这同萍钢的核心价值观深入人心分不开的。莱钢炼钢厂的学习型组织、4 种理念的树立也很具有典型意义。

第三是要有载体。企业文化是潜移默化地起作用的。特别是要善于运用各种载体来推进企业文化的建设，其中一个重要方面就是要及时发现体现企业文化的各种闪光点，总结、宣传先进单位和先进人物的先进思想、先进事迹。这种先进典型的涌现，既可以体现企业精神的巨大力量，又可以使企业精神不断得到充实、提升。这就要靠企业各级领导的精心培育，使企业文化之花能常开不败。把故事理念化，把理念故事化。领导动手，编写案例。

五、介绍一些企业班子建设的情况（略）

原先准备多留几天，前两天，北京方面来电，希望我 15 日前赶回去。这样，时间只能压缩，来不及深入同各方面多交谈，把新钢的一些好经验认真总结一下；对新钢当前的问题也不可能深入触及。因此，今天所谈的问题很可能是隔靴搔痒，谈不到点子上。但一些兄弟企业的做法和经验，我想多少总会对大家有所帮助。

谢谢大家。

再接再厉　乘胜前进

——在福田怀柔汽车厂中层干部会议上的讲话

2002 年 12 月 10 日

王总请我来作些调查，安排每个事业部 1 天。上个月 25 日到怀柔南厂。上午听了厂领导情况介绍，下午看了现场，接着座谈，最后我说了几点意见，蔡厂长他们听了，就要我和大家见见面，说一说。由于前一段时间主要还是在公司调研，后来又接连开了 2 个经销商和供应商的大会。因此，前天才同公司领导就这次调研中感到的一些问题作了交谈。昨天在发动机厂的干部会上讲了讲，今天到你们这儿来。虽然这些年，我每年都有五六个月的时间到企业作调查咨询，但主要是钢铁企业。汽车厂以前去过几家，都是参观或是访问用户性质的。只是在 1998 年以后，才同北汽摩和福田有了接触，做过一些调查。第一次到怀柔厂，也是在 1998 年冬，以后又来过几次。这次来，应该说是这几年中进步最大的。今年的汽车产量比去年增加了近万辆，预计可以超过 38000 辆，其他各方面工作也都有了明显进步。TPS（丰田生产方式）的推行，取得了初步成效；合并了不均衡的工序，改变了不合理的工位，现场环境更整洁了，生产节奏也快了，物流更有序了，在线零部件减少了。管理的强化、分配制度的改革，以及严格的考核，大大提高了劳动生产率，人员比前减少了，但月产量却大大提高了；2001 年总装车间全年平均 550 人，但当年最低月产量只有 1700 台；今年 8 月开始实行计件工资，当月生产 4241 辆汽车，而人员因调到重型车厂，减到 450 人；其他车间情况也差不多。产品质量也有了提高，小卡、轻卡，2000 年以后没有发生重大质量事故；降本增效工作也有了进展。特别是员工的思想观念都在潜移默化地转变，福田文化所提倡的企业精神、经营理念逐步深入人心，这些，将在今后工作中起到越来越大的作用。这些都使我对怀柔厂今后发展的前景充满信心。

对怀柔厂今后的工作，我提不出什么意见。今天只能就企业的一些共性问题谈几点看法，我尽可能结合你们的实际情况，供大家参考。

一、福田当前面临的形势：既是形势大好，又是十分严峻

说形势大好，是福田在短短几年里实现了“三大转变”，取得了惊人的成绩。特别是近两年，变化更大。一是实现了持续的高速增长。特别是 2001 年以后，连续两年每年销售收入都以 50% 以上的幅度增长，预计今年可超过 70 亿元，实现利润 1.4 亿元。二是产业结构实现了重大调整。福田是以农用车起家的，现在经营范围涉及汽车、农业装备、建设和金融四大产业。前几年，汽车销售额开始超过农用车，预计今年的汽车产销量将达到 14 万台，在全国同行业中位居第六。其中，卡车实现了从微卡、轻卡、中卡、重卡的全系列发展，这在国内众多汽车企业中是独一无二的。轻卡连续 4 年在全国同行业中排名第一，市场占有率达到 30%；联合收割机自 1999 年投放市场后，两年后产销量即跃居全国

第一，今年已占市场总份额的70%以上。三是产品开发取得重大进展。近两年，新开发了风景海狮系列的轻客、中客和阳光轿卡等乘用车，使福田在汽车行业里又进入了一个新的领域。欧曼重卡、奥铃轻卡等卡车的成功开发，使福田在卡车市场上提高了档次，特别是欧曼重卡的车身，是福田自行开发的，设计新颖，风格独特，具有多项自主知识产权，一投放市场，立即获得消费者的青睐，今年生产了2400台，明年将跃增到2万台。四是产品质量稳步上升。通过对零部件供应商的强化管理、设计的改进，以及TPS的推行，福田产品的质量正在稳步上升。以风景轻客为例，虽然投入市场还不到3年，但据2002年1~9月的统计分析，它同已有十几年发展历史的、在轻客行业中占绝对老大地位的某型轻客相比，平均每台故障数和前20位主要故障的比例相近似，这说明了双方产品质量水平大体相当。

这些方面的进步，可以归结为“三个转变”。就是：一是从农用车到汽车的转变；二是管理区位以及高档车辆生产从山东到北京的转变；三是从名不见经传的小企业到作为在首都、以致在全国有影响的大企业的转变。这3个转变都是具有重大历史意义的。这3个转变，一方面说明福田的位置在不断得到提升，取得了社会和客户的认可；但另一方面，也带来了不少新问题。用户层的变化，竞争对手的变化，加盟企业和员工思想状况的变化，对我们的要求更高了，而我们的思想观念、工作作风、生产管理、营销策略等，是否能跟上这些变化的要求，就成了影响发展的大问题了。再加上汽车市场竞争越来越激烈，现在研究福田这匹“黑马”的越来越多了，竞争对手同当年搞农用车时不可同日而语了，稍一松口气，就会被人家赶上。现在福田的老总们面临的矛盾也越来越多；发展速度和原有基础的矛盾，加快新品种的开发和投放市场与现有软硬件的矛盾；企业发展与职工收入的矛盾。这些矛盾搅得你们的王总寝食不安，整天东奔西跑，脑子里每时每刻都在高速运转。有些决策确实带有相当风险，但如果稍一迟疑，可能就丧失了时机。但如果决策失误，那带来的危害就不是短期内可以弥补的。因此，当前对福田来说，还不能简单地套用“居安思危”这句老话，用“居危思进”可能更恰当些。

二、要继续把转变观念放在重要位置上来抓

福田的变化，同各级领导和全体员工思想观念的转变是分不开的。我个人的体会：“千条万条，转变观念第一条”。那天你们厂领导向我介绍情况时，也重点谈到了近年来员工思想观念上的重大变化。没有这些变化，肯定就不会有今天的怀柔汽车厂。因为，“观念决定思路，思路决定出路。”冶金系统这样的事例很多，如水钢对亏损原因的解释。

转变观念，就是要使自己的思想能跟上形势的发展，能从过去计划经济下的思想观念束缚下解脱出来，使之符合社会主义市场经济的要求。这反映在方方面面，我不一一展开讲。但是，从我接触到的不少企业情况看，有3个问题要引起我们注意。

一是要警惕那种悠然自得的心态，树立高度的紧迫感、危机感。市场经济是竞争经济，竞争推动社会进步，推动企业和个人的进步。过去“几十年一贯制”的情况再也看不到了，那种悠悠闲闲的日子也同我们拜拜了。无论是一个国家、还是一个企业、或者个人，谁不能在竞争中胜出，就必然会被淘汰。“我们遇到敌人了，敌人就是我们自己。”因此，我刚才说“居危思进”比“居安思危”更符合实际情况些。

二是要有自豪感，但要防止自满情绪。近年来，怀柔厂进步很大，值得自豪。但自豪

不等于自满。往往两者界限并不十分清楚。要警惕“3C”。要认识到：一是我们的进步更多的是纵向比，横向又如何呢？我们的差距有多大？我们的参照系要定得高些。二是要看到人家也在进步，甚至进步比你快。这种事例冶金系统不少。竞争激烈，你追我赶。因此，我们要不断找差。比如宝钢设备部的“找差文化”。

三是要警惕“外因论”的思想影响，树立“眼睛向内，自立自强”的精神。“外因论”是种顽症，在各个时期都会以不同形式出现。如三明钢铁对学邯钢的认识。日常工作中更是比比皆是。“遇到问题找方法将是一个成功者，遇到问题找借口注定是个失败者”。我们要为成功找方法，不为失败找理由。

三、在从严治厂、进一步强化各项管理的同时，要高举创新的旗帜，推动全员创新活动（略）

四、关爱员工，努力提高员工素质，进一步调动员工的积极性、主动性、创造性（略）

五、充分发挥企业文化的巨大作用（略）

六、谈一谈各级领导班子自身建设的问题（略）

专门对最基层的同志讲话，这几年还比较少。由于缺乏深入的调查，可能有些意见不一定切合实际，所谈到的一些事例绝大部分都是冶金企业的，没能更好地联系你们厂子的实际情况。但我想主要是通过一些观念和做法对你们能有所启发，促使你们来深入研究自身的问题，开展创造性的活动，以后如果有机会来，能够看到你们的新成绩，听到你们的好经验，这对我来说，就是最好的回报。

谢谢！

给姜明东同志的一封信

明东同志：

感谢你给我提供这样好的一份学习材料。从这些材料中，我看到了一位基层领导同志如何殚精竭虑地为企业的发展而不断改革创新；如何在每项具体工作中真心实意地落实“以人为本”的理念；在这些新创意、新点子中，我不仅看到了你们这个领导班子所闪耀的智慧火花，更触摸到了一颗颗和职工紧紧相贴的炙热的赤子之心，使我深深受到教育，受到鼓舞。

你们由厂长带队，率领200多名员工，到火车站像迎接凯旋归来的英雄那样去迎接一位服从大局、牺牲小我，从农历小年夜前到翌年二月初，一直在外坚守岗位、恪尽职守，在平凡的岗位上作出不平凡的业绩的董书然同志的归来；对由于工作中的疏漏，致使为技术攻关中作出了贡献的工程技术人员李茂修同志没有得到应有的表彰，你作为厂长，亲自在大会上赔礼道歉，并当众宣布了厂部对自己的通报批评；你们对那些文化程度不高，但却在工作实践中练就一招绝技、作出了人所不能作的业绩的李淑兰等同志授予了“厂内操作师”的称号，并且进一步制订了“四师制”，使所有为连轧厂发展作出贡献的员工都能得到应有的荣誉。你们还实行了“大面积立功活动”、“家庭集体立功”、“夫妻立功”等，千方百计调动各方面的积极性。有些做法，可能会有人认为是在“作秀”，是“哗众取宠”，但我却感到这是充分体现了你们对员工辛勤劳动的尊重，使广大员工随着企业的发展，其个人价值也得到了应有的提升。

你们在从正面调动积极因素的同时，对那些有害于企业正常生产经营的种种不良倾向，毫不手软地进行处理。“扶正祛邪”，不祛邪无以扶正，不扶正难以祛邪。这是一块硬币的两个方面。你们坚定不移地贯彻了“从严治厂”的方针，敢抓敢管，按照规章制度一次处理39名违纪员工，并且对领导班子提出了“三不主义”：“哭哭啼啼不心软，托人说情不松口，威胁恫吓不畏惧。”压住了歪风邪气，伸张了正气，进一步鼓舞了广大员工爱岗敬业，奋发图强的精神。

“有东风就借东风，没有东风就造东风”，这话说得何等好啊！大环境的改善不是我们力所能及的，但小气候却是我们完全可以营造的。你们正是本着这种精神，进行改革创新，为我们提供了许多新经验。现在，有些同志一遇到困难，就强调外界条件如何不利，甚至以此来推卸作为领导干部应该负起的责任。相比之下，两者的思想境界有多么大的差别啊！

你们创造这些经验时，正是我担任中国冶金企业管理协会副理事长的期间。当时，我曾在《中国冶金报》上看到刊登明东厂长从严治厂、取得很大成效的报道，这一报道中介绍了上面提到的“三不主义”。我曾用笔名写了一篇短文，在《中国冶金报》上发表，以表示对明东同志这种做法的支持和肯定。但遗憾的是，我并没有跟踪调查，对明东同志的一系列管理创新的做法一无所知，这是我的失职，我感到愧疚。这次来本钢，但同样由于我的工作不够深入，因此直到工作结束时，才看到这些材料，以致无法在这次调研工作中进行深入调查。

现在，我关心的是，这几年连轧厂怎样继承发扬原有的好传统、好作风；又是怎样在原有的基础上进一步发扬光大，继续创新？在全公司范围内，还有哪些像当年连轧厂在管理创新方面有新的创造，新的经验？希望能听到这方面的好消息。

至于明东同志，现在你已在更高的层次上，担负起更重的责任，我衷心希望你在“三个代表”重要思想的指引下，在公司党委和总经理的直接领导下，保持过去那种旺盛的创新力，为本钢的发展立新功！

董贻正

2003 年 8 月 10 日

（姜明东同志时任本溪钢铁公司副总经理，此前任本溪钢铁公司热轧厂厂长。）

以改革促发展 努力提高综合实力

——在龙钢中层干部会议上的讲话

2003 年 12 月 4 日

第三次来龙钢，看到龙钢一次比一次进步。上次是 2001 年 9 月，为你们艰苦奋斗的精神所感动。这次来，确实有“刮目相看”之感。就像你们所说的：“每一年，每一天，都要有进步。”上次是省行业办王主任陪我来的。去了略钢、汉中和龙钢，当时心情相当压抑。陕西冶金恐怕不下十万人，搞了四五十年，还不到 50 万吨钢。而且，接连不断地破产，被收购。我认为，陕西发展钢铁工业有一定的煤、矿资源及人力资源优势，又有较好的市场前景和地域优势，理应搞得比现在更好些。因此，那次在离开陕西前，我曾给省领导写了一封信，谈了谈自己的感受和建议。但这次来前，感觉大不一样了。来前我查了一下统计报表，今年 1 ~ 10 月，全省产钢 130 万吨，在全国的排位虽然只提前 1 位，超过了黑龙江省，但增长幅度却惊人。钢的增长速度是全国第二，同比增长 84.71%；材的增长速度是 62.11%，全国第一；铁的增长速度是 35.83%，全国第五；焦炭的增长速度是 35.63%，全国第 4 位。而其中起决定作用的是龙钢。2001 年，龙钢全年钢产量为 29.72 万吨，2002 年达到 45.60 万吨，今年 1 ~ 11 月，就达到 95 万吨，全年突破百万吨大关是胜利在握的。两年钢产量接近翻两番，可以说实实在在实现了“跨越式”的发展。上次来时，看到省行业办制定的《陕西省冶金工业“十五”规划纲要》，提出到 2005 年，全省的铁钢材产量都要达到 150 万吨左右，现在提前两年超额实现了，而且第一次实现了全省钢铁工业产值超过有色金属工业的良好局面。在此，我以一个在冶金战线奋斗了半个多世纪的老同志身份，向为陕西钢铁工业作出重大贡献的全省冶金系统的各级领导和广大员工，特别是龙钢的各级领导和广大员工致以崇高的敬意和亲切的慰问。

我是前天下午从北京直接到韩城的。当天下午，在公司领导陪同下，到生产现场看了看，接着同班子成员交谈到 7 点多，晚饭后又同张总谈到 11 点半。昨天早起，看了看你们的厂报以及其他一些资料，接着同昌龙、同兴、综合服务公司的领导进行了座谈。来后，肖主任、王主任和张总等公司领导都要我同大家见见面，讲讲话。我想这次只是和大家接触了短短一天的时间，讲不出什么有针对性的意见。但几位领导一再要我讲，盛情难却，于是在昨天下午，作了些准备，一方面是介绍一些行业的形势，同时尽可能结合龙钢情况，介绍一些兄弟企业的好的经验，供大家参考。

一、讲一讲当前冶金工业的形势

当前形势，概括为三句话：近期市场很俏，当前竞争激烈，未来危机重重。

市场俏，是因为钢材需求量大。我国工业化和现代化并举，城镇化，基础设施加速，全国成为一个大工地。供求关系决定了钢铁企业利润的丰厚于是各行各业纷纷投资钢铁工业。

这一投资高潮的特点是：民促国，小促大，（行业）外促（行业）内。

近两年出现了需求增长快，但产能增长更快的局面。你们要增长到350万吨甚至更多，陕西要突破500万吨。其他省虽然速度没有这样快，但增长的绝对数要比这大得多。在不长的时间内，将会形成产能大大过剩的局面。不少企业领导也看到了这一险情，但却处于两难处境。不扩大规模，就有被挤出局的危险；扩张规模，则眼看产能过剩，也会有一场恶战。但大家都抱着这样一种心情：只要我不淘汰出局就行。但一场恶战之后，即使不死，也都会元气大伤。有人说，钢铁工业重新洗牌的日子为期不远了。有的企业小报展开了一场题为："2005年，我们准备好了吗?"的大讨论，使大家有充分的思想准备，来迎接这场恶战。

这场竞争，主要反映在三大争夺战：争夺市场，争夺资源，争夺人才。所说的"危机重重"，就是指的这个。钢材积蓄量是比发达国家少得多，但不可能设想在短短几年内赶上去。特别是民营企业将对我们这类企业构成巨大的威胁。他们投资省，运行成本低，在大路货产品中具有极大优势。

面对这种情况，我们怎么办?

（1）以十六大和十六届三中全会的精神为指针，树立正确的发展观。十六届三中全会第一次提出"树立全面、协调、可持续的发展观"，这同过去提的"持续、快速、健康发展"不一样。《决定》鲜明提出了"五个统筹"的重要思想，即统筹城乡发展、统筹区域发展、统筹经济社会发展、统筹人与自然和谐发展、统筹国内发展和对外开放。不是说不要持续，快速。而是说，单纯追求持续、快速，不一定就能实现持续、快速；"全面、协调、可持续"才能实现真正的持续、快速。20多年改革开放启示我们：社会发展的战略目标，不是单纯追求国内生产总值的增长，而是在经济发展的基础上促进社会全面进步，促进人的全面发展；经济体制改革不仅要有利于促进生产力的发展，而且要有利于全面体现社会主义现代化事业的要求，实现社会和谐和全面进步。

对我们企业来讲，是否也有这样的情况。我们往往将发展简单地看作数量的增长。当然，适当的数量增长是必要的。特别是对陕西这样的省份，更有必要加快发展。现在大家都强调规模经济。但规模也不一定带来经济效益。要讲规模，但不是唯规模论。中央早就指出：发展是主体，结构调整是主线。但在当前这样快速发展的情况下，我们必须保持清醒的头脑。因此，我很同意张总的说法，达到300万~350万吨规模后，要采取有效措施，巩固现有成果，在发挥现有装备的潜能上下工夫，真正做到投入少、产出大，见效快。在品种、质量、成本、服务上下工夫，在提高核心竞争力上下工夫，办出特色来。

在企业内部工作中，也同样存在这问题。往往单纯追求产量，产量反而上不去。以前"三打二千六"。莱钢"三打173"。全面、协调发展，进行系统思考，问题得到解决了。比如，在决定明年的考核时，有的企业就有两种不同的思路，一种是将产量提到60%，一种是加重管理基础的比重。要看到工夫在诗外。

（2）不断总结经验教训，坚持探索创新，在巩固改革成果的同时，加快改革的步伐。近年来，在《中国冶金报》上经常看到龙钢改制的报道，我印象很深。你们提出了"资本股份化、融资社会化、产业规模化、效益最大化"的发展思路，在2002年一年内，你们向社会融资近4亿元，新上八大七小技改项目，大大加快了发展的步伐。2003年，又在此基础上通过多种渠道继续进行融资，使公司今年钢产量突破百万吨，明年可以形成300万～350万吨钢的综合能力。这样的发展速度，在冶金行业里是罕见的。而形成这样的能力，资金一共大约需要14亿～15亿元，从2001年的30万吨能力到明年350万吨能力，增长320万吨，大体每增加1吨钢的综合能力，只需500元。这也是一个奇迹。这一奇迹的发生主要归功于你们在改革的道路上敢于探索，敢于突破现有束缚生产力发展的框框。昨天我同一些基层同志座谈时，我感到他们都富有创造性，具有很强的创新精神。

我还没有很好地消化你们的经验，初步归纳起来，可以说是百花齐放，形式多样：

1）引入社会资金，双方合资。如燕龙炼铁，兴隆炼钢；

2）职工募股。典型的是同兴，1997年开始，5年来所分红利已经超过本金；

3）以市场换取股金和所需的生产资料。昌龙是很好的典型，还有正在建设中的球团厂；

4）建立战略联盟。如龙泉轧钢公司，他供我焦炭，我供他钢坯，为我加工。海燕钢铁，他建高炉，我用他生铁。

这些，都充分体现了“利益共享，风险共担，共同发展，实现双赢”的原则，因此有很强的生命力。

你们这些做法，完全符合十六大和十六届三中全会的精神。十六届三中全会明确指出：“进一步增强公有制经济的活力，大力发展国有资本、集体资本和非公有资本等参股的混合所有制经济，实现投资主体多元化，使股份制成为公有制的主要实现形式。”

实践证明，你们提出向民营企业学习的方针是正确的。萍钢“与狼共舞”，就要把自己变成狼。特别是民营企业的一些机制，同兴推动了你们西安轧钢厂的改革。当然，在学习民营企业的同时，也不要对国有企业的优良传统和优势随意加以否定。要扬长避短，取长补短。比如劳动竞赛，思想政治工作，企业文化建设等。

当前，在深化改革方面，要及时总结经验，在巩固现有改革成果的基础上，进一步向纵深推进，真正建立起“归属清晰，权责明确，保护严格，流转顺畅的现代产权制度”。改革在取得很大成效的同时，也会带来一些前所未有的新问题，比如混合所有制经济，一厂多制，必然会出现两种体制的碰撞，两种思想的碰撞，像用工制度，薪酬制度等。有些是直接涉及员工的切身利益，这些问题都要在改革的实践中逐步给予解决。

在改革中不可能不出现一些问题，对这些问题要具体分析，区别对待。对出于私心，利用改革的时机，以权谋私的，要认真处理；对虽然不符合现行的规章条例，但确实是有利于生产发展，有利于经济效益增长，有利于职工生活改善的，要加以支持，对其中发生的一些问题，帮助解决。至于对一些既无明文规定又不允许办的，则要允许基层同志进行探索，山东同志讲：没有政策就是最大的政策，擦边球并不犯规。当然，如果游戏规则修改了，那又当别论。总之，要“鼓励创新、宽容失败；鼓励思考，宽容失言；鼓励实践，宽容失误”，及时总结经验教训，加以改进，绝不要一碰到问题，就走回头路。

我介绍一些兄弟企业的情况。萍钢恒驰，全公司305人，1998年改制时全年收入只有900多万元，2000年收入1700万元（社会营业收入不到30万元，现在最高时占30%），和前两年差不多。但一是运输结构变化，汽运量减少，运价降低11.36%。因此，同样是包干，内涵不一样，靠降成本，堵漏洞。把汽油车改为柴油车，避免给摩托车供“人情油”，又节省了开支，仅这一项，一年降低成本50多万元，汽改柴的投资一年就可收回。

机关从50多人减少到19人。指标分解，落实到个人。采购方向盘，市场价8000元，他们2000元买来，绝对是正品。接手时，90%是将要报废的车辆，现在已更新70%，增添了新的特殊用工程车。资金筹措：一是同一汽、二汽商议，分期付款，首付30%，这样解决了10多辆；二是职工募股240万元，现在以30%的红利回报；三是利润、折旧；四是与对方协商，暂缓偿还应付款，按一定利息支付。现在生产运输只能保本，靠基建运输赚钱，今后还要进一步走向社会，做大做强。

萍钢赣西医院，2000年改制。改制前全靠公司拨款。改制3年，实现了5个翻一番：固定资产净值从600多万元增加到1200多万元；全部业务收入从历史上最高不到1000万元到2001年1700万元，今年预计将达到2000万元；对外业务收入过去从没超过300万元，去年600万元，今年预计700多万元；过去年年亏损，2000年后利润分别为35万元、50余万元，今年到10月已超过60万元；职工收入从6500元到13000元。

公司每年拨入1010万元医疗保健费，医院每年向公司缴纳固定资产使用费63万元，相当于职工工资46%的几项费用110多万元，总共180万元。

改制前，没像样的设备，不少检查做不了。这3年加强硬件建设，三年固定资产投资超过前30多年，增加了彩超、CT、腹腔镜等。资金一是靠职工募股，以20%的红利回报；二是与厂家协商，分期付款，如彩超3年付清。今年还通过了ISO9000、ISO14000认证；投入20多万元改造医院内部环境，建焚烧炉、污水处理厂。

改制头两个月，亏损，发不出工资。于是逼得搞三项制度改革。人事制度改革上，先由院领导聘任科室主任，然后全员下岗，由科室主任组阁，院部不插手。有的本科生也淘汰了，在家发生活费。这样一来，危机感就上来了。再是分配制度的改革，过去是拿档案工资，平均发奖。改制后，各科室收入在提取院部管理费后，全由科室支配；院部每月不定期抽查使用情况。

去年，同广东兴宁市黄陂镇的卫生院合作办院。这个镇有4万人，基础较好，1992年就是亿元镇，附近还有2个镇，有8万人。当地有个卫生院，过去年收入约40万元。双方经过认真考察后决定由萍钢赣西医院派出15个医务人员，有医生、护士、药剂师，还有财务、管理人员。解决了过去不能做的手术和一些疑难病症，声誉鹊起，全年收入达到200万元。协议规定：总收入在120万元以内，利润五五分成；120万~150万元区间的利润我四对方六；200万元以上三（我方）七分成。刚开始时，不少人不放心，怕院内骨干力量分散，怕合作不成功，拿不回钱。现在尝到了甜头。广东合作人员，一年轮换一次。

实力强了，每年还选派10名骨干到北京、南昌等大医院进修，3年内要求全部达到大学水平。明年还要盖住院部，投资1000万元。

最大的体会是：改制改比不改好，早改比晚改好。

二、三项制度的改革

这是涉及广大员工切身利益的大事。这几年各企业在这方面都做了大量的工作。还要进一步深入，要不断发现新问题，研究新对策，将改革引向深入。最主要的是员工收入一定要和业绩挂钩，专家津贴是好的，但更要加重和业绩挂钩部分的奖励。萍钢初期的“花钱买指标”，新钢超额利润的“6、2、2”分成。到一个大公司下面的加工公司，他们干得还是不错的，一线员工平均年收入有15000元。我问他能不能发展得更快些？他说，还有潜力。但干多了，对个人也没有什么好处。因为，反正工资总额不能突破，何必再费什么劲？在水钢医院座谈，目前他们对医院采取的补贴制度，是病人治得越多，医院的支出越大，而医生的收入却没有增加。这必然会影响到医生的积极性。还有分配制度上的“官本位”制，挫伤了技术人员的积极性。既要重视严格考核的负激励，还要重视正激励。要建立科学的考核体系。比如，宝钢炼铁部原烧设备车间烧结电气作业区，一直强调点检的“三率”，即“到位率、命中率、有效率”。但由于点检线路长，作业区难以有效掌握点检员“三率”情况，致使考核办法无法落实。2000 年 11 月，作业长胡仲文，将考核办法进行细化，制定出具有该作业区特色的考核方案：（1）以上一年该设备故障次数（时间）为参数，确定品质基数；（2）每月汇总点检员自己发现以及生产方在其责任区内发现的设备问题的数量；（3）确定发现问题的性质及是否及时采取了有效纠正措施；（4）以点检员对自己责任区内发现问题为正数，他人发现问题为负数，再乘以已发现、解决问题的难易系数和设备的品质基数，进行考核，且与奖金直接挂钩。实施短短 2 个月，点检质量就得到明显改善，点检人员中最多有发现 31 个设备隐患，最少的 1 个也没有发现，促进点检人员增强责任心，提高自己业务水平。

三、要牢牢抓住管理这一永恒主题，不断提升管理水平

当前，加强管理对龙钢具有更为迫切、更为现实的意义。

一是规模在短时间内的急剧扩张，混合所有制经济带来的新问题、新矛盾，战略联盟关系的建立，市场竞争激烈程度的加大，都要龙钢在管理上有一个突破性的进展。

二是新的管理手段、现代化管理方法的采用，要求管理人员加快提高自己的素质。特别是 ERP 的建立，对很多传统的思维方式、管理习惯，都将是一个很大的冲击，如果意识不到这一点，很可能花了大量投资的成果，发挥不了其应有的作用。很多企业 ERP 的失败，与此有关。我们不要不自觉地成为实施管理现代化的绊脚石。

三是龙钢今年以来一些技术经济指标有下降现象，更值得我们重视。《龙钢通讯》上刊登了张总在 10 月 10 日召开的“劳动竞赛表彰大会”上的讲话，他严肃指出：“劳动竞赛过后，各项指标大幅下降”，指出“目前在我们的主观上也产生了大量的问题，管理松弛，漏洞百出”，“成本意识不但没有加强反而削弱”，值得我们高度重视。这固然有客观原因，但千万不要自觉不自觉地以客观原因来掩盖自身工作中的问题。“遇到问题找方法将是一个成功者，遇到问题找借口注定是个失败者。”

在当前竞争激烈的态势下，管理的重点还是要围绕降低成本、保证质量的稳定、在稳产的基础上保持高产。张总提出明年要紧紧围绕“实施低成本战略，加速企业发展，增强市场竞争力”这个核心来开展工作。我完全同意。张总还谈了降低成本的 6 项措施，除了一些技改措施外，特别提出要坚持对标挖潜。前年来时，就感到你们工序成本太高，现在有所好转，但力度还不大。萍钢提出“平均成本就是死亡线”。龙钢成本在行业里究竟处于什么位置，这次我来不及深问。有的企业主体生产厂都在厂门口或其他显著位置设立对标牌，把本单位的各项主要技术经济指标同兄弟企业的对比一一列举，提醒员工时刻注意。对标挖潜，就要有明确的对标对象，限期赶上。降成本，要全方位、多渠道降。制造成本、物流成本、采购成本，都要降。降成本潜力还是很大的。

管理，一是要加强基础工作；二是系统工程的角度抓，炼铁系统优化问题要提到议

程；还有工程项目的系统管理，龙钢一些项目建设快，工期短，投资省，但还要在达产达效上多下工夫；三是管理创新。要防止形式化，考核评优。

四、充分认识到人才资源是第一资源，加快人力资源开发的步伐

人才问题，对在座的有双重意义。自己是企业人才之一，同时又负有开发人才之责。

龙钢对人才问题很重视。在健全公司培训网络的基础上，以抓“三个学校”为重点推进学习的开展，主要是以岗位技能培训为主的“技工学校”。一是以自学提高、深造为主的“成人教育大学”，包括“专升本班”、“工程硕士班”等；二是以提高干部素质为主的“干部培训学校”。今年有500人报考电大，说明大家对学习的迫切性。

但从龙钢发展的需要来看，人才的短缺越来越明显。我要了几个数字：现在公司具有各类专业技术职称的人员只有700人，其中正高级1人，副高级29人；中级250人，绝大部分是初级的450人。明年要形成350万吨能力，这样的技术人员构成显然是不能满足需求的。

因此，要采取有效手段，加速培养。

五、要把企业文化建设向深层次推进，使企业文化真正成为企业之魂

记得前年来时，我在讲话中很不客气地说了一句话：“这次在龙钢，没能感受到龙钢的企业文化。”事后，我才知道这句话讲得有些绝对。事实上，在此之前，当时的厂党委已经作了长时间的酝酿和探讨。这次来，龙钢在3个方面给我以深刻印象：一是以民营企业为榜样，进行改制工作；二是大规模的技术改造，龙钢到处都是工地；三是对企业文化的高度重视，成立了企业文化建设领导小组，张丹力任组长，王连智、宁水泉任副组长。《龙钢通讯》上刊登好多关于企业文化建设的文章。我很欣赏你们提出的企业精神：“每一年，每一天，我们都要进步”。进步从哪里开始？就是要从找出差距、找出问题开始。看不到问题，什么都OK了，就必然会自满自得起来。炼钢厂的文化通廊也是下了工夫的。

六、我想和大家共同来探讨如何加强各级领导班子的自身建设问题（略）

时间短，情况了解不深入。有些只是我在其他企业调查感受比较深的一些情况，向大家作些介绍。不妥之处，请批评指正。希望下次再来时，龙钢又是一番新气象！

加强各级领导班子自身建设 为湘钢的“二次创业”做出新贡献

——在湘钢中层干部会议上的讲话

2004 年 5 月 25 日

应曹总的邀请，来湘钢作调查咨询。以前也来过几次，上次是 1996 年 4 月，大约待了 3 天，1994 年随刘淇部长也来过，时间更短。这次是时间最长的一次，共待了 8 天。来前我把报刊上能收集到的湘钢资料作了些初步研究，来后到了 5 个生产厂，开了 5 个座谈会，阅读了今年以来的《湘钢报》和其他有关资料，还同曹总、赵书记和其他几位公司领导分别作了交谈。公司领导要我为湘钢号号脉，我虽然尽力而为，但对要了解湘钢这样一个大型企业来说，这几天时间恐怕只能接触到一些表象。公司领导要我同大家讲一讲。讲什么呢？我想趁此机会，讲讲我这次到湘钢所见所闻的感受，同时介绍一些兄弟企业的有关情况，供大家参考。

这些年我每年都到企业调研。多数情况是调查结束后，都要向公司领导和中层以上干部做个汇报，一般没有什么题目。这次公司办公室给我拟了个题目：转变观念，加强管理，深化改革。我征求了赵书记的意见，就定了现在这个题目。我觉得，湘钢正在进行“二次创业”，关键在于在座的两级班子。这些年，我亲眼看到一大批钢铁企业在面临种种困难的情况下，取得了很多意想不到的成绩，领导班子起到决定性的作用。华菱和湘钢的几年巨变也证明了这一点。因此，我想就这个问题，同大家来一起探讨，把湘钢“二次创业”搞得更加辉煌。

先谈谈来后的一些感受。离上次来，整整 8 年了。可以说是 8 年巨变。当然，实际上，主要的变化还不到 8 年。从行业来讲，一般是从 1997、1998 年开始。湘钢的情况也差不多。

（1）各项指标的变化，从最后一个方阵向第一方阵迈进。

（2）工艺技术结构的变化，从最落后的平炉、模铸、两火成材向转炉、全连铸、一火成材转变。吨钢能耗大幅度下降，达到全国较好水平。

（3）产品结构的变化，从建筑钢材向机械加工材转变。

（4）最主要的是人气的变化，观念的变化。一度是气血两亏，血可输，人而无气，不知其可也。炼铁炉前工招不来，晚班应该 8 人只来了 4 人，无可奈何；上下怨气大；主辅分离光说不做，各有各的小九九。怨客观，怨外部条件。现在是：出了问题不能拿客观当理由，不要让“借口”大行其道。出现了一些好的典型。炼钢厂是大型钢铁企业中最晚建设的转炉厂，但很多指标处于领先地位，善于学习兄弟企业的经验，“拿来主义”。二高线重视企业文化建设，提出“诚信设备”，各项指标先进。钢丝绳厂扭亏为盈。由于接触的单位不多，可能还有一些更好的典型，没有了解到。挂一漏万，请各位原谅。

这些变化是怎么来的？当然离不开宏观形势的好转。就湘钢自身来说，在技术改造、强化管理、深化改革等各方面都作了大量有效的工作，你们也都作了很好的总结。但给我感受深的有这样几条。

一、公司领导对企业战略目标等定位正确

定位的重要性。有了明确的、又是可行的战略目标，就有一个方向，就能鼓舞士气，围绕这些目标，调动大家的积极性。一个企业如果没有这样一个战略目标，就难以动员广大员工。

（1）战略定位。做精做强，成本领先。最近，又提出了“二次创业”的新目标。

（2）品种定位。中高档长材。从建筑钢材到以工业加工材为主的品种钢。1999 年品种钢占 15.25%，2000 年占 27.1%，2001 年达到 62%；2002 年增长到 65%。没有这一定位，今天湘钢面临的处境将会更被动。

（3）区域定位。区域性市场和国际市场相结合。出口量：2000 年 11.7 万吨，2100 万美元；2001 年 8.3 万吨，1009 万美元；2002 年 8.1 万吨，4100 万美元；2003 年 30 多万吨，9000 多万美元。

（4）技术定位。技术创新为企业创新，是跟随型创新，“做第二个吃螃蟹的”。

（5）规模定位。基于市场需求和企业竞争力的合理经济规模。

这些，体现了领导层的决策水平。决策的失误不是其他方面的工作改进可以弥补的。湘钢历史上是有过教训的。

二、在管理上敢于从严治厂，敢于动真格

严从哪儿严起？有的企业，一讲从严治厂，就是针对工人。但关键还在于干部。湘钢这方面做得好。

末位淘汰从处级干部开始，再向科级干部推开；从大锅熬，到分主业、机关、非钢三大块。

事故处理。通报。比如对动力厂与人力资源部领导的处理，二炼钢事故的通报。不护短，不袒护先进单位。体现了“规章制度面前人人平等”。

敢于亮丑，不回避，不遮掩。在《湘钢报》第三版上经常看到对一些事件的批评解剖以及开展群众性的讨论。

三、重视人力资源开发工作，进行了很多有益的探索

特人特薪。建立了一套不同于国家评定职称体系的评价体系。有专业带头人、技术带头人和技术尖子。像公司级专业带头人，拿公司副总系数，同时每个月补助 1500 元。二级单位技术带头人，完成科研项目后，对公司创造效益都是按比例提成，而且提 3 年。他的系数是二级厂正职的系数，每月再补助 1000 元。再往下一层还有技术尖子。要开通“官道”以外的、体现人才价值的其他晋级渠道。尽管实施过程中发现一些新问题，但我认为方向是对的，有些问题可以在前进中逐步解决。

四、重大决策上的前瞻性

典型的是 ERP 的建设。认识高，起步早，效果好，走在行业的前列。

当然，湘钢也不是十全十美，也还存在一些问题。我看到的曹总多次讲话中都对此进行了剖析。下面我还会讲到。

下面我想结合湘钢“二次创业”的问题，着重讲一下各级领导班子自身建设的问题。

湘钢提出“二次创业”，很有意义。“二次创业”的基本内涵：一是生产规模的新跨越，即用2 年多时间投资40 多亿元，增加200 万吨钢，达到500 万吨规模；二是产品结构的新拓展，形成300 万吨线、棒材和100 万 ~200 万吨宽厚板的生产工艺格局，成为国内精品线、棒材和优质宽厚板专业生产企业；三是支撑体系的新构建。即构建公司集团化的管理架构和支撑公司长远发展的人才、技术和文化体系，不断提升核心竞争力。

对“二次创业”，我是这样理解的。

第一，尽管“二次创业”的提出，是直接同新钢、宽厚板的建设有关。但“二次创业”绝不仅限于新钢生产线，而是涵盖整个湘钢。新钢的建设对湘钢各方面的工作提出了更高的要求，要以新钢建设为契机，把湘钢的各项工作提高到一个新水平，攀升到一个新高度。比如武钢一米七轧机的经验教训。

第二，就新钢而言，设备是世界一流的，必须从建设开始，就要采用世界先进的管理，树立新的观念（包括技术上要有新观念，能源介质），采用新的机制，新的组织结构，培育新的文化，形成新的作风。要以新钢带动原有的湘钢，不能让新钢来迁就旧的观念、旧的体系。一流的设备必须拿出一流的产品，取得一流的效益。不能停留在“看一流的设备到中国”的水平，而要立下这样的决心，“看一流的产品到中国”。

第三，“二次创业”，要害在于第三项，就是能否建立起良好的支撑体系，这是关键的关键。创业的成败好坏，就在于此。而其中人才，又是决定性的因素。过去有钢铁大王卡内基的说法，现在又有比尔·盖茨的新神话。这一支撑体系靠谁来建立？就是在座的各位。这也就是我为什么要和大家谈谈自身建设的问题的原因。

对这个问题，我不想从理论上来作什么探讨，这些年我仍然每年有 5 ~6 个月到企业，很多企业的变化，深深打动了我。我和很多企业的两级领导，交了一批朋友。我自己觉得，这些年我同企业的关系，要比在位时深得多。我从他们（也包括在座的）身上学到很多东西。我也经常在思索，为什么这些企业在不长的时间里，能发生这样巨大的变化。他们的领导班子都有一些什么特点。这次来湘钢，也颇有感触。因此，今天我把我的一些看法说出来同大家交流，供大家参考。

第一，各级领导班子要成为一个严于律己、身为表率的班子。从根本上来讲，就是要成为实践“三个代表”重要思想的班子。具体来讲，有这样几点：转变观念的表率（略）。求真务实的表率（略）。严于律己、廉洁奉公的表率（略）。善于学习的表率（略）。

第二，各级领导班子要成为一个实践“以人为本”的、能够激发员工潜能的班子。也就是说，要在人力资源开发上下大工夫，花大力气。现在，没有人会否认人才的重要性。中央政治局专门开会讨论人力资源开发问题，这是第一次。提出：“人力资源是第一资源”，在“科学技术是第一生产力”的基础上又向前推进了一步。

既然人力资源是第一资源，那就自然而然地会提出这样一些问题：我们怎样来对待这个第一资源，怎样来更好地配置这个第一资源，怎样来更好地挖掘这个第一资源，怎样更好地来开发这个第一资源？

为什么说要“激发潜能”？我刚才讲了，这次到湘钢，最大的感受是人气变了。这说明湘钢的人力资源正在得到较好的开发，员工的积极性和主动性正在得到较好的发挥。但是，企业发展是不是还有潜力，员工的能力是不是得到充分的发挥。我看未见得。潜力很大，潜能很大。刘本仁降成本，在财务部门送来的计划数上 ×2 ×2，最后如期完成了。拿“第一资源”这一要求来衡量，我们从认识上和工作上是否还有差距。这也是我之所以提出要“激发潜能”的原因。从根本上来说，领导人的工作并非提供能量，而是让众人把能量释放出来。

先讲几个例子。福田和兴澄。不要把本来是条“龙”变成了一只“虫”，而要把“睡狮”唤醒，成为威震四方的“醒狮”。

一是要动真情。把人才的成长看成是作为领导的义不容辞的职责。权为民所用，情为民所系，利为民所谋。要使得随着企业的发展，员工们个人的价值也得到相应的提升。本钢原轧钢厂（后提升为公司副总经理）姜明东关心职工的事例，首冶王文利例。“我们要把该装进职工兜里的钱全给职工装上，不能使这些钱在我们手中悄悄地溜走了。”正因为他用真情来对待员工，用真情来化解矛盾，同员工讲真话，现在首冶的员工士气从来没有这样高涨过，凝聚力从来没有这样强过。

二是重激励。要调动员工持久的积极性，必须要重视激励。要建立起适合各个不同层次、不同岗位的员工的不同的激励办法。激励是一种认同，是对员工作出的业绩的一种肯定，使人们感到在企业发展的同时，自己个人的价值也得到了提升，从而促使员工更加充满信心去实现更高的目标；激励也是一种催化剂，使得人们的潜能加快转化为现实的生产力；激励还是一种支撑力，为员工提供了向前发展的工作平台和改进物质生活的条件。激励既要重点突出，对有突出贡献的员工要加强激励的力度，使他们更好地起到领头羊的作用；同时也不能忽视对企业发展作出贡献的各类人员面上的激励，包括技术工人，这是企业发展的群众基础。最近中央媒体连续推出两位工人专家的先进事例，也是一种提示和导向。

要重视研究薪酬制度的改进。绩效考核实质上是一种导向。特人特薪好，目的是拓宽只有“官道”这样一座走向高层的独木桥。有的企业技术人员“当科长也不当高工”。而石钢的 5 条路，为各类人员打通了前进的渠道。要经常研究激励机制实施过程中的问题，适时进行调整。特别要注意防止激励导向的负面作用。水钢企管处与二轧厂的不同导向。特别是对比较后进的员工，也要激发他们的内在潜能。

约束是一种负激励。也要注意研究更好地发挥约束机制的作用。末位淘汰，湘钢有的二级单位用得较好，有的基本不用。韦尔奇对末位淘汰的看法，水钢 12 个炉长的淘汰机制。二轧厂自动走了好几十个。不是为了淘汰人，而是形成一种机制，促使人人向上。

三是形氛围。氛围的形成在很大程度上取决于领导。吸引人的氛围，能在这里有所作为，福田财务部长例。鞍钢的博士到南钢。萍钢去宝钢的员工又回到萍钢，而且让他独当一面。人才所以流失，有经济收入方面的问题，但相当一部分是由于小环境的原因。我们要努力营造这种适于人才成长的氛围。要使优秀者能尽其所长，平庸者感到压力，但并不受到歧视，而是促其向上；对有缺点的人要更多地注意用其所长，而不要攻其所短，更不要以己之长，度人之短；甚至以个人好恶来衡量、评价和使用人才。对学历固然要重视，但绝对不能唯学历论，只讲文凭，不问水平；只讲资历，不讲能力。你们一些厂长很年轻，干得很好，如果是论资排辈，恐怕就会埋没一批人才。再是对创新的失败要宽容，“鼓励创新，宽容失败；鼓励思考，宽容失言；鼓励实践，宽容失误”。

往往听到一些说法，我这里没有人才，我这里员工素质太低。当然，各单位之间的员工素质存在差异。我们的员工素质总体上就很难同宝钢相比。但这并不等于我这里没有人才。水钢从自身选不出一把手到发掘了5个一把手，2个获得全国五一劳动奖章；中层干部更是人才济济。萍钢涂建民如果不是由于突然的变化，也可能在副厂长的位置上终其一生。你们的二高线过去说是没有人才，结果发现好几十名大学生闲置着没有发挥作用。套用罗丹的话：世界上不是缺乏人才，而是缺乏发现。

还要防止把人力资源开发当成只是人力资源部门的事情。作为员工单位的行政领导，必须把人力资源开发当成义不容辞的首要职责。把合适的人放在合适的位置，使人人都能尽其所能，就会使看似办不成的事成为可能。韦尔奇50%的精力用在人的问题上。

四是抓培训。员工素质的提高，既要靠自身的努力，但作为一级组织，更要把员工提高作为自己的一项重要战略决策来抓。湘钢这几年在这方面作了大量工作，取得了很好的成效。要加强资金的投入，加强计划性，提高培训的质量，并把人才培训的成果纳入各级领导干部的考核内容中。人才培训，也要多层次、全方位地进行，通过各种途径，造就人才群体，既要给拔尖人才创造继续发展的条件，也要对量大面宽的工人建立起必要的培训制度，这也是“先进生产力的发展要求”。如南钢学巴登、宝钢、武钢二炼钢、莱钢轧钢厂等事例。

第三，各级领导班子要成为一个两手抓、重文化的班子。一手抓物质建设，一手抓文化建设。

企业文化越来越受到重视，这是企业发展的必然趋势，从经验管理到科学管理到文化管理。国内外成功企业无不重视企业文化建设。“三流企业靠生产，二流企业靠营销，一流企业靠文化”。我对企业文化的认识也有个过程。水钢、萍钢、莱钢炼钢厂的启示。2个80%的启示。“我们的成功20%来自新技术，80%来自我们公司的企业文化。”“企业的成功80%取决于人，20%取决于设备”。

企业文化一般来说，有几个层次，海尔将其分为三个层次，最表层的是物质文化，中间层是制度行为文化，最核心的是价值观，即精神文化。我们要着重抓好的也就是这一部分。企业文化需要有其差异性。各企业根据自己情况，强调的重点不同。比如说：

危机文化。华菱演绎得最好。

沟通文化。领导班子之间，某钢铁企业例；上下之间，萍钢改制；宝钢横向协作，作业长联谊会，创新协会等；扩展到产业链、战略联盟之间的沟通。产销研结合的好坏，很重要的一点就是有效的沟通，当然还有科学的激励机制。通过有效的沟通，还有利于形成新的团队。

执行文化。战略5%，95%是执行。莱钢过去不怕任务多，反正不检查。后来实行“4小时复命制”。湘钢在这方面也有很好的基础，但是，贵在坚持，难也在坚持。希望你们在实践中创造新的经验。

找差文化。宝钢设备部提出。创新从哪里开始？从发现问题开始。找不到差距，就难以前进。

很难说哪一种文化最好。只要真正能贯彻实施，条条道路通罗马。

湘钢这几年前进的过程中，实际上是企业文化在自觉不自觉地起着作用。你们已经提炼了12字的湘钢精神："善于学习，不断创新，争创一流"，还正在建设具有湘钢特色的"优钢文化"。一些二级单位也在湘钢总体理念的指导下，在文化建设上进行了有效的探索。譬如二高线在这方面就做得不错。提出了"厚德、诚信、博学、戒浮"，开展"诚信设备"活动，还推行"三只眼"理论，一只眼睛盯着现场、现物、现实；一只眼睛盯着效益的提升；"第三只眼睛"盯着人的品质的提升。

要使企业文化真正发挥其应有的作用，不能单打一地抓，就企业文化抓企业文化。一是必须与战略目标相适应，服务于企业的战略目标。湘钢提出的"优钢文化"，我认为，就体现了这一原则。当然，还要进一步深化、细化。有了最上层的战略目标，各二级单位也要制定一个同上一级的愿景相吻合的目标，这样逐级下移，一直到建立个人愿景。不仅是指标的层层分解，还有愿景的层层落实。怎样来制定企业的核心价值观和理念？有两种类型：一是从实践中提炼，如水钢、萍钢；另一种是从上而下推行，如宝钢股份总经理提出今后的企业文化建设围绕三个方面来展开：要培育一种快速反应的速度文化；要培育一种持续学习的创新文化；要培育一种适应挑战的竞争文化。济钢、莱钢炼钢厂也类似。实际上，这两类企业的精神文化都体现主要领导的文化观念。所以说，企业文化在一定程度上就是企业领导人的文化。二是企业文化要与制度文化相结合，不能企业文化倡导的是一回事，而评价考核体系又是另一回事。韦尔奇对4类人员的处理。不要一方面提倡优钢文化，但实际上，却是不求创新的得实惠。也要防止制度的局限性，考核飞机的准时率，结果让旅客在飞机上坐等；核核对电子邮件的答复率，结果干脆就不打开邮件。三是宣传企业文化和实践企业文化相结合。核心价值观不是说给别人听的，而是要从各级领导开始，身体力行的。文化不是虚无缥缈的东西，先进文化要通过先进人物和典型来体现，来传播。企业领导、尤其是一把手不仅应该是企业文化的倡导者、组织者，同时，还必须是践行者。

当然，对物质层面的东西也不能忽视。一些企业举办文化艺术节、运动会，把职工业余生活引向健康的道路。有的企业，从领导干部到广大员工，业余时间沉湎于搓麻打牌上，我敢肯定这样的企业如果不痛下决心，以健康的文化活动来替代，企业是不可能得到持续发展的。

第四，各级领导班子要成为一个学习型的班子。在十六届三中全会的决定中，中央第一次提出了"建设学习型社会"的伟大而艰巨的任务。对企业来说，更是理所当然地要把企业办成学习型组织，员工要成为学习型员工。我们常说：企业的竞争归根结底是人才的竞争。但人才竞争不是静态的，不是单纯地以有多少什么学历的员工为标准的；而是一种动态的竞争，是具有学习力的人才的竞争。

建立学习型企业，首先各级领导班子要成为学习型的班子，特别是各单位的一把手更要身体力行。前两天，在《新华文摘》上看到一篇文章，根据《中国企业家》杂志调查研究部的调查，目前企业家每月平均读1.78本书，37.5%每月读书在三本或三本以上。

据我所知，湘钢的主要领导对学习也是十分重视，抓得很紧的。你们的"湘钢精神"，打头的就是“善于学习”。

学习不仅是从书本中学，还要从实践中学。作为领导干部，要把书本学习同总结工作结合起来，这是从实践中学习的最佳途径。微软每年都有“思考周”，到时放下手头的工作，敞开思想，集思广益，最后由盖茨集中大家智慧，提出今后思路。湘钢公司班子每逢大事都要召开务虚会，这是一个好做法。二级单位也可以仿效。

再要重视向兄弟单位学习。最近首钢去水钢学习，对我触动很大。尺有所短，寸有所长。不要抱住自己的成绩和长处不放，不能以己之长，度人之短；对人家不如自己的地方相当敏感，对自己不如人家的地方则总能找出客观理由来辩解。三明例，学邯钢的“三个不如”。不仅向同行业学习，有时候，最好的学习往往来自于公司与自己的合作伙伴、客户、供应商甚至竞争对手之间的接触。

学习的目的是创新。你们的湘钢精神，在“善于学习”后面紧跟的是“不断创新”，只有这样，才能达到创一流的目的。

这次来，对非钢产业接触少，钢丝绳厂虽然列于非钢产业，但同其他分离的辅体还是有所不同。这几年，湘钢的非钢产业从亏损4000多万元到盈利3000多万元，成绩也是有目共睹的。下一步还要进一步剥离，改制，听说有些同志有些担心。这是一件大事，从省上到公司领导都十分重视。作为非钢产业部门的领导，要进一步认清形势，转变观念。从背靠大树好乘凉到自立自强；从两手向上到眼睛向外；是会走出新路子来的。萍钢汽运公司的变化，包钢一些子公司从外引进资金，与外商合作。莱钢非钢产业有了长足发展。

这次在湘钢待了一周，了解情况也不多，所谈意见不一定对头。只是作为冶金战线的一名老同志、湘钢的朋友，说些心里话，也趁此机会，介绍一些兄弟企业的情况，供大家参考。湘钢这几年迈出了几大步，取得了令人瞩目的成就。但当前形势仍然十分严峻，希望大家能始终保持旺盛的意志，在“二次创业”中不断作出新贡献。在湘钢期间，我从工作到生活，得到各位热情周到的安排和照顾，在此我表示真挚的感谢。我也愿意在这里表个态：只要你们认为我还能对湘钢的发展起到一点儿作用，只要我的健康状况允许，我会尽我一点绵薄之力，为湘钢这座钢铁大厦的建设作一些添砖加瓦的事。我的讲话完了。谢谢大家。

在科学发展观指引下　把水钢做强做精

——在水钢中层干部会议上的讲话

2004 年 10 月 25 日

这次是 10 月 12 日到贵阳的，在贵阳同博宏公司的 5 家企业进行了座谈，其中在建材机械厂待了整整一天。15 日到水钢，到今天连头带尾 15 天了。这是我 1997 年以来第 12 次到水钢了，粗估一下，累计超过了 120 天。虽然，比起水钢的同志们，长年累月在这里献青春、献终身，这个时间是很短很短的，但这是我所到过的冶金企业里次数最多、时间最长的一家，也是我在所有冶金企业中结交朋友最多的一家。这些年来，亲眼目睹水钢所发生的巨大变化，也为水钢的发展尽了我一些绵薄之力。每次来水钢，总有不少新鲜的事令我感动，使我欣喜，也为水钢前进中遇到的种种困难而担忧；当然，也免不了看到、听到一些不怎么令人愉快的事，我也曾为此对个别单位和同志进行过批评，有人说，我是“恨铁不成钢”，这话不怎么确切，应该说是“盼钢成优钢”。我也知道，有些话我不一定说得那么恰当，但同志们都能从积极方面来加以理解，这种宽容的态度也是对我的高度信任，这也使我十分感动。2003 年的会上，我曾说过，只要我健康状况允许，在我 75 周岁、也就是 2006 年前，我会每年都来一次的。这样一算，今年就是最后第三次。

这一年来，看到水钢又有很大变化，给我印象深的，有这样一些。

一批新项目的投产，特别是 3 号高炉的顺利投产，揭开了水钢建成 300 万吨规模现代化钢铁企业的序幕。大炼钢以及配套的制氧、中和料场等工程正在紧张施工中。记得在 1985 年时，我随东冶部长来水钢，当时公司领导也曾提出过在大中小三块田上，建起 300 万吨规模。然而，多少年来，这只是一个梦想，甚至在一段时间里，这个梦想也早已不复存在。现在，过了 20 年，2005 年此时，水钢的钢铁生产都将具备 300 万吨的产能，装备条件也有了很大的提高。这是经过水钢几代人接力棒的传递，终于攀上了一个新的平台！这是水钢发展史上的又一个里程碑！我向水钢全体员工致以衷心的祝贺！

产量稳定增长，一些技术经济指标有所改善。今年，水钢在外部资源、电力、运输条件相对恶化的情况下，广大员工在公司党政领导下，克服诸多困难，取得了较好的成绩。炼钢厂在铁水不足、废钢质量差的情况下，节铁增钢，最低时吨钢耗铁水只有 742 千克，为公司增产增效作出新贡献；三个轧钢厂的多数主要指标都有进步；二轧厂在进一步完善“四切分”的基础上，开发“三切分”工艺，并已能批量生产。

博宏公司成立 1 年多来，各方面工作也有明显进步。今年预计全公司可以实现利润 500 万元左右，这是这些子公司第一次扭亏为盈。2003 年来，我对房开公司的工作相当不满意，今年看到欣欣花园一派繁荣景象，小区环境之好，给我留下深刻的印象。

水钢的企业文化建设得到进一步深化，特别是二轧厂和煤焦化分公司的企业文化不断创新，二轧厂还制定了“LID”（学习—创新—发展）战略的实施方案，并在厂领导的直接参与下，编写了《二轧厂“LID”战略指导手册》，正在向建设学习型组织、建成卓越的棒材厂大步迈进。销售公司领导带头，在加强学习的基础上，从多个侧面总结经验，他们编写的管理文集第一辑，具有相当的水平。尤其可喜的是，水钢企业文化建设的经验已经跨出厂界、市界、省界，引起了兄弟企业的重视。2004 年 2 ~7 月，首钢先后有总公司领导、二级单位领导和劳动模范等近 200 名干部员工来水钢学习考察企业文化建设的经验。回去后，首钢总公司党委还召开了学习水钢经验座谈会，并对开展“学水钢”活动做出部署和要求，《首钢日报》连续发表了近 20 篇报道、学习心得和评论。可以说，水钢企业文化建设的经验在首钢已经深入人心，这也是水钢人的光荣。

当然，水钢在前进过程中也暴露了一些新的问题，在今年的“9·28”大会上公司两位主要领导的讲话中都谈到了，我在这次调查过程中也有同感。这些问题能不能得到很好的解决，将直接影响到水钢今后发展的顺利与否，在下面的讲话中我还会涉及，这里就不多谈了。

应该说，水钢当前面临的形势是相当严峻的。

第一，在钢铁行业规模迅猛扩张的情况下，原燃料的供应呈现近些年来少有的紧张局面。国内的铁矿石产量大体只能维持在目前水平，今后生铁产量的增长几乎全部得靠进口，由于供应紧张，有些进口矿的质量也在下降，水钢进口的印度矿就呈现品位的波动，对生产带来不利的影响；焦煤的质量也明显下降，即使身在“煤海”中的水钢，也已深受其害。运输的紧张更加剧了原燃料供应的紧张状况。至于原燃料的价格也长期居高不下，这些都对生产的正常进行带来了很大的困难。

第二，周边不少兄弟企业规模的急剧扩张，特别是一批民营企业的迅猛崛起，给水钢带来了前所未有的新的压力。争市场、争资源、争人才，愈演愈烈，而水钢近两年来，在结构调整、适应市场需求的品种开发上还不能尽如人意。

第三，近年来对钢铁行业实行的宏观调控无论从近期还是从长远来说，都是十分必要的，对钢铁工业的健康发展是极为有利的。如果没有这次宏观调控，听任这种盲目发展的势头发展下去，必将对钢铁工业带来巨大破坏性的灾难。但是，在实施宏观调控的进程中，也会出现“城门失火，殃及池鱼”的情况，使一些该保、该上的企业增加了难度，延误了时机。

第四，企业改制受到掣肘。债转股是好事，降低了企业的资产负债率，减轻了企业的负担。但是，债转股后新组成的公司，目前却是进一步改制的障碍。虽然，企业进一步改制是大势所趋，但目前的状况既影响领导精力，又拖延了时日，增加了水钢发展的难度。

经过这些天和水钢同志的交谈，我想到这样几个问题，提出来和大家探讨。

第一，是关于发展问题。要在科学发展观的指引下，搞好水钢的战略定位，确保水钢健康、持续发展。

这次来水钢，接触的干部员工中，最关心的是水钢的发展问题。不少同志感到与周边的兄弟企业相比，水钢发展慢了。有的同志和我说，广钢要搞到 1000 万吨、韶钢 1000 万吨、柳钢 1000 万吨、昆钢 1500 万吨、重钢 800 万吨。相形之下，水钢就像处于高楼大厦中的低层建筑，见不到阳光。这一观点带有普遍性，近两年，我所到之处，家家谈发展，但几乎没有一家不在数量增长上做文章。有的是企业要增长，有的是地方政府给任务。理由一是规模经济，二是“人家都在发展，我们不发展，就会被淘汰”。

当然，数量的增长、规模的扩大，是体现发展的一个明显的标志，但发展绝不仅仅反映在数量增长上。

发展是硬道理，发展是执政兴国的第一要务，这话始终都是正确的。

但各个不同时期有各种不同的发展任务。20 世纪 50 年代前期，讲均衡发展，156 项建设项目奠定了我国工业发展的基础。大跃进时，以钢为纲，以粮为纲。短缺经济时期，数量增长是发展的主要体现；这些年，衡量发展的主要指标是 GDP 的增长。十五大提出："发展是主体，结构调整是主线"；十六大进一步提出了全面协调可持续的科学发展观。十六届四中全会决定中，在谈到"牢固树立抓住机遇、加快发展的战略思想"时，明确提出"按照全面建设小康社会，走新型工业化道路的要求，以经济结构调整为主线，以改革开放和科技进步为动力，着力转变经济增长方式，全面提高国民经济的整体素质和竞争力"。这就是当前我国经济发展的主要任务，我们思考问题不能离开这一原则。

如果说，前两年主要是民营企业带动钢铁行业数量的增长；那么，现在是国有企业在引领增长的热潮。

企业是为谁生存、发展的？是客户。因此，发展离不了客户。这样大规模的增长，现在基本上是立足于企业自身的愿望，自身的"利益"。这样快速的数量增长，是不是能为市场所吸纳？实际上，目前这样的发展势头，是基于钢铁市场能在相当一个时期内，市场能够无限制地吸纳钢铁产品。同时，上游行业以及各种支撑条件能够满足钢铁工业快速发展的需要。对这种情况，一些企业领导也是心知肚明的。但是，"我不发展人家就发展，我不增长人家就增长"。结果是互相攀比，这种势头，简直是无法抵挡。尽管中央从 2003 年下半年起，就开始对钢铁等三大行业进行宏观调控，但现在看来，不仅数量增长的势头（至少在规划中）没有得到遏制，而且规划的目标越来越大，这确实值得我们深思。

发展当然没有错，但发展绝不只是数量增长。现在是要认真思考中央最近一系列明确指示的时候了，要调整一下我们发展思路的时候了！

对水钢来说，数量增长还是需要的。小转炉迟早要淘汰，炉容的扩大就必然导致数量的增长。在现有 3 座高炉的布局下，充分发挥存量的作用，再适当的进行增量，我认为，大体保持在 300 万吨左右是可行的。但另辟新区，继续追求数量上的增长，就要慎之又慎。

那么，发展还有什么别的路子？我看，就是按照中央提出的：一是调整结构，二是转变经济增长方式，以此达到提高竞争力和经济效益的目的。

在这方面，水钢这几年尽管也有很大的进步，但比起兄弟企业来，还有太多的工作要做。同是线材、棒材为主的钢铁企业，石钢、邢钢、湘钢、沙钢等企业，在开发新品种上都有可资借鉴的经验。沙钢线材已形成 10 大类、100 多个品种规格，优质线材比达 80%，国内市场占有率超过 30%；螺纹钢产品已基本覆盖所有品种规格。尽管条件不同，但他们的思路、精神值得借鉴。国外的巴登产品和规模同我们差不多，但档次、水平，就不可同日而语了。水钢这几年在提高产量上，加快生产节奏上，做了大量工作，取得了可喜的成绩，炼钢厂节铁增钢，在铁水不足的情况下，保证了钢产量的持续增长，为水钢的发展做出了贡献。但是，在新品种开发上，差距还相当大。三级螺纹钢还不能顺利生产，焊条钢的质量也不稳定，至于优质碳素钢基本上还未进入批量生产的阶段。市场一旦有变化，水钢将如何适应？

当前，最现实也是最紧迫的任务，就是把300万吨钢做精做强，一般性的大路货建筑钢材，今后我们没法同民营企业竞争，我们要预测市场发展趋势，早为之计，做出正确的产品定位，加强产品开发工作；要进一步挖掘潜力，在节能降耗上做深层次的文章，中钢协提出的6个方面的技术支撑，建议有关部门要认真研究，制定水钢的具体实施措施。总之，要把这300万吨做成不同凡响的300万吨，必须实施创新战略。特别是水钢在外界条件等不具备太多优势的情况下，要生存、要发展、要强壮，必须把“水钢精神”中的“创新”两字落到实处，发扬光大。

发展也不一定局限在现有主业，要栽植起第二棵树。朱总年初来时，提到煤焦化产业的问题，要认真研究。虽然，我国焦化行业发展也很快，也有供求关系失调的问题，但发展煤焦化产业，在六盘水地区，不仅有资源优势，更重要的是水钢有技术优势、管理优势、人才优势。我们要实施差异化战略，避人之长、扬己之长，我认为这是可供考虑的、比较现实的第二棵树。但这次，其在同水钢同志们交谈时，发现在这个问题上，从市里到水钢公司内部，认识并不统一。建议要抓紧时机，在充分认证的基础上，进行科学决策。

第二，关于管理问题。要正视现实，转变观念，发扬传统，自强不息，提高整体素质，以适应变化了的新形势。

这些年，钢铁企业的技术工艺装备有了很大的改善，规模有了很大的扩张，过去四五十万吨的钢厂都扩展成二三百万吨、甚至更多，市场竞争的程度越来越激烈。特别是近两年来，随着钢铁工业的规模急剧扩张，原燃料的供应状况令人担忧，直接影响到企业的正常生产，而且从目前发展势头看，原燃料的状况难以在短期内得到根本改善。面对当前外部环境的急剧变化，我们不要怨天尤人，而是要正视现实，宁可把困难想得更多些，多研究一些应对之策，增强适应外部条件变化的能力，从而也增强自身在市场上的竞争力。

上述的所有变化，都要求我们在管理思想、管理组织、管理方法、管理手段等方面实行转变，进一步强化管理，在夯实管理基础的同时，进行管理创新。管理是企业永恒的主题，只要有企业存在，就有管理问题，但管理也不是一成不变的，同样需要与时俱进。这几年，冶金企业的管理水平有了明显提高，水钢也不例外。企业管理，从现象上看，是管“物”，但从本质上讲，是对人的“管理”，是要将员工的潜能充分发挥出来，使他们自觉地执行制度，创造性地进行工作。从一些先进企业的经验看，有这样几个问题值得我们重视。

一是向执行力要效益。水钢的干部和员工队伍是有战斗力的，执行能力也是比较强的。这些年，水钢之所以取得如此重大的进步，是与此分不开的。但从水钢的现状来看，要求有更强的执行力，要围绕企业的愿景，自觉地提高执行能力。这些年，我看到一些企业，制定的发展战略都不错，规章制度也都挺齐备，但实际结果却大不相同，差距就在执行力上。从严治厂就是要严在执行、严在落实上，要知道“执行就是生产力”、“5%在战略，95%在执行”。从国际经验看，也证明了这一点。2000年一年，财富500强的前200名公司中就有40家的CEO被迫离开——不是退休，而是被解雇或被迫辞职。问题出在哪里？在大多数情况下，战略本身并不是原因。战略之所以失败，其原因在于它们没有得到很好的执行。现在还有一种误解，“领导作决策，基层或一般员工搞执行”。其实，各级都有各级的执行任务，执行的习惯应该首先从高层领导培养，不能执行的领导是不完整，也是不合格的。如果不能执行的话，领导者所有其他工作都会变成一纸空文或一场空谈。

“执行”并不就是强制，这需要从建立机制、宣传文化，以及严格规章制度等多种途径来加以落实。最近，国内翻译出版了一本书，题目就是《执行——如何完成任务的学问》，有兴趣的可以找来一读。

二是向沟通要效益。这次，我分别同水钢的各级领导作了交谈，总体上说，部门之间、人员之间还是能从全局出发，相互配合的，但也感到在某些问题上似乎缺乏相互间的沟通。现在企业里，不团结的班子不多了，大家都注意维护团结；但是，对沟通的重要性在一些企业里还没有受到应有的重视。事实上，由于沟通的不足，对企业发展所带来的负面影响也不轻。由于缺乏沟通，形成隔阂、到误解、到偏见、成见，最终往往还会出现不团结的情况。因此，我们绝不能忽视沟通的重要性。

这里，我想介绍一下宝钢股份炼铁厂提高沟通能力的认识和做法。2002 年以来，宝钢股份炼铁厂以人为本，大力提升沟通能力，既重视管理者与被管理者、上工序和下工序之间的纵向沟通，又重视生产方和设备方之间、炼铁厂与职能部门之间的横向沟通。炼铁厂还与能源部签订了横向合作协议书，炼铁厂高炉运转作业区与能源部高炉鼓风作业区联手开展“降低高炉鼓风机空转时间”课题。目前，炼铁厂不仅与能源部、炼钢厂、电厂、化工公司等单位建立了稳定的横向协作关系，还打破部门界限，与外协单位联手，实施“区域共建”计划。良好的沟通环境进一步融洽了部门间的关系，“不评说别人的不是，先检讨自己的不足”已成为炼铁厂的一种风气。时时处处沟通，加强了部门间的合作，真正形成了管理合力，各部门的改进能力和响应速度同时得到提高。炼铁厂的实践证明了管理学家提出的：管理就是决策，决策需要执行，决策和执行都离不开沟通，沟通也是生产力。沟通，激发员工的工作热情；沟通，形成管理合力；沟通，营造和谐环境。

三是向整合要效益。就是要着眼于企业整体效益的提高，向系统化要效益。现在水钢有什么优势？技术上没有优势，装备上没有优势，外部环境上也没有多大优势。靠扩大规模，你的建设成本也没有优势。黎明同志在的时候，曾提出过怎样看待水钢的优势和劣势的问题，并说过这样一句话：我们班子最大的梦想，是通过我们的工作，把水钢职工都变成人才。希望水钢的干部都学会自立的本领、生存的本领、发展的本领。就是说，要通过建立我们的人才优势，把水钢建设得更强更好，在市场的激烈竞争中不仅能占有一席之地，而且要立于不败之地。

但是，怎样来建立水钢的人才优势呢？拿文化结构来讲，水钢由于地域环境，至少在目前，不大可能吸引高学历的人才，高志明博士是到水钢工作的第一位博士，但还是挂职的。水钢的人才优势，就是要发挥团队优势，把各种人力资源整合好。不仅要做好自身的工作，还要主动关心接合部的情况，主动和相关部门进行沟通，把各种可能发生的问题解决好；譬如，当前原燃料的稳定供应，成为影响生产顺行的重要因素，原料公司担负了重要责任，但这也需要各部门的配合；譬如，如何做好运煤汽车与皮带的衔接，虽然只是一件小事，但这类小事积多了，就必然会影响大的效益。我还注意到，水钢在一些突击性的工作（比如大河引水）和发生重大事故（比如，去年的“6・29”和今年的几次事故）时，各有关部门都能高度发扬主动精神和大协作精神，但在日常工作中却经常出现“以我为主”的情况，影响整体效益的提高。我觉得二轧厂在这方面做得较好，他们不仅要求干部进行“升位思考”和“易位思考”，而且还采取了具体措施，促进了全局观念的树立。二轧厂这些年在各项工作中不断创新，取得明显进步，同他们发挥整体优势是分不开的。

我们常讲核心竞争力，企业核心竞争力最显著的特征是独特性和难以模仿性，因为竞争优势来自企业运作的整个系统。对手要模仿一整套紧密相连的活动，远比只要模仿一种销售方法、流程技术或产品特性，来得困难。竞争对手成功复制任何一项活动的概率经常小于一，而成功复制整个系统的概率就等于成功复制各个单项活动概率的乘积，即 $0.9 \times 0.9 \times 0.9 \times \cdots$。如果是 10 次，那就只有 0.35 了。因此，水钢就要自觉地发挥这种整合优势，使之成为我们的独特优势。建议各部门、各单位都来认真研究一下这个问题，特别是把各种接合部的问题解决好。靠整合出效益，靠系统化出效益。

四是向正确的激励导向要效益。现在，企业都十分重视建立有效的激励机制，但效果往往大不一样。这是一门大学问，需要我们在实践中不断摸索，加以改进。实践证明，对大多数人来说，人们只会去做你检查的事，而不是去做你期盼的事。比如，在有的企业，提倡新品开发，但考核上却是以产量为主；强调要重视科技，但在分配制度上却仍然是摆脱不了“官本位制”，这就达不到目的。但激励导向也不能简单地就事论事，认为什么重要就提高它的权重，这样，很容易起负面作用。比如，过去对地方政府，过分强调 GDP 的增长，现在，中央提出“5 个统筹”，并要“建立体现科学发展观要求的经济社会发展综合评价体系”，还提出“抓紧制定体现科学发展观和正确政绩要求的干部实绩考核评价标准”。在企业里，是否也要重视建立相应的综合评价体系，不能以不变应万变。去年我曾同企管处和二轧厂的同志谈起考核的导向问题，两者就有明显差异。职能部门要把产量指标的考核力度提升到 60%，而二轧厂精整车间却是 3∶3∶4，生产指标只占 30%，专业管理 30%，40% 是团队精神、学习型班组建设等方面，这位主任还同我说：他认为，今后完成各项指标，只应该占管理工作的 20%，其他 80% 要放在提高队伍整体素质等方面。具体比例当然需要进一步探讨，但这位车间主任的思路反映出一种新的激励导向观念。现在一些企业采用平衡记分卡等方法，都可以作进一步的研究。

还有一个问题同大家探讨，就是怎样执行经济责任制？过去，学邯钢，强调“不讲客观”、“不讲道理是最大的道理”，这在当时管理松弛、外因论盛行的情况下是必要的，而且在实践中确实是起了很大的作用，进一步发挥了员工的主观能动性。但是，现在管理基本上走上正轨，经济责任制的制定要更注重科学性，经济工作要越做越细，特别是在当前外部环境发生重大变化的情况下，你硬要“不讲客观”，你不保必要条件，却要对下面按既定目标进行考核，下面既不会服气，更会挫伤积极性。像炼铁厂连续几个月没有完成任务，这有他们自身的问题，但确实不能否认原燃料的急剧变化所造成的影响。你一定要按原来的经济责任制考核，那就会出现每月借奖金的情况，反而造成不良影响。与其这样，何不主动调整指标，使工人们感到领导处理问题是实事求是的，更好地振作精神，而不是背着包袱工作。实际上，有关部门今年对炼钢厂的一些指标做了调整，这是必要的。公司领导同我讲，对明年的指标，有关部门正在实事求是地进行调整。我相信有关单位绝不会因为某些经济责任制指标的下调就放松自己的努力，相反会更好地激励干部员工去实现新的超越。当然，也要防止确实仍然存在的“外因论”思想。

此外，关于信息化建设，水钢要加快步伐。

在组织结构上，4 个试点单位正在进行。今后新建单位可否迈出更大的步伐，实行新单位新机制，马钢两板一厂的做法可供参考。

第三，关于人力资源问题。要牢固树立以人为本的观念，把促进人才健康成长和充分发挥人才作用放在首要位置。

经过这些年的磨炼，水钢拥有了一支很优秀的干部和员工队伍。这支队伍，热爱水钢，为水钢的发展殚精竭虑，他们牺牲小我，服务于水钢这个大我。像老一辈的巫总、黄总，拒绝了外界的高薪聘请，至今仍然奔波于各个建设工地，为水钢的发展操劳；在职的一些二级单位领导和技术、管理骨干，也是不为高薪所动，坚守在各自的岗位上。他们都是水钢建设的栋梁，水钢应该为他们而自豪。

由于自然、地理环境的限制，以及待遇等条件的影响，在现阶段，水钢在吸引人才方面，不具备优势。当然，我们还要在这方面继续下工夫，但我们更要注意发挥现有职工的作用。要牢固树立以人为本的观念，真正把人才资源作为第一资源来对待。

这次在同水钢干部员工接触过程中，大家对收入问题很关心，这是很正常的现象。今年进行工资改革，虽然有所调整，但比起兄弟企业来，差距还不小。去年我在干部会议上讲过："按照水钢的业绩，各位付出的劳动代价，现在的工资待遇是亏了各位的"。但从水钢的实际情况看，短时期内要较大幅度提高工资水平也不现实。一是水钢人员太多，还有2.4 万人；二是水钢要加快发展，急需资金。但是，公司领导还是在认真考虑这个问题，争取明年对部分骨干再进行适当的补贴。我相信大家一定能以大局为重，在企业增效的基础上使自己的收益也能有所增加。

在座的都是各单位的一、二把手，对人才资源开发负有更重要的责任。我们一定要千方百计为员工的成长创造条件。要像韦尔奇、盖茨那样，关心队伍的成长，甚至把"50%的精力用在选才、用才、育才上"。对人才，使用比拥有更重要。最近我到有的企业，它的下属单位，一方面说每年需要增加多少大学生，另一方面大学生来后，两年没有岗位，有些成为"准电脑打字员"。这怎能留住人呢？听说你们在机构改革中，也有这种情况。对一些没有了岗位的工程技术人员要妥善研究处置方案，否则又怎样吸引大学生呢？有些事，只要对事业发展有利，还是要敢于突破框框。本钢热轧厂对无学历、但有绝招的工人命名为"操作师"的做法可供借鉴。现在都重视学历，这也是重视知识的表现，但绝不能走上"唯文凭论"的狭路上去。胡锦涛同志讲过："坚持德才兼备原则，把品德、知识、能力和业绩作为衡量人才的主要标准，不唯学历、不唯职称、不唯资历、不唯身份"。我们还是要按这"四个不唯"来对待人才。

近几年，水钢也有一些骨干流失，高炉工长、转炉炉长、轧钢调整工、空分值班长等等。人员流动，总体来讲，是社会进步的表现，这比人才"从一而终"要好得多，但人才的过度流动，必然会对本单位工作带来一定的困难和损失。因此，必须要研究如何留住骨干人员的对策，要认真反思在人才问题上有无不当甚至失误之处，切实加以改进，使人才尽可能做到有序流动。强行留人也留不住心，马钢高线厂 11 个去 ABB 培训的技术人员走了 10 个，由于处理得当，把"坏事"变成了"好事"。对走了又回来的员工，不要歧视，萍钢就是这样做的，取得了很好的成效。

在新形势下，培训工作越显重要。水钢在这方面也抓得很紧，但要更结合当前实际需要。要针对工艺设备更新、外部条件变化快、人员流动性较大等特点，改进培训内容和方法，不要满足于培训时间的完成，要重实效。武钢二炼钢和宝钢的培训经验就很值得我们学习。

第四，关于企业文化建设。要防止自满，防止追求形式，使企业理念真正做到深入人心，体现在行动中。

水钢的企业文化建设年年有进步。无论是物质形态的，还是精神层面的。艺术节一次比一次好，很多单位通过艺术节的演出，把本单位的文化氛围带动起来了。离退休职工的活动也开展得有声有色。精神层面方面，我接触到的几乎所有单位都提炼出了本单位的各种理念，鼓舞人，也教育人。特别是二轧厂的企业文化建设，步步深入，带动了生产建设，更培育了队伍。

但当前要防止骄傲自满。首钢近200人来学习考察，我很感动，写了一篇文章："喜看首钢学水钢"，先是给《首钢日报》的。后来一想，首钢学水钢，水钢该怎么办？于是在那篇文章后面，补写了一大段，就是要促一促水钢。但是在《水钢报》上，从未看到水钢人对首钢这样大动作的反映，更看不到水钢又是如何向兄弟企业学习的情况。后来，还听说水钢有些员工对这么多首钢的干部来水钢参观学习，颇为洋洋自得。其实，这几年，首钢的进步很快，很多方面，对水钢来说，还是遥遥领先的。希望大家能静下心来，认真总结自己的成绩和不足，把企业文化建设和其他各项工作做得更好。水钢企业精神的8个字中，就有"开放"两字，朱总一度把"开放"看得很重。在新形势下，我们要更好地体现"开放"精神，要更好地"请进来"、"派出去"，要把兄弟企业的好东西真正学到手。有的单位出外考察，不见写出的考察报告不给报销。这也许绝对了些，但至少回来后要能说出个子午卯酉，更重要的是如何借它山之石，来助已成长。

防止形式主义的问题，是我在同有些同志交谈时他们提出来的。有的同志说，现在水钢有的单位企业文化太花哨了。所谓"花哨"，就是华而不实。只图形式好看，忽视实质内容。我认为，一定的形式还是要的，只要实事求是，反映真实面目，对内可以激励士气，对外也是树立形象，关键是形式和内容要一致。比如，有同志反映，有的单位有弄虚作假的行为。个别人有这种行为，是难以避免的，问题在于领导是不是知情，知道了又是如何对待？如果知情不报，知情而不处理，那这个单位的企业文化外表上搞得再轰轰烈烈，实际上恐怕适得其反了。对这类事情，一要查清，二要严肃处理。如果确实不存在这类问题，则要及时澄清，以免以讹传讹，造成不良影响。

在一轧厂和销售公司，看了他们的局域网。听说其他有的单位也在搞，这是好的开端。从技术上要和今后的信息化建设相容，内容上要进一步充实提高，不仅是作为改进管理、提高效率、增强管理透明度的有效措施，还要把它办成创建学习型组织、进行知识共享的有效工具，沟通干群关系的有效手段。

水钢的企业文化建设，确实是取得了很好的成效，今后还要进一步深化。关键还是要把核心价值观落实到广大员工的行动中去，是否可以在3个方面更多地下些工夫。一是在实事求是地总结、宣传先进单位和先进人物，更好地形成向先进学习的风气和氛围；二是要把制度建设和企业文化建设紧密结合起来，把文化和管理融合起来，切忌这两者形成两张皮；三是结合企业实际，在一个时期，集中一个主题，这是宝钢的经验。从2001年起，宝钢已经举办了4次企业文化建设大会。今年是以"诚信"为主题，从谢企华起，都宣誓承诺。

从1997年起，水钢领导班子已经多次更迭，现在已是第三届了。每一届接手时，都面临严峻的形势。朱总那一届，水钢是当时冶金系统的亏损大户，但继民同志在水钢三年，不仅在第一年就使水钢成为全国扭亏的先进典型，而且带领全体员工转变观念，播下了“自强、开放、创新、追求”先进理念的种子，带出了一个好班子，在扭亏、发展的伟大实践中锤炼出了一支团结奋进、敢于拼搏的好队伍，为水钢以后的发展奠定了良好的思想基础、组织队伍基础和管理基础；2000年黎明同志接任总经理，又面临钢铁行业全面限产的严峻形势，有关部门要求把钢产量退到1998年的水平，这将使水钢从盈利重新进入亏损企业的行列，但是在以王总为首的新班子的领导下，带领大家不仅度过了这一难关，继续保持盈利的势头，而且，在此期间，进行了较大规模的改造，并且勾画了水钢发展成300万吨钢的蓝图，逐步组织实施；今年，黎明同志被省委、省政府委以重任，松桓同志和槐祥同志分别接任董事长和总经理，又面临钢铁行业急剧扩张和加强宏观调控的新形势，上游原燃料供应条件恶化，市场价格大幅度波动，企业改制又受到有关方面的掣肘，但从近一年来的情况看，新班子在困难面前，能够冷静应对，两眼向内，自强不息，开拓创新，带领大家逐步走出困境，我深信，在新班子的领导下，再经过几年的奋斗，水钢一定能够攀登上一个新的高峰。

还要说明一下，对钢铁工业发展形势的分析，行业内认识并不一致，我只是一家之言。我想，对企业领导来说，多听听各方面的意见，决策时能考虑更全面些。至于上面讲到的水钢的情况，有些由于调查不够深入，可能情况不够准确，因此，所提意见也不一定切合实际。对我来说，作为水钢的净友，我本着“知无不言，言无不尽”的态度，说出来供你们参考，对各位来说，“有则改之，无则加勉”。

今天就讲这些。我相信明年再来时，水钢又将以新的面貌出现，不仅是300万吨的规模基本形成，更希望看到员工队伍的新面貌，整体素质有进一步提高，精神面貌进一步振奋，团结协作精神进一步发扬，管理基础进一步夯实，改革工作进一步深化，创新成果进一步涌现，并且积蓄力量，在2006年使各项工作有新的突破，以新的业绩迎接建厂40周年！

以观念更新为先导　打造世界一流企业 再创首钢辉煌

——在首钢中层干部会议上的讲话

2005 年 1 月 11 日

这次应公司领导的邀请，从去年 11 月 29 日起，到首钢作了一个多月的调查。12 月 27 日，向继民、青海作了一次汇报，他们两位要我再扩大一些调查范围，同时要我向中层干部将这次调查的所见所闻所感说一说。今天是我从 2001 年以来在首钢的第五次讲话，其中三次是在公司的干部会议上，两次是在党校。每次讲话前，我都时间不等地作了一些调查，但以这次时间最长，而且是跨年度的。每周一来，周五或周六回家，今天是第七周。每次来首钢，都感到首钢在变化，在前进。特别是近两年来，变化的幅度更大，前进的步伐更快。各级领导和员工的思想观念在不断更新，很多理念已经在员工中深深扎根，人们的精神面貌积极向上，振奋振作，单位之间的差距在缩短，老先进继续立新功，新先进不断涌现。在同基层单位座谈时，有时确实有一种行走于山阴道上应接不暇，琳琅满目，美不胜收之感。但是，首钢当前也面临很多新的挑战，首钢的现状与时代赋予首钢的使命还有不小的差距，首钢人必须进一更新观念，为打造世界一流企业，再创首钢辉煌作出不懈的努力。这是我今天讲话的主题。下面我分三个问题来讲。

一、此次来首钢调研的一些感受

（1）经过长期的徘徊、犹豫，在面临十分不利的外部环境下，终于确定了首钢发展的正确定位，钢铁主业“一业三地”的格局已经形成，并且取得了重大成就。首钢从 1994 年钢产量达到 800 万吨后，多少年来一直没有突破“8”字头。别的大钢这几年规模都有所扩张，但在“天子脚下”的首钢，其生存环境、发展环境，受到多方面的制约，不仅不能在市场需求急剧提升的同时，在钢产量上有所突破，甚至面临急剧减产的困境。据我了解，首钢前几届领导都曾考虑过迁钢方案，但由于种种原因，一直未能有所动作。但是，就在 2003 年的 3 月和 5 月，迁钢和首秦两大工程先后动工。这一重大决策，顺应了民心，鼓舞了士气，激励了斗志，两大工程的参战人员分别用了 570 天和 400 天的时间，高质量、高速度地建成投产。特别是迁钢工程，现场条件艰苦，施工难度大，时间要求紧，建设队伍克服了重重困难，高水平地建成了具有世界先进水平的 2650 立方米高炉、2 座 210 吨转炉和 2 台 8 流方坯连铸机以及其他配套的辅助设施，形成了 200 万吨的规模，创造了很多过去认为不可能的奇迹。这两个大型钢铁基地的建成，在首钢发展史上是件具有里程碑意义的大事。它不仅为今年首钢实现钢产量 1100 万吨的历史性跨越提供了物质条件，也为今后首钢的持续发展打下了一个现实的良好基础，使首钢的几万名员工看到了希望，看到了前景，凝聚了人心，激励了士气。现在，两地的二期工程都已经开始，预计到2006年底前，迁钢可以形成400多万吨的规模，首秦的规模也可达到200多万吨。两地的产能将超过700万吨，以不到4年的时间相当于重建了一个新首钢。特别是首钢的第一条现代化的热轧薄板生产线也将在迁钢投产，这标志着首钢结构调整的重大进展。

我想趁这个机会，讲一下这次到抚宁的感受。由于一些特殊的原因，首秦直至年前才在《首钢日报》上进行报道，过去也未曾在总公司的会议上作过介绍，基本上是“养在深闺人未识”。去年“7·17会议”前，我曾去过抚宁，张继文张老总陪我参观了现场。那时，首秦还正在进行土建工程，并没感到有什么太引人注目的地方。这次去，一下车，看到现场的布局和建设，就受到强烈的震撼。长流程的钢铁厂、不设原料场，这在国内是独一无二的。我到过国内所有的重点钢铁企业和地方骨干企业，国外也到过一些企业，但是从来没有看到过这样精致、这样漂亮的钢铁厂，我说是“小而精，小而洁，小而美”。随着参观的进行，以及后来同有关人员的交谈，我越来越感到首秦在我国钢铁工业建设史上登上了一个新高峰，是全面创新的典型，生产状况也很理想，目前高炉利用系数月平均已达到2.5以上。无怪乎以首先采用薄板坯连铸连轧闻名于世的美国纽柯公司的老总参观首秦后，赞誉首秦是一个“艺术品”。他回到美国后，还专门发来传真，说他“从事钢铁工业38年，首秦是他有生以来所见到的最好的一个钢厂”。首秦是我们首钢的骄傲，甚至也可以说是中国的骄傲。在同首秦同志的座谈中，大家异口同声地表达了对王毅同志的敬意，说是他带领了大家“一点一点抠出来的”。这里所说的“抠”，就是按照一定的理念，围绕生态环保型、能源循环型、经济高效型的目标，每个环节、每道工序，逐个精雕细刻的意思吧。首秦还提出了“南有宝钢，北有首秦”的追赶目标，这不是指规模，而是要在各项指标上、产品质量上、企业管理上同宝钢比美，我很欣赏这种雄心壮志。

当然，定位不仅仅局限于钢铁主体，首钢总公司在明确了大力发展具有高新技术含量和竞争能力的电子机电业、建筑业、服务业、矿产资源业等四大优势产业，提升拓展海外产业的基础上，非钢产业也都经过艰苦的摸索，找准了自己的定位。特钢公司的巨变，就是经过几年痛苦的探索，找准了定位，从传统特钢向新型现代制造业、现代服务业和环保产业进行战略性转移，取得了实质性的进展，大家都已经知道，就不多说了。高新公司提出了要从以高新产品为主转到以高新技术为主，围绕钢铁主业重点研发自动化技术，在服务首钢的前提下，进一步做强做大，逐步形成新的产业；矿业公司在新形势下，把自己定位在“做强主业，发展相关产业，服务钢铁，生产经营”四大块上。机电公司提出了创建现代制造业基地，发展重型机械产品、施工机械产品、液压电器和汽车零配件产品等三大产品板块的发展思路，并且将以与德国西马克公司签订合作协议，成为西马克在国外的第一家制造厂的分供商为契机，加快这一发展进程。军工集团的东星已是大家熟知的先进典型了，它的发展方向对，产品定位准，再加杜宝栋同志和东星班子的集体努力，取得了骄人的业绩；长白厂也是这样，现在连铸结晶器业务越做越大。可以预期，在正确定位的指引下，首钢前进的步伐将会迈得更快，更稳健。

为了确保“一业三地”以及今后“一业四地”甚至“一业五地”战略目标的顺利实施，确保钢铁主业的持续发展，针对钢铁原燃料资源日益紧张的新情况，总公司又采取了另一重大战略决策。近两年，先后同国内外一些大型企业签订了战略合作协议。其中，有巴西的铁矿企业，山西和河北地区若干煤炭、煤气化集团，以及我国远洋运输的龙头老大中远集团，这为解决首钢长远发展的原燃料奠定了稳定的基础。去年年末，又同中国农业银行签订了战略合作协议，结成战略合作伙伴关系。随着时间的推移，将越来越看出这些决策的深远意义。

（2）在生产建设、科技开发等各方面，创新工程取得明显成效，对首钢结构的调整、效益的增强、管理工作的改善都起到了积极的作用。去年，首钢的钢产量接近900万吨，实现利润达到12.47亿元，一些技术经济指标进入行业的前列。随着生产的发展，效益的提高，职工收入也有比较明显的增长。具体指标我不多说了。过两天青海同志在职代会上还会详细报告。我只想讲几点给我感受深的事。

一是关于“双高”产品问题。在前几年，尽管首钢在多次会议上都强调“双高”产品，但一直到去年“7·17会议”时，我的印象还不深。当时，虽然看到了“双高”产品的产量在增长，但成效还不是那样明显。2001年时，“双高”产品为192.61万吨；2002年增长到209.90万吨，增长8.98%。但这次来，情况明显不同了。前几年，“双高”产品的增长曲线很坡。但从2003年起，却是一条很陡很陡的直线，2003年达到了321.39万吨，一举增长了100多万吨；2004年又猛增到456万吨，两年增长了1倍多，去年还实现了双高产品超过50%的历史性突破，达到了55%。并且在“双高”产品的基础上，提出了“拳头产品”的概念，2004年拳头产品在“双高”产品中的比重，也提高到了44.4%。“双高”产品的大幅度增长，不仅较大地提高了企业的经济效益，如果没有“双高”产品这种历史性的突破，那么去年四五月间首钢就很有可能出现月度的亏损。但更重要的是，“双高”产品推动了工艺技术装备的改进和提升，促进了管理工作的精细化，提高了职工队伍的素质，特别是改变了过去那种把品种质量和产量对立的观念，使中央提出的科学发展观在企业里得以进一步落到实处。

二是ERP一期工程的建成。这标志着首钢管理创新实现了历史性跨越。这是运用当代先进的信息化平台对管理思想、管理理念、管理方法、管理手段进行系统性变革。正如你们总结中所提到的那样：实施ERP就意味着要放弃原来的局部优化代之以整体优化，要放弃原来的领导凭经验决断的思维定式代之以信息平台支持下的规范化运作，要放弃原来的各自为政的部门壁垒代之以机构扁平化设置的集中一贯制，要放弃原来的经验为主、领导为主的工作习惯代之以数据说话规则运行的系统要求。因此，也必然会引发种种疑虑以及一些习惯势力和传统力量有意识或无意识的阻挠。特别是面对首钢当前体制及组织机构上的复杂情况，更增加了这一工程的难度。但是，由于这一工程真正体现了“一把手工程”，一把手亲自组织，亲自指挥，亲自参加操作；总公司领导成员全部参加第一阶段的培训，带领全体参战队伍，克服一个个的困难，排除一个个障碍，终于在11个月里，完成了预定目标。一是全面的建立了首钢钢铁主业的ERP信息平台；二是实现了钢铁主业物流、资金流和信息流的三流合一；三是培养了首钢信息化骨干队伍。首钢ERP一期工程在不到一年时间里胜利建成，在行业里也引起较大的反响。目前，首钢信息部在狠抓系统完善的同时，正在进行管理的优化提升，使其发挥更大的作用。

在建设ERP的同时，不少子公司和二级厂都在建设局域网，像二炼钢、高线厂、矿业公司等的局域网都已起到了很好的作用。特别是二炼钢的局域网已成为“数据管理的平台，基层管理的工具箱，思想工作的阵地，企业文化的窗口，走向外界的通道”，已经成为员工工作中甚至个人成长过程中不可缺少的亲密伙伴。

三是各大子公司的全面扭亏。2004 年，首次实现了子公司的整体扭亏。从 2000 年子公司总体亏损 7 亿多元，到 2004 年盈利 3 亿多元，一进一出就是 10 个亿。这也是一件值得庆贺的大事。建工集团 2003 年就实现了整体扭亏，2004 年军工集团也实现了整体扭亏（不计已经列入破产计划的庆华厂）。军工集团所属企业，除了已经搬迁出来的几个厂外，都处于边远山区，条件确实十分恶劣，能够实现扭亏确实是来之不易。一些过去认为扭亏无望的企业，也改变了面貌。这次参加党委扩大会，多少了解到各级领导为此所付出的心血。像军工集团的领导一个厂、一个厂地进行扎实细致的工作。一厂一策，从领导班子的选配、厂址的迁移、政策的落实、产品的定位，到技改的开展等方面都进行了大量的工作；各个企业也在新班子领导下，转变观念，深化改革，强化管理，终于取得了可喜的成果。建工集团位处西北的九建设和十建设也已实现扭亏，即使最困难的四建设也实现了大幅度的控亏。

（3）在面临两个“前所未有”的压力、挑战和机遇面前，首钢各级干部和员工的精神面貌也呈现了“前所未有”的高昂振作。这次在同首钢同志们交谈时，你们那种振奋的精神，昂扬的士气，藐视困难的气概，严于剖析自我、否定自我、超越自我的胆略，给了我很深刻的印象，也给我以深刻的教育和鼓舞。比如张继文张总，已经是 73 岁的高龄，但仍常年坚持在建设前线，指挥千军万马，夺取一个个新胜利。他的那种老当益壮的精神，公而忘私的胸怀，实事求是的作风，精益求精的风格，赢得了首钢全体员工的爱戴。这次张老总以他的骄人的业绩荣获“首钢科学技术特殊贡献奖”，也是众望所归的。

我曾经同二炼钢的同志先后交谈了一天半，我觉得他们不仅是具有现代化的思维、采用现代化的手段、实施现代化管理的一个先进单位，打动我的更多的是他们那种严于律己、严格剖析自己的态度，敢于不断挑战自我的勇气。在靳伟同志职代会的讲话中，对几起事故进行了剖析，尖锐地指出了关键在于管理者。“活难，难在哪，难在我们管理干部身上；扯皮，扯在哪，扯在我们管理干部身上；质量不高，还在我们身上。”迁钢的钢包不能就位，鱼雷罐不能就位，影响了工期，他们不是推责任，而是从自身找教训。厂领导认为，即使图纸是别人画的，但这是经过我们审图的，我们却没有发现。于是他们在干部中进行了突击制图考试，果然发现了自身的不足之处。他们原有两台板坯连铸机，由于首秦急需，公司让他们调出一台。他们二话不讲，服从大局，结果出现了 $2-1>2$ 的奇迹。过去，2 台连铸机，产量最高是 91 万吨；现在，两台的产量是原先的两倍，而且品种还增加了。现在板坯不用清理，不用切割，合格率达到 98.93%，处于行业领先地位。二炼钢的干部，敢于勇挑重担，敢于超越自我，承担起过去从未做过的工作，像 5 号连铸机的液面自动控制等一些大的技改项目，都是由车间牵头搞起来的。砌筑车间主任居然搞起渣系的研究，这以前是不可想象的。员工们关心全局，关心二炼钢，支援迁钢建设的职工，不忘大院里的情况，发回电子邮件，提醒“冬天的草坪更怕踩”。

近两年，首冶取得突飞猛进的成就，这对首建是一种无言的鞭策。首建过去是首钢建筑业里的龙头老大，资格最老，实力最强，装备最优，经验最多，在首钢建设的历史上曾经作出过重大的贡献，但近几年前进的步伐比首冶慢了。但他们承认落后，不甘于落后，“服气不服输”。他们正在严格地剖析自己，并对比首冶和社会上其他先进建设单位，决心要“重振雄风”、“把住排头不放”。这种精神值得称颂。

还有像矿业公司新人新事层出不穷。水厂铁矿的矿车司机、劳动模范孟祥阳在总结自己实践的基础上，加以提升，编写了一本10万字的教材；水厂矿在台阶一步步下降的情况下（目前已降到-85m），吨矿成本保持在45元以下。球团厂的劳动生产率2004年是2000年的6倍，很好地实现了减人增产增效的目标；矿山的协力公司主要承担矿山设备的维护检修、公路运输以及工程施工，全公司2700名员工来自矿区的12个单位，平均文化程度较低，但他们不自卑气馁，18名员工以150万元中标承德一家企业6个系列的选矿厂设备安装任务，在无钱租用大吊车的情况下，硬是用填土、滚杠等土办法把60吨的球磨机安装到位。矿山重型汽车制造厂去年生产、销售了70台40吨矿车，成为国内仅次于北方公司的第二大厂。这些事迹的背后都有一个个令人感动的故事。

当然，我说的这些，只是我亲眼所见、亲耳所闻的，有些这次没有去的单位，中首公司、实业公司、房地产公司、东星公司等，可能有更好的业绩，更感人的事迹，就没能提到，只能说声对不起了。比如，东星公司提出了“今年和去年比没有雄心，自己和自己比没有志气，拿自己的长处和别人的短处比没有出息。”这种气概，很鼓舞人心的。

二、首钢的变化及几点体会

为什么首钢近几年，特别是近两年发生这种跨越式、历史性的巨变？我在同首钢同志们交谈时，都就这一问题进行了探讨。具有共识的大约有这样几条：

（1）在总公司新的领导班子带领下，在全首钢范围内，掀起了一场持续的思想观念上的革命。谁都不能否认，经过长期历史的检验，证明了首钢这支队伍是一支能打硬仗、能创奇迹的好队伍。过去，周恩来总理说过：“首钢要为首”，既是对首钢的一种鼓励、鞭策，也反映了当时首钢的实力地位。但是，为什么在相当一段时间里，首钢在行业里的位置在逐渐后移、甚至退出了第一方阵。当然，原因是多方面的。但不能不承认，一个十分重要的原因就是我们的观念落后了、停滞了，不能适应迅速变化、发展的新形势了。我认为首钢新班子的最大功绩，就是自己带头、并引导各级干部和员工从长期形成的种种思想桎梏中解放出来，不断转变、更新思想观念。先后提出了“五个学出”：学出境界，学出思路，学出胸怀，学出目标，学出动力。还指出：一个人有多高的境界，就思考多大的问题；有多大的胸怀，就会干出多大的事业；有多高的追求，就能实现多大的目标；有多大的动力，就能产生多大的速度。使大家明确认识到，首钢要发展，要前进，首先是我们各级领导思想观念要先进，思想境界要提高。还提出了：苦干三年，扎扎实实打好四项基础，在这四个基础中，思想文化是先导。通过这些活动，涌现了一批先进典型；然后又以这些先进典型为榜样，推动观念转变的深化。特别是去年“7·17会议”上，根据首钢发展的要求，在深入剖析各级干部和员工思想观念上存在的问题的基础上，响亮地提出了“八破八立八做到”，把首钢解放思想的活动提高到一个新的高度。“忽如一夜春风来，千树万树梨花开”。各单位纷纷联系实际，抓住自己的要害，提出“破”、“立”的方向，树立起适应新时期要求的新观念、新理念。

据我观察，首钢的思想解放活动，大体经历了两个阶段（当然，这也不是截然划分的）。

第一阶段主要是破除那种等靠要、无所作为、故步自封等思想，肃清外因论、唯条件论等思想影响，树立自立自强的思想观念，振作发奋图强的精神。涌现出了像首冶、二耐这样一批在落后状态下奋起的先进典型。像首冶，2000年时，全公司员工有7000多人，但全年结算收入只有1.7亿元。去年，在册人数降到了3049人，结算收入超过了12亿元，4年内人均劳动生产率增长了近20倍。它托管的修理厂、铸造厂，也都在短期内发生了明显的变化。军工集团和建工集团一些困难企业的变化，也是从这里起步。

第二阶段随着企业文化建设的深化，思想观念的转变进一步深入到众多业务领域中，无论是广度上、还是在深度上，都取得了更加辉煌的战果。比如，在同王毅同志探讨首秦成功的原因时，他认为，从企业内部来讲，主要就是把首钢几十年实践中的正反面经验教训所提炼而成的一些理念用之于首秦建设。那天，由于时间关系，没能深入展开。我建议今后请王毅同志作一专题报告，深入交流一下这方面的体会。又比如，“双高”产品近两年实现历史性突破，固然同前两年在技术改造上打下了物质基础密不可分的，但最根本的还是观念的更新。如果仍旧死抱着“产量第一”的陈旧观念，或者把产量和品种质量对立起来，那就不可能有今天的突破，而今天的成就也进一步加深了职工对结构调整的理解。我在同三炼钢同志座谈时，一位连铸车间主任说：过去一切为了追求数量，因此把保证生产连续性放在首位。现在是宁可停、宁可断，也要保品种；过去不用电磁搅拌，只要成分合格，就照样出钢。现在，该用电磁搅拌的钢种，即使成分合格，也要改判。他们还响亮地提出今后要把打品牌钢放在第一位。这种观念的改变，必然促使员工们更精益求精，使品种钢得到更快更好的发展。又如，炼钢厂的砌筑车间，过去无非是砌筑炉子，但现在二炼钢的砌筑车间，却研究起渣系来了，而且还吸引了中国耐材协会的3位副会长来首钢参加相关的活动。其中，就包括濮阳耐火材料公司的留美博士老总。正是这些观念上的突破，使首钢各方面的工作有了前所未有的变化。

（2）大力实施人才创新工程，真正把人才作为企业发展的第一要素，营造有利于人才成长的机制、环境和氛围，促使人才快速健康成长。即使在几年前，也没有人会否定人才对企业发展的重要作用。但是说起来重要，做起来就不重要的情况也是司空见惯。组织部向我提供了几组数字。20世纪90年代的10年，进入首钢的大学生共6000多人，但同期流失的就有3000多人，流失率为49.7%；其中，后5年的流失率是178%，就是说，进入1个人，出去1.78个人。2000年时，技研院的6位博士生全走空了。这当然有首钢当时的大环境问题，但在相当程度上同对人才的重视程度有关。那时，作为高级知识分子集中的技研院，平均工资不仅低于首钢的平均工资，而且只相当于绿化公司的平均工资。在这种情况下，尊重知识，尊重人才，又从何体现？而目前，首钢北京地区就有博士生38名、硕士生320名、研究生151名。其中，技研院就拥有博士生20名、硕士生100名。去年技研院要招聘30位硕士生，报名的竟有300位之多。在国家认定的314家企业技术中心的评比中，首钢由2001年的184位上升到2002年的20位，2003年的第10位，2004年的第9位，在冶金行业排名第二。2004年获得“国家认证企业技术中心成就奖”，连续2年获得全国优秀企业技术中心称号。设计院的变化也充分说明了这一点。作为一家企业的设计院，2004年营业收入达到7.5亿元，仅次于重庆院和北京院，超过了几家过去部里直属的独立设计院，并且承担了很多行业里重大技改设计任务；2004年企业人均劳动生产率达到76万元，是2002年的178%，这同他们在人力资源开发上进行的改革、极大地调动设计人员的积极性是分不开的。

我记得2001年第一次来首钢讲话前，也到过一些二级单位作过一些调查。同这次调查相比，有几点明显的不同。

一是对“物”与“人”的态度。那次，一些单位谈“物”、谈“事”多些。当然，从“事”、“物”的变化中也可看出“人”的变化。但这次很多单位在交谈中，都很自然地谈到对“人”的关怀，谈起“人”的变化。炼铁厂提出“炼优质铁，做优秀人”；高线厂则是“一手塑人品，一手创精品”。那时，还有一句话：“好的领导琢磨事，差的领导琢磨人”。现在，可以说恰恰相反，好的领导不仅琢磨事，更多地琢磨人。当然，这两种琢磨人是不同的，前者使人恐惧，后者则是给人鼓舞、力量、信心。比如，二炼钢的领导就把队伍成长摆在自己的重要议程，经常给干部出课题，要求他们写总结、写论文。只要有好的学习机会，即使厂内任务再忙，也要千方百计送人出去培训。在技术科只有2个人的情况下，把技术科长送外培训。厂领导不时对车间主任等进行突击性的考试，考识别曲线，考制图，考得有些干部“脸红”，但也促进他们业务水平的提高，帮助员工增强对自己的信心。他们对干部要求严，下面员工违规违纪，照片上局域网的曝光台不是当事人，而是直接主管。就是这种氛围，促使人才较快地成长。现在，一些重大项目都由车间主任来牵头，像5号连铸机液面自动控制就是由连铸车间主任牵头搞成的，效果很好。这种环境也吸引了外界人才。2004年进厂的研究生主动介绍师弟师妹来首钢。首冶王文利在实战中摔打队伍，要使鸡群里的鹰恢复自己是“鹰”的信心。技研院的“一切围绕人才转”，“因人设岗”，都体现了对人才的尊重。

二是不停留在一般观念的提升上，重视把观念更新同制度建设结合起来。观念当然是起到主要的导向推进作用，但再好的理念，如果没有制度来保证，往往也容易流之于形式。为了使人力资源开发的有关理念落到实处，总公司近两年来制定了43个人才建设方面的新制度。其中，去年就有27个，包括为建设三支人才队伍建立了各类员工成长的三条通道，领导干部公开招聘、竞争上岗和年度考核末位淘汰、领导干部交流和引咎辞职、人才引进和培养、科技人员双向交流和挂职锻炼、高级技工人才工程实施方案。在这样短的时间里制定了这样多的人才建设方面的制度，在首钢历史上也是前所未有的。目前，这些制度都正在顺利地得到贯彻执行，对首钢的人力资源开发工作起到了强大的推动作用。去年就有69人参加了总公司组织的干部公开招聘，23人通过公平竞争走上了领导岗位，厂处长以上干部交流269人，免职降职27人；高级技能人才有了大幅度的增长，全年晋升高级工2646人、晋升技师350人，高级工总数达到5300人。

三是建立正反两面的激励机制。总公司每年拨出1000万元，设立“人才资源开发培训基金”，用于人才开发，人才引进，人才培养，以及对优秀人才资助与奖励，使优秀人才进一步得以体现其自身价值。年前总公司召开的科技大会和干部大会，分别对有特殊贡献的科技人员张继文和13个单位、27名有突出贡献的主要经营管理者进行了重奖，震动很大。过去我们曾经批判过“名利思想”，我看应该为它正名。当然，一心只想名利，不对。但既然作出了重大贡献，为什么就不该有名有利呢？王文利讲带队伍就是两句话：用好人，分好钱。这同温家宝总理前年年末在全国人才工作会议讲话的精神是一致的。温家宝总理说：“国家大事，唯赏与罚。”无论是赏还是罚，实际都涉及名和利。因此，要建立赏罚分明的机制，从根本上形成良好的风气。用王文利的话来说：奖一是要奖得透明，不是领导让你得奖就得奖。二是奖得动心。要“脸红”，不要“红眼”，不收基层从奖金中上缴的“进贡”钱。有奖就得有罚，要敢于从严治厂，敢于动真格。分公司经理的免职，心悦诚服，而且还锻炼了人才。首冶下面的机施公司，过去从来没有干过钢结构厂房施工，这次承担迁钢炼钢厂4万多吨的钢结构施工任务，保质保量按时完成了。全年全公司300多人实现了1.8亿元的结算收入，队伍精神状态好、士气高。这同他们领导班子既关心爱护、又严格要求分不开的。对影响全局而又教育不见效的，他们的态度是：宁可拿几个思想僵化的人铺路，也要让思想活跃的人推进改革的顺利进行。公司经理戴利的座右铭是："上司若不变成鬼，下属怎么会成才？"当然，下面还有两句："属下就是不成才，上司肯定是庸人。"二炼钢许春明含泪调整一批老伙伴，也得到了大家的理解。没有这一果断措施，二炼钢也不可能有今天。中钢的"儒家精神、法家手段"也是这个意思。"导之以礼，爱的教育"，"齐之以刑，铁的纪律"。

（3）推行先进的企业文化，积极开展企业文化建设。应该说，首钢近两年跨越式的前进，同首钢高度重视企业文化建设密不可分的。这次，我跟随首钢宣传部到了8个单位检查企业文化建设的情况。虽然时间很短，但可以看出，这些单位无论是党委、还是行政领导都把企业文化建设作为具有战略意义的大事来抓，作了大量的创造性的工作，取得了重大成绩。我的感受有几点。

一是群众性。现在很多厂都制订了企业文化手册。表面看企业精神、各种经营理念提法大同小异，只是有的提11种理念，有的提9种理念。有人认为无非是把总公司提出的十大理念照搬照抄而已，有点形式主义。但我却觉得不能从表面上看问题。首钢的一大特色，就在于这些理念的提出，是有其深厚的群众基础的。像炼铁厂企业理念，就有2000人参与；74个一句话的岗位行为规范基本上都是各岗位员工自己提炼而成的。比如，炉前电炮工的"堵口一炮严，环保不冒烟"，五炉下渣工的"熔渣畅通不落地"，炉前上渣工的"放渣及时不憋风"。一句话抓住要害，既准确、明确，又好记。三炼钢的安全用语，是上至厂长、书记，下至一般员工，全厂1800多人，人人参与，经过筛选，编写了一本《平安三炼——三炼钢职工原创安全理念集锦》。这种群众性的推荐、提炼、筛选、归纳、整合过程实际上就是一种教育过程，也就是理念渗透的过程。还有各单位的文化节和艺术节也都有越来越广泛的群众基础，因此，深受员工们的关爱和主动参与，才能越办越红火。

二是开放性。这是首钢近几年的一个重大变化。过去有一种"唯我独尊"的味道，很少到兄弟单位去学习。现在放下架子，学习先进，兼容百家之长。去年，首钢多次组织人员去国内外先进企业学习企业文化建设。不学不知道，一看吓一跳。过去总以为自己干得不错，事实是"外面的世界更精彩"。首钢第一批干部去水钢学习回来后，带动了更多管理人员去水钢取经。去年，先后有近200人去水钢学习企业文化建设。大厂学小厂，老师向学生学习。不是走过场，图形式，回来后结合实际找差距，提对策。这本身就反映了首钢的一种新型文化。对比几年前的"闭关锁国"状况，不可同日而语。以后姜兴宏同志带队，还专程到宝钢参观学习；张文喆同志带队到韩国浦项进行了专题学习。不仅向外界的先进单位学习，首钢内部向先进学习也形成了一种风气。开放的过程实质上是兼容并蓄的过程，是开阔胸襟的过程，是提升境界的过程。开放促使看到自己的不足，开放鞭策自己的前进，开放打掉了不该有的傲气，开放扩大了自己的视野。有些同志同我说起：越学先进，越感到自己的不足，越增加身上的压力，促使自己更加奋发向上。"海纳百川，故能成其大"。我写了一篇《喜看首钢学水钢》。希望首钢人能将这种好风气进一步发扬光大，把国内外适合自己情况的先进经验都能学到手，并在实际工作中有所创新，有所发展，为把首钢建成世界一流的钢铁企业而努力奋斗！

三是实践性。企业文化的生命力在于实践。建设先进的企业文化，最关键的是要将核心价值观及其理念等文化要素付诸实践、渗透于经营管理之中，转化为广大员工的职业理想和职业信念，内化为思维方式，外化为行为习惯。在实际工作中，首钢很重视三个结合。一要企业文化与企业发展战略相结合，服务于战略，又影响战略。“苦干三年，打好四个基础”，四个基础第一个就是思想文化基础，就是为首钢改革发展的总目标服务的；二要文化理念与建立机制、制定规章制度相结合，用制度来推进理念的实现。这就是运输部等好些单位提到的“内化于心，固化于制，外化于行”。德国人不闯红灯，一方面是理念的灌输与教育。另一方面是制度的约束。如果闯了一次红灯，保险费被加1%，因为是联网的，所以所有保险公司都一样。银行通知，购房分期付款，由15年改为10年。学校通知他的孩子上学，得用现金交学费，不能分期付款。三要同本单位自身的特点相结合。尽管某些理念提法上是相同的，但具体实行起来却由于环境、条件的不同会有差异。因此，在注意共性的同时，各单位也尽量突出个性。比如，设计院与二级厂不同，知识密集；运输部、动力厂点多、线长、面宽，要发挥单兵作战的作用，小分队的作用；焦化厂，不变中求变，稳定中求改革。不求其全，抓住一点，作为切入口，往纵深拓展。

以上主要是就“软件”方面来分析的。这不是说技术改造等硬件不重要。没有必要的物质基础，主观努力也起不到作用。这几年，钢铁行业里绝大多数过去的重点企业和地方骨干企业的技术装备有了显著的进步，甚至国际钢铁界流传着这样一句话：“看先进设备到中国去”。但是从未听到有人说：看先进产品到中国去。同样的装备不能拿出同样的产品，关键还在于管理以及人才问题上。所以我强调软件的重要性。

三、围绕打造世界一流企业，提几点建议

首钢近几年成绩巨大，但不等于首钢就可以稳坐钓鱼台了，可以高枕无忧了。这一点，我在同首钢同志们交谈时，大家也都很清醒地意识到了。纵向自我比，进步大；横向比，差距还不小。在去年年底召开的总公司党委扩大会议上，朱总的报告中分析了7个方面的差距，我完全同意。下面，我想就这次的调查所感，提出几点建议，供各位领导参考。

（一）进一步增强危机感、紧迫感

朱总在去年年末党委扩大会议报告中，也告诫我们，要“充分认识面临的更加严峻的压力和挑战，增强危机感、紧迫感”。我这里再作一些补充。具体从5个方面来分析：

（1）从钢铁行业总的形势看。近3年，是钢铁工业发展的千载难逢的黄金时期，市场需求量大，总体而言，价格看好。这也促使很多行业以及民营资本投资钢铁。到2003年底，我国钢的产能已经达到3.1亿吨，在建规模有1.5亿吨。尽管由于当前实施宏观调控，有些不一定能如期建成，但从2004年钢铁行业固定资产投资预计将达1800亿元的情况看，到2005年底，钢的产能超过4亿吨是完全可能的。而且，按目前各企业制订的规划来看，如果全部实现，恐怕5亿吨也下不来。这样的规模扩张，对钢铁工业来讲，是祸，是福？仁者见仁、智者见智，众说纷纭。我认为，有几个问题我们必须要认真进行考虑，特别是要从贯彻落实科学发展观的高度来进行思考：一是钢铁行业能不能继续以现在这样的增长速度前进？我国的各种资源要素能不能支撑钢铁工业这样的发展速度？2003

年，我国消耗的各类国内资源和进口资源约合50亿吨。其中，原油、原煤、耗电、铁矿石、钢材、氧化铝和水泥的消耗分别为世界消费总量的7.4%、31%、10%、30%、27%、25%和40%，而创造的GDP仅相当于世界的4%。这就在警告我们，我国的工业化是不是要继续走“高投入、高消耗、高排放”的粗放型经济增长的路子，这条路子能不能继续走得下去？我国是不是一定要达到发达国家的人均钢材消费量才能实现工业化？年前召开的全国经济工作会议已经明确提出：加快建设节约型社会，努力缓解资源约束矛盾；要坚持开发与节约并举，把节约放在首位，大力发展循环经济，逐步构建节约型的产业结构和消费结构，走出一条具有中国特色的节约型发展道路。因此，我个人认为，近期，钢铁工业虽然仍有一定的增长空间，但增幅将会减弱。简单实施数量型扩张的企业必将遇到更大的挑战。二是我国何时出现钢铁产量的转折点？面临转折点时，如何应对更趋激烈、甚至是生死存亡的竞争？要具体分析我们可能会遇到的竞争对手。三是当前国家实施的宏观调控，以及稳健的财政政策，对钢铁工业的发展又会带来哪些影响？对此，我们宁可把问题想多些，困难想透些，这样才能防患于未然。

（2）从兄弟企业看。我们前进的步伐大，但一些兄弟企业前进的步伐也不小。特别是作为特大型钢铁企业，在产品结构方面首钢有其先天的劣势，后天的失调。况且首钢也不是事事都领先，有些方面我们领先了，另外一些方面就不见得领先；今天领先了，也许明天人家就赶上来了。就我去年所接触到的一些企业来看，很多方面变化之大，也令人惊叹。宝钢的一厂、三厂、五厂已经变得今非昔比了；华菱集团两个70%：70%的装备是世界一流，新度系数达到70%；湘钢产品结构的变化，3年内从85%的建筑钢材转变为80%以上的机械加工材；包钢的薄板坯连铸连轧（CSP）生产线连创三个“世界第一”的纪录，即世界同类工厂达产速度第一、月产量第一和一次连浇炉数第一，并被西马克作为亚洲唯一的技术培训基地，对马来西亚的同类工厂进行技术输出，取得了明显成效，并正准备接受泰国钢厂的委托，帮助提高技术管理水平。在管理上，马钢花了600万元从宝钢引进作业长制，这反映了马钢对改进管理的一种决心，也已取得了明显效果。宝钢的专利2天一个，孔利民一人就有54项专利；南钢棒材厂的局域网成为电子刊物等。这样的事例还很多。

（3）从下游企业的需求看。随着科学技术的进展，市场竞争的加剧，下游企业产品档次的提升（如建筑工业突破性的发展，石油工业工作条件的恶化等），相应地会对作为原材料供应方的钢铁企业提出更高的要求，要求质更优价更廉，服务更周全。这方面李世俊同志最近在首钢的报告中大约都已讲过，我就不多说了。

（4）从国际钢铁工业的形势看。去年9月开始，我国材坯的出口量有几个月大于进口量，当然是好事，但是不是也潜伏着新的问题？钱凯同志谈了一个观点，值得研究。过去，我们是以市场换技术，一旦市场缩小了，甚至不存在了，对方又会采取什么样的对策？另一方面，前些年我们是不断引进发达国家的技术装备，一套又一套，不乏重复引进，今后，发展增幅放慢了，装备逐步国产化了，知识产权问题就将成为国际贸易争端的一个新焦点，DVD的专利费就是前车之鉴，这更要求我们加快自主知识产权的开发。

（5）从首钢自身的情况看。目前，在几大钢的竞争中，由于没有高端产品的推动，缺乏实践的基础，已经不是处于同一起跑线上了。首钢不上曹妃甸，在钢铁行业中就没有竞争优势可言。但这不等于说，上了曹妃甸，首钢就万无一失了。因为，毕竟在板材生产上，我们基本上是从零开始。不要说同宝钢、鞍钢、武钢比，就是同攀钢、马钢、包钢、本钢，甚至邯钢、唐山等企业比，我们在时间上，也落后了好多年。等曹妃甸投产，很可能相当一批市场都已瓜分了。但是，我们没有退路，也不允许在任何环节上发生大的闪失。我们要研究如何更好地实现后发优势，以百米短跑的速度来进行追赶，以最短的时间赶上甚至超越人家十几年甚至几十年所达到的水平，这是摆在我们面前的十分严峻的使命。否则，我们就会陷于极端被动的局面。此外，当前我们还继续面对首都日益增强的环保压力，环保成本还可能不断增加（目前，环保成本占制造成本20% ~25%），以及由于布局不合理所付出的代价，如何在成本上获取竞争优势。这需要我们“堤外损失堤内补”，更需要我们发挥创造性的劳动，在确保质量的前提下，进一步降低成本，提高效益。这当然会有很多困难，但这也就是首钢必须面对的现实。我们必须以自己的实际行动克服困难，解决矛盾。否则，就会像二炼钢的同志们所说的那样：“天天说困难，总有一天连说困难的机会都没有了。”

（二）进一步开展四大创新工程

（1）首先还是观念创新。功焰说，首钢和宝钢的最大差距在于观念。几个宝钢人在一起，另外几个首钢人在一起，不用看他们的服饰、口音，就听他们对同一事物的看法，就能知道谁是宝钢人，谁是首钢人。差就差在观念的不同。这反映在很多方面，比如对产品质量检验的问题，这些都反映在更深层次的生产经营等业务领域中。我建议他能整理一下，把主要的观念方面的差距列出来，加以研究、改进。

（2）创新首先要承认差距。要发现不足才有创新的动力。最大的差距就是看不到差距。哀莫大于心死。所以，创新力强的企业肯定有一种“找差文化”。看不到差距，有个标准问题。朱总提出“四个要”，很关键的一条就是“标准要高”。刚才说了二炼钢的很多好的思路，好的做法，但是二炼钢的同志们却始终在找差距：比如我们刚能生产X60，宝钢却在生产X80了；二炼钢至今还不能生产82B；好多企业都已建立了炼钢模型，我们在有关会议上却只能听人讲。近两年，主流程生产厂中只有高线厂的主要指标进入同类型企业的前8名，二炼钢还排不上。这说明二炼钢是以高标准要求自己的。过去常说“三七开”，一个指头与九个指头。对人的评论，对一些重大事件的评说，可以这样说。但对每一件具体工作而言，不能满足于“三七开”，100 - 1 = 0，100个99%等于36；10个90%还不到35。要有六西格马的观念。所谓细节决定成败，不是说细节比决策更重要，而是在决策正确的情况下，决定成败的就是无数细节了。而且竞争越是激烈，大的方面可能大家差别不大，这时候决定成败的就是细节了。

（3）在科技创新上。首钢“双高”产品的实践说明了科技创新要取得重大成果，必须要建立相应的机制，包括组织机制和激励机制。成立了“双高”销售技术部，制定了按“双高”产品与普碳钢差价提成的奖励办法，这恐怕是带有普遍规律的一条经验。现在有的单位，一方面在鼓励创新，但其评价系统和考核体系却是在鼓励走老路，结果往往是一个考核指标的导向就否定了其他方面的努力。因此，很有必要围绕创新所要实现的战略目标，审核修订现有的评价和考核体系，以免出现南辕北辙的现象。再有是要建立团队合作的机制。对企业来说，重大的创新往往不是一个部门所能完成的，需要形成一条链，发挥这一链条中各个环节的作用。联想研究院认为，一个创新的技术要真正获得市场意义的成功和用户的认可，研发只占到了30%以下，只有将生产、市场、销售、质控和服务这些环节通过管理形成一个成功的链接关系才能保证其真正的成功。在冶金系统，宝钢就较好地形成了两条这样的链条。一条是“产销研一体化”，围绕企业急需解决的重大技术问题，深入开展多种形式的产销研合作，及时有效地协调解决市场营销部门和研发部门之间的矛盾。另一条是“研究、设计、工程、产业化”。通过加强宝钢研究院、宝钢工程技术公司、宝信软件公司之间的横向合作，以市场实现程度作为创新成功与否的最终标准。这些经验，实际上也为首钢自身的实践所证明了。

要营造适当的氛围。创新要有宽松的环境，“鼓励创新、宽容失败；鼓励思考，宽容失言；鼓励实践，宽容失误”，没有对创新过程中失败的宽容，就等于是扼杀创新。还要形成“多干不错，少干大错，不干全错”的氛围，不要出现那种“不干不错，小干小错，大干大错”的局面。宝钢的非共识性项目保举制，也是为鼓励科研创新，营造宽松的科研环境，为科研人员提供一个释放激情和灵感的空间。宝钢股份技术中心主任研究员周月明的一个项目，在专家评审时，被认为是“成功可能性几乎为零”。由于这一项目保举制的支持，最后获得成功。不仅形成3项专利，还获得了技术中心的多个创新奖项，令当初的评审专家刮目相看。宝钢还有一种组织氛围。宝钢下属的热轧厂等一些单位成立了“发明创新协会”，90%的会员是一线操作维护人员，协会围绕创新活动，开展经验交流，举办多项培训，督促和跟进会员创新项目的具体落实，也促进了成员间的信息共享，取得了很好的效果。像热轧厂的“创新协会”，成立3年多来，会员创新成果连年递增。到2003年年初为止，20位会员共计总结专利42项，申报技术秘密16项，归纳先进操作法6项，推出合理化建议485条。宝钢股份170个创新小组形成的专利占全公司专利总数的40%，比如热轧厂李林一年取得19项创新成果的“大户”。被称为“宝钢发明大王”的宝钢股份公司运输部设备管理室技能专家孔利民，一个人就拥有国家专利54项、技术秘密62项，是上海个人职务发明最多的人。现在宝钢“两天一项专利，一天两件技术秘密”的目标已经实现。

（4）在管理创新上，有三点意见供参考。

一是进一步发挥ERP的作用。一期工程取得了很大成绩，在生产经营实践中已经开始发挥了作用。但是在同有些单位交谈时，感到目前效果还不那么明显。去年5月去湘钢时，他们提供了一组数据：比如，在财务人员减少的情况下，会计报表编制时间由8天缩短到4天；产品交货期由平均60天左右缩短到平均20天左右，7天以内交货的占40%；进厂物资从检验到结果判定由3天缩短到1天。我觉得是否也可以从最终要求达到的一些指标来检验在ERP实施过程中可能存在的问题，加以改进，使这一创新成果发挥更大的作用。

二是要把创新和继承优秀传统结合起来。我们之所以提倡管理创新，简单说，就是要提高效率，提高效益。因此，在强调管理创新的同时，还必须继续发扬精细管理、严格管理的好传统，把管理的基础打扎实。“细节决定成败”，细节就是要靠严格管理、精细管理来实现。不要以为上了ERP，管理自然而然就强化了。ERP可以及时反映你管理的现状，但要解决这些问题，还是要靠人的管理意识的强化以及各项基础工作的落实。管理的强化必须建筑在牢靠的基础上，所以“基础要牢”。在座谈中，好几位同志提到首钢存在的“家大业大，浪费点没啥”的思想，身边浪费的现象还不少。1997年，刘汉章同志到水钢后说：这里是满地都是百元大钞。今天的首钢当然不是当时的水钢，但按照高标准要求，按照中央提出的："加快建设节约型社会，坚持开发与节约并举，把节约放在首位"的要求来说，恐怕还有不少的漏洞，还有大量工作要做。

三是适应一业三地、甚至多地的新情况，研究管理创新的问题。新厂的新体制、新的管理模式如何与原有的协调问题，既不要让原有的管理模式拖了新厂的腿，也不要造成相互脱节。现在焦化厂、中板厂实施了作业长制，将管理重心下移，对改进内部管理、调动基层员工的积极性、提高队伍整体素质起到了很好的作用，但也出现了与公司职能部门的协调问题。需要认真研究解决。

（5）文化创新。去年首钢做了大量工作。提出了"执行文化"，提出"5%在决策，95%在执行"；推荐《没有任何借口》一书，二炼钢的车间主任说："早就该介绍我们读这本书了"。这种执行文化对推动首钢政令畅通，重大决策能一竿子通到底；以及培养基层单位和员工自立自强，遇到问题尽可能自我了断，开拓创新起到十分积极的作用。但是，为了要进一步提高执行力，我认为还需要培育"沟通文化"，提升沟通力。没有必要的沟通前，强调执行力会带来一定的副作用。不要以执行力来掩盖自己应尽而未尽的职责。沟通包括领导层之间的沟通、交融；企业内部的上下之间，公司职能部门与基层之间的沟通，职能部门之间和基层相互连接的各工序之间的沟通，以及扩展到企业与外部的供应链、产业链之间的沟通，要实施供应链之间的双赢，很重要的一条就是以有效的沟通为前提。二炼钢群众积极性所以高，重要原因之一就是上下左右之间沟通好，通过局域网，可以及时了解全厂以及兄弟单位的动向，从而使自己能立足全局，做好自己的工作。现在一些车间主任还希望，能通过公司的内部网，了解公司全局的动向，以便更好地改进自己的工作。但是，在我同各方面交谈时，也发现一些部门和单位，不太重视横向的沟通，这包括部门之间、领导成员之间，以及部门和基层之间，有的是凭经验办事，有的是想当然，有的强调高效，缺乏必要的、有效的沟通，结果是欲速则不达。最近，朱总在总公司机关建设经验交流会上强调：努力建设学习创新型、求实严谨型、协调高效型机关，我完全赞同。高效必须建筑在协调的基础上，高效必须沟通。机关工作人员应该成为加强沟通的模范，深入基层，了解情况，调查研究，总结经验，制定政策，服务基层，推动首钢大踏步前进。

（三）进一步创建学习型企业

创建学习型组织，这是社会发展提出的必然要求，也是国际企业界发展的必然趋势，更是我国企业生存发展的当务之急。在这次党委扩大会议上，朱总对创建学习型企业作了精辟的阐述，提出了明确的工作要求。我完全赞同。最近首钢宣传部起草《首钢党委关于建设学习型企业的指导意见》，正在广泛征求意见。实际上，这几年首钢在创建学习型企业上，已经有了良好的开局，但建设学习型企业绝不是一朝一夕的事，需要持之以恒地抓下去。我只是作些补充。

（1）要创建学习型组织，首先各级领导班子要成为学习型的班子，特别是各单位的一把手更要身体力行。去年，在《新华文摘》上看到一篇文章，根据《中国企业家》杂志调查研究部的调查，目前企业家每月平均读书1.78本，37.5%每月读书在3本或3本以上。在冶金企业里，近几年我也接触到不少带头学习的领导干部，像马钢的班子学习。顾建国带头。带动二级班子"没有时间应酬"；讨论问题决定快了，思想容易统一了；二级单位自己出钱送科技干部去学习。莱钢的变化是巨大的。比如1年读书50本的姜开文：不读书，就不能超越自己。济钢股份公司总经理蔡漳平也是一年读书50本。水钢销售公司科以上干部集中2个月脱产培训。萍钢汽运公司总经理从搓麻将到学习。首钢的班子在学习上也是抓得很紧的。不少同志都参加了清华大学举办的为期7个月的研讨班。还有的企业规定了各级领导班子今后不仅要述职，还要“述学”。

（2）建立愿景。就是要有远景目标。要围绕提高核心竞争力，提高企业效益。首钢就是要打造出世界一流的钢铁企业。有了愿景，再要有具体的战略措施，努力加以实现。各个单位都要围绕总公司的大愿景，建立自己的愿景，层层分解。学习就要紧紧围绕这一愿景来进行。目标明确，学习才能更快见效。

（3）学习型企业的特征之一知识共享。学习型组织当然要学习，但只是学习并不等于就是学习型组织。要以共同愿景为基础，团队学习为特征，要发挥团队作用，并且要逐步强化知识管理。要更好地学习运用现代科学手段，二炼钢局域网成为知识共享的平台，到外面听课回来输到网上，各种信息、观点，可以在网上交流。但知识共享不等于可以依赖，知识共享要建筑在每个人学习的基础上，发挥团队各个成员的积极性。

（4）倡导“学习工作化、工作学习化”。把两者紧密结合，互相渗透。因此在学习内容上，不仅只是知识的传授，更主要的是学习力的提高，创新力的增强。要把知识转化为创新能力，这是给“鱼”还是“渔”的问题，也是静态地考察“人才”还是动态地考察“人才”的问题。不仅只是业务知识的培训，还要有理念的熏染。比起知识来，理念更是长期起作用的。不仅是静态的学习，还要有动态的研究，开展互动式的学习。比如宝钢的3Q研修，作业长4+1的互动式培训。水厂铁矿，围绕课题组成学习型小组。这就增强了大家学习的自觉性。宝钢股份热轧部精整分厂剪刃组装工王军是全国杰出青年岗位能手，有多项专利和先进操作法。为了读书方便，他不顾家人的反对，几年前自费买了车，往来于宝钢和同济大学等培训机构之间。

（5）创建学习型企业，需要各级组织努力创造条件，建立机制。前几天参加宣传部召开的一次会议，征求对《建立学习型企业的指导意见》，有些同志提出的一些建议值得重视。比如要求公司网能同首图或北科大图书馆联网，至少能够在网上及时介绍有关新书的目录和资料；有的希望在集中的家属小区设立文化站；推荐“每月一书”，等等。有需要并有条件的单位，是不是也可以像湘钢某些二级厂那样，5班3运转，抽出1班去学习。学习培训也要与时俱进，宝钢作业长制培训经过4个月的策划。

我的讲话就要结束了。快要过春节了。前几天收到朋友发来的短信息，说是没有别的送给你，就送你几个“千万”。我也借此机会，送大家3个“千万”：一是**千万不要自得自满**，松气、松劲，要坚持不断找差距，永葆清醒头脑，加快前进的步伐。绝不要以为今年是苦干三年的最后一年，过了决胜之年，就可以歇歇气了。二是**千万不要放松学习**，不断提高自己。学习包括从自身的实践中学习，向书本学习，向兄弟单位学习。工作岗位本身就是一个很重要的培训基地，要善于在岗位中学习。不能从总结经验教训中提高，就自动丢失了提高的机遇。毛泽东说，他自己是靠总结经验吃饭的。三是**千万不要忘记“以人为本”**，要时时刻刻把提高员工自身价值、发挥员工的积极性、创造性放在领导工作的首位，牢记“权为民所用，情为民所系，利为民所谋”。员工的积极性、主动性和潜能得以充分发挥，就事无不成。总之，我们各级领导都要成为贯彻“三个代表”重要思想的模范。

春节将临，这是我国人民的传统节日，在此预祝大家新春愉快，身体健康，合家欢乐，事业有成。今年的首钢将比去年更美好！更预祝首钢和首钢全体员工，通过自己的努力，今年取得“名利双丰收”！对首钢来说，就是在国内外的形象更好了，知名度、美誉度更高了，各项事业更兴旺发达了，企业的经济效益更理想；对员工来说，自己的素质提高了，岗位职责完成得更好了，在企业发展的同时，个人价值也得到更好的体现，从而使自己的钱包也鼓得更满了。

谢谢！

发扬优良传统　开拓创新　建立新功勋

——在杭钢领导班子会议上的发言

2005 年 4 月 27 日

这次承蒙童总、袁总多次热情相邀，能有机会再次到杭钢学习，又结识了一批新朋友，感到很高兴。我是 4 月 13 日到杭钢，到今天正好半个月。在这 15 天中，在海杭主任的妥善安排下，先后同钢铁主业、非钢产业以及公司职能部门的一些领导进行了交谈，到了 6 个主体厂的现场，并到宁波建龙和大榭。办公室、宣传部以及有关部门还提供了《杭钢报》、《杭钢》杂志和有关资料，使我加深了对杭钢的了解。在同杭钢的同志交谈中，也使我受到不少鼓舞和教育。在此，我向童总和袁总表示深切的谢意，感谢你们给我提供了这样一次很好的学习机会。

我同杭钢的缘分还是比较深的。可以说，杭钢是我最先到过的地方骨干企业之一。20 世纪 70 年代末期到 80 年代中期，我来杭钢较多，有一次是陪同唐克部长来的，同铁瑛书记谈杭钢的政策。当时，我曾写过多篇杭钢的调查报告和小言论，有两篇收入了 1999 年编辑出版的《管理——企业发展的永恒主题》一书中。当时的杭钢可是冶金系统闻名的江南明珠，指标先进，管理严格，环境优美。高炉的“低硅冶炼”、6 吨地坑式转炉年产钢 28 万吨，电炉的严格管理，每个操作动作时间要求精确到多少秒；焦化的环境美，……。以后，庄沂司长又总结过杭钢的“西湖四景”。虽然后来也出现过一些波折（高炉无料钟、转炉从 6 吨改为 15 吨后有一个时期运作很不顺），但在改革开放以后的近 30 年来，杭钢始终是冶金行业里的一面红旗。一度来自上面的停产、搬迁的压力很大，但还是有惊无险过来了。这些内外的压力促使杭钢更加奋发图强，杭钢在前进的征程上步子迈得越来越大。当初三四十万吨的钢产量今年可以突破 300 万吨，具备 400 万吨的生产能力；连续 2 年先后跨入 100 亿元、200 亿元的生产总值企业行列。在产量增长的同时，产品结构也在不断调整和优化，从过去基本上是普碳钢到现在优钢比达到 70% 以上；新品开发也取得了很大进步，从 2000 ~2004 年的五年中，共开发了 142 个新产品，新品产量累计达到 133 万吨，接近同期钢产量的 50%。到 2004 年底，杭钢钢铁产品获得“金杯奖”的占总产量的 62. 31%，高强度冷镦钢材还被应用于神舟五号飞船上；经过艰苦的技术改造，主体设备相当一部分已进入世界先进水平，这也是杭钢这几年钢铁主业能够快速、持续发展的物质基础；信息化建设取得了重大进展，ERP 已经单线运行；一些主要技术经济指标在行业里依旧名列前茅；厂区环境治理有了明显成效，绿化、美化，令人赏心悦目；在钢铁主业做大做强的同时，非钢产业更有长足进步，2004 年杭钢的总产值超过了 200 亿元，在钢产量不到 300 万吨（278 万吨）的情况下，总产值竟然能够达到 214 亿元，这在行业里目前恐怕也是绝无仅有的，这主要归功于非钢产业的发展。目前，杭钢非钢产业的产值已经超过了主业，占总产值的 55% 以上，在冶金行业里也是遥遥领先的。而非钢产业的发展又同杭钢领导高瞻远瞩，在体制上实行创新分不开的。杭钢是首先同民营企业合作联手打造非钢产业品牌的少数企业之一。其他各方面也都作出了显著的成绩，在企业文化建设、思想政治工作、守合同重信誉等都方面获得了荣誉称号；集团公司被中国企业联合会、中国企业家协会评为2004 年度全国十大最具影响力企业，并列为2004 年上市公司企业竞争力100 强的第40 位。

杭钢为什么能取得如此重大的成就，我也经常在思索《中国冶金报》上刊登的一些报道，我也不断思考。这次，在同杭钢同志们座谈时，也同他们一起进行了探讨。感到有这样几点值得重视：

（1）公司领导能够提出明确的、符合实际的发展战略。在杭钢主业不可能在原地得到更大发展的情况下，提出了354 的总体发展战略，以及“跳出杭州，发展杭钢”的新思路。并在实际工作中做到既能抓住机遇，又能审慎决策。有同志说：这些年，杭钢在重大的决策上没有失误，重大的机遇没有丢失。这一点十分重要，重大决策失误造成的不是其他具体工作的改进能够挽回的。当然，我并不是神化杭钢公司的领导，像神机妙算的诸葛亮一样，而是能够面对现实，正视现实，抓住时机，化不利为有利。非钢产业的发展说明了这一点。

（2）善于从外界吸取营养，加速市场化运作的步伐。浙江省民营经济发展较快，民营企业的崛起，对国有企业既是一个极大的挑战，也是一种有力的鞭策。杭钢不仅能够以开放的心态，较早地放下大型国有企业的架子。3 年前《中国冶金报》就刊登过“杭钢与民营企业频频结亲”的报道。而且，依仗国有企业的优势，借鉴民营企业的机制，“国”、“民”结合，扬两家之长，避两家之短，使非钢产业得到较快发展。像1998 年借杭钢股份上市之际，剥离辅助；对非钢产业按市场化的原则，高薪聘请经理人，允许非钢产业经营层的报酬高于主体厂。这在冶金行业里是少有的。需要一定的魄力和胆略。

（3）有一个团结的班子。不少同志都认为，这一届的公司领导班子，是改革开放以来团结最好的班子。特别是党政一把手，或者说董事长和总经理之间的团结、和谐。

（4）在长期的争先拼搏的战斗实践中，锤炼了一支具有很强的凝聚力、能打硬仗、恶仗，并且具有奉献精神的干部队伍和员工队伍。20 世纪80 年代，在操作条件恶劣的6 吨地坑式转炉上，杭钢人创造出了奇迹；90 年代中期，在钢铁企业普遍面临三角债困扰时，杭钢却是一枝独秀，回收款达到100%，再一次创造了奇迹。新世纪到来时，杭钢淘汰了10 条落后的生产线，这涉及不少员工工作岗位的调整。紧接着，又开展了“拆违拆临”的环境整治工作，有2000 多户长期住在厂区的临时住户要搬出厂区，但却没有一户到公司闹事。这些，都说明了杭钢这支队伍不愧是一支能够成为共和国钢铁脊梁的好队伍！

杭钢的这些成就是杭钢在上级党政部门的直接领导下，充分发挥天时地利人和的优势，经过几代领导和员工接力棒式的传递、拼搏所取得的。

虽然杭钢获得了重大的进步，但我们必须更清醒地看到，当前杭钢面临的形势仍然十分严峻，同形势发展的要求来比，同一些兄弟企业来比，杭钢在思想观念的更新上，在企业改革的深度和广度上，在体制创新、技术创新、管理创新上以及生产管理、降低成本以及产品质量等方面都面临着更艰巨的任务。这次在现场参观中，在和一些干部交谈中，有一些小事给我感触很深。在炼铁厂，看到当日的统计报表，硅含量高达0.9，我以为是偶尔发生的非正常现象，于是又翻阅了近周来的记录，结果发现这居然是当前的正常状况，值班人员告诉我，有时比这还高。当时，给我不小的触动。因为在我脑海中，杭钢高炉历来是以低硅冶炼闻名全国的。当年硅含量只有0.4左右，有时甚至低到0.25。为什么现在铁中的硅含量竟然大大超过合格水平。我问值班人员，他们回答是可能我们保守了。在炼钢厂和技术中心，在谈到成绩的同时，也对比了一些兄弟企业的情况，有些品种是杭钢开发在先，但现在却成了某些兄弟企业的品牌钢，杭钢在这方面落后了。还有，在我印象中，杭钢是以打团体冠军著称的，但是，这次在同基层同志探讨如何加强工序之间的沟通，来消除隔阂，加强协作，共同克服困难时，得到的回答是“没法沟通”。虽然说这话的同志，肯定有其理由，或者是由于曾经发生过的某些不愉快的事情而引起的一时义愤之语，但我可以坦诚地告诉各位，当我听到这句话时的心情，我禁不住为杭钢的前景担忧。我认为，一家企业，如果内部主要单位之间、上下工序之间，竟然达到了无法沟通的地步，又怎能指望能实现“诚信、双赢”呢？这几件事，确实对我刺激很深。我在想，杭钢要继续大步前进，需要什么？我认为，杭钢需要突破，需要创新，首先是思维上的突破，观念上的创新。不能满足于年年有进步。下面我想结合这次调查，讲几点意见，供各位领导和同志们参考。不当之处，请批评指正。

一、认清形势，树立危机感的问题

在连续几年钢铁市场形势大好的情况下，要保持清醒头脑。

（1）从宏观形势来讲，值得担忧的是钢铁产能的增长远大于需求的增长。而问题又在于业内外思想认识并不统一。不要为钢铁景气可以维持20年误导。

从历史的经验教训看。往往是形势好时，对前景易产生盲目乐观。形势下滑时，估计又过于悲观。

钢铁产量会维持在高位运行，但不可能长期保持高速增长。

（2）从市场竞争来讲。杭钢的市场环境，有得天独厚之处。浙江是小资源、高消费省，杭钢的钢产量远远不能满足本身的需求。杭钢钢材价位所以能略高于兄弟企业，同杭钢钢材的品质具有一定的优势分不开，但也同地理环境有关。一旦供大于求的格局呈现，北方大量钢材必然会急速南下，杭钢的竞争力将会遇到极大的挑战。从产品成本而言，会遇到一批民营企业的激烈挑战；从产品质量和品种来说，会遇到一批国有企业（包括改制企业）的挑战。

（3）从兄弟企业的情况看，对杭钢现有的优势也不能高估。且不说“十大钢”这些过去就是实力雄厚的特大型钢铁企业，就是那些同杭钢同为地方骨干企业的，也都是今非昔比了。一种是过去就一直比较有实力的企业，像济钢、莱钢、安阳钢，全年的钢产量已经达到五六百万吨，不仅数量增长快，而且发展都较全面；二是一批在做精、做专、做强上下工夫、已经形成自己特色的企业更加发展壮大，在市场上的影响越来越大。像河北的石钢、邢钢、新兴铸管等；三是一批过去十分困难的企业，近几年有了长足的发展。像萍钢1998年时，钢的产能还只有50万吨，轧机只有一套横列式轧机，能力是15万吨，当时最高产量只有6万吨。去年已形成400万吨的能力，产钢240万吨。1996年冶金行业中6家亏损超亿元的企业，4家是普钢企业，除新抚钢发展较慢外，宣钢、新余都已达到300多万吨，水钢也形成了300万吨规模。问题不仅在产量的增长，而是经受了跌入低谷的磨炼，他们员工队伍观念的更新、精神状态的振作，企业理念的深入人心，也都具有较强的竞争力。此外，还有一批民营企业的崛起，像河北、山西的建龙、国丰、津西、海鑫，2004年钢产量大都超过300万吨，有的已经达到400万吨以上的规模，他们的装备都较先进，并具有很大的成本优势。面对这些来自各方面的强手，杭钢千万不能马虎大意。

（4）从杭钢自身来看，还要看到我们自身的弱点。虽然我们的进步不小，但我们的基础还并不牢固，经不起大的风吹浪打，也不能适应急速变化的内外部条件，成本、质量等一些主要指标下降。昨天袁总在一季度行政例会上列举的一些数据就是严峻的事实。必须高度重视。

当前，要防止三种情绪：

（1）自满情绪。今天的杭钢，谁也不会否认是一个优秀企业，我们有理由为杭钢作出的业绩而自豪，但自豪不等于自满。可自豪离自满也只是一步之遥。柯林斯在他的著作《从优秀到卓越》第一句话，就是“优秀是卓越的大敌”。为什么？就是因为，优秀可能导致自满，自满又会导致保守，安于现状。产生自满情绪并不奇怪。作为全球十大超级智囊团之一的美国兰德公司，在对企业进行大量的咨询诊断中，发现不少大企业在取得重大成就后，往往会渐渐滋生出一种“3C”的思想情绪（“3C”，就是以3个英文字母打头的词，即Complacency自满、Conservation保守、Conceit自大）。因为自满，于是就产生保守思想，安于现状，进取心减弱了。而对别人的成就则往往还不以为然，这种自大情绪更妨碍了自己的进步。

杭钢是不是存在“3C”？我觉得，公司主要领导头脑是很清醒的。昨天行政例会上的讲话就是一个证明。讲话中对当前杭钢生产上的不稳定性、成本费用的急剧上升、产品质量上存在的问题以及环保形势的严峻性进行了实事求是的披露，对导致这些问题产生的原因也作了深刻的分析，指出了“近几年良好的经济效益极大地掩盖了企业经营管理上的弊端”，要求各部门都要从主观上找原因，增强危机意识。在同一些中层干部交谈过程中，很多同志也都谈到当前“要防止在大好形势下掩盖着的诸多问题和矛盾”、“防止一俊遮百丑”的现象，对杭钢今后发展的前景显示了较强的忧患意识。但在调查中，我确实感到在一些同志中，存在自满情绪，这并不奇怪。特别是多少年来，杭钢不断受到上自国务院总理、省委书记、省长，下到各种媒体的表扬、夸奖，电台有声，电视有影，报刊有文，于是有些干部和职工感到差不多了，小变即安，小进即满。看不到在激烈的市场竞争中，不仅是不进则退，进得慢也会被淘汰。现在的时代不仅是大吃小，而且是快吃慢。因此，要警惕“3C”。三明的欧阳董事长有3条标准。一是能不能找到自己的问题；二是是不是能看到对方的长处；三是是不是能找到自己继续前进的切入点或突破口。这3条可作参考。“要珍惜奋斗后的成果，更要致力于成功后的奋斗”。波音公司的模拟公司倒闭，厂内高挂着“厂房出售”的条幅，扩音器传来“今天是波音公司时代的终结，波音公司关闭了最后一个车间……”。这种警钟长鸣的高度危机感是促使波音常备不懈，不断奋进的动力。

（2）要十分警惕那种强调客观、以外部条件来自觉不自觉地掩盖自身工作中问题的“外因论”、“唯条件论”的情绪。这是一种思维方式上的顽症，在不同时期、不同情况下，会以不同形式出现。能不能解决好这一问题，是影响企业生死存亡的大问题。有的是长期计划经济形成的习惯思维模式在作怪，有的则是反映一种精神状态。当前，较多地反映在对标挖潜、看待兄弟企业的先进指标以及对本单位提出的一些新目标、新任务等方面，还有在和兄弟单位的关系、上下级关系的关系上，总是看到对方的问题，而原谅自己的毛病。比如，如何看待质量异议多的问题。“遇到问题找方法将是一个成功者，遇到问题找借口注定是个失败者”。

（3）防止并克服缺乏信心的畏难情绪。这种情绪往往是伴随工作中的进步而产生的。杭钢的各项指标搞到这个程度，是花了不少心血的。再前进，难度会更大。因为，现在同几年前的起点不同了，过去起点低，往上爬相对来说还容易些，现在已经到了半山腰，再前进一步都要付出比过去更大的代价。因此，部分职工中认为潜力挖尽，产生一些畏难情绪，是可以理解的。其实，杭钢这些年的发展也说明了，杭钢正是在不断克服困难中成长壮大的，“过去想都不敢想的事现在都干成了”。我们要以杭钢的发展经历来教育全体员工，畏难情绪是没有存在的理由的。

二、关于杭钢战略定位问题

在发展战略方面，杭钢提出了“354”战略。就是“三句话”的发展原则，“五句话”的发展思路和“四句话”的发展战略，我觉得提得很好，很明确，很切合杭钢的实际，而且在实践中已被证实其正确性。

在如何具体落实上，我想补充3点意见。

（1）抓紧宁波建龙的建设问题。杭钢重组建龙，这是杭钢做大的一个重要机遇。第一步是抓紧申请批准复工。这正在积极做工作。同时，有没有必要，从杭钢整体发展的角度，来重新审视原有的设计方案。板子怎样定位？要由产品决定工艺、决定装备。宝钢有过教训，大冶170轧机有过教训，涟钢也有教训。三是要抓紧研究建龙投产后管理模式的选定、企业文化的融合；并运用杭钢历来的经验，以此为契机，推动杭钢本部的改革。

（2）明确自己的战略定位。贯彻落实“354”方针，从理论上讲，大约没有什么分歧，但在实施中，就会遇到利益的冲撞。比如“主业做精做强”、“钢铁主业精”，就会遇到数量优先，还是品质为重的问题。当然，这在原则上也是不成问题的。问题还是在具体的利益驱动下，有时原则往往是苍白无力的。因为，在市场需求强烈的情况下，有钢就有效益，即使质量上有些问题，也还不到影响市场份额的程度。原有产品既然市场还能接受，又何必牺牲当前效益，去费大劲开发什么新产品？正像有人说的：既然数钱数到手抽筋，哪还有时间想别的呢？因此，必须要把这一战略思想具体化。在遇到矛盾时，何去何从？要防止在市场形势好时，忽视精品战略，忽视品种质量；一旦市场形势变化时，又顾不得去抓。

在作出战略抉择时，有时决定放弃会更难些。但既然讲战略，必然是有进有退，有取有舍。中国的企业受单向思维的模式影响较深，习惯于“进”和“取”，似乎这才意味着“成功”。而成功的企业往往也是善于和敢于放弃的企业，杭钢在这方面也有很成功的经验。在发展非钢产业的问题上，如果没有当初作出放弃某些进入行业的决策，恐怕也就没有今天非钢产业的局面。在主业的发展上，今天也面临这一情况。要放弃某些已经习惯而且近期还有利可图的事情，将眼前可以挣到的钱不挣，而去从事将来未必一定能挣到钱的事情，这种决策是痛苦的。石钢刚开始转产45号钢时，命中率只有40%左右，但如果因此而退了下来，就没有今天的石钢了。要从战略发展的大局出发，宁可承受一时的牺牲，以最小的代价换取今后的胜利。

在产品开发上，杭钢能够较快地适应市场，在较短期间开发出新产品。这是杭钢的一个强项、一个特点。但是随着形势的发展，这也可能成为前进途中的障碍。在座谈中，有同志说：引导品种时代潮流的是杭钢，但真正形成市场化的却是人家。这种情况值得我们重视。在适应市场过程中，杭钢必须作出自己的特色，形成自己的拳头产品。这就需要做好自己产品的战略定位。比如湘钢的3个定位：产品定位，技术进步定位，地区定位。战略定位，既是企业的一种愿景，也是企业技术改造的方向，更是近期的奋斗目标。这就需要我们一要把握好市场发展的走势，周密地考察国情、省情，特别是浙江省及周边地区的用钢企业对钢材需求的变化情况，搞好市场预测；二要吃透自身的特点，优势和劣势，扬长避短，扬长补短；三要了解竞争对手的动向，知己知彼，从而确定自己的产品定位。浙江制造业发达、民营企业众多，资金实力充足，交通发达，信息量大。这是杭钢发展的有利条件。但这同样是周边地区钢铁企业觊觎的目标。我们不可能独占这个市场，更不可能在整个行业中做领军企业，但我们完全可以在细分市场中做龙头老大，在细分市场中位居第一。我们要尊重市场，服务市场，但也要防止被市场牵着鼻子走，为短期效益而忽视了长期远景。

（3）关于大榭的问题。这次我到宁波建龙时，还去了大榭。大榭的条件应该说比建龙好。如果没有建龙，当时在大榭建厂，应该说是最佳选择。在目前产能增长大于需求增长的情况下，我一般是不大赞成建新厂的。但是，对浙江、广东、广西等几个市场需求量大、本地钢材远远不能满足的沿海省份，我还是赞成适当建设新厂的。但是同一地区，不能重复建厂。因此，建龙既然已经建设，大榭就不宜再建新的钢厂了。大榭这块地怎么办？放弃，还是另谋他图？也要及早决断。

三、关于改革和管理的问题

无论是改革还是管理，目的都是为了调动员工的积极性，并将这种积极性引向企业发展的轨道上来。我国钢铁工业已经同迈入1亿吨钢的1996年时大不相同了。那时，常用的词是“设备陈旧，工艺落后”。而现在国际钢铁界流行的话是“看先进装备到哪里去？到中国！”一流的设备要拿出一流的产品，取得一流的效益，在这方面还有差距。韩国浦项就说过，他们的产品有30%中国生产不出来；巴登是长材厂，但是它的产品的质量和效益也是我们学习的榜样。因此，一流的装备必须要有一流的管理，要有一流的人才。

（1）从严管理的问题。谈四点意见。一是从严治厂就是要严在执行、严在落实上。“5%在战略，95%在执行”，“执行就是生产力”；不是决策不重要，而是执行的问题太重要了。再好的决策，如果得不到正确的执行，就等于是一纸空文。执行、落实，都要体现在考核上。二是严，首先要对干部严。不能“刑不上大夫”。而有的企业几年来没有一个中层干部因不称职而降级、免职的。这特别是在实行年薪制、干部和员工收入差距拉大后，更易激化干群矛盾。三是必须上下一致地严，不能一人一个口径。四是严要严在细节上。以南钢高线厂到巴登为例，他们的差距就在对照检修上，就在于细节的认真执行上。

杭钢管理上的问题，这次来不及考察。但上星期去宁波宝钢的宝新不锈钢，很有感触。宝新即使在宝钢，也是管理比较过硬的企业之一。他们提倡“铁腕管理和宽松文化相结合”，我读过他们前总经理刘安的文章，很受启发。这次到现场参观，现场整洁有序，展示板上有项目进展的示意图表，各车间告示栏中都有检修计划结点图，看到有人正在将完成情况标记于上。显示了宝新管理的有效性和动态性。但是，后来在轧钢厂的一块展示板上，看到厂长林炜致全厂职工的一封信，很有感触。信是3月28日写的，信中谈到3月18日的重大事故（后来了解到，这是一次违章作业而发生的工亡事故）对他的震动，但这种震动越往下越轻。同样，安全工作也是越往下越松。接着他又举了一些事例来印证他的论点（据楼主任说，事故发生后，林炜通过实地检查发现的）：员工从操作侧踩着接触辊过去，再踩着接触辊回来；有人随身物件丢到轧机下面了，就升起穿带辊，人钻到轧机里去拣东西，而没有插上安全销。宝新是一个从严治厂的典型，尚且如此。如果不发生这一恶性事故，恐怕这些问题还不见得能发现、能暴露出来。这也给我们敲起了警钟。联想到宝钢前几年，检查标准化作业的情况，发现居然不少人都有自己理解的标准化。于是他们采取标准化示范操作，人人都来演示自己的“标准化”，结果自然发现了不少不符合标准化的“标准化”。

（2）激励导向问题。在企业里，我们也会经常发现，有的企业制订的发展战略很到位，目标、任务的提出也很切合实际，但是执行的结果却不甚理想。原因当然是多方面的，而其中几个考核指标往往起到至关重要的作用。因为在通常情况下，人们只会去做你要检查的事、你要考核的事，而不是去做你期盼的事。因此，认真地研究、并根据不断变化的新情况适时地调整评价及考核体系，是十分必要和重要的。目前在评价和考核体系的制定上，大体存在这样几个问题。

一是指标体系纵向不配套。这表现在考核内容同企业的战略目标脱节，也同倡导的企业文化失调；**二是指标体系横向不协调**。各个平行的职能部门的目标相互矛盾，这就必然导致各方努力的方向不一致，甚至出现严重的内耗；**三是在指标的建立上，考虑当前多，就事论事多**。详细的不说了。仅举几个例子。

首钢近几年“双高”产品产量的急剧增长，很能说明问题。几年前，首钢就提出要大力增产“双高”产品。但头两年，变化不大，一年增长一二十万吨，增长率还不到10%。但2003年和2004年每年都增长100多万吨，2004年双高产品产量达到456万吨，较2002年增长了1倍多，实现了“双高”产品超过总公司全部产品产量50%的历史性突破，达到了55%。这一变化，虽然也有技术装备的改进等原因，但很关键的一条是建立了产销研一体化的“双高”产品销售技术部，并制定了按“双高”产品与普碳钢差价提成的考核机制。现在有的单位，一方面在鼓励创新，另一方面其评价系统和考核体系却是在鼓励走老路，结果往往是一个考核指标的导向就否定了其他方面的努力。因此，很有必要围绕创新所要实现的战略目标，审核修订现有的评价和考核体系，以免出现南辕北辙的现象。

还有一家公司的高线厂，在去年全年的生产竞赛中，有一个大班拿了9个月的第一名，2个月的第二，可以说是一个绝对冠军了。但是今年头一个月，情况却发生了戏剧性的变化，这个班居然名列末位。为什么出现这么大的反差，就是因为改变了考核办法。过去，主要考核产量，改判的产品也计入产量，只要将产量抢在前面就稳拿第一，但这样做的结果是质量不够稳定。而按照新的考核办法，改判产品的产量不计入计奖产量。考核指标变了，而观念及措施一时还跟不上，这就是这个班从第一名降到最后一名的原因。但由于这一指标体系的导向作用，这个厂的产品质量有了进一步的提高，当月出口材改判率从去年下半年的7%下降到3.4%。

还要提起各位领导注意的是，对科技人员的激励问题。这次我没有来得及细细了解。

但在技术中心听说，两次招聘的经历。第一次竞聘者踊跃，层次也高；第二次就不行了。这是否同对科技人员的激励机制有关。首钢技术研究院也发生过类似的情况。但现在大不相同了，科技人员确实是成果不小，名利双收。你们的专利不多，是否也同此有关。要把企业做强，必须要有自主知识产权，专利是其中一个重要方面。建议能够研究加强。

（3）关于管理创新问题。有规章制度的必须严格，但不能忽视管理创新的作用。大的方面，流程再造、ERP等，都是。杭钢在这方面也做了不少工作。我想介绍几起企业土生土长的管理创新事例。比如：水钢二轧厂的干部离线检验法；见习厂长制；三个不满意和三个为什么？莱钢炼铁厂的系统优化大纲。石钢炼铁厂的从“抓始端”到“抓终端”。从“七分原料、三分操作”到“四分原料。三分操作、三分管理”。

（4）要充分发挥现代化装备的作用。首钢二炼钢考车间主任；南钢高线厂的建立故障延误管理体系。长期以来，巴登公司就十分重视对故障延误时间的分析，定期统计分析前十位的故障，巴登公司的总裁和项目工程师的主要职责之一就是根据生产统计分析，发现妨碍生产正常运作的“瓶颈”，采取有效措施来解决这些难题。

ERP的作用。在财务人员减少的情况下，会计报表编制时间由8天缩短到4天；产品交货期由平均60天左右缩短到平均20天左右，7天以内交货的占40%；进厂物资从检验到结果判定由3天缩短到1天。

四、关于人力资源开发问题

近几年，杭钢在这方面做了大量工作。去年还定为“人才素质提升年”，开展了“创建学习型班组、争当知识型员工”活动和员工职业生涯规划设计试点工作；重视岗位成才，特别是在操作层的培训上下了很大工夫，开展了大工种培训，提高了一专多能的水平；在继续教育上也迈出了新步伐，和大学合作举办了工程硕士班。由于在这方面我接触得不多，所以只能就近期在兄弟企业感到的和自己的认识提出几点意见，供各位领导参考。

首先，在观念上要进一步提高（略）。

其次，建立相应的激励机制（略）。

第三，建立人员培训的机制（略）。

第四，充分利用现有的先进装备，提高员工的素质（略）。

五、关于企业文化建设问题

杭钢在发展过程中，形成了具有自己特色的企业文化。这种文化既保持了过去自力更生、艰苦奋斗的老传统，也体现了与时俱进的新特色。由于杭钢先后经历了省厅和总公司的合并，以及“国”、“民”的联手，多种所有制的并存。因此，杭钢的企业文化具有多元化、包容性强的特点，“海纳百川，故能成其大”。由于杭钢长期以来在行业中、特别是在同类型企业中处于领先地位，因此杭钢人具有一种胜利者高度的自豪感和自信心，杭钢的企业精神和价值观，“以钢铁的意志做人、建业、报国”、“是钢铁就要成为脊梁”就体现了这种心态。由于，杭钢长期以来生产经营上的高效益及对员工的高回报，不仅员工年平均收入在行业中处于前列，而且在住房、保健等方面都采取了也有效的措施，形成了领导关爱员工、员工信赖领导的互信、共享文化。这也为构筑和谐企业奠定了良好的基础。

这些都是杭钢企业文化中好的传统，要继承并发扬光大。

当然，要真正要把杭钢的这些精神和理念贯穿于全体员工的思想、工作和生活中去，还要作更大的努力。因为，企业文化的生命力在于实践。建设先进的企业文化，最关键的是要将核心价值观及其理念等文化要素付诸实践、渗透于经营管理之中，转化为广大员工的职业理想和职业信念，内化为思维方式，外化为行为习惯。这就是所谓“内化于心，固化于制，外化于行”。

从杭钢和一些兄弟企业的情况看，当前有几种文化理念需要重视。即**找差文化，沟通文化，协作文化**（略）。

对杭钢来说，企业文化建设还有一个十分重要的问题，就是重组宁波建龙后，企业文化的融合。这两家都有自己独特的优势文化，从股权上，杭钢是大股东；但文化不能像股权那样来分配。要像植物那样，通过嫁接速成一种更优秀、更有生命力的品种；再反过来影响杭钢原有的文化。这件事一定要做好，只准成功，不能失败。从现在起，就要责成有关部门同建龙一起进行认真研究。

在企业文化建设中，还要处理好几个结合的问题：

一是领导和群众的结合；二是企业文化与企业发展战略相结合，服务于战略，又影响战略；三是文化理念与建立机制、制定规章制度相结合，用制度来推进理念的实现；四是要同本单位自身的特点相结合；五是内容与形式相结合，形式服从内容，形式也可促进内容；六是形象教育与理念灌输相结合；七是精神层面和物质层面的文化建设相结合；八是发扬传统和发挥现代化手段的结合（略）。

我的讲话就要结束了。这些年，我每年都有五六个月时间应企业之邀，到企业进行调查咨询。今天讲的很多内容实际上只是传递一些兄弟企业的信息。如果对大家有所帮助的话，那就算是我起到了一个二传手的作用。我也愿意在这里表个态：只要你们认为我还能对杭钢的发展起到一点儿作用，只要我的健康状况允许，我会尽我一点绵薄之力，为杭钢这座钢铁大厦的建设作一些添砖加瓦的事。我相信，如果下次有机会再来杭钢，杭钢一定会以更新的面貌展示其无比的魅力。

我的讲话完了。谢谢大家。

正视现实　转变观念　继续前进
把达钢发展提高到一个新水平

——在达钢干部会议上的讲话

2005 年 5 月 19 日

这是第五次来达钢。上一次是 2002 年 9 月。2 年半没来了，达钢又有新的进步。具体表现在：

（1）技术改造取得重大进展，形成了 100 万吨的规模。去年产钢 80 万吨，今年实际钢产量可达 100 万吨，这在几年前不可想象。特别是 2004 年，销售收入、实现利税都有大幅度的增长。职工收入增长显著，从 2003 年的人均年收入的 11086 元增长到 2004 年的 13970 元；人力资源部提供的数据，今年预计可达 17784 元。

（2）改制成功，是冶金系统少有的几家之一。职代会全票通过，平稳过渡。在此之前，分子公司该剥离的剥离，轻装前进。

（3）机构改革顺利实施，人员精简。公司包括一年制的合同工减到 5600 人。

（4）经过市场、改制、洪水等各种考验，证明达钢的员工队伍是一支具有较强战斗力、团结奋进的好队伍。

下面我谈几个问题。

一、对当前钢铁工业形势的看法

目前，达钢正进入一个新的创业时期，既要抓住时机，又要审慎决策。

在大好形势下要保持清醒的头脑。要居安思危。这不是空穴来风。**有一种观点**：“由于我国正处于重化工发展阶段，钢铁业上升周期可再持续到 2020 年”。这是在误导。在建工程 1.5 亿吨情况下，在中央实施宏观调控情况下，宣扬这种观点，其作用就是在鼓励盲目扩张。扩大生产规模，且各有各的理由。

（1）要高度重视钢铁业发展的不确定性和它的波动性。

钢铁产量会维持在高位运行，但不可能长期保持高速增长。

从宏观形势来讲，值得担忧的是钢铁产能的增长远大于需求的增长。不要被钢铁景气可以维持 20 年误导。

从历史的经验教训看。往往是形势好时，对前景易产生盲目乐观；形势下滑时，估计又过于悲观。从 1980 年的预测到去年国际钢协主席的讲话都证明了这一点。

（2）要高度重视支撑钢铁工业发展的资源条件。钢铁工业是资源密集型又是资源高耗费的行业。但前些年，很少提到资源支撑条件。现在情况不同了。一年增长 5000 万吨钢，各种矛盾就尖锐化了。矿石资源、水资源、能源、运输力，等等。过去说，我国是地大物博，物产丰富。实际上，我国又是资源相对贫乏的国家，据中国地科院不久前发布的《矿产资源与中国经济发展》报告中指出：除煤炭之外，我国主要矿产资源都已告急。该报告认定，“未来20～30年内中国现有资源的供应将不可持续。”一方面的资源短缺，一方面却又是资源浪费。众所周知，我国在经济发展过程中所消耗的物质资源比起发达国家来，要高得多，甚至比世界平均水平也要高，新中国成立50多年来，我国的GDP增长了10多倍，但是矿产资源的消耗却增长了40多倍。说明我国的资源利用率还比较低，资源浪费现象还相当严重。中央提出，走新型工业化道路，就包括力求以最低的人均钢产量来实现工业化；而对钢铁工业来讲，就是必须以较低的资源、能源消耗量生产出我国工业化所必须的最低钢产量。

（3）对钢铁工业宏观调控的力度在一个时期内不会削弱。一方面是基于上面谈到的情况，另一方面也是促使钢铁工业遵循科学发展观，加强结构调整、节能降耗、走新型工业化道路。

结构调整，上短缺品种是一方面，另一方面是要提高现有产品的档次。如三级螺纹钢等，使一吨钢顶1吨多用，这也是一种增产。

这些，都说明，我们不能再走盲目扩张规模的路子。一定要在“做强”上下大工夫、花大力气。在我国目前的情况下，做大并不难，一年利润加折旧1000多亿元。200万吨规模的钢厂，2年左右可以建成。但“做强”，却绝非易事。但抓品种质量难，但“强”就是强在这里。比如浦项就敢说大话：浦项30%的产品中国生产不了。

二、在谋划今后增量发展时，首先要把存量部分的基础夯得更扎实。这是今后前进的基础

对达钢长远发展的规划，石启荣同志带领一批专家在帮你们做。他们都是这方面的专家，我就不班门弄斧了。我上面只是讲了一些我所感到的钢铁工业总体形势，供各位参考。我想着重谈谈对现有存量的这一块的问题。

现在，直接影响达钢前进的，从现象上看，是炼铁和炼钢。炼铁影响产量；炼钢影响品种质量。这有技术问题，管理问题，但深层次的是观念问题以及建立相应的机制问题。

应该充分肯定，经过这几年的努力，达钢发展的基础更宽广、更厚实了。纵向比，进步喜人，达到了达钢前所未有的高度，在达州工业系统是首屈一指、甚至是绝对的龙头老大。在省内，这样的快速变化，也是少有的。所以理所当然地得到省市各级领导的赞誉，是当之无愧的。

但在赞誉声的背后，还隐伏着危机。要清醒地看到，达钢当前面临的形势仍然是十分严峻的。大家更多关心的是规模，谈得最多的难点是资金筹措。这当然是一个值得重视的问题，但通过这几天在现场的实地调查，以及和一些中层干部的交谈，令我担忧的是在部分干部和职工中存在的一些观念和情绪，阻碍着达钢的前进。这些年，达钢听到的表扬声多了，自我评价不那么清醒了。如果这些问题不能得到较快、较及时的解决，甚至继续任其发展蔓延，那么即使有了资金，上了新项目，恐怕前景也不容乐观。

一是对自身的问题，习惯性地以外部条件作为解脱自己努力的理由。炼钢进步不小，我1999年2月第一次来时，炉龄只有200多炉，现在到了3000多炉，其他一些指标也都有不同程度的进步。但是，应当看到，我们不少指标在行业里仍然处于落后状态。落后不

可怕，关键是能否正视现实，承认落后，尽最大努力来解决这些问题。第一次、第二次谈到溅渣护炉时，回答是：达钢情况特殊，我们是整体浇铸，没法用。后来谈到高温出钢，1700℃，“万恶之源”，回答是工艺路线不合理，改不了；这次回答变了：钢包壁薄，散热快，到连铸时已降了100℃。还有炼钢命中率低，似乎在行业中也很少见到。我想，如果炼钢的这支队伍仍然停留在这种状况，真要让你们炼硅钢，你们能使大家放心吗？你们自己能不能信心十足地回答“我能”吗？销售公司讲：在西南5家钢铁企业（成都、川威、昆钢、水钢、达钢）中，达钢的质量最差。是靠市场的形势好，以及达钢很多老客户的支持，才能保持目前的业绩。因此，我希望炼钢厂的同志们，特别是班子成员能够认真总结一下自己的经验教训，转变思想观念，带领全体员工尽快突破瓶颈，攀登新的高峰。

炼铁，确有难处。也看到自己的不足，所以请新兴铸管来帮助。达钢入炉矿品位低。这是事实，也确实是问题，但去年达钢的品位平均是54.08%，成钢是53.25%，比达钢还低；但成钢的利用系数是2.847，达钢却只有2.277，要低0.57；按达钢高炉总容积1235立方米计算。就少了21.55万吨。在现场，看了近10天的记录，焦比从422千克到590千克，为什么这样不稳定？恐怕不是简单地用品位低可以说得通的。当然，不是否认原辅料确实有问题，供应部门要尽最大努力确保原料的稳定性。但成钢的情况又怎样？不知道有没有重点作过调查？据说，成钢把达钢的焦炭当作“人参焦”，看来他们平时使用的焦炭质量还不如达钢。因此，我们更要扬长补短，多找自己的不足，不要有了问题都去找外力解决。听说，在早调会上，有的单位把厂内自己应该解决的问题，也提到会上。那么，请问厂长的主要职责是什么呢？

有的则是出了问题，都是对方的责任。烧结和炼铁，烧结矿的粒度，各说各的理。烧结过去从基建移交生产时，不扯皮，自己来处理遗留的问题，给我的印象不错。再有牵涉到一些基础工作，计量跟不上。

以前我在会上讲过：“遇到问题找方法将是一个成功者，遇到问题找借口注定是个失败者。”现在看来，还需要进一步加深对这一观念的认识。

二是看不到自身问题的严重性。对兄弟单位的成绩和经验不仅不能虚心学习，而且毫无理由地不服气，而对自身的问题则熟视无睹，不以为然。

三是在改进自身工作中软弱无力。这也是上面两种情况的必然结果。

为什么你们学新兴铸管这么长时间了，各级领导多次前往学习取经，但在关键问题上进展不大。关键不在技术、方法，在于观念。这些观念不转变，人家的真正经验学不到手。前些年，有的企业口头上“学邯钢”喊得很响，内心里却是想的“三个不如”，当然就无法取到邯钢的真经。

技术改造的重点。不要只在大项目上舍得花钱，要重视发挥现有存量的作用，就要进行必要的长期以来缺项的配套项目建设。只管主体，不讲辅助，是粗放式管理的典型思维模式。不少企业后来认识到要以辅促主，花钱不多，效益明显。当然，当前又面临一个新情况，就是规模扩大的问题。我个人意见是先抓好这些短平快的配套项目。因为，第一，大项目何时能开工？第二，即使建起来，在资金这样紧张的情况下，大项目的配套假设恐怕也是也排不上议程，于是又形成新一轮的欠账，老账未还，又欠新账。虽说是结构调整，但真正要拿出发挥新项目的作用，把结构调整落到实处仍然还有差距。

三、要把尊重知识、尊重人才的观念牢牢扎根于各级领导的思想深处，并落实到各项活动中去

党的十二届三中全会通过了《中共中央关于经济体制改革的决定》。邓小平对这个文件十分赞赏。他说："这个文件一共十条，最重要的是第九条"，又说"第九条，概括地说是'尊重知识，尊重人才'八个字，事情成败的关键就是能不能发现人才，能不能用人才。"

"科学技术是第一生产力"、"人力资源是第一资源"。这两个第一，在达钢落实得怎样？

我看有几个现象：

（1）分配政策还是向苦脏累岗位倾斜。骨干岗位的分配比例不掌握。

（2）技术研究中心招聘进不了人。有点像首钢前几年的情况。

（3）达钢不需要什么高深技术，应用研究只是把人家成熟的东西搬过来就行。

（4）科技人员中则认为在达钢，不当上"长"，体现不出自身的价值。3 个系列，技术系列分 4 档，最高一档相当于管理的副职。

（5）从《达钢报》上一篇文章——"从学生到工人的蜕变"谈起。提倡的是什么？科班出身的员工去干简单劳动的皮带工，而没有文化的却当合金工。上次了解到炼钢的合金工不会计算应加入的合金量，轧钢的调整工不懂得调整原理，这种情况通过这几年达钢在培训上的努力，应该会有较大变化。但两个命中率这样低，为什么不能逐步进行调整？

这不是否认达钢在这方面所做的大量工作和取得的成绩，而是说这些情况和观念的存在将会影响到对人才的妥善使用和充分发挥其积极性。

达钢要做大做强，靠什么？靠人。主要是现有的达钢人。从外引进一些大中专生，有可能；短期请一些专家进行指导，也有可能，像最近石启荣同志带领 17 位专家来。但主力军就是我们现有的职工。人才就在达钢的员工中，要坚定这个信心。关键是我们各级领导真正把人力资源当成第一资源。

一把手真正树立"以人为本"的观念，把队伍成长摆在自己的重要议程。厂长不仅抓设备的改造，抓产品档次的提升，更要抓队伍素质的提高，为员工的成长搭建平台，创造条件。我不知道现在各单位一把手关注人、琢磨人的时候有多少？韦尔奇自己认为他最大的成就是关心和培养人才，他把 50% 的精力用在人的问题上，"我的全部工作就是选择适当的人"。首钢总工程师花很大精力考虑调动技术人员的积极性。首钢技术研究院的变化是从关心人才开始。从平均工资相当于绿化公司到提出"一切围绕人才转"：观念围绕人才转，制度围绕人才转，岗位围绕人才转，服务围绕人才转、荣誉围绕人才转。二炼钢厂厂长靳伟以自身成长的实例，体会到要花心血。关心人才的成长。将心比心。对大学生的安排，定期谈话、考察；对新来的大学生、研究生，逐个谈话，过两三个月，再找他们了解情况，现在这些研究生主动引进师弟师妹。对中层干部出课题，写总结，写论文。在技术科只有 2 个人的情况下，把技术科长送外培训。厂领导这样做，要求车间主任也要把培养大学生作为自己的课题。首冶公司总经理帮助员工树立"自己也是人才"的信念，增强对自己的信心。要使鸡群里的鹰感到自己还是鹰。在实战中使人们恢复自己是"鹰"的信心。鹰不展翅不知道自己能飞多高。鹰在鸡群，老觉得自己是鸡。只要机制一变，就自然

成为鹰了。要抓好几项工作：

（1）用好人。怎样“把合适的人放在合适的岗位上”。要改变“一榜定终身”的现象。现在不少企业已经建立起了一些较好的用人机制。如竞争上岗，干部交流、挂职。首钢技术中心与二级厂的交流。邢钢袁总也谈了交流干部的体会，很好。

（2）建机制。建立起有利于人才成长的机制，打通多种通向高台阶的渠道。很多企业形成了几个系列的工资体系，像专家、学术带头人、主任师等可享受与公司正处级甚至公司领导的工资待遇。这样，这些专业人员何必非去追求什么“长”呢。这就改变了过去千军万马去挤“当官”这一座独木桥的不正常现象，以致使大量人才闲置，人才潜能得不到充分的释放。两年前，宝钢就有9名作出重大贡献的工人（包括高级技师）在出差等待遇上比照副局级，群众称之为“局级工人”，这也是一种很好的激励。南钢等一些企业的主管、主办，职权利结合也是很好的例子。恒基伟业副总裁周力曾在西雅图微软做了四年，他感触最深的是如果你做工程师做得很好，你可以一个人都不管，但你的待遇和副总一样，级别一样，地位一样，这就使每一个人精神都很愉悦。

（3）严考核，真正建立起能上能下的晋升制度。严要从干部严起，比如湘钢的末位淘汰从处长开始。新兴铸管这几年，由于业绩不佳而降职、免职的中层干部就有多人次，其中包括公司级领导。这也促使各级领导和广大职工时时处于竞争状态，促使他们不断提高自己的素质，有利于进一步调动他们潜能的发挥。广大职工反映：“干部敢搬铁交椅，我们就敢砸铁饭碗”。首钢二炼钢装备现代化了，任务要转到以品种质量为中心的轨道上来，提高双高产品率，从做大饼到作蛋糕，烤白薯与烤面包。从观念到工作方法习惯，都得变；有的长期是经验性炼钢，改不过来的中层干部，30年合作共事的“哥儿们”，只能忍痛撸掉。不然新人起不来，年轻人也没有可以施展才能的舞台。比如首冶的“小鱼吃大鱼”。但是达钢在这方面似乎温情有余，果断不足。定下的规章制度：2个月完不成任务黄牌警告，3个月免职，几乎形同虚设。助长了少数干部认为“地球离了他就是不转”的错误心态，也使下面的员工以此为“榜样”。这一条达钢不下决心，前景就令人担忧。

（4）重培训。把建立人员培训的机制，作为企业的一项重要战略决策来抓。要加强资金的投入，加强计划性，提高培训的质量，并把人才培训的成果纳入各级领导干部的考核内容中。一是抓好在职培训，但要注意改进学习内容及方式。二是重视总结自己的经验教训，从实践中学习。接触到的一些企业搞得不错，但就是缺乏总结，不能从自在到自为。不总结经验，就是没能把付出的劳动换回应有的报酬。首钢二炼钢从实战中发现问题，提出课题，一抓到底，包龄为什么低？同一厂家订的货；同样的材质，为什么包龄不如人家？于是提出了渣系问题的研究。迁钢发生几件事：钢包落不了座、混铁炉落不了座，行车钩接不上，固然有设计问题，但是审图为什么审不出来？于是考画图。从一些事故的发生，剖析问题的所在。宝钢股份炼铁厂构建知识传承机制。要求技术人员每人每季度写一篇案例，一年就是4篇，160多名技术人员一年就是640多篇，坚持数年，就是一笔无法估量的财富。三是外出培训。马钢的领导带头，形成“没有时间应酬”氛围。学习效果明显，思想易于统一。韶钢公司的领导班子，学习抓得很紧，大部分都学了MBA的课程，公司领导每年都要提出自己的培训需求，分别组织实施。曾总今年参加了省里组织的为期一个半月的出国培训，有的副总要求进行“资本运作”方面的培训。四是充分利用现有的先进装备，提高员工的素质。如何用好管理电脑？首钢二炼钢考车间主任。靳伟说：上次的突击考试考的不是你的学识，考的是思想，是转变观念；是唤醒，是戳痛伤疤；是激励，是自我否定。充分利用局域网，实现知识共享。外出听课，回来将浦项讲课资料网上发布；再如德国巴登公司的资料，都在网上发布。这也是创建学习型组织的重要条件。机关下车间带两大件：U 盘和数码相机。

四、要高度重视企业文化建设的问题

达钢有不少好的传统，去年“9·3”洪水袭来的危难时刻，显示达钢这支队伍的英雄本色，我听到一些可歌可泣的事例。2002 年来时，正好是达州市委作出向达钢学习的决定，其中提到 16 个字的达钢精神。还有 4 句话的“治厂之路”。但是，这次来，却感受不到多少文化氛围。看到比较多的是“业绩论英雄，无功便是过”，但却没有听说对有过之人、之事有些什么对策。宣传的企业精神同实际执行的情况有距离，这样文化就成了空口号了。我们更不要因为改制而忽视了企业文化建设。听说有人认为，改制后，工人好管多了。甚至认为，改制后工人就是工具了，让他们怎么办就怎么办。我希望这种话是转述中发生的不尽符合原意。如果真是这样，那是对改制的大大的曲解。民营企业同样需要培植文化力。最近有两个外国钢铁企业的事例使我深受启发。一个是德国的巴登公司，他们认为“企业的成功 80% 取决于人，20% 取决于设备”；另一个是美国的纽柯公司：“我们的成功 20% 来自新技术，80% 来自我们公司的企业文化。”从南钢高线厂到巴登的事例，给人最深刻的感受就是他们的企业文化。

对达钢来讲，当前要重视几种文化意识的培育。

（1）执行文化。干实事的氛围。规章制度差不多，效果差得多，关键在于落实。新兴铸管炼铁、炼钢指标好，就是严格执行规章制度的结果。2001 年，我去新兴铸管调查时，谈到一件事，过去他们大量使用武安地区小矿山的铁矿。当时，由于国家要求各地小矿山停产整顿，矿石来源就紧张了，有人提出是否可降低一些品位要求。公司领导认为，目前确定的矿石品位，是多少年来实践经验的总结，谁也无权任意改变。因此，宁可增加一些采购成本，也不允许降低品位，从而确保生产的正常进行，也促使了各方面下功夫进一步降低成本，以消化原材料的提价因素。当然，这也不是一成不变的。莱钢算了一笔账：100 个 99% 等于 36%。首钢二炼钢提出：只开会布置，不检查等于没开会；只深入现场，没发现问题、思考问题、解决问题等于没深入现场；现场光强调光说，没制止等于没说没强调；光反馈就以为万事大吉等于没反馈。贵钢到中国台湾地区一家特钢厂考察。对方除热处理设备比贵钢好，其他条件差不多。他们生产的产品贵钢也能生产，但就是每批的质量不像人家那样高度的一致性。关键就是我们管理上不如人家认真。现在中国台湾地区这家特钢厂是 GE 指定的供货商，产品的附加值高。不要小看质量不稳定的这几个百分点，这就是代表企业的水平，就是决定附加值高低的关键。

达钢的情况怎样？总体而言，应该还是可以的。但我从江总在职代会的报告中，看到情况并不理想。他提出了中层干部做“一座梁”还是“一堵墙”的问题。一旦在某个单位出现中间梗阻的问题，执行自然就要打一个大折扣。

当然，也不能把执行文化理解为是下面的事，真正要提高执行力，首先还是要从领导做起。巴登公司“每个经理就是一个遵守准则的典范”，“一个经理对部下的要求绝不应该超过对自己的要求”。决定了的事，首先领导要执行。领导自身不执行自己参与决定的事，又怎能指望下面能够认真执行呢？

（2）沟通文化。沟通包括纵向沟通和横向沟通。纵向沟通，关键在于上层领导。有的企业，战略决策正确，但实际执行确有差距，往往埋怨下级执行力差。但实质问题可能出在沟通不足上。一般来说，由于所处岗位层次的不同，对企业的重大战略决策理解的深度必然会有差异；更何况企业的一些重大改革，必然会涉及原有利益格局的调整，一定程度上影响到一些部门、一些单位的局部利益和暂时利益，这就会引起这些部门和单位自觉不自觉的抵制。要使这些干部从消极的抵制到积极的执行，关键是要提高他们对企业战略意图的认同感。因此，为了要进一步提高执行力，我认为还需要培育“沟通文化”，提升沟通力，实现有效沟通。据有的研究人员调查，企业存在的问题中有70%是由于沟通障碍引起的。特别是作为领导，我们不要以属下的执行力不强来掩盖自身沟通力的不足，放松自己应尽的沟通责任。通过有效沟通，既能激发员工的工作热情，增强员工自觉的执行意识，还能形成管理的合力。

至于横向沟通，在某种意义上说，更为重要。首先是各级班子内部的沟通。此外，下面部门或单位之间缺乏沟通，往往也是同上级之间缺乏沟通分不开的。宝钢十分重视横向沟通。除了不断通高思想认识外，在组织上还采取诸多措施，如基层的作业长制，各工序之间某些具体问题的协调，就可以直接由两家的作业长直接沟通而得到解决，这就大大提高了工作效率。宝钢炼铁厂为了提高沟通能力，在实践中逐渐摸索，建立起一套长效的沟通机制，使炼铁厂各项工作水平得到了更快的提高。宝钢还成立了厂长联谊会、创新协会、作业长联谊会等，以加强横向之间的相互沟通。

（3）协作文化，实际上就是团队精神。这对达钢来说，更为重要。达钢要发展，要大踏步前进，靠什么？靠发挥人的积极性。但并不是单个人的总和，而是要发挥凝聚一股绳的团队精神，起到 1 +1 >2 的作用。这次到新兴铸管，给我一个强烈的感觉就是他们围绕着公司的战略目标，在各个具体领域内都能发挥集体的作用，不是划界而治；而是无边界管理。这就不存在管理的空白点。如果我们不能做到这一点。那么，本来我们员工队伍的实力就不如人家，再加上我们是单兵作战，怎能抵挡人家的集团军？比如，开发新品，宝钢、首钢等很多企业都是形成产销研一体化，而我们却是互不协作，缺乏一盘棋的精神，效率、效果自然就不能同人家匹敌。中国文化不大重视集体的力量，所谓“三个和尚没水吃”。又说是“麻将文化”，盯住上家，卡住下家。还有说是象棋文化，做蹩腿的马。我们常讲核心竞争力，这不仅是技术，也包含文化层次在内。如果企业内部，真正能够围绕企业发展的战略目标，形成一个密切协作的团队，那将是一个难以战胜的企业。这在国内外都有很好的先例。

南钢去巴登学习和水钢二轧厂例略。

（4）创新文化。达钢要后来居上，必须走创新之路。对企业领导来讲，要带领员工走创新之路，首先自己就要转变、克服、肃清种种影响创新的思想观念和精神状态，破除浮躁的心态，急功近利的精神状态，以及短期行为的思想。一些企业的领导在日子好过时，想不到创新；日子难过时，则顾不得创新，结果大好时机就在蹉跎岁月中流逝；有的企业领导只求当前自己的业绩，没有一个远景的追求，自然就不会在意创新；有的对创新抱有不切实际的想法，只许成功，不准失败。而创新既意味着可攀越新高峰，也意味着承担一定的风险，承受一定的压力。因此，创新首先要在思想上有个突破，否定昨日之自我，超越自我。思想上不跳出旧框框，行动上就不可能迈出新步伐。

对员工来说，我们要破除对创新的神秘观念。不要认为创新是专家的事，是聪明人的事。国外有句话："专家——25 平方英尺"，意思是在你所在的近 3 平方米的岗位上，你就是专家。至于人们的智商，既有先天因素，也有后天的培养和锤炼，不是聪明人才能创新，而是创新的实践使人更聪明。宝钢工人的专利意识就很强。

要建立有利于推动创新的激励机制。这一机制，一是要跳出原有的框框，鼓励创新。现在有的单位，一方面在鼓励创新，但其评价系统和考核体系却是在鼓励走老路。比如，一些企业新品开发之所以成效不显，一个重要原因就是在考核系数上重产品数量，老产品的增产毕竟轻车熟路。因此，即使也下达了新品开发的指标，但在利益驱动下，一些基层单位宁可舍新品来保产量。这样做，尽管近期可能有所得益，但这往往会牺牲企业的中长期利益。因此要围绕创新所要实现的战略目标，审核修订现有的评价和考核体系，以免出现南辕北辙的现象。要建立团队合作的机制。对企业来说，重大的创新往往不是一个部门所能完成的，需要形成一条链，发挥这一链条中各个环节的作用。联想研究院院长贺志强一直强调研究开发只是技术和产品成功的一个环节，一个创新的技术要真正获得市场意义的成功和用户的认可，研发只占到了 30% 以下，而生产、市场、销售、质控和服务这些环节通过管理形成一个成功的链接关系才能保证其真正的成功。在冶金系统，宝钢就较好地形成了两条这样的链条。一条是"产销研一体化"，围绕企业急需解决的重大技术问题，深入开展多种形式的产销研合作，及时有效地协调解决市场营销部门和研发部门之间的矛盾。

还要形成一种宽容的氛围。"鼓励创新、宽容失败；鼓励思考，宽容失言；鼓励实践，宽容失误"。可以说，没有这后面 3 个"宽容"，前面 3 个"鼓励"也很难落到实处。创新不同于正常的生产，而是一种探索活动，无常规可言。因此，出现失败可以说是题中应有之义。说得更直白一些，不允许失败就不会有创新。比尔·盖茨曾说过，创新的真正秘密是不断失败。在创新过程中，也会出现一些不同于常规的做法，这些做法，有时也会导致失误以致失败，也不要轻率地视之为异端、另类。作为领导者要多一分理解，少一分冷漠；多一分支持，少一分指责。领导者的责任就是要鼓励他们实事求是地总结经验教训，坚定信心，从而使失败真正成为成功之母。要认识到，100% 的求同思维，常常让创新之苗过早夭折。

最后，我顺便说一句，看到江总今年职代会报告上提到，在少数干部中，"享乐主义在蔓延"，原先我不想说了，因为我并没有调查这方面的情况，但我想既然江总提得这样高，应该引起我们重视。我还听到，有的干部 8 小时以外的表现，是"江总在家和不在家不一样"。这些我都没有深问。但趁这机会，我提出来希望引起有关同志重视。我不主张提倡"苦行僧"的生活，条件改善了，生活过得潇洒些，也无可厚非。但要在一定的"度"内，不要越过"底线"，不要侵犯员工应有的权益。

我就讲这些。耽误大家一下午的时间，但愿能给大家有所启示（因为我主要是介绍了兄弟企业的情况）。刚才说了，这次是我第五次来达钢，我今年虚岁 75 岁了，能不能有第六次，我自己也说不清。无论能不能来，但我希望能听到达钢的好消息。我衷心祝愿达钢能在江总为首的公司领导班子领导下，不断取得新的进展，攀登新的高峰！

谢谢大家！

从逆境中奋起　学先进而超越

——在西钢中层干部会议上的讲话

2005 年 8 月 11 日

这次是应苗青远总经理的邀请，到西钢来进行调查考察。这是我第二次来西钢，上次是1994 年8 月来的，已有11 年了，看到西钢的变化很大。西钢建厂近40 年，经历了几多坎坷，今天的形势来之不易。新班子是受命于危难之际。苗青远同志可以说是黑龙江省、甚至是冶金系统第一个以接近全票“当选”的“民选”厂长。新班子没有辜负省委、省政府的重托和西钢全体员工的期望，以坚强的决心，坚定的毅力，带领大家斩关夺隘，勇闯难关，夺取了一个又一个的胜利。这次我同西钢的各级干部和劳模标兵交谈时，他们都以不同的话语表达了对西钢领导班子、特别是苗总的称颂和敬意，说“西钢之所以有今天，得益于有一个好的带头人，一个好班子”。以苗青远同志为首的领导班子以自己的才智、品德和业绩，赢得了西钢人的尊敬与爱戴。在此我也对苗总表示我深深的敬意！

10 年来，西钢在技术改造、深化改革、强化管理以及企业重组等方面，都取得明显进展。10 年内企业从严重亏损到成为亿元盈利大户，钢产量实现了翻两番，产能增加了更多。2003 年钢产量突破了百万吨大关；2001 年兼并了阿钢，现在控股 57%，这在西钢发展史上是一件至关重要的大事，是国有企业重组民营企业的一个典型，既增强了自己的实力，又减少了竞争对手，也改善了地区工业布局。以 450 高炉为代表、包括新烧结机和40 万吨焦炉工程的建成投产，标志着西钢技术改造上了一个新台阶。与此同时，各个主体厂也都针对各自的薄弱环节，普遍进行了技术改造和技术革新，像两个炼钢厂的扩容改造，连铸拉速的提高，二轧厂的 1. 5 线改造为两条线，一轧厂的减少切头、提高成材率的革新等，以较少的投入，取得较高的收益。各辅助厂在这方面做得都比较到位，很多项目都是自己动手，投入少，效果好。企业管理水平不断得到提高，生产管理、质量管理、成本管理、营销管理、物资管理等方面都得到有效的加强。特别是 2004 年首次实现了“三个突破”，这就是：在没有任何外资投入的情况下，技改投资首次突破 5 亿元；集团年销售收入实现 33. 99 亿元，同比增长首次突破 10 亿元；职工人均年收入增长首次突破 15%。这说明了西钢正在以新的面貌迈向新的高度。

尤其令人感动的是西钢广大员工在面临困境时所表现出来的那种团结奋斗、坚毅不屈、以厂为家的崇高精神，在累计欠发 29 个月工资的情况下，还积极响应公司的号召，集资帮助公司共渡难关。英雄的西钢人，你们才是龙江真正的“钢铁脊梁”。

虽然，我们取得了伟大的成绩。纵向比，成绩巨大。但是，在市场经济下，企业的生存、发展并不只取决于自我纵向比的进步。在激烈的竞争状态下，同行业之间的横向比往往才能决定企业的生死存亡。西钢无论在规模还是在主要技术经济指标上，显然都不占有优势。华菱的老总李效伟认为：“在经济技术指标上，国内平均水平是‘死亡线’；国际平均先进水平是‘生命线’。要‘走出死亡线，走近生命线’”。从这个意义来讲，西钢还没有远离死亡线。我们必须保持清醒的头脑，要树立高度的危机感。下面讲5个问题。

一、关于西钢的发展问题

先说说对当前钢铁工业形势的看法。

用一分为二的观点来分析：一方面我国钢铁工业的快速发展说明了我国经济实力的增强，特别是钢铁行业自身实力的强大。另一方面过度的规模扩张也带来了严重的隐患。

这几年，钢铁工业的高利润，吸引着各方面的投资涌向钢铁行业。同时，有两种观点也在影响钢铁工业的无序扩张：一是“由于我国正处于重化工发展阶段，钢铁业上升周期可再持续到2020年”。二是片面理解“发展是硬道理”，把发展单纯看成是数量的增长。也导致规模的盲目扩张。

全国现有钢的产能4.19亿吨，在建能力1.19亿吨。2006年产能将达到4.9亿吨，2008年将达到5.38亿吨。必将大大超过需求的增长。因此，竞争必将更加白热化。前几年钢铁企业的高利润时期将难以再现，钢铁行业将进入微利时期。

要高度重视钢铁业发展的不确定性和它的波动性。20世纪80年代、90年代末期的限产、世界钢铁协会主席提醒的3年前的教训都说明了这一点。

因此，钢铁产量会维持在高位运行，但不可能长期保持高速增长。

根据这种形势，西钢要慎重研究今后发展的路子。首先要肯定，西钢要发展，也必须发展。但怎样发展？要按照科学发展观的方针，探索新的发展道路。

西钢的发展，我个人的看法是要做好三个层次的工作。

第一个层次，就是要通过多种渠道，充分发挥现有存量的作用，增产增效。要把存量部分的基础夯得更扎实。这是今后前进的基点。这就是要把现有设备的能力充分发挥出来，向现有设备要效益。炼钢现有能力160万吨没有问题。电炉要减炉增产增效，转炉也有潜力。目前，转炉冶炼周期29分钟，缩短5分钟完全可能，产量就可以增加20%。溅渣护炉现在几千炉，如果达到1万多炉，又可以增加多少产量？提高多少效益？这当然要解决一系列问题。关键在高炉。要使铁水供得上。450高炉是最成熟的炉型，系数3.5是很普通的。如果都达到3.5的系数，高炉全年产量就有90万吨。再加上电炉吃废钢，就可以达到160万吨的产量。

第二个层次是用于发挥现有主体设备能力的必要辅助设施的配套项目，这也是当前技术改造的重点。比如，活性石灰、制氧机，这些你们都已经在做，看看还有没有还要补充的。你们的矿石吃百家饭，原料场地也要尽可能加以改善。过去讲规模，习惯注意主体能力的扩张，忽视辅助环节。事实上，往往只是改善辅助环节的条件，就可以大大促使主体设备能力的发挥、成本的降低、质量的提高。如活性石灰的应用，氧气的满足供应等。通过这些项目，使现有存量产生更大的效益。

第三个层次是实施新项目，进一步调整结构。65吨转炉是迟早要上的。不只是为产能的扩张，首先是为调整结构，提高产品质量、节能降耗创造物质条件。要吸取450高炉建设的经验教训，把前期工作抓紧抓实抓好。在资金紧张的情况下，要选择好时机。矿山资源开发工作要抓紧，这是西钢的优势所在。是先投资上一些必要的配套项目还是上大项目，是先上转炉还是先上矿山，要做好论证。

当前，要增强西钢的市场竞争力，关键是要坚持不懈地念好成本、质量、服务这“老三篇”，而且要不断有所突破，年年有新意。特别是成本，一定要下大工夫降下来。这些天，苗总成天向外跑，干什么？搞改制、搞矿山、落实国家已经给予的政策，这都大大有利于成本的下降。我们一定要全员性、全方位地降成本，从公司决策到生产流通的各个环节都要千方百计降成本。当然，难度很大，但这是西钢求生存、图发展的必要条件。有没有潜力？回答是肯定的。我看《西钢报》上介绍的二轧厂开展的“专题降成本”活动，诸如“岗位降成本”、“控制各类事故降成本”等，就有利于挖掘各个工作岗位员工的积极性。我还可以介绍一些国内外其他钢铁企业降成本的情况。韦尔奇在最近出的一本新书《赢》中讲的一段话。他提到有的企业领导向他诉说，来自中国的竞争正在排山倒海地扑过来，我们又该如何生存？一位来自克里夫兰的机械备件制造商甚至痛苦地向他描述，中国人如何不断压低竞争产品的价格，“他们还会给俄亥俄州留下一星半点的制造业吗？”而他是怎样回答的呢？“首要的一点，就是启动三驾保证竞争力的老战车——成本、质量和服务，并且让自己的驾驭技术更上一层楼。在成本方面，不要把自己的目标定在降低5～10个百分点，你必须找到能使之降低30～40个百分点的办法。在质量方面，你也不能有得过且过的心理。95%的合格率是远远不够的，不管是采用六西格玛或是其他办法，目的只有一个——祛除瑕疵。你还得想办法打破自己所在的产业或市场的传统服务模式，你要给顾客提供的不仅是满意，而且是震惊。”以此来对照我们自己，应该说无论在思想认识上，还是具体措施上，都还有不少差距。有的副厂长不知道本厂的成本状况，对成本构成心中无数，这怎能领导好降成本的这一重大而艰巨的任务呢？

至于今后再上高炉，从西钢现状看，再上一座450级的高炉，未尝不是一条现实的路子。主要在利用系数上下工夫，这样可以达到150万吨生铁的能力。

这样是否违反产业政策？产业政策里的提法是：“现有企业要通过改造努力达标”。改造会有一个过程，而且是“努力达标”。要根据企业的实际情况。有实力可以一步就位，否则也可以几步走嘛。可以以130高炉异地改造的方式进行。如果硬性规定，结果就是前几年限产的教训：“限大放小，限国放民，限内放外”。

至于西钢规模要做得多大，这要看市场。西钢的优势之一就是地处黑龙江，在建龙建厂前，长材厂只此一家，别无分店。省内市场需求量大于供应量。但由于自然环境，半年左右不能施工。因此，半年的钢材得远销外地，目前主要在华东和广东地区。在全国产能大大增加的情况下，在建龙的激烈竞争下，外销数量再大幅度增长，市场会有什么变化？我们的价格是不是有这样的竞争优势，可以抵消远距离的运价？这是需要认真对待的。

能不能上板材？有人认为，板材利润大。但一个时期热轧板卷的价格降幅最大，到今年年底，宽热带轧机的产能将超过需求，小规格的板带更是供大于求，现在再上板材轧机，很有可能是轧机投产之日，就是企业亏损之时。

当然，资金紧张是一个大难题。如何合理支配有限的资金。从一些企业的情况看，资金紧张，关键是用于扩大规模的基建项目占用了。我想，在目前钢铁产品总体上供大于求的情况下，是不是可以考虑资金使用的顺序：第一是维持简单再生产。比如，要保证合格的原燃料的稳定供应，现在废钢欠款高达一亿元，供应商自然就不会愿意继续提供，电炉的作业率自然也就高不起来。当然，这也要看电炉生产能不能带来一定的效益。第二，用于发挥现有主体设备能力的必要辅助设施的配套项目，这也是当前技术改造的重点。只管主体，不讲辅助，是粗放式管理的典型思维模式。不少企业后来认识到要以辅促主，花钱不多，效益明显。第三，才是扩大再生产的项目。

当然，在资金充足的情况下，也可以齐头并进。这就要靠改制，引进战略投资者。而且，通过改制，形成更灵活的机制，这是长远起作用的根本性的举措。这一工作，最近一段时间，苗总几乎是全力以赴在抓。我想在省、市各级领导的大力支持下，一定会早日实现的。

我还想谈一下450高炉的问题。本来450高炉应该是西钢新的经济增长点。但投产后半年多了，7月份情况才开始好转，离正常情况还差得远。如果像其他兄弟企业那样，投产不久就达标达效，今年就会给西钢多带来上亿元的效益。因此，要认真地、实事求是地总结450高炉建设中的经验教训。我了解到，过去西钢上的一些项目，效果都不错。为什么在450高炉上，不但没能在过去的基础上更上一层楼，反而出现了较大的纰漏。我在现场看到，有些问题确实很严重，甚至是不该发生的。我们要认真对待，绝不要讳疾忌医。当前，不要相互指责，更不要推卸责任。还是各自找出自己的问题，有关单位同心协力，加大解决问题的力度，把生产搞上去，把效益拿到手。

二、关于转变观念，改善心智模式问题

1997年以来，我每年都有五六个月的时间在企业进行调查咨询。看到企业的发展变化，感受最深的，归纳起来是一句话："千条万条，转变观念是第一条"。转变观念，根本的是要使自己的思想适应事物的发展规律，适应社会主义市场经济的客观规律，适应本企业的实际情况。当然，这方面的内容很多，各个时期又有各个时期的重点。但是，就我接触到的企业情况来看，有几点具有共性。

一是要改变发生问题强调客观原因多、反省主观因素少的思维惯性，培养眼睛向内找原因，立足自身解难题，不归罪于外的心智模式。这种现象比较普遍，甚至可以说是一种思维方式上的顽症。在不同时期、不同情况下，会以不同形式出现。水钢亏损是气血两亏。气亏就是思想观念上的问题，把亏损推到客观原因。一旦观念转变，就迸发出无穷的力量。三明从"无法学邯钢"到做"平原上的好木匠"。莱钢炼钢厂从"出了问题往外推"到"不准归罪于外"。西钢450高炉的建设投产过程中，同样存在这样的问题。几个单位都说别人的问题。当然，要总结经验教训。但当前，要各自找自己的问题，同心协力，把问题解决好。"遇到问题找方法将是一个成功者，遇到问题找借口注定是个失败者。"

二是要改变视野狭小、看自身成绩多，小有进步就自我满足的保守思想和松劲情绪，树立开放、动态、合作的心智模式。西钢在行业里虽然是小弟弟，但在伊春、黑龙江却是先进企业，甚至是行业里的龙头老大。特别是这几年，西钢的进步惊人，听到的表扬声越来越多，受到的荣誉称号也越来越多，这是西钢人的光荣，也是西钢人应得的荣誉。我们应该为此而自豪。但是，自豪不等于自满。自豪可以鼓舞士气，自满却会妨碍我们的前进，而自豪与自满往往只有一步之遥。有一本书名叫《从优秀到卓越》，这本书的第一句话"优秀是卓越的大敌"。这似乎有些不合逻辑。为什么大量优秀企业不能成为卓越企业呢？当然，不能否认有外部条件的影响。但从企业自身而言，关键在于"安于现状"这一顽疾。因此，并非"优秀"本身是"卓越"的大敌，而是处于优秀地位后所产生的自满，

自满才是使优秀成为卓越的大敌。作为全球十大超级智囊团之一的美国兰德公司，在对企业进行大量的咨询诊断中，发现不少大企业在取得重大成就后，往往会渐渐滋生出一种“3C”的思想情绪（所谓3C，就是以3个英文字母打头的词，即complacency（自满）、conservation（保守）、conceit（自大））。因为自满，于是就产生保守思想，安于现状，进取心减弱了。而对别人的成就则往往还不以为然，这种自大情绪更妨碍了自己的进步。因此，我们一定要时刻警惕“3C”。要看到尽管我们在进步，但人家的步伐并不比我们小，甚至要大得多。水钢一轧厂“变看得惯为看不惯”。我们也要破除“过得去”的思想，变“过得去”为“过不去”。要树立“纵向比，强信心；横向比，增动力”的观念。不能满足于“娘子关里我称王”。我们必须树立危机感、紧迫感，要不断给自己立一个新的标杆，不断超越自我，挑战极限。要警惕“青蛙现象”，学习波音老总的危机感和“微软离倒闭只有18个月”的警句。

三是改变在困难面前畏缩动摇、缺乏信心的畏难情绪，树立知难而进、危而思进、敢闯敢创、奋力开拓的心智模式。西钢发展到今天，确实不易，是花了不少心血的。再前进，难度会更大。的确，现在同两年前的起点大不相同了。过去起点低，往上爬相对来说，还容易些，现在已经超过半山腰，再前进一步都要付出比过去更大的代价。因此，部分职工中认为潜力挖尽，产生一些畏难情绪，是可以理解的。这只能说明，今后，我们更要以超常的努力，全新的思维来应对新的形势，否则就会功亏一篑，在激烈的市场竞争中，依然逃脱不了被淘汰出局的命运。刚才讲过武钢的×2，宣钢的“月月拧”，还有萍钢的“鞭打快牛”，安阳的“挑战极限”，比起这些先进单位，我们的差距还很大，这说明了我们的潜力也很大。因此，我们必须坚定信心，破除“潜力挖尽、指标到顶”的思想观念，并且改进挖潜的方法，要更多地加大科技的含量。

应该承认，当前我们确实面临众多困难，但是希望大家记住一句话：“我们遇到敌人了，我们的敌人就是我们自己。”

三、关于进一步加强企业管理的问题

管理是企业发展的永恒主题。1998年我写了两本书，一本就是以此作为书名。这里，我不想分别讲各项专业管理，我只就所接触到的企业管理上的一些问题，讲4点意见。

一是要抓好基础工作。我曾在《扭亏十谈》里讲过，学邯钢有4种倾向：扭扭捏捏学邯钢，舒舒服服学邯钢，大大咧咧学邯钢，松松垮垮学邯钢。所谓大大咧咧学邯钢，就是基础工作跟不上，计量不全、不准，原始记录也是不全、不准，该有的规章制度不是残缺不全，就是相互矛盾，各子系统之间的制度缺乏内在联系，有的可操作性差。这种情况现在当然要好得多，但是问题依然存在。现在大家都在搞信息化建设，上ERP，前提就是要有全面、准确的基础数据。否则，再好的软件也起不了作用。这不只是自动化部门的事，而是涉及所有部门的事。越是现代化管理，越是要求加强基础工作。这次，我没有专门就管理的基础工作进行了解，但从你们的统计报表中也感到一些问题。比如，你们2004年转炉冶炼时间是20.34分钟，行业排行第二；2005年上半年却上升到29.709分钟，排名31；这是不是反映了真实情况，我怀疑。还有转炉钢铁料消耗2004年是1063.57千克，行业排行第五；2005年上半年上升到1091.41千克，排名31。为什么有这么大的变化？

二是要从严治厂。管理就是要严格。严就严在执行规章制度上。我记得有一年朱镕基给冶金工作会议的信中说“从严治厂才是要义”。其实，现在各企业的规章制度大体差不多，但效果却差得多，差就差在执行上，差在落实上。从严治厂就是要严在执行、严在落实上。像萍钢的“热炉定律”，规章制度就是“热炉”，谁触犯了热炉，必然会受到惩罚。锡钢学习回来后，同我讲了两句话：“到了水钢不敢说难，到了萍钢不敢说严”。武钢三炼钢出钢温度差1℃也不行，以操作的稳定性来确保产品质量的稳定性。从严治厂，首先要从领导做起，不能“严下不严上”。湘钢从干部严起，下面自然就信服。最近，我看《湘钢报》，2005 年 7 月 20 日下午，公司又通报了厂处级管理人员考评情况。5 个领导班子、21 名厂处级管理人员受表彰；2 个领导班子受批评，8 名厂处级管理人员被免职。其中，7 人是在民主测评、组织考核综合评价分数排队在尾数，1 名是连续 2 年排后。

从严治厂，还必须狠抓落实。现在很多人经常引用这样一句话：“一位经理人的成功，5% 在战略，95% 在执行。”这是美国 ABB 公司董事长巴尼维克说的。这并不是说战略不重要，战略正确，这是企业成功的前提。但战略正确，不一定就能取得成功。再好的战略不能得到有效的贯彻执行，也等于是一纸空文。我到有的企业，从上面谈，各项工作的安排都很好。但到下面一看，却蛮不是那么回事。莱钢炼钢厂过去不怕任务多，反正不检查。后来实行“4 小时复命制”，情况就发生了根本的变化。现在，在干部和职工中养成了“定了就干，干就干好”的好作风。首钢二炼钢提出：只开会布置，不检查等于没开会；只深入现场，没发现问题、思考问题、解决问题等于没深入现场；现场光强调光说，没制止等于没说没强调；光反馈就以为万事大吉等于没反馈。你们 450 高炉建设，决策是正确的，但实施效果不太理想，问题就在执行上。执行就要重视细节。“细节决定成败”。从某种意义上说：“管理就是做好无数细节工作”。

从严治厂必须制订科学合理的考核体系，严格执行，适时调整，真正起到“四两拨千斤”的作用。

严格管理不是要把人管死，管理的目的是要激活人，而不是管死人。管理必须树立以人为本的观念。铁腕管理和宽松文化相结合。

三是抓好专业管理。专业管理这是机关各部门的职责，而专业管理最终也要落实到基层。因此，搞好专业管理必须正确处理机关和基层的关系。既然有关系，也必然会出现一些矛盾。机关既是领导部门，要善于引导基层加强专业管理；但机关又是服务部门，机关必须为基层服务，很多管理工作是通过服务来体现的。现在有的部门缺乏这种观念，似乎机关就是“管”基层，只是单纯的领导与被领导的关系。黎明部长在宝钢说：“基层是机关的衣食父母”。机关要主动为基层排忧解难。遇到问题要主动沟通。首钢提出要努力建设学习创新型、求实严谨型、协调高效型机关。首钢炼铁厂机关提出了要创“快、高、强、佳”服务品牌。他们通过检查对照，以及征求一线职工的意见，自下而上查找出了“服务意识不强、工作效率不高、沟通协调不够、开展工作不主动”等机关工作存在的问题和差距，把创新专业管理的重点，定位在强化服务职能、真心实意地帮助基层解决实际问题；强化参谋职能、用真知灼见为领导出谋划策；强化协调职能，真抓实干提高机关工作效率 3 个方面。他们的做法可供大家参考。

机关要推动各项管理工作，还要做到心中有数据，手中有典型。有数据才能更好地用事实说话。抓典型更是机关推动工作的一个重要方法。我看今年公司抓的 3 个典型，其中有二轧厂厂长韩乃文，很好。但宣传推广的力度不足。

还要处理好集中与放权、协调与制约的关系。处理好这两方面的关系，既是科学，也是艺术，因厂而异，因时而异。要不断总结实施中的经验教训，加以改进。在市场经济的条件下，以及没能充分占有各种必要信息的情况下，再加上个别人员禁不住外界的诱惑，加强制衡机制是必要的，西钢在这方面也已经取得了明显的成效。但是，从管理角度来说，各项措施，最根本的还是要以调动各个部门以及干部和员工积极性为主。因此，需要注意适时调整制衡的幅度、强度和力度，以便更好地调动各方面的积极性和主动性。

四是管理创新。在日常的生产经营活动中，我们必须要严格地按现行的规章制度办事。但为了企业的发展，又必须提倡管理创新。企业要在日益加速变化的竞争环境中生存发展，必须要走创新之路；要把创新作为推动企业发展的主旋律。向创新要时间，要速度，要效益。创新既是针对当前薄弱环节采取的有效举措，又是做强企业的迫切需要。因此，要在全公司范围内高举创新的旗帜，大力倡导创新精神，建立有利于创新的激励机制，营造有利于创新的氛围，使西钢的发展再登上一个新台阶。

管理创新，包括的内容很多。现在，国内外关于管理创新的书很多，一些新的管理理念也层出不穷。从大的方面讲，企业流程再造、ERP、供应链建设，等等，都是管理创新。还有机制创新、组织结构创新等都是。张瑞敏就说过：对国内来说，创新第一位是组织结构的创新。如果你的组织结构束缚了企业中最活跃的因素——人，那么，其他一切创新都谈不上。我们要结合实际，加以应用。但我想着重介绍一些钢铁企业近几年在管理创新上的一些事例，也许对大家会有所启发。像地处贵州穷山沟里的水钢，曾连续几年严重亏损，确实谈不上什么创新，但一旦职工的思想得到解放，观念有了重大转变，在较短的时间里出现了意想不到的变化。现在到处都可以看到干部和职工们的创新事例。水钢二轧厂1999年推出了“干部离线检验法”，2000年又推出了“生产总值班制（即见习厂长制）”，今年又开展了“三个不满意、三个为什么”的活动，就是一个很好的事例。去年，他们就是依靠本厂自己的力量，按照学习型组织的要求，编写了LID（学习、创新、发展）战略指导手册，很有启发。不仅二轧厂有创新，可以说水钢的所有主体厂和一些二级单位都有很多很好的创新事例。王林崧“五天工作法自勉词”，从《扭亏篇》到《发展篇》的变化；质量处司机的变化。应该说，水钢的周边环境，人员素质，不如很多企业。因此，这个企业的事例，更可以鼓舞我们去进行创新。

再讲一下宝钢的事例。宝钢是我国钢铁企业现代化程度最高的企业，但他们在基层管理上也有不断创新。比如，现在很多单位都在推行标准化作业，但在实际操作中，由于每个员工对标准化的理解可能有差异，操作习惯也可能不一样。因此，尽管大家都认为自己的操作已经符合标准了，但实际上往往还是各行其是。宝钢有的单位通过人人演示“标准化”，让大家来品头论足，相互借鉴，结果发现了6大类62个方面的问题。针对问题，对症下药，进行改正。宝钢炼铁部原烧设备车间烧结电气作业区，考核指标变化实施以来，点检人员的责任心普遍增强，点检质量得到明显改善，也促进点检人员业务水平的提高。还有像炼铁厂炼焦区域推行“三方互检制”，改变了过去生产方巡检人员、设备管理日班人员和设备车间点检人员各查各的，信息沟通不及时以及相互推诿等现象，实施半年来没有发生一起因巡检、日检、点检不到位而产生的设备故障，设备故障检出率达到99.5%以上，焦炉、煤焦、干熄焦等设备的完好率达到99.5%以上，设备备机率达100%，有效地保证了生产的稳定顺行。

还有像武钢机电部推行的“星级设备管理体系”，这是针对过去设备管理上评定制度存在的缺陷和不足，借鉴饭店星级管理的做法，总结了武钢自身设备管理上的经验教训，广泛听取了各方面意见，九上九下，数易其稿，制定出来的。从而形成了以点检管理、检修管理和备件管理三大支柱为基础所构成的星级设备管理体系。这项管理分一星至五星5个等级，共有57条评定标准。一星级标准为20条，每增加一颗星，就要增加若干条更高的标准条款；直至5星级要全部57条达标。这些条款都是硬性的，必须每个条款都达到要求，才能晋级。一年一评，实施4年，才有7个单位最高进入三星级。武钢创造性地提出星级设备管理的理论和体系框架，使武钢的整体设备管理水平又上了一个新高度。

四、关于人力资源开发、充分挖掘人的潜能问题

企业发展要两手抓。一手抓物，一手抓人。没有物质条件不行，但光有物质也不行。现在我国钢铁行业不乏世界一流设备，甚至不少是世界顶尖设备，但一流设备不一定拿出一流产品、取得一流效益。关键在缺乏一流人才。

国内外先进企业，无不把人才问题放在主要领导的重要议事日程上来。韦尔奇自己认为他最大的成就是关心和培养人才，他把50%的时间用于人事工作上，“我的全部工作就是选择适当的人”。

中央提出：“人力资源是第一资源”，意义深长。问题是我们是不是真正把人力资源当作第一资源，摆在第一的位置来对待。应该说，现在情况有很大好转。

对西钢来说，人才问题更是关乎企业生死存亡的头等大事。由于地理环境、周边条件以及自身情况，在现阶段难以像沿海城市或大城市那样吸引高级专家，我们就是要靠现有的这支队伍来发展西钢，振兴西钢。不要以为西钢的员工学历浅、文化结构不尽理想，但西钢过去的历程充分证明了西钢这支队伍是信得过、靠得住的。跳出陈旧的思维模式，就可以看到西钢到处都是人才。我在同西钢的几位劳模和标兵座谈时深有所感。他们的学历都不高，但革新创造却不少。一轧的掉头机、二炼钢连铸机的拉速达到3.2米，改进了水泵，电力厂安全运行5年多，190人的队伍，只有6名管理人员。制氧厂在建设过程中主动要求提前介入，确保了投产后的正常运作。因此，我们不要只从静态的学历结构来分析我们的人力资源，要知道用好人才资源比拥有资源更重要。

我再介绍一些兄弟企业的情况。水钢从内部选不出一把手到3年出了5位公司级一把手。老厂的“虫”到兴澄成为“龙”。南钢高线厂从认为本厂员工的素质差，到一年后80%的员工都已具有双岗作业的资格。宝钢孔利民、“全能工”、“一线通”。我们可以套用罗丹的话：世界上不是缺乏人才，而是缺乏发现。我们要树立处处都有人才，人人都可以成才的观念，努力去发现人才、选用人才、培育人才，提升人才。

现在的问题是要把这支队伍锤炼得更坚强、更聪明、更富创新力。因此，各级领导都要牢固树立以人为本的观念，关心人才的成长，建立有利于人才成长的机制，营造有利于人才成长的氛围。厂长不仅抓设备的改造，抓产品档次的提升，更要抓队伍素质的提高。在这方面，我同韩乃文厂长谈话中也深受教益。他对班子建设、科段长队伍建设、员工队伍建设这3层队伍建设，都有明确的考虑，在实践中起到了很好的作用。他的一些理念都很好：“今天当徒弟，明天就得当师傅；今天看着干，跟着干，明天就得领着干。不能承上启下，就不是一个合格的员工”、“做好人，做好事，都需要大胸怀。什么是大胸怀？大

胸怀很大程度就是全局观念”、“体力有限，精神无限；财力有限，智慧无穷”、“二轧厂没有专家高手，但组合起来就是不可战胜的，没有干不好的事，实现不了的目标。”他的400多名职工，就像400多张牌，时时都在考虑怎样出好这些牌。希望各位厂长也能像韩厂长那样，把队伍建设提到自己的议程上来。GE的工人对韦尔奇说：“你们不要只用我们的双手，还要用我们的大脑。”我们也可以反思一下，究竟我们对员工的大脑用了多少？

要为人才素质的提高搭建平台。建立起把员工个人价值的提升与企业发展高度融合起来的人才培训的机制。我们讲“以人为本”，必须具体化。宝钢提出具体化为“八个‘人’”，并建立了相应的机制。宝钢还提出，员工发展最基本的是两个方面：一个方面是要让员工分享企业发展的成果，拥有高尚的物质文化生活；第二个方面是员工自身素质的提高和价值的体现。你们提出：“我靠西钢生存，西钢靠我发展”，很朴素，很实在。但我觉得说“我靠西钢生存”，调子是不是低了一些；所有员工都要靠西钢来实现并提升自己的价值，西钢也要为员工价值的体现和提升作出努力，这样西钢才能靠我发展腾飞。

在学习培训上，西钢不少单位也都很重视，但层次还要提高。这里我再介绍一些兄弟企业的情况。像马钢领导带头学习，武钢二炼钢的“岗位点球滚动练兵法”；现任审计部长谭丽丽带队伍的故事，韶钢二轧钢的“官教官”；水钢二轧厂的“管理论坛”。

没有时间怎么办？时间是海绵，就看你挤不挤？你们的“三七”干部，“三七员工”，精神可嘉。在生产未走上正轨以及有突击任务前，也是必要的。但“星期七”到底怎么用？是车间里转转，还是用来提高自己。建议要研究改变“星期七”的内涵。韩乃文说得好：“体力有限，精神无限；财力有限，智慧无穷。”我们不能只拼体力，要在增强智慧上下工夫。要按照创建学习型企业的要求，创建学习型厂矿、学习型班组。在干部中提倡每年读几本书，联系实际谈体会、写心得；通过各种联谊会，沟通信息、联络感情，研究共性问题。

建立人才的激励机制，营造促进人才成长的氛围。在实际工作中，我感到最关键的、经常起作用的还是用人机制和分配机制。我很赞同你们齐书记讲的三句话：“要破除以职位取人的观念，树立有创造才是人才的观念；要破除以学历取人的观念，树立有贡献才是人才的观念；要破除以‘出身’取人的观念，树立有成果就是人才的观念。”真正做到“能者上、庸者下”。再不能论资排辈，首钢的“小鱼吃大鱼”就是很好的例子。32岁的二炼钢厂长提升为400万吨规模的迁钢公司的总经理。在分配机制上，要打破“官本位”，石钢的“五条线”，宝钢的“局级工人”。本钢热轧厂的多种奖励法，以个人命名的先进操作法。

在用好自己人才的同时，还要善于引进“外智”。西钢人才短缺也是实际问题。全靠自己培养，难以解近渴。但引进“外智”，方式可以多种多样。像水钢一度4个主体厂有3个是请兄弟企业的专家来当厂长，对引进新观念、新思路、新技术、新机制，促进水钢的发展起到了很好的作用。当然，引进人才也有个“马太效应”问题，越是困难的企业，引进人才的难度越大。可以采取多种形式，“不求所有，但求所用；不求所在，但求所为。”。有的可以安家落户，有的可以是“候鸟型”的，确定一些合作项目，来去自由；还有的可以是与院校合作。总之，方式可以灵活多样，讲求实效。有计划、有目的地外出学习考察，也是一种间接引进“外智”的方法。

五、各级领导班子建设的问题

作为一个企业的领导者，就应该是“三个代表”的倡导者和实践者。班子自身正，才能真正代表广大群众的根本利益。具体来说，从这几年我接触的企业领导、特别是一把手，他们所以在职工中有崇高的威望，我认为有这样几个共同的特点，五句话，30 个字：严律己，为表率；人为本，强文化；重业绩，明奖惩；讲团结，重沟通；勤学习，善总结。

（1）严律己，为表率（略）。

（2）人为本，强文化（略）。

（3）重业绩，明奖惩（略）。

（4）讲团结，重沟通（略）。通过有效的沟通，才能更好地协调一致。我很欣赏韩乃文厂长的一句话：“二轧厂没有专家高手，但组合起来就是不可战胜的，没有干不好的事，实现不了的目标。”西钢要发展，就是靠我们现在这支队伍，不只是靠每个人要发挥其聪明才智，更要发挥凝聚一股绳的团队精神，起到 1 +1 >2 的作用。

（5）勤学习，善总结（略）。

还要强调的是，作为领导干部，要注意总结工作。这是从实践中学习的最佳途径。总结工作，既要总结经验，但一定不要回避失误，总结教训往往比经验更宝贵。特别是在座各位都经常处于“热”状态，花一点时间“冷”一下，回顾、反思、总结，对继续前进大有好处。你们的二轧厂这方面也做得不错。他们的干部成长较快，同韩厂长自己注意总结经验，并且逼着下面干部总结经验分不开的。

这次来西钢，连头带尾已有 11 天了。在这期间，得到公司领导及在座的各位多方面的支持和照顾，使我学习到不少新东西、了解到不少新情况，也结识了一批新朋友，在此我表示深深的谢意。但对于西钢这样一个大型企业，很难在短期内把情况摸透，再加上我本人水平的局限，因此，今天所讲的不一定适合你们的情况，甚至还有错误。希望各位“择其善者而从之，不善者则弃之”。在我今天的讲话中，我还介绍了一些兄弟企业的情况，不是要你们套用，而是希望起到激发你们思路的作用。学先进而超越之。只要大家改善了思维模式，进一步解放思想，把自己的思维活跃起来，你们同样会创造更多的新经验，为西钢的加快发展作出更大的贡献！我预祝并坚信西钢的明天会比今天更好！谢谢大家！

坚定信心　明确方向　克难攻坚　夺取胜利

——在首钢胜利、前进两厂干部会议上的讲话

2005年9月2日

这次是应首钢军工集团张军部长的邀请，到甘肃三厂进行调查咨询。从2001年起，先后在首钢作过多次调查，其中也包括军工集团的一些京外企业——东星、长白。公司领导希望我多接触一些各种类型的企业，包括到外地一些条件困难的企业看看。从我个人的感情上，也有一种“穷哥儿们情结”。因为，从1997年起，我有两年多的时间主要和亏损企业打交道。很多事例使我感受到企业之所以亏损，广大员工是最大的受害者。比如水钢轧钢工人180元工资，累计四五个月没有发工资；宣钢13个月欠发工资；这次去西林，才知道还有29个月拿不到工资的。这不是工人的过错，而且也不是“命中注定”的。实际上，这些企业后来也都有了很大转变。因此，我也愿意尽我一些绵薄之力，来帮这些企业一把。所以，在今年首钢会议上，我到军工集团的小组参加了讨论，承诺了今年一定要到甘肃的几个厂看看。

来前请张部长介绍了情况。你们的祁书记和岷山的李书记也都参加了。会后我同朱总、孙总通了气。如果不是今年的“保鲜”教育，朱总肯定会来的；孙总还想请假，同我一起来。朱总委托我来看望大家，并要我回去后，将有关情况向公司通报一下。

来后最深的感受是两厂搬迁后虽然企业依然处于困境。但人气很旺，员工的精神面貌很好。

先是一些表层现象的感受。在胜利厂，感到强烈的反差。飞机将近兰州时，看到下面尽是一片黄秃秃的。下机后，从机场到市区两旁，稍为有点绿意，司机周师傅告诉我这还是3年前开始栽的，现在看到了效果。汽车往皋兰行进，两边绿化又差了一些。但当进了胜利厂，看到大院到处都栽了树，使人感到生机盎然，确有“沙漠中的绿洲”之感。这不仅反映了企业领导为员工们创造美好的工作和生活环境的良苦用心，也体现了广大员工热爱家园、扎根边陲的决心，还反映了一种奋发向上的精神状态。还有胜利厂办公楼楼道上方的“精气神”三个大字；广场上32米高的灯塔；晚上的文体活动，等等。在现场参观过程中，感到厂区整洁，环境不错。

以后，在座谈中，了解到不少令人感动的事情。比如胜利厂的孔庆辰、前进厂的武文生放弃在外赚钱和拿高薪的机会，回老厂来挑重担。

胜利厂的工程公司装备简陋，不仅每月收入20万元，而且还引回来4个外出的年轻人。

从企业生产经营看，两厂先后扭转了连续十七八年的亏损。前进厂于去年扭转了17年的亏损，胜利厂于今年也将扭转连续18年的亏损。

在资金十分困难的情况下，两厂近两年就分别投入了600多万和300多万元的资金，

用于技术改造。为提升产品档次、扩大市场打下了初步的基础。

总之，看到了两厂一股奋发向上的“人气”，想翻身、想发展、想改变现状的强烈愿望。

虽然，两厂在迁址后，在各级领导和广大员工的共同努力下，生产经营和职工生活都有了明显的改善，而且都初步实现了扭亏；一些产品在市场上得到客户的好评，成效喜人。但应该承认，两厂都还远远没有摆脱困境，目前发展的基础还很薄弱，大部分设备老化、陈旧，更新改造步伐缓慢，某些产品也不能较快地升级换代，从而在激烈的市场竞争中难以处于优势地位；员工的收入还较低，特别是由于企业资金的严重匮乏，拖欠职工的工资和各项费用还不少，职工的医疗保险还没有得到合理的解决，还存在不少困难。这些情况，我会如实地向首钢总公司领导反映。我相信，总公司也会在可能情况下给予必要的支持。但我们同时也要看到，有些要求，从各个单位来说，都是合理的；但从全局来看，却未必是可行的。因此，大家还是要尽量眼睛向内，把立足点放在自身的基点上。

基于这个观点，下面我想讲5个问题，供各位参考。

一、面对目前严峻形势，我们该怎么办?

要“坚定信心”。要相信，亏损不是国有企业的必然下场，企业是可以走出困境的。一些当时比你们更困难的企业都已旧貌换新颜。当时，最大的亏损企业之一的水钢（炼钢厂例）、资不抵债的萍钢，在短期内扭亏，并成为全省、全国的标兵。锡钢“到了水钢不敢说难，到了萍钢不敢说严”。

这里的关键就是要转变观念。“千条万条，转变观念是第一条”。为什么?“观念决定一切”。观念指导行动。需要解决三种思想观念的问题。

一是要克服“外因论”、“唯条件论”的思想影响，变埋怨客观条件到立足自身。两厂今天的困境，确实是有客观因素，我们不否认这些历史的和外部的因素对企业的不利影响，比如，两厂的两次“分流”和“回流”，的确使企业大伤元气，不承认这一点，不是唯物主义者。但这都已是过去的历史了，我们必须正视现实，更不要因此而自觉不自觉地掩盖自身工作中的问题，拖住了自己前进的脚步。正面的例子，水钢的“四个一块”；三明做“平原上的好木匠”。

也有反面的例子。长钢20世纪80年代下放给省里时，享受了承包政策的优惠；又是钢铁行业里最早股票上市的几家企业之一；也是较早建立中外合资企业、从而得到相应政策优惠的企业；1996年，在资金十分紧张的情况下，还得到了银行贷款4个多亿。用长特同志的话来说，是吃了财政吃银行，吃了银行吃股民，吃了股民吃老外，结果却是越吃越穷，越吃越亏。关键还是内部工作上出了问题。

二是要防止并克服缺乏信心的畏难情绪，变消极被动为主动迎战。这种情绪往往是伴随工作中的进步而产生的。两厂在深深的低谷攀升到今天的地步，确实是来之不易，是花了不少心血的。再前进，难度会更大。因为，一是现在同几年前的起点不同了，过去起点低，往上爬相对来说，还容易些，现在已经到了半山腰，再前进一步都要付出比过去更大的代价。二是我们在前进，兄弟企业同样在前进，而且不少企业前进的步伐远比我们大、比我们快。因此，部分职工中产生一些畏难情绪，是可以理解的。

这里，我想介绍一些兄弟企业战胜困难的事例，也许可以增强我们克敌制胜的信心。

锡钢从1997年市里要让它破产到去年成为全市的先进企业；下陆从1996年基本停产，到1997年湖北省在他们那儿开现场会。西林钢从29个月欠发工资，人员流失严重，电炉炼钢，先天不足，到去年盈利1亿元。这些事例使我受到极为深刻的教育。我想可能对大家也会有所启示。

再有是怎样理解“实事求是”？现在有的同志，在完不成任务时，往往会说“计划定得不实事求是”。的确，实事求是是我们党的思想路线，我们过去在经济发展中，吃不实事求是的亏太多了，今后再也不能干那些蠢事了。但是，我们也必须看到，实事求是还得同解放思想结合在一起。小平同志在党的十一届三中全会前夕的中央工作会议上，曾经发表了一篇具有深远历史意义的讲话，题目就叫“解放思想，实事求是，团结一致向前看”。为什么要在实事求是前加上解放思想？我领会就是因为今天我们面临的是新形势、新情况，如果仍旧用过去的旧思想、旧观念去观察、去对待，必然就会格格不入。因此，必须要使“思想冲破牢笼”。否则，所谓“实事求是”，就可能成为“无所作为”的挡箭牌，“因循守旧”的避风港。

三是要克服稍有进步就满足现状、以致停顿不前，变小变即满到不断奋进。这几年，两厂的各项工作都有了明显的进步，值得高兴，我们也应该以此自豪。但自豪不等于自满。我们应该看到自己的进步，否则不能鼓舞士气。但千万不能满足于已有的进步，要像水钢那样，“视今天为落后”，“把今天的成绩作为明天的起点”。要破除“纵向比，有进步”的“小变即满”思想，树立“横向比，上水平”的不断进取的观念。要看到尽管自己在进步，但市场的要求也在提高，我们竞争对手前进的步伐更快。

要学会在前进中找差距。宝钢设备部的“找差文化”。找不出差距就无法前进。

这几个问题，归纳起来，就是要正视现实，立足自身，眼睛向内，把工夫下在自己身上。当然，对一些外部条件的不足，我们可以进一步反映、呼吁，尽量争取各方面的支持，但重点一定要放在自己的基点上。在遇到问题时，是找方法还是找借口，这是决定我们事业成败的分界线。海尔有两句话，“遇到问题找借口注定是个失败者，遇到问题找方法将是一个成功者”。莱钢炼钢厂的“不能归罪于外”。这些都值得我们认真思考。现在我们面临众多困难，但是希望大家记住一句话：“我们遇到敌人了，我们的敌人就是我们自己。”

二、在生产经营上，当前要着力抓好的几件事

具体体现在：

(1) 明确主攻方向。近几年，两厂都根据市场情况，调整了产品结构，在实践中逐渐明确了主攻方向。

但从接触中，我感到似乎还不很有底。因此，有时材料上写的和口头上介绍的不一样。当然，也不是一榜定终身，也要根据情况的变化而作出必要的调整。

明确主攻方向，做好产品定位，要在分析市场、周边环境以及自身实力的基础上制订。

确定重点时，要“有所为有所不为”。“学会放弃”有时比“做什么”更重要。

重点确定后，工作上要跟进。不要仙女散花，撒胡椒面。特别是要培植那些有一定的市场份额，又有一定的利润空间的产品，形成拳头产品。技改投入也应首先投到这些产品

上。把这些产品做出特色来，做大做强。

重点确定后，还要统一全厂认识，各方支持，形成合力。

（2）下大工夫打市场。打市场，不只是销售部门的事。要作为各个部门的共同任务。在明确了发展重点后，要从上到下，都来为打市场出力。

打市场，必须要主动出击，不能在家里坐等。现在的市场不是存在一个大缺口，等你去进入；而是在竞争激烈的情况下，靠自己的实力、自己的公关去影响、去挤、去争。打市场，要发扬“孙子”精神。

打市场，要发扬团队精神。要实施“产销研一体化”。比如：宝钢集装箱板开发和占领市场的例子，首钢“双高”产品发展的经验。

打市场，当然离不了营销部门。要加强营销部门的力量。形成有利于促进销售的机制。提高销售人员的素质。

还要增加营销工作的投入。越是困难企业，越需要跑市场。但往往又受资金的制约。“舍不得孩子套不住狼”。要借鉴萍钢扭亏初期经费开支。岷山厂月销售费用少的成功经验。

（3）念好成本、质量和服务的“老三篇”。

1）降成本。第一，要看到在成本上确实还有潜力。第二，降成本必须成为全员性的活动。从厂长起，各个环节、各个岗位，每个人都要明确自己在降成本中的方向、任务和目标。有的企业，副厂长不知道本厂的成本构成，对自己主管范围内的成本费用心中无数。王万宾赞扬水钢炼钢厂降成本扣到小数点后的三位数。就是要有这种精神。第三，财务部门要搞好成本分析，提出进一步降成本的目标。不能因为强调全员性就放松了财务部门的责任和努力。财务部门要为厂领导出谋划策，要为基层降成本做好参谋，进行指导。第四，加速资金周转。财务部门要把这作为自己义不容辞的责任，各部门、各单位都要把加速资金周转作为自己的重要任务，认真研究，提出改进措施。比如，生产部门要缩短生产周期，研究开发部门也要研究如何减少工艺环节，加快生产周转；销售部门更要及时销售，及时收回款项。

2）稳定并提高产品质量。我们的产品质量确实受到装备的影响。但也不要把质量问题全部归之于装备。水钢二轧厂引进德国二手设备时，就强调它对质量有好处。引进后，质量上不去，就说“二手设备不行”。后来还是这套设备，情况又变了样。这里，同样有个“找方法”还是“找借口”的问题。

在装备落后的情况下，更需要发挥人的主观能动性。需要我们付出更多的代价。

我们不能满足于“差不多”，满足于合格率达到了指标。一定要以高于规定的指标来完成自己的任务。

质量的关键在于“认真”，在于严格执行规章制度。宝钢股份冷轧厂发现，在冷轧负责的有质量异议的产品中，竟然有80%是由本可避免的“不认真”造成的。因此，它们提出“认认真真做好每一件事”。还提出“两个全员管理”：全员设备管理和全员质量管理；“两个无条件服务”：上工序无条件为下工序服务，设备无条件为生产服务。

质量就要重视细节。一枚火箭由几十万个零部件组合而成，有人计算过，如果每枚零件的可靠性是99.9999%，即差错率为百万分之一，则火箭整体的可靠性为37%，若要使火箭的整体可靠性达到99.9999%，其零件的可靠性就要达到99.99999999%。就是说，抽检100亿个零件，不可靠的不得多于1个。这对我们来说，要求当然是过高了。但是，100个99% =36%，10个90% =35%。个人报喜，整体报忧。

3）不断改进服务。日本的经营大师松下幸之助说：在某种意义上，服务比制造、销售更重要。售后服务不能做得完全彻底，顾客就会越来越少。服务第一，销售第二。“销售就是服务”。德国的大众汽车公司通过在北美和欧洲的用户调查发现，一个厂家失去的份额中，只有1/3是由于产品质量或价格的原因，60%是由于服务不好。

对质量异议的处理，也是服务态度的一个重要方面。宝钢钢管对产品售后服务的态度就是一个很好的例子。去年3月，西北一家油田反映使用钢管公司生产的套管连续发生断裂。钢管公司立即派出技术人员去处理，待套管全部拔出地面后，经仔细辨认，不是宝钢生产的。宝钢的人员不仅没有责怪对方，反而留下来与油田管理技术人员一起分析套管断裂的原因，指导套管使用方法，帮助制定管理措施。此举赢得了油田的尊重，并致函表示歉意。松下幸之助也曾说过：利用顾客抱怨创造契机——顾客的抱怨是很严重的警告，但诚心诚意去处理顾客抱怨的事，往往又是创造另一个机会的开始。我们有的企业则是推脱。如果是即使钢材断裂，也要对方承担一半费用，那谁还会再来订货？

服务的另一个重要方面是按合同交货。上海五钢所以能把长城特钢的市场抢过来，就是交货期短、交货及时。

总之，服务是一个大的、完整的体系，一要全员参与，二要高品质，三要持之以恒，四要看满足客户个性化需求的能力。

（4）筹集资金。这也许是大家最为关心的事。这几天在同两厂的领导班子和中层干部座谈时，普遍都希望首钢总公司能在资金上给以支持。当然，这也是一条途径。但我认为不要对此寄予过高的期望。还是要尽量立足自身。胜利厂齿轮公司在这方面就做得不错。我再介绍两家钢铁企业的实例，一家是陕西龙门钢铁公司，一家是冷水江钢铁总厂的例子。

三、各级领导都要高度重视人力资源开发工作

人力资源开发工作的极端重要性。大国变强国，关键在于人才。我国已有一批钢铁企业设备已是世界一流，甚至世界顶尖，但并没有拿出一流的产品，取得一流的效益。关键也在于人才。

“人力资源是第一资源”。如何发挥这一第一资源的作用，如何更好地配置这一资源？要时时刻刻作为各级领导，特别是各单位一把手的首要职责来考虑。比如：西林钢铁公司二轧厂400多名职工，厂长老是在琢磨怎样打好这400多张牌；本钢热轧厂原厂长时时都在考虑各类员工的作用发挥；首钢总工程师关心的是技术人员积极性调动的问题。但也有的厂长是见物不见人。

两厂目前在人才问题上也面临困境。前些年人才流失不少，给今天的发展带来了困难。我们虽然走了一批业务能力较强、技术水平较高的员工，但我们也要看到留下来的都是同两厂血肉相连的忠诚员工。你们都是胜利、前进的脊梁。我们要树立“人人都可成长为人才”的观念。人才不是天生的，主要是后天养成的。比如：水钢一把手的0∶5；马钢高线厂出国实习过的11人走了10人，新培养人才的不比原来的差。宝钢孔利民从汽车修理厂的电瓶工到上海十大工人发明家之一，已有56项专利。首冶公司总经理帮助员工树

立“自己也是人才”的信念，增强对自己的信心，要使鸡群里的鹰感到自己还是鹰，在实战中使人们恢复自己是“鹰”的信心。鹰不展翅不知道自己能飞多高，鹰在鸡群，老觉得自己是鸡。只要条件成熟，就自然成为鹰了。

作为领导，我们要为人才成长搭建必要的平台，建立必要的机制，营造合适的氛围。比如：兴澄看“虫”和“龙”，首钢技研院从6位博士全部出走到4年后拥有25位博士、81位硕士。经验是两句话：“一切围绕人才转”、“平台比待遇更重要”。建立机制，最重要的是奖惩机制。要奖惩分明，激励出人才，竞争出人才。

要重视员工的培养提高。人才也不是自发成长的，需要上级领导下力气、花工夫。特别是在今天这样科技进步神速、市场竞争激烈的情况下，不重视学习就会落后。培训一是抓好在职培训，但要注意改进学习内容及方式。如韶钢的“官教官”、“兵教兵”。二是重视总结自己的经验教训，从实践中学习。接触到的一些企业搞得不错，但就是缺乏总结，不能从自在到自为。不总结经验，就是没能把付出的劳动换回应有的报酬。首钢二炼钢从实战中发现问题，提出课题，一抓到底。钢包的包龄为什么低，同一厂家订的货；同样的材质，为什么包龄不如人家？于是提出了渣系问题的研究。迁钢发生几件事：钢包落不了座、混铁炉落不了座，行车钩接不上，固然有设计问题，但是经过二炼钢审图，为什么审不出来？于是考机械制图。从一些事故的发生，剖析问题的所在。宝钢股份炼铁厂构建知识传承机制。要求技术人员每人每季度写一篇案例，一年就是4篇，160多名技术人员一年就是640多篇，坚持数年，就是一笔无法估量的财富。三是外出培训。领导带头，形成氛围，“没有时间应酬”。学习效果明显，思想易于统一。首钢提出“大提素”。要改变“星期七”的内涵等。

当然，我们也要善于利用外力，借用外智。和院校合作，请厂内外退休老专家。在座谈中，听说这些你们也都在做着。新疆特变电工引进独联体专家，水钢一度4个主体厂3个请外面来当厂长。

总之，在人才问题上，我们要多渠道并进：挖力、提力、借力。

四、加强企业文化建设，塑造企业之魂

一个企业要发展，必须要有能够为广大员工所认同，并且从上到下能自觉实践、履行的企业价值观、企业精神和企业理念。近几年，有两家国外钢铁公司给我印象最深。纽柯公司的：“我们的成功20%来自新技术，80%来自我们公司的企业文化。”巴登公司的“企业的成功80%取决于人，20%取决于设备”。两个80%：20%，值得我们深思。

你们两厂在物质条件较差的情况下，能够站住了脚跟，一步一步向前迈进，同你们两厂领导重视企业文化建设分不开的。胜利厂大厅上的“精气神”就是很好的反映。

你们两厂分别提出了“创新、奉行、自强、振兴”的胜利精神和“创新发展、团队形象、诚信为本、人才唯尊、打造精品、顾客满意”的胜利理念；以及前进厂“敬业奉献、诚信务实、自强开放、创新发展”的企业精神和“一切靠自己创、只有发展才有出路”的理念都很振奋人心。

但企业文化建设不能仅仅停留于提出价值观和理念，更不能满足于提出几条新颖的口号，或起草一份热情洋溢的使命声明，或由企业主要领导发表一次慷慨激昂的演说。企业文化建设说到底是塑造一家企业的集体作风和性格，决非一两次报告、一两条标语或一两

篇文章所能完成。关键在于实践这些理念。这要处理好6个结合。一是领导和群众的结合；二是企业文化与企业发展战略相结合；三是文化理念与建立机制、制定规章制度相结合；四是企业文化的内容与形式相结合；五是形象教育与理念灌输相结合；六是精神层面和物质层面的文化建设相结合。

在岷山和中层干部讲话时，我根据我对岷山厂的认识，提出了四种精神。现在也转送给你们作参考。

一是艰苦奋斗的创业精神。越是处在后进地位的企业，越是困难的企业，越是要发扬艰苦奋斗的精神。人一之，我十之。例如：韩国54小时工作制；江苏永联两班倒。

说艰苦，不只是指体力上的、生活上的。首钢“苦干三年，打好四个基础”，不是“苦”在体力和精力上，而是“苦”在要革除我们原来习以为常的观念、做法上，“苦”在要打破束缚我们自身的思想枷锁上，“苦”在要谋划发展思路、推进发展战略、落实发展措施上。如果我们用落后的思维，解决落后状态下重复出现的问题，将永远在落后的状态下不能自拔。

二是眼睛向内的自强精神。这在第一个问题中已经讲了就不再讲了。

三是团结协作的全局精神。在激烈的市场竞争中，像我们这样的企业，在装备上没有优势，在技术上没有优势，在资金上没有优势。那么，靠什么？靠我们这支队伍，靠这支队伍的团队精神。

宝钢为什么发展快？很重要的一条是重视发挥团队作用。横向、纵向，讲协作，讲无界面管理。例如巴登公司的团队精神。每个人不仅能自觉地做好本职工作，而且积极地为别人工作创造好条件。巴登公司的5位专家第一次到南钢高线厂来调查咨询时，所问的第一个问题几乎都是“你同其他专业（工序、班组）有无矛盾，怎样解决”，可见对相互协作关系的重视。

我们要摒弃中国传统中落后的一面，发扬优秀的一面。不做“三个和尚没水喝”，而是“三个臭皮匠，胜过一个诸葛亮”。不做中国象棋里的蹩腿马，要 $1+1>2$；而不是由于内耗，$1+1<2$。调查发现，好的企业用于处理内耗的领导精力很少，而差的企业要占到60%。提倡换位思考，越位思考。

如果这一点做不到，那我们还凭什么去和人家争市场？实现赶超？

四是开拓前进的创新精神。不要把创新神秘化，不是聪明人才能创新，而是创新的实践使人更聪明。创新从不自满开始，从否定自我开始。如果认为过去的什么都没有问题，那还要什么改进、什么改革、什么创新？不能否定自己，就不能超越自己。创新不是凭拍脑袋，要学习。首钢创建学习型企业，提高队伍素质，最终还要落到创新上。

五、谈谈创建学习型企业的问题

首钢今年提出要创建学习型企业，首钢总公司党委还专门发出了创建学习型企业的指导意见。广平厂长要我就此问题谈些看法。

创建学习型组织，这是社会发展提出的必然要求，也是企业生存发展的必然要求。企业要发展，必须在激烈的市场竞争中胜出。而企业的竞争归根结底是人才的竞争。但人才竞争不是静态的，不是单纯地以有多少什么学历的员工为标准的；而是一种动态的竞争，是具有学习力的人才的竞争。曾被彼得斯在《追求卓越》一书中选为“经营最佳”的43

家美国公司，在该书出版2年后，已有14家因“经营不善”而面临严重的财务问题。因此，要保持企业持久的成长性，就是要比你的竞争对手学习得更快。彼得·圣吉在《第五项修炼》中说过一句名言：“企业唯一持久的竞争优势在于比自己的对手学得更快更好。”韦尔奇也说过：“缺乏学习能力，对个人是悲惨的，对组织是致命的。”哈佛商学院的戴维斯教授说：现在的年轻人，更重要的是你是否具有学习的本领。由此可见，提高员工的学习能力对企业发展的极端重要性。

首钢的朱总也说过：创建学习型企业是一场管理革命。传统的管理方式是讲人财物的要素管理；而真正的科学管理是把人力资源真正当成最重要的第一资源来对待；不通过创建学习型企业是无法把人力资源当作第一资源来进行管理和挖掘的。

对我来说，在这方面第一次给我以很大震撼的是莱钢炼钢厂。以后看到宝钢、武钢、马钢、济钢、韶钢等一些事例，更坚定了我的信念——企业必须走学习型组织这条路子。

这就是我体会学习型企业具有的“五个性”。

一是目标性。要建立愿景。就是要有愿景目标。有了愿景，再要有具体的战略措施，努力加以实现。各个单位都要围绕总的大愿景，建立自己的愿景，层层分解。学习就要紧紧围绕这一愿景来进行。目标明确，学习才能更快见效。

愿景可以是比较宏观的，像首秦提出的：“南有宝钢，北有首秦”。围绕这一目标，找出自己的不足，明确学习的任务，改进的方向。也可以是比较具体的，比如，首钢矿业公司运输部确立愿景目标的做法是：先在管理层和职工中围绕两个目标进行讨论：一是职工收入敢不敢提比上年增长15%，一个目标是吃不吃工作餐。前一条要增加800万元的支出，后一条要350万元。这就要使今年的效益至少比上年增长1200万元。围绕这一目标，提建议，形成课题，落实任务。

要把创建学习型企业与提高核心竞争力的各项工作结合起来，要不断实现自我超越，不断提出新目标。

二是全员性。不只是对少数人的培训，而是一种全员性的教育，一种终身教育。

全员学习，一个都不能少。哪个层次的员工都要学习。人才的竞争不仅是拔尖人才的竞争，包括操作层都不可缺的。同样条件下，中、俄、美三国的工人装配飞机的使用寿命就不一样，就很能说明问题。但不同层次的学习内容和要求不一样。

“全员性”中还应突出领导的作用。创建学习型企业也是一把手工程，各级领导班子首先要成为学习型的领导班子。领导班子自身的认识要高，不仅要提出本单位成为学习型组织的计划和目标，还要带头学习好。营造学习氛围。

三是创新性。学习型组织学习的核心是创造，绝不仅仅是知识的灌输和应用，更重在创新，是要培养一种创新式的思维。就本质而言，学习的真正目的是拓展创造力，而学习型组织就是一个具有持续创新能力、能不断创造未来的组织。

还要善于从自己和别人的不足和失败处学习，找到创新的思路。水钢二轧厂的“干部离线检验法”、“见习厂长制”；福田潍坊农业装备公司，杀进虎狼成群的重围中，一年就脱颖而出，就是走的这条路。他们研究分析了“虎”、“狼”的弱点，反其道而行之，一举成功。宝钢设备部的“找差文化”，水钢一轧厂的“变看得惯为看不惯”等。总之，“保鲜”才能“保先”。

创新要强调把改善思维模式作为突破口，不断解放思想，转变观念，打破陈旧的思维模式和心理智障，激发全体职工的智慧和创造力，冲破植物设限，实现自我超越。

四是团队性。不只是个人的学习，而是在一个共同愿景指引下的、为了实现共同的价值、完成共同的使命而进行的学习。因此，必然要强调信息的共享，进行互动式学习。

学习型组织的最大效能就是发挥集体的智慧，要实现知识共享。莱钢炼钢厂2号转炉创造37212炉炉龄世界纪录，他们从2000年起就引入学习型组织理论，每周三上午准时团队学习，每个人都把自己肚子里的宝贝“吐”出来，一人贡献一条经验，团队就得到10条经验，使溅渣护炉工艺整体水平迈上一个大台阶。

五是实践性。把工作和学习紧密结合。提倡学习工作化，工作学习化。有意识地把工作中的问题通过学习来解决，把学习的体会运用到工作中去。有的企业要求管理层，不仅要述职，还要述学。

这次，在兰州两厂先后待了一周时间，不算太短。但是对了解这样两个老厂的情况来说，在这个短时间内还是很难把情况摸透，再加上我本人水平的局限，因此今天所讲的不一定适合你们的情况，甚至还可能有错误。希望各位“择其善者而从之，不善者则弃之”。在我今天的讲话中，我还介绍了一些兄弟企业的情况，不是要你们套用，而是希望起到激发你们思路的作用。只要大家改善了思维模式，进一步解放思想，把自己的思维活跃起来，你们同样会创造更多的新经验。我衷心地希望，两厂广大干部和员工，在上级领导部门支持下，在厂党委和行政领导下，面对新的挑战，一定能够团结战斗，克服困难，为两厂的振兴和发展作出更大的贡献！我预祝并坚信两厂一定能够乘风破浪，胜利前进！

谢谢大家！

关于提高企业软实力的几个问题

——在三钢中层干部会议上的讲话

2006 年 11 月 17 日

这是我第四次来三明了。第一次是 1995 年的 9 月，而最近的一次也有 5 年了。欧阳老总约我多次了，今年我想无论如何得来一次。为什么？今年是欧阳来三钢的 10 周年，十年磨一剑，我要再次来领略这把神来之剑的风采，来向三钢的同志们学习。前天在现场参观时，有人说我对三钢怀有深厚的感情。的确，在钢铁企业里，有几家我是有一些特殊情感的，三钢是其中之一。为什么？因为我亲眼看到三钢近 10 年来在以欧阳为首的公司领导班子的领导下，如何快速走出困境，接连创出奇迹，赢得业内外的尊敬的。

应该说，这种感情，首先是来自你们三钢人以自己的精神风貌、以自己创造的业绩，深深打动了我，教育了我。对这样的领导，对这样的企业，我作为在冶金战线奋斗了半个多世纪的老同志来说，有义务、有责任尽我一点绵薄之力来关心、来帮助。尽管我已经很长时间不在位了，但由于这些年来，很多企业同志对我的信任，经常邀请我去企业看看，而且由于不在位，没有行政事务的影响，也没有太多时间上的限制，使得我有更多的时间同企业各级领导和基层同志进行交谈，接触更多的企业实际。因此，也有可能为企业提供较多真实的信息和我个人的观感。有的企业同志说我写的文章比较实在，谈的都是企业关心的事。我说，如果我的文章能对企业有所帮助的话，这首先是感谢企业的同志们，我常说我只不过是一个二传手，只是把我到企业里所感受深刻的一些事情写了出来，作为我向企业同志们学习的汇报罢了。没有你们不断创造的新的业绩，我也不会有这么大的精神到处去走，因为毕竟我已是 75 岁的高龄了。有人劝我，你何必活得这样累。但我却觉得这些年，我过得比在位时更充实。因为是你们鼓舞了我。

这次我是周二下午到三明的。当天，同两位老总都见了面，同欧阳作了交谈。因为欧阳下星期一要去省里参加党代会，因此安排我今天同大家讲一讲。一般情况下，我都是在调查结束时再同大家见面讲话，但这次情况特殊，我没有多少时间同大家深谈。星期三上午，到现场参观，只是边看边同各位厂领导交谈，当天下午又同军伟总经理谈了近 2 个小时。昨天，上午同冠群副总和炼钢厂赖厂长谈，今天上午又同潘儒乾交谈，本想再找一些同志谈谈，但为了准备今天讲话，还有一些材料要看，因此就在招待所看材料，翻阅了今年以来的《三钢报》。所以，这次了解情况不深，讲话不一定切合三钢的实际，只是把这几年我在企业调查中感受较深的几个问题，连同兄弟企业的一些情况同大家沟通信息，供大家参考而已。

古话说：士别三日，当刮目相看。这次 5 年不见，当然又是一个巨变。上次来，钢产量还只有 100 万吨多一点，现在已经突破 300 万吨。更重要的是，产品结构有了明显的调整，长材从建筑钢材向机械加工材转移，板材很快就要投产；主体装备基本上实现了大型化；在很多企业装备条件都有很大改善的情况下，一批主要技术经济指标不仅纵向比有明显的进步，而且在行业里也处于前列；在向循环经济型企业迈进的同时，节能节水又取得长足进步，环保情况也有明显好转。这些情况你们比我更清楚，我就不展开说了。特别是在同各位交谈以及现场参观时，看得出三钢的干部队伍又在不断成长，发展的思路更加成熟，管理的理念更加清晰，各项工作更加扎实，员工的积极性正在得到进一步的发挥。

今天讲话的题目是临时确定的。为什么讲软实力？因为随着这几年钢铁工业的大发展，过去的所谓重点企业和地方骨干企业的技术装备可以说都有了脱胎换骨的变化，以致国外舆论认为，要看钢铁工业的先进装备就要到中国去。现在一些企业装备不仅是世界一流，甚至可以说是世界顶级。但为什么一流装备拿不出一流产品，取得一流效益。关键在于我们的软实力还不如人家。所谓“软实力”，也没有一个公认的确切定义，我是把除了技术装备以外的人才、管理制度、企业文化等都算在这一范畴。不一定确切，大家领会这个意思就行了。

在进入主题前，我想简单地说一下我对当前钢铁工业面临形势的认识。实际上，这个问题也同我要讲的主题有关。

众所周知，今年我国的钢产量可能超过4.1亿吨，相当于世界钢产量第二、第三、第四、第五、第六各国的总和。这是世界钢铁史上前所未有的情况，几年前是谁都不敢想象的。这说明了我国经济实力的增强，更说明了我国钢铁行业实力的增强。在这种情况下，我国钢铁工业在数量上还有多大发展的空间，确实需要谨慎对待。应该说，我国的钢铁工业还会在一个时期内仍处于高位运行，但无论从市场实际需求来说，还是各种支撑条件的制约来说，都不可能继续以这几年的幅度增长。

当然，也有一种观点，认为我国钢铁工业在数量上还远远没有到拐点。理由是：按人均钢产量、按钢的积蓄量，都还远远赶不上发达国家。

其实，这些指标，不能作为发展的依据。如果各行各业都要按此计算，中国会变成什么样？以汽车为例：油的供应、道路的扩展都成问题。

还有人说，我国现在还有大量落后设备要淘汰。包括1亿吨炼铁设备、5500万吨炼钢设备、8000万吨轧钢设备，这些设备要用先进设备来顶替。因此，钢铁工业还大有发展余地。落后的标准就是300立方米以下高炉，20吨以下转炉等，而且期限定在2007年前。对这种做法，今年年初，我就写文章指出，这仅仅是某些人的良好的主观愿望，说得难听些，是自欺欺人。靠行政命令绝对是行不通的。限产有教训，比如：叠轧薄板越淘汰越多。

但是，这几年确实出现了一种值得注意的情况：一方面中央一再把钢铁工业列入宏观调控的范畴，就在今年的“两会”期间，温家宝总理又再一次强调：“解决产能过剩问题，要把钢铁行业放在重要位置”。但是，为什么钢产量又以超乎人们意料的增幅增长呢？是不是中央的估计出了差错？我认为不是，而是现在中央的政令不能畅通，地方诸侯出于地方利益的驱动，出于自身政绩的考虑，形成的暂时的假象。比如，空房率到底多少？就是一个谜。当然，对钢铁企业来说，只要市场有需求，我们还是要抓住时机，多增产市场需要的钢材。但是，在规模扩张上，需要更好地审时度势。这还涉及到如何看待企业的做大、做强的问题。

在一定阶段，这两者不矛盾。没有一定的规模，谈不上强。“大”在一定意义上代表实力。中国钢铁业在世界上的地位确实是今非昔比，就是因为“大”，谁也不敢小看。米塔尔敢于提出兼并阿塞洛，也是因为大。但也要防止走向另一面。现在，200 万吨的奔 500 万吨，500 万吨奔 800 万吨，800 万吨奔 1000 万吨。“规模不能刹车”。

为什么出现这种现象？一是有一种“大企业迷信症”。“500 万吨难以生存”。我们要有若干几千万吨甚至更大的企业集团，提高我国钢铁行业的集中度，在国际上一争雌雄。但在国际上，也并不是只有大厂，才能生存。巴登公司就是一个典型。而且，家家都想通过做大规模成为“集中”的主导者，人人追求大，集中度反而降低。

其实，“大”不等于“强”。世界 500 强（实际上是 500 大）的更替。“与其进入 500 强，不如长寿 100 年”。长寿，靠强不靠大。大而不强，不是壮实，而是虚胖。很容易被人打倒。

小的未必站不住。石钢的“鱼虾理论”说的就是这个道理，定位要准确。小的当然可以发展，强了，更有利于做大。

做大容易做强难。做大，有钱就行，很快能见成效，200 万吨规模 2 年可以建成。民营企业上得更快，例如永联钢的例子。做强，就要在品种质量、节能降耗和环境治理上下大工夫。光靠钱不行。习惯于粗放经营的思维模式、工作方法，很难适应。特别是在市场需求旺盛时，到处春光明媚，只要有产品就能挣大钱，“数钱数得手抽筋”，何必自寻烦恼。但一旦寒冬降临，大就不敌强。

目前“看先进设备到中国去”，一流的装备要拿出一流的产品、一流的管理、一流的人才、一流的效益。所以浦项公司敢说，它的产品 1/3 中国生产不了。我们有了做强的条件，关键在于要有做强的意识，做强的决心。我来的第一天，欧阳老总同我说了两个物理学上的公式，一个是动能的公式：$1/2mv^2$；一个是位能的公式：mgh。m 在这里代表规模，h 代表产品档次的高度，v 代表发展的速度。要使企业健康发展，就要正确处理好这几个关系，光讲规模，没有产品档次的高度，也是不行的。而当前我们的薄弱环节恰恰就在这里。因此，今后必须要把发展的重点按照科学发展观的要求，走新型工业化的道路，不能再是一味追求数量的扩张。而这更需要高度重视软实力的提升。

还要提醒注意的是，当前钢铁工业的问题并不是只要扩大规模就能解决的。如果一旦市场出现过剩，规模再大也不一定能够挽救局势。韦尔奇的“三驾老战车”的观点，值得重视。这还是个软实力的问题。

下面我想围绕软实力的问题，讲几点意见。

一、关于转变观念的问题

这些年我每年有五六个月在企业调研。看到企业的变化，个人体会最深的是观念决定一切。有什么样的观念就有什么样的行动。无论是企业的发展战略的制定，还是日常生产经营活动，“千条万条，转变观念第一条”。

最早给我教育的是水钢，接着就是萍钢，以后就是三明。为什么欧阳来了后，变化这样大、这样快，就是观念的转变。

在发展上，这种例子也很多。石钢的“边缘战略”，邢台的敢于放弃，把已经批准的棒材方案丢弃了，建成全线材的企业；2672 的铸管成为世界第一。

近期的例子。首钢又是一种类型。从千万吨级大厂的大发展——全面紧缩，维持简单再生产——以高新技术为主，10 条芯片生产线——以高新技术改造钢铁主业。耽误了好多年。

方向明确了，又遇到新问题。首都的环境治理，特别是申奥成功，要求首钢限产，甚至搬迁。“要首都还是要首钢”？问题尖锐。而钢铁产品的市场竞争愈益激烈，各大钢铁公司都在掀起新一轮改造的热潮，首钢怎么办？（首钢领导的决策，一面是转变观念，八破八立；一面是调整战略布局，实施“一业三地”。）

现在，三钢下一步的发展中，也遇到新的问题。比如说，场地的局限。当然，一方面可以力争当地政府的支持，取得周边土地的使用权。但另一方面，就是要自我加压，在做精做强上做作文章。你们发扬了“平原好木匠”的精神，提出了要把“有限的资源创造最大的效益”的理念。我相信，三钢一定会在这一理念的推动下，走出一条符合科学发展观的新路子来。日本的发展也许可以给我们提供启示。日本土地少，地价高昂，刺激日本企业创新发展省时省地的即时线上生产（just-in-time）系统。日本家庭空间的极端窄小，日本家电厂自然就会往小型、可携带的电视、音响、录音机去发展，也自然发展出全球最精致、最高价值的家电产业。日本就是趁能源危机、能源成本高涨时，从电机转到电子，因而占了新生产技术的先机。日本钢铁业用油的锐减，主要是利用两次石油危机，化危为机促成的。三钢考虑充分利用余热，发展循环经济，争取今后 40% 的用电量由利用余热的发电机组来供应。这就是一笔很大的财富。

当然，转变观念不仅在于破除外因论，还有自满论。特别是有成就的企业，从优秀到卓越。优秀是卓越的大敌。防止骄傲自满。“胜者，不在胜人而在胜己。”“我们遇到敌人了，敌人就是我们自己。”

我觉得，各个单位也可以参照首钢“八破八立”的做法，找出当前影响自己前进的旧的思想观念，树立能够推动我们大步前进的新思想、新观念。

二、关于人力资源开发问题

目前，我国一批钢铁工业的主力军都在经历历史性的转变：

（1）企业规模都是成几倍的扩张，装备也普遍实现了大型化。这就在技术上和管理上都提出了新的要求；

（2）主体设备基本上都是国内一流、甚至是世界一流，世界领先。同 10 年前“装备陈旧、工艺落后”的状况不可同日而语；

（3）产品结构从长材为主转变为以板材为主。这是过去我们不熟悉的，而且从技术上来讲要求更高。

这种情况，在钢铁行业里可以说是一个比较普遍的现象。都认识到，一流的装备能否拿出一流的产品，实现一流的效益，关键在于有无一流的人才。因此都在人才上下工夫。无非是自己培养和必要的引进。

一些企业的做法，使我有几点较深的感受。

（1）要“树立人人可以成才”的观念，充分挖掘现有人才的潜能。由于历史原因，我国不少钢铁企业地处偏远，这在当前对吸引人才很不利。三钢这几年就没有进来几个名牌大学的毕业生。这固然是个劣势，但也不要太迷信名牌大学。宝钢的徐乐江就是江西冶金学院毕业的，谢企华虽然是清华大学毕业的，但却是学的土建。我们不能吸引高端人才落地生根，但至少也可以请进来合作。我在炼钢厂就看见东北大学的博士生，他们对三钢的合作很满意。

而且更要看到，即使是在我们内部，也不是缺乏人才，很多情况下是缺乏发现。

作为单位的领导，要正确处理“人”和“物”的关系。不要埋怨属下素质低，而是要反思自己在提高队伍素质上下的工夫有多大？有两种厂长，其中一种是谈起技术、装备，头头是道，这当然很不错，但涉及人的问题，却有些茫然。人力资源是第一资源，我们要重视物质资源，但更要重视人力资源。韦尔奇50%的精力用在人上。一个好的领导必须牢记：他的职责是帮助员工。要用他的权力、他的专长、他的影响力来帮助员工成功。一个优秀教师的做法是举左手和举右手。这是南钢高线厂去巴登学习后的体会。

（2）要明确培养什么样的人才。除了业务上的提高外，还有共性的问题就是有提高员工的学习力、执行力和创新力。

执行力固然重要，但如果没有学习力作为支撑，执行力就可能停留在简单的、机械的操作上；如果没有创新力作为目标，执行力也不可能得到提升，保证企业的持续发展。首钢炼铁厂党委大力实施打造“四个力”工程，即：以创建学习型企业为目标，培育学习力，把炼铁厂建设成学校式培养人才的企业；以思想创新为先导，打造文化力，把炼铁厂建设成团队式思想文化素质先进的企业；以技术创新为着力点，提高创新力，把炼铁厂建设成研发式科技含量高的企业；以管理创新为抓手，增强执行力，把炼铁厂建设成军队式纪律严明的企业。“四个力”项项着力在提升企业向心力、竞争力上，成为炼铁厂创新发展的强力支撑。

其实三钢也有很好的事例。昨天同赖兆弈谈话时，他说到100吨转炉投产第一炉就连拉7炉；还有30吨小转炉改成顶底复吹后，到目前炉龄已有8000炉，还没有补炉。他认为主要是事前对各方面的细节考虑周到，有关人员协作好。我觉得可能还有一些更深层次的因素，需要我们认真总结。这是三钢的宝贵财富。像这种例子，我相信在三钢其他单位也会有的，只是我还来不及同各位请教。我想应该很好地总结这些先进事例，提炼其精神实质，进行推广，用到新品开发、节能降耗、降低成本、环境治理上，使我们的队伍素质得到进一步的提升，三钢的品牌进一步打响，企业的效益进一步提高。

（3）怎样促使人才加快成长？

1）要形成一种有利于人才成长的机制和氛围。

2）培训上要有新突破。这几年三钢在这方面做了大量工作，比如：和大学合作办班；选派人员外出进修，自己内部培训，都取得了很好的成效。兄弟企业的成功例子很多。

3）要重视发挥团队作用，实现知识共享。现代化的大生产，竞争力必然体现在发挥团队作用，就是要对人力资源实施优化组合。最佳团队不一定是最优秀人员的组合。但如果一个团队成员能够相互沟通，相互配合，优势互补，发挥团队的合力，就能取得意想不到的成绩。这也是一种竞争力。凌钢曾总结过“中宽带现象”。凌钢中宽带厂有580多名职工，他们并非个个都出类拔萃；在大型比武和竞赛活动中，“中宽带”的职工并非人人都能夺冠，但一旦“中宽带”以团队出现，金牌一定会拿到。关键就在于“中宽带人”的群体合力和群体互补，能很好地发挥团队作用。

发挥团队作用，就要做到知识共享，就是要使个体知识团体化，隐性知识显性化。这就自然会加速人才的成长。莱钢炼钢厂2号转炉例。宝钢的几家轧材厂针对一些生产、技术上的重点、难题，普遍成立了一批不同程度的跨部门、跨区域、跨专业的虚拟团队，相互取长补短，拓宽了解决问题的视角。厚板厂在设备维护领域组建了自动化、传动、液压、喷印机等四大专业的虚拟团队，“战”时，团队成员迅速集结，针对设备故障展开讨论，积极寻求解决办法，及时总结经验。平时，大家定期针对案例或专业选题，开展技术交流，并请外部专家授课。像自动化专业一般是单兵作战，通过团队交流，一些以前认识不到的细节问题都得以化解。2002 年初，宝钢股份成立了一个跨行政区域、跨部门的设备系统创新团队。宝钢股份副总经理赵周礼任团长。分布在各厂、区域设备系统的 87 个专业的 39 位专家、专业带头人，组成包括机械、电气（器）、土炉和计算机、仪表、通信 4 个专业组的创新团队，承担宝钢股份设备系统技术进步的组织、管理、协调和现场设备通用技术、过程控制技术以及先进技术的支撑后援部门的重任。为使创新团队发挥更大的作用，设备部还定期邀请专家们参加行政例会，参与项目的前期工作，并组织座谈交流，让专家们更多地掌握公司和各部门设备动态信息，并创造相互学习和交流的机会。

还要充分利用信息化建设的成果，通过企业自身的局域网，拓展有关知识和实践经验总结传播的广度，并不断开掘其深度；还要学会运用人类知识的科学结晶——互联网，按照不同层次的需求，组织好信息的转载，形成世界范围内的知识共享。在这方面，三钢也做了大量工作。但相形之下，比起一些兄弟企业步伐要慢了些。宝钢分公司还于今年 10 月份建立了首席专家博客网，有 96 位首席师和 14 位技能专家集体亮相，一起推出了自己的个人博客。这一交流沟通平台，最大限度地实现知识共享、经验的传承和技术的交流。现在，员工可以在这个博客网上找到与本专业、本工种相关的内容，还可以与宝钢在这一领域的权威专家进行互动交流。所有首席师和技能专家还在博客网上公开了电话、电子邮箱等联系方式，随时解答员工的问题。

三、关于创新问题

企业要在日益加速变化的竞争环境中生存发展，必须要走创新之路；要把创新作为推动企业发展的主旋律。

现在钢铁企业基本上处于同构化、装备水平也基本接近。要想在诸多企业中脱颖而出，关键在于创新，在于能否持续创新。因此，要在全公司范围内高举创新的旗帜，大力倡导创新精神，建立有利于创新的激励机制，营造有利于创新的氛围。

都认为创新重要，但创新也存在不少障碍。首先就要转变、克服、肃清种种影响创新的思想观念和精神状态，作为各级领导，要破除浮躁的心态，急功近利的精神状态，以及短期行为的思想。一些企业的领导在日子好过时，想不到创新。日子难过时，则顾不得创新，结果大好时机就在蹉跎岁月中流逝；有的企业领导只求当前自己的业绩，没有一个远景的追求，自然就不会在意创新；有的对创新抱有不切实际的想法，只许成功，不准失败。而创新既意味着可攀越新高峰，也意味着承担一定的风险，承受一定的压力。因此，“鼓励创新，宽容失败；鼓励思考，宽容失言；鼓励实践，宽容失误”，就成为推动创新的题中应有之义。要重赏创新成功的人，但是不能惩罚创新不成功的人，要罚的是那些不思创新的人。因此，创新首先要在思想上有个突破，否定昨日之自我，超越自我。思想上不跳出旧框框，行动上就不可能迈出新步伐。

作为员工，要破除对创新的神秘感，没有创新意识，何来创新实践。世界上的创新大体可以分为两类，一类是“无中生有”，这种创新，往往具有重大意义，但毕竟是少数；另一类也是世界上绝大多数的创造发明，则是“有中生有”，“有中生新”、“有中更好”，是对原有事物进行变革、改造，综合提升，要素重新组合。因此，我们要破除自卑心态，不要认为创新是专家的事，是聪明人的事。国外有句话：“专家——25 平方英尺”，意思是在你所在的近 3 平方米的岗位上，你就是专家。至于人们的智商，既有先天因素，也有后天的培养和锤炼，不是聪明人才能创新；而是创新的实践使人更聪明。日本企业有一句名言，“小改小革的积累是创一流的前提”。首钢矿业的“十小促十变”就是其中国化的演绎。

建立有利于创新的机制也很重要。

一是激励机制。现在有的单位，一方面在鼓励创新，但其评价系统和考核体系却是在鼓励走老路。比如，一些企业新品开发之所以成效不显，一个重要原因就是在考核系数上重产品数量，老产品的增产毕竟轻车熟路。因此，即使也下达了新品开发的指标，但在利益驱动下，一些基层单位宁可舍新品来保产量。这样做，尽管近期可能有所得益，但这往往会牺牲企业的中长期利益。因此，要围绕创新所要实现的战略目标，审核修订现有的评价和考核体系，以免出现南辕北辙的现象。还要重赏创新成功的人，但是不能罚创新不成功的人，要罚的是那些不思创新的人。像以创新闻名世界的美国 3M 公司为了激励科研人员热衷创新，消除创新失败带来的负面影响，不仅经常给大家鼓气，讲明失败是通向成功的必由之路，保证不追究创新失败的事和人，甚至设立“创新失败奖”，对失败了的人也给予适当的鼓励奖；有的企业则设立“优秀尝试基金”。当一名或几名员工全力以赴努力做一个项目，但出于某种原因没有做成，给以优秀尝试奖，让他们继续努力。当然，对有创新成果的员工，还要重视知识产权的保护。

二是要建立起一种有利于创新的组织机制。在一般情况下，首先是要在现有组织结构内强化其创新功能，并根据具体情况，进行适当的调整，使各种创新活动基本上能在现有的组织内有效地开展起来。特别是要充分运用现有组织，配置好各种资源，以有利于创新的开展。另一种情况是，在保持现有组织的同时，按照创新内容的不同要求，打破部门、单位和专业界限，建立相应的虚拟组织，完成这一任务后，虚拟组织自行解散。当现有的组织机构很不适应企业的发展时，需要对现有的组织进行彻底的改造，也就是说，要进行组织结构自身的创新，像现在一些企业正在进行的流程改造。张瑞敏就说过：对国内来说，创新第一位是组织结构的创新。如果你的组织结构束缚了企业中最活跃的因素——人。那么，其他一切创新都谈不上。

宝钢有的单位成立孔利民式科技创新小组，使用“发明创新协会”的经验。这些组织形式，好就好在把个人的创新力组织起来，使之起到 1 +1 >2 的作用，可以通过相互间的交流沟通，实现思想火花的碰撞，形成更大的火星；固然，创新必须要发挥每个人的创造性思维劳动，这是创新活动的基础；但创新也离不开集体成员间思想火花的碰撞，这会有利于创意的不断完善。被誉为 20 世纪创新的思想家之一、为创立量子力学作出重大贡献、并获得诺贝尔奖金的德国物理学家海森堡就说过：“科学根源于交谈。在不同的人的合作下，可能孕育出极为重要的科学成果”。只有这样，才能使创新活动不断向深度和广度拓展，从一次性创新向持续创新转变，从单项创新向系列创新转变，从个别创新向群体创新转变。第二，可以成为一种核心力量，更好地吸引周围员工，起到一个很好的示范作用，有利于扩大创新队伍；第三，有利于整体创新力的提高，对一些重大创新课题，可以发挥协会的组织协调作用，发挥群体优势，进行攻关活动。

三是要建立团队合作的机制。对企业来说，重大的创新往往不是一个部门所能完成的，需要形成一条链，发挥这一链条中各个环节的作用。联想研究院院长贺志强一直强调研究开发只是技术和产品成功的一个环节，一个创新的技术要真正获得市场意义的成功和用户的认可，研发只占到了30%以下，而生产、市场、销售、质控和服务这些环节通过管理形成一个成功的链接关系才能保证其真正的成功。在冶金系统，宝钢就较好地形成了两条这样的链条。一条是“产销研一体化”，围绕企业急需解决的重大技术问题，深入开展多种形式的产销研合作，及时有效地协调解决市场营销部门和研发部门之间的矛盾。另一条是“研究、设计、工程、产业化”。通过加强宝钢研究院、宝钢工程技术公司、宝信软件公司之间的横向合作，以市场实现程度作为创新成功与否的最终标准。

创新的动力是什么？一个是外部的压力，一个是自身的需求。实际上，很多创新都是逼出来的。问题在于你对外部压力的态度，刚才讲的日本的例子，现在三钢也碰到这种情况。如何变压力为动力。外部压力，主要有两方面，第一，市场压力。在市场经济条件下，企业的产品和服务都要获取市场的认同和青睐才能为企业带来经济效益。因此，创新必须面对市场，从市场对现有产品和服务的不满意处找创新的课题，从潜在客户的需求上找创新的课题，甚至还可从客户对兄弟企业的评价中找创新的课题。有家特钢企业，它生产的某些品种，在质量上位居行业前列，但交货期长；另一家企业，就是抓住对手的这一弱点，在缩短交货期、提高合同履约率上下工夫，扩大了这些产品的市场占有率。舞钢开发新品种，把市场压力转化为开发品种的动力。第二，来自上级领导的压力。其实也是从市场压力转换而来的。首钢矿业公司撤销皮带看管工的事例，就是逼出了一条新路子。

自身的需求怎么来？我在同赖兆弈讨论时，我强调要从发现问题开始。如果你成天感到太平无事，就不会有改革创新的要求，发现问题就是解决问题的一半。因此，要培养员工结合自己的岗位实践发现问题，解决问题。对问题的敏感性也是创新的前提条件之一。宝钢设备部提出“找差文化”，从兄弟单位的对比中，与竞争者的对比中，确定自己的创新重点。还要重视基础数据的积累和分析，从中找出真正的问题症结所在。比如，南（京）钢高线厂有两种比较频繁的故障，但每次处理时间都不长，因此一直没有受到应有的重视。通过建立故障延误体系，对故障延误时间进行排位后，发现这两者月故障时间都位列第一、第二。这就引起了高度重视，把这两个问题列为改造、创新的重点，结果花钱不多，解决了问题，加快了生产节奏，使机时产量有了明显的提高。在同赖兆弈交谈时，他说他习惯于从联想中求创意，这也不错，但联想也是从不满于现实开始的，如果感到现存的一切都好，不用去改革，那联想也起不到作用。当然，这些都可以进一步讨论。

还要善于从外部吸取创意。创新需要开放的心态。从外部吸取创意，一是直接吸取其他单位的好思路，像百事公司靠外来的好点子带来了20亿~30亿美元的创新成果。当然，这要注意避免侵犯他人的知识产权。比如，你们这次大张旗鼓地学萍钢，从萍钢的启示，结合自己的实际，各单位都进行了一些创造性的工作，取得了降本增效的好成绩，也是一个很好的例子。二是可以通过产学研或企业与企业之间的合作方式，使有关各方得以主动地分享创意、技术和其他能力，加快一些重大创新成果的实现。三是实施创新市场化策略。现在国外有些跨国公司，发现最好的点子并不总是出自自己公司的研发实验室。于是他们改变创新策略，将创新市场化看成是一种获得竞争优势的新的重要源泉，利用市场的力量，搞好创新的资源配置。也就是善于利用他人的力量，把力量集中用于自己的优势项目上，实现“双赢”。当然，实施这一策略，同市场的发育程度有关，同市场的诚信程度有关，还同不同行业有关。有条件的企业可以一试。

四、关于企业文化建设问题

企业文化建设，这既是企业管理的范畴，也是精神文明建设的范畴。这是企业发展到一定阶段的必然要求。“三类企业讲生产，二类企业讲销售，一类企业讲文化。”三明这几年在推进精神文明建设上做了大量工作，取得了很好的成效，荣获全国文明单位的荣誉称号。在企业文化上，你们有很丰富的精神财富，这也是三钢所以能快速发展的强大动力之一。但比较不足的是，一些理念提炼升华不够，这也在一点程度上会影响到全公司自觉地按照统一的核心价值观来办事。今后，企业要加快发展，更需要发挥企业文化的作用。

企业文化建设最重要的是精神层面上的建设，也就是企业的价值观、理念和企业精神。价值观不一致，理念不统一，企业再好的目标也很难实现。

这些年，我在企业讲话，几乎都会谈到企业文化。这不是无病呻吟，而是有感而发，是一些企业变化的事例给了我深刻的教育，使我觉得有责任、有义务通过宣传这些先进的事例，引起更多的企业领导来重视企业文化建设。

企业文化是“形虚而实实”，这就是精神对物质的反作用。同时，企业文化所倡导的价值观和理念必须落到实处，不能搞成“理念在天上飞，行动在地上爬”。企业文化最终必须落实到企业全体员工日常生产、生活中去，落实到全体员工的行动中去，才能使企业文化真正发挥作用。为了使企业文化落到实处，必须搞好几个“结合”（略）。

今天就讲这些。主要是介绍兄弟企业的一些情况。我说过，这几年，我主要是作为一个二传手，在企业之间传递信息。凡是企业的业绩打动我的，我就想介绍给大家。遗憾的是这次讲话前，没能和大家深入交谈，因此可能有些话是隔靴搔痒。我想下周一安排时间同有关部门和基层单位再请教学习。谢谢大家！

十年巨变后的赠言

——在水钢中层干部会议上的讲话

2006 年 12 月 28 日

今年是我来水钢持续调查的第 10 年。我曾许诺 75 岁前每年至少来一次。在冶金企业中，水钢是唯一的一家 10 年中我每年都去的企业。

10 年中，看着水钢发生前所未有的变化，为水钢的成就而由衷地高兴，也为水钢在前进道路上遇到的挫折而担忧。我曾多次撰文谈我对水钢进步的感受，从烧结、焦化、炼铁、炼钢、一轧、二轧几个主体厂以及几家辅助企业我都曾在冶金行业宣传过。其中，专写水钢的、正式发表的有 9 篇，大约 4 万多字，至于在其他文章中提到的就更多了。在兄弟企业讲话时，几乎没有一次不谈到水钢的。

虽然有一年多没来水钢，但一直在关注水钢的动态，《水钢报》每期必看，有关的资料就输入电脑储存起来。现在有关水钢的资料，在电脑里已经存了 6 万多字。这是我一个字一个字敲出来的。这次来前，我从《水钢报》中了解到水钢近年来的变化，但毕竟通过实地了解，就更深切些。

我是 17 日到贵阳的，当天同黎明同志交谈；第二天中午赶到水钢。下午到生产现场转了转。接着参加了 2 天的党委扩大会议。从 20 日到 25 日，到各单位进行座谈或者请有关领导交谈。26 日到 28 日上午，公司职代会，我就没有参加，集中精力看资料，整理讲话提纲。

一年多来，水钢又有新的变化。

一是在生产规模有了较大增长的同时，产品结构调整迈出了新步伐。更为可喜的是，公司的生产经营指导思想更符合科学发展观了，在努力探索新的经济增长方式上取得了新的进展。考核指标从以产量为主到以品种质量效益为主。

二是主业的技术经济指标普遍有了提升，有的已经跃居行业前列。特别是吨钢耗新水量进步较快。

三是在一批老典型继续作出新贡献的同时，新典型也不断涌现，对推动水钢持续发展提供了新经验。比如：供应公司、瑞泰、博宏、水电厂、动力厂的进步显著。

水钢在进步，固然是可喜可贺。但是我们千万不能盲目自满，更没有理由骄傲自大。在同水钢各级干部交谈时，好多同志都是以此来提醒自己。因为，你们在同周边一些兄弟企业接触时，也已经深深地感受到了兄弟企业的巨大变化。

2006 年我还是同往年一样，应一些企业的邀请，到各地走走。我想趁此机会，向各位介绍今年下半年我到过的一些企业的情况，也许可以使我们更清醒地认识到水钢当前的处境。

先说一说首钢的情况。2006 年下半年我在首钢及迁钢、首秦待了 3 个多星期，深有感触。

这几年，首钢走得很艰难。在首钢调查后，我写了一篇调查报告——“走出迷茫阴影勇攀世界一流”。介绍首钢近几年开展“八破八立”思想解放活动以及开拓“一业三地”战略布局情况。

再讲一下舞阳的变化。舞阳是我担任第二个扭亏调查组组长的企业。这10年来，可以说是“十年巨变”。现在舞阳的主体设备还是那两座电炉、一套轧机。但是，从1996年到2005年，舞阳钢产量从30万吨增加到150万吨，是原先的5倍；钢板产量从25万吨增加到121万吨，接近原先的5倍；销售收入从7.8亿元增加到70亿元，是原先的9倍；利润从负数到盈利5亿元；实现税金由1600万元增加到近5亿元，超过30倍；职工的年收入由人均6357元增加到28692元，2006年可以突破3万元。这些增长率都超过了全行业的同类指标。

舞阳的可贵之处不仅体现在上述6组数据上，更值得钦佩和借鉴的是他们所走的路子完全符合几年后中央提出的科学发展观。

舞钢在新品开发的同时，还加大了在科研开发上的投入。这几年，舞阳每年用于科技开发的投入约占当年销售收入的5%左右，每年开发的新产品都在十几到三十项之间，具有较强的产品和技术储备。在刘淇同志召集的奥运场所用钢座谈会上，顾强圻董事长所以敢于接其他企业不敢接的鸟巢用钢任务，就是因为舞阳在这方面有充分的技术储备。这些新产品，普遍具有较高的科技含量和附加值。2006年上半年，舞阳4万多吨新产品的平均销售单价是9144元。

回来后，我把报告送给刘淇同志，他很快回复了：“材料写得很好。要感谢舞钢同志们为奥运所作的贡献。‘鸟巢’全部钢材都是国产的。这是冶金战线的成绩。谢谢。”

2006年11月份，我还去了三明。三明的情况同我们这里差不多。最大的高炉就是1000立方米级的，130平方米的烧结机，100吨的转炉。4座高炉风温最低的平均1140℃，最大的4号高炉是1180～1240℃。一般情况下，3～4个月休风一次，每次2小时左右。利用系数老系统是3.7，4号高炉3.1。100吨转炉投产第一炉连拉7炉，第一个炉役就达到24000多炉，停下来时6块透气砖还完好。小转炉今年8月改为顶底复吹，8000多炉还没有补炉。他们提出要用有限的资源创造最大的效益。他们确实是在这样做的，也取得了较好的效果。

这类例子很多，就不多说了。可以看得出，很多兄弟企业在转变经济增长方式、调整产品结构、提高经济效益方面走在了水钢的前面。我们必须增强危机感和紧迫感，急起直追，否则我们必然会落在人后。

这次参加水钢的党委扩大会议，会议对一年来的工作作了很好的总结，并提出了2007年的工作思路和安排作了部署，我完全同意。下面我想就这次调查中感到的一些问题补充几点意见，供各位参考。

一、转变观念要与时俱进

水钢这些年的变化首先来自观念的转变。水钢精神也是观念转变的产物。在新的形势下，水钢要发展，还有赖于观念的进一步转变。集团公司提出了“十一五”的工作定位是：调整、提升、创新、和谐。这也是根据新形势而确定的。朱继民同志在首钢曾说过这样一段话：有多高的境界就能解决多大的问题，有多大的胸怀就能发展多大的事业，有多高的追求就能制定多大的目标，有多大的动力就能产生多快的速度。这实际上也是讲的观念的转变。

为了实现新形势下提出的新任务，我认为，首先是要继续牢固树立自立自强意识，在任何情况下，自立自强的精神不可丢。水钢精神的第一句就是自强。没有自强精神的确立，就没有水钢的今天。今天，水钢很多单位继续保持并发扬这种精神，引导着水钢的不断前进。但是，也有一些单位，自强精神淡化了，遇到问题总是眼睛向外，埋怨外部条件。比如，瑞泰近几年各项工作都取得了较好的成绩，同样是修路，瑞泰的受到客户及群众的称赞，而另一家客户的意见较多。同一个砖厂，由瑞泰接管后，从亏损转为盈利（当然，砖的质量还有待于进一步提高）。按理说，对这些情况，有关单位应该进行深刻反思，转变观念，改进工作。但有关人员却认为：为什么有资质证书的不让干，却让没有资质证书的去干？他们不是从中吸取教训，向瑞泰学习，而是凭自己的臆测，认为是集团公司给瑞泰吃偏饭。这种心态，显然是无助于提高这些单位管理水平和队伍素质提高的。

其次，要进一步适应新形势，提高市场意识。应该说，比起 1997 年时，水钢这些年市场意识有了很大的加强。企业靠什么存在和发展，就是因为有客户，有市场。因此，我们始终要把眼睛牢牢盯住市场，使我们各方面的工作更好地适应市场的需要。这次，水钢开展了声势浩大的“走市场，看水钢”的活动，也体现了水钢领导对市场的高度重视，是对全体水钢员工市场意识的一次再教育。但是，从这次暴露的严重问题来看，也反映了我们有关部门和职工在相当一个时期内，市场意识的淡薄。为什么客户早就反映的问题却没能得到及时的反馈和足够的重视，更说不上得到及时的处理。前年来时，听到在成都市场水钢的三级螺纹钢的严重质量事故，对原因的分析各方面意见就不统一。2005 年又听到销售部门发出的“挽救水钢品牌”的呼声，看来这一问题同样没有受到应有的重视。对市场的忽视必将受到市场的惩罚。市场意识的强化，销售部门固然是首当其冲，我同章帆同志谈话时，他提出：销售部门要再一次进行脱胎换骨的观念转变，他的意见很值得重视。但牢固树立市场意识，绝不仅是销售部门的事，企业的生产、研发、甚至后勤部门，总之，企业的全体员工都要不断强化市场意识。

第三，要进一步强化开放意识。在确定水钢精神时，朱总一度曾想把开放搁在最前面。因为，他深感开放对水钢员工思想观念的转变具有极其重大的影响。具有开放的心态，可以使自己站在更高的视角、更广阔的视野去观察事物，审视自身，不至于夜郎自大，成为井底之蛙；可以使自己怀着平常心，向先进单位学习，促使自己更快地得到提高。刚才我讲到三明钢铁公司，是行业里公认的先进企业。但是，他们在看到我在 2005 年年底《冶金管理》发表的萍钢调查后，多次组织干部到萍钢学习，使得成本有了进一步下降。现在，水钢在这方面也出现了一些值得注意的苗头。我在北京听到有些反映，水钢有的干部出席某些会议或研讨班时，表现得不那么虚心、不那么敬业了。也许这只是个别现象，但既然引起了有关部门的注意，就需要我们认真对待了。在水钢内部，有不少很先进的单位，值得我们很好地学习。但是，也有的单位不仅不虚心地学习，而且总是有意无意地进行贬低。甚至出现枪打出头鸟的不正常现象。其实，这不仅不会影响对方的声誉，倒是会妨碍自己的进步。当然，先进单位也要谦虚谨慎，遵章守纪，进一步把工作做好。

第四，要进一步强化超越自我的意识。水钢有很大的进步，但形势要求我们必须更上一层楼。我们必须超越自我，才能立足于钢铁强企之林。随着企业的壮大，就如登山那样，越登高，难度越大。而且，胜利也往往会使人滋生骄傲情绪，发生懈怠松劲现象。《从优秀到卓越》的第一章第一节的第一句话就是“优秀是卓越的大敌”。其实，这绝不是说不要成为优秀，而是要防止成为优秀以后所产生的自满情绪。自满必然导致保守。所以要牢固树立超越自我的意识，不断提出新目标。现在，有的单位为了保先进，甚至在一些指标上掺水分，虽然有的已经纠正，但这种现象需要引起我们高度重视。我们还要善于借助外力，自我加压。首钢矿业公司皮带革命的故事，你们都已听说。我曾在你们烧结到炼铁的皮带通廊走了一趟，看到的同首钢的差距就不是那么一点点了。

当然，转变观念方面很多，以上只是就我感到的几点作了些说明，各单位还是要结合自身实际，有重点地进行。

二、要把人才问题作为各级党政一把手的极其重要的任务切实抓好

人才的重要性我想不必多讲，大家在实践中体会一定比我深得多。特别近几年随着钢铁工业规模的急剧扩张，人才问题显得越来越紧迫。现有企业的扩展以及产品结构的调整需要大批新的人才；民营企业的建设更是从老企业挖人才。拥有人才并能充分发挥人才的作用，就能占领行业的制高点。现在，大家都认同人力资源是第一资源，那我们就要把第一资源真正放在第一的位置上来对待，切实抓好。

水钢这几年在人才问题上作了大量工作，取得了较好的成效，也有一些很好的经验。但是，由于水钢的历史条件，比如说，区位的劣势，原有部分员工的基础差，技术含量高的新项目新人多等。这些，当然都增加了人才工作上的难度，需要我们正视。但我们也不要过分夸大这些不利条件，而是要努力通过我们自身的工作，化不利为有利。

拿区位条件来说，首都北京应该说是条件最好的吧。但首钢前几年却留不住人才。20世纪最后10年首钢人才流失情况，以及技术研究院人才问题上的今昔对比就很能说明问题。

再拿队伍基础来说，南钢高线厂的事例很能说明问题。介绍南钢在学巴登前后在人才培训上态度的变化。过去，一些干部感到队伍素质差，手下能干事的人太少。在学习巴登公司的经验后，他们制订了员工培训计划，开展了轮岗培训交流，再配合激励考核导向，员工参与培训的积极性空前高涨。目前，高线厂的轮岗面已达80%以上，也就是说，大多数员工都已具备2种以上的操作技能；其他各厂也普遍开展了“大工种”的培训。这一举措，收到了意想不到的效果。过去检修时，钳工人手特别紧，现在有了轮岗工，就解决了这一矛盾。平时，钳工工作量不够饱满，现在可以从事其他工作。他们还制订了后备作业长的培训制度，既解决了后备干部不足的问题，还能让一部分优秀班组长获得施展才能的新舞台，并为在岗作业长创造了离岗再学习的机会，促进他们为迎接新的挑战，努力提高自身素质。

你们的二轧厂一轧车间的班组长现在基本上都已取得了全车间6个工种（除调整工和行车工外）的证书。这也是二轧厂的工作所以搞得好的一个重要原因。但是，这次我参加你们的党委扩大会议，听到有的单位至今仍然还是单工种作业，这种状况需要尽快改变。还有你们煤焦化公司的复合型人才的培养，都是很好的做法。

至于新工人多，这是当前钢铁企业的普遍现象。所谓新工人，不一定是新进厂的工

人，而是对这个岗位而言。其实，这方面你们自己也有很好的经验。炼钢厂的二炼钢车间的行车工的成长就是很好的例子。过去，我曾向你们介绍过的武钢二炼钢的“岗位点球滚动练兵法”，后来炼钢厂学习了这一经验，也取得了很好的成效。新人，缺乏经验，是个弱点，但只要我们下工夫，可以弥补这一不足。宝钢热轧厂确定为代表成品形象的 12 项精度指标，其中一半新纪录的创造者却是进厂 7 个月到 1 年半的员工。他们对新进厂的大学生，要配备 3 名指导老师，一位是厂领导，一位是高工，一位是技能专家。不付出这些代价，就不可能有这样的丰收。首钢二炼钢的知识共享、宝钢炼铁厂的知识传承，都是加快培养人才的有效途径。

作为领导，最重要的是要千方百计调动人员的积极性，要创造条件，让各类人员都有施展其才能的舞台。西林钢铁公司轧钢厂厂长把 400 名员工当成 400 张牌，时时在琢磨什么时候打出什么牌；要不拘一格用人才，不要以静态的学历等来判定人的才能，在这方面，你们的水电厂、瑞泰都有很好的经验，更不要以陈旧的观念来对待员工。GE 的工人曾对韦尔奇说，你不要只用我们的双手，更要用我们的大脑。还要通过创建学习型组织，在工作实践中引导员工提高自身素质，因为实践是最好的课堂，要引导员工们学习在岗位实践中发现问题，解决问题，二轧厂就建立了这样的机制，首钢开展“大提素”活动成效显著。当然，岗位实践也要同集中培训相结合，宝钢在这方面有很多好经验，我已向职教中心的同志们作了介绍。如“4 +1”的作业长培训，以现场工程技术问题为切入点的 3Q 研修模式等。

还要重视机制的作用。实施组织结构扁平化，减少层次，各级管理人员责权利结合，充分发挥人们的潜能。这在迁安、首秦体现得最为明显。我曾介绍过首秦炼铁部机制造就人的经验，还有像马钢学习宝钢作业长制后所发生的变化等。这次在水钢，经常听到有些单位叫喊人员不够。但是，从全国同行业来看，应该说，水钢不是人员不足，而是多余。三明和萍钢都是 400 万吨钢的规模，人员都在七八千左右。这里既有观念问题，也有机制问题。至于分配机制的改进，水钢已经在进行，需要根据具体情况不断加以改进。

三、管理是企业的永恒主题，要坚持不懈地强化管理和提升管理水平

这些年水钢的管理有很大进步，每年都有管理创新成果。比起 1997 年那时“管理混乱丢了一块”不可同日而语了。这次我不是来总结你们的经验，我只想就我感到的管理中的问题讲几点意见。

一是夯实管理基础。这是老生常谈的问题。管理基础有两个问题很重要。一个是规章制度；一个是必要的数据。规章制度方面的带有普遍性的问题是有章不循，但我也发现在有些单位仍然是处于无章可循的情况，或者说是现有的某些规程已经不适用于变化的环境了，却没有及时进行修订，实际上也成为无章可循。其结果是只能凭某些领导人的个人意志办事，只能流于人治。建议有关单位认真检查一下本单位有无这种情况，加以改进。再一个是数据的真实性问题。由于我们的计量仪表不完备、不健全，因此出现数据的偏差是可以理解的，这需要尽快予以改进，特别是现代化的企业，这一工作要放在重要议程上来安排。但是，最近几年来，每次我都可以听到有关数据真实性的反映。我认为，由于我们缺乏必要的手段导致数据的失真可以容忍，但不能长期让这种情况继续下去；但如果是由于人为的原因，出现虚假的数据，那就必须认真查清，严肃处理。对这类问题的容忍，一

而再地听任这种现象发生，就是对诚信理念的背叛，就是我们领导工作的失职，也是自毁管理的基石。

夯实基础，建立科学合理的规章制度是先决条件，但真正的关键还在于落实，在于要有严格的考核。能不能落实是对执行力的考验。执行力就要强调细节，事物的执行过程，实际上就是一个个具体细节的严格实施过程。作为执行力，其成效就要从每个细节中来检验。100 个 99% 只有 36% 。个体的“优秀”，导致整体的“差劣”，可见每个细节作用之大。考核则是行为的导向，实际上是在引导企业管理的方向和重点。以产量为主的考核方式是难以在品种结构上取得重大突破的。炼钢厂实施考核品种命中率后，对提高产品质量和队伍素质起到明显的作用，就说明了问题。

当前，在企业管理上一个很大的课题就是如何形成整体的合力。我以前讲的整合文化就是这个意思。现在，企业间的竞争不再是单个企业同企业的竞争，而是产业链之间的竞争。所以，不少企业纷纷同上下游企业实施战略联盟。这次在基层调查，有一个问题我感慨颇深。二轧、煤焦化、炼钢、瑞泰等不少单位都很重视内部各单位的协作，发挥整体优势。但各二级单位和部门之间的协作、协调动作就显得差一些，甚至出现各自为政、互不沟通的情况，影响整体效益的发挥。一个单位好像一部机器，里面有不少齿轮。现在的水钢，就单个齿轮而言，大多数都是优质齿轮，但组合在一起，咬合起来却并不那么顺畅，有杂音，摩擦过大。如果这个问题解决得好，水钢肯定还会有一个飞跃。国内外先进企业无一不是高度重视这方面工作并且取得重大进展的。像党委扩大会议张总报告中提到的你们的学习对象、德国的巴登钢厂就是这方面的一个典型。介绍巴登重视相互协作的情况。首钢的老高炉为什么能焕发青春，也是多方协作的结果。各方保高炉，炼铁厂也不是等着兄弟单位来保自己，他们把抓精料的工作重点转向“打外围”，关口前移、触角延伸，精心平衡，严格把关，反应迅敏，真正实现了从源头抓精料管理，从而为高炉稳定顺行创造了良好的条件。三明高炉在原料变动的情况下，保持稳定顺行，其原因也在于原料、烧结、焦化、炼铁之间的密切配合，原料变更情况，烧结、炼铁都能事先知道，及时采取措施；原料场则力求做到尽可能的减少波动值。三明的财务处长同我说，铁前几个单位的密切配合、协力作战是三明的核心竞争力所在。可见这个问题对企业发展的重要性。

还要谈一下管理机制问题，这也是改革的一个内容。企业内部各单位管理水平不平衡，这是普遍现象。怎样缩小管理上的差距，首钢有一个很好的经验，就是把优良资产向优秀企业和优秀企业家集中，一是将优良资产向优势企业、优秀管理者集中，更好地发挥优秀管理者的作用。比如，由首冶公司托管连年亏损的修理厂，由原先是一耐一个车间的二耐托管一耐，都在短期内取得明显成效，并且至今保持良好的发展势头。首冶还有一个有名的“小鱼吃大鱼”的故事。二是管理专业化。过去生产厂都是小而全，有小机修，有仓库，什么都要自己管，就怕一集中，不方便。这几年，物资供应集中了，小机修集中了，现在很多企业检修力量也集中了。你们也在考虑这一问题，这是一个方向。搞得好，不仅可以提高检修质量和效率，而且还可以加速检修队伍素质的提升。要积极、稳妥地推行。当然，也要注意研究可能出现的问题，主要的生产单位怕集中以后服务不到位，给生产带来被动。但你们已经有物资供应公司的好经验，我想是会很好地解决这个问题的。

在分配机制上，这次来，听到的反映较多。比较普遍的说法是：公司钢从不到 200 万吨增长到 300 万吨，付出多了，但职工的收入却没有得到相应的增长。这一点，张总在职代会的报告中已经有了安排，2007 年要增加工资总额 6200 万元，确保职工收入增长 10% 以上。当然，即使这样，水钢员工的收入在行业里还是偏低的。但是，对这个问题要从多个视角来看。一是要看一个阶段内的增长率，“十五”期间，水钢的人均收入增长率是 15%，这个比例在行业里是不算低的；二是要看人均利润率。现在我们利润比人家少，人员比人家多，利润率只有规模相当的企业的几分之一，甚至十分之一。因此，在目前情况下，要大幅度提高工资水平是不那么现实的。当然，公司还是在努力设法在经济效益不断得到提升的情况下、职工收入相应得到增长。从职工来讲，我们就要面对现实，付出更多的辛苦，在为国家作出更多贡献的同时，使自己的收入能够持续增长。至于水钢内部的奖金系数，存在一些不够合理之处，公司职代会报告中也提出了调整的原则意见，我想是会更趋合理的。

管理要上档次，必须推行信息化管理。你们的物资供应公司做得很好，每年都有新进展。这次又建立了网上采购商务平台。机动处也在加快信息化管理的步伐。当然，这一方面要在全公司范围内进行总体规划，实施 ERP，但各单位在不违反总体布局的情况下，也要积极主动、根据本单位的实际情况，推行信息化管理。首钢矿业公司按说是首钢内部文化结构较低的单位，但是现在 14000 人中，有 4600 多人取得了计算机等级证书，绝大多数班组都已进入企业网，班组长都会使用电脑，一些日常的生产指令也通过电脑下达，信息化建设推进了新一轮的思想解放，使生产过程自动化水平显著提高，管理方式发生了根本的变革。

四、企业文化建设要进一步深化和拓宽

水钢的企业文化在冶金行业内，甚至在全国也是有一定影响的今年还荣获“全国企业文化优秀奖”。在各个基层单位，我也感受到了这种文化的熏陶力和生命力。企业文化，最要害的是要把企业的核心价值观和各种理念真正落实到员工的行动上，成为广大员工的行为准则，鞭策、激励员工奋发向上的精神动力。

企业文化，可以说是企业之魂，越来越受到国内外企业界有识之士的重视。2003 年我曾写过两篇文章，分别介绍了国外两家知名钢铁企业总结他们成功的原因，都离不了企业文化。一家是以率先使用最先进的薄板坯连铸连轧工艺技术装备而闻名全球的美国纽柯钢铁公司。如今，纽柯在美国的商学院已经成为通过开拓新技术来破除旧秩序的典范。他们总结了一句话：“我们的成功 20% 来自新技术，80% 来自我们公司的企业文化。”另一家则是在世界上享有盛誉的德国巴登钢铁公司，“企业的成功 80% 取决于人，20% 取决于设备”。

企业文化的生命力在于实践，要使企业文化真正成为企业的核心竞争力（去年萍钢明确提出萍钢的核心竞争力是他们的企业文化，从实践中他们深刻地体会到：“什么时候、什么地方贯彻了企业文化，什么时候、什么地方工作就上台阶；什么时候、什么地方丢失了企业文化，什么时候、什么地方就搞不好工作。”），关键是要将核心价值观及其理念等文化要素付诸实践、渗透于经营管理之中，扎根于广大员工的思想，转化为广大员工的职业理想和职业信念，内化为思维方式，外化为行为习惯。因此，企业文化建设是一个长期的、持续不断的过程，必须像接力棒似地一代一代传下去，继承发扬，巩固提高。

这就首先要求领导带头。公司领导自己不仅成为企业文化的倡导者，而且更要成为企

业理念和企业精神的忠实践行者。因为榜样的力量是无穷的。巴登公司之所以管理人员和员工的关系会那么融洽，员工的积极性会那么高涨，员工的团队精神会那么强。一个重要原因就是“每个经理就是一个遵守准则的典范”，“一个经理对部下的要求绝不应该超过对自己的要求”。我这里讲的公司领导，也包括在座的公司各级管理人员，当然还要有个层次，从中层干部抓起，一级一级往下推。

二是企业文化与企业发展战略相结合。企业文化包含着某些做人的道德规范，但不同于单纯的道德教育。因此，企业文化不能就文化抓文化，必须与战略目标相适应，服务于企业的战略目标。同时，企业战略目标的实现，也要依赖相应的企业文化的实施。比如，你们提出的“两步跨越”战略，提出了“构建和谐企业”，企业文化建设就要围绕这些目标，发挥自身威力，体现企业文化的作用，使得这些目标能够早日得到实现，各项指标进一步得到优化，不断提高水钢在行业中的竞争力。

三是要把文化理念与建立机制、制定规章制度相结合。要用理念来指导制度的制定，用制度来推进理念的实现。这就是所谓“内化于心，固化于制，外化于行”。一方面是理念的灌输与教育；另一方面是制度的约束。对不按企业理念办事的人，除了要进行教育外，必要时还要用制度来制约。比如，我们要建设诚信文化，就要有对不讲诚信的行为和人员进行制约的手段和措施。韦尔奇对四种人的处理，就很好地体现了 GE 公司对企业文化重在落实的精神。德国人不闯红灯的故事很说明问题。如果闯了一次红灯，保险费将被加 1%，因为是联网的，所以保险公司都一样；银行通知，购房分期付款，由 15 年改为 10 年；学校通知他的孩子上学，得用现金交学费，不能分期付款等。

四是形象教育与理念灌输相结合。宣传企业文化，既要有理性的诠释，不断的灌输；更要重视感性的熏染，自觉地实施。许多企业的经验告诉我们，通过具体事例来宣传企业文化，更生动、更形象、更易于为群众所接受，产生的影响会更大。先进人物、先进单位的先进思想、先进事迹就是体现企业文化的最好载体。这种先进典型的涌现，既可以体现企业精神的巨大力量，又可以使企业精神不断得到充实、提升。我看到二轧厂等单位都编写了企业文化的案例，希望宣传部可以选择一些有代表性的案例，通过多种途径、包括编成小故事、在闭路电视上放映，使之更加深入人心，发挥更大的作用。还要考虑，能否把企业文化建设的内容列入各级干部甚至员工的培训计划，宝钢就是这样做的。

五是内容与形式相结合。形式服从内容，形式也可促进内容。企业文化建设不要搞形式主义，但也要有一定的形式来体现。二轧厂、炼钢厂、煤焦化公司等文化通廊，就颇具特色。你们各单位的文化艺术节，有些节目反映了本单位的发展历程和新人新事，很受员工的欢迎。但也要防止形式上的过分花哨，以致喧宾夺主。

同志们，上面我既说到水钢的新成绩、新经验，也谈到了水钢的一些问题。尽管有这些问题目前并没有形成主流，有的还只是“起于青萍之末”的微风。所以要把它提出来，其目的就是为了引起大家的注意，将它消灭在萌芽阶段。作为水钢的朋友，我为水钢的进步而高兴。但我还说过，我要当水钢的“诤友”。因此，我同样会密切关注那些妨碍水钢持续发展的事物和因素。因为，要前进，就必需正视前进中存在的障碍和问题。我知道，多说一些好话大家都会高兴；逆耳之言听起来总不会太舒服。但我亲眼看到水钢这 10 年由衰变兴，我更希望水钢永远保持这样一个发展势头。当然，毕竟我一年就来几天，一些事情不可能都讲得完全准确，有些事情未经核对，也可能同事实不尽符合，说得不当之处，还望各位原谅。只是希望大家本着“有则改之，无则加勉”的态度，加以改进。

今年我已到了75周岁了。我的承诺已经兑现了。今后我还来不来水钢，我自己也不能保证。虽然，我对今后的行动不再作承诺，但我仍然会关注水钢的发展。我衷心希望，若干年后，水钢能进入“××百强”之列，成为永葆青春的“百年老厂”。最后，祝水钢在新的一年取得新的成就，祝在座的各位以及水钢全体员工在新的一年里健康强一分，事业进一步，和谐增一分，钱包鼓一圈。

谢谢大家！

在首钢2007年“三创”经验交流会上对首钢矿业公司经验的点评

2007年8月10日

2007年4月中下旬，我在迁安待了10天，对首钢矿业和迁钢作了一些调查。在此之前，我也曾多次来过矿山，每次都会给我带来新的启示。这次待的时间稍长些，触动也更大些。下面讲三点看法：

第一，关于发展战略问题。现在不少企业都提出了要建设一流企业的目标，并提出了相应的战略措施，首钢矿业公司也不例外。他们提出了一个立足现实，着眼长远，高瞻远瞩的、体现着新理念的发展战略。“九五”期间，矿业公司面临的是困境，资源枯竭，剥离欠账，2万多人同吃主业一口大锅饭。下一步路子怎样走？在认真调研、反思的基础上，提出了建设以“八个标志”为主要内容的“一流的矿业、开放的矿山”的宏伟目标，并确立了“市场化、自动化、信息化、加强管理基础”的工作主线，实施跨地区、跨行业、跨国、跨所有制“四跨”的外部资源开发的发展模式。实践证明，这一发展战略是完全正确的，是切实可行的，是能够极大地调动广大员工积极性的。

当然，制定这样一个发展战略十分必要。有没有这样一个发展战略大不一样，但我觉得更重要的是如何将发展战略转化为具体的行动目标，这个方面矿业公司做得很出色。他们每年都围绕发展战略确定若干高要求的重点工程，加强领导，不断创新机制，通过群众性的“十小促十变”等创新活动，确保一个又一个看似不可能的目标成为现实。像作为2007年五项重点工程之首的001质量稳定工程，就是要求球团、烧结矿的品位波动全月累计在±0.01%范围内。对一个年产1100多万吨熟料的矿山来说，产品的品位波动在0.01%的范围内，其难度可想而知。这一目标的提出，既深化了生产组织指导思想由以产量为中心向以质量为中心转变，也使精细化的控制理念得到强化，带动了整体管理水平提高。比如前两年的皮带管理革命，全公司主流程系统50多千米长的500多条皮带，陆续取消皮带看管性岗位，除个别需要随时操作的布料皮带外，全部实现无人看管，只保留了270多人的专职皮带清扫工和点检工，仅此一项，就节省了700多名劳动力。人少了，现场管理却反而大大改进了，文明生产水平大为提高。

第二，关于企业文化问题。矿业公司的企业文化，最可贵之处就是能够把各种理念、精神，扎扎实实地落实到各级干部和员工的行动中，也就是我们常说的“文化要落地”。比如，他们提出了“找差文化”、“反思文化”，这本身就很有意义。因为，一个企业也好，一个单位也好，甚至一个人也好，如果认为自己什么都不错了，发现不了自己的问题，找不到自己和兄弟单位的差距，那就很难大步前进了。但是，提出这种理念并不等于就能实施，矿业公司首先从领导开始，身体力行，并且有制度来保证。每个月的“三查”发布，围绕公司当年确立的重点工作项目，有计划、有重点地深入调研检查，在肯定成绩的同时，更多的是对存在的倾向性问题、主要矛盾、薄弱环节等进行系统分析，提出具体改进建议，每月将“三查”结果在公司二级单位主要领导参加的会议上进行发布。我查阅了今年一季度的3次“三查”发布会的材料，每月都有重点，像1月份主题就是对ERP系统的设备、质量、生产三个模块的运行情况进行重点检查；2月份着重检查物资供应模块的运用情况，同时对1月份发布会后各单位整改情况进行了通报；3月份“三查”发布会的主题则是资源回收工作。对问题开门见山，从不遮遮盖盖，对涉及的有关的单位和人员则是指名道姓，而且每次发布会的内容，问题和原因分析以及工作建议部分的篇幅都远远大于成绩部分，有理有据，对领导班子的震撼力、对面上工作的推动力比以前更大。

我到基层，也了解了他们是如何贯彻找差文化的。烧结厂规定，所有管理人员每季度都要写一篇反思文章，而且还将所有的反思文章全部挂到网上，使反思的内容透明化，既可以起到相互借鉴的作用，也可以起到群众性的监督作用。点击烧结厂的网站，在“反思专栏”里，可以看到每个季度、每个单位、每个管理人员的反思文章，结合自身工作实际，查找本季度工作中存在的问题，虽然文字有长有短，但都不是三言两语，敷衍塞责的，其中不少是有一定深度的。我深信，只要持之以恒，积以时日，肯定会由量变到质变，在思想上、观念上，以及各项工作上会发生一个突变、一个飞跃。实际上，在反思制度化以后不到一年的时间里，烧结厂的工作已经有了飞速的发展。很多厂矿领导带头反思，球团厂党委书记兼厂长董伟的反思文章“反思过去与开创未来”在矿业公司举办的“解放思想、创新发展”论坛上交流，给人以深刻启迪。在大石河铁矿、协力公司的网站上，也都可以看到类似的“反思平台”，这已成为改进工作的有力武器。正是因为文化理念的落实，因此在管理上的严格、精细、科学的要求也就能得到认真的落实。

第三，关于队伍建设问题。在首钢矿业，我感触最深的是，公司领导把队伍建设作为企业发展的最根本性任务，带出了一支好队伍。在首钢矿业的这些天里，我深深感到“矿山是宝”。当我谈到自己这一真切的感受时，矿业公司的宣传部长王世忠也讲了自己的体会，他说，每次到基层调查，都会有一个感觉：“群众是金”。这4个字使我受到极大的震撼。现在大家都在讲“以人为本”，强调要了解人、关心人、尊重人、提高人，这些都很好，我自己也经常这样讲，但认真思考，这样讲的主体就是各级领导，要求领导怎样做好人的工作，这当然也是正确的。但是，“群众是金”是把群众摆在主体地位了。通过这4个字，我看到矿业公司领导对广大员工的深厚感情，感到他们与广大员工的心是连在一起的。正因为有这种感情，他们就会不断地总结群众中的先进事物，提炼升华，就会有群众性的“十小促十变”，就会有“群专结合”的数字化矿山的建设，就会有群众性的“三创”活动一浪高过一浪。

在矿业期间，我接触了很多普普通通的职工，他们从事的也是平平凡凡的工作，但是，他们却在平凡的工作中做出了不平凡的业绩。就是他们，创造了“十小促十变”、皮带管理革命、矿车管理的革命，001工程、数学建模，网络进班组，以普通工人名字命名的学习工作室、一个普通工人出身的窦振印……。在这些引起矿业公司巨变的背后，主体都是这些普普通通的员工。过去很难想象的事却在不长的时间里都变成了现实，是他们知识水平高吗？不是，他们中的多数正规学历只不过初中。是他们有特殊技能吗？他们就是一般的矿车司机、修理钳工，或者是普通的管理人员。他们的信息化建设，最初并没有什么专家级人才，就是靠一些计算机的业余爱好者“群专结合”，现在这些同志在实践中也锤炼成了专家。他们就是把岗位作为最好的课堂，把工作作为最好的培训，把实践作为最好的学习，结合岗位实践，在工作中不断发现问题、提出问题，然后去解决问题，在把企业办成学习型企业的过程中，不断提升自己。尽管他们在创新、创业过程中，也曾遇到很多困难和挫折，但他们坚持下来了，而坚持就是胜利！

“群众是金”，其实也就是毛主席常说的“群众是真正的英雄”。我们常说：“发展是硬道理，发展是第一要务。”但发展的主体是人，发展必须依靠人，发展也是为了人。首钢矿业公司的实践更使我们加强了这样的信念：世间最宝贵的是人，只要有了人，什么人间奇迹也都可以造出来。作为企业领导，必须时时刻刻地把“人”摆在首位，围绕企业发展的目标，多渠道、全方位地提高队伍素质，把企业做强做大，不断攀登新的高峰！

但是，为什么在有些单位，却感受不到这种氛围呢？还是一句老话：关键在于领导。群众中蕴藏着极大的潜能，作为领导者的责任，就是如何把这些潜能挖掘出来，使他们迸发出来，让他们提升起来。矿业公司的领导，正是这样做的。他们努力为员工创造条件，使工作岗位同时成为学习的课堂、创新的基地、团队的细胞、为人民服务的基地，“干学创”相结合，打造出一个个既有持久的学习力，又有坚强的执行力，还有高度创造力的、协力同心的团队，这是夺取胜利的有力保证。

我预祝矿业公司天天向上，事业不断开拓，人员健康成长，辛苦着并快乐着，不断创造新的奇迹！

在首钢2007年“三创”经验交流会上对迁钢经验的点评

2007年8月11日

迁钢是一个年轻的企业，如果从一期工程投产为标志，还不到3岁；如果以2160轧机投产算起，还不到8个月，但是在钢铁界已是崭露头角，引起了业界的高度关注。王清华教授曾经评价说：迁钢不一定是国内最好的企业，但却是进步最快的企业。我很同意这一说法。

近几年，我多次到过迁钢，但是今年4月这一次，对我的触动最大，使我感到中国成为钢铁强国大有希望。10年前，也就是1996年，那一年中国的钢产量突破一亿吨，开始进入钢铁大国，但那时，我们自己是怎样评价钢铁行业现状的？常用的一句话是“装备落后、工艺陈旧”，而且是“搞技改找死，不搞技改等死”。但是，现在又是什么状况？叫做“看先进装备到中国去”。据估计，我国钢铁业已经有1/3的装备进入世界先进水平，这就是说，大约有1.5亿吨钢的产能是属于世界先进水平的，这个数字大于全球任何一个国家的钢铁产能，但是至今我们仍然不是钢铁强国。为什么？其中一个重要原因就是这些先进设备还没能充分发挥先进装备的功能。

而迁钢一上手，就以全新的观念为指导，向世界最新技术高峰发起冲击，3号转炉2006年8月投产，12月就开始自动化炼钢，2007年4月，3座转炉全部实现自动化炼钢。过去，一些企业尽管具备了良好的硬件条件，也经常以此自豪。但是，在如何发挥这些先进硬件的作用方面，却往往显得力不从心，有的自动化设施开发利用的程度很低；有的有了自动化设施，却还依然保留手动操作的，一旦自动化玩不转时，手动操作还可以得心应手，甚至搞不多久，发生几次事故后，干脆又恢复旧状。迁钢的可贵之处，就在于自我加压，不留退路。既然具备了如此先进的装备，就必须把这些装备的性能发挥到极致，并以“宁可钢水回炉，也要把副枪数据采集出来”，硬性推行没有转炉副枪数据宁可不出钢的强制措施，逼着员工们去把副枪使用好。这就是一种理念，并且在实践中切实贯彻了这一理念。结果在短时间内迅速掌握了新技术，冶炼操作的稳定性不断增强。同年6月份，他们又对炼钢主控室玻璃幕墙实施了封闭，在炼钢主控室看不到转炉，全封闭自动化炼钢，成为国内首家实现全过程封闭式自动化炼钢的企业。这也是为充分考验自动化炼钢技术的可靠性，不给传统经验型炼钢留任何退路。

为什么从数量效益型转向品种质量效益型喊了多年，在不少企业却进展不大？就是没能处理好近期利益和长远的根本利益的关系；急功近利，浮躁心态。为什么我们引进再引进，也就是图现存，不愿在自主创新上下工夫。事实证明，有些事确实是有外部客观条件的限制，但有些却是“非不能也，是不为也”！迁钢的经验应该可以给我们有益的启示！

当然，观念、决心、勇气是必须的，但还必须有扎实的基础工作。有了现代化的工艺技术装备，没有扎实的基础工作作为后盾，现代化技术也发挥不了其应有的作用，甚至成为空中楼阁。对怎样抓好基础工作，他们的说法叫“一板一眼”，这不是在咬文嚼字，确实是体现了他们在抓基础工作上的严谨性，这些，他们在报告中也作了很好的介绍。我只讲一件事，为了校核电子秤的准确性，他们做了大量的“笨”工作。电子秤计量后，还用同样的实物到机械秤上进行复核。我问过首钢大院的同志，他们都觉得在大院里还远远做不到这样。没有这样精确的、准确的计量数据，要想自动化炼钢达到应有的水平也是不可想象的。

要使先进装备发挥其应有的功能，甚至开发出更新更高的性能，离不开具有一流水平的人才。但是人才从哪里来？特别是像热连轧这样的轧机，近几年国内一下子新建了二三十套，不仅高端人才短缺，就是直接掌控设备的一线人员也紧缺得很。当然，领军人物还是要千方百计从外面引进，迁钢也正是这样做的。至于大量的一线人员就不可能大量引进，只有依靠自力更生，加速培养。迁钢在这方面也给我以深刻的印象。在迁钢热连轧厂座谈时，给我感触最深的是人员的年轻化。一排9位同志，逐一问了年龄，使我受到了莫大的震撼。原来掌控、驾驭这一国际一流先进轧机的竟是清一色的“80后”！他们都是2004~2006年毕业的大学本科生或研究生。这几位年轻人，并不是有意挑选出来同我座谈的。在迁钢热轧厂，轧机主线的生产岗位大约70%都是“80后”的年轻人，生产作业区的8位作业长有7位都是“80后”，另一位也是20世纪70年代后期出生的。这种情况，在国内外恐怕都是罕见的。在进入迁钢前，他们全都没有有关轧钢生产的实践经验。然而，正是在他们稚嫩的肩膀上，依靠顽强的意志，刻苦的努力，却挑起了人们难以想象的钢铁重任，创造了一个又一个的奇迹，为国家争得了荣誉！

他们不仅在德国完成了合同规定的部分一级自动化编程和二级自动化编程的项目，从开始被对方瞧不起到最后竖大拇指。而且，正是这一群年轻人，在老师傅的指导下，在2006年12月23日，由他们当班顺利地轧制成功第一卷钢板。

这些年轻人也不是一到迁钢，就迸发出如此的热情和潜能。东北大学的女研究生张新新刚来迁钢时，就有一种失落感，竟然来到了一个不知名的小县城，还是一个不知名的小村落，但是没有多久，迁钢的事业吸引着她，迁钢的氛围吸引着她，她以身着迁钢的工作服而自豪，为能投身到迁钢的事业中而自豪。

现在，社会上有一种舆论：80后的一代关心的是自我，关注的是利欲。但是，这里的80后，却以他们的实际行动予以有力的驳斥。在座谈中，他们特别强调的是团队精神，他们把自己的青春融入到企业和国家发展的伟大事业中去。他们虽然累，却活得无怨无悔。结婚是人生征途中的大事，但是伴随他们婚礼的却没有彩车，也没有婚纱。生产作业区的副作业长、2004年燕山大学毕业的李晓磊结婚的当天，白天全部时间都是在岗位上度过的，只是在晚上邀请一些好友聚聚，第二天早晨，他的身影又出现在作业区里。这种情况在热轧厂已经成为常规。他们说，婚纱可以补，但热轧厂的发展实在太快了，离开了几天就会感到落后一大截。我们虽然失去了一些年轻人的某些生活内容，但是我们得到的却更多，我们要使自己的青春无愧于这个时代，无愧于党和国家以及人民对我们的期望。

尽管对这批年轻人来说，他们在走向事业的顶峰过程中还有很长的路要走，他们还会面临很多新的艰难险阻，但是近几年的实践也使人们有充分的信心，只要我们各级领导能向他们提出明确的要求，创造必要的平台，提供适宜的氛围，年轻人完全可以超越常规，加快成材，为我国早日进入世界钢铁强国之林作出自己应有的贡献。

提升软实力，为打造轧辊行业世界第一强企而努力

——在邢机中层干部会议上的讲话

2009 年 3 月 28 日

来邢机多次，但都是走马观花，知道邢机是我国最大的轧辊制造企业，但具体情况则知之甚少。这次是因中钢集团邀请，来邢机作一番比较全面的调查。在此之前，中钢宫总来过多次，对邢机留下深刻印象，他想借邢机之力，在中钢的十几个实体性企业进行推介。要我来帮助作这一工作。我自 1992 年到点离开行政岗位，以后在中国冶金企业管理协会工作。1997 年开始，受刘淇部长委托，曾经担任 4 个亏损大户的扭亏调查组组长，连续几年同穷哥儿们打交道。此后，还经常应一些冶金企业之邀，作些调查研究。刘淇同志去北京市后，还要我帮他抓扭亏工作，同北京市的汽车行业、纺织行业有了接触。这几年每年有 4 个月在企业，去年想逐步淡出企业，只有 2 个多月去企业调研，但今年一季度就超过了一个半月。

从 2 月下旬今年第--次来邢机，这次是第三次了。一方面是北京的企业还有一些未了事宜，也还有一些杂事；另一方面，还要同中钢进行沟通。上次回去，已就一些基本认识取得了共识。这次来，除了今天向各位做一个汇报交流外，主要就是完成调查报告，向中钢集团交卷。

这次来邢机，先后接触了各位公司领导，同绝大部分二级单位的主要领导进行了座谈或个别交谈，也接触了一些普通员工。两次参观了现场，参加了 2 次公司有关会议（市场形势分析会和两个竞赛考核会），阅读了大量资料，包括薛总 2006 年以来的 3 本讲话汇编，以及有关资料，翻阅了近 3 年来的《邢机报》，给我留下了很深刻的印象。邢机不愧是行业里的龙头老大。特别是入盟中钢后，邢机更有了突飞猛进的发展。以进入中钢前的 2005 年为基数，2008 年机电产品是原先的 2. 19 倍。其中，轧辊是 2. 34 倍，销售收入则是 2. 86 倍，利润在去年下半年金融危机的情况下，依然保持月月有盈利，全年达到 4 亿多元，是 2005 年的近 20 倍。这 3 年，邢机的家底也越来越厚实，总资产是 2. 73 倍，净资产是 5. 20 倍。在大规模技改投入后，资产负债率却下降了 20 个百分点，3 年来没有一分钱的坏账。这些数字虽然是枯燥的，但却是雄辩地说明了邢机优质、快速发展的事实。

但更使我感动和钦佩的是在这些数字后面的活生生的事例。

是你们公司上上下下为实现世界轧辊行业的第一强企所进行的顽强的、卓有成效的努力，使你们在世界轧辊行业里崭露头角，受到了普遍的高度重视。邢机从上到下员工的精神面貌，人气旺，人心齐。套句老话，是意气风发，斗志昂扬。

是你们在为实现“大客户战略”、走科技主导型、技术销售型、增值服务型企业道路

上所付出的辛勤的劳动，使得特色服务、快速服务、个性化服务得以很好的体现。也使技术改造、产品开发、现场工作的改进有了明确的方向，使科研同市场实现更好的结合，受到用户广泛的好评，占有了越来越多的市场份额，特别是高端市场份额。

是你们坚持以人为本，关注员工素质的全面提高，在建设学习型企业，大力增强“四种能力”。在开展“三工动态转换”中，不是采取简单的末位淘汰，而是对员工提出“允许昨天不会，不能今天不学”，并通过相互帮助，加快后进到先进的转化，使员工的岗位技能和工作、生活质量得到全面提高。

是你们发扬艰苦奋斗、勤俭办厂的方针，自力更生，不等不靠，没新增一分地，没向中钢公司要一分钱，而是依靠自身的积累，3 年投入 16 亿元，使邢机面貌有了根本的改观，产能增加了 2 倍多，而资产负债率却下降了 20 个百分点。

是你们牢记为国争光的诺言，不辜负国家队的光荣称号，在技术改造中创造了一个又一个的“第一”，既使我们的技术改造实现了高起点，投资省、时间短，见效快，也为我国机械行业的国产化作出了贡献（天水的大型卧式离心机，上机厂的承重 100 吨的大型轧辊磨床，清华大学联合研发的荒磨机等，普通机床的数控化改造）。已故的国学大师南怀瑾曾对一味西化的现象吟诗，喻为“迷巢”：“一片白云横谷口，几多归鸟尽迷巢”，“庭前偶有东风入，杨柳千条尽向西”。你们在这方面的成就值得钦佩。

是你们把全员创新活动落到实处，激发了广大员工蕴藏着的无限的潜能，创新提案和成果如雨后春笋不断涌现。在改变企业面貌的同时，也使广大员工得以展现其聪明才智，使他们的自我价值得到提升；特别是铸铁厂的群众性的小改小革的事例，给我印象深刻。

是你们坚持方圆工程和镜面工程的劳动竞赛，不断从人、机、料、法、环、检等各方面梳理影响质量的不可控因素和不稳定因素，再通过“四化”和标准化来加以改进，把夯实管理基础同全员创新结合在一起，不仅使产品质量有了明显提升；而且也促进了班组基层建设的加强，员工基本功训练的强化以及企业文化的推进。这种劳动竞赛也是把传统管理同现代化管理进行了有机的结合。

成绩是巨大的，是令人鼓舞的。但是，我们要清醒地认识到，在向世界第一强企高峰攀登时，越到最后阶段，会越来越艰巨，会遇到越来越多的挑战。因此，我们必须不断增强我们自身的实力，继续保持清醒的头脑和旺盛的斗志，既不能有丝毫懈怠，更不能有丝毫自满。要警惕“3C”（即 complacency（自满）、conservation（保守）、conceit（自大））。还要记住一句话：“优秀是卓越的大敌”。

怎样衡量？三明钢铁公司提出三条标志。一是能不能找出本单位存在的问题。因为，只有发现自己的问题，才能去着手解决问题；二是能不能看到兄弟单位的长处。因为，只有看到对方的长处，才能心悦诚服地去学习、去追赶；三是能不能找出自己继续前进的突破点。因为，只有找准了工作上的突破口，才能趁胜前进，扩大战果。这三条提得好，体现了一种不断超越自我的思想境界，体现了虚怀若谷的精神风貌，体现了务真求实的工作作风。有了这种精神，我们就能够从胜利走向新的胜利。

下面我想结合这次调查的情况，讲 5 个问题。都是涉及软实力的问题，主要是介绍一些兄弟企业的情况，供大家参考。

一、围绕建设世界第一强企的目标，各部门如何界定自己的职责和使命

现在你们已经提出了一个宏大的目标：打造世界轧辊行业第一强企，建设一个具有国际化视野和全球竞争观念的国际化、现代化跨国经营企业。

有没有战略目标，大不一样。杜拉克说，没有战略目标的企业就像一个流浪汉。

兴澄近15年来，每个阶段都有明确的战略目标。3个5年，三大步，普转优、优转特、特转精，向世界最具竞争力的特钢企业迈进。可以说，没有这样一个战略目标，也不会有兴澄的今天，起码不会这样快地达到今天的水平。

太钢提出成为世界不锈钢行业最具竞争力的企业，细化为8个方面：规模大、品种特、质量优、成本低、服务好、环保良、效率高、研发强。

还提出“六个既要，六个更要”：既要注重规模，更要注重品种和质量；既要注重硬件，更要注重软件；既要注重物的因素，更要注重人的因素；既要注重学习，更要注重创新；既要注重获取资源，更要注重节约资源；既要注重经济效益，更要注重环境保护。

最关键的是在人，在质量。强人才有强企。

要第一，更要唯一。数量上第一相对来说容易，但在其他关键方面唯一就不那么容易了。唯一就是要有人家学不到、或者始终快人一拍，这就是形成核心竞争力。

要有全球竞争观念，更要有全球竞争力。讲国际视野，讲世界第一强企，首先要了解世界。要把自己摆在世界范围的坐标系上来观察、思考问题。既不能小觑国内追兵，更不能满足于国内第一。黎明同志在宝钢说：“宝钢讲国内第一，是没出息”。太钢、宝钢都是世界上最具竞争力的企业。当然，没有竞争意识就谈不上竞争实力。

要争第一，就要承认不足。找出差距，才能前进。薛灵虎老总在多次讲话中都提到要站在建设世界轧辊行业第一强的高度来看待自己的工作。各部门都要站在世界第一强企的高度，来审视自身的工作。找出差距，明确职责，提出前进的方向。一些企业的找差文化。差距不要笼统，要具体；不要表面，要深挖；不仅要有产品指标的对比，还要在管理、技术创新、员工素质等方面进行对比；既要分析客观原因，更要设法创造条件，改变客观。

我在同各位交谈时，都向你们问起邢机同世界先进企业的差距。大家谈的多的是质量上的一致性、稳定性；还有劳动生产率我们比国外要低得多。凡是你们提到的，我看到邢机都已开始做工作，正在逐步改进。但给我感觉，这种对比还不够系统，不够全面。建议有专门的部门至少有专人负责搜集情况，第一步是把来自方方面面的各种资料加以汇总、整理，在此基础上进行梳理、分析，提供各级领导和有关人员作参考。蒂森对使用的废钢根据残余元素的含量、硫含量和铝含量分为4大类、20级进行管理；配料有19种（我看铸铁分厂材料只是严格控制废钢加入量）。江苏锡钢到巴登公司的学习报告也分析了自己同巴登的差距；南钢高线厂学巴登的改进措施等，印象较深。有关这方面的详细材料我已拷给办公室了。

我们的技术中心，应该是超越世界强企的关键部门，你们也做了大量工作，取得了很好的成绩。但从现状分析，今后有可能是影响成为世界一强的最薄弱环节。从专业队伍的数量和质量上，具有独立研究能力的只有十几位，学历硕士6名，没有博士生，缺乏公认的领军人物。昨天，同薛总交谈时，薛总说公司正在采取措施。

从全公司科技成果看，还没有国家级科技进步奖；专利授权的只有10个（对比宝钢）。当然，这同你们为了保护知识产权，有意不申报专利有关。但是，我们要注重保护知识产权，但不能因噎废食。要增强自信心，靠始终保持领先半拍到一拍，进行持续创新，确保领先地位。

宝钢创新、专利情况是喜人的。从2天1个专利到1天一个专利，再到1天2个专利，其中一线工人占一半以上。2006年底，一线工人有10项以上专利的达到46人。

孔利民，1986年时还是一个普通的充电工。那年夏天气温很高，从日本引进的400多辆载重车经过一年使用后，几乎同时不制冷了。检查发现是空调控制器坏了，可一个备件要2000元，而且当时仓库里只有几个。孔利民通过自学，已经掌握了很多电子电气知识，积累了不少经验，他萌发了试试看的想法，向领导立下军令状：如果不能解决问题，保证恢复原样，所有材料费自己负担；如果成功了，公开技术改进方案，负责全面推广。通过三天工作，最终把故障锁定在一个精密继电器上。后来花了8毛钱买了一个国产元件装上就解决了问题。他也因此而升级为汽车电工。通过这件事，让许多人打破了对进口设备的神秘感，也调动了周围职工“学知识、学技术、学技能”的热情。

宝钢一线员工领衔的，已经获得2个国家科技进步二等奖。宝钢分公司炼铁厂技能专家韩明明就是其中之一。韩明明的“金属检测与自动除铁新技术”，融合了多项首创技术，形成了7项专利。与传统的除铁技术相比，能较好地消除原有的能耗高、机械损耗大、误动作多，除铁可靠性和效率低等缺陷，具有技术可靠、节约能源、生产效率高等特点，优于目前国际同类技术水平。宝钢自2003年试用该技术以来，截至2008年，已累计产生经济效益超过7000万元。宝钢累计为韩明明投入的经费超过500万元。他第一个申请立项科研项目时，还是在20世纪80年代。当时，他还是一个名不见经传的电工，申请的经费是几万元，很快就获得批准，这是经过专家对项目可行性进行论证后批准的。韩明明说，这项技术的诞生并不是一蹴而就的。从消化掌握引进技术，到发现原有技术的缺陷，然后不断改进，直至创新，历时10年才完成。

从邢机的实力看，你们在操作岗位中具有中专以上学历的有1449人，占操作岗位总人数的31%，相对来说，学历还是比较高的，应该有条件做得比现在更好。当然，公司正在作出极大的努力，技术中心大楼建成后，情况将会有一个质的飞跃。

二、面临世界经济危机怎么办

（1）危机是不以我们意志为转移的客观存在，你可以克服它。这次美国次贷危机，从美国扩展到全球，从金融延伸到实体。有的人说，比1929年经济大危机还严重，到底什么时候能见底，众说纷纭。我们要看到，历史上无论是自然危机、社会危机，最终都是可以克服的。既不要惶惶不可终日，也不要认为离我们还远，就掉以轻心，漠然置之。当然，大浪淘沙，有的被淘汰出局，有的物竞天择，适者生存，活下来了，进一步成长壮大了。

虽然，在这次金融危机中，邢机表现很出色。没有亏损，但是下一步危机会怎样发展，还是众说纷纭。吴溪淳同志曾说，钢铁业不能预测2个月后的情况。必须立足于准备最坏的，这样才有可能争取最好的。

从钢铁行业来讲，从2002年钢产量一年增长3000万吨起，以后每年增长绝对值都在

4000 万吨以上，2007 年增长近 7000 万吨，但去年只增长了 2000 万吨，达到 5.1 亿吨。而目前的产能至少超过 6.5 亿吨，在建的还有一批。供大于求的局面已经确定无疑。

怎么看待产能过剩？不能简单地以结构性矛盾掩盖。这里有淘汰落后不力的问题，我们不要掩盖问题的严重性，要更重视从源头上去抓。《钢铁产业调整和振兴规划》提出，“以控制总量、淘汰落后、企业重组、技术改造优化布局为重点”，实际上这几年控制总量就根本没做到，相反却还是扩展总量。目前，板材供大于求 8000 万吨，而且还是指正常发展年景。应该说板带轧机绝大部分不是落后能力，这对我们轧辊行业当然是一个很大的检验。

2009 年钢铁工业形势确实严峻，年年都说严峻，今年是真的“狼来了”。2008 年《中国冶金报》讨论究竟需要多少钢？钢铁工业的拐点在什么时候？但谁也没有想到这样快，而且是以这种方式到来。

2009 年究竟会怎样？中央虽然采取措施，扩大需求，但真正起作用，还有一段时间；至于去年 12 月钢产量又有回升，以为是整体形势转暖，实际上是假象，只是经销商补充库存。现在又下降了。因为最终产品并没有好转，出口下降幅度之大，更是出乎意料。钢材的直接出口和间接出口，都有大幅度的下降。直接出口，2008 年出口钢材、钢坯 6046 万吨，扣除进口，净出口粗钢 4763 万吨。今年 2 月份中钢协会议上，吴溪淳预计净出口 2600 万吨，就是比上年减少 2100 万吨。但今年 1、2 月份实际出口只有 347 万吨，比预计的要少。

间接出口，约占钢材出口一半。但从 2008 年 11 月起，机电产品出口已连续 3 个月负增长。2009 年 1 月，全国机电产品出口额同比下降 20%、9%。

因此，直接、间接出口钢材 2009 年至少要减少 4000 万吨以上。中钢协预测今年钢产量是 4.3 亿 ~4.6 亿吨。这对轧辊行业的影响当然是巨大的。我们不能改变外界这个大形势，但我们必须认清形势，才能确立自己的对策。比如，钢铁企业轧辊使用量会减少；小批量会增加，为了降低成本，会尽量延长轧辊寿命，采取修补方式的会增加。你们的市场形势分析会是一种很好的形式。可以从订单的变化，企业、轧辊品种、质量异议的变化，可以从价格的变化：地区、企业、品种规格的变化来进行分析，也可以解剖成功的案例和失败的教训。

总之，需要分析数据，不是一个简单的数字汇报。

（2）危机是一种考试。考什么？对每个国家、每个企业、每个人都是一场严峻的考验。首先是靠心态。温家宝讲“信心”，为我们树立了榜样。是积极应对，还是随波逐流？要作最坏的准备，准备几套方案。我们作为世界第一强企的竞争者，要在危机中跃起。其次是考能力，你们提出“四种能力”，独特的产品研发能力，特色的服务能力，全员市场意识竞争能力，全员创新能力。市场竞争能力包括市场适应能力。应该说这是考前一种很好的准备。要利用危机，强化这 4 种能力。第三是考企业的凝聚力。能不能面对危机，团结一致，同舟共济。从大里说，就是考验能不能更好地贯彻科学发展观。

（3）危机还是一种资源。因为危机给我们提出很多课题，或者说，危机把一些平时我们虽然提到、但重视不够的问题凸现出来了，暴露了我们过去经济运作中存在的严重问题，使我们无法回避。“不要浪费危机”。当然，这也是一种心态。危机时势造英雄，乱世出能臣。我们就是要做这类英雄、这类能臣。利用危机，发现不足，加快弥补。首钢炼铁厂二高炉利用停产培训人员就是很好的例子。

三、着重谈一谈人才问题

这次在邢机，看到邢机3年巨变，特别是在现场看到广大员工创造性劳动的成果，很受教育，很受鼓舞。感受最深的是这样一句话：群众是真正的英雄，是群众中蕴藏着极大的潜力，把一个又一个过去认为不可能实现的事情变为现实。确实是像毛主席老人家说的：只要有了人，世间一切奇迹都可以创造出来。这些年，为什么我还每年有4个月时间去企业做调查，就是受到企业同志这些事迹的鼓舞。所以现在我感到自己比在位时还充实。

那么，**群众中的潜能是怎样发挥出来的**？感悟最深的一点，就是：领导者的首要责任是激发广大员工中蕴藏的极大的潜能。只要把人的积极性、主动性调动起来，确实是什么人间奇迹都可以创造出来。

（1）领导表率作用。例如：萍钢约法三章，工人夸。太钢2002年内退1.4万人，连董事长、党委书记的夫人都办了手续。太钢主要领导同志拒领奖状和奖金等事例。

宝钢提出“八个人”，尊重人是出发点，是落实以人为本的出发点。尊重人，就是尊重人的劳动，尊重人们掌握的科学技术，尊重人的人格。了解人是前提和基础。建立健全了解人的工作制度。通过了解人、关心人、提高人、规范人、激励人、依靠人，最后达到凝聚人、高度发挥他们的积极性这样根本目的。当然，关键还在于落实，在于公司领导的实际行动。

尊重，不仅体现在对高端人才上，对普通劳动者同样要尊重。太钢领导对6位保洁工的评价和奖励，就是很好的例证。这就促使各类人员都尽心尽力为太钢的发展作出自己的奉献。尊重不是作秀，是真心实意，出自内心的。是心灵之间的沟通。本钢热轧厂对各类人员的尊重也是一个很好的例子。

（2）搭设舞台。首钢技术研究院前后变化就很有代表性。现在，首钢上上下下形成了“尊重知识、尊重科学、尊重人才”浓厚氛围，近期前来首钢的一些高端人才都感到在首钢工作心情舒畅，能够尽其所长，充分体现自己的价值。这也引起了连锁反应，吸引了更多的专家学者前来加盟，加速了首钢科技进步的步伐。

（3）激励机制。关键是分配机制。“用好人，分好钱”。这是直接牵涉广大员工切身利益的大事，必须审慎对待。这实际上是一个导向问题。3条通道，不再是“官本位”的一条独木桥。有的企业宁愿不要高工职称，给一个科长就行。宝钢还有“局级工人”。

要深化分配制度的改革，根据不同时期的新情况，适时调整各类人员的薪酬奖金关系。

但是也同国民经济的积累和分配关系一样，在现实条件下如何保持恰当的关系，同样需要认真研究。不能吃大锅饭，但也不能把差距拉得太大。金融行业就不恰当，是个错误的导向。有几个大企业一度员工情绪不稳，同此有关。有的企业困难时职工减发工资20%，企业盈利后，职工收入却没有增加，引起职工不满；有的企业主要领导到点免职后，有的职工竟然放鞭炮庆贺，也同这方面的问题有关。

我们要讲奉献，但不要使先进单位在经济上吃亏。

分好钱，只是一个形象的说法。还包括关心员工的民生问题，从多方面关心职工。有时就是一些小事，对员工的影响却很深。

（4）培育人才。在培养人方面。这几年凡是发展快的企业可以说无一不是把人才培养摆到公司重要议程上来的。邢机这几年在这方面做了不少工作。但是，教育经费去年100多万，我想你们不是不愿意投，而是不知道怎样花。

培训，要两条腿走路。一方面是有组织、有计划地进行培训。你们也做了大量工作，自己办班，有关大学合作，外送培训，起到了很好的作用。但不能满足于多少课时，多少人参加。更要注重实效。要改变培训与使用脱节、培训内容与培训要求脱节的现象，要更结合当前的发展形势和现实要求，更富有创造性。还有“3＋α”能力培训，即每层级的专业技术人员培训中均包含现场问题解决能力、技术创新能力、国际化能力等共性培训模块及专业技术能力个性培训模块等。特别是在当前各方面工作都很紧张的情况下，能够给各级领导和各类优秀人才提供一个“冷”思考的机会，磨刀不误砍柴工。

另一方面，更量大面宽的还是就是按照创建学习型企业的要求，结合岗位实践，努力实现“工作学习化、学习工作化”。首钢矿业有三句话：“岗位是最好的课堂，工作是最好的培训，实践是最好的学习。”他们就是引导职工善于在岗位实践中发现问题，解决问题，总结经验，开拓视野，培养出各方面的专家。孔利民说，“岗位就是我们创新的舞台。”他从第一个合理化建议成果到第一项发明专利，自己的每一次创新都源于现场的难题，只要有心，就能发现问题；只要动脑，就能解决问题。

我们还要充分利用现场的有利条件，努力培养一批专才和通才结合的新型人才。现在很多企业普遍开展“一专多能”活动，宝钢热轧厂有的职工取得了8个上岗证，能胜任整条生产线各个岗位的操作，被誉为“一线通”、“万能工”。尽管他们主要还是在某个岗位上工作，但他们能够从全局的视角、系统的观点来发现、处理本岗位的问题，而不至于陷入“头痛医头、脚痛医脚”的被动局面；这也有利于从接合部创造新经验。

职能部门的培训。例如：武钢的谭丽丽先后调动了几次工作，每到一个新岗位，都把提高职工的素质作为自己义不容辞的首要职责，带出了一批人才。

（5）团队协作。团队出人才，协作出人才。例如：阿波罗团队的启示是要善于打团体冠军。巴登公司对协作的重视。在原料状况不稳定的情况下，有的企业高炉生产一直保持正常，有的却事故不断，很重要的一个原因是铁前有关部门的协调配合。在三明、新兴铸管、宝钢炼铁厂、宝钢热轧厂的创新协会例。宝钢还成立了厂长联谊会、创新协会、作业长联谊会等，以加强横向之间的相互沟通；宝钢成立一批虚拟团队，打破界限，人才不是小团体所有。谢企华认为宝钢集团内部的人才流通渠道还不够畅通，在一定程度上限制了人才资源的共享和人才知识结构的拓展。人才小团体所有、部门所有的落后观念还有待打破。

知识共享。知识传承，发挥团队作用，就要做到知识共享，就是要使个体知识团体化，隐性知识显性化。这就自然会加速人才的成长。比如：宝钢炼铁厂技术人员每人每季一篇文章，还有首席师讲座等。宝钢知识传承机制，通过局域网实现知识共享。

有些人才本企业确实没有，要通过开放式办企业，引进外智。包括国内外专家。不只是引进设备单位帮助调试，还聘请技术、管理咨询专家。但引进外智也要内部配套。只有基本上旗鼓相当，才能有更好的共同语言，才能激发火花。还可以派出去，首钢去蒂森、南钢高线厂学巴登。巴登要把他们作为学巴登的培训基地。还有国内选聘，厂校合作等。

四、高度重视企业文化建设

企业文化，内涵较广。我看重的是影响企业发展的、深层次的属于精神层面的那部分，就是为全体员工所共同认同的企业核心价值观和企业精神，以及由此而形成的企业经营理念、目标信念、道德准则、行为规范等。这种理念和企业精神一旦形成，就会成为强大的凝聚力，成为职工自觉行为的准则，成为推动企业前进强有力的精神力量。因此，企业文化可以说是企业之魂。一个没有文化积淀、文化底蕴，不重视企业文化建设的企业是没有生命力的企业。

我对企业文化的认识首先来自于企业。来自水钢、莱钢炼钢厂的实践，以后是参观萍钢、宝钢的感受，2003 年考察纽柯和巴登的启示。

企业文化，形虚而实实。做得好，就使精神转化为物质；做不好，就成为在天上飞、墙上贴的虚无缥缈的东西。企业文化的理念，没有好坏之分，关键在于是否适合自身情况，是否能落地、扎根。

文化怎样才能落地？一些企业也提供了经验。

（1）企业文化建设要着眼于战略目标的大局，从身边小事抓起。企业文化就是要为企业的发展战略服务，只有同大目标挂钩，才有强大的动力。但大目标又必须落实到每项具体行动中去。你们围绕世界第一强企的战略目标，提出了的核心价值观、企业精神、理念，企业文化的威力，企业文化的作用，就是要通过实施战略目标的过程中来体现；就是要通过你们的全员创新，以及两个工程点点滴滴的具体活动中来体现。太钢 70 周年厂庆，5000 人的大会，散会后，保洁工发现场地不见杂物，这在太原市引起很大震动。这一结果，就是从一点一滴的小事抓起的。

（2）企业文化是领导以身作则教出来的（略）。

（3）企业文化是通过建立制度管出来的（略）。

（4）企业文化是典型带出来的（略）。

（5）企业文化要通过长时间的积淀形成（略）。

五、关于领导班子建设

领导班子特别是一把手的重要性，1998 年 10 月，我给朱镕基总理写《关于选派企业一把手的情况和建议》的背景。朱镕基同志的批示。以后在春节时写了“扭亏十谈”一文，关键是两篇：“千条万条，观念转变是第一条”和“关键在于企业一把手”。

这次来邢机，邢机的发展也充分证明了这一点。邢机有一个好班子，更有一个好班长。邢机的领导班子是一个创业的班子、勤奋的班子、充分意识到自己历史使命的班子，也是一个值得信赖的班子。

作为一个企业领导必须有几个关系要处理好。

一是人和物的关系。过去习惯是党政分工论。行政领导抓物，党委领导抓人。现在一些单位实施一肩挑。比如：有的厂长做得很好，400 人 400 张牌；有的谈指标、谈设备，如数家珍，问到队伍情况，就张口结舌。要关心物，更要关注人。

二是内与外的关系。要承认外部因素的影响，关注外部因素的变化，企业是在一定的外部环境中生存发展的。否认外部环境对企业的影响是不客观的，看不到外部因素对自己工作的影响，就会陷于盲目性；过分强调外部因素的影响，放松自己的努力，就会使自己陷于“无所作为”的境地，丧失时机，削弱士气。

最容易犯的是“外因论”。我们必须经常注视外部环境的变化，特别是要研究分析这些变化对企业和本单位带来什么影响，并寻求应对变化之策。了解外部，研究外部，不是为自己前进慢、甚至某些失误找借口，而是要寻求对策，以改变外部条件、适应并满足外部需要；关注外部更不是把自己的问题推给外部因素。“遇到问题找方法将是一个成功者，遇到问题找借口注定是个失败者”。

三是冷与热的关系。热有两层含义：一种是指工作状态。企业的领导们都是处在第一线，具体事务多，要求急，整天忙忙碌碌，热气腾腾，“没有双休日，只有星期七”。一种是指精神状态。热情，激情，很多有成就的企业家和科学家都很强调“激情”。国外学者总结企业经营的“4P”原则，第一个P就是激情（passion），第二个P则是“人”（people），他们认为：激情是燃料，员工是发动机。作为一个企业之主，同样需要激情。一个无精打采的厂长是无法把员工团结在周围去夺取胜利的。

对这两种“热”，要区别对待。对第一种状况的热，应该肯定他们的干劲，但要防止那种自觉不自觉地“以热为荣”，习惯于忙忙碌碌而不能自拔，其结果是忙而效率不高，效果不佳，甚至忙中出错，更难有突破性的进展。要引导他们研究怎样“忙”到点子上，使付出的代价获得更大的成效。对第二种体现激情的热，应该大力发扬。搞事业，有没有激情大不一样。“气可鼓不可泄”，就包括这种激情。但是，光有激情还不够，燃料再足，方向要对，否则就会事倍功半；而且一旦多次受到挫折，也会影响到激情的持久。

所以，需要冷热结合。冷就是去思考，去学习，去总结。不仅要总结，还要学会表达。作为企业领导，讲话不可少。要学会说话，善于说话，善于组织自己的思想，表达自己的思想，来鼓舞人心，激发斗志，解除疑虑。这是人际沟通的重要方面。

四是守与创的关系。我们已经取得了很大的成绩。在成绩面前，容易产生一种松劲、保守情绪，认为守住这一份家业就不错，千万不要丢失了。取得成绩后产生的保守思想，缺乏创业时的那种激情，那种创新精神。更何况现在时代发展这样迅猛，不仅是不进则退，进慢了也是落后。想守是守不住的。我们要在强手如林的竞争环境中站住脚跟，持续发展，离开创新，就如南辕北辙。你们倡导的创新文化，薛总把它看作核心竞争力。对专利，也要抱着这种态度。

五是言与行的关系。前几年才去世的管理大师杜拉克说过：领导人的唯一定义，就是有追随者的人。怎样能使人甘心情愿地追随你？这不仅要求领导者在重大问题上的正确决策，还必须要有个人人格的魅力。

个人人格魅力哪里来？作为一个单位的领导，必须成为这个单位的表率。巴登公司要求：“每个经理就是一个遵守准则的典范”，“一个经理对部下的要求绝不应该超过对自己的要求。”可见，作为一个单位的领导，要带好队伍，首先不是靠什么特权，而是要自己的言行来感染人、影响人。这就要求首先成为践行企业价值观的模范。你不能要求员工在各自个工作中体现企业的价值观和企业理念，而自己却只把价值观停留在口头上。

最后送你们几句话：**严律己，为表率；戒骄奢，慎始终；人为本，动真情；讲团结，重沟通；勤学习，善总结。**

当然，还有一个建立对一把手的激励和制约机制问题。这需要各方面共同努力。特别是制约机制，否则也有可能使事物向不好的方向转化。冶金系统有过教训。

我的讲话到此结束了。很感谢中钢公司和宫总以及邢机各级领导和员工们给我提供这样一个学习机会。在调查过程中，一些朋友给我戴了不少桂冠，都是言过其实了。我只不过还算是一个勤于学习、特别是勤于向企业朋友们学习的老学生。当然，学习是互动的，是双向的，今天讲话只是一份初步的汇报，如果对大家有所启发的话，那也是兄弟企业的经验，我只不过做个“二传手”。

衷心祝愿邢机和在座的各位在奔向世界第一强企的进程中，取得更大的成就；希望能经常听到你们的好消息。

企业发展 人才为先

——在宝钢人才开发院座谈时的发言提纲

2009 年 6 月 22 日

首先，感谢秦院长的邀请，给我提供了到宝钢人才开发院学习的一次难得的机会。来后各位领导在百忙之中抽出大量时间向我介绍情况，并对我从各方面作出了很好的安排，使我不仅在思想和工作上颇受教益，而且也在宝钢度过了愉快的几天，在此再次表示对宝钢人才开发院各位领导和同仁的衷心感谢。

宝钢建设 30 年来，我有幸见证了宝钢历史上的一些重要时刻。1978 年 12 月 23 日在露天广场举行的开工仪式；接着却是一波三折，五马分尸，滑到长江、进口废铜烂铁、下马部长，动维护，专家的论证，全国人大会议上的质询（起草了唐克部长的讲话稿），1985 年 3 次生产准备大检查；1985 年 9 月投产仪式，以后是宝钢企业管理丛书的编写；在退出行政领导岗位后，还曾随同郭廉高同志去日、韩两国考察。这些年虽然来宝钢少了，但通过《宝钢日报》、《宝钢经济与管理》，以及 2008 年以来的《宝钢培训》，了解了宝钢发展的情况。仅输入的文字就有 20 多万字，是所有企业中最多的一个。从中学到不少东西，受到很大启发。

这些年我还经常到企业进行调查咨询，在同企业各级领导交谈或应邀在干部会议上讲话时，我都会根据各个企业的不同情况，介绍宝钢的经验。但这几年我确实又很少来宝钢，为什么？一是因为宝钢太大，各方面经验都很丰富，我不知道从何下手，二是现在大家都很忙，我来，一定会给大家添麻烦。来了，不同我谈不好；泛泛谈我又觉得不解渴；时间长了，我又觉得过意不去。这次你们秦院长给我打电话，给我提供了机会，我决定就是要来学习宝钢人才建设方面的经验。

第一，通过这几年的调查，我越来越深切地感到人才问题是各个企业发展的头等重要的大事，因此也是这几年我在企业调查的一个重点。

第二，宝钢对人才开发十分重视，而且有着丰富的经验。我积累的资料，很大一部分就是有关这方面的。近 10 年来，我先后在有关刊物上发表过 4 篇人力资源开发的文章，其中不少事例都是来自于宝钢。但毕竟比较散，如果能通过这次调查，对行业做些介绍，推动兄弟企业在这方面上到一个新水平，对我来说，也是为行业的发展尽一些绵薄之力。

我常说，宝钢位于宝山，宝钢本身就是一座宝山，埋藏着无数的宝贝，有待我们深入地挖掘。这次来，对我来说，面对这一巨大的宝库，觉得时间很不够，但对你们来说，可能还很少有这种情况，对一位外来者花这样多的时间进行介绍，而且这种介绍基本上还是单向的，你们是给予方，而我则基本上是索取方。

来前，我是做了认真的准备的。我把你们寄送我的 5 本刊物又统统浏览了一遍，摘录了近6000字输入电脑。再加以前积累的宝钢资料，我初步印象是：

（1）提出来“八个人”，真正体现以人为本。不仅提出理念，而且建立机制。以尊重人为出发点，建立健全了解人、关心人、提高人、规范人、激励人、依靠人等6个方面的工作制度，达到凝聚人、促进员工与企业共同发展的目的。

（2）较早地打破“官本位”，打通了使各类人员都有体现其人生价值的通道，极大地调动了各类人员的积极性。“官本位”必然扼杀积极性、创造性，千军万马挤一座独木桥，有的企业高级工程师不愿当。宝钢20世纪90年代就有局级干部，以后的首席师制度的设置等。

（3）敢于打破束缚人才潜能发挥的桎梏，为人才的成长提供了制度保障。如建厂初期推行大工长制，为一线员工的创造发明提供物质保障。韩明明十年磨一剑，一线员工专利项目之多、比重之大，在钢铁行业无出其右者，全国恐怕也是罕见的。新进厂员工的创造性发挥，如热轧厂、炼钢厂。

（4）在人才培训上，逐步形成、不断完善包括指导思想、组织体系，到对各类员工的培训要求、师资队伍建设、课程开发等一整套从理念到体制、机制比较完整的体系。宝钢人才开发院的成立，三个基地的提出，是不是可以说，具有里程碑的意义。

宝钢取得的成绩是巨大的，宝钢的经验是可贵的，宝钢在冶金行业里起到领头羊的作用，至少在相当一个时期是不可动摇的，但是，我们也要清醒地看到，宝钢在前进，兄弟企业同样也在前进，而且，正因为有宝钢的引领，兄弟企业前进的步伐也在不断加快。

这几年印象比较深的有太钢、舞阳、首钢的迁钢、首秦、矿业公司，以及中钢的邢台轧辊等。

建议：

（1）重温三感。进一步树立紧迫感、危机感、使命感。宝钢在前进，兄弟企业也在前进。虽然，总体上宝钢一直是国内钢铁行业的领头羊，但要看到，这种差距正在缩小，某些方面，一些兄弟企业已经领先。后有追兵，大有后来居上之势。

（2）人才开发院作为人才培训的基地，其使命是全面提高人才素质。传道授业解惑，授业就是提高业务素质；传道就是提升思想道德素质，就是把企业的核心价值观、经营管理理念成为员工自觉的行动指南；解惑就是要转变习惯思维模式，使学员自觉掌握适应形势发展的新思想，像4+1中的创新思维等。要炼好钢，先做好人。

变隐性知识为显性知识。把各级领导干部和广大员工通过实践、创新形成的，存在于他们头脑中的知识、信息经过提炼、提升形成能够为大家所了解、接受的知识。

挖掘员工的潜能。开发人的大脑，通过各种激励机制使人们的潜能得以迸发。当然，这是整个宝钢各个单位及各级领导共同的责任，但人才开发院有其特殊重要的意义。

（3）作为公司管理研究基地，要发挥企业自身的优势，办出自己的特色。优势是有大量丰富的实践，不断发展的实践，创造性的实践。这是我们开展管理研究的沃土，同时也是检验我们管理研究成果的最好的市场。

管理研究一是要钻进去，跳出来。不钻进去，就是墙头草，根基不深；不跳出来，就会出现“不识庐山真面目，只缘身在此山中”的现象。习以为常，没有新鲜感，引不起激情。

二是要讲得出，收得回。研究成果通过培训传播，效果如何，要重视反馈；进行跟踪，不断充实完善。

三是既要总结经验，更要重视教训。如恩格斯所言：“伟大的阶级，正如伟大的民族一样，无论从哪方面学习都不如从自己所犯的错误中学习来得快”，但总结反面经验有风险。

四是既要学习借鉴西方企业管理经验，更要重视中国自身的特点，重视自身的现实问题。因为毕竟他们是现代化企业管理的发源地，而且各国国情不同，发展阶段不同，因此在重视共性的同时要注意个性，不能“言必称希腊”。南怀瑾对中国的企业管理说了一句话：“一片白云横谷口，众多归鸟尽迷巢”。软科学评审组的体会，没有数学模型不够水平。正如科研从找出问题开始一样，管理研究可以从诊断开始、从解决现实问题开始，所以我很同意你们研究、诊断、培训的“三位一体”。

五是本身要倡导协同，知识共享。

（4）关于企业大学问题。一是大学的定性。就是培训和科研结合，而且还是创造性的科研结合。GE 的克劳顿村就是，西门子也有管理学院，不在名称，而在实质。不宜过多地突出大学，因为中国容易“一阵风”，结果追求形式。

二是办成一流大学的时间表，离现在还有 8 年。清华大学校长梅贻琦说过：“大学者，非谓有大楼之谓也，有大师之谓也。”当然，企业大学同正规大学不同，但都必须有大师是一样的。一流大学就必须有一流的大师。从目前专兼职师资队伍情况来看，用你们国胜书记的话来说：我不是小看你们，有这样的雄心壮志当然好，但解放思想必须同实事求是相结合。清华过去提过何时进入世界一流，但至今在国际、甚至亚洲大学排名中还并不靠前。

企业一流大学的内涵是什么？你的标杆单位是谁？如果从国内企业来对比，不用说，宝钢肯定是一流。但过去黎明部长说过：宝钢在国内争第一，是没出息。在企业大学的定位上，也要有这种精神。能不能列出阶段性目标，特别是在前几年一定要打好基础，防止浮躁心理，防止过强的功利性。

（5）开放，自加压力。不是说宝钢没有开放，而是要拓展开放的范围。不仅是国外先进企业，如 GE、IBM、摩托罗拉、蒂森克虏伯，以及国内的华为等非钢铁行业，还要向国内钢铁企业开放；也不是说面向这类企业的开放有什么问题，人往高处走，从先进企业可以学习不少先进理念、先进经验，推动宝钢快速成长。

但宝钢还有社会责任，包括引领中国钢铁企业在国际竞争中快速成长。只要不是真正属于保密的就可以也应当适当公开，帮助兄弟企业提高，也就是自我加压，逼着你不能安于现状。

中国科技大学原校长朱清时在一些高校实验室大楼告示板上贴告示，最显眼的是来自校外的学术报告通知，校内的少之又少。一些年轻学者和学生说，这是为了提防别人窃取我们的学术思想。朱清时认为，这主要是由于学术道德败坏造成大家相互提防的心态，而这种情况已经成为危害我国创新能力的大敌。（引自《作家文摘》，2009 年 3 月 9 日）

宜家在全球都遭到从个人到商家的大量仿制，这些仿制者在一定程度上侵蚀了宜家的市场份额，但宜家会以加快产品设计的更新速度来进行有力的反击。

你们孔利明也有这样的观点。宝钢分公司员工论坛讨论如何为人才成长提速，人才的加速培养，不可避免地会涉及知识的传承和共享。针对“教会了徒弟，饿死了师傅”的传统观念，现场嘉宾一针见血：“这是一个观念问题。孔利明式创新小组遍地开花，不是也没‘饿死’孔利明吗?”孔利明接过话茬说：“知识传承是双向的，师傅在传授的同时，对自己的技能也是一种提升。如果师傅真被饿死了，那只能说明这个师傅跟不上企业的发展”。

从企业的目的和基本功能看邢机经验

——在中钢股份推广中钢邢机“精益服务”经验交流会上的专题报告

2009 年 11 月 20 日

今年二三月间，我应中钢领导之请，到邢机作了一些调查，前后有 3 星期之久，所见所闻，使我感触颇深。在此期间，最打动我的是他们对用户的强烈的服务意识。后来同宫总商议，调查报告的题目就是“实施精益服务，打造一流企业”。此后，听说中钢在推广邢机经验上，做了大量工作：先是向所属的生产、科技企业发了《关于学习中钢邢机精益服务经验的通知》，作出了部署；还在《中钢报》开设了“精益服务专栏”，报道企业学邢机，开展精益服务的作法；并在几家报刊上发表了我的这份调查报告，以后又拍了专题片。这次，又在邢机召开了规格较高的精益服务推广现场会。现在看，通过这些活动，邢机的经验，已被中钢系统的其他企业所接受。今天在这个会上，中钢领导还要我来讲一讲对邢机经验的评述。

讲些什么呢？邢机的经验大家都看了，没有必要再重复。我想乘此机会，谈谈我对邢机经验的感受，同时也介绍一些兄弟企业的情况，供各位参考。

一、从企业的目的和基本功能来看邢机经验

邢机的基本经验用最简练的语言来概括，就是“精益服务”。为什么我这样看重服务呢？这要从企业的目的和基本功能说起。前两年才逝世的世界级管理大师德鲁克说过：仅有一个有效的定义来诠释企业的目的：“创造顾客”。我觉得，这 4 个字十分精辟。没有客户，企业也就没有存在的必要。企业要生存，要发展，就必须创造更多的客户，客户是企业存在的前提。既然企业的目的是创造顾客，那么，怎样来创造客户呢？德鲁克又进一步从企业的基本功能作了阐述：“它有两种（而且只有两种）基本功能：营销与创新。”企业就要靠发挥这两种基本功能，来创造客户。而邢机正是在这两方面都作出了创造性的业绩。

怎样来发挥营销的功能呢？这要解决企业究竟以谁为中心的问题。现代营销观念同传统的销售观念根本的区别在于：前者是以用户为中心，也就是以买方为中心；后者则是以生产企业为中心，也就是以卖方为中心。前者表现为客户需要什么，生产企业就研发什么，生产什么。实际上，它为销售提供的东西不是由卖方而是由买方决定的；卖方充分了解顾客，积极听从顾客的建议，提供符合顾客需要的产品，从而吸引人们自动来购买这些产品。在整个经营活动中，是以顾客和潜在顾客为主导，根据客户的需求，由买方来满足这种需求。后者则是企业生产什么，就卖什么；我们做，你们买，客户处于被动状态。邢

机的可贵之处，就是在优选客户的基础上，努力做到在用户最需要的时间，最需要的地方，提供最有效、最佳的服务，并以此带动企业产品开发、技术创新、质量提升、操作改进、形象改善等企业现场工作，有效促进了企业核心竞争力的形成，取得了用户的青睐。

衡量营销成就的当然要看体现在数字上的业绩，但我们更要重视数字背后的深层次的原因，这就是客户的认可度、满意度和依赖度。如果没有这几个度的支撑，企业就不可能取得持续的发展；而要提高这几个度，关键就是“服务”。广义上讲，服务包括产品质量、价格、交货期，以及售后服务等。也可以说，凡是同用户打交道的过程都是服务过程。发达国家的企业家通过长期以来市场经济的锤炼，早就悟出这样一条道理：“没有销售就没有企业，没有良好的服务就谈不上销售”。这就是客户的认可度、满意度和依赖度。如果没有这几个度的支撑，企业就不可能取得持续的发展。而要提高这几个度，关键就是“服务”。广义上讲，服务包括产品质量、价格、交货期，以及售后服务等。也可以说，凡是同用户打交道的过程都是服务过程。话虽然有些极端，但也充分体现了在这些企业家心目中服务的重要性。德国大众汽车公司通过在北美和欧洲的用户调查发现，一个厂家失去的份额中，只有1/3是由于产品质量或价格的原因，60%是由于服务不好造成的。邢机正是在服务方面，精益求精，把自己定位为服务型企业，心甘情愿地为客户服务，把提高被服务企业的业绩当作自己应尽的义务，不断前进，才能持续发展。

要搞好服务，还取决于自己的定位。比如，美国邮局对自己的任务定义为信件的往来传送，而联邦快递却将满足每一个顾客视为自己的主要任务。当美国邮局消极地通过意见卡来得知顾客的埋怨时，联邦快递却从1985年开始，积极地在每一季度访谈2100名顾客，并根据客户的意见来改进自己的工作。也因此，联邦快递才能逐年从美国邮政手中取得日益增加的市场份额。因此，学习邢机经验，首先就要调整观念，明确自己的定位，把服务作为自己的历史使命。

二、服务的高层次、高境界就是要双赢，既要使自己从服务中获取利益，还必须使对方从服务中获得增值

办企业当然要有效益，没有效益的企业是生存不下去的。但如果为了短期的效益，而丢失了长期的客户，那就是得不偿失。企业的经营活动，必须遵循“双赢”理念。有人说，这是一种崭新的企业与客户的关系。其实不然，在中国传统的经商活动中早已存在。有这样几句话：“我有利，客无利，则客不存；我利多，客利少，则客不久；客我利相当，则客可久存，我可久利”、“诸利并取则诸敌并树，诸敌并树则诸利并失。取一利而留他利，则诸友并存；诸友并存，则诸利并在。”这也是一种辩证观念吧，值得我们深思。现代化的企业更要以此为遵循，宝钢开始提出以“追求企业效益最大化”作为企业的价值取向，后来转到以“追求企业价值最大化”作为公司核心价值观，就是一个很好的典型。这就是要求企业在生产经营过程中，不仅要注重企业的短期利益，更要追求企业的长期、持续、健康地发展；不仅要求企业为本身获取利益，还必须为用户、投资者、员工和社会创造价值。而在同用户的关系上，就是要提倡“双赢”。使企业因客户而获利，客户因企业而增值。

要实现“双赢”，就要把用户放在心中，想用户之想，急用户之急。这就必须“服务在用户开口之前”，“不仅使客户满意，而且使客户感动”。韦尔奇曾说过：在激烈的市场

竞争面前，首要的一点，就是启动三驾保证竞争力的老战车——成本、质量和服务——并且让自己的驾驭技术更上一层楼。具体到服务上，就得想办法打破自己所在的产业或市场的传统服务模式，你要给顾客提供的不仅是满意，而且是震惊。邢机也正是这样做的。他们不仅精心做好售前、售中、售后全过程服务，实施轧辊使用全过程跟踪管理，还从客户角度出发提供超值服务，引导客户建立合理库存；掌握客户技术进步、结构调整、产品升级情况，以及由此引发的对轧辊品种、质量等方面需求的变化，及时发现用户现实和潜在需求，以此来指导内部生产，持续提高产品技术性能和适应性；从而使邢机实现了从“服务客户”向“引导客户”转变，从“满足客户”到“感动客户”转变，进一步赢得了广大客户的信任度和依赖度，从而巩固和扩大了市场份额。

这种事例，在冶金系统也屡见不鲜。马钢在2002年开拓H型钢市场时，由于当时市场还没有充分打开，而且最终用户普遍要求配套供应，因此资金需求多，周转慢，中间商往往要比经营一般钢材多出2~3倍资金。马钢销售公司主动与银行商谈，采用货权质押业务，实行“银、企、商”三方合作，客户以钢材抵押向银行贷款，银行看中马钢的这个平台，马钢看中经销商的渠道优势，经销商解决了有些产品因销售周期长、库存要求配齐而资金不足的困难。通过这种方式，马钢对客户提供了延伸服务和支持，使三方都规避了风险，实现了“三赢”，也大大增强了客户对马钢的忠诚度。

要使客户通过服务而增值，还要重视“个性化服务”。宝钢认为，要继续保住自己的优势，除了加强产品质量和价格方面的竞争力外，还必须以差异化的服务深层次凝聚用户，形成宝钢特有的、竞争对手在短期内无法模仿的服务壁垒，以不断提高用户的依赖度和满意度，深度锁定用户。他们大到一种新产品的开发，小到一个标签的粘贴位置，都根据用户要求力求完善。一汽大众提出降低产品成本，加速配送速度，宝钢就把仓库建在一汽大众门口；格力空调仓库容量小，宝钢就根据他们的生产节奏，控制发货节奏；长安铃木、小天鹅等企业没有剪切设备，宝钢就按照用户的尺寸规格，将剪切后的产品送上门去。同时，还大力推行标准 $+\alpha$ 的供货体系，以满足用户不同层次的需求，现在宝钢大部分的合同都是针对单个用户的不同要求生产的。

沙钢的崛起，原因当然很多，但其中一个重要原因是他们十分重视和客户的关系，设身处地为客户着想。20多年前，我在沙钢调查时，曾亲身经历这样一件事，使我感触很深。我看到沙钢码头上不断有运送废钢的小船进出。当时，市场上废钢紧缺，而沙钢却不愁没有原料。看码头的老师傅告诉我，这多半是来买窗框钢的客户运送过来的。当时，一般钢厂是2.5吨废钢换1吨钢材（价格按当时市价另行折算），但沙钢却要2.8吨换1吨。为什么客户宁肯多交废钢，却要向沙钢购买呢？因为，第一，沙钢对他们是一手交料，一手交货，不需要为提货再来一次；第二，可以一次配足各种不同规格的窗框钢，不需要再到其他钢厂。实际上，当时沙钢还不能生产全套的窗框钢，但为了方便客户，他们宁可先从市场上采购本厂不能生产的规格，虽然要多占用一些流动资金，但取得了客户的信任，客户主动送废钢上门。这也是实现“双赢”的一个很好的范例。

三、要适应形势发展的需要，把技术服务提到更重要的位置

为用户服务，不能停留在热情接待、及时处理异议上，而要大力提高服务的质量和水平，提高服务的档次。当前，在科学技术突飞猛进的情况下，提高用户服务的技术含量，

成为提高服务质量的一个趋势，也是提高服务水平的一条重要措施。邢机提出，要走出一条“科技主导型、技术营销型、增值服务型”的营销道路，使精益服务落到实处。这是很有见地的，也是富有前瞻性的。

早在20世纪初，宝钢就把“提升用户服务技术含量”作为经营目标之一。提高用户服务技术含量，是指提高用户服务中的产品技术和管理技术的应用含量。拿产品质量来说，他们就经历了几个阶段：开始是“追求标准化”；以后是“满足客户需要”、实施按标准 +α 组织生产，这里的α就是根据不同客户的需求，实行的个性化服务；后来又提出“满足客户的潜在需要”。每前进一步，都是在更高的层次上更好地满足用户的需要，要求技术含量在服务中占有更大的比重。

提高用户服务的技术含量，从邢机和各兄弟企业的经验看，一是推进产学研一体化工作，使产学研一体化小组成为推进用户服务的有效载体，成为提高用户服务技术含量的“排头兵”。像宝钢的产销研一体化小组（目前宝钢对主要重点产品几乎都建有产学研一体化小组），其职责包括选材指导（重点客户用材国产化），首次使用的上门指导，帮助用户提高成材率，提出用户使用技术研究项目，协助开展产品咨询，产品使用跟踪，组织参与重大质量异议的处理，归口管理用户服务信息，统一管理对用户的技术走访等。二是把技术人员充实到营销队伍中，建立一支技术营销型贸易队伍。邢机这方面做得较突出，成立了常驻客户企业的7个营销处和12个办事处，每个处里都有懂技术、会营销的经验丰富人员，还根据不同情况，配备有必要的装备，成为“精益服务”的前线窗口。三是加强对营销人员的培训，并组织营销人员与企业自身的技术人员、用户单位的技术人员进行技术交流、考察活动，提高营销人员的技术水平和为用户服务的水平。四是有条件的大型企业集团，像宝钢建立了用户技术研究所，邢机的国家级的技术中心已获国家发改委等五部委审批认定。

通过技术营销，一是可以进一步挖掘市场，引导市场；二是借助“先期介入”的方式，对用户使用技术进行研究，与用户形成稳定的供应链，达到双赢目标；三是营销行为不再停留于用户的采购部门，而是延伸到对方的生产和技术等系统，甚至扩展到操作工人的机台，帮助用户正确、有效地使用企业的产品，并将一些先进的工艺和技术介绍给终端用户，直接促进了这些企业的技术进步；四是促进企业技术开发能力，更好地为用户服务，并通过跟踪、了解用户的需要，掌握用户的潜在要求，进行前瞻性研究，超前研制开发产品，抢占潜在市场，以不断改进来满足用户的需要。

四、以技术营销为切入点，带动企业素质的全面提高

要提高精益服务的水平，不仅要加大现场服务力度，还必然会推动企业内部各项工作的改进。我们常讲“以销定产”，狭义的理解就是企业要按照订单来安排生产。其实，应该扩大这句话的内涵，把它看作市场和现场的关系。就是要以用户的需求，来推动现场各方面工作的提高；就是要以市场指导现场，以现场服务市场。企业上下，都要围绕市场转。邢机的实践，以其出色的效果充分证明了这样做的必要性。他们根据市场定位及需求，不断进行技术改造，奠定精益服务基础；他们狠抓产品质量，丰富精益服务内涵；他们推行全员创新，增强精益服务持续能力；他们改善厂容厂貌，树立精益服务形象。在这个过程中，邢机的企业管理水平，广大员工的执行力、学习力、创新力不断得到提升。他

们的很多做法，值得我们学习借鉴。

比如说，他们围绕提高产品质量开展的方圆工程、镜面工程的劳动竞赛，突破了过去单纯比指标的框框，着眼于夯实管理基础，重结果更重过程，基础扎实了，建起的高楼自然就稳如磐石；他们的技术改造工程，从实际需要出发，敢于做吃第一个螃蟹的人，很多都是同国内高等院校、科研院所和有关企业合作的，或者是自行研发的，属于国内首创；特别是群众性的创新活动，可以说是如火如荼，成绩斐然。记得一次我去铸铁厂，张冲厂长陪同我参观，边走边介绍职工的革新和发明项目，我们人没有动窝，张冲指着身旁的设备，就一连介绍了三四个革新项目，这充分说明了在铸铁厂，“全员创新”不是一句空口号，而是实实在在地成为广大员工的行动指南，群众的创新力被充分调动起来了。没有这种群众性的创新热情，邢机就不可能有今天这样的成就。这也证明了德鲁克所说的企业的两个基本功能——营销和创新，在邢机得到充分的体现。

创新力的提升要求学习力的增强，邢机在创建学习型企业中也有所创新。他们将学习型组织、全员创新和企业文化建设融为一体，提高了员工文化素养和操作技能水平，“允许昨天不会，不能今天不学”等理念深入人心，加快后进到先进的转化，促进了基础管理、基层班组建设的加强。

因此，邢机的今天不是孤零零地哪一件事作对了，而是通过提升服务水平，带动了整体管理水平、人员素质的全面提升。我们学习邢机经验，就要把它作为一项系统工程来对待，结合自身实际，创造性地进行学习。

五、企业领导最主要的职责

邢机之所以有今天，同邢机进入中钢以后，中钢的领导和支持分不开的。从企业内部来讲，则是同有一个好班子，更有一个好班长分不开的。邢机是一个创业的班子、勤奋的班子、充分意识到自己历史使命的班子、是善于调动员工的积极性的班子，也是一个值得信赖的班子。

从 1997 年刘淇同志委托我担任 4 个亏损企业的扭亏调查组组长后，这 10 多年我同企业的接触更频繁了，联系的人更广泛了，对企业的感受也更深了。一个企业的兴衰盛亡，关键在领导班子，尤其是企业一把手。1998 年，在经历了 2 年企业扭亏的实践后，我得出了一个结论，关键在于企业一把手。于是我给当时担任总理的朱镕基写了一封信，题目是“关于选派企业一把手的情况和建议”，镕基同志作了批示：“企业一把手可以兴邦，可以丧邦，可不慎乎。”同时，也批给了吴邦国副总理，邦国同志也作了一个很长的批语。

特别是 2003 年后，我每年都到首钢进行跟踪调查，最长的一年有一个多月。眼看着首钢员工从迷茫困惑、无所适从到精神振奋，勇攀一流；即将停产的工厂，职工依然在打拼先进指标；文化程度较低的矿山员工的创新层出不穷；从没有接触过现代化轧机的 80 后，却担负了世界一流轧机生产线操作的重任；从小到大没有离开京城、离开家庭的年轻学子，却奋战在当时还是渺无人烟、没有地方洗澡的曹妃甸；2000 年仅存 6 位博士都离职他去的首钢技术研究院，到 2006 年，又有了 40 多位博士（现在已超过了 100 位）。

这些变化，归根结底，来自于首钢新班子能充分调动广大员工的积极性。国内如此，国外也同样。以率先使用最先进的薄板坯连铸连轧工艺技术装备而闻名全球的美国纽柯钢铁公司总结他们成功的经验是：“20% 来自新技术，80% 来自我们公司的企业文化”；被誉为“高效率工厂”的德国巴登钢厂则认为“企业的成功80%取决于人，20%取决于设备”。归根结底，是“人”决定着一切，是有着文化浸润的员工决定一切。无数事实使我坚信：群众中蕴藏着极大的潜能，作为领导者的责任，就是如何把这些潜能挖掘出来，使他们迸发出来，让他们提升起来。邢机的众多事例也充分证明了这一点。这首先当然是要有既宏伟又切实可行的目标，还要有先进的理念，建立相应的机制；加强企业文化的建设，强化人才队伍的建设。因此，学习邢机，首先是企业主要领导要真正做到“以人为本”，把充分调动群众积极性作为自己的首要职责，任何企业，任何单位，只要把群众积极性调动起来，引导到正确的方向，就必然会无往而不胜。

这次到会的不少企业，像洛耐、吉炭、吉铁、西重、衡重等，过去都是冶金部各个行业中的佼佼者，甚至是领军企业，有些还是前苏联援助的156项工程之一，不少研究院所过去还是冶金系统的独生子，应该说，基础都很好。进入中钢集团后，又有后天的优势。我相信，通过这次会议，在中钢集团的领导下，邢机经验的启示下，其他单位也一定会在现有基础上更上一层楼，取得更辉煌的成绩！

预祝这次会议圆满成功！

正视差距　迎头赶上

——对2009年首钢“三创会”“开拓视野，对比找差”专题的点评

2009年7月16日

我有幸多次参加首钢的“三创会”，每次都会有新的感受，这次也不例外。

记得前几次的“三创会”也曾请过兄弟企业和有关单位来作介绍，比如北汽福田、新疆特变、潍坊市委宣传部等，尽管这些企业都不是钢铁业的，但对开阔视野、启发思路都起到很好的作用。而这次请来做经验介绍的两家企业，却都是钢铁行业，一家是民营企业国丰，一家是新建的股份制企业——首秦龙汇矿业公司。而且，首钢内部经验交流的第一个专题就是“开拓视野，对比找差”。我觉得这种安排，反映了首钢领导的一种心境、一种胸怀、一种决心，就是首钢不能满足于现状，要选好标杆，努力超越；要自加压力，不断超越。

近几年，首钢取得了长足的进步，在行业内外获得很多好评。我自己就曾写过一些短文，介绍在同首钢接触过程中自己所受的启发和感悟。但是，应该看到，这些赞誉很大程度上是建立在首钢自我对比的基础上。过去，首钢是以长材为主，现在能在短期内在板材生产上取得如此重大的进步，确实令人鼓舞。不过，我们同时还要看到，当前，首钢还面临更大的挑战，更严峻的考验。这就是：目前首钢一业四地（曹妃甸、迁钢、首秦、顺义）的主体装备都已属于世界一流水平，什么时候能拿出世界一流的产品、实现世界一流的效益？在国内众多先进企业中，还能不能保持“为首”的地位，在行业中位居前列？

这次第一个专题安排的3个发言，就反映了首钢领导在面临新挑战的态度和决心。由于时间关系，我点评的重点就放在技术研究院的第一个发言上。

第一，要成为世界一流强企，必须要以开放的心态，找准自己在世界坐标系中所处的位置。首钢正是这样做的。知己知彼，百战不殆。关起门来称老大，不是自欺欺人，就是一种无知的表现。黎明部长过去批评宝钢在国内争第一，是没出息。因此，首钢在迁钢和顺义冷轧投产初期，就同蒂森克虏伯开展战略合作，前后三次去蒂森学习，并认真对找差距，这次技术研究院的发言，就充分体现了这一点。这确实是一项明智之举。因为认识差距，就是前进的动力。

第二，怎样看待差距？形成差距，确有客观原因；但缩短以致消灭差距必须依靠主观努力。首钢过去是以长材为主，而当前已经转到以高端扁平材为主的生产经营格局。这好像从一个小学生一下子进入大学殿堂；而人家则是已经大学毕业多年、学有所成的资深人士了。对比之下，存在差距是必然的。但我们所处的是市场经济环境，市场不相信眼泪，市场也不问你出身，不问你资历，不问你年龄，不问你成长的周边环境。市场尊崇的是实

力，是产品，是价格，是服务。你要生存，就要超越。而且我们的主体装备绝不亚于国外一流企业，我们具备了这样的实力，何况还可以充分利用后发优势，缩短赶超先进的时间。迁钢管线钢的快速提升就是一个很好的例子。

第三，既要看到指标上的差距，但更要从一些硬指标差距的背后看到我们软实力的差距。技术研究院的发言分析了“十大差距”，不仅讲了品种质量、工艺技术装备、信息化等方面的差距，而且还分析了用户服务、科学管理、人才培养和体制机制等方面的差距，这就很好。但我还要强调一点，就是还要注意观念上的差距，这很可能是上述一些差距的深层次原因。比如，重主轻辅，这种观念根深蒂固。我们的主体设备和世界先进国家基本相当，但辅助设备差距就较大，还有辅助原料从标准到实物质量的差距也较明显。人家的辅助设备是“具有自主知识产权的”，而且是“武装到牙齿”。为什么人家要在这些方面花大力气？可以说，现在钢铁企业装备上的竞争，产品质量上的竞争，很大程度上就是体现在这些看似不起眼的“辅助设施”和辅助原料上。我们呢，由于过去长期以来处于短缺经济的情况下，产量是压倒一切的，因此重视规模。一讲发展，就是把规模搞上去，有钱先上主体设备，把“壳郎猪”的骨架搭起来，慢慢再来喂肥。实际上是牺牲了品种、质量，结果产量上去了，效益上不去，在市场变化的情况下，就适应不了。在原料上也一样，铁矿石主要是讲品位，30 多年前我第一次到日本考察时，人家的品位基本上是稳定的，他们把重点放在控制有害元素上；至于其他辅助原料，我们在“抓主要矛盾”的思想下，更是摆不到重要位置。再往大里说，现在我国钢铁工业的产能已经超过 6.6 亿吨，但一些地方和企业还是在规模上打主意，有的是以“淘汰落后”为名行规模扩张之实。转变经济增长方式提出十几年了，为什么落实起来这样难，关键是发展的观念没有转变。因此，在对比找差时，一定要重视观念上的差距。此外，还有重产轻销、重我轻客等观念。李本海同志的发言中，提到蒂森的用户技术研究，首钢目前还基本没有。1980 年，我们去美钢联学习考察时，就看到他们的建立的汽车技术研究所，专门研究产品如何更好地为汽车制造厂服务。当然，现在这些方面国内已有很大改进，但相对来说，差距还不小。还有设备有效性与作业率的差别，成材率与工序废钢的差别，这不仅是名称上的不同，也反映了两种文化、观念的差异。对基础管理的重视程度，也反映了不同的观念。

而这些差距，最终体现在效益上的差距。最近李世俊同志在《冶金管理》杂志第 5 期上发表了一篇长文，其中也谈到蒂森克虏伯的情况，值得我们高度重视。蒂森克虏伯集团 1997 年完成合并时，粗钢产量 1740 万吨，世界排序第四位，到 2004 年，产量 1760 万吨，世界排序第 10 名；2007 年产量 1720 万吨，世界排序第 14 位。但他们并没有因此感到落后了，退步了。因为，他们的销售收入从 2004 年的 373.03 亿欧元增加到 2007 年的 517.23 亿欧元；净利润从 2004 财年的 9.64 亿欧元提高到 2007 财年的 21.9 亿欧元，增长了 127%。

当然，蒂森克虏伯集团效益增长的原因，不全是由于钢铁生产，但确实同钢铁生产密不可分，是它们从钢铁材料生产企业，向以此为核心，延伸为多元化大型综合性企业集团发展的结果。

在钢铁板块，他们从注重发展企业规模转变为注重提升企业价值。而提高企业价值和提高增值服务能力是靠技术领先取得的。这就必须要靠创新。

他们把技术能力视为最重要的竞争力要素。在研发投入方面，2007 年在德国本土的钢铁研究人员有380人，研发投资为5亿欧元，平均每吨钢中含研发费用为10欧元。

我介绍这些情况，算是对本海同志发言的一个补充吧。

最后说一点意见，怎样来缩短差距？这就是要继续首钢这些年来一直高举的“三创”旗帜，进一步落到实处，进一步发扬光大。朱总上午的主题报告讲得非常好。同时，还要把对比找差制度化、规范化，计财部的发言在这方面也提供了一些好经验。汽运公司的发言使我们看到体制的改变如何给企业带来新的活力，同时，也看到他们服务观念的提升（放心、称心、动心），基础工作的扎实，使企业发展跃上一个新台阶。这些经验都值得我们重视。

以加盟首钢为契机　再创长钢辉煌

——在长钢中层干部会议上的讲话

2010 年 4 月 1 日

首先说明这次讲话不是报告，是谈心。

可以说，我同长钢是老朋友了，有 20 年交往史。从 1990 年第一次来长钢，这次是第五次了。2002、2004 年都待了一周左右，都在中层干部会议上讲了话。

几次来长钢的感受。第一次是 1990 年，印象不好。比如连轧机开不动、领导之间有矛盾。为解放区第一个钢铁厂的前景担忧。

2002 年党歌请我来。产量突破百万吨，连轧机 36 万吨，业务流程再造，强化管理。各方面都有进步。当然也存在不足之处，在干部会上讲话提出，明显的是“官本位”思想严重。当时，我介绍了一些企业三支队伍建设的情况。

2004 年又来长钢，感到两年多来，有了较快发展。新区建设，上了 200 平方米烧结机、1080 高炉，吴溪淳称：“大高炉的投产将标志着长钢走进了 21 世纪”，正在筹划 H 型钢的项目；酝酿企业改制。我在干部会上讲话中，特别提醒改制要重视职工意见，强调透明性，取得职工真心拥护。

2007 年，感到情况突变。来前党歌就告诉，他因私事，到时不在厂内，可同李虎生副总经理交谈。但出乎意料，当时虎生情绪很不好。因此，我就没有多待。

这次来，又是一番心情。在长钢的 9 天中，分别同公司 8 位领导进行交谈，和 19 个二级单位的 40 位领导个别交谈或进行座谈，到了 13 个单位的现场。翻阅了 2009 年以来的《长钢报》和去年开展“深入学习实践科学发展观活动”时，公司和二级单位领导干部所写的调研报告集，还有其他一些资料。对长钢几年来的情况有了进一步的了解，特别是看到长钢进入首钢集团后。人心齐，人气旺，远景更是看好。新区发挥了作用，200 平方米烧结机、1080 高炉自己设计，炼铁厂管理理念、管理思路对头，各项指标位于行业前列；H 型钢投资少，自动控制系统统自己调试，经过多年曲折，现在具备达产条件；锻压公司专利多。2007 年以来，已经申报专利 25 项，授权 17 项。长钢有很多闪光点。

长钢的转折点我认为应该是长治市委决定选派郭士强郭总来长钢。当时的处境是想让郭总来收拾残局，说得难听些，是苟延残喘，不出大事。当时的长钢可以说就是一个烂摊子，谁接手都是大难题。有点像朱继民朱总到水钢时的情况。但郭总来后，不仅稳住了局面，而且很快扭转了局面，堵住了严重亏损漏洞，改善了外部关系，特别是调整了同地方政府的关系，为长钢的长远发展提出了新思路，实现了和首钢的联合重组。加盟首钢，是长钢新腾飞的起点，是长钢发展史上具有重大意义的新里程碑。昨天市里四大班子和两位秘书长等都来参加典礼，下周市领导还要来长钢现场办公，举行“长钢周”，这都是历史上前所未有的。有了各方面的支持，长钢的前景一定会步步向上。

这就使我想起1998年朱镕基总理在我给他的一份“关于选派企业一把手的情况和建议”的报告上所作的批示：“企业一把手可以兴邦，可以丧邦，可不慎乎！”“可不慎乎。”我理解包含两方面的意思：一是选派一把手要谨慎；再是一把手自己要谨慎行事。长钢这几年的变化也充分说明了这一点。现在长钢党政两方面都有了一位好的一把手，以及一个团结战斗的好班子，我相信在首钢总公司的领导下，一定能有一个超越历史上任何一个时期的新的辉煌！

进入首钢，虽然还不到1年，但长钢的变化已是有目共睹，我在《长钢报》上看到的郭总几次讲话，以及职代会上赵民革总经理的报告，都有很好的阐述。在同各位交谈时，都有很深切的感受。我就不重复了。

下面我讲四个问题。

一、依托首钢，立足长钢，抓好当前，走出一条新路来

进入首钢后，长钢有了一个坚强的后盾，为长钢的发展提供了一个宽广而又坚实的平台。已经制订了三步走的发展蓝图，而且有了具体的落实措施，确定了8个项目，前天水洋老总又来主持了开工典礼；首钢还派出了技术服务团，不仅在技术上帮助排忧解难，提升技术水平和队伍素质，而且也带来了新的理念、新的作风。总之开局良好。但是作为长钢人，一定要自尊自强，切不可以为今后有了首钢的这棵大树，就可以高枕无忧好乘凉了，过去的历史遗留问题从此可以迎刃而解了。有问题，找首钢。如果这样想，那就走入一个新的误区了。首钢确实是我们一个可靠的依托，但依托不等于依赖，我们所有的工作基础必须立足于长钢自身。尽管首钢为长钢的发展创造了极好的条件，但最终还得靠我们长钢人以自己的努力来改变局面。

就我接触的情况看，绝大多数干部职工感到加盟首钢，长钢有了希望。但也有几种值得注意的思想倾向。

一是盼望通过首钢的支持，尽快扩大成600万吨、1000万吨的大型钢铁企业。看不到我们的当务之急是打好基础，调整结构。

二是满足于纵向比，有进步。没意识到横向比的重大差距。

三是承认差距，但把形成差距的原因归结为客观，比如是“改制”使我们没精力抓管理。是长治地区位置闭塞，进不来人，留不住人等。

四是对兄弟企业的进步，同样也归之于外部条件的优势，看不到企业自身的努力。

这些思想，都会使我们松懈抓紧抓好当前工作的紧迫感，放松对自身工作的严格要求。

先说第一点。长钢是确定了“三步走”的远大目标。但首先是要确保现有产能的充分发挥，使其能更好地满足不断变化的市场需求，使其能实现效益最大化，价值最大化。我在《长钢报》上看到，朱总去年10月份来长钢时的讲话中说：“当前形势下，我们不能盲目乐观，只要把基础事情做实了，下一步事情就会很容易了。千万不能因为长远设想而影响了当前工作。”从我这些天在长钢调研的感受，我觉得朱总讲话是语重心长，我希望大家认真领会朱总讲话的含义。长钢要发展，也必须发展。在目前钢铁工业供过于求的大环境下，产量的扩张不是发展的唯一道路，也不是发展的最佳选择。必须要按照科学发展观的思路，做好当前结构调整工作。其实，结构调整，不是这两年才提出来的，朱镕基在位

时就提出：发展是主体，结构调整是主线。应该说这几年调结构有进展，但不尽如人意。可见真正实施结构调整的艰巨性，而其要害就是发展思路的单一性，GDP 挂帅，对规模效益的不适当地夸大。

调结构有两种途径：一种是花钱买先进设备，在调整产品结构的同时扩规模。过去没有钱，想做也做不成。现在是不差钱，这些年我国钢铁企业大规模引进板材轧机，扭转了长期以来板管比低的状况，在产品结构调整的同时，装备结构也得到了调整，以致出现“钢铁工业看先进的设备到中国”的说法。但紧跟着就是出现调过头了的情况，不仅是落后产能过剩，更严重的是先进产能重复建设导致的过剩。可见把握结构调整的“度”不易。这样做，可以成为钢铁大国，难以成为钢铁强国。因为核心技术还是掌握在别人手里。买了几十套高线，还是要引进。

第二种做法是在一定规模的基础上，依靠科技创新、管理强化，围绕品种质量、节能减排、降本增效、环境治理以及改进服务上下工夫。你们投资 8 亿多的 8 个项目基本上是属于填平补齐、调整结构的项目。到今年年底，形成 360 万吨规模，吨钢能耗下降 100 多千克标煤，仅此一项，一年就节约 3 亿 ~4 亿元。这个做法就很好。

说得不客气些，我认为，长钢由于种种原因，错过了几年的大好时机，在管理上已经严重滞后于同类企业，一些基础工作的薄弱出乎我的意料。基础不牢，地动山摇。如果在这方面没有根本的改观，即使成为千万吨级的大厂，恐怕也是一个虚胖的“巨人”，在激烈的市场竞争中还会败下阵来。这一点长钢领导也已充分认识到了，郭总来后，首先要稳住全局，堵塞漏洞，谋划发展的新路子，还不可能腾出手来抓管理。加盟首钢后，在郭总一再要求下，首钢派来了赵总。民革同志既是一位高素质的技术专家，也是一位管理内行。新的领导班子配合很好，认识统一，因此很快就做出了决断，3 月份成立了计量信息处和质量检查站，就是长钢要抓基础、强管理的信号。但是要认识到，彻底扭转管理落后的情况还要花很大努力。比如，你们的供应公司和装备处的采购管理，比起水钢来，就不是差一个层次的问题。管理要上档次，必须推行信息化管理，信息化管理也是长钢的薄弱环节。

再拿产品品种来讲，长钢过去基本上是中低端钢材，同首钢长材的档次差距还较大，但首钢今年年底大院的钢铁生产将要停产，首钢河北新建的 3 个厂子都是板材厂，长材目前主要就是长钢和水钢。水钢在南方，长钢在北方。因此接替首钢北方长材市场的担子必须由长钢来承担，这是长钢的历史使命，也是长钢对首钢总公司应负的责任，是对长钢队伍战斗力的一个检验。长钢有责任，以只争朝夕的精神，尽快接过首钢的接力棒，同时要发挥自己的优势，产学研结合，把 H 型钢的市场做大做好。在产品结构调整的同时，还要调整能源结构、成本结构等，当然还有人力资源结构，下面再着重讲。这样做，要比单纯扩规模难得多，但也只有这样，才能真正提高长钢的市场竞争力，提高长钢队伍的素质。

关于扩展规模问题，我还想多说几句。企业能做大，当然好。但不要把规模优势绝对化，甚至把缺乏规模优势作为自己工作不力的借口。绝不是越大越好，大了不一定就强。比如你们第三步要发展到 1000 万吨；不少企业也都说要发展到 1000 万吨。200 万 ~300 万吨成了死亡线，或者说是要上黑名单。现在我国钢铁已经超过 7 亿吨的产能了，都想上千万吨级，现实吗？当然，我不否认这是一种思路，有条件的可以这样做。但不是所有企业都要走这条路。德国巴登钢厂就是一个好典型，中国很多企业去学习，但有几家真正学到其精髓的？2672（新兴铸管）钢铁规模也只有二三百万吨，但他们独辟蹊径，在铸管上走出一条新路。对我们这样规模的企业，应该认真思考自己的发展思路，在首钢集团中演好自己的角色。当前，就是要在将加强基础管理（包括管理的基础手段，计量、检测等）、强化创新意识，提高服务意识等方面下工夫。韦尔奇讲过，搞好企业就要驾驭好三架老战车。我们要在这几方面下工夫，这对我们有极强的现实意义。沙钢、宝冶等企业在为顾客服务上都有值得我们借鉴的好经验。如果实现了韦尔奇提出的目标，企业肯定会攀上一个新高峰。

至于对长钢目前的落后处境，原因是什么？很多同志归结为外因，或是“改制”造成的。我同炼铁厂厂长高雪山同志交谈后，感到他的看法值得我们深思。他认为，“改制”的波折确实影响到长钢的发展，但这主要是上层在折腾，牵涉精力的主要是上层，并没有影响到原材料等基本生产条件的提供。作为基层干部来讲，我们就应该尽力尽责，搞好自身的工作，把各项指标打上去，把队伍素质提上去。我想，长钢高炉指标所以能在行业中名列前茅，同他的这种观点是分不开的。而有的单位，却把“改制”当成自己不作为的挡箭牌。这种观念如果不改变，即使外界条件再好，也会找到种种借口来为自己的落后辩解的。

怎样看待兄弟企业的进步？处于后进地位的企业，往往容易受“外因论”的影响。讲两个真实的故事。一个是某企业学邯钢的“三个不如”，一个是三明的“做平原上的好木匠”。这说明了一个真理：“遇到问题找借口注定是个失败者，遇到问题找方法将是一个成功者”。

所以，要改变企业的面貌，首先要转变观念。我写的“扭亏十谈”，最主要的两篇，其中一篇就是“千条万条，转变观念是第一条”。朱总在首钢也一直强调解放思想、转变观念的极端重要性。他说：“解放思想的深度，决定首钢发展的速度，决定经济增长的高度，决定发展方式转变的程度”；但解放思想并不是说几句大话，“解放思想需要正视现实，解放思想需要开阔眼界，解放思想需要无私的胸襟，解放思想需要无畏的勇气，解放思想需要科学研究，需要通过系统推进各项工作落到实处”；思想解放了，“有多高的境界就能解决多大的问题，有多大的胸怀就能发展多大的事业，有多高的追求就能制定多大的目标，有多大的动力就能产生多快的速度”。希望与大家共勉。

二、了解首钢、学习首钢、融入首钢，使长钢真正成为首钢集团不可或缺的有机体

长钢进入首钢集团，当然会取得首钢物质上、技术上的支持。但我认为，更重要的是要在文化上实行融合。因此，必须要在重组后，更深入地了解首钢，了解首钢的发展史，了解首钢是怎样炼成的，历史的首钢是怎样发展成现在的首钢。我想作为一个同首钢有过多次深度接触的局外人，向大家介绍一下自己对首钢的感受。

改革开放以来，我曾两次同首钢有较密切的接触。一次是20世纪80年代改革开放初期，一次是21世纪初期到现在。

20世纪80年代，首钢承包责任制在全国造成很大影响。连续15年的利润以20%的幅度增长。冶金工业部总结首钢经验，派出多位司局长到首钢，把他们的经验汇编成书，公开出版，并组织多次全国性的现场会。这些，我都参与了。

但以后，首钢同冶金工业部慢慢疏远了。说严重些，冶金工业部根本不在首钢眼里。典型的事例就是小平同志视察首钢的讲话，对冶金工业部“没有义务”传达。首钢独树一帜，承包万岁，其他都是异端。宝钢是崇洋媚外的典型，不屑一顾，而且是批判的对象。朱总到首钢时发现首钢的公司领导都没有去过宝钢。首钢喊出1000万吨万岁，还有搞大汽车、大建筑、接收了十几家军工企业和施工企业。有关方面提出不同意见，根本听不进去，甚至恶言相加。这种情况下，我有十几年没去首钢。

当然，对冠五的贡献不能忽视，更不能抹杀。

冠五之后，国家要求首钢收缩战线，进行整顿，规模扩张停滞。以后，在发展战略上又出偏差，提出“首钢不姓钢”。

2000年朱总到首钢，担任副总经理，首钢正是出于低迷期。朱总是从水钢总经理的任上调到首钢的。朱总在水钢待了3年。他是贵州省省长吴亦侠向刘淇部长提出来，请冶金工业部选派水钢选一位一把手，再派一个调查组。我就是作为水钢扭亏调查组组长前去水钢的，而朱继民则是冶金工业部副部长王万宾从鞍钢选定的。他去时，水钢是冶金系统6家亿元亏损户之一。朱总去后，老同志并不看好他。但3个月后，我重返水钢，发现人们的观念和企业的状况都有了翻天覆地的大变化。

朱总刚到首钢时，首钢的处境可从一组数据中看出：1991～2000年的10年中，首钢引进大专以上高校毕业生6195名，而此期间因各种原因离开首钢的有3078名，流失率为49.7%。其中，后5年是-1.78。就是说，进入一名大学生的同时，就流失了1.78名。2000年时，首钢技术研究院的6个博士全走了。

2003年朱总接任首钢董事长、党委书记时，也就是实质上的一把手时，首钢的环保压力越来越大，要首钢还是要首都？《首钢大搬迁》第一章就是写的这事，写得很精彩，看时感到惊心动魄。那时关停的压力很具体，但出路却很渺茫。人员怎样安排？效益如何弥补？员工更是人心惶惶。首钢公司领导通过学习、调查、思考、沟通，经历了无数次思想的冲撞、痛苦的反思，不断的探索，最后得出一个结论：首钢要发展，必须跳出现在的首钢大院看首钢，必须摆脱那些束缚自己前进的种种思想障碍，破除因循守旧、形而上学的陈腐思想；破除等靠观望的传统观念，破除封闭狭隘的僵化思想，要善用利用各种资源加快发展。首先是思想观念要变，于是“八破八立八做到”，一场思想解放活动在首钢如火如荼、深入持久地展开了。“苦干三年，扎扎实实打好四个基础”，打好思想文化基础、制度创新基础、经济技术基础和人才建设基础。他们认为，基础不牢，就像是在沙滩上建高楼，即使想发展，也会是欲速不达。“四个基础”，是一个系统工程，是相互联系的。领头的则是思想文化基础。一年检查一次，看看基础打得怎样？“苦干三年”，不是“苦”在体力和精力上，“苦”在加强劳动强度上；而是“苦”在革除原来习以为常的观念、做法上，“苦”在打破束缚自身的思想枷锁上，“苦”在要谋划发展思路、推进发展战略、落实发展措施上。与此同时，“一业三地”的蓝图描绘出来了。“一业三地”承担了首钢的希望，但也蕴藏着极大的风险。

首钢人不负众望，创造出不少奇迹，员工的精神面貌有了极大的改变。首秦的建成是一个飞跃，我称之为“小而精，小而美，小而洁”，美国纽柯公司的老总称之为“工艺品”；炼铁厂指标先进，3年不坏一个风口；迁钢热轧厂的80后挑大梁；大院即将停产单位的员工精神状态依然高扬，还在考虑怎样打出新水平。

从首建的变化发展中大家也可以领会到首钢人的精神。王文利是怎样去的首建？去后又遇到什么样的问题，他们又是如何应对的？现在过去被称为“乌合之众”的队伍被打造成了一支铁军。2000首冶的结算收入只有1.7亿元，今年可达到56亿元。

可见，首钢的发展也不是一帆风顺的，首钢正是在困境中成长壮大，首钢的职工队伍也正是在迎接各种挑战中锤炼成一支铁军的。无论是水钢，还是首钢近几年的发展都可以帮助我们增强信心。了解首钢，也可以增强我们融入首钢的自觉性。

三、怎样调动员工的积极性、打造一支钢铁队伍

人才对企业发展的重要性不言而喻，不需要从理论上再作阐述。

在这次调研中，普遍认为长钢发展的最大瓶颈是人才短缺，素质不高；认为长钢的地理环境闭塞，进不来人，留不住人。应该承认，长治虽然是十大魅力城市，但确实缺少吸引人才的魅力。那长钢就注定要衰败、要没落？长钢的地区位置，是无法变更的。因此，要改变的只能是我们自己的观念。

举几个实例：迁钢。东北大学女研究生刚到时的感觉是：走对了道，进错了门；但现在却觉得穿上迁钢的工作服而自豪；首钢矿业公司。条件差，但却是创新最多的单位。因此“三创会”上的经验介绍，大家对矿业公司都很服气。这是首钢内部。再讲外部的，比如北汽福田。他们从一个生产农用车的、位于山东诸城的小厂，发展到现在成为国内外都具很大影响的汽车生产企业，我就是一个见证人。

因此，还是要从自己身上找原因。就我自己来讲，从1997年作为水钢扭亏调查组组长后，一直没有脱离企业。2007年前，大体上每年有4个月左右时间到企业调查咨询。写出了100多篇调查报告，在企业中层干部或者领导班子会上中作过近200次讲话。越来越强烈地感受到，群众中蕴藏着极大的社会主义积极性，蕴藏着极大的潜能，作为领导者的责任，就是如何千方百计、想方设法去把这种积极性发挥出来，把群众中这些潜能挖掘出来，使他们迸发出来，让他们提升起来，使他们人人感到自己可以成才，自己就是人才。

讲几个例子：第一个是水钢炼钢厂行车班。1997年，自己掏钱买电脑，为的是加强管理。

第二个是首钢矿业公司。我接触的多数都是普普通通的职工，正规学历只不过初中，工作岗位就是一般的矿车司机、修理钳工，或者是普通的管理人员；就是一些有大专学历的，很多事情也是他们过去所未曾学习过、经历过的，从事的也是平平凡凡的工作。但是，他们却在平凡的工作中做出了不平凡的业绩。皮带革命、001工程、数学建模、网络进班组，这些过去很难想象的事却在不长的时间里都变成了现实。他们在创新、创业过程中，也曾遇到很多困难和挫折，但他们坚持下来了，而坚持就是胜利！

第三个是中钢邢台轧辊。铸铁厂的创新精神。

例子还有很多，就不一一列举了。

怎样才能调动广大员工积极性呢？就是要牢固树立以人为本的理念。

首先各级领导要消除认识上的几个误区。一是重物轻人。装备要重视，没有金刚钻，揽不了瓷器活。但装备是要人掌控、使用、革新的。人是各种生产力中最活跃的因素。人力资源是第一资源。有的厂长谈设备、谈指标，如数家珍。但一谈到人，就哑口无言。

首钢技术研究院前后变化得出的经验教训十分深刻。20世纪初，人才流失了。那时，

292个国家级技术研究中心评比，首钢排名219位，在冶金行业中位列14。现在，排名全国十位以内，行业第二、第三。他们的经验就是重视人才。第一句是“有什么不如有人”。第二句是“一切围绕人才转”，就是观念围绕人才转，制度围绕人才转，岗位围绕人才转，服务围绕人才转、荣誉围绕人才转。第三句是“平台比待遇更重要”，他们深知，没有舞台不见人才，不干事业难出人才；大力为科技人员搭设多种平台，包括人才培养国际化平台，一线锻炼的平台，创造实践的平台，转换交流的平台，更新知识的平台。

二是重专家轻群众，重精英轻草根。专家的作用不可忽视，但群众的力量也应受到重视。你们炼铁厂制定规章制度就是自下而上、上下结合制定的。

三是看缺点毛病多，挖掘优点潜能少。比如兴澄的例子，为什么看不到“龙”的本质而把他们当成“虫”？

以人为本，不是一个空洞的口号，而是要具体化为实际行动。宝钢把“以人为本”这一基本理念具体化为“八个‘人’”，即尊重人、了解人、关心人、提高人、规范人、激励人、依靠人、凝聚人；以尊重人为出发点，通过了解人、关心人、提高人、规范人、激励人、依靠人，最后达到凝聚人。从而调动积极性，挖掘潜能。

怎样才叫尊重人。太钢老总对待科研成果署名的问题就是一个很好的例子，陈川平对普通个人的嘉奖也很感人。

GE老工人对韦尔奇的批评：你只是把我们当成机器的延伸工具。

这是讲的观念。观念代表一种文化，但仅仅停留在观念、理念上还不够，还必须落实到机制上。所谓内化于心，固化于制。宝钢“六个人”都有相应的机制。比较重要的是3个：组织机制、分配机制和激励机制。

组织机制：集中与授权。例如：宝钢的作业长制，小厂长。还有群众性组织，各种联谊会，创新协会等。

分配机制：要拉开差距，这种差距，是靠竞争、靠业绩，而不是单纯地靠岗位。王文利用塑料盒装18.9万元现款，当众发放。工人们要“回报”他。王文利说：“一分也不能收。”、“要把该装进职工兜里的钱全给职工装上，不能使这些钱在我们手中悄悄地溜走了。”当然不能差距太大。同是领导层，平安保险老总的年薪达到了6000多万元，是不是合适？

激励机制：尤其是要建立多渠道晋升机制。三个队伍建设必须要有多种通道。要消除“官本位”的顽疾。长钢在这方面是比较浓厚的。

再是建立培训机制，加强人员培训。这方面我想多讲几句。有人抱怨长钢人才缺乏，可用之兵不多。怎么办？引进是一条途径，但这只能是极少数的专家。主要是靠自己培养。就是建立学习型组织，“学习工作化、工作学习化”，把两者紧密结合。前几年，首钢提出“大提素”，花大力气提升全员素质。

培训要两条腿走路。一方面是有组织、有计划地进行培训。你们也做了不少工作，但要进一步提高，更讲究实效。要针对不同层次的员工，采取灵活多样的培训方式。例如：武钢二炼钢的“岗位点球滚动练兵法”，水钢推广后就取得了实效。南钢一些干部感到队伍素质差，手下能干事的人太少，但看到巴登公司一个人最多的会18个岗位的操作技能，认识到不是“蜀中无大将”，而是自己为员工创造成长的舞台不够大，是自己对员工的成长不够关心。一个人会18种技能是个别现象，但为什么不能让每个员工会2~3个岗位的操作呢？观念转变后，抓培训工作也就从被动转为主动。他们制订了员工培训计划，开展了轮岗培训交流，再配合激励考核导向，员工参与培训的积极性空前高涨。后来，高线厂的轮岗面已达80%以上。水钢二轧厂一轧车间的班组长现在基本上都已取得了全车间6个工种（除调整工和行车工外）的证书。首钢在这方面比较突出。你们现在进入首钢集团，就可利用首钢的培训平台，创造条件，开展远程教育。培训也要创新，不要满足于培训了多少课时，参加了多少人，要从实际效果来检验。宝钢作业长的4+1培训就很有创造性，所谓“4+1”，即：管理新概念、技术创新思维、技能拓宽、前沿技术等4个单元的研修和1篇技术论文。它不同于以往作业长培训中的学历培训、等级工培训、作业长资格培训，而是一种拓宽知识面、深化岗位研修的全新的培训，使作业长不断更新知识，开拓视野。“4+1”研修班课程设置包括系统工程学、现代信息检索、管理系统思考与创新、6σ质量概念、专利法、知识产权以及技术创新等12个方面的内容。

培训的另一方面，就是结合岗位实践。这种方式，应该是更为量大面宽的，更带有普遍性。这也是创建学习型企业自身的要求。“岗位是最好的课堂，工作是最好的培训，实践是最好的学习。”这也是“工作学习化、学习工作化”的具体化，要充分认识到：岗位是人才成长的起点和基点。要高度重视、充分发挥实践这一最佳课堂的作用，自觉地利用岗位实践这一伟大的课堂，来大力提升员工的素质。

要引导职工善于在岗位实践中发现问题，解决问题，总结经验，开拓视野，培养出各方面的专家。在日常生产中，经常会遇到不少问题。科学的开始来源于问题的提出，发现问题是解决问题最重要的一步。问题点就是改进点，改进点就是创新点。无论是宝钢的一批工人发明家，还是首钢矿业公司的普通员工都是善于发现问题的有心人。宝钢的博士炉长林志城、首钢矿业的赵新民都是这样的有心人。在实践中拓宽自己的视野，不停留在自己岗位的局限；要引导职工在学习中拓宽自己的思路。热轧厂高级技师王军从技校毕业已获得86项国家专利，他的体会：“岗位就是我们创新的舞台，小岗位也有大舞台”，“知识太重要了，观念太重要了”。

培训不仅是获取知识，更重要的是提高学习力，这是鱼与渔的关系；还要培育创新力，增强执行力，还要特别强调一下协同力。企业竞争已不是单个企业之间的竞争，而是相应的“链”之间的竞争。团队出人才，协作出人才。像国外阿波罗团队的事例，要善于打团体冠军。巴登公司的5位专家第一次到南钢高线厂来调查咨询时，所问的第一个问题几乎都是“你同其他专业（工序、班组）有无矛盾，怎样解决”，可见对相互协作关系的重视。在巴登公司，生产、设备部门相互支持，已经变成一种理念。管理人员和维护人员总是说：“我的工资收入是一线员工生产出来的，我必须尽力为一线服务，保证生产。”而生产操作人员则经常说：“我们能够顺利地生产是设备和技术保证的，所以要尽力认真操作，爱护设备。”在原料状况不稳定的情况下，有的企业高炉生产一直保持正常，有的却事故不断，很重要的一个原因是铁前有关部门的协调配合。在三明、新兴铸管座谈时，都给我一个比较强烈的感觉，就是他们围绕着公司的战略目标，在各个具体领域内都能发挥集体的作用，不是划界而治，而是无边界管理。这就不存在管理的空白点。宝钢十分重视横向沟通。除了不断提高思想认识外，在组织上还采取诸多措施，如基层的作业长制，各工序之间某些具体问题的协调，就可以直接由两家的作业长直接沟通而得到解决，不需要像过去那样由炼铁作业长—炼铁厂长—炼钢厂长—炼钢作业长那样走四边形之路，这就大大提高了工作效率。宝钢炼铁厂为了提高沟通能力，在实践中逐渐摸索，建立起一套长效的沟通机制，良好的沟通环境进一步融洽了部门间的关系，“不评说别人的不是，先检讨自己的不足”已成为炼铁厂的一种风气。时时处处沟通，加强了部门间的合作，真正形成了管理合力，各部门的改进能力和响应速度同时得到提高。宝钢还成立了厂长联谊会、创新协会、作业长联谊会等，以加强横向之间的相互沟通。

四、各级领导班子自身建设的问题

对任何一个单位来说，班子建设的重要性是不言而喻的，我不想从理论上说些什么。在2002年那次讲话中，我也曾就这个问题讲了一些意见。这次我想把我这几年的新感受，结合长钢的实际，再着重讲几点意见。供各位参考。

（1）正确决策，民主决策。在事关企业发展的重大问题上没有什么失误。决策失误带来的危害不是其他方面的改进可以弥补的。一个领导者在企业重大经营决策上的失误是不可能取得职工信赖的。长钢这几年的曲折历程也充分证明了这一点。现在你们有了“三步走”的设想。这很好。企业应该有一个战略目标。德鲁克曾经说过：“没有战略的企业就像流浪汉一样无家可归。”但是，如果战略目标制订不当，对企业也将是灾难性的。据统计，世界上1000家破产倒闭的大企业中，有85%是因为企业家缺乏战略管理、决策失误造成的。因此，我们也要不断审视制定的发展战略，根据内外情况的变化而适时进行调整。

（2）要重法治。这点对长钢这样几世同堂的企业特别重要。在长钢，各种人际关系错综复杂，有的是自然形成一些关系网，也有人在精心编织关系网。依法处理一个人，可能就涉及到某位强势人物，难以下手。但如果听任这种势力为所欲为，那就必然会伤害广大员工的积极性，丢失了民心，其结果必然是企业走上下坡路，在市场的激烈竞争下被淘汰出局。因此，要使长钢持续发展，不是只要有钱，有项目，就行了。中央强调依法治国，企业也必须依法治厂。这就要求各级领导严于律己，处人处事，公平、公正。己身不正，焉能正人。“民不畏我严，而畏我廉；民不服我能，而服我公。”郭总在述职报告中谈到他没有一个亲属做长钢生意，每个企业领导都应该这样做。有些企业领导在位时对企业发展作出很大贡献，但容忍亲属介入本企业业务，在位时干部不敢发言，退休后就不免引起众怒。职工可以允许领导者由于经验不足、判断不当而犯的错误，但最痛恨的是以权谋私，权钱交易。重法治，就要敢抓敢管，还要“敢于得罪人”。这里说的“得罪人”，不是指为了个人恩怨；而是为了企业的事业。如果为了个人的得失，不敢得罪那些损害企业和国家利益、并为广大群众所深恶痛绝的害群之马，那就必然会得罪广大员工，给这个单位留下无穷的后患。镕基总理就任后，在第一次国务会议上，就和内阁成员约法三章，有一条就是“敢于得罪人”。

（3）要讲团结。这次来，不少干部都谈到长钢领导层的不团结是由来已久。1990年我首次来长钢时，就有这个感觉。一个不团结的班子不可能带出一支有战斗力的队伍。这几年长钢前进的步伐慢，也与此有关。但也要注意某种表面上的“团结”，什么事一把手说了算，自己该做的也不做，该说的也不说。这虽然有体制上的问题，但作为一级组织的领导成员，听任自己分管的部门，管理混乱，损失严重，却不抓不管，说轻点，也是一种严重失职行为吧。在长钢确实有这类干部。可能自己还感到很委屈，我希望这些同志能认真反思一下，正确地总结经验教训，特别是要从自身精神状态上找原因。当然，不能否认确有体制问题，特别是要建立对一把手的制约机制。一言兴邦，一言也可以丧邦。冶金系统有过这样的沉痛教训。

（4）勤于学习，善于总结，使自己的思想观念不仅能跟上形势的发展，并且具有前瞻性。要把企业建成学习型组织，首先要把班子自身建成学习型班子。学习是多方面的。既要向书本学习，也要向实践学习。这种学习，是紧密联系实际的，是和总结工作相结合的，是学以致用的。我很钦佩莱钢原董事长姜开文、北汽福田总经理王金玉、水钢党委书记王黎明的学习精神。向实践学习，就是要善于发现群众中的亮点，并进行认真总结。首钢的“三创会”就是一个典型，会前，上下结合，深入调研，一年一个主题，一年一批典型。会上，基层典型谈体会，公司内外专家进行点评，首钢主要领导作总结、提要求，形成了学习先进、赶超先进的浓厚氛围。这个会议，是显示成果的检阅台，是激励士气的鼓劲会，是继续前进的加油站，不仅内容丰富，形式也是年年有创新，成为首钢各级干部高度关注的一次有效的“充电”活动。一些与会的中层干部觉得参加这样的会议是一次享受，这个会议也成了首钢的“品牌”会议。此外，就是要善于吸取兄弟单位的长处。这次我在调研中，有的厂长抱怨闭塞，很少有机会出外学习，但炼铁厂高雪生却经常让属下外出学习，他自己也不放过任何外出学习机会，这对炼铁厂工作有很大帮助。

（5）更高层次理解以人为本。既要使广大职工得到实惠，随着企业的不断发展，效益的不断提高，职工收入也有相应增长；还要切实维护和保障职工的民主管理的权利，更要提高职工素质、实现职工人生价值，促进人与企业共同发展。

我的讲话到此结束了，耽误大家很多时间。但希望对大家在转变观念上有所触动，有所帮助。我已是耄耋之年了，本来从去年起，我想逐步退出企业，但有些朋友，特别是首钢的朋友都劝说，还是要保留几个点。所以，我就保留两个点，一个是首钢集团，一个是中钢集团。我到企业，一方面是向企业学习，从企业的发展进步中吸取营养；另一方面也是做企业的诤友，把我调查中看到的问题以及自己的想法，本着“知无不言，言无不尽”的态度，提出来供你们参考。也许我说得有错，或者是有片面性，希望大家本着“有则改之，无则加勉”的精神，择其善者而从之。我相信，有着光荣传统的长钢，一定能在省市委和政府的领导和大力支持下，在首钢总公司的直接领导下，继承光荣传统，跟上时代步伐，在新的历史时期，攀登新的高峰，作出更大的贡献。

谢谢大家。

学习首钢　融入首钢　超越自我　再创辉煌

——在通钢股份中层以上干部会议上的讲话

2010年7月8日

5月下旬，应首钢朱继民董事长的邀请，同首钢的4位干部来到通钢，为首钢兼并通钢做一些补充调查。那次包括到板石沟、四平以及长春总部，也只不过一个星期。虽然是走马观花，但看到通钢的情况，感到很欣慰。广大员工情绪稳定，人心向上，在全公司范围内开展了“自我重组”的三自教育，强调自我反思、自我学习、自我重塑，并进行了“自强自信”的大讨论，广大员工找差距、摆问题、定措施、抓整改，寻找出血点，制定止血措施，人心思上，人心思进，企业凝聚力大为增强，生产经营情况有了明显好转。无数事实证明，通钢从“7.24”阴影中走出来了。

我个人与通钢的历史渊源。20世纪80年代两次来通钢，当时都是随同部领导来的。在以张今泰为首的领导班子领导下，通钢有了突飞猛进的进步。当时，在行业里有一句话：“中原三雄，还有东北一虎”。特别是第二次随同戚部长那次，住了一晚，对通钢领导大力抓矿山建设，“通钢通钢，有矿则通”，感到具有较强的前瞻性，印象很深。上次到板石沟铁矿，看到矿山建成国家矿山公园，环境好，管理强，队伍精，董事长尤春林扎根矿山40年，兢兢业业，在冶金系统里也是不多见的。我个人同张今泰也结下了较深的友情。

上次来通钢，一个特殊的感觉是通钢上上下下，对首钢兼并重组，怀有强烈的愿望。在3家有兼并愿望的公司中，民意测验投票结果263∶3∶0。但是我也了解到，很多员工对首钢的认识只是停留在感性上。一是被建龙的作为伤了感情，伤了自尊，进一步增强了对国企的感情，回到国企阵营有一种安全感；二是对首钢这样一个历史悠久、在改革开放中为我国的钢铁工业发展曾经做出杰出贡献，为行业甚至全国公交企业的改革和发展提供宝贵经验，具有高度的信任感；三是从地区上考虑，首钢位于北京，更有利于对通钢在东北的发展。但对首钢的历史、文化还是接触不多。在正面认识占主导地位的情况下，也存在一些值得注意的思想倾向。比如，有少数员工认为从此可以依靠首钢，扩大规模；可以借此解决一些历史遗留问题；可以使职工收入尽快向兄弟企业看齐。当时我就有一个想法，以后有机会，找个时间同大家交流一下我个人对首钢的认识。这次来吉林，是同原冶金工业部生产司司长刘树和一起，应吉林机电的邀请，到他们那里做些调查。因此，就想趁此机会，再到通钢，向大家作些介绍。

下面我从4个方面来介绍首钢。

一、首钢是一个自立自强的企业

通钢进入首钢集团，当然会取得首钢物质上、技术上的支持，但我认为，更重要的是要在文化上实行融合。因此，必须要在重组后，更深入地了解首钢，了解首钢的发展史，了解首钢是怎样炼成的，历史的首钢是怎样发展成现在的首钢。我想作为一个同首钢有过多次深度接触的局外人，向大家介绍一下自己对首钢的感受。

改革开放以来，我曾两次同首钢有较密切的接触。一次是20世纪80年代改革开放初期，一次是21世纪初期到现在。

20世纪80年代，首钢承包责任制在全国造成很大影响。连续15年年利润以20%的幅度增长。冶金工业部总结首钢经验，派出多位司局长到首钢，汇编成书公开出版，组织几次全国性的现场会，我都参与了。

但以后，首钢同冶金工业部慢慢疏远了。说严重些，冶金工业部根本不在首钢眼里。典型的是邓小平同志视察首钢后，部领导向首钢了解小平的讲话，首钢表示对冶金工业部“没有义务”传达。首钢独树一帜，承包万岁，其他都是异端；宝钢成为崇洋媚外的典型，不屑一顾，而且是批判的对象。朱总到首钢时发现首钢的公司领导都没有去过宝钢。首钢还提出“1000万吨钢万岁”，还有搞大汽车、大建筑、接收了十几家军工企业和施工企业。当时首钢的领导对不同意见，根本听不进去，甚至恶言相加。这种情况下，我有十几年没去首钢。

当然，冠五对首钢发展的重大贡献，不仅局限于首钢，也是对冶金行业以致全国公交系统的贡献，我们绝对不能忽视，更不能抹杀。

冠五之后，国家要求首钢收缩战线，进行整顿，规模扩张停滞，以后在发展战略上又出偏差，提出“首钢不姓钢”。

2000年朱总到首钢，担任副总经理，首钢正是出于低迷期。朱总是从担任水钢总经理上调到首钢的。朱总在水钢待了3年，使水钢从一个严重亏损的企业转变为一个扭亏典型，冶金工业部和贵州省先后两次在水钢开现场会议，李鹏、朱镕基总理都对水钢的扭亏经验作过批示。因此，谈今天的首钢，不能避开朱继民，而讲朱继民，又不能不讲他在水钢的经历。

朱继民怎么去水钢的？当时贵州省省长吴亦侠向刘淇部长提出来，请冶金工业部为水钢选派一位一把手，再派一个调查组。我就是作为水钢扭亏调查组组长前去水钢的，而朱继民则是冶金工业部副部长王万宾从鞍钢选定的。1996年，全国公交系统有14个亿元以上的亏损大户，其中冶金系统6个，水钢就是其中之一。那一年，水钢账面亏损2.09亿元。朱总刚去时，一些老同志并不看好，在我召开的座谈会上，老同志提出了一些质疑。但3个月后再去时，变化之大，出乎意料。炼钢厂在邯钢派出的以马春林为厂长的新班子带领全厂职工的共同努力下，两个月就达到了投产十多年没能达到的设计水平，这个厂的行车车间电工班，23个人，自己集资六七千元，买了一部电脑，说是看到了希望，要认真搞好管理。再开老同志座谈会，异口同声地说：我们干了多少年没干成的事，他们干成了；我们还没有想到的事，他们也干起来了。像马春林这样的干部为什么不能进班子？以后又总结了大河精神、炼钢精神、炼铁精神，最后提炼出水钢精神：自强、开放、追求、创新，把自强放在首位。可以说，没有自强，就没有水钢的振兴。3年后朱总走了，他对水钢最大的贡献是转变了水钢人的观念，带出了一支好队伍。

朱总刚到首钢时，首钢的处境：方向不明，所属单位中有相当一批亏损，人心浮动。从一组数据就可以看出：1991～2000年的10年中，首钢引进大专以上高校毕业生6195名，而此间因各种原因离开首钢的有3078名，流失率为49.7%。其中，后5年是-1.78，就是说，进入一名大学生的同时，就流失了1.78名。2000年时，首钢技术研究院的6个博士全走了。

2003年朱总接任首钢董事长、党委书记时，也就是实质上的一把手时，首钢的环保压力越来越大，要首钢还是要首都?《首钢大搬迁》第一章就是写的这事，写得很精彩，看时感到惊心动魄。那时关停的压力很具体，但出路却很渺茫。人员怎样安排？效益如何弥补？员工更是人心惶惶。首钢公司领导通过学习、调查、思考、沟通，经历了无数次思想的冲撞、痛苦的反思，不断的探索，最后得出一个结论：首钢要发展，必须跳出现在的首钢大院看首钢，必须摆脱那些束缚自己前进的种种思想障碍，破除因循守旧、形而上学的陈腐思想，破除等靠观望的传统观念，破除封闭狭隘的僵化思想，要善用利用各种资源加快发展。首先是思想观念要变，于是“八破八立八做到”，一场思想解放活动在首钢如火如荼、深入持久地展开了。“苦干三年，扎扎实实地打好四个基础”“苦干三年”，不是“苦”在体力和精力上，“苦”在加强劳动强度上；而是“苦”在革除原来习以为常的观念、做法上，“苦”在打破束缚自身的思想枷锁上，“苦”在要谋划发展思路、推进发展战略、落实发展措施上。与此同时，“一业三地”的蓝图描绘出来了。“一业三地”承担了首钢的希望，但也蕴藏着极大的风险。

首钢人不负众望，创造出不少奇迹，员工的精神面貌有了极大的改变。外界评价首秦是“三小”：小而精、小而洁、小而美，美国纽柯公司的老总参观时说，首秦是“工艺品”，回国后还发来电子邮件，说我搞钢铁38年，首秦是我见过的最漂亮的工厂。首秦炼铁部200多人，机关20多人，3年不坏一个风口。2008年我去迁钢调查时，迁钢的80后就挑起了重担，生产作业区8位作业长，7位是80后。

从首冶的变化发展中，也可以领会到首钢人的精神。2001年，首钢公司派王文利出任首冶党委书记时，有人称首冶是一帮乌合之众。首冶原来是在迁安矿山搞建设的，矿山技术改造任务完成后，就回到北京。但无论是从技术装备，还是员工素质上，比起北京的一批建筑单位，差距都很大，回京后找不到活，开不出工资，退休老工人要从迁安来上访。分公司经理每天去客户处“上班”：扫地打水，感动客户，揽回一些任务。在承接内蒙古赤峰市一条公路时，有一座桥的表面质量不大好，客户只是让他们自己处理，于是他们来了个“炸桥明志”，重建桥梁，这就迎来了回头客。2001年结算收入1.7亿元，今年已达56亿元（后者是与首建合并后的数字）。

可见，首钢的发展也不是一帆风顺的，首钢正是在困境中成长壮大，首钢的职工队伍也正是在迎接各种挑战中锤炼成一支铁军的。无论是水钢，还是首钢近几年的发展靠的都是自强不息的精神。首钢的这些事例可以帮助我们增强信心，也可以增强我们融入首钢的自觉性。

二、首钢是一个尊重职工首创精神的企业

近十几年在企业的调查，使我感触最深的是员工中蕴藏着极大的社会主义积极性，群众是真正的英雄，而作为企业领导，其最主要的职责就是把群众中存在的这种社会主义积极性迸发出来，把他们的潜能挖掘出来。

首钢的各级领导就是这样做的，矿业公司就是其中一个典型。我接触的多数都是普普通通的职工，从事的也是平平凡凡的工作，但是，他们却在平凡的工作中做出了不平凡的

业绩。“十小促十变”：皮带管理革命，矿业公司的589条皮带全部实现无人看管，这在冶金矿山也是首创，不仅节省了700名劳动力，而且大大减少了故停时间，2005年全公司故停时间为588小时，2006年1～8月为146.22小时。还有001质量工程、数学建模，网络进班组，赵新民学习室……。把这些过去很难想象的事却在不长的时间里都变成现实的，就是一些文化程度只是中专、甚至是初中的普通矿车司机、修理钳工，或者普通的管理人员。

三炼钢停产前员工的精神状态，三炼钢厂按原计划2007年底就将全面停产的厂子，包括厂长在内的大批骨干支援了首秦、迁钢和曹妃甸，但在厂内看不到社会上有些厂矿在停产前的动荡、停滞、消极的情绪。广大职工用自己的行动积极打造精品文化，用精细的理念引导创新，用精细的行为打造精品，用精细的管理创造效益。全厂生产井然有序，各项指标不断刷新，产品档次不断提升，创新活动层出不穷，创建学习型企业、全员大提素形成浓厚氛围。

炼铁厂员工的精神状态，二高炉在2008年奥运会前，实行停炉，当时谁也说不清，能否恢复生产，但他们却利用这一时机，以自身力量为主，进行了全员培训，由高级技术和技能专家进行讲课，并以工长、班长为主，自编了三本书：一本是12.5万字的《炼铁培训教程》，一本是有1200多幅幻灯片组成的《培训讲义》，其中有些图片是员工在停炉期间钻到炉内拍摄的；再一本是由该炉员工自行撰写的论文集。由一个炉子的员工自行系统地编写教材，这在首钢还是首创，在全国也十分罕见。

是什么使他们有这样的态度，关键又在领导。领导尊重人，关怀人，首钢是一个充满人文关怀的企业。

技术研究院的变化，6个博士全走，到现在百千万（100多个博士，1000多个硕士，10000多个学士）。他们先后总结过三句话：一句是“有什么不如有人”；第二句是“一切围绕人才转”，就是观念围绕人才转，制度围绕人才转，岗位围绕人才转，服务围绕人才转、荣誉围绕人才转；第三句是“平台比待遇更重要”，他们深知，没有舞台不见人才，不干事业难出人才，大力为科技人员搭设多种平台，包括人才培养国际化平台，一线锻炼的平台，创造实践的平台，转换交流的平台，更新知识的平台。

三炼钢停产前，厂党委书记岳文会同迁钢总经理靳伟有次谈话。岳文会请靳伟接收一批技术骨干。开始时，岳文会提一个，靳伟答应一个。后来靳伟忍不住了，说：你把这批骨干都给了我，你离停产还有两三年呢？你怎么办？岳文会说，我不能对不起这批为三炼钢做出过重大贡献的骨干，我得替他们负责。他们走后，厂里的事我会安排的。他招进来一批合同工，在同新员工谈话时，他说：你们在三炼钢也就是两年时间，在这段时间里，你们不仅要学习炼钢技能，更要学会怎样做人，使在首钢三炼钢的两年成为你们人生中永志不忘的两年。就是依靠这样一支新老搭配的队伍，三炼钢在停产前还不断开发新品种，在节能降耗上有的新成绩。

首钢的“三创会”，就是每年总结群众性经验的一个盛会，成为一个品牌会。会前，上下结合，深入调研，一年一个主题，一年一批典型。会上，基层典型谈体会，公司内外专家进行点评，首钢主要领导作总结，提要求，形成了学习先进、赶超先进的浓厚氛围。这个会议，是显示成果的检阅台，是激励士气的鼓劲会，是继续前进的加油站，不仅内容丰富，形式也是年年有创新，成为首钢各级干部高度关注的一次有效的“充电”活动，一些与会的中层干部觉得参加这样的会议是一次享受，这个会议也成了首钢的“品牌”会议。

三、首钢是一个十分重视文化建设的企业

任何一个先进企业，必然有先进的文化。美国纽柯钢铁公司“我们的成功20%来自新技术，80%来自我们公司的企业文化”。德国巴登公司：“企业的成功80%取决于人，20%取决于设备”。

2003年，首钢提出“苦干三年，扎扎实实打好四个基础”，就是打好思想文化基础、制度创新基础，经济技术基础和人才建设基础，他们把思想文化基础摆在首位。首钢人说得好：有多高的境界，就会思考多大的问题；多大的胸怀，就会干多大的事业；多高的追求，就实现多大的目标；多大的动力，就产生多大的速度。这就需要在思想文化建设上打好扎扎实实的基础，把企业的价值观和各种理念扎根到广大员工中去，转化为实实在在的行动，促进制度的创新、技术基础的改进、各项指标的改善，在产供销研的各项伟大实践中，提升队伍素质。一年检查一次，看看基础打得怎样？

打好这个基础，必须把功夫下在队伍建设上，要体现在员工队伍的思想观念、精神风貌以及工作作风的变化上。没有一支好的队伍，就不可能创造今天这样的业绩。

一是学习文化。朱继民同志特别强调学习的重要性，迫切性、实效性。早在贯彻十六大精神时，他就强调必须结合首钢和本单位实际，学出境界，学出思路，学出胸怀，学出目标，学出动力。境界就是要解放思想，转变观念，树立新认识和新思维；思路就是理论联系实际，融会贯通，形成新思路；胸怀就是不能安于现状、满足当前，要身体力行“三个代表”，对未来发展进行深层次思考；目标就是全面建设小康社会，促进首钢发展就是目标的具体化；动力就是坚持发展是第一要务。他说，学出多高的境界就能解决多大的问题，学出多大的胸怀就能发展多大的事业，学出多高的追求就能制定多大的目标，学出多大的动力就能产生多快的速度。

以后又提出大提素，两条腿走路。公司加强对各类员工的培训，更重视结合实践，学习提高。岗位是最好的课堂，工作是最好的培训，实践是最好的学习。矿业公司赵新民学习室的推广，学会从实际工作中发现问题，解决问题，总结经验。

创建学习型企业，不只是在业务上求提高，在工作上求创新，还要把做人和做事结合起来，求得人的全面发展。矿业公司和炼铁厂、炼钢厂等单位还把文化品格、知识技能、创新思维培训作为创建学习型企业、打造一流队伍的三项基础工程。

二是找差文化，不自满。优秀是卓越的大敌。差距就是潜力，差距就是动力。在首钢矿业公司，“找差”、“反思”等已成为常用语；随便打开哪个厂矿的网页，都会看到“反思论坛”、“反思专栏”等栏目。他们用找差来推动观念的转变，用找差来提出新目标，用找差来促进持续创新。近几年，进一步把找差制度化，每月都要召开一次“三查”发布会，由企管处负责（这也是企管处的主要职责），围绕公司当年确立的重点工作项目，有计划、有重点地深入调研检查，在肯定成绩的同时，更多的是对存在的倾向问题、主要矛盾、薄弱环节等进行系统分析，提出具体改进建议，每月将“三查”结果在公司二级单位主要领导参加的会议上进行发布。像2007年1月份的“三查”发布会上，主题就是对ERP系统的设备、质量、生产三个模块的运行情况进行重点检查，2月份的“三查”发布

着重检查物资供应模块的运用情况，同时对1月份发布会后各单位整改情况进行了通报；3月份“三查”发布会的主题则是资源回收工作。对问题开门见山，从不遮遮掩掩，对涉及的有关的单位和人员则是指名道姓，每次发布会的内容、问题和原因分析以及工作建议部分的篇幅都远远大于成绩部分，有理有据，对领导班子的震撼力、对面上工作的推动力比以前更大。

制度化还体现在每个干部都要自己认真反思。烧结厂规定，所有管理人员每季度都要写一篇反思文章，而且还将所有的反思文章全部挂到网上，使反思的内容透明化，既可以起到相互借鉴的作用，也可以起到群众性的监督作用。点击烧结厂的网站，在“反思专栏”里，可以看到每个季度、每个单位、每个管理人员的反思文章，结合自身工作实际，查找本季度工作中存在的问题，虽然文字有长有短，但都不是三言两语，敷衍塞责的，其中不少是有一定深度的。我深信，只要持之以恒，积以时日，肯定会由量变到质变，在思想上、观念上，以及各项工作上会发生一个突变，一个飞跃，实际上，在反思制度化以后不到一年的时间里，烧结厂的工作已经有了飞速的发展。很多厂矿领导带头反思，球团厂党委书记兼厂长董伟的反思文章“反思过去与开创未来”在矿业公司举办的“解放思想、创新发展”论坛上交流，给人以深刻启迪。在大石河铁矿、协力公司的网站上，也都可以看到类似的“反思平台”，这已成为改进工作的有力武器。

这种找差、反思由被动到主动，由找外因到找内因，步步深入。在初期，一些单位往往是出现了问题，被动地去找差距，有时即使找出了差距，也会推之于客观，归之于外界因素，不敢触及自身的问题。随着这一活动的深入开展，越来越多的员工认识到找差必须立足于自身，眼睛向内找差距，从自身工作上找原因。他们也从中尝到了甜头，把问题向外推，就等于是剥夺了提高自己素质的机会，削弱了自己解决问题的能力。于是找差就由被动转为主动，从“要我找差距”到“我要找差距”，反思也就成为顺理成章的事了。现在他们分析问题能内外结合，过去眼睛向外是为了推卸责任；现在眼睛向外则是从系统思考的角度，寻找事物相互之间的联系，从全局的观点来更好地解决自身局部的问题。过去是被动地去解决问题；现在是主动地发现问题，去解决问题；再高层次的则是提出问题，去解决问题。长期的找差、反思，使他们坚信：生产是有规律可循的，问题是可以被认识的，矛盾是可以转化的，失误事故是可以避免的，管理效能是可以提高的。于是视野越来越宽，领域越来越广，素质越来越高，能力越来越强，效果也就越来越显著。

三是执行文化。为什么一些企业制定的规章制度差不多，但效果却差得多，差就差在执行上，差在落实上。从严治厂就是要严在执行、严在落实上。要知道“执行就是生产力”，“5%在战略，95%在执行”。

炼铁厂一位炉长总结了提高执行力的“四个重在”：

执行重在科技。忽略了科技手段的执行就是缺乏含金量的执行，而擅长把先进技术应用到工作中来的执行是最富有创造性的执行。他强化执行的着力点首先放在了高新技术的应用上。

执行重在细节。忽略了细节的执行就是无法保证效果的执行。

执行重在严格。忽略了严格二字的执行就是没有约束力的执行。他在班组管理上推出了“两严”制度。“第一严”就是严格日常管理，推行班组长月度工作总结策划制度；“第二严”严在班组长的考核管理。无论哪个班、哪个岗位影响了高炉全风，都必须及时分析，找出原因，追查责任，落实考核。

执行重在“提素”。忽略了职工素质的执行就是缺乏智力能力人力支持的执行。

四是协作文化，也可以说是整合文化，是把各种人力资源进行有效的整合，或者可以说是团队精神。靠发挥高素质人员的积极性，并不是单个人的总和，而是要发挥凝聚一股绳的团队精神，起到 1 +1 >2 的作用。中国文化不大重视集体的力量，所谓“三个和尚没水吃”；又说是“麻将文化”，盯住上家，卡住下家；还有说是象棋文化，做蹩腿的马。我们常讲核心竞争力，这不仅是技术，也包含文化层次在内。美国管理学家曾做过试验，他们多次组织不同的团队，就同一课题进行竞赛，其中一个叫阿波罗团队，是集中了这方面尖子人才，但结果阿波罗团队的成绩较差，主要是这个团队人人都以为自己是最优秀的，缺乏团队合作精神，这个教训值得我们吸取。南钢高线厂同我谈，他们到巴登学习，都特别强烈地感受到巴登员工的团队精神，每个人不仅能自觉地做好本职工作，而且积极地为别人工作创造好条件。巴登专家到南钢调查，几乎每个人提出的第一个问题，就是同上下左右的关系。首钢炼铁厂的成就同团队精神分不开。首钢两座高炉超期服役，但指标一流，这同他们发扬协作精神分不开。过去，“七分原料，三分操作”往往成为炼铁厂推卸自身责任的经常性的借口，高炉运行不顺，立即归之于原料供应部门。现在，他们把抓精料的工作重点转向“打外围”，抓好料场、倒运、储存、供料、筛分各个环节，关口前移、触角延伸，精心平衡，严格把关，反应迅敏，真正实现了从源头抓精料管理，从而为高炉稳定顺行创造了良好的条件。

五是创新文化。我们要后来居上，要名列世界或国内一流，必须走创新之路。对企业领导来说，要建立有利于推动创新的激励机制。

他们认为，思想解放必须体现在创新之中，前所未有的压力和挑战只有用创新的思维和实践来化解。无论是首秦这一示范工厂的建设，还是 6 万名员工的妥善安置（2002 年，首钢北京地区共有员工 13.7 万名，到 2010 年 6 月底，已减到 7.7 万人）；无论是供应链的建设还是首钢内部单位的整合；无论是在体现用高新技术改造传统产业的 ERP 建设上，还是群众性的革新活动中，无不闪耀着创新的火花。像矿业公司的一些事例，还有迁钢的建设和管理，曹妃甸 5500 立方米高炉的自主开发等。

他们支持群众性的创新活动，并建立相应的机制。现在有的单位，一方面在鼓励创新，但其评价系统和考核体系却是在鼓励走老路。比如，一些企业新品开发之所以成效不显，一个重要原因就是在考核系数上重产品数量，老产品的增产毕竟轻车熟路。因此，即使也下达了新品开发的指标，但在利益驱动下，一些基层单位宁可舍新品来保产量。这样做，尽管近期可能有所得益，但这往往会牺牲企业的中长期利益。因此要围绕创新所要实现的战略目标，审核修订现有的评价和考核体系，以免出现南辕北辙的现象。

四、首钢是一个强调管理的企业

一是夯实基础。“苦干三年，打好四个基础”，其中就有制度创新基础，技术经济基础。炼铁厂在 2008 年，奥运会前后，频繁的停炉开炉，特别是单炉生产期间，做到“双零”：安全事故为零，休风率为零，就是因为基础工作做到位，做的细。多次演练，及时发现问题，连每个闸门有没有锈迹，都要认真检查，以免开关闸门时出现问题，影响全局。

迁钢十分重视基础管理。他们认为，现代化的工厂如果计量数据不准，就会造成灾难性的事件。他们做了很多“笨”工作，每个电子秤过秤后，都要把实物再运到地磅校核，确保数据的正确无误。为了使炼钢厂 LF 炉测温准确，他们还开发了机器人取样。

二是协同精神，就是要把协同文化形成相应的机制。你们的一炼钢栾厂长说得好：“有人负责我协调，无人负责我负责”。还需要形成机制，“固化于制”。

三是信息化建设。现代化企业，现代化的装备，需要现代化的管理，包括管理手段。首钢建设 ERP 系统，迁钢的国内自主开发的自动化炼钢，信息的及时、准确传递；通钢这方面则有差距。

四是实施组织结构扁平化，减少层次，各级管理人员责权利结合，充分发挥人的潜能，这在迁安、首秦体现得最为明显。首秦炼铁部总共 220 人，其中机关管理人员 20 人，部长丁汝才原先担任过首钢炼铁厂的副炉长和主持全面工作的副科长，按说，对管理全厂，经验并不丰富，但首秦高炉所创造的业绩确实令人震惊和钦佩。丁汝才个人的体会是机制造就了人，工作中的问题既无法上推，也不能下卸，逼着自己去摸索、去创造。事实证明，一个好的机制可以使过去被视为二流的人才创造出一流、甚至超一流的业绩。

首钢将优良资产向优势企业、优秀管理者集中，更好地发挥优秀管理者的作用。比如，由首冶公司托管连年亏损的修理厂，由原先是一耐一个车间的二耐托管一耐，都在短期内取得明显成效，并且至今保持良好的发展势头。迁钢的总经理靳伟，今年 34 岁，他 30 岁担任首钢二炼钢厂厂长，具有开拓性、创造性，深入实际，严格要求，关心员工的成长，在较短时间里使二炼钢面貌发生巨变，成为首钢的先进典型。32 岁被任命为迁钢总经理，尽管他自称到迁钢任职是拔苗助长，但迁钢的广大员工却对他称誉有加，认为总公司用人得当。这种情况，在基层单位也屡有发生。首冶有一个有名的“小鱼吃大鱼”的故事。首冶下属的金属结构公司连年亏损，几经更换领导班子，起色不大；而一家土建公司下的金属结构队，却生气勃勃，任务饱满，年年盈利。于是首冶将这两家合并，由队长担任新组建的金属结构公司经理，很快扭转了局面。

以上说的都是我亲身所见所闻，当然这里介绍的都是我认为好的，很多都是打动过我的，所以我作为二传手，向大家介绍。希望能够有助于通钢的朋友们进一步了解首钢，自觉地融合到首钢中去。

通钢经过 50 多年的锤炼，也形成了自己的文化。我们一方面要加紧融入首钢文化，学习首钢文化，同时也要保存并发扬自己的优势、特色文化，扬长补短，扬长避短，今后通过逐渐磨合，创造出首钢集团通钢文化。

这里我特别想强调一点，就是在融合过程中，通钢必须要加快转变观念，要抓得有力，抓得有效。因为，要改变企业的面貌，首先就要转变那些不利于发展，不利于跟上时代步伐、不利于同母公司融合的种种陈旧观念。我 1999 年写了“扭亏十谈”，最主要的两篇之一是“千条万条，转变观念是第一条”。这方面，你们今年起，已经在这样做，但还要认真思考究竟还有哪些不利于发展的。比如，对不讲客观，减员增效等问题的认识。

就我理解，不讲客观，其精神实质是不要找借口。《没有任何借口》：“遇到问题找方法将是一个成功者，遇到问题找借口注定是个失败者”。当然，也有领导人以此来作为摆脱自己职责的一种借口。建龙过去的领导一些做法可能就是属于这种情况，但我们不要因噎废食，为“唯条件论”者提供舆论工具。

减员增效，也是在改革初期普遍采用的做法。当时情况是严重人浮于事，不仅效率低下，而且造成内耗。可以说，没有当时大规模的减员增效，使得企业得以轻装前进，就没有后来企业的发展。问题也在于怎样操作，萍钢下岗1/3，太钢2002年，内退1.2万人，没有一起上访，关键在于领导带头，以身作则，制定合情合理的政策，而不是作为一种野蛮管理的手段。

以上只是介绍我个人这些年同首钢接触的感受，还可能有片面性，同时，也没有涉及首钢存在的问题。希望对通钢的朋友们能有所帮助，他山之石，可以攻玉，更何况是即将成为自己母公司的企业。我相信，今后首钢在兼并通钢后，一定会在各方面加强对通钢的重组，为通钢的发展提供更优越的条件。当然，这更需要通钢人以加倍的努力，在自立自强的基础上，进一步开放改革，自觉地融入首钢，学习首钢，超越自我，重振东北虎的雄风，再创辉煌！

（这篇讲话后来发送给首钢董事长朱继民，他作了如下批语："这篇讲话很好，既是对我们的鼓励，也是鞭策。请兴宏同志与宣传部整理成大号字体的文章，供领导传阅。"）

明确企业定位　提高产品质量　提高服务水平

——在中钢西重调研结束时的发言

2010 年 10 月 22 日

宫总要我发个言，我谈几点感受，一会儿宫总还要做全面总结。中钢西重是中钢花了很大心血、投入十几亿资金，建设起来一个号称“装备一流、技术领先、产品精湛、管理高效”，要为“国家提供先进、成台、智能的成套装备”的现代化企业。遗憾的是至今离目标距离还很远，西重的现实情况同这样一个装备先进的现代化制造企业的地位是不相称的，特别是近两年来严重亏损，引起了各方面的关注。

西重亏损，既有历史原因，也有现实因素；既有自身原因，也有中钢集团的问题。因此，需要承认历史，同心协力，解决矛盾，走出困境。

从中钢集团来讲，今天宫总在，我作为一个非当事人的第三方，直言不讳，中钢有其不可推卸的责任。因为，毕竟造成巨亏的直接原因是由于搬迁新厂而导致的折旧和财务费用的骤增。首先，中钢领导要主动承担其应负的责任，为西重领导减轻压力；其次，要在认真审核的基础上，进行必要的填平补齐式的投入；再是要协调好集团下属的各专业公司同西重的关系，因为在西重的可研报告中就明确提出，西重“要以中钢设计为龙头，中钢设备为支撑”，而实际情况却是把担子全压在中钢西重头上。

下面重点讲讲西重自身的问题。

（1）中钢西重要转变观念。新班子接下这一个摊子不易，在稳定队伍，加强管理，努力减亏上做了大量工作，取得了一定成绩。但巨额亏损企业的共同特点，就是朱继民在水钢说的“气血两亏”。血亏，指的是物质方面的，气亏则是精神方面的，就是企业领导和员工们的精神状态和思维模式等。具体表现在 3 个方面：一是对企业亏损原因和对自身工作的评价。往往把企业亏损归之于客观，高估了自己的工作，陷入“外因论”的泥潭；二是对学习先进兄弟企业的态度，往往只看到人家的较好的外部条件等因素，而看不到先进单位的自身努力，这样就难以真正学到先进企业的经验实质；三是面对外界快速变化的新形势，往往是以不变应万变，或者自觉不自觉地以此作为自己工作失误的借口。比如，在客户企业要求以“短平快”的方式提供产品时，较多强调增加了自己的工作难度，缺乏积极应对的姿态。

西重在汇报时也多次提到转变观念问题，但在分析亏损的具体原因时，使人感到还是过于强调客观，似乎自己已经尽了最大努力，多次强调管理费用下降了，销售费用下降了，制造成本下降了，而且今后压缩空间已经不大了，似乎自身工作方面改进的余地已经不大了。这种认识，当然对扭亏减亏工作的深入开展极为不利。因此，要扭亏减亏，首先就要转变各种不符合时代发展的陈旧观念和习惯思维模式。要立足自身，眼睛向内，排除各种外因论的干扰，认真学习兄弟企业的先进经验，把工夫下在自己身上。

（2）深入调研市场动向，做好企业定位。是市场决定企业的兴衰存亡，能不能为市场提供所需要的、有竞争力的产品，是企业发展的前提。企业没有了市场，就没有生存的价值。

产品定位，要考虑多种因素。首先是市场需求，包括现实需求和潜在需求；其次是自身条件；再是看能带来多大效益。

市场需求方面，大体也有几种情况。一种是市场需求大，总量大，我们占有的份额大，利润率也高，当然需要下大力气来巩固，不断提升水平，保持既有份额，做出品牌，像炼铁设备。一种是市场需求总量大，但我们占有的份额还不大，则要根据自己的条件和实力以及盈利情况决定取舍，像炼钢设备、轧钢设备的毛利率是负数，何去何从？是发展，还是在不亏损的情况下，保持一定份额，还是退出，需要果断决策。但炼钢设备中精炼设备的毛利率却很高，但我们占有的份额很小；修复设备的毛利率也很高，是否要努力扩大市场？再是市场需求总量不大，如果我们已经形成较强竞争力，当然可以保持这一阵地，否则就不如退出，集中力量抓好主体产品。

总之，在冶金类的产品中，究竟是"大而全"，进入所有领域，还是有重点地进入，形成专业化生产，需要慎重决策。

在非冶金领域，重点进入哪些领域，是进入与冶金行业相关的行业或延伸产品，还是国家"十二五"的重点发展行业。

从我接触的几位领导来说，对以上两个方面的问题认识并不一致。因此，建议在认真调查研究市场情况的基础上，在适当时机召开务虚会，让大家畅所欲言，谈事实，摆数据，有理有据地进行分析判断，最后做出决策。有些还可以联合其他企业，充分发挥西重装备先进的优势，合作开发新品。

（3）以搞好质量和服务为重点，加强并改善管理，进一步创建西重有竞争力、影响力的品牌。当然，还必须努力降低成本，以物美、价格适当的优势赢得市场。

这次，我没有接触管理部门，因此对西重管理现状不甚了解，但对照我2009年初次到邢机调查的感觉，觉得有相当差距。聂总是从邢机来的，邢机围绕产品质量开展的"方圆工程"和"镜面工程"，搞得有声有色。我同邢机的质检部长龚孟魁几次谈话，获益良多。他们抓质量，从基础抓起，不急功近利，这些经验很值得西重借鉴。

服务工作，越来越重要。"服务在用户开口之前"，"不仅使客户满意，而且使客户感动"，"没有服务就没有企业"。被称为"经营之神"的松下幸之助就曾说过："在某种意义上，服务比制造、销售更重要。售后服务不能做得完全彻底，顾客就会越来越少。服务第一，销售第二。'销售就是服务'，是经营者必须有的理念"。服务首先体现在质量上，在同等质量的情况下，更主要的是体现在营销上，包括售前、售中、售后服务。中钢邢机的精益服务的经验值得我们重视。第一步就是要适应新形势，缩短交货期，第二是提高履约率。这方面西重都有大量工作要做。最终要使我们的服务不仅使顾客满意，还要使顾客震惊。

（4）下苦工夫来盘活各类资源，特别是作为第一资源的人力资源。

土地资源。老区几百亩土地是极大财富，要抓紧工作，责任到人。这个问题待会儿宫总还要讲。

设备资源。众多的大型数控机床，如何充分利用起来？自己找活；与人合作，接受加工件等等。总之，要多方面进行工作，不能让它们光提巨额折旧费而做不了大贡献。

资金资源。加快资金周转率，追回应收账款等。刘德斌刘总提了好建议，一会儿宫总也要讲的。

最后重点讲讲人力资源问题。你们做了不少工作，但应该说，这方面还是薄弱环节。你们埋怨职工情绪不好，但首先该想一想我们在以人为本方面做得是否到位？我们是否真正把人力资源作为第一资源？因此，首先是观念上的提升。宝钢落实以人为本，提出“八个人”，尊重人、了解人、关心人、提高人、规范人、激励人、依靠人、凝聚人；尊重人是出发点，通过了解人、关心人、提高人、规范人、激励人、依靠人，最后达到凝聚人、高度发挥他们的积极性为根本目的。宝钢还对中间六个“人”都建立了相应的机制。首钢技术研究院2000年时，剩下的6个博士全部走空，到现在百千万（100多个博士，1000多个硕士，1万多个本科生）。这个变化怎样来的？他们先后总结了三句话：有什么不如有人才；一切围绕人才转（观念、制度、岗位、服务、荣誉）；平台比待遇更重要。你们的员工不愿来新区，江西南昌洪都钢厂的情况同你们差不多，甚至条件比你们还差。他们是第一个从南昌市区搬到工业园区的，当时那里是一片荒地，路还没有修通，他们一面坚持老区生产，一面分出一支队伍进行新区建设，在施工现场搭设帐篷，同外请的建设队伍并肩作战，创造出一个个新纪录。初期，施工机械短缺，为了不耽误时间，他们不等不靠，有些物件竟然是靠人拉肩扛就位的。尽管环境艰苦，但员工们却士气高昂，因为他们不仅看到了洪钢美好的前景，而且感受到了大家庭的温暖。厂长钟虹是位女同志，但她同员工一起吃住在现场，在艰苦的环境下，身先士卒，给员工以极大的鼓舞；天冷时，每天下工前1小时，每个床位的电热毯都由后勤部门（由党委组织部长负责后勤工作）专人接上电源，使员工们进入帐篷就感到一股暖意；要洗的衣服，由专人编好号，定期打包送到后方洗干净后再送回。这种人情关怀，更激励员工的士气。对比他们的做法，我们对员工所做的是否到位？

其次，要研究改进分配机制和激励机制。你们对技术人员和技能人员也做了不少工作，比如建立首席师制度，最高的月津贴1000元。首席师制度，本来是为那些不担任行政职务的技术人员设立的另一条晋升通道，但西重的实际情况却还是为那些已经担任行政职务的干部锦上添花，人人是“官本位”。你们评出的3位首席师2位都是行政领导，使人感到“当了‘长’就能有‘师’，不当‘长’难以成‘师’”，那怎样激励技术人员一门心思钻技术，做贡献呢？

再是培训机制，要两条腿走路。一方面根据企业发展的需要和员工的现状有组织地进行培训，不要光追求培训人员数量，要讲实效。更主要的是结合岗位实践，以创建学习型企业为目标，使工作学习化，学习工作化。首钢矿业公司提出“岗位是最好的课堂，工作是最好的培训，实践是最好的学习”的理念，引导员工们在工作中不断发现问题，研究问题，解决问题，使员工素质得到极大提高。宝钢现在每年1000多个申报专利，一半左右都是一线员工提出的。据我了解，现在他们一线员工中至少有2位已有100个以上的专利，这是他们长期以来结合岗位工作，不断进行艰苦学习的结果。

总之，企业领导必须把调动人员积极性作为自己的首要职责，要为他们创造条件，尽快成长，使人人都成为人才，在体现自身价值的同时，较大程度地改善自己的物质生活。

（5）最后讲讲企业文化。企业文化是企业之魂，各级领导都必须高度重视企业文化建设。

西重在目前情况下，要强调建立和谐文化。你们提出今年职代会如何向员工交底。这就反映出西重领导和员工们的关系处得并不和谐。我认为，西重领导要实事求是地讲清亏损原因，既要讲搬迁后导致折旧和财务费用剧增的客观原因，以及公司领导为改变现状所做的努力，也要坦陈自身工作上的问题，取得职工的谅解。更重要的是要能够提出既能鼓舞人心，又有扎实措施的奋斗目标。要使得这个报告成为和谐沟通、找差奋进、凝聚人心的报告。要抓紧年底前2个月的时间，做出几件能为职工满意的实事，取得职工的谅解和信任，形成和谐的氛围。

还要倡导“找差文化”。防止盲目自满情绪的滋生。不要满足于50年的光荣史，不要以过去的业绩而自夸；对标挖潜，不仅要同自身比，更要同先进企业比。要树立对照的标杆企业，在中钢系统就有较好的典型，聂总又是从邢机来的，更有条件把邢机的先进经验学到手。

再是学习文化。上面已经讲到。

还有创新文化。西重有较好的技术积淀，也有一支较稳定的技术队伍，包括技能队伍，要把他们的积极性引导到创新上来。坦率地说，在西重，我没有在邢机那种感觉。在邢机，看到各分厂布告栏上张贴的是员工们创新建议的奖金表，在西重看到的只是考勤扣分表；在邢机参观时，厂长指着实物向我介绍的是职工创新成果，在西重看不到这种场景。我不认为是西重的员工素质差，而是作为领导，是否把员工创新的积极性调动起来。有了这种积极性，西重的前景一定会更美好！

由于时间关系，我不可能展开了讲。如果大家有兴趣，我可以另找时间再进一步向各位介绍兄弟企业的一些好的做法和他们的经验，供你们参考。至于我讲话中提到的西重情况，如有不妥之处，还请各位谅解，并批评指正。

对首钢经验的几点新认识

——首钢2011年“三创会”综合点评

2011年7月20日

很高兴能有机会参加首钢的“三创会”，并且让我担任点评团队发言人。对这个角色，开始我是不接受的。因为，以往的“三创会”，我只是担任某一方面专题的点评，这次首钢进行了改革，组成两个点评团队，要我作为内部专家的代表来发言。我觉得首钢有很多有识之士，由他们来作代表，更恰当些。而且，我今年已整整80岁了，由我这个老头作代表，不利于对年轻人的培养。但由于今年“三创会”的准备期间，我直接到了这12个发言单位中的8个做过程度不等的调查，而这个团队的其他同志只是在15日才收到发言材料，时间仓促，我也只能勉为其难，好在我这个发言是经过我们这个团队两次讨论修改了的。但是我希望，明年如果还是这个形式，那么在台上发言的就绝对不再是我了，尽管我还会尽我绵薄之力来帮助开好这个“三创会”的。

首钢的“三创会”及其前身活动，已经持续9年了，我基本上都参加了。对我的教育很深，启迪很深。今年的“三创会”也一样，它不仅是集中展现首钢发展创新成果、展示广大员工首创精神的检阅大会；更是学习贯彻胡锦涛同志“七一”讲话，加快首钢转型发展的学习大会，也是促进首钢各级干部和广大员工进一步解放思想，创新思路，持续前进的鼓劲大会；还是动员广大员工学习先进，找准差距，树立高目标、夺取新胜利的誓师大会。每年的发言，既有老兵新传，老典型不断谱出新曲，也有新面孔、新典型，说明首钢的事业正像大浪汹涌，一浪一浪地推向前进。

参加了今年的“三创会”，听了两位专家的专题报告和朱总的主题报告以及12个单位代表的发言，首先我要向首钢各级领导和广大员工表示衷心的感谢，感谢你们所创造的优秀的业绩，感谢你们提供的好经验，感谢你们为国家所做出的贡献，有些发言使我受到很大的震动，很深刻的教育，你们不愧是共和国钢铁的脊梁，是我学习的榜样。说到点评，其实18日的开幕式上，朱总的主题报告已经对各家的经验作了简要而深刻的概括。因此，我们这个团队的发言只是拾遗补缺式地做些补充，谈谈我们对这些发言的感受。一家之言，仅供参考。如有不妥之处，则由我个人负责。

一、好的领导班子和其领头人是企业快速健康发展的决定性因素

这次会上，没有一个企业谈班子建设的问题。但是，我们可以从这些企业的发言中，看到一个好班子对企业发展所起的决定性作用。所以，我想把它作为第一条提出来。但是需要说明的是，我这里不是来阐述一个好班子需要具备的条件，而是从这次发言的企业中，印象比较深刻的几点。

（1）他们都有很高的境界，很高的追求。朱总常说：一个人有多高的境界，就思考多

大的问题；有多大的胸怀，就会干出多大的事业；有多高的追求，就能实现多大的速度；有多大的动力，就能产生多大的速度。作为企业的领导班子，特别是一把手，必须有很高的境界，很高的追求。东星从一个默默无闻的小企业，却敢于同世界500强、占全球汽车空调市场40%的日本电装结盟，而且获得了对方的高度信任和尊敬；此后，又打开了世界第一的工程机械制造商——卡特彼勒的大门，成为他们长期合作的供应商；现在东星已经成为横跨多种不同高新技术领域的“小巨人”，这一巨大成就同他们有一个好班子，特别是有一个好的一把手绝对分不开的。杜宝东说，做企业就要有一种痴迷精神。他自己就是这样一位敬业，执着，满怀激情，不断对自己提出高目标，不断追求把事情做得完美的领导人。迁钢公司以靳伟和吴平为首的党政领导班子，矿业公司以郝树华和吴林为首的领导班子（应该说，还有其前任的彭万通同志）都是不断进取，永不满足现状的好班子，他们既有深度的战略思考，又有贯彻实现战略目标的切实措施，还有对广大员工很强的凝聚力和感召力，能动员广大员工为实现宏伟目标而共同奋斗。因此，迁钢就能在很短的时间里实现了钢铁生产的大跨越，成为我国第一个最现代化的沿海钢铁企业的优秀试验场和练兵场。矿业公司则通过确定并积极实施三项战略目标，为百年矿山奠定了全面发展的坚实基础。

（2）他们都有超强的领导力，决策力，对市场变化有较强的敏感性，能够审时度势，在重大决策上基本没有失误，为企业的发展带来实实在在的效益。矿业、北冶、燕郊都谈到这方面的事例。北冶这么多年没有一个项目失误，而且还采取积极措施，挽救了闲置10年的进口设备，使其为我所用，很值得其他企业借鉴学习。

（3）他们都能洁身自好，行胜于言，率先示范。燕郊公司在最困难的时候，不仅企业遇到了生存危机，班子和党组织也遇到了信任危机，职工看不到希望，鼓不起干劲，企业发展也无从谈起。在这种情况下，孙长生同志受命于危难之际，咬紧牙关，顶住压力，以身作则，班子团结一心，干实事，谋发展。他还拿出个人积蓄的3万元作经费，进行市场调研和开发工作。“非典”肆虐时，孙长生同志以有病之身，不听他人劝阻，亲自率队前往北京这个“重灾区”开拓市场。改制后，员工不愿入股时，强制高管认领；效益好转分红时，员工可以分现金，高管红利却不能拿走，留作企业发展。北冶的领导都是从基层出身，至今他们仍然是和职工在一个食堂进餐，随时可以听到职工的呼声。2009年金融危机，员工收入下降，每人补贴300元，但管理人员只补贴200元。正是这些“小事”，使员工们感受到领导的人格魅力，领导同群众心连心。

（4）高度重视队伍建设，把以人为本的理念贯彻到一切工作中去，关怀人，尊重人，培育人，重视调动广大员工的积极性、主动性和创造性。在迁钢调研时，听到基层员工引述靳伟的话：“越基层，越精彩”。这话讲得好！这说明了两个方面的问题。一方面在迁钢，基层单位和一线员工已成为“三创”的主体，在基层时时刻刻都有精彩的新事物涌现；另一方面也说明了迁钢领导尊重群众的首创精神，满腔热情地在为基层创造的业绩喝彩、加油，因此更鼓舞广大员工为迁钢的发展献计献策，贡献自己的智慧和汗水。我们在迁钢调查时对此感受很深。在那里，我们开了4个基层员工参加的座谈会，无论是炼铁部、炼钢部、热轧部，还是冷轧部，十好几位员工参加的会议，上至部长，下至作业区的一线员工，都能结合自身岗位谈精细化的体会、感受，精彩纷呈。矿业公司的发言也说明了这一点。他们在1小时左右的时间里，多方位地展示了具有代表性的基层单位和人物的实践和风貌，并从理性思维的高度来进行概括，给我们提供了美味的精神食粮，这说明了矿业公司长期积累的深厚的文化底蕴。在东星电装公司车间的展板上，看到一幅生日恳谈会的版面，除了有供员工选择的生日礼物样品外，更使人感动的居然还有恳谈会上员工建议的处理情况。这充分反映了在东星的领导心目中，确实是把员工当作主人来看待的。在东星，你可以看到很多工人们自己的创造革新活动与成果。他们真正做到了“问政于民，问需于民，问计于民”，也因为他们是把群众放在心上，群众才会把他们放在心上，才会视厂如家。

当然，这些班子都是善于学习的班子，思想解放的班子，改革开放的班子，因此他们视野开阔，思想活跃。正是因为首钢有这样众多的好班子（包括一些这次没有发言的单位），才使得首钢的事业天天向上。

二、好的产品是企业发展水平的体现

产品是企业的最终成果，也是企业赖以生存和发展的基石，企业的竞争最终体现在市场上的就是产品的竞争。好产品不是企业自己说了算的，最终的评判权在市场，在客户。

这几年，首钢系统的企业，无论是在这次会上发言的，还是这次会上没有发言的企业，在产品开发、占领市场上都有不俗的表现。这里就不多说了。

现在产品面临的市场环境大体有3类：

第一类是市场基本上已饱和了，无论是原有市场的保有者还是新进入者，都必须要有自己的绝招，才能赢得客户的青睐。所谓绝招，无非是围绕产品质量、服务、交货期和合同履约率，以及价格这些基本要素，比竞争对手有过人之处。以技研院为主的汽车板项目经理部和迁钢、顺义冷轧在这方面就有很好的表现。虽然，首钢在汽车板领域是个新手，但在短短2年多时间里，却走过了兄弟企业7年到10年的路程，产品稳居国内市场份额的第四位，并开始进入中高端客户的市场。新手当然有新手的弱点，但是新手也有其竞争对手难以比拟的优势。一般来讲，目前钢铁业的新手装备要好于老厂，而且还有其后发优势。只要我们能扬长避短，完全可能实现新的超越。最近，我趁去东星调查之便，到了山东福田潍坊雷沃重工，他们的主导产品之一是联合收割机。1998年我第一次到该厂时，他们正在试制中。我问他们经理，联合收割机市场竞争的态势如何。他告诉我，有1只老虎、4匹狼、52只羊，老虎就是新疆八一联合收割机厂。当时我说，为什么你们敢于冲进虎狼成群的圈子里，不是自讨苦吃吗？他同我讲了一番话，使我大开眼界。福田在决定上联合收割机时，就充分了解农户对现有收割机的种种反映，分析研究了主要竞争对手的长处和弱点。由于收割机械使用的季节性强，每年集中在“龙口夺食”的短短两三个月。因此，必须保证在此期间设备运作正常。于是，他们就把确保设备的可靠性作为主攻方向，对发动机、液压件和几根主要皮带等关键部位，尽管要增加一些成本，也要选用最优质的配套件，然后再在其他方面采取一系列降低成本的措施。样车出来后，先在全国各地试用，取得各种数据后，召开新闻发布会，介绍了使用性能以及售价所以略高于兄弟企业的原因，结果很快就受到客户的青睐，当年就收到了4000多万元的预订金。同时，他们还在售后服务上下大工夫，确保机器一旦出了问题，维修人员省内4小时到位，省外12小时到位。因此，第二年我再去时，其年产销量竟跃居全国第二。今年上半年，他们的市场份额已占国内市场的75%。

第二类是市场紧缺产品，其中相当一部分还是靠进口，亟须我们去攻克，在这方面北冶为我们作出了很好的榜样。他们瞄准高端材料市场需求，先后开发了一系列市场潜力大、技术门槛高、且均为国外企业垄断的产品，形成了一批替代进口并逐渐打入国际市场的产品，很多成为国内唯一或第一。这几年，他们的销售收入增加 1.59 倍，利润却增加 24 倍，可见其回报之大。我们应该紧盯市场，朝这个方向努力。

第三类是首钢搬迁后产生的特殊情况。首钢过去是以长材驰名全国，大院停产后，在河北的 3 家主体厂都转成板材企业，腾出的长材市场空间亟须填补，这就成为新入盟的几家企业必须承担的历史使命。在这次会上，我们欣喜地看到长钢、水钢、通钢等企业，不负重托，在推进总公司的长材承接工作中都已取得了明显成果，使这一市场空间不致被其他企业所进占。像水钢的 82B 在首钢总公司专家的悉心指导下，开发成功，现在水钢 82B 盘条已占我国最大的钢丝绳厂、贵州钢绳集团 80% 的份额，并行销西南地区其他主要用户。

从上述一些发言单位以及其他优秀单位的经验看，要使自己的产品牢牢地占领并不断地扩展市场，首先是产品开发必须紧跟客户不断提高的新要求，努力以变应变。无论是汽车行业，还是造船行业，或是其他任何行业，在激烈的竞争中，都在不断提升产品性能，这就要求我们钢铁产品与之相适应，谁在这方面不敏感，不积极，谁就可能被淘汰出局。这就需要领导者对市场的变化有高度的敏锐性和快速的反应，果断决策。燕郊公司孙长生跳出了同质化的圈子，断然否决了跟随长白厂搞结晶器的建议，终于走出了新路子，就是一个典型。还要指出的是他们对客户的态度。他们认为既然客户是上帝，销售人员就是上帝的使者，因此必须重视销售人员带回来的客户的意见。一次，公司两位高管对销售人员反馈的信息不予理睬，孙长生对他们各罚款 5000 元，奖励给这位销售人员。从此，他们的“销售人员外出代表燕郊，进厂代表客户”的理念真正落到了实处，促进了他们不断按照客户需求，改进自己的工作，获得了客户的高满意度。

其次，产品定位必须要解放思想，要善于发现市场，创造市场，开拓市场。矿业公司的机械厂原来只不过是一个为内部服务的修理厂，但却成功转型为矿山机械专业制造厂，不少产品填补了国内空白。矿自信也只是矿业公司内部的一个计控室，昨天发言的矿自信公司经理张立臣同志并没有进过正规大学，但现在已经成为这方面的大专家。他们接连开发出 GPS 矿车智能系统，并挑战电动轮矿车电控系统，取得了突破，还把有关软件远销到国外。东星钕铁硼无论是产量还是品种质量都超越了过去国内最大的有关研究院，这些都给我们提供了很好的启示，鼓舞我们不断解放思想。

第三，产品定位必须要能充分发挥现有设备的功能，绝不能拿宝马车当拖拉机使。现在首钢主流程工厂装备都是世界一流的，理应开发高端产品，拿出性能一流的产品。迁钢、顺义冷轧以及京唐等企业正是努力朝这个方向迈进的。

一个有市场竞争力、能为企业带来效益的好产品，是企业综合实力的体现。它体现市场需求与产品价值的统一，这是技术创新的结果，是顺稳运行的结果，是深化服务的结果，是开放协作的结果，是敏锐反应的结果，也是打造品牌的结果。需要企业各部门同心协力来开发，来打造，来经营。

三、改革开放是企业发展的不竭动力

应该说，首钢在改革开放上取得了巨大成就。但我们更应该看到，改革开放未有尽期，企业在发展的不同时期都会有不同的重点。在这次会上，又提供了许多好的事例，好的经验。

东星的超常规发展给我们提供了非常有益的启示。他们从吉林山沟里的一个名不见经传的小军工企业，到现在成为多家国际知名企业的合作伙伴，做出了杰出的成绩，这有赖于他们实施“借船出海，借梯登高”的战略方针。借卡特彼勒的巨舰驶向了世界，借日本电装和大韩烧结金属株式会社的梯子登高，终于成就了自己的事业。如果说，同国外强企结盟合作，思想上还比较容易接受的话，那么，和国内同行企业之间的结盟更需要突破思想障碍。设备公司在这方面为我们作出了榜样。2009 年 11 月从顺义冷轧年修中，他们看到了自己同宝钢检修公司之间的巨大差距，萌生了同宝钢合作的想法。当时，尽管内部也有不同意见，但他们在总公司领导的大力支持下，经过了无数次的曲折工作，终于在日前新组建的首宝核力设备公司揭牌成立，为首钢设备检修工作跨越式发展打下了坚实的基础。

今天我们看到了东星他们取得成功后头上的光环，但我们更要探寻他们成功之道，看到他们此前所经历的艰辛的探索之路。弱者想同强者结盟，又谈何容易？你想借梯子，对方愿不愿意借给你？你借的梯子又能登多高？但他们在层层阻力面前不动摇、不畏惧、不气馁，坚定信念，勇往直前。在产生分歧时，他们善于化解矛盾，既能坚持原则，又能换位思考，以他们的诚信、坦率和主要领导人的人格魅力，赢得了合作方的高度信任和尊重，不仅成为事业上的合作伙伴，而且还结下了真诚的友谊。东星在与日本电装的合作中，认真领会日方的经营理念，真心实意地学习日方管理经验，在有的员工感到日方的某些要求近乎苛求时，他们认识到这种不同文化间的冲撞有利于打破原来比较僵化的固定思维模式，引导员工反求诸己，从而使员工们领悟到精细化管理的真谛，自觉参与到精细化管理的改进中，不断提升自身素质；并在此基础上融进自己的企业文化，进行管理创新。现在他们独自创立的烟台东星空调管路有限公司已成为管理创新的好典型，日本的母公司甚至还部分吸取了他们的创新成果。

矿业公司则从另一角度阐明了开放合作的必要性。从某种意义来说，国内的开放合作有时比国外的难度更大，更考验人们的智慧和韧性。但是，不突破这一关，我们就只能被画地为牢。由于时间关系，以及这次会议的主题，他们没有在这里展开，建议以后在有关专题会上还可请他们讲一讲。

企业转型，我们面临很多不熟悉的事物，用搞钢铁的老观念、老办法不能适应这种新变化。要加快转型发展，必然要引进适当的人才，首钢过去在这方面已有很多成功的实例。迁钢的新品开发，燕郊的产品转型，都同引进人才分不开。在引进人才上，要打破陈旧观念，在遵守法律的情况下，对引进人才经过周密的调查，具有真才实学的，要敢于大胆引进，不要因小失大。

敢不敢实行开放，善不善于实行开放，既是对企业领导能力的一种考验，也是企业领导对自身企业有没有自信的一种检验。我们要善于通过开放，借力发展，提升企业的实力和员工的素质，迎接新首钢的更大发展。

在体制机制改革方面，燕郊、北冶等企业的成功改制令人鼓舞。燕郊 2006 年实行改制，到 2010 年，短短 4 年，盈利水平提高 10 倍，净资产增值 15 倍，职工收入翻了一番多。北冶改制 6 年来，工业总产值增加 1. 59 倍，利润增长 24 倍。汽车板的成功开发也为我们提供了新的经验。在继承首钢过去开发“双高”产品成立的产销研一体化机构的基础上，又进行了新的尝试。汽车板项目经理部的组建，统筹协调了各个有关部门，加快了汽车板提升档次、推向市场的进程。首秦SBU的组建，虽然时间不长，但在激发相关人员主动性和创造性，提升产品质量、快速反应市场需求等方面已经初见成效，对打造高端产品集群和高端客户集群起到了很大的推动作用。

分配机制的改善始终是很多企业领导关注的重点之一。通钢的扭亏增盈，在一定程度上也得益于分配制度的改革；北冶对研究所的科研人员，采取了年薪制；使其在科研工作上，能够摆脱急功近利思想，“干好明天的，规划后天的”，为企业的持续发展做出贡献。实践证明，科学合理的分配和激励机制必然会促进员工潜能的发挥。在企业发展的同时，一定要使员工们分享到发展的成果。20世纪90年代末期，相当一部分企业所以能较快走出困境，改革分配制度起到了很大的作用。今天，在新的形势下，我们仍然要从企业实际出发，有针对性地不断深化这项改革，以高度调动广大员工的积极性。

四、精细化管理是企业发展的必由之路

在前两次的“三创会”上，迁钢对精细化管理都有介绍，引起与会同志的极大兴趣。今年，迁钢又以全方位的姿态，向大家作了更为全面、更为深入的介绍。发言人员遍布铁、钢、轧等主体和质监站以及氧气、动力、电力、废钢等辅助部门，可见其推行精细化管理的广度和深度。

迁钢的精细化管理所以在全公司处于领先地位，有这样儿点特点：

一是狠抓基础不放松。原始数据要精确，数据传递要快速。为此，他们在计量、检测分析等方面，配置了必要的现代化工具，还下笨工夫校核设备仪器精确度，为信息化管理提供精确的数据。否则，电脑再灵，输进去的数据不实不准，也难以发挥其作用。

二是重视全员参与。精细化管理涉及方方面面，各个工序环节，各个岗位，不是全员配合，协调一致，是根本无法实现精细化的。汽车板生产全流程有1000多个工艺参数，都和最终产品的质量存在联系，每个参数微小的偏差就会导致最终的产品是废品。因此，精细化管理必须是全员参与的群众性活动。首秦炼钢部核算降低白灰消耗带来的利润，两次结果不同，但他们不因为差两分钱而忽视，追根究底，终于查清了原因，使每月获利40万元。可见，精细化管理不仅体现在岗位操作上，还是一种工作态度，一种精神风貌。因此，充分调动广大员工的潜能，就成为精细化管理的基本条件。

三是精细化管理必须要有相应的科学手段，特别是要同信息化管理紧密联系。我们既要重视调动人员的积极性，自觉参与精细化管理，又要尽量减少人为因素的干扰。迁钢在这方面做了大量工作，精炼机器人取样就是一个典型。迁钢、首秦、顺义冷轧等企业，引进了六西格玛这一科学工具，促进了精细化管理的深入。

矿业公司也给我们提供了新经验。他们的皮带管理创一流是8年磨一剑，前两年的“三创会”上，我们刚为他们的数百根皮带无人值岗的奇迹而鼓舞，今天他们又提出了皮带减负。他们的管理是越来越精细，越来越深入。宝剑锋自磨砺出，不停步，不松懈，在总结现有经验的基础上，不断提出新课题，不断解决新问题，不断取得新成果。他们是持续创新的好典型。

在现代化装备程度不算高的企业，同样可以实行精细化管理，通钢、水钢、长钢等企

业在这方面为我们展示了他们取得的业绩，提供了新经验。

五、企业文化建设是企业持续发展之魂

这次会上，很多企业发言中都强调了企业文化建设，认为建设百年老厂，重在文化建设和积淀。企业文化的重要性已经是不言而喻了。在这些发言中，我想推介以下几点。

一是矿业公司的找差反思文化。这个问题矿业公司不是现在才提出来的。2007 年，我到矿业调查后，写了一组短文，曾在《首钢日报》上发表。其中，有一篇就是"'找差'、'反思'文化，推动首钢矿业健康、快速成长"。我们经常说，差距就是潜力，但关键在于挖潜的实际行动，特别是要作为一种文化，形成一种制度，养成一种习惯，矿业公司就是这样做的。他们不为取得的重大成就而沾沾自喜，却是坚持不懈地推进反思找差文化，不断对照先进，找出差距，反思自己，挖掘根源，坚决改进，从而使得自己卸下包袱，大步前进。首秦曾经不止一次在"三创会"上发言介绍他们的经验，但这次顾章飞总经理在发言中却首先针对近两年生产波动、效益下降的问题进行了严肃的反思，找出了首秦存在的思想观念、工作作风上五个差距，并正在采取切实措施加以改进。我们相信他们一定能够战胜暂时的困难，超越自我，重振雄风。

二是协同文化。现在大家都认识到：企业之间的竞争不只是单个企业之间的竞争，而是与之相关的产业链之间的竞争。只有产业链的上下端通力协调，才能取得自身的胜利。无论是企业内部还是相关企业之间，都要重视发挥协同作战的能力。精细化管理实质上就是要求所有相关工序和岗位之间的协同作战。北冶在解决金属锰的质量和供应量的问题上，就充分体现了协同文化的威力。过去，首钢大院炼铁厂所以能在高炉超期服役、原料供应又不稳定的情况下，打出高水平，也和他们同上游工序紧密合作、沟通信息，及时作出应对之策分不开的。他们的经验告诉我们，对一个现代化钢铁企业来说，一定要打破各自为政，互不联系的闭关自守的保守观念，倡导协同文化，落实协同机制。

三是艰苦创业精神不能丢。2003 年时，首钢提出"苦干三年，打好四个基础"，对首钢近几年的发展起到了很大的作用。但是，也不能认为，搞现代化了，信息化了，就可以放弃艰苦奋斗精神了。这次好几个企业发言中，都谈到了要建设一支特别能吃苦，特别能战斗的队伍问题，就体现了这一精神。设备公司从"修拖拉机"到"修宝马车"的转变，离不了他们那种敢打硬仗的作风，他们就是在打硬仗的实践中锤炼队伍，提高素质，成就业绩，取得信任，创造机会，形成良性循环。水钢的自然环境应该说是首钢所有单位中条件最差的，2580 立方米 4 号高炉建设，可以说是新时代的一个奇迹。过去，东冶部长曾称赞攀钢是微雕钢城。现在，水钢在这样重峦叠嶂的逼仄空间里摆下 500 万吨的钢厂，不仅设计布局、总图规划做得好，而其实现则同水钢广大员工发扬创业初期艰苦奋斗，人拉肩扛，以及 20 世纪 90 年代扭亏时期的"大河精神"是分不开的。当然，现在的苦干，不能只是停留在"劳其筋骨"、躯体上的苦干，着力点更要放在"苦其心志"、在解放思想上下工夫。顺义冷轧在开发汽车板过程中，以坚韧不拔的毅力，一步一个脚印的扎实工夫，逐个解决接踵而来的疑难问题的经历，值得我们学习借鉴。

四是重组企业的融合文化。这次几家近几年首钢重组的企业发言中，都谈到了要"学习首钢，融入首钢"，使自己真正成为首钢大家庭不可分割的成员。融合，首先是

文化融合。融合不等于放弃自己原有的优秀文化传统，像长钢有着悠久的红色文化传承，就需要很好地继承发扬，也作为长钢对首钢大家庭的新贡献。水钢在依托首钢的同时，不放松水钢的“八字精神”，特别是“自强”精神，这一点在水钢大高炉建设中已经体现出来了。通钢20世纪80年代是冶金界内“中原三雄，东北一虎”的老虎，80年代末期，铁矿资源还不被很多企业重视时，就提出了：“通钢通钢，有矿则通，无矿不通”的观念，在发展进程中也形成了自己的特色文化，这些在融入首钢的同时，也要继承发扬。

这几年，不少企业在对外合作上有了很大进展，如何处理好与合作方的关系，以及文化融合问题。东星在同国际知名的大企业合作为我们提供了宝贵的经验，矿业公司提出要打造“合金文化”，颇有新意。希望大家都来进一步探索。

最后，我想就这次调查所见所闻再谈一点感想，供各位参考。

在我们高度肯定首钢集团大家庭成员普遍取得巨大成就时，我们还要看到当前还存在两种值得注意的倾向。一种是盲目乐观情绪。少数同志在取得重大成绩后有些不那么清醒了，他们沉湎于昔日的光环之中，不愿正视目前存在的问题，看不到外界形势的急剧变化对自己提出的新要求；或者只看到自己的进步，而看不到周围兄弟企业进步的步伐更快，昔日的先进将成为历史的陈迹。我们要警惕总书记提醒的“精神懈怠的危险”，我们不否认这些企业至今还应该说都是优秀企业，但要记得美国斯坦福大学商学院教授、世界著名管理权威、吉姆·柯林斯在他的名著《从优秀到卓越》一书第一章第一节第一句话：“优秀是卓越的大敌”，因为，优秀可能导致骄傲自满，这才是通向卓越之路的最大障碍。

另一种倾向是在面临众多困难的严峻形势面前，不是积极去寻求克敌制胜的对策，而是把问题推给客观，推给外部因素，或是寄托于上级的同情，依赖上级的支持。我看到最近朱总在对一个单位的专题汇报上批示：“如果同情、理解能解决你们的问题，我永远为你们祈祷；如果让外部适应我们，我们永远可安枕无忧；如果闭门看世界，天永远是我们的；如果获取的光环永远发光升值，我们就戴一辈子，一直戴到坟墓。”这段话值得我们深思！其实，我们回想一下，这些年首钢不就是从艰难曲折的道路上走过来的吗？2003年前的迷茫，我们又是怎样突破的。燕郊十几年前遇到的困境，不更好地淬炼出孙长生他们这个团队，成长了燕郊这支特别能战斗的队伍吗？矿业公司说的：“要为‘干得了’想办法，不要为‘干不了’找借口”，是不是可以作为我们的座右铭。最近，我去唐钢参观，短短2个多小时的参观学习，给我的印象可以用两个字来概括：“震撼”！明天，朱总将率领首钢总公司领导班子和各部厅以及八大钢的主要领导去唐钢考察。我相信，唐钢的三年巨变一定会给大家以极深刻的启迪。唐钢可以三年巨变，首钢的基础比变化前的唐钢要好得多。我坚信，首钢也一定能克服前进道路上的种种艰难险阻，使首钢在更高平台上进行“三创”，实现首钢的三年巨变。

讲话临结束前，我还想对京唐的朋友们说几句话。首钢大搬迁受到中央领导的高度重视，全国人民的密切关注，18日下午我们看了电视片《蓝色之翼》，我们都为京唐的建设感到骄傲。京唐是目前世界上少数具有最先进的装备企业之一，一流装备必须拿出一流产品，取得一流效益。当然，这需要时间。但现在京唐投产已经两年，在今天的会议上我们却只能从记录建设的电视片中看京唐，没能在大会上听到京唐的声音，这是件憾事。尽管有种种原因，其中不乏不是京唐自身所能掌控的外部因素。但我们千万要警惕，不要自觉不自觉地以外部因素来掩盖自身的问题，我们需要反思我们自身的努力是否做足了，我们的精神状态是否高昂。我衷心地期盼在明年的“三创会”上，能听到京唐的朋友们的业绩和经验。

我点评发言完了。不当之处，尚请大家指正。

谢谢大家！

扬长补短　固本求新　再接再厉　重振雄风

——在通钢股份公司中层干部会议上的讲话

2011 年 8 月 9 日

去年以来，这次是第三次来通钢。前两次，一次是在首钢重组前，以了解管理现状为主；一次是重组已成定局，顺道来介绍首钢情况：“学习首钢，融入首钢，超越自我，再创辉煌”。

这次来，是受朱总委托，进一步了解重组一年来的情况，同通钢各级领导和基层干部作一些深度交流，帮助通钢更好地扬长补短，超越自我，加快发展，重振东北虎的雄风。

我们是 3 日晚上到达长春，4 日在长春同集团公司在家的 2 位主要领导和党群工作部领导进行了交谈，并在矿山公司开了座谈会，5 日到板石沟，6 日到通钢。这几天，开了 8 个座谈会，到了 5 个基层单位现场参观。感触颇深。

加盟首钢一年，通钢变化大，进步大。说实话，有些出乎我的意料。通化钢铁各项工作全面推进，经济效益有了明显增长，技术经济指标普遍得到改善，重点项目进展顺利，按节点进行施工。这也体现了首钢是在认真兑现重组时的承诺的，在首钢技术服务团和通钢公司有关部门共同努力下，品种开发有较大进展。特别是扭转了连续 3 年巨亏的局面，开始实现盈利，按目前的趋势看，今年通化钢铁完全能够实现扭亏为盈，员工的收入也会有明显的提高。板石沟继续做出新贡献，提供了新经验，今年利润要实现保七争八，为集团今年大幅度增加效益做出不可替代的贡献。其他一些企业虽然没有去，但也听说一些，像吉林焊管这样一个小企业，今年也有喜人的变化。这些，在座的都是亲历者，也是这些变化的创造者，会了解得更具体，我就不一一说了。

但是，给我感触更深的还是通钢各级干部和广大员工思想观念、精神状态的变化。在基层调研时，几乎都可以听到四个字“气顺心齐”，我觉得这是形成通钢一年来大变化的内在原因。一年前我也曾同一些领导交谈过，感到大家都在为通钢的现状担忧、焦虑，但又显得有点无能为力，对通钢存在的问题较多地归之于外界的不利因素，对彻底走出困境感到底气不足。但是这一次，我接触的干部，展示业绩的多了，谈员工中涌现的新事物多了，谈自己的感受多了，敢于担当的多了，无所作为的少了；积极建议的多了，事不关己高高挂起的少了；勤俭节约的风气浓了，止血堵漏的力度加强了。在各级干部中，多了的是自信，少了的是埋怨；多了的是协作配合，少了的是推诿扯皮。总之，队伍的士气高了，人心齐了，干劲足了，责任心强了，正气上升，工作作风也实了。在前晚的广场晚会上，也可以感到这种气氛。这既使我备受教育，也使我深受鼓舞。这是重组以后，首钢领导的身教言传、首钢管理的移植，技术服务团的帮助，以及首钢文化熏陶的结果；是通钢集团和通钢股份各级党组织和领导所进行的大量卓有成效工作的结果，也是广大员工自立自强、发挥当家作主精神的结果。在这里，我向为通钢一年来取得的重大进步作出贡献的各级干部和广大员工致以衷心的感谢和崇高的敬意，并祝愿你们今后取得更大的成就！

一、钢铁工业的形势

讲形势，这是朱总对我提出的要求。其实，我并不适宜讲这个问题。只能粗浅地谈谈自己的一孔之见。

当前钢铁工业的形势，我想用“两个常态化”和“两个硬指标”来概括。

（一）两个常态化

钢铁工业的两个常态化具体指：

（1）供大于求的常态化。

需求情况。虽然绝对量还在增长，但增幅减缓。

钢铁的需求，主要受3个因素的影响：一是投资拉动，目前还是最大的。虽然有的行业投资强度在减弱，但有的却在增长；有的地区减弱，有的地区增长。东方不亮西方亮。但投资增幅总体上在减缓。二是消费。这一块暂时无明显变化。三是出口。如无特殊情况，从中长期看，出口将持续减退。原因有：发展中国家都在发展本国的钢铁业，国际市场空间变窄；我国政策不鼓励“两高”产品出口，特别是在环保形势严峻的形势下，大量出口低价的钢材，以致增加国内的污染程度，恐怕不是一个方向。

供应情况。数量扩张热情不减。虽然中央宏观调控，钢铁工业是重点。但关键是中央、地方的利益不一致。以致政令难出中南海。

地方GDP情结较重。省区领导换茬，新领导就任，都是扩张的动力。

企业：没有一家企业在压缩规模。都在提出“三步走”，“二次创业”，而其主要标记就是规模扩大。

有人说，钢铁工业产能大，主要是落后企业形成的，是结构性的供大于求。事实上，现在先进设备产能同样供大于求，甚至更为严重。应该说，除少量高端品种钢外，供大于求基本上是全局性的。

供应量在不断增长，需求量开始出现下降的势头，供需矛盾将会进一步加剧。

对这样形势，企业领导清楚不清楚？应该说是心知肚明。那为什么还都在追求规模的扩张？一是“攀比心态”。我不扩大，人家都在扩大；历史的教训是老实人吃亏，因此总想千方百计突破禁令；二是大企业迷信症。“500万吨规模难以生存”、“年产500万吨钢已没有持续发展的能力，至少要千万吨级才行”。一些企业领导片面强调“规模效益”。其实，国际钢协主席强调指出：作为钢铁企业，衡量成功与否的标准并不是公司规模有多大，明智的投入将为钢铁业者带来高附加值，这比单纯的扩大产能效果要更好；三是缺乏理性的自信，“剩者为王”，争取成为“笑到最后的人”。对这种豪气应该肯定。但光有愿望不行。怎样在众多竞争者中笑到最后？你有哪些绝招保证你能成为“剩者”？

我们一定要理性地研究怎样使得自己在供大于求常态化的情况下作为“剩者”。这个问题下面我再讲。

（2）微利状态将成为常态化。价值规律指出了：供求关系决定了商品价格。既然供大于求的场面越来越严峻，自然难以卖出好价钱。钢材价格卖不过矿泉水，37个行业中钢铁吨材利润是倒数第一、第二，销售利润率不到3%，还够不上一年期的银行利息。

能不能干脆把钢铁厂停了？不能！因为钢铁工业是国家的脊梁，国民经济发展的柱石，承担着振兴中华的伟大任务。13 亿人口的大国不能没有自己独立的钢铁行业，要为相关行业提供原材料。而且还有社会责任，增加就业率等。

根本的解决之道就是把钢铁产能降下来。但上面已经讲了，在“政令难出中南海”的情况下，供大于求状况得不到根本改变，钢铁行业总体上微利时代就不会得到改变。

能不能提高利润？能！就是要造成局部供不应求的局面，人无我有，人有我优。宝钢为什么利润高，原因就在于此。

对这两个常态化，要正视，要适应，要努力改变。

要正视，要敢于直面现实。不抱怨，不灰心，不气馁。积极应对。日本两次能源危机都成为降低钢铁工业能耗的契机。“上帝给你关了一扇门，一定会给你开了一扇窗”。

外力的逼迫有时是最好的动力。人同企业一样，有惰性。日子好过时，就想不到改革，想不到强化管理。要自觉借力求发展。

（二）两个硬指标

这个硬指标，既有国家在“十二五”中规定的约束性指标，也有我个人认为在新形势下企业要生存、要发展必须考虑的，事实上目前还并没有硬性规定这一指标。

（1）节能减排指标。这不仅是经济问题，更是全球性的生存环境问题，是对子孙后代负责的问题。目前，中国是排放总量最多的国家，我们 GDP 总量占世界的比重，同污染物排放占世界的比重不相称，二氧化硫、二氧化碳排放量都是世界第一。《东京议定书》规定发展中国家不承担减排义务，但现在不行了，坎昆会议失败告终。因此，这方面国家的压力只会越来越大。相应的传递给钢铁企业的压力也必然会越来越大，这个指标只会越来越硬。去年年底一些地区拉闸停电，主要就是为了防止排放指标的突破。

（2）用户满意率，还有忠诚度等。从根本上说，企业的存在就是因为有客户需要。我们说用户是上帝，是衣食父母，都是这个道理。因此，企业的产品必须满足用户的需求。用户的标准就是企业的标准。

随着科学技术的发展，时代的进步，用户的需求在变化，为用户提供原材料的钢铁企业必须以变应变。比如：船厂要求分段交货；汽车厂要求缩短交货时间，100% 的履约率，甚至违约 1 分钟，罚款 7000 元。

在供大于求的情况下，用户的选择权、话语权更大了。谁能赢得用户青睐，谁就能生存发展。谁的客户满意率越高，忠诚度越强，谁的市场就会越宽广。首钢燕郊公司发生过这样一件事：一位销售人员反映的客户意见完全正确，但却无人理睬。公司老总使用了一个杀手锏：对两位责任高管各处以 5000 元的罚款，并将这一罚款奖励给这位销售人员。这一重奖重罚在燕郊公司是破天荒的，震动了全体员工。于是，“销售人员是上帝的使者”、“销售人员出了厂门代表燕郊，进入厂门就代表客户”的理念终于落实。其产品也越来越受到客户的青睐，客户的认可度、满意度和依赖度越来越高，市场份额自然也有较大的增长。

这个“指标”对通钢来说，目前也许并不明显，今后将会越来越显示其重要性。

二、有关通钢发展问题的几点看法

下面我想就通钢发展问题谈几点看法。借用你们工作方针数字化的做法，我也用 123 来概括。

（一）“一”，就是深刻理解一个“第一”，在实际工作中真正贯彻实施

“发展是第一要务”。“发展”远比“增长”内涵广泛。发展是硬道理。既包括数量增长，更包括结构调整，品质改善，更重要的是协调的可持续发展。而当前，对钢铁工业来说，更主要的是后者。

钢铁工业不能再停留于数量的增长上，这样最终会走向死路。市场的限制，能源的制约，环境容量的制约，要求我们必须走质量效益型、资源节约型、环境友好型的道路。

你们提出的“做强钢铁主业、做大矿山产业、调整产品结构、加快多元化发展”的“十二五”发展战略，很符合这个思路。

但要防止各种干扰，最主要的还是做大的诱惑。传统观念，大就是实力，就是地位。大就能进入各种“500强”、“100强”。进入500强当然也是一个里程碑，但不要刻意去追求。500强实际上是500大，有的还是亏损大户。而且，500强的更替率相当高。大不一定强，强可以在需要时再搞大。光大不强是虚胖。

我个人意见，你们的第三步1000万吨就需要谨慎，要审时度势。闹不好就会是形成产能之时就是闲置之日。建设需要资金，停产还需要资金，还有一系列的善后事宜。

宁可做小巨人，不做虚胖子。小巨人，长得结实，健康，无病无痛，反应灵活，身心愉快。虚胖子，貌似强大，经不起冲撞，更经受不了风吹雨打。大而不强，只能做低档的打工仔。温家宝总理以前曾说了这样几个数字：我们出口DVD一台大约40美元，可是要你交专利费21美元；我们的药品90%以上都是国外专利；我们的数控机床70%以上都是国外专利；我们的汽车90%都是合资企业或者是国外品牌。如果不从创新来根本上解决这个问题，中国在国际上的竞争力就不会有很大改变。

其实，做大容易做强难。做大，有钱就行，很快能见成效，200万吨规模2年可以建成。民营企业上得更快。做强，就要在品种质量、节能降耗和环境治理上下大工夫，就要在各方面精雕细刻，围绕优化产品结构搞技改；就要在精细管理上下工夫，不是急就章。不像扩大规模那样立竿见影。这光靠钱不行。习惯于粗放经营的思维模式、工作方法，很难适应。特别是在市场需求旺盛时，到处春光明媚，只要有产品就能挣大钱，“数钱数得手抽筋”，何必自寻烦恼，再去搞什么调结构，重质量。但一旦寒冬降临，大就不敌强。“与其进入500强，不如长寿100年”。长寿，靠强不靠大。

（二）“二”，就是抓好“两个第一”，建设好“两支队伍”

两个第一：科学技术是第一生产力，人才是第一资源。两支队伍：领导班子自身建设，员工队伍建设。

（1）“科学技术是第一生产力”。这是一个大题目。重视科学技术，必须要有科学态度，讲究科学精神。首先是有实事求是，科学求真的态度。高铁事故就是一个严重的教训。其次，要有敢于实践、敢于尝试的精神。创新很多是探寻未知事物，失败是题中应有之义。要形成“鼓励创新、宽容失败；鼓励思考，宽容失言；鼓励实践，宽容失误”的创新氛围，否则就会把很多创新事物扼杀于幼苗之中。第三，要重视基础，夯实基础。数据要正确，不允许弄虚作假；计量要准确，不允许超出正常的误差。迁钢在这方面做得很好。特别是要实施精细化生产，更要重视数据的准确。

重视科学技术，就要打破对科技的迷信和神秘感，要动员全体员工的力量。专利不神秘。比如：宝钢1天4个专利，一半都是一线员工申报的。国家技术进步奖不易吧，宝钢

有3位工人领衔的项目得了二等奖。要从小改小革着手，“十小促十变”，积小胜为大胜。小改小革的积累是创一流的前提。

重视科学技术，就要善于学习借鉴国内外先进技术。同时，又要在消化吸收的基础上实行创新，中国经历了多少年的仿制阶段，目前已有所突破。但比起韩国钢铁工业，我们差距还很大。但自主创新，必须要有科学态度。

重视科学技术，不仅是工程技术，还包括管理科学，不要把科技和人文对立起来。重视科学技术，还必须同样重视生产关系的变革，使生产关系适应生产力的发展。组织管理体制，人员晋升机制，分配激励机制等，都要结合实际情况，不断创新。

（2）“人才是第一资源”。国家发展需要好多资源，资金、土地、能源、技术等都是资源。但离开了人才，这些资源就无从发挥其威力。所以，人才是国家发展的战略资源。“科学技术是第一生产力”。人才是先进生产力发展的核心要素。“企”离开了“人”就“止”。韩国发展钢铁工业，没有什么值得夸耀的物质资源。比如：浦项公司大门口的“资源有限，创意无限”，就是最好的说明。

什么是人才？有各种各样的定义。但我想如果认同锦涛总书记“七一讲话”中提出的“人人皆可成才”的说法，那企业的每一个员工都应该成为各方面的人才。因此，我现在讲的“人才”就是涵盖企业的全体员工。

怎样发挥人才的作用？我自己有这样几点粗浅的体会。

首先要明确各级领导在人才问题上的职责。我认为，领导者的首要职责就是要充分调动广大员工的积极性、主动性和创造性，把他们的潜能充分挖掘出来，为他们搭设施展才能的舞台，使他们得以在工作中体现自身的人生价值，在和谐的氛围中快乐地工作。

“人人皆可成才”，这不仅是每个员工需要有这样的自信心，更主要的是，各级领导要树立这种信念，并在实际工作中把它变为现实。通钢这一年的变化从根本上来说，就是各类员工的积极性开始迸发，并在生产经营等各个领域中起到了明显的作用。

以首钢技研院人员的变化为例，他们总结的三句话就很深刻，即“有什么不如有人才”，“一切围绕人才转”，“平台比待遇更重要”。

要发挥员工的积极性，首先要珍惜人才。对所有资源都要珍惜。但这些年不珍惜资源的事比比皆是。日本人曾批评中国对宝贵资源的浪费和破坏，还说：山西如果在日本，日本会像菩萨那样供奉着、善待它。绝不会让它矿灾不断，成为破坏环境的源头。对人才资源我们更要爱惜。有的企业一方面喊人才短缺，一方面大学生两年没有定岗。宝钢强调“以人为本”，具体化为“八个人”，即以尊重人为出发点，建立健全了解人、关心人、提高人、规范人、激励人和依靠人的制度达到凝聚人、促进企业和员工的共同发展为目的。有了珍惜人才之心，才能出于真心地尊重他们。珍惜他们，尊重他们，才能赢得他们的回报。你们的板石沟铁矿2008年引进了50多位大本生，至今没有流失1人，有的还已经挑起了重担，这同他们珍惜人才，采取了一系列的措施是分不开的。本钢热轧厂原厂长千方百计调动各类人员积极性：把有绝技的工人命名为操作师；敲锣打鼓去车站迎接一位普通工人，就是因为他为了及时地、正确无误地传回所订购的钢坯的各种数据，接连几个月一人在外过了元旦、春节；他还亲自向作出贡献而奖励大会上被遗漏的技术人员赔礼道歉，自罚奖金。太钢董事长陈川平拒绝接受科技奖金、奖状，并写信要求：今后二级单位以上的领导干部不要挂名在科技进步奖的申报书上，这对科技人员是一种极大的尊重，自然也得到了科技人员的回报。

其次，要用好人才。要人尽其才。现在不少地方是人才短缺和人才浪费并存。其实，很多单位并不是没有人才，世无伯乐，而千里马常有。“世界并不缺乏美，是缺乏发现”，是没有为他们提供施展才能的舞台。几年前，水钢内部选不出一个一把手，贵州省领导请求冶金工业部外派一位一把手。但曾几何时，当朱继民同志担任水钢一把手三年之后调离时，水钢却成长出了5位一把手。为什么在你那里是一只虫，到了人家那里成为一条龙？首钢矿业公司文化结构较差，但却年年有新东西，年年有新创造；没有电脑资质证书，不能当班组长。首钢卫建平从要出走到建立卫建平工作室，也是一个发现和使用的过程。美国GE公司的老工人说：25年来，你们只用了我的双手，没有用我的大脑。这句话值得我们警惕。你们在这方面还是做得不错的，如炼轧厂参与技术攻关的一线员工，自己花钱网上查文献。

第三，要整合人才，也就是要配置好人才资源。资源配置不同，效果不同。一山不容两虎。要跳出小集体的圈子，改变人才部门所有、小单位所有的旧观念，使人才通过协作交流，拓宽思路，增强系统思考的能力，在更广阔的天地中施展才能。宝钢建立了很多虚拟团队，像几家轧钢厂针对一些生产、技术上的重点、难题，普遍成立了一批不同程度的跨部门、跨区域、跨专业的虚拟团队，平时分散在各单位，需要时集中，相互取长补短，拓宽了解决问题的视角。既解决了生产技术难题，又提高了这支队伍的水平。你们机动处组织跨厂团队，解决疑难问题，也是一个整合人才的好例子。

第四，要提升人才。从根本上讲，就是要创建学习型企业。一方面是组织上要采取措施，有针对性地进行培训，开展技术大赛，外出学习等。你们的炼轧厂一些技术干部读在职博士，很好。兴澄“像办学校一样办企业”，把培训工作的文件作为公司的一号文件；宝钢作业长的“4+1”培训，拓宽知识面、深化岗位研修的全新的培训，使作业长不断更新知识，开拓视野。还有3Q研修模式，它是以现场工程技术问题（question）为切入点，以提高产品质量（quality）为目标，以对现场生产实施快速（quick）培训响应为宗旨，改变了以往以专业为主线的课程设计模式，由课程培训转为问题培训。按照培训的专题，将有关的生产、销售、科研以及主要客户组织在一起，学员在开放式的环境中学习，发挥集体的智慧，共同来研究、解决问题。

另一方面是引导职工结合岗位实践，首钢矿业公司提出：“岗位是最好的课堂，工作是最好的培训，实践是最好的学习”，工作无处不在，学习也就无处不在。工作中的难点就是学习的重点，创新的亮点。学会在工作中找出差距，发现问题，并以此为导向，有针对性地去学习，达到解决问题，提升自我的目的，这就是最大的学习力。你们在这方面也有很多好的做法，结合实际出课题。

提升人才，不仅是指业务技术，还要包括人文素养。产品就是人品。

第五，形成氛围，畅通渠道。氛围就是气场，就是环境，就是文化。人才成长离不了文化的熏陶。关于企业文化，去年7月我在通钢的讲话中，用了很大篇幅介绍了首钢的文化，这次就不多说了。要形成学习的氛围，沟通交流的氛围，自我加压的氛围。近朱者赤近墨者黑。宝钢的创新协会，午间饭后的咖啡室，仿效哈佛的午茶制，交流新思想，撞击新火花就是很好的例子。

要开通各类人员的晋升渠道，打破千军万马走独木桥的“官本位”陈旧思维模式和体制。比如：2002 年的石钢，他们对不同人员开设了 5 条晋升渠道；宝钢实施的首席师制。

这些也是员工队伍建设所要关注的问题。

（3）领导班子建设问题。在座的都是通化钢铁两级班子的主要领导，你们都有丰富的实践经验。我说的都是这些年我同各企业领导接触交谈的体会，供大家参考。

一是领导个人的人格魅力。就是“德”的问题。“以德修身，以德服众，以德领才，以德润才，德才兼备”。“德者，才之帅也；才者，德之资也。”这主要体现在有强烈的使命感，有奉献精神，廉洁自律，身先士卒，严于律己。要求职工做到的，自己先要做到。“民不畏我严，而畏我廉；民不服我能，而服我公。”例如：朱继民去水钢的思想境界；涂建民对领导班子约法三章，8 个班子成员 5 位夫人下了岗。特别是一把手。太钢 2002 年实施 40、50 制，一下子减退 12000 人，没 1 个人上访，关键是从董事长起带了头。朱镕基总理批示：“一把手可以兴邦，可以丧邦，可不慎乎”。一把手更要自尊自律，要主动接受各方面的监督。冶金系统有过这方面的教训。

二是要有领导的能力。胡锦涛同志在“七一讲话”中，明确指出当前党内存在的 4 种危险，其中之一就是“能力不足的危险”。表现在：

决策力。重大决策很少甚至没有失误。决策失误不是管理上的改善可以弥补的。

学习力。向书本、实践、群众、先进单位学习。如：马钢领导班子的学习，“没有时间应酬”；莱钢董事长、济钢股份公司总经理、福田老总好学；水钢的王总，床上都是书，他夫人最愁洗床单，因为搬书麻烦。但有的企业干部中 8 小时以外打麻将的不少。还包括总结能力。总结不仅是秀才的事。通过总结，提升自己，鼓舞群众。首钢矿业公司在这方面做得很好。

沟通力。打通思想，不是“我打你通”，而是平等沟通。通钢前几年的折腾，就在于不沟通。班子之间要沟通，上下级之间更要沟通。比如：板石沟、通钢股份都制定了同员工联系制度，板石沟的矿务公开等。

执行力。不能理解为“领导决策，群众执行”。各有各的要求。要敢于执行规章制度，奖惩分明。要敢抓敢管，还要“敢于得罪人”。这里说的“得罪人”，不是指为了个人恩怨；而是为了企业的事业。如果为了个人的得失，不敢得罪那些损害企业和国家利益、并为广大群众所深恶痛绝的害群之马，那就必然会得罪广大员工，给这个单位留下无穷的后患。有的单位过分强调人情，强调关系，有章不循，结果在一个人身上失去原则，必然会在一群人中失去信任。你们马清洁（清理供应商，3 + X 招标）、王韶光（远程检斤）、程玉霞（人员轮换，采购、验收等分开，到宾馆后 20 多天掉了 10 斤肉）等都为我们做出了榜样。

三是各级领导要成为企业文化的倡导者和践行者。人们常说，企业文化是企业领导人的文化，要体现企业领导人的意志。这不仅意味着一把手应该是企业文化的倡导者、组织者。同时，还必须是带头践行企业文化的实践者。贯彻公司文化，首先要由高层人员带头执行。用英特尔公司原总裁格罗夫的话来说，就是：要训练出忠于公司文化的高层管理者和总经理。作为企业领导人，如果在自己的决策过程中，在选人、用人中，以及在日常言行中不能体现自己所倡导的企业精神和经营理念，那所谓企业文化也就是一纸空文，仅仅是一些漂亮的辞藻而已。巴登公司要求：“每个经理就是一个遵守准则的典范”、“一个经理对部下的要求绝不应该超过对自己的要求。”

四是既要经得起逆境的考验，也要能经受顺境的考验。企业同人生一样，不可能永远是顺境，也不可能永远处于逆境。应该说，通钢在前几年较好地经受住了逆境的考验，尽管还没有完全走出困境，但我相信，顺着现在的道路，保持现在的精神状态，通钢的前景必将越来越好。

在这里，我要提醒大家，当你们取得更大成绩时，需要防止自觉不自觉的自满情绪。虽然，现在我还没有发现这种苗头，但是这也可以说是一种带有规律性的东西。慎防“3C”、“优秀是卓越的大敌”。这次“三创会”上，首秦顾章飞的发言别具一格。首先是针对首秦近一时期来高炉生产不稳定，以及效益下降等问题，检查了公司存在的问题。其中，一条就是没能走出过去光环的阴影，以致过去的成绩成为今天继续前进的绊脚石。他们的教训值得我们深刻汲取。朱总在他们的一个专题汇报上批示：“如果同情、理解能解决你们的问题，我永远为你们祈祷；如果让外部适应我们，我们永远可安枕无忧；如果闭门看世界，天永远是我们的；如果获取的光环永远发光升值，我们就戴一辈子，一直戴到坟墓。”“三创会”后首秦领导也邀请我去他们那里调研，这次回去后，到下旬我将去首秦。我相信，首秦也是能重振雄风，再创辉煌的。

当然，还要防止另一种倾向——畏难情绪。像登山一样，越往上爬，越艰难。在畏难情绪下，就会受“外因论”的影响，把问题归之于客观条件。也许这样摆脱了自己的责任，但也将因此丢失了提升自己能力的机会。“遇到问题找方法将是一个成功者，遇到问题找借口注定是个失败者”。萍钢的竞争力就是企业文化。

（三）“三”，就是要驾驭好“三驾老的战车”

这是借用韦尔奇的话。三驾老战车是：质量、成本、服务。

质量，也包括品种。最终反映在产品上，经由市场检验。比拼在市场，但工夫要下在现场。实际上是工作质量决定了产品质量。领导看结果，但工作必须讲过程。邢机抓质量就是从基础抓起：竞赛每轮3个月，第一轮基础管理和工序控制的评分占到100分中的60分，工序改进占30分，而实物质量的效果只占10分，重点放在管理基础上。这一评价标准延续到第七轮竞赛，产品实物质量分值才提高到40%的比重。通过多次PDCA循环，共梳理出1600多个控制点；通过“四化”，完成了不可控点的转化近700个；90%以上的工序质量控制点实现了标准化作业。三年来，万元产值废品损失率平均每年递减30.35%，工序质量实现了本质化受控。不仅使轧辊质量达到国际先进水平，也导致了成本的降低。

成本，包括方方面面的成本。制造成本，采购成本，融资成本，管理成本。通钢建立三个体系，使降成本的要求落到实处，供销差从10几亿元到几千万。但还要从管理、技术、改革等方面着手，进一步加大降本幅度。

服务，将越来越重要。“三个首钢”，把“首钢服务”摆在第一。企业的存在就是客户有需求。凡是客户的需求都在我们服务的视野里。要为客户增加效益。不仅是提供满足客户需要的产品，还有交货期、合同履约率。交货期的长短影响订单。一汽对汽车板交货期的要求是，违约1分钟罚款7000元；船板采用分段交货。

延伸到内部，就是工序间的服从法则。上工序就是要为下工序服务，机关要为基层服务。这一点通钢有很大进步。

无论是哪一点，都有几个共性问题。

一是群众性；二是精细化；三是协同性。防止局部优秀，总体平平；基层盈利，全局亏损。要着眼全局，这一点，在通钢近年来体现得很明显。机关部门之间协同作战大大加强，这对降低成本的作用很明显。

我的讲话就要结束了。我还没有说这次讲话的题目。就是16个字。“扬长补短，固本求新，再接再厉，重振雄风。”

扬长补短，就是要继承发扬通钢的优秀传统，及自身各方面的优势；补短而不说避短，是因为有些短板是无法避开的。要避开，就无法建成一流的现代化企业。比如，7月初首钢党委副书记许建国带队来调查时提出的问题，你们正在进行整改。补短，包括你们的各项基础工作，基层班组建设等，虽然近年来有较大进步，但还相对薄弱。如此等等，都需要有计划、有针对性地进行加强。

固本求新。固本，就是要巩固已经取得的带有根本性的成果，再是要把企业之魂，企业文化这一企业发展的根本大事抓紧抓好，使魂要附体，文化要落地。同时，还要随着时代的进步，不断创新，适应新时期的发展需要。

再接再厉。通钢一年来的进步，虽然很突出，但还只能说是初见成效，不能小富即安。还要3年大见成效。比起过去这一时期来，可能今后的道路将更艰辛，逆水行舟不进则退。必须要发扬连续作战的精神，明确目标，再接再厉，再打几个大仗、硬仗，我坚信，20世纪80年代被业内称之为“东北虎”的雄风必将会早日得到重振！

正视严峻形势　总结经验教训
坚持全员三创　再创首秦辉煌

——在首秦2011年“三创会”上的发言

2011年9月17日

很高兴能参加首秦的第一次“三创会”，这次“三创会”开得很成功。两位专家的发言内容丰富、详实，对当前国际国内钢铁工业形势讲得很透彻；连启书记的主题报告很好，既总结了经验，也认真分析了当前首秦存在的问题，并明确提出了下一步首秦发展的目标；9家单位的交流发言都很好，各有特色，讲得很真实、朴实，不是靠秀才“秀”出来的，很多事迹生动感人，听了很受鼓舞，很受教育。昨天晚饭时，我听几位公司领导都说当时他们差一点都要流泪了。像能源部团队的发言，不仅是讲得好，更主要的是他们的理念先进，工作干得好，感悟很深刻。我听丁建国副总说，能源部这些年每年都要举行类似的会议来进行总结交流，可见他们有长期积累的功底。比起8月末我来调查时，他们这次发言更精彩。张继的结束语说得多好：“我们的员工很可爱，我们的领导很给力，我们的基层很精彩”。有了这样的员工，有了这样的基层，有了这样的领导，首秦一定能够打好翻身仗。首钢总公司党委宣传部副部长撒元智的点评也很有水平，我完全同意。应该说，这次“三创会”开出了信心，开出了士气，开出了志气，开出了你追我赶的团结向上的氛围。我相信，这次“三创会”将是首秦发展进程中的一个新起点。

从2004年12月以来，我多次到首秦，基本上都是参观性的。但给我的印象都是很好的。特别是第一次，确实是感到震撼，由衷地感到确是“小而精、小而洁、小而美”。首秦的建成投产引起了业内的广泛注意，一时好评如潮。以后在2005年首钢“三创会”上，听韩庆同志的发言，讲了首秦在建设和生产中实现了“八大创新”，很为首秦骄傲。一直到2009年的“三创会”，首秦作了《潜心苦练基本功，凝心聚力度危机》的报告，感到面对世界金融危机，首秦又“化危为机”，继续前进。所以在我印象中，首秦一直是一个先进企业，为首钢的大调整、大发展作出了有力的贡献。

今年“三创会”前，我到首秦做调查，本来主要是研究首秦在“三创会”上发言材料的，这才听说朱总去年年末对首秦提出了严肃的批评，才知道首秦竟然连续两年发生巨亏。当时，因顾总在北京，近两天回不来，所以只待了一天，同连启书记和4位中层干部分别谈了谈，初步感到首秦当前问题的严重。在京时，又同章飞、连启、一平3位领导交换了意见。首钢“三创会”后，应章飞老总邀请，再次来首秦作调研，待了一周。顾总要我在首秦的这次“三创会”上作个发言。

为了准备这次发言，我重温了我手头所有的有关首秦的资料，形成了一些想法。需要说明的是，这不是对首秦的全面评价，更多的是对首秦近些年来出现问题的回顾和探讨，讲讲我个人的看法，肯定会有不全面、不准确、不恰当的地方。但作为首钢、同时也是首秦的老朋友，我宁愿把自己放在诤友的位置，本着知无不言、言无不尽的态度，提出来供大家参考。不当之处，还希望大家原谅。

一、摒弃优越感，强化危机感

首秦的建设在我国钢铁工业史上，可以说具有里程碑的意义。设计理念先进、超前，从建设到投产前期，都作出了令人鼓舞的业绩，是值得我们大家、特别是首秦人引以为傲的。但是，与此同时，恐怕一些干部自觉不自觉地产生了一种优越感，我今年前两次来首秦时确实有这种感觉。因此，也使我产生一些忧虑。这种优越感主要表现在：

一是自觉不自觉地浸沉在过去历史业绩光环下，多少产生了一种盲目乐观情绪。2005年12月来首秦，当时首秦正处于外界好评如潮的时期。首秦听到的是一片赞扬声，因此，我在同两位领导交谈时，提出了对“三小”要有新发展。当时，所说的小而精、小而美、小而洁，主要是对外观印象而言，是一种建设理念的体现。今后，讲“三小”，应该包含对工作上的要求。比如，“精”，就要求成为精品基地，“洁”就要成为循环经济的典范，“美”不仅体现在厂房厂区，还要体现在精神风貌上。此外，还要更明确地提出发展上的要求：小而优，小而强，小而富，小而赢。也许是我没有能把自己的意思阐述清楚，但当时给我的感觉似乎并不怎么在意。这次朱总批示：“如果曾获取的光环永远发光升值，我们就戴一辈子，一直戴到坟墓”，可惜的是这些光环不仅没有升值，相反到成为我们前进的障碍了。一些兄弟企业在学习首秦的同时，在某些方面已经超过了首秦。唐钢的领导就说，我们在环境治理等方面是学首秦的。但现在唐钢已青出于蓝而胜于蓝了。这次你们投标蒂森风电钢，新余的报价比你们整整低100美元。新余的老总熊小星曾写过一篇文章：《首秦之行谈感受话新钢》，逐一对比新余同首秦从理念到实际的差距，然后提出系统的要求，在三期技改工程中贯彻实施。首秦的经验在新余又开花结果了，学生又把老师打败了。我们应该从中吸取教益。

二是对自己某些方面的落后现象归之于大环境的变化，而忽视自身工作上的原因。这是我们一些企业的通病，一有问题就推给客观。无非是亏损有理，高成本有理。于是“产品单一论”出来了，“高财务成本论”出来了，“市场疲软论”出来了。这些都有一定的道理，但又都不是道理，只不过是我们在自己感到无能为力情况下的一种自我安慰的借口。

应该承认，当初首秦的设计理念是很好的，首秦的日常性运作也是建立在一定的外界良好的客观环境基础上的。但人们必须适应环境的变化，必须以自己的努力在可能范围内改变环境。我看了丁汝才的发言，他对此有了比较深刻认识，检查了自己的“三怨”情绪。其实，你怨来怨去，并不能改变被动局面。特别是你们通过日照托管营口中板厂前后对比，可以清楚地看到，关键在于指导思想、观念上的变化。“遇到问题找方法将是一个成功者，遇到问题找借口注定是个失败者”。

朱总到水钢时，曾说过当时的水钢是气血两亏。血亏，就是物质上的亏损；气亏，就是精神滑坡，认为亏损有理，遇事总强调客观。结果是丢失了锤炼自己解决问题能力的机会。朱总到水钢，不仅是止血、输血，到造血；更是在调气、养气、鼓气上下工夫。

水钢亏损时的态度同萍钢对比，就看出差距来了。水钢当时尽找外部原因；萍钢则

“眼睛向内，转变观念，把工夫下在自己身上”。当前，首秦很需要在提高精气神上下工夫。

三是对自己的长处和优势，往往估计过高。这几年首秦在产品开发和市场拓展上、产品质量提升上，都取得了一定的成绩，首秦人是付出了智慧和汗水的。这在“三创会”的交流发言中也体现得很明显。对此，我们要充分肯定。但是我在调查中，同某些中层干部谈话时，给我一个突出的感觉，就是大讲特讲自己超过宝钢、武钢等业绩，对首秦还有哪些不足基本上没有提及。对首秦巨亏的问题又都归之于外因。这次我请首钢发展院查了一下首秦同其他中板厂的成本比较。他们给我提供了一组数据，是今年上半年 25 家钢铁厂普碳中板的成本。从低到高，首秦排在第 21 位；太钢最低、3632. 77 元；武钢 3923. 45 元；我们则是4294. 01 元，比排在我们前面一位的涟钢4202. 35 元，高出 92 元。还有三次投标落选的教训，尽管各家具体情况不一，首秦也却有其与其他钢铁联合企业不同之处，没有自己的焦化厂，但这也正是首秦的特色。如果首秦有焦化厂，试问首秦还能建在秦皇岛吗？我们既然做出了这样的承诺，我们就应该采取其他有效的措施来消化这些不利因素。其他如财务费用高，这是新建厂的共性问题。但为什么人家成本就比我们低不少？这些问题值得我们深思。对我们的优势、成绩必须肯定，但也必须进一步研究怎样发挥我们装备上，以及某些技术上的优势，转化为经济上的现实优势。特别是我们面临如此巨大的亏损，我们光讲某些指标的先进性，反而会妨碍我们深入对标挖潜，不利于我们发扬成绩，克服缺点。

这种盲目的自豪感，其实并不奇怪。美国兰德公司在调查很多有成就的企业后，得出一个结论，要慎防“3C”。《从优秀到卓越》一书第一章第一节第一句话：“优秀是卓越的大敌”，值得我们深思。我们崇尚优秀，但不能有优越感。因此，我提出了“摒弃优越感”，也就是把过去的成绩暂时收起来，立足于零，而今迈步从头越！打出一片新天地！

为什么要说强化危机感。不是说现在没有危机感，特别是顾总来后一年（再过几天是他到首秦一周年），情况有了变化，但仍然不足。表现在：对首秦目前的严峻形势的宣传上，透明性不够，群众性不够，紧迫性不够。首秦连续两年巨额亏损，职代会报告就没有亏损数字。原因是“怕影响群众情绪”。实质上是我们缺乏自信心的表现，同时造成一种假象。少数领导层着急，没有动员广大群众在了解真相的基础上，发愤图强。前些年，三明各分厂厂房内，都画有两条曲线，一条是车间成本的变化，一条是钢材价格的变化，以此来提醒职工大力降低成本。越是困难，越要发动群众。当然，这也得有基础，平时不努力，到时就不会有上下同欲的局面。首秦的巨亏，不仅仅是首秦的问题，首秦是上市企业，直接影响到香港首长系的声誉，影响到首钢的信誉。到今年已是 3 年巨亏了。我们必须有高度的紧迫感，时不我待，绝不能再歌舞升平，要有当初王兆镛把会议室的奖状奖旗统统收起来的那种勇气。从零开始，谱写新的历史。

其实，出现危机也是常事。连启书记报告说得好：“存在问题不可怕，可怕的是不能发现问题。更可怕的是不敢正视问题。”勇于面对，才有可能化危为机；回避矛盾，只能败走麦城。

首钢这些年的发展史也充分证明了这一点。2003 年的状况，人心惶惶，迷茫不安；一业三地，八破八立，走出了困境；2008 年奥运会，接着是金融危机，产量减一半，高炉“打摆子”，但这些超期服役的高炉却打出了好指标。

通过朱总两次批评和批示，特别是通过这次“三创会”的准备，我看首秦的精神状态有了很大改观，敢于正视现实，立足自身，团结一致，发愤图强，迎接挑战。我相信，首秦必将走出困境，迎来一个新的春天。

二、要正确处理理念、机制、执行力的关系问题

为什么讲这个题目？这三者是相互联系的。首先要有理念，但光有理念还不行，要有机制、制度来保证；有了制度，还不行，必须要有坚强的执行力来实现。

首秦曾经提出过好的理念。2005 年“三创会”上，韩庆同志已经谈过了。

“八大创新”，以后又提出：“做精每件事，创新每一天”，很受鼓舞。但以后就不大听说了。这次来首秦，整个首秦大院和生产区，除了大楼大厅一幅滚动电子屏幕外，再也没有其他展现首秦文化的内容了。但从这次“三创会”的基层发言中，确实是有不少员工是在按照这些理念来办事的。反而倒是我们一些领导却把它淡忘了。我建议趁这次“三创会”，把基层这些精彩的说法和做法进一步提炼，把新时期首秦的企业文化提升一步，形成统一的价值观。

理念的缺失，或者没有能够统一广大员工积极向上的理念，必然造成凝聚力的弱化。因此，首先要把理念和价值观灌输到全体员工中去，做到家喻户晓。

即使有了理念，也不等同于就一顺百顺。理念是魂，魂要附体。理念必须要贯彻到生产经营、为人处世的方方面面，因此也必须有机制来保证。比如，以人为本，大家都在说。但怎样能够实现“以人为本”，宝钢提出“八个人”（尊重人、了解人、关心人、提高人、规范人、激励人、依靠人、凝聚人），其中“六个人”都制定了工作机制，确保以人为本的实现。

例如，夯实基础问题。上次来，座谈会上，很多同志都感到首秦基础工作薄弱。那么，体现在哪些方面？2003 年，朱总提出“苦干三年，打好四个基础”，就是思想文化基础、制度创新基础、经济技术基础、人才建设基础。首钢这几年的快速发展，同此有关。

第一个思想文化基础，刚才讲了。再说经济技术基础。又怎样来夯实基础，也得有一套机制来保证。

迁钢在抓基础夯实中，针对计量器具的校核，减少人为因素的干扰，上下工序的服从原则，绝对禁止弄虚作假行为，保证基础数据的正确性。8 月份到通钢，也看到他们这方面的改进。

比如，提高产品质量，你们也很重视。但就事论事抓质量，不一定能抓上去。质量也是多方面工作的集中体现。质量的基础工作做不好，要提高产品质量也是缘木求鱼。介绍邢机在方圆工程劳动竞赛中是如何强调基础工作的。

有了前两者，最终要落实到执行层面上。影响执行力的有 3 个方面：一是领导自己抓而不紧，抓一阵，松一阵，不能一抓到底，又怎能期望员工去执行呢？二是没有强有力的执行力，令出不行，有章不循，违章不纠，赏罚不明，还是一切皆空。首钢从冠五时，就有好的传统，“三不放过”，现在怎么样了？三是员工自身的问题。这也有领导的教育问题。因为，你要想让员工自觉地、千方百计地贯彻执行企业战略目标，必须要使他们对此有认同感，而这就需要领导努力与员工进行沟通。没有必要的沟通，单纯强调执行力会带来一定的副作用。特别是作为领导，我们不要以属下的执行力不强来掩盖自身沟通力的不

足，放松自己应尽的沟通责任。

三、企业各级领导最大的职责是什么

对这个问题我自己有个认识过程。比如说，要做出正确的决策，把企业做大做强；要强化企业管理，要深化各种改革，倡导技术革新。当然，也要带好队伍。但通过这些年在企业长期进行调查研究，我越来越感到企业领导最主要的职责就是把蕴藏在广大员工身上的潜能挖掘出来，使他们迸发出来，让他们提升起来。因为，再先进的设备，再先进的技术都是要靠人去掌握、去改进。

近十年来，中国钢铁工业确实是发生了翻天覆地的变化，但也因此遇到很多新问题。不仅钢产量翻了几番，产品结构也有了很大调整，在高产量的情况下板材比有了很大提高，过去主要是生产长材的企业现在都以板材为主了，包括首钢几个新建厂全都是板材，而且都是世界一流装备，但随之而来的是经验短缺，而面临的又是世界性的挑战。靠什么来度过危机？唯有人才！唯有快速地培养人才。人才决定一切！

当然，对某些领域里的领军人物，确实不是短期所能培养出来的。需要适当引进。哪怕花再大的代价也要努力去做。但更量大面宽的还是靠自己培养。这就要解决若干认识问题。

一是“我们这里实在没有人才”。事实证明，大多数情况下，不是没有人才，而是你没有发现，或是不会用好人才。

二是“我们这里尽是年轻人，不成熟”。钢铁工业的快速发展，人才绝对是跟不上的。年轻人同样能当顶梁柱。2007 年迁钢热轧厂座谈后，我写了一篇“喜看迁钢 80 后”；这次能源部葛红的亲身经历又是一个很好的佐证，“将有胸怀，兵有志气”。

三是“新人太多，不管事”。宝钢热轧厂 12 个体现精度指标的记录是进厂 7 个月到 1 年半的大学生和硕士生打破的。

四是“队伍素质太低，没办法”。这里讲的素质，一般是指文化程度。其实，首钢矿业公司的发展已作了很好的回答。宝钢基层员工创新的榜样，其初始学历基本上都是初中或技校生。这次会上，能源部张继和轧钢部樊栩楠谈了他们带队伍的事，生动感人。

因此，如何调动广大员工积极性、主动性和创造性，如何发挥他们身上尚未挖掘出来的潜能，就成为各级领导最为重要的紧迫任务。我想再一次介绍首钢技研院的“三句话”和宝钢提出的“八个人”，我们真正做到尊重人，了解人，把职工当主人，职工就会把企业当作自己的家。唐钢的体会是：“企业最大的竞争力在于职工的凝聚力，而凝聚力来自职工的认同感。”

四、领导班子建设问题（略）

五、几点希望

一是要把这次“三创会”的成果巩固起来，把这种浓厚的团结奋战、积极向上的氛围扩展开来。建议公司领导要坐下来务务虚，进一步总结这次“三创会”的成功经验，提炼首秦的企业文化，然后从领导开始，都要成为首秦文化的践行者，并坚持不懈地推而广之，让它成为引领我们工作、生活的准则。

二是把计财部的倡议使其变为群众自觉自愿的行动。抓紧今年最后的105天时间，为完成今年减亏任务作出最大的努力，并为明年的减亏扭亏打下良好的基础。首秦不能再巨额亏损，也经不起巨额亏损。这要靠大家作出更大的贡献，付出更大的代价。

三是把打造客户“首选之板”的愿景进一步作出落实措施。正像连启书记报告中所说的，提出“首选之板”是一种境界，一种能力，一种责任。美好的愿景要靠一步步扎实的行动来落实。我们的产能只有200多万吨，因此不可能包揽一切，什么样的板都成为首选对象，目标范围是否可更明确些，这样也就把精力更集中些。是否通过走“小而精”、“小而强”的路子，从而实现“小而赢”、“小而富”。要成为首选之板，就要了解竞争对手的优势和弱点，吃透对方，扬长补短，才能超越对手。介绍福田雷沃重工的赶超历史。你们以前也曾提出过“南有宝钢，北有首秦”。要有雄心壮志，但仰望星空一定要和脚踏大地结合起来。

最后，真挚地希望首秦咬定青山不放松，坚持三创不懈怠，团结一致，努力奋战。我相信，首秦的明天一定会比今天更好。首秦必将重振雄风，再创辉煌！到时我再前来祝贺，共同庆贺！

就《21世纪经济报道》邓瑶一文给朱继民的信

2011年10月21日

按：2011年10月9日《21世纪经济报道》记者邓瑶的《首钢搬迁配套项目亏损50亿调查》一文上网之后，引起了人们的关注，在首钢也引发了轩然大波。首钢的一位朋友给我发来邮件，对邓瑶大加批判；首钢有关部门也都意见纷纷。我认为事态正在向错误的趋势发展，因此紧急约见首钢党委书记、董事长朱继民，并阐述了自己的看法。他同意我的看法，并按照温家宝总理的批示，采取了积极有效的措施。此后，首钢有关部门约请邓瑶进行沟通，使问题得到妥善解决。在各方面的支持下，较好地解决了领导体制问题，建立起了京唐公司党委，各项工作有了明显改进。2012年3月，我再次前往京唐公司，看到京唐公司面貌焕然一新，与一年前不可同日而语，使我看到了京唐的美好前景（具体情况见“企业掠影”栏目中的“理顺体制　扶植正气　首钢京唐公司面貌大变”）。

邓瑶的文章（以下简称邓文）把过去长期掩盖的矛盾和问题揭露了出来，引起了首钢内部的巨大反响，在社会上也引起了关注。现在，尽管首钢官方还未作出正式表态，但民间反映已相当强烈，×××的文章就颇具代表性，把它看做是“在首钢、唐钢分手之后，把问题的责任甩到首钢头上，同时，也极有可能是××打击首钢的系列运作之一”；总公司宣传部的报告认为邓文败坏了首钢的形象，是对中央领导正确决策的否定。在京唐公司宣传部的报告中，逐一罗列了邓文中的不当或不实之处。

但我认为，尽管该文有些不实之词以及不当判断，但其所反映的主要问题是符合事实的。一是50亿的巨亏，二是高炉的长期不顺，三是炼钢厂的重大事故（具体细节有出入）。作为中央领导和全国人民寄予厚望的京唐公司，理应作出回应。

京唐公司的问题非一日之寒。问题不仅在于亏损50亿元，而是像您在水钢那时说的：气血两亏。气不顺，也难以止血。“一名老工人的心里话”就反映了这个问题的严重性。其实，京唐以外的首钢员工，对京唐领导和管理层的现状也颇有微词。我5月份去京唐时，对此也有很深的感受。很多问题如果发生在首钢的其他子公司，绝不会如此处理。当时给我的感觉，京唐不像一个首钢的企业。但如何处理这些问题，首钢领导确有很多无奈。现行体制就是一个最大的障碍。这就是我为什么急于写信向温家宝总理反映的原因。

现在的问题是：如何借力邓文，化消极因素为推动改革、振作士气的积极因素。其实，京唐内部也存在很多积极因素，像我在《首钢日报》上曾看到炼铁厂提出“八气”，我认为这是炼铁厂新领导在学习首钢总公司2003年时提出的“八破八立”，在凝聚士气，是好事。但后来却听说，京唐内部对此很有意见，认为是炼铁厂领导在“忽悠”，是揽功，是无组织无纪律，不经领导批准，擅自发布消息。如果都是这种心态，京唐只能是一潭死水。这可能就是京唐管理层的现状。

当今之计，对外，要处理好与开滦合作后的新体制。据说，已同开滦签订协议，不知在干部管理上是否克服了原先同唐钢合作时的问题，千万不能再出现管理多头化的弊端。还要借着温总理批示的时机，把一些过去长期没能解决的外部问题充分暴露，彻底解决。

对内是要重振士气。要拿出当年首钢提出“八破八立”、“苦干三年，打好四个基础”的胆魄，提升干部员工的危机感、使命感、责任感，开展一场“如何实现四个一流”的大讨论，对标找差，不仅是具体指标上的，更主要的是精神状态方面的。在这方面，如果有什么需要我出力的，我一定会全力以赴，竭尽绵薄之力的。

五点体会和三点建议

——在首钢创新驱动转型发展现场交流会上的发言

2012 年 2 月 24 日

首先，要声明这不是点评。因为，每次点评都是事先通知我，我也认真作了准备的。这次，接到首钢宣传部发来的邀请信，议程上没有我的点评，我很高兴。心想这次可以不用分心地专门听讲了。但前天兴宏书记又给我出了题，要我在会上说几句，再三推辞，我说去年“三创会”上，我作为首钢内部专家的代表发言，申明这将是最后的一次了。毕竟去年我已正式成为“80 后”了，此后点评的任务也应转移到年轻的 50 后、60 后了。没想到兴宏又来个突然袭击，朱总又从旁敲边鼓，弄得我不好意思。恭敬不如从命，就谈谈这次会议的感受吧。

第一，这次会议，主题突出。“创新驱动，转型发展”。创新是动力，目的是要推动发展，是通过创新，实现企业各方面的转型。因为，钢铁工业面临的这种严峻形势，已非一日之寒。中央虽已一再强调，要转变经济发展方式，实现科学发展，但收效不显。长期形成的习惯思维模式，以及转型过程中必然遇到的种种困难，自觉不自觉地会让我们难以脱离原有的发展轨道。这次首钢矿业公司和迁钢的发言使我们看到了转型发展的前景和威力。杏山矿作为露天矿，即将宣判死刑，但山重水复疑无路，通过转型，却是柳暗花明又一村。资源得到充分利用，经济效益得到大幅度提高，7 亿多元投资不到两年可以全部收回，职工队伍得到迅速成长。迁钢同矿业一样，历来是出经验的地方。在很短的时间里，在各方面的大力协同下，品种增加和提升速度之快，质量改进力度之大，都是罕见的，又为我们提供了转型的好经验。

第二，这次集中一天时间交流信息化方面的经验，十分必要。转型发展，既要解决观念问题，也要解决手段问题。在当前的市场大环境下，在客户个性化要求越来越强烈、在企业装备愈益现代化的情况下，无论是生产，还是供应、销售，都离不了信息化。昨天一整天的发言，展示了首钢信息化工作的现状，既总结了经验，也找出了差距，提出了前进方向。连续 8 个大会发言，给大家打上了深深的烙印：转型发展离不了信息化。昨天，还请了宝钢王洪水教授做专题报告，国家信息化测评中心主任胡建生介绍了全国企业信息化方面的情况，并对首钢信息化工作进行了点评。在信息化方面，胡主任是权威。因此，他的评论很值得我们重视。有两句话使我很感动：一句是，“在这个会上，没有一个发言要求领导重视信息化工作的”。这说明在首钢，信息化工作确实已成为一把手工程，领导重视，群众跟进，信息化自然就扎扎实实地开展起来了；第二句话是“所有发言没有提困难的”。胡主任参加过全国很多企业的信息化会议，这句话他是通过对比得出来的。他知道，企业信息化建设过程中存在很多困难，首钢的同志不讲困难，不等于没有困难，而是说明这些困难通过各方面各负其责，尽可能自己来消化了。胡主任的发言实质上是对我们首钢文化的肯定。在信息化建设、应用，以及持续改善的过程中，我们要继续发扬首钢精神，把首钢文化这一企业之魂，渗透在方方面面，还何愁千险万难？

第三，从这次会议发言中，给我一个强烈的感受是首钢人才辈出，后继有人。每次“三创会”，老换新面孔，说明了首钢的“三创”活动的普遍性。除集体经验外，这几年在“三创会”上发言的还有很多优秀的员工，像刘宏、卫建平、秦涛等。2007 年我到迁钢调查后，深为迁钢 80 后的年轻人的表现所感动，写了一篇短文：“喜看迁钢 80 后这新一代”。这次看到参加第六届世界网络虚拟炼钢挑战赛的迁钢年轻职工路飞、于晨，他们在 25 个国家、650 支代表队中过关斩将，夺得冠军，确实令人高兴，令人振奋，令人鼓舞。他们都是 80 后，路飞 30 岁，于晨才 22 岁，几乎就是 90 后了，参加工作才两年。还有首钢矿业杏山矿的自动化项目的负责人马著原先是一个电工，现在居然能挑起这样一副重担，而且搞得很出色；首钢矿业搞自动化、信息化的基本队伍，相当一批都是原先学历不高、甚至不是搞电气的职工，依靠自学成才，作出极大贡献的。我们有的企业常为没有人才而苦恼。但是，认真反思一下，是真的没有人才，还是我们没有在建立发现、使用、培养人才的有效机制和良好氛围上下工夫。对比一下迁钢和首钢矿业的情况，我们应该有所醒悟。路飞、于晨、马著以及其他一些优秀的年轻人，他们不仅是迁钢、矿业的希望所在，也是首钢的希望所在，中国钢铁界的希望所在。我为他们感到骄傲，更希望他们所代表的首钢年轻一代，不骄不躁，求真务实，团结协作，一步一个脚印，踏踏实实地大步迈进，以新的成绩回报社会，报效祖国。

第四，这次会上终于听到了京唐的声音。去年 7 月的“三创会”上，我曾因只能在电视片《蓝色之翼》中看到京唐建设时的壮丽场景，而没能在“三创会”的讲坛上听到京唐的发言而感到遗憾，“衷心地期盼在明年的‘三创会’上，能听到京唐的朋友们的业绩和经验”，半年多以后的今天，我们终于如愿以偿了。虽然只是介绍了两个信息化方面的经验，但也可以从中看出他们转型的力度，工作的深度，管理的精度，以及对前景描绘的清晰度。正所谓“三年不鸣，一鸣惊人”。京唐作为具有世界一流顶级装备的中国钢铁企业，理应以自己光辉的业绩在中国钢铁界起到领头羊的作用，在世界钢铁业的大家庭中赢得应有的地位和声誉。我们相信，京唐的领导和广大员工们，一定能够不负众望，不断攀登新高峰！

第五，这次会上，还听到公司几个职能部门的发言。过去，职能部门在“三创会”上亮相时，主要是以点评人的身份，这次却是同基层一样，来展示自己在创新转型中的做法和经验。虽然只是介绍了信息化的情况，但也可以看出职能部门在转型发展过程中的作为。首钢今年在职能部门开展了“走转改”的活动，取得了很好的成就。这次亮相，也体现了一种新面貌。职能部门，作为公司决策的参谋部，在转型发展中，既要为公司领导决策提供可行性的依据，帮助基层创新转型。同时，自己也同样面临改革的任务，管理幅度的扩大，多种所有制的并存，各不同地区子公司的协调，都需要以创新的思维、创新的姿态来解决问题，创造新的经验。希望今后能更多地在“三创会”上听到职能部门的声音。

这次会议，对我个人来说，又是一次很好的学习机会。感谢首钢领导邀请我参加“三创会”。自从 2003 年首钢第一次举办“学习、创新、发展”经验交流会（三创会的前身）以来，基本上我每年都参加了，使我能不断地从首钢广大员工的实践中学习到新知识，获取了新经验。周总理曾经说过：活到老，学到老。我进入到人生的老年阶段后，首钢就是我学习的最重要的对象之一。因此，对首钢朋友们给我提供这样的机会表示深深的谢意！同时我也想就创新发展提出几点建议，供大家参考。

第一，总结“三创”经验，攀登新的高峰。今年首钢的“三创会”活动已进入第十个年头了。十年磨一剑，经过十年的磨砺，“三创会”这把剑越来越锋利了，“三创会”也成为首钢的品牌会，对推动“三个首钢”的发展起到不可替代的作用。建议在“三创会”十周年之际，开展一场全员性的总结活动，这也是一次再提高，再动员，迎接下一个十年，到首钢百年大庆时，以更新的姿态，更大的成就，更丰富的经验，向全国人民献上一份厚礼！

第二，举办信息化的专题学习班。这次集中一整天时间交流信息化经验，对我来说，是一次很好的信息化启蒙教育。但说实话，我还是似懂非懂，相信在座的会有一部分人，同我一样。我已是退休的老人了，似懂非懂，还无碍大局。但在座的都是在位的“当权派”，肩负创新转型的重任，总不能以其昏昏使人昭昭吧。我们不需要也不可能成为像强伟那样的信息化专家，但必须向朱总学习，深刻理解信息化建设对现代化企业发展的极端重要性，知道信息化干什么用，怎样利用信息化的手段来为企业转型发展做贡献。因此，我建议举办这样一个学习班，在认真调研的基础上，制定出适合于领导层面信息化的启蒙教育大纲，特别是重组企业，使他们能够根据自身的特点，更好地运用信息化的手段，来推动企业的发展。

第三，举办一个转型发展的务虚会。这次介绍了一些先进单位的经验，对大家起到了示范作用，很好。但各个企业情况不同，遇到的问题不同，外部环境也不一样，要搞好转型发展，关键在于各个企业领导的思想认识及应对的能力。对绝大多数企业领导来讲，都希望能早日转型，特别是当今钢铁市场价格长期低迷，企业处于微利、甚至亏损边缘。去年，一些钢铁企业虽然还有利润，实际上是非钢产业在做贡献。造成这一现象的重要原因，在于产能过剩。价值规律这一铁的法则是违反不得的，这个道理谁都明白。但遇到实际问题，却又难以抵御规模扩张的压力。虽然，上级部门一再强调要对钢铁工业进行宏观调控，解决供大于求的问题。但在实际工作中，却又抛出一个个“诱饵”，“引诱”企业扩大规模。比如要求在几年内形成多少个5000万吨以上规模的钢铁企业，多少个3000万吨以上的企业；各地也都以建设千万吨级钢铁企业为目标，而不问当地发展钢铁是否具备条件。在这种情况下，哪一家企业不在规模上下工夫，就会在社会地位上被贬低。即使是宝钢，也从“精品型”转向“精品+规模”。所以，怎样正确地实施转型发展，需要在认识上统一起来。否则，恐怕嘴上说的同心里想的不一样，怎能真正做到转型发展呢。所以，建议举办这样的务虚会，是希望大家真正敞开思想，把各种问题摆出来，求得解决之道，使企业走上科学发展的健康道路。

再次谢谢大家给我这样好的学习机会，期待着下次“三创会”上再见面。

在首秦公司调查结束后给首钢总公司领导的信[1]

迁安会议后，我先后到了首秦、京唐，作了短期调查。现将情况及建议报告如下。

首秦自2011年9月召开首秦公司“三创会”以来，各方面工作都有明显好转。虽然今年1、2月份，亏损依然严重，但内部各项指标均有好转，降成本的力度也较大，特别是队伍士气较旺。对今年首秦职代会提出的“三个年”：管理基础年、技术创新年、素质提升年；“三像”：首秦像家庭，像学校，像军队，“四不”：不犹豫，不动摇，不侥幸，不惧怕；以及打造客户“首选之板”，打造中国的“迪林根”等提法，反映强烈。对公司确定今年在首秦举行三创会，普遍感到压力大，力争以更好的业绩来回报总公司的关爱。结合调查，我有如下几点想法，供总公司领导参考。

（1）建议重温首秦建厂理念。首秦建设是在有明确理念指导下进行的，以“生态环保型、能源循环型、经济高效型”作为建厂方针；总公司还提出，首秦要建设成为“紧凑型、高效型、循环型、节能型、清洁型、环保型、数字型”的“示范工厂”。

首秦建成后投产初期，曾赢得国内甚至国际业界的瞩目。在这一理念指引下，首秦公司作了大量工作，取得了明显成就。但也有不尽如人意之处，比如，作为数字型工厂，比起迁钢来，就有较大差距；在其他一些方面，也有不尽如人意之处。有的是因外界条件同建厂时的设想发生较大距离，又如，原燃料没有混匀场、再加进厂原料品质下降，导致一些技术经济指标的降低，这需要公司各方面的密切配合，加以解决；但也有属于首秦自身工作的问题。因此，建议首秦对建厂以来的一些重大决策进行回顾与反思，以便统一认识，上下同心，不埋怨，不气馁，不松劲，夺取新的胜利。

（2）组织机构和人员编制问题。首秦建厂时，推行扁平化，建立集中一贯制的扁平化经营生产管理架构。当时实行5部1室，炼铁部本部人员20人，丁汝才同我讲，炼铁的进步同这一扁平化的体制有关；现在十好几个部，管理人员更是增加几倍。巴登钢厂年产200多万吨钢，全公司700多人。听朱志远介绍，迪林根年产200多万吨的规模，却有8000多人。究竟结构、人员配置该如何定，也是值得研究的一大课题。此外，现在为了降低人工成本，普遍采用协力工，首秦的协力工比重也不小，有些还是外包形式，据说有的协力工要比同岗位的正式工收入要少一半还多。因此，需要认真地研究协力工的机制。否则，想建成一流企业恐怕是南辕北辙。

（3）进一步改进考核指标问题。这次，基层干部对总公司把考核指标的重点放在综合经济效益上（如成本降低总额），不再逐个考核单个具体指标（如焦比、电耗等）的做法，比较满意，认为这一导向正确，有利于调动基层干部的自主权和创新精神，提高综合

---

[1] 写于2012年3月17日。只发送给首钢总公司领导参阅。

经济效益。希望总公司职能部门能遵循这一思路，进一步研究改进考核机制，炼钢部提出，一些技术工艺要求所有杂质都降到最低，似无必要。这样做，既要增加成本，也未必会提高材质。

（4）如何更好地发挥技术人员的作用问题。目前，首钢已建立起来三支人才队伍的晋升通道，这对调动技术人员积极性大有好处。但需要进一步研究改进的是，如何使没有行政岗位的技术人员责权利更好地统一起来，赋予技术人员在技术工作上更多的自主权。

此外，基层干部比较强烈的反映是会议太多，希望从上到下精简会议，一般会议尽可能减少参会人数。同时，尽可能多采取视频会议的方式，以节约时间。

（5）关于“首选之板”和打造“中国迪林根”问题。首秦提出这两条，很鼓舞人心，提升士气，而且也已见之于行动。但在和首秦同志研究后，感到还有细化、具体化、阶段化的必要。

首选之板，以首秦的规模，不可能囊括一切。有的提出首秦应该和首钢其他板厂统筹考虑，明确定位，不能形成“样样通，样样松”的局面。要根据定位，进一步搞好技术改造，添补必需的装备；但还要有多种准备，以便更好地应对市场变化。同时，还要认真对照差距，明确自己离首选之板还有多大差距，实事求是地制定实施规划。

对“中国迪林根”，普遍感到很振奋，但又感到很新奇。因为真正了解迪林根的人，在首秦是凤毛麟角。一般也只是知道迪林根也是搞板材的，规模同首秦差不多。听说，总公司已同意首秦组织人员前去考察。这十分必要。但最好行前做好充分的准备，谈谈“自己心目中的迪林根”，或“你想从迪林根学些什么”，再到现实环境中去检验，看看我们的想象同实际有何差距，也许能更促进我们更好地学习迪林根。

（6）去年，首秦重点推行了 SBU 和准利润中心。这次去，听到对 SBU 有不同看法，认为徒具形式，我没深入调研。希望有关部门能认真作些调研，帮助改进。

同首钢京唐公司青年朋友们谈心

2012 年 3 月 2 日

今天主要同大家交流 3 个问题：一是京唐是一片热土，希望大家珍惜这片热土和工作机会；二是讲讲我的平凡的经历；三是调研工作的感受体会。

一、京唐是一片热土，希望大家珍惜这片热土和工作机会

改革开放后，我国建立了两个全新的现代大型钢铁企业，一是宝钢，二就是京唐。

宝钢开工典礼是 1978 年 12 月 23 日，正好是十一届三中全会公报发表的那天。日方带队的是稻山嘉宽、原新日铁董事长，中方是谷牧副总理。宝钢一期投资 300 亿元，如果摊到全国人民头上，平均每人分摊 30 元。因此，大家都十分关心。由于宝钢在黄浦江边，是软地基，因此按照日方建钢铁厂的经验，需要打钢管桩，于是就有人说，钢厂还没一撇呢，多少万吨钢材就埋到地下了，真是败家子；进口的设备零部件中有的不合格，按国际惯例可以退货更换，索赔；于是又有人说话了，进口的都是废铜烂铁；发现地基有少许移动，又有人说，宝钢建成之时，就是滑到黄浦江之时。以后又因国民经济收缩战线，当时有一股势力，要求宝钢停建，有位钢铁设计院长甚至提出要把宝钢"五马分尸"，就是把高炉、转炉、轧机分别拿到其他大型钢铁企业。全国人民代表大会要冶金工业部唐克部长到会接受质询，这是全国人大第一次对共和国的部长进行质询。宝钢一期 300 万吨，直到 1985 年 9 月才投产，花了近 7 年时间。我讲这些就是想说明，一个新事物的出现、成长，并不总是一帆风顺的。关键是看准了，就要坚定不移地干下去，尽力把它做好。事实证明，宝钢的建设者和投产后的全体员工经受住了这一历史的考验，把宝钢建成世界一流的钢铁企业。事实更证明小平同志所说的：建设宝钢是正确的。

现在京唐建设，再不会遇到宝钢建设时发生的那些问题。京唐建设得很漂亮，比起宝钢来，投资少，建设快，赢得了中央领导和全国人民的关注和好评。第一座高炉投产后，情况还是不错的。但以后出现了一个又一个的问题。特别是领导体制不顺，带来了一系列的问题。去年 5 月我来时，感到士气低沉，人心有点涣散，大家都很着急。当然，我也很理解，造成这些问题的原因，确实是多方面的，但其中很重要的一点是体制不顺。京唐是首钢和唐钢共同投资的，我认为，投资可以多元化，管理只能一元化。但京唐体制造成了实质上的多元化管理。很难想象，在中国共产党领导下的一个现代化的大型企业，投产两年多了，居然还没有建立起党委。在有党委的时候，有时候我们有意见，觉得有些党务工作人员，尽是耍嘴皮子。但京唐两年多没有党委的情况，后果如何，大家都很清楚。建立党委，不是强制你，而是要调动大家的积极性。通过党委的工作，把人心凝聚起来。刚才有人讲的，要聚人心、鼓士气。所以上次来，我待了 5 天，对京唐的现状很不满意，回去我给朱总写了一个建议，也给有关的领导部门写了一个建议，我希望能早日改变这种状

况。去年 12 月，京唐党委总算建立起来了，短短几个月，我感觉面貌有了很大的变化，我走了很多部门，听到各种各样的声音。炼铁现在生产基本稳产了，指标有明显提高，接下来在改善指标的同时，要力求稳定，把质量搞上去。产量要稳定，指标也要稳定。不然，今天 2 万 7，明天 2 万 4；这几炉含硅量 0.3，下几炉 0.7，就会给炼钢增加负担。去年来时，炼钢对“全三脱”没听到几句好话。这次来，看到炼钢部的指标也有突破性的变化，对全三脱充满信心，这个变化非常明显。大家的心态也感染了我，使我看到了京唐的希望。

如果去年来，我也不会跟你们谈的。因为，当时我觉得很难说，给你们鼓劲，对象不对；批评你们，不是你们的事。尽管你们可能有这样那样的毛病缺点，但主要不是你们的责任。这次来，整个情况确实是变化了，所以我希望你们大家珍惜，珍惜这个地方，珍惜这一片热土，珍惜这样的时机。当然，现在钢铁行业的形势确实非常严峻。这个严峻一部分是我们钢铁界，我们自己造成的。谁都知道现在钢铁产能供大于求，但是谁都想再继续扩大规模，跑到哪个企业，都跟我谈到规模的问题，扩张的问题，追求规模效益。从每一家企业自身来讲，也许有他的道理，规模大了，起码成本摊薄了。但是谁家都追求规模，最后的结果会使规模无序扩张。你所摊薄的成本，抵不上钢材价格的下滑，抵不上原料的暴涨。因此，这个观念不转变，转型不转观念，转型转不了。转变经济发展方式，中央讲了多少年，现在转了多少，不能全部否定，但转变不大，因为，观念并没有彻底转变。钢铁工业现在的低迷、甚至亏损的时期，恐怕会延续相当一个时期。因为，钢铁的原料我们不能自给，我们基本上受制于外。从国际贸易上来讲，我是最大的客户，应该有话语权，实际上我没有话语权。人家看准你了，我涨了你也得买。价值规律是铁的规律。供过于求，必然会价格下降。现在好多人埋怨，说板材卖不过长材。怎么形成的？特别是中厚板，规模大大超过需求，但现在还在继续上。这种形势，在座的是无力改变的。那么怎么立足于我们自身，在我们负责的这个范围以内，做好自己的工作，来减少损失，取得最大的效益。所以，这是我想讲的一点，大家珍惜这个热土。这个热土很肥沃，但是也有困难，不是这个热土就是一帆风顺，平平稳稳，不可能。要有这个思想准备，要有责任感、使命感，你有大的使命必然会有大的磨难，小的使命有小的磨难。天将降大任于斯人也，必先苦其心志，劳其筋骨，无论是心，还是身，都会有。朱总 2003 年提出来“八破八立”，苦干三年，打好四个基础。我说苦干定位在哪，不在于体力劳动，8 小时、10 小时，不在于那个。关键是要苦其心志，思想要解放，思想要开动起来。要打破旧的陈规。

二、简单讲讲我的经历

在首钢，你们把我抬得很高，好像我什么都行，什么都能起到作用，不是。我只是一个平凡的老人。1931 年出生，去年 12 月过的生日，80 岁了，名正言顺的 80 后。我是 1952 年参加工作，17 岁不到进大学，解放以前进的清华大学，我学的是电机，与朱镕基算是系友，他比我高一届，一个系的，一个支部。当时，学校人很少，全校学生就 1000 多人。所以，现在看清华大学，这个庞然大物很惊人。那时候我们班是最大的，毕业时 108 个人，这是最大的；人类学系全系只有 1 个人，专业课就到老师家里上。我就是这么一个经历，我不是学冶金的，也不是学管理的，更不是学文的，就这么一个半吊子的人，电机还没有学好，出来也没有干，学的没有干，干的没有学。

毕业分配，我分到东北工业部。当时，全国有6个大区，东北、华北、西北、华东、中南、西南6个人民政府。当时，成批分到东北的大学生主要是华北和华东的。华北的学生先到，从北京乘火车出发，到天津接到天津的学生，一起来到沈阳。等华东学生到了，东北人民政府开欢迎大会，让我作为学生代表在大会上发言，另一位发言的是华东的代表。其实，我只是带领分配到东北工业部教育系统的一个小分队的领队，但总领队已经离开沈阳，分配到外地走了。那位华东代表，当时我们都没有打照面，我也没有打听过。前些天在百度上点击我的名字，出来《东北日报》的一篇报道，什么时候东北人民政府开欢迎会，学生代表董贻正、李岚清致辞，我才知道原来和我同台发言的居然是以后的一位大人物。

在东北我仅仅待了2个月，东北工业部随着大区政府的撤销也撤销了，东北工业部成建制地到了中央重工业部。东北工业部时，我在工业教育处。教育处是管什么的？管几所大学：东北工学院、大连工学院、哈尔滨工业大学，还有十几所中专。现在这些中专全部升格为大学了，像鞍山钢院，先设专科，后来又变成大学。到中央重工业部，在工业教育司，工作了12年。主要管4所重点大学，东南西北，东北工学院、中南矿业学院、西安建筑工程学院，还一个北京钢铁学院。后来，其他大学都起来了，鞍山钢院、武汉钢院都起来了，还有一批中专。

到1964年学解放军，成立政治部。全国学解放军，中央各部都设政治部，冶金工业部政治部成立了院校部，院校部主要是管高等学校、中专、研究院、设计院。我从教育司调到了院校部，院校部半年后和宣传部合并。那个时候，主要搞社会主义教育，突出政治大辩论，林彪的四个第一，宣传部就干这个，以后搞四清，接着就是文化大革命。1969年到了云南蒙自草坝干校，待了一年，又分配到宝鸡902厂，待了快6年，1975年底回北京，还在政治部。回北京不久，就“批邓”，到清华大学看“批邓”大字报，一边看一边跟熟人嘀咕，小平出来后，3项指示为纲，把生产搞上去了，在企业里面看得很明显。怎么一下子又错了？不理解。但不理解也得执行呀。在政治部宣传部干什么呢，就是总结这些“批邓”经验。当时，确实是思想扭曲，不像现在你可以讲一些心里话，那时候你敢讲吗？对“批邓”很有意见，但是还得执行。如果没有“文化大革命”，不结束，我们这群人，你没有自己的东西，思想全部扭曲了，绝对是个两面派。你不可能讲心里话，讲了心里话就是反革命。谁敢，谁有这个勇气。粉碎“四人帮”，实践是真理唯一标准。这些东西，对你们讲起来理应如此，对我们这些人却是整个的拨乱反正。

粉碎“四人帮”以后，当时的冶金工业部部长是陈绍昆，原沈阳军区副政委。沈阳军区来的，林彪的部下呀，自然下台了。他一下台不打紧，所谓的文班子，就是原先部里政策研究室的，统统靠边。当时都是株连，头头出问题，跟他有关系的人都得审查。研究室是干什么的，就是为部长服务的，给部长写材料的“黑秀才”，全都得靠边。我那时候刚回来，原先也不是研究室的，回来在政治部，但是跟研究室的人我很熟，都挺好。他们要起草、写什么东西把我找去，实际上也是带我，主任口述，处长敲边鼓，哪个地方怎么改，我就笔录。我没有跟陈绍昆见过面，也没有参加过党组会。因此，“四人帮”一粉碎，研究室靠边站以后，没有人写东西了。当时，唐克副部长接任部长，揭批查活动搞得很得力，经常在体育馆召开万人大会，部机关，钢铁研究院、设计院、情报所等单位都参加，还有全行业的电话会议，中央也知道，但却看不到文字材料。因为，没人写简报了。不知道怎么回事，就把我给选上了。可能是因为我还有一定的写作能力，特别是跟原先党组没有牵连。半年以后运动高潮过去了，唐克部长把我留下了。那时候，研究室还没有恢复，就我一个人，所有的部长会议、党组会议，除了讨论人事问题外，我全部列席。我不仅是新手，还是外行，教育司不是部里的主体部门，我在教育司工作十几年，是个小干部，一共只参加过几次部长召开的会议，很少有机会接触部领导。现在一下子要接触部里生产、计划、科技等各方面的工作，确实是有点晕头转向。那个时候，我办公的条件很好，一个人一间办公室，隔壁就是叶志强副部长的办公室，再隔壁就是唐克部长的办公室。办公室有一个床铺，晚上经常就住在办公室，最多的时候一个月 27 天住在部里。中午在部里吃，晚上在家里吃，家离得近，骑自行车七八分钟就到了。虽然很累，但对我熟悉业务好处很多，接受的信息量特大，不懂的就自己找材料，请教其他司局的同志。所以，这一段工作很辛苦，但也是我成长的一个转折关键。唐克部长经常是这样，晚上要走的时候，说："董贻正你别走哦，晚上还有事。"我想，你不招呼，我晚上也还是在这儿。有时候，唐部长晚上来一个电话，"今天晚上不回来了"，我说行，我干我的事。所以，当时这种状况，应该讲压力是很大的。后来说，董贻正是冶金工业部几大笔杆子之一，那是过誉。但是成功是压出来的，这话不假。我是半路出家，就是这样开始走上这条路的。当时，我主要的任务就是给部长起草报告。为了起草报告，我主动地到企业去调查。也正因为这样，你有一手的资料，才能给部长出些主意。不然，部长们看的东西比你多，他们掌握的资料比你多。像为唐克部长起草报告，开始他什么也不讲，首先请钢铁司拿一个初稿出来，钢铁司主管钢铁生产，全局呀。但初稿拿出来，唐部长一看就说：这是钢铁司的水平？不行。董贻正上手。我就拿这个作基础，然后再向他们请教，写出一个稿子。唐克部长说"董贻正上我家去"，然后我念，他听，这段怎么改，那段怎么样，到中午了，该吃饭了，就说："行，今天就到这儿"，回去我再改。第二次又这样从头来。后来我就学乖了，修改稿我尽量拖时间不给他，这样可以少来回几次。就这么一点一点积累。我跟过 3 位部长，还有李东冶、戚元靖，一个部长一个风格。

到基层调查研究，对我的帮助很大。通过调查，我经常写一些专题报告，给部里，也给报刊发表。1992 年我年龄到点了，从行政岗位退下来。头两年，在原单位帮办，后来徐大铨副部长说，你是不是到经济研究所去。但钱传钧副部长建议我去企管协会。我权衡一下，从各方面看来，觉得还是企管协会比较合适一点，我就到企管协会去了。

刚到企管学会，下去调查，很不适应。为什么呢？过去你是政策法规司司长，你下去调查就是要了解企业实际情况，为领导决策服务，同时向企业领导介绍部领导在考虑的问题，讲讲部里对某些问题的看法。到企业管理协会，你要帮助企业怎么强化管理，这不是我的强项。我没学过管理，到现在为止，不要说 MBA、EMBA，就是正经八百的企业管理课程，我没听过一天以上的课程。所以，我第一次以冶金企业管理协会副理事长身份去企业调查时，最后要同企业交换意见时，我觉得很难，不知道说些什么好。所以，凡事都有一个过程。慢慢接触企业多了，视野宽了，东西也多了，有了对比，就逐渐形成一些自己的观点了。

但是，真正作为我人生的一个转折点是在 1997 年。那时候企业亏损，连续几年亏损，当时朱镕基要求3年扭亏，这是政府的一件大事。1996年，当时全国工业系统有14个亿元以上的亏损户。其中，冶金行业有6个，基本上是一个大区一个。东北新抚钢；华北的宣钢；中南的舞阳；西北没有；华东是新余；西南两个，一个是贵州的水钢，一个是四川的长城。贵州省省长就提出来，请冶金工业部派一个调查组，给分析分析，为什么亏损那么严重，提出一些建议来。另外，请冶金工业部选一个干部接替现在的一把手。冶金工业部的王万宾副部长到鞍钢就把朱继民选上了。

朱继民当时是鞍钢的总经理助理。我作为水钢扭亏调查组的组长。朱继民当时还没有宣布任命，所以就作为调查组的成员，先埋伏在调查组里，实际上就是以后的总经理。以前我不认识朱继民。当时，已经定了1997年的正月初七出发，那时候春节放3天假，连着5天，初六上班，初七就出发了。但一直到了头年小年，还没朱继民的音信。刘淇问我："老董，你知不知道朱继民怎么回事，怎么没消息呀。"我说："我还不认识呢。"过几天在部里小食堂午饭时，一位陌生人推门进来。刘淇部长同他打了招呼，然后向我作了介绍："这位就是朱继民。"接着问他："你怎么回事呀，怎么不见人呀？"朱继民讲了一段话，他说这个事一确定，鞍钢就传开了，所有的朋友，包括我的岳父母，我老伴，没有一个赞成我去的，都反对。他们都说这是个无底洞，你去了是跳火坑，搞好了没有什么，搞不好，说难听点，死无葬身之地。鞍钢回不来，水钢待不下，你在鞍钢总经理助理，稳稳当当的，以后你就是副总经理。还有人给他出主意，你不是最近有这病那个病吗，你告病吧。朱继民说："平日里，我跟人家怎么说的，祖国的需要，就是我的志愿。今天临到我朱继民头上了，我往后撤，打退堂鼓，我朱继民以后说话还有人听吗"，"别人的话我可以不理，家里的工作我不做好了，我怎么安心出去，所以这些天一直在做家里人的工作，就拖了时间。"我当时听了，很感动，我心里想，这样的干部现在很难得，我一定要尽力帮助他，一起去改变水钢的局面。我和朱继民就是这样认识的。到了水钢，朱继民就张罗生产的事，我就做调查。因为，我们是14日早上到的水钢，部长20日到水钢听汇报。就这么不到一周的时间。通过调查，确实是感觉触目惊心。公司领导汇报，说是亏损2.09亿元。一讲原因，全是外部因素，搞基本建设财务费用高了，折旧提得多了，等等。在这种思想指导下，很难改变水钢面貌。所以，我们粗粗调查以后，感觉到，企业巨亏，我不否认你客观的原因，但关键在我们主观工作。当时，我归纳了几句话，叫"决策失误，丢了一块"，具体例子我不讲了。"管理混乱，漏了一块"，混乱到什么程度，你们搞钢铁的知道，炼钢的钢铁料当时一般是1100千克左右，水钢是1319千克，炼一吨钢1319千克的钢铁料消耗。原料进去了，废钢还有吧？这起码有6万吨废钢，当时只收回来2万吨，剩下的都到哪去了？4万吨废钢多少钱？第三个是"挥霍浪费，吃了一块"。不讲他请客吃饭的花销，茅台酒这些都不讲。1993年盈利1个亿，花了2000多万买了七十几部车子，5部凌志车。水钢这个地方凌志车子开得动吗？有什么必要买5部凌志车？七十几部车其中有的可能是改善交通条件，有需要。但是，是不是有必要买那么多？一下子花2000多万元。另外，除了总经理、党委书记外，所有正处级以上领导干部全部"新马泰"旅游。1994年时还没有多少出国旅游的，赚了钱就是你们领导去逛去，职工情绪能好吗？还有"大小蛀虫，吞了一块"。很多技改项目，都是外包的，周边都是承包商，一有项目就进来了。通过承包，通过这些大小蛀虫，内外勾结，损失了多少钱。我们一进去，就有人反映，水钢有四大公子、十大巨富，有名有姓的，我们当时没有理这个事。按照过去搞运动的方式，那是贴大字报啊，揭发呀，批捕这些人。我们没这样搞，要讲法制啊。否则，也可能还有冤假错案。

首先恢复正常生产秩序，但确实这里边漏洞很多。水钢中学又盖了一座楼，那个中学我去过的，办得不错的，高考升学率很高，教学环境也很好。校长说：“我也不知道为什么要盖”。盖了呢，还盖偏了，地基还偏了，当时2000多万元，已交了1000多万了。后来，我们进去了以后，开发商、建筑商就没有来要过钱。有关销售处长的传说很多，后来省检察院把他请去了，就是问他一些问题。当时，他住在招待所，不像现在叫双规，没有人看守，却自己从7楼跳下来了。为什么销售处处长要跳楼，我们也没有追查。但从此事可以看出水钢里面的问题很多。

但另外你看看，当时水钢的职工，看了真伤心。轧钢厂的工人，年轻的工人，干活的一个月只开180块的工资。180块什么概念，当时食堂只供应盒饭，他们年轻人不吃早饭，中午两盒，晚上一盒，一盒饭2块，180块全部报销，仅够吃饭。很多农村来的职工，就从家里拿来土豆，在炉子上烤一烤，蘸盐巴当饭吃。看到这种情景，我掉眼泪了。这不是工人的问题，这是领导的责任。当时，跟省长、部长汇报的时候，我都汇报不下去了。

就是这样一个企业，朱继民去了以后，3个月变样了。

2月20日，部长、省长到水钢听取汇报。21日他们研究。2月22日开大会，有1000多人参加。当时，有人把这次大会叫水钢的遵义会议，意思是扭转了水钢的局面，我说别提得那么高，但那个大会确实是水钢的一个转折点。大会开完了，省部领导都走了，包括我们调查组的。当时，我就感觉朱继民一个人在那儿，连个秘书都没有，单枪匹马的，我应该帮他一把。我跟刘淇部长说，我留下来吧。所以，我又陪着朱继民待了十天多，干什么呢？再继续深入基层了解情况，主持了两期中层干部学习班。帮助他们贯彻大会精神，进一步转变观念。

当时，水钢的干部对朱继民怎么看，不像现在你们到水钢。你们去过水钢没有？水钢的职工对朱继民的感情深呐！那时候，我请水钢的老领导开了一个座谈会，座谈会里有一条意见，说朱继民从鞍钢调到了水钢，为什么还在鞍钢拿工资？朱继民跟书记到了我们水钢，为什么在招待所吃小灶？这两个问题，并不友好呀，怀疑朱继民是来镀镀金呀，搞好了再怎么样，搞不好就拍拍屁股走了，因为工资在鞍钢开呀。那时，我这个身份就比较好说话了，我说：“水钢4个多月发不出工资，省长请部长给你们选一个领导来，我们副部长去鞍钢选了这么一个优秀干部来支援水钢，总不能来了以后就拿不到工资，冶金工业部对干部要负责吧，所以暂时在鞍钢拿工资这是冶金工业部决定的。”吃饭问题，我说我也在招待所吃小灶。所谓小灶是什么，一个电饭煲，什么时候回来，什么时候热一下，然后把菜炒炒热，两个菜一个汤。我是客人，按现在的规矩，不收钱。以前，我们到企业吃饭也是收钱的。后来风气变了，你要交钱，便成异类分子了。但是，他们两个人每人每天9块钱饭费，一个月就270块钱，这应该说可以吧。我说职工不了解，请你们老领导帮着做做工作。所以，朱继民当时就是在这种环境之下工作的。

过了十几天我回去了，3个月以后我又来。因为，当时省长跟我说了一句话。这个省长也有一段故事。我在汇报的时候，省长没有参加，他在省里开省委常委会，讨论朱继民的任命，要通过任命，第二天来要宣布的。所以，他是晚上到的，副省长陪着刘淇部长先去的，还有一些厅局长。他听了省里一些同志跟他说我汇报的情况，他就和刘部长讲了约我明天，他参观完现场回来，到他房间里单独和他谈。谈的过程我不讲了，谈完以后，他问我，下一步还有什么困难？我说，朱继民来此，人生地不熟，水钢的干部很多在省里、市里当领导，而且水钢里有派系。因此，朱继民如果要深入改革，牵扯到干部问题，可能会有顾虑。他说："这件事，我来办，明天我宣布凡是水钢出去的干部，不论在贵州的哪个岗位上，一律不准过问水钢的人事问题，回去我个别谈。"他知道哪些人有影响。然后拿起名片，在上面给我写了3个电话，一个是他在贵州住处的电话，一个是他秘书住处的电话，一个是他北京家里电话，然后还加上一句："早七点前，晚十点后。"并说，你有事可在这个时候直接同我通话。我打过两次，有一次我提出了一些建议，他说："对，这事我来办。"第二天我到贵阳，见到冶金厅厅长，我说："昨天我和省长通了个电话。"厅长就说："昨天晚上省长来电话了，把这个事情已经布置下去了。"就这么雷厉风行。这样的省长，后来不幸得了癌症，原先是要接任省委书记的，得病后，还推迟了省党代会，后来实在不行了，所以原先的书记留任，在留任期间判了无期徒刑，进去了。这位省长去世的时候，我听贵州有人说过这样的话，该死的不死，不该死的死了。这个省长确实是很有魄力，很务实，而且很廉洁。他跟我讲他来后碰到的一些事，他怎样把握这个底线。省长还同我讲，他说刘部长不可能常来，你得常来。你不来的话，贵州人欺生，一看，冶金工业部派来的人，把他撂下不管了。你来，就表示朱总北京有人，有根。他的这个话讲得很土，很实在。所以，3个月以后我又去了。

没想到3个月的变化这么大。还是这些老同志，我又开座谈会。老同志这一次怎么说的，"我们干了十几年没有干起来的事，他们干起来了。我们有的想都还没有敢想的事，他们也干成了。"为什么马春林不能进班子？马春林是什么人呢？马春林原先是邯钢的一炼钢副厂长，也是省长请邯钢总经理刘汉章支援的一位厂长，把炼钢厂接了过去。水钢炼钢厂投产十几年，一直没有达产，设计能力60万吨，最高才达到44万吨。1996年，37.8万吨，到1997年1月份只有3万吨，2月份2.5万吨，就这么个水平。马春林他们去了5个人，厂长、书记、助理，结果呢，当月达到50万吨水平了，第二个月设备检修，炼铁炼钢同步检修，五月份检修结束，一上，60万吨达产，6月份65万吨。同样的条件，什么东西他都没有带，怎么上去的？我也同马春林谈过话，整理成材料，在报刊上发表了。以前贵州是比较排外的，这次老领导主动提出来，马春林为什么不能进班子。他是邯钢的副厂长，现在要让他到公司当副总经理。那次去时，听到炼钢厂发生一件事，行车车间有一个电工班，电工班23个人，自己凑钱买了一部电脑加强管理。当时，电脑大概六七千块钱一台，一个人平均摊300块钱。现在300块钱不算啥，但是刚才说了，轧钢厂的工人一个月就180块钱。他们炼钢的以前肯定也是完不成任务，到2月份才2.5万吨，3月份产量开始上去了，到5月份可能稍微有点奖金，奖金也不多，却自己掏钱买电脑。我问他们为什么？工人们说："我们看到希望了，再像过去那样的管理不行了，班长懂得一些电脑，所以我们凑了钱买了个电脑。"没有任何人对他们有什么要求，就是工人，而且是这样低收入的工人，一个人掏了300块，买一部电脑，工人这种劲头，这种当家作主的精神，真令人感动。他们看到了希望，就真的掏心掏肺的跟你干。这样的事还很多。这样一个企业，亏损那么多，朱继民没有带任何一个干部去，班子一个人都没有动，还是靠这套班子就创造了奇迹。在调查过程当中，我跟这个班子开了一个会，部长20日来，18日我就把班子成员请在一起，把我们调查的初步看法，跟他们讲一讲。他们一个一个发言，这个会在水钢可能也是破天荒的。从早上9点开始，开到中午12点吃饭，下午2点接着开，开到吃晚饭，晚上7点半接着开，开到第二天凌晨1点半。班子的思想初步统一了。我说："不开了，明天刘部长来了，你们现在考虑一下，你们跟刘部长如何汇报。还是拿给我汇报的材料，继续再念一遍，还是你们回去改改。"他们说得改。我说："好，咱们就休会。不开了，今天是19日，你们时间也不多了，回去能不能睡觉，这是你们的事了，我也管不着了。"后来，接替朱总当总经理的那位领导同我讲，"那时候我们真对你有点意见，尽管你说得在理，但把问题提得那么尖锐，说得那么直率，那时候有点接受不了。水钢在贵州从来都是老大，哪挨过这么多批评呀。以前省长来，最多批评几句，还得说好话。"我们的一些大企业都这样，只认表扬，听不得批评意见，包括这次邓瑶对京唐的报道也一样。我看了，我觉得邓瑶把京唐的主要问题点出来了，有些提法不对，也有个别不符合事实的，但基本属实。但是，你们可能并不欢迎，认为这是给我们抹黑呀，这是中央指定的项目，怎么这样，容不得人家提意见。这件事首先我觉得首钢党委处理得非常好。当时，有人要反击。我跟朱总专门谈了一次话，给他写了一些意见，认为绝对不能这样。有的人写文章说这个人是"文妓"。我给他打电话，我说："你这是什么，你头昏了吧！人家给你提一点批评意见，你就这样，你要是当国家领导人了，那老百姓还能讲话吗？"所以，水钢也一样。那个时候很少能听到批评，但是从这个以后，水钢一年一个变化，开始水钢自己出不了一把手，所以要从外面调。3年后，朱总走时，水钢出了5个一把手，水钢自己的党委书记，总经理两个，还有3个从省里调出来了，到另外的大企业当一把手。所以，这个变化之大，确实令人叹服。

对我个人来讲，我觉得1997年是一个转折点。实实在在做一点事，我觉得比我过去在办公室写文章起的作用要大。刘淇部长一连让我当了4个扭亏调查组的组长，除水钢外，一个舞阳；还有一个是四川长城。长城也是亏损严重，省里调了班子了，两个月后，新任总经理要辞职不干，省长难办了。省长专门到冶金工业部里来，要求派个调查组。结果又把我派去了。最后一个是重特，这样当了4次组长。

以后，我就开始接触其他企业。那时候高帽子戴了不少，被称为"扭亏专家"。一次到宝钢去，黎明副部长（他兼任宝钢总经理）在办公室门口看见我时，就说："老董呀，我们这还没亏损呢，你干吗来了。"开玩笑的。但是，扭亏这项工作对我是很好的锻炼。接触到的事情，我觉得比我在办公室写文章作用要强多了。所以，有的同学后来讲我们以前只知道你是秀才，写写文章，你怎么搞起这个来了。这个是实践锻炼出来的，跟群众接触，实事求是，敢于说真话，说出自己的意见。后来有人跟我说："老董，你胆子太大了。"我说怎么了？他说："你这'四个一块'会得罪多少人呀？"我说："我也没有想过呀，我要是考虑得罪这个，得罪那个，该说的不说，那我会得罪多少水钢职工啊！你让水钢职工他们怎么办。"所以，这些年，实实在在的讲，这几年，我从企业里面学习的，我跟你们的交往吸收的营养，确实有很大的帮助。不是我给你们多少指点，我曾经说过我起了3个作用：一个是"诊断员"。我理论根基不深，我没有进过什么班（当然我也看了一些书、杂志），但由于我见得多了，所以看到的一些事，很快能联想到这个事人家是怎么处理的，问题在哪儿，大体上可以判断。我不在技术上做判断，我也不懂。但管理上还是可以帮助出些主意的；第二个我是"二传手"。所谓二传手就是我从别的企业学到的好的思路、好的做法，到另外一个企业我就传给你了，没有我自己太多的创新发明；第三个我说我是“诤友”，就是魏征那个御史，就是给皇上建议的。给你提意见，不是我顺着你来，不是一路奉承你。朱总，我们就是这么打交道认识的。比如，邓瑶的那篇文章出来后，我觉得首钢当时的气氛不对，要反击。如果，当时要是反击了，今天京唐你的日子就难过了，媒体群起而攻之，一点点小事就给你夸大。文章所说的基本事实是对的，这确实是我们的问题，固然你有很多困难，有客观原因，文章也有一些不妥之处，但我们不能抓住人家这些枝节问题，骂人家，要查人家的背景。后来那个骂邓瑶的博客，从网上撤回来了。京唐着眼自身，改进工作，短短几个月，取得很大成绩。这就是我所说的“诤友”的作用，别的我也起不了多大作用，毕竟我的年龄摆在那儿，你们叫我老，资历摆在那，那么多年跟企业一起，大家对我的情况也都了解，我不会害你，不会跟你作对，但是我不会顺着你说，有些话我觉得你们不乐意听，可能听不进去，有你的难处，但是我还是得从不同的侧面给你们敲醒一下。也许我说得不对，我不会勉强你们非得照我说的办。所以，我觉得 1997 年之后，我的人生整个就是个转折，我觉得过得更充实了。

在水钢这个事之后，冶金工业部党组提出，叫“企业学刘汉章，机关学董贻正”。冶金工业部机关党委发了一个通知，开展向董贻正同志学习。我在外边，根本不知道这事儿。企业领导说部党组表扬你了，我说什么表扬。后来他们给我看了通知。我说这不就是我该做的事吗？无非是水钢的扭亏，可这都是朱继民带着水钢的职工在做的，我起不到多大的作用，我只不过主动留下继续帮他做一点工作。后来有人对我说：“老董，我们怎么向你学习呀，我们有这个机会吗？”我说也对呀，刘淇让我当了 4 个扭亏组组长。反过来讲，机遇对人是很重要。但是，如果是别人，可能他有另外一种做法。我调查报告写出来了，你部长、省长都听了，认可了，完了我也可以打道回府。我当时怎么想的？我来调查，不只是拿出报告，我希望通过调查能够真正起到实效。在这个过程当中，是不是我也能够起一点作用。朱继民一个人，力薄势单，我作为调查组组长应该有责任，我觉得这也是我的职业道德。不只是写文章交卷了事。我以前也是写文章，但是现在我觉得比以前充实多了。

以前我到企业去，你们这层干部我都接触不到。说实话我也没这个时间。到企业，上层领导接触谈谈，跟副总们接触接触就算不错了。现在我有这个条件了，跟你们都接触了，从你们这听到、接触到一手的信息，要求、呼声，我现在过得确实很充实。有人也说：“老董，你那么累干什么呢？”从我来讲呢，我并不觉得累。

人老了，不可能像以前一样做多少多少事。但我到企业跑跑、听听、看看，力所能及的出一些主意，提一些建议。我也从中吸收营养，我觉得挺充实。有人说，老年人要“一个中心，两个基本点”，即以健康为中心，糊涂一点、潇洒一点。这话基本上是对的。如果我身体有病，没有这样健康，我也来不了。现在到企业参观，反正陪我参观的人都说走不过我。我每年出国旅游，国内旅游多数还是到了企业，顺道到附近看一看，基本上还是公费的，但国外旅游是自费的。比如去以色列旅游，我是刚回来啊。什么叫潇洒，我觉得这就挺潇洒。糊涂一点，当然有些大事不能糊涂，有些人回避矛盾。但是，我既然同企业有利深度接触，比如同首钢结下了那么深的友谊了，那么看到首钢有些什么事，还是想出一点力，京唐也好，首秦也好，不能视而不见，装糊涂。

我讲，我只不过是一个平平凡凡的老头，无非是年纪大些，经历的事多些。我只不过把握住做人的底线，能够基本遵守实事求是的原则，有个平常心，没有把自己想的有多高。有人说，我就是没有你这种机遇。的确，像我这样在离休后还有这种机会的不多，这种机遇确实给提供了很好的体现人生价值的条件，但我并没有刻意地把这当作什么了不起的机会，一定要“抓住机遇”，我一定要怎么样怎么样。当水钢扭亏调查组组长，我并没有想到这是什么机遇，我只想着怎么帮助水钢扭亏，帮助朱继民能够打开这个局面。如果一心等着这个机遇、那个机遇，整天等着机遇，那可能真正机遇来了，光想从机遇中表现自己，结果很可能适得其反。所以，要怀着一颗平常心。我不否认机遇对人们成长的重要性，但千万不要把这看得太重，一心一意地去等待机遇。宝钢接替黎明当董事长的徐大铨同志，以前冶金工业部的副部长，有一次我看电视台采访他，主持人说，人家说百分之七十靠努力，百分之三十靠机遇，你倒过来说百分之七十靠机遇，为什么？他说像我们这个层次的人，水平基本上没什么太大的差异，无非是机遇不同。他退下来以后根本没有想过再出来工作，根本不到部里去，什么活动也不参加，但是后来黎明由于年龄关系，下来了，谁接？当时中组部有几个方案，最后考虑把他选上来了。在这种情况下，他走马上任当董事长去了。他去的时候正是宝钢同上海冶金局几个钢铁企业合并，黎明对上海的企业合并很有意见。我到上海去，上海的冶金局长啊，拿出什么参考消息等一批材料，说黎部长怎么讲怎么讲，把我们看成什么样什么样，意见一大堆。徐大铨呢管过人事，他性格比较柔和，比较善于协调各方面的关系。因此，他在这方面处理得很好，为宝钢的发展作出了贡献。所以是有这个机遇问题，但不是我趁这个机遇就乘风直上。要是抱着这个心态，机遇也不会像你想象的。我讲这些情况，无非就是说明一下，我这个人确实是很平凡的，但也可以做一些工作，还是要靠自己，真正的要做到平常心，真诚的对人，真诚的对事。

三、调研工作的感受、体会

从1977年开始，我就开始接触部里各方面的工作。1982年担任政策研究室副主任，室里领导就我一人。所以到1997年，部里表扬我的时候，搞调查研究也有20年的时间了。那时，机关党委要开大会让我讲，我推辞了。我说大家在一起这么多年，谁都知道谁，没必要大张旗鼓的。后来我找了刘淇，我说刘部长，会就免了吧，别开了，搞得我尴尬，何必呢。拿着一个什么先进人物姿态上台去，没必要。后来刘部长也同意了，说算了。他说你写个东西吧，让我写个东西，回顾一下。

从工作上来讲，我自己总结呢，我有一些特长，我当时总结是“四勤五不”，四勤是“勤学、勤记、勤走、勤写”。我没写勤思，是因为我觉得我思想的深度不够。

勤学。我确实比较好学，我看书比较杂乱无章，看了不少，但真正用上的也不一定多。但我觉得这要有好的习惯，不见得什么都起作用，但有的时候一句话两句话一点拨就会起作用。比如：以色列这个国家就是一个好学的国家，据说平均一个人每年要读50多本书。现在我还保持着看书的习惯，但整本书看得少些，自己订了好多报纸，还有几份企业报，像《首钢日报》、《宝钢日报》，还有《水钢报》、《长钢报》、《通钢报》等；还有一些企业的杂志；还有一些email，有同学发来的，朋友发来的。email的一些消息文章很有启发的。不光是看书学习，要向社会实践学习，向你们企业的同志们学习，这不是我讲的客套话，确实是我从大家身上学到不少东西，你们很多事也很感动人。像田志红的事我也听说了，人那么年轻的，一个人怀着孩子就过来了，那要做出多大牺牲，人家怎么做的。这次你们这里的四大博士我都见了，有的交谈了，有的没来得及交谈，他们都很不容易，我也希望他们能做出更大的贡献。领导上也要按照高端人才的特点来用好他们，发挥他们的特长。对年轻人要培训，要按照不同层次的特点来进行。我在其他地方也说了一些宝钢的做法和经验，今天由于时间关系，我就不多讲了。

另外一个就是勤记。特别像我们这些人，记忆力不行了。书看过没有，看过了，但都忘了。有时我在每一章后面都会归纳几句话，批注一些意见，即使这样，到后来也都忘了，记不住了。所以，如果你没有这些东西，事倍功半啊，看完都忘了。能够看一些书，能够把自己的观点记下来，看到的书的精华，帮助自己消化吸收书里的东西很有用。我有些朋友买的书看过以后一定要在书上写上自己的见解，这都是好习惯。我 66 岁学电脑，如果我现在不会电脑，完了，跑企业也跑不了了，这次跟你们讲完，在企业我发表了什么意见，下次我来，忘了当初我讲过什么了，记不得了。上次来我回去写的那个调查报告，我这次一看，如果没有，什么事都说不出来。现在，多亏了有电脑，电脑里面我记载了，有的时候还能叫出几个人的名字。也不是我的记忆力好，来以前我打开电脑看一看，上一次我到京唐接触过什么人，所以要勤记。记不得是谢老（谢觉哉）还是徐老（徐特立）说过一句话："不动笔墨不读书"，这确实是经验之谈。

勤走是什么意思，就是你到这个单位，不要光停留在办公室，你要到现场，到实际的作业的地方。我不懂生产，不懂什么技术，但我看到的是现场的氛围，是现场的管理，现场的秩序，以及现场的文化氛围，这个可以看到的，还可以和现场的干部职工进行交谈。比如，水钢工人埋怨每个月还要交给车间多少钱，车间主任是不是喝酒去了，车间主任很委屈说我哪敢拿工人的钱去喝酒啊。后来，厂务公开，我在炼铁厂的展板上看到厂务公开的信息，把收入多少钱，结余多少钱，结余的钱是怎么处理的，买矿泉水几瓶多少钱都公开，这样工人就没意见了。那时，水钢各厂的展板有很多创新，有的厂长自己画的漫画，我觉得这个厂子的气氛就不错。所以，要到现场多接触多看，很多事都是在现场不经意聊天、不经意的看中了解。

水钢扭亏连续三年给我一个很好的印象，比如：轧钢厂三年 3 个管理上的创新。第一年是建立见习厂长制。这个轧钢厂让五个车间主任轮流到厂部当一个礼拜"厂长"，厂长跟公司打了招呼，调度会你去参加，考核分配你定，这么一做呢，很明显，很多人当了一个礼拜"厂长"下来感慨很多，有的说过去我在这个岗位上只管这个，不管别的，这样搞一搞，全局观念增强了。有的人，他觉得自己水平不行，回来以后去读夜大学了，补课了。那个主体车间的主任去当厂长还好一点，那个辅助车间的去当厂长，他说我根本没经历过这些，大家就给他打气，说有事你开会，咱们大家出主意，团结协作的氛围，我觉得这是很好的一个例子。第二年来个"干部离线检验法"。那个厂长在大修的当天，突然把所有科以上的干部调走，他说当时我是什么想法呢？大修早就应该准备好的，不是靠你临时现场指挥的，我就检验你这个准备工作落实没落实。他说这些天你们准备大修，辛苦了。我带你们上山去，这些车间主任纳闷儿，说厂长在闹什么名堂，人在外，心在厂里，生怕出事。有一个人带着手机，手机允许你联系，到下午三点多回来了，没出大事，放下心了。以后再大修，没有人敢没有事先准备等到现场再去临时指挥的。还有一个什么呢？轧机全面改造，花了 8000 多万，厂长又出一个点子，一个礼拜填一个表，表上是"三个为什么，三个怎么办”。即为什么领导对你有意见？为什么群众对你有意见？你自己对自己有什么意见。这都是指大修中的问题。然后是三个怎么办。第一个礼拜你交了，第二个礼拜你不能还是这几个问题吧，厂长还要批意见，你得想办法改吧。所以，这个大修搞得很出色。钢铁设计总院派出一支队伍，他们同我讲，水钢这个精神确实可嘉，效果很好。这些东西不是他们有意识和我讲的，都是闲聊时候谈到的。所以说你不接触光听汇报不行，要下去多方面接触。

第四个是勤写。写是个总结提高的过程。我为什么没说勤思呢，因为写的过程中本身就需要思考，但我这思呢，不深。

那么“五不”呢，一个是为上不唯上。我们这个单位都是为上级领导服务的，我们在部里就是为部长服务的，要按照领导的意图去工作。但不唯上，并不是说领导说一你就一，领导说二你就二，你要给领导出主意，你要通过自己的工作给领导提供有价值的信息，来影响甚至改变领导的一些不妥当的决策，这是我们的责任。你不能强制，你对领导说这事我看就这么办啊，那不行，你就得有依据。明明知道领导这个事跟实际不符，你得拿出有根据的东西，你得影响他，一般来说领导也不是绝对听不进意见，也有，但多数是能听进去的，所以说为上不唯上，要靠自己的工夫。也不能抗上，去顶，说这事不行，我不能干，而是要靠你自己真正的实力去影响。

第二呢，读书不唯书。应该讲，在以前我们这些人都是唯书派。没别的，就毛泽东选集啊，毛泽东语录啊，没别的书看，我仅毛泽东选集的读书卡片就做了几大盒，分门别类的，凡是毛主席讲的没错，就按照毛主席的指示办，确实是这样，心悦诚服的。那时候你说不唯书不可能，也没别的书看，也不允许你对毛泽东的书有任何的质疑。但是现在不同了，现在你真的要有创造性的，视野要广。中国为什么没有出过得诺贝尔奖的？因为，从小思想是受束缚的，从小都要统一行动，那思想还能解放？像我这样的人接触共产党，靠什么，不是对共产党有多信仰，是国民党的腐败把我们推向了共产党。那时候，对共产党理论并不了解。1996 年，我到企业调查时，看到地方政府的一些不正之风，我给朱镕基总理写信反映这些问题。最后写了这样几句话，我说我们这些人，所以参加党，不是因为我们对党的宗旨有多了解，对共产主义理解有多深，而是国民党的腐败把我们推向了进步。如果共产党执政了，也是搞贪污腐败，怎么保证长治久安。他的批复是：“请锦涛、邦国同志阅”。他们两位都是清华大学毕业的，也画了个圈，没表示什么。后来，我听了朱镕基的一次讲话录音，他脑子里装的这类事多着呢。

还有呢，识风不随风，要辨别风向，当然不要跟风走。过去运动就很多了，反右了，一下就万劫不复了，我很庆幸反右的高潮时候没在部里，正在外面蹲点儿，逃过了这一劫。不然按照我这样的个性，很难逃脱这个灾难。那时，我们一个主任，带着我一起，在鞍山钢校出差，我每天到图书馆去看报纸，回来就和他嘀咕，今天谁发言了，怎么了。党整风啊！人家提的意见我觉得应该接受啊。回来后，主任什么话都没说。如果他说，董贻正对右派言论很感兴趣。对不起，那我就完了。所以说真正要辨风啊，很难。1959 年庐山会议后反右倾，我在湖北麻城下放锻炼。那时候机关干部，就像我们这些所谓的“三门干部”，就是从家门，到学校门，再到机关门，没有经过工农业生产实践的干部，轮流下放到农村一年。那一年，我下放到湖北麻城，被分到机械厂，我们就提意见了，我们来是到农村的。县里就说话了，中央机关干部下放到县里就叫下放，到县里的你就听县里的。庐山会议以后，机械厂的总支书记给我看毛主席批转彭德怀信时写的话，看了也不明白是表扬还是什么意思，但是没想到会是批评。过不多久，县里就开三级干部会，下放干部中的党员都参加，也跟着县里反右倾了。抓右倾机会分子，下放干部也要抓啊，下放干部里面哪有什么右倾机会分子啊？那时候，不知道支部是怎么定的，就把一个留英的高级工程师定为右倾机会主义。我觉得这个人平时很腼腆，也不怎么讲话，也不张牙舞爪的，他还是地质部许杰副部长的女婿。我从心里认为他不是，但是我也不能不批啊，你不批就批到你的身上了。所以，我说当时人们的思想扭曲了，不能讲真话了，成了两面派了。你们现在很幸运，不会有这种情况了，但是，还会有各种各样的“风”。所以，你要识风不随风，不要跟着一些不正之风、歪风走。有时这也不易，不随风，会有压力啊。能不能顶得住，这也是对自己道德、良心、党性的一种考验。在动荡环境下这样做很难，但也是有人不随风的，坚持真理的，有的甚至为此牺牲了。

还有就是贵和不调和。要讲和谐，要讲宽容，但是不能调和折中，你好我也好，都有问题，貌似公正，不偏向哪一边。实际上很明显，正气你没有扶持，不正的你没有纠正它。有的领导就好打马虎眼，不分是非曲直，往往是各五十大板。我听着就不怎么舒服，已经造成这么大的损失了，当时的主管为什么就不能听听群众的意见，做出正确的判断呢。有人说，不调和就要得罪人。但宁可得罪个别人，也不要伤大多数群众的心。

最后是助企不扰企。你的任务是要帮助企业，不要干扰企业。像我们这样的人下来，企业是当大人物似的对待，你不开口就已经干扰企业了。我来了，王毅同志就要陪着我，我说你们跟我谈一次就完了，不要陪着我，没有必要，你们那么多事。就算我是在职干部，也不过是几条线里的一条线，北京还有多少条线，河北省唐山市还有多少条线，除了冶金这条线以外，还有其他的线，你都这么陪，陪不起。所以，我主张送来迎往不是你们领导的事。对上级部门来的人，你不要认为不陪你，不宴请你，就是对你不尊重了。我说不要在意这个，我理解。有一年我到一个企业，这个企业的一把手呢，晚上陪我吃饭，说是接风，这还说得过去；第二天中午、晚上又陪我吃饭。我就说了，老总，你别陪我吃饭了，你们那么多事，上面来人，你都这样陪，时间陪得起吗。我说从简吧。他听后给我讲了一段话，我听了很心酸。他说看我，你这样说是真心，我听说过你的一些事。但是呢，有的人也跟我这么说，可我一旦从简，他的脸色就变了。这位老总说：“我不知道谁是真心谁是假意，我只能这么陪。”你看，作为一个企业的领导，这样一个状况，你说你要他怎么放开手脚干事。所以，我说助企不扰企。

比如说你们到下面到基层，你们也希望找下面一把手谈，这当然很好。但一把手他有多少事，顾不过来。因此，你可能觉得一把手不跟你谈是不尊重你，看不起你。但是，我们能不能设身处地的替人家想一想，我们能不能通过最基层去了解真实情况，既完成了自己的任务，又可以对一把手提供信息，然后跟他探讨，他一看你来了还知道不少我不知道的情况，这情况很值得重视啊，他以后就会主动愿意找你聊聊，你这就成功了。所以，我觉得机关怎么样为基层服务，机关的责任是服务，没有基层需要服务，就不需要机关。黎明同志在宝钢讲了一句话，机关是为基层服务的，机关不能随便跟下面要材料，你要就自己下去。这对机关压力很大，下去跑一趟，现在你们都不骑自行车了，我当司长的时候还坚持骑自行车上下班，有好处啊！那二十年骑自行车对自己身体还是起作用的，打了点基础啊。所以，我说机关怎样才能真正的做好服务，不要干扰企业，不要干扰基层，一定要想办法让基层主动愿意找你，主动和你聊聊这就好了。

我这些都是点点滴滴的一些事，也没有准备，这样同大家讲，还是第一次。希望对大家有一点点触动也好，启发也好。当然，里面肯定也有很多不合时宜的话，不合时宜的你们就包涵，听过拉倒。

（本文根据作者录音整理）

十年“三创”路　加速首钢全面转型

——在首钢2012年“三创会”上的发言

2012年7月21日

今年是首钢开展“三创”实践活动十周年。从2003年起，首钢每年一次的“三创会”，我只缺席了一次。因此，可以说我既是首钢“三创”活动的见证者，也是参与者。最近，首钢公司上下都参与到总结10年“三创”经验的活动中去，在《首钢日报》的“三创论坛”上，我看到不少首钢的朋友对“三创”活动发表了很好的意见，充满了感情，我也受到不少启发。原本想今年“三创会”前，多跑跑基层，再次亲身感受一下“三创”活动在基层起到的巨大作用，但由于这几个月搬家等杂务，难以分身，因此不能像去年那样，12个发言单位去了8个。我曾同朱总谈起，今年再怎么忙，去京唐和首秦两个单位总还可以吧，结果也只到了首秦一家，共同研究了如何打造首选之板的问题。因此，对今年的“三创会”，我是没有太多发言权的。但总公司领导一定要我同大家说说。我想，既然我参加了会议，也确实有所感，就说上几句，也算是我对参加这次“三创会”的一份学习体会吧。

首先，我想谈谈对青海同志这次会上所作的主题发言的粗浅体会。他发言的主题鲜明突出，“以开放的视野实现首钢伟大的转型”，副标题很有意思，“对首钢创新驱动转型发展有关问题的思考”。青海同志1983年学校毕业后在首钢工作了近30年，从精整工干起，是一级一级上来的。近10年，在总公司总经理的岗位上，同继民同志密切配合，率领全体首钢人闯过一个个险滩难关，夺取了一个又一个的胜利。因此，他对首钢发展中的优势、困难、有利条件和存在的阻力，可以说是了然于胸。这个发言中提出的8个问题，可以看作是青海同志作为首钢新掌门人对首钢今后发展一个纲领性的思考。他对我说，这8个问题，他认为是首钢前进过程中不可回避的问题，有的是过去虽然已经看到、想解决而没有解决的问题；有的是在新形势下发生的新问题。虽然有的想得还比较粗线条，所以在“三创会”上提出来，就是想以此来引起首钢的各级领导一起来思考，并积极、主动地献计献策，以创造性的实践共同来解决好这些问题。我认为，这8个思考的问题，非常符合当前的形势和首钢的实际，对首钢今后的发展具有极强的指导性。

开放的视野，就是跳出首钢看首钢，跳出钢铁看首钢，在更高层次上明确首钢在新形势下的定位。只有开放，才能高瞻远瞩；只有开放，才能学人之长，补己之短。会上安排的4个板块的交流发言，也很好地体现了这一精神。第一板块“战略制胜”，既有中信证券的老总从资本的视野对首钢的发展进行国内外同行业的对比，作出坦率的评价，并提出积极建议；也有投资基金管理公司的老总对首钢改制企业作出整体评价，分析当前面临的困境，并提出进一步深化改制的建议；还有像金隅集团兄弟行业的领跑者介绍他们转型发展的切身经验。这对首钢今后发展的定位及路径的选择都会有很大的启示。首钢发展研究院的发言，对国内经济形势，特别是钢铁工业形势作了深度剖析，对首钢钢铁主业进行了实事求是的分析，并提出了提高首钢钢铁主业竞争力的几点对策，我认为总体上是可行的。

说到转型，其实首钢早就在转型，无论是在长材转板材，以及在钢铁主业从北京单一地区向涵盖东南西北多地区的转化等方面，都已取得不俗的成绩。今天提出的“伟大转型”，就是要适应首钢大搬迁后出现的新情况，以及我国钢铁业连续几年效益急剧下滑，短期内难以复苏的严峻形势而提出来的，是要在更高的层面上，更深的层次上、更全面地，从产业、产品、机制体制、思想文化以及队伍结构、人才素质提升等各方面全面转型。所以说是“伟大的转型”，因为他是战略性的转型，这种转型，是要在做强主业的同时，从战略的层面上，进行多行业的协同发展。其目的，就是要提高首钢的总体的综合竞争力，建设具有世界影响力的综合性大型企业集团，实现可持续的发展。现在，首钢已勾画出一幅“十二五”期间的大体蓝图，还需要在实施过程中进一步完善。落实的关键在于执行，执行的关键在于人才。新事业需要具有新思维、且有创造性执行力的新人才。人才一方面要靠引进，但大量的还是要依靠现有人才转型发展。我衷心祝愿，伴随首钢实施伟大转型，必将涌现出一批与之相适应的各类人才，从而使首钢在2019年百年厂庆时，能以一个崭新的面貌屹立在世界的东方！

但是，真正要转型，并不简单。首先要同我们自己头脑里的习惯思维模式进行切割。在兴宏同志宣读的首钢党委《关于深入推进创新创优创业加快首钢转型发展的决定》中，明确提出要实现发展方式的六个转变，其中第二条就是“由注重产量规模拉动，向注重科技进步、提高劳动者素质、管理创新协调拉动转变。”其实，这话中央已经讲了多少年了，在实际工作中也不同程度地有所贯彻，但力度很弱。现在大家都为钢铁工业处于全行业亏损而忧心忡忡，这当然同国内外的宏观形势有关，但同我们很多企业还在盲目扩张规模是分不开的。持续多年的产能过剩，供大于求，必然引起价格下跌。这是价值规律所决定的。尽管谈到全局，大家都认同产能过剩，但具体到本企业，却还是在追求规模。因此，这几年钢铁工业规模扩张的势头未减。这次会上，有的企业提出了从现在300多万吨规模扩展到1000万吨的远景设想，使我大吃一惊。尽管企业有企业的理由，比如说，没有一定的规模就没有竞争力，在当地就没有地位；产量不上去就不能摊薄成本，等等。这些理由，从局部讲，都不无道理。但最终结果，就是出现钢铁工业目前严重供大于求的现状。还有淘汰落后的问题，20世纪末国家对钢铁工业淘汰落后、限产减产的场景，至今记忆犹新，大部分国企老老实实按照规定限产，但结果总量非但没有下降，反倒上升了，形成了“限大不限小，限国不限民，限优不限劣”的“劣币淘汰良币”的逆向淘汰局面。因此，明知全局产能过剩，但对控制产量还是心有余悸。相反，对规模扩张却仍津津乐道。上述企业其雄心固然可嘉，但我认为这种导向是有悖于实现“伟大转型”的总方针的。当然，我也只是一家之言，提出来同大家商榷。不妥之处，望批评指正。

第二，谈谈做强主业问题。这次会上，“4个板块”的交流，时间最长的就是“主业做强”，除了第二板块外，第四板块绝大多数发言人也都是钢铁主业的员工们。这说明首钢领导对主业的重视。我们要正视目前首钢几个主体厂所处的严峻形势，尽管这些厂子目前大部分都处于亏损状态，但绝不能因为主业处于微利甚至暂时的亏损，就放弃或放松主业。国家的发展离不开钢铁，我们要坚定信念，把钢铁工业做精做强。首钢大院分化出来

“一业四地”，在硬件上绝不逊于国内外其他先进企业，经过一番曲折历程，各级领导干部和广大员工的技术业务和思想素质都有了很大提升，在这次发言中也体现得很明显。因此，也完全具备做强企业的客观条件。近几年，通过重组进入首钢的几家企业，也都有明显的进步，已成为当地的重点骨干。

京唐，由于种种原因，特别是体制上的原因，投产后一度生产很不正常，前两年没能在“三创会”上发言。去年，“三创会”上我曾提出，希望在以后的“三创会”上能听到他们的声音。今年2月，他们终于登上了首钢“创新驱动、转型发展”的讲坛。会后我到京唐待了一周，所见所闻，无论从生产状况、技术指标、人们的精神状态，同我去年5月份去时大不一样。这次炼钢厂的发言，非常鼓舞人心，真所谓“三年不鸣，一鸣惊人”。对“三脱”等各种新技术都掌握得很好，而去年我去时，听到的是对“三脱”等新工艺一片埋怨声；长期处于低谷的大高炉，近一年来，基本处于稳定状态，各项主要技术指标，都达到了设计水平。京唐的变化，充分说明了首钢人有能力掌握最先进的现代化技术和管理好现代化大型钢铁企业。我衷心祝愿京唐能“在提高首钢竞争力中发挥‘旗舰’作用”，并尽快实现“建设世界最先进、最有竞争力的钢铁企业”的宏伟目标。

首秦的发言，也很精彩。首秦建设之初，曾获得国内外业界的高度好评，以后由于外部大环境带来的严重不利因素以及一度放松了内部管理和改革，对企业发展产生了不利影响。但令人高兴的是，首秦人终于摆脱了阻碍前进的种种思想桎梏，再次解放思想，正视严峻现实，面对同行业的挑战，要以德国的迪林根为标杆，响亮地提出了“打造中国的迪林根”、“打造客户首选之板”的宏伟目标。这次会上的发言，几个主体部门分别提出来的“四精（经）”方针，以及“三像”、“四不”、“五气”、“六让”等理念，使人精神为之一振！

迁钢、矿业这两家企业这几年对首钢的发展做出了重大贡献。在历年“三创会”中，他们的发言都受到与会人员及首钢各单位的极大关注，今年也不例外。前几年，迁钢作为京唐大厂的试验厂和练兵场，对首钢的发展做出了历史性的贡献。今后也要有自己明确的定位，要有勇气和信心，同顺义冷轧一起，在新的历史时期，和京唐并驾齐驱，勇占世界钢铁业的高峰！

对主业来讲，目前关键是要走出亏损阴影。从会上发言提供的经验看，要扭亏转盈，一是要努力开发市场需要的，低成本、高产值、高效益的产品；二是从研发、供应、生产制造、设备管理到销售的各个环节，全方位地大力降低成本，这两者都是当前“三创”活动的重中之重；三是正确处理创新与夯实基础的关系。我们要追求效益的提高，但又不能急躁、浮躁，只顾当前短期效益，忽视基础工作，导致长远效益的损失。迁钢从建厂开始，一贯重视夯实基础，这次轧钢部的发言，也充分体现了这一点。没有扎实的基础工作，没有大量的准确数据做支撑，是不可能制定出科学合理、切实可行的规章制度来的。长白厂的《稳中求进 夯实转型发展基础》以及通钢鲁良军的发言，都说明了夯实基础对企业发展的极端重要性；四是要高度重视“小人物”的首创精神。水钢炼钢厂降本工作中作出重大贡献的，很多都是一线员工，第四版块的发言者，也都是过去名不见经传的基层员工，像首钢矿业刘新民团队自主研发大型矿用汽车的电控系统，打造电动轮车的“中国芯”，成为在这方面世界上第四家、国内独一的具有自主知识产权的企业；贵钢公司钎钢厂党委书记熊克胜介绍了他们敢于挑战这一领域的世界顶级企业，取得了可喜的成绩。这些，都是小人物、小单位创造了大奇迹。迁钢炼钢天车作业区的王超、宋井正，以及首秦轧钢部的樊栩楠，在班组管理上实施“情绪管理”，提出作为“公家人”的班组长要有“长子精神”，“用家的理念管理班组”，“让班组管理走进‘心’时代”等理念，使班组工作有了新面貌，人人“快乐工作，快乐生活”。顺义冷轧的刘金生、长钢的张联兵抓学习，抓基础，抓创新，带领所在单位员工共同前进，使这些单位都成为学习型组织。中首的赵文彬作为一个老船长，转任业务员后，兢兢业业，深入基层，从小见大，为降低成本作出重大贡献。这些事迹都很感人。这些年，首钢“三创会”上涌现了一批又一批的新人新事，赵新民、刘宏、秦涛、卫建平、路飞、于晨等的事迹都曾打动了人们的心灵，每次“三创会”都有一批年轻的新面孔出现。我衷心祝愿在首钢的大家庭中，后起之秀不断涌现，他们是首钢的希望所在。

这次会上，专门设立一个板块，是谈“多业协同”的。现在首钢非钢产业已占集团销售总收入的35%。多年来，首钢的非钢产业在艰难困苦中成长。前些年的“三创会”上，东星公司、首建、国际工程技术公司、北冶、美利山、燕郊等都为我们提供过很好的经验。这次，东星、鲁家山矿、长白、矿业投资公司，以及能源环保部等从不同侧面展示了多业发展的远大前景。特别是东星，已经多次在“三创会”上作经验介绍，每次发言都使人深受启发。他们从简陋的小厂起家，善抓机遇，和国际上顶级企业深度合作，借船出海，借梯登高，不到20年，就成为在世界多个领域中的佼佼者。矿业投资公司为获得辽宁丹东被认为是“呆矿”的硼铁矿的资源，上演了一场惊心动魄的大戏，6年6次论证，一次次眼看即将成功的情况下，又一次次被阻滞。但他们不屈不挠，讲究策略，最终在当地政府支持下，以较少的投入不仅取得了这一宝贵资源，而且短期内发挥了作用，取得了良好效益。我认为能源环保部是贯彻“以开放的视野实现首钢伟大的转型”一个好典型，为机关职能部门转型发展做出了榜样。他们主动积极，不等不靠，为公司分忧解难。比如：垃圾焚烧发电项目，从基础调查到提出方案，获得审批，落实建设，到基本建成，只用了3年时间，不仅为首钢的固废处理解决了后顾之忧，也为北京市市政市容建设做出了重大贡献，得到了北京市主要领导的高度赞扬。

他们的发言，深深地触动了我。使我感到首钢的非钢产业队伍是一支能吃大苦、敢挑重担、忍辱负重（受得起委屈，为首钢的事业甘愿当“孙子”）、勤于思考、善攻难关的队伍；是一支可敬、可信、可靠、可爱的队伍。这些单位的重大业绩和宝贵经验，感人至深，为今后非钢产业的发展提供了有益的启示。今后，随着北京新产业园区的开发建设，高端产业和新型文化产业的成长，首钢非钢产业必将有一个大发展，对首钢发展成为具有世界影响力的综合性大型企业集团，将会起到如虎添翼的作用。我乐见首钢新产业园区的建设早见成效。

在今天上午的小组讨论中，通钢董事长龚爱平提出了一个很好的意见。他说：发展非钢产业，一定要建设好北京大院主业搬迁后腾出的8个多平方千米的土地。这主要赖于首钢总公司领导的正确决策，也要发动包括京内外各子公司在内的各级干部和广大群众，群策群力，为新园区建设献计献策，加快新园区的建设。这个意见值得重视。

总之，会上的发言，充分显示了首钢近几年各方面工作所取得的巨大进步，在大家的发言中，还都提到了存在的问题和不足之处。我想特别提醒各位，认真对待销售公司刘建辉同志的发言中所提到的客户反映。因为，一切工作的最终检验和评价在客户。尽管，目前钢材市场需求不振，价格低迷，对企业生产经营带来不少困难；虽然我们左右不了市场，但我们要反思，自己是否把工作做到位了？比如，导致一些客户订货减少的一个重要原因就是交货期过长，合同兑现率达不到承诺的目标，还有质量异议处理不当等问题。解决这些问题，固然会有一定的难度，但我们必须牢记“三个首钢”，真正做到用户至上，做好首钢服务，打造首钢品牌，而不是要求“客户按首钢的生产安排来进行订货”，放松了对自身工作的高标准要求。

第三，谈谈继承与创新问题。在青海同志的主题讲话中，提到“实现首钢伟大的转型，必须坚持继承、创新和发展”。这很重要。十年“三创”路，为首钢的发展奠定了良好的基础，调动了各级干部和广大员工的积极性、主动性和创造性。我们要继承发扬“三创”精神。首钢党委及时作出了《关于深入推进创新创优创业加快首钢转型发展的决定》，十分必要。回顾这十年的“三创”，是同朱继民同志的名字分不开的。继民同志2000年初来首钢，2002年担任首钢董事长、党委书记。2003年在继民同志倡导并直接领导下，首钢举办了第一次“三创会”（当时名为“学习、创新、发展经验交流会”），以后，他年年都对“三创会”倾注大量心血，使“三创会”成为首钢的品牌会议，成为首钢职工的加油站，学习班，誓师会。可以说，朱继民是首钢“三创”的倡导者和领导者，对推动首钢“三创”起到无可替代的作用。现在继民同志因年龄关系退出现职。这次“三创会”，青海同志原本是想邀请继民同志作为特邀嘉宾出席的，但不巧的是，全国人大安排他去外地考察，不能前来。我听到有的同志有点担心，怕人走政息。我觉得这种担心大可不必。这种情况，12年前，在水钢也曾发生过。当时，继民同志调离水钢，水钢广大职工一方面衷心期盼他们敬爱的朱总能在新的岗位上挑起更重的担子，为人民立新功；另一方面又怕朱总一走，水钢会不会重新陷入困境。我当时对水钢的领导班子说，绝不会出现这种情况的。因为，朱总在水钢不仅实现了扭亏这一艰巨任务，更重要的是，他转变了人们的观念，培育了企业文化，带出了一支队伍。朱总去前，因为在水钢找不出合适的人才接替原来的一把手，贵州省长请冶金工业部长从冶金系统选调一名一把手，当时的刘淇部长委托王万宾副部长到鞍钢选中了朱总。但当朱总离开水钢后，水钢却产生了5位贵州省大型国企的一把手。朱总走后8个月，我再去水钢，看到水钢确实又有新的进步。我写了一篇调查报告，题目是《水钢，在朱继民调离以后》，以大量的事实和确凿的数据来进行阐述。朱总在首钢，同样不仅是带来事业上的发展，更重要的是带出了一个好班子，一支好队伍，一个好作风。因此，我坚信这种好的作风和精神，一定会继承发扬。

朱总刚就任首钢一把手时，首钢正处于一个十字路口。一方面，“要首钢还是要首都”的呼声十分强烈，限产、停产的压力巨大；另一方面，首钢何去何从，没有一个明确的说法。广大干部人心惶惶，处于迷茫状态。在这种情况下，继民同志带领了首钢领导班子，顶着巨大压力，实行了新的战略布局，一业三地，建起了迁钢和首秦；提出了“八破八立八做到”，“苦干三年，打好四个基础”，并坚持不懈地开展“三创”活动。一软一硬，拓展了思路，打开了出路，转变了观念，提升了境界，凝聚了人心，锤炼了队伍；以后又迎来了建设曹妃甸新厂的高潮，开始了首钢新时期的转型建设。尽管中间有多少曲折，但首钢毕竟已于去年跻身于世界500强之列，今年又提升到295位。这是朱总带领首钢班子留下来的一份宝贵财富。但是，时代在进步，形势在变化。今天，青海同志接任首钢班长后，面临的形势又不同于继民同志接班时的情况，一代人有一代人的使命，继承不等于全盘接受过去的做法，需要创新、发展。因此，在具体工作方针上必然会有变化。我相信新班子一定能遵循“继承、发展、创新”的方针，在现有基础上不断创新，为把首钢建成具有世界影响力的综合性大型企业集团，为建设北京世界城市、为我国从钢铁大国向钢铁强国转变作出自己应有的贡献！

我的讲话完了。谢谢大家！

学习　思考　坚持　落实

——在首秦2012年“三创会”上的发言

2012年8月11日

这是我第二次参加首秦“三创会”。去年9月是第一次。当时，是总公司宣传部撒元智副部长作的点评。公司领导也要我发个言。我发言的第一个小题目是：摒弃优越感，强化危机感。因为前几年我对首秦印象一直不错，但去年年中来首秦调查时，却发现不少出乎我意料的问题。其中一个问题就是面对如此严峻的形势以及首秦的持续亏损的局面，不少干部自我感觉良好，对存在的问题推之于客观因素。这种精神状态显然是极不利于首秦今后发展的。因此，在那次会上，我有些话讲得比较重，但首秦的领导从谏如流，以实际行动作出回答。那次“三创会”，确实开得很好，开出了士气，开出了信心，开出了志气，我也深受教育，特别是看到了首秦广大员工中蕴藏的潜力。我深信，首秦必将会有更大的变化。

近年来，我又多次来首秦，感到情况确实大有改变。这次“三创会”，顾总作了一个很好的发言，把青海老总在首钢“三创会”报告中提出的8个问题，联系首秦实际讲了7个方面的思考，需要我们全体首秦人认真思索，共同努力来解决。会上，首秦各个主体都亮了相，四个“精”（经），各有特色；“六秦”中的部分企业也都作了很好的发言；一些个人发言，展示了首秦人的风貌，“三像”、“六让”已开始成为广大职工追求的行为标准，我看到了作为首秦希望所在的一大批年轻人正在茁壮成长。这次“三创会”，给我留下了几点深刻印象。

一、解放思想，转变观念已日益成为各级干部和广大员工的自觉行为

首秦提出的“打造中国的迪林根”，“打造客户首选之板”就是很好的体现，展现了首秦人敢为人先的志气，胆气，豪气。开始，我是不大赞成现在就公开这两句话的。因为，到底迪林根是怎么回事，我接触绝大多数首秦人都不清楚。现在还是韬光养晦，过一阵子再公开为好。但既然已经喊出去了，那就没有退路了。胡适60多年前有首诗：“做了过河卒子，只能拼命向前”。我们只能自我加压，把“两个打造”当作一种义不容辞的使命，无可推托的责任，光荣而艰巨的担当。边实践，边加深理解，边提高自觉性。事实上，首秦也是这样在做的。这次会上，耀东老总带领的团队就学习迪林根的发言，就比两个月前深入多了。他们通过大量调查，既通过各类有关机构，获取文字资料；又向到过迪林根的有关人士进行采访，整理了一份比较详尽的资料。尽管，由于没有进行实地考察，有些还停留于表象，但应该说这是迄今为止，有关迪林根的最完备的资料。建议这一工作还要继续深入地做下去。了解物容易，了解人难；了解技术虽然不易，但熟知其文化更不易。我相信，只要全体首秦人都动员起来，人人都为“两个打造”殚精竭虑，奉献自己的

智慧和汗水，我们一定能够实现这一宏伟的目标。

尤其值得我们高兴的是，敢于创新，敢于突破，已经成为很多基层单位的自觉行动。公司能源部领导提出："没有突破，一百年之后的能源部还是今天的能源部"，充分反映出广大干部迫切期盼改变的心情。好几位在发言中都说到"创新，一切都是可能的"，并以自己的行动对此作了有力的诠释。像加工公司敢于承接业内兄弟单位认为不可能实现的太原卫星发射塔架的加工，正是以实际行动证明了只要我们解放思想，开动脑筋，同心协力，困难是可以克服的，过去认为不可能的事是完全可以成为现实的。

转变观念另一个重要体现就是敢于正视现实，改变自己的固有思维模式和行动习惯。炼铁厂是一个很好的典型。这几年，我国钢铁工业高速发展，原燃料供应紧张，质量自然下降，价格却不断上扬。因此，一些钢铁企业的炼铁厂不无怨气，首秦也不例外。我去年来时，开座谈会，有的干部怨气还不小，认为首秦设计时只有料仓，来的原料无法混匀，因此在原料配置上要求成分稳定。而现在原料不仅品位低，且很不稳定。三天一小变，五天一大变，让人怎么干啊？但现在他们敢于正视原料条件，主动提出：经济炼铁，把"精料"改为"经料"，从改进自身工作着手，提出要"思想稳、心态稳、操作稳"，还有"三化"、"三勤"，而其效果也是明显的，吨铁成本在首钢三大基地中最低。

最使我感到欣慰的是，一些干部在工作中出现问题时，不再是推卸责任，自我开脱，而是反思自己，立足自身。这次会上，秦中板技术质量部的张宝强发言说得好。过去，习以为常地把边裂、结疤、折叠等缺陷统统划归为原料性缺陷，实际上，却掩盖了自身工艺、设备以及操作等因素的影响，不仅造成"冤假错案"，关键是不能对症下药。现在观念一转，立足自身，结果是原来居高不下的带出品率急剧下降至2%左右。2007年至2011年，按吨钢600元差价计算，因降低带出品挽回的经济效益约2960万元。我过去说过，推卸责任只不过是又一次丢失自己纠错的机会，丢失了提升自己能力的机会。道格勒斯发言中，最后有一句话：No excuse，let's make dollars！可以说是至理名言。希望大家牢记。

二、协作精神、协同作战的优势得到更好发扬

这几年，无数正反面的事例，无论是企业的，还是政府机关的，都说明了协同力是一种极其重要的生产力。现在中国已经可上九天揽月，可下五洋捉鳖，这要归功于各部门之间联合作战；而治水、治污之所以投入巨大，见效不显，也同有关部门自行其是，相互掣肘有关。企业也是一样。宝钢的独居鳌首，其中一个重要原因是较好地发挥协同作战的优势。

昨天会上能源部的发言获得大家很高评价。能源部所以能在节电、节水等方面取得突出成绩，固然有他们自己的高度责任感，以及扎实的工作作风，但正像他们所说的，还要归功于兄弟单位的大力协作。事实正是这样，无论是高压水除鳞系统的单泵运行，还是停炉停水，以及以氮气替代压缩空气等项目，如果没有炼钢部、轧钢部的密切配合、大力支持，光靠能源部自己是无法办成这些事的。协同力也是生产力。前提一是各方面都要解放思想，克服协作过程中产生的问题；二是都要有全局观念，为了首秦的总体利益，放弃本单位的局部利益或原有的工作条件；三是必须有一方首先主动沟通，在这方面能源部做得比较突出，他们通过长时间的调查，取得必要的可靠数据，主动提出方案，同有关对方进行沟通，取得共识；四是在此基础上还要有相应的机制，使各方都会从中受益。能源部和

有关单位正是这样做的，因而取得了重大成效。他们的经验对我们很有启示。

三、首秦的企业文化氛围正在形成

通过这两天的大会发言，我深感首秦人在成长，首秦的文化氛围正在迅速形成。前两年来时，我曾不大客气地说，在首秦，我感受不到文化氛围。近年来，我感到有了极大的变化。一方面是体现在有形的事物上，比如你们的陈列室，不仅展现了首秦人在调整结构，开发新产品，拓展市场等方面的业绩，同时也展示了首秦人的精神风貌。在首钢“三创会”上，你们编写的《首秦员工文化手册》以及《首选之道》，总结提炼了首秦的核心价值观以及各方面的理念，获得了与会者的好评。你们在服务首钢三创会期间所表现出来的敬业、奉献精神，也给与会者留下深刻印象。再从司机李军提醒系安全带这件小事也可感受到员工思想观念和执行力的变化。

这次会上涉及的方面还很多，比如管理工作的改进，“四精（经）”方针的提出，就说明了这一点。从中可以看出管理工作在得到强化、深化。特别是基础工作的改善，规范化、数据化、信息化，日益得到重视，并在实际工作中有所体现。班组建设明显有所加强。我们不能停留于对“小而精、小而美、小而洁”的赞誉。要在此基础上，进一步做到“小而优，小而强，小而富，小而赢”。如何把这次会上讲的、目前仍然停留于个案的不少好经验，使之他规范化、定量化，成为大家的共同财富。这就需要强化管理。这些，就不多说了。

进步固然可喜。但正像大家发言中所说的，这只是变化的开始，我们还不能估计过高，更不能盲目乐观。不要让今日的“优秀”成为明天迈向“卓越”的大敌。还要注意一种情绪，既然大家都认为首秦进步不小，为什么收入还可能下降？这是整个大环境决定的。但如果没有这些进步，那么今天的首秦就不会是现在这种情况了。只要我们坚持努力，一旦风雨过去，我们就会恢复生机，迎接彩虹的到来。

我想就此机会，送给大家“八个字”。学习、思考、坚持、落实。

（1）学习。青海提出“开阔的视野”，必须坚持不懈地学习。没有人是生而知之的。光凭自己个人的狭隘经验，难以跳出既有的框框。学习有多种形式，对在岗职工来说，最好的学习途径之一就是结合岗位实践，有的放矢地学。昨天，会上有人总结他们团队的经验，“干中学、学中用、用中精”，就很好。矿业公司刘新民在研发大电动轮电控系统时，补上10个方面的学科知识，这种精神很值得我们学习。

还要重视为职工搭设各种学习平台。我很赞赏宝钢的作业长培训“4+1”的模式。这样的培训，使学员更新了知识，开拓了视野，而且学以致用，既收立竿见影之效，又为今后结合岗位实践，进行自我提高打下了良好的基础，因此深受学员和各单位领导的欢迎。一些学员正是通过这一培训，知道了什么是专利，怎样来申报专利，领悟到其实自己平时工作实践中的一些革新成果，也具有申报专利的价值，从而推动了宝钢一线员工总结、提升自身实践经验。

还要善于利用各种有利条件，向各方面的高手学习。昨天，技术质量部王根矶介绍了他向老道（道格拉斯）学习的心得，表示要使自己成为首秦的道格拉斯。我祝愿他的理想能尽快成为现实。同时，我希望，不仅是他一人，最好能打造一个首秦的道格拉斯团队。

在学习上，必须有虚怀若谷的态度。特别是在对待兄弟企业，要学习人家的长处，不要以自己的长处比人家的短处。虚心才能容人、容物，经常把自己看作处于山谷，就可大量接受外界事物。自以为在山峰，就接受不了新事物。

（2）思考。学习还要结合思考。孔子的名言：学而不思则罔，思而不学则殆。老道讲的 think，这是我这次听到他在报告中经常提到的 3 个词之一（另两个是 optimization，customer）。Think big，think international，think beyond China。

哪些事是“big”？我想了 3 条：一是青海老总在首钢“三创会”上提出的 8 点思考，以及顾总昨天会议上说的 7 个方面问题的思考，这些就是大事。二是自己所在岗位需要解决的问题。例如：北京人艺“戏比天大”。大家还都要结合自己岗位实际，多多思考，遇到问题不要放过。炼钢部孙博创新工作室发现手动测试和测试仪得出的数据不一，他们并不是单纯采信哪个数据，而是追根究底，结果又发现了一系列问题，对提高 3 号机扇形段的过钢量这一课题提供了重要的线索。三是客户的需求。因为“客户是王”嘛。老道说的“customer”也是 3 个常用词之一。他说，不仅要使客户满意，而且要使客户为你的服务感到震惊！

（3）坚持。看准了就干。坚持不懈，锲而不舍。切莫拉洋片，一会儿换个题。武钢抓降低废品率“三年不变调”，在抓出成果的基础上再提出新任务。坚持不等于一成不变，而是在持续不断的实践中，不断改进，不断优化。比如：矿业的皮带管理革命；还有近几年的《全员健康推进计划》，改变饮食习惯，以“三低（低盐、低油、低糖）”降“三高（高血压、高血糖、高血脂）”；以及迁钢“精细化管理”持续推进的经验，都值得借鉴。老道发言中提到的 optimization。要在坚持中实现优化，以优化的业绩来巩固坚持的信念。

（4）落实。首秦从建设开始，就是在很明确的理念指导下进行的。也正因为这些理念得以落实，才能建成为世人所瞩目的企业。近年来，首秦又总结了建厂以来的经验教训，编出了《首选之道》集中反映了首秦的理念。现在的关键是如何落实，真正成为指导各级干部和广大员工的行为准则。文化必须落地，才能生根，真正成为指导员工行动的指针，不能只是写在纸上，贴在墙上，说在会上。“一位经理人的成功，5% 在战略，95% 在执行。”这需要时间，但更需要扎实的作风。有些小事，但很能反映员工单位的作风。你们的手册上规定工间用餐一律禁酒，这次来，我看并没有完全做到；而矿业公司则是坚持多年，即使市领导和总公司领导来，也从不破例。抓出了人们的精神面貌，抓出了高度的执行力。太钢 2004 年 70 周年厂庆，借太原市体育中心开 5000 人的大会。散会后，保洁工发现场地不见杂物，在太原市引起很大震动。这是太钢多年来坚持抓整顿日常生活中的一些不良习惯的必然结果。

我的讲话完了。衷心祝愿首秦在打造中国迪林根、打造客户首选之板的伟大事业中不断取得新胜利，为实现首钢的伟大转型作出新贡献！

谢谢大家！

做好两个正确对待
把科研工作提高到一个新水平

——在首钢发展研究院调研结束时的汇报发言

2012 年 10 月 11 日

节前 5 天，再加上昨天，先后同 23 人座谈或个别交谈，阅读了近 50 篇领导批示的报告，以及你们编著的《共同的理想》一书，加深了对发展院的了解，对发展院的历史沿革、兴衰过程以及重获生机的历程有了较全面的了解，对发展院的现实处境也加深了理解，对发展院"宪兵团"（首钢改革发展的第一线，学习型团队的排头兵和战略决策的智囊团）的定位有了更好的理解，对大家近几年来对首钢发展所做出的努力、贡献，以及当前遇到的问题、困扰也都有了较深切的感受。对发展院，就我接触到的情况，总公司领导无论是以前的朱总，还是现在的青海书记、徐凝总经理，都抱有很高的期望。这次来前，我曾同青海谈起过发展院的近况，青海对发展院近年来的进步给以充分的肯定，但也希望能有更大的进步，特别是在信息分析上，课题的针对性上，都能有进一步的提高。通过这几天的调研，以及节前回家后阅读了小青处长给我提供的几十篇你们的研究成果，我逐步形成了一些想法，昨天已同 3 位院领导作了交流，下周还会同总公司领导进行通报。

节前座谈时，有的同志提出，希望我能在调查结束后，同大家再讲一讲。其实，在调研过程中，我同大家是互动式的交谈，一些看法也断断续续地表达了。回去后，结合阅读材料，认真思考了一下，你们这么多同志和我交谈了，我总不能闷声发大财，一走了之。我想这次发言，也算是向大家做一个汇报吧。我的讲话，不涉及对发展院的评价，这是总公司领导的事。我只是想把通过这次调研自己对发展院的一些感受说一说。有些想法可能不大符合实际，也可能有些判断不当，但作为一家之言，作为首钢以及发展院的朋友，本着知无不言言无不尽的态度，提出来供大家参考。不当之处，也就当耳边风，吹过了事。

这次讲话的重点，就是在座各位。发展院这支队伍是一支好队伍，很有思想，很有激情，这在《共同的目标》一书中就有很好的体现，不少文章还很有文采；这支队伍人数虽不多，但老中青搭配，学历之高，首钢内部无出其右。大家都很想为首钢的发展奉献自己的聪明才智，也确实做出了不少贡献。但是据我观察，你们的潜能还远远没有得到充分发挥，还有很大的发展空间。这当然需要有大环境的改善，但同样需要在座的朋友们进一步转变观念，端正态度，改进作风，提高素质。一定可以百尺竿头更进一步的。

我想重点讲两个正确对待。

一个是正确对待外部事物，包括正确对待领导，正确对待合作单位和人员，正确对待外部条件。

正确对待领导。座谈中，一些同志觉得发展院同总公司离得远，和领导接触少，不能及时了解领导意图，要求有机会多参加核心会议，参与重大问题的决策等。一些老同志更是怀念冠五时代的研开中心。这些要求是完全可以理解的。事实上有些方面已经在改进，但某些方面却是不现实的。

同研开中心时期相比，一是时代不同了。冠五时期，首钢在全国的地位不同，实行承包后的经济实力不同。因此，对研开中心的定位不同，是“中国的兰德公司”，要通过研开中心对学术界，经济界高层人士、权威人士进行沟通、交流，以进一步提高首钢在社会上的地位，取得更多的支持。这是首钢发展过程中的一个特殊时期，而目前无论从首钢的地位和实力来讲，还是社会各界对首钢的关注度来讲，都不可能再次回归当时的场面了。因此，对领导的要求要从现实出发。

不少同志在座谈中反映：领导着急的问题我们不知道。我觉得这夸大了。第一，总公司领导有分工，正常情况应该可以通过分管领导及时了解总公司的最新意图；第二，每年的大会，比如青海的“八点思考”，这就是核心思想。固然，离得近，可以有更多机会接触总公司和部门领导，从饭桌上、平时闲谈上可以捕获最新信息，但毕竟不是正常途径；第三，在信息社会化的时代，可以从网络上获取大量信息；第四，从你们的成果反馈上，也可以获悉领导的想法和关注点。比如，分析 2011 年和今年领导的批示。初德和的课题只有一个是上面出题的，但近两年他的成果每年只有一份没有批示，要总结他的经验。

还有的埋怨自己花费很大心血的课题却得不到领导的反馈。这里涉及几个“性”的问题：就是“针对性、实效性、时效性、前瞻性、持续性”等问题。

针对性。一定要针对我们的服务对象。领导的特点是什么？一是他们接受的信息渠道多，来源广，可能我们提供的很多信息对他们来说已是耳熟能详了；二是工作繁忙，时间紧；三是他们需要应对的方面多，一些问题的复杂程度远比我们想象的复杂。因此，就会出现这样几种情况。第一个是，一些研究人员花了大力气的大部头文章，可能在领导那里反应不大。我们能不能改变一种方式，比如《管控模式》中 4 种不同大型集团企业集团化管理理论分析，以及大型集团化企业集团化管控经典案例研究。这都可以使人开阔眼界，但能不能陆陆续续作为单件上报。化大为小，化整为零，下毛毛雨，润物细无声，也加强了时效性。麦肯锡提倡“先摘好摘的果子”，通过先摘好摘的果子，通过“抵制住把自己的信息捂到研究结束后的盛大说明会上才披露的诱惑”。第二个是时间上，一般都要求年底结题。集中报送又是一场倾盆大雨！麦肯锡还提倡“电梯测验”。要在坐电梯大约 30 秒的时间里，清晰而正确地向你的客户解释清楚。如果你有很多建议，就盯住最重要的 3 个建议——具有最大赢利的内容。别去担心支持性的资料，等你有时间的时候再去谈。我看到的 3 个大型课题（管控模式，薪酬激励机制，综合服务商的客服体系），只有 1 个《服务商》有摘要，其他大小标题，密密麻麻，确实不易吸引眼球。针对这种情况，院里也作了改进，通过快报形式，快报的批示率也较高。《每日信息》从 8 页到 6 页，张英提出：细节，简洁，快捷。

实效性。要从实际效果出发，这也离不开针对性。比如关于学宝钢以及其他兄弟企业的问题，都给人以启发。《武钢战略合作跟踪》、《宝钢对标管理》、《我们学宝钢，宝钢学什么》以及初德和为主撰写的几篇关于企业文化的报告等，都获得总公司主要领导的有分量的批示。但也有一些立题很好，但效果未见得好。还有一些是论述部分或看似很全面，从国际到国内，从主体到相关产业，又是文字，又是图表，洋洋洒洒，动辄几千十万字，但一联系首钢实际，就感到苍白无力，大帽子底下开小差。

前瞻性。一种是信息性的，提供新的带有前瞻性的信息，比如铁矿石金融化的问题，还有关于宝钢以及兄弟企业经营管理方面的一些好经验，都对我们有借鉴作用。也有一些是我们研究成果中的前瞻性的见解，《管控模式》中“旗舰企业”，有一定的道理，但只讲优点，不讲问题，而且一些问题现在已经暴露，如何说服大家，或者更主要的是如何吸取这些不同意见的合理成分，形成可操作性的方案。

持续性。我赞成你们在课题研究上提出的“长短结合，突出重点，重在转化”的方针，就是需要大量的“短平快”的课题，但同时也必须重视一些短期内不可能完成的重要课题，对此要有总体规划，分步进行，还必须重视各阶段研究成果的反馈。

也要看到，一些问题领导没有表态，不等于不认同。消化吸收也得有个过程，有时则是一个渐进的过程，是从量变到质变的过程；有的已经在实际工作中有所采纳，只不过没有形成文字，再是一些问题矛盾纠葛复杂，不便于表态。比如，关于京唐公司体制的问题。

当然，我们为领导服务，要领会领导意图而绝非盲从，要敢于并善于提出自己经过扎实研究得出的结论，要敢于实事求是，揭露矛盾，从而解决矛盾，不是说领导的意见都对。我过去在冶金工业部政策研究室工作，当时，部里新成立了冶金经济研究所，同样都是为部里的重大决策服务，唐克部长找我和所长谈话：“董贻正是遵命文学，张信传是自由论坛。”但遵命文学不等于唯命是从，一些部长开始不同意的意见，你如果认定自己意见正确，就要想方设法去说服领导，比如，1981 年，实行国民经济调整方针时，主要领导一度思想转不过弯来，部党组也在总结经验教训，我们从正面阐述了一些观点，送给领导参阅。以后我又总结了自己的经历，归纳为“五不”：为上不唯上，读书不唯书，识风不随风，贵和不调和，助企不扰企。

正确对待合作单位和人员。这是这次和大家交谈时提得最多的问题之一，这也是实际问题。我们搞课题，尤其是一些重大课题，必然是多部门合作的成果，不是靠个人可以完成的，但往往双方合作上举步维艰，这是客观存在的问题。究其原因，一是双方的位置不一，职能部门和基层实体，是在一线，是热线，而我们作为改革发展的第一线，实质上是二线，是要为生产经营第一线服务的，是冷线。我们要体谅、理解对方的处境，使对方感到我们是真心实意在为他们服务。二是由此引发的关注点不同。热线更多关注的是近期、是火烧眉毛的事；我们有的课题更多关注的是长远，不少是涉及战略的事。所以我们往往认为是热面孔贴到冷屁股上，对方却觉得你们来，是个负担，只是碍于面子，不得不接待。有的同志以为我的课题是为战略决策服务的，似乎是高人一头，其实你们对发展院智囊团的全面提法是“为首钢战略决策和科学管理提供智力支撑的智囊团”，除了为战略决策服务外，还要为看习惯了提供支撑，科学管理是企业发展的永恒主题，我觉得院里急需加强对一些永恒课题的持续性研究，比如韦尔奇所说的老的三驾战车：质量、成本、服务。我们的研究既源于实际，又高于实际，这就找到了和基层单位的契合点。不要过于强调界面清晰，把自己看成是“出思想，出观点”的，人家是执行的。三是认识水平不同。有的领导重视软科学，能够很好地把战略和战术、长期和当前紧密结合起来，重视发展远景的研究工作。对这些单位，我们更要搞好合作，作出成效，总结经验，加以推广。比如与实业公司的合作，一定要搞好。有的合作不成功的，不要只讲对方的问题，更要冷静思考自己的毛病。我们都是高学历的，不仅智商高，情商也要高，不能“高分低能”。四是信任度不够。觉得你们是秀才谈兵，不解决实际问题。这要求我们改变思维，提高水平，以实际行动来取得对方的信任。五是态度问题。要学习王文利接任首冶党委书记时那样，放下身段，甘当孙子。

正确对待外部条件。座谈中，有人反映出差条件差，觉得只有跟随领导去，待遇才能好些，才有可能接触对方的主要领导，便于工作的开展；还有的觉得现在的薪酬不够合理，影响积极性。据我了解，一些重大课题，都有领导带着去的。我在京唐公司等企业，就曾不止一次地见到你们的院长、书记和你们在一起，但“师父领进门，修行在个人”，工作还是要靠你们自己，要养成独立工作的能力。至于工资待遇问题，我一直在呼吁，要改变三条通道，三条腿是一粗二细的状况（行政管理岗位腿粗，技术、技能岗位腿细）的局面，这还是反映中国社会官本位的思想比较浓厚，需要通过深化改革来进一步解决这类问题。

再一个是正确对待自己。要处理好几个关系。

一是优势与劣势。发展院有一支好的队伍。一是学历高，硕士研究生、博士研究生的比重占全院多半数，如果单独拿出研究部门来计算，则高达75%，是发展院组建20多年来前所未有的，也是目前首钢各个单位中高学历人才最密集的部门。二是年纪轻，科研部门的80后占很大比例，这是值得我们引以为傲的。当然，我们既要看到这支队伍的优势，也要看到其弱点与不足。

优势就是知识广博，理论水平高，掌握现代化研究工具，外语比较熟练，精力充沛，探索新事物的积极性高。这些我不展开讲了，我想重点讲一下不足之处。

首先是伴随上述优势而来的、自觉或不自觉的优越感。正如你们中有人所说的，到了硕士研究生、博士研究生这一层面，是经过多次选择才脱颖而出的，在学识上、能力上是完全可以信赖的。我们应该有这样的自信心，但自信与自负只有一步之差。艺术大师徐悲鸿说得好：“人不可有傲气，但不可无傲骨。”过度的自信与傲气并不能真正体现自己的价值。相反，却会使人感到你是眼高手低，感到你的不可合作。

我想转述一下60多年前，我在清华大学读书时，钱正英讲的“等八年”的故事。当时，钱正英是上海大同大学的地下党员，她同其他几位同学一起到老解放区。钱正英是学土木建筑的，那时也没有什么工程项目，于是就当了文化教员。但有的同学觉得是屈才了，这也不愿干，那也不想干，结果钱正英是干一行，成一行；有的却是八年抗战，等了八年，一事无成。实际上是自己把自己的优势变成了劣势。你可以不满意现在的处境和岗位，但只要你还在这个岗位上，你就要尽力尽职，这也是一种职业道德。

二是理论与实践，系统与实用。即使在工程技术领域，实验室的结果不等于在实际就能应用。20世纪80～90年代，我曾担任两届国家软科学评审委员会成员时，一些课题动辄数学模型，却并不为评委们看好，关键在于你解决实际问题的能力。你的理论只是你用于解决问题的工具，不需要在给领导报告中长篇大论地记述。相反，动辄万言书，领导只能束之高阁。

要使理论和实践更好结合，还有一个吃透上头和吃透下头的关系。一些课题前面介绍理论及国内外企业的案例，内容丰富，但联系首钢实际，提出的建议，却感到苍白无力，很关键的一个原因是对首钢及课题研究对象的实际情况吃得不透。首钢发展研究院的优势，就是要在对首钢的实际了解得比其他咨询机构深透，否则一些课题为何不外包呢？发展研究院作为改革发展第一线，要很好地同生产经营第一线紧密结合，并为生产经营第一线服好务。因此，有必要加强对生产经营第一线的了解，上面提到的《管控模式》，也许理论上很完美，但实践上可操作性如何？要倾听不同意见，不能对不同意见听而不闻，最终即使领导采纳了，也许在实践中还会处处碰壁，难以实现。

理想与现实。座谈中，有人反映现在责任不明，界面不清，觉得有些课题，对方不配合，我们的理想往往在现实中会碰壁。其实，一件事情的成功，往往是靠各方面的协同作战。宝钢提倡无界面管理，并把协同和诚信一起作为企业基本价值观；首钢炼铁厂的经验也是靠上下游的协作。对方不合作，有没有自己的问题。初德和的课题，基本上是自选的，而且很多都是在周末自行去调查的，和对方从不认识到结为好友。我多次提到初德和，并不意味他的成果是最好的，我相信，你们中有好多人理论水平、知识的广度和深度超过初德和，你们也会做出比他更大的成就，但他的这种精神、工作态度，确实是值得我们大家学习借鉴。

欲求与奉献。不要埋怨人家不配合，要想一想自己给了对方什么？肯尼迪有句名言："不要问你的国家为你做了什么，而要问一问你为你的国家做了什么。"刚才讲的钱正英抗战八年也是一个例子。我总是把每次出差，每个任务都看做是自己的一个学习机会。离休后，我仍然同企业保持比较密切的联系，企业同志总说我对他们的帮助，我却总认为是企业给了我一次又一次学习的好机会，使我觉得现在比在职时生活更充实。

以上主要是对在座的科研人员讲的，这不等于院里就没有责任。一些意见昨天已经同3位院领导交换了，院里也在努力改进。

一是要搭设平台，包括沟通交流的平台，人才培养平台，更新知识的平台，内外合作的平台，一线锻炼的平台，创造实践的平台。要通过对具体人员、具体课题的解剖，总结一些好经验。

二是营造氛围。一个是学术氛围。夯实基础，建立数据库，案例库；建立知识共享的机制；沙龙（午后茶，宝钢冷轧的咖啡室），课题的通报。一个是工作氛围。"快乐激荡，相得益彰"，我的领会是最终形成的氛围，也是一种心态，是一种文化的体现。如何形成？真要做到快乐不容易。工作中心境快乐，"不累心"，获得成果，体现自己人生价值，快乐。相得益彰，是个团队概念，也是快乐的一种体现。

院里已针对性地采取一些措施，努力发挥所有人员的积极性。我相信大家都希望发展院健康发展，茁壮成长。在研究工作上我们要本着"独立之精神，自由之思想"，不同观点都能畅所欲言，兼容并蓄；但在行动上以及处理人际关系时，则要互相尊重，要自觉地补台，避免不自觉地拆台，真正实现"快乐激荡，相得益彰"。

最后还要声明一点，以上举的例子，无论是肯定的，还是指出存在问题的，可能都带有局限性和片面性，我只是作为一个过来人，并以首钢的老朋友身份，提出一些个人想法，供各位参考。我常说，我是首钢的诤友，首钢的朋友们都对我很尊重，而且给了我这样好的机会，使我能自由自在、无拘无束地进行调查，使我晚年生活更丰富、更充实，我理应本着知无不言言无不尽的态度，把我的想法同大家交流。不妥之处，尚望大家见谅。我也衷心祝愿首钢发展院的明天比今天更好，在座的各位都能有更好、更多的成果奉献于首钢，使自己和首钢共同成长！使发展院能以"更开放的视野，为首钢的伟大转型"作出新的贡献！